Schriftenreihe der
Juristischen Schulung

Band 57

Gesellschaftsrecht

begründet von

Dr. Uwe Hüffer

Rechtsanwalt in Mannheim
em. o. Professor an der Ruhr-Universität Bochum
Richter am OLG Hamm a. D.

Fortgeführt und neu bearbeitet ab der 8. Auflage von

Dr. Jens Koch

o. Professor an der Universität Bonn

10. Auflage 2017

C.H.BECK

www.beck.de

ISBN 978 3 406 70537 3

Wilhelmstraße 9, 80801 München
Druck und Bindung: Nomos Verlagsgesellschaft
In den Lissen 12, 76547 Sinzheim

Satz und Umschlaggestaltung: Druckerei C.H. Beck Nördlingen

Gedruckt auf säurefreiem, alterungsbeständigem Papier
(hergestellt aus chlorfrei gebleichtem Zellstoff)

Vorwort zur 10. Auflage

Ziel dieses Studienbuchs ist es, die prüfungsrelevanten Grundlagen des Gesellschaftsrechts zu vermitteln. Im Vordergrund steht dabei der Pflichtfachstoff im Grundstudium, der – ausgerichtet an den juristischen Prüfungsordnungen der einzelnen Bundesländer – in all seinen prüfungsrelevanten Aspekten dargestellt wird. Entsprechend der Relevanz der gesellschaftsrechtlichen Teilmaterien für Lehre und Prüfung steht dabei das Recht der Personengesellschaften im Vordergrund. Daneben soll das Werk aber auch den Zugang zum Schwerpunktstudium eröffnen, in dem an nahezu allen deutschen Universitäten eine Vertiefung im Kapitalgesellschaftsrecht angeboten wird. Deshalb wird das Recht der GmbH, das in einigen Bundesländern schon zum Pflichtfachstoff gehört, ebenso vertieft dargestellt wie das Recht der Aktiengesellschaft. Um ein vollständiges Bild des gesellschaftsrechtlichen Spektrums zu zeichen, wird diese Darstellung noch um Kernfragen des Konzern- sowie des Umwandlungsrechts ergänzt. Auch das Vereinsrecht wird in seinen Grundzügen dargestellt. Breiter Raum wird im Hinblick auf die stetig fortschreitende Internationalisierung schließlich noch den europäischen Bezügen des Gesellschaftsrechts eingeräumt.

In seiner didaktischen Konzeption folgt das Buch einer fallorientierten Darstellungsweise. Es verbindet eine systematische Lehrdarstellung der verschiedenen Gesellschaftsformen mit der Bearbeitung von Beispielsfällen und konkreten Einzelfragen. Ziel ist es, den Leser durch Mitarbeit zum selbständigen Umgang mit gesellschaftsrechtlichen Problemstellungen zu befähigen.

Bei dieser Auflage habe ich wertvolle Unterstützung von meinem Lehrstuhlteam erhalten. Besonderer Dank gilt meiner Mitarbeiterin Frau Anja Linnertz, die die Neuauflage maßgeblich begleitet hat. Weitere Anregungen und Kritik sind jederzeit willkommen. Sie können sie mir am leichtesten per E-Mail an die Adresse jens.koch@jura.uni-bonn.de zukommen lassen. Allen, die mit diesem Buch arbeiten, wünsche ich Gewinn und Vergnügen bei der Lektüre.

Bonn, im November 2016 *Jens Koch*

Inhaltsverzeichnis

Abkürzungsverzeichnis

a. A.	anderer Ansicht
a. a. O.	am angeführten Ort
ABl. EG	Amtsblatt der Europäischen Gemeinschaften
ABl. EU	Amtsblatt der Europäischen Union
Abs.	Absatz
AcP	Archiv für die civilistische Praxis
ADHGB	Allgemeines Deutsches Handelsgesetzbuch
a. E.	am Ende
AEUV	Vertrag über die Arbeitsweise der Europäischen Union
a. F.	alte Fassung
AG	Aktiengesellschaft; Die Aktiengesellschaft (Zeitschrift)
AGB	Allgemeine Geschäftsbedingungen
AktG	Aktiengesetz
allg. M.	allgemeine Meinung
Alt.	Alternative
a. M.	anderer Meinung
AnfG	Anfechtungsgesetz
Anh.	Anhang
Anm.	Anmerkung
ArbGG	Arbeitsgerichtsgesetz
Art.	Artikel
ARUG	Gesetz zur Umsetzung der Aktionärsrechterichtlinie
Aufl.	Auflage
BayObLG	Bayerisches Oberstes Landesgericht
BayObLGZ	Entscheidungen des Bayerischen Obersten Landesgerichts in Zivilsachen
BB	Der Betriebsberater
Bd.	Band
Begr.	Begründung
Beil.	Beilage
bes.	besonders
BetrAVG	Gesetz zur Verbesserung der betrieblichen Altersversorgung
BetrVG	Betriebsverfassungsgesetz
BFH	Bundesfinanzhof
BFuP	Betriebswirtschaftliche Forschung und Praxis
BGB	Bürgerliches Gesetzbuch
BGBl.	Bundesgesetzblatt
BGE	Entscheidungen des Schweizer Bundesgerichts
BGH	Bundesgerichtshof
BGHZ	Entscheidungen des Bundesgerichtshofs in Zivilsachen
BRAO	Bundesrechtsanwaltsordnung
BR-Drucks.	Bundesratsdrucksache
BStBl.	Bundessteuerblatt
BT-Drucks.	Bundestagsdrucksache
bzw.	beziehungsweise
DB	Der Betrieb
DepotG	Depotgesetz (Gesetz über die Verwahrung und Anschaffung von Wertpapieren)

ders.	derselbe
d. h.	das heißt
dies.	dieselbe(n)
DiskE	Diskussionsentwurf
Diss.	Dissertation
DJT	Deutscher Juristentag
DNotZ	Deutsche Notar-Zeitschrift
DR	Zeitschrift für Deutsches Recht
DRiZ	Deutsche Richterzeitung
DStR	Deutsches Steuerrecht (Zeitschrift)
EG	Europäische Gemeinschaften
EGBGB	Einführungsgesetz zum BGB
EGHGB	Einführungsgesetz zum HGB
EGV	Vertrag zur Gründung der Europäischen Gemeinschaft
Einl.	Einleitung
EStG	Einkommensteuergesetz
EU	Europäische Union
e. V.	eingetragener Verein
EWG	Europäische Wirtschaftsgemeinschaft
EWiR	Entscheidungen zum Wirtschaftsrecht
EWIV	Europäische wirtschaftliche Interessenvereinigung
f., ff.	folgende(r)
FamFG	Gesetz über das Verfahren in Familiensachen und in den Angelegenheiten der freiwilligen Gerichtsbarkeit
FG	Festgabe
FGG	Gesetz über die Angelegenheiten der freiwilligen Gerichtsbarkeit
FGO	Finanzgerichtsordnung
Fn.	Fußnote
FS	Festschrift
GBO	Grundbuchordnung
GbR	Gesellschaft bürgerlichen Rechts
gem.	gemäß
GenG	Genossenschaftsgesetz
GG	Grundgesetz
GmbH	Gesellschaft mit beschränkter Haftung
GmbHG	Gesetz betreffend die Gesellschaften mit beschränkter Haftung
GmbHR	GmbH-Rundschau
grdl.	grundlegend
GS	Gedächtnisschrift
GWB	Gesetz gegen Wettbewerbsbeschränkungen (Kartellgesetz)
HGB	Handelsgesetzbuch
h. L.	herrschende Lehre
h. M.	herrschende Meinung
HRR	Höchstrichterliche Rechtsprechung (Entscheidungssammlung)
Hrsg.	Herausgeber
Hs.	Halbsatz
i. d. F.	in der Fassung
i. d. R.	in der Regel
i. e. S.	im engeren Sinne
InsO	Insolvenzordnung
i. S. d.	im Sinne des (der)
i. V. m.	in Verbindung mit
i. w. S.	im weiteren Sinne

JA .... Juristische Arbeitsblätter
JR .... Juristische Rundschau
JuS .... Juristische Schulung
JW .... Juristische Wochenschrift
JZ .... Juristenzeitung

KAGB .... Kapitalanlagegesetzbuch
KG .... Kammergericht; Kommanditgesellschaft
KGaA .... Kommanditgesellschaft auf Aktien
krit. .... kritisch
KStG .... Körperschaftsteuergesetz

lit. .... litera
LM .... Lindenmaier-Möhring, Nachschlagewerk des Bundesgerichtshofs
LSG .... Landessozialgericht

m. .... mit
MarkenG .... Gesetz über den Schutz von Marken und sonstigen Kennzeichen
mbB .... mit beschränkter Berufshaftung
MDR .... Monatsschrift für Deutsches Recht
Mio. .... Million(en)
MitbestErgG .... Mitbestimmungsergänzungsgesetz
MitbestG .... Mitbestimmungsgesetz
MittRhNotK .... Mitteilungen der Rheinischen Notarkammer
Mod. .... Modalität
MoMiG .... Gesetz zur Modernisierung des GmbH-Rechts und zur Bekämpfung von Missbräuchen
Montan-MitbestG .... Montan-Mitbestimmungsgesetz
Mot. .... Motive zum Entwurf eines Bürgerlichen Gesetzbuchs
m. w. Nachw. .... mit weiteren Nachweisen

Nachdr. .... Nachdruck
NachhBG .... Nachhaftungsbegrenzungsgesetz
Nachw. .... Nachweise
n. F. .... neue Fassung
NJW .... Neue Juristische Wochenschrift
NJW-RR .... NJW-Rechtsprechungs-Report
Nr. .... Nummer
NZG .... Neue Zeitschrift für Gesellschaftsrecht

OHG .... Offene Handelsgesellschaft
OLG .... Oberlandesgericht
OLGZ .... Entscheidungen der Oberlandesgerichte in Zivilsachen

PartG .... Parteiengesetz
PartGG .... Partnerschaftsgesellschaftsgesetz
Prot. .... Protokolle der Reichstagsberatungen zum Bürgerlichen Gesetzbuch

RDG .... Rechtsdienstleistungsgesetz
RegBegr .... Regierungsbegründung
RegE .... Regierungsentwurf
RG .... Reichsgericht
RGZ .... Entscheidungen des Reichsgerichts in Zivilsachen
RMBl. .... Reichsministerialblatt
Rn. .... Randnummer(n)
ROHG .... Reichsoberhandelsgericht

ROHGE	Amtliche Sammlung der Entscheidungen des Reichsoberhandelsgerichts
Rpfleger	Der Deutsche Rechtspfleger (Zeitschrift)
Rspr.	Rechtsprechung
s.	siehe
S.	Satz; Seite
SCE	Societas Cooperativa Europaea
SchlAnh	Schlussanhang
SE	Societas Europaea
SeuffA	Seufferts Archiv
SGG	Sozialgerichtsgesetz
sog.	sogenannt
Sonderbeil.	Sonderbeilage
st.	ständig
StGB	Strafgesetzbuch
str.	streitig
SUP	Societas Unius Personae
u. a.	und andere; unter anderem
UmwG	Umwandlungsgesetz
unstr.	unstreitig
Unterabs.	Unterabsatz
UrhG	Urheberrechtsgesetz
u. U.	unter Umständen
VAG	Versicherungsaufsichtsgesetz
Var.	Variante
VersR	Versicherungsrecht (Zeitschrift)
VGH	Verwaltungsgerichtshof
vgl.	vergleiche
VO	Verordnung
Vor	Vorbemerkung
VVaG	Versicherungsverein auf Gegenseitigkeit
VwGO	Verwaltungsgerichtsordnung
WG	Wechselgesetz
WiKG	Gesetz zur Bekämpfung der Wirtschaftskriminalität
WM	Wertpapier-Mitteilungen (Zeitschrift)
w. Nachw.	weitere Nachweise
WPg	Die Wirtschaftsprüfung (Zeitschrift)
WuB	Entscheidungssammlung zum Wirtschafts- und Bankrecht
ZAkdR	Zeitschrift der Akademie für deutsches Recht
z. B.	zum Beispiel
ZfA	Zeitschrift für Arbeitsrecht
ZGR	Zeitschrift für Unternehmens- und Gesellschaftsrecht
ZHR	Zeitschrift für das gesamte Handels- und Wirtschaftsrecht
Ziff.	Ziffer
ZIP	Zeitschrift für Wirtschaftsrecht
ZPO	Zivilprozessordnung
ZRP	Zeitschrift für Rechtspolitik
z. T.	zum Teil
zutr.	zutreffend
ZVG	Zwangsversteigerungsgesetz
ZZP	Zeitschrift für Zivilprozess

Literaturverzeichnis

I. Lehrbücher und Lernmittel zum Gesellschaftsrecht

Eisenhardt/Wackerbarth .... Gesellschaftsrecht, Bd. I, 16. Aufl., 2015 (zitiert: *Eisenhardt/Wackerbarth*)

Grundmann .... Europäisches Gesellschaftsrecht, 2. Aufl., 2011 (zitiert: *Grundmann*, EuropGesR)

Grunewald .... Gesellschaftsrecht, 9. Aufl., 2014 (zitiert: *Grunewald*)

Habersack/Verse ...... Europäisches Gesellschaftsrecht, 4. Aufl., 2011 (zitiert: *Habersack/Verse*, EuropGesR)

Hirte .... Kapitalgesellschaftsrecht, 8. Aufl., 2016 (zitiert: *Hirte*, KapGesR)

Hueck .... Das Recht der offenen Handelsgesellschaft, 4. Aufl., 1971 (zitiert: *A. Hueck*, OHG)

Kindler .... Grundkurs Handels- und Gesellschaftsrecht, 8. Aufl., 2016 (zitiert: *Kindler*)

Kübler/Assmann ...... Gesellschaftsrecht, 6. Aufl., 2006 (zitiert: *Kübler/Assmann*)

Langenbucher .... Aktien- und Kapitalmarktrecht, 3. Aufl., 2015 (zitiert: *Langenbucher*)

Raiser/Veil .... Recht der Kapitalgesellschaften, 6. Aufl., 2015 (zitiert: *Raiser/Veil*)

Reichert .... GmbH & Co. KG, 7. Aufl., 2015 (zitiert: Reichert/*Bearbeiter*)

Saenger .... Gesellschaftsrecht, 3. Aufl., 2015 (zitiert: *Saenger*)

Schäfer, Carsten .... Gesellschaftsrecht, 4. Aufl., 2015 (zitiert: *C. Schäfer*)

Schmidt, Karsten ...... Gesellschaftsrecht, 4. Aufl., 2002 (zitiert: *K. Schmidt*)

Schwarz .... Europäisches Gesellschaftsrecht, 2000 (zitiert: *Schwarz*, EuropGesR)

Weller/Prütting .... Handels- und Gesellschaftsrecht, 9. Aufl., 2016 (zitiert: *Weller/Prütting*)

Wiedemann .... Gesellschaftsrecht, Bd. I: Grundlagen, 1980 (zitiert: *Wiedemann*, GesR I); Bd. II: Recht der Personengesellschaften, 2004 (zitiert: *Wiedemann*, GesR II)

Windbichler .... Gesellschaftsrecht, 23. Aufl., 2013 (zitiert: *Windbichler*)

II. Kommentare zum HGB, Aktiengesetz und GmbH-Gesetz

Baumbach/Hopt ...... Handelsgesetzbuch, 37. Aufl., 2016 (zitiert: Baumbach/Hopt/*Bearbeiter*)

Baumbach/Hueck .... GmbH-Gesetz, 21. Aufl., 2017 (zitiert: Baumbach/Hueck/*Bearbeiter*)

Bork/C. Schäfer .... Kommentar zum GmbHG, 3. Aufl., 2015 (zitiert: Bork/C. Schäfer/*Bearbeiter*)

Ebenroth/Boujong/Joost/Strohn .... Handelsgesetzbuch, Kommentar, Bd. I, 3. Aufl., 2014 (zitiert: Ebenroth/Boujong/Joost/Strohn/*Bearbeiter*)

Großkommentar zum Aktiengesetz .... 5. Aufl., seit 2015, soweit erschienen, sonst 4. Aufl., seit 1992 (zitiert: GroßkommAktG/*Bearbeiter*)

Hüffer/Koch .... Aktiengesetz, 12. Aufl., 2016 (zitiert: Hüffer/*Koch*)

Koller/Kindler/Roth/Morck .... Handelsgesetzbuch, Kommentar, 8. Aufl., 2015

Kölner Kommentar zum Aktiengesetz ..... 3. Aufl., seit 2004 (zitiert: KölnerKommAktG/*Bearbeiter*)

Lutter/Hommelhoff	GmbH-Gesetz, 19. Aufl., 2016 (zitiert: Lutter/Hommelhoff/*Bearbeiter*)
Meilicke/Graf v. Westphalen/Hoffmann/Lenz/Wolff	Partnerschaftsgesellschaftsgesetz, 3. Aufl. 2015
Michalski	Kommentar zum Gesetz betreffend die Gesellschaften mit beschränkter Haftung (GmbHG), 2. Aufl., 2010 (zitiert: Michalski/*Bearbeiter*)
Münchener Handbuch des Gesellschaftsrechts	5. Aufl., seit 2016, soweit erschienen, sonst 4. Aufl., seit 2014 (zitiert: MHdB GesR/*Bearbeiter*)
Münchener Kommentar zum Aktiengesetz	4. Aufl., seit 2014, soweit erschienen, sonst 3. Aufl., seit 2011 (zitiert: MüKoAktG/*Bearbeiter*)
Münchener Kommentar zum Gesetz betr. die Gesellschaften mit beschränkter Haftung	2. Aufl., seit 2015 (zitiert: MüKoGmbHG/*Bearbeiter*)
Münchener Kommentar zum Handelsgesetzbuch	4. Aufl., seit 2016, soweit erschienen, sonst 3. Aufl., seit 2012 (zitiert: MüKoHGB/*Bearbeiter*)
Oetker	Kommentar zum HGB, 4. Aufl., 2015 (zitiert: Oetker/*Bearbeiter*)
Röhricht/Graf von Westphalen/Haas	Handelsgesetzbuch, Kommentar, 4. Aufl., 2014 (zitiert: Röhricht/v. Westphalen/Haas/*Bearbeiter*)
Roth/Altmeppen	Gesetz betr. die Gesellschaften mit beschränkter Haftung, 8. Aufl., 2015
Rowedder/Schmidt-Leithoff	Gesetz betr. die Gesellschaften mit beschränkter Haftung, 5. Aufl., 2013 (zitiert: Rowedder/Schmidt-Leithoff/*Bearbeiter*)
Schmidt/Lutter	Aktiengesetz, Kommentar, 3. Aufl., 2015 (zitiert: Schmidt/Lutter/*Bearbeiter*)
Scholz	Kommentar zum GmbH-Gesetz, 11. Aufl., seit 2012 (zitiert: Scholz/*Bearbeiter*)
Spindler/Stilz	Kommentar zum Aktiengesetz, 3. Aufl., 2015 (zitiert: Spindler/Stilz/*Bearbeiter*)
Staub	Handelsgesetzbuch, Großkommentar, 5. Aufl., seit 2008, soweit erschienen, sonst 4. Aufl., seit 1982 (zitiert: Staub/*Bearbeiter*)
Ulmer/Habersack/Löbbe	Großkommentar zum Gesetz betreffend die Gesellschaften mit beschränkter Haftung (GmbHG), 2. Aufl., seit 2013 (zitiert: Ulmer/Habersack/Löbbe/*Bearbeiter*)

III. Weitere abgekürzt zitierte Literatur

Bamberger/Roth	Beck'scher Online-Kommentar, 40. Edition, 1.8.2016 (zitiert: BeckOK BGB/*Bearbeiter*)
Baur/Stürner	Lehrbuch des Sachenrechts, 18. Aufl., 2009 (zitiert: *Baur/Stürner*)
Binz/Sorg	Die GmbH & Co. KG, 11. Aufl., 2010 (zitiert: *Binz/Sorg*, GmbH & Co. KG)
Canaris	Handelsrecht, 24. Aufl., 2006 (zitiert: *Canaris*, HandelsR)
Dethloff	Familienrecht, 31. Aufl., 2015 (zitiert: *Dethloff*, FamR)
Emmerich/Habersack	Konzernrecht, 10. Aufl., 2013 (zitiert: *Emmerich/Habersack*, KonzernR)
Erman	Handkommentar zum Bürgerlichen Gesetzbuch, 14. Aufl., 2014 (zitiert: Erman/*Bearbeiter*)

Flume .... Allgemeiner Teil des Bürgerlichen Rechts, Bd. 1 Teil 1: Die Personengesellschaft, 1977 (zitiert: *Flume,* Die Personengesellschaft)

Flume .... Allgemeiner Teil des Bürgerlichen Rechts, Bd. 1 Teil 2: Die juristische Person, 1983 (zitiert: *Flume,* Die juristische Person)

Jauernig .... Bürgerliches Gesetzbuch, 16. Aufl., 2015 (zitiert: Jauernig/*Bearbeiter)*

Kuhlmann/Ahnis ..... Konzern- und Umwandlungsrecht, 4. Aufl., 2016 (zitiert: *Kuhlmann/Ahnis,* Konzern- und UmwR)

Medicus/Petersen ..... Allgemeiner Teil des BGB, 11. Aufl., 2016

Münchener Kommentar zum Bürgerlichen Gesetzbuch .... 7. Aufl., seit 2015, soweit erschienen, sonst 6. Aufl., seit 2012 (zitiert: MüKoBGB/*Bearbeiter)*

Palandt .... Bürgerliches Gesetzbuch, 75. Aufl., 2016 (zitiert: Palandt/*Bearbeiter)*

Rosenberg/Schwab/Gottwald .... Zivilprozessrecht, 17. Aufl., 2010 (zitiert: Rosenberg/Schwab/Gottwald)

Soergel .... Bürgerliches Gesetzbuch, 13. Aufl., seit 1999, soweit erschienen, sonst 12. Aufl., seit 1987 (zitiert: Soergel/*Bearbeiter)*

Staudinger .... Kommentar zum Bürgerlichen Gesetzbuch, seit 2000 (zitiert: Staudinger/*Bearbeiter)*

Uhlenbruck .... Insolvenzordnung, Kommentar, 14. Aufl., 2015 (zitiert: Uhlenbruck/*Bearbeiter)*

Vieweg/Werner .... Sachenrecht, 7. Aufl., 2015 (zitiert: *Vieweg/Werner)*

Wolf/Neuner .... Allgemeiner Teil des deutschen Bürgerlichen Rechts, 11. Aufl., 2016 (zitiert: *Wolf/Neuner,* AT)

Zöller .... Zivilprozessordnung, 31. Aufl., 2016 (zitiert: Zöller/*Bearbeiter,* ZPO)

1. Teil. Grundlagen

§ 1. Gesellschaften als vertragliche Zusammenschlüsse zu gemeinschaftlicher Zweckverfolgung

Literatur: *Ballerstedt,* Der gemeinsame Zweck als Grundbegriff des Rechts der Personengesellschaften, JuS 1963, 253; *Fikentscher,* Zu Begriff und Funktion des „gemeinsamen Zwecks“ im Gesellschafts- und Kartellrecht, FS Harry Westermann, 1974, S. 87; *Kellermann,* Der Zweck insbesondere der Gesellschaft bürgerlichen Rechts, 1988; *Schulze-Osterloh,* Der gemeinsame Zweck der Personengesellschaften, 1973.

I. Regelungsaufgaben des Gesellschaftsrechts

1 Im Mittelpunkt der zivilrechtlichen Ausbildung steht in den Anfangssemestern die Einzelperson. Es werden Schuldverhältnisse zwischen Individuen begründet und daraus Ansprüche abgeleitet. Um den tatsächlichen Gegebenheiten des Rechtsverkehrs Rechnung zu tragen, kann man bei dieser individuellen Ausrichtung aber nicht stehen bleiben. Sobald eine wirtschaftliche Betätigung etwas komplexere Dimensionen annimmt, wird sie oft nicht mehr von einer Einzelperson ausgeführt, sondern von einem Zusammenschluss mehrerer Personen, die im Rechtsverkehr als Einheit auftreten. Aufgabe des Gesellschaftsrechts ist es, diese kollektive Betätigung in geordnete juristische Bahnen zu lenken, wobei grob die Ordnungsaufgaben im Innen- und im Außenverhältnis unterschieden werden können. Im Innenverhältnis gilt es, die Rechte und Pflichten der einzelnen Gesellschafter untereinander festzulegen, also etwa ihre Beitrags- und Geschäftsführungspflichten oder ihre Stimm- und Gewinnrechte. Im Außenverhältnis muss ihr Verhältnis zu Dritten geklärt werden. Es muss beispielsweise festgestellt werden, wer dazu befugt ist, die Gesellschaft rechtsgeschäftlich zu verpflichten, wessen deliktisches Handeln ihr zuzurechnen ist und wer für die Erfüllung ihrer Verbindlichkeiten einzustehen hat. Dabei muss die Rechtsordnung der großen praktischen Spannbreite kollektiven Handelns Rechnung tragen, das etwa von einer formlos vereinbarten Fahrgemeinschaft zweier Personen bis hin zu einem international agierenden Großunternehmen in der Rechtsform einer Aktiengesellschaft mit mehreren tausend Aktionären reichen kann. Es liegt auf der Hand, dass derart unterschiedlich gearteten Rechtsgebilden nicht ein einheitliches Rechtskleid übergestreift werden kann. Deshalb muss die Rechtsordnung ein breites Spektrum an Regelungsmodellen in Gestalt unterschiedlicher Gesellschaftsformen zur Verfügung stellen. Innerhalb dieser einzelnen Modelle können die Antworten auf die oben exemplarisch aufgeworfenen Regelungsfragen sehr unterschiedlich ausfallen. Das Erfordernis einer einstimmigen Beschlussfassung mag etwa der Vereinigung zur Fahrgemeinschaft gerecht werden, dem international tätigen Großunternehmen aber sicherlich nicht. Aufgabe des Gesellschaftsrechts ist es, diese unterschiedlichen Rechtskleider in einer Weise zu konzipieren, die gleichermaßen den Gestaltungsvorstellungen der Gesellschafter und den Erfordernissen des Rechtsverkehrs genügt.

II. Regelungsgegenstand und Abgrenzungen

1. Der Gesellschaftsbegriff des § 705 BGB

2 Der abstrakte Oberbegriff, unter den die verschiedenen Erscheinungsformen kollektiven Handelns gefasst werden, ist die Gesellschaft. Sie wird in Anlehnung an § 705 BGB herkömmlich als eine privatrechtliche Vereinigung auf vertraglicher Grundlage umschrieben, in der sich die Gesellschafter gegenseitig verpflichten, die Erreichung eines gemeinsamen Zweckes in der durch den Vertrag bestimmten Weise zu fördern.[1] Diese Umschreibung ist in § 705 BGB für einen einzelnen Gesellschaftstyp, die sog. Gesellschaft bürgerlichen Rechts (s. noch §§ 3 ff.), enthalten. Sie kann aber auch für alle anderen Gesellschaftsformen nutzbar gemacht werden, die sich von der Gesellschaft bürgerlichen Rechts nur durch zusätzliche qualifizierende Merkmale unterscheiden. Sie enthält drei zentrale Kriterien, die den Regelungsgegenstand des Gesellschaftsrechts von anderen Formen gemeinschaftlichen Handelns abgrenzen: den vertraglichen Zusammenschluss, den gemeinsamen Zweck und die Förderpflicht der Gesellschafter.

2. Die Gesellschaften als vertragliche Zusammenschlüsse von Personen

3 **Fall 1:** Die vermögende Witwe *Winkler* hinterlässt nach ihrem Tod ihren beiden Neffen *Anton* und *Berthold* ein Ferienhaus am Bodensee. In den folgenden 15 Jahren wird das Haus von ihnen selbst nicht genutzt, aber sie kümmern sich gemeinsam um die Vermietung und Verwaltung. Besteht zwischen ihnen ein Gesellschaftsverhältnis?

4 Das erste Erfordernis eines vertraglichen Zusammenschlusses grenzt die Gesellschaft namentlich von kraft Gesetzes begründeten Gemeinschaftsverhältnissen ab. Auch die beiden Brüder werden durch den Erbfall zu einer Gemeinschaft zusammengeschlossen. Es entsteht zwischen ihnen eine Erbengemeinschaft (§§ 2032 ff. BGB). Diese erbrechtliche Gemeinschaft entsteht kraft Gesetzes, wenn im Zeitpunkt des Erbfalls mehrere Erben vorhanden sind; auf ihren Willen kommt es dabei nicht an. Demgegenüber beruht jede Gesellschaft nach § 705 BGB auf einem vertraglichen Zusammenschluss mehrerer Personen.[2] Eine Erbengemeinschaft ist also keine Gesellschaft, weil es am Vertrag fehlt. Allerdings muss diese ursprüngliche rechtliche Kategorisierung nicht zwangsläufig in der Zukunft fortgelten. Wenn die Brüder die gemeinsame Verwaltung des Ferienhauses auch zunächst als Erbengemeinschaft aufgenommen haben, ist damit noch nicht ausgeschlossen, dass sie ihr Rechtsverhältnis inzwischen auf eine vertragliche Grundlage gestellt haben. Ausdrückliche Vertragserklärungen können der Fallschilderung zwar nicht entnommen werden; der Abschluss des Gesellschaftsvertrages erfolgt aber grundsätzlich formfrei (s. noch § 4 Rn. 30 ff.), so dass die erforderlichen Erklärungen auch in einem schlüssigen Verhalten der Beteiligten gefunden werden können.[3] Es müssen aber greifbare Anhaltspunkte dafür vorliegen, dass die Brüder für ihre Zusammenarbeit die ursprüngliche erbrechtliche Basis verlassen wollten.[4] Solche Anhaltspunkte sind nicht ersichtlich; insbesondere reicht die lange Zeitdauer der gemeinsamen Verwaltung für die An-

---

[1] Diese Definition umreißt einigermaßen flächendeckend den Anwendungsbereich des Gesellschaftsrechts, kann allerdings insofern keine uneingeschränkte Gültigkeit beanspruchen, als sie die sog. Einpersonengesellschaft nicht erfasst; vgl. dazu noch § 29 Rn. 11.

[2] *Kübler/Assmann*, § 6 I 1; *K. Schmidt*, § 5 I 1. Die Anforderungen an den vertraglichen Zusammenschluss nicht hinreichend beachtend *LG Detmold* NZG 2015, 951: gesamter Abiturjahrgang als GbR zum gemeinsamen Zweck der Organisation einer Abiturfeier. Kritisch dazu auch *Hippeli*, ZJS 2015, 620.

[3] Vgl. statt aller MüKoBGB/*Ulmer/C. Schäfer*, § 705 Rn. 25 ff., 32 ff.

[4] MüKoBGB/*Ulmer/C. Schäfer*, § 705 Rn. 27 f.; *Hüffer*, ZGR 1986, 603, 609 ff.

nahme eines Vertragsschlusses nicht aus,[5] weil auch die Erbengemeinschaft zeitlich unbegrenzt bestehen kann.[6] Ein Gesellschaftsverhältnis zwischen den Brüdern besteht also nicht.

Weil jede Gesellschaft auf Vertrag beruht, scheidet nicht nur die Erbengemeinschaft aus dem Bereich des Gesellschaftsrechts aus. Auch die anderen Gemeinschaftsverhältnisse, die ohne vertragliche Grundlage entstehen, sind keine Gesellschaften. Das gilt vor allem für das kraft Gesetzes entstandene Miteigentum (z. B. durch Vermischung oder Vermengung, §§ 947 ff. BGB i. V. m. §§ 1008 ff. BGB) und andere auf Gesetz beruhende Bruchteilsgemeinschaften (§§ 741 ff. BGB – zum Begriff der Bruchteilsgemeinschaft vgl. noch Rn. 9 f.). Ebenfalls von der Gesellschaft abzugrenzen ist die Stiftung, mit der eine Vermögensmasse einem bestimmten (etwa gemeinnützigen) Zweck gewidmet wird. Sie beruht zwar auf einem Rechtsgeschäft unter Lebenden (§§ 80, 81 BGB) oder von Todes wegen (§ 83 BGB) und wird deshalb vom Stifterwillen getragen,[7] ist aber keine Gesellschaft, weil sie nicht aus einem Zusammenschluss mehrerer Personen entsteht, sondern aus dem einseitigen Stiftungsgeschäft und dessen Anerkennung durch die zuständige Landesbehörde (§ 81 BGB). Nur in ihrer organisatorischen Verfassung weist sie Parallelen zur Gesellschaft auf, da sie ähnlich wie etwa ein Verein über eine mit Rechtsfähigkeit ausgestattete Organisationsstruktur verfügt, um den Stiftungszweck effektiv verfolgen zu können (vgl. §§ 85 f. BGB: Verweis auf das Vereinsrecht).[8] 5

Schließlich muss es sich bei dem Vertrag auch um einen privatrechtlichen Zusammenschluss handeln. Organisationsformen des öffentlichen Rechts unterfallen nicht der Definition des § 705 BGB. Dazu gehören namentlich die in § 89 BGB genannten Körperschaften, Stiftungen und Anstalten des öffentlichen Rechts.[9] Als Beispiele für öffentlich-rechtliche Körperschaften seien Bund und Länder, Gemeinden, Kirchen, Universitäten, Kranken- und Rentenversicherungsträger genannt. Zu den öffentlichrechtlichen Stiftungen zählen beispielsweise die Stiftung Preußischer Kulturbesitz und die Stiftung Haus der Geschichte der Bundesrepublik Deutschland. Unter die Anstalten des öffentlichen Rechts fallen etwa die Bundesbank, die Sparkassen und die Rundfunkanstalten. Etwas anderes gilt allerdings dann, wenn Staat und Gemeinden sich gegen die öffentlich-rechtlichen Organisationsformen entscheiden und ein öffentliches Unternehmen auf privatrechtlicher Grundlage führen (etwa die Deutsche Bahn AG oder die Stadtwerke Bonn GmbH).[10] In diesem Fall ist das Gesellschaftsrecht anwendbar.[11] 6

---

[5] BGHZ 92, 259 = NJW 1985, 136: über sechs Jahre; BGHZ 17, 299 = NJW 1955, 1227: 17 Jahre.

[6] Besondere Bedeutung kommt dieser Frage für die Fortführung von Handelsgeschäften nach Ablauf der Dreimonatsfrist des § 27 II HGB zu. Hier wurde früher z. T. ein notwendiger Übergang in die OHG befürwortet; vgl. noch *R. Fischer,* ZHR 144 (1980), 1, 13 ff. Die heute ganz h. M. lehnt diese Beurteilung ab; vgl. BGHZ 92, 259, 263 f. = NJW 1985, 136; Überblick über den Streitstand bei MüKoBGB/*Ulmer/C. Schäfer,* § 705 Rn. 28.

[7] BGHZ 99, 344, 348 = NJW 1987, 2364.

[8] Anschauliche Einführung in das Stiftungsrecht bei *Petersen,* Das Stiftungsrecht des BGB, Jura 2007, 277 ff.

[9] Vgl. zu den folgenden Beispielen MüKoBGB/*A. Arnold,* § 89 Rn. 7 ff.; zur rechtlichen Konstruktion dieser Organisationsformen *Maurer,* Allgemeines Verwaltungsrecht, 18. Aufl., 2011, § 23 Rn. 30 ff.

[10] Zu den Vorzügen einer solchen Organisationsentscheidung und zu ihren öffentlich-rechtlichen Grenzen vgl. *di Fabio,* JZ 1999, 585 ff.; *G. Kirchhof,* AöR 132 (2007), 215 ff.; *Schoch,* Jura 2008, 672 ff.

[11] *K. Schmidt,* § 1 II 1a.

3. Der gemeinsame Zweck

a) Abgrenzung zur Bruchteilsgemeinschaft

7 Das zweite konstitutive Merkmal jeder Gesellschaft ist der gemeinsame Zweck, den die Gesellschafter mit ihrem Zusammenschluss verfolgen wollen.[12] Zweck der Gesellschaft kann alles sein, was nicht verboten oder sittenwidrig ist (§§ 134, 138 BGB).[13] Hinsichtlich der Frage, ob es sich um einen gemeinsamen Zweck der Gesellschafter handelt, kann namentlich die Abgrenzung zur Bruchteilsgemeinschaft i. S. d. §§ 741 ff. BGB Schwierigkeiten aufwerfen.

8 **Fall 2:** Die Häuser von *Anton* und *Berthold* grenzen unmittelbar aneinander. Die Brüder beschließen, diesen Umstand zu nutzen, um gemeinsam einen Aufsitzrasenmäher zu erwerben, mit dem jeder von ihnen seinen Rasen mähen will. Um Streit von vornherein zu vermeiden, vereinbaren sie, dass *Anton* den Rasenmäher an allen geraden, *Berthold* an allen ungeraden Tagen benutzen darf. Da sie sich beide für den Kite-Sport begeistern, erwerben sie darüber hinaus noch einen VW-Bus, um damit gemeinsame Urlaubsreisen an die Nordsee machen zu können. Welchen Charakter haben diese beiden gemeinschaftlichen Handlungen?

9 In beiden Fällen haben *Anton* und *Berthold* gemeinsam etwas erworben. Man könnte erwägen, schon aufgrund dieses gemeinschaftlichen Aktes einen gemeinsamen Zweck anzunehmen, der zur Qualifikation als Gesellschaft nach § 705 BGB führen würde. Dass man von der bloßen Gemeinsamkeit aber noch nicht auf die Gesellschaftsgründung schließen darf, zeigt indes ein Blick auf § 1008 BGB. Für den Fall eines gemeinsamen Eigentumserwerbs, also das Miteigentum, ordnet diese Vorschrift nicht das Bestehen einer Gesellschaft, sondern einer sog. Bruchteilsgemeinschaft nach §§ 741 ff. BGB an. Der Unterschied zwischen diesen beiden Gemeinschaftsformen liegt in der Art des gemeinsamen Zwecks. Erschöpft er sich in dem bloßen Erwerb und dem späteren „Halten und Verwalten“ eines Gegenstandes, so liegt der eher lockere Zusammenschluss zu einer Bruchteilsgemeinschaft vor. Beabsichtigen die Parteien hingegen, den gemeinschaftlich erworbenen Gegenstand einzusetzen, um damit ein übereinstimmend festgelegtes Ziel zu verwirklichen, so ist von einer Gesellschaft auszugehen.[14] Dass der gemeinsame Zweck sich auch in diesem Fall in einem Einzelobjekt manifestiert, steht der Einordnung als Gesellschaft nicht entgegen.[15] Eine Gesellschaft ist deshalb grundsätzlich etwa auch geeignet, um die gemeinsame Verwaltung eines Hausgrundstücks, etwa in der Form einer Immobiliengesellschaft, zu organisieren.[16]

10 Gemessen an diesem Maßstab gelangt man in Fall 2 zu einer gespaltenen juristischen Beurteilung. Hinsichtlich des Aufsitzrasenmähers erfolgt zwar eine gemeinsame Anschaffung, aber jede Partei will den Rasenmäher sodann für sich allein nutzen. Nicht eine gemeinsame Zweckverfolgung, sondern eher im Gegenteil die Abgrenzung der Interessenbereiche bei der Nutzung des Anschaffungsgegenstandes ist Inhalt dieses Vertrags. In diesem Fall läge deshalb keine Gesellschaft, sondern eine Bruchteilsgemeinschaft vor (§§ 1008 ff., 741 ff. BGB).[17] Im zweiten Fall ist mit dem

---

[12] Vgl. BGHZ 127, 176, 177 f. = NJW 1995, 192 m. w. Nachw.; aus dem Schrifttum z. B. MüKoBGB/*Ulmer/C. Schäfer,* § 705 Rn. 142 ff.; Staudinger/*Habermeier* (2003), § 705 Rn. 17 f.; *Ballerstedt,* JuS 1963, 253 ff.

[13] Zur – zulässigen – Verfolgung eines ideellen Zwecks: *BGH* NJW 1997, 2592.

[14] Zu den Überschneidungen mit dem sogleich zu besprechenden Merkmal der Förderpflicht vgl. MüKoBGB/*Ulmer/C. Schäfer,* § 705 Rn. 142.

[15] *BGH* NJW 1982, 170, 171. Diese Auffassung wird durch § 105 II HGB bestätigt, der nach seiner Änderung im Zuge des Handelsrechtsreformgesetzes vom 22.6.1998 (BGBl. I 1474) auch Vermögensverwaltungsgesellschaften die Rechtsform der OHG eröffnet.

[16] Vgl. dazu etwa *Wiedemann,* GesR II, § 7 I 5 (S. 608).

[17] Vgl. auch die Beispiele bei *Saenger,* Rn. 1 ff. und *Ballerstedt,* JuS 1963, 253, 260.

gemeinschaftlichen Erwerb auch der Wille zur weiteren gemeinschaftlichen Betätigung verbunden. Die Parteien grenzen ihre Interessenbereiche nicht voneinander ab, sondern wollen ganz im Gegenteil mit dem angeschafften Bus gemeinschaftliche Touren unternehmen.

Der gemeinsame Zweck der Vertragsparteien ist also das maßgebliche Kriterium für die Abgrenzung der Gesellschaft gegenüber der auf Vertrag beruhenden Bruchteilsgemeinschaft.[18] Bei der Bruchteilsgemeinschaft fehlt er, was auf der Rechtsfolgenseite dazu führt, dass nicht die gemeinschaftliche Betätigung, sondern die Wahrung und der Ausgleich von Individualinteressen im Mittelpunkt der gesetzlichen Regelung in §§ 741 ff. BGB stehen.[19] Besonders einschneidend wirkt sich die unterschiedliche Qualifikation aus, wenn die Parteien ihre Beteiligung an dem gemeinsamen Gegenstand übertragen wollen.[20] Bei einem Zusammenschluss, der wie die Gesellschaft auf eine gemeinschaftliche Betätigung ausgerichtet ist, kommt es selbstverständlich viel stärker auf die Individualität der Beteiligten an, so dass eine Auswechslung eines Mitglieds nur mit Zustimmung des anderen möglich sein kann (s. dazu § 719 BGB und unten § 8 Rn. 31 f.). Es wäre keinem der Brüder zumutbar, den Wagen mit einem unbekannten Erwerber nutzen zu müssen. Ist der Zusammenschluss hingegen eher auf die Abgrenzung der beiderseitigen Interessensphären ausgerichtet, so rücken der Aspekt gemeinschaftlicher Betätigung und damit auch die Individualität der Beteiligten in den Hintergrund. *Anton* kann es weitgehend gleichgültig sein, ob ein anderer den Rasenmäher an ungeraden Tagen nutzt, solange nur seine Nutzungsberechtigung an geraden Tagen fortbesteht. Deshalb gestattet es § 747 BGB jedem Teilhaber, über seinen Anteil zu verfügen. 11

b) Abgrenzung zur Ehegatteninnengemeinschaft und zum partiarischen Darlehen

Weitergehende Bedeutung kommt dem Merkmal des gemeinsamen Zwecks im Spannungsfeld zwischen gesellschafts- und familienrechtlichem Zusammenschluss zu. Die eheliche Gemeinschaft wird zwar vertraglich begründet, ist jedoch nicht auf bestimmte Einzelzwecke beschränkt, sondern auf die Verwirklichung einer umfassenden Lebensgemeinschaft ausgerichtet.[21] Auch in diesem Fall liegt deshalb keine Gesellschaft i. S. d. § 705 BGB vor. Etwas anderes gilt dann, wenn die Ehegatten sich innerhalb ihrer Lebensgemeinschaft auf eine weitergehende gemeinschaftliche Betätigung einigen, wobei die Grenzen zwischen diesen beiden Stadien fließend sind und unter dem Schlagwort „Ehegatteninnengesellschaft" intensiv diskutiert werden. Darauf wird unter § 10 Rn. 38 ff. zurückzukommen sein. Darüber hinaus entfaltet das Merkmal des gemeinsamen Zwecks auch zur Abgrenzung vom sog. partiarischen Rechtsgeschäft weitergehende Selektionskraft: 12

Fall 3: Auch beruflich haben *Anton* und *Berthold* denselben Weg beschritten. Sie betreiben gemeinsam eine Kraftfahrzeugwerkstatt. Ihr gemeinsamer Freund *Holtkamp* hat sich gegen 10 % vom Gewinn mit 25.000 EUR an der Finanzierung beteiligt. Ist er dadurch Gesellschafter geworden? 13

---

[18] Die Ausführungen in Rn. 4 f. beziehen sich auf den Regelfall einer gesetzlich begründeten Bruchteilsgemeinschaft. In diesem Fall genügt der Verweis auf die fehlende vertragliche Grundlage. Nur bei der auf Vertrag beruhenden Gemeinschaft muss auf den gemeinsamen Zweck noch eingegangen werden.

[19] Knapper Überblick über die rechtliche Behandlung der Bruchteilsgemeinschaft bei *Kübler/Assmann,* § 4 II.

[20] Vgl. auch *Saenger,* Rn. 6 f.

[21] Vgl. statt aller *Kindler,* § 9 Rn. 6.

14 *Holtkamp* ist Gesellschafter geworden, wenn der Vertrag zwischen ihm, *Anton* und *Berthold* die gegenseitige Verpflichtung enthält, einen gemeinsamen Zweck zu fördern (§ 705 BGB). Der Gesellschaftszweck kann in dem Betrieb der Kraftfahrzeugwerkstatt liegen. Es ist jedoch fraglich, ob dieser Zweck allen Vertragschließenden gemeinsam ist oder ob *Holtkamp* nur einen eigenen Zweck, nämlich den einer guten Rendite seiner Geldanlage, verfolgt. Wenn dies der Fall ist, liegt kein Gesellschaftsvertrag vor, sondern ein Darlehensvertrag (§ 488 BGB), allerdings in einer atypischen Gestalt: Die Gegenleistung ist nicht in einem Prozentsatz der Darlehenssumme festgelegt, wie das bei einer Verzinsung der Fall wäre, sondern besteht in einer Gewinnbeteiligung. Liegt die Gegenleistung ganz oder teilweise in einer Beteiligung am Geschäftsergebnis, so spricht man von einem partiarischen Rechtsgeschäft. Atypische Austauschverträge dieser Art begegnen vor allem als Darlehens-, Pacht- und Dienstvertrag. Der gemeinsame Zweck grenzt die Gesellschaft also nicht nur von der Bruchteilsgemeinschaft ab (Fall 2), sondern auch von den partiarischen Rechtsgeschäften.[22] Besondere praktische Bedeutung hat diese Gestaltungsform in neuerer Zeit als Grundlage des sog. Crowdfunding gefunden.[23]

15 Ob ein gemeinsamer Zweck vorliegt, ist durch Auslegung des von *Holtkamp* mit *Anton* und *Berthold* geschlossenen Vertrags zu ermitteln. Erforderlich ist dabei eine Gesamtschau, in der alle getroffenen Verabredungen und die damit von den Parteien verfolgten wirtschaftlichen Ziele zu berücksichtigen sind.[24] Eine von den Parteien gewählte Bezeichnung als Darlehen oder Gesellschaft bindet dabei nicht, sondern hat allenfalls indizielle Bedeutung.[25] Gemeinsam wäre der Zweck nur, wenn *Holtkamp* sein individuelles Interesse an einer guten Rendite gerade dadurch verwirklichen wollte, dass er – zusammen mit *Anton* und *Berthold* – die Kraftfahrzeugwerkstatt betreibt. Wichtige Anhaltspunkte dafür wären z. B. seine Beteiligung an einem etwa eintretenden Verlust, seine Mitwirkung an der Geschäftsführung, die Unterstützung des Unternehmens durch Zuführung von Kunden oder andere Werbemaßnahmen sowie das Recht, die geschäftliche Tätigkeit von *Anton* und *Berthold* zu kontrollieren. Solche Anhaltspunkte bestehen nach dem Sachverhalt nicht. *Holtkamp* will lediglich sein Geld in dem von *Anton* und *Berthold* betriebenen Unternehmen arbeiten lassen und diese in die Lage versetzen, ihrerseits Gewinn zu erwirtschaften, um daraus seinen Vorteil zu ziehen. Er verfolgt also nur seinen eigenen Zweck und ist deshalb nicht Gesellschafter geworden. Stattdessen ist anzunehmen, dass er der Gesellschaft ein partiarisches Darlehen gewährt hat.

4. Die Förderpflicht der Gesellschafter

16 **Fall 4:** *Anton* und *Berthold* wollen ihren Kfz-Meister *Reith* stärker an das Unternehmen binden und deshalb zum Gesellschafter machen. Kann *Reith* Gesellschafter werden, ohne eine Einlage zu leisten, die in das Vermögen der Gesellschaft übergeht?

17 Eine Gesellschaft setzt nicht nur einen Vertrag und die vertragliche Festlegung eines gemeinsamen Zwecks voraus, sondern auch eine Förderpflicht der Gesellschafter;[26] denn eine Gesellschaft liegt nach § 705 BGB nur vor, wenn sich die Vertragschließenden gegenseitig verpflichten, zur Erreichung des gemeinsamen Zwecks zusam-

---

22 MüKoBGB/*Ulmer/C. Schäfer,* Vor § 705 Rn. 107 ff.; *Kübler/Assmann,* § 6 I 1d und § 9 I 1b; *K. Schmidt,* § 62 II 1c bb; *Windbichler,* § 5 Rn. 5.

23 Vgl. dazu etwa den Überblick bei *Schmitt/Doetsch,* BB 2013, 1451 ff.

24 Vgl. z. B. *BGH* NJW 1990, 573, 574; *BGH* NJW 1992, 2696 f.; BGHZ 127, 176, 178 ff. = NJW 1995, 192.

25 BGHZ 127, 176, 178 = NJW 1995, 192; *OLG Dresden* NZG 2000, 302.

26 MüKoBGB/*Ulmer/C. Schäfer,* § 705 Rn. 153 f.; *Kübler/Assmann,* § 6 I 1d.

menzuwirken. Der Inhalt der Förderpflicht der Gesellschafter darf jedoch nicht eng aufgefasst werden. Der Gesellschaftszweck kann auch in anderer Weise gefördert werden als durch die Leistung von Geld oder sonstigen Vermögensgegenständen.[27] Für *Reith* kommt in Betracht, dass er den Gesellschaftszweck fördert, indem er dem gemeinsamen Unternehmen seine Arbeitskraft zur Verfügung stellt. Er kann also Gesellschafter werden, ohne einen finanziellen Beitrag zu leisten, der in das Gesellschaftsvermögen übergeht.

III. Zusammenfassung

Eine Gesellschaft liegt nach § 705 BGB vor, wenn drei Voraussetzungen erfüllt sind: 18
Mehrere Personen müssen sich durch einen Vertrag zusammenschließen; der Vertrag muss einen gemeinsamen Zweck festlegen, wofür jeder erlaubte Zweck in Frage kommt; jeder Vertragschließende muss sich verpflichten, den gemeinsamen Zweck zu fördern. Keine Gesellschaften sind die auf Gesetz beruhenden Rechtsgemeinschaften, die Stiftung, die durch Vertrag entstehende Bruchteilsgemeinschaft, die eheliche Gemeinschaft und die partiarischen Rechtsverhältnisse.

§ 2. Personengesellschaft und Körperschaft

Literatur: *Beuthien,* Zur Grundlagenungewissheit des deutschen Gesellschaftsrechts, NJW 2005, 855; *Frey,* Gesellschaftsrecht als Systembaukasten, NZG 2004, 169; *v. Gierke,* Das Wesen der menschlichen Verbände, 1902; *John,* Die organisierte Rechtsperson, 1977; *Raiser,* Der Begriff der juristischen Person. Eine Neubesinnung, AcP 199 (1999), 104; *Steding,* Strategien der Wahl und Anpassung der Rechtsform für Unternehmen im Gesellschaftsrecht, JA 2002, 338; *Wiedemann,* Gedanken zum Inhalt der juristischen Person im Zivilrecht, FS Hüffer, 2010, S. 1091.

I. Grundtypen

Fall 1: *Ashauer, Bungart* und *Markowski* vereinbaren, sich zu einer Gesellschaft zusammen- 1
zuschließen, um gemeinsam im großen Stil Internetdienstleistungen für Unternehmen anbieten zu können. Entsprechend ihrer vertraglichen Absprache zahlt jeder von ihnen 10.000 EUR auf ein Gemeinschaftskonto ein. Dieser Kapitalstock soll künftig das finanzielle Fundament der Gesellschaft sein. Sie beschließen, dass ihre persönliche Haftung ausgeschlossen sein soll. Sodann wird *Markowski* einstimmig zum Geschäftsführer bestimmt. Als er die juristischen Vorgaben für seine künftige Geschäftsführertätigkeit ermitteln will, stellt sich ihm die Frage, welche Gesellschaftsform eigentlich begründet wurde. Wie kann er diese Feststellung treffen?

Bei dem Zusammenschluss handelt es sich um eine Gesellschaft, da die für alle 2
Gesellschaftsformen geltenden Merkmale des § 705 BGB (s. § 1 Rn. 2 ff.) erfüllt sind: Die Gesellschafter haben sich vertraglich zusammengeschlossen, um einen gemeinsamen Zweck zu verfolgen, die Gewinnerzielung durch die gemeinschaftliche Erbringung von Dienstleistungen. Jeder von ihnen ist auch dazu verpflichtet, diesen Zweck zu fördern, und zwar zumindest durch Erfüllung der Beitragspflichten. Bei dem Befund, dass es sich um eine Gesellschaft handelt, kann die rechtliche Untersuchung indes nicht stehen bleiben. Um dem Facettenreichtum kollektiven Handelns mehrerer Personen gerecht zu werden, stellt der Gesetzgeber ein breites Spektrum verschiedener Gesellschaftsformen zur Verfügung, die jeweils unterschiedlichen Regelungsregimen unterliegen. Die einzelnen Gesellschaftstypen lassen sich nach zen-

[27] MüKoBGB/*Ulmer/C. Schäfer,* § 705 Rn. 154.

tralen Charakteristika ihrer Organisationsstruktur in zwei Gruppen unterteilen, die ihre historischen Ursprünge bereits in den römisch-rechtlichen Grundformen der *societas* und der *universitas* finden:[1] Personengesellschaften (Gesellschaften im engeren Sinne) und Körperschaften.[2] Das Wesen der Personengesellschaften liegt darin, dass die Gesellschaft von der Individualität ihrer Gesellschafter abhängig ist; die Gruppe „lebt" in ihren Mitgliedern. Die Körperschaft ist hingegen eine Vereinigung, deren Zielverwirklichung unabhängig von den einzelnen Mitgliedern gedacht ist. Diese Form des Zusammenschlusses ist in erster Linie für Vereinigungen mit einer großen Zahl von Mitgliedern vorgesehen; hier soll die Gruppe gegenüber der Individualität ihrer einzelnen Gesellschafter verselbstständigt werden. Dieser grundlegende Unterschied manifestiert sich im Wesentlichen in zwei Punkten, die miteinander zusammenhängen: in der Abhängigkeit des rechtlichen Bestandes der Gesellschaft von ihren Mitgliedern sowie in der Organisationsstruktur. Da das Gesellschaftsrecht in weitem Umfang Kautelarrecht ist, d. h. der privatautonomen Ausgestaltung und Modifikation durch die Gesellschafter unterliegt (s. noch Rn. 14 ff.), sind diese Unterschiede in der Praxis nicht zwingend. Auch ein sehr enger persönlicher Zusammenschluss kann in die Form einer Körperschaft gekleidet sein, während eine Personengesellschaft einen anonymen Charakter annehmen kann (namentlich in Gestalt der sog. Publikumsgesellschaft; vgl. dazu noch § 23). Als Typusvorstellung prägt die Ausgestaltung als Personengesellschaft oder Körperschaft aber zumindest die gesetzlichen Grundtypen der jeweiligen Gesellschaftsform und soll deshalb im Folgenden näher beleuchtet werden.[3] Dabei orientiert sich die Darstellung an den sechs geläufigsten Gesellschaftsformen: Als Personengesellschaften werden die Gesellschaft bürgerlichen Rechts (§§ 705 ff. BGB), die offene Handelsgesellschaft (§§ 105 ff. HGB) und die Kommanditgesellschaft (§§ 161 ff. HGB) in die Betrachtung einbezogen, als Körperschaften der Verein (§§ 21 ff. BGB), die Aktiengesellschaft (AktG) und die Gesellschaft mit beschränkter Haftung (GmbHG).

II. Charakteristika von Personengesellschaft und Körperschaft

1. Verhältnis von Gesellschaft und Gesellschaftern, Haftung

3 Das gesetzgeberische Anliegen, die Körperschaft von der Individualität ihrer Mitglieder zu lösen, macht es in einem ersten Schritt erforderlich, die Gesellschaftsangelegenheiten so weit wie möglich von den Gesellschaftern abzugrenzen. Um diese Trennung durchzuführen, hat der Gesetzgeber die Körperschaft rechtlich verselbstständigt. Ihr wird der Status einer juristischen Person (s. dazu noch Rn. 4) und auf diese Weise eigene Rechtsfähigkeit verliehen.[4] Damit ist sie alleiniges Zuord-

---

[1] Zu den historischen Ursprüngen im römischen Recht und ihrer allmählichen Modifizierung im Zuge der deutschen Rechtsentwicklung vgl. den anschaulichen Überblick von *Wiedemann,* GesR II, § 1 III; s. ferner *Kübler/Assmann,* § 2; *Windbichler,* § 1 Rn. 25 ff. sowie das in der Literaturübersicht angeführte grundlegende Werk von *v. Gierke.*

[2] Vgl. zum Folgenden *Kübler/Assmann,* § 3; *K. Schmidt,* § 3 I 2; *Windbichler,* § 2 Rn. 9 ff.; zur Bezeichnung als Gesellschaften im engeren Sinne vgl. *K. Schmidt,* § 3 I 1; zu weiteren Kategorisierungsmöglichkeiten vgl. *Kübler/Assmann,* § 3; *K. Schmidt,* § 3 I; *Windbichler,* § 2; krit. gegenüber diesem Dualismus *Bergmann,* ZGR 2005, 654 ff.

[3] Zum Idealtypus der Gesellschaftsformen und den kautelarjuristischen Möglichkeiten der Abweichung vgl. auch *K. Schmidt,* § 3 I 2b, II 1; ferner *Kübler/Assmann,* § 3 I.

[4] Zum Teil wird der Personengesellschaft daher auch nicht die Körperschaft, sondern die juristische Person gegenübergestellt (vgl. etwa *Eisenhardt/Wackerbarth,* Rn. 21 ff.), was aber insofern nicht überzeugt, als der Begriff der juristischen Person nicht die Struktur der Gesellschaft umschreibt, sondern lediglich ihre rechtliche Verselbstständigung im Wege der Eintragung (s. noch § 26 Rn. 15). Namentlich der nicht eingetragene Verein kann weder als

nungssubjekt des Gesellschaftsvermögens sowie sonstiger Rechte und Pflichten; die Rechtssphären von Gesellschaft und Gesellschaftern werden konsequent voneinander getrennt. Im Rechtsverkehr tritt die Körperschaft unter eigenem Namen nach außen auf. Bei den Personengesellschaften ist diese Verselbstständigung nicht in gleichem Maße ausgeprägt. Ihnen wird nicht der Status einer juristischen Person eingeräumt, so dass die Trennung der Gesellschaft von ihren Gesellschaftern weniger streng ausgestaltet ist (vgl. dazu noch ausführlich § 3 Rn. 13, aber auch § 26 Rn. 15).[5]

Die Konsequenzen dieser Verselbstständigung treten am prononciertesten in der Haftung ihrer Mitglieder hervor. Die Personengesellschaft lebt in ihren Mitgliedern, weshalb diese auch persönlich für die Verbindlichkeiten der Gesellschaft einstehen müssen. Bei der Kommanditgesellschaft gilt das zumindest für einen Teil der Gesellschafter, nämlich die persönlich haftenden Komplementäre (dazu noch ausführlich § 20 Rn. 1). Bei den Körperschaften, deren Zielverwirklichung unabhängig von ihren Mitgliedern sein soll, haben diese grundsätzlich auch nicht für die Verbindlichkeiten der Gesellschaft einzustehen (vgl. §§ 1 I 2 AktG, 13 II GmbHG; zur entsprechenden Rechtslage beim eingetragenen Verein s. noch § 27 Rn. 8). Die Haftung wird auf die rechtlich verselbstständigte juristische Person konzentriert; nur für die dogmatisch problematische Form des nichtrechtsfähigen Vereins wird diese Regel durchbrochen (s. dazu noch § 28 Rn. 8 ff.). Aus der Haftungsbeschränkung ergeben sich für den Rechtsverkehr Gefahren: Es wird Verkehrsteilnehmern gestattet, in Form einer Vereinigung unternehmerisch tätig zu werden, ohne für die Risiken dieser Tätigkeit haften zu müssen. Den daraus erwachsenden Risiken wird bei der AG und der GmbH in der Weise entgegengewirkt, dass die Gesellschafter dazu verpflichtet werden, ein sog. Mindestkapital aufzubringen, das den Gläubigern als Kompensation für die fehlende persönliche Haftung zur Verfügung steht (vgl. § 7 AktG, § 5 GmbHG).[6] Man bezeichnet diese Gesellschaften daher auch als Kapitalgesellschaften. Beim Verein wird auf die Aufbringung eines solchen Kapitals verzichtet; er soll aber grundsätzlich nur für nicht wirtschaftliche Tätigkeiten zur Verfügung stehen, so dass Gefahren für den Rechtsverkehr auf diesem Weg minimiert werden (s. dazu noch § 26 Rn. 2). 4

Im Fall 1 haben die Gesellschafter ihre persönliche Haftung ausgeschlossen. Dennoch wäre es voreilig, wollte man daraus den Schluss ziehen, es müsse sich zwangsläufig um eine Körperschaft handeln. Der Zusammenschluss wird vielmehr nur dort als Körperschaft mit der Folge der Haftungsbeschränkung anerkannt, wo die dafür gesetzlich vorgesehenen Voraussetzungen erfüllt sind. Diese Voraussetzungen dienen namentlich dazu, den mit der Haftungsbeschränkung verbundenen Gefahren für den Rechtsverkehr entgegenzuwirken. Wenn daher Gesellschafter den Ausschluss 5

Personengesellschaft noch als juristische Person eingeordnet werden, wohl aber als Körperschaft (§ 28 Rn. 1 ff.); s. schon *Stoll* in Schreiber, Die Reichsgerichtspraxis im deutschen Rechtsleben, Bd. II, 1929, S. 49: „Die wahren Gegensätze lauten nicht Gesellschaft und juristische Person, sondern Gesellschaft und Verein.“

5 *Kindler,* § 9 Rn. 16; *Saenger,* Rn. 15 f. Auch bei den Personengesellschaften ist die Gesellschaft mittlerweile nicht nur im Fall der OHG und der KG (§ 124 HGB), sondern auch bei der GbR als eigenständiges Zuordnungssubjekt anerkannt (s. noch § 3 Rn. 3 ff.), doch fehlt dort die konsequente Trennung vom Rechtskreis ihrer Mitglieder.

6 Zur Funktionsfähigkeit dieses Modells vgl. etwa die kritischen Untersuchungen von *Drygala,* ZGR 2006, 587, 595 ff. und *Bayer,* ZGR 2007, 220 ff. mit Diskussionsbericht von *Lieder* auf S. 241 ff.; zur faktischen Aushöhlung dieses Grundsatzes durch die Einführung der UG (haftungsbeschränkt) vgl. § 33 Rn. 22.

ihrer persönlichen Haftung beschließen, dann wird aus ihnen noch nicht automatisch eine Körperschaft, zB eine GmbH, solange die Gründungsvoraussetzungen dieser Gesellschaftsform nicht beachtet wurden. Vielmehr kann es sich etwa auch um eine OHG handeln, in der eine Haftungsbeschränkung vereinbart wird, der das Gesetz in § 128 S. 2 HGB die Anerkennung im Außenverhältnis aber versagt (s. dazu noch § 16 Rn. 15 f.). Der Wunsch, die persönliche Haftung aller Gesellschafter zu beschränken, deutet demnach zwar darauf hin, dass eine Körperschaft die geeignete Rechtsform für die Parteien sein könnte. Die bloße Einigung auf eine Haftungsbeschränkung führt aber noch nicht zur Gründung einer solchen Körperschaft.

2. Gründungsakt und Registereintragung

6 Gerade in der Haftung hat sich gezeigt, dass die körperschaftstypische Trennung zwischen Gesellschaftern und Gesellschaft für den Rechtsverkehr gefährlich sein kann. Sie wird deshalb nur dort anerkannt, wo die gesetzlichen Voraussetzungen für eine Körperschaftsgründung erfüllt sind. Damit strahlt der Unterschied zwischen der mitgliederfokussierten Personengesellschaft und der anonymen Körperschaft auch auf den Gründungsakt aus. Wo die persönliche Haftung ausgeschlossen und der Gläubigerschutz durch andere Instrumentarien gewährleistet werden soll, bedarf es der hoheitlichen Beteiligung, um sicherzustellen, dass die dem Gläubigerschutz dienenden Kautelen des Gesetzes auch tatsächlich beachtet wurden. Zu diesem Zweck wird bei der Gründung einer Körperschaft das Registergericht eingeschaltet, das zu prüfen hat, ob bei den Kapitalgesellschaften (Rn. 4) ein Haftungsfonds aufgebaut wurde und ob bei den Idealvereinen die Beschränkungen des Tätigkeitsbereichs auf nicht wirtschaftliche Aktivitäten beachtet wurde.[7] Solange das Registergericht diese Feststellung nicht in Form einer Registereintragung protokolliert hat, entsteht die Gesellschaft als solche noch nicht (vgl. §§ 21 BGB, 41 I 1 AktG, 11 I GmbHG). Auf diese Weise wird der Schutz des Rechtsverkehrs gewährleistet. Bei den Personengesellschaften erübrigt die persönliche Haftung eine derartige Kontrolle. Zwar ist auch bei der OHG und der KG eine Beteiligung des Registergerichts vorgesehen, doch sie hat einen anderen Charakter. Sie soll dem Rechtsverkehr den Umgang mit den Gesellschaften erleichtern; die Existenz der Gesellschaft wird aber nicht an den Registereintrag geknüpft.[8] Vielmehr entsteht die Gesellschaft schon mit dem vertraglichen Zusammenschluss selbst (s. dazu noch § 12 Rn. 20 f.). Während die Eintragung bei den Personengesellschaften also eine deklaratorische Bedeutung hat, kommt ihr bei den Körperschaften eine konstitutive Wirkung zu.

7 Im Fall 1 haben die Parteien nicht die Eintragung als Verein, GmbH oder AG zum Handelsregister betrieben. Nach § 41 I 1 AktG und § 11 I GmbHG kann ihr Zusammenschluss demnach weder als AG noch als GmbH qualifiziert werden. Der Umstand, dass die Gesellschaften einen Vermögensfonds aufgebaut haben, der den Anforderungen an das Mindestkapital einer GmbH genügen würde (vgl. § 5 I GmbHG: 25.000 EUR), ändert daran nichts. Auch Personengesellschaften sind im Regelfall auf eine hinreichende Kapitalausstattung angewiesen. Solange dieses Kapital qua Gesellschaftsvertrag nicht ausdrücklich der Aufbringung des Mindestkapitals gewidmet und dies durch die Registereintragung dokumentiert wurde, ist eine GmbH aber nicht entstanden. Dennoch kann aus dieser fehlenden Eintragung allein noch nicht die abschließende Konsequenz gezogen werden, dass eine Körperschaft nicht vorliegt. Aus § 54 BGB ergibt sich nämlich, dass das Gesetz auch einen nicht eingetragenen Verein anerkennt (vgl. dazu noch § 28). Zwar ordnet § 54 BGB für

---

[7] Vgl. zu dieser Funktion der registergerichtlichen Kontrolle Staub/*J. Koch,* § 8 Rn. 3.
[8] Zu dieser Form der registergerichtlichen Kontrolle vgl. Staub/*J. Koch,* § 8 Rn. 2.

ein solches Gebilde die analoge Anwendung des Rechts der Personengesellschaft an, doch handelt es sich nach allgemeiner Auffassung um eine Körperschaft (s. noch § 28 Rn. 1 ff.).[9] Obwohl die Eintragung demnach zwar erforderlich ist, damit eine Gesellschaft als AG, GmbH oder eingetragener Verein entsteht, schließt ihr Fehlen das Vorliegen einer Körperschaft noch nicht gänzlich aus, sondern es müssen zur endgültigen Beurteilung noch weitere Kriterien herangezogen werden.

3. Die korporative Verfassung

Das entscheidende Kriterium zur Abgrenzung von Personengesellschaft und Körperschaft ist die Existenz bzw. das Fehlen einer körperschaftlichen oder korporativen Verfassung.[10] Maßgeblich ist auch hier wieder der persönliche Zuschnitt der Personengesellschaft und der abstrakte Charakter der Körperschaft: Die Personengesellschaft ist aufgrund ihrer mitgliederbezogenen Ausrichtung auf die Dauerhaftigkeit des ursprünglichen Zusammenschlusses zugeschnitten und einem Mitgliederwechsel daher nur bedingt zugänglich. Der Zusammenschluss beruht ausschließlich auf einer vertraglichen Einigung der Mitglieder, so dass der Beitritt weiterer Mitglieder eine Vertragsänderung darstellt, der alle bisherigen Mitglieder zustimmen müssen. Das entspricht dem Grundtypus einer auf Vertrauen basierenden Arbeits- und Haftungsgemeinschaft: Kein Gesellschafter soll dazu gezwungen sein, gegen seinen Willen eine derart enge Verbindung zu einer anderen Person zu begründen.[11] Besonders konsequent wird diese Ausrichtung auf den ursprünglichen Zusammenschluss bei der Gesellschaft bürgerlichen Rechts zu Ende gedacht: Will ein Gesellschafter aus der Gesellschaft ausscheiden, so wird die gesamte Gesellschaft aufgelöst (§ 723 BGB). Dieses Konzept galt ursprünglich auch für die OHG und die KG, doch hat der Gesetzgeber hier eine Korrektur vorgenommen, um den Bedürfnissen der Praxis entgegenzukommen (s. noch § 17 Rn. 5). 8

Die Körperschaft wird hingegen unabhängig von ihren Mitgliedern gedacht und ist deshalb nicht auf die Dauerhaftigkeit des ursprünglichen Gesellschafterkreises ausgerichtet, sondern steht dem Wechsel von Mitgliedern offen. Dauerhaft ist die Gesellschaft selbst, nicht ihre originäre personale Zusammensetzung. Sie verfügt zwar ebenso wie die Personengesellschaft über ein vertragliches Fundament, doch wird zugleich eine Satzung errichtet, auf deren Grundlage weitere Mitglieder ohne Zustimmung der bisherigen Gesellschafter der Vereinigung beitreten können.[12] Diese Satzung wird zwar ebenfalls vertraglich beschlossen, löst sich aber mit der Entstehung der Körperschaft von den vertragsschließenden Gesellschaftern und wird zur überindividuellen körperschaftlichen Verfassung der Gesellschaft.[13] Entsprechend dieser Zwecksetzung werden die Rechte und Pflichten der Mitglieder in der Satzung zumeist für alle Mitglieder gleich ausgestaltet (Ausnahmen sind möglich, vgl. etwa für den Verein § 35 BGB). Die auf einer Satzung beruhende Ordnung der Gesellschaft mit besonderen Organen (s. noch Rn. 11) und die Mitgliedschaft mit für alle gleichen Rechten und Pflichten kennzeichnen demnach die körperschaftliche Verfassung. Ebenso wie der Beitritt ist auch der Austritt ohne weiteres möglich. Da 9

---

[9] Vgl. etwa *K. Schmidt,* § 23 II 1; *Windbichler,* § 2 Rn. 10. Zu den ebenfalls trotz fehlender Registereintragung bereits körperschaftlich strukturierten Vorgesellschaften vgl. noch § 33 Rn. 24 ff.

[10] Vgl. dazu *Kübler/Assmann,* § 3 I 2, 3 II 2.

[11] Vgl. *Windbichler,* § 2 Rn. 11.

[12] Vgl. dazu *Kübler/Assmann,* § 3 II 2; zum Verhältnis von Gesellschaftsvertrag und Satzung vgl. *K. Schmidt,* § 5 I 1b.

[13] BGHZ 47, 172, 179 ff. = NJW 1967, 1268.

der Austritt bei den Kapitalgesellschaften aber nicht die Kapitalgrundlagen beeinträchtigen darf, kann er sich hier allein durch Übertragung der Mitgliedschaft an einen anderen vollziehen. Beim Verein, in dem ein Haftungsfonds nicht aufgebracht werden muss, ist der Austritt ohne eine solche Übertragung möglich (vgl. § 38 BGB).

10 Spätestens anhand des Merkmals einer körperschaftlichen Verfassung kann auch in Fall 1 das Vorliegen einer Körperschaft verneint werden, da es an der satzungsmäßigen Grundlage fehlt. Es handelt sich um eine Personengesellschaft, und zwar – im Vorgriff auf spätere Ausführungen – um eine OHG, da ihr Gesellschaftszweck (anders als bei der Gesellschaft bürgerlichen Rechts) auf den Betrieb eines Handelsgewerbes gerichtet ist und (anders als die KG) eine Unterscheidung zwischen persönlich haftenden und beschränkt haftenden Gesellschaftern im Gesellschaftsvertrag nicht vorgesehen ist. Der Beschluss der Gesellschafter, ihre persönliche Haftung auszuschließen, entfaltet im Außenverhältnis keine Wirkung (vgl. § 128 S. 2 HGB).

4. Organstruktur

11 Ein weiterer Unterschied zwischen Personengesellschaften und Körperschaften offenbart sich in der Organstruktur der Gesellschaft. Da eine Gesellschaft als solche nicht handlungsfähig ist, müssen zu ihrer Leitung natürliche Personen eingesetzt werden; man spricht insofern von Organen.[14] Bei der Personengesellschaft, die als persönlicher Zusammenschluss zu einer Arbeits- und Haftungsgemeinschaft in ihren Mitgliedern lebt, liegen auch die Geschäftsführung und die Vertretung der Gesellschaft in den Händen der Gesellschafter (vgl. §§ 709, 714 BGB, 114, 125, 161 HGB). Sie muss nicht mit besonderen Organen ausgestattet werden, sondern sie hat ipso iure Organe: Die Organfunktion ist an die Mitgliedschaft gebunden.[15] Man spricht insofern von dem Prinzip der Selbstorganschaft (vgl. dazu noch § 6 Rn. 1, 4 und 11).[16] Dieses Prinzip erweist sich auch im Lichte der persönlichen Haftung als sinnvoll: Die Leitung der Gesellschaft wird in die Hände derjenigen gelegt, die später für die Folgen des wirtschaftlichen Handelns einzustehen haben.[17] Bei den Körperschaften werden die Geschäftsführung und Vertretung von den Mitgliedern losgelöst. Zwar ist es möglich und in der Praxis auch verbreitet, dass die Gesellschafter Geschäftsführungsaufgaben übernehmen, doch fällt ihnen diese Position nicht automatisch zu. Vielmehr muss die Körperschaft zwingend über gesonderte Organe verfügen, die mit Gesellschaftern, aber auch mit externen Personen, etwa einem professionellen Management, besetzt werden können (so ausdrücklich § 6 III GmbHG). Man spricht hier von der sog. Fremdorganschaft. Das Vorhandensein eigener, von den Gesellschaftern losgelöster Organe ist ein weiteres konstitutives Merkmal für das Vorliegen einer Körperschaft. Die daraus für die Gesellschafter resultierenden Gefahren sind überschaubar, da sie für die Folgen dieser fremden Geschäftsführung nicht persönlich einzustehen haben (s. Rn. 4 f.).

---

[14] Vgl. zu diesem Grundproblem etwa *Wiedemann,* GesR I, § 4 II 3; monographisch *Schürnbrand,* Organschaft im Recht der privaten Verbände, 2007, S. 9 ff.

[15] Dass auch die Personengesellschaft über Organe verfügt, ist heute – anders als im älteren Schrifttum – unbestritten; vgl. zu dieser Entwicklung die Darstellung bei *Schürnbrand,* Organschaft im Recht der privaten Verbände, 2007, S. 11 ff.

[16] Vgl. dazu *Grunewald,* § 1 Rn. 42 ff.; *Kindler,* § 9 Rn. 15; *K. Schmidt,* § 10 I 1c, 14 II 2a; *H. P. Westermann,* FS Lutter, 2000, S. 955 ff.; monographisch *Schürnbrand,* Organschaft im Recht der privaten Verbände, 2007, S. 242 ff.; *Christoph Weber,* Privatautonomie und Außeneinfluss im Gesellschaftsrecht, 2000, S. 74 ff.

[17] Vgl. zu dieser Überlegung etwa *Wiedemann,* GesR II, § 4 II 2b bb; s. auch *K. Schmidt,* § 14 II 2e.

5. Willensbildung

Schließlich setzen sich die Unterschiede zwischen Personengesellschaften und Körperschaften auch in der Willensbildung fort.[18] Personengesellschaften beruhen nach der Idealvorstellung des Gesetzgebers auf persönlichem Vertrauen und folgen deshalb im Grundsatz dem Prinzip der Einstimmigkeit (§ 709 I BGB, §§ 119 I, 161 II HGB). Selbst wo Mehrheitsentscheidungen zugelassen werden, wird die Mehrheit grundsätzlich nicht etwa nach dem Kapitaleinsatz innerhalb der Gesellschaft bestimmt, sondern nach der Zahl der Gesellschafter (§ 709 II BGB, §§ 119 II, 161 II HGB). Es herrscht also das Prinzip eines gleichberechtigten Zusammenschlusses. In der anonymen Körperschaft, die auch auf größere Zusammenschlüsse zugeschnitten sein soll, würde sich ein solches Prinzip als wenig praktikabel erweisen (namentlich in der Rechtsform der Aktiengesellschaft). In den Körperschaften folgt die Willensbildung daher dem Mehrheitsprinzip (vgl. § 32 I 3 BGB, § 133 I AktG, § 47 I GmbHG), wobei die Mehrheit in den Kapitalgesellschaften AG und GmbH nicht nach Köpfen, sondern nach der Höhe des in die Gesellschaft eingebrachten Kapitals bestimmt wird. 12

Hinweis:

Enthält der Klausursachverhalt eine ausdrückliche Qualifikation der Gesellschaft (etwa als OHG oder GmbH), dann muss diese nicht mehr hinterfragt werden. Etwas anderes gilt nur dann, wenn lediglich eine Einschätzung der Gesellschafter wiedergegeben wird, die durch anderweitige Angaben in Zweifel gezogen wird (Bsp.: Gesellschafter bezeichnen sich als GmbH, obwohl laut Sachverhalt keine Eintragung erfolgt ist). In diesem Fall muss die rechtliche Beurteilung der Gesellschafter überprüft werden. Wird hingegen – wie im Fall 1 – nur der Zusammenschluss referiert, nicht aber die Zuordnung zu einem bestimmten Gesellschaftstyp, dann ist die Qualifikation die erste und wichtigste Aufgabe. Wer hier einen Fehler begeht, hat die gesetzlichen Weichen für die gesamte folgende Falllösung falsch gestellt. 13

III. Kautelarjuristische Perspektive

Kennzeichnend für das Gesellschaftsrecht ist, dass es in weiten Zügen Kautelarrecht darstellt, d. h. ein Rechtsgebiet, das stark von der eigenverantwortlichen privatautonomen Gestaltung der Parteien geprägt ist.[19] Aus Gründen des Verkehrsschutzes können die Gesellschafter zwar nicht selbstständig neue Gesellschaftsformen kreieren, sondern sind auf die gesetzlich vorgesehenen Gesellschaftstypen beschränkt (numerus clausus des Gesellschaftsrechts); zwischen diesen Typen können sie aber grundsätzlich frei wählen.[20] Überdies eröffnet das Gesellschaftsrecht auch innerhalb der einzelnen Gesellschaftsformen gestalterische Freiheit bei der rechtsgeschäftlichen Ausgestaltung des Gesellschaftsvertrages. Wer eine Gesellschaft gründet, wird sich nur selten damit zufrieden geben, den gesetzlichen Regelungskatalog ungefragt zu 14

[18] Vgl. zum Folgenden *Kübler/Assmann,* § 3 I 3, II 3; *K. Schmidt,* § 16 I, II.

[19] Zum kautelarrechtlichen Charakter des Gesellschaftsrechts vgl. etwa *Junker/Kamanabrou,* Vertragsgestaltung, 4. Aufl., 2014, § 7; *Langenfeld,* Einführung in die Vertragsgestaltung, 2. Aufl., 2010, 5. Kap.; *K. Schmidt,* § 2 I 3; zu den Grenzen dieser Gestaltungsfreiheit vgl. den Überblick von *H. P. Westermann,* FG 50 Jahre BGH, 2000, S. 245 ff.

[20] Vgl. dazu *Kindler,* § 9 Rn. 21 ff.; *C. Schäfer,* § 2 Rn. 1 ff.; *K. Schmidt,* § 5 II – jeweils m. w. Nachw. zu Einschränkungen der Wahlfreiheit, etwa in bestimmten Wirtschaftsbereichen.

übernehmen, sondern er wird die weiten Gestaltungsspielräume, die der Gesetzgeber ihm lässt, nutzbar machen, um die Gesellschaft auf seine individuellen Belange zuzuschneiden. Diese gestalterische Herausforderung im Vorfeld macht einen besonderen Reiz der gesellschaftsrechtlichen Betätigung in der Praxis aus, begründet aber zugleich auch den Ruf des Gesellschaftsrechts als äußerst anspruchsvolle Rechtsmaterie. Die erste kautelarjuristische Gestaltungsentscheidung betrifft dabei die Auswahl der konkreten Gesellschaftsform und hier zunächst die Entscheidung zwischen Personengesellschaft und Körperschaft.[21]

15 **Fall 2:** Nachdem *Ashauer, Bungart* und *Markowski* mit ihrer gemeinsamen Unternehmung viel Geld verdient haben, wollen sie auch den Menschen aus ihrem Geburtsort Silberstadt etwas Gutes tun. Sie beschließen, dem städtischen Zoo die Anschaffung eines Löwenpaars zu finanzieren. Welche Konsequenzen müssen gezogen werden, wenn daraus ein möglichst mitgliedstarker „Freundeskreis des Silberstädter Zoos“ entwickelt werden soll, der sich zum Ziel setzt, diese Einrichtung dauerhaft zu fördern?

16 Der bisher bestehende Zusammenschluss ist nicht als Körperschaft, sondern als Personengesellschaft i. S. d. §§ 705 ff. BGB zu beurteilen, weil der gemeinsame Zweck inhaltlich begrenzt und der Zusammenschluss deshalb nur vorübergehender Natur ist (vgl. § 726 BGB). Folgerichtig fehlt es derzeit auch noch an einer körperschaftlichen Struktur der Gesellschaft. Für die Zukunft soll der Zweck verallgemeinert und damit auf Dauer angelegt werden. Den Gründern muss also daran gelegen sein, auch den Zusammenschluss dauerhaft zu machen. Soll ein möglichst großer Personenkreis für die Förderung des Zwecks gewonnen werden, dann ist zudem mit einem Wechsel im Mitgliederbestand zu rechnen. Die Kontinuität des Zusammenschlusses kann bei vielen und wechselnden Mitgliedern nur durch eine Organisation erreicht werden, die nicht unmittelbar an die Personen der Mitglieder anknüpft. Der Gesellschaft bürgerlichen Rechts – ebenso wie den anderen Unterformen der Personengesellschaften – ist diese Organisation fremd. Die Geschäftsführung und die Vertretung liegen nach dem Prinzip der Selbstorganschaft nämlich bei den Gesellschaftern selbst (§§ 709, 714 BGB). Kündigt oder verstirbt ein Gesellschafter, so wird dadurch die Gesellschaft aufgelöst, wenn der Vertrag keine andere Regelung enthält (§§ 723, 727, 736 BGB); soweit die Gesellschafter Beschlüsse zu fassen haben, ist grundsätzlich Einstimmigkeit erforderlich (§ 709 I BGB). Die Gesellschaft ist also unmittelbar auf die Personen der Gesellschafter bezogen. Diese Form des Zusammenschlusses ist demnach für den Freundeskreis des Zoos nicht geeignet.

17 Als Alternative kommt eine Körperschaft, und zwar hier konkret die Gründung eines Vereins, in Betracht. Das Mitglied eines Vereins kann zwar seinen Austritt erklären (§ 39 BGB); aufgelöst wird der Verein jedoch nur durch einen Beschluss der Mitgliederversammlung (§ 41 BGB). Die Unabhängigkeit vom Mitgliederbestand wird dadurch gewährleistet, dass der Verein eine auf Satzung (§ 25 BGB) beruhende Ordnung hat, die als Mindestorgane den Vorstand (§§ 26 ff. BGB) und die durch Mehrheitsbeschluss entscheidende Mitgliederversammlung (§§ 32 ff. BGB) vorsieht und ihre Kompetenzen regelt. Der auf Dauer angelegte Zweck des Zusammenschlusses und die Unabhängigkeit seines rechtlichen Bestandes von den jeweiligen Mitgliedern bedingen nicht nur eine von diesen abgelöste Organisation, sondern fordern auch, die Rechtsstellung der Mitglieder mit einem grundsätzlich für alle gleichen Inhalt in der Satzung festzulegen. Während die Rechte und Pflichten eines

---

[21] Neben den spezifisch gesellschaftsrechtlichen Überlegungen hängt die Wahl der Unternehmensverfassung zumeist in erheblichem Umfang auch von einem steuerlichen Belastungsvergleich ab, dessen Grundlagen in diesem Werk aber nur am Rande beleuchtet werden können.

neu eintretenden Gesellschafters regelmäßig in dem mit ihm abzuschließenden Gesellschaftsvertrag individuell auszuhandeln sind, kann dieser Weg bei einer Organisation mit einer Vielzahl von Mitgliedern nicht beschritten werden. Hier erwirbt das neue Mitglied mit seinem Beitritt die in der Satzung festgelegte Rechtsstellung, ohne Verhandlungsspielraum zu haben. Aufgrund der geschilderten Strukturmerkmale ist der Verein die richtige Rechtsform für den Zusammenschluss der Zoofreunde.

IV. Einteilung der Gesellschaftsformen

Die Einteilung in Personengesellschaften und Körperschaften gibt erste Strukturmerkmale des Zusammenschlusses vor, die für das Verständnis einzelner Erscheinungsformen nutzbar gemacht werden können. Letztlich maßgeblich für die juristische Behandlung ist dann aber die Zuordnung zu einer der zahlreichen Unterformen dieser beiden Hauptkategorien, den eigentlichen Gesellschaftstypen. Sie stehen im Mittelpunkt der folgenden Darstellung. Zu den Personengesellschaften zählen:[22] die Gesellschaft bürgerlichen Rechts (§§ 705 ff. BGB), die Offene Handelsgesellschaft (OHG – §§ 105 ff. HGB), die Kommanditgesellschaft (KG – §§ 161 ff. HGB), die Europäische wirtschaftliche Interessenvereinigung (EWIV-VO i. V. m. EWIV-AusfG[23]), die stille Gesellschaft (§§ 230 ff. HGB), die Partnerschaft und die Reederei (§§ 489 ff. a. F. HGB).[24] 18

Zu den Körperschaften gehören der Verein bürgerlichen Rechts (§§ 21 ff. BGB), die Aktiengesellschaft (AG – AktG 1965), die Kommanditgesellschaft auf Aktien (§§ 278 ff. AktG) und die Gesellschaft mit beschränkter Haftung (GmbH – GmbHG 1892),[25] ferner die Genossenschaft (GenG 1889) und der Versicherungsverein auf Gegenseitigkeit (VVaG – §§ 7, 15–53 VAG).[26] Auf europäischer Ebene ist jüngst die Societas Europaea hinzugekommen (SEVO i. V. m. SEEG[27]). 19

Die Gesellschaft bürgerlichen Rechts ist die Grundform der Personengesellschaften, der Verein die Grundform der Körperschaften. Soweit eine spezialgesetzlich geregelte Unterform der Personengesellschaften oder Körperschaften Regelungslücken auf- 20

---

[22] Schematische Übersicht über die Gesellschaftsformen bei *Wiedemann,* GesR I, § 1 Ia.

[23] Verordnung des Rates der EG Nr. 2137/85 vom 25.7.1985, ABl. EG vom 31.7.1985, Nr. L 199, S. 1 ff.; Gesetz zur Ausführung der EWG Verordnung über die Europäische wirtschaftliche Interessenvereinigung (EWIV-AusfG) vom 14.4.1988, BGBl. I 514 ff.

[24] Mit Inkrafttreten des Gesetzes zur Reform des Seehandelsrechts vom 20.4.2013, BGBl. 2013 I 831 sind die Vorschriften zur Partenreederei gestrichen worden. Jedoch bleiben die vor dem 25.4.2013 gegründeten Partenreedereien bestehen (vgl. Art. 71 EGHGB). Die Reederei wird in diesem Werk nicht vertieft erörtert; vgl. daher zur bisherigen Rechtslage den Überblick bei *K. Schmidt,* § 65 und bei MHdB GesR I/*Bote/Weipert,* §§ 87 ff.

[25] Bei der im Jahr 2008 neu eingefügten UG (haftungsbeschränkt) handelt es sich nicht um eine eigenständige Gesellschaftsform, sondern um eine besondere Spielart der GmbH (dazu noch ausführlich § 33 Rn. 22 f.).

[26] Auch die Genossenschaft und der Versicherungsverein werden hier nicht besprochen. Vgl. zur Genossenschaft den Überblick bei *Saenger,* Rn. 504 ff.; *K. Schmidt,* § 41; *Hirte,* DStR 2007, 2166, 2215; *Steding,* NZG 1999, 282; Einzelheiten bei *Beuthien,* Genossenschaftsgesetz, 15. Aufl., 2011; *Turner,* Die eingetragene Genossenschaft im System des Gesellschaftsrechts, 1992; zum Versicherungsverein vgl. den Überblick bei *K. Schmidt,* § 42; Einzelheiten bei *Saenger,* Rn. 518; *Benkel,* Der Versicherungsverein auf Gegenseitigkeit, 2002; *Prölss,* VAG, 12. Aufl., 2005, §§ 15 ff.

[27] Verordnung des Rates der EG Nr. 2157/2001 vom 8.10.2001 über das Statut der Europäischen Gesellschaft (SE), ABl. EG vom 10.11.2001, L 294, S. 1 ff.; Richtlinie des Rates der EG Nr. 2001/86 vom 8.10.2001 zur Ergänzung des Statuts der Europäischen Gesellschaft hinsichtlich der Beteiligung der Arbeitnehmer, ABl. EG vom 10.11.2001, L 294, S. 22 ff.; Gesetz zur Einführung der Europäischen Gesellschaft (SEEG) vom 22.12.2004, BGBl. I 3675 ff.

weist, kann zur Ausfüllung dieser Lücken auf §§ 705 ff. BGB oder §§ 21 ff. BGB zurückgegriffen werden.[28] Für die OHG und die KG ergibt sich dies ausdrücklich aus §§ 105 III, 161 II HGB, für die Körperschaften ohne gesetzliche Anordnung aus der übereinstimmenden korporativen Struktur.

V. Keine einheitliche Kodifikation

21 Schon der Überblick über die Grundformen gesellschaftlichen Zusammenwirkens hat gezeigt, dass es keine allgemeine Kodifikation des Gesellschaftsrechts gibt. Die einschlägigen Regelungen sind teils im BGB (Verein und Gesellschaft bürgerlichen Rechts), teils im HGB (OHG, KG, stille Gesellschaft), teils in Sondergesetzen enthalten (AktG, GmbHG). Viele Rechtsfragen stellen sich indes für all diese Gesellschaftsformen gleich, weshalb es gerechtfertigt ist, das Recht der privaten Zusammenschlüsse zu einer einheitlichen Rechtsmaterie, dem Gesellschaftsrecht, zusammenzufassen. Da auch zahlreiche Lösungsansätze und Strukturprinzipien für mehrere Gesellschaftsformen einheitliche Geltung beanspruchen, liegt der Gedanke nahe, auch diese in einem „Allgemeinen Teil" des Gesellschaftsrechts zusammenzuführen. Der Gesetzgeber hat von dieser Gestaltung abgesehen und sich für eine rechtsformspezifische Kodifikation entschieden. Das vorliegende Werk folgt dieser positivrechtlichen Systematik und orientiert sich in der Darstellung an den einzelnen Gesellschaftsformen. Gerade im Hinblick auf die Vielzahl von Gesellschaftstypen würde eine zu ambitionierte Abstraktionshöhe gerade dem Anfänger den Zugang zu dieser Materie eher erschweren als erleichtern. Dennoch darf nicht verkannt werden, dass letztlich erst die abstrahierende Zusammenfassung artverwandter Gestaltungen zum vertieften Verständnis auch dieses Rechtsgebiets führen kann. Nur wer die Gemeinsamkeiten verschiedener Rechtsformen kennt, wird begreifen, welche Zwecke mit den rechtsformspezifisch abgestuften Differenzierungen verfolgt werden. Nur ihm werden schließlich auch die systematischen Verwerfungen und Wertungswidersprüche erkennbar sein, für die der rechtsformspezifische Ansatz des Gesetzgebers naturgemäß besonders anfällig ist.[29] Auch wenn das vorliegende Werk diesem Ansatz in der Darstellung folgt, soll deshalb auch der Seitenblick auf verallgemeinerungsfähige Strukturprinzipien nicht vernachlässigt werden. Zu den europarechtlichen Bezügen des Gesellschaftsrechts s. noch § 40.

VI. Zusammenfassung

22 Gesellschaften können in zwei Grundtypen unterteilt werden: Personengesellschaften und Körperschaften. Während bei der Personengesellschaft die individuellen Mitglieder im Mittelpunkt des gesellschaftlichen Lebens stehen, ist die Körperschaft gegenüber ihren Mitgliedern verabsolutiert. Das zeigt sich in erster Linie in ihrer körperschaftlichen Verfassung, d. h. in einer auf Satzung beruhenden Ordnung mit besonderen Organen und in der Mitgliedschaft mit für alle gleichen Rechten und Pflichten. Weitere charakteristische Merkmale einer Körperschaft sind das Prinzip der Fremdorganschaft, das Mehrheitsprinzip, der Ausschluss der persönlichen Haftung und das Erfordernis einer Registereintragung. Die beiden letzten Regelerfordernisse erfahren allerdings beim nicht eingetragenen Verein eine Durchbrechung. Für die Personengesellschaft sind spiegelbildlich das Fehlen einer körperschaftlichen Verfassung, die Selbstorganschaft, das Einstimmigkeitsprinzip und die persönliche Haftung mindestens eines Gesellschafters typisch.

---

28 Vgl. auch *Windbichler,* § 2 Rn. 9.

29 Eindringlicher Appell zur „Institutionenbildung" deshalb bei *K. Schmidt,* § 3.

2. Teil. Die Gesellschaft bürgerlichen Rechts

§ 3. Die Gesellschaft bürgerlichen Rechts als rechtsfähige Wirkungseinheit

Literatur: *Beck,* Personengesellschaften – Gemeinsamkeiten und Unterschiede zwischen GbR und OHG, Jura 2013, 209; *Beuthien,* Was hat die „rechtsfähige Personengesellschaft" Neues gebracht? Zur Entzauberung der Gruppenlehre, NZG 2011, 481; *Canaris,* Die Übertragung des Regelungsmodells der §§ 125–130 HGB auf die Gesellschaft bürgerlichen Rechts als unzulässige Rechtsfortbildung contra legem, ZHR 2004, 69; *Dauner-Lieb,* Ein neues Fundament für die BGB-Gesellschaft, DStR 2001, 356; *Kohler,* Die BGB-Gesellschaft im Liegenschaftsrecht (Teil 1), Jura 2012, 1; *ders.,* Die BGB-Gesellschaft im Liegenschaftsrecht (Teil 2), Jura 2012, 83; *Lieder,* Die BGB-Gesellschaft im Grundstücksverkehr, Jura 2012, 335; *Markgraf/Kießling,* Gesellschaften als Parteien im Zivilprozess, JuS 2010, 312; *Oechsler/Mihaylova,* Ein Abiturjahrgang als Gesellschaft bürgerlichen Rechts?, Jura 2016, 833; *Petersen,* Die rechtsfähige Personengesellschaft, Jura 2004, 683; *Prütting,* Die Parteifähigkeit der Gesellschaft bürgerlichen Rechts als Methodenproblem, FS Wiedemann, 2002, S. 1077; *D. Schmidt,* Der gute Glaube an die Gesellschafterstellung nach § 899a BGB, Jura 2012, 7; *Ulmer,* Die höchstrichterlich „enträtselte" Gesellschaft bürgerlichen Rechts, ZIP 2001, 585; Fallbearbeitung bei *Lieder,* JenTranslation, Jura 2010, 926; vgl. auch noch die Literaturangaben zu § 7.

I. Gesetzliche Grundlagen und Erscheinungsformen der Gesellschaft bürgerlichen Rechts

1 § 705 BGB umschreibt die Gesellschaft bürgerlichen Rechts und enthält zugleich die allgemeinen Begriffsmerkmale einer Gesellschaft im weiteren Sinne (§ 1 Rn. 2 ff.). Andere Gesellschaftsformen unterscheiden sich davon durch zusätzliche qualifizierende Merkmale (zur Abgrenzung von den Körperschaften vgl. bereits § 2 Rn. 1 ff.). Das Fehlen dieser Qualifikationsmerkmale kann daher als weiteres negatives Definitionsmerkmal der Gesellschaft bürgerlichen Rechts ergänzt werden.[1] Namentlich von den beiden anderen wichtigen Personengesellschaften, der OHG und der KG, wird die Gesellschaft bürgerlichen Rechts dadurch abgegrenzt, dass ihr Gesellschaftszweck nicht auf den Betrieb eines Handelsgewerbes ausgerichtet ist (§§ 105 I, 161 II HGB – ausführlich noch § 12 Rn. 7 ff.).[2] Das hat zur Konsequenz, dass insbesondere kleinere Unternehmungen, die keinen kaufmännischen Geschäftsbetrieb erforderlich machen (§ 1 II HGB), in der Rechtsform einer Gesellschaft bürgerlichen Rechts geführt werden können.[3]

2 Darüber hinaus eröffnet die Ausklammerung der freien Berufe aus dem Gewerbebegriff ein weiteres wichtiges Anwendungsfeld der BGB-Gesellschaft: Zusammen-

---

1 *K. Schmidt,* § 58 I 1.

2 Zum Begriff des Handelsgewerbes vgl. statt aller *Canaris,* HandelsR, § 3 Rn. 6 ff.; Staub/*Oetker,* § 1 Rn. 13 ff.

3 Überblick über die rechtstatsächlichen Einsatzfelder der BGB-Gesellschaft bei *Wiedemann,* GesR II, § 7 I 5 (S. 605 ff.); vgl. ferner Erman/*H. P. Westermann,* vor § 705 Rn. 29 ff.; MüKoBGB/*Ulmer/C. Schäfer,* Vor § 705 Rn. 34 ff.; *K. Schmidt,* § 58 III; anschauliche Einzelstudie zum Streichquartett als BGB-Gesellschaft von *Ulmer,* FS K. Schmidt, 2009, S. 1625 ff.

schlüsse von Ärzten, Anwälten oder Steuerberatern haben in der Regel ebenfalls die Rechtsform einer Gesellschaft bürgerlichen Rechts.[4] Da ein Gewerbe schließlich auch die Dauerhaftigkeit des Zusammenschlusses voraussetzt,[5] kann die Gesellschaft bürgerlichen Rechts des Weiteren das Rechtskleid für Projekte sein, die sich in der Durchführung eines einzelnen Geschäfts erschöpfen (sog. Gelegenheitsgesellschaften), und zwar selbst dann, wenn diese ein beachtliches wirtschaftliches Volumen annehmen.[6] So können als Gelegenheitsgesellschaften etwa sog. Emissions- oder Kreditkonsortien in der Rechtsform einer Gesellschaft bürgerlichen Rechts gekleidet sein. Unter diesem Begriff versteht man Zusammenschlüsse von Banken, die darauf ausgerichtet sind, die von einem Unternehmen ausgegebenen Wertpapiere am Kapitalmarkt zu platzieren oder ihm im Rahmen der Fremdfinanzierung einen bedeutenden Kredit zu gewähren.[7] Derartige Zusammenschlüsse sind in wirtschaftlich gehobenen Sphären angesiedelt, aber doch als Einzelprojekte nicht dem Gewerbebegriff und folglich auch nicht dem Handelsrecht zugeordnet. Auch große Arbeitsgemeinschaften im Baugewerbe zur Durchführung eines Großauftrags sind aus diesem Grund als Gelegenheitsgesellschaften und folglich in der Regel als Gesellschaften bürgerlichen Rechts zu qualifizieren.[8] In bescheideneren wirtschaftlichen Dimensionen begegnen derartige Gelegenheitsgesellschaften als Spiel- und Fahrgemeinschaften oder andere Unkostengemeinschaften.[9] Die Verwendung der Gesellschaft bürgerlichen Rechts für Zusammenschlüsse dieses Typs steht in Einklang mit den Vorstellungen des Gesetzgebers und der von ihm geschaffenen Regelung. Das zeigt sich beispielhaft in § 721 I BGB, wonach Gewinn oder Verlust erst nach Auflösung der Gesellschaft zu verteilen sind (vgl. auch § 726 BGB), wenn die Gesellschafter nichts anderes vereinbart haben.

II. Die Rechtsfähigkeit der Gesellschaft bürgerlichen Rechts

1. Problemaufriss

3 Obwohl die Gesellschaft bürgerlichen Rechts in ihren Voraussetzungen die einfachste Rechtsform ist (Rn. 1 f.), wirft ihr Verständnis doch erhebliche Probleme auf.[10] Sie erklären sich daraus, dass der historische Gesetzgeber von diesem Gebilde selbst nur verschwommene Vorstellungen hatte, die sich in einer verwirrenden und uneinheitlichen Gesetzeskonzeption niedergeschlagen haben (s. noch Rn. 6, 11).[11] Rechtspre-

---

4 Zum Begriff der freien Berufe und ihrem Ausschluss aus dem Gewerbebegriff vgl. Staub/*Oetker,* § 1 Rn. 27 ff.; zu der Partnerschaftsgesellschaft, die Freiberuflern als besondere Gesellschaftsform zur Verfügung steht, s. noch § 25.

5 Vgl. dazu Staub/*Oetker,* § 1 Rn. 20 f.

6 Vgl. zum Folgenden MüKoBGB/*Ulmer/C. Schäfer,* Vor § 705 Rn. 86 ff.

7 Zum Begriff des Konsortiums vgl. *Wiedemann,* GesR II, § 7 I 5 (S. 619 ff.); kritisch zur gesellschaftsrechtlichen Einordnung von Konsortien *Grundmann,* FS Boujong, 1996, S. 159, 161 ff.

8 Zur baurechtlichen Arbeitsgemeinschaft vgl. *K. Schmidt,* § 58 III 3; *Wiedemann,* GesR II, § 7 I 5 (S. 614 f.).

9 Wegen der Spielgemeinschaften (Lotto usw.) vgl. *BGH* WM 1968, 376; *BGH* NJW 1974, 1705; *OLG Düsseldorf* WM 1982, 969; *OLG Karlsruhe* NJW-RR 1988, 1266, 1267; *OLG München* NJW-RR 1988, 1268; gemeinsame Urlaubsfahrt *BGH* JZ 1979, 101; Sammelbestellung von Heizöl *LG Konstanz* NJW 1987, 2521. Zur vermeintlichen Einordnung eines Abiturjahrgangs als GbR s. schon § 1 Fn. 2. Die Problematik der Gelegenheitsgesellschaften wird anschaulich beleuchtet von *Oechsler/Mihaylova,* Jura 2016, 833.

10 Vgl. auch *K. Schmidt,* § 58 II 1: „vielleicht nicht das bedeutsamste, aber doch wohl das schwierigste Gebiet des Besonderen Gesellschaftsrechts".

11 Aufschlussreich zur Gesetzgebungsgeschichte *Aderhold,* Das Schuldmodell der BGB-Gesellschaft, 1981, S. 26 f.; *Wächter,* Die Aufnahme der Gesamthandsgemeinschaften in das Bürgerliche Gesetzbuch, 2002, S. 37 ff., 205 ff.

chung und Wissenschaft haben auf dieser Grundlage notgedrungen eine Gesellschaftsform konzipiert, die den Bedürfnissen des Rechtsverkehrs und der Gesellschafter weitgehend Rechnung trägt, in den Buchstaben des Gesetzes aber oft nur schwer wiederzufinden ist.[12] Am deutlichsten zeigt sich diese Diskrepanz in der Frage nach der Rechtsfähigkeit der Gesellschaft und der Haftung ihrer Gesellschafter (zum zweiten Punkt s. noch § 7 Rn. 10 ff.):

Fall 1: Die beiden Journalistinnen *Schmincke* und *Hartig* gründen in Berlin Mitte das Journalistenbüro „blockfrei". *Schmincke* bringt zur Erfüllung ihrer Einlagepflichten einen gebrauchten Mini Cooper in die Gesellschaft ein. *Hartig* eröffnet ein unter dem Namen „Journalistenbüro blockfrei" geführtes Bankkonto. Wer ist Eigentümer des Mini Coopers, wer ist Gläubiger der Bank? 4

Im Fall 1 kann zunächst festgestellt werden, dass *Schmincke* und *Hartig* zumindest eine Gesellschaft im weiteren Sinne gegründet haben, da die allgemeinen Voraussetzungen des § 705 BGB erfüllt sind (vgl. dazu § 1). Sie haben sich vertraglich auf eine gemeinschaftliche Zweckverfolgung geeinigt, zu deren Förderung sie sowohl durch ihre Beitragspflichten als auch durch ihre weitere Berufstätigkeit beitragen wollen. Hinsichtlich der näheren Qualifikation kann aus dem Fehlen einer korporativen Struktur (Satzung etc. – § 2 Rn. 8 ff.) weiter gefolgert werden, dass es sich bei ihrem Zusammenschluss nicht um eine Körperschaft handelt. Da Journalisten einen freien Beruf ausüben,[13] kommt auch eine Qualifikation als OHG oder KG nicht in Betracht, die beide den Betrieb eines Handelsgewerbes voraussetzen (dazu noch ausführlich § 12 Rn. 7 ff.). Es bleibt demnach nur die Einordnung als BGB-Gesellschaft. Dem steht auch nicht entgegen, dass die beiden Gründerinnen für ihre Tätigkeit eine firmenähnliche Bezeichnung („blockfrei") gewählt haben. Auch die BGB-Gesellschaft darf nach heute einhelliger Auffassung unter einem solchen unterscheidungskräftigen, schlagwortartigen Gesamtnamen auftreten.[14] 5

Zu den beiden in Fall 1 aufgeworfenen Fragen sind zwei Antworten denkbar: Es könnten *Schmincke* und *Hartig* selbst als Gesellschafterinnen Eigentümer und Gläubiger sein. Es käme aber auch die von ihnen errichtete Gesellschaft als Trägerin der jeweiligen Rechte in Betracht. Welche Antwort zutrifft, hängt davon ab, ob die Gesellschaft als eigenständiges Zuordnungssubjekt neben die Gesellschafter tritt oder ob sie – wie andere besondere Schuldverhältnisse, etwa ein Kaufvertrag – nichts anderes ist als ein Rechtsverhältnis zwischen ihnen. Der Wortlaut der einschlägigen gesetzlichen Vorschriften ist nicht eindeutig. § 718 I BGB spricht zwar in seinem Klammerzusatz von einem Gesellschaftsvermögen, charakterisiert dieses aber als das gemeinschaftliche Vermögen der Gesellschafter. Dieselbe Vorschrift geht davon aus, dass durch die Geschäftsführung etwas für die Gesellschaft erworben wird. Nach § 714 BGB bezieht sich die Vertretung aber nicht auf die Gesellschaft, sondern auf die Gesellschafter, so dass ein rechtsgeschäftlicher Erwerb folgerichtig ihnen zugerechnet werden müsste. Um die Lösung der damit angeschnittenen Probleme wird seit der Entstehungszeit des BGB gerungen. Die grundsätzliche rechtsdogmatische 6

---

[12] Die verworrene Gesetzeslage hat der 71. DJT 2016 zum Anlass genommen, eine grundsätzliche Reform des Personengesellschaftsrechts zu diskutieren. U. a. ging es um die gesetzliche Fixierung der Rechtsfähigkeit der GbR sowie der Haftung ihrer Gesellschafter nach dem Vorbild der §§ 128 ff. HGB (s. dazu noch im Folgenden). Gegenstand der Diskussion waren gleichsam OHG, KG, stille Gesellschaft, PartG sowie der nichtrechtsfähige Verein. Vgl. dazu *C. Schäfer,* Gutachten E zum 71. Deutschen Juristentag, 2016; *Fleischer/Heinrich/Pendl,* NZG 2016, 1001; *K. Schmidt,* ZHR 180 (2016), 411.

[13] Vgl. statt aller Ebenroth/Boujong/Joost/Strohn/*Kindler,* § 1 Rn. 39.

[14] Vgl. statt aller MüKoBGB/*Ulmer/C. Schäfer,* § 705 Rn. 270.

Bedeutung der Zuordnungsfrage und der vorentscheidende Charakter, den ihre Beantwortung für eine Reihe von Detailproblemen hat, erfordern eine mehr ins Einzelne gehende Darstellung.

2. Streitstand

7 In groben Zügen bietet sich folgendes Meinungsbild: Nach tradierter Auffassung ist die Gesellschaft bürgerlichen Rechts ein auf vertraglicher Grundlage beruhendes Schuldverhältnis der Gesellschafter; sie besitzt keine eigene Rechtspersönlichkeit. Träger von Rechten sind die Gesellschafter selbst, allerdings in ihrer Zusammenfassung zur sog. Gesamthandsgemeinschaft (§§ 718, 719 BGB).[15] Unter dem diffusen Begriff der Gesamthand versteht man ein besonderes Vermögenszuordnungsprinzip: Die einzelnen Gegenstände des Gesellschaftsvermögens (Mini Cooper, Guthabenforderung) werden nicht wie bei der Bruchteilsgemeinschaft i. S. d. §§ 741 ff. BGB in gedachte (ideelle) Anteile zerlegt (vgl. § 1 Rn. 7 ff.), sondern jeder Gesellschafter ist Eigentümer der ganzen Sache und Inhaber der ganzen Forderung (s. dazu noch ausführlich § 9 Rn. 1 ff.). Diese mehrfache und gleichrangige Berechtigung an dem ganzen Gegenstand würde zu Kollisionen zwischen den Berechtigten und zu widersprüchlichen Verfügungen gegenüber Dritten führen, wenn jeder Teilhaber seine Berechtigung allein ausüben dürfte. § 719 I BGB nimmt deshalb dem Einzelnen die Verfügungsbefugnis; nur gemeinsam können die Gesellschafter wirksame Verfügungen treffen. Das Recht steht allen Teilhabern ganz zu, aber nur zur „gesamten Hand", d. h. sie können nur gemeinschaftlich darüber verfügen (s. dazu noch § 9 Rn. 1 ff.). Nach dieser Ansicht wären im Fall 1 also die Gesellschafterinnen selbst Eigentümer des Mini Coopers und Gläubiger der Guthabenforderung. Die Einschränkung der Verfügungsbefugnis würde allerdings weitgehend gewährleisten, dass diese mehrfache Zuständigkeit nicht zu übermäßigen Behinderungen führt.

8 Nach der heute ganz herrschenden Meinung, der sich der BGH in der Grundsatzentscheidung Weißes Ross aus dem Jahr 2001 endgültig angeschlossen hat, sind zumindest bei einer nach außen in Erscheinung tretenden Gesellschaft (zur Innengesellschaft s. noch Rn. 24 ff.) nicht die Gesellschafter das Zuordnungssubjekt. Vielmehr werden die einzelnen Rechte und Pflichten unmittelbar der von ihnen errichteten Gruppe zugeordnet, die eigenständig im Rechtsverkehr auftritt.[16] Weil Rechte und Verbindlichkeiten demnach nicht auf die Gesellschafter als Gruppenmitglieder, sondern auf die Gruppe selbst bezogen werden, kann auch die BGB-Gesellschaft als rechtsfähig betrachtet werden. Die Gruppe wird dadurch zu einer gegenüber Dritten selbstständigen Wirkungseinheit oder Organisation (daher auch „Lehre von der selbstständigen Wirkungseinheit" oder „Gruppenlehre"). § 124 I HGB, der der OHG ausdrücklich die Fähigkeit zuweist, am Rechtsverkehr teilzunehmen, würde damit kein spezielles Charakteristikum der OHG festschreiben, sondern lediglich ein für alle Personengesellschaften gültiges Prinzip.[17] Im Fall 1 wäre deshalb das

---

[15] So noch BGHZ 23, 307, 313 = NJW 1957, 750; BGHZ 80, 222, 227 = NJW 1981, 1953; *BAG* NJW 1989, 3034, 3035; stellvertretend für das Schrifttum *Zöllner,* FS Gernhuber, 1993, S. 563 ff.; *ders.,* FS Kraft, 1998, S. 701 ff.

[16] BGHZ 146, 341 ff. = NJW 2001, 1056; seitdem ständige Rspr., bestätigt etwa von *BGH* NJW 2002, 1207, BGHZ 154, 88, 94 = NJW 2003, 1445; *BVerfG* NJW 2002, 3533; vgl. aus dem Schrifttum statt vieler MüKoBGB/*Ulmer/C. Schäfer,* § 705 Rn. 303 ff. *K. Schmidt,* NJW 2001, 993 ff.; *Ulmer,* ZIP 2001, 585 ff. grundlegende Vorarbeiten stammen namentlich von *Flume,* Die Personengesellschaft, § 4; *ders.,* ZHR 136 (1972), 177 ff.; *ders.,* FS Raiser, 1974, S. 27 ff.

[17] MüKoBGB/*Ulmer/C. Schäfer,* § 705 Rn. 295.

Journalistenbüro selbst Eigentümer des Mini Coopers und Gläubiger der Guthabenforderung.

3. Dogmatische und praktische Vorzüge der Gruppenlehre

Der Gruppenlehre ist zu folgen. Sie hat sich mittlerweile nicht nur in der Recht- 9
sprechung, sondern auch im Schrifttum zu Recht voll durchgesetzt. Die wesentlichen Argumente dafür lauten: Die Zuordnung des Gesellschaftsvermögens zu den Gesellschaftern lässt sich gedanklich nicht durchhalten.[18] Der einzelne Gesellschafter soll nach dieser Lehre Rechtsträger sein, aber keine Verfügungsbefugnis haben. Diese Befugnis kann man aber nicht dem Einzelnen nehmen, ohne sie zugleich der Gesamtheit zuzuordnen. Nur diese Zuordnung zur Gesamtheit befindet sich auch in Übereinstimmung mit der Rechtswirklichkeit; denn der Rechtsverkehr nimmt die Gesellschaft als eine eigenständige Wirkungseinheit wahr und nicht nur als eine besondere Erscheinungsform ihrer Gesellschafter. Ein weiterer dogmatischer Vorzug ist darin zu sehen, dass die Personenhandelsgesellschaften, OHG und KG, nur dann auf einem tragfähigen zivilrechtlichen Fundament ruhen, wenn man auch ihre Grundform, die BGB-Gesellschaft, als rechtsfähige Wirkungseinheit versteht. Ihre Fähigkeit, am Rechtsverkehr teilzunehmen, kann sonst zwar aus § 124 I HGB abgeleitet, aber nicht in einem gedanklichen System legitimiert werden. Besondere Probleme begründet dies deshalb, weil § 105 I HGB den Übergang von einer Gesellschaft bürgerlichen Rechts zu einer Personenhandelsgesellschaft an den Umfang der Geschäftstätigkeit knüpft (s. noch § 12 Rn. 7 ff.), so dass auf der Grundlage des tradierten Verständnisses der Wechsel von einem reinen Schuldverhältnis zu einer rechtsfähigen Wirkungseinheit von faktischen Veränderungen des Geschäftsvolumens abhängig wäre.[19]

Neben diesen dogmatischen Vorzügen sprechen auch gewichtige praktische Argu- 10
mente für das hier vertretene Verständnis. Insbesondere erlaubt es die Annahme, dass ein Wechsel im Mitgliederbestand keinen Einfluss auf den Fortbestand der mit der Gesellschaft bestehenden Rechtsverhältnisse hat, was namentlich die rechtliche Behandlung von Dauerschuldverhältnissen wesentlich erleichtert.[20] Auf weitere Gesichtspunkte ist im jeweiligen Zusammenhang einzugehen.

Ein Gegenargument bleibt freilich denkbar und ist nicht ohne Gewicht: Bei allen 11
dogmatischen Vorzügen, so lässt sich einwenden, entspreche die Einordnung der BGB-Gesellschaft als rechtsfähige Wirkungseinheit eben nicht dem Gesetz, wie sich namentlich in den §§ 714, 718, 719 BGB zeige.[21] Schon die systematische Stellung der §§ 705 ff. BGB in den besonderen Schuldverhältnissen spricht eher gegen ein Verständnis als verselbstständigte Wirkungseinheit. Auch die Gesetzesmaterialien belegen, dass der historische Gesetzgeber zunächst von einem schuldrechtlichen, von dem Vorbild der gemeinrechtlichen societas geprägten Verständnis der Gesellschaft ausgegangen ist.[22] Diese noch relativ klare juristische Konstruktion wurde aber in einem späteren Stadium des Gesetzgebungsverfahrens verwischt.

---

18 A. A. *Zöllner,* FS Gernhuber, 1993, S. 563, 576 f.

19 Vgl. dazu MüKoBGB/*Ulmer/C. Schäfer,* § 705 Rn. 297.

20 BGHZ 146, 341, 345 = NJW 2001, 1056; vgl. zu diesen Schwierigkeiten etwa den der Entscheidung BGHZ 138, 82 = NJW 1998, 1220 zugrunde liegenden Fall (Gesellschafterwechsel während der Laufzeit eines von der GbR als Vermieterin abgeschlossenen Mietvertrags).

21 Vgl. *Rob. Fischer,* ZGR 1979, 251, 257 ff.

22 So enthielt der 1. Entwurf des BGB in § 645, seinem gemeinrechtlichen Ausgangspunkt entsprechend, nur die Verpflichtung des Gesellschafters, Verfügungen zu unterlassen. Vgl. *Mugdan,* Bd. 2, S. 344; zur societas vgl. bereits die Nachw. in § 2 Rn. 2.

Der Gesetzgeber stülpte die damals noch wenig durchdrungene Formierung des Gesellschaftsvermögens als Gesamthandsvermögen über dieses schuldrechtliche Gebilde und gab ihm damit eine verfestigtere Struktur.[23] Dieser Vorgang gab Rechtsprechung und Wissenschaft einen ersten Ansatzpunkt, den damit betretenen Weg der Verselbstständigung über den Erkenntnisstand des 19. Jahrhunderts hinaus weiterzuverfolgen und die Gesellschaft bürgerlichen Rechts damit den Erfordernissen des Rechtsverkehrs anzupassen.[24] Erleichtert wurde diese Aufgabe dadurch, dass auch der moderne Gesetzgeber in mehreren neueren Vorschriften eine deutliche Tendenz zur Verselbstständigung der Gesellschaft bürgerlichen Rechts hat erkennen lassen: Die Gesellschaft bürgerlichen Rechts kann nach § 162 I 2 HGB Gesellschafterin einer KG sein, sie kann nach §§ 899a BGB, 47 II GBO in das Grundbuch eingetragen werden (s. noch Rn. 18), nach § 191 II Nr. 1 UmwG Zielgesellschaft beim Formwechsel und nach § 11 II Nr. 1 InsO Objekt eines Insolvenzverfahrens sein.[25] Spätestens mit diesen Gesetzgebungsakten kann die frühere Festlegung des historischen Gesetzgebers keine Bindungswirkung mehr entfalten.

4. Konsequenzen

12 Festzustellen bleibt daher, dass die Gesellschaft bürgerlichen Rechts als rechtsfähige Wirkungseinheit angesehen werden kann (zu Ausnahmen bei Innengesellschaften s. noch Rn. 24 ff.). Im Fall 1 ist also die Gesellschaft Eigentümerin des Mini Coopers und Gläubigerin der Bank. *Schmincke* und *Hartig* sind an diesen Gegenständen nicht berechtigt; ihre vermögensmäßige Beteiligung ist nur ein Teilaspekt ihrer Mitgliedschaft in der Gesellschaft. Die Grundlage für diese jetzt ganz herrschende Sichtweise hat der Gesetzgeber in der besonderen gesamthänderischen Vermögensbindung gelegt, doch darf daraus nicht der Schluss gezogen werden, dass dieser Befund auch für andere Gesamthandsgemeinschaften wie die eheliche Gütergemeinschaft (§ 1419 BGB), die Erbengemeinschaft (§ 2032 I BGB) oder die Urhebergemeinschaft (§ 8 II 1 UrhG) Gültigkeit beansprucht. Da diese nicht auf eine Teilnahme am Rechtsverkehr ausgerichtet sind, fehlt es hier an einem Bedürfnis, die Gesamthand zu einem rechtsfähigen Personenverband fortzuentwickeln.[26] Eine einheitliche Rechtsfigur der BGB-Gesamthand gibt es daher nicht.[27]

13 Die Anerkennung als rechtsfähige Wirkungseinheit rückt die Gesellschaft bürgerlichen Rechts und damit auch die übrigen auf ihr aufbauenden Personengesellschaften (OHG und KG) in die Nähe der juristischen Personen, die sich gerade auch durch ihre Rechtsfähigkeit auszeichnen (§ 2 Rn. 4, § 26 Rn. 15). Im Schrifttum wird deshalb zum Teil dafür plädiert, alle Personengesellschaften als juristische Personen zu

---

[23] Vgl. zu dieser Entwicklung *Flume*, Die Personengesellschaft, § 1 II (S. 3 f.); *Wächter*, Die Aufnahme der Gesamthandsgemeinschaften in das Bürgerliche Gesetzbuch, 2002, S. 243 ff.; verknappte Darstellung etwa bei MüKoBGB/*Ulmer/C. Schäfer*, § 705 Rn. 293.

[24] S. dazu BGHZ 146, 341, 343 f. = NJW 2001, 1056.

[25] Übersicht zu den Regelungen, die Rückschlüsse auf das gesetzgeberische Verständnis der GbR zulassen, bei MüKoBGB/*Ulmer/C. Schäfer*, § 705 Rn. 304.

[26] *BGH* NJW 2002, 3389, 3390; *BGH* NJW 2006, 3715 Rn. 7; MüKoBGB/*Ulmer/C. Schäfer*, § 705 Rn. 292; a. A. namentlich *Grunewald*, AcP 197 (1997), 304, 315; *M. Wolf*, FS Canaris, Bd. I, 2007, S. 1313, 1318 ff.: Rechtsfähigkeit der Erbengemeinschaft.

[27] Das galt nach neuerem Erkenntnisstand schon vor 1900 (vgl. *Wächter*, Die Aufnahme der Gesamthandsgemeinschaften in das Bürgerliche Gesetzbuch, 2002, insb. S. 37 ff., 205 ff.); erst recht beansprucht dieser Befund nach der jetzigen Fortentwicklung im Bereich der BGB-Gesellschaft Gültigkeit (vgl. MüKoBGB/*Ulmer/C. Schäfer*, § 705 Rn. 289 mit Darstellung der zahlreichen Unterschiede in Rn. 291).

qualifizieren.[28] Selbst die Vertreter der Gruppenlehre folgen diesem Ansatz überwiegend jedoch nicht, da sich die juristische Person nicht allein durch ihre Rechtsfähigkeit, sondern überdies auch durch ihre körperschaftlichen Strukturen auszeichnet, die den Personengesellschaften weiterhin fehlen (vgl. dazu bereits § 2 Rn. 8 ff.).[29] Besonders deutlich zeigt sich diese stärkere Form der Verselbstständigung in dem sog. Trennungsprinzip, das die Schulden der Gesellschaft bei der Körperschaft allein auf die Gesellschaft konzentriert, während die Personengesellschafter eine zusätzliche Haftung trifft. Diese Unterscheidung trägt auch der Terminologie des § 14 I BGB Rechnung, der zwischen „rechtsfähigen Personengesellschaften" und „juristischen Personen" differenziert.[30] Die Gesellschaft bürgerlichen Rechts ist daher zwar rechtsfähig, aber dennoch keine juristische Person. Zur Abgrenzung von juristischer Person und Körperschaft s. noch § 26 Rn. 15.

Hinweis:

In einer Klausur kann selbstverständlich nicht erwartet werden, dass der Streitstand zur Rechtsfähigkeit der BGB-Gesellschaft in dieser Ausführlichkeit dargestellt wird. Soweit ihre Rechtsfähigkeit nicht erkennbar als ein Schwerpunktproblem der Klausur konzipiert wurde, sollte es in der Regel genügen, wenn der Bearbeiter knapp die beiden Ansichten skizziert und sodann die Anerkennung der Rechtsfähigkeit durch den BGH und die Bestätigung dieser Sichtweise durch einzelne moderne Gesetzgebungsakte referiert. Wo es auf die Rechtsfähigkeit der Gesellschaft gar nicht ankommt, haben alle Ausführungen zu dieser Frage zu unterbleiben. 14

III. Die Prozessfähigkeit der Gesellschaft bürgerlichen Rechts

Fall 2: Das Journalistenbüro „blockfrei" (s. Fall 1) schuldet dem Händler *Willems* das Entgelt für eine Fotoausrüstung. Wie muss *Willems* prozessual vorgehen, um diese Forderung gerichtlich durchzusetzen? 15

Mit der Anerkennung der BGB-Gesellschaft als rechtsfähiger Wirkungseinheit durch den BGH (Rn. 3 ff.) ist auch ihre prozessrechtliche Behandlung als parteifähiges Rechtssubjekt (§ 50 ZPO) vorgezeichnet.[31] Diese naheliegende Konsequenz wurde jedoch zunächst nicht gezogen. Stattdessen sollten die Gesellschafter selbst als notwendige Streitgenossen (§ 62 ZPO) Kläger bzw. Beklagte sein.[32] Unter Aufgabe seiner bisherigen Rechtsprechung hat der BGH nun auch diese Auffassung verworfen.[33] Diese Kehrtwendung ist zu begrüßen. Die Annahme der Parteifähigkeit 16

---

[28] *Hadding,* FS Zöllner, 1998, Bd. I, S. 137, 142 ff.; *Raiser,* AcP 194 (1994), 495, 503 ff.; *ders.,* FS Zöllner, 1998, Bd. I, S. 496, 474 ff.; *ders.,* AcP 199 (1999), 104, 136 ff.; *Timm,* NJW 1995, 3209, 3212.

[29] BGHZ 146, 341, 343; *G. Hueck,* FS Zöllner, 1998, Bd. I, S. 275, 280 ff.; MüKoBGB/*Ulmer/C. Schäfer,* § 705 Rn. 307 ff.; *Zöllner,* FS Kraft, 1998, S. 701, 707 ff.; bemerkenswerte Aufarbeitung dieses Themas an versteckter Stelle, nämlich bei *C. Brand,* Untreue und Bankrott in der KG und GmbH & Co. KG – Zugleich ein Beitrag zum Gesamthandsprinzip, 2010, S. 76 ff.

[30] Zur früher üblichen Beschreibung als teilrechtsfähig vgl. noch die Ausführungen in Rn. 17 und 18.

[31] So bereits *Hüffer,* FS Stimpel, 1985, S. 165, 170 ff.

[32] Vgl. noch *BGH* NJW 2000, 291 f.; *BayObLG* DB 1996, 1819.

[33] BGHZ 146, 341, 347 ff. = NJW 2001, 1056; bestätigt in BGHZ 151, 204, 207 = NJW 2002, 3539; *BGH* NJW 2008, 1378 Rn. 7; zustimmend MüKoBGB/*Ulmer/C. Schäfer,* § 705

entspricht nämlich nicht nur den materiell-rechtlichen Vorgaben, sondern erleichtert auch die prozessuale Behandlung eines Gesellschafterwechsels während des Erkenntnis- oder Vollstreckungsverfahrens.[34] § 736 ZPO, wonach zur Zwangsvollstreckung in das Vermögen der Gesellschaft ein gegen alle Gesellschafter ergangenes Urteil erforderlich ist, steht dem nicht entgegen, da diese Vorschrift lediglich die Vollstreckung von Privatgläubigern einzelner Gesellschafter in das Gesellschaftsvermögen verhindern soll (zu dem Bedeutungswandel des § 736 ZPO vgl. noch § 7 Rn. 32); ein Ausschluss der Parteifähigkeit der Gesellschaft bürgerlichen Rechts ist damit nicht bezweckt.[35] *Willems* kann daher die Gesellschaft selbst unter ihrem Namen verklagen. Fehlt es an einem unterscheidungskräftigen Gesamtnamen, erfolgt die Bezeichnung durch Angabe der Gesellschafter (z. B. Gesellschaft bürgerlichen Rechts, bestehend aus *Schmincke* und *Hartig*).[36] Im Regelfall wird dem Gesellschaftsgläubiger zu empfehlen sein, auch die Gesellschafter, die für die Verbindlichkeiten der Gesellschaft einzustehen haben, zu verklagen. Darauf wird unter § 7 Rn. 32 zurückzukommen sein.

IV. Weitergehende Verselbstständigung der Gesellschaft bürgerlichen Rechts

17 Noch nicht abschließend geklärt ist die Frage, wie weit die Verselbstständigung der Gesellschaft bürgerlichen Rechts letztlich reicht, da ihr auch der BGH die Rechtsfähigkeit nicht vollumfänglich zugesprochen hat, sondern nur insoweit, als nicht spezielle Gesichtspunkte entgegenstehen.[37] Auf der Grundlage dieser Einschränkung wurde in der Vergangenheit für Teilbereiche die Rechtsfähigkeit der BGB-Gesellschaft noch verbreitet verneint, etwa ihre Markenrechtsfähigkeit oder ihre Erbfähigkeit.[38] Besonders energisch wurde von der herrschenden Meinung lange Zeit die formelle Grundbuchfähigkeit der BGB-Gesellschaft unter Verweis auf ihre fehlende Registerpublizität bestritten.[39] Anders als bei den juristischen Personen, den Personenhandelsgesellschaften und der Partnerschaftsgesellschaft gebe es für die Gesellschaft bürgerlichen Rechts kein öffentliches Register, dem die maßgeblichen Rechtsverhältnisse zu entnehmen seien, so dass die für den Grundstücksverkehr erforderliche Rechtssicherheit nicht hergestellt werden könne. Diese Sichtweise führte dazu, dass die Gesellschafter mit dem Zusatz „als Gesellschafter bürgerlichen Rechts"

Rn. 318 ff.; *K. Schmidt,* NJW 2001, 993, 999 ff.; im Ergebnis auch *Wagner,* ZZP 117 (2004), 305, 347 ff., der aber zu Recht den rechtsfortbildenden Charakter betont; ablehnend *Prütting,* FS Wiedemann, 2002, S. 1177 ff.; *Schemann,* DNotZ 2001, 244 ff.

[34] BGHZ 146, 341, 348 ff. = NJW 2001, 1056; während nämlich nach der bislang h. M. ein Gesellschafterwechsel auch zu einem Parteiwechsel führte, lässt er nach der neuen *BGH*-Rechtsprechung den Prozessverlauf unberührt, da allein die Gesellschaft Partei ist; vgl. dazu auch *Geibel,* WM 2007, 1496, 1498.

[35] BGHZ 146, 341, 353 ff. = NJW 2001, 1056 im Anschluss an *Wertenbruch,* Die Haftung von Gesellschaften und Gesellschaftsanteilen in der Zwangsvollstreckung, 2000, S. 122 ff. Zu Folgeproblemen des Erkenntnis- und Vollstreckungsverfahrens, namentlich zu dem Problem der identifizierenden Bezeichnung der Gesellschaft trotz fehlender Registerpublizität vgl. *BGH,* aaO, S. 356 f.; *Hadding,* ZGR 2001, 712, 732 ff.; *Leipold,* FS Canaris, Bd. II, 2007, S. 221, 233 ff.; *Markgraf/Kießling,* JuS 2010, 312, 314 f.

[36] Zöller/*Vollkommer,* ZPO, § 50 Rn. 18.

[37] BGHZ 116, 86, 88 = NJW 1992, 499; BGHZ 136, 254, 257 = NJW 1997, 2754; BGHZ 146, 341, 343 = NJW 2001, 1056.

[38] So etwa *BGH* MDR 2000, 1390 zur Markenrechtsfähigkeit oder *BayObLG* FamZR 1999, 170 zur Erbfähigkeit.

[39] Vgl. zum Folgenden etwa *BayObLG* NJW 2003, 70, 72; *Münch,* DNotZ 2001, 535 ff.; *Schöpflin,* NZG 2003, 117 f.

einzutragen waren, nicht hingegen die Gesellschaft als solche. Einen terminologischen Niederschlag hat diese Sichtweise darin gefunden, dass die BGB-Gesellschaft noch verbreitet nicht als „rechtsfähig", sondern lediglich als „teilrechtsfähig" anerkannt wird (s. dazu noch Rn. 18).[40]

Inzwischen zeichnet sich aber immer deutlicher die Tendenz ab, die Rechtsfähigkeit der BGB-Gesellschaft umfassend anzuerkennen. Als weitgehend unbestritten dürfen heute neben ihrer Parteifähigkeit auch ihre Wechsel- und Scheckfähigkeit, ihre Grundrechtsfähigkeit, ihre Markenrechtsfähigkeit, ihre Erbfähigkeit und weitgehend auch ihre Mitgliedsfähigkeit gelten.[41] Zuletzt hat der BGH im Jahre 2008 auch hinsichtlich der Grundbuchfähigkeit der BGB-Gesellschaft eine Wende eingeleitet. Die Gesellschaft könne unter ihrem Namen in das Grundbuch aufgenommen werden; die Nennung der Gesellschafter im Grundbuch sei nicht erforderlich.[42] Aufgrund der damit zusammenhängenden Publizitätsschwierigkeiten sah sich aber der Gesetzgeber veranlasst, die Rechtsprechung des BGH legislativ zu „korrigieren". Nach dem neuen § 47 II 1 GBO kann eine BGB-Gesellschaft zwar unter ihrem Namen im Grundbuch eingetragen werden. Zusätzlich – und anders als nach der BGH-Rechtsprechung – sind aber auch deren Gesellschafter einzutragen.[43] Eine Eintragung der Gesellschaft allein unter ihrem Namen ist also weder erforderlich noch ausreichend.[44] Daran anknüpfend statuiert § 899a BGB eine Vermutungs- und Gutglaubensregelung, die im Hinblick auf Grundstücksgeschäfte das Vertrauen des Rechtsverkehrs in den im Grundbuch bekannt gemachten Gesellschafterbestand schützt (s. noch § 6 Rn. 48 ff.). Gemäß § 899a S. 1 BGB gilt die Vermutung, dass der tatsächliche Gesellschafterkreis mit dem im Grundbuch aufgeführten übereinstimmt. § 899a S. 2 BGB erstreckt den Gutglaubensschutz des § 892 BGB auf die Eintragung der Gesellschafter.[45] Gerade im Lichte dieser Verfestigungen sollte der Begriff der Teilrechtsfähigkeit (s. Rn. 17) aufgegeben und umfassend von der Rechtsfähigkeit der BGB-Gesellschaft gespro- 18

---

[40] Vgl. etwa *Windbichler* § 2 Rn. 6 (allerdings ebenfalls kritisch).

[41] Zur Wechselfähigkeit BGHZ 146, 341, 358 = NJW 2001, 1056 m. w. Nachw.; zur Scheckfähigkeit BGHZ 136, 254, 257 f. = NJW 1997, 2754; zur Markenrechtsfähigkeit vgl. *BPatG* GRUR 2004, 1030, 1031 sowie DPMA Mitteilung Nr. 04/05 und § 5 I Nr. 2 MarkenV; zur Erbfähigkeit Palandt/*Weidlich*, § 1923 Rn. 7; *Hadding*, ZGR 2001, 712, 725; *Otte*, FS H. P. Westermann, 2008, S. 535 ff.; *Scherer/Feick*, ZEV 2003, 341, 342; *Ulmer*, ZIP 2001, 585, 596; zur Grundrechtsfähigkeit *BVerfG* NJW 2002, 3533. Die Mitgliedsfähigkeit der GbR als Kommanditistin wird in § 162 I 2 HGB vorausgesetzt und ist daneben auch bei einer GmbH (BGHZ 78, 311 = NJW 1981, 682), bei einer AG (BGHZ 118, 83 = NJW 1992, 2222) sowie bei einer anderen GbR (*BGH* NJW 1998, 376) anerkannt. Noch nicht höchstrichterlich geklärt ist ihre Fähigkeit zur Beteiligung als persönlich haftender Gesellschafter an einer OHG oder KG (ablehnend bislang *BGHZ* 46, 291, 296 = WM 1967, 113; *BGH* ZIP 1990, 505); vgl. dazu *Steinbeck*, DStR 2001, 1162 ff.; *Ulmer*, ZIP 2001, 585, 595.

[42] BGHZ 179, 102, 107 ff. = NJW 2009, 594.

[43] Nach § 82 S. 3 GBO ist des Weiteren auf eine Berichtigung des Grundbuchs hinzuwirken, wenn die Eintragung des Bestandes der Gesellschafter unrichtig geworden ist. Aufgrund der Rechtsfähigkeit der GbR bedarf es darüber hinaus jedoch keiner Eintragung in das Grundbuch, wenn ein Gesellschafter seinen Gesellschaftsanteil verpfändet, vgl. *BGH* ZIP 2016, 1965.

[44] Zu den Einzelheiten vgl. MüKoBGB/*Ulmer/C. Schäfer*, § 705 Rn. 312 ff.; *Beck*, Jura 2013, 209, 221 ff.; *Kohler*, Jura 2012, 1, 2 ff.; *Kuckein/Jenn*, NZG 2009, 848 ff.; *Lehmann*, DStR 2011, 1036 ff.; *Lieder*, Jura 2012, 335; kritisch *Westermann*, WM 2013, 441, 446 ff.

[45] Vgl. Palandt/*Bassenge*, § 899a Rn. 6 ff.; *Heßeler/Kleinhenz*, WM 2010, 446 ff.; *Kohler*, Jura 2012, 83 ff.; *D. Schmidt*, Jura 2012, 7 ff.; *Teichmann/Körber/Schaub*, JuS 2011, 723; *Wellenhofer*, JuS 2010, 1048; kritisch zur Rechtsfunktion des § 899a BGB *Altmeppen*, NJW 2011, 1905, 1906 ff.

chen werden.[46] Auch wenn es Bereiche geben mag, in denen diese Rechtsfähigkeit noch nicht anerkannt ist, bedarf es dazu keiner besonderen terminologischen Scheidung. Auch eine GmbH kann weder heiraten noch Bundespräsident werden, ohne dass jemand auf den Gedanken verfiele, ihr deshalb nur eine Teilrechtsfähigkeit zuzuschreiben.[47] Deshalb muss auch bei der BGB-Gesellschaft die Trivialität, dass sie nicht jede denkbare Rechtsposition einnehmen kann, nicht in dieser Weise begrifflich verselbständigt werden.[48]

V. Die Gesellschaft bürgerlichen Rechts als Besitzerin

19 **Fall 3:** *Schmincke* und *Hartig* (s. Fall 1) haben sich zerstritten, weil *Schmincke* nicht bereit ist, *Hartig* ein Darlehen aus der Gesellschaftskasse zu gewähren. Daraufhin veräußert *Hartig,* die nach dem Gesellschaftsvertrag nicht zu eigenmächtigen Verfügungen berechtigt ist, im eigenen Namen die von *Willems* erworbene Fotoausrüstung an den Hobbyfotographen *Sprockhoff.* Ist *Sprockhoff* Eigentümer geworden?

20 Aufgrund der mittlerweile anerkannten Rechtsfähigkeit der BGB-Gesellschaft (Rn. 3 ff.) ist davon auszugehen, dass auch die Fotoausrüstung im Eigentum des Journalistenbüros selbst steht. *Sprockhoff* könnte das Eigentum aber nach §§ 929 S. 1, 932 BGB gutgläubig von *Hartig* erworben haben. Fraglich ist jedoch, ob diese Übereignung nicht an § 935 BGB scheitert. Das würde voraussetzen, dass die Ausrüstung abhanden gekommen ist. Da das Abhandenkommen als unfreiwilliger Besitzverlust definiert wird, hängt diese Feststellung von der bisherigen Besitzlage ab. Besitzer der Fotoausrüstung könnten hier die Gesellschafterinnen sein oder die Gesellschaft als ihnen gegenüber selbstständige Wirkungseinheit. Während bei den juristischen Personen schon früh die Besitzstellung der Gesellschaft anerkannt war,[49] nahm die früher herrschende Meinung für die Personengesellschaften an, dass nur diejenigen Gesellschafter Besitzer sind, denen die tatsächliche Sachherrschaft zufällt. Für den Regelfall ging man von schlichtem Mitbesitz (§ 866 BGB) aller Gesellschafter aus.[50] Dieser Standpunkt war auf der Grundlage des herkömmlichen Gesamthandsverständnisses folgerichtig, denn danach gab es eine Gesamthand als Zuordnungssubjekt ja gerade nicht.

21 Nachdem der BGH unter weitgehender Zustimmung des Schrifttums die Rechtsfähigkeit der BGB-Gesellschaft anerkannt hat (oben Rn. 3 ff.), hält die mittlerweile ganz herrschende Meinung die Gesellschaft dagegen auch für besitzfähig. Wie bei den juristischen Personen wird ihr der Besitz dann zugerechnet, wenn die tatsächliche Sachherrschaft von ihren Geschäftsführern (§§ 709 ff. BGB) oder von ihren Angestellten als Besitzdienern (§ 855 BGB) ausgeübt wird.[51] Dieser herrschenden Meinung ist zuzustimmen, weil sie nicht nur die Annahme der Rechtsfähigkeit besitzrechtlich konsequent fortschreibt, sondern überdies – wie Fall 3 illustriert – auch zu überzeugenderen Ergebnissen führt. Würde man den Besitz der Gesellschaft nicht zulassen, so wäre sie auch nicht durch § 935 BGB vor einem gutgläubigen Erwerb geschützt, wenn ein nichtberechtigter Gesellschafter über ihre Vermögens-

---

[46] Zur zunehmenden Kritik an diesem Begriff vgl. *K. Schmidt,* § 8 V 1; *Beuthien,* JZ 2003, 715, 720; *U. Huber,* FS Lutter, 2002, S. 107, 112; *Leipold,* FS Canaris, Bd. II, 2007, S. 221, 224 ff.; *Mülbert,* AcP 199 (1999), 104, 136 ff.; *Seibert,* JZ 1996, 785.

[47] *K. Schmidt,* § 8 V 1.

[48] *U. Huber,* FS Lutter, 2002, S. 107, 112.

[49] Ausführliche Nachw. bei MüKoBGB/*C. Schäfer,* § 718 Rn. 35 ff.

[50] So etwa noch BGHZ 86, 300, 307 = NJW 1983, 1114; BGHZ 86, 340, 344 = NJW 1983, 1123.

[51] MüKoBGB/*C. Schäfer,* § 718 Rn. 35 ff.; Staudinger/*Habermeier* (2003), Vor §§ 705–740 Rn. 2; *Hadding,* ZGR 2001, 712, 723 f.

gegenstände verfügt. Erkennt man das Eigentum der Gesellschaft an, so sollte man ihr Beharrungsinteresse hinsichtlich der Eigentümerstellung ebenfalls durch § 935 BGB schützen.[52] Einem Eigentumserwerb des *Sprockhoff* steht daher § 935 BGB entgegen.

VI. Die Gesellschaft bürgerlichen Rechts als Schuldnerin

Fall 4: Nachdem die Bank verschiedene Überweisungsaufträge ausgeführt hat, ist der Kontostand des Journalistenbüros „blockfrei“ (s. Fall 1) negativ. Wer ist Schuldner der Bank? 22

Die Frage nach der Schuldenhaftung bei der BGB-Gesellschaft soll an dieser Stelle 23 nur insoweit aufgegriffen werden, als es für das Verständnis der Gesamthandsgesellschaft notwendig ist (Einzelheiten in § 7). Auch die inzwischen aufgegebene Lehre, die das Gesellschaftsvermögen den Gesellschaftern zuordnete, sprach von Gesellschaftsschulden, meinte damit aber nicht das, was das Wort besagt; denn wenn man die Gesellschaft nicht als Zuordnungssubjekt betrachtet, kann man ihr auch nicht die Verbindlichkeiten zuordnen. Der Begriff wurde vielmehr als abkürzender Ausdruck für solche Schulden der Gesellschafter verwendet, die sie gerade in ihrer Zusammenfassung zur Gesellschaft begründet hatten.[53] Nach dieser Auffassung waren also *Schmincke* und *Hartig* Schuldnerinnen der Bank, aber nicht die Gesellschaft, weil sie Trägerin von Verbindlichkeiten angeblich ebenso wenig sein konnte wie Inhaberin von Rechten. Das Verständnis der Gesellschaft als rechtsfähiger Wirkungseinheit macht es dagegen möglich, die Gesellschaft selbst als Schuldnerin zu begreifen. Die praktischen Vorzüge dieses Konzepts zeigen sich, wenn sich eine Haftung aller Gesellschafter nicht begründen lässt, was namentlich bei gesetzlichen Verbindlichkeiten, etwa aus unerlaubter Handlung, vorkommt (vgl. § 7 Rn. 16 f.). Durch die Anerkennung der Gesellschaftsschuld wird nicht ausgeschlossen, dass neben ihr auch Gesellschafterschulden bestehen. Bedeutung hat das für denjenigen Gläubiger, der nicht in das Gesellschaftsvermögen, sondern in das Privatvermögen eines Gesellschafters vollstrecken will; auch darauf ist zurückzukommen (vgl. § 7 Rn. 10 ff., 30 ff.).

VII. Sonderbehandlung von Innengesellschaften

Fall 5: Um endgültig den Absprung von dem Journalistenbüro (s. Fall 1) zu schaffen und sich 24 als selbstständige Schriftstellerin zu profilieren, benötigt *Schmincke* zusätzliche Finanzmittel. Sie beteiligt sich daher an der Lotto-Tippgemeinschaft ihrer Kolleginnen *Hecker* und *Pfeffer*. Jede von ihnen zahlt wöchentlich 40 EUR ein und sie einigen sich auf eine Zahlenkombination, auf die sie wetten wollen. Verabredungsgemäß füllt *Pfeffer* den Lottoschein aus und gibt ihn unter ihrem eigenen Namen bei der Lotto-Annahmestelle ab. Welchen Rechtscharakter weist dieser Zusammenschluss auf?

Die Beteiligten haben sich hier vertraglich zu einem gemeinsamen Zweck zusam- 25 mengeschlossen: Der gemeinschaftlichen Teilnahme am Wettspiel zur Erhöhung der Gewinnchancen bei gleich bleibenden Aufwendungen. Diesen Zweck fördern sie durch Erbringung ihrer Zahlungen für die erforderlichen Wetteinsätze.[54] Die Voraussetzungen des § 705 BGB sind damit erfüllt. Die Besonderheit gegenüber den bisher erörterten Fallgestaltungen liegt darin, dass die Gesellschaft nach ihrem Gesellschaftsvertrag nicht als eigenständige Organisationseinheit im Rechtsverkehr

---

[52] Zur Bedeutung des Beharrungsinteresses im Rahmen des § 935 BGB vgl. *Baur/Stürner*, § 52 Rn. 36.
[53] So etwa noch *Buchner*, AcP 169 (1969), 483, 489 f.
[54] Vgl. MüKoBGB/*Ulmer/C. Schäfer*, Vor § 705 Rn. 117.

auftreten soll.[55] Es handelt sich um eine sog. Innengesellschaft, die dadurch gekennzeichnet ist, dass eine gemeinsame Vertretung fehlt und die Geschäfte im Namen eines Gesellschafters geschlossen werden sollen; nur intern handelt dieser für Rechnung aller Gesellschafter.[56] Ob darüber hinaus auch das Fehlen eines Gesellschaftsvermögens für die Annahme einer Innengesellschaft begriffsnotwendig ist, wird unterschiedlich beurteilt.[57] Da der Begriff der Innengesellschaft im Gesetz aber keine Verwendung findet, kann dieser Streit nicht abstrakt aufgelöst werden, sondern entscheidend ist, welche Rechtsfolgen an die Annahme einer Innengesellschaft geknüpft werden sollen. Wenn man diese Frage beantwortet, kann entschieden werden, für welche Fallgestaltungen die Antwort Gültigkeit beanspruchen soll (s. dazu noch Rn. 27).[58]

26 Die Innengesellschaft ist zumindest nach der gesetzlichen Konzeption eine Ausnahmegestaltung.[59] Dem Gesetz liegt die Vorstellung einer auch gegenüber dem Rechtsverkehr auftretenden Außengesellschaft zugrunde. Hinsichtlich der rechtlichen Behandlung schlägt sich diese Abweichung von der gesetzlichen Norm zunächst darin nieder, dass der BGH in seiner Grundsatzentscheidung vom Januar 2001 (Rn. 8) ausdrücklich nur die Außengesellschaft als rechtsfähige Wirkungseinheit anerkannt hat. Für die Innengesellschaft ist dieser Schritt in der Tat nicht zu gehen, da es hier an einer besonderen, die schuldrechtlichen Beziehungen der Gesellschafter überlagernden Organisation fehlt, die nach dem Willen der Gesellschafter am Rechtsverkehr teilnimmt.[60] Nur das Innenverhältnis soll nach gesellschaftsrechtlichen Grundsätzen ausgestaltet werden, was als privatautonome Entscheidung der Gesellschafter zu respektieren ist. Daher bedarf es hier der gerade zum Schutz des Rechtsverkehrs vorgenommenen Rechtsfortbildung, also der Anerkennung ihrer Rechtsfähigkeit, nicht.[61] Weitere Besonderheiten der Innengesellschaft zeigen sich bei der Vertretungsbefugnis und der Haftung der Gesellschafter. Die Gesellschafter können grundsätzlich allein sich selbst, nicht aber die Gesellschaft und ihre Mitgesellschafter verpflichten.[62] Darauf wird in § 6 Rn. 2 zurückzukommen sein. Auch im Fall 5 ist deshalb allein *Pfeffer* Vertragspartnerin geworden.

---

[55] Dabei kommt es nicht auf die tatsächlichen Verhaltensweisen an, sondern allein auf die entsprechenden Vereinbarungen im Gesellschaftsvertrag; vgl. dazu MüKoBGB/*Ulmer/C. Schäfer,* § 705 Rn. 279.

[56] Vgl. zu dieser Umschreibung RGZ 166, 160, 163; *BGH* NJW 1960, 1851. Kritik an der herkömmlichen Begriffsbildung bei *K. Schmidt,* § 43 II 3a mit zahlreichen weiteren Beispielen für Innengesellschaften.

[57] Dafür RGZ 166, 160, 163; *BGH* WM 1965, 793, 794; *BGH* NJW 1982, 99, 100; BGHZ 126, 226, 234 = NJW 1994, 2536; *K. Schmidt,* § 43 II 3a; *Windbichler,* § 2 Rn. 14; *Scholz,* NZG 2002, 153, 156; dagegen *BGH* WM 1973, 296, 297; Erman/*H. P. Westermann,* § 705 Rn. 67, § 718 Rn. 2; MüKoBGB/*Ulmer/C. Schäfer,* § 705 Rn. 280 ff.; Soergel/*Hadding/Kießling,* Vor § 705 Rn. 28.

[58] Ähnlich Staudinger/*Habermeier* (2003), § 705 Rn. 56; *Geibel,* WM 2007, 1496, 1498.

[59] MüKoBGB/*Ulmer/C. Schäfer,* § 705 Rn. 283 weist allerdings darauf hin, dass sie in der Rechtswirklichkeit möglicherweise nicht weniger häufig anzutreffen sei als die Außengesellschaft. Zu den typischen Erscheinungsformen und zur wirtschaftlichen Bedeutung der Innengesellschaft s. MHdB GesR I/*Schücking,* § 3 Rn. 46 ff.

[60] Vgl. MüKoBGB/*Ulmer/C. Schäfer,* § 705 Rn. 276; MHdB GesR I/*Schücking,* § 3 Rn. 50 ff.; kritisch zur fehlenden Rechtsfähigkeit der Innengesellschaft *Beuthien,* NZG 2011, 161 ff.

[61] Der von *K. Schmidt* vollzogene weitere Schritt, die Rechtsfähigkeit nicht nur auf Außengesellschaften, sondern überdies auf „unternehmenstragende" Außengesellschaften bürgerlichen Rechts zu beschränken (vgl. *K. Schmidt,* §§ 58 V 1, 60 I 1 und NJW 2001, 993, 1002), ist rechtspolitisch erwägenswert, de lege lata aber nicht im Gesetz angelegt (so auch *K. Schmidt* selbst, vgl. GesR, § 58 IV mit Fn. 117; NJW 2003, 1897, 2004; vgl. ferner *Geibel,* WM 2007, 1496, 1498).

[62] Erman/*H. P. Westermann,* Vor § 705 Rn. 27; MüKoBGB/*Ulmer/C. Schäfer,* § 705 Rn. 284.

Hinsichtlich der bisher genannten Rechtsfolgen ist es unerheblich, ob die Gesellschafter ein Gesellschaftsvermögen gebildet haben oder nicht.[63] Existiert ein solches Vermögen, so steht es – anders als bei der Außengesellschaft – nicht der Gesellschaft als eigenständigem Rechtssubjekt zu, sondern den Gesellschaftern nach Maßgabe der §§ 718, 719 BGB.[64] Fehlt der Innengesellschaft ein solches Vermögen – was in der Regel der Fall sein wird – kann dieser Umstand allerdings weitergehende Modifizierungen der §§ 705 ff. BGB rechtfertigen.[65] So bedarf es etwa der in §§ 730 ff. BGB vorgesehenen geordneten Auflösung der Gesellschaft nicht, wenn sie weder über Rechtsverbindungen im Außenverhältnis noch über ein Gesellschaftsvermögen verfügt.[66] 27

Ein Sonderfall der Innengesellschaft ist die stille Gesellschaft, die für den Bereich des Handelsrechts in §§ 230 ff. HGB eine gesonderte Regelung gefunden hat. Charakteristisch für diesen Gesellschaftstyp ist, dass ein Gesellschafter sich am Unternehmen eines anderen mit einer Einlage beteiligt und dafür eine Gewinnbeteiligung erhält, ohne aber nach außen hin in Erscheinung zu treten.[67] Die stille Gesellschaft wird in § 24 näher dargestellt. Ebenfalls kann eine Unterbeteiligung an einem Gesellschaftsanteil eines anderen in der Form einer Innengesellschaft zwischen Haupt- und Unterbeteiligten erfolgen.[68] 28

Hinweis:

In Klausuren begegnet die reine Innengesellschaft eher selten. Unter dogmatischen Gesichtspunkten bildet sie aber einen wichtigen Sonderfall, da in ihr die buchstabengetreue Lesart der tradierten Auffassung fortlebt. Aus diesem Grund sind auch die Kenntnis und das Verständnis der dazu entwickelten Grundsätze weiterhin von Bedeutung. Die neuere BGH-Rechtsprechung findet auf die Innengesellschaft keine Anwendung, sondern sie ist weiterhin nach diesen ansonsten überkommenen Grundsätzen zu behandeln. 29

VIII. Zusammenfassung

Die §§ 705 ff. erfassen alle Gesellschaften im weiteren Sinne, die nicht aufgrund des Vorliegens weiterer qualifizierender Merkmale qua Gesetzes anderen Gesellschaftsformen zuzuordnen sind. Von den sonstigen bedeutenden Personengesellschaften, OHG und KG, unterscheidet sich die Gesellschaft bürgerlichen Rechts dadurch, dass ihr Gesellschaftszweck nicht auf den Betrieb eines Handelsgewerbes ausgerichtet ist. Über das zutreffende dogmatische Verständnis der Gesellschaft bürgerlichen Rechts bestehen verschiedene Auffassungen. Während nach früher herrschender Meinung die Gesellschafter Zuordnungssubjekte des Gesellschaftsvermögens sind, ist nach richtiger Ansicht die von ihnen gebildete Gruppe oder Wirkungseinheit Trägerin des Gesellschaftsvermögens. Die Gruppe oder Wirkungseinheit ist nicht juristische Person, aber dennoch rechtsfähig, soweit ihr Rechte zugeordnet werden. Aus dieser materiell-rechtlichen Vorgabe ergibt sich nach nunmehr herrschender 30

---

63 Vgl. MüKoBGB/*Ulmer/C. Schäfer,* § 705 Rn. 280 ff.; Soergel/*Hadding/Kießling,* Vor § 705 Rn. 28.

64 Erman/*H. P. Westermann,* § 718 Rn. 2, § 719 Rn. 2.

65 *BGH* WM 1973, 296, 297; Soergel/*Hadding/Kießling,* Vor § 705 Rn. 28.

66 MüKoBGB/*Ulmer/C. Schäfer,* § 705 Rn. 285; *Saenger,* Rn. 45; *K. Schmidt,* § 58 II 2c.

67 *Saenger,* Rn. 45; *K. Schmidt,* § 62 II 1.

68 BGHZ 50, 316, 320 = NJW 1968, 2003; MüKoBGB/*Ulmer/C. Schäfer,* Vor § 705 Rn. 92.

Meinung auch ihre prozessuale Parteifähigkeit. Weiterhin ist die Gesellschaft nach dieser Konzeption auch Besitzerin der zum Gesellschaftsvermögen gehörenden Sachen und Schuldnerin von Verbindlichkeiten (Gesellschaftsschulden). Diese Grundsätze gelten allerdings nur für den gesetzlichen Normalfall der Außengesellschaft, nicht aber für die gesetzesatypische Innengesellschaft.

§ 4. Der Gesellschaftsvertrag

Literatur: *Haertlein,* Das Minderjährigenhaftungsbeschränkungsgesetz und seine Auswirkungen auf das Gesellschaftsrecht, JA 2000, 982; *Hüttemann,* Leistungsstörungen bei Personengesellschaften, 1998; *Reimann,* Der Minderjährige in der Gesellschaft, DNotZ 1999, 179; *Rust,* Die Beteiligung von Minderjährigen im Gesellschaftsrecht, DStR 2005, 1942, 1992; *Wertenbruch,* Zur Anwendbarkeit des § 326 BGB auf Beitragsvereinbarungen innerhalb einer Personengesellschaft, NZG 2001, 306. Allgemeiner Überblick bei *Lange,* Grundzüge des Rechts der GbR, Jura 2015, 547.

I. Schuldvertrag und Organisationsvertrag

1 Die Gesellschaft bürgerlichen Rechts setzt, wie jede andere Gesellschaft, einen Vertrag voraus, durch den sich mehrere Personen zur Verfolgung eines gemeinsamen Zwecks zusammenschließen (s. § 1 Rn. 2 ff.). Diesen Vertrag hat das BGB in den mit „Einzelne Schuldverhältnisse" (Vor § 433 BGB) überschriebenen 8. Abschnitt eingeordnet. § 705 BGB charakterisiert den Gesellschaftsvertrag überdies durch die mit seinem Abschluss begründeten Pflichten und entspricht damit in seinem Aufbau z. B. den §§ 433, 535, 611, 631 BGB. Dass unter den Gesellschaftern Pflichten entstehen, die auf ein Tun oder Unterlassen gerichtet sein können (§ 241 I BGB), ist für das Gesetz das Entscheidende, und deshalb ist der Gesellschaftsvertrag nach dem BGB ein Schuldvertrag.[1] Das entspricht den an der societas des gemeinen Rechts orientierten Vorstellungen des historischen Gesetzgebers (s. bereits § 2 Rn. 2).[2] Die Folge ist, dass zumindest im Grundsatz die Vorschriften des allgemeinen Schuldrechts auf den Gesellschaftsvertrag Anwendung finden.

2 Liegt der gesetzliche Normaltyp einer Außengesellschaft vor (s. § 3 Rn. 26), erschöpft sich der Gesellschaftsvertrag aber nicht in diesen obligatorischen Elementen. Die Gesellschafter schaffen vielmehr eine rechtsfähige Organisation (§ 3 Rn. 3 ff.) und begründen durch sie Vermögen und Schulden der Gesellschaft. Der Vertrag bewirkt also nicht nur Pflichten der Gesellschafter untereinander, sondern ist zugleich darauf gerichtet, die Gesellschaft als organisatorische Einheit hervorzubringen. Wenn die Gesellschaft entstanden ist, bildet er ihre rechtsgeschäftliche Grundlage. In diesem Sinne ist der Gesellschaftsvertrag nicht allein Schuldvertrag, sondern auch Organisationsvertrag.[3] Diese zweite Folge des Vertragsschlusses führt dazu, dass die grundsätzlich anwendbaren schuldrechtlichen Regeln in Einzelpunkten eine Modifizierung erfahren. So erschöpft sich etwa die Rechtsstellung des Gesellschafters nicht in einzelnen Ansprüchen, sondern verfestigt sich über die bloße Vertragsposition hinaus zur Mitgliedschaft (s. noch § 8). Des Weiteren wird

---

1 Statt vieler vgl. Soergel/*Hadding/Kießling,* § 705 Rn. 42.

2 MüKoBGB/*Ulmer/C. Schäfer,* § 705 Rn. 155.

3 MüKoBGB/*Ulmer/C. Schäfer,* § 705 Rn. 155 ff., 158; Soergel/*Hadding/Kießling,* § 705 Rn. 43; *Wiedemann,* GesR II, § 2 I 1; *ders.,* ZGR 1996, 286, 288 ff. Zu den Entstehungsvoraussetzungen im Allgemeinen *Lange,* Jura 2015, 547, 548 f.

dem Vertrag im Hinblick auf das organisationsrechtliche Element auch eine höhere Bestandskraft zugewiesen als einem herkömmlichen Schuldvertrag (Lehre von der fehlerhaften Gesellschaft – s. noch § 5). Schließlich kann das organisationsrechtliche Element auch bei Leistungsstörungen im Beitragsverhältnis zu Überlagerungen der schuldrechtlichen Regelungen führen. Das soll im Folgenden näher dargelegt werden.

II. Leistungsstörungen im Beitragsverhältnis

1. Die Einrede des nicht erfüllten Vertrags

Für einen Gesellschaftsvertrag ist die Beitragspflicht der Gesellschafter kennzeichnend (vgl. § 1 Rn. 17 sowie § 8 Rn. 2 ff.). Leistet ein Gesellschafter seinen Beitrag nicht oder fehlerhaft, stellt sich die Frage, wie seine Mitgesellschafter dagegen vorgehen können. Weil der Gesellschaftsvertrag ein Schuldvertrag ist, sind auf die aus ihm folgenden Pflichten die Vorschriften des allgemeinen Schuldrechts anzuwenden, soweit das organisationsrechtliche Element dem nicht entgegensteht. Zu wesentlichen Einschränkungen kommt es unter diesem Gesichtspunkt namentlich bei der Anwendung der §§ 320 ff. BGB. 3

Fall 1: *Kedak, Klein* und *Wiesenack* eröffnen gemeinsam den Pizza- und Party-Service Prontissimo in der Rechtsform einer BGB-Gesellschaft. Wie im Gesellschaftsvertrag vorgesehen, stellt *Kedak* sofort einen modernen Steinofen zur Verfügung, um der italienischen Konkurrenz nicht nachzustehen. *Klein* soll einen Pkw einbringen, der für die Lieferungen genutzt werden soll. Er will jedoch, bevor weiteres geschehen ist, nur übereignen, wenn *Wiesenack* zugleich die von ihm versprochenen 10.000 EUR bezahlt. Kann er die Übereignung des Wagens mit dieser Begründung verweigern? 4

Klein macht die Einrede des nicht erfüllten Vertrags nach § 320 BGB geltend. Dies setzt voraus, dass der Gesellschaftsvertrag ein gegenseitiger Vertrag i. S. d. § 320 BGB ist.[4] Fasst man darunter nur Austauschverträge (z. B. Kaufverträge), so ist der Gesellschaftsvertrag nicht gegenseitig, weil die Vertragschließenden die Leistungen nicht austauschen, sondern einem gemeinsamen Zweck unterordnen. Lässt man es dagegen ausreichen, dass jeder Vertragsteil die eigene Leistung verspricht, um den anderen Teil zur Leistung zu bewegen, dann ist auch der Gesellschaftsvertrag gegenseitig, weil jeder Gesellschafter den gemeinsamen Zweck nicht allein fördern, sondern mit seinem Beitrag auch die anderen zur Mitwirkung bewegen will. Unter sprachlichen Gesichtspunkten kann man den Gesellschaftsvertrag also durchaus als gegenseitigen Vertrag im weiteren Sinne verstehen. 5

Auch die systematische Auslegung hilft nicht weiter, um die nach dem Wortlaut offenbleibende Frage nach der Anwendbarkeit der §§ 320 ff. BGB zu beantworten, weil der Begriff des gegenseitigen Vertrags im BGB nicht einheitlich verwendet wird. So sind die §§ 320 ff. BGB auf den Austauschvertrag zugeschnitten und ein Leistungsaustausch erfolgt in der Gesellschaft nicht. Gleichwohl heißt es in § 705 BGB, dass sich die Gesellschafter „gegenseitig“ verpflichten, den gemeinsamen Zweck zu fördern. Auch den Gesetzesmaterialien lässt sich kein Hinweis auf die richtige Deutung entnehmen; der historische Gesetzgeber hat diese Frage bewusst offen gelassen und Rechtsprechung und Wissenschaft zur Klärung überantwortet.[5] 6

---

[4] Dafür noch das RG – vgl. etwa RGZ 76, 276, 279; RGZ 163, 385, 388; dagegen z. B. MüKoBGB/*Ulmer/C. Schäfer*, § 705 Rn. 161 ff.

[5] *Mugdan*, Bd. 2, S. 334.

7 Den Ausschlag müssen also teleologische Erwägungen geben. Entscheidend ist danach, inwieweit die §§ 320ff. BGB auf den Gesellschaftsvertrag passen, obwohl sie auf den Leistungsaustausch zugeschnitten sind, und inwieweit sie modifiziert werden müssen, um dem besonderen Charakter des Gesellschaftsvertrags gerecht zu werden.[6] Hier erhält nun das organisationsrechtliche Element (Rn. 2) besondere Relevanz: Die Gesellschafter haben sich nicht nur untereinander verpflichtet, sondern darüber hinaus einen rechtsfähigen Personenverband konstituiert, den sie durch ihre Beiträge zu fördern versprochen haben. Sie leisten ihre Beiträge also nicht, weil es auch die Vertragspartner tun, sondern weil sie den gemeinsamen Zweck erreichen wollen. Das kommt auch in dem Adressaten der Leistung zum Ausdruck: *Klein* schuldet die Einlage nach § 705 BGB nicht den Mitgesellschaftern, sondern der Gesellschaft selbst.[7] Umgekehrt hat auch *Wiesenack* nach § 705 BGB die 10.000 EUR an die Gesellschaft zu bezahlen. *Klein* kann also nicht gemäß §§ 320, 322 I BGB zur Leistung Zug um Zug gegen die Leistung des *Wiesenack* verurteilt werden. Die Vorschriften sind vielmehr wegen des in die Rechtsfähigkeit der Gesellschaft einmündenden organisationsrechtlichen Vertragscharakters nicht anwendbar.[8] Eine andere Betrachtung würde zu dem sachwidrigen Ergebnis führen, dass ein säumiger Gesellschafter die gesamte Gesellschaft lahm legen könnte,[9] was insbesondere bei größeren Zusammenschlüssen kaum praktikabel wäre. Mit der wechselseitigen Zusage zur Förderung eines gemeinsamen Zwecks ließe sich ein solches Ergebnis nicht in Einklang bringen.[10] Wer sich mit anderen zu einer Interessengemeinschaft zusammenschließt, muss das Risiko hinnehmen, dass sich daran auch weniger zuverlässige Personen beteiligen.[11]

8 **Fall 2:** Würde sich die Beurteilung in Fall 1 verschieben, wenn an der Gesellschaft nur *Klein* und *Wiesenack* beteiligt wären?

9 Für diesen Fall einer nur zweigliedrigen Gesellschaft erkennt die ganz herrschende Meinung eine Rückausnahme von der grundsätzlichen Nichtanwendbarkeit des § 320 BGB an. Da die gegenseitigen Verpflichtungen in einem Zwei-Personen-Verhältnis begründet wurden, steht der Gesellschaftsvertrag dem herkömmlichen Austauschverhältnis noch so nahe, dass es nicht angemessen erscheint, einem der Gesellschafter die Berufung auf § 320 BGB zu versagen, wenn der andere seine Leistung nicht erbringt.[12] Der Sinn des § 320 BGB, wonach keine Partei die andere zur Vorleistung zwingen darf, wenn diese sich nicht dazu verpflichtet hat,[13] gebietet auch den beiden Gesellschaftern, ihre Leistungen gleichzeitig zu erbringen. Dass die Beiträge Gesellschaftsvermögen werden sollen (§ 718 I BGB), steht der Anwendung des § 320 BGB auf die zweigliedrige Gesellschaft jedenfalls dann nicht entgegen, wenn der Gesellschaftsvertrag nicht in Vollzug gesetzt wurde. Erst wenn die Gesellschaft im Rechtsverkehr in Erscheinung tritt, müssen die Gesellschafter aus Gründen

---

6 Ähnlich z.B. *K. Schmidt,* § 20 III 1, dessen weitergehende Aufspaltung in Beitrags- und Gesellschaftsverhältnis aber nicht übernommen werden sollte.

7 Soergel/*Hadding/Kießling,* § 705 Rn. 45.

8 So die ganz h.M., vgl. Erman/*H.P. Westermann,* § 705 Rn. 43f.; MüKoBGB/*Ulmer/C. Schäfer,* § 705 Rn. 168; Staub/*C. Schäfer,* § 105 Rn. 147f.; *Grunewald,* § 1 Rn. 14; *Kindler,* § 11 Rn. 6ff.; *Wiedemann,* GesR II, § 2 I 2.

9 MüKoBGB/*Emmerich,* § 320 Rn. 16; *Saenger,* Rn. 72; *Windbichler,* § 6 Rn. 4.

10 MüKoBGB/*Ulmer/C. Schäfer,* § 705 Rn. 162, 168.

11 *Wiedemann,* GesR II, § 2 I 2.

12 MüKoBGB/*Ulmer/C. Schäfer,* § 705 Rn. 169; Soergel/*Hadding/Kießling,* § 705 Rn. 44; Staub/*C. Schäfer,* § 105 Rn. 149; *Kindler,* § 11 Rn. 10; zumindest im Ergebnis auch *K. Schmidt,* § 20 III 2; a.A. aber *Wiedemann,* GesR II, § 2 I 2; differenzierend auch *Hüttemann,* Leistungsstörungen bei Personengesellschaften, 1998, S. 104f.

13 Vgl. dazu etwa MüKoBGB/*Emmerich,* § 320 Rn. 17.

des Verkehrsschutzes zur Erfüllung ihrer Einlagen angehalten werden. *Klein* ist also nur Zug um Zug gegen die von *Wiesenack* versprochene Zahlung zur Übereignung verpflichtet.

2. Unmöglichkeit der Beitragspflicht

Besondere Probleme treten auf, wenn die Erfüllung der Beitragspflicht unmöglich ist. Nach § 275 BGB ist der Gesellschafter dann von der Beitragspflicht befreit.[14] In diesem Fall stellt sich die Frage, ob die anderen Gesellschafter die in § 275 IV BGB aufgezählten Rechte geltend machen können. 10

Fall 3: Vor der Übereignung wird der Pkw, der für die Pizza-Lieferungen genutzt werden soll (s. Fall 1), aufgrund groben Verschuldens des *Klein* vollständig zerstört. Kann *Wiesenack* die Zahlung von 10.000 EUR verweigern, wenn *Kedak* im Namen der Gesellschaft bereits Geschäftsräume angemietet und den Steinofen installiert hat? 11

Die von *Klein* geschuldete Leistung ist nach dem Abschluss des Gesellschaftsvertrags gem. § 275 I BGB objektiv unmöglich geworden. Läge ein herkömmlicher Austauschvertrag vor, entfiele nach § 326 I 1 BGB die Gegenleistungspflicht. Bereits im Zusammenhang mit § 320 BGB hat sich jedoch gezeigt, dass die Regeln für gegenseitige Verträge nicht ohne weiteres auf den Gesellschaftsvertrag angewandt werden können. So verhält es sich auch mit § 326 I 1 BGB: Wollte man die Gegenleistungspflicht entfallen lassen, weil die Beitragspflicht nach § 275 I BGB untergegangen ist, wäre die Gesellschaft in ihrer Geschäftsführung auf unabsehbare Zeit lahm gelegt. Dass dies kein zweckdienliches Ergebnis ist, leuchtet im Fall 3 ein: Auch ohne *Kleins* Pkw kann der Pizza-Service den Betrieb aufnehmen. Um Pizza auszuliefern, ist sie nicht auf einen konkreten Wagen angewiesen, sondern sie kann ein anderes Auto besorgen und mit der Auslieferung beginnen. Den Gesellschaftern ist es also nach wie vor möglich, den Gesellschaftszweck zu erreichen, so dass es *Wiesenack* wegen der gesellschaftlichen Bindung verwehrt bleibt, sich auf § 326 I 1 BGB zu berufen, um der Beitragspflicht zu entgehen. § 326 BGB ist auf synallagmatische Verhältnisse zugeschnitten. Zweck des Gesellschaftsvertrags ist jedoch nicht der Leistungsaustausch, sondern die Förderung eines gemeinschaftlichen Vorhabens. Deswegen findet § 326 I 1 BGB auf in Vollzug gesetzte Gesellschaften keine Anwendung.[15] 12

Alternativ zur Berufung auf § 326 I 1 BGB könnte *Wiesenack* versuchen, sich der Leistungspflicht durch einen Rücktritt vom Gesellschaftsvertrag nach §§ 326 V, 323 BGB zu entziehen. Das hätte bei wortlautgetreuer Gesetzesanwendung zur Folge, dass der Vertrag sich gem. § 346 I BGB in ein Rückgewährschuldverhältnis umwandelt und die ursprünglichen Leistungen nicht mehr erbracht werden müssen. Der Rücktrittsgrund liegt in der Unmöglichkeit der Beitragspflicht. Auch das Rücktrittsrecht ist jedoch auf den Austauschvertrag zugeschnitten. Das Recht, seine vertragliche Bindung rückgängig zu machen, steht dem vertragstreuen Teil zu, weil er die ihm gebührende Leistung nicht erhält. Es fragt sich deshalb, ob der Rücktritt auch der rechtlichen Struktur des Gesellschaftsverhältnisses entspricht. Diese Frage kann bejaht werden, wenn die Gesellschaft noch nicht in Vollzug gesetzt ist.[16] Bestehen 13

---

[14] Ganz h. M., vgl. nur Erman/*H. P. Westermann,* § 705 Rn. 45; MüKoBGB/*C. Schäfer,* § 706 Rn. 25; Soergel/*Hadding/Kießling,* § 705 Rn. 45; Staudinger/*Habermeier* (2003), § 706 Rn. 20.

[15] So im Ergebnis auch Erman/*H. P. Westermann,* § 705 Rn. 45; MüKoBGB/*Ulmer/C. Schäfer,* § 705 Rn. 163 f.; Soergel/*Hadding/Kießling,* § 705 Rn. 45; a. A. noch RGZ 158, 321, 326.

[16] Vgl. zu diesem Merkmal der Invollzugsetzung RGZ 78, 303, 305; RGZ 89, 398, 400; *OLG München* NZG 2000, 1124, 1125; Staudinger/*Habermeier* (2003), § 706 Rn. 25; *A. Hueck,*

nur die durch den Gesellschaftsvertrag begründeten obligatorischen Bindungen, dann macht es keinen Unterschied, dass die Leistungen nicht ausgetauscht, sondern einem gemeinsamen Zweck untergeordnet werden sollten; entscheidend ist, dass die Leistung des einen Gesellschafters nicht zur Verfügung gestellt wird. In diesem Stadium könnte *Wiesenack* also noch zurücktreten. Dies gilt auch dann, wenn *Kedak* als dritter Gesellschafter beteiligt ist.[17] *Wiesenack* müsste den Rücktritt in diesem Fall gegenüber *Klein* und *Kedak* erklären.[18]

14 *Klein, Wiesenack* und *Kedak* haben jedoch das Stadium einer bloß obligatorischen Bindung verlassen, weil bereits Geschäftsräume angemietet worden sind. Damit ist die von ihnen gebildete Gesellschaft gem. § 535 BGB zur Zahlung der Miete verpflichtet und zum Gebrauch der Räume berechtigt. Durch die Begründung einer gemeinschaftlichen Verbindlichkeit oder auch durch den Erwerb gemeinsamer Rechte wird die Gesellschaft in Vollzug gesetzt.[19] In diesem Stadium passt das auf den Leistungsaustausch zugeschnittene Rücktrittsrecht nicht mehr. Dem vertragstreuen Teil kann nicht gestattet werden, sich einseitig aus dem Vertrag zurückzuziehen, weil die Rechte und Verbindlichkeiten der Gesellschaft abgewickelt werden müssen. An die Stelle des Rücktrittsrechts tritt deshalb das Kündigungsrecht des § 723 BGB.[20] Anders als der Rücktritt führt die Kündigung nicht zur Beendigung, sondern zur Auflösung der Gesellschaft und damit zu der sachgerechten Auseinandersetzung unter den Gesellschaftern (§ 730 BGB). Beendet ist die Gesellschaft erst mit dem Abschluss der Auseinandersetzung (vgl. noch § 10 Rn. 1 ff.). *Wiesenack* kann also nicht mehr zurücktreten, sondern nur noch kündigen.

15 **Fall 4:** *Wiesenack* und *Kedak* haben beschlossen, anstelle des zerstörten Autos des *Klein* (s. Fall 3) einen anderen Pkw zu kaufen. Den Kaufpreis i. H. v. 10.000 EUR soll freilich *Klein* ersetzen, da dieser zusätzliche Aufwand allein aus seinem Verschulden erwachsen ist.

16 Hat der Schuldner die Unmöglichkeit der Leistung verursacht, ist er gem. §§ 280 I, III, 283 BGB zum Schadensersatz statt der Leistung verpflichtet, wobei der spezielle Verschuldensmaßstab des § 708 BGB zu beachten ist (s. dazu noch § 8 Rn. 21 ff.).[21]*Klein,* der die Zerstörung grob fahrlässig verursacht hat, muss also die Gesellschaft wirtschaftlich so stellen, als ob er den Pkw an sie übereignet hätte. Dazu muss er der Gesellschaft den Geldbetrag zur Verfügung stellen, der erforderlich ist, um einen gleichwertigen Ersatzwagen zu beschaffen. Soweit es sich bei dem von *Wiesenack* und *Kedak* erworbenen Pkw um ein solches gleichwertiges Modell handelt, können sie den Kaufpreis also von *Klein* ersetzt verlangen. Dieser Schadensersatzfolge steht das organisationsrechtliche Element des Gesellschaftsvertrages nicht entgegen. Etwas anderes würde dann gelten, wenn eine Form des Schadens-

---

OHG, § 6 II 3a; *Windbichler,* § 6 Rn. 4; *Wertenbruch,* NZG 2001, 306, 307 (mit Darstellung der Rspr.); a. A. *K. Schmidt,* § 20 III 5 mit Fn. 113.

[17] Dass der Charakter als dreigliedrige Gesellschaft zwar der Anwendung des § 320 BGB, nicht aber dem Rücktritt entgegensteht, erklärt sich daraus, dass die Leistungsverweigerung einen Selbstwiderspruch beinhaltet, solange der Gesellschafter zugleich an dem Gesellschaftsvertrag festhält. Dieser Widerspruch besteht nicht, wenn der Gesellschafter sich durch Rücktritt vollständig von dem Vertrag lösen will.

[18] *A. Hueck,* OHG, § 6 II 3a.

[19] Zu demselben Kriterium mit einer vergleichbaren Funktion im Zusammenhang mit der Lehre von der fehlerhaften Gesellschaft vgl. § 5 Rn. 7 ff.

[20] So auch *Saenger,* Rn. 72. Zu weiteren Gestaltungsmöglichkeiten, etwa eines Anspruchs auf Vertragsanpassung vgl. MüKoBGB/*C. Schäfer,* § 706 Rn. 25; Soergel/*Hadding/Kießling,* § 705 Rn. 45.

[21] MüKoBGB/*C. Schäfer,* § 706 Rn. 25; Soergel/*Hadding/Kießling,* § 705 Rn. 45.

ersatzes gewählt würde, die dazu führen würde, dass *Wiesenack* und *Kedak* sich einseitig aus dem Gesellschaftsvertrag zurückziehen. Das wäre dann der Fall, wollten sie Schadensersatz statt der Leistung verlangen und den Schaden nach der Differenzmethode berechnen.[22] Eine solche Vorgehensweise würde über §§ 280 I, III, 283, 281 V i. V. m. § 346 BGB ebenfalls zu einer Rückabwicklung führen und ist deshalb aus denselben Gründen wie der Rücktritt mit dem organisationsrechtlichen Charakter des Vertrages nicht zu vereinbaren. Wurde die Gesellschaft in Vollzug gesetzt, indem sie Rechte und Verbindlichkeiten begründet hat, kann sie nicht rückabgewickelt werden, sondern *Wiesenack* und *Kedak* steht ein Kündigungsrecht nach § 723 BGB zu.

Fall 5: *Klein* hatte für den Pkw eine Vollkaskoversicherung abgeschlossen. *Wiesenack* meint, die Entschädigungsleistung stehe der Gesellschaft zu. 17

Ein Anspruch auf Abführung der Entschädigungsleistung in die Gesellschaftskasse könnte sich aus § 285 I BGB ergeben. Die Leistung des Versicherers ist ein stellvertretendes commodum i. S. d. § 285 BGB. Der Anspruch auf dessen Herausgabe besteht auch dann, wenn einem Gesellschafter die Erfüllung seiner Beitragspflicht unmöglich wird, ohne dass es darauf ankäme, ob die Gesellschaft in Vollzug gesetzt ist oder nicht. Verlangt *Wiesenack* die Abführung des stellvertretenden commodum, so will er nämlich gerade an der Gesellschaft festhalten und sich nicht wegen der eingetretenen Unmöglichkeit von seiner vertraglichen Bindung befreien.[23] Die Meinung des *Wiesenack* ist also zutreffend. 18

3. Nichtleistung trotz Möglichkeit

Wie bei Unmöglichkeit der Leistung sind das Rücktrittsrecht und der Anspruch auf Schadensersatz statt der Leistung zu behandeln, wenn ein Gesellschafter der Erfüllung seiner Beitragspflicht nicht nachkommt, obwohl sie weiterhin möglich ist und die Voraussetzungen des § 323 BGB bzw. der §§ 280 I, III, 281 BGB gegeben sind. 19

Fall 6: Der Pkw (s. Fall 1) wurde zwar nicht zerstört, *Klein* weigert sich jedoch, ihn an die Gesellschaft zu übereignen. Deswegen kaufen *Wiesenack* und *Kedak* ein anderes Auto für 10.000 EUR. 20

Auch hier besteht das Rücktrittsrecht gem. § 323 I BGB nur, solange die Gesellschaft noch nicht in Vollzug gesetzt ist (vgl. bereits Rn. 13 f.). Hat die Gesellschaft Rechte und Verbindlichkeiten begründet, steht den übrigen Gesellschaftern nur ein Kündigungsrecht aus § 723 BGB zur Verfügung. Zudem kann die Gesellschaft beim *Klein* den Nachteil liquidieren, den sie wegen des Deckungsgeschäfts erlitten hat. Dabei handelt es sich um einen Schadensersatz statt der Leistung gem. §§ 280 I, III, 281 BGB.[24] Ein einfacher Schadensersatz nach § 280 I BGB kommt nicht in Betracht, weil das Schuldrecht von dem Grundsatz ausgeht, dass der Gläubiger dem säumigen Schuldner eine angemessene Frist zur Leistung setzen muss. Im Fall 6 ist die Fristsetzung freilich gem. § 281 II BGB entbehrlich, weil *Klein* die Leistung ernsthaft und endgültig verweigert. Er ist deshalb dazu verpflichtet, die Kosten für die Ersatzbeschaffung zu tragen. Dagegen wäre es *Wiesenack* und *Kedak* auch im Rahmen dieser Anspruchsgrundlage verwehrt, ihren Anspruch nach der Differenzmethode zu berechnen, da dies zu einer unzulässigen Rückabwicklung führen würde (vgl. dazu bereits Rn. 16). 21

---

22 Zur Differenzmethode vgl. Erman/*H. P. Westermann,* § 281 Rn. 24 ff.

23 So auch MüKoBGB/*C. Schäfer,* § 706 Rn. 25; Soergel/*Hadding/Kießling,* § 705 Rn. 45.

24 Erman/*H. P. Westermann,* § 705 Rn. 45.

22 **Fall 7:** *Klein* vergisst, den Pkw zum vereinbarten Termin an die Gesellschaft (s. Fall 1) zu übereignen. Daraufhin mieten *Wiesenack* und *Kedak* ein anderes Auto und verlangen von *Klein* den bezahlten Mietzins.

23 *Wiesenack* und *Kedak* machen im Namen der Gesellschaft einen Anspruch auf Ersatz des Verzögerungsschadens gem. §§ 280 I, II, 286 BGB geltend (zur Befugnis der Gesellschafter, Ansprüche der Gesellschaft geltend zu machen, s. noch § 8 Rn. 50 ff.). Der Anspruch kann nicht allein aus § 280 I BGB hergeleitet werden, da es sich um einen Verzögerungsschaden handelt, der nach § 280 II BGB nur unter den Voraussetzungen des § 286 BGB ersatzfähig sein soll. Die Voraussetzungen dieser Vorschrift sind jedoch erfüllt. Insbesondere steht dem Verzug nicht das Fehlen einer Mahnung entgegen. Die Parteien hatten einen Fälligkeitstermin vereinbart, was nach § 286 II Nr. 1 BGB die Mahnung entbehrlich macht. *Klein* muss deshalb den aus der Verzögerung entstandenen Schaden ersetzen. Der Anspruch tritt dabei neben die ursprüngliche Leistungspflicht. Es kommt zu keiner Rückabwicklung, so dass spezifisch gesellschaftsrechtliche Bedenken dem Anspruch nicht entgegenstehen.[25]

4. Mängel der Beitragsleistung

24 Schließlich führt das organisationsrechtliche Element auch dann zu einer vom Gesetzeswortlaut abweichenden juristischen Beurteilung, wenn die Beitragsleistung zwar erbracht wird, aber Mängel aufweist.

25 **Fall 8:** *Klein* hat den Pkw, der für die Pizza-Lieferungen genutzt werden soll (s. Fall 1), übereignet. Als das Fahrzeug wenig später dem TÜV vorgeführt wird, stellt sich heraus, dass es wegen erheblicher Rostschäden nicht abgenommen werden kann. Welche Ansprüche kann die Gesellschaft geltend machen?

26 Auch wenn der Rechtsgrund der Übereignung nicht in einem Kaufvertrag liegt, sondern sich der Anspruch auf Beitragsleistung aus § 705 BGB ergibt, können die §§ 434 ff. BGB bei mangelhafter Leistung einer Einlage im Grundsatz analog angewandt werden.[26] Die Mangelhaftigkeit orientiert sich dabei am Beschaffenheitsbegriff des § 434 I BGB. Weil der Lieferwagen des *Klein* aufgrund der Rostschäden vom TÜV nicht abgenommen werden konnte, ist dieser nicht gebrauchstauglich und eignet sich somit nicht für die nach dem Vertrag vorausgesetzte Verwendung. Ein Sachmangel i. S. d. § 434 I 2 Nr. 1 BGB ist folglich gegeben. Mithin steht der Anwendung der Mängelgewährleistungsrechte des § 437 BGB nichts entgegen.

27 Zunächst ist zu erwägen, ob *Klein* gem. §§ 439, 437 Nr. 1 BGB zur Nacherfüllung seiner Einlageleistung verpflichtet ist. Dies könnte hier etwa in der Weise erfolgen, dass der Wagen repariert wird. Dieser modifizierte Erfüllungsanspruch passt in das Gesellschaftsverhältnis und kann deshalb von der Gesellschaft geltend gemacht werden. Die gesellschaftsrechtlichen Besonderheiten stehen auch der Nachlieferung nicht entgegen. Der Wagen sollte eingebracht werden, damit der Pizza-Service seine Geschäftstätigkeit aufnehmen kann. Zur Erfüllung dieses Zwecks kommt es nicht darauf an, dass eben jener Pkw des *Klein* eingebracht wird, sondern es genügt ein beliebiger Wagen, der sich zur vereinbarten Verwendung eignet. Demnach ist im konkreten Fall auch eine Nachlieferung möglich.

---

[25] Soergel/*Hadding/Kießling*, § 705 Rn. 45.

[26] Staudinger/*Habermeier* (2003), § 706 Rn. 23; MüKoBGB/*C. Schäfer*, § 706 Rn. 27; mit anderem Ansatz *K. Schmidt*, § 20 III 3; *Wiedemann*, GesR II, § 3 II 2 zieht die §§ 434 ff. BGB nur als Auslegungsregel heran.

Sollte eine Nacherfüllung nicht möglich sein oder *Klein* sie verweigern, so könnten die anderen Gesellschafter von dem Gesellschaftsvertrag zurücktreten (§§ 323, 326 V, 440, 437 Nr. 2 BGB). Sobald die Gesellschaft aber in Vollzug gesetzt ist, wird das Rücktrittsrecht von den Kündigungsregeln verdrängt (s. bereits Rn. 14). Das ist mit der Übereignung des Fahrzeugs und der Begründung gemeinsamer Verbindlichkeiten (Steuer und Versicherung für das Auto, Benzinkosten, TÜV-Gebühren) bereits geschehen. An die Stelle des Rücktritts tritt deshalb die Kündigung der Gesellschaft nach § 723 BGB mit der Folge der Auseinandersetzung. Bei weniger gravierenden Mängeln kommt die Minderung (§§ 441, 437 Nr. 2 BGB) in Frage, d. h. die Gesellschaft behält die mangelhafte Sache, die Beteiligung des Beitragsschuldners am Gesellschaftsvermögen und am Gewinn wird jedoch entsprechend dem geringeren Wert seiner Leistung niedriger angesetzt.[27] Da die Gebrauchstauglichkeit des Lieferwagens aufgehoben ist, dürften *Wiesenack* und *Kedak* allerdings an der Minderung nicht interessiert sein. Ist eine einverständliche Regelung nicht möglich, so bleibt den Mitgesellschaftern also nur die Kündigung aus wichtigem Grund, es sei denn, dass sich aus dem Gesellschaftsvertrag im Einzelfall die Pflicht ableiten lässt, die mangelhafte Sachleistung durch Geldzahlung zu substituieren. Schließlich könnte die Gesellschaft statt des Pkw Schadensersatz verlangen, wobei dies nicht zu ihrer Rückabwicklung führen darf (vgl. bereits Rn. 16). Im Falle der Unmöglichkeit ergibt sich der Anspruch aus §§ 280 I, III, 283 BGB. Kann der Beitrag weiterhin erbracht werden, muss die Gesellschaft nach §§ 280 I, III, 281 BGB eine angemessene Frist zur Leistung setzten, es sei denn, die Ausnahme in § 281 II BGB greift ein. 28

Hinweis:

Die Differenzierung zwischen diesen verschiedenen Rechtsbehelfen und Gewährleistungsrechten erscheint auf den ersten Blick verwirrend und schwer überschaubar. Ihre trennscharfe Abgrenzung ist gerade für die Klausurlösung aber von großer Bedeutung, weil dieser Themenkreis es dem Klausursteller ermöglicht, Probleme des allgemeinen Schuldrechts in anspruchsvoller Kombination mit gesellschaftsrechtlichen Besonderheiten abzufragen. 29

III. Die Form des Gesellschaftsvertrags

Grundsätzlich ist der Gesellschaftsvertrag der Gesellschaft bürgerlichen Rechts wie auch der einer jeden sonstigen Personengesellschaft formlos wirksam. Welcher Erklärungsmittel sich die Vertragschließenden bedienen, ist ihnen also freigestellt. Die Vertragserklärungen können namentlich auch in einem schlüssigen Verhalten der Parteien liegen, was etwa bei der Fortführung eines Geschäfts durch eine Erbengemeinschaft durchaus häufig vorkommen kann (s. § 1 Rn. 4f.). Wie bei anderen Verträgen gilt der Grundsatz der Formfreiheit jedoch auch beim Gesellschaftsvertrag nicht ausnahmslos.[28] Vielmehr kann sich die Formbedürftigkeit des Gesellschaftsvertrags daraus ergeben, dass einzelne Regelungen eine Verpflichtung enthalten, die nach allgemeinen Vorschriften formbedürftig ist. In diesem Fall strahlt das Formbedürfnis der einzelnen Vertragsklausel auf den gesamten Gründungsvertrag 30

---

[27] Spiegelbildlich erhöht sich dann der Beteiligungswert der übrigen Gesellschafter.

[28] Einen allgemeinen Überblick zu den Schriftformerfordernissen bei Gesellschaftsverträgen gibt *Römermann,* NZG 1998, 978ff.; vgl. auch *Wenz,* MittRhNotK 1996, 377, 379; *Wiedemann,* GesR II, § 2 II 4.

aus.[29] Die praktisch wichtigste Formvorschrift in diesem Zusammenhang enthält § 311b BGB.[30]

31 **Fall 9:** In dem von *Klein, Wiesenack* und *Kedak* privatschriftlich geschlossenen Gesellschaftsvertrag hat *Kedak* sich verpflichtet, das Eigentum an einem kleineren Grundstück in die Gesellschaft einzubringen. Kann er aus diesem Vertrag auf Auflassung und Eintragung (§§ 873, 925 BGB) in Anspruch genommen werden?

32 Ein Anspruch könnte sich hier aus dem Gesellschaftsvertrag ergeben, soweit dieser nicht wegen Formmangels nach § 125 BGB nichtig ist. Wegen der Verpflichtung, die *Kedak* eingegangen ist, könnte der Gesellschaftsvertrag nach § 311b I 1 BGB der notariellen Beurkundung (§ 128 BGB) bedürfen. § 311b I 1 BGB erfasst jede vertragliche Verpflichtung, das Grundstückseigentum zu übertragen oder zu erwerben; dass die Verpflichtung auf Kaufvertrag (§ 433 BGB) beruht, ist nicht erforderlich. Nach dem Vertrag soll das bisherige Eigentum des *Kedak* in das Eigentum der Gesellschaft überführt werden. Weil *Kedak* damit seine bisherige Berechtigung aufgibt, sind die Voraussetzungen des § 311b I 1 BGB erfüllt, obwohl er mittelbar, nämlich als Gesellschafter, auch auf der Erwerberseite beteiligt ist. Die von den Parteien gewählte privatschriftliche Form reicht also nicht aus, sondern es hätte der notariellen Beurkundung nach § 128 BGB bedurft. Der Vertrag ist deshalb nach § 125 BGB formnichtig und verpflichtet *Kedak* nicht zur Übereignung. Dagegen ist § 311b I BGB auf einen Gesellschaftsvertrag nicht anzuwenden, wenn dessen Gesellschaftszweck allgemein auf Erwerb und Wiederveräußerung von Grundstücken gerichtet ist, weil er dann keine unmittelbare Verpflichtung des Gesellschafters hinsichtlich bestimmter Grundstücke begründet.[31] Ferner gilt § 311b I BGB nicht, sofern das Grundstück der Gesellschaft lediglich zur Nutzung zu überlassen ist, das Eigentum aber beim Gesellschafter verbleibt.[32] Ein weiteres Formproblem kann sich aus der Formvorschrift des § 15 IV GmbHG ergeben, wenn sich ein Gesellschafter zur Einbringung eines GmbH-Anteils verpflichtet, um seine Beitragspflicht zu erfüllen.[33] Daneben kann ein Formerfordernis auch aus § 518 BGB folgen, wenn die Gesellschafterstellung ohne eine Gegenleistung des Begünstigten begründet werden soll.[34] Auch derartige Gestaltungen kommen in der Praxis relativ häufig vor, etwa wenn Ehegatten oder Kindern Beteiligungen eingeräumt werden, um sie wirtschaftlich abzusichern oder die Gesellschafternachfolge zu regeln.[35]

33 Wird die Gesellschaft trotz des Formmangels „in Vollzug gesetzt", d. h. nimmt sie ihre Geschäfte im Außenverhältnis auf, so kann die Nichtigkeitsfolge nach der sog. „Lehre von der fehlerhaften Gesellschaft" entgegen dem Gesetzeswortlaut ausnahmsweise nicht greifen. Darauf wird unter § 5 zurückzukommen sein.

---

[29] So zu § 311b BGB Erman/*H. P. Westermann,* § 705 Rn. 10; außerdem *Wiedemann,* GesR II, § 2 II 4a.

[30] Ausführlich zu den damit verbundenen Problemen Erman/*H. P. Westermann,* § 705 Rn. 10; MüKoBGB/*Ulmer/C. Schäfer,* § 705 Rn. 36 ff.; Staub/*C. Schäfer,* § 105 Rn. 170 ff.; *Wiedemann,* GesR II, § 2 II 4b; *Ulmer/Löbbe,* DNotZ 1998, 711 ff.

[31] H. M., *BGH* NJW-RR 1991, 613 = JuS 1991, 690; *Grunewald,* § 1 Rn. 10; *Windbichler,* § 6 Rn. 6; *Wenz,* MittRhNotK 1996, 377, 379; teilweise einschränkend MüKoBGB/*Ulmer/C. Schäfer,* § 705 Rn. 39.

[32] MüKoBGB/*Ulmer/C. Schäfer,* § 705 Rn. 37; *Windbichler,* § 6 Rn. 6; *Wenz,* MittRhNotK 1996, 377, 379.

[33] Vgl. dazu auch MüKoBGB/*Ulmer/C. Schäfer,* § 705 Rn. 33.

[34] Zu § 518 BGB vgl. BGHZ 7, 378, 380; MüKoBGB/*J. Koch,* § 516 Rn. 90 ff., § 518 Rn. 32 ff.; MüKoBGB/*Ulmer/C. Schäfer,* § 705 Rn. 42 ff.

[35] *Wiedemann,* GesR II, § 2 II 4.

IV. Die Beteiligung von Minderjährigen

Besondere Probleme können sich auf der Ebene des Vertragsschlusses dann ergeben, wenn Minderjährige in die Gesellschaft einbezogen werden sollen. Diese auch in der Praxis nicht ungewöhnliche Konstellation stellt den Rechtsberater vor kautelarjuristische Herausforderungen, die sich schnell als Stolperfalle erweisen können. Das illustriert der folgende Fall. 34

Fall 10: Nachdem *Klein* und *Wiesenack* sich aus dem Geschäft zurückgezogen haben, führt *Kedak* den Pizza-Service als Einzelunternehmen weiter. Da er sich dieser Aufgabe aber mit zunehmendem Alter nicht mehr gewachsen fühlt, beschließt er, seinen 17-jährigen Sohn *Gregor* als Gesellschafter zu beteiligen. Wie muss er in diesem Fall vorgehen? 35

Gregor ist nach § 2 BGB minderjährig und deshalb nur beschränkt geschäftsfähig (§ 106 BGB). Auch beschränkt Geschäftsfähige können einen Gesellschaftsvertrag abschließen. Allerdings bringt dieser Vertrag stets Verpflichtungen mit sich, so dass ausnahmslos die Einwilligung des gesetzlichen Vertreters (§ 107 BGB) oder seine Genehmigung (§ 108 BGB) erforderlich ist. Wenn der Gegenstand der Gesellschaft wie hier der Betrieb eines Erwerbsgeschäfts ist, benötigen die Eltern nach § 1822 Nr. 3 i. V. m. § 1643 I BGB eine Genehmigung des Familiengerichts. Fehlt die Genehmigung, so ist der Vertrag schwebend unwirksam; mit ihrer Versagung tritt endgültige Unwirksamkeit ein (§ 1829 BGB). Wenn *Gregor* den Gesellschaftsvertrag mit einem Dritten abschließen sollte, wäre der Vertrag also mit der Zustimmung des *Kedak* und der familiengerichtlichen Genehmigung wirksam. 36

Weil *Kedak* aber selbst Partei des Gesellschaftsvertrags sein will, ist noch das Verbot des Selbstkontrahierens (§ 181 BGB i. V. m. §§ 1629 II 1, 1795 II BGB) zu prüfen.[36] Nach § 181, 1. Mod. BGB kann *Kedak* nicht im Namen des *Gregor* mit sich selbst ein Rechtsgeschäft vornehmen. Dass ihm etwas anderes gestattet ist, ist nicht ersichtlich. Auch liegt in dem Abschluss des Gesellschaftsvertrags nicht die Erfüllung einer Verbindlichkeit (§ 181 a. E. BGB). *Kedak* kann also nicht als gesetzlicher Vertreter für *Gregor* handeln; er ist aus Rechtsgründen verhindert. Es muss deshalb nach § 1909 BGB ein Ergänzungspfleger bestellt werden, der an seiner Stelle die Einwilligungserklärung gem. § 107 BGB abgibt. Die familiengerichtliche Genehmigung vermag diese nicht zu ersetzen,[37] da die beiden Erfordernisse eine andere Schutzrichtung haben: Die familiengerichtliche Genehmigung soll sicherstellen, dass der Minderjährige bei besonders gefährlichen Geschäften i. S. d. § 1822 BGB, die seine Vermögensverhältnisse erheblich beeinflussen können, vor einem unbedachten Handeln seiner gesetzlichen Vertreter geschützt ist.[38] Dagegen soll § 1795 BGB verhindern, dass dem Minderjährigen aus einem Interessenkonflikt seines gesetzlichen Vertreters ein Nachteil erwächst.[39] 37

Will *Kedak* den *Gregor* beteiligen, dann muss er also dafür sorgen, dass ein Ergänzungspfleger bestellt wird; dieser muss die erforderliche familiengerichtliche Genehmigung einholen (§§ 1643 I, 1822 Nr. 3, 1915 I BGB). Um zu verhindern, dass der Minderjährige auf diese Weise mit Eintritt in die Volljährigkeit bereits eine ihm unerwünschte Gesellschafterstellung innehat, aus der er sich nicht ohne weiteres 38

[36] Da § 181 BGB im allgemeinen Teil des BGB verortet ist, würde es grundsätzlich des Umwegs über §§ 1629 II, 1795 II BGB nicht bedürfen. In einer Klausur sollte der Bearbeiter dennoch die Gelegenheit nicht versäumen, um zu zeigen, dass ihm auch diese Normen vertraut sind.

[37] MüKoBGB/*Wagenitz,* § 1795 Rn. 13.

[38] Vgl. dazu MüKoBGB/*P. Huber,* § 1643 Rn. 1; MüKoBGB/*Wagenitz,* § 1822 Rn. 1.

[39] MüKoBGB/*Wagenitz,* § 1795 Rn. 1.

lösen kann, räumt § 723 I 3 Nr. 2 BGB[40] dem volljährig werdenden BGB-Gesellschafter ein Sonderkündigungsrecht ein. Ergänzend beschränkt § 1629a I BGB die Haftung des Minderjährigen für die bis zum Eintritt der Volljährigkeit bereits angelaufenen Verbindlichkeiten auf sein zu diesem Zeitpunkt vorhandenes Vermögen. Dadurch wird vermieden, dass der gerade volljährig Gewordene sich bereits mit Verpflichtungen konfrontiert sieht, die seine künftige Lebensführung in unzumutbarer Weise belasten.[41]

39 **Fall 11:** *Kedak* will den Gesellschaftsvertrag nicht nur mit *Gregor,* sondern zugleich mit seinem fünfzehnjährigen Sohn *Theo* abschließen.

40 Fraglich ist hier, ob *Gregor* und *Theo* von demselben Pfleger vertreten werden können oder ob für jeden der minderjährigen Söhne ein gesonderter Pfleger bestellt werden muss. Auch für diese Frage kommt es auf § 181 BGB an. Der Vertreter ist nach dieser Vorschrift nicht gehindert, für mehrere Personen gegenüber einem Dritten tätig zu werden. Mit einem Pfleger wäre also auszukommen, wenn *Gregor* und *Theo* nur mit ihrem Vater kontrahieren würden. § 705 BGB verlangt aber, dass die Brüder sich nicht nur gegenüber ihrem Vater, sondern auch untereinander zur Förderung des gemeinsamen Zwecks verpflichten. Deshalb müssen sie den Vertrag auch untereinander abschließen. Würde dabei nur ein Pfleger tätig, so kontrahierte er als Vertreter des einen mit sich als Vertreter des anderen und verstieße damit seinerseits gegen § 181, 2. Mod. BGB. Es muss also für jedes Kind ein gesonderter Ergänzungspfleger (§ 1909 BGB) bestellt werden. Werden diese Erfordernisse nicht eingehalten, sind allerdings auch hier noch die Regeln der fehlerhaften Gesellschaft anzusprechen (s. bereits Rn. 2 und 33). Darauf wird unter § 5 zurückzukommen sein; s. dort auch Rn. 20 zur Prüfungsrelevanz derartiger Querschnittsthemen.

V. Zusammenfassung

41 Der Gesellschaftsvertrag ist Schuldvertrag und Organisationsvertrag. Die allgemeinen Leistungsstörungsregeln lassen sich auf ihn nur mit erheblichen Einschränkungen anwenden. So kann die Einrede des nicht erfüllten Vertrags lediglich bei der zweigliedrigen Gesellschaft erhoben werden, nicht bei der mehrgliedrigen. Ist die Beitragspflicht unmöglich geworden, greift § 326 I 1 BGB nicht ein. Ein Rücktritt nach § 323 BGB oder § 326 V BGB ist nur möglich, solange die Gesellschaft noch nicht in Vollzug gesetzt ist. Später wird der Rücktritt durch die Kündigung nach § 723 BGB ersetzt, mit der Folge, dass sich die Gesellschafter auseinandersetzen müssen. Der Anspruch auf Schadensersatz statt der Leistung besteht nur insoweit, als er nicht zur Rückabwicklung der Gesellschaft führt. Das stellvertretende commodum (§ 285 BGB) kann dagegen in jedem Fall verlangt werden. Auch der Anspruch auf Ersatz des Verzugschadens gem. §§ 280 I, II, 286 BGB fügt sich in das Gesellschaftsverhältnis ein. Hat der Gesellschafter eine bewegliche Sache zu übereignen und ist diese mit Mängeln behaftet, so finden die §§ 433 ff. BGB entsprechende Anwendung. Die kaufrechtliche Gewährleistungshaftung ist dabei den Besonderheiten des Gesellschaftsverhältnisses anzupassen.

42 Besondere Formvorschriften für den Gesellschaftsvertrag des § 705 BGB bestehen nicht. Die Vertragserklärungen können also auch in einem schlüssigen Verhalten der

---

[40] Eingeführt durch das Minderjährigenhaftungsbeschränkungsgesetz vom 25.8.1998 (BGBl. I 2487); vgl. dazu *Grunewald,* ZIP 1999, 597 ff.; *Haertlein,* JA 2000, 982 ff.

[41] Zum verfassungsrechtlichen Hintergrund dieser Vorschrift vgl. BVerfGE 72, 155 ff. = NJW 1986, 1859; MüKoBGB/*P. Huber,* § 1629a Rn. 1 ff.; *Behnke,* NJW 1998, 3078 f.; *Haertlein,* JA 2000, 982, 983 ff.

Parteien liegen. Soweit Vorschriften außerhalb des Gesellschaftsrechts eine besondere Form vorschreiben, sind sie jedoch auch hier zu beachten (vgl. z. B. §§ 311b, 518 BGB, § 15 IV GmbHG).

Auch Minderjährige können Gesellschaftsverträge abschließen. Sie brauchen die Einwilligung oder Genehmigung des gesetzlichen Vertreters (§§ 107, 108 BGB). Ist Gegenstand der Gesellschaft der Betrieb eines Erwerbsgeschäfts, so muss der gesetzliche Vertreter die Genehmigung des Familiengerichts einholen (§§ 1822 Nr. 3, 1643 I BGB). Will der gesetzliche Vertreter selbst Partei des Gesellschaftsvertrags sein, so ist er nach §§ 181, 1. Mod., 1629 II 1, 1795 II BGB an der Vertretung gehindert. Es muss deshalb ein Ergänzungspfleger nach § 1909 BGB bestellt werden. Sind zwei minderjährige Kinder beteiligt, so muss für jedes von ihnen ein gesonderter Pfleger bestellt werden (§ 181, 2. Mod. BGB). **43**

§ 5. Die Lehre von der fehlerhaften Gesellschaft

Literatur: Monographien: *Bleiweiß,* Bestandskraft fehlerhafter Verträge und Beschlüsse im Recht der Personengesellschaften, 2002; *C. Schäfer,* Die Lehre vom fehlerhaften Verband, 2002; Aus der Aufsatzliteratur s. etwa *Kindler/Libbertz,* Gesellschaftsrechtliche Grenzen des Verbraucherschutzes: Die Anwendung der Haustürgeschäfterichtlinie und der Lehre von der fehlerhaften Gesellschaft auf den Beitritt zu einer Publikumspersonengesellschaft, NZG 2010, 603; *Kliebisch,* Die Lehre von der fehlerhaften Gesellschaft, JuS 2010, 958; *Kummer,* Die Grundzüge der fehlerhaften Gesellschaft bürgerlichen Rechts, Jura 2006, 330; *Maultzsch,* Die „fehlerhafte Gesellschaft“: Rechtsnatur und Minderjährigenschutz, JuS 2003, 544; *C. Schäfer,* Fondsbeitritt an der Haustür, DStR 2010, 1138; *K. Schmidt,* Grenzen des Minderjährigenschutzes im Handels- und Gesellschaftsrecht, JuS 1990, 517.

I. Problemaufriss und dogmatische Grundlagen

Im vorangegangenen Kapitel wurde festgestellt, dass der Gesellschaftsvertrag in seinem Ursprung ein schuldrechtlicher Vertrag ist, auf den grundsätzlich die Regeln des Allgemeinen Teils und des Allgemeinen Schuldrechts des Bürgerlichen Gesetzbuchs anzuwenden sind. Es wurde aber auch dargelegt, dass dem Vertrag darüber hinaus ein besonderes organisationsrechtliches Element innewohnt, das dem Vertrag eine erhöhte Bestandskraft verleiht und die schuldrechtlichen Regelungen überlagern kann. In besonderer Weise zeigt sich dies bei der Behandlung von Gründungsmängeln (zu analogen Problemen beim fehlerhaften Ein- und Austritt sowie bei fehlerhaften Vertragsänderungen vgl. auch Rn. 23 ff.; § 10 Rn. 34 ff.).[1] Wie jedes Rechtsgeschäft ist auch der Gesellschaftsvertrag in seiner Wirksamkeit von Willensmängeln bedroht: Es kann einem der Vertragschließenden an der Geschäftsfähigkeit fehlen, es kann ein Formmangel vorliegen oder ein Dissens; der Vertrag kann wegen Irrtums, Täuschung oder Drohung anfechtbar sein. Die ganze Palette an Nichtigkeits-, Unwirksamkeits- und Anfechtungsgründen kommt in Betracht. Ist die Gesellschaft in diesem Sinne fehlerhaft, dann fragt sich, ob die allgemeinen Rechtsfolgen solcher Fehlertatbestände – Nichtigkeit oder Unwirksamkeit des Vertrags, Rückabwicklung nach §§ 812 ff. BGB – auch im Gesellschaftsrecht eintreten oder ob das organisationsrechtliche Element zu Abweichungen führt. Dieses Problem stellt sich nicht allein bei der Gesellschaft bürgerlichen Rechts, sondern bei allen Gesellschaftsfor- **1**

[1] Zum fehlerhaften Beitritt jüngst *BGH* ZIP 2016, 1432 (m. w. Nachw.); s. auch Rn. 23 ff.; § 10 Rn. 34 ff. m. w. Nachw.

men. Bei den Körperschaften ist es gesetzlich gelöst worden (vgl. §§ 75–77 GmbHG, 275–277 AktG), bei den Personengesellschaften ist man auf der Grundlage richterlicher Rechtsfortbildung zu ähnlichen Ergebnissen gelangt.

2 **Fall 1:** Die Steuerberaterin *Birkenstock* hat gemeinsam mit ihrem Kollegen *Drehsen* die Steuerberatungsgesellschaft Consulta gegründet. *Birkenstock* hat den Gesellschaftsvertrag angefochten, weil ihr *Drehsen* eine frühere Bestrafung wegen Beihilfe zur Steuerhinterziehung (§ 370 AO) verschwiegen hatte. Kann sie von *Drehsen* Rückübereignung eines Firmenwagens verlangen, den sie in die Gesellschaft eingebracht hat? Überdies fragt Vermieter *Bamberger,* der ausweislich des Mietvertrages Geschäftsräume an die „Consulta GbR" vermietet hat, besorgt, wie sich die Anfechtung auf das Mietverhältnis auswirkt.

3 *Birkenstock* und *Drehsen* haben hier eine Gesellschaft bürgerlichen Rechts i. S. d. § 705 BGB gegründet. Der Beruf des Steuerberaters zählt nach § 32 II StBerG zu den freien Berufen, so dass kein Gewerbe betrieben wird und folglich auch keine Personenhandelsgesellschaft vorliegt (s. § 12 Rn. 9). Die Grundlage des Rückübereignungsanspruchs der *Birkenstock* könnte § 812 I 2, 1. Mod. BGB sein; der spätere Wegfall des Rechtsgrundes, des Gesellschaftsvertrages, könnte durch eine Anfechtung nach § 142 I BGB eingetreten sein.[2] Indem *Birkenstock* den Firmenwagen einbrachte, bezweckte sie die Erfüllung ihrer Beitragspflicht aus dem Gesellschaftsvertrag (§ 705 BGB). Beurteilt man diesen Sachverhalt nach dem BGB, gelangt man zu dem Ergebnis, dass die Leistung rechtsgrundlos erfolgt ist, weil der Vertrag durch die Anfechtung rückwirkend vernichtet wurde (§ 142 I BGB); dabei mag hier offenbleiben, ob der Sachverhalt für § 123 BGB ausreicht oder nur unter § 119 II BGB zu subsumieren ist. Die allgemeinen Grundsätze würden also zu einem bereicherungsrechtlichen Rückgewähranspruch der *Birkenstock* führen.

4 Hinsichtlich des Anspruchs des *Bamberger* auf Mietzahlung aus § 535 II BGB stellt sich die Frage, ob sein Vertragspartner überhaupt existent ist. Es wurde bereits oben festgestellt, dass eine Gesellschaft bürgerlichen Rechts grundsätzlich Trägerin von Rechten und Pflichten sein kann. Nach allgemeinen Grundsätzen würde die Anfechtung aber auch hier dazu führen, dass der Gründungsvertrag, aus dem die Gesellschaft entstanden ist, von vornherein nichtig ist. Der vertraglich begründete Anspruch gegen die Gesellschaft würde deshalb ins Leere gehen.[3]

5 Mit diesen gesetzestreuen Ergebnissen haben sich Rechtsprechung und Schrifttum jedoch nicht abgefunden, sondern für die auf mangelhafter Vertragsgrundlage errichtete Gesellschaft im Hinblick auf die organisationsrechtliche Komponente des Gesellschaftsvertrages Sonderregeln entwickelt.[4] Sie beruhen in erster Linie auf der praktischen Einsicht, dass es weder den Gesellschaftern noch außenstehenden Dritten zuzumuten ist, eine in den Rechtsverkehr eingetretene Willens- und Handlungs-

---

[2] Auf die Frage, ob eine Anfechtung aufgrund ihrer ex-tunc-Wirkung (§ 142 I BGB) zur Rückabwicklung nach § 812 I 1, 1. Mod. BGB oder aufgrund des tatsächlichen Ablaufs nach § 812 I 2, 1. Mod. BGB abzuwickeln ist, kommt es hier – wie i. d. R. auch sonst – nicht an; vgl. dazu MüKoBGB/*Schwab,* § 812 Rn. 351.

[3] Zu den sog. „gesetzestreuen" Ansätzen, die ohne die Lehre von der fehlerhaften Gesellschaft zu sachgerechten Ergebnissen zu gelangen versuchen (etwa über die Rechtsscheinhaftung), vgl. *Canaris,* Die Vertrauenshaftung im deutschen Privatrecht, 1971, S. 120 ff., 175 ff.; *H. Weber,* Zur Lehre von der fehlerhaften Gesellschaft, 1978, S. 171 f.; *Möschel,* FS Hefermehl, 1976, S. 171 ff.; zusammenfassende (kritische) Darstellung bei MüKoBGB/*Ulmer/C. Schäfer,* § 705 Rn. 351 ff.

[4] BGHZ 55, 5, 8 = NJW 1971, 375 spricht von einem „gesicherten Bestandteil des Gesellschaftsrechts"; in neuerer Zeit bestätigt in *BGH* NZG 2008, 460 Rn. 11. Einen Überblick über die Entwicklung geben *Wiedemann,* GesR II, § 2 V 1 und 2; *Ulmer,* ZHR 161 (1997), 102, 115 ff.

organisation rückwirkend als juristisches Nullum zu betrachten und auf der Grundlage des Bereicherungsrechts rückabzuwickeln. Im Außenverhältnis ist der Rechtsverkehr darauf angewiesen, dass dieser Verband nur unter Beachtung der Gläubigerinteressen aufgelöst wird. Im Innenverhältnis sind die Gesellschafter an einer geordneten Abwicklung nach gesellschaftsrechtlichen Grundsätzen interessiert; denn gerade bei langjährig tätigen Gesellschaften wäre eine Abwicklung nach bereicherungsrechtlichen Grundsätzen kaum zu bewerkstelligen.[5] Dem Verband soll deshalb eine höhere Bestandskraft gegenüber den Nichtigkeitsfolgen gegeben werden, die herkömmlich an Gründungsmängel geknüpft sind. Auf diese Weise wird die soziale Wirklichkeit des Verbandes mit den Maßstäben des Vertragsrechts versöhnt.[6]

Rechtsprechung und Wissenschaft haben sich schwer damit getan, diese pragmatische Einsicht in tatsächliche Notwendigkeiten zu einem in sich schlüssigen, dogmatischen Konzept fortzuentwickeln.[7] Frühere Ansätze auf der Grundlage einer Rechtsscheinhaftung[8] hätten allenfalls im Außenverhältnis geholfen, aber weiterhin eine bereicherungsrechtliche Abwicklung im Innenverhältnis erforderlich gemacht, die gerade bei länger andauernder Geschäftstätigkeit zu großen Problemen führen kann. Im Außenverhältnis wäre die Konstruktion einer Rechtsscheinhaftung von dem Erfordernis der Zurechenbarkeit und der Gutgläubigkeit des jeweiligen Geschäftspartners abhängig gewesen, was zu dem kaum überzeugenden Ergebnis einer „relativen Existenz" der Gesellschaft geführt hätte.[9] Die heute herrschende Meinung findet das dogmatische Fundament deshalb in der Doppelnatur der Gesellschaft als Schuldverhältnis und Organisation (s. § 4 Rn. 2): Sobald die Gesellschafter ihr schuldrechtliches Vertragsverhältnis zu einer gesellschaftlichen Organisation verfestigen, verlieren sie die unbeschränkte Dispositionsbefugnis über ihre das Innenverhältnis überschreitenden Beziehungen und müssen sich bis zur wirksamen Geltendmachung des Mangels grundsätzlich an der ins Leben gerufenen Gemeinschaft mitsamt ihrer fehlerhaften Vertragsgrundlage festhalten lassen.[10] Die Gesellschaft erhält eine über die vertragliche Grundlage hinausreichende juristische Bestandskraft (zu den Rechtsfolgen im Einzelnen s. Rn. 8 ff.). 6

II. Voraussetzungen

Damit diese erhöhte Bestandskraft eingreift, müssen nach herrschender Meinung drei Voraussetzungen erfüllt sein. Erstens muss ein, wenn auch unwirksamer, Gesellschaftsvertrag geschlossen worden sein, d. h. der Gesellschaftsvertrag muss zumindest vom tatsächlichen Willen der Vertragsschließenden erfasst werden. Daran fehlt es aus Sicht des BGH grundsätzlich, wenn für den (möglichen) Gesellschafter ein Vertreter ohne Vertretungsmacht (falsus procurator) gehandelt hat.[11] Auch ein 7

---

5 *Wiedemann,* GesR II, § 2 V 2; zu den wenig sachgerechten Ergebnissen einer solchen Abwicklung (etwa im Hinblick auf § 818 III BGB) vgl. auch *Kübler/Assmann,* § 26 I 2.

6 So die anschauliche Umschreibung von *K. Schmidt,* § 6 I 1a.

7 Überblick über die verschiedenen Ansätze bei MüKoBGB/*Ulmer/C. Schäfer,* § 705 Rn. 347 ff.

8 Vgl. dazu noch die ältere Rechtsprechung des Reichsgerichts: RGZ 142, 98, 107 f.; RGZ 145, 155, 158; RGZ 149, 25, 28 f.

9 So treffend *Grunewald,* § 1 Rn. 168; zur weitergehenden Kritik an diesen Ansätzen vgl. *C. Schäfer,* Die Lehre vom fehlerhaften Verband, 2002, S. 77 ff., 131 ff.

10 Vgl. etwa MüKoBGB/*Ulmer/C. Schäfer,* § 705 Rn. 354 ff.; Soergel/*Hadding/Kießling,* § 705 Rn. 88; *Kindler,* § 10 Rn. 31 ff.; skeptisch gegenüber dieser recht abstrakten Begründung *Grunewald,* § 1 Rn. 168.

11 Vgl. *BGH* ZIP 2010, 1283, 1284 = JuS 2010, 918 (mit Anm. *K. Schmidt*); *BGH* NZG 2011, 1225, 1226; *Grunewald,* § 1 Rn. 172; dazu kritisch *Klimke,* NZG 2012, 1366.

bloß faktisches Zusammenwirken genügt dafür nicht.[12] Zweitens muss die Gesellschaft in Vollzug gesetzt sein, da erst mit diesem Akt die Organisationsstrukturen geschaffen werden, die eine Verdrängung der Nichtigkeitsfolgen rechtfertigen.[13] Zugleich ergeben sich auch erst mit dem Vollzug die besonderen Abwicklungsschwierigkeiten im Innen- und Außenverhältnis, aus denen die Lehre von der fehlerhaften Gesellschaft ihre praktische Existenzberechtigung erhält.[14] Der Vollzug ist spätestens dann eingetreten, wenn die Gesellschaft Rechtsbeziehungen zu Dritten aufgenommen hat.[15] Fehlt es daran, so genügt es nach der mittlerweile wohl herrschenden Meinung auch, wenn im Innenverhältnis bereits ein gemeinschaftliches Vermögen gebildet worden ist.[16] Solange die Vermögensbildung nicht über die bloße Einlagenleistung hinausgeht, ist dieser Standpunkt indes nicht unbedenklich, da nicht ersichtlich ist, warum das Bereicherungsrecht nicht genügen soll, um diese Vermögensverschiebung rückgängig zu machen.[17] Drittens dürfen die Mängel des Vertrags nicht so schwerwiegend sein, dass ihre Nichtbeachtung mit höherwertigen Interessen der Allgemeinheit oder Einzelner unvereinbar wäre. Diese dritte Voraussetzung ist umstritten und wird deshalb in Rn. 10 ff. noch einmal näher beleuchtet.[18] Für die Lösung des Falles 1 bedarf diese Frage keiner weiteren Erläuterung, weil die Consulta GbR alle drei Voraussetzungen erfüllt.[19]

III. Rechtsfolgen der Lehre von der fehlerhaften Gesellschaft

1. Innenverhältnis

8 Hinsichtlich der Rechtsfolgen einer fehlerhaften Gesellschaft ist zwischen dem Innenverhältnis und dem Außenverhältnis zu unterscheiden. Im Innenverhältnis gilt: Wenn die Gesellschaft in Vollzug gesetzt ist, besteht sie kraft des darauf gerichteten, wenn auch mangelhaft gebildeten oder erklärten Willens der Beteiligten. Die Mängel, die dem Gesellschaftsvertrag anhaften, haben deshalb nicht die Rückwirkung zur Folge, die ihnen nach dem BGB zukäme. Sie können allenfalls Grund für eine zukünftige Auflösung der Gesellschaft sein (s. dazu noch § 10 Rn. 4), die ihrerseits noch nicht zur Beendigung, sondern zur sog. Liquidation der Gesellschaft führt. Dabei handelt es sich um ein geordnetes Abwicklungsverfahren, das auf die besondere Situation eines organisierten Personenverbandes zugeschnitten ist und sich damit besser als das Bereicherungsrecht für die Abwicklung eignet (vgl. § 10

[12] Vgl. dazu etwa *OLG Saarbrücken* NZG 2009, 22, 23; Erman/*H. P. Westermann,* § 705 Rn. 75; Die frühere Lehre von der faktischen Gesellschaft (als Spezialfall des faktischen Vertrages) ist seit langem überholt (vgl. noch die Nachw. bei *Wiedemann,* GesR II, § 2 V 2).

[13] *Kübler/Assmann,* § 26 I 4c.

[14] Vgl. *Wiedemann,* GesR II, § 2 V 3.

[15] BGHZ 3, 285, 288 = NJW 1952, 97; MüKoBGB/*Ulmer/C. Schäfer,* § 705 Rn. 331; Soergel/*Hadding/Kießling,* § 705 Rn. 75; *C. Schäfer,* Die Lehre vom fehlerhaften Verband, 2002, S. 157 ff., 160 f. Bei den Personenhandelsgesellschaften ist umstritten, ob bereits die Eintragung in das Handelsregister genügt. Das ist zu verneinen, da die Eintragung noch keinen besonderen Verkehrsschutz erforderlich macht. In der Praxis kommt dieser Frage indes keine Bedeutung zu; vgl. Staub/*C. Schäfer,* § 105 Rn. 335.

[16] BGHZ 13, 320, 321 = NJW 1954, 1562; *BGH* NJW 1992, 1501, 1502; *BGH* NJW 2000, 2586, 2587; MüKoBGB/*Ulmer/C. Schäfer,* § 705 Rn. 331; MüKoHGB/*K. Schmidt,* § 105 Rn. 236; Staudinger/*Habermeier* (2003), § 705 Rn. 66.

[17] So auch Erman/*H. P. Westermann,* § 705 Rn. 79; Staub/*C. Schäfer,* § 105 Rn. 335; *ders.,* Die Lehre vom fehlerhaften Verband, 2002, S. 157 ff.; differenzierend *Saenger,* Rn. 82 f.

[18] Vgl. auch die Nachweise dort.

[19] Problematisch kann die Anwendung der Lehre von der fehlerhaften Gesellschaft bei einer arglistigen Täuschung nur dann sein, wenn sich im Innenverhältnis gerade der Täuschende gegenüber dem Getäuschten darauf beruft (s. noch Rn. 22).

Rn. 10 ff.). Die Auflösung wird durch die Kündigung eines Gesellschafters eingeleitet, die bei einer auf unbestimmte Zeit eingegangenen Gesellschaft bürgerlichen Rechts jederzeit möglich ist (§ 723 I 1 BGB). Bei einer Gesellschaft auf Zeit sowie bei den Personenhandelsgesellschaften bedarf die Kündigung eines wichtigen Grundes (§ 723 I 2 BGB, § 133 HGB – vgl. noch § 10 Rn. 4). Dieser Grund liegt in dem ursprünglichen Mangel. Bis zu ihrer Auflösung ist die Gesellschaft voll wirksam.[20] Es gelten also im Verhältnis der Gesellschafter zueinander die vertraglichen Abmachungen oder einschlägigen Vorschriften, z. B. über die Beitragspflicht, über die Geschäftsführung oder über die Gewinn- und Verlustbeteiligung.[21] Dabei ist allerdings eine wesentliche Einschränkung zu beachten: Es kann nicht auch diejenige Vertragsklausel angewandt werden, auf der die Fehlerhaftigkeit des Vertrags beruht; sonst würde sich die Rechtsordnung selbst aufheben. Ist z. B. der Gesellschaftsvertrag gem. § 311b BGB fehlerhaft, so kann der Gesellschafter nicht doch zur Auflassung an die Gesellschaft verpflichtet sein; ist die Abrede über die Gewinnverteilung sittenwidrig (§ 138 BGB), so kann der Gewinn nicht nach dieser Abrede verteilt werden.[22] Dass solche einzelnen Abmachungen nicht anwendbar sind, ändert jedoch nichts an dem Bestand der Gesellschaft; sie sind durch die dispositive gesetzliche Regelung zu ersetzen.

Für *Birkenstock* führen die Sonderregeln über die fehlerhafte Gesellschaft zu dem Ergebnis, dass sie den Firmenwagen nicht kondizieren kann. Der Anfechtungstatbestand ist lediglich ein wichtiger Grund für eine außerordentliche Kündigung nach § 723 I 2 BGB mit anschließendem Liquidationsverfahren nach §§ 730 ff. BGB (s. dazu noch § 10 Rn. 10 ff.). Zu den Besonderheiten, die sich bei der OHG aus dem Erfordernis einer Auflösungsklage ergeben, s. noch § 17 Rn. 1 ff. Zu fehlerhaften Zusammenschlüssen, die von vornherein als reine Innengesellschaft (§ 3 Rn. 24 ff.) konzipiert sind, vgl. noch die Ausführungen zur stillen Gesellschaft in § 24. 9

2. Außenverhältnis

Im Fall 1 betrifft der Anspruch des *Bamberger* aus § 535 II BGB das Außenverhältnis und setzt zunächst die wirksame Entstehung der Gesellschaft bürgerlichen Rechts voraus. Diese Voraussetzung ist trotz der Anfechtung erfüllt. Die Gesellschaft muss aus den oben angeführten Erwägungen heraus (Rn. 5) nicht nur im Verhältnis der Gesellschafter zueinander, sondern auch im Außenverhältnis als vollwirksam angesehen werden.[23] Obwohl ein fehlerfreier Gesellschaftsvertrag nicht vorliegt, können sich also Dritte schlechthin auf die Existenz der Gesellschaft verlassen. Dem *Bamberger* steht also auch weiterhin die Gesellschaft als Schuldnerin zur Verfügung. 10

IV. Ausnahmetatbestände

1. Höherrangige Schutzbelange der Allgemeinheit

Fall 2: Auch während seiner Tätigkeit als Steuerberater hat *Drehsen* seine anderweitigen illegalen Aktivitäten nicht eingestellt. So hat er gemeinsam mit seinen beiden Bekannten *Flisnik* und *Harnos* eine Gesellschaft mit dem Zweck gegründet, gestohlene Kraftfahrzeuge in das 11

---

[20] *RG* seit RGZ 165, 193, 201 ff.; BGHZ 3, 285, 288 = NJW 1952, 500; aus dem Schrifttum statt vieler *K. Schmidt,* § 6 III 2.

[21] Erman/*H. P. Westermann,* § 705 Rn. 81.

[22] BGHZ 47, 293, 301 = NJW 1967, 1566; *Kindler,* § 10 Rn. 48.

[23] Mit dem Verkehrsschutz im Außenverhältnis hat die Rechtsprechung zur fehlerhaften Gesellschaft ihren Anfang genommen, vgl. RGZ 78, 303, 305 f.; Erman/*H. P. Westermann,* § 705 Rn. 73.

Ausland zu verschieben. Können sich die Gesellschafter untereinander auf die in §§ 705 ff. BGB niedergelegten Rechtssätze – etwa über die Gewinnaufteilung oder Abwicklung der Gesellschaft – berufen?

12 Nach allgemeinen Regeln müsste die Gesellschaftsgründung auch hier unwirksam sein. Eine Gesellschaft von Hehlern verstößt gegen §§ 259, 260 StGB, ihre Gründung wäre daher sowohl nach § 134 BGB als auch nach § 138 BGB nichtig. Eine Einschränkung dieser Nichtigkeitsfolge könnte sich allenfalls aus der Lehre von der fehlerhaften Gesellschaft ergeben. Eine solche fehlerhafte Gesellschaft kann indes keine schrankenlose Anerkennung finden. Bei schweren Mängeln des Gesellschaftsvertrags ist es nicht gerechtfertigt, diese auch nur vorübergehend unbeachtet zu lassen. In der Rechtsprechung hat sich deshalb die Formel ausgebildet, dass die Mängel des Vertrags nicht so schwerwiegend sein dürfen, dass ihre Nichtbeachtung mit wichtigen Interessen der Allgemeinheit oder einzelner schutzwürdiger und -bedürftiger Personen in Widerspruch treten würde.[24] Unter die erste Gruppe ist etwa Fall 2 zu fassen. Verstößt der Gesellschaftszweck gegen ein gesetzliches Verbot (§ 134 BGB) oder ist er sittenwidrig (§ 138 BGB), so würde die Rechtsordnung zu sich selbst in Widerspruch treten, wenn sie der Gesellschaft auch nur vorübergehend rechtlichen Bestand zuerkennen würde. Das durch die Lehre von der fehlerhaften Gesellschaft geschützte Interesse der Gläubiger am Verkehrsschutz und das Interesse der Gläubiger an einer unkomplizierten Abwicklung mögen es rechtfertigen, bestimmte Schutzanliegen des Gesetzes zurückzustellen. Sind die geschützten Belange der Allgemeinheit aber derart gewichtig, dass sie diese Interessen überwiegen, dann kann die Lehre von der fehlerhaften Gesellschaft keine Anwendung finden. Als weitere Beispiele für diese Fallgruppe sind insbesondere Gesellschaften zu nennen, die ein Unternehmen betreiben, das besondere gesetzliche Voraussetzungen an den Inhaber stellt (Sachkunde, Konzession), die dieser nicht erfüllt. Ferner sind solche Gesellschaften nicht anzuerkennen, deren Zweck auf Steuerhinterziehung, Zuwiderhandlungen gegen das Rechtsdienstleistungsgesetz oder Verstöße gegen das Kartellrecht gerichtet sind.[25]

13 Nach einer verbreiteten Gegenauffassung soll die Lehre von der fehlerhaften Gesellschaft indes auch in diesen Fällen Anwendung finden, da sich auch hier Abwicklungsschwierigkeiten stellen könnten und die Belange der Allgemeinheit nicht zwangsläufig durch das Gesellschaftsrecht geschützt werden müssen.[26] Im Beispielsfall könnte etwa eine Sanktionierung über das Strafrecht erfolgen, ohne dass die grundsätzlich geltende Lehre von der fehlerhaften Gesellschaft durchbrochen werden müsste. Auch im Lichte einer solchen Sanktion bleibt indes das Unbehagen, dass

---

[24] Vgl. BGHZ 3, 285, 288 = NJW 1952, 97; BGHZ 26, 330, 334 = NJW 1958, 668; BGHZ 55, 5, 9 = NJW 1971, 375; BGHZ 62, 234, 240 f. = NJW 1974, 1201; BGHZ 97, 243, 250 = NJW 1987, 65; *BGH* NZG 2008, 460 Rn. 13; zustimmend MüKoBGB/*Ulmer/C. Schäfer,* § 705 Rn. 332 ff.; Staudinger/*Habermeier* (2003), § 705 Rn. 68 f.

[25] Vgl. dazu BGHZ 62, 234, 240 f. = NJW 1974, 1201: Keine Anwendung der Grundsätze über die fehlerhafte Gesellschaft, wenn der Gesellschaftsvertrag wegen Verstoßes gegen § 1 RBeratG a. F. (heute: RDG) nach § 134 BGB nichtig ist; ferner BGHZ 75, 214, 217 = NJW 1980, 638; BGHZ 97, 243, 250 = NJW 1987, 65; weitere Beispiele bei MüKoBGB/*Ulmer/C. Schäfer,* § 705 Rn. 332 ff.; Staudinger/*Habermeier* (2003), § 705 Rn. 68; *Saenger,* Rn. 85 f.; zur umstrittenen Frage, inwieweit die Lehre von der fehlerhaften Gesellschaft auf kartellrechtswidrige Personengesellschaften anwendbar ist, s. *Lohse,* FS Säcker, 2011, S. 827, 832 ff.; *Palzer,* ZGR 2012, 631, 642 ff.; *K. Schmidt,* BB 2014, 515 ff.; zum Betrieb eines Bordells vgl. *BGH* NJW-RR 1988, 1379.

[26] So etwa MüKoHGB/*K. Schmidt,* § 105 Rn. 237; *ders.,* § 6 III 3c aa; *ders.,* AcP 186 (1986), 421, 448 ff.; Staub/*C. Schäfer,* § 105 Rn. 337 ff.; *ders.,* Die Lehre vom fehlerhaften Verband, S. 260 ff.; *Grunewald,* § 1 Rn. 174; *Schwintowski,* NJW 1988, 937, 941 f.

die Rechtsordnung Erleichterungen für die Abwicklung gesetzeswidriger Zusammenschlüsse zur Verfügung stellen soll. In diesen Fällen besteht im Innenverhältnis kein Grund, die Gesellschafter zu privilegieren und sie insbesondere von der strengen bereicherungsrechtlichen Konsequenz des § 817 S. 2 BGB freizusprechen, die in diesen Gestaltungen häufig eingreifen wird.[27] Im Außenverhältnis wird man Dritten in der Regel hinreichenden Schutz über die Rechtsscheinregeln gewähren können (s. bereits Rn. 6);[28] bei gesetzwidrigem Verhalten wird man eine Zurechenbarkeit des Rechtsscheins zumeist unproblematisch bejahen können. Spätestens bei der sogleich zu erörternden Schutzbedürftigkeit Minderjähriger kann auch die Gegenauffassung das entgegenstehende höherwertige Rechtsgut nicht mehr unberücksichtigt lassen (s. Rn. 14 ff.).

2. Höherrangige Schutzbelange Einzelner

Fall 3: An dem Gesellschaftsvertrag der Steuerberatergesellschaft (s. Fall 1) ist neben *Birkenstock* und *Drehsen* auch noch der 17-jährige *Xaver* beteiligt, der beim Abschluss nicht wirksam vertreten worden ist. Ist *Xaver* als Gesellschafter zu behandeln? Kann er namentlich einen Anspruch auf die Gewinnbeteiligung geltend machen? **14**

15 *Xaver* bedarf zum Abschluss des Gesellschaftsvertrags wegen der dadurch begründeten Verpflichtungen der Zustimmung seines gesetzlichen Vertreters (§§ 107 f. BGB); weiter ist die Genehmigung des Familiengerichts erforderlich (§§ 1643 I, 1822 Nr. 3 BGB). Werden Zustimmung bzw. Genehmigung versagt, so ist der Vertrag endgültig unwirksam. *Xaver* kann deshalb nur dann als Gesellschafter behandelt werden, wenn die Grundsätze über die fehlerhafte Gesellschaft eingreifen.

16 Wegen des umfassenden gesetzlichen Schutzes, den Minderjährige und andere beschränkt Geschäftsfähige erfahren, dürfen die Sonderregeln über die fehlerhafte Gesellschaft jedenfalls nicht zu dem Ergebnis führen, dass diese Personen die ihnen nachteiligen Folgen des Gesellschaftsverhältnisses uneingeschränkt tragen müssen. Die herrschende Meinung erreicht dies, indem sie auch hier die dritte Voraussetzung einer fehlerhaften Gesellschaft eingreifen lässt: Es dürfen keine höherrangigen Schutzbelange entgegenstehen. Der Schutz nicht geschäftsfähiger Personen ist als ein derartiger Schutzbelang anzusehen. Der Minderjährige ist daher nicht Gesellschafter geworden.[29] Allerdings bleibt die Nichtigkeitsfolge darauf beschränkt. Zwischen den übrigen Gesellschaftern gilt die Gesellschaft im Zweifel als fortbestehend.[30] Nur wenn neben dem Minderjährigen lediglich noch ein weiterer Gesellschafter vorhanden ist, bleibt für die Anerkennung einer Gesellschaft kein Raum, da es an der erforderlichen Mindestzahl von zwei Gesellschaftern fehlt, sobald die Beteiligung des Minderjährigen scheitert.[31]

17 Eine Gegenauffassung hält die Annahme einer fehlerhaften Gesellschaft auch in diesen Fällen für unabdingbar, um den sonst auftretenden Abwicklungsschwierigkeiten (s. Rn. 5) entgegenzuwirken. Überdies würde der Minderjährige anderenfalls Gefahr laufen, dass ihm auch die Vorteile der Mitgliedschaft (z. B. etwaige Gewinne) genommen werden könnten, was dem Minderjährigenschutz gerade zuwiderlaufen würde. Daher wird angenommen, es werde auch der Minderjährige Mitglied einer fehlerhaften Gesellschaft und nur vor den nachteiligen Rechtsfolgen seiner Betei-

---

27 Zur Anwendung dieser Regel vgl. Staudinger/*Habermeier* (2003), § 705 Rn. 68.

28 Staudinger/*Habermeier* (2003), § 705 Rn. 68.

29 MüKoBGB/*Ulmer/C. Schäfer,* § 705 Rn. 337; Soergel/*Hadding/Kießling,* § 705 Rn. 82; Staudinger/*Habermeier* (2003), § 705 Rn. 69; *Saenger,* Rn. 88.

30 Grundlegend BGHZ 17, 160, 166 ff. = NJW 1955, 1067.

31 MüKoBGB/*Ulmer/C. Schäfer,* § 705 Rn. 339.

ligung (Haftung, Beitragspflicht, Verlustbeteiligung) geschützt.[32] Noch einen Schritt weiter geht *C. Schäfer,* der die Belange des Minderjährigen durch das Sonderkündigungsrecht des § 723 I 3 Nr. 2 BGB und den Schutz vor Überschuldung nach § 1629a I BGB (s. zu beiden Vorschriften § 4 Rn. 38) hinreichend gewahrt sieht und ihm deshalb die uneingeschränkte Gesellschafterstellung zuweist.[33]

18 Trotz dieser Bedenken ist der herrschenden Meinung zu folgen. Die Gegenauffassung, die den Minderjährigen nur von den Vorteilen der Gesellschaft profitieren lässt, ist abzulehnen, weil dem Gesellschaftsrecht die Stellung eines „hinkenden", nur berechtigten, aber nicht zugleich verpflichteten Gesellschafters unbekannt ist.[34] Die herrschende Meinung gelangt zu wesentlich sachgerechteren Ergebnissen: Zwar nimmt sie dem Minderjährigen in der Tat zunächst auch die Vorteile der Gesellschafterstellung. Sollen ihm diese erhalten werden, so kann der Abschluss des Gesellschaftsvertrages noch nachträglich genehmigt werden mit der Folge, dass er eine umfassende Gesellschafterstellung mit allen Vor- und Nachteilen erlangt.[35] Auf diese Weise wird ihm etwa die Gewinnbeteiligung gesichert, soweit er denn bereit ist, auch die negativen Folgen seines Engagements in Kauf zu nehmen. Vor übermäßig gravierenden Konsequenzen schützen ihn §§ 723 I 3–5, 1629a BGB (vgl. dazu bereits § 4 Rn. 38). Der Auffassung *C. Schäfers,* der Minderjährigenschutz könne in hinreichender Form über diese Vorschriften allein gewährleistet werden, kann ebenfalls nicht gefolgt werden, da sie den Minderjährigen nur vor der Überschuldung bei Eintritt der Volljährigkeit schützen, während §§ 105 ff., 1643, 1822 Nr. 3 BGB ihn vor jeglichen rechtlichen Nachteilen bewahren sollen.[36]

19 Folgt man deshalb der herrschenden Meinung, so kann der Minderjährige nicht als Gesellschafter behandelt werden; eine (fehlerhafte) Gesellschaft besteht nur unter den übrigen Vertragschließenden. Soweit *Xaver* Leistungen zum Gesellschaftsvermögen erbracht hat, kann er sie gem. § 812 I 1, 1. Mod. BGB kondizieren.

Hinweis:

20 Diese Fallkonstellation ist ein beliebter Prüfungsgegenstand, da sie interessante Querschnittsprüfungen zulässt: Das Gesellschaftsrecht trifft mit dem Minderjährigenrecht zusammen, das sodann stets im Pendelblick zum Familienrecht anzuwenden ist (namentlich §§ 1626, 1629, 1643, 1680, 1795, 1821 f., 1915 BGB – s. bereits § 4 Rn. 34 ff.).

3. Arglistige Täuschung und widerrechtliche Drohung

21 **Fall 4:** Nachdem die Kanzlei (s. Fall 1) ihre Arbeit bereits aufgenommen hat, verlangt *Drehsen* von *Birkenstock* die Zahlung einer noch aussstehenden Einlage in Höhe von 5.000 EUR. Kann *Birkenstock* die Zahlung mit der Begründung verweigern, sie sei von *Drehsen* arglistig getäuscht worden?

---

[32] *Grunewald,* § 1 Rn. 175 mit Fn. 19; zumindest im Ansatz ähnlich *K. Schmidt,* § 6 III 3c cc; *ders.,* JuS 1990, 517, 520 ff., der allerdings die Gewinnbeteiligung des Minderjährigen verneint, sofern keine vollständige Genehmigung des Vertragsabschlusses erfolgt.

[33] Staub/*C. Schäfer,* § 105 Rn. 339; *ders.,* Die Lehre vom fehlerhaften Verband, S. 271 ff.

[34] So zutreffend die ganz h. M. – vgl. Erman/*H. P. Westermann,* § 705 Rn. 76; MüKoBGB/*Ulmer/C. Schäfer,* § 705 Rn. 337; Soergel/*Hadding/Kießling,* § 705 Rn. 82; insoweit auch *K. Schmidt,* § 6 III 3c cc.

[35] Vgl. dazu MüKoBGB/*Ulmer/C. Schäfer,* § 705 Rn. 336; *Kübler/Assmann,* § 26 IV 4.

[36] So der zutreffende Einwand von MüKoBGB/*Ulmer,* § 705 Rn. 337 mit Fn. 957, 5. Aufl. (2009); ablehnend auch Erman/*H. P. Westermann,* § 705 Rn. 76.

Abzuwägen ist zwischen dem Bestandsschutz, den die Gesellschaft trotz ihrer fehlerhaften Vertragsgrundlage genießt, und dem Schutzinteresse des arglistig Getäuschten. Es hat sich bisher schon gezeigt, dass auch der arglistig Getäuschte eine erbrachte Leistung nicht zurückfordern kann und Dritten gegenüber für die Schulden der Gesellschaft haften muss (Fall 1). Es fragt sich jedoch, ob die Anerkennung der fehlerhaften Gesellschaft so weit gehen kann, dass selbst in einer zweigliedrigen Gesellschaft der Täuschende von dem Getäuschten die Beitragsleistung verlangen darf. Der BGH hat in mehreren älteren Entscheidungen (jeweils obiter dictum) angedeutet, dass er zumindest bei einer schwerwiegenden arglistigen Täuschung oder widerrechtlichen Drohung eine weitere Ausnahme von der Lehre von der fehlerhaften Gesellschaft für denkbar halte.[37] Dieser Denkansatz ist im Schrifttum ganz überwiegend auf Widerspruch gestoßen[38] und auch vom BGH in neueren Entscheidungen nicht mehr aufgegriffen worden.[39] Der Kritik ist zuzustimmen, da die Grundsätze der fehlerhaften Gesellschaft anderenfalls ausschließlich zum Schutz eines Gesellschafters aufgehoben würden, obwohl er in zurechenbarer Weise (anders als bei vis absoluta) zur Entstehung der Gesellschaft beigetragen hat.[40] Der Schutz des Betrogenen beschränkt sich darauf, dass er die Auflösung der Gesellschaft erreichen und (vor-)vertragliche oder deliktische Ansprüche (etwa aus §§ 823 II, 826 BGB) bei der Liquidation geltend machen kann.[41] Von diesem Grundsatz kann nur dann eine Ausnahme gemacht werden, wenn der Beitrag nicht den Gesellschaftsbelangen (etwa der Befriedigung ihrer Gläubiger) dienen, sondern ausschließlich dem Betrüger zufließen würde, etwa weil dieser sich einen besonders hohen Anteil am Gewinn oder am Liquidationserlös hat versprechen lassen. Da der Betrogene in diesem Fall auch in der Liquidation keinen seiner Beitragsleistung entsprechenden Gegenwert erhalten würde, ist hier eine Ausnahme von den Grundsätzen der fehlerhaften Gesellschaft zuzulassen.[42] Für einen solchen Ausnahmefall besteht hier kein Anhaltspunkt. *Birkenstock* muss die 5.000 EUR also in die Gesellschaftskasse zahlen. 22

V. Sonderkonstellation: Beitritt zur Publikumsgesellschaft als Außergeschäftsraumvertrag (ehem. Haustürgeschäft)

Besondere Relevanz hat die Lehre von der fehlerhaften Gesellschaft in der jüngeren Vergangenheit im Zusammenhang mit dem Beitritt zur Publikumsgesellschaft als Außergeschäftsraumvertrag (ehem. Haustürgeschäft) erlangt. 23

Fall 5: Von den ständigen Querelen mit *Drehsen* zermürbt, bricht *Birkenstock* die Arbeit schon am frühen Nachmittag ab und kehrt in ihre Wohnung zurück. Dort wird sie von einem Vertreter der Roland Steuerberatungs-GmbH überrascht, der ihr die lukrativen Perspektiven eines Investments in einen geschlossenen Immobilienfonds in der Rechtsform einer Gesellschaft bürgerlichen Rechts anpreist. Daraufhin unterzeichnet *Birkenstock* eine Beitrittserklä- 24

[37] BGHZ 13, 320, 323 = NJW 1954, 1562; BGHZ 26, 330, 335 = NJW 1958, 668; BGHZ 47, 293, 300 = NJW 1967, 1961; BGHZ 55, 5, 9 f. = NJW 1971, 375.

[38] MüKoBGB/*Ulmer/C. Schäfer,* § 705 Rn. 340; Soergel/*Hadding/Kießling,* § 705 Rn. 83; Staub/*C. Schäfer,* § 105 Rn. 343; *ders.,* Die Lehre vom fehlerhaften Verband, 2002, S. 279 f.; Staudinger/*Habermeier* (2003), § 705 Rn. 70; *K. Schmidt,* AcP 186 (1986), 421, 445 f.; a. A. zumindest für die zweigliedrige Gesellschaft *Kübler/Assmann,* § 26 IV 5.

[39] Vgl. BGHZ 63, 338, 345 f. = NJW 1975, 1022; *BGH* NJW 1976, 894; BGHZ 148, 201, 207 = NJW 2001, 2718; BGHZ 159, 280, 291 = NJW 2004, 2731; *BGH* NZG 2008, 460 Rn. 14.

[40] MüKoBGB/*Ulmer/C. Schäfer,* § 705 Rn. 340; Staub/*C. Schäfer,* § 105 Rn. 343.

[41] BGHZ 55, 5, 9 f. = NJW 1971, 375; BGHZ 63, 338, 344 = NJW 1975, 1022.

[42] BGHZ 13, 320, 323 = NJW 1954, 1562; BGHZ 26, 330, 335 = NJW 1958, 668; BGHZ 55, 5, 9 f. = NJW 1971, 375.

rung, mit der sie sich als „Investor-Gesellschafterin" zur Zahlung einer Kapitaleinlage von 50.000 EUR verpflichtet. Über ein Widerrufsrecht wird sie nicht belehrt. Ein Jahr später, in dem der Fonds sich nicht erwartungsgemäß entwickelt hat, bereut sie das Geschäft und erklärt ihren Rücktritt aus der Gesellschaft. Welche Rechtsfolgen ergeben sich aus dieser Erklärung?

25 *Birkenstock* könnte gegen die Gesellschaft einen Anspruch auf Rückzahlung ihrer Einlage in Höhe von 50.000 EUR aus § 355 III 1 BGB haben. Das dafür erforderliche Widerrufsrecht könnte sich aufgrund des Charakters des Vertragsschlusses als Außergeschäftsraumvertrag aus §§ 312b, 312g I BGB ergeben. Dafür müsste der Gesellschaftsvertrag gem. § 312 I BGB „eine entgeltliche Leistung des Unternehmers zum Gegenstand" haben. Ob sich dieser Passus, der offensichtlich auf einen zweiseitigen Austauschvertrag zugeschnitten ist, auf den Gesellschaftsvertrag übertragen lässt, ist nicht zweifelsfrei.[43] Der BGH hatte diese Frage zu § 312 I BGB a. F.[44] aus Schutzzweckülerlegungen heraus zumindest dann bejaht, wenn der Beitritt ausschließlich zu Anlagezwecken erfolgt, wie dies bei Immobilienfonds in Gestalt einer sog. Publikumsgesellschaft der Fall ist (zum Begriff der Publikumsgesellschaft vgl. noch § 23 Rn. 1 ff.); hier stehe nicht die Begründung der Mitgliedschaft, sondern allein der Investitionszweck im Vordergrund.[45] Der EuGH hatte im Anwendungsbereich der alten Haustürgeschäfte-Richtlinie[46] bestätigt, dass auch das Unionsrecht eine derartige Auslegung erfordert.[47] Für die Neuregelung der ehemaligen Haustürgeschäfte nun als Außergeschäftsraumverträge (§§ 312 I, 312b BGB) nach der Verbraucherrechterichtlinie[48] wird diese Differenzierung ebenfalls zu gelten haben.[49]

26 Finden die §§ 312 I, 312b BGB demnach Anwendung, so ergibt sich daraus ein Widerrufsrecht (§§ 355, 312g I BGB), das nach § 355 II 1 BGB grundsätzlich innerhalb von 14 Tagen auszuüben ist. Ist jedoch – wie hier – keine ordnungsgemäße Belehrung erfolgt, besteht das Widerrufsrecht auch über diese 14 Tage hinaus. Es erlischt jedoch spätestens zwölf Monate und 14 Tage nach dem in § 356 II oder § 355 II 2 BGB genannten Zeitpunkt (§ 356 III 2 BGB). Wird es ausgeübt, führt es nach § 355 III 1 BGB zu einem Rückabwicklungsverhältnis, woraufhin die empfangenen Leistungen zurückzugewähren sind. Eine solche Abwicklung würde allerdings mit den Grundsätzen der fehlerhaften Gesellschaft kollidieren. Obwohl es sich nicht um einen Gründungsakt, sondern um einen Beitritt zu einer schon bestehen-

---

43 Vgl. Erman/*R. Koch*, BGB, § 312 Rn. 12; zur alten Rechtslage bei Haustürgeschäften nach § 312 BGB a. F.: Ablehnend etwa der Schlussantrag der Generalanwältin *Trstenjak*, vgl. NZG 2009, 1222 Rn. 41 ff.; vgl. auch *Beck*, ZGS 2010, 212, 213 ff.; *Habersack*, ZIP 2001, 327, 328; *ders.*, ZIP 2010, 775; *Kindler/Libbertz*, NZG 2010, 603, 605; *K.-R. Wagner*, NZG 2000, 169, 170 ff.

44 § 312 BGB a. F. regelte das Widerrufsrecht bei Haustürgeschäften.

45 Vgl. etwa BGHZ 133, 254, 261 f. = NJW 1996, 3414; BGHZ 148, 201, 203 = NJW 2001, 2718; *BGH* NZG 2008, 460 Rn. 8; zust. MüKoBGB/*Wendehorst*, § 312 Rn. 17; Palandt/*Grüneberg*, § 312 Rn. 4; *Armbrüster*, ZIP 2006, 406, 407; *C. Schäfer*, DStR 2010, 1138, 1139.

46 Richtlinie 85/577/EWG des Rates vom 20.12.1985 betreffend den Verbraucherschutz im Falle von außerhalb von Geschäftsräumen geschlossenen Verträgen, ABl. Nr. L 372, S. 31: Diese Richtlinie ist mit Wirkung vom 13.7.2014 gem. Art. 31 Richtlinie 2011/83/EU der europäischen Parlaments und des Rates vom. 25.10.2011 (Verbraucherrechterichtlinie) aufgehoben.

47 *EuGH* NJW 2010, 1511 Rn. 25 ff.

48 Richtlinie 2011/83/EU des europäischen Parlaments und des Rates vom. 25.10.2011 (Verbraucherrechterichtlinie).

49 Ebenso Erman/*R. Koch*, BGB, § 312 Rn. 12; vgl. auch Palandt/*Grüneberg*, § 312 Rn. 4. Auch beim § 312 I BGB ist das Merkmal „entgeltliche Leistung" weit zu verstehen, vgl. *Förster*, ZIP 2014, 1569.

den Gesellschaft handelt, kommen die Sonderregeln über die fehlerhafte Gesellschaft auch hier zur Anwendung, da es weder unter dem Gesichtspunkt des Verkehrsschutzes noch unter dem des Bestandsschutzes einen Unterschied macht, ob der Gesellschaftsvertrag von Anfang an fehlerhaft ist oder ob ein Vertrag, durch den ein neuer Gesellschafter aufgenommen wird, unter einem Wirksamkeitsmangel leidet (zur Anwendung auf den fehlerhaften Austritt vgl. noch § 10 Rn. 34 ff.).[50]

Der Beitritt der *Birkenstock* ist hier aufgrund des Widerrufs nachträglich fehlerhaft **27**
geworden. Da dem Vollzugserfordernis beim Beitritt zu einer schon bestehenden Gesellschaft keine Bedeutung zukommt,[51] bleibt aus der Perspektive des nationalen Rechts nur zu fragen, ob der Anwendung dieser Lehre übergeordnete Schutzbelange entgegenstehen. Sodann ist zu untersuchen, ob dieses Ergebnis auch mit den europarechtlichen Anforderungen zu vereinbaren ist.

Übergeordnete Belange könnten sich hier aus dem Verbraucherschutz ergeben, was **28**
allerdings schon deshalb fraglich ist, weil es sich bei den Mitgesellschaftern regelmäßig ebenfalls um schutzwürdige Verbraucher handeln wird. Es erscheint daher nicht sachgerecht, dem widerrufenden Verbraucher zu gestatten, die von ihm übernommenen Kapitalanlagerisiken im Wege der Rückabwicklung auf seine Mitgesellschafter abzuwälzen, zumal die Frage, wer privilegiert und wer belastet wird, letztlich von einem „Windhundrennen" der Gesellschafter abhinge.[52] Ein solches Ergebnis würde auch der oben dargestellten Behandlung der arglistigen Täuschung widersprechen (Rn. 21 f.). Wenn selbst der arglistig Getäuschte die Lehre von der fehlerhaften Gesellschaft gegen sich gelten lassen muss, wäre es kaum sachgerecht, würde sie demjenigen Schutz gewähren, der lediglich in einer Außergeschäftsraumsituation überrumpelt wird.[53] In beiden Fallgestaltungen führt die Lehre von der fehlerhaften Gesellschaft zu angemessenen Ergebnissen, indem sie das Kündigungsrecht an die Stelle des Rückabwicklungsrechts setzt.

Die alte Haustürgeschäfte-Richtlinie stand dieser Korrektur nach Auffassung des **29**
EuGH nicht entgegen. Art. 7 dieser Richtlinie überließ nämlich die Ausgestaltung der Rechtsfolgen dem einzelstaatlichen Recht, das nur dafür zu sorgen hatte, dass die Vorgaben des Unionsrechts beachtet wurden und dem Widerruf zur praktischen Wirksamkeit verholfen wurde. Diesen Anforderungen genügte die Lehre von der fehlerhaften Gesellschaft, da sie entsprechend den allgemeinen Grundsätzen des Zivilrechts für einen vernünftigen Ausgleich und eine gerechte Risikoverteilung zwischen den einzelnen Beteiligten sorgte; gegenläufigen Belangen des Verbraucherschutzes kam gegenüber diesen Regelungsanliegen kein absoluter Vorrang zu.[54]

---

[50] Vgl. BGHZ 26, 330, 334 ff. = NJW 1958, 668; BGHZ 153, 214, 221 = NJW 2003, 1252; *BGH* NZG 2008, 460 Rn. 11.

[51] Staub/*C. Schäfer,* § 105 Rn. 358.

[52] Vgl. dazu Rechtsprechung und Literatur aus der Zeit vor der Umsetzung der Verbraucherrechterichtlinie: BGHZ 153, 214, 221 = NJW 2003, 1252; BGHZ 156, 46, 52 f., 54 = NJW 2003, 2821; *BGH* NZG 2008, 460 Rn. 9 ff.; *Kindler/Libbertz,* DStR 2008, 1335, 1338; *dies.,* NZG 2010, 603, 605.

[53] So zutreffend zur ehemaligen Haustürgeschäftesituation *BGH* NZG 2008, 460 Rn. 14 f.; vgl. auch *Habersack,* ZIP 2010, 775; zu verbleibenden Wertungswidersprüchen vgl. *Kindler/Libbertz,* NZG 2010, 603, 606.

[54] *EuGH* NJW 2010, 1511 Rn. 41 ff. im Anschluss an den Vorlagebeschluss *BGH* NZG 2008, 460 Rn. 14, 20; ebenso Staub/*C. Schäfer,* § 105 Rn. 333; *ders.,* DStR 2010, 1138, 1139 f.; *Habersack,* ZIP 2010, 775; *Kindler/Libbertz,* DStR 2008, 1335, 1338; *dies.,* NZG 2010, 603, 605; *M. Schwab,* ZGR 2004, 861, 892; a. A. *Hammen,* WM 2008, 233, 234 f.; *Rohlfing,* NZG 2003, 854, 857 f.; zur Verankerung dieser Lehre auch im europäischen Recht vgl. *Oechsler,* NJW 2008, 2471 ff.

Indes ist es fraglich, ob diese Wertungen ebenso auf die neue Verbraucherrechterichtlinie übertragbar sind, da – anders als Art. 8 Haustürgeschäfte-Richtlinie – Art. 4 Verbraucherrechterichtlinie eine Vollharmonisierung verlangt; demnach also durch einheitliche Umsetzung der Richtlinienvorgaben unionsweit ein einheitliches Schutzniveau erreicht werden soll.[55] Zudem weist Art. 13 I Verbraucherrechterichtlinie explizit an, dass die vom Verbraucher gemachten Zahlungen zurückzuzahlen sind und dass der Unternehmer die Rückzahlung unter Verwendung desselben Zahlungsmittels zu tätigen hat, das vom Verbraucher ursprünglich eingesetzt wurde.[56] Daher ermöglicht Art. 13 Verbraucherrechterichtlinie eben nicht wie Art. 7 Haustürgeschäfte-Richtlinie dem Mitgliedstaat, die Rechtsfolgen des Widerrufs nach nationalem Recht (frei) auszugestalten. Auf diese nationale Ausgestaltungsmöglichkeit hat jedoch der EuGH maßgeblich die Richtlinienkonformität der Anwendung der Lehre von der fehlerhaften Gesellschaft bei Haustürsituationen gestützt.[57] Mit dem Wegfall von Art. 7 Haustürgeschäfte-Richtlinie kann für die neue Rechtslage nicht mehr ohne Weiteres auf die EuGH-Judikatur rekurriert werden.[58] Nichtsdestotrotz erscheint es indes eher unwahrscheinlich, dass sich der Richtliniengesetzgeber mit der neuen Richtlinie konträr zu dem erst kürzlich erschienenen EuGH-Urteil positionieren wollte, da durch eine uneingeschränkte Anwendung des Widerrufsrechts der Verbraucherschutz nicht gestärkt, sondern eher ausgehebelt würde (vgl. Rn. 28). Dies deutet eher darauf hin, dass die Lehre von der fehlerhaften Gesellschaft auch beim Beitritt zur Publikumsgesellschaft als Außergeschäftsraumvertrag weiterhin anwendbar bleibt. Die Rechtslage ist insofern aber unklar.

30 Für die Falllösung bedeutet dies: Sofern der Beitritt der *Birkenstock* nach neuem Recht erfolgte (maßgeblicher Zeitpunkt ist insofern der 13. Juni 2014 – vgl. Art. 229 § 32 I EGBGB),[59] hängt die rechtliche Bewertung maßgeblich davon ab, ob die in der Verbraucherrechterichtlinie genannten Regelungen abschließend sind (Rn. 29). Nimmt man das an, so greifen die §§ 312 ff. BGB n. F. uneingeschränkt ein. *Birkenstock* kann dann durch ihren noch innerhalb der Widerrufsfrist erfolgten Widerruf die Rückabwicklung des Gesellschaftsbeitritts nach § 355 III 1 n. F. BGB verlangen. Ist dagegen auf die genannte Konstellation die Lehre von der fehlerhaften Gesellschaft weiterhin anwendbar, bestimmt sich die Rechtsfolge wie bei einem Gesellschaftsbeitritt, der vor dem 13. Juni 2014 erfolgte.

VI. Zusammenfassung

31 Für die Behandlung von Willensmängeln im Gesellschaftsvertrag gelten Sonderregeln. Sie setzen voraus, dass ein, wenn auch fehlerhafter, Gesellschaftsvertrag besteht, dass die Gesellschaft in Vollzug gesetzt ist und keine höherwertigen Interessen der Allgemeinheit oder Einzelner der Anerkennung der Gesellschaft entgegenstehen. Wenn sie diese Voraussetzungen erfüllt, dann ist die Gesellschaft sowohl im Verhältnis der Gesellschafter zueinander wie auch in ihren Beziehungen zu Dritten

---

[55] *Bierekoven/Crone,* MMR 2013, 687; *Förster,* ZIP 2014, 1569; *Pechstein,* RÜ 2014, 291.

[56] Eine Ausnahme erkennt Art. 13 Verbraucherrechterichtlinie nur an, wenn ausdrücklich etwas anderes mit dem Verbraucher vereinbart wurde und dabei für den Verbraucher infolge der vereinbarten Rückabwicklungsmodalität keine Kosten anfallen.

[57] S. *EuGH* NJW 2010, 1511 Rn. 41 ff.

[58] So aber Erman/*R. Koch,* BGB, § 312 Rn. 12; Palandt/*Grüneberg,* § 355 Rn. 14.

[59] In zeitlicher Hinsicht gelten die §§ 312 ff. BGB n. F. und die §§ 355 ff. BGB nur für Verbraucherverträge, die seit dem Inkrafttreten des Umsetzungsgesetzes, BGBl. 2013 I 3642, am 13.7.2014 abgeschlossen worden sind. Für davor abgeschlossene Verträge bleibt es bei den zuvor geltenden Vorschriften (Art. 229 § 32 I EGBGB); s. dazu auch *Förster,* ZIP 2014, 1569.

trotz fehlerhaften Vertrags voll wirksam. Der Fehlertatbestand ist lediglich wichtiger Grund für eine Auflösung und führt im weiteren Verlauf zur Liquidation der Gesellschaft. Die Grundsätze über die fehlerhafte Gesellschaft müssen zurücktreten, wenn es wichtigen Interessen der Allgemeinheit oder einzelner schutzwürdiger und -bedürftiger Personen widerspräche, den Wirksamkeitsmangel nicht zu beachten. Das ist der Fall bei einem gesetz- oder sittenwidrigen Gesellschaftszweck (§§ 134, 138 BGB) und gegenüber Minderjährigen, grundsätzlich nicht dagegen in den Fällen des § 123 BGB.

§ 6. Geschäftsführung und Vertretung

Literatur: *Altmeppen,* Pflicht zur Herausgabe der Gesellschafterliste einer Fondsgesellschaft, NZG 2010, 1321; *Beck,* Personengesellschaften – Gemeinsamkeiten und Unterschiede zwischen GbR und OHG, Jura 2013, 209; *Markwardt,* Keine Anonymität in der Gesellschaft bürgerlichen Rechts, BB 2011, 643; *Schreiber,* Geschäftsführungsbefugnis und Vertretungsmacht in der Gesellschaft bürgerlichen Rechts, Jura 2001, 346; *Schürnbrand,* Organschaft im Recht der privaten Verbände, 2007; *Steinbeck,* Grundfälle zum Personengesellschaftsrecht, JuS 2012, 105; *Preisner,* Examenstypische Klausurkonstellationen des Handels- und Gesellschaftsrechts – Teil II: Geschäftsführung und Vertretung, JA 2012, 21; *C. Weber,* Privatautonomie und Außeneinfluss im Gesellschaftsrecht, 2000, S. 74; *Wellenhofer,* Grundstücksgeschäfte der BGB-Gesellschaft, JuS 2010, 1048; *H. P. Westermann,* Die grundsätzliche Bedeutung des Grundsatzes der Selbstorganschaft im Personengesellschaftsrecht, FS Lutter, 2000, S. 955; Übungsfall: *Lotte/Bertl,* Der Handel zieht alle Register, JuS 2014, 339; *Teichmann/Körber/Schaub,* Der aktive Ex-Gesellschafter, JuS 2011, 723.

I. Die Organstellung der Gesellschafter

1 Die Gesellschaft ist mit dem Gründungsakt ins Leben gerufen worden, um den Gesellschaftern die gemeinsame Zweckverfolgung zu ermöglichen. Damit das gelingt, muss sie handlungsfähig sein, um etwa im Rechtsverkehr Verträge abschließen zu können. Dazu wurde bereits im zweiten Kapitel festgestellt, dass für Personengesellschaften der Grundsatz der Selbstorganschaft gilt: Anders als bei den Körperschaften kann für die Gesellschaft nicht ein Außenstehender tätig werden, sondern entsprechend dem Charakter der Personengesellschaft als einer auf persönlicher Verbundenheit beruhenden Arbeitsgemeinschaft darf die Geschäftsleitung ausschließlich bei den Gesellschaftern liegen (ausführlich und mit weiteren Nachweisen § 2 Rn. 11; s. auch noch Rn. 11).[1] In welcher Weise sich das Handeln eines Gesellschafters auf die Mitgesellschafter auswirkt, hängt sodann von der bereits oben angeschnittenen Grundfrage ab, ob die Gesellschaft nur die Addition der Gesellschafter darstellt oder eine gegenüber ihren Mitgliedern verselbstständigte und als solche rechtsfähige Wirkungseinheit ist (oben § 3 Rn. 3 ff.). Bejaht man mit der älteren Lehre das Erste, so können sich Geschäftsführung und Vertretung nur auf die Gesellschafter beziehen, weil neben ihnen nichts außer einer Vermögensmasse (§§ 718, 719 BGB) existiert.[2] Diese Vorstellung scheint den §§ 714, 715 BGB zugrunde zu liegen, wonach durch den Geschäftsführer „die anderen Gesellschafter“ vertreten werden sollen.[3]

---

[1] Zum Grundsatz der Selbstorganschaft speziell bei der GbR *BGH* WM 1994, 237, 238; BGHZ 146, 341, 360 = NJW 2001, 1056; *Steinbeck,* JuS 2012, 105 f.; krit. *Arlt,* NZG 2002, 407 ff.; *Weber,* JuS 2000, 313, 315 f.

[2] Vgl. etwa noch *Buchner,* AcP 169 (1969), 483, 500 ff.

[3] In eine andere Richtung deutet allerdings § 709 I BGB, wonach die Geschäfte „der Gesellschaft“ geführt werden sollen.

2 Wenn man dagegen mit der oben begründeten Ansicht die Gesellschaft als eine selbstständige Wirkungseinheit begreift, wird es nicht nur möglich, Geschäftsführung und Vertretung auf diese zu beziehen. Es ist vielmehr notwendig so und nicht anders; denn es ergibt keinen Sinn, die Wirkungseinheit und ihre Tauglichkeit als Zuordnungssubjekt zu betonen, wenn für die Einheit nicht gehandelt werden kann. Die rechtlichen und praktischen Erwägungen, die den Ausschlag gaben, um der Gesellschaft bürgerlichen Rechts Rechtsfähigkeit zuzuerkennen, finden daher hier ihre gedankliche Fortsetzung und sprechen dafür, Geschäftsführung und Vertretung unmittelbar auf die Gesellschaft zu beziehen.[4] Ebenso wie eine Körperschaft wird also auch sie durch ihre Organe vertreten.[5] Zu beachten ist allerdings, dass diese Grundsätze nur für die Außengesellschaft anerkannt sind. Für Innengesellschaften – die im Studium allerdings eher selten begegnen – behalten die von der früher herrschenden Meinung skizzierten Grundsätze auch weiterhin ihre Gültigkeit.

II. Die Unterscheidung zwischen Geschäftsführung und Vertretung

3 **Fall 1:** *Löwe* und *Nickel* betreiben gemeinsam in der Bonner Innenstadt das Sushi-Restaurant Stixx in der Rechtsform einer Gesellschaft bürgerlichen Rechts. *Löwe* will seinen zwanzigjährigen Sohn *Stefan* langsam zu seinem Nachfolger aufbauen. Daher will er ihn in die organisatorischen Strukturen des Betriebs einführen, ihm namentlich die Buchhaltung und die Korrespondenz eigenverantwortlich übertragen. Die Vornahme von Rechtsgeschäften möchten sich *Löwe* und *Nickel* jedoch weiterhin allein vorbehalten. Kann eine entsprechende Regelung im Gesellschaftsvertrag getroffen werden?

4 *Stefan* soll hier in die Geschäftsleitung einbezogen werden. Aus dem Prinzip der Selbstorganschaft (Rn. 1, 11) folgt, dass es dafür grundsätzlich erforderlich ist, ihm eine Gesellschafterstellung einzuräumen (zum Beitritt zu einer Gesellschaft s. noch Rn. 18). Bei der vertraglichen Ausgestaltung dieser Stellung ist aber zu berücksichtigen, dass seine Kompetenzen auf interne Organisationsakte beschränkt sein sollen; zu Rechtsgeschäften mit Dritten soll er nicht befugt sein. Dieses Gestaltungsanliegen der Gesellschafter findet einen gesetzlichen Ansatz in der für alle Gesellschaftsformen maßgeblichen Trennung von Geschäftsführung und Vertretung, die den §§ 709, 714 BGB zugrunde liegt: § 709 BGB regelt die Befugnis zur Geschäftsführung; getrennt davon enthält § 714 BGB für den Umfang der Vertretungsmacht eine Auslegungsregel („im Zweifel“).

5 Grundlegend für das Verständnis der Regeln über Geschäftsführung und Vertretung ist die Unterscheidung zwischen Innen- und Außenverhältnis.[6] Innenverhältnisse sind die Beziehungen der Gesellschafter zur Gesellschaft und untereinander, während es beim Außenverhältnis um die Beziehung der Gesellschaft zu Dritten geht. Die Geschäftsführungsbefugnis ist eine Frage des Innenverhältnisses, die Vertretungsmacht eine solche des Außenverhältnisses. Diese Gegenüberstellung darf allerdings nicht zu dem Schluss führen, bei Geschäftsführung und Vertretung gehe es notwendig um verschiedene Handlungsweisen. Vielmehr kann ein und dieselbe Handlung sowohl Geschäftsführungs- als auch Vertretungsmaßnahme sein. Entscheidend für die Zuordnung ist der rechtliche Gesichtspunkt, unter dem die Maßnahme beurteilt wird. Geht es um die Frage, ob der Gesellschafter diese Handlung

---

[4] MüKoBGB/*C. Schäfer,* § 709 Rn. 4.

[5] Zum Begriff der organschaftlichen Vertretung vgl. auch *Wiedemann,* GesR II, § 4 II 2a aa; *Beuthien,* FS Canaris, Bd. II, 2007, S. 42 ff.; zur Ausdehnung der organschaftlichen Vertretung über die juristische Person hinaus auf die Personengesellschaften vgl. *Schürnbrand,* Organschaft im Recht der privaten Verbände, 2007, S. 9 ff.

[6] Vgl. zum Folgenden *Beck,* Jura 2013, 209, 217.

im Innenverhältnis vornehmen durfte oder musste, so ist dies eine Frage der Geschäftsführungsbefugnis. Lautet die Frage hingegen, ob die Gesellschaft durch die getroffene Maßnahme im Außenverhältnis berechtigt und verpflichtet worden ist, so ist das ein Problem der Vertretungsmacht.

Ein weiterer Unterschied zwischen Geschäftsführung und Vertretung ergibt sich 6 daraus, dass es eine Stellvertretung nur im rechtsgeschäftlichen Bereich gibt, also bei der Abgabe und Entgegennahme von Willenserklärungen (§ 164 BGB). Zur Geschäftsführung gehören dagegen alle Handlungen, die den Gesellschaftszweck fördern sollen, neben der Vornahme von Rechtsgeschäften also auch rein tatsächliche Handlungen, wie sie *Stefan* übernehmen soll. Der Kreis möglicher Geschäftsführungsmaßnahmen ist also weiter als der Kreis möglicher Vertretungshandlungen.

Ausnahmsweise kann es sinnvoll sein, einem Gesellschafter zwar Geschäftsfüh- 7 rungsbefugnis einzuräumen, ihn aber nicht zur Vertretung zu ermächtigen. Die Zulässigkeit einer solchen Vereinbarung ergibt sich daraus, dass § 714 BGB, der beide Bereiche miteinander verkoppelt, nur eine Auslegungsregel enthält. Zulässig ist es auch, die Geschäftsführungsbefugnis eines Gesellschafters gegenständlich (Leitung des Gesellschaftsbüros) zu beschränken (vgl. noch Rn. 12 ff.). *Löwe* und *Nickel* können die ins Auge gefasste Regelung also treffen, indem sie *Stefan* die Geschäftsführungsbefugnis, aber keine Vertretungsmacht einräumen.

III. Die Geschäftsführungsbefugnis

1. Gesamt-, Allein- und Einzelgeschäftsführung

Fall 2: Nachdem *Stefan* sich doch für eine Musikerkarriere entschieden hat, führen *Löwe* und 8 *Nickel* das Restaurant (s. Fall 1) alleine weiter. *Löwe* ist aber der Überzeugung, dass dringend Modernisierungsmaßnahmen durchgeführt werden müssen, um das Lokal weiterhin erfolgreich führen zu können. Bedarf er dazu der Zustimmung des *Nickel?*

Die von *Löwe* geplanten Modernisierungsmaßnahmen sollen dem Betrieb der Gast- 9 stätte und damit dem Gesellschaftszweck dienen. Sie sind deshalb Geschäftsführungshandlungen. § 709 BGB drückt für die Gesellschaft bürgerlichen Rechts das Prinzip der Gesamtgeschäftsführung aus. Darunter versteht man, dass alle Gesellschafter bei jeder Maßnahme zusammenwirken oder ihr zumindest im Vorfeld (explizit oder konkludent) zustimmen müssen.[7] *Löwe* muss die geplante Modernisierung nicht nur dann unterlassen, wenn *Nickel* ihr widerspricht, sondern er muss sich von vornherein mit seinem Partner abstimmen. Die Gesamtgeschäftsführung fordert also eine gemeinschaftliche Willensbildung der Gesellschafter und ist damit folgerichtiger Ausdruck ihrer gemeinschaftlichen Beteiligung. Sie gewährt den einzelnen Gesellschaftern den größtmöglichen Schutz vor unerwünschten Bindungen, da jedes Geschäft ihrer Zustimmung bedarf.[8] Der BGB-Gesetzgeber hat damit für die Gesellschaft bürgerlichen Rechts, die nicht auf den Handelsverkehr ausgerichtet ist (s. § 3 Rn. 1 f.), eine ausgesprochen risikoarme Geschäftsführungsform als gesetzliche Re-

---

[7] *K. Schmidt,* § 59 III 3a; *Preisner,* JA 2012, 21, 25; als neueren Anwendungsfall aus der Rspr. vgl. *BGH* NJW 2010, 861 Rn. 23 ff. Zur Möglichkeit, eine solche Zustimmung zu erzwingen, sofern sie aus sachfremden Gründen verweigert wurde, s. noch § 8 Rn. 7 ff., 12.

[8] Eine Ausnahme gilt für sog. Notgeschäfte. Hier lässt es die h. M. in analoger Anwendung des für die Bruchteilsgemeinschaft (§ 1 Rn. 7 ff.) geltenden § 744 II BGB zu, dass ein Gesellschafter allein in dringenden Notfällen die zur Erhaltung des Gesellschaftsvermögens gehörenden Maßnahmen treffen darf (vgl. dazu BGHZ 17, 181, 183; BGHZ 39, 14, 20 = NJW 1963, 641; *BGH* NZG 2008, 588 Rn. 36; *OLG Düsseldorf* NZG 2012, 1148, 1150; MüKoBGB/*C. Schäfer,* § 709 Rn. 21).

gel konzipiert.[9] Der Preis, den die Gesellschafter für diese Sicherheit zahlen müssen, liegt allerdings darin, dass der Zwang zu gemeinschaftlicher Willensbildung die Gesellschaft schwerfällig macht und unter Umständen auch einzelne Gesellschafter mehr in Anspruch nimmt, als es ihren Vorstellungen entspricht. Dem kann im Rahmen der Gesamtgeschäftsführungsbefugnis zunächst dadurch entgegengewirkt werden, dass für einzelne Geschäfte ein oder mehrere Gesellschafter mit der Ausführung betraut werden. Die gesetzliche Anordnung der Gesamtgeschäftsführung steht dem nicht entgegen; die Gesellschafter müssen nicht zwangsläufig stets gemeinsam aktiv werden.[10] Aber auch dieses Modell setzt jeweils eine Beauftragung im Einzelfall voraus; die Ermächtigung darf nicht so weit gehen, dass die Gesamtgeschäftsführungsbefugnis de facto aufgehoben ist.[11] Wollen sich die Gesellschafter eine noch größere Flexibilität verschaffen, so eröffnet ihnen das Gesetz auch diese Möglichkeit, indem es § 709 I BGB als dispositive Regelung ausgestaltet. Die Gesellschafter können also im Gesellschaftsvertrag oder durch spätere Änderung des Vertrags von der gesetzlichen Regel abweichen. *Löwe* kann deshalb die Befugnis eingeräumt werden, die Geschäfte allein zu führen.

10 Für wesentliche Abweichungen vom Grundmodell des § 709 I BGB enthält das Gesetz ergänzende Regeln, aus denen sich zugleich die Zulässigkeit einer entsprechenden Vereinbarung im Gesellschaftsvertrag ergibt: Die Geschäftsführung kann allen Gesellschaftern zustehen, der maßgebliche Gruppenwille aber durch Mehrheitsbeschluss zustande kommen. In diesem Fall (§ 709 II BGB) wird die Mehrheit im Zweifel nach Köpfen gezählt und nicht nach dem Maß der Beteiligung am Gesellschaftsvermögen ermittelt. Auch insofern ist aber eine abweichende vertragliche Gestaltung zulässig (z. B. Stimmrecht nach Kapitalanteilen). Steht die Geschäftsführung nur einem Gesellschafter zu, so sind der oder die anderen Gesellschafter von der Geschäftsführung ausgeschlossen (Alleingeschäftsführung, § 710 S. 1, 1. Mod. BGB).[12] Entsprechendes gilt, wenn ein Teil von Gesellschaftern zur Geschäftsführung berufen ist, ein anderer nicht (§ 710 S. 1, 2. Mod. BGB); für den zur Geschäftsführung berufenen Teil gelten die Regeln des § 709 BGB entsprechend (§ 710 S. 2 BGB). Der Vertrag kann auch vorsehen, dass zwar alle oder mehrere Gesellschafter zur Geschäftsführung berufen sind, aber jeder von ihnen allein handeln darf (Einzelgeschäftsführung, § 711 BGB). In diesem Fall kann jeder Gesellschafter-Geschäftsführer der von einem anderen geplanten Maßnahme mit der Folge widersprechen, dass sie unterbleiben muss (§ 711 S. 2 BGB).[13] Wird sie dennoch ausgeführt, so ist sie – wenn möglich – rückgängig zu machen; der handelnde Gesellschafter ist zum Schadensersatz nach § 280 I BGB verpflichtet.[14] Zur Unbeachtlichkeit des Widerspruchs im Außenverhältnis s. noch Rn. 40.

---

[9] Vgl. auch *Saenger,* Rn. 147.

[10] *Windbichler,* § 7 Rn. 12.

[11] Zu den Grenzen der Übertragung s. auch BGHZ 34, 27, 31 = NJW 1961, 506; *BGH* ZIP 1986, 501, 503; *Wiedemann,* GesR II, § 4 II 3b aa.

[12] Zur Vergütung des Alleingeschäftsführers s. noch § 13 Rn. 24 ff.

[13] Dieses Widerspruchsrecht ist Teil der Geschäftsführungsbefugnis und besteht deshalb nur bei der Einzel-, nicht aber bei der Alleingeschäftsführung (RGZ 102, 410, 412; MüKoBGB/*C. Schäfer,* § 710 Rn. 7). Auch bei der Einzelgeschäftsführung steht es nur den übrigen geschäftsführungsbefugten Gesellschaftern zu, nicht denjenigen, die gänzlich von der Geschäftsführung ausgeschlossen sind (*Grunewald,* § 1 Rn. 40).

[14] *Grunewald,* § 1 Rn. 40; *Wiedemann,* GesR II, § 4 II 3a bb. Zu Einschränkungen des Widerspruchsrechts durch die mitgliedschaftliche Treupflicht vgl. noch *Wiedemann,* GesR II, S. 338.

11 Bei der Regelung der Geschäftsführung haben die Gesellschafter also freie Hand; die Befugnisse müssen jedoch, wenn von § 709 BGB abgewichen wird, im Gesellschaftsvertrag festgelegt werden. Nicht zulässig ist eine Übertragung der Geschäftsführungsbefugnis an Dritte (s. bereits § 2 Rn. 11). Das Prinzip der Selbstorganschaft steht (obwohl sich dies aus dem Gesetz nicht ergibt), nicht zur Disposition der Gesellschafter. Diese strenge Zuordnung kann in Einzelfällen von den Beteiligten als unzweckmäßig empfunden werden. In diesem Fall bleibt ihnen die Möglichkeit, Dritten im Rahmen eines Anstellungs- oder Auftragsverhältnisses Geschäftsführungsaufgaben zu übertragen, was im Rahmen einer „Generalvollmacht" auch in größerem Umfang möglich ist.[15] Auf diese Weise kann der Grundsatz der Selbstorganschaft faktisch weitgehend ausgehöhlt werden.[16] Rechtlich bleibt aber der maßgebliche Unterschied, dass es sich nicht um eine unmittelbar aus der Mitgliedschaft entspringende organschaftliche Vertretungsmacht handelt, sondern um eine abgeleitete Rechtsposition, die dem Dritten auch ohne sein Zutun wieder entzogen werden kann.[17] Der sonst für die Entziehung organschaftlicher Vertretungsmacht maßgebliche § 715 BGB (s. noch Rn. 47) findet hier keine Anwendung, sondern die rechtsgeschäftliche Vertretungsmacht erlischt nach den allgemeinen Vorschriften der §§ 168 ff. BGB.[18]

2. Der Umfang der Geschäftsführungsbefugnis

12 **Fall 3:** *Löwe,* der inzwischen allein zur Geschäftsführung berufen ist, ist zu der Überzeugung gelangt, dass es sich bei der Sushi-Welle um neumodischen Zeitgeist-Unfug handele, den er nicht mehr länger mitmachen will. Ihm schwebt vor, das Restaurant vollständig zu schließen und in den bisherigen Räumlichkeiten einen Discount-Markt zu eröffnen. Wäre diese Maßnahme von der Geschäftsführungsbefugnis gedeckt? Welche Folgen würde diese Maßnahme auslösen?

13 Bei den Personenhandelsgesellschaften, OHG und KG, ist die Geschäftsführungsbefugnis ihrer Gesellschafter auf die gewöhnlichen Geschäfte im Rahmen des von den Gesellschaftern betriebenen Unternehmens beschränkt (§§ 116 I, 161 II HGB – s. noch § 13 Rn. 14). Das BGB kennt eine solche Beschränkung nicht. Das ist konsequent, weil das Gesetz in § 709 I BGB von dem Grundsatz der Gesamtgeschäftsführung ausgeht. Wenn ohnehin alle Gesellschafter an der Geschäftsführung beteiligt sind, besteht kein Anlass, die Befugnis zur Geschäftsführung einzugrenzen.[19] Begrenzungen können allerdings im Gesellschaftsvertrag enthalten sein, etwa so, dass sich die Befugnis nur auf die laufenden Geschäfte bezieht, dass bestimmte Arten von Geschäften ausgenommen werden oder dass die Aufgaben nach Sachgebieten (Einkauf, Verkauf, Produktion – sog. Ressortprinzip) unter die Gesellschafter verteilt werden.[20] Im Gesellschaftsvertrag zwischen *Löwe* und *Nickel* ist eine solche Begrenzung jedoch nicht vorgenommen worden.

14 Eine Beschränkung der Befugnisse des *Löwe* ergibt sich deshalb nur aus dem Begriff der Geschäftsführung selbst. Zur Geschäftsführung gehören alle Maßnahmen tatsächlicher oder rechtsgeschäftlicher Art, die den Gesellschaftszweck fördern sollen.

---

[15] MüKoBGB/*C. Schäfer,* § 709 Rn. 5.

[16] Zu den Möglichkeiten der Gestaltungspraxis, dieses Prinzip zu umgehen, vgl. *K. Schmidt,* § 14 II 2c.

[17] BGHZ 36, 292, 294 = NJW 1962, 738; *BGH* NJW 1982, 1817; MüKoBGB/*C. Schäfer,* § 709 Rn. 5. Zum weisungsgebundenen Geschäftsbesorger s. *BGH* NJW 2011, 2040, 2041 f.

[18] *Kübler/Assmann,* § 6 III 3b.

[19] Vgl. dagegen die Regelung bei der OHG, die von Einzelgeschäftsführung ausgeht und folglich die Geschäftsführungsbefugnis begrenzt, §§ 115, 116 HGB. Dazu § 13 Rn. 12 ff.

[20] Vgl. dazu *Wiedemann,* GesR II, § 4 II 3a aa.

Dagegen gehören diejenigen Maßnahmen nicht zur Geschäftsführung, die auf eine Änderung des Gesellschaftsvertrags hinauslaufen, weil sie die Grundlagen der Gesellschaft oder die Beziehungen der Gesellschafter zueinander betreffen.[21] So ist z. B. die Erhöhung oder Herabsetzung der Beiträge (§§ 705 ff. BGB) keine Maßnahme der Geschäftsführung, sondern eine Änderung des Gesellschaftsvertrags. Ob Änderungen in der bisherigen Nutzung des Gesellschaftsvermögens noch unter die Geschäftsführung fallen oder eine Änderung des Gesellschaftsvertrags erforderlich machen, hängt davon ab, welcher Gesellschaftszweck im Vertrag festgelegt ist. Dieser wird bei den Personengesellschaften durch den Unternehmensgegenstand konkretisiert.[22] *Löwe* und *Nickel* haben sich gerade zum Betrieb eines Restaurants zusammengeschlossen. Die Aufgabe dieses Betriebs und die Eröffnung eines Discount-Markts würden den vertraglich festgelegten Gesellschaftszweck verändern und bedürften deshalb einer Änderung des Gesellschaftsvertrags. Würde *Löwe* diese Handlungen dennoch vornehmen, hätte er die Grenzen seiner Geschäftsführungsbefugnis überschritten und damit pflichtwidrig gehandelt.

15 Eine derartige Pflichtverletzung stellt eine Verletzung des Gesellschaftsvertrages dar und begründet einen Schadensersatzanspruch nach § 280 I BGB. Neben der hier in Frage stehenden Überschreitung der Geschäftsführungsbefugnis kann sich ein solcher Anspruch auch aus einer Schlechterfüllung der Geschäftsführungspflichten ergeben. Dabei ist allerdings der spezielle Haftungsmaßstab des § 708 BGB zu beachten, wonach Gesellschafter untereinander nur für diejenige Sorgfalt einzustehen haben, die sie in eigenen Angelegenheiten anzuwenden pflegen (diligentia quam in suis); vgl. dazu noch § 8 Rn. 22 f.

16 Speziell bei der hier in Frage stehenden Kompetenzüberschreitung hat die ältere Rechtsprechung des Reichsgerichts darüber hinaus auch noch eine Haftung auf der Grundlage des GoA-Rechts nach § 678 BGB angenommen, da der Geschäftsführer schuldhaft außerhalb seiner Geschäftsführungsbefugnis tätig geworden sei.[23] Die heute ganz herrschende Meinung lehnt die pauschale Anwendung des GoA-Rechts in diesen Fällen ab, da es das Fehlen einer vertraglichen Bindung zwischen Geschäftsführer und Geschäftsherr voraussetze, die hier gegeben sei.[24] Der Lösungsweg des Reichsgerichts wirft aber die Frage auf, ob der besondere Verschuldensmaßstab des § 708 BGB (s. noch § 8 Rn. 22 f.) für diese Fälle gilt. Während das Reichsgericht die Anwendung des § 708 BGB hinsichtlich der schuldhaften Überschreitung der Geschäftsführungsbefugnis ablehnte und stattdessen den Verschuldensmaßstab des § 276 I BGB anlegte,[25] steht die jetzt herrschende Meinung auf dem Standpunkt, dass auch die Prüfung der eigenen Zuständigkeit zur Geschäftsführung gehöre und deshalb von § 708 BGB erfasst sei.[26] Nur wenn an diesem Maßstab eine schuldhafte Kompetenzüberschreitung feststellbar sei, greife hinsichtlich der Durchführung der strengere Maßstab des § 678 BGB, da die Mitgesellschafter das besondere Vertrauen, das § 708 BGB zugrunde liege (s. noch § 8 Rn. 22 f.), auf den vertraglich abgesteckten Tätigkeitsbereich begrenzt hätten. Sei die Kompetenzüberschreitung am

---

21 *Grunewald,* § 1 Rn. 38; *Kübler/Assmann,* § 6 III 2a; *Wiedemann,* GesR II, § 4 II 1a.
22 MüKoBGB/*Ulmer/C. Schäfer,* § 705 Rn. 148.
23 RGZ 158, 302, 312 f.; dazu *Saenger,* Rn. 153.
24 *BGH* WM 1988, 968, 970; *BGH* NJW 1997, 314; MüKoBGB/*C. Schäfer,* § 708 Rn. 8 ff.; Soergel/*Hadding/Kießling,* § 708 Rn. 5.
25 RGZ 158, 302, 312 f.
26 Ausführliche Nachweise zu den zahlreichen Verästelungen des Meinungsbildes bei MüKoBGB/*C. Schäfer,* § 708 Rn. 8 ff.

Maßstab des § 708 BGB nicht schuldhaft erfolgt, gelte diese Vorschrift auch für die anschließende Durchführung der Maßnahme.

17 **Fall 4:** Nachdem *Löwe* von der Idee eines Discount-Marktes (s. Fall 3) Abstand genommen hat, möchte er wissen, ob er zumindest den Eventmanager *Bauer* als Gesellschafter aufnehmen kann.

18 Auch hier geht es darum, die Maßnahmen der Geschäftsführung gegenüber denjenigen Handlungen abzugrenzen, die nur als Änderung des Gesellschaftsvertrags zulässig sind. Ein neuer Gesellschafter kann nicht aufgenommen werden, ohne dass die Beteiligung der Gesellschafter am Gesellschaftsvermögen, an Gewinn oder Verlust und bei der Verwaltung der Gesellschaft neu geregelt wird. Die Aufnahme eines neuen Gesellschafters stellt also nicht nur für diesen den Abschluss eines Gesellschaftsvertrags dar, sondern betrifft auch das Verhältnis der bisherigen Gesellschafter zueinander. Sie kann deshalb nur durch eine Änderung des bestehenden Gesellschaftsvertrags erfolgen und ist von der Geschäftsführungsbefugnis nicht mehr gedeckt. *Nickel* muss also mitwirken, wenn *Bauer* aufgenommen werden soll.

3. Die Geschäftsführung als Recht und Pflicht des Gesellschafters

19 **Fall 5:** *Bauer* ist schließlich mit dem Einverständnis von *Löwe* und *Nickel* in die Gesellschaft eingetreten. Er will dem Unternehmen erhebliche Mittel zufließen lassen, wenn ihm die Alleingeschäftsführung übertragen wird. Kann das gegen den Willen des bislang zur Geschäftsführung berechtigten *Löwe* geschehen?

20 Die Befugnis zur Geschäftsführung ist ein Recht des Gesellschafters, das sich für ihn aus dem Gesellschaftsvertrag ergibt. Das Recht des einen Gesellschafters führt zu der Pflicht der anderen, ihn die Geschäfte ungestört führen zu lassen. Weil die Geschäftsführungsbefugnis des *Löwe* ihre Grundlage in dem Gesellschaftsvertrag hat, kann sie ihm grundsätzlich (Ausnahme: § 712 I BGB – s. noch Rn. 30 ff.) auch nur durch eine Änderung des Vertrags genommen werden, an der er selbst mitwirken muss. Gegen den Willen des *Löwe* kann *Bauer* also nicht zum Alleingeschäftsführer bestellt werden.

21 **Fall 6:** Nach einiger Zeit erklärt *Löwe,* er sei die Querelen leid und stelle seine Tätigkeit für das Unternehmen mit sofortiger Wirkung ein. Ist er dazu berechtigt?

22 In der Erklärung des *Löwe* kann eine Kündigung der Gesellschaft (§ 723 BGB) oder eine Kündigung der Geschäftsführung (§ 712 II BGB) liegen. Da er gerade auf seine Tätigkeit abhebt und eine Auflösung der Gesellschaft von ihm offenbar nicht beabsichtigt ist, ist in der Erklärung die Kündigung der Geschäftsführung zu sehen.

23 Die Geschäftsführung auszuüben, ist nicht nur Recht, sondern auch Pflicht des Gesellschafters. Sind mehrere Gesellschafter zur Geschäftsführung berufen, so folgt aus der Pflicht zur Geschäftsführung, dass keiner von ihnen seine Zustimmung zu sachgerechten Maßnahmen des anderen aus willkürlichen Motiven versagen darf. Ist nur ein Gesellschafter-Geschäftsführer vorhanden, so bedeutet die Pflicht zur Geschäftsführung, dass es nicht in seinem Belieben steht, die Geschäftsführung auszuüben. Er muss seine Rechte im Interesse der Gesellschaft wahrnehmen; eine Kündigung der Geschäftsführung ist danach nur zulässig, wenn dafür ein wichtiger Grund vorliegt (§ 712 II BGB), und muss regelmäßig so erfolgen, dass rechtzeitig ein anderer Geschäftsführer bestellt werden kann (§ 671 II i. V. m. § 712 II BGB). Weitergehend wird teilweise angenommen, dass der zur Gesamtgeschäftsführung (§ 709 BGB) berufene Gesellschafter die Geschäftsführung überhaupt nicht kündigen könne, weil es sich dabei nicht um die „übertragene" Geschäftsführung i. S. d. § 712 BGB handele, sondern um die durch das Gesetz selbst zugewiesene Regel-

geschäftsführungsbefugnis.[27] Dieser Ansicht ist nicht zu folgen. Sie würde zur Kündigung der Gesellschaft selbst zwingen und damit den Bestand der Gesellschaft ungerechtfertigt gefährden (zur Parallelproblematik bei der Entziehung der Geschäftsführungsbefugnis s. Rn. 32).[28]

24 *Löwe* ist also nur dann berechtigt, seine Tätigkeit mit sofortiger Wirkung einzustellen, wenn für die Beendigung überhaupt und auch für die Sofortwirkung ein wichtiger Grund vorliegt. Bloße Querelen und die Verärgerung darüber sind aber kein wichtiger Grund. Dieser könnte hier nur darin gefunden werden, dass infolge des Zerwürfnisses unter den Beteiligten eine sinnvolle Zusammenarbeit nicht mehr möglich ist; zu dieser Feststellung reicht der Sachverhalt aber nicht aus. *Löwe* ist also nicht berechtigt, seine Tätigkeit einseitig einzustellen; er muss seiner Geschäftsführungspflicht nachkommen. Anderenfalls muss er für etwaige Schäden, die aus seiner Verweigerung entstehen, nach § 280 I BGB einstehen.

25 **Fall 7:** Der allein zur Geschäftsführung und Vertretung befugte *Bauer* hat die Forderung eines Lieferanten von seinem Privatkonto bezahlt. Hat er einen Anspruch auf Erstattung des aufgewandten Betrages?

26 Grundlage der Beurteilung ist § 713 BGB. Er regelt Nebenrechte und Nebenpflichten, die aus der Geschäftsführung erwachsen können, und verweist dafür auf §§ 664 bis 670 BGB, also auf das Auftragsrecht. Diese Verweisung ist sachgerecht, da schließlich auch der Geschäftsführer ähnlich wie der Beauftragte fremdnützig für einen anderen tätig wird.[29] Ein Anspruch des *Bauer* wegen Erfüllung der gegen die Gesellschaft gerichteten Forderung könnte sich aus § 670 BGB i. V. m. § 713 BGB ergeben. Danach sind dem Geschäftsführer seine Aufwendungen zu ersetzen. Aufwendungen sind solche Leistungen des Geschäftsführers, die in seinem Verhältnis zur Gesellschaft von dieser zu tragen, also aus der Gesellschaftskasse zu erbringen sind. Diese Voraussetzung ist erfüllt, wenn der Gesellschafter die im Geschäftsbetrieb begründete Lieferantenforderung bezahlt. Die Freiwilligkeit des Vermögensopfers, die für die Aufwendung charakteristisch ist,[30] ist nach dem Verhältnis zur Gesellschaft zu beurteilen. Es ist also zu fragen, ob *Bauer* der Gesellschaft diese zusätzliche Leistung schuldete; ob der Lieferant ihn auch persönlich hätte in Anspruch nehmen können (vgl. dazu noch § 14 Rn. 50), ist nicht entscheidend. Da *Bauer* gegenüber der Gesellschaft nicht zu weiteren finanziellen Aufwendungen verpflichtet war (vgl. § 707 BGB – s. dazu noch § 8 Rn. 4 ff.), kann er also Ersatz seiner Aufwendungen verlangen. Die eigentliche Geschäftsführungstätigkeit kann nicht als erstattungsfähige Aufwendung geltend gemacht werden, da sich die Pflicht zur Geschäftsführung bereits aus der Förderpflicht der Gesellschafter (§ 705 BGB) ergibt und deshalb von der Gesellschaft nicht gesondert zu vergüten ist.[31]

Hinweis:

27 § 713 BGB ist eine von Studenten besonders häufig übersehene Vorschrift, was sich daraus erklären mag, dass sie keine eigenständige Aussage trifft, sondern

[27] Vgl. dazu *OLG Braunschweig* NZG 2010, 1104 ff.; Soergel/*Hadding/Kießling*, § 712 Rn. 7.
[28] MüKoBGB/*C. Schäfer*, § 712 Rn. 26 f.; Staudinger/*Habermeier* (2003), § 712 Rn. 18.
[29] Zur Bedeutung dieser Verweisung vgl. auch *Saenger*, Rn. 152; *Wiedemann*, GesR II, § 4 II 2a bb.
[30] Nach dem erweiterten Aufwendungsbegriff können ausnahmsweise auch Schäden Aufwendungen sein; vgl. dazu Erman/*K. P. Berger*, BGB, § 670 Rn. 18 ff. Vgl. auch § 14 Rn. 49 ff. zur Parallelvorschrift des § 110 HGB.
[31] S. auch *Windbichler*, § 7 Rn. 15.

lediglich eine Verweisung enthält und auch das Ziel dieser Verweisung – das Auftragsrecht – oft nicht im Fokus der Ausbildung steht. Die Relevanz dieser Vorschrift darf dennoch nicht unterschätzt werden. Sie regelt die persönliche Rechtsstellung des Geschäftsführers, sofern der Gesellschaftsvertrag dazu keine gesonderte Regelung trifft.

Fall 8: *Bauer* (s. Fall 7) hat die Forderungen gegen einen Kunden eingezogen und den Betrag auf sein privates Bankkonto eingezahlt. Was können die übrigen Gesellschafter von ihm verlangen? 28

Auch hier kommt eine Anwendung des § 713 BGB in Betracht, der nicht nur Nebenrechte, sondern auch Nebenpflichten des Geschäftsführers begründen kann. Die Vorschrift verweist auf § 667 BGB, wonach der Geschäftsführer dazu verpflichtet ist, dasjenige herauszugeben, was er aus der Geschäftsführung erlangt hat. Die Voraussetzungen des § 713 BGB sind erfüllt: Die Forderung gegen den Kunden stand der Gesellschaft zu, so dass ihr Einzug ein Akt der Geschäftsführung war. Allerdings hat auch § 713 BGB durch die Anerkennung der Rechtsfähigkeit der Gesellschaft bürgerlichen Rechts einen Bedeutungsverlust erlitten. Nach dem heute vorherrschenden Verständnis wurde die Zahlung unmittelbar an die Gesellschaft selbst erbracht (vgl. bereits § 3 Rn. 3 ff.). Sie ist Eigentümerin geworden und kann deshalb ihren Herausgabeanspruch unmittelbar aus dieser Position ableiten. Aufgrund der Einzahlung auf das Konto hat die Gesellschaft ihr Eigentum zwar infolge einer Vermischung nach § 948 BGB verloren, doch steht ihr ein Ausgleichsanspruch in entsprechender Höhe nach § 812 I 1, 2. Mod. BGB i. V. m. § 951 BGB zu. Dem aus § 713 BGB i. V. m. § 667 BGB folgenden Herausgabeanspruch kommt deshalb in erster Linie nur dort noch eigenständige Bedeutung zu, wo der Geschäftsführer im eigenen Namen auf Rechnung der Gesellschaft gehandelt hat.[32] 29

4. Die Entziehung der Geschäftsführungsbefugnis

Fall 9: Es stellt sich heraus, dass *Bauer* wiederholt Verkaufserlöse auf sein Privatkonto umgeleitet hat. Können die anderen Gesellschafter ihn deshalb von der Unternehmensleitung ausschließen? 30

Von der Unternehmensleitung kann *Bauer* nur dadurch ausgeschlossen werden, dass ihm die Geschäftsführungsbefugnis entzogen wird. Der Gesellschafter ist zwar berechtigt, die Geschäfte zu führen; diese Berechtigung ist aber kein Freibrief für ein gesellschaftsschädigendes Verhalten. § 712 I BGB sieht deshalb vor, dass einem Gesellschafter durch die übrigen Gesellschafter die ihm durch den Vertrag übertragene Geschäftsführungsbefugnis entzogen werden kann, wenn ein wichtiger Grund vorliegt, und nennt als Beispiele für den wichtigen Grund Unfähigkeit und grobe Pflichtverletzung. Wenn *Bauer* seinem Privatvermögen Gelder zuführt, die in die Gesellschaftskasse gehören, und wenn es dabei nicht um einen einmaligen Vorgang, sondern um wiederholte Handlungen geht, dann müssen diese Pflichtverletzungen das unerlässliche Vertrauen in die Redlichkeit des Geschäftsführers untergraben.[33] Dieser wiederholte Vertrauensmissbrauch ist ein wichtiger Grund i. S. d. § 712 I BGB. Die anderen Gesellschafter können *Bauer* also von der Unternehmens- 31

---

32 Vgl. dazu auch MüKoBGB/*C. Schäfer,* § 713 Rn. 12 mit weiteren verbleibenden Anwendungsbeispielen, z. B. Entgegennahme von Schmiergeldern oder Sonderprovisionen.

33 Zu weiteren Beispielen vgl. MüKoBGB/*C. Schäfer,* § 712 Rn. 10; aus neuerer Zeit etwa *BGH* NZG 2008, 298 Rn. 16 ff.: Unterschlagung bei einer anderen Gesellschaft genügt.

leitung ausschließen. Dazu bedarf es einer einstimmigen Entscheidung, wenn der Gesellschaftsvertrag nicht ausdrücklich einen Mehrheitsbeschluss gestattet.

32 Umstritten ist, ob diese Möglichkeit auch dann besteht, wenn es sich nicht – wie es der Wortlaut des § 712 I BGB vorauszusetzen scheint – um eine besondere, „durch den Gesellschaftsvertrag" eingeräumte Geschäftsführungsbefugnis handelt (z.B. Einzelgeschäftsführungsbefugnis), sondern um die gesetzliche Regelbefugnis zur Gesamtgeschäftsführung nach § 709 BGB. Die früher herrschende Meinung hatte hier eine Entziehung nach § 712 BGB unter Hinweis auf den Wortlaut nicht zugelassen, was zur Folge hatte, dass – je nach Vertragsgestaltung – nur der Ausschluss des störenden Gesellschafters oder gar die Kündigung der gesamten Gesellschaft aus wichtigem Grund offenstand.[34] Die heute überwiegend vertretene Auffassung hat diese wenig sachgerechten Folgen zum Anlass genommen, den Wortlaut des § 712 I BGB teleologisch dahingehend zu korrigieren, dass als milderes Mittel zu diesen Instrumentarien auch die Entziehung der gesetzlichen Gesamtgeschäftsführungsbefugnis möglich ist (zur Parallelproblematik bei der einseitigen Niederlegung der Geschäftsführung s. Rn. 23).[35]

5. Das Kontrollrecht des nicht geschäftsführenden Gesellschafters

33 **Fall 10:** Nachdem *Bauer* die Geschäftsführungsbefugnis endgültig entzogen wurde, einigen sich *Löwe* und *Nickel* darauf, dass *Löwe* nunmehr wieder allein zur Geschäftsführung befugt sein soll. Schon bald ist *Nickel* aber auch mit seinen Leistungen nicht mehr zufrieden und will sich selbst eine Übersicht über die Vermögenslage der Gesellschaft verschaffen. Er verlangt daher von *Löwe,* die Geschäftspapiere der Gesellschaft einsehen zu dürfen. *Löwe* empfindet dieses Ansinnen als Affront und verweigert eine solche Einsicht. Die Führung der Geschäftspapiere gehöre zur Geschäftsführung und stehe deshalb allein ihm zu.

34 Einen Überblick über die Vermögenslage der Gesellschaft zu gewinnen und zu behalten, ist sicher Recht und Pflicht des Geschäftsführers; insoweit ist die Ansicht des *Löwe* richtig. § 716 BGB gewährt jedoch auch dem von der Geschäftsführung ausgeschlossenen Gesellschafter ein Kontrollrecht. Nach § 716 I BGB darf *Nickel* nicht verwehrt werden, sich von den Angelegenheiten der Gesellschaft selbst ein Bild zu machen und sich anhand der Geschäftspapiere eine Bilanz anzufertigen. Diese Kontrolle ist gerade für denjenigen Gesellschafter wichtig, der an der Geschäftsführung nicht teilnimmt; denn er ist auch von dem Informationsstrom abgeschnitten, der sonst mit der Geschäftsführung verbunden ist. Viele Ansprüche, die den Gesellschaftern untereinander zustehen mögen, können faktisch wertlos sein, wenn es ihnen nicht gelingt, sich Einblick in die entsprechenden Geschäftsvorgänge zu verschaffen. Der auf den ersten Blick harmlos erscheinende § 716 BGB darf deshalb in seiner praktischen Relevanz nicht unterschätzt werden, zumal seine Grenzen weiter gefasst sind, als es der Gesetzestext vermuten lässt. Über den Gesetzeswortlaut hinaus kann das Kontrollrecht in Ausnahmefällen auch einen Auskunftsanspruch umfassen, sofern die Einsichtnahme in die Gesellschaftsunterlagen keine hinreichenden Informationen vermittelt.[36] Sind die gewünschten Informationen in einer Datenverarbeitungsanlage gespeichert, kann der Gesellschafter zum Zwecke der Unterrichtung einen Ausdruck über die geforderten Informationen verlangen.[37]

---

[34] Vgl. etwa noch Staudinger/*Keßler,* 12. Aufl., 1991, § 712 Rn. 2, 13.

[35] Vgl. etwa Baumbach/Hopt/*Roth,* § 117 Rn. 3; MüKoBGB/*C. Schäfer,* § 712 Rn. 5; Staudinger/*Habermeier* (2003), § 712 Rn. 5.

[36] BGHZ 14, 53, 59 = NJW 1954, 1564 (GmbH); MüKoBGB/*C. Schäfer,* § 716 Rn. 12; Soergel/*Hadding/Kießling,* § 716 Rn. 8; vgl. zum Regelfall eines bloßen Duldungsanspruchs *OLG Saarbrücken* NZG 2002, 669, 670.

[37] *BGH* NJW 2010, 439 Rn. 9.

Darüber hinaus wird es dem nicht geschäftsführenden Gesellschafter auch gestattet, einen Buchprüfer hinzuzuziehen, da eine Kontrolle in vielen Fällen nur mit der Hilfe eines Sachverständigen möglich sein wird.[38] Allerdings sind dabei die Interessen des einen Gesellschafters, sein Kontrollrecht wirksam ausüben zu können, gegen die Interessen der anderen Gesellschafter abzuwägen, die inneren Verhältnisse der Gesellschaft nicht dritten Personen zugänglich zu machen. Diese Abwägung führt zu dem Ergebnis, dass einem Sachverständigen nur dann Einsicht zu gewähren ist, wenn er für die Aufgabe geeignet und zur Verschwiegenheit verpflichtet ist und wenn gegen ihn keine besonderen Ablehnungsgründe bestehen.[39] Eine berechtigte Ablehnung kann etwa auf eine Verbindung des Sachverständigen zu einem Konkurrenzunternehmen gestützt werden. 35

Das Recht des § 716 I BGB kann im Gesellschaftsvertrag ausgeschlossen werden, was z. B. sinnvoll sein kann, wenn viele Gesellschafter vorhanden sind.[40] Einem solchen Ausschluss sind jedoch Grenzen gesetzt. So ist eine derartige Vereinbarung nicht wirksam, wenn Grund zu der Annahme unredlicher Geschäftsführung besteht. In diesem Fall wird das Interesse an der Geheimhaltung von Gesellschaftsangelegenheiten von dem Kontrollinteresse der nicht geschäftsführenden Gesellschafter überwogen. Besondere Bedeutung hat die Frage nach dem möglichen Ausschluss des Auskunftsrechts durch den Gesellschaftsvertrag in jüngerer Zeit hinsichtlich des Auskunftsverlangens über Namen und Anschrift der Mitgesellschafter erlangt, die gerade bei einer als Kapitalanlagemodell konzipierten Publikumsgesellschaft mit zahlreichen Gesellschaftern oftmals untereinander nicht bekannt sind (s. dazu noch § 23).[41] Über den Gesellschaftsvertrag sind aber auch diese Gesellschafter rechtlich miteinander verbunden. Das Recht, seinen Vertragspartner zu kennen, ist eine derartige Selbstverständlichkeit, dass eine solche Einschränkung des Auskunftsrechts im Gesellschaftsvertrag einer Inhaltskontrolle nach § 242 BGB nicht standhält und sich auch nicht durch datenschutzrechtliche Erwägungen rechtfertigen lässt.[42] Eine andere Sichtweise würde die Rechtsstellung des Gesellschafters gerade in einer Publikumsgesellschaft erheblich schwächen, da es ihm nicht möglich wäre, die Ausübung seiner Gesellschafterrechte mit seinen Mitgesellschaftern zu koordinieren oder etwa zur Einberufung einer außerordentlichen Gesellschafterversammlung mit ihnen in Kontakt zu treten.[43] 36

Neben dem Informationsrecht des einzelnen Gesellschafters aus § 716 BGB steht der Gesamtheit der Gesellschafter auch noch ein Auskunftsrecht nach §§ 713, 666 BGB zu, das über § 716 BGB hinausgehen kann. Es verpflichtet die Geschäftsführer nicht nur zur Duldung der Einsicht, sondern zu einer umfassenden eigenen Informationstätigkeit.[44] 37

---

[38] Vgl. zum Folgenden RGZ 170, 392, 395; BGHZ 25, 115, 123 = NJW 1957, 1555; *BGH* WM 1982, 1403; MüKoBGB/*C. Schäfer,* § 716 Rn. 15 f.

[39] MüKoBGB/*C. Schäfer,* § 716 Rn. 16.

[40] Die Grenzen einer solchen Gestaltung richten sich wegen § 310 IV 1 BGB nicht nach §§ 305 ff. BGB, sondern nach § 242 BGB; vgl. dazu auch die folgenden Ausführungen.

[41] Vgl. zum Folgenden *BGH* NJW 2013, 2190 Rn. 23 ff.; *BGH* NJW 2011, 921 Rn. 10 f., 17, 20; *BGH* NJW 2010, 439 Rn. 10 ff.; zum Hintergrund ausführlich *Altmeppen,* NZG 2010, 1321; *Markwardt,* BB 2011, 643.

[42] Krit. *Grunewald,* JA 2011, 881, 883; *Hoeren,* ZIP 2010, 2436, 2437; *Markwardt,* BB 2011, 643, 645; *Sester/Voigt,* NZG 2010, 375, 376; *Voigt,* NZG 2011, 256.

[43] *BGH* NJW 2010, 439 Rn. 11; daraus folgt jedoch ausdrücklich nicht, dass das Auskunftsrecht nur ausgeübt werden kann, wenn ein derartiger besonderer Anlass besteht, vgl. *BGH* NJW 2011, 921 Rn. 10, 22; krit. *Markwardt,* BB 2011, 643, 645.

[44] MüKoBGB/*C. Schäfer,* § 713 Rn. 9.

IV. Die Vertretungsmacht

1. Gesamt-, Allein- und Einzelvertretung

38 **Fall 11:** In dem Gesellschaftsvertrag zwischen *Löwe* und *Nickel* ist beiden Gesellschaftern Einzelgeschäftsführung zugewiesen; über die Vertretung ist nichts bestimmt. Kann *Löwe* die Verträge mit den Lieferanten allein schließen oder muss *Nickel* dabei mitwirken? Welche Folgen löst es aus, wenn *Nickel* den *Löwe* ausdrücklich auffordert, ein bestimmtes Geschäft zu unterlassen?

39 *Löwe* kann die Verträge mit Wirkung für und gegen die Gesellschaft allein abschließen, wenn er ermächtigt ist, diese zu vertreten. Dabei ist – von Studenten häufig übersehen – stets zu beachten, dass die Voraussetzungen und Rechtsfolgen der Vertretung sich im Ausgangspunkt an § 164 I BGB orientieren; die gesellschaftsrechtlichen Vorschriften füllen nur eine einzige Voraussetzung des § 164 I BGB aus: die Vertretungsmacht.[45] Ob ein Gesellschafter Vertretungsmacht hat oder ob die Gesellschafter zusammen handeln müssen (Gesamtvertretung), richtet sich nach dem Gesellschaftsvertrag.[46] Das BGB enthält dazu lediglich eine Auslegungsregel: Nach § 714 BGB deckt sich der Umfang der Vertretungsmacht „im Zweifel" mit dem Umfang der Geschäftsführungsbefugnis. § 714 BGB führt also i. V. m. § 709 BGB zu dem Ergebnis, dass die Gesellschaft nur durch gemeinsames Handeln der Gesellschafter berechtigt und verpflichtet werden kann, wenn der Gesellschaftsvertrag nichts anderes vorsieht. Ist jedoch ein Gesellschafter kraft Vertrags zur Allein- oder Einzelgeschäftsführung berufen, dann ist er im Zweifel auch ermächtigt, die anderen Gesellschafter allein zu vertreten (§ 714 BGB). Weil *Löwe* und *Nickel* jeweils Einzelgeschäftsführung zugewiesen ist und sich aus dem Gesellschaftsvertrag nichts anderes ergibt, hat er auch Einzelvertretungsmacht. Ein entsprechender Gleichlauf würde bei einer Alleingeschäftsführungsbefugnis gelten. Dass *Nickel* bei dem Abschluss der Verträge mitwirkt, ist also nicht erforderlich, um Ansprüche und Pflichten der Gesellschaft zu begründen.

40 Nicht ohne weiteres lässt sich dem Gesetz entnehmen, welche Folgen es für das Rechtsgeschäft auslöst, wenn der andere zur Einzelgeschäftsführung befugte Gesellschafter dem Geschäftsabschluss widerspricht. Für das Innenverhältnis regelt § 711 BGB einen solchen Widerspruch dahingehend, dass das Geschäft in diesem Fall unterbleiben muss (oben Rn. 10). Zum Teil wurde diese Rechtsfolge im älteren Schrifttum unter Hinweis auf die in § 714 BGB grundsätzlich angeordnete Parallelität von Vertretungsmacht und Geschäftsführungsbefugnis auch auf die Vertretungsmacht im Außenverhältnis ausgedehnt.[47] Heute wird diese Konsequenz zu Recht ganz überwiegend abgelehnt, da sie dazu führen würde, dass der Dritte sich nicht nur über die grundsätzliche Verteilung der Vertretungsmacht informieren, sondern auch einzelnen Auseinandersetzungen im Innenverhältnis der Gesellschafter nachspüren müsste.[48] Folgt man dem, so kommt es zu einem Auseinanderfallen von Vertretungsmacht und Geschäftsführungsbefugnis. *Löwe* darf das Geschäft nicht vornehmen. Tut er es dennoch, so wäre es im Außenverhältnis wirksam.[49] Im Innen-

---

[45] S. dazu die fallstudienmäßige Aufarbeitung von *Lotte/Bertl,* JuS 2014, 339, 341 f. sowie von *Preisner,* JA 2012, 21 ff.

[46] *Kübler/Assmann,* § 6 III 3a; *Windbichler,* § 8 Rn. 1; vgl. auch *BGH* WM 1985, 305 (Verein).

[47] Vgl. etwa *Flume,* Die Personengesellschaft, § 15 II 4 (S. 270 ff.); *Schmidt-Rimpler,* FS Knur, 1972, S. 235 ff.

[48] BGHZ 16, 394, 398 f. = NJW 1955, 825; *BGH* NZG 2008, 588 Rn. 47; MüKoBGB/*C. Schäfer,* § 711 Rn. 14 f.; Soergel/*Hadding/Kießling,* § 705 Rn. 4 ff.; Staudinger/*Habermeier* (2003), § 711 Rn. 10.

[49] Etwas anderes würde nur gelten, wenn dem Dritten die Überschreitung der Befugnisse bekannt wäre – vgl. zu diesem allgemeinen Grundsatz Palandt/*Ellenberger,* § 164 Rn. 14.

verhältnis wäre er der Gesellschaft aber wegen Überschreitung seiner Geschäftsführungsbefugnis aus § 280 I BGB zum Schadensersatz verpflichtet (s. oben Rn. 10).

2. Der Umfang der Vertretungsmacht

Fall 12: *Löwe,* der mit dem Ertrag des Restaurants unzufrieden ist, vermietet die Lokalräume an ein Filialunternehmen des Einzelhandels. *Nickel* will diesen Vertrag nicht für die Gesellschaft gelten lassen. **41**

Der Vertrag gilt dann für und gegen die Gesellschaft, wenn die Voraussetzungen des § 164 I BGB erfüllt sind. Hinsichtlich der Vertretungsmacht folgt aus § 714 i. V. m. § 709 BGB, dass *Löwe* Einzelvertretungsmacht hat. Fraglich ist jedoch, ob der von ihm abgeschlossene Vertrag noch innerhalb des Umfangs seiner Vertretungsmacht liegt. **42**

Die Verkoppelung von Vertretungsmacht und Geschäftsführungsbefugnis in § 714 BGB gilt nicht nur für die Bestimmung des Vertretungsberechtigten, sondern auch für die objektiven Grenzen der Vertretungsmacht. Sie reicht also so weit wie die Geschäftsführungsbefugnis. Die Aufgabe des Wirtschaftsbetriebs und die Vermietung des Anwesens an ein anderes Unternehmen sind aber in der auf den Betrieb eines Restaurants gerichteten Gesellschaft keine Geschäftsführungshandlungen mehr, sondern bedürfen einer Änderung des Gesellschaftsvertrags. Der Abschluss des Mietvertrags ist also nicht von der Vertretungsmacht des *Löwe* gedeckt und wirkt folglich weder für noch gegen die Gesellschaft. **43**

Der Gleichlauf von Geschäftsführungsbefugnis und Vertretungsmacht hat den Vorzug, dass die Gesellschaft nur dann wirksam verpflichtet wird, wenn der Handelnde sich in den Grenzen seiner Befugnisse bewegt. Die in gesellschaftsrechtlichen Klausuren bei allen anderen Gesellschaftsformen so beliebte Konstellation, dass ein Organ im Außenverhältnis im Rahmen seiner Vertretungsmacht handelt, dabei aber im Innenverhältnis die Grenzen seiner Geschäftsführungsbefugnis überschreitet, (s. dazu § 13 Rn. 28 f.), kann daher hier nur in Ausnahmefällen eintreten (s. z. B. Rn. 38 ff.). **44**

Der aus Gesellschaftersicht wünschenswerte Gleichlauf von Geschäftsführungsbefugnis und Vertretungsmacht wird allerdings mit Gefährdungen des Rechtsverkehrs erkauft. Die für das Innenverhältnis aufgrund der Vertragsfreiheit getroffenen Vereinbarungen werden über § 714 BGB in das Außenverhältnis gekehrt, so dass sich Dritte für die internen Abmachungen der Gesellschafter über die Geschäftsführung interessieren müssen.[50] Selbst deren Kenntnis schafft aber noch keine Sicherheit: Weil § 714 BGB nur Auslegungsregel ist, sind die Gesellschafter nicht gehindert, den Umfang der Vertretungsmacht anders festzulegen als den Umfang der Geschäftsführungsbefugnis. Die allgemeinen Grundsätze über die Duldungs- und die Anscheinsvollmacht sind zwar anwendbar,[51] können die Unsicherheiten aber nicht ausgleichen.[52] **45**

---

[50] Vgl. dazu *BGH* WM 1996, 2233 f.

[51] Dazu *BGH* WM 1996, 2233 f.; aus dem Schrifttum statt vieler Palandt/*Ellenberger,* § 172 Rn. 6 ff.

[52] Bei einseitigen Rechtsgeschäften, die von nur einem Gesellschafter vorgenommen werden, kann sich der davon Betroffene dadurch schützen, dass er einen Nachweis über die Vertretungsmacht fordert. Wird dieser Nachweis nicht erbracht, kann er das Geschäft nach § 174 BGB zurückweisen. Dass diese Vorschrift von einer „Vollmacht" und damit nur von einer rechtsgeschäftlichen Vertretungsmacht spricht, soll nach *BGH* NJW 2002, 1194, 1195 aus Gründen des Verkehrsschutzes unbeachtlich sein, da die GbR nicht in ein Register eingetragen wird, dem der Rechtsverkehr die Berechtigung entnehmen könnte; zust. *Wertenbruch,* DB 2003, 1099, 1100 f.; krit. *Häublein,* NJW 2002, 1398 f.

3. Die Entziehung der Vertretungsmacht

46 **Fall 13:** Kann *Bauer* wegen der von ihm begangenen Unterschlagungen (s. Fall 9) auch die Vertretungsmacht entzogen werden?

47 Nach § 715 BGB kann dem Gesellschafter auch die Vertretungsmacht entzogen werden. Erforderlich ist dafür ein wichtiger Grund i. S. d. § 712 I BGB. Dass *Bauer* einen solchen Grund gegeben hat, wurde bereits ausgeführt (s. Rn. 31). Ihm kann also nicht nur die Geschäftsführungsbefugnis, sondern auch die Vertretungsmacht genommen werden. Die Verkoppelung von Geschäftsführungsbefugnis und Vertretungsmacht, von der § 714 BGB ausgeht, wird durch § 715 BGB nochmals betont: Hat der Gesellschafter auch Geschäftsführungsbefugnis, so kann ihm die Vertretungsmacht nur zusammen mit dieser entzogen werden.

4. Die Wirkungen des § 899a BGB

48 **Fall 14:** Neben ihrer gastronomischen Tätigkeit waren *Löwe* und *Nickel* auch noch gemeinsame Gesellschafter der Immo-GbR. Die Immo-GbR ist Eigentümerin eines Grundstücks und ordnungsgemäß mitsamt ihrer Gründungsgesellschafter im Grundbuch eingetragen. Im vergangenen Jahr ist allerdings an die Stelle des *Nickel* seine Geschäftspartnerin *Atta* in die Gesellschaft eingerückt, ohne dass dieser Gesellschafterwechsel im Grundbuch eingetragen wurde. *Löwe* möchte das Grundstück nun an die Interessentin *Linnertz* veräußern. *Atta* widerspricht. Um doch zu einem Abschluss des Geschäfts zu kommen, überredet *Löwe* seinen ehemaligen Gesellschafter *Nickel,* der immer noch als Gesellschafter im Grundbuch eingetragen ist, ihm zu helfen. *Nickel* geht auf die Bitte ein. Sie schließen namens der Immo-GbR mit *Linnertz* einen notariellen Kaufvertrag und erklären die Auflassung des Grundstücks. Einige Zeit später wird *Linnertz* als Eigentümerin in das Grundbuch eingetragen.

49 Besonders klausurrelevante Problemstellungen ergeben sich hinsichtlich der Behandlung einer GbR als Eigentümerin eines Grundstücks. Die GbR ist nach heute allgemein anerkannter Auffassung rechtsfähig (s. bereits § 3 Rn. 3 ff.) und kann somit grundsätzlich die Eigentümerposition einnehmen. Im Immobiliarsachenrecht sieht § 899a S. 1 BGB für die GbR eine widerlegbare Vermutung dahingehend vor, dass die nach § 47 II 1 GBO eingetragenen Gesellschafter auch tatsächlich Gesellschafter der GbR sind.[53] Ist die Vermutung widerlegt, verbleibt § 899a S. 2 BGB: Danach sind die Vorschriften über den gutgläubigen Erwerb (§§ 892–899 BGB) in Bezug auf die im Grundbuch eingetragenen Gesellschafter anwendbar.[54] Für den Fall bedeutet dies: Das Eigentum könnte nach §§ 873 I, 925 I BGB auf *Linnertz* übergegangen sein. Dazu bedarf es zunächst einer dinglichen Einigung. *Löwe* war jedoch mangels gesellschaftsvertraglicher Regelung nur gemeinsam mit *Atta* vertretungsbefugt, § 164 I BGB i. V. m. §§ 709, 714 BGB, so dass die dingliche Einigung an einem Vertretungsmangel leidet. Die Vermutung des § 899a S. 1 BGB wird widerlegt durch die Gesellschafterstellung der *Atta.* Dagegen liegen die Voraussetzungen nach § 899a S. 2 i. V. m. § 892 BGB vor: Da *Nickel* weiterhin im Grundbuch eingetragen ist, besteht ein ausreichender Rechtsschein. *Linnertz* hatte auch keine positive Kenntnis von den Umständen. Ferner fehlt ein den Rechtsschein zerstörender Widerspruch im Grundbuch. *Nickel* gilt demnach als Gesellschafter. Die Fiktion der Gesellschafterstellung hat im Rahmen einer Gesamtvertretungsregelung auch Gesamtvertretungsmacht zur Folge, so dass *Nickel* gemeinsam mit *Löwe* vertretungsberechtigt war. Der bloß interne und formlose Widerspruch der *Atta* ändert dieses Ergebnis nicht (s. dazu schon Rn. 10, 40). Die dingliche Einigung ist also wirksam erfolgt. Die

---

[53] MüKoBGB/*Kohler,* § 899a Rn. 18 ff.; *Vieweg/Werner,* § 13 Rn. 43.

[54] MüKoBGB/*Kohler,* § 899a Rn. 6 ff., 23 ff.; *Vieweg/Werner,* § 13 Rn. 43; aus der Ausbildungsliteratur *Wellenhofer,* JuS 2010, 1048; Fallbearbeitung bei *Teichmann/Körber/Schaub,* JuS 2011, 723.

übrigen Voraussetzungen des Übertragungstatbestands liegen ebenfalls vor. *Linnertz* ist Eigentümerin des Grundstücks geworden.

Noch nicht abschließend geklärt ist, ob § 899a S. 2 BGB auch auf das Verpflich- 50
tungsgeschäft anwendbar ist, was zur Folge hätte, dass auch auf dieser rechtsgeschäftlichen Ebene kein Vertretungsmangel vorläge und damit auch ein Kondiktionsanspruch ausgeschlossen wäre. Das wird im Schrifttum zum Teil vertreten, um den gutgläubigen Erwerb auf Verfügungsebene nicht durch die Hintertür des Kondiktionsanspruchs wieder rückgängig zu machen.[55] Nach der überwiegend vertretenen Auffassung bleibt die Folge des § 899a S. 2 BGB dagegen auf das Verfügungsgeschäft beschränkt.[56] Diese Auffassung kann sich nicht nur auf den Wortlaut und die systematische Stellung der Norm stützen, sondern auch auf die Gesetzesbegründung, die ebenfalls von einer streng dinglichen Wirkung auszugehen scheint.[57] Folgt man dieser Ansicht, verbleibt der Gesellschaft in *Fall 14* ein Kondiktionsanspruch aus § 812 I 1, 1. Mod. BGB (sofern nicht allgemeine Rechtsscheingrundsätze greifen). Weiterhin umstritten ist in diesem Kontext auch, ob die Wirkung des § 899a S. 2 BGB auf den Erwerb von der nicht bzw. nicht mehr existierenden GbR erstreckt werden kann. Die Regierungsbegründung legt es nahe, diese Frage zu bejahen.[58]

V. Zusammenfassung

Die Gesellschaft wird als rechtsfähige Wirkungseinheit organschaftlich vertreten. 51
Vertretungshandlungen beziehen sich deshalb auf die Gesellschaft, nicht auf die Gesellschafter. Zur organschaftlichen Geschäftsführung und Vertretung sind die Gesellschafter berufen; Drittorganschaft ist unzulässig. Bei der Geschäftsführungsbefugnis geht es um die Frage, ob der Gesellschafter eine Maßnahme im Verhältnis zur Gesellschaft und seinen Mitgesellschaftern (Innenverhältnis) vornehmen darf oder muss. Die Vertretungsmacht bestimmt dagegen, ob die Gesellschaft durch ein Rechtsgeschäft Dritten gegenüber (Außenverhältnis) berechtigt und verpflichtet wird. Nach § 709 I BGB müssen die Gesellschafter bei der Geschäftsführung gemeinsam handeln (Gesamtgeschäftsführung). § 709 I BGB ist jedoch dispositiv. Die Gesellschafter können deshalb im Gesellschaftsvertrag oder durch späteren Änderungsvertrag eine andere Regelung treffen; sie können namentlich vorsehen, dass nur einem von ihnen die Geschäftsführung zusteht (Alleingeschäftsführung) oder dass jeder von ihnen allein handeln darf (Einzelgeschäftsführung). Das BGB begrenzt den Umfang der Geschäftsführungsbefugnis nicht. Grenzen ergeben sich nur aus dem Begriff der Geschäftsführung. Dazu gehören alle Maßnahmen tatsächlicher oder rechtsgeschäftlicher Art, die den Gesellschaftszweck in seiner vor allem durch den Unternehmensgegenstand konkretisierten Gestalt fördern sollen, nicht dagegen diejenigen Maßnahmen, die auf eine Änderung des Gesellschaftsvertrags hinauslaufen, weil sie die Grundlagen der Gesellschaft oder die Beziehungen der Gesellschafter zueinander betreffen. Der Gesellschafter ist berechtigt und verpflichtet, die Geschäfte zu führen. Dieses Recht kann ihm grundsätzlich (Ausnahme: Entziehung gem. § 712 I BGB) nur durch den Gesellschaftsvertrag, also unter seiner

---

55 Vgl. etwa *Wellenhofer,* JuS 2010, 1048, 1050 (m. w. Nachw.) mit Verweis auf allgemeine Rechtsscheingrundsätze.

56 Vgl. statt vieler MüKoBGB/*Kohler,* § 899a Rn. 16 m. w. Nachw.

57 RegBegr, BT-Drucks. 16/13437, S. 27.

58 RegBegr, BT-Drucks. 16/13437, S. 27; gegen eine Anwendbarkeit *Wellenhofer,* JuS 2010, 1048, 1050 f. (m. w. Nachw.). Überblick über den Streitstand bei *Vieweg/Werner,* § 13 Rn. 43.

Mitwirkung, genommen werden. Für die aus der Geschäftsführung erwachsenden Nebenrechte und -pflichten gelten §§ 664–670 BGB entsprechend (§ 713 BGB). Der nicht zur Geschäftsführung befugte Gesellschafter hat das Kontrollrecht des § 716 BGB, das ihm namentlich Einsicht in die Geschäftspapiere gewährt. Ob ein Gesellschafter Allein- oder Einzelvertretungsmacht hat oder ob die Gesellschafter zusammen handeln müssen (Gesamtvertretung), richtet sich nach dem Gesellschaftsvertrag. § 714 BGB enthält nur eine Auslegungsregel, die einen Gleichlauf von Geschäftsführungsbefugnis und Vertretungsmacht annimmt. Der Gesamtgeschäftsführung des § 709 I BGB entspricht also die Gesamtvertretung. Diese Auslegungsregel gilt auch für den Umfang der Vertretungsmacht. Unter den Voraussetzungen des § 712 I BGB kann die Vertretungsmacht entzogen werden (§ 715 BGB).

§ 7. Gesellschaftsschulden und Gesellschafterhaftung

Literatur: *Beck,* Personengesellschaften – Gemeinsamkeiten und Unterschiede zwischen GbR und OHG, Jura 2013, 209; *Canaris,* Die Übertragung des Regelungsmodells der §§ 125–130 HGB auf die Gesellschaft bürgerlichen Rechts als unzulässige Rechtsfortbildung contra legem, ZGR 2004, 69; *Funke/Falkner,* Das Haftungssystem der BGB-Gesellschaft nach der neuen BGH-Rechtsprechung – Bestehen noch Unterschiede zwischen BGB-Gesellschaft und OHG?, Jura 2004, 721; *Habersack/Schürnbrand,* Die Haftung des eintretenden Gesellschafters für Altverbindlichkeiten der Gesellschaft bürgerlichen Rechts – *BGH* NJW 2003, 1803, JuS 2003, 739; *Kliebisch,* Die Haftungsverfassung der Gesellschaft bürgerlichen Rechts – Eine Fallstudie, ZJS 2011, 445; *Markworth,* Die Haftung des GbR-Scheingesellschafters, JuS 2016, 587; *Lingl,* Haftung von Gesellschaft und Gesellschaftern bei der Außen-Gesellschaft bürgerlichen Rechts (GbR), JuS 2005, 595; *Luka,* Rechtsnatur und Haftungsverfassung der Gesellschaft bürgerlichen Rechts, 2004; *Odemer,* Grundfälle zur gesellschaftsrechtlichen Haftung natürlicher Personen im Privatrecht, JuS 2016, 109; 203; *Petig/Gonzalez,* Die Haftung des eintretenden Sozius, Jura 2009, 646; *Piper,* Die Haftung für Organe nach § 31 BGB, JuS 2011, 490; *Steinbeck,* Grundfälle zum Personengesellschaftsrecht, JuS 2012, 105; Fallbearbeitung: *Buck-Heeb/Dieckmann,* Die Anwalts-GbR, JuS 2016, 723; *Saenger,* Rechtsfähigkeit und Haftungsbeschränkung bei der Gesellschaft bürgerlichen Rechts, JuS 2003, 577; vgl. auch noch die Literaturangaben zu § 3.

I. Die Begründung von Gesellschaftsschulden

1. Vertragliche Erfüllungspflichten

1 **Fall 1:** *Schwalenberg* und *Weyl* betreiben unter der Bezeichnung „CD Cardesign Mobilcenter GbR“ eine kleine Autoreparaturwerkstatt in der Rechtsform einer BGB-Gesellschaft. Der zur Alleingeschäftsführung befugte *Weyl* hat einen neuen VW-Transporter gekauft und den Vertrag „für die Reparaturwerkstatt Cardesign Mobilcenter GbR“ unterschrieben. Kann der Verkäufer Zahlung des Preises und Abnahme des Fahrzeugs von der Gesellschaft verlangen?

2 Schuldnerin des Anspruchs aus § 433 II BGB ist die Gesellschaft dann, wenn sie verpflichtungsfähig ist und der von *Weyl* abgeschlossene Kaufvertrag zu ihren Lasten wirkt. Wer die Gesellschaft bürgerlichen Rechts mit der früher verbreiteten Auffassung als reines Schuldverhältnis mit einer besonderen Vermögenszuordnung einstuft, für den kann sie nicht Schuldnerin von Verbindlichkeiten sein (§ 3 Rn. 3 ff.). Nur die Gesellschafter selbst sind nach dieser Ansicht Schuldner, soweit in ihrer Person ein Verpflichtungstatbestand erfüllt ist. Mit der Anerkennung der Gesellschaft als einer rechtsfähigen Wirkungseinheit, die von ihren Geschäftsführern organschaftlich vertreten wird (§ 6 Rn. 1 ff.), geht hingegen auch die Anerkennung der Schuldnerstellung der Gesellschaft einher, da die Verpflichtungsfähigkeit ein Teilaspekt der Rechtsfähigkeit ist. Die damit denkmögliche Figur der Gesellschafts-

schuld wird durch die organschaftliche Vertretung zur Notwendigkeit; denn diese hätte ihrerseits keinen Sinn, wenn die Verpflichtungswirkungen den Vertretenen nicht treffen könnten. Die Verpflichtungsfähigkeit der Gesellschaft ist also zu bejahen.[1] Dass der von *Weyl* abgeschlossene Kaufvertrag zu ihren Lasten wirkt, folgt aus den Grundsätzen der organschaftlichen Vertretung (§§ 164 I, 714 BGB). Der Verkäufer kann also Zahlung und Abnahme von der Gesellschaft fordern.

2. Vertragliche Schadensersatzpflichten

Fall 2: Alleingeschäftsführer *Weyl* hat ein Fahrzeug zur Reparatur angenommen und dem Kunden einen Reparaturzettel ausgehändigt, der ihn und *Schwalenberg* als Inhaber ausweist. Bei einer Probefahrt verschuldet *Weyl* einen Unfall, bei dem der Pkw beschädigt wird. Kann der Kunde die Gesellschaft kraft Vertrags in Anspruch nehmen? 3

Eine gegen die Gesellschaft gerichtete Schadensersatzforderung des Kunden könnte sich aus § 280 I BGB ergeben. Zwischen ihm und der gem. §§ 164 I, 714 BGB durch *Weyl* vertretenen Gesellschaft ist ein Werkvertrag (§§ 631 ff. BGB) zustande gekommen. Ein Fall des § 634 Nr. 4 BGB liegt nicht vor, weil es an dem erforderlichen Zusammenhang zwischen Werkleistung und eingetretenem Schaden fehlt. Die Voraussetzungen des § 280 I BGB sind auch insofern erfüllt, als die aus dem Vertrag folgende Obhutspflicht (§ 241 II BGB) verletzt worden ist. 4

Für einen Schadensersatzanspruch ist weiter erforderlich, dass sich die Gesellschaft das schuldhafte Handeln des *Weyl* zurechnen lassen muss. Als potenzielle Zurechnungsnorm wird von der mittlerweile wohl herrschenden Meinung § 31 BGB analog herangezogen;[2] die früher überwiegend vertretene Gegenauffassung, die auf § 278 BGB abstellen will, hat an Zuspruch verloren.[3] Dabei ist die Herleitung der herrschenden Meinung keinesfalls selbstverständlich. § 31 BGB ist eine auf den Verein zugeschnittene Zurechnungsvorschrift und kann deshalb zumindest direkt nicht zur Anwendung gelangen. Einer analogen Anwendung scheint entgegenzustehen, dass § 278 BGB seinem Wortlaut nach auf den ersten Blick einschlägig ist, so dass eine Regelungslücke als zentrale Voraussetzung des Analogieschlusses nicht vorliegt. Dieser erste Schein erweist sich indes als trügerisch, sobald man den Blick von den tatbestandlichen Voraussetzungen auf die Rechtsfolgen lenkt. Hier zeigt sich nämlich, dass die Rechtsfolge der Vorschrift nicht zutrifft. § 278 BGB würde dazu führen, dass die Gesellschaft sich das Fremdverschulden ihres geschäftsführenden Gesellschafters wie ein eigenes Verschulden zurechnen lassen müsste. Das Handeln des geschäftsführenden Gesellschafters ist aber gerade kein Fremdhandeln, sondern es ist ihr Eigenhandeln. Deshalb ist auch Verschulden des Geschäftsführers kein fremdes Verschulden, das sich die Gesellschaft „wie eigenes" zurechnen lassen muss, sondern es ist ihr eigenes. Dieser Konstellation vermag § 31 BGB, der auf das organschaftliche Handeln in einer Körperschaft zugeschnitten ist, besser Rechnung zu tragen. Dem früher dagegen erhobenen Einwand, die Gesellschaft bürgerlichen Rechts sei nicht hinreichend körperschaftlich organisiert,[4] ist mit der Anerkennung ihrer Rechtsfähigkeit und ihrer organschaftlichen Vertretung (s. oben § 3 Rn. 3 ff., 5

---

1 BGHZ 72, 267, 271 ff. = NJW 1979, 308; BGHZ 74, 240, 242 = NJW 1979, 1821; BGHZ 79, 374, 377 f. = NJW 1981, 1213; MüKoBGB/*C. Schäfer,* § 714 Rn. 32; *K. Schmidt,* § 60 II 1b.

2 So für die Zurechnung innerhalb eines Schuldverhältnisses (für deliktsrechtliche Zurechnung s. noch § 7 Rn. 8) MüKoBGB/*Grundmann,* § 278 Rn. 10; Palandt/*Grüneberg,* § 278 Rn. 6; Soergel/*Hadding,* § 31 Rn. 4; *Wolf/Neuner,* AT, § 16 Rn. 11; *K. Schmidt,* § 10 IV 3; *Ulmer,* ZIP 2003, 1113, 1114 f.

3 RGZ 122, 351, 355, 359; BGHZ 45, 311 f. = NJW 1966, 1807; MüKoBGB/*C. Schäfer,* § 718 Rn. 30; Erman/*H. P. Westermann,* § 705 Rn. 65; § 718 Rn. 8.

4 Vgl. noch BGHZ 45, 311 f. = NJW 1966, 1807.

§ 6 Rn. 1 ff.) die Grundlage entzogen worden. Spätestens bei deliktischen Ansprüchen muss auf § 31 BGB zurückgegriffen werden, da § 278 BGB hier keine Anwendung findet (s. noch Rn. 7 f.). Der Kunde hat also einen vertraglichen Ersatzanspruch gegen die Gesellschaft.[5]

6 Da die Rechtsprechung die Deutung des Passus „verfassungsmäßig berufene Vertreter" in § 31 BGB über die gesellschaftsrechtliche Vertretungsordnung ausgedehnt hat, kann über diese Vorschrift auch das Handeln von Nichtgesellschaftern zugerechnet werden, solange ihnen durch die Betriebsregelung und Handhabung für die Gesellschaft wesensmäßige Funktionen zur selbstständigen, eigenverantwortlichen Erfüllung zugewiesen sind.[6] Bei Angestellten auf unteren Leitungsebenen bleibt dagegen § 278 BGB anwendbar.

3. Schadensersatzpflichten aus unerlaubter Handlung

7 **Fall 3:** Muss die Gesellschaft (s. Fall 1) auch für den Schaden einstehen, den *Weyl* schuldhaft am Fahrzeug seines Unfallgegners angerichtet hat?

8 Der Unfallgegner ist mit der Gesellschaft nicht vertraglich verbunden und hat deshalb keine Vertragsansprüche. In Betracht kommt allenfalls eine deliktische Haftung. Der Anspruch könnte sich aus § 831 BGB ergeben, der – was immer wieder übersehen wird – nicht etwa nur eine Zurechnungsvorschrift, sondern eine eigenständige Anspruchsgrundlage ist. Der Geschäftsherr haftet nicht für ein fremdes Verschulden, sondern für sein eigenes Auswahl-, Anleitungs- und Überwachungsverschulden.[7] Die Voraussetzungen dieser Vorschrift liegen insoweit vor, als *Weyl* tatbestandsmäßig und rechtswidrig i. S. d. § 823 I BGB gehandelt hat. Gleichwohl scheitert der Anspruch, da zwischen der Gesellschaft und ihrem Geschäftsführer kein Über-/Unterordnungsverhältnis besteht, so dass auch die für § 831 BGB erforderliche Weisungsgebundenheit nicht gegeben ist.[8] Stellt man stattdessen auf § 823 I BGB ab, so bedarf es wie bei den vertraglichen Schadensersatzpflichten (Rn. 5) auch hier einer Vorschrift, nach der das Verschulden des *Weyl* der Gesellschaft zugerechnet werden kann. § 278 BGB kommt insofern nicht in Betracht, da es an einem Schuldverhältnis fehlt. Es bleibt hier nur der Weg über eine analoge Anwendung des § 31 BGB (s. bereits Rn. 5).[9] Die gegen einen solchen Analogieschluss früher geltend gemachten Bedenken sind auch im deliktsrechtlichen Bereich überwunden, zumal hier auch alle Ersatzkonstruktionen über § 278 BGB von vornherein verschlossen wären.[10] Auf dieser Grundlage muss die Gesellschaft für den Schaden einstehen, den *Weyl* angerichtet hat.

---

[5] § 278 BGB würde hier – wie in den meisten Fällen – zu demselben Ergebnis führen, so dass es einer Stellungnahme in diesem Meinungsstreit i. d. R. nicht bedarf. Vgl. daher auch *K. Schmidt,* § 10 IV 3: „rechtsdogmatisches Problem ohne nennenswerte praktische Tragweite". Ausnahmen gelten etwa beim Ausschluss für Vorsatz in Individualverträgen (vgl. § 278 S. 2 BGB).

[6] So etwa aus neuerer Zeit BGHZ 172, 169 Rn. 16 = NJW 2007, 2490 m. w. Nachw.

[7] Vgl. statt aller Jauernig/*Teichmann,* § 831 Rn. 1. §§ 31 und 278 BGB sind hingegen Zurechnungsvorschriften, so dass hier stets zunächst die einschlägige Anspruchsgrundlage identifiziert werden muss.

[8] Vgl. etwa BGHZ 45, 311, 313 = NJW 1966, 1807; Erman/*H. P. Westermann,* § 705 Rn. 66. Bei atypisch organisierten Personengesellschaften sind Ausnahmen denkbar; vgl. *H. P. Westermann,* a. a. O.

[9] BGHZ 154, 88, 93 ff. = NJW 2003, 1445; BGHZ 172, 169 Rn. 9 = NJW 2007, 2490; *Beck,* Jura 2013, 209, 219; *Steinbeck,* JuS 2012, 105, 108 ff.; *Windbichler,* § 9 Rn. 5; *Piper,* JuS 2011, 490 f.

[10] Zustimmend daher hier auch Erman/*H. P. Westermann,* § 705 Rn. 66 und MüKoBGB/*C. Schäfer,* § 718 Rn. 31, die bei vertraglichen Ansprüchen § 278 BGB bevorzugen.

Hinweis:

Auch § 31 BGB ist eine oft übersehene Vorschrift. Da das Vereinsrecht in der juristischen Ausbildung eine eher untergeordnete Rolle spielt, findet diese Norm in Klausuren nur selten direkte Anwendung. Wesentlich größere Bedeutung erlangt sie aber in analoger Anwendung, die sich – wie später noch zu zeigen sein wird – auf alle Gesellschaftstypen erstreckt. Nicht nur beim Verein, sondern in jeder Gesellschaftsform regelt § 31 BGB also die Zurechnung pflichtwidrigen oder deliktischen Verhaltens. Die Bedeutung der Norm kann daher kaum überschätzt werden. 9

II. Die Begründung von Gesellschafterverbindlichkeiten

1. Meinungsstand

Fall 4: In den Fällen 1, 2 und 3 möchten die Gesellschaftsgläubiger wissen, ob sie auch Anspruch auf Erfüllung bzw. Schadensersatz gegen die jeweiligen Gesellschafter haben. 10

Die Frage, ob die Mitglieder der BGB-Gesellschaft für deren Schulden haften, gehörte lange Zeit zu einer der umstrittensten Fragen des Personengesellschaftsrechts. Es setzen sich hier die Diskussionen über die Rechtsfähigkeit der Gesellschaft bürgerlichen Rechts fort (§ 3 Rn. 3 ff.). Für die ältere Auffassung, die eine eigenständige Wirkungseinheit neben den Gesellschaftern nicht anerkannte, konnte es überhaupt nur eine Verbindlichkeit der Gesellschafter geben. Für diese Verbindlichkeiten sollten aber zwei verschiedene Vermögensmassen haften: das Gesellschaftsvermögen und das Privatvermögen der Gesellschafter.[11] Dem heutigen Entwicklungsstand zur Rechts- und Verpflichtungsfähigkeit der Gesellschaft bürgerlichen Rechts wird diese Ansicht nicht mehr gerecht, zumal sie in den Details auch nicht zu sachgerechten Ergebnissen führte. So war es namentlich in den Deliktsfällen nicht möglich, die persönliche Verpflichtung der Gesellschafter aus einer analogen Anwendung des § 31 BGB zu gewinnen.[12] 11

Wenn man die Verpflichtungsfähigkeit der Gesellschaft bürgerlichen Rechts anerkennt, verbleiben noch zwei Theorien: die Akzessorietätstheorie und die Doppelverpflichtungslehre. Die nach einer Grundsatzentscheidung des BGH aus dem Jahre 2001[13] heute ganz herrschende Akzessorietätstheorie besagt, dass die Haftung der Gesellschaft notwendig von einer Haftung der Gesellschafter begleitet wird.[14] Gesetzlicher Ausdruck dieses Konzepts für die OHG ist § 128 HGB, der auf die Gesellschaft bürgerlichen Rechts nach herrschender Meinung analog angewandt wird.[15] Nach der Doppelverpflichtungslehre, die noch bis zum Beginn des neuen Jahrhunderts herrschend war, haftet der Gesellschafter nicht schon deshalb, weil die 12

---

[11] Vgl. aus neuerer Zeit noch *Zöllner,* FS Gernhuber, 1993, S. 563, 572.

[12] So aber wohl *Zöllner,* FS Gernhuber, 1993, S. 563, 573.

[13] BGHZ 146, 341, 358 = NJW 2001, 1056 (Weißes Ross).

[14] Ständige Rspr. des BGH seit der Entscheidung Weißes Ross (BGHZ 146, 341 = NJW 2001, 1056); vgl. aus dem Schrifttum auch MüKoBGB/*C. Schäfer,* § 714 Rn. 2 ff.; *Dauner-Lieb,* DStR 2001, 356, 358 f.; Staudinger/*Habermeier* (2003), Vor 705 ff. Rn. 31 ff.; *K. Schmidt,* NJW 2001, 993, 998 f.; Palandt/*Sprau,* § 714 Rn. 11 ff.; *Ulmer,* ZIP 2001, 585, 589 f.; *Wiedemann,* GesR II, § 7 III 4a; *ders.,* JZ 2001, 661, 662; *Windbichler,* § 8 Rn. 12.

[15] Zur Einordnung als Analogieschluss auch *BGH* NJW 2014, 1107 Rn. 8 ff.; *BGH* NJW 2013, 1089, 1090 = JuS 2013, 646 (mit Anm. *K. Schmidt*); BGHZ 188, 233, 240 = NJW 2011, 2040; *BGH* NJW 2006, 3716, 3717; MüKoBGB/*C. Schäfer,* § 714 Rn. 36; *K. Schmidt,* § 60 III 2a; *Steinbeck,* JuS 2012, 105, 108 ff.; krit. *Geibel,* WM 2007, 1496, 1501.

Gesellschaft haftet. Vielmehr tritt zu der Verpflichtung der Gesellschaft eine Verpflichtung des einzelnen Gesellschafters nur dann hinzu, wenn auch in seiner Person ein Verpflichtungstatbestand erfüllt ist.[16] Beim Abschluss von Verträgen wird dieser selbstständige Verpflichtungstatbestand darin gesehen, dass der geschäftsführungsbefugte Gesellschafter auch seine Mitgesellschafter mitvertrete. Seine Befugnis dazu ergebe sich aus einer an der Verkehrsanschauung orientierten Auslegung des Gesellschaftsvertrages, sein Vertretungswille folge aufgrund der Erwartungshaltung des Rechtsverkehrs konkludent aus dem Handeln für die Gesellschaft.[17]

13 Die Doppelverpflichtungslehre wirkt auf den ersten Blick konstruiert, da sie Zuflucht zu einer Vielzahl fiktiver Willenserklärungen nehmen muss, die im Bewusstsein der Handelnden keine tatsächliche Grundlage finden, um die erwünschte Mithaftung der Gesellschafter zu begründen.[18] Dennoch galt sie in Rechtsprechung und Literatur lange Zeit als vorzugswürdig, da die mit der Akzessorietätstheorie einhergehende grundsätzliche gesetzliche Mitgliederhaftung für die BGB-Gesellschaft angesichts der Vielgestaltigkeit ihrer Erscheinungsformen nicht angemessen erschien.[19] In der Praxis hat sich aber die mit der Doppelverpflichtungslehre einhergehende Möglichkeit der Haftungsbeschränkung als offene Flanke dieser Theorie erwiesen. Geht man nämlich davon aus, dass die Haftung der Gesellschafter allein rechtsgeschäftlich begründet wird, so müsste es den Gesellschaftern nach allgemeinen Grundsätzen möglich sein, diese Rechtsfolge durch eine klare Äußerung ihres fehlenden Haftungswillens (etwa in Form eines Zusatzes „Gesellschaft bürgerlichen Rechts ohne persönliche Gesellschafterhaftung“) auszuschließen.[20] Das hätte aber wiederum zur Konsequenz, dass man das Entstehen einer Personengesellschaft ohne persönliche Haftung akzeptieren müsste.[21] Diese Möglichkeit des Ausschlusses der persönlichen Haftung soll aber grundsätzlich den Kapitalgesellschaften vorbehalten bleiben, bei denen die mit einer Haftungsbeschränkung verbundenen Risiken durch eine garantierte Kapitalaufbringung kompensiert werden (s. oben § 2 Rn. 4).[22] Außerhalb dieser Rechtsformen gilt der Grundsatz, dass das typische unternehmerische Risiko, durch wirtschaftliche Betätigung am Markt Verluste zu erleiden, regelmäßig von dem Unternehmer zu tragen ist.[23] Der BGH hat aus diesen Gründen zunächst die Möglichkeit einer Haftungsbeschränkung durch einseitige Erklärung des fehlenden Haftungswillens verworfen[24] und sich schließlich in konsequenter Fortführung dieser Rechtsprechung explizit auf die Akzessorietätstheorie festgelegt.[25]

---

[16] So vor der Weißes Ross-Entscheidung (BGHZ 146, 341 = NJW 2001, 1056) noch BGHZ 74, 240, 242 f. = NJW 1979, 1821; BGHZ 79, 374, 379 ff. = NJW 1981, 1213; *OLG Bamberg* NZG 2000, 364 f.; *Hennrichs/Kießling,* WM 1999, 877, 879 f.; *Hommelhoff,* ZIP 1998, 8 ff.; auch nach der BGH-Entscheidung weiterhin kritisch gegenüber der Akzessorietätstheorie Jauernig/*Stürner,* § 705 Rn. 1; Soergel/*Hadding/Kießling,* BGB, § 714 Rn. 9 ff.

[17] Vgl. die zusammenfassende Darstellung bei *Luka,* Rechtsnatur und Haftungsverfassung, 2004, S. 102 ff.

[18] *Wiedemann,* WM 1994. Sonderbeilage Nr. 4, S. 18.

[19] BGHZ 74, 240, 243 = NJW 1979, 1821; 117, 168, 176 f. = NJW 1992, 1615; *BGH* ZIP 1998, 1291, 1292.

[20] *Dauner-Lieb,* DStR 1998, 2014, 2016 ff.; *Kindl,* WM 2000, 697.

[21] Vgl. dazu *Dauner-Lieb,* DStR 1998, 2014 ff.; *Ulmer,* ZIP 1999, 509 ff.

[22] *Dauner-Lieb,* DStR 1998, 2014, 2020.

[23] BGHZ 134, 333, 335 f. = NJW 1997, 1507; BGHZ 142, 315, 319 = 1999, 3483; zust. *K. Schmidt,* § 60 III 2a; ablehnend *Canaris,* HandelsR, § 9 Fn. 33; zweifelnd *Ulmer,* ZIP 1996, 733, 737.

[24] BGHZ 142, 315 ff. = NJW 1999, 3483. Bereits diese Entscheidung wurde in der Literatur als implizite Abkehr von der Doppelverpflichtungslehre aufgefasst; vgl. etwa *Ulmer,* ZGR 2000, 339 ff.

[25] Vgl. bereits die Nachw. in § 7 Fn. 14.

14 Die Entscheidung des BGH zugunsten der Akzessorietätstheorie ist zu begrüßen. Die unabhängig von der konkreten Ausgestaltung der Gesellschaft eintretende grundsätzliche Gesellschafterhaftung, die bislang den Rückgriff auf die Doppelverpflichtungslehre vorzugswürdig erscheinen ließ, spricht nicht mehr gegen die pauschale Annahme einer akzessorischen Mithaftung. Denn durch die Neuregelung des § 105 II HGB hat der Gesetzgeber nunmehr auch den Gesellschaftern einer Gesellschaft bürgerlichen Rechts die Option eines Rechtsformwechsels in die OHG, die KG und die GmbH & Co. KG eingeräumt und ihnen somit den Zugang zu den Haftungsbeschränkungsmöglichkeiten des HGB eröffnet (ausführlich dazu § 12 Rn. 12 ff.).[26] Aus diesen Gründen ist der Theorie der akzessorischen Gesellschafterhaftung der Vorzug zu geben. Sie ist entgegen einer in der Literatur vertretenen Ansicht[27] unabhängig davon anzuwenden, ob es sich um eine unternehmenstragende oder um eine sonstige Gesellschaft handelt,[28] da in beiden Fällen die Möglichkeit besteht, durch Wahl einer Rechtsformalternative der strengen akzessorischen Haftung zu entgehen.[29]

Hinweis:

15 Wie der Streit um die Rechtsfähigkeit der BGB-Gesellschaft (§ 3 Rn. 3 ff.) muss auch der Meinungsstreit um die Gesellschafterhaftung nicht in dieser Breite dargestellt werden. Ausschlaggebend für die Klausurbearbeitung ist vielmehr, wie deutlich das Problem im Sachverhalt angelegt ist. Steht im Mittelpunkt des Falles etwa eine GbR mbh, dann sollte der Begründungsaufwand wesentlich höher sein als bei einem Fall mit einem klar schuld- oder sachenrechtlichen Schwerpunkt, in dem die BGB-Gesellschaft nur beiläufig in den Sachverhalt eingeflochten ist.

2. Praktische Auswirkungen

a) Vertragliche und deliktische Haftung

16 Anhand der Theorie der akzessorischen Gesellschafterhaftung lässt sich in den erörterten Fällen die Frage nach einer Haftung der Gesellschafter neben der Gesellschaft problemlos beantworten.[30] In Fall 1 führt die vertragliche Begründung einer Gesellschaftsverbindlichkeit kraft der akzessorischen Haftung der Gesellschafter dazu, dass auch diese verpflichtet werden. Die Doppelverpflichtungslehre kommt zu demselben Ergebnis, indem unterstellt wird, der Geschäftsführer sei konkludent auch zur Vertretung der Gesellschafter befugt und habe den Vertrag – wiederum konkludent – auch in deren Namen abgeschlossen. Der Unterschied zwischen den beiden Auffassungen tritt bei vertraglichen Verbindlichkeiten grundsätzlich erst zutage, wenn Haftungsbeschränkungen vereinbart werden sollen (dazu sogleich

---

26 *Dauner-Lieb,* DStR 1998, 2014, 2019; *Ulmer,* ZIP 1999, 554, 559; *ders.,* ZIP 2001, 585, 590: „Flucht in die KG". Für Freiberufler, denen dieser Weg nicht offensteht, bleiben die Rechtsform der Partnergesellschaft, für die das Gesetz in § 8 II PartGG eine entsprechende Haftungsbeschränkung vorsieht, sowie neuerdings auch die Rechtsformen der Kapitalgesellschaften; vgl. dazu § 25 Rn. 3 f.

27 *Beuthien,* DB 1975, 725 ff., 775 ff.; *K. Schmidt,* FS Fleck, 1988, S. 271 ff.

28 Zu dieser Differenzierung vgl. *K. Schmidt,* § 58 II 4.

29 *Goette,* DStR 1999, 1707, 1708; *Hadding,* ZGR 2001, 712, 716 f.; *Mülbert,* AcP 199 (1999), 35, 89 ff.

30 Eine fallstudienmäßige Aufarbeitung der Haftung der Gesellschaft bürgerlichen Rechts sowie ihrer Gesellschafter erfolgt bei *Kliebisch,* ZJS 2011, 445.

Rn. 18 ff.). Ist das nicht der Fall, bedarf der Streit in der Klausur zumeist keiner Entscheidung.

17 Vor größere Probleme sieht sich die Doppelverpflichtungslehre in den Fällen gestellt, in denen die Gesellschaftsschuld – wie in den Fällen 2 und 3 – nicht rechtsgeschäftlich begründet wird, sondern aus einem vertraglichen Ersatzanspruch oder einer deliktischen Handlung erwächst. Hier versagt der vertragliche Ansatz, doch erscheint auch eine gänzliche Freistellung der Gesellschafter oftmals nicht sachgerecht. Daher muss auf dogmatisch wenig befriedigende Behelfskonstruktionen ausgewichen werden.[31] Die Akzessorietätstheorie führt in beiden Fällen auf einem wesentlich schlankeren Weg zu dem Ergebnis, dass die Haftung der Gesellschaft automatisch auch eine akzessorische Mitverpflichtung des Gesellschafters begründet.[32] Im Schrifttum wird zwar weiterhin bezweifelt, ob diese dogmatische Vereinfachung nicht mit dem Verzicht auf differenziertere und sachgerechtere Ergebnisse erkauft wird. Speziell für deliktische Schulden wird argumentiert, es sei nicht nachvollziehbar, warum ein Gesellschafter mit seinem Privatvermögen für die unerlaubten Handlungen einzustehen habe, die ein Mitgesellschafter bei Vornahme von Gesellschaftsgeschäften begehe.[33] Tatsächlich erscheint es aber nicht unangemessen, dem Geschäftsrisiko, das jeder Gesellschafter übernommen hat, auch die deliktischen Handlungen zuzurechnen, zumal die Grenze zwischen vertraglicher und deliktischer Haftung in vielen Fällen ohnehin fließend ist.[34] Sind sie nicht bereit, diese Verantwortung zu übernehmen, hat ihnen der Gesetzgeber mit der Einführung des § 105 II HGB die Möglichkeit des Selbstschutzes eingeräumt (s. Rn. 14). Sofern sie davon keinen Gebrauch machen, erscheint es nicht sachgerecht, den Rechtsverkehr mit diesen Geschäftsrisiken zu belasten.

b) Haftungsbeschränkung

18 Die Unterschiede zwischen Akzessorietätstheorie und Doppelverpflichtungslehre treten am deutlichsten zutage, wenn die Gesellschafter ihre persönliche Haftung auszuschließen suchen. Nach dem vertraglichen Ansatz der Doppelverpflichtungslehre war das dogmatisch unproblematisch möglich, da die Mithaftung ausschließlich auf dem vermeintlichen Haftungswillen des Gesellschafters beruhte. Er konnte also durch einseitige Erklärung seine persönliche Haftung ausschließen, was dann allerdings zu den oben beschriebenen unerwünschten Folgeerscheinungen einer Gesellschaft bürgerlichen Rechts mit beschränkter Haftung führte (Rn. 13).

19 Auf der Grundlage der Akzessorietätstheorie können die Gesellschafter ihre Verpflichtung nicht schon dadurch vermeiden, dass sie die Vertretungsmacht des Geschäftsführers im Innenverhältnis auf die Verpflichtung der Gesellschaft begrenzen. Auch eine einseitige Erklärung des Geschäftsführers der Gesellschaft ist für einen derartigen Haftungsausschluss nicht ausreichend. Es handelt sich um eine Haftung, die qua Gesetzes eintritt. Damit ist ein Haftungsausschluss nicht von vornherein unzulässig, da auch diese Folge zur Disposition der Parteien steht. Es bedarf dazu aber einer individualvertraglichen Haftungsausschlussvereinbarung mit dem Vertragspartner. Eine Haftungsausschlussvereinbarung in Gestalt allgemeiner Ge-

[31] Vgl. dazu noch Soergel/*Hadding/Kießling,* § 714 Rn. 38 ff.
[32] Vgl. dazu etwa BGHZ 154, 88 = NJW 2003, 1445; *Grunewald,* § 1. Rn. 119.
[33] Für eine Ausklammerung der Deliktsschulden aus der akzessorischen Haftung deshalb *Altmeppen,* NJW 1996, 1017, 1019 ff.; *C. Schäfer,* ZIP 2003, 1225, 1226 f.
[34] Gegen eine Differenzierung daher BGHZ 154, 88, 94 f. = NJW 2003, 1445; BGHZ 155, 205, 212 = NJW 2003, 2984; MüKoBGB/*C. Schäfer,* § 714 Rn. 38; Staub/*Habersack,* § 128 Rn. 10; *Grunewald,* § 1 Rn. 119; *Mülbert,* AcP 199 (1999), 38, 92 f.

schäftsbedingungen ist nach Auffassung des BGH unwirksam.[35] Dem ist zuzustimmen, da man die persönliche Haftung mindestens eines Gesellschafters in einer Personengesellschaft als wesentlichen Grundgedanken der gesetzlichen Regelung ansehen kann (§ 2 Rn. 4), von dem nach § 307 II Nr. 1 BGB in Allgemeinen Geschäftsbedingungen nicht abgewichen werden darf.

Um dennoch eine Haftungsbeschränkung herbeizuführen, können die Gesellschafter nur noch auf andere Rechtsformen ausweichen, namentlich auf die GmbH, die KG oder – soweit es sich um Freiberufler handelt – auf die Partnerschaftsgesellschaft (s. § 25). Dieser Verweis vermag allerdings nur solche Gesellschafter zu schützen, die über hinreichende gesellschaftsrechtliche Kenntnisse verfügen, um von diesen Gestaltungsoptionen Gebrauch zu machen. Soweit sie das nicht tun, trifft sie die volle Haftung, was angesichts der vielgestaltigen Einsatzgebiete der BGB-Gesellschaft insbesondere in haftungssensiblen Bereichen zu problematischen Ergebnissen führen kann. Das wird deutlich, wenn man sich vergegenwärtigt, dass etwa auch Kapitalanlagegesellschaften mitunter in der Rechtsform einer BGB-Gesellschaft organisiert sind. Die Annahme einer persönlichen Haftung könnte für den Gesellschafter hier ruinöse Folgen haben, was dem Zuschnitt dieser Gesellschaftsform, die gerade nicht auf den Handelsverkehr ausgerichtet ist, kaum entspricht. Wie den Gesellschaftern in diesen Bereichen Schutz gewährt werden kann, gehört zu den derzeit noch drängendsten Folgeproblemen der Hinwendung zur Akzessorietätstheorie.[36] Die Rechtsprechung hat in zwei Fallgruppen Ausnahmen zugelassen: Bei geschlossenen Immobilienfonds und sog. Bauherrengemeinschaften[37] in Form einer BGB-Gesellschaft wird die persönliche Haftung aus Gründen des Vertrauensschutzes in vor Änderung der Rechtsprechung geschlossenen Verträgen ausgeschlossen; für Neufälle wird eine AGB-rechtliche Beschränkung gestattet.[38] Wenngleich diese Ausnahmen rechtspolitisch als sachgerecht erscheinen mögen, ist eine dogmatische Einordnung bislang noch nicht überzeugend gelungen.[39] Deshalb ist auch ungeklärt, welche weiteren Zusammenschlüsse von diesen Privilegierungen erfasst sind.[40] 20

c) Keine Haftung für Sozialverbindlichkeiten

§ 128 S. 1 HGB gilt ausweislich der Abschnittsüberschrift vor § 123 HGB („Rechtsverhältnis der Gesellschafter zu Dritten") nur für Ansprüche außenstehen- 21

---

35 BGHZ 142, 315 (Leitsatz) = NJW 1999, 3483; *OLG Stuttgart* NZG 2002, 84, 85; zustimmend *Reiff,* ZIP 1999, 1329, 1336 ff.; krit. *Ulmer,* ZGR 2000, 339, 347 f.

36 Vgl. dazu MüKoBGB/*C. Schäfer,* § 714 Rn. 58 ff.; *Specks,* NZG 2009, 293 ff.; *Ulmer,* ZIP 2001, 585, 592 ff.; *Weitemeyer,* FS K. Schmidt, 2009, S. 1693 ff.; *H. P. Westermann,* FS K. Schmidt, 2009, S. 957, 963 ff.

37 Zur Begrifflichkeit: Geschlossene Immobilienfonds dienen der dauerhaften Kapitalanlage mehrerer Anleger in Grundbesitz, während die Bauherrengemeinschaft darauf ausgerichtet ist, ein Grundstück zu erwerben und zu bebauen, um sodann Wohnungseigentum in dem Bauwerk zu erlangen; vgl. zu den Einzelheiten *Wiedemann,* GesR II, § 7 I 5 (S. 610 und 618).

38 BGHZ 150, 1, 5 ff. = NJW 2002, 1642; bestätigt in *BGH* NJW 2006, 3716, 3717; zust. MüKoBGB/*C. Schäfer,* § 714 Rn. 62; *Armbrüster,* ZGR 2005, 34, 45 f.; *C. Schäfer,* FS Nobbe, 2009, S. 909 ff.; *Ulmer,* ZIP 2003, 1113, 1119; krit. *Reiff,* ZGR 2003, 550, 575.

39 Die mittlerweile wohl h. M. im Schrifttum tendiert dazu, in diesen haftungssensiblen Bereichen nicht nur eine (formular-)vertragliche Haftungsbeschränkung zu gestatten, sondern eine sog. institutionelle, also gesetzliche Haftungsbeschränkung zuzulassen. Das hat den Vorteil, dass der Schutz der Gesellschafter in diesem Fall nicht von der Bereitschaft und Fähigkeit des Geschäftsführers abhängt, entsprechende Begrenzungen durchzusetzen (vgl. zum Streitstand MüKoBGB/*C. Schäfer,* § 714 Rn. 62 m. w. N.).

40 Vgl. auch dazu den umfassenden Überblick bei MüKoBGB/*C. Schäfer,* § 714 Rn. 62 ff.

der Gläubiger. Die Gesellschafter selbst können sich für die ihnen aufgrund ihrer Mitgliedschaft zustehenden Ansprüche gegen die Gesellschaft nur an diese wenden. Diese Ausnahme gilt auch für die akzessorische Haftung der Gesellschafter einer BGB-Gesellschaft analog § 128 S. 1 HGB (dazu noch ausführlich unter § 16 Rn. 36).

d) Analoge Anwendung weiterer HGB-Regeln

22 Nachdem der BGH die akzessorische Gesellschafterhaftung entsprechend § 128 HGB anerkannt hat, werden auch die übrigen Details der Haftung weitgehend dem handelsrechtlichen Regelungsmodell entnommen, das in § 16 noch ausführlich dargestellt wird. So ist es etwa unbestritten, dass der Gesellschafter einer BGB-Gesellschaft ebenso wie der Gesellschafter einer Personenhandelsgesellschaft entsprechend § 129 I HGB alle Einwendungen tatsächlicher und rechtlicher Art in dem Umfang geltend machen kann, in dem sie der Gesellschaft zum Zeitpunkt ihrer Erhebung durch den Gesellschafter zustehen.[41]

23 Besonders umstritten ist, ob die akzessorische Haftung auch den Gesellschafter trifft, der erst nach der Anspruchsbegründung der Gesellschaft beigetreten ist.[42] Für die OHG enthält § 130 HGB eine derartige Regelung. Da diese Anordnung für den beitretenden Gesellschafter aber zu erheblichen Härten führt,[43] kann man berechtigte Zweifel hegen, ob sie nicht auf den Handelsverkehr begrenzt sein sollte, in dem generell strengere Anforderungen an die Verkehrsteilnehmer gestellt werden.[44] Die inzwischen herrschende Meinung setzt die Akzessorietätstheorie indes auch hier konsequent in Anlehnung an das handelsrechtliche Regelungsmodell um und wendet § 130 HGB auch auf die BGB-Gesellschaft an.[45] Dem ist aus teleologischen Überlegungen beizupflichten. § 130 HGB trägt den Belangen der OHG-Gläubiger Rechnung, denen es nicht zugemutet werden soll, den Zeitpunkt nachzuweisen, in dem die Gesellschaftereigenschaft des in Anspruch genommenen Gesellschafters begründet wurde.[46] Dieser Nachweis würde den Gläubigern einer BGB-Gesellschaft noch deutlich schwerer fallen, da es hier an dem Erfordernis der Registerpublizität fehlt, das diesen Nachweis im Handelsverkehr erleichtern kann. Verbleibenden Härten hat der BGH zunächst dadurch Rechnung getragen, dass er die analoge Anwendung des § 130 HGB aus Gründen des Vertrauensschutzes erst auf künftige Beitrittsfälle (ab dem 7. April 2003) anwendete; die praktische Relevanz dieser Ausnahme dürfte sich mittlerweile erledigt haben. Eine weitere Ausnahme wird für den Eintritt in eine Freiberufler-GbR (also etwa eine Anwaltskanzlei) hinsichtlich beruflicher Haftungs-

---

[41] *BGH* NJW 1998, 2904 f.; BGHZ 146, 341, 358 = NJW 2001, 1056; *BGH* NZG 2008, 588 Rn. 30; ausführlich dazu *Klimke,* ZGR 2006, 540 ff.

[42] Im Falle des Austritts von Gesellschaftern braucht die Analogiemöglichkeit nicht geprüft zu werden. Hier gelten schon nach § 736 II BGB die Regeln des § 160 HGB zur Nachhaftungsbegrenzung sinngemäß; vgl. dazu noch § 18 Rn. 35 ff.

[43] Man denke beispielsweise an den Eintritt eines jungen Rechtsanwalts in eine große Anwaltssozietät.

[44] Gegen eine Anwendung des § 130 HGB daher *OLG Düsseldorf* NZG 2002, 284, 285 f.; *Armbrüster,* ZGR 2005, 34, 49 ff.; *Baumann/Rößler,* NZG 2002, 793 ff.; *Canaris,* ZGR 2004, 69, 114 ff.; *Dauner-Lieb,* FS Ulmer, 2003, S. 73 ff.; zu der Haftung nach § 130 HGB vgl. noch § 18 Rn. 32 ff.

[45] BGHZ 154, 370, 377 = NJW 2003, 1803; *BGH* BeckRS 2012, 11289 Rn. 17; *BGH* NZG 2014, 696 Rn. 5 ff. = JuS 2014, 1036 (mit Anm. *K. Schmidt*); *OLG Hamm* NZG 2002, 282, 283 f.; MüKoBGB/*C. Schäfer,* § 714 Rn. 72 ff.; *Habersack/Schürnbrand,* JuS 2003, 739 ff.; *Schemann,* DNotZ 2001, 244, 251; *K. Schmidt,* NJW 2001, 993, 999; *Ulmer,* ZIP 2003, 1113, 1115 f.

[46] Vgl. dazu statt vieler Staub/*Habersack,* § 130 Rn. 2.

fälle zugelassen.[47] Jedoch schränkt der BGH mittlerweile Art und Dauer des von ihm gewährten Vertrauensschutzes immer mehr ein.[48] So genießt etwa ein Kapitalanleger (Gesellschafter), der in einen Immobilienfonds eintritt, hinsichtlich seiner (quotalen)[49] Haftung für das ihm bekannte Kreditvolumen der Gesellschaft keinen Vertrauensschutz; er muss nämlich mit erheblichen Verbindlichkeiten der Gesellschaft aus der (überwiegenden) Fremdfinanzierung des Projekts rechnen und haftet daher auch für die vor seinem Beitritt begründeten Gesellschaftsschulden.[50]

Hinweis:

Aus der akzessorischen Natur der Gesellschafterhaftung ergibt sich, dass zunächst stets der Anspruch gegen die Gesellschaft zu prüfen ist. Die Gesellschafterhaftung kann dann zumeist recht problemlos aus der Akzessorietätstheorie hergeleitet werden. Zur Problematik des Scheingesellschafters vgl. noch § 13 Rn. 54.[51] 24

III. Die Beurteilung der Schuldnermehrheiten

1. Gesellschaft und Gesellschafter

Fall 5: Der Bauunternehmer *Bäder* hat im Auftrag der Cardesign Mobilcenter GbR umfangreiche Modernisierungsmaßnahmen an der Autowerkstatt vorgenommen. Da die Geschäfte der Gesellschaft sich anschließend aber ausgesprochen schlecht entwickeln, verzichtet er zunächst darauf, seinen Werklohn geltend zu machen, nachdem die beiden Gesellschafter zuvor im Namen der Gesellschaft ein Anerkenntnis abgegeben haben. Als sich die Zahlungsfähigkeit der Gesellschaft aber auch in der Folgezeit nicht verbessert, beschließt er, *Schwalenberg* persönlich in Anspruch zu nehmen. Dieser beruft sich indes darauf, dass die Forderung gegen ihn mittlerweile verjährt sei; das von der Gesellschaft abgegebene Anerkenntnis entfalte ihm gegenüber keine Wirkung. Kann *Bäder* von *Schwalenberg* Zahlung verlangen? 25

Ein Anerkenntnis der Gesellschaft hat zur Folge, dass die Verjährung erneut beginnt (§ 212 I Nr. 1 BGB). Eine Wirkung zu Lasten der Gesellschafter ist mit der Abgabe der Erklärung als solcher nicht verbunden. Eine andere Beurteilung könnte nur in Betracht gezogen werden, wenn ein Anerkenntnisvertrag geschlossen worden wäre (§§ 164 I, 714 BGB), was für § 212 I Nr. 1 BGB nicht erforderlich[52] und regelmäßig auch nicht gegeben ist. 26

Dennoch könnte sich auf der Grundlage der Akzessorietätstheorie aus der inhaltlichen Verknüpfung der Gesellschafts- und der Gesellschafterschuld ein Neubeginn der Verjährung auch für die Haftung des Gesellschafters herleiten lassen.[53] Diese 27

---

[47] Vgl. zu beiden Ausnahmen BGHZ 154, 370, 377f. = NJW 2003, 1803. Die letztgenannte Ausnahme wird auf eine Parallele zum Recht der speziell auf Freiberufler zugeschnittenen Partnerschaft gestützt, das ebenfalls Haftungsbeschränkungen zulasse (s. dazu noch § 25 Rn. 18ff.).

[48] S. dazu Erman/*H. P. Westermann,* § 714 Rn. 17.

[49] Vgl. zur Zulässigkeit einer (quotalen) Haftungsbeschränkung der Gesellschafter durch vertragliche Vereinbarung des geschlossenen Immobilienfonds (Gesellschaft) mit dem Gesellschaftsgläubiger BGHZ 188, 233, 240ff. = NJW 2011, 2040; *BGH* NJW 2013, 1089, 1091 = JuS 2013, 646 (mit Anm. *K. Schmidt*); *OLG Koblenz* NZG 2014, 496, 497.

[50] *BGH* NZG 2011, 1023, 1026. Verfassungsrechtliche Bedenken gegen diese „unechte Rückwirkung" höchstrichterlicher Rechtsprechung bestehen laut *BVerfG* NJW 2013, 523 nicht.

[51] Speziell und anschaulich zum GbR-Scheingesellschafter *Markworth,* JuS 2016, 587.

[52] Vgl. z. B. *BGH* NJW 1978, 1914 m. w. Nachw.

[53] So für die Personenhandelsgesellschaften aufgrund der gesetzlich angeordneten Akzessorietät BGHZ 73, 217, 222 = NJW 1979, 1361; BGHZ 139, 214, 217f. = NJW 1998, 2972;

Wirkung zu Lasten des Gesellschafters würde dann allein darauf beruhen, dass er für die Gesellschaftsschuld haftet und deshalb seine Haftung einseitig durch die Gesellschaftsschuld bestimmt wird.[54] Dieser Annahme einer strengen inhaltlichen Akzessorietät könnte aber die Regelung des § 425 II BGB entgegenstehen, wonach der Neubeginn der Verjährung nur für den Gesamtschuldner Wirkung entfaltet, in dessen Person er eintritt. Eine auf § 425 II BGB gestützte Ausnahme von dem Grundsatz der Akzessorietät wäre aber nur dann gerechtfertigt, wenn die Gesellschaft und ihre Mitglieder den Gläubigern als Gesamtschuldner haften. Nach der ehemals herrschenden Doppelverpflichtungslehre wäre dies anzunehmen, da die Gesellschaft und die Gesellschafter gleichsam durch den Geschäftsführer bei dem Vertragsschluss mitvertreten werden. Auf der Grundlage einer inhaltlich akzessorischen Gesellschafterhaftung ist die Annahme der Gesamtschuld hingegen abzulehnen, denn angesichts des bloß akzessorischen Charakters der Gesellschafterhaftung kann von einer für die Annahme eines Gesamtschuldverhältnisses unabdingbaren Gleichrangigkeit der Verbindlichkeiten[55] keine Rede sein, da sie in ihrem rechtlichen Bestand voneinander abhängig sind.[56] Diese Abhängigkeit steht der Annahme einer Gesamtschuld entgegen (vgl. auch noch § 16 Rn. 32). Auch der Gesellschafter kann sich deshalb ebenso wie die Gesellschaft nicht auf die Verjährung berufen. Auch für die übrigen in § 425 II BGB genannten Einwendungen kommt die dort angeordnete Einzelwirkung nicht zur Anwendung, sondern es bleibt auch insofern bei der akzessorischen Ausgestaltung. *Bäder* kann *Schwalenberg* deshalb persönlich in Anspruch nehmen.

2. Die Gesellschafter als Gesamtschuldner

28 **Fall 6:** *Schwalenberg* und *Weyl* haben einen VW-Transporter für die Gesellschaft (s. Fall 1) erworben. Als der Verkäufer *Nolte* von *Schwalenberg* Bezahlung verlangt, stellt dieser sich auf den Standpunkt, er schulde nur den halben Kaufpreis; die andere Hälfte müsse *Nolte* von *Weyl* eintreiben. Ist dieser Einwand berechtigt?

29 Entscheidend ist, ob eine Teilschuld oder eine Gesamtschuld vorliegt. Wenn die Gesellschafter dem Gläubiger als Teilschuldner gegenüberstehen, sind sie ihm nur zu gleichen Anteilen, d. h. je zur Hälfte verpflichtet (§ 420 BGB). Wenn die Gesellschafter dagegen Gesamtschuldner sind, kann der Gläubiger jeden von ihnen ganz zur Leistung heranziehen (§ 421 BGB).[57] Die §§ 705 ff. BGB enthalten zu der Frage keine Aussage. Stützt man die akzessorische Gesellschafterhaftung aber auf eine Analogie zu § 128 S. 1 HGB, so liegt es nahe, auch die dort ausdrücklich angeordnete Folge der Gesamtschuld zu übernehmen. Eine Bestätigung findet dieses Ergebnis darin, dass auch nach den allgemeinen Voraussetzungen des § 421 BGB eine Gesamtschuld anzunehmen wäre, da die einzelnen Gesellschafter allesamt auf derselben rechtlichen Grundlage gleichstufig auf dasselbe Leistungsinte-

---

MüKoHGB/*K. Schmidt,* § 129 Rn. 7 ff.; jetzt auch Staub/*Habersack,* § 129 Rn. 6 (unter Aufgabe der in der Vorauflage vertretenen Gegenansicht); a. A. MüKoBGB/*C. Schäfer,* § 714 Rn. 49.

[54] *Flume,* Die Personengesellschaft, § 16 II 2b (S. 291).

[55] Zu den allgemeinen Voraussetzungen der Gesamtschuld vgl. Palandt/*Grüneberg,* § 421 Rn. 1 ff.

[56] BGHZ 146, 341, 358 f. = NJW 2001, 1056; Erman/*H. P. Westermann,* § 714 Rn. 22; MüKoHGB/*K. Schmidt,* § 128 Rn. 19; MüKoBGB/*C. Schäfer,* § 714 Rn. 47; Staub/*Habersack,* § 128 Rn. 21.

[57] Zu Grenzen dieser Wahl unter dem Gesichtspunkt von Treu und Glauben vgl. *BGH* NJW 2010, 861 Rn. 30 ff.

resse des Gläubigers haften.[58] Anders als Gesellschaft und Gesellschafter (Rn. 27) haften die Gesellschafter untereinander also gesamtschuldnerisch i. S. d. §§ 421 ff. BGB. Zu den Regressmöglichkeiten der Gesellschafter untereinander vgl. noch § 16 Rn. 40 ff.

IV. Fragen der Zwangsvollstreckung

30 **Fall 7:** *Schwalenberg* und *Weyl* bezahlen den Kaufpreis für den bereits gelieferten VW-Transporter nicht. Wie kann der Verkäufer *Nolte* seine Forderung durchsetzen?

31 Dass *Schwalenberg* und *Weyl* in ihrer Zusammenfassung zur Gesellschaft und als Gesellschafter den Kaufpreis schulden, verhilft dem Verkäufer noch nicht zu seinem Geld. Zur zwangsweisen Durchsetzung seiner Forderung braucht er einen Vollstreckungstitel (§§ 704, 794 ZPO). Dafür kommen verschiedene Möglichkeiten in Betracht.

32 Zu denken ist zunächst an eine Klage gegen die Gesellschaft. Nach der früher herrschenden Meinung wäre eine solche Klage wegen fehlender Parteifähigkeit der Gesellschaft bürgerlichen Rechts als unzulässig abzuweisen gewesen; der Verkäufer hätte die beiden Gesellschafter gemeinschaftlich verklagen müssen.[59] Geht man dagegen mit der nunmehr herrschenden Meinung von der Parteifähigkeit der Gesellschaft aus (§ 3 Rn. 16), so ist die Klage gegen die Gesellschaft zulässig und gem. § 433 II BGB auch begründet. Der Titel gegen die Gesellschaft eröffnet die Vollstreckung in ihr Vermögen. Einer Klage gegen die einzelnen Gesellschafter bedarf es nicht, obwohl sie – wie sich aus § 736 ZPO ergibt – weiterhin zulässig ist und den Zugriff auf das Gesellschaftsvermögen eröffnet (§ 3 Rn. 16).[60] § 736 ZPO erfährt danach insofern einen Bedeutungswandel, als der Titel gegen sämtliche Gesellschafter nicht unbedingt erforderlich, aber jedenfalls genügend ist (vgl. auch dazu § 3 Rn. 16).[61] Diese beiden Klagemöglichkeiten eröffnen dem Verkäufer aber lediglich den Zugriff auf das Vermögen der Gesellschaft; auf diese Ansprüche gegen die Gesellschaft bleibt er aber nicht beschränkt. Weil ihm *Schwalenberg* und *Weyl* neben der Gesellschaft als Gesamtschuldner haften, kann er gegen sie persönlich gleichzeitig oder nacheinander auch mit der sogenannten Gesamtschuldklage vorgehen. Diesen Weg der Rechtsverfolgung zu beschreiten, ist insofern zweckmäßig, als die Vollstreckung in sämtliche Vermögensmassen eröffnet wird, während mit dem gegen die Gesellschaft ergangenen Urteil wegen der beschränk-

---

58 Zu den Voraussetzungen der Gesamtschuld vgl. Palandt/*Grüneberg,* § 421 Rn. 1 ff.

59 Zu den Einzelheiten vgl. *Behr,* NJW 2000, 1137 ff.

60 Der Titel muss nicht in einem Prozess gegen alle Gesellschafter gemeinsam erstritten worden sein, sondern es reichen mehrere Einzeltitel aus verschiedenen Prozessen. Die titulierten Ansprüche müssen nach h. M. noch nicht einmal gesellschaftsbezogen sein, so dass auch ein Privatgläubiger aller Gesellschafter gleichfalls in das Gesellschaftsvermögen vollstrecken kann (vgl. zu den Einzelheiten *K. Schmidt,* NJW 2001, 993, 1000; *Wieser,* MDR 2001, 421, 422 f. – jeweils m. w. Nachw.).

61 Ganz in diesem Sinne hat der *BGH* auch entschieden, dass bei der Zwangsvollstreckung in das Grundstück einer GbR entsprechend §§ 1148 S. 1, 1192 I BGB die eingetragenen Gesellschafter zu Gunsten des Gläubigers als Gesellschafter der Schuldnerin gelten, auch wenn zwischenzeitlich ein Gesellschafterwechsel, der noch nicht eingetragen wurde, stattgefunden hat oder die Gesellschaft nach dem Tod eines Gesellschafters aufgelöst worden ist, *BGH* NZG 2016, 107 = JuS 2016, 274 (mit Anm. *K. Schmidt*). Ebenfalls Ausdruck der Rechtsfähigkeit ist die Entscheidung des *BGH,* dass die GbR als Vollstreckungsschuldnerin eine etwaige Vollstreckungsabwehrklage erheben muss, *BGH* NZG 2016, 221 = JuS 2016, 560 (mit Anm. *K. Schmidt*).

ten Urteilswirkung nicht in das Privatvermögen der Gesellschafter vollstreckt werden kann.[62]

33 **Fall 8:** Gläubiger *Ganske* hat eine Forderung aus einem dem *Schwalenberg* privat gewährten Darlehen. Welche Vollstreckungsmöglichkeiten stehen ihm offen?

34 Weil *Ganske* die Forderung aus § 488 I 2 BGB nur gegen *Schwalenberg* hat, kann er den erforderlichen Vollstreckungstitel (§§ 704, 794 ZPO) auch nur gegen *Schwalenberg* erlangen. In das Gesellschaftsvermögen kann er demnach gem. § 736 ZPO nicht vollstrecken. Als Zugriffsobjekt für *Ganske* kommt also nur das Privatvermögen des *Schwalenberg* in Frage. Zu diesem Privatvermögen gehören auch die Einzelansprüche, die *Schwalenberg* aus dem Gesellschaftsverhältnis erwachsen, und (in der Terminologie des Gesetzes) sein Anteil an dem Gesellschaftsvermögen.

35 Die Ansprüche aus dem Gesellschaftsverhältnis kann *Ganske* insoweit pfänden, als sie nach § 717 BGB übertragbar sind (§§ 851, 857 I ZPO – s. noch § 8 Rn. 35 ff.). Die Pfändung des Anspruchs auf den Gewinnanteil, auf eine Geschäftsführervergütung oder auf Auslagenersatz greift jedoch nicht in den Vermögenswert ein, den die Mitgliedschaft des Schuldners repräsentiert. Nur wenn der Gläubiger den Anspruch auf das Auseinandersetzungsguthaben (§ 734 BGB) pfändet, wird die Mitgliedschaft immerhin potenziell als Vollstreckungsobjekt herangezogen. Weil lediglich der Anspruch aus § 734 BGB (Vermögensrecht) und nicht die dazu gehörigen Verwaltungsrechte übertragbar und somit pfändbar sind, kann der Gläubiger diesen Anspruch aber nicht durch Kündigung nach § 723 BGB fällig machen. Diese Pfändung hilft ihm deshalb nur ausnahmsweise weiter, etwa dann, wenn die Gesellschaft bereits aufgelöst ist oder wenn mit der Auflösung aus anderen Gründen fest zu rechnen ist.

36 Um dem Gläubiger dennoch den Zugriff auf das in der Gesellschaft gebundene Vermögen des Schuldners zu ermöglichen, gewährt ihm § 725 BGB ein eigenes Recht zur fristlosen Kündigung, vorausgesetzt, dass er den vom Gesetz so genannten Anteil des Schuldners am Gesellschaftsvermögen gepfändet hat und dass der Titel, der der Pfändung zugrunde liegt, nicht bloß vorläufig vollstreckbar (§§ 708 ff. ZPO) ist. Der Sache nach bilden die zur Mitgliedschaft gehörenden Vermögensrechte den Pfändungsgegenstand. Sie sind zwar nach § 719 I BGB nicht übertragbar und deshalb nach der Grundregel der §§ 851, 857 I ZPO auch nicht der Pfändung unterworfen. Von dieser Grundregel macht § 859 I 1 ZPO jedoch eine Ausnahme, weil andernfalls der Schuldner sein durch die Mitgliedschaft repräsentiertes Vermögen dem Vollstreckungszugriff ganz entziehen könnte.

37 *Ganske* kann also vollstrecken: erstens in das Vermögen, das *Schwalenberg* neben seiner Beteiligung an der Gesellschaft hat; zweitens in die Einzelansprüche aus dem Gesellschaftsverhältnis, soweit sie nach § 717 S. 2 BGB übertragbar sind; drittens in den mitgliedschaftlichen Anteil am Gesellschaftsvermögen, indem er diesen pfändet und die Gesellschaft kündigt (§ 725 BGB).

V. Zusammenfassung

38 Zu unterscheiden ist zwischen den Schulden der Gesellschaft und den Verbindlichkeiten der Gesellschafter. Die Gesellschaft ist als rechtsfähige, organschaftlich ver-

---

[62] Das kann insbesondere dann zu Problemen führen, wenn in der sich anschließenden Zwangsvollstreckung nicht genau festgestellt werden kann, welche Vermögensmassen der Gesellschaft zuzuordnen sind. Deshalb stellt auch BGHZ 146, 341, 357 = NJW 2001, 1056 fest, es sei „praktisch immer ratsam, neben der Gesellschaft auch die Gesellschafter persönlich zu verklagen".

tretene Wirkungseinheit nicht nur Zuordnungssubjekt für Rechte, sondern auch für Schulden. Ihre Verbindlichkeiten folgen aus dem Abschluss von Verträgen in ihrem Namen, aus der ihr zurechenbaren Verletzung vertraglicher Pflichten und aus deliktischen Handlungen ihrer Organe, wobei in den beiden letztgenannten Fällen die Zurechnung jeweils in analoger Anwendung des § 31 BGB erfolgt. Die Schuldnerstellung der Gesellschaft bewirkt nach der heute ganz herrschenden Akzessorietätstheorie automatisch auch eine akzessorische Haftung der Gesellschafter. Das gilt unabhängig davon, ob es sich um eine unternehmenstragende oder um eine sonstige BGB-Gesellschaft handelt. Ebenso kommt es nicht darauf an, ob die Verpflichtung der Gesellschaft rechtsgeschäftlichen oder deliktischen Ursprungs ist. Ein Haftungsausschluss ist allein im Wege einer individualvertraglichen Abrede mit dem Vertragspartner möglich. Zwischen der Gesellschaft und den Gesellschaftern besteht aufgrund der Abhängigkeit des akzessorischen Anspruchs gegen die Gesellschafter von dem Anspruch gegen die Gesellschaft regelmäßig kein Gesamtschuldverhältnis, wohl aber zwischen den Gesellschaftern untereinander (§§ 421, 431 BGB). Für die Zwangsvollstreckung in das Gesellschaftsvermögen genügt nach nunmehr herrschender Meinung ein unmittelbar gegen die Gesellschaft erstrittener Titel. Einer bislang für erforderlich gehaltenen Klage gegen sämtliche Gesellschafter bedarf es daher nicht. § 736 ZPO, wonach ein Titel gegen sämtliche Gesellschafter erforderlich ist, ist dahingehend aufzufassen, dass ein solcher Titel zur Zwangsvollstreckung genügt, aber nicht zwingend erforderlich ist. Ebenso reicht es aus, wenn die einzelnen Gesellschafter nebeneinander oder nacheinander verklagt und verurteilt werden. Dem Privatgläubiger eines Gesellschafters haftet nur das Privatvermögen des Gesellschafters einschließlich seiner Beteiligung an der Gesellschaft. Pfändbar sind gem. §§ 851, 857 I ZPO die Einzelansprüche des Gesellschafters, soweit sie nach § 717 S. 2 BGB übertragbar sind. Pfändbar ist gem. § 859 I ZPO auch der mitgliedschaftliche Anteil des Gesellschafters am Gesellschaftsvermögen, obwohl er gem. § 719 I BGB nicht übertragbar ist. Ist der Titel nicht bloß vorläufig vollstreckbar, so kann der Gläubiger die Gesellschaft gem. § 725 BGB kündigen. Das hat zur Folge, dass er auf das Auseinandersetzungsguthaben (§ 734 BGB) seines Schuldners zugreifen kann.

§ 8. Die Rechte und Pflichten aus der Mitgliedschaft

Literatur: *Armbrüster,* Nachschusspflicht im Personengesellschaftsrecht, ZGR 2009, 1; *Beuthien,* Zur Mitgliedschaft als Grundbegriff des Gesellschaftsrechts, FS *Wiedemann,* 2002, S. 755; *Bork/Oepen,* Einzelklagebefugnisse des Personengesellschafters, ZGR 2001, 515; *Fleischer,* Die Geschäftschancenlehre im Recht der BGB-Gesellschaft – Von der corporate opportunities zur partnership opportunities doctrine, NZG 2013, 361; *Fleischer/Danninger,* Der Sorgfaltsmaßstab in der Personengesellschaft, NZG 2016, 481; *Hüffer,* Zur gesellschaftsrechtlichen Treupflicht als richterrechtlicher Generalklausel, FS Steindorff, 1990, S. 59; *Janke,* Gesellschaftsrechtliche Treuepflicht, 2003; *Lutter,* Treupflichten und ihre aktuellen Anwendungsprobleme, ZHR 162 (1998), 164; *Mock,* Die Gesellschafterklage (actio pro socio), JuS 2015, 590; *Neumann,* Die Zustimmung zu Anteilsübertragungen bei Personengesellschaften, ZIP 2016, 1753; *Reiff/Nannt,* Die Anteilsübertragung in der Personengesellschaft – Dogmatische Grundlagen, Voraussetzungen und Rechtsfolgen, DStR 2009, 2376; *K. Schmidt,* Gesellschaftsrecht, Zivilprozessrecht: Durchsetzung von Ansprüchen aus Verletzung von „corporate opportunities" – Treuepflichtverletzung durch Personengesellschaft, JuS 2013, 462; *K. Schmidt,* Das Recht der Mitgliedschaft, ZGR 2011, 108; *Servatius,* Treupflichtbindung bei der Sanierung einer Publikums-GbR, NZG 2014, 537; *Steinbeck,* Grundfälle zum Personengesellschaftsrecht, JuS 2012, 105; *Wilde,* Nachschusspflichten in KG und GbR, NZG 2012, 215; *M. Winter,* Mitgliedschaftliche Treubindungen im GmbH-Recht, 1988; *Zöllner,* Die Schranken mitgliedschaftlicher Stimmrechtsmacht bei den privatrechtlichen Personenverbänden, 1963.

I. Mitgliedschaft und Gesellschaftsanteil

1 Die Teilnahme an der Gesellschaft begründet die Mitgliedschaft des Gesellschafters, die ihrerseits den dogmatischen Bezugspunkt für seine vielfältigen Einzelrechte und -pflichten abgibt.[1] Die Mitgliedschaft bezeichnet die Summe der aus der Gesellschafterstellung folgenden Rechte und Pflichten, die in Verwaltungsrechte und -pflichten und Vermögensrechte und -pflichten aufgeteilt werden können. Verwaltungsrechte und -pflichten beziehen sich auf die Geschäftsführung (§§ 709 ff. BGB) und die Kontrolle (§ 716 BGB); insoweit kann auf die vorangestellten Ausführungen in § 6 verwiesen werden. Das Stimmrecht des Gesellschafters ist ebenfalls ein Verwaltungsrecht, das in § 14 Rn. 2 ff. am Beispiel der OHG erläutert wird. Zu besprechen bleiben im Folgenden die vermögensbezogenen Rechte und Pflichten, die mitgliedschaftlichen Treubindungen sowie die actio pro socio als besondere Ausprägung der Verwaltungsrechte.

II. Die Beitragspflicht

1. Der Inhalt der Beitragspflicht

2 **Fall 1:** *Holle* und *Rempp* gründen die Brillenmanufaktur „HaveaLook" in der Rechtsform einer BGB-Gesellschaft. Um ihr Geschäft erweitern zu können, benötigen sie einen Kredit, den ihnen ihr gemeinsamer Bekannter *Kaltenbach* gewährt. Als das Darlehen nicht zurückgezahlt werden kann, fragt *Kaltenbach,* ob er gegen Erlass der Rückzahlungsforderung Gesellschafter werden kann?

3 Grundlage des Anspruchs auf Beitragsleistung ist § 705 BGB. Für den Inhalt der Beitragspflicht ist der Gesellschaftsvertrag maßgeblich; § 706 BGB enthält lediglich Auslegungsregeln in Abs. 1 und Abs. 2 sowie eine Klarstellung in Abs. 3. Die Gesellschafter sind bei der Vereinbarung der Beiträge frei. Geld, Maschinen, Grundstücke oder Arbeitsleistungen (vgl. § 706 III BGB), Patente oder Forderungen können Beiträge sein. Wenn *Kaltenbach* seine Rückzahlungsforderung aus § 488 I 2 BGB gegenüber der Gesellschaft erlässt (§ 397 BGB), so ist das eine Leistung, die ebenso als Beitrag vereinbart werden kann wie die Zahlung einer entsprechenden Geldsumme. *Kaltenbach* kann also gegen Erlass der Rückzahlungsforderung Gesellschafter werden, wenn *Holle* und *Rempp* sich damit einverstanden erklären. Die von den Gesellschaftern geleisteten Beiträge bezeichnet das BGB, soweit sie in das gemeinschaftliche Vermögen (§ 718 I BGB) eingegangen sind, als Einlagen (§§ 707, 2. Fall, 733 II und III, 734 f., 739 BGB). Auch die Beitragshöhe der einzelnen Gesellschafter kann unterschiedlich veranschlagt werden. In Ermangelung einer derartigen Regelung schulden nach der Auslegungsregel des § 706 I BGB die Gesellschafter ihre Beiträge in gleicher Höhe. Zu Mängeln der Beitragsleistung s. bereits die Ausführungen in § 4 Rn. 3 ff.

---

[1] Statt von der Mitgliedschaft wird zum Teil auch von dem Gesellschaftsanteil gesprochen. Doch verbindet sich damit leicht die Vorstellung, es gehe nur um die Teilhabe am Gesellschaftsvermögen, die § 719 I BGB ebenfalls als Anteil bezeichnet. Terminologisch zu erfassen ist aber die Rechtsstellung des Einzelnen in der Gesellschaftergruppe, weshalb der Terminus Mitgliedschaft vorzugswürdig ist.

2. Der vereinbarte Beitrag als Obergrenze der Leistungspflicht

Fall 2: *Holle* und *Rempp* beschließen eine Umlage von 5.000 EUR je Gesellschafter, weil sie ein Nachbargrundstück günstig erwerben können. Ist *Kaltenbach,* der sein Engagement nicht erhöhen möchte, verpflichtet, die 5.000 EUR zu bezahlen? 4

In der Umlage liegt eine Erhöhung der von den Gesellschaftern geschuldeten Beiträge. Weil die Beiträge im Gesellschaftsvertrag festgesetzt sind (§ 705 BGB), ist ihre Änderung keine Geschäftsführungsmaßnahme; sie kann deshalb weder durch Erklärung des Alleingeschäftsführers erfolgen noch durch Mehrheitsbeschluss der Geschäftsführer, wenn ein solcher vereinbart ist (§ 709 II BGB). Vielmehr bedarf es grundsätzlich eines einstimmigen Beschlusses aller Gesellschafter. Das wird in § 707 BGB klargestellt. Eine Ausnahme wird von der herrschenden Meinung nur in extrem gelagerten Ausnahmefällen auf der Grundlage der sog. mitgliedschaftlichen Treupflicht (dazu noch Rn. 7 ff.) zugelassen, wenn anderenfalls die Existenz der Gesellschaft gefährdet wäre und dem Gesellschafter der Nachschuss zumutbar ist.[2] Die vereinbarten Beiträge bilden also die Obergrenze für die Leistungspflicht der Gesellschafter. *Kaltenbach* muss deshalb die 5.000 EUR nicht bezahlen. 5

§ 707 BGB hebt jedoch nur ab auf eine Erhöhung des jeweils im Gesellschaftsvertrag vereinbarten Beitrags. Die Gesellschafter sind also nicht gehindert, die ursprünglich getroffene Vereinbarung abzuändern und höhere Beiträge festzusetzen.[3] Sie können eine Erhöhung der Beiträge auch schon im ursprünglichen Gesellschaftsvertrag vorsehen, was ratsam sein kann, wenn ein erhöhter Finanzierungsbedarf von vornherein zu erwarten ist. Die formalen Bestimmtheitsanforderungen an eine solche antizipierte Nachschusspflicht sind aber sehr hoch.[4] Stets bedarf es jedenfalls einer gesellschaftsvertraglichen Regelung, die grundsätzlich nicht gegen den Willen eines Gesellschafters zustande kommen kann. Etwas anderes gilt nur dann, wenn der Gesellschaftsvertrag nicht nur für die Geschäftsführung, sondern auch für die Erhöhung der Beiträge im Wege der Vertragsänderung das Mehrheitsprinzip vorsieht. Jedoch werden an eine solche gesellschaftsvertragliche Regelung sehr strenge Zulässigkeitsmaßstäbe angelegt. Das wird im Zusammenhang mit der OHG unter § 14 Rn. 8 ff. noch näher dargestellt werden. 6

III. Die Treupflicht

1. Dogmatische Grundlage

Fall 3: *Holle* und *Rempp* sind gemeinsam zur Geschäftsführung berechtigt. Was kann *Holle* unternehmen, wenn sich *Rempp* aus bloßer Verärgerung weigert, dem notwendigen Erwerb eines neuen Augenbewegungsmessgerätes zuzustimmen? 7

Auf diese Frage gibt das Gesetz keine Antwort. Sie ist vielmehr in der sog. mitgliedschaftlichen Treupflicht zu suchen, die auch ohne explizite gesetzliche Grundlage als besonderes Rechtsinstitut des Gesellschaftsrechts anerkannt ist.[5] Ihr Gel- 8

---

[2] *BGH* NJW-RR 2007, 1477 Rn. 7; *BGH* NZG 2007, 381 Rn. 14 f.; *BGH* NZG 2008, 38 Rn. 14; *BGH* NZG 2009, 1143 Rn. 11; Staudinger/*Habermeier* (2003), § 707 Rn. 5; *Armbrüster,* ZGR 2009, 1, 20 f.; *Wertenbruch,* DStR 2007, 1680, 1682 f.; vgl. auch *Wilde,* NZG 2012, 215, 216; auch in diesen Fällen gegen eine Nachschusspflicht *Saenger,* Rn. 135; *Windbichler,* § 7 Rn. 2; *Klaus J. Müller,* DB 2005, 95.

[3] Ausführlich zu den mit einer solchen Regelung verbundenen Fragestellungen *Armbrüster,* ZGR 2009, 1 ff.; s. auch *Wilde,* NZG 2012, 215 ff.

[4] *BGH* NZG 2006, 379 Rn. 14 ff.; *BGH* NZG 2007, 382 Rn. 21; *BGH* NJW 2011, 1667, 1668 ff.; MüKoBGB/*C. Schäfer,* § 707 Rn. 8; *Wilde,* NZG 2012, 215 ff.

[5] Überblick über den Meinungsstand bei *Hüffer,* FS Steindorff, 1990, S. 59, 60 ff.

tungsgrund ist seit jeher umstritten und bis heute nicht abschließend geklärt: In der älteren Literatur wurde er „in dem vom gegenseitigen Vertrauen getragenen Gemeinschaftsverhältnis" gesehen.[6] Heute werden vornehmlich noch die mit der Mitgliedschaft übernommenen Förderpflichten (§ 705 BGB – s. § 1 Rn. 16 ff.)[7] oder der im Dauerschuldverhältnis verdichtete Grundsatz von Treu und Glauben (§ 242 BGB)[8] als Fundament der Treupflicht diskutiert.[9] Da ungeachtet dieser Unterschiede mittlerweile weitgehende Übereinstimmung darin besteht, dass die mitgliedschaftliche Treupflicht in ihrem Kern letztlich rechtsgeschäftlichen Ursprungs ist,[10] wirkt sich dieser Meinungsstreit im praktischen Ergebnis nur selten aus.[11] Die mitgliedschaftliche Treupflicht ist heute zumindest in ihrer grundsätzlichen Geltung (nicht in ihren einzelnen Ausprägungen) als eine auf Richterrecht beruhende Generalklausel anerkannt.[12]

Hinweis:

9 In der Klausur sollte dieser Streit um die dogmatische Grundlage mangels praktischer Relevanz für die Falllösung im Regelfall nicht angeschnitten werden.

2. Inhaltliche Ausgestaltung

10 Inhaltlich lässt sich die mitgliedschaftliche Treupflicht nach dem gegenwärtigen Diskussionsstand etwa auf folgende Kurzformel bringen: „Die Gesellschafter sind verpflichtet, in Ausübung ihrer im Gesellschaftsinteresse begründeten mitgliedschaftlichen Befugnisse diejenigen Handlungen vorzunehmen, die der Förderung des Gesellschaftszwecks dienen, und zuwiderlaufende Maßnahmen zu unterlassen. Bei der Ausübung eigennütziger Mitgliedsrechte sind die Schranken einzuhalten, die sich aus dem Verbot einer willkürlichen oder unverhältnismäßigen Rechtsausübung ergeben. Auf die mitgliedschaftlichen Interessen anderer Gesellschafter ist angemessen Rücksicht zu nehmen."[13]

11 Will man diese Aussage weiter konkretisieren, so sind zunächst mehrere darin enthaltene Differenzierungen hervorzuheben: Zunächst ist zu beachten, dass die Treupflicht zum einen zur Förderung des Gesellschaftszwecks, zum anderen zur Rücksichtnahme auf die Mitgesellschafter verpflichtet. Es gibt also zwei unterschied-

---

[6] Als besonders folgenreich haben sich insofern die Überlegungen von *A. Hueck* erwiesen: Der Treuegedanke im modernen Privatrecht (Sitzungsberichte der Bayerischen Akademie der Wissenschaften, Phil.-hist. Klasse, Heft 7), 1947, S. 12 f.

[7] Dafür Soergel/*Hadding/Kießling*, § 705 Rn. 58; *Lettl*, AcP 202 (2002), 3, 13 ff.; *Lutter*, AcP 180 (1980), 84, 102 ff.; dagegen MüKoBGB/*Ulmer/C. Schäfer*, § 705 Rn. 222; *M. Winter*, Mitgliedschaftliche Treubindungen im GmbH-Recht, 1988, S. 13; *Hüffer*, FS Steindorff, 1990, S. 59, 61, 70 ff.

[8] Vgl. etwa Erman/*H. P. Westermann*, § 705 Rn. 49; *Steinbeck*, JuS 2012, 106; MüKoBGB/*Schubert*, § 242 Rn. 190.

[9] Überblick über den Streitstand bei *Hüffer*, FS Steindorff, 1990, S. 59, 60 ff.; *M. Winter*, Mitgliedschaftliche Treubindungen im GmbH-Recht, 1988, S. 12 ff.

[10] MüKoBGB/*Ulmer/C. Schäfer*, § 705 Rn. 222; Staub/*C. Schäfer*, § 105 Rn. 228; *Hüffer*, FS Steindorff, 1990, S. 59, 65.

[11] Zweifel an der Bedeutung des Streits daher bei *Zöllner*, Schranken mitgliedschaftlicher Stimmrechtsmacht, 1963, S. 336 f.; zustimmend MüKoBGB/*Ulmer/C. Schäfer*, § 705 Rn. 222; Staub/*C. Schäfer*, § 105 Rn. 228 Fn. 688; *Kindler*, § 11 Rn. 14.

[12] Staub/*C. Schäfer*, § 105 Rn. 228; *Hüffer*, FS Steindorff, 1990, S. 59, 78.

[13] So *Hüffer*, FS Steindorff, 1990, S. 59, 69; zust. *Kindler*, § 11 Rn. 14.

liche Schutzrichtungen: die Gesellschaft selbst und die Mitgesellschafter.[14] Der Schwerpunkt liegt dabei auf der Treupflicht gegenüber der Gesellschaft, die im Regelfall auch den Schutz der Mitgesellschafter mitumfassen wird. Eigenständige Bedeutung kommt der Treupflicht gegenüber den Mitgesellschaftern nur dann zu, wenn nicht zugleich die Interessen der Gesellschaft berührt sind, was beispielsweise bei der Ausübung von Mitgliedschaftsrechten im Rahmen der Liquidation denkbar ist.[15]

Darüber hinaus lässt sich der oben genannten Kurzformel entnehmen, dass sich aus **12** der Treupflicht sowohl Handlungspflichten als auch Unterlassungspflichten ergeben können,[16] deren jeweilige Reichweite und Intensität von einer weiteren Differenzierung abhängig ist, nämlich der zwischen eigennützigen und uneigennützigen Rechten.[17] Zu den uneigennützigen (oder auch fremdnützigen) Rechten zählen namentlich die im Interesse der Gesellschaft wahrzunehmenden Geschäftsführungsrechte, zu den eigennützigen Rechten etwa das Stimmrecht oder das Recht auf Gewinnbeteiligung. Bei den uneigennützigen Rechten erlangt die Treupflicht wesentlich größere Bedeutung. Weil diese Rechte dem Gesellschafter nicht zur Förderung seiner privaten Interessen eingeräumt werden, ist bei ihrer Ausübung den Gesellschaftsinteressen unbedingter Vorrang einzuräumen.[18] Die Treupflicht kann hier vornehmlich Handlungspflichten, etwa zur Mitwirkung an Geschäftsführungsmaßnahmen, begründen. Als Beispiele für eine Unterlassungspflicht können etwa ein Verbot der Weitergabe von Geschäftsgeheimnissen oder ein Wettbewerbsverbot im Tätigkeitsbereich der Gesellschaft aus der Treupflicht abgeleitet werden (zur spezialgesetzlichen Ausprägung des Wettbewerbsverbots in § 112 HGB s. noch § 14 Rn. 18 ff.).[19] Vom Wettbewerbsverbot zu trennen, ist die sog. Geschäftschancenlehre (corporate bzw. partnership opportunities); sie ist ein eigenständiges aus der Treuepflicht des Gesellschafters entwickeltes Rechtsinstitut, das neben einem möglichen Wettbewerbsverbot steht.[20] Allgemein handelt die Geschäftschancenlehre vom Verbot, Vorteile, die zugunsten der Gesellschaft zu verwenden sind, nicht für diese, sondern eigennützig für sich selbst zu nutzen.[21] Der BGH hat jüngst entschieden, dass die Geschäftschancenlehre auf den geschäftsführenden Gesellschafter einer Gesellschaft bürgerlichen Rechts jedenfalls dann anzuwenden ist, wenn diese eine Erwerbsgesellschaft oder eine unternehmensbezogene Gesellschaft darstellt oder sie immerhin gewerblich tätig ist.[22] Demnach ist der (geschäftsführende) Gesellschafter

---

[14] Vgl. zum Folgenden insb. *M. Winter,* Mitgliedschaftliche Treubindungen im GmbH-Recht, 1988, S. 88 ff.

[15] MüKoBGB/*Ulmer/C. Schäfer,* § 705 Rn. 229; Staub/*C. Schäfer,* § 105 Rn. 236.

[16] Vgl. statt aller MüKoBGB/*Ulmer/C. Schäfer,* § 705 Rn. 223; *Steinbeck,* JuS 2012, 106.

[17] Vgl. dazu MüKoBGB/*Ulmer/C. Schäfer,* § 705 Rn. 223; Soergel/*Hadding/Kießling,* § 705 Rn. 59; Staudinger/*Habermeier* (2003), § 705 Rn. 51; *Kindler,* § 11 Rn. 21 ff.

[18] Erman/*H. P. Westermann,* § 705 Rn. 49; MüKoBGB/*Ulmer/C. Schäfer,* § 705 Rn. 224, 226; Staudinger/*Habermeier* (2003), § 705 Rn. 51; vgl. *Steinbeck,* JuS 2012, 106 f.

[19] Zum treuepflichtwidrigen Verhalten von Gesellschaftern, wenn diese hinter dem Rücken der übrigen Gesellschafter mit einem Gesellschaftsgläubiger einen Sanierungsvergleich schließen und hiervon alleine profitieren möchten, s. *BGH* NJW 2014, 1107 Rn. 14 ff.; *Servatius,* NZG 2014, 537 ff.

[20] Umstr.; so nun *BGH* NZG 2013, 216 Rn. 20 = JuS 2013, 462 (mit Anm. *K. Schmidt*); zustimmend *Fleischer,* NZG 2013, 361, 363; *Kaya,* DStR 2013, 1088, 1092; ebenso Erman/*H. P. Westermann,* § 709 Rn. 17; Palandt/*Sprau,* § 705 Rn. 27.

[21] MüKoBGB/*Ulmer/C. Schäfer,* § 705 Rn. 235; *Kindler,* § 11 Rn. 16.

[22] *BGH* NZG 2013, 216 Rn. 20= JuS 2013, 462 (mit Anm. *K. Schmidt*). Zur Anwendbarkeit der Geschäftschancenlehre bei Nicht-Erwerbsgesellschaften: offenlassend *BGH* NZG 2013, 216 Rn. 20; für eine Erstreckung auf diese Gesellschaften *Fleischer,* NZG 2013, 361, 366.

dazu verpflichtet, geschäftliche Möglichkeiten, die dem Gesellschaftsbereich zuzordnen sind, für die Gesellschaft wahrzunehmen und es zu unterlassen, daraus eigenen Nutzen zu ziehen.[23] Verstößt er dagegen, setzt er sich einer Haftung nach § 280 I BGB aus.[24]

13 Wesentlich geringer ist die Bindung durch die Treupflicht bei der Ausübung eigennütziger Rechte, z. B. in der Stimmrechtsausübung oder im Anspruch der Gesellschafter auf ihren Gewinnanteil. Hier müssen die Gesellschafter Einschränkungen nur in extremen Fällen hinnehmen, etwa bei sonst eintretender Existenzgefährdung des Unternehmens. Die Treupflicht fungiert hier in erster Linie als eine Rechtsausübungsschranke: Dem Gesellschafter wird es nicht verwehrt, seine eigenen Interessen zu verfolgen, sondern er wird lediglich dazu angehalten, dabei auf die Gesellschaft und seine Mitgesellschafter so weit wie möglich Rücksicht zu nehmen.[25]

14 Aus den bisherigen Ausführungen folgt für die Lösung des Falles 3: Die von *Holle* geplante Anschaffung eines neuen Augenbewegungsmessgeräts ist eine Geschäftsführungsmaßnahme; in der Zustimmung zu dieser Maßnahme oder in ihrer Ablehnung liegt die Ausübung der Geschäftsführungsbefugnis. Diese Befugnis ist dem Gesellschafter nicht zur Förderung seiner privaten Interessen eingeräumt, sondern zur Förderung des Gesellschaftszwecks. Die uneigennützigen Rechte werden durch die Treupflicht zu Pflichtrechten: Als geschäftsführender Gesellschafter muss *Rempp* den Interessen der Gesellschaft den Vorzug vor seinen eigenen Belangen geben, wenn beide kollidieren. Da er mit seinem Widerspruch aber nicht einmal eigene Belange wahren will (bloße Verärgerung), ist sein Widerspruch pflichtwidrig. *Holle* kann deshalb entweder auf Zustimmung klagen oder den Widerspruch unbeachtet lassen (zu den Rechtsfolgen s. noch Rn. 20).

Hinweis:

15 Obwohl die mitgliedschaftliche Treupflicht ein für das Gesellschaftsrecht sehr wichtiges Instrument ist, wird sie von Studenten oft als nur schwer greifbar empfunden. Das ist zum einen auf ihre fehlende gesetzliche Grundlage, zum anderen aber auch auf ihren großen Facettenreichtum zurückzuführen. Da sie Teil des mitgliedschaftlichen Rechtsverhältnisses ist, ist sie ebenso komplex wie die Mitgliedschaft selbst.[26] Letztlich kann die Ausübung jedes mitgliedschaftlichen Rechts durch die Treupflicht beeinflusst werden. Schließlich wird das Verständnis der Treupflichten auch dadurch erschwert, dass sie in ihren Einzelausprägungen nicht präzise umschrieben werden können, da sie in ihrem Umfang und in ihrer Intensität in mehrfacher Hinsicht von dem konkreten Zu-

---

Zur Anwendbarkeit der Geschäftschancenlehre auf den nichtgeschäftsführenden Gesellschafter s. *Servatius,* NZG 2014, 537, 538.

[23] Vgl. *BGH* NZG 2013, 216 Rn. 20 f. = JuS 2013, 462 (mit Anm. *K. Schmidt*); Erman/*H. P. Westermann,* § 709 Rn. 17. Dazu grundlegend *Fleischer,* NZG 2013, 361, 363 ff.; *Kaya,* DStR 2013, 1088, 1090 ff.

[24] Vgl. *BGH* NZG 2013, 216 Rn. 33= JuS 2013, 462 (mit Anm. *K. Schmidt*); *Kaya,* DStR 2013, 1088, 1089; s. auch noch § 8 Rn. 20.

[25] MüKoBGB/*Ulmer*/*C. Schäfer,* § 705 Rn. 223, 227; *M. Winter,* Mitgliedschaftliche Treubindungen im GmbH-Recht, 1988, S. 29; *Zöllner,* Die Schranken mitgliedschaftlicher Stimmrechtsmacht bei den privatrechtlichen Personenverbänden, 1963, S. 97 ff., 287 ff. Die Verweigerung der Zustimmung ist beispielsweise nicht treuwidrig, wenn der Gesellschafter lediglich formale Bedenken hat, inhaltlich die Maßnahme aber mitträgt, *BGH* BB 2016, 1548, 1549.

[26] *K. Schmidt,* § 20 IV 1b.

schnitt des Verbandes abhängig sind.[27] Je enger der persönliche Zusammenschluss zwischen den Gesellschaftern ist, desto stärker sind auch ihre Treubindungen ausgeprägt. Das zeigt sich insbesondere auch bei der Anwendung mitgliedschaftlicher Treupflichten in anderen Gesellschaftsformen.[28] Zwar sind auch hier Treubindungen anerkannt, doch wird ihnen bei anonymeren Verbandstypen, namentlich bei der Aktiengesellschaft, eine wesentlich geringere Reichweite beigemessen als bei den Personengesellschaften. So kann es dem Gesellschafter einer BGB-Gesellschaft etwa auf der Grundlage der Treupflicht untersagt werden, der Gesellschaft Wettbewerb zu machen; dem Aktionär wird dies im absoluten Regelfall nicht verboten sein. Des Weiteren kann der Umfang der Treubindungen auch von der Position des Gesellschafters innerhalb der Gesellschaft abhängen: Je größer sein Einfluss ist, desto mehr ist er zur Rücksichtnahme verpflichtet.

3. Sonderfall: Zustimmungspflicht zu Vertragsänderungen

Besonders häufig musste sich die Rechtsprechung in der Vergangenheit mit der dogmatisch anspruchsvollen Grenzfrage auseinandersetzen, ob der Gesellschafter unter dem Gesichtspunkt der Treupflicht auch gehalten sein kann, einer Änderung des Gesellschaftsvertrages zuzustimmen.[29] Diese Frage kann sich etwa dann stellen, wenn es um die Zustimmung zum Ausscheiden eines für die Gesellschaft nicht mehr tragbaren Gesellschafters geht (s. dazu den folgenden Fall)[30] oder um die Änderung des Gesellschaftszwecks, damit etwa ein unrentabel gewordenes Unternehmen seinen Bestand sichern kann, indem es sich neuen Betätigungsfeldern zuwendet.[31] 16

Fall 4: Neben *Holle* und *Rempp* ist zwischenzeitlich auch *Kaltenbach* der Gesellschaft beigetreten. Kurze Zeit später gerät er jedoch in erhebliche Zahlungsschwierigkeiten und befürchtet eine drohende Insolvenz. In einem Gespräch mit *Holle* äußert er die Befürchtung, seine Gläubiger könnten schon bald auch auf das Gesellschaftsvermögen zugreifen (vgl. § 725 BGB) und dadurch den Bestand der Gesellschaft gefährden. Er bietet deshalb an, freiwillig aus der Gesellschaft auszuscheiden. *Rempp* weigert sich indes, dem Ausscheiden *Kaltenbachs* zuzustimmen, weil er hofft, bei der dann unvermeidlich scheinenden Abwicklung der Gesellschaft den mit dem Unternehmen verbundenen Grundbesitz für sich allein zu erwerben. Ist *Rempp* verpflichtet, dem Ausscheiden des *Kaltenbach* zuzustimmen? 17

Auch hier kann eine entsprechende Zustimmungspflicht des *Rempp* allein aus der mitgliedschaftlichen Treupflicht abgeleitet werden. Es ist jedoch fraglich, ob dieses Fundament auch eine derart weitreichende Rechtsfolge zu tragen vermag; denn schließlich sind die Mitglieder durch den Gesellschaftsvertrag festgelegt, so dass sich *Rempp* zu einer Änderung des Gesellschaftsvertrages bereit erklären müsste. Seine aus dem vertraglichen Zusammenschluss resultierende Treupflicht soll ihn also dazu zwingen, die vertragliche Bindung selbst auszudehnen. Das wäre bemerkenswert, 18

---

[27] Grundlegend zum Folgenden *Zöllner,* Die Schranken mitgliedschaftlicher Stimmrechtsmacht bei den privatrechtlichen Personenverbänden, 1963, S. 335 ff.; vgl. ferner MüKoBGB/*Ulmer/C. Schäfer,* § 705 Rn. 225.

[28] Dazu ausführlich *K. Schmidt,* § 20 IV 2.

[29] Grundlegend *BGH* BB 1954, 456; ausführliche Nachweise bei *Wiedemann,* GesR II, § 3 II 3d aa; vgl. zur Kasuistik auch *K. Schmidt,* § 5 IV.

[30] *BGH* NJW 1961, 724; zu der häufiger begegnenden Konstellation, dass der Gesellschafter zur Mitwirkung an einer Ausschlussklage verpflichtet werden soll, vgl. BGHZ 64, 253, 257 f. = NJW 1975, 1410, 1411; BGHZ 68, 81 = NJW 1977, 1013.

[31] Weitere Beispiele bei MüKoBGB/*Ulmer/C. Schäfer,* § 705 Rn. 232.

gehört die Autonomie in Grundlagenfragen doch zum Kern der mitgliedschaftlichen Entscheidungsfreiheit.[32] Zum Teil wird aus diesen Überlegungen heraus eine treugestützte Zustimmungspflicht zu Vertragsänderungen auch tatsächlich abgelehnt und in extrem gelagerten Fällen auf die Grundsätze der Störung der Geschäftsgrundlage (§ 313 BGB) verwiesen.[33] Die ganz herrschende Meinung ist dem zu Recht nicht gefolgt.[34] Ebenso wie in anderen Dauerschuldverhältnissen kann sich auch bei einem Gesellschaftsvertrag die Notwendigkeit ergeben, ihn an zwischenzeitliche Veränderungen anzupassen. Da das strenge Einstimmigkeitsprinzip dies nicht stets zu leisten vermag, bedarf es einer Ergänzung durch das „Notventil" der Zustimmungspflicht.[35] § 313 BGB kann diese Funktion im Hinblick auf seine hohen Anforderungen nicht erfüllen.[36]

19 Allerdings muss eine solche Zustimmungspflicht ein eng begrenzter Ausnahmefall bleiben. Der BGH verlangt insofern in ständiger Rechtsprechung, dass die Vertragsänderung mit Rücksicht auf das bestehende Gesellschaftsverhältnis, etwa zur Erhaltung wesentlicher geschaffener Werte, erforderlich und dem widersprechenden Gesellschafter zumutbar sein muss.[37] Beide Voraussetzungen sind hier erfüllt. Die Zahlungsschwierigkeiten des *Kaltenbach* bedrohen den Bestand der Gesellschaft. *Rempp* ist das Ausscheiden des *Kaltenbach* auch ohne weiteres zumutbar. Zwar liegt diese Vertragsänderung nicht in seinem persönlichen Interesse, doch da dieses Interesse selbst aus gesellschaftsschädlichen und damit treuwidrigen Motiven entspringt, kann es seine Weigerung nicht legitimieren.[38]*Holle* und *Kaltenbach* haben danach einen Anspruch auf Zustimmung des *Rempp.* Diese Zustimmung kann nicht fingiert werden, sondern ist im Wege der Leistungsklage durchzusetzen. Mit Rechtskraft des Urteils gilt sie aber nach § 894 I ZPO als erteilt (zu den Rechtsfolgen s. noch Rn. 20).[39] Zur Zustimmungspflicht zu Beitragserhöhungen s. bereits Rn. 6 und unten § 14 Rn. 8 ff.

4. Rechtsfolgen

20 Die mitgliedschaftliche Treupflicht ist – was von Studenten nicht immer hinreichend beachtet wird – nicht nur auf der Tatbestands-, sondern auch auf der Rechtsfolgenseite ein komplexes Rechtsgebilde.[40] Unmittelbar erzeugt sie Handlungs- und Unterlassungspflichten, die eingeklagt, im Falle ihrer Verletzung aber auch noch nachträglich zur Grundlage eines Schadensersatzanspruchs nach § 280 I BGB gemacht

---

[32] *Wiedemann,* GesR II, § 3 II 3d aa.

[33] So insb. noch *Kollhosser,* FS Harry Westermann, 1974, S. 275, 277 ff.; krit. auch *Konzen,* AcP 172 (1972), 317, 334 ff. und *Lettl,* AcP 202 (2002), 3, 22, der der Anwendung des § 313 BGB aber skeptisch gegenübersteht; ablehnend auch *Wiedemann,* GesR II, § 3 II 3d aa.

[34] Ständige Rechtsprechung seit *BGH* BB 1954, 456; weitere Nachw. bei *Wiedemann,* § 3 II 3d aa Fn. 117; aus neuerer Zeit vgl. etwa *BGH* NZG 2005, 129; *BGH* NJW 2010, 65 Rn. 23; aus dem Schrifttum s. Erman/*H. P. Westermann,* § 709 Rn. 35; MüKoBGB/*Ulmer/C. Schäfer,* § 705 Rn. 231 ff.; Soergel/*Hadding/Kießling,* § 705 Rn. 63.

[35] *Wiedemann,* GesR II, § 3 II 3d aa.

[36] MüKoBGB/*Ulmer/C. Schäfer,* § 705 Rn. 231.

[37] *BGH* BB 1954, 456; *BGH* NJW 1961, 724 f.; *BGH* NJW 1985, 972, 973; *BGH* NJW 1995, 194 f.; *BGH* NZG 2009, 1143 Rn. 11; BGHZ 183, 1 = NJW 2010, 65 Rn. 23.; *BGH* NJW 2011, 1667, 1670; zu Sanierungssituationen s. auch § 14 Rn. 15.

[38] Problematischer wäre aufgrund der persönlichen Vertrauensgrundlage einer Personengesellschaft (s. § 2 Rn. 1 ff.) die Zustimmung zur Aufnahme eines weiteren Gesellschafters; vgl. dazu aber das Beispiel bei *Kindler,* § 11 Rn. 15.

[39] *Kindler,* § 11 Rn. 15. Bei Publikumsgesellschaften ist eine Klage angesichts der besonderen personalen Konstellation nicht erforderlich, *BGH* NJW 1985, 974; *BGH* BB 1987, 506.

[40] Ausführlich zum Folgenden etwa *Wiedemann,* GesR II, § 3 II 3e.

werden können.[41] In schwerwiegenden Fällen ist auch die Entziehung der Geschäftsführungsbefugnis oder gar ein Ausschluss aus der Gesellschaft denkbar.[42] Wird entgegen einer Unterlassungspflicht eine treuwidrige Rechtshandlung vorgenommen, so ist sie nach herrschender Meinung nichtig und damit unbeachtlich (etwa ein treuwidriger Widerspruch gegen eine Geschäftsführungsmaßnahme).[43] Sofern eine Handlungspflicht besteht und pflichtwidrig nicht erfüllt wird, soll dagegen die Handlung nicht einfach unterstellt werden (etwa die erforderliche Zustimmung zu einer Geschäftsführungsmaßnahme), sondern ist einzuklagen und über § 894 I ZPO durchzusetzen.[44]

IV. Der Haftungsmaßstab des § 708 BGB

Fall 5: *Holle* übernimmt es, eine Forderung der Gesellschaft einzuziehen, lässt sie jedoch verjähren, weil er dem Schuldner nur eine Mahnung schickt. Als der Schuldner die Zahlung verweigert, fordert *Rempp* den *Holle* zur Ersatzleistung auf. Dieser erklärt, er habe die Mahnung für ausreichend gehalten und damit bei früheren Gelegenheiten auch schon Erfolg gehabt. 21

Holle könnte sich gem. § 280 I BGB gegenüber der Gesellschaft schadensersatzpflichtig gemacht haben.[45] Die Pflicht zur ordnungsgemäßen Geschäftsführung gebot *Holle,* sich über die geeigneten Maßnahmen zur Unterbrechung der Verjährung Gewissheit zu verschaffen. Dabei hätte er festgestellt, dass die Verjährung entweder durch das Anerkenntnis des Schuldners neu beginnt (§ 212 I Nr. 1 BGB) oder durch gerichtliche Geltendmachung des Anspruchs gehemmt wird (§ 204 I Nr. 1 BGB), eine Mahnung hingegen ohne Einfluss auf die Verjährung bleibt. *Holle* hätte bei Anwendung der verkehrserforderlichen Sorgfalt (§ 276 II BGB) auch erkennen müssen, dass seine Kenntnisse und Erfahrungen zur Beurteilung der Verjährungsfrage nicht ausreichen. Er hat also schuldhaft gegen seine Geschäftsführerpflichten verstoßen. Nach § 708 BGB hat *Holle* in Erfüllung seiner Pflichten aus dem Gesellschaftsvertrag jedoch nur für diejenige Sorgfalt einzustehen, die er in eigenen Angelegenheiten anzuwenden pflegt (diligentia quam in suis). Die Vorschrift mildert den Haftungsmaßstab des § 276 II BGB also bis zur Grenze der groben Fahrlässigkeit ab (§ 277 BGB); eine Haftungsausdehnung kann daraus nicht hergeleitet werden.[46] Angesichts der Unkenntnis des *Holle* und seiner früher schon mit Mahnungen erzielten Erfolge wäre von ihm auch bei der Wahrnehmung eigener Angelegenheiten nicht mehr Umsicht zu erwarten gewesen, als er gezeigt hat. Dass er die Sorgfalt in besonders hohem Maß außer Acht gelassen, also nicht beachtet hat, was jedermann hätte einleuchten müssen (grobe Fahrlässigkeit), ist nicht ersichtlich. *Holle* ist deshalb nicht ersatzpflichtig. 22

---

41 Vgl. dazu *Wiedemann,* GesR II, § 3 II 3e bb.

42 Staub/*C. Schäfer,* § 105 Rn. 246; *Kindler,* § 11 Rn. 15.

43 RGZ 158, 302, 310 f.; MüKoBGB/*Ulmer/C. Schäfer,* § 705 Rn. 239; Soergel/*Hadding/Kießling,* § 705 Rn. 64; Staub/*C. Schäfer,* § 105 Rn. 243.

44 *BGH* WM 1979, 1058; *BGH* NJW-RR 1987, 285; *Korehnke,* Treuwidrige Stimmen im Personengesellschafts- und GmbH-Recht, 1997, S. 188 ff.; *Kindler,* § 11 Rn. 15; differenzierende Lösung bei MüKoBGB/*Ulmer/C. Schäfer,* § 705 Rn. 240 ff.; Staub/*C. Schäfer,* § 105 Rn. 245; *M. Winter,* Mitgliedschaftliche Treubindungen im GmbH-Recht, 1988, 37: Unterscheidung zwischen Geschäftsführungsmaßnahmen und Grundlagengeschäften.

45 Zur Berechtigung des *Rempp,* diese Forderung geltend zu machen, vgl. noch die Ausführungen unter Rn. 49.

46 *Kindler,* § 11 Rn. 26; *Windbichler,* § 7 Rn. 5.; *Larenz,* FS Harry Westermann, 1974, S. 299 ff.

23 § 708 BGB beruht auf dem Gedanken, dass die Gesellschafter sich aufgrund ihres freiwilligen persönlichen Zusammenschlusses so nehmen müssen, wie sie sind.[47] Aus diesem teleologischen Hintergrund erklärt sich, dass die Norm nur im Innen-, nicht aber im Außenverhältnis Geltung beansprucht.[48] Ebenso ist unter diesem Aspekt § 708 BGB nicht im vorvertraglichen Bereich anwendbar, da sich die Gesellschafter schließlich noch nicht gegenseitig akzeptiert haben.[49] Als Regelung des Innenverhältnisses ist die Vorschrift überdies dispositiver Natur. Die Gesellschafter sind also nicht gehindert, die Geltung des § 276 II BGB zu vereinbaren, wenn es ihren Verhältnissen besser entspricht. Das kann im Hinblick auf die vielfältigen Einsatzbereiche der BGB-Gesellschaft oft ratsam sein. Der mildere Haftungsmaßstab des § 708 BGB mag zwar in Gelegenheitsgesellschaften (§ 3 Rn. 2) legitim sein, in professioneller agierenden arbeitsteiligen Zusammenschlüssen (etwa einer Anwaltskanzlei) erscheint er aber nicht durchweg sachgerecht.[50] Auch jenseits solcher spezieller Gestaltungen führt § 708 BGB zu dem prozessualen Kuriosum, dass der beklagte Personengesellschafter „sich vor Gericht nach Kräften als leichtsinnigen, nachlässigen und notorisch unzuverlässigen Menschen hinstellen [muss], während ihn seine Mitgesellschafter als ordentlichen und verständigen Mann schildern müssen, der nur einmal verkehrt handelte."[51] Aus dieser ambivalenten rechtspolitischen Beurteilung heraus mag es sich auch erklären, dass die Rechtsprechung zu einer restriktiven Auslegung des § 708 BGB tendiert.[52] So findet die Vorschrift nach ständiger Rechtsprechung dort keine Anwendung, wo die Gesellschafter von vornherein keinen Spielraum haben, in dessen Grenzen ihnen ihre individuellen Schwächen nachgesehen werden können. Das wichtigste Beispiel dafür ist die Teilnahme am Straßenverkehr, bei der ein Gesellschafter einen anderen schädigt. Hier ist infolge der für alle geltenden Anordnungen des Straßenverkehrsrechts § 708 BGB nicht anwendbar.[53]

V. Die Vermögensrechte

1. Der Anspruch auf den Gewinnanteil

24 **Fall 6:** Wie ist der von *Holle* und *Rempp* erzielte Gewinn unter die Gesellschafter zu verteilen, wenn *Kaltenbach* mittlerweile aus der Gesellschaft ausgetreten ist?

25 Sowohl für den Zeitpunkt der Verteilung von Gewinn und Verlust wie auch für die auf die einzelnen Gesellschafter entfallenden Anteile ist in erster Linie der Gesell-

---

[47] Vgl. die ausführliche Debatte in der 2. Kommission, Protokolle II (1898), S. 418 ff. = *Mugdan* II, S. 985; ausführlich zum Normzweck *Fleischer/Danninger,* NZG 2016, 481 ff.

[48] Vgl. statt aller MüKoBGB/*C. Schäfer,* § 708 Rn. 3.

[49] *Grunewald,* § 1 Rn. 128; vgl. dazu auch *BGH* NZG 2012, 31, 33; Palandt/*Sprau,* § 708 Rn. 2.

[50] Vgl. die rechtspolitische Kritik bei Soergel/*Hadding/Kießling,* § 708 Rn. 1; *K. Schmidt,* § 59 III 2a; *Fleischer/Danninger,* NZG 2016, 481 ff.; dagegen MüKoBGB/*C. Schäfer,* § 708 Rn. 2.

[51] So *Fleischer/Danninger,* NZG 2016, 481, 490 im Anschluss an *Rother,* Haftungsbeschränkung im Schadensrecht, 1965, S. 188.

[52] So sind bereits an den zu erbringenden Beweis, in eigenen Angelegenheiten eine geringere als die im Verkehr erforderliche Sorgfalt anzuwenden, strenge Anforderungen zu stellen; s. dazu *BGH* NJW 2013, 3572, 3573 f. Anschauliche Aufarbeitung durch die Ausbildungsliteratur in JA 2014, 150 (mit Anm. *Weber*).

[53] BGHZ 46, 313, 317 f. = NJW 1967, 558; dazu *Deutsch,* JuS 1967, 496 ff. Obwohl diese Rspr. auch auf Kritik gestoßen ist (vgl. etwa MüKoBGB/*C. Schäfer,* § 708 Rn. 12 f. m. w. Nachw.), hat der *BGH* sie für die ähnlich gelagerte Ehegattenhaftung nach § 1359 BGB bei Teilnahme am Straßenverkehr bestätigt und fortgeschrieben, vgl. BGHZ 53, 352, 355 = NJW 1970, 1271; ferner BGHZ 75, 32, 327 f. = NJW 1980, 589 (§ 708 BGB nicht anwendbar bei Publikums-KG – s. dazu noch § 23).

schaftsvertrag maßgeblich. Nur soweit dieser keine Regelung enthält und eine ergänzende Vertragsauslegung nicht möglich ist, ist auf die §§ 721, 722 BGB zurückzugreifen.[54] Nach § 721 BGB ist zunächst zu unterscheiden, ob es sich um eine kurzlaufende Gesellschaft handelt oder ob sie von längerer Dauer ist. Handelt es sich um eine kurzlaufende Gesellschaft, die z. B. zur gemeinsamen Durchführung eines einzelnen Projekts gegründet worden ist, so werden Gewinn oder Verlust erst nach Auflösung der Gesellschaft verteilt (§ 721 I BGB, vgl. auch § 726 BGB). Gewinn ist dabei der Betrag, um den das Gesellschaftsvermögen nach Abzug der gemeinsamen Verbindlichkeiten die Einlagen übersteigt; entsprechend bedeutet Verlust den Betrag, um den das gemeinsame Vermögen hinter dem so ermittelten Ergebnis zurückbleibt. Der Anspruch des Gesellschafters auf den Gewinnanteil ist in diesem Fall identisch mit seinem Anspruch auf das Auseinandersetzungsguthaben nach § 734 BGB.

Da *Holle* und *Rempp* ein gemeinsames Unternehmen betreiben, ist die von ihnen 26
gebildete Gesellschaft auf längere Dauer angelegt. Deshalb hat die Gewinnverteilung, wenn der Gesellschaftsvertrag nichts anderes ergibt, am Schluss jedes Geschäftsjahres zu erfolgen (§ 721 II BGB). Der Jahresgewinn ist der Überschuss, der sich bei Vergleich der Vermögenslage am Schluss des laufenden Geschäftsjahres mit der Vermögenslage am Schluss des vorhergehenden Geschäftsjahres ergibt.[55]

Haben die Gesellschafter die Anteile an Gewinn oder Verlust nicht im Vertrag 27
festgelegt, so hat jeder Gesellschafter nach § 722 I BGB einen gleichen Anteil. *Holle* und *Rempp* würden also je die Hälfte bekommen. Die Alternative zu dieser Verteilung nach Köpfen läge darin, die Anteile nach den Einlagen der Gesellschafter zu bemessen. Dass das Gesetz diesen Maßstab nicht gewählt hat, ist konsequent, weil es von einem Zusammenschluss gleichberechtigter Gesellschafter ausgeht, für den die persönliche Mitwirkung des Einzelnen wichtiger ist als der Vermögenswert seiner Einlage (s. bereits § 2 Rn. 1 ff.).[56] Da § 722 I BGB dispositiv ist, sind die Gesellschafter jedoch nicht gehindert, im Vertrag eine andere Regelung zu treffen, wenn die Gewinnverteilung nach Köpfen ihren Verhältnissen nicht entspricht. Gerade bei professionelleren Zusammenschlüssen (etwa von Freiberuflern) macht die Praxis von dieser Möglichkeit oft Gebrauch.

2. Der Anspruch auf das Auseinandersetzungsguthaben

Fall 7: Was kann *Rempp* beanspruchen, wenn er die Gesellschaft gekündigt hat und die Gesell- 28
schaft auseinandergesetzt worden ist?

Das zweite wichtige mitgliedschaftliche Vermögensrecht ist der Anspruch auf das 29
Auseinandersetzungsguthaben im Ausscheidens- oder Auflösungsfall. Die Kündigung (§ 723 BGB) des *Rempp* führt, wenn der Gesellschaftsvertrag nichts anderes vorsieht (§ 736 I BGB), zur Auflösung der Gesellschaft (näher dazu § 10 Rn. 1 ff.). An die Auflösung schließt sich die Auseinandersetzung an (§ 730 BGB), in deren Verlauf die gemeinsamen Verbindlichkeiten zu erfüllen und die Einlagen zurückzuerstatten sind (§ 733 BGB). Verbleibt danach ein Überschuss, so steht dieser *Rempp* und *Holle* zu (§ 734 BGB). Dem *Rempp* gebührt als Auseinandersetzungs-

---

[54] MüKoBGB/*C. Schäfer,* § 722 Rn. 6; *K. Schmidt,* § 59 III 4b; *Windbichler,* § 7 Rn. 8; für die stillschweigend vereinbarte Ehegatteninnengesellschaft jüngst *BGH* NZG 2016, 547.

[55] Dabei haben Zuflüsse durch neue Einlagen außer Betracht zu bleiben; zu den Einzelheiten der Gewinnermittlung vgl. *Schulze-Osterloh,* FS K. Schmidt, 2009, S. 1447 ff.

[56] Aus demselben Grund wird auch bei der Beschlussfassung nach dem Mehrheitsprinzip die Stimmenmehrheit grds. nicht nach Kapitalanteilen, sondern nach Köpfen berechnet (vgl. § 709 II BGB – s. auch noch § 14 Rn. 7).

guthaben der Überschussanteil, der seiner Gewinnbeteiligung entspricht. Enthält der Gesellschaftsvertrag keine Regelung, so kann *Rempp* also nach § 722 BGB i. V. m. § 734 BGB die Hälfte des Überschusses verlangen.

VI. Die Übertragbarkeit und Pfändbarkeit der Mitgliedschaft und der Einzelrechte

1. Übertragbarkeit der Mitgliedschaft

30 **Fall 8:** *Rempp* braucht aufgrund seiner Spiel- und Trunksucht dringend Geld. Seine Bank weigert sich, ihm ein Darlehen zu geben, solange er dafür keine Sicherheiten bieten kann. *Rempp* fragt deshalb, ob er die in seiner Mitgliedschaft an der Brillenmanufaktur verkörperten Vermögenswerte nutzbar machen kann, um sich neue Finanzmittel zu erschließen.

31 Die erste Möglichkeit besteht darin, die Gesellschaft aufzulösen und den Anspruch auf das Auseinandersetzungsguthaben geltend zu machen (§ 10 Rn. 14). Zu diesem Zweck müsste allerdings das von *Holle* und *Rempp* betriebene Unternehmen zerschlagen werden. Da die einzelnen Bestandteile erfahrungsgemäß deutlich weniger wert sind als das Unternehmen selbst, könnte *Rempp* als werterhaltende Alternative des Weiteren in Betracht ziehen, seine Beteiligung an der Gesellschaft zu veräußern. Die früher herrschende Meinung verneinte eine solche Möglichkeit bei der Personengesellschaft angesichts der strengen Ausrichtung auf die Individualität ihrer Mitglieder.[57] Auf der Grundlage des traditionellen Gesamthandverständnisses (§ 3 Rn. 3 ff.) war diese Lösung auch konsequent. Für den historischen Gesetzgeber gab es überhaupt keine Mitgliedschaft in der Personengesellschaft, die übertragen werden konnte; denn wenn man die Gesellschaft nur als vertragliches Schuldverhältnis versteht, kann auch die Rechtsstellung des Gesellschafters nur obligatorisch, nur als Schuldverhältnis, aufgefasst werden. Das Verständnis der Gesellschaft als organisierte Wirkungseinheit legt das dogmatische Fundament, um auch die einzelnen Rechte und Pflichten aus der Mitgliedschaft zu einem einheitlichen Rechtsgegenstand zusammenzufassen.[58] Die Mitgliedschaft wird deshalb heute als ein sog. subjektives Recht anerkannt (zu weiteren Folgen dieser Einordnung s. Rn. 42),[59] das abtretungsähnlich übertragen werden kann.[60] § 719 I BGB steht dem nicht entgegen, da dieser Vorschrift nach heute herrschender Lesart nur die Aussage entnommen wird, dass aufgrund der Bindung des Gesellschaftsvermögens für die gemeinschaftliche Zweckverfolgung – anders als bei der Bruchteilsgemeinschaft (§ 747 BGB) – von den Gesellschaftern nicht über das Gesellschaftsvermögen verfügt werden darf.

32 Die Übertragung ist ein gesellschaftsrechtliches Verfügungsgeschäft mit unmittelbarer dinglicher Wirkung.[61] Sie wird nach §§ 398, 413 BGB vollzogen.[62] Aufgrund

---

[57] Vgl. statt vieler etwa noch *Würdinger,* Recht der Personalgesellschaften, 1937, § 13 II 1 (S. 68); ausführliche Darstellung der Entwicklung bei *Wiedemann,* GesR II, § 5 II 1a.

[58] Vgl. zu dieser Entwicklung MüKoBGB/*C. Schäfer,* § 719 Rn. 22.

[59] Speziell zur Einordnung als subjektives Recht vgl. MüKoBGB/*Ulmer/C. Schäfer,* § 705 Rn. 180; *K. Schmidt,* § 19 I 3; *Habersack,* Die Mitgliedschaft, 1996, S. 62 ff., 98 ff.; *Lutter,* AcP 180 (1980), 84, 97 ff., 101; *Westermann,* NZG 2012, 1121, 1122; a. A. z. B. *Beuthien,* FS Wiedemann, 2002, S. 755, 756 ff.

[60] Vgl. etwa MüKoBGB/*C. Schäfer,* § 719 Rn. 27; *Wiedemann,* GesR II, § 5 II 1.

[61] MüKoBGB/*C. Schäfer,* § 719 Rn 22, 25; *Reiff/Nannt,* DStR 2009, 2376, 2377. Vgl. zum Gesellschafterwechsel mittels eines sog. Doppelvertrags, der zwischen dem Eintretenden und allen anderen Gesellschaftern sowie zwischen dem Austretenden und den übrigen Gesellschaftern geschlossen wird, BGHZ 44, 231 = NJW 1966, 499; MüKoBGB/*C. Schäfer,* § 719 Rn 17 ff.

[62] Die Mitgliedschaft ist nicht nur eine einzelne Forderung, so dass § 398 BGB nicht isoliert angewandt werden kann.

des höchstpersönlichen Charakters des Zusammenschlusses zu einer Personengesellschaft bedarf der Übertragungsakt allerdings der Zustimmung der übrigen Gesellschafter, denen nicht einseitig ein neuer Mitgesellschafter aufgezwungen werden darf.[63] Diese Zustimmung kann schon im Gesellschaftsvertrag, aber auch ad hoc erteilt werden. Wird die Mitgliedschaft ohne die erforderliche Zustimmung übertragen, so ist das Geschäft nur schwebend unwirksam, weil die Gesellschafter noch nachträglich zustimmen können; versagt allerdings auch nur ein Gesellschafter die Zustimmung, so tritt endgültige Unwirksamkeit ein.[64]

Will *Rempp* seine Mitgliedschaft nicht gänzlich aufgeben oder scheitert die Über- **33**
tragung an der fehlenden Zustimmung der Mitgesellschafter, so könnte man des Weiteren in Erwägung ziehen, nur einzelne Vermögensbestandteile der Gesellschaft oder doch zumindest den Anteil des Gesellschafters am Gesellschaftsvermögen entgeltlich zu übertragen. Die letztgenannte Möglichkeit besteht nach § 747 S. 1 BGB bei der Bruchteilsgemeinschaft. Weil die Berechtigten sich hier nur zu einer Investitionsgemeinschaft zusammengeschlossen haben, aber keinen gemeinsamen Zweck verfolgen, ist ihr Zusammenschluss nicht auf die Individualität der einzelnen Beteiligten zugeschnitten (s. bereits § 1 Rn. 7 ff.). Im Vordergrund steht die vermögensmäßige Beteiligung, die deshalb im Wege der Veräußerung in Geldmittel umgewandelt werden kann.[65] Bei der BGB-Gesellschaft steht hingegen die gemeinschaftliche Zweckverfolgung im Mittelpunkt. Dazu wurde ein organisatorischer Verbund ins Leben gerufen, der eigenständiges Zuordnungsobjekt der einzelnen Vermögenswerte ist. Schon daraus folgt, dass der einzelne Gesellschafter nicht über Vermögensgegenstände der Gesellschaft verfügen kann (vgl. auch § 719 I, 1. Hs., Fall 2 BGB). Er ist insofern Nichtberechtigter; Eigentümerin ist die Gesellschaft. Nach § 719 I, 1. Hs., Fall 1 BGB ist es ihm darüber hinaus – anders als bei der Bruchteilsgemeinschaft – aber auch verwehrt, über seine vermögensmäßige Beteiligung am Gesellschaftsvermögen zu verfügen. Diese Beteiligung ergibt sich aus der Mitgliedschaft und kann nicht selbstständig übertragen werden.

Nach dem bisherigen Ergebnis könnte *Rempp* die in der Gesellschaft verkörperten **34**
Vermögenswerte also dadurch realisieren, dass er die Auseinandersetzung der Gesellschaft betreibt oder seine Beteiligung mit Zustimmung des *Holle* an einen Dritten überträgt. In beiden Fällen müsste er seine unternehmerische Betätigung aber gänzlich einstellen. Eine Alternative könnte darin liegen, den Wert der Mitgliedschaft lediglich zu Sicherungszwecken nutzbar zu machen, um die Bank zur Darlehensvergabe zu veranlassen. Bei beweglichen Sachen würde man insofern zunächst an die Sicherungsübereignung denken, die das klassische Sicherungsinstrument des Pfandrechts weitgehend verdrängt hat.[66] Diese Gestaltung würde aber dazu führen, dass der Sicherungsnehmer auch die persönliche Haftung für die Verbindlichkeiten der Gesellschaft übernehmen müsste (§ 7 Rn. 10 ff.). Mit einem Pfandrecht ist dieser Nachteil nicht verbunden. Zugleich gilt bei der Mitgliedschaft nicht das Übergabeerfordernis nach § 1205 I BGB, das die Verpfändung beweglicher Sachen so unpraktikabel macht. Nachdem mittlerweile die Übertragbarkeit der Mitgliedschaft an-

---

[63] Allgemeine Auffassung – vgl. nur BGHZ 13, 179, 183 f. = NJW 1954, 1155; MüKoBGB/*C. Schäfer,* § 719 Rn. 27 ff.; *K. Schmidt,* § 45 III 2a; *Wiedemann,* GesR II, § 5 II 1 (mit statistischen Angaben zum Handel mit Anteilen an personalistischen Gesellschaften); ausführlich *Neumann,* ZIP 2016, 1753; *Reiff/Nannt,* DStR 2009, 2376, 2377 f.

[64] BGHZ 13, 179, 186 = NJW 1954, 1155. Es handelt sich um die Zustimmung zu fremdem Rechtsgeschäft i. S. d. §§ 182 ff. BGB, nicht um eine eigene Vertragserklärung.

[65] Vgl. dazu etwa Palandt/*Sprau,* § 747 Rn. 2.

[66] Vgl. zu dieser Entwicklung *Baur/Stürner,* § 57 Rn. 1; *Vieweg/Werner,* § 12 Rn. 1 ff.

erkannt ist (Rn. 31), bestehen auch an der Zulässigkeit einer Verpfändung keine Zweifel mehr (vgl. § 1274 II BGB).[67] Das Pfandrecht hat deshalb bei der Kreditsicherung durch Gesellschaftsanteile seine praktische Bedeutung behalten.[68] Hier würde die Verpfändung dazu führen, dass der Bank bei einem Zahlungsausfall des *Rempp* ein Verwertungsrecht an dem Gesellschaftsanteil zusteht.[69] Da sich ein solches Recht mit dem Verwertungsakt auf den Bestand der gesamten Gesellschaft auswirken könnte, ist anerkannt, dass auch eine solche Verpfändung der Zustimmung der Mitgesellschafter bedarf.[70]

2. Übertragbarkeit und Verpfändbarkeit der Einzelrechte

35 Den bisher erörterten Möglichkeiten der Übertragung und Verpfändung der Mitgliedschaft ist gemeinsam, dass sie der Zustimmung der Mitgesellschafter bedürfen. Wird diese Zustimmung verweigert, bleibt noch eine weitere Möglichkeit, nämlich die Übertragung oder Verpfändung von Einzelrechten. Inwieweit der Gesellschafter durch Übertragung Einzelrechte von seiner Mitgliedschaft abspalten darf, richtet sich nach § 717 BGB. Die Vorschrift unterscheidet unübertragbare Rechte (§ 717 S. 1 BGB) und übertragbare Rechte (§ 717 S. 2 BGB). Die sprachliche Fassung, die der historische Gesetzgeber dem § 717 S. 1 BGB gegeben hat, ist aus heutiger Sicht in doppelter Beziehung korrekturbedürftig. Erstens stehen die Ansprüche aus dem Gesellschaftsverhältnis nicht den Gesellschaftern gegeneinander zu. Sie sind vielmehr Ansprüche des Mitglieds gegen die Gesellschaft. Das Verständnis der Gesellschaft als einer auch gegenüber ihren Mitgliedern selbstständigen Wirkungseinheit weist auch hier die dogmatisch zutreffende Einordnung. Zweitens geht es entgegen dem Wortlaut des Gesetzes nicht nur um Ansprüche, sondern auch um die mitgliedschaftlichen Verwaltungsrechte (also z. B. auch um das Stimmrecht oder das Recht zur Geschäftsführung).[71]

36 Hat man die Aussage des § 717 BGB danach präziser erfasst, so ergibt sich aus der Vorschrift folgende Anordnung: Nicht übertragbar sind die Verwaltungsrechte des Gesellschafters, also z. B. die Geschäftsführungsbefugnis, das Recht, an Gesellschafterbeschlüssen durch Stimmabgabe mitzuwirken, und das Kontrollrecht des § 716 BGB. Die Ausübung dieser Rechte wirkt sich unmittelbar auf die Gesellschaft und damit auch auf die Belange der Mitgesellschafter aus. Diese Einflussmöglichkeiten haben sie innerhalb der Personengesellschaft als persönlicher Arbeits- und Haftungsgemeinschaft aber nur dem individuellen Mitgesellschafter eingeräumt. Deshalb darf er diese Rechte nicht isoliert an einen Außenstehenden übertragen. Man spricht insofern vom sog. Abspaltungsverbot.[72] Es steht nicht zur Disposition der Gesellschafter, kann also auch im Gesellschaftsvertrag nicht abbedungen werden.[73]

37 Übertragbar sind dagegen folgende Vermögensrechte: der Anspruch auf den Gewinnanteil (§§ 721, 722 BGB), der Anspruch auf das Auseinandersetzungsguthaben (§ 734 BGB) und die geldwerten Ansprüche, die sich aus der Geschäftsführung ergeben, z. B. der Anspruch auf Aufwendungsersatz nach § 670 i. V. m. § 713 BGB oder der auf eine im Gesellschaftsvertrag vereinbarte Geschäftsführervergütung.

[67] MHdB GesR I/*Gummert,* § 16 Rn. 35; *Wiedemann,* GesR II, § 5 II 2b.
[68] *Wiedemann,* GesR II, § 5 II 2b.
[69] Zu den Einzelheiten vgl. *K. Schmidt,* § 45 IV 2.
[70] Vgl. MHdB GesR I/*Gummert,* § 16 Rn. 35; *Wiedemann,* GesR II, § 5 II 2b bb.
[71] Fast einhellige Meinung, vgl. statt vieler MüKoBGB/*C. Schäfer,* § 717 Rn. 5.
[72] Ausführliche Darstellung bei *K. Schmidt,* § 19 III 4; *Wiedemann,* GesR II, § 3 III 2c aa; zu schuldrechtlichen Umgehungsmöglichkeiten vgl. *Kübler/Assmann,* § 21 II 3a.
[73] Vgl. Palandt/*Sprau,* § 717 Rn. 4.

Hier handelt es sich um eigennützige Vermögensansprüche, deren Geltendmachung die Rechtsstellung der Mitgesellschafter weitgehend unberührt lässt. Da er zugleich aber – wie auch Fall 8 belegt – an ihrer Nutzung (gerade zu Sicherungszwecken) ein großes wirtschaftliches Interesse haben kann, gestattet der Gesetzgeber ihre Übertragung, und zwar ohne Zustimmung der Mitgesellschafter. Die Vermögensrechte des *Rempp* können daher zur Sicherheit an die Bank abgetreten oder ihr verpfändet werden. Die oben dargestellten Bedenken gegen eine Sicherungsübertragung der Mitgliedschaft (Rn. 34) stehen einer Sicherungsabtretung hier nicht entgegen, da mit der Abtretung der Vermögensrechte keine Haftung einhergeht.

Eine wesentliche Schwächung dieser Sicherheiten ergibt sich jedoch daraus, dass die Vermögensrechte zwar übertragen werden können, dass sie aber ohne die gleichzeitige Übertragung der Verwaltungsrechte für den Gläubiger nur von begrenztem Wert sind. Sowohl der Anspruch auf den künftigen Gewinnanteil (§§ 721, 722 BGB) als auch der Anspruch auf das künftige Auseinandersetzungsguthaben (§ 734 BGB) sind zwar abtretbar, hängen in ihrer Höhe aber maßgeblich davon ab, wie die Gesellschafter die Gegenstände des gemeinschaftlichen Vermögens bei dem jeweiligen Rechnungsabschluss bewerten (s. noch § 10 Rn. 20). Das ist eine Verwaltungshandlung, an der die Bank nicht teilnehmen kann; sie muss die Beschlüsse der Gesellschafter bis zur Grenze der §§ 138, 826 BGB hinnehmen. So kann sie zwar den Anspruch auf das künftige Auseinandersetzungsguthaben pfänden, doch sie erwirbt damit nicht das Recht, die Gesellschaft zu kündigen.[74] Nur unter dieser Voraussetzung entsteht aber der Anspruch auf das Auseinandersetzungsguthaben. 38

Auch ohne Abtretung der Verwaltungsrechte könnten die Interessen der Bank ausreichend gewahrt werden, wenn *Rempp* zu ihren Gunsten auf sein Stimmrecht verzichten und ihr eine unwiderrufliche Stimmrechtsvollmacht erteilen könnte. Auf diese Weise würden aber die Belange der Mitgesellschafter umgangen, die § 717 S. 1 BGB durch ein Verbot der Abtretung der Verwaltungsrechte zu wahren sucht (Rn. 36). Als unzulässiges Umgehungsgeschäft ist die Vollmachterteilung daher ebenso unwirksam wie die Abtretung selbst.[75] Will die Bank den Nachteilen entgehen, die mit einer isolierten Abtretung bzw. Pfändung der Vermögensrechte verbunden sind, dann muss sie sich die Mitgliedschaft insgesamt verpfänden lassen. In diesem Fall stehen ihr nach Eintritt der Pfandreife auch die erforderlichen Verwaltungsrechte des Gesellschafters zu.[76] 39

Fall 9: Ein Gläubiger des *Rempp,* der Computerhändler *Leven,* bittet um Auskunft, ob er dessen Anspruch auf das Auseinandersetzungsguthaben pfänden kann. 40

Soweit die Rechte des Gesellschafters übertragbar sind, sind sie auch im Wege der Zwangsvollstreckung pfändbar (§ 851 i. V. m. § 857 I ZPO). *Leven* kann deshalb den (nach § 717 S. 2 BGB übertragbaren) Anspruch des *Rempp* auf das Auseinandersetzungsguthaben pfänden lassen. Mit der Pfändung dieses Anspruchs erwirbt *Leven* jedoch nicht das Recht, die Gesellschaft zu kündigen.[77] Er kann das Auseinandersetzungsguthaben deshalb nicht fällig stellen, sondern muss warten, bis der darauf gerichtete Anspruch aus anderen Gründen fällig wird. Sinnvoll ist die Pfändung dieses Anspruchs also nur dann, wenn die Gesellschaft schon aufgelöst ist oder 41

---

74 Vgl. zu dieser Schwäche auch MüKoBGB/*C. Schäfer,* § 719 Rn. 54; vgl. auch *BGH* NJW-RR 2010, 924 Rn. 24 ff.; Palandt/*Sprau,* § 717 Rn. 8.

75 BGHZ 3, 354, 359 = NJW 1952, 178 (OHG); BGHZ 20, 363, 364 ff. = NJW 1956, 1198 (KG); *BGH* NJW 1987, 780 f.; teilweise a. M. *Grunewald,* § 1 Rn. 72 ff.

76 Zur Rechtsstellung des Pfandgläubigers vor und nach Pfandreife vgl. *Hadding/U. H. Schneider,* Gesellschaftsanteile als Kreditsicherheiten, 1979, S. 49 ff.

77 Anders § 135 HGB für die OHG; vgl. noch § 17 Rn. 9.

mit ihrer Auflösung durch die Gesellschafter fest zu rechnen ist. Anderenfalls hilft nur die Pfändung der Mitgliedschaft gem. § 725 BGB (s. dazu noch § 10 Rn. 7).

VII. Die Mitgliedschaft als sonstiges Recht i. S. d. § 823 I BGB

42 Bereits oben wurde festgestellt, dass die vielfältigen Einzelrechte und -pflichten der Gesellschafter mittlerweile anerkanntermaßen zu einem subjektiven Recht der Mitgliedschaft zusammengefasst werden (Rn. 31). Damit ist allerdings noch nicht geklärt, ob die Mitgliedschaft auch als sonstiges Recht i. S. d. § 823 I BGB deliktsrechtlichen Schutz erfährt.[78] Mit dieser Frage hat der BGH sich in der Schärenkreuzer-Entscheidung auseinandergesetzt, die allerdings keine BGB-Gesellschaft, sondern einen Verein betraf.[79] Die Grundproblematik ist aber in beiden Konstellationen dieselbe:

43 **Fall 10:** Um sich von den dauernden Querelen mit *Rempp* abzulenken, erwirbt *Holle* ein Segelschiff, einen sog. Schärenkreuzer, und tritt einem Segelverein bei. Dort erfährt er, dass er zur Teilnahme an einer Regatta erhebliche Änderungen an dem Boot vornehmen muss. Nachdem er diese Änderungen durchgeführt hat, wird er aber dennoch nicht zur Regatta zugelassen, da die vom Vorstand des Vereins gemachten Angaben fehlerhaft waren. Kann er die Änderungskosten des Umbaus gegen den Vorstand des Vereins geltend machen?

44 Das Problem liegt hier nicht so sehr in der Einstufung der Mitgliedschaft als Gegenstand eines absoluten subjektiven Rechts, die mittlerweile auch bei der BGB-Gesellschaft anerkannt ist (Rn. 31), sondern in der sachgerechten Begrenzung des Schutzbereichs eines solchen Rechts. Der Schutz der Mitgliedschaft kann nicht so weit gehen, dass jede Beeinträchtigung faktischer Mitgliedsinteressen vermögensmäßiger oder ideeller Natur als Verletzung absoluter Mitgliedschaftsrechte qualifiziert werden kann.[80] Erforderlich ist vielmehr, dass nicht nur der Wert der Mitgliedschaft beeinträchtigt oder eine in ihr gebündelte Einzelberechtigung betroffen wird, sondern es muss in die Substanz des Rechts eingegriffen werden (z. B. durch einen unberechtigten Ausschluss eines Mitglieds aus einer Gesellschaft).[81] Ein solcher Eingriff kann gleichermaßen bei Außeneingriffen Dritter wie bei schädigenden Maßnahmen in der Binnensphäre der Gesellschaft angenommen werden. Im Schärenkreuzer-Fall hat der BGH einen deliktsrechtlichen Schutz der Mitgliedschaft angenommen, ist dabei aber zu Recht auf Kritik gestoßen.[82] Die Mitgliedschaft des *Holle* wird nicht in der Substanz betroffen, sondern es werden nur seine vermögensmäßigen Interessen beeinträchtigt. Dagegen gewährt ihm die Mitgliedschaft keinen deliktsrechtlichen Schutz.[83]

---

[78] BGHZ 110, 323, 327 f. = NJW 1990, 2878 vermittelt insoweit einen nicht ganz zutreffenden Eindruck; richtig dazu *Habersack*, Die Mitgliedschaft, 1996, S. 117 ff.

[79] BGHZ 110, 323 = NJW 1990, 2877; dazu *Götz/Götz*, JuS 1995, 106 ff.; *Hadding*, FS Kellermann, 1991, S. 91 ff.

[80] Vgl. MüKoBGB/*Wagner*, § 823 Rn. 235 f.; *Habersack*, Die Mitgliedschaft, 1996, S. 273; *K. Schmidt*, JZ 1991, 157, 159.

[81] MüKoBGB/*Ulmer/C. Schäfer*, § 705 Rn. 180; vgl. MüKoBGB/*Wagner*, § 823 Rn. 235 f.; *Hüffer*, ZHR 161 (1997), 867, 869 ff.; *K. Schmidt*, JZ 1991, 157, 158 f.; *Zöllner*, ZGR 1988, 392, 428 ff. Anderes Beispiel aus dem GmbH-Recht: Ein GmbH-Anteil wird unzulässigerweise vom Nichtberechtigten an einen gutgläubigen Dritten übertragen (zur Zulässigkeit des gutgläubigen Erwerbs vgl. § 16 III GmbHG).

[82] Ablehnend etwa *Habersack*, Die Mitgliedschaft, 1996, S. 270 ff.; *K. Schmidt*, JZ 1991, 157, 159.

[83] Vgl. auch das Szenario bei MüKoBGB/*Wagner*, § 823 Rn. 236: Anderenfalls müsste auch die Weigerung des Vorsitzenden eines Tennisvereins, zugunsten eines ihm missliebigen

VIII. Sozialansprüche und Sozialverbindlichkeiten; actio pro socio

1. Sozialansprüche

Sind damit die wesentlichen Rechte und Pflichten aus der Mitgliedschaft dargestellt, so kann schließlich auch ihre Durchsetzung Rechtsprobleme aufwerfen, und zwar namentlich dann, wenn die Gesellschaftermehrheit sich gegen den Widerspruch der Gesellschafterminderheit einer Anspruchsverfolgung verweigert. 45

Fall 11: Mittlerweile ist *Kaltenbach* der Brillenmanufaktur wieder als weiterer Gesellschafter beigetreten. Seine vertragliche Beitragspflicht in Höhe von 5.000 EUR hat er noch nicht erfüllt. *Rempp,* der nach dem Gesellschaftsvertrag allein zur Geschäftsführung und Vertretung berechtigt ist, weigert sich, auf die Erfüllung dieser Pflicht zu drängen, da er ein Auge auf die Schwester des *Kaltenbach* geworfen hat und es sich deshalb nicht mit ihm verscherzen will. Hat *Holle* einen Anspruch auf Zahlung der Summe an sich selbst oder an die Gesamtheit der Gesellschafter? Darf er *Kaltenbach* verklagen, obwohl er weder zur Geschäftsführung befugt noch zur Vertretung ermächtigt ist? 46

Grundlage für einen Anspruch des *Holle* auf Zahlung der 5.000 EUR an sich selbst könnte § 705 BGB sein. Danach verpflichten sich die Gesellschafter gegenseitig, die vereinbarten Beiträge zu leisten. § 705 BGB bringt jedoch auch zum Ausdruck, dass die Beitragspflicht eines Gesellschafters nicht der persönlichen Bereicherung eines anderen Gesellschafters, sondern der Förderung des gemeinsamen Zwecks dienen soll. Damit übereinstimmend sieht § 718 I BGB vor, dass die Beiträge zum Gesellschaftsvermögen gehören. Das führt zu dem Ergebnis, das auch als einziges dem dogmatischen Entwicklungsstand zur Rechtsfähigkeit der BGB-Gesellschaft entspricht (§ 3 Rn. 3 ff.): *Holle* kann nicht Leistung an sich selbst verlangen, sondern der Anspruch steht allein der Gesellschaft zu.[84] 47

Derartige Ansprüche, die der Gesellschaft gegen den einzelnen Gesellschafter aus dem Gesellschaftsverhältnis zustehen, bezeichnet man als Sozialansprüche. Die Ansprüche des Gesellschafters gegen die Gesellschaft werden hingegen – ebenfalls vom Standpunkt der Gemeinschaftssphäre („societas") aus formuliert – als Sozialverbindlichkeiten bezeichnet (dazu noch unter 55 ff.).[85] Als weitere Sozialansprüche sind neben dem Anspruch auf Beitragsleistung insbesondere zu nennen: Schadensersatzansprüche aus schuldhafter Verletzung einer Gesellschafterpflicht, der Anspruch auf Erfüllung der Geschäftsführungspflichten sowie die aus der Geschäftsführung folgenden Nebenansprüche der Gesellschaft (z. B. § 667 i. V. m. § 713 BGB). 48

Sozialansprüche werden durch die Gesellschaftsorgane für die Gesellschaft geltend gemacht. Es handelt sich also um eine Maßnahme der Geschäftsführung, die im Innenverhältnis vornehmen darf, wer nach dem Gesellschaftsvertrag oder den §§ 709 ff. BGB zur Geschäftsführung befugt ist, und im Außenverhältnis vornehmen kann, wer nach dem Vertrag (vgl. § 714 BGB) Vertretungsmacht hat. Danach könnte *Holle,* dem beides fehlt, den *Kaltenbach* nicht verklagen. 49

Mitglieds eine Übungsstunde auf dem Vereinsplatz zu reservieren, als Verletzung eines absoluten Rechts angesehen werden.

[84] Vgl. zu diesem Ergebnis statt aller *Wiedemann,* GesR II, § 3 I 1b; in der neueren Rspr. bestätigt etwa durch *BGH* NJW-RR 2010, 1123 Rn. 3; anders allerdings bei einer reinen Innengesellschaft (§ 3 Rn. 24 ff.) – vgl. dazu *K. Schmidt,* § 21 IV 2.

[85] Zur uneinheitlichen Begrifflichkeit, namentlich hinsichtlich des Gegenbegriffs der Individualansprüche, vgl. *K. Schmidt,* § 19 III 2; s. ferner *Wiedemann,* GesR II, § 3 I 1a. Nach hier verwandter Terminologie bezeichnen Individualansprüche die mitgliedschaftlichen Pflichten und Ansprüche der Mitglieder untereinander (s. auch *Kindler,* § 11 Rn. 48 ff.; *K. Schmidt,* a. a. O.). Als Beispiel kann auf Ansprüche aufgrund der mitgliedschaftlichen Treupflicht verwiesen werden (s. Rn. 7 ff.).

2. Actio pro socio

50 Dass der zur Geschäftsführung und Vertretung berufene Gesellschafter die Forderung geltend machen kann, bedeutet aber noch nicht, dass der einzelne Gesellschafter dazu nicht in der Lage ist. Inhaber des Anspruchs aus § 705 BGB (und der anderen Sozialansprüche) ist zwar die Gesellschaft. Nach heute allgemeiner Auffassung darf der Gesellschafter den Anspruch der Gesellschaft, also ein für ihn fremdes Recht, jedoch im eigenen Namen klageweise geltend machen, wenn die in erster Linie zuständigen geschäftsführenden Gesellschafter trotz Aufforderung untätig bleiben (zu den Einzelheiten s. noch Rn. 52). Darüber hinaus ist eine Klageerhebung auch ohne vorangehende Aufforderung zulässig, wenn diese deshalb keinen Erfolg verspricht, weil die geschäftsführenden Gesellschafter selbst Schuldner der Sozialansprüche sind.[86] Man bezeichnet diese Klagebefugnis als actio pro socio. Praktische Bedeutung kommt ihr insbesondere bei Beitrags- und Schadensersatzansprüchen gegen einzelne Gesellschafter zu.

51 Die dogmatische Begründung der actio pro socio ist umstritten,[87] was sich zum Teil auf die Anspruchsvoraussetzungen auswirkt (s. noch Rn. 52). Die früher herrschende Meinung nahm an, dass der Anspruch zwar der Gesellschaft zustehe, im Hinblick auf das gegenseitige Leistungsversprechen der Gesellschafter (§ 705 BGB) aber von jedem von ihnen geltend gemacht werden könne.[88] Diese Ansicht führt aber zu einer unpraktikablen Anspruchsvermehrung und verträgt sich nur schwer mit der Anerkennung einer rechtsfähigen Gesellschaft bürgerlichen Rechts (s. § 3 Rn. 3 ff.).[89] Folge dieser Anerkennung ist, dass der klagende Gesellschafter in diesen Fällen ein fremdes Recht im eigenen Namen geltend macht, so dass es sich nach heute herrschender Ansicht um einen Fall der Prozessstandschaft handelt,[90] wobei allerdings umstritten ist, ob ihr Ursprung gesetzlicher oder vertraglicher Natur ist.[91] Den Vorzug verdient die erstgenannte Sichtweise, da eine vertragliche Einordnung als sog. gewillkürte Prozessstandschaft konsequenterweise dazu führen müsste, dass sie im Vertrag oder gar durch Mehrheitsbeschluss explizit abbedungen werden könnte.[92] Damit würde aber ihre Funktion des Minderheitenschutzes konterkariert.[93] Dass es an einer klaren gesetzlichen Anordnung fehlt, steht der Einordnung als gesetzliche Prozessstandschaft nicht entgegen. Angesichts der dauerhaften richterrechtlichen Anerkennung kann insofern auf eine quasigesetzliche Befugnis kraft ungeschriebenen Gewohnheitsrechts zurückgegriffen werden.[94]

---

[86] Vgl. zu diesem Grundtatbestand MüKoBGB/*Ulmer/C. Schäfer,* § 705 Rn. 211; *Bork/Oepen,* ZGR 2001, 515, 530 f. Anschauliche Darstellung bei *Mock,* JuS 2015, 590.

[87] S. dazu etwa die fallstudienhafte Aufarbeitung von *Steinbeck,* JuS 2012, 105, 107 f.

[88] Vgl. etwa BGHZ 25, 47, 49 = NJW 1957, 1358; *BGH* NJW 1973, 2198 (offen lassend jetzt *BGH* NJW-RR 2010, 1123 Rn. 3); *Raiser,* ZHR 153 (1989), 1, 9 ff.

[89] Vgl. *Grunewald,* § 1 Rn. 63.

[90] Andere Ansätze, etwa über die Notkompetenz des § 744 II BGB (vgl. noch RGZ 112, 362, 37), haben sich in den Voraussetzungen als zu restriktiv erwiesen und werden heute nicht mehr vertreten.

[91] Für das erste die h. M. – vgl. MüKoBGB/*Ulmer/C. Schäfer,* § 705 Rn. 207 ff.; *K. Schmidt,* § 21 IV 4; *Wiedemann,* GesR II, § 3 III 6a aa; für das zweite *Hadding,* Actio pro socio, 1966, S. 57 f.; *Bork/Oepen,* ZGR 2001, 515, 518 ff.

[92] Die Möglichkeit eines solchen Verzichts durch Vertrag oder Mehrheitsbeschluss wird daher auch zu Recht ganz überwiegend abgelehnt; vgl. etwa *Wiedemann,* GesR II, § 3 III 6a cc.

[93] Vgl. zu dieser Funktion etwa *Bork/Oepen,* ZGR 2001, 515, 517.

[94] Vgl. auch MüKoBGB/*Ulmer/C. Schäfer,* § 705 Rn. 209; Kritik an der Einordnung als Gewohnheitsrecht bei *Altmeppen,* FS Musielak, 2004, S. 10 f., 14 f.; *Bork/Oepen,* ZGR 2001, 515, 526.

Die Voraussetzungen, unter denen eine actio pro socio erhoben werden kann, sind noch nicht abschließend geklärt. Da die actio pro socio als Prozessstandschaft die vertragliche Zuständigkeitsordnung durchbricht, kann sie nur als eine subsidiäre Hilfszuständigkeit anerkannt werden,[95] so dass es in jedem Fall der vorherigen Aufforderung gegenüber den zuständigen Geschäftsführungsorganen bedarf. Umstritten ist, ob aus dieser Subsidiarität weiterhin gefolgert werden kann, dass deren Untätigkeit auf gesellschaftswidrigen (also unvernünftigen oder unredlichen) Motiven beruhen muss.[96] Die wohl herrschende Meinung lehnt das zu Recht ab, da sonst die Gefahr besteht, dass die Kontrollbefugnisse des Gesellschafters und damit der Minderheitenschutz durch zu hohe Anspruchsvoraussetzungen ausgehöhlt werden.[97] Hat der Gesellschafter wichtige Belange der Gesellschaft bei der eigenständigen Geltendmachung missachtet, kann dem unter Umständen mit dem Einwand der treuwidrigen Ausübung fremdnütziger Rechte begegnet werden (s. Rn. 7 ff.).[98] Für den hier zu entscheidenden Fall 11 kommt es auf diese Frage nicht an, da *Rempp* die Inanspruchnahme des *Kaltenbach* aus eindeutig gesellschaftswidrigen Motiven verweigert hat. *Holle* kann den *Kaltenbach* daher nach beiden Auffassungen verklagen.[99] Begründet ist die Klage allerdings nur, wenn der Gesellschafter Leistung an die Gesellschaft fordert; denn nur ihr steht der materiell-rechtliche Anspruch zu.[100] 52

Fall 12: Daneben bemüht sich *Rempp,* auch mit der Kundin *Chachulski,* die kürzlich neue Raumgleitsichtgläser bei ihm bestellt hat, in näheren Kontakt zu kommen. Aus diesem Grund unterlässt er es zur großen Verärgerung des *Holle,* die gegen sie bestehende Gesellschaftsforderung auf Bezahlung der Gläser geltend zu machen. Kann *Holle* die Forderung für die Gesellschaft einziehen? 53

Auch in diesem Fall hat *Holle* ein Interesse an der eigenständigen Geltendmachung der Forderung. Auf der anderen Seite muss aber auch das Interesse des Rechtsverkehrs an einer klaren Zuständigkeitsordnung innerhalb der Gesellschaft berücksichtigt werden. Diese Ordnung darf nur im Binnenverhältnis der Gesellschaft für die Geltendmachung von Sozialansprüchen durchbrochen werden.[101] Etwas anderes gilt in analoger Anwendung des § 744 II BGB nur dann, wenn die Geltendmachung dringend erforderlich ist, um einen Vermögensgegenstand der Gesellschaft zu erhalten.[102] Eine weitere Durchbrechung ist im Falle kollusiven Zusammenwirkens des Geschäftsführers mit dem Drittschuldner anerkannt.[103] 54

---

[95] Dafür *K. Schmidt,* § 21 IV 4b; *Grunewald,* Die Gesellschafterklage, 1990, S. 21 ff.; *Hadding,* Actio pro socio, 1966, S. 59 ff.; *Bork/Oepen,* ZGR 2001, 515, 530 ff.; gegen eine Einordnung als Hilfszuständigkeit *Wiedemann,* GesR II, § 3 III 6a cc.

[96] So etwa *Grunewald,* § 1 Rn. 64; ausführlich *dies.,* Die Gesellschafterklage, 1990, S. 22 ff.; *Hadding,* Actio pro socio, 1966, S. 59 ff.; *Bork/Oepen,* ZGR 2001, 515, 530 ff.

[97] Vgl. MüKoBGB/*Ulmer/C. Schäfer,* § 705 Rn. 211; *Flume,* Die Personengesellschaft, § 10 IV (S. 142 ff.); *Kübler/Assmann,* § 6 II 3b; *Wiedemann,* GesR II, § 3 III 6a cc; *Ch. Berger,* ZHR 149 (1985), 599, 607 ff.

[98] So etwa die Lösung in *BGH* NJW-RR 2010, 1223 Rn. 3 (was darauf hindeutet, dass auch der *BGH* die pflichtwidrige Weigerung der Geschäftsführung nicht schon als Grundvoraussetzung der actio pro socio ansieht); ähnlich MüKoBGB/*Ulmer/C. Schäfer,* § 705 Rn. 210.

[99] Zu den vielschichtigen prozessualen Folgewirkungen, etwa bei Vergleich oder Verzicht, vgl. etwa MüKoBGB/*Ulmer/C. Schäfer,* § 705 Rn. 213 ff.

[100] *Windbichler,* § 7 Rn. 6; *Höfler,* JuS 1992, 388, 389.

[101] *OLG Köln* BeckRS 2014, 06534; MüKoBGB/*Ulmer/C. Schäfer,* § 705 Rn. 206.

[102] BGHZ 17, 181, 187 = NJW 1955, 1027; BGHZ 39, 14, 20 = NJW 1963, 641; *BGH* NJW 2000, 3272; *OLG Düsseldorf* BeckRS 2013, 13412; *OLG Düsseldorf* NZG 2012, 1148, 1150; *OLG Dresden* NZG 2000, 248, 250; MüKoBGB/*Ulmer/C. Schäfer,* § 705 Rn. 206.

[103] BGHZ 39, 14, 16 ff. = NJW 1963, 641; BGHZ 102, 152, 154 f. = NJW 1988, 558, 559; *BGH* NJW 2000, 734; *BGH* NZG 2008, 588 Rn. 37; *OLG Düsseldorf* BeckRS 2013, 13412; *OLG*

3. Sozialverbindlichkeiten

55 **Fall 13:** *Holle* möchte wissen, ob er die Zahlung seines Gewinnanteils nur von der Gesellschaft verlangen kann oder ob ihm seine Mitgesellschafter dafür auch mit ihrem Privatvermögen einstehen müssen.

56 Der aus dem Gesellschaftsvertrag folgende Gewinnanspruch des *Holle* richtet sich gegen die Gesellschaft. Das ergibt sich daraus, dass der Gewinn durch die Tätigkeit der Gesellschaft unter Einsatz des Gesellschaftsvermögens (§§ 718, 719 BGB) erzielt worden ist. Dem entspricht es, dass sowohl der Rechnungsabschluss (§ 721 BGB), der die Grundlage für die Bezifferung des Gewinnanspruchs bildet, wie auch die Gewinnverteilung selbst nicht Sache der Gesellschafter als Einzelpersonen, sondern Sache der Gesamtheit und deshalb Geschäftsführungsmaßnahmen sind. *Holle* kann also Zahlung von der Gesellschaft verlangen.

57 Die Pflicht zur Zahlung des Gewinnanteils ist eine Sozialverpflichtung. Sozialverpflichtungen sind diejenigen Verpflichtungen, welche die Gesellschaft gegenüber dem einzelnen Gesellschafter aus dem Gesellschaftsverhältnis hat. Sozialverpflichtungen sind neben der Pflicht zur Auszahlung des Gewinnanteils vor allem: Die Pflicht zur Berichtigung des Auseinandersetzungsguthabens (§ 734 BGB) und die Pflicht, die Aufwendungen des Geschäftsführers zu ersetzen (§ 670 i. V. m. § 713 BGB).

58 Mit ihrem Privatvermögen müssten die Gesellschafter für die Forderung des *Holle* nur einstehen, wenn sie auch als Privatpersonen verpflichtet wären. Grundsätzlich trifft die Gesellschafter einer BGB-Gesellschaft analog § 128 HGB eine akzessorische Haftung für die Verbindlichkeiten der Gesellschaft (s. bereits § 7 Rn. 10 ff.). Diese Mithaftung gilt aber – wie sich aus der systematischen Stellung des § 128 HGB ergibt – nur im Verhältnis „zu Dritten“ (s. noch § 16 Rn. 36). Für die analoge Anwendung dieser Vorschrift auf die BGB-Gesellschaft kann nichts anderes gelten; auch hier erschöpfen sich die aus dem Gesellschaftsvertrag erwachsenden Vermögenspflichten der Gesellschafter in der vereinbarten Beitragsleistung (vgl. § 707 BGB).[104] *Holle* kann deshalb die Zahlung seines Gewinnanteils nur von der Gesellschaft und nicht von seinen Mitgesellschaftern als Privatpersonen verlangen.

IX. Zusammenfassung

59 Die Teilhabe an der Gesellschaft begründet die Mitgliedschaft des Gesellschafters. Seine aus der Mitgliedschaft folgenden Befugnisse und Pflichten sind einzuteilen in solche, die sich auf die Verwaltung der Gesellschaftsangelegenheiten beziehen, und in solche, die seine Beteiligung an Vermögen und Ertrag der Gesellschaft betreffen. Der Gesellschafter ist verpflichtet, den vereinbarten Beitrag zu leisten. Bei der Festlegung des Inhalts der Beitragspflicht sind die Gesellschafter frei. Der vereinbarte Beitrag bildet die Obergrenze der Leistungspflicht des Gesellschafters (§ 707 BGB). Den Gesellschafter einer BGB-Gesellschaft trifft eine besondere gesellschaftsrechtliche Treupflicht, die über § 242 BGB hinausgeht und ihm gebietet, alles zu unterlassen, was dem Gesellschaftszweck abträglich ist, und alles zu tun, was zur Förderung des Gesellschaftszwecks notwendig und ihm zumutbar ist.

60 Vermögensrechte des Gesellschafters sind sein Anspruch auf den Gewinnanteil (vgl. dazu §§ 721, 722 BGB) und auf das Auseinandersetzungsguthaben (§ 734 BGB).

Düsseldorf NZG 2012, 1148; *OLG Dresden* NZG 2000, 248, 249; MüKoBGB/*Ulmer/C. Schäfer,* § 705 Rn. 206.

[104] *BGH* NZG 2010, 383 Rn. 7; MüKoBGB/*C. Schäfer,* § 714 Rn. 39.

Sowohl für den Zeitpunkt der Gewinnverteilung wie auch für die Bemessung der Anteile ist der Gesellschaftsvertrag maßgeblich. Nur soweit dieser nichts anderes bestimmt, ist auf §§ 721, 722 BGB zurückzugreifen. Nach § 722 I BGB ist der Gewinn nach Köpfen zu verteilen. Das gleiche gilt nach Auflösung der Gesellschaft für die Verteilung des Überschusses, der nach der Erfüllung der gemeinsamen Verbindlichkeiten und der Rückerstattung der Einlagen verbleibt (§ 734 BGB).

Die Mitgliedschaft ist ein subjektives Recht, das durch eine gesellschaftsrechtliche Verfügung mit Zustimmung der Mitgesellschafter abtretungsähnlich übertragen werden kann. Nach § 717 BGB sind die Verwaltungsrechte eines Gesellschafters nicht isoliert übertragbar, wohl aber seine Vermögensrechte, die dementsprechend nach §§ 851, 857 I ZPO auch pfändbar sind. Der Wert dieser Ansprüche wird aber maßgeblich dadurch geschwächt, dass der Zessionar grundsätzlich an die Beschlüsse der Gesellschafter gebunden ist, von denen die Höhe der Ansprüche abhängt. So ist etwa die Pfändung des Anspruchs auf das Auseinandersetzungsguthaben nach § 734 BGB grundsätzlich möglich, berechtigt den Gläubiger aber nicht, die Gesellschaft zu kündigen. Als subjektives Recht erfährt die Mitgliedschaft auch deliktsrechtlichen Schutz als sonstiges Recht über § 823 I BGB, allerdings nur soweit ein Eingriff die Substanz der Mitgliedschaft berühren würde. 61

Die Ansprüche, die der Gesellschaft aus dem Gesellschaftsverhältnis gegen den einzelnen Gesellschafter zustehen, heißen Sozialansprüche. Für die Gesellschaft werden die Sozialansprüche durch den oder die zur Geschäftsführung und Vertretung berufenen Gesellschafter geltend gemacht. Der einzelne Gesellschafter kann den Anspruch der Gesellschaft aber hilfsweise auch selbst geltend machen (actio pro socio). Sozialverpflichtungen sind diejenigen Verpflichtungen, die eine Gesellschaft gegenüber ihren Mitgliedern aus dem Gesellschaftsverhältnis treffen. Erfüllung dieser Verpflichtungen kann der Gesellschafter nur aus dem Gesellschaftsvermögen verlangen; seine Mitgesellschafter kann er nicht in Anspruch nehmen. 62

§ 9. Gesellschaftsvermögen

Literatur: *C. Brand,* Untreue und Bankrott in der KG und GmbH & Co. KG – Zugleich ein Beitrag zum Gesamthandsprinzip, 2010; *Kießling,* Das Gesamthandsprinzip bei Personalgesellschaften, FS Hadding, 2004, S. 477 ff.

I. Die Zuordnung des Vermögens zur Gesellschaft

1. Gesetzgeberische Grundkonstruktion

Auch wenn die Rechtsfähigkeit der Gesellschaft bürgerlichen Rechts heute ganz überwiegend anerkannt ist, wird doch bei zahlreichen Rechtsfragen deutlich, dass dieses Konzept nicht dem ursprünglichen historischen Entwurf entspricht (vgl. dazu bereits § 3 Rn. 3 ff.). Eine besonders augenfällige Bestätigung findet dieser Befund bei der Vermögensordnung der BGB-Gesellschaft. Sie ist in ihrer gesetzlichen Grundkonzeption durch das Prinzip der gesamthänderischen Bindung gekennzeichnet. Auf dem Fundament dieses Prinzips wurde die Lehre von der rechtsfähigen Wirkungseinheit entwickelt, die heute – wie im Folgenden noch zu zeigen sein wird (Rn. 21) – den Fortbestand des Gesamthandprinzips bei der Gesellschaft bürgerlichen Rechts aber gerade in Frage stellt. 1

Die Vermögensordnung der Gesellschaft ist vornehmlich in den §§ 718–720 BGB geregelt. Dabei stellt § 718 BGB zunächst klar, wie Gesellschaftsvermögen entstehen 2 kann. Da das solchermaßen gebildete Gesellschaftsvermögen dem vertraglich vereinbarten gemeinsamen Zweck dienen soll, wird es sodann einer besonderen Bindung unterworfen, die es der Verfügungsgewalt der Gesellschafter entzieht. § 720 BGB ergänzt dieses System durch eine – praktisch weitgehend bedeutungslose – Schutzvorschrift zugunsten gutgläubiger Schuldner.

2. Der Erwerb von Rechten zum Gesellschaftsvermögen

a) Die Rechtsträgerschaft der Gesellschaft

3 Bereits bei den Ausführungen zur Rechtsfähigkeit der Gesellschaft bürgerlichen Rechts wurde festgestellt, dass sich gerade § 718 I BGB nur schwer mit dem neuen Verständnis des Verbandes als selbstständige Wirkungseinheit in Einklang bringen lässt. Die Regelung sieht vor, dass die Gesellschafterbeiträge und das durch die Geschäftsführung Erworbene „gemeinschaftliches Vermögen der Gesellschafter" werden. Angesichts dieser klaren Anordnung kann auch der folgende Klammerzusatz „Gesellschaftsvermögen" nur wenig Zweifel daran lassen, dass der historische Gesetzgeber aufgrund der verunglückten Ursprungskonzeption der gesellschaftlichen Vermögenszuordnung von der Rechtsträgerschaft der Gesellschafter ausging. Die neuere Rechtsentwicklung ist indes über diese Anordnung hinweggegangen und hat darin durch den modernen Gesetzgeber eine verspätete Legitimation erlangt: Die Gesellschaft selbst wird als Trägerin von Rechten und Pflichten, und namentlich auch als Rechtsträgerin des Gesellschaftsvermögens anerkannt (vgl. dazu bereits § 3 Rn. 3 ff. m. w. Nachw.). Eine dingliche Berechtigung der Gesellschafter an den einzelnen Gegenständen, die in diesem Vermögen zusammengefasst sind, besteht daneben nicht.[1] Nur für die weiterhin nicht rechtsfähige Innengesellschaft behält die buchstabengetreue Lesart des § 718 I BGB auch weiterhin ihre Gültigkeit,[2] doch spielt diese Ausnahme keine große Rolle, da die Bildung eines gemeinschaftlichen Vermögens bei einer Innengesellschaft eher unüblich ist (s. bereits § 3 Rn. 24 ff.).

b) Beiträge

4 **Fall 1:** Die beiden Freundinnen *Meier* und *Wöhrle* betreiben die Werbeagentur Excognito in der Rechtsform einer Gesellschaft bürgerlichen Rechts. *Macha*, die ebenfalls in der Werbebranche tätig ist, verpflichtet sich, das bisher von ihr allein betriebene Unternehmen in die Gesellschaft einzubringen, ist dieser Verpflichtung aber noch nicht nachgekommen. Wem steht der Erfüllungsanspruch zu?

5 Ein entsprechender Sachverhalt ist schon in § 8 Rn. 46 ff. erörtert worden, um den Sozialanspruch der Gesellschaft und das Recht des einzelnen Gesellschafters auf Leistung an die Gesellschaft (actio pro socio) zu verdeutlichen. Dagegen steht hier die Zuordnung der versprochenen Beiträge (§ 705 BGB) zum Gesellschaftsvermögen im Vordergrund. Für die Entstehung des Gesellschaftsvermögens sieht § 718 I BGB zwei Wege vor: Beiträge und Erwerb durch Geschäftsführung. Speziell für die Beiträge weist § 718 I, 1. Fall BGB zwar ausdrücklich nur die Beiträge und nicht den Anspruch auf Beitragsleistung dem Vermögen der Gesellschaft zu;[3] der noch nicht erfüllte Anspruch kann aber nicht anders zugeordnet werden als das aufgrund des Anspruchs Geleistete. Es handelt sich also auch hier um einen Anspruch der Gesell-

---

[1] So die heute ganz h. M. – vgl. nur MüKoBGB/*Ulmer/C. Schäfer*, § 705 Rn. 310; Soergel/*Hadding/Kießling*, § 719 Rn. 1 ff.; Staudinger/*Habermeier* (2003), § 718 Rn. 1.

[2] Vgl. dazu bereits oben § 3 Rn. 24 ff.; speziell zu § 718 BGB s. auch *Kindler*, § 11 Rn. 92.

[3] *K. Schmidt*, § 20 II 1 spricht sich im Sinne einer trennscharfen Begrifflichkeit dafür aus, den Begriff Beitrag durch den Begriff der Einlage zu ersetzen, der die Funktion der Eigenkapitalbildung stärker herausstelle.

schaft, der wegen seiner gesellschaftsvertraglichen Grundlage als Sozialanspruch bezeichnet wird (s. bereits § 8 Rn. 48). Ihn geltend zu machen, ist also ein Akt der Geschäftsführung für die Gesellschaft. Etwas anderes kann sich nur aus den Grundsätzen der actio pro socio ergeben.

c) Der Erwerb durch Geschäftsführung

Fall 2: Alleingeschäftsführerin *Meier* hat unter dem Briefkopf „*Macha, Meier, Wöhrle* – Werbeagentur Excognito GbR" eine hochwertige Computeranlage gekauft und aus Gesellschaftsmitteln bezahlt. Sie hat auch die Lieferung entgegengenommen. Wer ist Eigentümer der Anlage? Wie ist die Eigentumslage zu beurteilen, wenn *Meier* die Anlage zwar aus Gesellschaftsmitteln bezahlt, aber im eigenen Namen erworben hat? 6

Eigentümer der Computeranlage könnte *Meier* oder die Gesellschaft sein. Der Erwerb der Computeranlage war eine Geschäftsführungsmaßnahme und nach § 718 I, 2. Fall BGB gehören diejenigen Gegenstände zum Gesellschaftsvermögen, die durch die Geschäftsführung für die Gesellschaft erworben worden sind. Die Vorschrift ist aber nicht selbst ein Erwerbstatbestand, sondern setzt voraus, dass ein Erwerbstatbestand erfüllt ist. Es müssen also, je nach dem Gegenstand des Erwerbs, die Voraussetzungen der §§ 398, 873/925, 929 BGB vorliegen, und zwar jeweils i. V. m. § 164 I BGB, weil die Gesellschaft nur durch ihre Organe handeln kann (s. bereits § 7 Rn. 2).[4] 7

Die erforderlichen Einigungserklärungen (§ 929 BGB) liegen in der Lieferung der Anlage und ihrer Entgegennahme durch *Meier;* damit ist zugleich die notwendige Übergabe erfolgt. Auch die Voraussetzungen des § 164 I BGB sind erfüllt: Von der Vertretungsmacht des geschäftsführenden Gesellschafters ist auszugehen (§ 714 BGB) und durch die Verwendung des Briefkopfs ist auch der Offenkundigkeitsgrundsatz (Handeln im fremden Namen) gewahrt. Es liegt also ein Erwerbstitel zugunsten der Gesellschaft vor, so dass § 718 I, 2. Fall BGB eingreift: Das erworbene Eigentum steht der Gesellschaft zu. Die zweite Sachverhaltsvariante unterscheidet sich von der ersten dadurch, dass der Offenkundigkeitsgrundsatz nicht gewahrt ist. *Meier* hat nicht, wie von § 164 I BGB vorausgesetzt, im fremden, sondern im eigenen Namen gehandelt. Nach dem Wortlaut des § 718 I BGB könnte man annehmen, dass auch die bloße innere Willensrichtung der Geschäftsführung, für die Gesellschaft zu erwerben, genüge, um die Zuordnung zum Gesellschaftsvermögen zu begründen. Der Schutz des Rechtsverkehrs erfordert aber, dass auch insofern die Voraussetzungen des § 164 I BGB gewahrt werden. Ist das nicht der Fall, so hat grundsätzlich nur der handelnde Gesellschafter das Recht erworben.[5] Ist der Erwerb eine Geschäftsführungsmaßnahme, so hat die Gesellschaft gegen ihn lediglich einen obligatorischen Anspruch aus § 667 i. V. m. § 713 BGB darauf, dass der Gegenstand nach den §§ 929 ff. BGB in ihr Eigentum überführt wird (vgl. dazu bereits § 6 Rn. 26 f.).[6] Ausnahmsweise kann zwar auch die Gesellschaft das Recht unmittelbar erwerben, nämlich dann, wenn die Voraussetzungen des Geschäfts für den, den es angeht, erfüllt sind.[7] Dass die Person des Erwerbers für den Veräußerer gleichgültig war, wird man bei diesem Geschäftsgegenstand (Computeranlage) aber selbst dann nicht bejahen können, wenn *Meier* den Preis bar bezahlt haben sollte. Der Anwendungsbereich dieser für die Bargeschäfte des täglichen Lebens entwickelten Rechts- 8

---

[4] Vgl. RGZ 54, 103, 105; MüKoBGB/*C. Schäfer,* § 718 Rn. 18; Staudinger/*Habermeier* (2003), § 718 Rn. 6.

[5] *K. Schmidt,* § 59 IV 3a.

[6] Staudinger/*Habermeier* (2003), § 718 Rn. 6.

[7] Vgl. dazu statt aller MüKoBGB/*Schubert,* § 164 Rn. 124 ff.

figur lässt sich nicht beliebig erweitern.[8] Die Annahme, dass die Person des Erwerbers dem Veräußerer einer hochwertigen Computeranlage gleichgültig ist, ist schon wegen des notwendigen Kundendienstes und der möglichen Gewährleistungsansprüche lebensfremd. In der zweiten Sachverhaltsvariante ist also zunächst *Meier* Eigentümerin geworden; die Gesellschaft kann von ihr allerdings Überführung in ihr Eigentum fordern (§ 667 i. V. m. § 713 BGB).

d) Der Surrogationserwerb

9 **Fall 3:** *Demirel* hat schuldhaft einen im Eigentum der Werbeagentur stehenden Pkw beschädigt. *Meier* hat die Schadensersatzforderung eingezogen, ohne das Eigentum der Gesellschaft offen zu legen. Wem steht die Ersatzleistung zu?

10 § 718 II BGB ordnet eine dingliche Surrogation zugunsten der Gesellschaft an, die das Gesellschaftsvermögen in seinem Wert erhalten soll. Die dingliche Surrogation findet sich auch bei den anderen Gesamthandsgemeinschaften (§§ 1473, 2041 BGB) und soll dafür sorgen, dass sich die gesamthänderische Bindung des vermeintlich den Gesellschaftern zustehenden Gesellschaftsvermögens an dessen Surrogaten fortsetzt. Wird die BGB-Gesellschaft als eigenständiger Rechtsträger aufgefasst, erweist sich auch diese Regel als weitgehend entbehrlich.[9] Die dingliche Surrogation bewirkt, dass der Surrogationsgegenstand an die Stelle des ausgeschiedenen Gegenstandes tritt, ohne dass es eines rechtsgeschäftlichen Übertragungsaktes bedarf.[10] Sie ist also ein selbstständiger Erwerbstatbestand, der neben Ersatzansprüchen auch Versicherungs- und Bereicherungsansprüche einschließlich der zu ihrer Erfüllung erbrachten Leistung erfasst.[11] Der von *Demirel* an *Meier* geleistete Schadensersatz gehört deshalb nach § 718 II, 2. Fall BGB ohne weiteres zum Gesellschaftsvermögen, selbst wenn *Demirel* von der Existenz der Gesellschaft keine Kenntnis haben sollte.

II. Der Schutz des Gesellschaftsvermögens vor Verfügungen

1. Spannungsverhältnis zwischen gesamthänderischer Bindung und Rechtsträgerschaft der Gesellschaft

11 Sieht man die in § 718 BGB angeordnete Zuweisung des Gesellschaftsvermögens an die Gesellschafter als überholt an, so überrascht es nicht, dass sich der daraus ergebende Korrekturbedarf auch bei dem darauf aufbauenden § 719 BGB fortsetzt, der das solchermaßen gebildete Vermögen vor Verfügungen der Gesellschafter schützen soll.

12 **Fall 4:** Aus einer Werbekampagne steht der Excognito GbR gegen die Kundin *Bettecken* eine Forderung in Höhe von 9.000 EUR zu. *Wöhrle* hat sich ausgerechnet, dass von dieser Forderung 3.000 EUR auf sie entfallen, und überträgt die Forderung insoweit an ihre Gläubigerin *Forster. Bettecken* weigert sich, an *Forster* zu zahlen, weil sie die Abtretung für unwirksam hält. Zu Recht?

13 *Bettecken* ist zur Zahlung verpflichtet, wenn *Wöhrle* die Forderung wirksam an *Forster* abgetreten hat (§ 611 i. V. m. § 398 BGB). Die Forderungsabtretung ist ein Verfügungsvertrag, bei dem ein gutgläubiger Erwerb ausgeschlossen ist. *Forster* hat die Forderung also nur erworben, wenn *Wöhrle* Gläubigerin der *Bettecken* und ihre

---

[8] Vgl. MüKoBGB/*Schramm*, § 164 Rn. 124 ff.

[9] *K. Schmidt*, § 59 IV 3b.

[10] Die dingliche Surrogation unterscheidet sich also nicht nur in den Voraussetzungen, sondern auch im Ergebnis von den Fällen des § 285 BGB, der nur eine „schuldrechtliche Surrogation" regelt; vgl. Jauernig/*Stadler*, § 285 Rn. 2.

[11] MüKoBGB/*C. Schäfer*, § 718 Rn. 21.

Verfügungsbefugnis nicht beschränkt war. Es fragt sich deshalb, wem die von *Wöhrle* abgetretene Forderung zustand.

14 Sucht man die Lösung zunächst in den Buchstaben des Gesetzes, so erhält man eine relativ deutliche Antwort: § 718 I BGB ordnet das durch die Geschäftsführung für die Gesellschaft erworbene Vermögen als gemeinschaftliches Vermögen der Gesellschafter ein. § 719 I BGB entzieht dem einzelnen Gesellschafter die Verfügungsbefugnis über die Anteile an diesem Vermögen. Gemeinsam mit § 738 BGB (s. noch § 10 Rn. 17 ff.) bilden diese beiden Vorschriften die Grundlage des sog. Gesamthandsprinzips. Es beinhaltet ein besonderes Vermögenszuordnungsprinzip, das die Funktion hat, den Bestand eines einheitlichen Sondervermögens für den von der betreffenden Personenmehrheit verfolgten Zweck zu schützen.[12] Seinen Ausgangspunkt findet es in der ursprünglichen historischen Vorstellung der Gesellschaft bürgerlichen Rechts als einem bloßen Schuldverhältnis der Gesellschafter. Innerhalb dieser (mittlerweile überkommenen) juristischen Konzeption konnten nur die Gesellschafter selbst Inhaber des in die Gesellschaft eingebrachten oder von der Gesellschaft erwirtschafteten Vermögens sein. Deshalb wurde jeder Gesellschafter als Eigentümer des gesamten Gesellschaftsvermögens angesehen.[13] Da eine mehrfache Berechtigung an dem ganzen Gegenstand zu Kollisionen zwischen den Berechtigten und zu widersprüchlichen Verfügungen gegenüber Dritten geführt hätte, begründete § 719 I BGB eine besondere Vermögensbindung: Jedem Einzelnen wird die Verfügungsbefugnis entzogen; nur gemeinsam können die Teilhaber wirksame Verfügungen treffen. Das Recht steht allen Teilhabern ganz zu, aber nur zur „gesamten Hand", d. h. sie können nur gemeinschaftlich darüber verfügen. Auch eine Teilung können die Gesellschafter nach § 719 I, 2. Hs. BGB nicht verlangen, sondern sie müssen die Gesellschaft auflösen, um ihre wertmäßige Beteiligung am Gesellschaftsvermögen zu realisieren (s. noch § 10 Rn. 1 ff.). Folgt man diesem Konzept, konnte *Wöhrle* die in der Abtretung liegende Verfügung also nach § 719 I BGB nicht treffen und hat *Forster* demnach die Forderung nicht verschafft.

15 Diese Betrachtungsweise entspricht zwar dem Wortlaut der §§ 718, 719 BGB, steht zugleich aber im Widerspruch zu den neu eingeführten Vorschriften des modernen Gesetzgebers, der die Gesellschaft bürgerlichen Rechts in zunehmend klareren Worten als selbstständige, rechtsfähige Wirkungseinheit anerkannt hat (vgl. dazu § 3 Rn. 3 ff. und 11). Danach ist die Gesellschaft eine eigene Rechtspersönlichkeit, woraus bereits oben der Schluss gezogen wurde, dass sie auch selbst Rechtsträgerin ihres Vermögens ist. Folglich fehlt den Gesellschaftern hinsichtlich der einzelnen Bestandteile dieses Vermögens die Verfügungsbefugnis.[14] Diese Sichtweise führt auf einem anderen Weg zu demselben Ergebnis: *Forster* ist nicht Gläubigerin geworden, weil auch *Wöhrle* nicht Gläubigerin war. Die von dieser vorgenommene Abtretung ist rechtlich wirkungslos.

16 Mit dem Wortlaut des Gesetzes lässt sich diese Lösung abermals kaum in Einklang bringen. § 719 I BGB ordnet an, dass der Gesellschafter nicht über seinen Anteil an dem Gesellschaftsvermögen verfügen könne und setzt damit die Berechtigung des einzelnen Gesellschafters voraus; denn wenn eine solche Berechtigung nicht existier-

---

[12] MüKoBGB/*Ulmer/C. Schäfer,* § 705 Rn. 290 (zu weiteren Erscheinungsformen innerhalb des BGB s. bereits § 3 Rn. 12).

[13] Zu den Grundzügen der Gesamthand vgl. Erman/*H. P. Westermann,* § 718 Rn. 1 ff.; MüKoBGB/*C. Schäfer,* § 718 Rn. 2 ff.; *K. Schmidt,* § 8 III.

[14] So die heute ganz h. M. – vgl. nur Erman/*H. P. Westermann,* § 719 Rn. 1 f.; MüKoBGB/*C. Schäfer,* § 719 Rn. 8; Staudinger/*Habermeier* (2003), § 719 Rn. 1 ff., 7; *Kießling,* FS Hadding, 2004, S. 477, 486 ff.; a. A. *Weber-Grellet,* AcP 182 (1982), 316, 331 f.

te, wäre es sinnlos, ihm die Verfügungsbefugnis zu entziehen.[15] Dieser Widerspruch findet seinen Ursprung aber wiederum in dem noch unvollkommenen Gesamthandsbegriff des historischen Gesetzgebers (s. § 3 Rn. 3 ff.). Nachdem der moderne Gesetzgeber sich relativ klar zur Rechtsfähigkeit der BGB-Außengesellschaft bekannt hat, lässt sich aber auch das dem Wortlaut der §§ 718, 719 BGB zugrunde liegende Gesamthandsmodell mit der Gesetzeslage nicht mehr vereinbaren. Aus den in § 3 Rn. 11 genannten Gründen ist deshalb auch hier dem Verständnis von der Gesellschaft als rechtsfähiger Wirkungseinheit der Vorzug zu geben. Nur für die nicht rechtsfähige Innengesellschaft behält die buchstabengetreue Lesart weiterhin ihre Gültigkeit (s. bereits oben § 3 Rn. 24 ff.).

2. Anteil an dem Gesellschaftsvermögen

17 Deutlich zu unterscheiden von der gedanklichen Vorstellung, der Gesellschafter sei an den einzelnen Gegenständen des Gesellschaftsvermögens berechtigt, ist die Annahme, ihm stehe ein Anteil an dem Gesellschaftsvermögen insgesamt zu.[16] Auch davon geht der Wortlaut des § 719 I BGB aus und auch darin erweist er sich aus heutiger Sicht als korrekturbedürftig; denn neben der Mitgliedschaft des Gesellschafters (§ 8) ist für einen besonderen Anteil am Gesellschaftsvermögen kein Raum. Die Beteiligung daran wird vielmehr durch die Mitgliedschaft vermittelt, sie ist nichts anderes als die vermögensbezogene Komponente der Mitgliedschaft.[17] Die Aussage des § 719 I BGB ist deshalb heute folgendermaßen zu lesen: Da die Gesellschaft einen eigenständigen Rechtsträger darstellt, ist der Gesellschafter weder hinsichtlich des Gesellschaftsvermögens noch hinsichtlich der einzelnen dazu gehörenden Gegenstände Berechtigter.[18] Daher kann er über diese Vermögenswerte auch nicht verfügen.[19] Übertragen werden kann allein die Mitgliedschaft.[20] Einer solchen Übertragung steht § 719 I BGB nicht im Wege,[21] doch bedarf sie der Zustimmung der Mitgesellschafter (s. bereits § 8 Rn. 30 ff.).

3. Das Aufrechnungsverbot des § 719 II BGB

18 **Fall 5:** *Klein* hat gegen die Gesellschafterin *Wöhrle* eine private Darlehensforderung. Er erteilt der Werbeagentur einen Auftrag und schickt die Rechnung über 3.000 EUR anschließend mit

---

[15] Vgl. auch *K. Schmidt,* § 8 III 4d.

[16] *Grunewald,* § 1 Rn. 104 äußert nachvollziehbare Unsicherheit, was darunter genau zu verstehen sei. Die Unterscheidung zwischen Anteilen am Gesellschaftsvermögen und den dazu gehörenden Gegenständen resultiert gerade aus der Unsicherheit des historischen Gesetzgebers über die Dogmatik des Gesamthandsprinzips (§ 3 Rn. 3 ff.) und die strukturellen Unterschiede zur Bruchteilsgemeinschaft (§ 1 Rn. 7 ff.); vgl. dazu *Kießling,* FS Hadding, 2004, S. 477, 487.

[17] Vgl. auch Staudinger/*Habermeier* (2003), § 719 Rn. 2; *K. Schmidt,* NJW 2001, 995, 998; nicht ganz trennscharf *OLG Frankfurt a. M.* NZG 2013, 338, 339; *Windbichler,* § 3 Rn. 5.

[18] Vgl. dazu auch BGHZ 197, 262 Rn. 15 ff. = NJW-RR 2014, 149, wo von einem „geschlossenen Gesellschaftsvermögen" gesprochen wird, das gerade nicht den Gesellschaftern, sondern der rechtsfähigen Außen-Gesellschaft bürgerlichen Rechts zuzuordnen sei.

[19] Ausführlich *C. Brand,* Untreue und Bankrott in der KG und GmbH & Co. KG – Zugleich ein Beitrag zum Gesamthandsprinzip, 2010, S. 175 ff.; vgl. auch Erman/*H. P. Westermann,* § 719 Rn. 2; *K. Schmidt,* § 59 IV 2a.

[20] Zur Möglichkeit der Umdeutung einer unzulässigen Übertragung des Anteils am Gesellschaftsvermögen vgl. MüKoBGB/*C. Schäfer,* § 719 Rn. 6; Staudinger/*Habermeier* (2003), § 719 Rn. 4.

[21] So zutreffend MüKoBGB/*C. Schäfer,* § 719 Rn. 3; Staub/*C. Schäfer,* § 105 Rn. 291; andere Konstruktion bei Staudinger/*Habermeier* (2003), § 719 Rn. 3: § 719 I BGB untersagt Übertragung der Mitgliedschaft, unterliegt aber der Parteidisposition.

dem Vermerk zurück: „Mit Darlehen verrechnet“. Ist er damit von seiner Verbindlichkeit frei geworden?

In der Rücksendung der Rechnung mit dem von *Klein* angebrachten Vermerk liegt die Erklärung der Aufrechnung (§ 388 BGB). Die Aufrechnung durch *Klein* würde, wenn sie zulässig wäre, dessen Darlehensforderung (§ 488 I 2 BGB) und die Forderung (§ 611 I BGB) der Gesellschaft zum Erlöschen bringen, soweit sich die Forderungen decken (§ 389 BGB). Wenn man mit der heute herrschenden Meinung die Rechtsfähigkeit und damit auch die Forderungsinhaberschaft der Gesellschaft anerkennt (§ 3 Rn. 3 ff.), scheitert die Aufrechnung aber bereits an der fehlenden Gegenseitigkeit der Forderungen. § 719 II BGB, der die Aufrechnung ausdrücklich verbietet, hat insofern heute nur noch klarstellende Funktion.[22] Unter der ursprünglichen historischen Konzeption der BGB-Gesellschaft als Schuldverhältnis (§ 3 Rn. 3 ff.) handelte es sich hingegen um eine sinnvolle Ergänzung der gesamthänderischen Ausgestaltung der Gesellschaft. Da man von der dinglichen Berechtigung der Gesellschafter ausging, musste der Bestand des Gesellschaftsvermögens auch gegen derartige Aufrechnungsmöglichkeiten abgesichert werden. Die von *Klein* erklärte Aufrechnung ist danach ebenso unzulässig, wie es die Zahlung von *Wöhrle* aus dem Gesellschaftsvermögen wäre.[23] *Klein* muss also die Forderung bezahlen und zusehen, ob er wegen seiner eigenen Forderung aus dem Vermögen der *Wöhrle* Befriedigung erlangen kann. 19

4. Der Schutz gutgläubiger Schuldner

Nur eine geringe praktische Relevanz kommt § 720 BGB zu.[24] Er soll den gutgläubigen Schuldner schützen, der eine Leistung erbringt, ohne zu wissen, dass die Forderung zum Gesellschaftsvermögen gehört. Für diesen Fall wird die analoge Anwendung der §§ 406–408 BGB angeordnet. In den meisten Fällen wird die Fehlleitung der Leistung indes darauf zurückzuführen sein, dass die Forderung an die Gesellschaft abgetreten wurde, so dass § 407 BGB direkt zur Anwendung gelangt, ohne dass es des Umweges über § 720 BGB bedarf. Hat die Gesellschaft die Forderung nicht durch Abtretung, sondern „durch die Geschäftsführung“ erlangt (vgl. § 718 I, 2. Fall BGB), sind nur wenig Fälle denkbar, in denen der Dritte über die Zugehörigkeit zum Gesellschaftsvermögen in Unkenntnis sein kann.[25] 20

5. Verbleibende Relevanz des Gesamthandsprinzips

Noch keine abschließende Klarheit besteht auch unter den Befürwortern der neuen Lehre hinsichtlich der Frage, welche Relevanz dem Gesamthandsprinzip vor dem Hintergrund einer als rechtsfähige Wirkungseinheit verstandenen BGB-Gesellschaft noch zukommt.[26] So findet sich weiterhin verbreitet die Formulierung, das Gesell- 21

---

[22] MüKoBGB/*C. Schäfer,* § 719 Rn. 13.
[23] Vgl. auch BGHZ 80, 222, 227 = NJW 1981, 1953.
[24] Vgl. auch *K. Schmidt,* § 59 IV 3a.
[25] Da diese Fälle ohne Ausbildungsrelevanz sind, wird insofern auf die Kommentarliteratur verwiesen; vgl. etwa Staudinger/*Habermeier* (2003), § 720 Rn. 1 ff.; Soergel/*Hadding/Kießling,* § 720 Rn. 1 ff.
[26] Vgl. zum Folgenden die zwar vom Strafrecht ausgehende, aber nichtsdestotrotz auch in ihren zivilrechtlichen Passagen bemerkenswerte Analyse von *C. Brand,* Untreue und Bankrott in der KG und GmbH & Co. KG – Zugleich ein Beitrag zum Gesamthandsprinzip, 2010, S. 143 ff. m. w. Nachw. Die hier angestellten strafrechtlichen Folgeüberlegungen zeigen überdies, welche Bedeutung einer korrekten dinglichen Zuordnung, etwa hinsichtlich der Untreuestrafbarkeit, beizumessen ist (anders *Eisenhardt/Wackerbarth,* Rn. 93: „kaum mehr als akademisch“; *Windbichler,* § 3 Rn. 4: „geringe praktische Bedeutung“).

schaftsvermögen stehe den „Gesellschaftern in ihrer gesamthänderischen Verbundenheit" zu.[27] Auch der BGH spricht lediglich von einer „nach außen bestehenden beschränkten Rechtssubjektivität",[28] was gerade für die Vermögenszuordnung eine abweichende Beurteilung zulassen würde.[29] Die herrschende Meinung hält an dem Gesamthandsprinzip also augenscheinlich trotz der veränderten Konzeption im Grundsatz weiterhin fest.[30] Tatsächlich lässt sich aber die Rechtsträgerschaft der Personenaußengesellschaft schlechterdings nicht mit der gleichzeitigen gesamthänderischen Zuordnung des Gesellschaftsvermögens an die Gesellschafter in Einklang bringen, da das Gesamthandsprinzip notwendigerweise die dingliche Berechtigung mehrerer Personen voraussetzt.[31] Auch wenn es auf der Grundlage des bestehenden Normenbestandes und der Ursprungskonzeption des historischen Gesetzgebers schwer fallen mag, von der systembildenden Relevanz des Gesamthandsprinzips Abschied zu nehmen,[32] so verdunkelt es doch im Lichte des heutigen Erkenntnisstandes zur Rechtsfähigkeit der BGB-Gesellschaft eher die Rechtslage, als dass es zu ihrer Klärung beiträgt. Vor dem Hintergrund der neueren Entwicklung ist das Gesamthandsprinzip als Ausgangspunkt der gesetzlichen Entwicklung und als Vehikel hin zur Rechtsfähigkeit der Gesellschaft bürgerlichen Rechts anzuerkennen. Nachdem dieser Schritt getan ist, gilt es, von dem Prinzip der gesamthänderischen Bindung auf dem Gebiet der Personenaußengesellschaften aber Abschied zu nehmen und die alleinige Rechtsträgerschaft der Gesellschaft anzunehmen. Das Verständnis der Gesamthand ist für den Rechtsanwender weiterhin von großer Relevanz, um die Ausgestaltung der maßgeblichen Vorschriften, namentlich zur Vermögenszuordnung, nachvollziehen zu können. Nichtsdestotrotz darf er bei diesem Befund aber nicht stehenbleiben, sondern muss die Anordnungen des historischen Gesetzgebers im Lichte der Rechtsfähigkeit der BGB-Gesellschaft korrigieren.[33] Nur für BGB-Gesellschaften ohne Rechtsfähigkeit, aber mit Gesamthandsvermögen, also namentlich Innengesellschaften, behält das Gesamthandsprinzip dagegen auch weiterhin seine Gültigkeit (§ 3 Rn. 24 ff.).[34] Ebenso wenig wird die juristische Beurteilung sonstiger Gesamthandsgemeinschaften (eheliche Gütergemeinschaft, Erbengemeinschaft und Urhebergemeinschaft) von der Entwicklung im Gesellschaftsrecht berührt. Eine einheitliche BGB-Gesamthand gibt es nicht (vgl. bereits § 3 Rn. 12).

---

[27] So etwa MüKoBGB/*C. Schäfer,* § 718 Rn. 2; *Flume,* Die Personengesellschaft, § 4 II; *Kindler,* § 11 Rn. 99; *Gesmann-Nuissl,* WM 2001, 973, 974.

[28] BGHZ 146, 341, 344 = NJW 2001, 1065.

[29] Vgl. zu dieser Formulierung auch *Kreutz,* FS Hadding, 2004, S. 513, 525 f.; *H. P. Westermann,* FS Konzen, 2006, S. 957, 973 ff.

[30] So etwa ausdrücklich MüKoBGB/*C. Schäfer,* § 718 Rn. 2.

[31] Vgl. zum Folgenden insb. die Überlegungen von *C. Brand,* Untreue und Bankrott in der KG und GmbH & Co. KG – Zugleich ein Beitrag zum Gesamthandsprinzip, 2010, S. 143 ff.; ferner Staudinger/*Habermeier* (2003), § 718 Rn. 1; *Kießling,* FS Hadding, 2004. S. 477, 484 ff.; *Leipold,* FS Canaris, Bd. II, 2007, S. 221, 242; zumindest sympathisierend wohl Erman/*H. P. Westermann,* § 718 Rn. 1, § 719 Rn. 1 (der dann allerdings in § 718 Rn. 3 weiterhin von einer dinglichen Gesamthandsberechtigung ausgeht); *K. Schmidt,* § 8 III 3b; *ders.,* FS Ulmer, 2003, S. 557, 563 Fn. 41; zur Unvereinbarkeit der beiden Sichtweisen auch *Beuthien,* JZ 2003, 715, 719; *ders.,* NJW 2005, 855, 856 f.; *Schulze-Osterloh,* Das Prinzip der gesamthänderischen Bindung, 1972, S. 81.

[32] Explizites Unbehagen etwa bei *H. P. Westermann,* FS Konzen, 2006, S. 957, 976.

[33] Zu der umstrittenen Frage, ob das Anwachsungsprinzip als Ausdruck des Gesamthandprinzips verstanden werden muss, s. noch § 10 Rn. 18; so sieht etwa *C. Schäfer,* § 8 Rn. 1 hier den entscheidenden Unterschied zur juristischen Person.

[34] Erman/*H. P. Westermann,* § 719 Rn. 1.

Hinweis:

Bei der Klausurbearbeitung wird es zumeist nicht erforderlich sein, zur heutigen Bedeutung des Gesamthandsprinzips Stellung zu nehmen, da auch diejenigen, die weiterhin von einer gesamthänderischen Berechtigung der Gesellschafter ausgehen, im Regelfall zu denselben Ergebnissen gelangen wie diejenigen, die von der alleinigen Vermögensträgerschaft der Gesellschaft ausgehen. Da sich gerade der „Jurist mit einer traditionsgebundenen Sozialisation" schwer tun wird, von der Gesamthand Abschied zu nehmen,[35] könnte es ratsam sein, sich in diesem Punkt eher zurückhaltend zu positionieren. 22

III. Zusammenfassung

Die gesetzliche Vermögensordnung der Gesellschaft bürgerlichen Rechts als gesamthänderische Bindung der dinglich berechtigten Gesellschafter beruht auf einer überkommenen Vorstellung der Gesellschaft als schuldrechtliches Verhältnis. Mit der Anerkennung der Gesellschaft als rechtsfähige Wirkungseinheit steht fest, dass sie selbst und nicht ihre Gesellschafter Rechtsträgerin des Gesellschaftsvermögens ist. Zum Gesellschaftsvermögen gehören zunächst die Ansprüche auf Beitragsleistung (§ 705 BGB), sodann die geleisteten Beiträge selbst (§ 718 I, 1. Fall BGB). Zum Vermögen gehört auch, was die Gesellschaft durch die Geschäftsführung erwirbt (§ 718 I, 2. Fall BGB). Die Vorschrift regelt jedoch nur die Zuordnung des Erwerbs zum Gesellschaftsvermögen. Ob etwas erworben worden ist, ist nach den allgemeinen Vorschriften zu beurteilen. Für den dinglichen Rechtserwerb müssen also die Voraussetzungen der §§ 398, 873/925, 929 BGB, jeweils i. V. m. § 164 BGB, erfüllt sein. Schließlich wird das Gesellschaftsvermögen durch die in § 718 II BGB vorgesehene dingliche Surrogation geschützt. Auch § 719 BGB, der Verfügungen der Gesellschafter über ihren Anteil am Gesellschaftsvermögen oder über die dazu gehörenden Gegenstände ausschließt, hat heute nur noch klarstellende Bedeutung. Derartige Verfügungen sind schon deshalb ausgeschlossen, weil es entsprechende Anteile nicht gibt. Die gesamthänderische Bindung kann deshalb nach dem heutigen Entwicklungsstand der BGB-Gesellschaft nicht mehr als prägendes Element dieser Gesellschaftsform angesehen werden. 23

§ 10. Auflösung und Auseinandersetzung der Gesellschaft; Ausscheiden eines Gesellschafters

Literatur: *Armbrüster,* Grenzen der Gestaltungsfreiheit im Personengesellschaftsrecht, ZGR 2014, 333; *Benecke,* Inhaltskontrolle im Gesellschaftsrecht oder: „Hinauskündigung" und das Anstandsgefühl aller billig und gerecht Denkenden, ZIP 2005, 1437; *Halfmeier,* Ausgleichsansprüche bei Auflösung einer nichtehelichen Lebensgemeinschaft, JA 2008, 97; *M. Kindler,* Ausgleichsansprüche nach Beendigung einer Lebensgemeinschaft, Jura 2010, 131; *Röthel,* Rückgewähr von Zuwendungen durch Verlobte, Ehegatten, Lebenspartner, Jura 2006, 641. Vgl. auch die vertiefenden Angaben zu Abfindungsanspruch und Abfindungsklauseln vor § 18.

---

[35] *H. P. Westermann,* FS Konzen, 2006, S. 957, 976.

I. Auflösung und Vollbeendigung

1. Kündigung durch Gesellschafter als Auflösungsgrund

1 Aus dem Gesellschaftsverhältnis können den Gesellschaftern immer neue Pflichten erwachsen. Überdies kann unter Umständen ein erheblicher Bestandteil ihres Vermögens in der Gesellschaft gebunden sein. Aus diesen Gründen können sie daran interessiert sein, das gemeinsame Engagement zu beenden. Unter Umständen werden auch externe Gläubiger auf das in der Gesellschaft gebundene Vermögen Zugriff nehmen wollen. In diesen Fällen bedarf es der Auflösung der Gesellschaft, die in den §§ 723 ff. BGB geregelt ist. Es handelt sich dabei um ein komplexes Verfahren, da es schließlich darum geht, eine organisierte Wirkungseinheit mit Vermögen, Rechten und Pflichten vollständig aus dem Rechtsverkehr zu entfernen. Das Verfahren ist in zwei Schritte unterteilt: Zunächst bedarf es der sog. Auflösung der Gesellschaft, mit der der Gesellschaftszweck auf die Abwicklung der Gesellschaft ausgerichtet wird (s. im Einzelnen noch Rn. 6). Dafür ist ein Auflösungsgrund erforderlich. Derartige Auflösungsgründe sind in §§ 723–728 BGB aufgeführt. An die Auflösung schließt sich dann die sog. Auseinandersetzung oder Liquidation an, deren Endpunkt die Entfernung der Gesellschaft aus dem Rechtsverkehr ist. Dieses Verfahren ist in den §§ 729–735 BGB näher ausgestaltet. Als Alternative zur Auflösung lässt das Gesetz auch das Ausscheiden eines Gesellschafters zu, wenn die übrigen den gemeinsamen Zweck weiterhin verfolgen wollen. Diese Möglichkeit ist in den §§ 736–740 BGB geregelt.

2 **Fall 1:** *Beck* und *Prosch* betreiben gemeinsam ein Architekturbüro. Nachdem sich die Geschäfte in den letzten Monaten schlecht entwickelt haben, kommt es zu einem Streit zwischen den beiden Gesellschaftern, in deren Verlauf *Beck* den Gesellschaftsvertrag kündigt, um sich eine neue Existenz aufzubauen. Am nächsten Morgen erscheint ihm dieser Schritt voreilig. Kann er die Gesellschaft mit *Prosch* fortführen, wenn auch dieser dazu bereit ist?

3 Da auch Architekten zu den freien Berufen gehören (s. § 3 Rn. 2) und die Gesellschafter sich nicht explizit zu einer Partnerschaft (s. noch § 25) zusammengeschlossen haben, handelt es sich bei dem Architekturbüro um eine Gesellschaft bürgerlichen Rechts. Ob *Beck* die Gesellschaft mit *Prosch* in dessen Einverständnis fortführen kann, hängt davon ab, welche Wirkung der von ihm ausgesprochenen Kündigung zukommt. Ist das Rechtsverhältnis zwischen den Gesellschaftern mit Zugang der Erklärung (§ 130 I BGB) beendet, dann ist eine Fortführung der Gesellschaft ausgeschlossen. Sie könnte nur durch Vertrag unter den bisherigen Gesellschaftern neu begründet werden. Eine gleichwertige Lösung wäre das nicht, weil auch das Gesellschaftsvermögen durch die dazu erforderlichen Übertragungsakte (§§ 398, 873/925, 929 BGB) neu gebildet werden müsste.

4 Die Kündigung ist in § 723 BGB als Auflösungsgrund aufgeführt. Die Vorschrift sagt aber über die Wirkung der Kündigung nichts aus, sondern regelt nur deren Zulässigkeit: Ist die Gesellschaft auf unbestimmte Zeit eingegangen, so kann sie nach § 723 I 1 BGB jederzeit ohne Angabe eines Grundes gekündigt werden. Nur zur Unzeit darf die Kündigung nicht erfolgen; anderenfalls entfaltet sie zwar Wirksamkeit, der Gesellschafter ist gegenüber seinen Mitgesellschaftern aber zum Schadensersatz verpflichtet (§ 723 II BGB). Ist eine Zeitdauer bestimmt, so kommt nur eine außerordentliche Kündigung in Betracht, die eines wichtigen Grundes bedarf (§ 723 I 2 BGB).[1] Ein solcher wichtiger Grund kann namentlich darin liegen, dass ein anderer Gesellschafter seine Pflichten verletzt hat oder sie künftig nicht mehr erfüllen kann, so dass dem Kündigenden die Fortführung der Gesellschaft nicht mehr

[1] § 314 BGB wird hier von § 723 I 2 BGB verdrängt.

zugemutet werden kann (§ 723 I 3 Nr. 1 BGB).[2] Das daneben in § 723 I 3 Nr. 2 BGB vorgesehene Lösungsrecht bei Volljährigkeit soll es einem Minderjährigen ermöglichen, künftige Haftungsrisiken zu vermeiden, die sich aus einer während der Minderjährigkeit auf bestimmte Zeit begründeten Gesellschafterstellung ergeben.[3] Eine Vereinbarung, die das Kündigungsrecht einschränkt, ist nach § 723 III BGB nichtig, da eine zeitlich unbegrenzte Bindung der Beteiligten verhindert werden soll. Eine Erweiterung ist hingegen unproblematisch zulässig. Abgrenzungsfragen können sich ergeben, wenn das Kündigungsrecht inhaltlich näher ausgestaltet wird (z. B. durch konkretere Umschreibung eines wichtigen Grundes oder der Festlegung von Kündigungsterminen). Eine solche Gestaltung ist zwar zulässig, darf sich aber nicht als Beschränkung i. S. d. § 723 III BGB auswirken.[4] Da im Fall 1 die Gesellschaft auf unbestimmte Zeit gegründet war und weder eine Kündigung zur Unzeit noch eine sonstige Einschränkung des Kündigungsrechts erkennbar wäre, ist die Kündigung als wirksam anzusehen. Zu untersuchen bleiben demnach nur ihre Rechtsfolgen.

Hinweis:

Das Verständnis des Kündigungsrechts wird wesentlich erleichtert, wenn man sich vergegenwärtigt, dass es sich dabei in seinen Ausprägungen als ordentliches und außerordentliches, als befristetes und unbefristetes Kündigungsrecht um ein allgemeines Strukturprinzip des Privatrechts handelt, das für alle Dauerschuldverhältnisse Gültigkeit beansprucht. 5

2. Auflösung als Kündigungsfolge

Die Beurteilung der gesetzlich nicht näher geregelten Kündigungsfolgen muss dem Umstand Rechnung tragen, dass die Gesellschaft nicht nur ein obligatorisches Dauerverhältnis, sondern auch und vor allem ein Gemeinschaftsverhältnis ist: Die Gesellschafter haben ein Gesellschaftsvermögen gebildet (§ 718 I BGB) und haben mit dem Abschluss von Verträgen Gesellschaftsansprüche und -verbindlichkeiten begründet (§§ 714, 164 I BGB). Die Kündigung eines Gesellschafters kann weder das eine noch das andere aus der Welt schaffen. Sie bewirkt deshalb nur die Auflösung der Gesellschaft, die aber erst dann beendet ist, wenn die in § 730 I BGB vorgesehene Auseinandersetzung stattgefunden hat. § 730 II 1 BGB bringt das in Form einer Fiktion nicht ganz zutreffend zum Ausdruck: Die Gesellschaft „gilt" nicht nur als fortbestehend, sondern sie besteht fort. Aus der bisher „werbenden" Gesellschaft wird die Abwicklungsgesellschaft. Beide sind rechtlich identisch; nur der Gesellschaftszweck hat sich geändert: An die Stelle des vertraglich festgelegten Zwecks ist der Abwicklungszweck getreten.[5] An einer erneuten Zweckänderung und damit auch an einer Wiederaufnahme der bisherigen werbenden Tätigkeit sind die Gesell- 6

[2] Vgl. auch *BGH* NJW-RR 2012, 1059, 1060 ff.; *BGH* NJW 2006, 844.

[3] Hinsichtlich der bis dahin schon angelaufenen Verbindlichkeiten bietet § 1629a BGB Schutz, der die Haftung des Minderjährigen auf den Bestand des bei Eintritt der Volljährigkeit vorhandene Kindesvermögen beschränkt (s. bereits § 4 Rn. 38); ausführlich zu diesem Recht *Sigle,* FS K. Schmidt, 2009, S. 1507 ff.

[4] Zu Abgrenzungsfragen vgl. etwa BGHZ 126, 226, 230 ff. = NJW 1994, 2536; *BGH* NZG 2007, 65 Rn. 10 f.; vgl. auch *BGH* NJW-RR 2012, 1242, 1244 f., der eine unzulässige Kündigungsbeschränkung (§ 723 III BGB) bejaht, wenn der Gesellschaftsvertrag eine ordentliche Kündigung erstmals nach 31 Jahren gestattet; dagegen hat *BGH* WM 1967, 315, 316 eine Frist von bis zu 30 Jahren für unbedenklich erachtet.

[5] Vgl. statt aller *Kübler/Assmann,* § 6 IV 1.

schafter nicht gehindert, allerdings bedarf es dazu eines Beschlusses aller Gesellschafter.[6] Unter Umständen kann dieser Beschluss aber auch konkludent gefasst werden.[7] *Prosch* und *Beck* können deshalb die Gesellschaft fortführen, indem sie die Rück-Umwandlung in eine werbende Gesellschaft vereinbaren.

3. Weitere Auflösungsgründe

7 Die Gesellschaft kann nicht nur durch Kündigung eines Gesellschafters aufgelöst werden, sondern §§ 725–728 BGB enthalten weitere Auflösungstatbestände. § 725 BGB nennt zunächst die Kündigung durch einen Gläubiger, der den Anteil seines Schuldners am Gesellschaftsvermögen gepfändet hat. Wegen der gesamthänderischen Bindung des Gesellschaftsvermögens kann der Gläubiger eines einzelnen Gesellschafters während des Bestehens der Gesellschaft nach § 725 II BGB nicht auf das Gesellschaftsvermögen zugreifen. Da aber in der Gesellschaft erhebliche Vermögenswerte des Schuldners gebunden sein können, muss dem Gläubiger auch hier der Zugriff gestattet werden. § 725 I BGB ermöglicht es ihm deshalb, durch ein eigenes Kündigungsrecht die Auflösung zu initiieren und damit die Voraussetzungen für einen solchen Zugriff zu schaffen. Aus demselben Grund erklärt sich, dass § 728 II BGB auch die Gesellschafterinsolvenz als Auflösungsgrund erwähnt.[8] Ebenso versteht sich, dass nach § 728 I BGB die Insolvenz der Gesellschaft selbst zur Verwertung ihres Vermögens und damit zur Auflösung führen muss. In diesem Fall werden die Abwicklungsregelungen der §§ 730 ff. BGB allerdings von den spezielleren Vorschriften der InsO verdrängt.

8 Nach § 726 BGB liegt ein weiterer Auslösungsgrund vor, wenn der vereinbarte Zweck erreicht worden ist oder nicht mehr erreicht werden kann. Diese Regelung kann praktische Bedeutung etwa bei Gesellschaften erlangen, die der Durchführung eines bestimmten Projekts dienen (z. B. Abschluss eines Bauvorhabens).[9] Schließlich ist nach § 727 BGB auch der Tod eines Gesellschafters ein Auflösungsgrund. Das ist gerade bei unternehmenstragenden Gesellschaften eine nicht immer sachgerechte Regelung, die von den Parteien deshalb oft vertraglich abbedungen wird (zulässig nach §§ 727, 736 BGB). Sie entspricht aber dem besonderen personenbezogenen Charakter der Gesellschaft bürgerlichen Rechts. Als kautelarjuristische Alternative kann der Vertrag die Fortsetzung mit den Erben des Gesellschafters oder unter den übrigen Gesellschaftern vorsehen (vgl. dazu noch ausführlich § 11).

9 Die in §§ 723–728 BGB genannten Auflösungsgründe sind nicht abschließend. Weitere Auflösungsgründe können sich aus allgemeinen Rechtsgrundsätzen oder aus dem Gesellschaftsvertrag ergeben. Praktische Bedeutung kommt insofern insbesondere den beiden Fällen zu, dass die Gesellschafter einen Auflösungsbeschluss fassen oder dass die Zahl der Gesellschafter auf einen herabsinkt. Im ersten Fall bedarf es – vorbehaltlich anderweitiger vertraglicher Regelungen – eines einstimmigen Beschlusses, da die Auflösung eine Änderung des Gesellschaftsvertrages darstellt.[10] Dass auch das Absinken der Gesellschafterzahl auf einen die Auflösung bewirkt, ergibt sich

---

[6] *BGH* NJW 1995, 2843, 2844.

[7] Vgl. zu den Anforderungen *BGH* NJW 1995, 2843, 2844.

[8] Die verbleibenden Gesellschafter können sich gegen dieses Risiko der Auflösung aufgrund einer Gesellschafterinsolvenz durch eine Fortsetzungsklausel absichern (vgl. § 736 BGB). In diesem Fall scheidet nur der Gesellschafter aus; sein Abfindungsanspruch (s. noch Rn. 17 ff.) fällt in die Insolvenzmasse; vgl. auch *BGH* NJW 2007, 1067; *Beck,* Jura 2013, 209, 215 f.; *Kindler,* § 12 Rn. 43; *Windbichler,* § 10 Rn. 3.

[9] *BGH* NJW 1981, 749 f.

[10] *Kindler,* § 12 Rn. 42.

daraus, dass die Personengesellschaft – anders als die mit Rechtspersönlichkeit ausgestattete Kapitalgesellschaft (§ 29 Rn. 11) – als Einmanngesellschaft nicht bestehen kann. § 705 BGB setzt einen auf gemeinschaftliche Zweckverfolgung gerichteten Vertrag voraus. Diese rechtsgeschäftliche Basis der Gesellschaft besteht nicht mehr, wenn nur noch eine Person beteiligt ist.[11] Eine andere Konzeption lässt sich nur entwickeln, wenn man für die Ordnung der Gesellschaft nicht an die zur Gesellschaft vereinigten Gesellschafter, sondern an ein von ihnen getragenes Unternehmen oder an eine davon mehr oder minder abgelöste juristische Person anknüpft (ablehnend dazu bereits § 3 Rn. 13).[12] Solche Ansätze haben jedoch keine gesetzliche Basis und sind auch deshalb nicht verfolgenswert, weil sie die Gesellschaft von ihrer privatautonomen Grundlage lösen.

II. Überblick über das Verfahren der Auseinandersetzung

1. Vorrang vertraglicher Gestaltung

Fall 2: *Prosch* möchte das Architekturbüro nach der Kündigung des *Beck* allein weiterführen. 10
Er fragt deshalb, ob eine einverständliche Übertragung des Büros auf ihn als Alleininhaber generell möglich wäre oder ob dem Gläubigerschutzaspekte entgegenstehen. Da er aber überdies auch nicht sicher ist, ob er sich mit dem *Beck* über die Bewertung wird einigen können, bittet er zusätzlich noch um eine Aufklärung, wie in diesem Fall die Abwicklung der Gesellschaft zu vollziehen ist.

Prosch will die Gesellschaft so auseinandersetzen, dass er das Gesellschaftsvermögen 11
mit Aktiva und Passiva übernimmt und *Beck* abfindet. Das ist an sich möglich, weil die Regelung der Auseinandersetzung in den §§ 730 ff. BGB nicht zwingend ist. Die Auseinandersetzung soll für die Gesellschafter ein möglichst vorteilhaftes Ergebnis bringen. Wie sie das erreichen, ist ihrer Disposition überlassen (vgl. § 731 S. 1 BGB: „in Ermangelung einer anderen Vereinbarung"). Der Gesichtspunkt des Gläubigerschutzes, der bei der Auseinandersetzung von Kapitalgesellschaften eine wichtige Rolle spielt und dort zu strengen verfahrensrechtlichen Vorgaben zwingt (vgl. §§ 264 ff., bes. §§ 267, 272 AktG), braucht bei den Personengesellschaften nicht beachtet zu werden, weil die Haftung gegenüber den Gläubigern nicht auf das Gesellschaftsvermögen beschränkt ist, sondern die Gesellschafter persönlich akzessorisch haften (s. oben § 7 Rn. 10 ff.).

2. Das gesetzlich vorgesehene Verfahren

Kommt eine Einigung zwischen den Gesellschaftern nicht zustande, so ist gem. 12
§ 731 S. 1 BGB nach den §§ 732 bis 735 BGB und ergänzend (§ 731 S. 2 BGB) nach den §§ 752 ff. BGB zu verfahren. Dabei sind *Prosch* und *Beck* für die Auseinandersetzung gemeinschaftlich geschäftsführungsbefugt, auch wenn der Gesellschaftsvertrag für die werbende Gesellschaft etwas anderes bestimmen sollte (§ 730 II 2 BGB).[13]

---

[11] Gegen eine Einmann-Personengesellschaft die ganz h. M.; vgl. nur BGHZ 48, 203, 206 = NJW 1967, 2203; BGHZ 113, 132, 133 = NJW 1991, 844; *K. Schmidt,* § 8 IV 2, § 45 I 2b.

[12] Dafür etwa *Grunewald,* § 1 Rn. 2; *Baumann,* BB 1998, 225 ff.; *Pfister,* Die Einmann-Personengesellschaft, 1999, S. 125 ff., 162 ff., 176 ff.; *Raiser,* AcP 194 (1994), 495, 509 f.; *Weimar,* ZIP 1997, 1769 ff.

[13] Die gemeinschaftliche Geschäftsführungsbefugnis nach § 730 II 2 BGB besteht grundsätzlich auch bei der Auflösung einer als Gesellschaft bürgerlichen Rechts ausgestalteten Publikumsgesellschaft. Insbesondere sind § 265 I AktG, § 66 GmbHG nicht analog anzuwenden; so *BGH* NJW 2011, 3087 Rn. 10 ff.

13 Das Verfahren läuft folgendermaßen ab: Zunächst sind jedem Gesellschafter die Gegenstände zurückzugeben, die er nicht in das gemeinschaftliche Vermögen überführt, sondern der Gesellschaft nur zur Benutzung überlassen hat (§ 732 BGB). Dann muss das Gesellschaftsvermögen versilbert werden, soweit dies zur Befriedigung der Gläubiger und zur Rückerstattung der Einlagen notwendig ist (§ 733 III BGB). Können sich *Prosch* und *Beck* nicht auf ein anderes Verfahren einigen, so erfolgt die Versilberung nach den Vorschriften über den Pfandverkauf (§§ 731 S. 2, 753, 1235 ff. BGB).[14] Aus dem Erlös sind in erster Linie die gemeinschaftlichen Schulden zu berichtigen (§ 733 I BGB). Soweit danach etwas übrig bleibt, sind die Einlagen zurückzuerstatten (§ 733 II BGB). Sacheinlagen sind dem Wert nach zu vergüten, nicht in Natur zurückzugeben.

14 Verbleibt jetzt noch ein Überschuss, so gebührt er *Prosch* und *Beck* nach dem Verhältnis ihrer Gewinnanteile; jeder Gesellschafter hat Anspruch auf das Auseinandersetzungsguthaben, das sich danach für ihn ergibt (§ 734 BGB). Reicht das Vermögen zur Deckung der Verbindlichkeiten und zur Rückerstattung der Einlagen (§ 733 I und II BGB) nicht aus, so müssen die Gesellschafter das Defizit entsprechend ihren Anteilen am Verlust tragen (§ 735 BGB).

III. Das Ausscheiden eines Gesellschafters

1. Die Tatbestände des Ausscheidens

15 **Fall 3:** *Prosch* hat zwei Partner, *Aberle* und *Marquardt,* gefunden, die mit ihm ein neues Architekturbüro aufbauen wollen. Er möchte sicherstellen, dass in Zukunft der Bestand des Unternehmens durch die Kündigung eines Gesellschafters nicht gefährdet wird. Wie lässt sich das erreichen?

16 Die in den §§ 723, 724, 727, 728 BGB vorgesehene Auflösungsfolge ist nach § 736 BGB dispositiv: Die Gesellschafter können vereinbaren, dass die Gesellschaft trotz Kündigung, Tod oder Insolvenz eines Gesellschafters fortbesteht. Eine solche Gestaltung wird gerade bei unternehmenstragenden Gesellschaften oft sinnvoll sein, um den Bestand der Gesellschaft dauerhaft zu gewährleisten und gemeinsam geschaffene Werte zu erhalten. Haben die Gesellschafter eine solche Vereinbarung getroffen, scheidet gem. § 736 BGB der Gesellschafter aus, in dessen Person das Ereignis eingetreten ist.[15] Die Gesellschaft behält ihre Identität und wird von den übrigen Mitgliedern fortgesetzt. Auch kann die bereits eingetretene Auflösungsfolge durch einen nachträglich gefassten Fortsetzungsbeschluss aufgehoben werden. Das BGB geht also zwar davon aus, dass die Gesellschaft in ihrem rechtlichen Bestand von den Personen der Vertragschließenden abhängig ist, gestattet ihnen jedoch, einer abweichenden Interessenlage durch eine andere Regelung gerecht zu werden. Das Problem des *Prosch* lässt sich also einfach lösen: Im Gesellschaftsvertrag muss vereinbart werden, dass die Gesellschaft bei Kündigung eines Gesellschafters fortbesteht. Scheidet der vorletzte Gesellschafter aus, ist diese Fortsetzungsklausel dahingehend auszulegen, dass dem letzten verbleibenden Gesellschafter das Vermögen der Gesellschaft anwachsen soll. Er wird damit zum

[14] S. zur Zulässigkeit der Teilungsversteigerung eines Grundstücks (vgl. § 753 I 1, 2. Hs. BGB, §§ 180 ff. ZVG) trotz dessen Zuordnung zum selbständigen Gesellschaftsvermögen der Außen-Gesellschaft bürgerlichen Rechts BGHZ 197, 262 Rn. 12 ff. = NJW-RR 2014, 149.

[15] Vgl. zu den dabei auftretenden Schwierigkeiten beispielhaft *BGH* NJW 2008, 1943; *BGH* NJW 2008, 2987. Die Gesellschaftsidentität wird ebenfalls gewahrt, wenn sämtliche Gesellschafter gleichzeitig im Wege der Anteilsübertragung ausgewechselt werden, *BGH* NZG 2016, 221 = JuS 2016, 560 (mit Anm. *K. Schmidt*).

Gesamtrechtsnachfolger der Gesellschaft, ohne dass es einer besonderen Übernahmeerklärung bedarf.[16]

2. Der Abfindungsanspruch des § 738 BGB

Fall 4: Bevor die neuen Partner von *Prosch* der vorgeschlagenen Vereinbarung zustimmen, 17
möchten sie wissen, welche Rechtsstellung sie im Falle ihres Ausscheidens haben und ob ihre Ansprüche für diesen Fall schon im Gesellschaftsvertrag festgelegt werden können.

Die Rechtsstellung des ausscheidenden Gesellschafters ist zunächst durch einen Ver- 18
lust gekennzeichnet, da die dingliche Berechtigung an den Gegenständen des Gesellschaftsvermögens der Gruppe der übrigen Gesellschafter verbleibt. Der Ausscheidende verliert also mit seiner Mitgliedschaft auch den durch sie vermittelten Anteil am Gesellschaftsvermögen (§ 738 I 1 BGB). Das ist die notwendige Folge des Ausscheidens, weil es eine Berechtigung am Gesellschaftsvermögen ohne die Mitgliedschaft nicht gibt.[17] Besondere Übertragungsakte sind weder erforderlich noch möglich. Man bezeichnet diesen Übergang als Anwachsung. Allerdings zeigt sich im Wortlaut des § 738 I BGB abermals das überkommene Gesamthandsverständnis des historischen Gesetzgebers, wenn dort angeordnet wird, der Anteil am Gesellschaftsvermögen wachse den übrigen Gesellschaftern zu. Das ist zumindest bei der Außengesellschaft deshalb korrekturbedürftig, weil es einen solchen Anteil nach heute ganz herrschender Meinung nicht gibt. Das Vermögen steht vor und nach dem Ausscheiden allein der Gesellschaft selbst zu (s. bereits § 9 Rn. 3). Tatsächlich ist die Anordnung des § 738 I BGB auf der Grundlage des heutigen Entwicklungsstandes zur BGB-Außengesellschaft dahingehend aufzufassen, dass mit dem Ausscheiden des Gesellschafters seine Mitgliedschaft erlischt und damit auch die dadurch vermittelte vermögensmäßige Beteiligung.[18] Nur bei der nichtrechtsfähigen Innengesellschaft behält die Anwachsung in ihrer ursprünglichen Bedeutung auch weiterhin ihre Gültigkeit; nur hier kommt es also tatsächlich zu einem Wechsel in der dinglichen Berechtigung.[19]

Der ausscheidende Gesellschafter kann von der Gesellschaft verlangen, dass sie ihm 19
diejenigen Gegenstände zurückgibt, die er ihr nur zur Benutzung überlassen hat (§ 738 I 2 i. V. m. § 732 BGB), dass sie ihn von den fälligen gemeinschaftlichen Schulden befreit (§ 738 I 2 BGB) und ihm wegen der noch nicht fälligen Schulden Sicherheit leistet (§ 738 I 3 BGB). Damit ist aber der Verlust noch nicht ausgeglichen, der dem Ausscheidenden erwächst, weil die dingliche Berechtigung an den Gegenständen des Gesellschaftsvermögens der Gesellschaft verbleibt. § 738 I 2 BGB gewährt ihm deshalb einen Abfindungs- oder Abschichtungsanspruch.

Dem Ausscheidenden ist dasjenige zu zahlen, was er bei der Auseinandersetzung 20
erhalten würde, wenn die Gesellschaft zur Zeit seines Ausscheidens aufgelöst worden wäre.[20] Die dafür erforderliche Unternehmensbewertung bereitet erfahrungs-

---

16 Vgl. hierzu *BGH* NJW 1992, 2757, 2758; *BGH* NJW-RR 1993, 1443, 1444; *BGH* NJW 1999, 3557; *BGH* NJW 2008, 2992 Rn. 9; Soergel/*Hadding/Kießling*, § 736 Rn. 13.

17 MüKoBGB/*C. Schäfer*, § 718 Rn. 7; vgl. auch *Flume*, Die Personengesellschaft, § 17 VIII (S. 370).

18 Vgl. dazu etwa Soergel/*Hadding/Kießling*, § 738 Rn. 3; *Kießling*, FS Hadding, 2004, S. 477, 489 ff.; *K. Schmidt*, FS Huber, 2006, S. 969, 981 ff.; ebenso auch MüKoBGB/*C. Schäfer*, § 738 Rn. 8 (der aber in § 718 Rn. 2 mit Fn. 2 entschieden der Auffassung widerspricht, es könne damit eine Abkehr vom Gesamthandsprinzip einhergehen). Dagegen geht Erman/*H. P. Westermann*, § 718 Rn. 3 weiterhin von „dinglicher Gesamthandsberechtigung" der Gesellschafter aus.

19 MüKoBGB/*C. Schäfer*, § 738 Rn. 8; Soergel/*Hadding/Kießling*, § 738 Rn. 3.

20 Eingehend zur Feststellung der Abfindungshöhe *Saenger*, Rn. 217; *Wiedemann*, GesR II, § 3 III 3e; *Hüttemann*, ZHR 162 (1998), 563 ff.; *Schulze-Osterloh*, ZGR 1986, 545 ff.

gemäß große Schwierigkeiten, weshalb § 738 II BGB hier die Möglichkeit einer Schätzung eröffnet (zu kautelarjuristischen Lösungen s. § 18 Rn. 14 ff.). Ihre Grundlage ist nicht der sog. Liquidationswert, d. h. die Einzelveräußerungspreise, die sich bei der Zerschlagung des Unternehmens ergeben würden. Maßgeblich ist vielmehr der sog. Fortführungswert, d. h. der Wert des lebenden Unternehmens.[21] Er wird in der Regel über dem Liquidationswert liegen, da das in einem lebenden Unternehmen gebundene Vermögen in seinem Zusammenhang mehr wert ist als die Summe seiner Teile.[22] Der Fortführungswert wird nach betriebswirtschaftlichen Modellen auf der Grundlage der Ertragskraft des Unternehmens berechnet (sog. Ertragswertmethode).

21 Voraussetzung für einen derartigen Abfindungsanspruch ist allerdings, dass der Gesellschafter ersatzlos aus der Gesellschaft ausscheidet. Geht der Gesellschaftsanteil durch Rechtsgeschäft oder von Todes wegen auf einen anderen über, kommt es nicht zur Anwachsung und damit auch nicht zur Pflicht, diese durch eine Abfindung zu kompensieren.[23] Der Abfindungsanspruch richtet sich gegen die Gesellschaft. Anders als bei sonstigen Sozialverbindlichkeiten (s. § 8 Rn. 56) greift darüber hinaus aber auch eine persönliche Haftung der verbleibenden Gesellschafter ein.[24] Nach dem Ausscheiden besteht kein Grund mehr, den Ausgeschiedenen schlechter zu stellen als sonstige Gläubiger.[25]

22 Ergibt sich bei der Ermittlung des Gesellschaftsvermögens, dass es nicht ausreicht, um die gemeinschaftlichen Schulden zu erfüllen und die Einlagen zurückzuerstatten, so muss der Ausscheidende gem. § 739 BGB das Defizit entsprechend seiner Verlustbeteiligung mittragen. Entgegen dem Gesetzeswortlaut ist anspruchsberechtigt auch hier die Gesellschaft; eine Forderungszuständigkeit der Gesellschafter besteht daneben nicht.[26] Neben diese Innenhaftung gegenüber der Gesellschaft tritt auch eine unmittelbare Außenhaftung der Gesellschafter (s. noch Rn. 24). Schließlich ist der Ausscheidende gem. § 740 BGB an Gewinn und Verlust aus den Geschäften zu beteiligen, die zur Zeit seines Ausscheidens abgeschlossen waren, deren Ergebnis aber noch nicht in das Gesellschaftsvermögen eingegangen war.

23 Das Kernstück der gesetzlichen Regelung sind der Verlust der durch die Mitgliedschaft vermittelten dinglichen Berechtigung, den der Gesellschafter erleidet, und der obligatorische Ausgleich dieses Verlustes durch den Abfindungsanspruch. Diese gesetzliche Regelung birgt für alle Beteiligten Risiken. Die Gesellschaft erleidet einen Abfluss von liquiden Mitteln, der das von ihr betriebene Unternehmen lebensunfähig machen kann, zumal das Abfindungsguthaben mangels besonderer Vereinbarung gem. § 271 I BGB sofort in voller Höhe fällig ist. Das Interesse, das Unternehmen in seinem Bestand zu schützen, ist in § 738 BGB nicht berücksichtigt. Für alle Beteiligten ist weiter unbefriedigend, dass bei der Ermittlung des Abfindungsguthabens nur mit Hypothesen gearbeitet werden kann. Weil die Gesellschaft nicht wirklich aufgelöst und das gemeinsame Vermögen nicht wirklich in Geld umgesetzt wird, sind die erforderlichen Bewertungen eine ergiebige Streitquelle. Deshalb empfiehlt

---

[21] Ständige Rechtsprechung; vgl. etwa BGHZ 17, 130, 136 = NJW 1955, 1025; BGHZ 116, 359, 370 f. = NJW 1992, 892; MüKoBGB/*C. Schäfer,* § 738 Rn. 32.

[22] So zutreffend *Saenger,* Rn. 217; *Windbichler,* § 9 Rn. 10; zur Frage, ob der Liquidationswert die zwingende Untergrenze der Unternehmensbewertung bei einem Abfindungsanspruch darstellt, s. *Fleischer,* DStR 2013, 1736.

[23] *Kindler,* § 12 Rn. 3.

[24] S. nur *BGH* ZIP 2011, 1359 Rn. 11 f.; BGHZ 149, 201, 206 = NJW 2002, 2031.

[25] MüKoBGB/*C. Schäfer,* § 738 Rn. 17; *Grunewald,* § 1 Rn. 144; a. A. *OLG Frankfurt a. M* NZG 2005, 712; Soergel/*Hadding/Kießling,* § 738 Rn. 40.

[26] Vgl. etwa Palandt/*Sprau,* § 739 Rn. 1.

es sich gerade in diesem Bereich, von den kautelarjuristischen Gestaltungsmöglichkeiten Gebrauch zu machen, die das Gesetz eröffnet (s. bereits § 2 Rn. 14 ff.). So können in den Gesellschaftsvertrag Bestimmungen über die Höhe und die Auszahlung des Abfindungsguthabens aufgenommen werden, die der Interessenlage besser gerecht werden als das gesetzliche Modell. So kann etwa den Problemen, die sich aus dem Liquiditätsabfluss bei sofortiger Fälligkeit ergeben würden, durch die vertragliche Vereinbarung einer ratenweisen Auszahlung des Guthabens entgegengewirkt werden. Die anspruchsvollste Aufgabe liegt regelmäßig darin, den Schwierigkeiten der Unternehmensbewertung zu begegnen, indem die Ermittlung der konkreten Abfindungshöhe an einfacher zu ermittelnde Parameter geknüpft wird. Namentlich im Personenhandelsrecht sind insofern die sog. Buchwertklauseln verbreitet, mit denen die Ermittlung der Abfindungshöhe an die bisher erstellten Bilanzen angelehnt werden. Das Problem derartiger Berechnungsklauseln liegt darin, dass sie unwirksam sein können, sofern sie den ausscheidenden Gesellschafter grob unbillig benachteiligen.[27] Dieses Problem kann sich bei einer BGB-Gesellschaft ebenso wie bei einer Personenhandelsgesellschaft stellen, doch sollen die Einzelheiten erst im Zusammenhang der OHG und der dort verbreiteten Buchwertklauseln erörtert werden (s. noch § 18 Rn. 18 ff. m. w. Nachw.).

3. Die Haftung des ausscheidenden Gesellschafters

Für die während seiner Mitgliedschaft begründeten Verbindlichkeiten haftet der Gesellschafter den Gläubigern auch nach seinem Ausscheiden fort. Das ist nicht ausdrücklich angeordnet, doch bedarf es einer solchen Regelung auch nicht: Der Anspruch ist entstanden und das Gesetz sieht eine rechtsvernichtende Einwendung nicht vor. Allerdings gelten nach § 736 II BGB die für Personenhandelsgesellschaften geltenden Regelungen über die Begrenzung der Nachhaftung sinngemäß, d. h. die Ansprüche gegen die Gesellschafter verjähren nach ihrem Ausscheiden grundsätzlich nach fünf Jahren (§ 160 HGB).[28] Auf die Einzelheiten wird in § 18 Rn. 35 ff. näher eingegangen. Diese unmittelbare Außenhaftung gegenüber den Gläubigern steht selbstständig neben der in Rn. 22 geregelten Verlustinnenhaftung gegenüber der Gesellschaft aus § 739 BGB. 24

IV. Der Ausschluss eines Gesellschafters

1. Regelfall des § 737 BGB

Fall 5: Auch in der neuen Gesellschaft kommt es schnell wieder zu Auseinandersetzungen. *Prosch* stellt fest, dass einer seiner neuen Partner, der Architekt *Aberle,* Gelder unterschlagen hat. Gemeinsam mit dem dritten Gesellschafter *Marquardt* teilt er dem *Aberle* mit, dieser habe in der Gesellschaft endgültig nichts mehr zu suchen. *Aberle* meint, dann müsse die Gesellschaft auseinandergesetzt werden. 25

Die Möglichkeit, einen Gesellschafter aus der Gesellschaft auszuschließen, ist in § 737 BGB vorgesehen. Sie besteht, wenn in der Person eines Gesellschafters ein wichtiger Grund eingetreten ist, der die übrigen Gesellschafter zur Kündigung nach § 723 I 2 BGB berechtigen würde. Damit dieser wichtige Grund nicht zu der üblicherweise an die Kündigung anknüpfenden Auflösung führt, sondern zum Ausscheiden des Gesell- 26

---

27 Vgl. aus der neueren Rspr. etwa *BGH* NJW 2008, 2987, Rn. 19 ff. (umfassende Nachweise in § 18 Rn. 18 ff.); die Fortführungsklausel selbst bleibt in diesem Fall aber wirksam – s. *BGH* NJW 2008, 1943 Rn. 13 f.

28 § 736 II BGB ist eine systematisch überraschende Regelung, da er der grundsätzlichen Verweisungsrichtung des Personenhandelsgesellschaftsrechts auf das Recht der BGB-Gesellschaft (vgl. § 105 III HGB) zuwiderläuft (vgl. dazu *Seibert,* DB 1994, 461, 463).

schafters, ist nach § 737 BGB weiterhin erforderlich, dass der Gesellschaftsvertrag eine Fortführung unter den übrigen Gesellschaftern vorsieht. Durch eine solche Regelung soll es den Gesellschaftern ermöglicht werden, der Gesellschaft eine höhere Bestandskraft zu geben, die durch Querelen innerhalb der Gesellschaft nicht gefährdet werden kann. Der Gesellschaftsvertrag kann nicht nur anordnen, dass der Ausschluss eines einzelnen Gesellschafters möglich ist, sondern er kann auch die Voraussetzungen des Ausschlusses näher ausgestalten, etwa durch die vertragliche Festlegung, welche Gründe hinreichend gewichtig sind, um den Ausschluss zu rechtfertigen.[29] Eine Grenze findet diese Gestaltungsmacht nach ständiger Rechtsprechung allerdings dort, wo gänzlich auf das Erfordernis eines wichtigen Grundes verzichtet werden soll (sog. Hinauskündigungsrecht – s. dazu noch Rn. 28 ff.).

27 Ob die Ansicht des *Aberle* richtig ist, hängt also von der Ausgestaltung des Gesellschaftsvertrags ab. Enthält der Vertrag keine Klausel, nach der die Gesellschaft bei Kündigung eines Gesellschafters fortgesetzt wird, dann bleibt *Prosch* und *Marquardt* nur die Möglichkeit, die Gesellschaft gem. § 723 BGB mit der Folge zu kündigen, dass sie gem. §§ 730 ff. BGB auseinandergesetzt wird. Nur wenn der Gesellschaftsvertrag eine Fortsetzungsklausel enthält, ist nach § 737 BGB der Ausschluss eines Gesellschafters möglich. Er setzt gemeinsames Handeln der übrigen Gesellschafter voraus und erfolgt durch Willenserklärung gegenüber dem Auszuschließenden (§ 737 S. 2 und 3 BGB).[30] Der nach § 737 S. 1 i. V. m. § 723 I 2 BGB erforderliche wichtige Grund ist mit den fortgesetzten Unterschlagungen des *Aberle* gegeben. *Prosch* und *Marquardt* können *Aberle* also auf der Basis einer Fortsetzungsklausel ausschließen.[31] Der Ausschluss ist ein Fall des (unfreiwilligen) Ausscheidens, so dass *Aberle* auf den Abfindungsanspruch des § 738 BGB beschränkt bleibt und die Auseinandersetzung nicht verlangen kann.

2. Sonderfall Hinauskündigungsklausel

28 Im vorangegangenen Fall wurde festgestellt, dass eine gesellschaftsvertragliche Ausgestaltung des Ausschlusstatbestandes grundsätzlich zulässig ist. Fraglich ist aber, ob diese Gestaltungsmacht auch so weit gehen kann, dass sie die Fortdauer der Mitgliedschaft einzelner Gesellschafter letztlich in das freie Belieben seiner Mitgesellschafter stellt. Diese Frage stellt sich, wenn der Gesellschaftsvertrag eine sog. Hinauskündigungsklausel enthält.

29 **Fall 6:** Der Gesellschaftsvertrag des Architekturbüros enthält folgende Klausel: „Ein Gesellschafter kann durch einen Beschluss der Gesellschafterversammlung, der mit einer Mehrheit von drei Vierteln des stimmberechtigten Kapitals zustande kommt, aus der Gesellschaft ausgeschlossen werden." Obwohl sich der ursprüngliche Verdacht, *Aberle* habe Gelder unterschlagen, im Nachhinein als unbegründet erwiesen hat, empfinden ihn *Prosch* und *Marquardt* doch zunehmend als unangenehm und kündigen ihm deshalb aufgrund eines entsprechenden Beschlusses. *Aberle* hält diesen Akt für unwirksam und stellt sich auf den Standpunkt, er sei immer noch Gesellschafter.

30 In diesem Fall stellt sich die Frage nach der grundsätzlichen Zulässigkeit einer solchen Hinauskündigungsklausel, in der auf das Erfordernis eines wichtigen Grundes gänzlich verzichtet wird. Der BGH und ihm folgend das herrschende Schrifttum stehen derartigen Klauseln grundsätzlich skeptisch gegenüber.[32] Dem liegt die Über-

---

[29] Vgl. *Saenger,* Rn. 213.
[30] *Windbichler,* § 9 Rn. 7 f.; *Behr,* ZHR 149 (1985), 475 ff.
[31] Zum Zeitpunkt der Wirksamkeit vgl. *Matz/Müllner,* WM 2009, 683 ff.
[32] Vgl. zum Folgenden BGHZ 68, 212, 215 = NJW 1977, 1292; bestätigt in BGHZ 81, 263, 266 ff. = NJW 1981, 2565; *BGH* NJW 1985, 2421, 2422; BGHZ 105, 213, 216 f. = NJW 1989,

legung zugrunde, dass das freie Kündigungsrecht gegenüber den davon bedrohten Gesellschaftern als Disziplinierungsmittel eingesetzt werden kann, um sie von der Ausübung ihrer Mitgliedschaftsrechte abzuhalten. Im Grundsatz wird eine solche Klausel deshalb als nichtig nach § 138 I BGB angesehen. Um der privatautonomen Gestaltungsmacht aber auch nicht zu enge Schranken zu setzen, wird eine Ausnahme von dieser Regel dann zugelassen, wenn eine anerkennenswerte sachliche Rechtfertigung für eine solche Klausel erkennbar ist. Als ein solcher sachlicher Grund werden etwa die besonderen Verdienste des ausschließungsberechtigten Gesellschafters um die Gesellschaft anerkannt oder der Wunsch, die dauerhafte Mitgliedschaft von einer Erprobungsphase abhängig zu machen (namentlich bei Erwerb der Mitgliedschaft im Erbgang).[33] Darüber hinaus wird selbst bei Vorliegen einer solchen sachlichen Rechtfertigung ergänzend noch verlangt, dass die Klausel, die schließlich den Kernbereich der Mitgliedschaft gravierend beeinträchtigt, im Gesellschaftsvertrag so unzweideutig ausgestaltet ist, dass jedem Gesellschafter zweifelsfrei klar ist, auf was er sich einlässt (zu dem neuerdings im Fluss befindlichen Begriff des Kernbereichs vgl. noch § 14 Rn. 8 ff.).

31 Im Fall 6 mag man schon Zweifel hegen, ob die Klausel tatsächlich derart deutlich gefasst ist, dass sie dem Betroffenen die ihnen drohenden Konsequenzen klar genug vor Augen führt (s. auch noch § 14 Rn. 8 ff.). Selbst wenn man das bejaht, fehlt es aber doch jedenfalls an der sachlichen Rechtfertigung, da *Marquardt* und *Prosch* hier keinen Grund angeben konnten, warum gerade ihre Gesellschaft eines solchen Instruments bedurfte. Der Ausschluss des *Aberle* ist demnach unwirksam.

3. Sonderfall der zweigliedrigen Gesellschaft

32 Schwierigkeiten entstehen, wenn es sich um eine zweigliedrige Gesellschaft mit Fortsetzungsklausel handelt.[34] Der Sinn des § 737 BGB kann nicht erreicht werden, weil mit dem Ausschluss des einen Gesellschafters durch den anderen die Gesellschafterzahl auf einen absinken würde und die Personengesellschaft mit nur einem Gesellschafter nicht bestehen kann (Rn. 9). Das Ergebnis ist unbefriedigend: Der vertragstreue Gesellschafter kann sich von dem anderen nur um den Preis der Auseinandersetzung trennen, muss also das gemeinsame Unternehmen und damit unter

---

834; BGHZ 107, 351, 353 = NJW 1989, 2681; BGHZ 125, 74, 79 = NJW 1994, 1156; *BGH* NJW 2004, 2013, 2014 f.; *BGH* NZG 2005, 479; BGHZ 164, 98, 101 = NJW 2005, 3641; BGHZ 164, 107, 110 f. = NJW 2005, 3644; *BGH* NZG 2007, 422 Rn. 9; *BGH* NZG 2007, 593 Rn. 19 ff.; *OLG Nürnberg* NJW-RR 2014, 418, 420; *OLG Frankfurt a. M.* NJW 2006, 382, 383; zumindest im Grundsatz zustimmend Baumbach/Hopt/*Roth,* § 140 Rn. 31 f.; Ebenroth/Boujong/Joost/Strohn/*Lorz,* HGB, § 140 Rn. 53 ff.; Staub/*C. Schäfer,* § 140 Rn. 62 f.; *Armbrüster,* ZGR 2014, 333, 358 ff.; *Hüffer,* ZHR 151 (1987), 396, 404 ff.; krit. *Grunewald,* § 1 Rn. 143; zumindest bei Freiberuflern sehr zurückhaltend *Henssler,* FS Konzen, 2006, S. 267 ff.

[33] Vgl. zu den besonderen Verdiensten BGHZ 105, 103, 109 = NJW 1989, 834; zu dem Erprobungsgedanken *BGH* NJW 2004, 2013, 2014 f.; *BGH* NZG 2007, 583 Rn. 19 ff.; zu den Besonderheiten beim Erwerb im Erbgang BGHZ 81, 263, 269 f. = NJW 1981, 2565; vgl. zur Wirksamkeit einer „Russian-Roulette-Klausel" *OLG Nürnberg* NJW-RR 2014, 418 ff. Überblick zu den anerkannten Fallgestaltungen bei *Grunewald,* FS Priester, 2007, S. 123 ff.; allgemein zu der erkennbaren Tendenz des *BGH,* die Anforderungen an den sachlichen Grund stetig weiter herabzuschrauben, vgl. die krit. Darstellung von Staub/*C. Schäfer,* § 140 Rn. 61 ff.

[34] Dazu eingehend *Rimmelspacher,* AcP 173 (1973), 1 ff.; *H. P. Westermann,* FS Röhricht, 2005, S. 655 ff.

Umständen seine Existenzgrundlage aufgeben.[35] Bei der OHG wird das Ergebnis vermieden, indem § 140 I 2 HGB bei Vorliegen eines wichtigen Grundes in der Person des auszuschließenden Gesellschafters die Ausschließungsklage auch für den Fall zulässt, dass nach der Ausschließung nur ein Gesellschafter verbleibt. Dieses Übernahmerecht gewährt die heute ganz herrschende Meinung aus Gründen der Rechtssicherheit und der Werterhaltung auch dem Gesellschafter der zweigliedrigen Gesellschaft bürgerlichen Rechts.[36] Gestützt wird dieses Ergebnis zum Teil auf eine Analogie zu § 737 BGB,[37] zum Teil auf eine Analogie zu § 140 I 2 HGB.[38] Tatsächlich wird man wohl eine Gesamtanalogie aus beiden Vorschriften bemühen müssen.[39] Das in § 140 I 2 HGB vorgesehene Instrumentarium der Ausschlussklage (s. noch § 18 Rn. 12) passt nicht auf die BGB-Gesellschaft, weil es bei der BGB-Gesellschaft keine Gestaltungsklagebefugnis gibt und die Übernahme daher auch in den Übernahmefällen ohne gerichtliche Entscheidung durch einseitige Erklärung erfolgen soll.[40] Insofern ist auf § 737 BGB zurückzugreifen. Die Rechtsfolge der Übernahme durch einen Gesellschafter kann dagegen nur § 140 I 2 HGB als handelsrechtlicher Ausprägung des Anwachsungsprinzips entnommen werden.[41]

33 In der Sache ist die Analogie aber nur tragfähig, wenn der Gesellschaftsvertrag eine Fortsetzungsklausel enthält, mit der die beiden Gesellschafter ihre Absicht zum Ausdruck gebracht haben, den Bestand des Unternehmens höher zu stellen als ihre persönliche Mitwirkung in der Gesellschaft.[42] Zum Teil wird vorgeschlagen, zumindest bei der unternehmenstragenden BGB-Gesellschaft auf das Erfordernis einer Fortsetzungsklausel zu verzichten, um die Kontinuität des Unternehmens nicht zu gefährden.[43] Dieser Auffassung ist indes nicht zu folgen. Das Übernahmerecht hängt vom vertraglich erklärten Willen, nicht von der möglicherweise zu bejahenden Sachgerechtigkeit des Ergebnisses ab. Darüber hinaus besteht auch in einem Übernahmefall stets das Erfordernis eines wichtigen Grundes, das auch vertraglich nicht abbedungen werden kann.[44]

---

[35] *Wiedemann,* GesR II, § 5 I 3 f.

[36] So grundlegend BGHZ 32, 307, 317 f. = NJW 1960, 1664 unter Aufgabe von *RG* SeuffA 95 Nr. 33; vgl. aus neuerer Zeit *BGH* NJW 2008, 2992 Rn. 9 m. w. Nachw.; *OLG Koblenz* ZIP 2014, 2086, 2087; *OLG Hamm* ZIP 1999, 1484 ff.; *OLG Frankfurt a. M.* NZG 2006, 382, 383; Erman/*H. P. Westermann,* § 737 Rn. 8; *ders.,* FS Röhricht, 2005, S. 655, 669; MüKoBGB/*C. Schäfer,* § 737 Rn. 6; *Wiedemann,* GesR II, § 5 I 3 f. Zur OHG s. BGHZ 50, 307 ff. = NJW 1068, 1964.

[37] *OLG Hamm* NJW-RR 2000, 482 f.; *OLG München* NZG 1998, 937; MüKoBGB/*C. Schäfer,* § 737 Rn. 6; *Windbichler,* § 9 Rn. 10.

[38] Vgl. Palandt/*Sprau* § 737 Rn. 1; *Wiedemann,* GesR II, § 5 I 3 f.

[39] So im Ergebnis *OLG Koblenz* ZIP 2014, 2086, 2087; wohl auch *OLG Frankfurt a. M.* NZG 2006, 382, 383.

[40] Vgl. dazu auch Erman/*H. P. Westermann,* § 737 Rn. 10; MüKoBGB/*C. Schäfer,* § 730 Rn. 80, § 737 Rn. 6.

[41] Vgl. dazu auch *Flume,* Die Personengesellschaft, § 17 VIII (S. 372 ff.).

[42] So auch *OLG Koblenz* ZIP 2014, 2086, 2087; *OLG Hamm* NJW-RR 2000, 482 f.; *OLG München* NZG 1998, 937; MüKoBGB/*C. Schäfer,* § 737 Rn. 6. Es ist nicht erforderlich, dass die Gesellschaft von vornherein zweigliedrig war, sondern es genügt, wenn die Vereinbarung in einer ursprünglich mehrgliedrigen, mittlerweile aber nur noch aus zwei Gesellschaftern bestehenden GbR getroffen wurde; so zutreffend *OLG Hamm* NJW-RR 2000, 482 f.; Erman/*H. P. Westermann,* § 737 Rn. 8.

[43] So aber *K. Schmidt,* § 59 II 2b; *ders.,* FS Frotz, 1993, S. 401, 411.

[44] So speziell für die zweigliedrige Gesellschaft auch *OLG Frankfurt a. M.* NZG 2006, 382, 383.

V. Fehlerhafter Austritt eines Gesellschafters

Erfolgt der Austritt des Gesellschafters auf rechtsgeschäftlicher Grundlage, etwa durch eine Kündigung, sind allgemeine Regeln wie §§ 104 ff. BGB oder §§ 119 ff. BGB zu beachten. Ist das Rechtsgeschäft nach diesen Vorschriften fehlerhaft, stellt sich die Frage, welche Rechte der ausgeschiedene Gesellschafter geltend machen kann und wie sich der Vorgang auf das Außenverhältnis der Gesellschaft auswirkt. 34

Fall 7: *Aberle* und *Prosch* haben *Marquardt* eine schlechte Vermögenslage des Architekturbüros vorgespiegelt und ihn auf diese Weise zur Kündigung veranlasst. Sodann setzen sie das Unternehmen zu zweit fort und werden durch einen Finanzinvestor beauftragt, ein Projekt für ein neues Wohnviertel in Bonn zu entwerfen. Als *Marquardt* davon erfährt, will er wissen, ob er den Austritt rückgängig machen kann. Den Vertrag mit dem Investor möchte er neu verhandeln: *Aberle* und *Prosch* hätten die Gesellschaft nicht ohne ihn vertreten dürfen. 35

Würde man den Fall nach den Buchstaben des Gesetzes lösen, könnte *Marquardt* die Kündigungserklärung wegen arglistiger Täuschung anfechten (§ 123 I BGB). Nach § 142 I BGB wäre die Kündigung von Anfang an als nichtig anzusehen; er würde also seine Gesellschafterstellung behalten. Im Außenverhältnis hätte dies zur Folge, dass *Aberle* und *Prosch* wegen §§ 714, 709 BGB ohne Vertretungsmacht gehandelt hätten (vgl. § 7). Der Vertrag mit dem Investor wäre gem. § 177 I BGB schwebend unwirksam. Indes darf die Rechtsordnung nicht daran vorbeigehen, dass *Marquardt* seit seinem tatsächlichen Ausscheiden in dem Architekturbüro nicht mitgearbeitet hat und dass seine Einlage der Gesellschaft nicht zur Verfügung stand, auch wenn sein Austritt – rein rechtlich betrachtet – fehlerhaft war. Im Falle eines fehlerhaften Gründungsaktes wurde insofern auf die Lehre von der fehlerhaften Gesellschaft zurückgegriffen. Die dazu entwickelten Grundsätze beruhen auf dem auch hier entscheidenden Gedanken, dass eine selbstständig im Rechtsverkehr auftretende Organisation nicht rückwirkend als juristisches Nullum behandelt werden kann. Aufgrund dieser Parallelität werden diese Grundsätze auf den fehlerhaften Austritt übertragen (vgl. dazu § 5 Rn. 7 ff.).[45] Danach muss erstens das Rechtsgeschäft, das zum Ausscheiden geführt hat, unwirksam sein. Unerheblich ist dabei, ob der Gesellschafter freiwillig ausgetreten ist oder durch andere Gesellschafter ausgeschlossen wurde. Zweitens muss der Austritt vollzogen sein. Dies ist etwa dann der Fall, wenn die Gesellschaft ohne den ausgeschiedenen Gesellschafter fortgeführt wird. Drittens dürfen die Mängel des Rechtsgeschäfts nicht so schwerwiegend sein, dass ihre Nichtbeachtung mit höherwertigen Interessen der Allgemeinheit oder Einzelner unvereinbar wäre. Ein solcher Ausnahmetatbestand liegt etwa vor, wenn ein nicht voll Geschäftsfähiger fehlerhaft aus der Gesellschaft ausgetreten ist.[46] Sind diese Voraussetzungen gegeben, verliert der Betroffene seine Gesellschafterstellung. Er kann jedoch verlangen, dass er mit Wirkung ex nunc wieder in die Gesellschaft aufgenommen wird, falls er den Fehler nicht selbst verursacht hat.[47] 36

---

[45] Zu den Voraussetzungen vgl. *BGH* NJW 1969, 1483; *BGH* NJW 1992, 1503, 1504; *BGH* NJW-RR 2003, 533; MüKoBGB/*Ulmer/C. Schäfer,* § 705 Rn. 370 f.; Soergel/*Hadding/Kießling,* § 705 Rn. 90.

[46] So *BGH* NJW 1992, 1503, 1504 f.; Baumbach/Hopt/*Roth,* § 105 Rn. 95; Soergel/*Hadding/Kießling,* § 705 Rn. 90; a. A. MüKoBGB/*Ulmer/C. Schäfer,* § 705 Rn. 370: Austritt des nicht voll Geschäftsfähigen entspreche seinen Schutzbedürfnissen besser.

[47] *BGH* NJW 1969, 1483; Erman/*H. P. Westermann,* § 705 Rn. 86; MüKoBGB/*Ulmer/C. Schäfer,* § 705 Rn. 372; Soergel/*Hadding/Kießling,* § 705 Rn. 90; a. A. MüKoHGB/*K. Schmidt,* § 105 Rn. 249; *ders.,* § 6 V 1b; *ders.,* AcP 186 (1986), 421, 436: Wiederaufnahme mit Wirkung ex tunc.

37 *Marquardt* kann nach diesen Grundsätzen die Kündigung gegenüber *Aberle* und *Prosch* anfechten und sodann darauf bestehen, dass sie ihm die Gesellschafterstellung wieder einräumen. Allerdings muss er hinnehmen, dass *Aberle* und *Prosch* in der Zwischenzeit als alleinige Gesellschafter mit Gesamtvertretungsmacht gehandelt haben.[48] Er ist nicht etwa deswegen besonders schutzwürdig, weil seine Mitgesellschafter ihn arglistig getäuscht haben (vgl. zu der Parallelfrage bei der fehlerhaften Gründung § 5 Rn. 21 f.). Der Vertrag mit dem Investor bleibt also auch ohne seine Mitwirkung bestehen.

VI. Sachverhalte mit familienrechtlichem Bezug

1. Ehegatteninnengesellschaft

38 Die bislang besprochenen Fälle betrafen die Auflösung und Auseinandersetzung einer Außengesellschaft. Daneben können die §§ 723 ff. BGB aber auch bei Innengesellschaften Bedeutung erlangen. Eine gleichermaßen praxis- als auch prüfungsrelevante Konstellation ergibt sich insofern oftmals in Sachverhalten mit familienrechtlichem Bezug. Hier werden gesellschaftsrechtliche Ausgleichsansprüche oftmals dann geltend gemacht, wenn einer der Partner sich durch die familienrechtlichen Anordnungen des Güterstandsrechts übermäßig benachteiligt fühlt und diese Schlechterstellung über das Gesellschaftsrecht auszugleichen sucht. Im gesetzlichen Güterstand der Zugewinngemeinschaft stellt sich dieses Problem eher selten, da hier die §§ 1371 ff. BGB ein ausdifferenziertes Ausgleichssystem enthalten.[49] Dennoch werden auch hier (was oft übersehen wird) die gesellschaftsrechtlichen Regelungen nicht verdrängt; die familienrechtliche Regelung ist insofern nicht abschließend.[50] Wenn die Eheleute sich also nach den sogleich darzustellenden Grundsätzen auf den Abschluss eines Gesellschaftsvertrages einigen, so besteht ein gesellschaftsrechtlicher Ausgleichsanspruch, der bei der Berechnung des Zugewinnanspruchs zu berücksichtigen ist und dementsprechend in der Klausur vor dem Anspruch aus § 1378 I BGB zu prüfen ist.[51] Größere praktische Bedeutung kommt der gesellschaftsrechtlichen Korrektur jedoch dort zu, wo der familienrechtliche Ausgleich gänzlich ausgeschlossen ist, also im Recht der Gütertrennung, weshalb sich auch die folgende Darstellung an dieser Konstellation orientiert.

39 **Fall 8:** *Aberle* hat im Jahr 2003 seine Verlobte *Claudia* geheiratet, wobei sich die Eheleute auf eine Gütertrennung geeinigt haben. Ein Jahr nach der Hochzeit erwerben sie aus gemeinsamen Mitteln ein Grundstück, das mit einem stark renovierungsbedürftigen Haus bebaut war. Mit erheblichem Aufwand haben sie das Haus anschließend umgebaut, wobei *Claudia* vorwiegend die Kosten für das angeschaffte Material trug, *Aberle* hingegen die Umbauarbeiten weitgehend allein durchführte. *Claudia* wurde als Alleineigentümerin im Grundbuch eingetragen. 2010 wurde die Ehe geschieden. *Aberle* verlangt einen angemessenen Ausgleich für die von ihm gemachten Aufwendungen für den Erwerb und den Umbau des Hauses.

40 Hier kommt ein Zugewinnausgleich nach § 1378 I BGB nicht in Betracht, da *Aberle* und *Claudia* wirksam eine Gütertrennung vereinbart und damit den Zugewinnaus-

---

[48] So auch Erman/*H. P. Westermann,* § 705 Rn. 86; *K. Schmidt,* § 6 V 1b; *ders.,* AcP 186 (1986), 421, 436.

[49] Zur Berechnung des Ausgleichsanspruchs s. *Dethloff,* FamR, § 5 Rn. 90 ff.

[50] Vgl. etwa BGHZ 155, 249, 255 = NJW 2003, 2982; BGHZ 165, 1, 5 f. = NJW 2006, 1268; *KG* FamRZ 2013, 787; *Dethloff,* FamR, § 5 Rn. 215 ff.

[51] Zum Zusammenspiel zwischen familien- und gesellschaftsrechtlichen Ausgleichsansprüchen vgl. *Dethloff,* FamR, § 5 Rn. 215 ff.; *Arens,* FamRZ 2000, 266, 269 f.; *Haußleiter,* NJW 2006, 2741 f.; *Kogel,* FamRZ 2006, 1799, 1800.

gleich gem. §§ 1408, 1410 BGB ausgeschlossen haben.[52] Ein Anspruch nach § 611 BGB i. V. m. § 612 BGB scheidet aus, weil mangels Rechtsbindungswillens kein Dienstvertrag zustande gekommen ist. Ein Rückforderungsanspruch wegen groben Undanks aus §§ 530, 531 II BGB kommt nach herrschender Meinung schon deshalb nicht in Betracht, weil es sich es sich bei Zuwendungen unter Eheleuten nicht um Schenkungen, sondern um sog. unbenannte ehebezogene Zuwendungen handeln soll, die nicht dem Schenkungsrecht unterfallen.[53] Nach einer starken Gegenauffassung ist das Schenkungsrecht auch hier anwendbar, ein grober Undank zwischen Eheleuten aber nur in extrem gelagerten Ausnahmefällen anzunehmen. Insbesondere die Trennung und Zuwendung zu einem neuen Partner vermag diesen Vorwurf noch nicht zu begründen.[54] Stattdessen lässt der BGH aber einen gesellschaftsrechtlichen Ausgleichsanspruch zu, wenn die Eheleute zur Verwirklichung einer gemeinsamen Vorhabens eine Gesellschaft gegründet haben, die nach der Trennung nicht fortgesetzt werden soll.[55] Nur in seltenen Fällen werden sie dieses Vorhaben ausdrücklich auf eine vertragliche Grundlage stellen. Vielmehr wird der Vertrag meistens konkludent abgeschlossen. Es handelt sich um eine sog. Ehegatteninnengesellschaft: Nach außen tritt nur ein Ehegatte in Erscheinung, der die Geschäfte in seinem Namen eingeht. Der andere Ehepartner trägt durch Arbeits- oder Sachleistungen zur Vermögensmehrung bei und wird deswegen im Innenverhältnis als Mitgesellschafter behandelt. Mit der Scheidung oder Trennung wird die Gesellschaft beendet. In einem solchen Fall kommt an sich ein Anspruch aus § 734 BGB in Betracht. Diese Regelung setzt jedoch die Erfüllung der gemeinsamen Verbindlichkeiten und die Rückerstattung von Einlagen voraus, ist also auf Außengesellschaften zugeschnitten. Die Rechtsprechung gestattet es dem Ehegatten in diesem Fall aber, einen Anspruch analog § 738 I 2 BGB geltend zu machen. Die Vorschrift regelt zwar das Ausscheiden eines Gesellschafters bei Fortbestand der Gesellschaft (vgl. Rn. 19), passt jedoch dem Sinne nach, weil sie die dingliche Berechtigung des einen Teils unberührt lässt und dem anderen Teil den notwendigen obligatorischen Ausgleich verschafft.[56]

Zentral ist damit die Frage, wann eine Ehegatteninnengesellschaft entsteht. Der BGH **41** und das Schrifttum setzen voraus, dass die Eheleute durch beiderseitige Leistungen einen Zweck verfolgten, der über den typischen Rahmen der ehelichen Lebensgemeinschaft hinausgeht. Als Beispiel werden der Aufbau eines Unternehmens oder die gemeinschaftliche Ausübung einer beruflichen oder gewerblichen Tätigkeit genannt.[57] Nach dem Willen der Eheleute müssen beide gleichermaßen zu der Vermögensbildung beitragen und an dem geschaffenen Vermögen partizipieren. Den Ehepartnern muss die gesellschaftsrechtliche Bedeutung ihres Tuns nicht bewusst sein. Es reicht aus, wenn sie erkennen, dass ihre Zusammenarbeit die familienrechtliche Verbindung überschreitet. Im Fall 7 haben *Aberle* und *Claudia* das Haus gemeinsam renoviert und dort gewohnt. Dadurch wurde aber gerade die eheliche Lebensgemeinschaft gefördert. Ein darüber hinausgehender Zweck ist nicht erkennbar, so dass keine Innengesell-

---

[52] Vgl. dazu *Dethloff,* FamR, § 5 Rn. 148 ff.

[53] Vgl. nur aus neuerer Zeit *BGH* NJW 2006, 2330; BGHZ 177, 193 Rn. 15 = NJW 2008, 3277; BGHZ 184, 190 Rn. 23 = NJW 2010, 2202; *BGH* NJW 2012, 3374 Rn. 21; Jauernig/*Mansel,* § 516 Rn. 20; *Röthel,* Jura 2006, 641, 643.

[54] So etwa Erman/*Herrmann,* § 516 Rn. 13 f.; MüKoBGB/*J. Koch,* § 516 Rn. 73 ff.

[55] Vgl. etwa BGHZ 155, 249, 255 = NJW 2003, 2982; BGHZ 165, 1, 5 f. = NJW 2006, 1268; *BGH* NZG 2016, 547 Rn. 20 ff.

[56] BGHZ 142, 137, 155 f. = NJW 1999, 2962; *OLG Schleswig* NJW-RR 2004, 972, 973; Soergel/*Hadding/Kießling,* Vor § 730 Rn. 9.

[57] BGHZ 31, 197, 200 ff. = NJW 1960, 428; *BGH* NJW 1974, 2278 f.; BGHZ 142, 137, 150 = NJW 1999, 2962.

schaft entstanden ist und folglich ein Anspruch analog § 738 I 2 BGB ausscheidet.[58] Der BGH lässt in diesen Fällen allenfalls noch eine Korrektur nach § 313 BGB zu; es könne ein familienrechtlicher Vertrag sui generis vorliegen, dem durch das Scheitern der Ehe die Geschäftsgrundlage entzogen werde.[59] Durch diesen Tatbestand können auch solche Leistungen erfasst werden, die der Verwirklichung der ehelichen Lebensgemeinschaft dienen. Voraussetzung ist aber, dass die Leistungen in einem solchen Maße über die normalen Zuwendungen innerhalb einer Ehe hinausgehen, dass es dem Zuwendenden unzumutbar wäre, auf einen Ausgleich zu verzichten. Ob eine derartige Ausnahmekonstellation vorliegt, ist nach den Umständen des Einzelfalls zu beurteilen, dürfte hier aber eher zu verneinen sein.[60]

42 **Fall 9:** *Aberle* und *Claudia* haben wiederum Gütertrennung vereinbart und gemeinsam eine Kneipe betrieben. Die Arbeitslast haben sie hälftig getragen; ein erforderlicher Betriebskredit wurde dadurch gesichert, dass *Claudia* ein in ihrem Eigentum stehendes Grundstück mit einer Grundschuld belastete. Nach der Ehescheidung will *Aberle* auch die Kneipe alleine weiterführen. *Claudia* verlangt für ihr Ausscheiden eine Abfindungszahlung. *Aberle* hält dieses Ansinnen für abwegig, weil der Betrieb stets unter seinem Namen geführt worden sei.

43 Auch hier kommt ein Zugewinnausgleich nach § 1378 I BGB nicht in Betracht, da *Aberle* und *Claudia* wirksam eine Gütertrennung vereinbart haben. Ebenso scheiden wie in Fall 8 auch Ansprüche aus einem Dienst- oder Schenkungsvertrag aus. Eine Abweichung könnte sich aber hinsichtlich des Anspruchs aus § 738 I 2 BGB analog ergeben.[61] Für die danach erforderliche Annahme einer Ehegatteninnengesellschaft ist zu verlangen, dass die Eheleute einen Vertrag geschlossen haben, durch den sie sich zum gemeinschaftlichen Betrieb der Kneipe verpflichteten, und diese vertragliche Beziehung beendet werden sollte. Anders als im Fall 8 wurde durch Betreiben einer Kneipe nicht nur die eheliche Lebensgemeinschaft gefördert, sondern die Eheleute verfolgten einen darüber hinausgehenden Zweck. Sie haben durch gemeinsames Handeln ein Vermögen gebildet, das formal nur *Aberle* zustand. Dabei war *Claudias* Beitrag erheblich: Sie hat nicht nur in der Kneipe gearbeitet, sondern mit der Belastung ihres Grundstücks eine Leistung erbracht, zu der sie familienrechtlich nicht verpflichtet war und die der mit der Gütertrennung verfolgten Absicht der Ehegatten zuwiderlief, die Vermögensmassen getrennt zu halten.[62] Damit ist zwischen den Eheleuten eine Innengesellschaft zustande gekommen. Nachdem die Ehe geschieden ist, wird die Gesellschaft aufgelöst, so dass *Claudia* einen Abfindungsanspruch analog § 738 I 2 BGB geltend machen kann.[63]

2. Auflösung einer nichtehelichen Lebensgemeinschaft

44 **Fall 10:** Würde sich an der rechtlichen Beurteilung in den Fällen 8 und 9 etwas ändern, wenn *Claudia* und *Aberle* nicht verheiratet gewesen wären?

---

[58] So auch *BGH* NJW 1974, 1554; *BGH* NJW 2012, 3375 Rn. 18.

[59] Vgl. zum Folgenden *BGH* NJW 1994, 2545 ff.; BGHZ 142, 137, 147 ff. = NJW 1999, 2962; *BGH* NJW 2012, 3374 Rn. 23 ff.; MüKoBGB/*J. Koch*, § 516 Rn. 62 ff.

[60] Zu der Abgrenzung dieser Korrektur von der daneben noch erwägenswerten Ausgleichsmöglichkeit über § 812 I 2, 2. Mod. BGB (condictio ob rem) vgl. BGHZ 65, 320, 322 ff. = NJW 1976, 328; *Dethloff*, FamR, § 5 Rn. 222 f.

[61] Zu gesellschaftsrechtlichen Ausgleichsansprüchen bei der Gütertrennung vgl. BGHZ 8, 249, 252 ff. = NJW 1953, 418; *BGH* NJW 1974, 2278 f.; BGHZ 142, 137, 143 ff. = NJW 1999, 2962.

[62] Ausführlich zu möglichen Indizien für einen Willen zur gemeinsamen Vermögensbildung *BGH* NZG 2016, 547 Rn. 23: Erfordernis gleich geordneter Mitarbeit darf nicht überbetont werden.

[63] Zum konkreten Verteilungsschlüssel vgl. *BGH* NZG 2016, 547 Rn. 27 ff.

Ähnlich wie bei der Gütertrennung sind die Probleme gelagert, wenn die Beteiligten in einer nichtehelichen Lebensgemeinschaft lebten. Auch hier können die Vorschriften über den Zugewinnausgleich weder direkt noch analog angewendet werden, weil sich die Partner bewusst gegen eine Ehe entschieden haben. Der II. Zivilsenat des BGH löste die Fälle auf gesellschaftsrechtlichem Wege und gewährte dem benachteiligten Lebenspartner unter engen Voraussetzungen einen Anspruch analog § 738 I 2 BGB: Eine Gesellschaft wurde nur angenommen, wenn die Beteiligten einen Wert geschaffen haben, der ihnen für die Dauer der Partnerschaft gemeinsam gehören sollte. Befand sich der Gegenstand im Alleineigentum eines Partners, wurde eine Gesellschaft in der Regel nicht gegründet. Als nicht genügend wurde die übliche bloße Unkostengemeinschaft (Haushaltsführung; Wohnungseinrichtung) erachtet, in der das gemeinsame wirtschaftliche Handeln durch die persönlichen Beziehungen derart überlagert wird, dass keine Rechtsgemeinschaft entsteht.[64] Schuldrechtliche Ausgleichsansprüche wegen Störung der Geschäftsgrundlage oder aus dem Bereicherungsrecht hat die Rechtsprechung abgelehnt.[65] **45**

Nachdem die Zuständigkeit für die Auflösung der nichtehelichen Lebensgemeinschaft auf den XII. Zivilsenat übertragen wurde, der über Familiensachen entschei- **46**
det, hat eine Kehrtwende eingesetzt: Der BGH wandte sich in zwei Urteilen vom 9. Juli 2008 von der gesellschaftsrechtlichen Lösung ab und hielt einen Anspruch aus § 812 I 2, 2. Mod. BGB sowie aus § 313 BGB für möglich.[66] Nach der Konzeption des Familiensenats kann eine Innengesellschaft nicht nur dann schlüssig gegründet werden, wenn die Partner einen über den typischen Rahmen der nichtehelichen Lebensgemeinschaft hinausgehenden Zweck verfolgen. Insoweit scheint der XII. Zivilsenat gesellschaftsrechtliche Auseinandersetzungsregeln großzügiger anzuwenden als bei einer Ehe. Allerdings ist der Rechtsbindungswille zweifelhaft, wenn ein solcher besonderer Zweck fehlt: Wenn die persönliche Beziehung im Vordergrund steht, haben die Partner keine über die Ausgestaltung ihrer Gemeinschaft hinausgehenden rechtlichen Vorstellungen.[67] Im Ergebnis wird es meistens an einem Gesellschaftsvertrag zwischen den Partnern fehlen. Der BGH sieht jedoch in einer gemeinsamen Vermögensbildung einen Zweck i. S. d. § 812 I 2, 2. Mod. BGB, der nach der Trennung der Lebenspartner verfehlt wird, so dass ein Bereicherungsanspruch bestehen kann.[68] Des Weiteren kann nach Ansicht des XII. Zivilsenats ein Kooperationsvertrag sui generis zustande kommen, dessen Geschäftsgrundlage die nichteheliche Lebensgemeinschaft darstellt. Wird sie aufgelöst, kann ein Partner einen Anspruch aus § 313 BGB geltend machen.[69]

---

64 *BGH* NJW 1992, 906, 907; *BGH* NJW-RR 1993, 774, 775; *BGH* NJW 1996, 2727; *BGH* NJW 1997, 3371 f.; vgl. dazu auch MüKoBGB/*J. Koch,* § 516 Rn. 81.

65 Vgl. bereits die Nachw. in § 10 Fn. 60.

66 BGHZ 177, 193 Rn. 32 ff. = NJW 2008, 3277; *BGH* FamRZ 2008, 1828 Rn. 24 ff.; best. in BGHZ 183, 242 Rn. 20 = NJW 2010, 998; *BGH* NJW 2011, 2880 Rn. 30; *BGH* NJW 2013, 2187 Rn. 17 ff.; *BGH* NJW 2014, 2638 Rn. 9 ff.; vgl. dazu auch MüKoBGB/*J. Koch,* § 516 Rn. 82 m. w. Nachw.; s. zur instanzgerichtlichen Rechtsprechung etwa *OLG Bremen* NJW-RR 2013, 197 f.

67 BGHZ 177, 193 Rn. 18 ff. = NJW 2008, 3277; *BGH* FamRZ 2008, 1828 Rn. 10 ff.; BGHZ 183, 242 Rn. 22 = NJW 2010, 998; *BGH* NJW 2011, 2880 Rn. 14 ff.; *OLG Bremen* NJW-RR 2013, 197.

68 Zu den Voraussetzungen BGHZ 177, 193 Rn. 34 ff. = NJW 2008, 3277; *BGH* NJW 2011, 2880 Rn. 31 f.; *BGH* NJW 2013, 2187 Rn. 36 ff.

69 BGHZ 177, 193 Rn. 40 ff. = NJW 2008, 3277; *BGH* FamRZ 2008, 1828 Rn. 28 ff.; *BGH* NJW 2013, 2187 Rn. 17 ff.; *BGH* NJW 2014, 2638 Rn. 16 ff.; zu der Frage, wie sich der Tod des Zuwendenden oder des Zuwendungsempfängers auf die Anwendung des § 313 auswirkt, s. BGHZ 183, 242 Rn. 26 f. = NJW 2010, 998.

Hinweis:

47 Die Grundsätze zur Ehegatteninnengesellschaft und zur entsprechenden Problematik bei der nichtehelichen Lebensgemeinschaft sind ein beliebter Prüfungsstoff, da sich hier interessante thematische Schnittfelder zwischen verschiedenen Regelungsbereichen ergeben. Das trägt überdies dazu bei, dass derartige Gestaltungen auch in den Aufmerksamkeitsfokus von Prüfern mit unterschiedlichen fachlichen Schwerpunkten gelangen können, was die Prüfungsrelevanz abermals erhöht.

VII. Zusammenfassung

48 Auflösung und Beendigung der Gesellschaft sind nicht gleichbedeutend. Die Auflösung der Gesellschaft hat zur Folge, dass sie in das Stadium der Auseinandersetzung tritt (§ 730 BGB). Beendet ist die Gesellschaft erst, wenn die Auseinandersetzung abgeschlossen ist. Die werbende Gesellschaft und die Abwicklungsgesellschaft sind identisch. Nur der Zweck hat sich geändert: An die Stelle des vereinbarten Gesellschaftszwecks tritt der Abwicklungszweck. Auflösungsgründe sind: Kündigung durch einen Gesellschafter oder durch den Pfändungspfandgläubiger, Zweckeintritt oder Unmöglichkeit, Tod oder Insolvenz eines Gesellschafters (§§ 723–728 BGB), ferner vor allem ein Auflösungsbeschluss der Gesellschafter oder das Absinken der Gesellschafterzahl auf einen. Wie die Gesellschafter sich auseinandersetzen, ist in erster Linie ihnen überlassen. Das gesetzliche Verfahren der Auseinandersetzung ist durch die Notwendigkeit gekennzeichnet, das gemeinsame Vermögen zu versilbern (§ 733 III BGB). Abgeschlossen ist das Verfahren mit der Verteilung eines Überschusses (§ 734 BGB).

49 Die in den §§ 723, 724, 727, 728 BGB vorgesehene Auflösungsfolge ist dispositiv; die Gesellschafter können in den Gesellschaftsvertrag eine Fortsetzungsklausel aufnehmen. Ist das geschehen, so scheidet der Gesellschafter, in dessen Person der gesetzliche Auflösungstatbestand eingetreten ist, aus der Gesellschaft aus; die Gesellschaft bleibt bestehen. Die dingliche Berechtigung an den Gegenständen des Gesellschaftsvermögens verbleibt bei der Gesellschaft. Der Ausscheidende hat nach § 738 I 2 BGB einen Abschichtungsanspruch, der den erlittenen Verlust obligatorisch ausgleichen soll. Enthält der Vertrag eine Fortsetzungsklausel, so kann nach § 737 BGB ein Gesellschafter ausgeschlossen werden, wenn ein wichtiger Grund vorliegt. Der Ausschluss ist ein Fall des Ausscheidens, so dass die Auseinandersetzungsfolge vermieden wird und der Ausgeschlossene auf die Ansprüche aus § 738 BGB beschränkt ist. In der zweigliedrigen Gesellschaft tritt die Geschäftsübernahme im Wege der Gesamtanalogie zu den §§ 737 BGB, 140 I 2 HGB an die Stelle der Ausschließung, wenn die Fortsetzung vertraglich vereinbart ist. Ist das Rechtsgeschäft, das zum Ausscheiden des Gesellschafters geführt hat, unwirksam, sind die Grundsätze der Lehre von der fehlerhaften Gesellschaft entsprechend anzuwenden.

50 Ein Ausgleichsanspruch aus § 738 I 2 BGB analog kommt nach Ehescheidung in Betracht, wenn die Ehepartner ausdrücklich oder konkludent eine sog. Ehegatteninnengesellschaft gegründet haben. Dies setzt voraus, dass sie durch beiderseitige Leistungen einen Zweck verfolgen, der über den typischen Rahmen der ehelichen Lebensgemeinschaft hinausgeht. Lebten die Partner in einer nichtehelichen Lebensgemeinschaft, erfolgt die Auseinandersetzung grundsätzlich nicht über gesellschaftsrechtliche Ausgleichsmechanismen, sondern es können Ansprüche wegen Zweck-

verfehlung (§ 812 I 2, 2. Mod. BGB) oder Störung der Geschäftsgrundlage (§ 313 BGB) entstehen.

§ 11. Die Vererbung der Mitgliedschaft bei der BGB-Gesellschaft

Literatur: *Deckert,* Vererbung von Anteilen an Personengesellschaften, NZG 1998, 43; *Schmidt/Lebkücher,* Unternehmensnachfolge in Personengesellschaften, Ad Legendum 2014, 347; *Seeger,* Einführung in das Recht der Unternehmensnachfolge, Jura 2007, 889; *Ulmer,* Probleme der Vererbung von Personengesellschaftsanteilen, JuS 1986, 856. Zu weiteren Nachweisen vgl. noch die Angaben vor § 19.

I. Problemaufriss

Eine besondere kautelarjuristische Herausforderung beim Abschluss des Gesellschaftsvertrages stellt der Tod eines Gesellschafters dar. Entsprechend der klar auf die individuellen Gesellschafter zugeschnittenen, personalistischen Ausrichtung der BGB-Gesellschaft sieht § 727 I BGB für diesen Fall die Auflösung der Gesellschaft vor (§ 10 Rn. 8). Bei einer mehrköpfigen, unternehmenstragenden Gesellschaft wird diese Folge aber oftmals nicht im Interesse der überlebenden Gesellschafter liegen.[1] Dann stellt sich für sie die Frage, ob sie die Gesellschaft allein oder mit dem Erben des Verstorbenen fortsetzen können. Die erste Lösung erscheint auf den ersten Blick weniger konfliktbehaftet, da sie nicht die Eingliederung des bislang gesellschaftsfremden Erben in die bestehenden Gesellschaftsstrukturen verlangt. Auf der anderen Seite führt sie aber zu einem Abfindungsanspruch des Erben, der sich für die fortbestehende Gesellschaft als erhebliche Belastung erweisen kann. Die deshalb als Gestaltungsalternative erwägenswerte zweite Lösung kann aber nicht minder problematisch sein, wenn der Erbe für die Mitgliedschaft nicht hinreichend qualifiziert ist, wenn er daran kein Interesse hat oder wenn schlicht die Chemie zwischen den Altgesellschaftern und dem Erben nicht stimmt und man sich deshalb eine enge vertrauensvolle Zusammenarbeit langfristig nicht vorstellen kann. Die Probleme vervielfachen sich, wenn eine Erbengemeinschaft in die Position des verstorbenen Gesellschafters einrücken soll. Wird der Gesellschaftsvertrag professionell ausgearbeitet, so wird er eine besondere Regelung für diese Konstellation vorsehen, die auf die individuellen Verhältnisse der Gesellschaft zugeschnitten ist. Im Folgenden soll deshalb zunächst die gesetzliche Regelfolge dargestellt werden, bevor die unterschiedlichen kautelarjuristischen Gestaltungsvarianten näher beleuchtet werden. 1

II. Auflösung als gesetzliche Regelfolge

Fall 1: Die junge Assistenzärztin *Seifert* tritt in die alteingesessene Arztpraxis der beiden Internisten *Sänger* und *Schneller* ein. Da die Eltern der *Seifert* eng mit *Sänger* und *Schneller* befreundet sind, versteht man sich so gut, dass der Praxisvertrag nur per Handschlag abgeschlossen und auf eine detaillierte Einigung verzichtet wird. Kurze Zeit später verstirbt der (verwitwete) *Schneller* überraschend und wird von seinen beiden Töchtern *Katja* und *Wilma* beerbt. Welche Folgen hat dies für die Praxisgemeinschaft? 2

Wie bereits in § 11 dargestellt, ist in Ermangelung einer vertraglichen Regelung nach § 727 BGB der Tod eines Gesellschafters ein Auflösungsgrund. Die Gesellschaft 3

[1] Vgl. dazu *Kübler/Assmann,* § 7 VI 3b mit weiteren Hinweisen auch zu steuerlichen Hintergründen: höhere steuerliche Belastung bei Auflösung durch die damit verbundene Auflösung stiller Reserven.

wird damit in das Auseinandersetzungsstadium übergeleitet, an dessen Abschluss die Beendigung des Zusammenschlusses steht. Für die Zeit des Auflösungsverfahrens rücken die Erben in die Rechtsposition des Verstorbenen ein, was unter anderem auch darin zum Ausdruck kommt, dass ihnen in § 727 II 1 BGB bestimmte Notgeschäftsführungsbefugnisse übertragen werden. Die grundsätzlich in § 717 S. 1 BGB angeordnete Nichtübertragbarkeit (§ 8 Rn. 35 ff.) gilt in diesem Fall also nicht. Nur in der werbenden Gesellschaft darf den Mitgliedern kein neuer Gesellschafter aufgedrängt werden, wohl aber in der Abwicklungsgesellschaft.[2] Nach Abschluss der Liquidation wird das verbleibende Auseinandersetzungsguthaben gem. § 734 BGB unter den überlebenden Gesellschaftern und den Erben des Verstorbenen aufgeteilt. Wollen die verbleibenden Gesellschafter die wirtschaftlich oftmals nachteilige Zerschlagung der Gesellschaft noch abwenden, so können sie, sofern der Gesellschaftsvertrag keine Regelung für diesen Fall vorsieht, sich auch noch ad hoc mit den Erben auf eine gemeinschaftliche Fortsetzung der werbenden Tätigkeit oder eine Übernahme der Praxisgemeinschaft durch *Seifert* und *Sänger* unter gleichzeitiger Abfindung von *Katja* und *Wilma* einigen.[3]

III. Fortsetzungsklausel als kautelarjuristische Gestaltungsalternative

1. Ausgangspunkt Fortsetzungsklausel

4 Um die missliche Auflösungsfolge zu vermeiden, ist zumindest den Mitgliedern einer auf Dauer angelegten mehrköpfigen BGB-Gesellschaft in der Regel zu empfehlen, schon beim Abschluss des Gesellschaftsvertrages entsprechende Vorkehrungen für den Todesfall zu treffen. Das kann in Gestalt einer Fortsetzungsklausel erfolgen, die etwa folgendermaßen formuliert sein kann:

5 *Beim Tode eines Gesellschafters wird die Gesellschaft unter Ausschluss der Erben zwischen den überlebenden Gesellschaftern fortgesetzt. Die Erben des verstorbenen Gesellschafters sind entsprechend den in § X des Gesellschaftsvertrags vereinbarten Regelungen abzufinden.*[4]

6 In diesem Fall wird die gesetzliche Auflösungsfolge also vertraglich abbedungen, was ausweislich der Regelungen in §§ 727 I, 736 I BGB unproblematisch zulässig ist. Speziell für den Fall einer Fortsetzungsklausel ordnet § 736 I BGB ausdrücklich die Folge an, dass der Gesellschafter aus der Gesellschaft ausscheidet, was im Todesfall dahingehend zu verstehen ist, dass auch die Erben nicht in die mitgliedschaftliche Stellung einrücken können. Stattdessen steht ihnen der Abfindungsanspruch aus § 738 I 2 BGB zu. Er fällt in den Nachlass und lässt den Erben den Vermögenswert der bisherigen Mitgliedschaft zukommen. Der mit der Erfüllung dieses Anspruchs verbundene Kapitalabfluss kann für die Fortführung der Gesellschaft allerdings ebenfalls verheerende Auswirkungen haben, weshalb sich die Frage stellt, ob auch diese Folgen im Gesellschaftsvertrag schon im Vorhinein vermieden oder doch zumindest abgemildert werden können.

2. Der Ausschluss des Abfindungsanspruchs

7 **Fall 2:** In den Praxisvertrag der Gemeinschaftspraxis war noch vor dem Tod des *Schneller* die Klausel aufgenommen worden, dass die versterbenden Gesellschafter ohne eine Abfindung ausscheiden. *Katja* und *Wilma* wollen es aber nicht hinnehmen, auf diesem Wege um ihr Erbe gebracht zu werden. Wie ist die Rechtslage?

---

[2] Vgl. dazu MüKoBGB/C. *Schäfer,* § 727 Rn. 13 m. w. Nachw.

[3] Vgl. dazu MüKoBGB/C. *Schäfer,* § 727 Rn. 6, Vor § 723 Rn. 11.

[4] *Mutter* in Brambring/Mutter, Beck´sches Formularbuch ErbR, 3. Aufl., 2014, Muster G I 1.

Der Abfindungsanspruch der Erben schwächt die Gesellschaft empfindlich. Besteht sie wie im Fall 2 aus drei Gesellschaftern mit gleichen Kapitalanteilen, so büßt sie nach § 738 I 2 BGB ein Drittel ihres Vermögens ein. Eine derartige Einbuße kann dazu führen, dass die Gesellschaft aufgrund der Fortsetzungsklausel zwar nicht aufgelöst wird, aber auch nicht mehr lebensfähig ist. Dieser Gefahr haben die Gesellschafter hier schon im Vorfeld durch einen vollständigen Ausschluss des Abfindungsanspruchs entgegenzuwirken versucht. Eine derartige Abweichung von der gesetzlichen Regelung ist grundsätzlich zulässig; § 738 BGB darf durch den Gesellschaftsvertrag modifiziert werden (vgl. § 10 Rn. 17ff.). Auch der vollständige Ausschluss des Abfindungsanspruchs kommt als Inhalt vertraglicher Regelung in Frage, sofern damit nicht gegen anderweitige Gesetzesvorschriften verstoßen wird. So wäre etwa eine Klausel, wonach der Gesellschafter bei einer von ihm ausgesprochenen Kündigung ohne Abfindungsanspruch ausscheiden müsste, als unzulässige Knebelung i. S. d. § 138 I BGB unwirksam. Eine Klausel, die den Abfindungsanspruch nur für den Fall der Gesellschafterinsolvenz ausschließt, wäre ebenfalls nach § 138 I BGB wegen der damit verbundenen Vereitelung des Gläubigerzugriffs unwirksam. Da solche oder ähnliche Bedenken nicht bestehen, wenn ein Gesellschafter durch Tod ausscheidet, kann für diesen Fall der Abfindungsanspruch im Gesellschaftsvertrag ausgeschlossen werden.[5] Wenn das geschehen ist, fließt den Erben des verstorbenen Gesellschafters der im Gesellschaftsanteil liegende Vermögenswert nicht zu. *Katja* und *Wilma* gehen also von der unzutreffenden Vorstellung aus, sie hätten als Erben Anspruch auf einen bestimmten Vermögensbestand. 8

Wenn der Ausschluss des Abfindungsanspruchs danach also nicht generell unwirksam ist, so könnte er aber doch einen anderweitigen Anspruch auslösen, nämlich den Pflichtteilsergänzungsanspruch bei Schenkungen nach § 2325 BGB. Das würde voraussetzen, dass es sich bei der Vereinbarung des Abfindungsausschlusses um eine schenkweise Begünstigung der Mitgesellschafter handelt. Auf den ersten Blick erscheint eine solche Einordnung durchaus plausibel. Schließlich geht der Anteil des Verstorbenen nach § 738 I 1 BGB in den Beteiligungen der überlebenden Gesellschafter auf, ohne dass sie dafür etwas bezahlen müssen (§ 738 I 2 BGB). Im wirtschaftlichen Ergebnis wird ihnen also mit dem Ausschluss des Abfindungsanspruchs der Anteilswert des Verstorbenen unentgeltlich zugewandt.[6] Die herrschende Meinung lehnt eine Schenkung jedoch ab.[7] Dass dies zutreffend ist, wird deutlich, wenn man den Blick von dem wirtschaftlichen Ergebnis des Zuwendungserfolges auf die Zuwendungshandlung richtet. Anders als bei einer Schenkung werden die an der Vereinbarung beteiligten Gesellschafter nämlich keinesfalls aus altruistischen Motiven zum Abfindungsausschluss bewegt, sondern sie akzeptieren ihn ausschließlich, um im eigenen Interesse den Bestand der Gesellschaft, an der sie beteiligt sind, zu sichern. Damit wird in der Regel auch keinesfalls das Ziel verfolgt, Pflichtteilsansprüche in missbräuchlicher Weise auszuhöhlen, sondern es wird aus nachvollziehbarem unternehmerischem Kalkül eine Vereinbarung getroffen, bei der Chancen 9

---

[5] RGZ 145, 289, 293f.; RGZ 171, 345, 350f.; BGHZ 22, 186, 194 = NJW 1957, 180; MüKoBGB/*C. Schäfer,* § 738 Rn. 61.

[6] Für eine Anwendung des § 2325 BGB daher auch Soergel/*Dieckmann,* § 2325 Rn. 27; MüKoBGB/*C. Schäfer,* § 738 Rn. 61; *Boujong,* FS Ulmer, 2003, S. 45ff.

[7] Vgl. zum Folgenden BGHZ 22, 186, 194f. = NJW 1957, 180; *BGH* DNotZ 1965, 620, 622; *BGH* NJW 1981, 1956, 1957; *KG* DNotZ 1978, 109, 111f.; Ebenroth/Boujong/Joost/Strohn/*Lorz,* § 131 Rn. 125; MüKoBGB/*J. Koch,* § 516 Rn. 95ff.; Soergel/*Mühl/Teichmann,* § 516 Rn. 45; Staudinger/*Olshausen* (2015), § 2325 Rn. 32ff.; Staudinger/*Tiziana J. Chiusi* (2013), § 516 Rn. 171; *Schmidt/Lebkücher,* Ad Legendum 2014, 347, 349; *Winkler,* ZEV 2005, 89, 93f.

und Risiken gleichermaßen verteilt sind und die dementsprechend auch dem Pflichtteilsberechtigten zugute kommen kann, wenn der Erblasser seine Mitgesellschafter überlebt. Es ist nicht Sinn und Zweck des § 2325 BGB, die lebzeitige Verfügungsbefugnis des Erblassers so weit einzuschränken, dass ihm auch solche wirtschaftlich sinnvollen und ausgewogenen Verfügungen verwehrt sind. Ein für alle Gesellschafter im Todesfall gleichermaßen geltender Abfindungsausschluss ist daher grundsätzlich wirksam.[8] Dasselbe gilt erst recht für bloße Beschränkungen des Abfindungsanspruchs.

10 Für die Lösung von Fall 2 ergibt sich daraus, dass *Katja* und *Wilma* den gesellschaftsvertraglich vereinbarten Abfindungsausschluss hinzunehmen haben. Weder geht der vermögensrechtliche Abfindungsanspruch ihres verstorbenen Vaters auf sie über noch können sie wegen des Ausschlusses einen Pflichtteilsergänzungsanspruch nach § 2325 BGB geltend machen. Der Fortbestand der Gesellschaft ist in diesem Fall also gewährleistet worden, allerdings auf Kosten der Erben. Zu ihren Lasten hat der Gesellschafter ein Wagnisgeschäft mit dem Risiko abgeschlossen, im Falle eines frühzeitigen Erbfalls den Wert des eigenen Gesellschaftsanteils ersatzlos zu verlieren.

IV. Eintritts- und Nachfolgeklauseln

11 Wollen die Gesellschafter beim Abschluss des Gesellschaftsvertrags den Fortbestand der Gesellschaft nicht nur vor der Auflösungsfolge des § 727 I BGB, sondern auch vor einem Kapitalabfluss durch den Abfindungsanspruch der Erben nach § 738 I 2 BGB sichern, ohne zugleich den Erben den Beteiligungswert im Wege eines Abfindungsausschlusses gänzlich vorzuenthalten, so bleibt als weitere Gestaltungsalternative die Aufnahme einer Eintritts- oder Nachfolgeklausel in den Gesellschaftsvertrag. Diese beiden Klauseltypen ermöglichen es einem potenziellen Nachfolger, die Gesellschafterstellung des Verstorbenen zu übernehmen, so dass die Gesellschaft fortgesetzt werden kann, ohne dass eine Abfindung zu zahlen ist. Derartige Klauseln finden zum Teil auch bei der BGB-Gesellschaft Verwendung, sind dort allerdings nicht übermäßig verbreitet. Der Grund dafür liegt darin, dass BGB-Dauergesellschaften auf einer gefestigten Vertragsgrundlage zumeist bei Zusammenschlüssen von Freiberuflern auftreten und auf deren beruflicher Qualifikation und persönlicher Verbindung beruhen.[9] Da nur in seltenen Fällen zu gewährleisten ist, dass diese Voraussetzungen auch bei dem Erben vorliegen, sehen diese Verträge zwar häufig eine Fortsetzungsklausel, nicht aber eine Eintritts- oder Nachfolgeklausel vor. Das Hauptanwendungsfeld derartiger Gestaltungen liegt daher bei den Personenhandelsgesellschaften,[10] weshalb sie auch erst dort vertieft erörtert werden sollen (s. noch § 19 Rn. 2 ff.).

V. Zusammenfassung

12 Bei der BGB-Gesellschaft führt der Tod eines Gesellschafters aufgrund des persönlichen Zuschnitts dieser Gesellschaftsform nach der gesetzlichen Anordnung des

---

8 Eine Ausnahme von diesem Grundsatz kann nur in Sonderkonstellationen angenommen werden, in denen – etwa aufgrund eines großen Altersunterschieds oder einer schweren Erkrankung – die von den Gesellschaftern übernommenen Risiken in einem groben Missverhältnis zueinander stehen. Mit dieser Einschränkung etwa *KG* DNotZ 1978, 109, 111 f.; Ebenroth/Boujong/Joost/Strohn/*Lorz*, § 131 HGB Rn. 125; Staudinger/*Olshausen* (2015), § 2325 Rn. 31 ff.; Staudinger/*Tiziana J. Chiusi* (2013), § 516 Rn. 171.

9 Vgl. MüKoBGB/*C. Schäfer*, § 727 Rn. 26.

10 MüKoBGB/*C. Schäfer*, § 727 Rn. 5.

§ 727 I BGB grundsätzlich zur Auflösung der Gesellschaft. Da damit gerade bei unternehmenstragenden Gesellschaften oftmals wirtschaftliche Werte zerschlagen werden, können die Gesellschafter schon bei Abschluss des Gesellschaftsvertrages die Fortsetzung der Gesellschaft unter den verbleibenden Gesellschaftern vereinbaren. In diesem Fall steht den Erben des Verstorbenen der Abfindungsanspruch nach § 738 I 2 BGB zu. Eine Vereinbarung, mit der alle Gesellschafter zur Sicherung der Kapitalgrundlagen der Gesellschaft ihren Verzicht auf den Abfindungsanspruch erklären, ist zulässig und führt nach herrschender Meinung nicht zu einem Pflichtteilsergänzungsanspruch gem. § 2325 BGB. Daneben können auch Eintritts- und Nachfolgeklauseln vereinbart werden, die bei den Personenhandelsgesellschaften aber stärkere Verbreitung finden als bei der Gesellschaft bürgerlichen Rechts.

3. Teil. Handelsrechtliche und verwandte Personengesellschaften

1. Kapitel. Die offene Handelsgesellschaft

§ 12. Begriff und Errichtung der OHG

Literatur: *Beck,* Personengesellschaften – Gemeinsamkeiten und Unterschiede zwischen GbR und OHG, Jura 2013, 209; *Bydlinski,* Zentrale Änderungen des HGB durch das Handelsrechtsreformgesetz; Kaufmannsbegriff – Personengesellschaften – Firmenbildung, ZIP 1998, 1169; *Kreutz,* Die Bedeutung von Handelsregistereintragung und Handelsregisterbekanntmachung im Gesellschaftsrecht, Jura 1982, 626; *K. Schmidt,* Zur Stellung der OHG im System der Handelsgesellschaften, 1972. Allgemein gefasster Überblick bei *Lange,* Grundzüge des Rechts der OHG, Jura 2015, 665.

I. Die OHG als besondere Form der Gesellschaft bürgerlichen Rechts

1. Übereinstimmungen

1 Nach § 105 I HGB ist eine Gesellschaft, deren Zweck auf den Betrieb eines Handelsgewerbes unter gemeinschaftlicher Firma gerichtet ist, eine offene Handelsgesellschaft (OHG), wenn bei keinem der Gesellschafter die Haftung gegenüber den Gesellschaftsgläubigern beschränkt ist. Auf sie finden nach § 105 III HGB die Vorschriften über die BGB-Gesellschaft (§§ 705 ff. BGB) entsprechende Anwendung, soweit sich nicht aus den §§ 105 ff. HGB etwas anderes ergibt. Aus diesen beiden Aussagen erschließen sich bereits erste Charakteristika der OHG: Es handelt sich um eine besondere, auf die Bedürfnisse des Handelsverkehrs zugeschnittene Form der Gesellschaft bürgerlichen Rechts. § 105 I HGB bringt den Zusammenhang mit der Gesellschaft bürgerlichen Rechts zum Ausdruck, indem er den Gesellschaftsbegriff als selbstverständlich voraussetzt. Der in § 105 III HGB enthaltene Verweis auf die §§ 705 ff. BGB hat demgegenüber nur eine klarstellende Funktion. Daraus folgt zunächst, dass eine OHG nur vorliegt, wenn die Voraussetzungen der Gesellschaft bürgerlichen Rechts erfüllt sind. Es muss sich also um einen vertraglichen Zusammenschluss von Personen zur Verfolgung eines gemeinschaftlichen Zwecks handeln (§ 1 Rn. 2 ff.).

2 Die Erkenntnis, dass die OHG auf der BGB-Gesellschaft aufbaut, erleichtert es auch dem Studenten, sich den Zugang zu dieser Rechtsform zu erschließen, da er auf den zu §§ 705 ff. BGB erarbeiteten Wissensfundus zurückgreifen kann. So finden über die Verweisung des § 105 III HGB namentlich die Vorschriften über die Beitragsleistung (§§ 705–707 BGB), über das Gesellschaftsvermögen (§§ 718–720 BGB) und über das Ausscheiden eines Gesellschafters (§§ 738–740 BGB) auch bei der OHG Anwendung. Ebenso kann hinsichtlich der Ausführungen zum Abschluss des Gesellschaftsvertrages (§ 4) und zur fehlerhaften Gesellschaft (§ 5) vollinhaltlich auf die Ausführungen zur Gesellschaft bürgerlichen Rechts verwiesen werden.[1]

---

[1] Hinsichtlich der Lehre von der fehlerhaften Gesellschaft besteht die einzige Besonderheit darin, dass hier die – praktisch weitgehend bedeutungslose – Frage zu erörtern ist, ob die

3 Insbesondere teilt die OHG mit der Gesellschaft bürgerlichen Rechts auch den Charakter als Personengesellschaft und die Rechtsnatur als rechtsfähige Wirkungseinheit. Gerade diese letztgenannte Bestimmung der Rechtsnatur hat in der Vergangenheit große Probleme aufgeworfen.[2] Verstand man die BGB-Gesellschaft mit der älteren Auffassung als ein reines Schuldverhältnis mit besonderer Vermögensordnung (s. § 3 Rn. 3 ff.), so konnte diese Sichtweise mit Blick auf § 124 I HGB kaum auf die OHG übertragen werden. Nach dieser Vorschrift kann die OHG unter ihrer Firma Rechte erwerben und Verbindlichkeiten eingehen, Eigentum und andere dingliche Rechte an Grundstücken erwerben, vor Gericht klagen und verklagt werden. Diese Anordnung lässt sich mit der Annahme fehlender Rechtsfähigkeit der OHG kaum in Einklang bringen. Die alternative Einordnung als juristische Person wurde unter Berücksichtigung des personalen Charakters dieser Gesellschaftsform und des Verweises auf das Recht der BGB-Gesellschaft aber ebenfalls abgelehnt.[3] Nachdem sich mittlerweile auch für die Gesellschaft bürgerlichen Rechts das Verständnis als einer rechtsfähigen Wirkungseinheit durchgesetzt hat (§ 3 Rn. 3 ff.), ist das Verhältnis der Gesellschaftsformen hingegen stimmig geworden. Nur die BGB-Innengesellschaft wird weiterhin als reines Schuldverhältnis angesehen; die BGB-Außengesellschaft ist hingegen eine rechtsfähige Wirkungseinheit. Dieselbe Qualifikation trifft auf die OHG zu, die begriffsnotwendig ebenfalls nach außen, nämlich auf den Handelsverkehr, ausgerichtet ist. Damit zeigt sich zugleich, dass § 124 HGB keine Vorschrift singulären Zuschnitts ist, sondern lediglich die Rechtsfolgen aus der zutreffenden Einordnung der BGB-Gesellschaft für das Handelsrecht klarstellend bestätigt.

2. Abweichungen

4 Das maßgebliche weitere Qualifikationsmerkmal gegenüber der Gesellschaft bürgerlichen Rechts ist der Betrieb eines Handelsgewerbes (§ 105 I HGB, vgl. noch Rn. 7 ff.). Die OHG ist die Rechtsform für Zusammenschlüsse, bei denen die Gesellschafter sich in einer professionelleren Weise unternehmerisch betätigen. Die §§ 105 ff. HGB tragen dieser erhöhten Geschäftsgewandtheit und -erfahrung ebenso wie der daraus resultierenden geringeren Schutzbedürftigkeit Rechnung, woraus sich die Abweichungen vom Recht der BGB-Gesellschaft erklären. So macht es etwa das gesteigerte Bedürfnis des Handelsverkehrs nach Rechtssicherheit und Transparenz erforderlich, die Rechtsverhältnisse der OHG im Handelsregister zu publizieren (vgl. §§ 106 ff. HGB). Aus demselben Grund ist die OHG gem. §§ 238 ff., §§ 242 ff. HGB auch zu Buchführung und Bilanzierung verpflichtet. Bei der Geschäftsführung und Vertretung müssen die schwerfällige Gesamtvertretung der BGB-Gesellschaft und die Abhängigkeit der Vertretungsmacht von der Geschäftsführungsbefugnis (§ 6 Rn. 39) durch schlankere und für den Rechtsverkehr verlässlichere Modelle ersetzt werden. Schließlich wird bei der Auflösung und Auseinandersetzung auf die Bestandssicherung der Gesellschaft größeres Gewicht gelegt als bei der BGB-Gesellschaft. Die für Personengesellschaften typische Fixierung auf die Identität der Gesellschafter (§ 2 Rn. 2 ff.) wird aufgelockert und die Unternehmenskontinuität über die Personenkontinuität gestellt, so dass etwa die Kündigung eines Gesellschafters

---

Gesellschaft bereits mit der Handelsregistereintragung in Vollzug gesetzt wurde; s. dazu bereits § 5 Rn. 7.

[2] Überblick über die Diskussion bei Staub/*C. Schäfer*, § 105 Rn. 38 ff.

[3] BGHZ 23, 302 f., 305 = NJW 1957, 871; BGHZ 34, 293, 296 = NJW 1961, 1022; vgl. die weiteren Nachw. (auch zu den Gegenstimmen) in § 3 Rn. 13.

nicht zur Auflösung, sondern zu seinem Ausscheiden führt (vgl. § 131 HGB – dazu § 18 Rn. 8). Weitere Unterschiede – namentlich hinsichtlich der persönlichen Haftung der Gesellschafter – sind durch die weitgehende Anpassung des Rechts der BGB-Gesellschaft an das OHG-Modell im Laufe des letzten Jahrzehnts zunehmend verwischt worden (s. § 3 Rn. 3 ff., § 7 Rn. 10 ff.).

II. Rechtstatsächliche Verbreitung der OHG und Relevanz des OHG-Rechts

Die rechtstatsächliche Bedeutung der OHG hat in den letzten Jahrzehnten stetig abgenommen, was in erster Linie auf die fehlende Bereitschaft der Gesellschafter zurückzuführen ist, für die hohen Risiken eines Handelsgewerbes uneingeschränkt persönlich zu haften. Wer unternehmerisch tätig sein will, gibt deshalb zumeist der GmbH (oft auch in der Gestaltungsvariante der GmbH & Co. KG – s. noch § 37) den Vorzug, bei der die persönliche Haftung ausgeschlossen ist (§ 13 I GmbHG – s. noch § 33 Rn. 3). Während es deshalb derzeit in der Bundesrepublik Deutschland weit über eine Million Gesellschaften mit beschränkter Haftung gibt, bewegt sich die Zahl der in das Handelsregister eingetragenen offenen Handelsgesellschaften mittlerweile bei 24.215.[4] Nachdem es im Zuge der GmbH-Reform 2008 möglich geworden ist, die Haftungsbeschränkung einer GmbH für einen EUR zu erkaufen (s. dazu § 33 Rn. 7), hat sich dieser Trend noch verstärkt, wenngleich natürlich nicht verkannt werden darf, dass der Rechtsverkehr gerade bei diesen Gesellschaftsformen verstärkt darauf drängen wird, dass die fehlende persönliche Haftung durch andere Sicherheiten (z. B. Gesellschafterbürgschaften) kompensiert wird. Die OHG eignet sich demnach in erster Linie für Gesellschaften mit einem kleinen Gesellschafterkreis und verhältnismäßig geringen Haftungsrisiken, die dem Markt durch die Bereitschaft zur persönlichen Haftung besondere Seriosität und Kreditwürdigkeit signalisieren wollen. Ihr wichtigster Einsatzbereich liegt heute bei mittelständischen Unternehmen des Handels und des Dienstleistungsgewerbes.[5] In der industriellen Wirtschaft ist sie dagegen zu einer Randerscheinung geworden. 5

Hinweis:

Auch wenn die praktische Relevanz der OHG demnach stark nachgelassen hat, kommt dem OHG-Recht weiterhin eine außerordentlich hohe Bedeutung zu.[6] Dieser scheinbar widersprüchliche Befund erklärt sich daraus, dass das OHG-Recht auch für viele andere Gesellschaftsformen gilt. So wird für die KG (und damit auch für die verbreitete GmbH & Co. KG) in § 161 II HGB, für die Partnerschaft in §§ 7 II, III, 9 PartGG und für die EWIV in § 1 EWIV-AusfG auf das Recht der OHG verwiesen. Selbst bei der Gesellschaft bürgerlichen Rechts, an deren Grundstruktur die OHG nach der Verweisung in § 105 III HGB angelehnt sein soll, hat sich aus der neueren Rechtsentwicklung eine ungeschriebene umgekehrte Verweisungsrichtung ergeben. Da der Gesetzgeber nur die OHG bewusst als rechtsfähige Wirkungseinheit ausgestaltet hat (§ 124 I HGB), werden die dazu entwickelten Regelungen nunmehr auch auf die BGB-Gesellschaft übertragen, nachdem der BGH ihr eine entsprechende Grundstruktur zuerkannt hat (vgl. dazu § 3 Rn. 3 ff.). Daneben kommt der OHG auch in der juristischen Ausbildung eine hohe, gegenüber der GmbH im Vergleich zu ihrer tatsächlichen Verbreitung sicherlich überproportionale Be- 6

---

[4] *Kornblum,* GmbHR 2016, 691, 692.
[5] *Wiedemann,* GesR II, § 8 I 3.
[6] Vgl. zum Folgenden auch Staub/*C. Schäfer,* § 105 Rn. 13.

deutung zu. Da sämtliche Juristenausbildungsordnungen der Länder im Grundstudium das Personengesellschaftsrecht in den Mittelpunkt stellen, ist die OHG beliebter Prüfungsgegenstand. Speziell der Klausursteller, der die Lösung nicht mit den zahlreichen dogmatischen Grundproblemen belasten will, die sich bei der Gesellschaft bürgerlichen Rechts aus der verunglückten gesetzlichen Ursprungskonzeption ergeben, wird dazu tendieren, eher auf die OHG oder KG zurückzugreifen.

III. Voraussetzungen der OHG

1. Der Betrieb eines Handelsgewerbes

7 Auch wenn die Voraussetzungen für die Errichtung einer OHG in § 105 I HGB relativ klar formuliert erscheinen, können sie den Rechtsanwender, der sich streng am Wortlaut orientiert, in die Irre führen.

8 **Fall 1:** *Baka* und *Geiger* arbeiten als Grundstücksmakler in der Hamburger Innenstadt. Obwohl ihre Geschäfte gut laufen, beschließen sie, ihre Unternehmen zusammenzuführen, um künftig gemeinschaftlich noch erfolgreicher tätig sein zu können. Zu diesem Zweck schließen sie einen Gesellschaftsvertrag, in dem sie ihre persönliche Haftung gegenüber Dritten ausschließen. Sodann nehmen sie die gemeinschaftliche Geschäftstätigkeit auf, noch bevor sie sich auf eine Firma für ihre Gesellschaft geeinigt haben. Welche Rechtsform hat diese Gesellschaft?

9 *Baka* und *Geiger* haben sich vertraglich darauf geeinigt, einen gemeinschaftlichen Zweck zu verfolgen und dessen Erreichung durch ihren persönlichen Einsatz zu fördern. Eine Gesellschaft i. S. d. § 705 BGB liegt demnach vor (§ 1 Rn. 2 ff.). Ob es sich dabei um eine BGB-Gesellschaft oder um eine andere Rechtsform handelt, hängt davon ab, ob die zusätzlichen Qualifikationsmerkmale erfüllt sind, die das Gesetz für die jeweiligen Gesellschaftstypen fordert. Bei der OHG ist dieses Merkmal der Betrieb eines Handelsgewerbes. Insofern kann an die aus dem Handelsrecht vertraute Begrifflichkeit angeknüpft werden. Danach bezeichnet ein „Gewerbe" eine selbstständige, entgeltliche, auf eine unbestimmte Vielzahl von Geschäften gerichtete, nach außen in Erscheinung tretende Tätigkeit mit Ausnahme der freien Berufe.[7] Die Vermittlung von Grundstücken erfüllt diese Voraussetzungen. Ob das Gewerbe ein Handelsgewerbe ist, entscheidet sich nach den §§ 1–3 HGB. Grundsätzlich ist gem. § 1 II HGB jedes Gewerbe zugleich Handelsgewerbe, es sei denn, dass das Unternehmen nach Art oder Umfang einen in kaufmännischer Weise eingerichteten Gewerbebetrieb nicht erfordert. Das ist eine Tatfrage, die anhand einer Vielzahl von Indizien, namentlich der Erforderlichkeit einer kaufmännischen Buchführung und Bilanzierung, zu beurteilen ist.[8] Dabei ist grundsätzlich auf den Zeitpunkt der Aufnahme des Handelsgewerbes, also die ersten Geschäfte (einschließlich der Vorbereitungsgeschäfte), abzustellen. Bloße Zukunftserwartungen auf eine schnelle Expansi-

---

[7] BGHZ 53, 222, 223 f. = NJW 1970, 938; BGHZ 63, 32, 33 f. = NJW 1974, 1462; BGHZ 66, 48, 49 = NJW 1976, 514; Staub/*Oetker,* § 1 Rn. 17; *Beck,* Jura 2013, 209, 213 f. Umstritten, aber hier nicht zu vertiefen, ist die Frage, ob ergänzend auch noch eine Gewinnerzielungsabsicht vorliegen muss; dafür die ältere Rspr., vgl. etwa BGHZ 33, 321, 324 f. = NJW 1961, 725; BGHZ 95, 155, 157 = NJW 1985, 3063; neuerdings aber offen gelassen in BGHZ 155, 240, 245 f. = NJW 2003, 2742; BGHZ 167, 40, 45 f. = NJW 2006, 2250; dagegen das mittlerweile ganz herrschende Schrifttum – vgl. etwa Baumbach/*Hopt,* § 1 Rn. 15 f.; Ebenroth/Boujong/Joost/Strohn/*Kindler,* § 1 Rn. 27; Staub/*Oetker,* § 1 Rn. 37 ff.; *Canaris,* HandelsR, § 2 Rn. 14; *Henssler,* ZHR 161 (97), 13, 21 f.; *Hopt,* ZGR 1987, 145, 172 ff.

[8] Zu weiteren Kriterien vgl. etwa Baumbach/*Hopt,* § 1 Rn. 22 ff.; Staub/*Oetker,* § 1 Rn. 93 ff.

on genügen nicht. Etwas anderes gilt nur dann, wenn nach der Anlage des Unternehmens eine kaufmännische Einrichtung klar und alsbald erforderlich sein wird.[9] Art oder Umfang des Gewerbebetriebs können sich auch dauerhaft ändern. Wird aus einem bloßen Gewerbe ein Handelsgewerbe, so wird aus der zunächst vorliegenden Gesellschaft bürgerlichen Rechts kraft Gesetzes eine OHG. Da *Baka* und *Geiger* bereits jeder für sich erfolgreich tätig waren, deutet nichts darauf hin, dass die von ihnen gegründete Gesellschaft als Kleingewerbe der Ausnahme des § 1 II, 2. Hs. HGB unterfallen könnte. Die Gesellschaft betreibt daher ein Handelsgewerbe.

Zweifel könnte man allerdings hegen, ob die Einordnung als OHG nicht dennoch an 10 den beiden weiteren in § 105 I HGB aufgeführten Merkmalen scheitert. Nach dem Wortlaut des Gesetzes soll eine OHG nur dann vorliegen, wenn das Handelsgewerbe unter gemeinschaftlicher Firma betrieben wird und bei keinem der Gesellschafter die Haftung gegenüber den Gesellschaftsgläubigern beschränkt ist. Das ist missverständlich formuliert. Selbstverständlich können sich die Gesellschafter nicht den strengeren Anforderungen des OHG-Rechts entziehen, indem sie auf die Wahl einer Firma verzichten oder ihre Haftung vertraglich ausschließen. Speziell bei dem Betrieb unter einer Firma handelt es sich nicht um eine Voraussetzung, sondern vielmehr um eine Rechtsfolge.[10] Nach § 106 I HGB muss die Gesellschaft zum Handelsregister angemeldet werden, wobei gem. § 106 II Nr. 2 HGB ihre Firma angegeben werden muss (s. noch Rn. 17 f.). Diese Verpflichtung kann nach § 14 HGB vom Registergericht erzwungen werden. Bis zu diesem Zeitpunkt steht die fehlende Firma der Qualifikation als OHG aber nicht entgegen. Dass dieses Erfordernis eines einheitlichen Auftritts unter gemeinschaftlicher Firma dennoch in die Begriffsbestimmung aufgenommen wurde, erklärt sich daraus, dass der Gesetzgeber die OHG damit von der stillen Gesellschaft abgrenzen wollte, bei der die stillen Gesellschafter nach außen hin überhaupt nicht in Erscheinung treten.[11] Diese Abgrenzung kommt auch in der Bezeichnung als „offene" Handelsgesellschaft zum Ausdruck.

Ebenso wie die Firmenführung ist auch die persönliche Haftung nach § 128 S. 1 11 HGB nicht eine Voraussetzung, sondern eine Rechtsfolge des Zusammenschlusses zu einer OHG.[12] Die Gesellschafter können ihr nicht ausweichen, indem sie vertraglich ihre fehlende Haftungsbereitschaft erklären (vgl. auch § 128 S. 2 HGB – dazu noch § 16 Rn. 16). Ein solcher Haftungsausschluss aller Gesellschafter ist im Außenverhältnis nur dann wirksam, wenn sie eine Körperschaft gegründet haben. Darüber hinaus ist auch in der Rechtsform einer Personengesellschaft ein Haftungsausschluss zumindest für einzelne Gesellschafter möglich, nämlich in der Form einer Kommanditgesellschaft. Der Abgrenzung von dieser Gesellschaft dient deshalb der in § 105 I a. E. HGB enthaltene Hinweis, die Haftung dürfe bei keinem der Gesellschafter gegenüber den Gesellschaftsgläubigern beschränkt sein.[13] Auch eine Kommanditgesellschaft ist hier aber nicht wirksam gegründet worden, da sie voraussetzt, dass es neben den beschränkt haftenden Gesellschaftern (Kommanditisten) auch solche gibt, die eine unbeschränkte persönliche Haftung übernehmen (Komplementäre). Da es daran hier fehlt, ist eine Kommanditgesellschaft nicht entstanden. Es handelt sich um eine OHG; dem vertraglichen Haftungsausschluss wird nach § 128 S. 2 HGB die Wirksamkeit im Außenverhältnis versagt.

---

9 BGHZ 10, 91, 96 = NJW 1953, 1217; Baumbach/*Hopt*, § 1 Rn. 23.
10 Vgl. auch MüKoHGB/*K. Schmidt*, § 105 Rn. 43; Staub/*C. Schäfer*, § 105 Rn. 33.
11 MüKoHGB/*K. Schmidt*, § 105 Rn. 43; Staub/*C. Schäfer*, § 105 Rn. 33.
12 MüKoHGB/*K. Schmidt*, § 105 Rn. 47; Staub/*C. Schäfer*, § 105 Rn. 37.
13 MüKoHGB/*K. Schmidt*, § 105 Rn. 47.

2. OHG kraft Eintragung

12 **Fall 2:** Angenommen im vorigen Fall hätte der Umfang des gemeinschaftlichen Geschäftsbetriebs die Schwelle zum Handelsgewerbe noch nicht überschritten. Gäbe es für *Baka* und *Geiger* (s. Fall 1) in diesem Fall trotzdem die Möglichkeit, eine OHG zu gründen?

13 Nach § 2 I HGB gilt ein gewerbliches Unternehmen, dessen Gewerbebetrieb nicht schon nach § 1 II HGB Handelsgewerbe ist, als Handelsgewerbe, wenn die Firma des Unternehmens in das Handelsregister eingetragen ist. Wie § 105 II HGB belegt, steht diese Möglichkeit nicht nur dem Einzelkaufmann, sondern auch einer Gesellschaft als Unternehmensträger offen. Mit der Eintragung wird die Gesellschaft zur OHG. Entsprechendes gilt für Gesellschaften, die nur eigenes Vermögen verwalten (§ 105 II, 2. Fall HGB), etwa Immobilienverwaltungsgesellschaften.[14] Sie betreiben kein Gewerbe,[15] können aber dennoch zugunsten der Rechtsform der OHG optieren.

14 Der Anreiz, von dieser Option Gebrauch zu machen, ist allerdings verhältnismäßig gering, da das damit einschlägige Handelsrecht für den Unternehmer zumeist ungünstiger ist als die Regeln der BGB-Gesellschaft.[16] Beispielhaft sei auf die Buchführungs- und Bilanzierungspflichten der §§ 238 ff., 242 ff. HGB und die scharfe registerrechtliche Haftung nach § 15 HGB verwiesen.[17] Interessant wird die Optionsmöglichkeit des § 105 II HGB deshalb namentlich vor dem Hintergrund, dass auch § 161 II HGB für die KG auf diese Möglichkeit verweist. Die Gesellschafter einer BGB-Gesellschaft können damit zu einer KG werden und auf diese Weise zumindest einzelnen ihrer Mitglieder die Möglichkeit einer Haftungsbeschränkung eröffnen.[18] Vor dem Hintergrund der nunmehr für die BGB-Gesellschaft geltenden Akzessorietätstheorie kommt dieser Möglichkeit eine gesteigerte Bedeutung zu (§ 7 Rn. 10 ff.).

15 Die Option nach § 2 HGB ist aber nur eröffnet, wenn es sich überhaupt um ein Gewerbe handelt.[19] Fehlt es schon daran – so z. B. bei den Sozietäten von Rechtsanwälten (vgl. § 2 II BRAO) – so kommt ein Zusammenschluss in der Rechtsform der OHG nicht in Frage. Möglich bleibt für Rechtsanwälte, sich unter weiteren Voraussetzungen als EWIV (§ 41), als Partnerschaft (§ 25) oder neuerdings auch als GmbH (vgl. §§ 59c ff. BRAO[20]) oder AG[21] zu organisieren, wenn es nicht bei einem Zusammenschluss in Form der Gesellschaft bürgerlichen Rechts verbleiben soll. Diese Möglichkeiten bestehen – vorbehaltlich standesrechtlicher Hindernisse – auch für andere freie Berufe.[22] Den Unternehmen der Land- oder Forstwirtschaft ist die Gesellschaftsform der OHG zugänglich, indem gem. § 3 II HGB von dem Recht auf Eintragung Gebrauch gemacht wird.

---

14 Weitere Beispiele bei Baumbach/Hopt/*Roth,* § 105 Rn. 13.

15 Baumbach/Hopt/*Roth,* § 105 Rn. 13.

16 Vgl. etwa Staub/*Oetker,* § 2 Rn. 4; *Canaris,* HandelsR, § 3 Rn. 18.

17 Vgl. dazu *Canaris,* HandelsR, § 3 Rn. 18. Weitere Nachteile: Rügepflicht nach § 377 HGB, kein Schutz durch Formerfordernisse bei Bürgschaften etc. nach § 350 HGB.

18 Staub/*Oetker,* § 2 Rn. 4.

19 Staub/*Oetker,* § 2 Rn. 5.

20 Eingefügt durch das BRAO-Änderungsgesetz vom 31.8.1998 (BGBl. I 2600).

21 Auch wenn es hierzu an einer den §§ 59c ff. BRAO vergleichbaren gesetzlichen Regelung fehlt, so hat BayObLGZ 2000, 83, 83 = NJW 2000, 1647 die grundsätzliche Zulässigkeit einer Rechtsanwalts-AG festgestellt; zust. *BFH* NJW 2004, 1974; Hüffer/*Koch,* § 23 Rn. 23; vgl. dazu auch *Kempter/Kopp,* NZG 2005, 582 ff.; *Kempter/Kopp,* NJW 2000, 3449 ff.; *Stabreit,* NZG 1998, 453.

22 Hüffer/*Koch,* § 23 Rn. 23.

16 Beruht die Qualifikation als OHG auf einer Wahlentscheidung der Gesellschafter nach §§ 2, 3, 105 II HGB, so sind sie daran nicht dauerhaft gebunden, sondern können sie rückgängig machen.[23] Das sieht § 2 S. 3 i.V.m. § 105 II 2 HGB vor. Danach ist die Firma auf Antrag zu löschen, wenn das Unternehmen eine kaufmännische Betriebsorganisation nach wie vor nicht erfordert.

IV. Anmeldung und Eintragung in das Handelsregister

1. Die gemeinschaftliche Firma

17 **Fall 3:** Wie im Ausgangsfall (s. Fall 1) hat die Gesellschaft von vornherein den Zuschnitt eines Handelsgewerbes i.S.d. § 1 II HGB. *Baka* und *Geiger* fragen, ob ihnen das Handelsrecht weitere Pflichten auferlegt, die sie vor der gemeinschaftlichen Weiterführung ihrer Geschäfte zu erfüllen haben. Des Weiteren bitten Sie um Auskunft, ab welchem Zeitpunkt das Recht der OHG für ihren Zusammenschluss beachtet werden muss.

18 Hinsichtlich der Frage nach weiteren Pflichten wurde das erste Erfordernis bereits angesprochen: Die Gesellschafter müssen sich auf eine gemeinsame Firma einigen, also auf einen Namen, unter dem sie künftig ihre Geschäfte betreiben wollen (§ 17 HGB).[24] Dabei sind die allgemeinen firmenrechtlichen Grundsätze der §§ 18ff. HGB zu beachten, also die Grundsätze der Firmenwahrheit, Firmenunterscheidbarkeit und Firmeneinheit.[25] Die früher geltende Notwendigkeit, eine Personenfirma zu führen, ist hingegen entfallen; auch die (dem Unternehmensgegenstand entlehnte) Sachfirma und Phantasiebezeichnungen sind nunmehr zulässig.[26] Dagegen bedarf es nach § 19 I HGB zwingend eines Rechtsformzusatzes, der über die Gesellschaftsform Auskunft gibt, bei einer OHG also der Angabe „offene Handelsgesellschaft" oder eine allgemein verständliche Abkürzung dieser Bezeichnung (§ 19 I Nr. 2 HGB). Damit sollen dem Rechtsverkehr insbesondere die Haftungsverhältnisse der Gesellschaft offen gelegt werden.[27] Wird ein schon existentes Unternehmen in der Rechtsform einer OHG fortgeführt, so gelten die schwächeren Anforderungen der §§ 22, 24 HGB, die es dem neuen Inhaber eines Handelsgewerbes ermöglichen sollen, den mit der Firma verknüpften „good will" für sich nutzbar zu machen, obwohl damit der Grundsatz der Firmenwahrheit beeinträchtigt wird.[28] Anders als früher ist jedoch auch bei der abgeleiteten Firma ein Rechtsformzusatz unabdingbar (§ 19 I HGB).

2. Anmeldung und Eintragung in das Handelsregister

19 Haben die Gesellschafter sich auf eine Firma geeinigt, so ist die OHG nach § 106 I HGB zur Eintragung in das Handelsregister anzumelden; den Inhalt der Anmeldung gibt § 106 II HGB an. Gemäß § 108 I HGB muss sie von allen Gesellschaftern vorgenommen werden. Die Erfüllung dieser Pflicht ist von dem Registergericht durch Zwangsgelder durchzusetzen (§ 14 HGB; Verfahrensvorschriften in den §§ 388ff. FamFG). Darüber hinaus sind die Gesellschafter kraft des Gesellschaftsvertrags auch einander verpflichtet, die Anmeldung vorzunehmen.

---

[23] Staub/*Oetker,* § 2 Rn. 16.

[24] Zu den Firmen von Personenhandelsgesellschaften nach dem Handelsrechtsreformgesetz *Jung,* ZIP 1998, 677ff.

[25] Vgl. dazu statt aller *Canaris,* HandelsR, § 11.

[26] Ausführlich hierzu *K. Schmidt,* ZIP 1997, 909, 915.

[27] *Canaris,* HandelsR, § 11 Rn. 11.

[28] Vgl. zu diesem Normzweck Staub/*Burgard,* § 22 Rn. 3f. Unter der Bezeichnung „good will" versteht man den über den Sachwert eines Unternehmens hinausgehenden ideellen Wert, der sich u.a. durch das Ansehen des Unternehmens und seinen Kundenstamm bestimmt.

20 Ist die Anmeldung ordnungsgemäß erfolgt, wird das Registergericht die Eintragung in das Handelsregister vornehmen. Anders als bei den Körperschaften hat die Eintragung hier aber keine konstitutive Wirkung in dem Sinne, dass die Gesellschaft erst mit der Eintragung entsteht (vgl. zum Folgenden bereits § 2 Rn. 6 f. m. w. Nachw.).[29] Bei den Körperschaften ist eine solche Anordnung erforderlich, da ihre Gesellschafter nicht persönlich für die Verbindlichkeiten der Gesellschaft haften. Zur Kompensation sieht das Gesetz hier andere Kautelen vor, namentlich den Aufbau eines Haftungsfonds bei den Kapitalgesellschaften. Um sicherzustellen, dass diese Kautelen beachtet wurden, bedarf es der hoheitlichen Beteiligung. Erst wenn das Registergericht mit der Eintragung die ordnungsgemäße Einhaltung der gesetzlichen Vorschriften dokumentiert hat, soll der Rechtsverkehr mit der Gesellschaft konfrontiert werden. Die Eintragung hat deshalb hier konstitutive Wirkung. Bei den Personengesellschaften erübrigt die persönliche Haftung eine derartige Kontrolle. Die auch hier erforderliche Beteiligung des Registergerichts hat einen anderen Charakter. Sie soll dem Rechtsverkehr den Umgang mit den Gesellschaften erleichtern; die Existenz der Gesellschaft wird aber nicht an den Registereintrag geknüpft.[30]

21 Auch wenn der registergerichtlichen Kontrolle demnach eine deutlich geringere Bedeutung als bei den Körperschaften zukommt, darf die tatsächliche Relevanz dieser Publizität nicht unterschätzt werden. Das gilt insbesondere, seit der Gesetzgeber das Handelsregister im Zuge des Gesetzes über elektronische Handelsregister und Genossenschaftsregister sowie das Unternehmensregister von 10. November 2006 (EHUG) vollständig auf einen digitalen Betrieb umgestellt hat. Bis dahin wurde das Handelsregister als lokal verwurzeltes Aktenarchiv in Papierform geführt, was den Anforderungen einer globalisierten Wirtschaftswelt nicht gerecht wurde.[31] Mit der Einführung des elektronischen Handelsregisters ist es nunmehr möglich geworden, von jedem Ort und zu jeder Zeit Zugang zu den zentralen Unternehmensdaten (etwa eines potenziellen Vertragspartners) zu erlangen.[32] Die Verlässlichkeit der abgefragten Daten wird durch die registergerichtliche Kontrolle und den flankierenden Gutglaubensschutz des § 15 HGB gewährleistet.[33]

3. Entstehung der OHG im Innen- und Außenverhältnis

22 Die zweite in Fall 3 aufgeworfene Frage betrifft den Zeitpunkt, ab dem das OHG-Recht für die Gesellschaft Geltung beansprucht. Dazu wurde bereits festgestellt, dass dieser Zeitpunkt nicht zwingend durch die Registereintragung festgelegt wird. Seine genaue Bestimmung erweist sich bei der OHG aber als nicht unproblematisch: Zunächst ist zu unterscheiden, ob es um das Verhältnis der Gesellschafter zueinander (§§ 109 ff. HGB) oder um das Verhältnis der Gesellschaft zu Dritten (§§ 123 ff. HGB) geht. Ab wann die §§ 109 ff. HGB gelten, richtet sich allein nach dem im Gesellschaftsvertrag zum Ausdruck gelangten Willen der Gesellschafter.[34] Da Au-

---

[29] Zum Begriff der konstitutiven und deklaratorischen Registereintragung vgl. Staub/*J. Koch,* § 8 Rn. 116 ff. Zu der mittlerweile abweichenden Rechtslage in Österreich, das sich dazu entschlossen hat, im Zuge einer großen Handelsrechtsreform von dem bisher auch dort geltenden deutschen Modell abzuweichen und der Registereintragung konstitutive Wirkung beizumessen, vgl. *Schauer* in Kalss/Nowotny/Schauer, Österreichisches Gesellschaftsrecht, 2008, Rn. 2/175; *Krejci,* ZHR 170 (2006), 113, 123 f.

[30] Zu dieser Form der registergerichtlichen Kontrolle vgl. Staub/*J. Koch,* § 8 Rn. 2.

[31] Vgl. nur *Zöllner,* NZG 2003, 354, 355: „vorsintflutlich".

[32] Vgl. zu dieser Entwicklung Staub/*J. Koch,* § 8 Rn. 6 ff.; *Noack,* FS Ulmer, 2003, S. 1245, 1258 f.

[33] Vgl. zu dieser Funktion Staub/*J. Koch,* § 8 Rn. 1 f.

[34] Staub/*Habersack,* § 123 Rn. 2.

ßenstehende nicht betroffen sind, besteht kein Grund, der Disposition der Gesellschafter Grenzen zu setzen (so auch generell für das Innenverhältnis § 109 HGB – s. noch § 13 Rn. 4 f.).

Etwas anderes gilt bei Geschäften mit Dritten. Ihnen gegenüber wird die OHG nach **23** § 123 I HGB entweder im Zeitpunkt der Eintragung (Abs. 1) oder mit der Aufnahme der Geschäfte (Abs. 2) wirksam, wobei die herrschende Meinung zum Schutz der Gesellschafter verlangt, dass diese Folge nur eingreift, wenn alle Gesellschafter dem Geschäftsbeginn ausdrücklich oder konkludent zugestimmt haben.[35] Die Gesellschafter haben also grundsätzlich zunächst die Möglichkeit, die Entstehung der OHG trotz des bereits erfolgten Abschlusses des Gesellschaftsvertrages nach hinten zu verschieben und damit das Eingreifen der strengen handelsrechtlichen Vorschriften zu vermeiden.[36] Sobald sie aber ihre Geschäfte tatsächlich aufnehmen oder sich in das Handelsregister eintragen lassen, müssen sie sich zum Schutz außenstehender Dritter als OHG behandeln lassen; eine entgegenstehende Vereinbarung ist nach § 123 III HGB unwirksam, auch wenn sie dem Dritten bekannt ist.[37] Die Bedeutung der Vorschrift ist geringer, als es auf den ersten Blick scheinen mag, da sie entgegen ihrem missverständlichen Wortlaut nicht dazu führt, dass bis zu dem hier festgelegten Entstehungszeitpunkt noch gar keine Gesellschaft existiert, sondern es werden zumeist mit dem Abschluss des Gesellschaftsvertrages schon die Voraussetzungen einer Gesellschaft bürgerlichen Rechts vorliegen. § 123 HGB bestimmt dann nur den Übergang zur OHG.[38] Da die BGB-Gesellschaft – namentlich in der Haftung – der OHG mittlerweile weitgehend angeglichen ist (s. § 7 Rn. 10 ff.), sind die Auswirkungen des § 123 HGB gering.[39]

Eine Ausnahme von der in § 123 I HGB statuierten Regel enthält § 123 II, letzter **24** Hs. HGB für die Fälle, in denen die Gesellschaft nicht schon aufgrund des Betriebs eines Handelsgewerbes nach § 105 I HGB zur OHG wird, sondern erst durch Eintragung nach §§ 2, 3, 105 II HGB (s. Rn. 12 ff.). Hier kommt der Eintragung ausnahmsweise doch konstitutive Wirkung zu, die nicht durch den Geschäftsbeginn ersetzt werden kann.[40]

V. Zur Kaufmannseigenschaft der OHG und ihrer Gesellschafter

Fall 4: *Baka* und *Geiger* sind mittlerweile als „*Baka* & *Geiger* Immowelt OHG" in das **25** Handelsregister eingetragen und haben ihre Geschäfte aufgenommen. Als sie kurz vor einem wichtigen Geschäftsabschluss stehen, gerät ihr Kunde *Kort* in einen finanziellen Engpass. Um den Abschluss zu gewährleisten übernimmt *Baka* im Namen der Gesellschaft telefonisch eine Bürgschaft. Kann die Gesellschaft sich später auf das Fehlen der Schriftform berufen?

Baka hat die Gesellschaft nach § 164 I BGB wirksam vertreten. Er ist nach § 125 **26** HGB zur Vertretung der OHG berechtigt (dazu sogleich unter § 13 Rn. 27 ff.) und hat in ihrem Namen gehandelt. Die demnach von der OHG abgegebene Bürgschaftserklärung könnte wegen Formmangels nach §§ 766, 125 S. 1 BGB nichtig

---

[35] Vgl. dazu etwa Baumbach/Hopt/*Roth*, § 123 Rn. 12; Ebenroth/Boujong/Joost/Strohn/*Hillmann*, § 123 Rn. 20; Staub/*Habersack*, § 123 Rn. 20; a. A. aber MüKoHGB/*K. Schmidt*, § 123 Rn. 10.

[36] Zur Funktion dieser Vorschrift und den Zweifeln an ihrer rechtspolitischen Berechtigung vgl. Staub/*Habersack*, § 123 Rn. 1.

[37] MüKoHGB/*K. Schmidt*, § 123 Rn. 12.

[38] Staub/*Habersack*, § 123 Rn. 1; *K. Schmidt*, § 11 IV 1b.

[39] Schöner Übungsfall bei *Kindler*, § 10 Rn. 56, 57.

[40] Vgl. auch Staub/*Habersack*, § 123 Rn. 8.

sein. § 766 BGB ist jedoch nicht anzuwenden, wenn sich die Übernahme der Bürgschaft unter § 350 HGB subsumieren lässt. Dazu muss die Übernahme ein Handelsgeschäft sein, also nach § 343 HGB das Geschäft eines Kaufmanns, das zum Betrieb seines Handelsgewerbes gehört. Gemäß § 6 I HGB finden auf die OHG die für Kaufleute geltenden Vorschriften Anwendung. Damit ist die erste Voraussetzung des § 343 HGB erfüllt. Die Übernahme der Bürgschaft gehört auch zum Betrieb eines Handelsgewerbes der OHG. Darunter sind nicht nur diejenigen Geschäfte zu verstehen, die unmittelbar den Unternehmensgegenstand charakterisieren, sondern alle, die dem Interesse des Unternehmens, der Erhaltung seiner Substanz und der Erzielung von Gewinn dienen sollen.[41] Übernimmt die OHG die Bürgschaft für einen Kunden, dann geschieht dies, um den Kunden für das Unternehmen zu erhalten oder – wie hier – einen konkreten Geschäftsabschluss im Gesellschaftsinteresse zu fördern. Damit gehört ihre Übernahme zum Betrieb des Handelsgewerbes. Gemäß § 350 HGB ist die Bürgschaft also formlos gültig. Auf das Fehlen der Schriftform kann sich die OHG nicht berufen.

27 **Fall 5:** Wie fiele die rechtliche Beurteilung aus, wenn *Baka* die Bürgschaftserklärung (s. Fall 4) nicht im Namen der Gesellschaft, sondern im eigenen Namen abgegeben hätte?

28 Die Lösung hängt davon ab, ob auch dem OHG-Gesellschafter Kaufmannseigenschaft zukommt. In der Rechtsprechung wird diese Frage zumeist mit der nicht weiter vertieften Begründung bejaht, dass die Gesellschafter einer OHG das Handelsgewerbe betreiben.[42] Diese Sichtweise wird dem Charakter der OHG als verselbstständigter, rechtsfähiger Wirkungseinheit aber nicht gerecht; spätestens mit der Anerkennung der Rechtsfähigkeit der BGB-Gesellschaft muss sie als überholt angesehen werden (§ 3 Rn. 3 ff.). Im Lichte dieser neueren Entwicklung betreiben auch bei den Personengesellschaften diese selbst – und nicht ihre Gesellschafter – das Handelsgewerbe (vgl. auch den Wortlaut des § 105 I HGB), so dass die §§ 343, 350 HGB nicht unmittelbar anwendbar sind.[43] Auch wenn man die Kaufmannseigenschaft der OHG-Gesellschafter daher verneint, so bleibt doch die Möglichkeit eines Analogieschlusses zu einzelnen auf Kaufleute zugeschnittenen Vorschriften. Eine solche Analogie liegt deshalb nahe, weil die rechtliche Bewertung nicht bei der formalen Trennung von Gesellschafter und Gesellschaft stehen bleiben kann, sondern auch dem Umstand Rechnung tragen muss, dass die OHG als Personengesellschaft gerade von ihren Gesellschaftern ausgefüllt, von diesen namentlich auch vertreten wird (Grundsatz der Selbstorganschaft – § 2 Rn. 11 und § 6 Rn. 1, 4 und 11).[44]

29 Untersucht man vor diesem Hintergrund die Analogiefähigkeit der §§ 343, 350 HGB, so gelangt man zu dem Schluss, dass die Annahme größerer Geschäftserfahrenheit und entsprechend geringerer Schutzbedürftigkeit,[45] auf denen diese Vorschriften beruhen, auch auf die geschäftsleitenden OHG-Gesellschafter übertragen

---

[41] Baumbach/*Hopt,* § 343 Rn. 3; vgl. auch BGHZ 63, 32, 35 = NJW 1974, 1462: Lockerer Zusammenhang genügt.

[42] BGHZ 34, 293, 296 f. = NJW 1961, 1022; BGHZ 45, 282, 284 = NJW 1966, 1960.

[43] So die mittlerweile ganz h. M. in der Literatur; vgl. Baumbach/Hopt/*Roth,* § 105 Rn. 22; Koller/Kindler/*Roth*/Morck, § 1 Rn. 23; MüKoHGB/*K. Schmidt,* § 1 Rn. 67; Staub/*Oetker,* § 1 Rn. 67; Staub/*C. Schäfer,* § 105 Rn. 78; *Dauner-Lieb/Dötsch,* DB 2003, 1666, 1668; *Landwehr,* JZ 1967, 198, 199 ff.; a. A. *Röhricht*/v. Westphalen/Haas, § 1 Rn. 75.

[44] Für eine Analogiebildung im Einzelfall (nicht pauschal!) daher Baumbach/Hopt/*Roth,* § 105 Rn. 19, 22; Staub/*C. Schäfer,* § 105 Rn. 80 ff.; vgl. dazu auch Ebenroth/Boujong/Joost/Strohn/*Wertenbruch,* § 105 Rn. 148 ff.

[45] Vgl. dazu MüKoHGB/*K. Schmidt,* § 350 Rn. 1.

werden kann. Ein Analogieschluss ist demnach gerechtfertigt.[46] Gesellschafter, die von der Unternehmensführung ausgeschlossen sind, werden von dieser Analogie indes nicht erfasst.[47] Eine weitere Einschränkung ist nach zutreffender Auffassung dahingehend vorzunehmen, dass die Analogie nur dort gerechtfertigt ist, wo tatsächlich ein Bezug zur Geschäftstätigkeit der Gesellschaft anzunehmen ist.[48] Nur hier bewegt sich der Gesellschafter innerhalb des Kreises, den er für seine unternehmerische Betätigung abgesteckt hat. Verlässt er diesen Bereich, ist ein geringeres Schutzniveau nicht mehr gerechtfertigt. Für den hier zu entscheidenden Fall kommt es auf diese Frage nicht an, da *Baka* im wirtschaftlichen Sachzusammenhang mit seiner Gesellschafterstellung gehandelt hat. Auch er kann sich deshalb nicht auf das Formerfordernis berufen.

VI. Zusammenfassung

Die OHG ist eine besondere, auf die Bedürfnisse des Handelsverkehrs zugeschnittene Form der Gesellschaft bürgerlichen Rechts. Ihre Gesellschafter bilden eine organisierte Wirkungseinheit. Eine OHG liegt nur vor, wenn der Zweck der Gesellschaft auf den Betrieb eines Handelsgewerbes unter gemeinschaftlicher Firma gerichtet ist (§ 105 I HGB). Ob ein Handelsgewerbe vorliegt, ist nach den §§ 1 bis 4 HGB zu beurteilen. Entgegen dem missverständlichen Wortlaut sind die Führung einer gemeinsamen Firma und das Fehlen einer Haftungsbeschränkung im Außenverhältnis keine Voraussetzungen der Gesellschaftsgründung, sondern ihre Rechtsfolgen. Ob die gewählte Firma zulässig ist, richtet sich nach den §§ 18 ff. HGB. Die Firma muss in jedem Falle einen Rechtsformzusatz enthalten. Die OHG muss zur Eintragung in das Handelsregister angemeldet werden (§ 106 HGB). Gegenüber Dritten kommt es entweder auf den Zeitpunkt der Eintragung oder auf die Aufnahme der Geschäfte an (§ 123 HGB). Wird ein Handelsgewerbe betrieben, so ist der jeweils frühere Zeitpunkt maßgeblich; wird das Gewerbe erst durch die Eintragung zum Handelsgewerbe (§ 2 HGB), so ist auf diese abzustellen (§ 123 II HGB). Nach § 6 I HGB ist die OHG als Kaufmann zu behandeln. Auf die Gesellschafter kann diese Wertung nicht übertragen werden, da sie das Handelsgewerbe nicht selbst betreiben. Da Gesellschaft und Gesellschafter hier aber eng miteinander verwoben sind, kann bei einzelnen Vorschriften ein Analogieschluss zulässig sein. 30

§ 13. Geschäftsführung und Vertretung

Literatur: Vgl. zunächst die Angaben zu § 6; ergänzend *Helm/Wagner*, Fremdgeschäftsführung und Vertretung bei Personenhandelsgesellschaften, BB 1979, 225; *John*, Der Mißbrauch organschaftlicher Vertretungsmacht, FS Mühl, 1981, S. 349; *Otte*, Ausübung und Schranken der Informationsrechte in OHG, KG und GmbH, NZG 2014, 521.

I. Die Geschäftsführungsbefugnis

1. Einzel-, Allein- und Gesamtgeschäftsführung

Fall 1: *Stingl* und *Zwez* betreiben gemeinsam einen Handel mit Baustoffen in der Rechtsform der OHG. *Stingl* räumt einem Kunden für 100 cbm Kies einen Vorzugspreis ein. *Zwez* meint, die Gewährung von Preisnachlässen dürfe nur nach Abstimmung mit ihm geschehen. Hat er 1

[46] Baumbach/Hopt/*Roth*, § 105 Rn. 22; MüKoHGB/*K. Schmidt*, § 350 Rn. 10; Staub/*C. Schäfer*, § 105 Rn. 81; *Wiedemann*, GesR II, § 8 I 2; a. A. Oetker/*Körber*, § 1 Rn. 90, 117.
[47] Das gilt insbesondere für den Kommanditisten einer KG – s. noch § 20 Rn. 21 ff.
[48] Staub/*C. Schäfer*, § 105 Rn. 81; *K. Schmidt*, ZIP 1986, 1510, 1516.

Recht, wenn der Gesellschaftsvertrag keine besonderen Regelungen hinsichtlich der Geschäftsführung und Vertretung trifft?

2 Auch hinsichtlich der Geschäftsführung und Vertretung kann aufgrund der parallelen Grundstruktur von BGB-Gesellschaft und OHG (§ 2 Rn. 1 ff.) zunächst an die zu §§ 705 ff. BGB gewonnenen Erkenntnisse angeknüpft werden. Wie die Gesellschaft bürgerlichen Rechts handelt auch die OHG durch die geschäftsführenden Gesellschafter als ihre Organe (§ 6 Rn. 1 f.). Wie dort betrifft die Geschäftsführung das Innenverhältnis, während es bei der Vertretung um das Außenverhältnis geht, also um die rechtsgeschäftlichen Beziehungen der OHG zu Dritten (§ 6 Rn. 5). Diese Unterscheidung hat das Gesetz bei der OHG deutlicher zum Ausdruck gebracht als bei der Gesellschaft bürgerlichen Rechts, weil die Geschäftsführung im zweiten Titel: „Rechtsverhältnis der Gesellschafter untereinander" geregelt ist (§§ 114 bis 119 HGB), während die Vertretung ihren Platz im dritten Titel: „Rechtsverhältnis der Gesellschafter zu Dritten" gefunden hat (§§ 125 bis 127 HGB).

3 Die für die BGB-Gesellschaft in §§ 709, 714 BGB grundsätzlich angeordnete Gesamtgeschäftsführungsbefugnis/Gesamtvertretung hat sich schon dort in vielen Fällen als zu schwerfällig erwiesen (§ 6 Rn. 9). Es liegt auf der Hand, dass dieses Modell für den Handelsverkehr erst recht ungeeignet ist und deshalb durch eine effizientere Regelung ersetzt werden muss. Für die Verteilung der Geschäftsführungsbefugnis gilt daher Folgendes: Nach § 114 I HGB sind alle Gesellschafter der OHG zur Geschäftsführung berechtigt und verpflichtet, wenn der Gesellschaftsvertrag nichts anderes vorsieht (§§ 109, 114 II HGB). Die Geschäftsführung steht also nach der gesetzlichen Regelung allen Gesellschaftern zu. In charakteristischem Unterschied zu § 709 BGB stellt jedoch § 115 I HGB den Grundsatz der Einzelgeschäftsführung auf. Jeder Gesellschafter ist dazu befugt, ohne vorherige Abstimmung mit seinen Mitgesellschaftern die Geschäfte der Gesellschaft zu führen.

4 Diese gesetzliche Anordnung bindet die Gesellschafter allerdings nicht. Da die Geschäftsführungsbefugnis allein das Innenverhältnis der Gesellschafter betrifft, besteht kein Grund, sie innerhalb dieser Rechtsbeziehung zwingenden Beschränkungen zu unterwerfen. Gerade im kaufmännischen Bereich darf von den Beteiligten erwartet werden, dass sie über die nötige Erfahrung und Geschäftsgewandtheit verfügen, um ihre Rechtsbeziehungen untereinander eigenverantwortlich zu gestalten. Einer solchen Gestaltungsfreiheit bedarf es auch, um dem großen Facettenreichtum unternehmerischen Handelns gerecht zu werden; unterschiedliche Geschäftsmodelle erfordern oft auch unterschiedliche Organisationsstrukturen.[1]

5 Deshalb ordnet § 109 HGB an, dass sich die Rechtsverhältnisse der Gesellschafter untereinander vorrangig nach dem Gesellschaftsvertrag richten und §§ 110–122 HGB nur insoweit Anwendung finden, als nicht durch den Gesellschaftsvertrag ein anderes bestimmt ist. Dass diese Gestaltungsfreiheit auch hinsichtlich der Verteilung der Geschäftsführungsbefugnis gilt, findet eine weitere Bestätigung in §§ 114 II, 115 II HGB, die ausdrücklich abweichende Modelle voraussetzen (ähnliche Gestaltung in §§ 710, 711 BGB – s. § 6 Rn. 10). § 114 II HGB behandelt den Fall, dass die Geschäftsführungsbefugnis einem Gesellschafter (Alleingeschäftsführung) oder mehreren Gesellschaftern übertragen ist, und ordnet für eine solche Gestaltung an, dass die übrigen Gesellschafter von der Geschäftsführung ausgeschlossen sind. § 115 II HGB sieht die Möglichkeit einer Gesamtgeschäftsführungsbefugnis vor, wie sie der gesetzlichen Regelanordnung bei der Gesellschaft bürgerlichen Rechts entspricht, in der Praxis bei der OHG aber nur selten gewählt wird.

---

1 Vgl. auch *Windbichler,* § 13 Rn. 1.

6 Für die Lösung des Falles 1 ergibt sich daraus: *Stingl* und *Zwez* sind in Ermangelung einer vertraglichen Regelung nach §§ 114 I, 115 I HGB grundsätzlich jeder einzeln zur Geschäftsführung befugt. Allerdings könnte man Zweifel hegen, ob es in diesem Fall tatsächlich um die Geschäftsführungsbefugnis und nicht vielmehr um die Vertretungsmacht geht, da die Zuständigkeitsfrage schließlich hinsichtlich einer Maßnahme im Außenverhältnis gegenüber einem Kunden aufgeworfen wird. Eine solche Sichtweise würde aber verkennen, dass Geschäftsführungs- und Vertretungshandlungen nicht inhaltlich voneinander abgegrenzt werden können (vgl. dazu bereits § 6 Rn. 5). Der Abschluss eines Kaufvertrages im Namen der Gesellschaft etwa ist ohne weiteres beiden Kategorien zuzuordnen. Entscheidend ist, unter welchem Blickwinkel diese Handlung untersucht wird: Geht es um die rechtliche Zurechnung und Verbindlichkeit im Außenverhältnis, dann ist die Vertretungsmacht entscheidend. Wird dagegen – wie hier – nach der Befugnis im Innenverhältnis, nach dem Dürfen, gefragt, dann geht es um die Geschäftsführungsbefugnis. Da diese dem *Stingl* zusteht, durfte er den Preisnachlass auch im Innenverhältnis gewähren. Einer vorherigen Absprache mit *Zwez* bedurfte es nicht.

7 **Fall 2:** Wie muss *Stingl* sich verhalten, wenn *Zwez* von seiner Absicht vor Abschluss des Vertrags erfährt und erklärt, er sei mit dem Preisnachlass nicht einverstanden?

8 Die Einzelgeschäftsführungsbefugnis aller oder mehrerer Gesellschafter kann zu Kollisionen führen. Deshalb muss die Frage entschieden werden, ob sich der eine Geschäftsführer über den Willen des anderen hinwegsetzen darf oder ihm Rechnung zu tragen hat. Das Gesetz löst den Konflikt, indem es jedem geschäftsführenden Gesellschafter (nicht den von der Geschäftsführung ausgeschlossenen!) das Recht gibt, den geplanten Maßnahmen des anderen zu widersprechen. Erfolgt der Widerspruch, dann muss die Maßnahme nach § 115 I, 2. Hs. HGB unterbleiben. Auch dieses Instrument ist bereits aus dem Recht der BGB-Gesellschaft bekannt, nämlich aus § 711 BGB (§ 6 Rn. 10). Der Gesetzgeber hat es in das Recht der OHG übernommen mit der Folge, dass auch hier das Gesamtprinzip des § 709 BGB in abgeschwächter Form noch einen Ausdruck findet. *Stingl* darf also gegen den Widerspruch des *Zwez* den Preisnachlass nicht gewähren. Wenn ein Gesellschafter ohne Rücksicht auf den Widerspruch des anderen eine Maßnahme ergreift, handelt er pflichtwidrig und muss der OHG den daraus entstehenden Schaden nach § 280 I BGB ersetzen, sofern auch ein Verschulden vorliegt. Der Pflichtverstoß kann in gravierenden Fällen – nicht aber schon bei der hier gegebenen Streitigkeit über eine Einzelmaßnahme von geringer Bedeutung – auch ein wichtiger Grund für eine Entziehung der Geschäftsführungsbefugnis (§ 117 HGB – Rn. 18 ff.), für eine Auflösung der Gesellschaft (§ 133 HGB – s. noch § 17 Rn. 7) oder die Ausschließung eines Gesellschafters (§ 144 HGB – s. noch § 18 Rn. 12) sein.

9 Der Widerspruch ist seinerseits Geschäftsführungsmaßnahme.[2] Ob der Gesellschafter widerspricht, steht deshalb nicht in seinem Belieben; er ist hier ebenso durch die Pflicht zur ordnungsmäßigen Geschäftsführung gebunden wie wenn er eine positive Maßnahme treffen wollte. Pflichtwidrig im Sinne von treuwidrig (s. oben § 8 Rn. 7 ff.) handelt er dann, wenn sein Widerspruch nicht von dem Interesse der OHG, sondern von seinem Eigeninteresse bestimmt ist,[3] wenn es ihm nur darum geht, den anderen Gesellschafter in seiner Geschäftsführung zu stören, insbesondere, wenn der Widerspruch unter streitenden Familiengesellschaftern als Blockademittel eingesetzt wird. Über den pflichtwidrig erklärten Widerspruch darf sich der ge-

---

2 Staub/*C. Schäfer*, § 115 Rn. 5.
3 *BGH* NJW 1986, 844; *BGH* ZIP 2002, 396, 398; Staub/*C. Schäfer*, § 115 Rn. 7.

schäftsführende Gesellschafter hinwegsetzen. Will er das nicht oder ist der Widerspruch pflichtgemäß erfolgt, so kann die durch den Widerspruch entstandene Patt-Situation nur durch einen Beschluss aller geschäftsführenden Gesellschafter aufgelöst werden, wenn der Gesellschaftsvertrag nichts anderes vorsieht.

10 **Fall 3:** Im Gesellschaftsvertrag ist vorgesehen, dass *Stingl* und *Zwez* nur zusammen handeln können. Während des Urlaubs des *Zwez* entdeckt *Stingl*, dass der Buchhalter mehrere Schecks unterschlagen hat. Muss er mit der Entlassung des Buchhalters bis zur Rückkehr des *Zwez* warten?

11 Nach § 109 HGB ist für das Rechtsverhältnis der Gesellschafter untereinander in erster Linie der Gesellschaftsvertrag maßgeblich. *Stingl* und *Zwez* können also abweichend von §§ 114, 115 I HGB Gesamtgeschäftsführung vereinbaren mit der Folge, dass für jedes Geschäft die Zustimmung beider Gesellschafter notwendig ist (§ 115 II HGB). Mit der Entlassung des Buchhalters braucht *Stingl* jedoch nicht zu warten, wenn Gefahr in Verzug ist (§ 115 II HGB a. E.). Das lässt sich hier bejahen, weil die Gefahr droht, dass die Zweiwochenfrist des § 626 II BGB abläuft, und weil weitere Unterschlagungen des Buchhalters nicht ausgeschlossen werden können.[4]

2. Der Umfang der Geschäftsführungsbefugnis

12 Ebenso wie bei der Gesellschaft bürgerlichen Rechts ist die Geschäftsführungsbefugnis auch bei der OHG stets in zwei Schritten zu prüfen. In einem ersten Schritt ist festzustellen, ob der Gesellschafter überhaupt zur Geschäftsführung befugt ist, um sodann in einem zweiten Schritt zu untersuchen, ob die konkrete Maßnahme von dieser Befugnis noch gedeckt ist.

13 **Fall 4:** *Stingl* will für die OHG (s. Fall 1) eine Beteiligung an dem Kieswerk *Voß & Söhne* erwerben und dafür 50.000 EUR aus Gesellschaftsmitteln aufwenden. Bedarf er dafür auch dann der Zustimmung des *Zwez*, wenn jeder Gesellschafter einzeln zur Geschäftsführung berufen ist?

14 Ist im Gesellschaftsvertrag Einzelgeschäftsführungsbefugnis vorgesehen, so ist *Stingl* grundsätzlich zur Geschäftsführung für die OHG befugt. Da *Zwez* der Maßnahme auch nicht im Vorfeld widersprochen hat (§ 115 I, 2. Hs. HGB), könnte seine Berechtigung also nur noch an dem Umfang der Geschäftsführungsbefugnis scheitern. Dieser ist in § 116 HGB geregelt. Nach § 116 I HGB erstreckt sich die Geschäftsführungsbefugnis auf alle Handlungen, die der gewöhnliche Betrieb des Handelsgewerbes der Gesellschaft mit sich bringt. Für Maßnahmen, die darüber hinausgehen, ist nach § 116 II HGB die Zustimmung sämtlicher Gesellschafter, also nicht nur der geschäftsführenden, erforderlich. Der Umfang der Geschäftsführungsbefugnis kann durch das Zusammenwirken nur der Geschäftsführer nicht erweitert werden, weil die vertraglichen Grundlagen der OHG betroffen sind. Aus dieser Vorschrift könnte sich die Notwendigkeit ergeben, die Zustimmung des *Zwez* auch hier einzuholen.

15 Über den gewöhnlichen Betrieb der OHG (§ 116 I HGB) gehen solche Geschäfte hinaus, die von dem vertraglich festgelegten, aus dem Unternehmensgegenstand ableitbaren Zweck der Gesellschaft nicht mehr gedeckt werden oder die wegen ihrer Bedeutung und der mit ihnen verbundenen Risiken Ausnahmecharakter tragen.[5] Als

---

[4] Von § 115 II HGB ist die Notgeschäftsführung analog § 744 BGB abzugrenzen, die auch dem von der Geschäftsführung ausgeschlossenen Gesellschafter zustehen kann, wenn sein Eingreifen erforderlich ist, um Gegenstände zu erhalten, die zum Gesellschaftsvermögen gehören (s. bereits § 6 Rn. 9); vgl. *Windbichler*, § 13 Rn. 3.

[5] BGHZ 76, 160, 164 = NJW 1980, 1463; Staub/*C. Schäfer*, § 116 Rn. 11.

Beispiele können etwa die Aufnahme oder Gewährung besonders hoher Kredite, die Errichtung von Zweigniederlassungen oder der Bau eines neuen Fabrikgebäudes genannt werden.[6] Allerdings darf die Beurteilung nicht abstrakt erfolgen, sondern es ist eine konkrete Betrachtungsweise anzulegen. Es kommt auf den Betrieb gerade dieser OHG an, was § 116 I HGB dadurch zum Ausdruck bringt, dass dort von dem „gewöhnlichen Betrieb des Handelsgewerbes der Gesellschaft" die Rede ist.[7] Die Beteiligung an einer anderen Gesellschaft gehört nicht zum gewöhnlichen Betrieb der Baustoffhandlung von *Stingl* und *Zwez. Stingl* darf also die Beteiligung nicht erwerben, ohne die Zustimmung des *Zwez* einzuholen. Ob er trotzdem wirksam tun kann, was er nicht darf, ist eine Frage der Vertretungsmacht und im Zusammenhang damit zu erörtern (Rn. 27 ff.).

Eine weitere Einschränkung der Befugnisse des Geschäftsführers ergibt sich – eben- **16**
so wie bei der Gesellschaft bürgerlichen Rechts (§ 6 Rn. 14) – aus dem Begriff der Geschäftsführung selbst. Maßnahmen, die auf eine Änderung des Gesellschaftsvertrags hinauslaufen, gehören nicht zur Geschäftsführung, weil sie die Grundlagen der Gesellschaft oder die Beziehungen der Gesellschafter zueinander betreffen.[8] So ist z. B. die Erhöhung oder Herabsetzung der Beiträge (§ 105 III HGB i. V. m. §§ 705 ff. BGB) keine Maßnahme der Geschäftsführung, sondern eine Änderung des Gesellschaftsvertrags (s. noch § 14 Rn. 9 ff.).

Eine besondere Regelung für die Erteilung und den Widerruf der Prokura (§§ 48 f. **17**
HGB) enthält § 116 III HGB. Sie soll der besonderen Vertrauensstellung des Prokuristen Rechnung tragen. Deshalb ist die Erteilung an die Zustimmung aller geschäftsführenden Gesellschafter gebunden, während der Widerruf durch jeden geschäftsführenden Gesellschafter einzeln erklärt werden kann. Für die Erteilung und den Widerruf anderer Vollmachten gelten dagegen § 116 I und II HGB.

3. Die Entziehung der Geschäftsführungsbefugnis

Fall 5: Mittlerweile ist auch *Otte* der Gesellschaft (s. Fall 1) beigetreten, deren Geschäftslage **18**
sich in den letzten Monaten verschlechtert hat. Das ist unter anderem darauf zurückzuführen, dass sich die Zusammenarbeit mit *Stingl* als zunehmend schwierig erweist. Der sechzigjährige *Stingl* ist wegen eines Herzleidens nur noch beschränkt arbeitsfähig. Er gibt seiner Neigung zum Alkohol immer häufiger nach, kann sich gegenüber den Arbeitern nicht mehr durchsetzen und wird gegenüber Kunden ausfällig. Haben *Otte* und *Zwez* die Möglichkeit, auf diese Ausfälle mit dem Entzug der Geschäftsführungsbefugnis zu reagieren?

Für die Gesellschaft bürgerlichen Rechts ist eine solche Entziehung in § 712 I BGB **19**
vorgesehen. Sie erfolgt durch eine einseitige Erklärung der übrigen Gesellschafter und setzt einen wichtigen Grund voraus (§ 6 Rn. 30 ff.). Für die OHG genügt eine solche Erklärung nicht, sondern es bedarf einer richterlichen Mitwirkung. Nach § 117 HGB müssen die Mitgesellschafter auf die Entziehung klagen. Die Klage ist eine der gesellschaftsrechtlichen Gestaltungsklagen, das der Klage stattgebende Urteil Gestaltungsurteil (weitere Fälle: §§ 127, 133, 140 HGB). Nicht die OHG, sondern die übrigen Gesellschafter müssen die Klage erheben; sie sind notwendige Streitgenossen i. S. d. § 62 I, 2. Fall ZPO, weil die Sachlegitimation nur allen Gesellschaftern mit Ausnahme des Beklagten gemeinsam zusteht.[9] Sinn der richterlichen

---

6 Baumbach/Hopt/*Roth*, § 116 Rn. 2; *Windbichler*, § 13 Rn. 5.

7 Vgl. statt aller Baumbach/Hopt/*Roth*, § 116 Rn. 1.

8 *Grunewald*, § 1 Rn. 38; *Wiedemann*, GesR II, § 4 II 1a; *Windbichler*, § 7 Rn. 10; *Priester*, DStR 2007, 28, 29.

9 Notwendige Streitgenossenschaft aus materiell-rechtlichem Grund; vgl. BGHZ 30, 195, 197 = NJW 1959, 1683; BGHZ 54, 251, 254 = NJW 1970, 1740; Staub/*C. Schäfer*, § 117 Rn. 63.

Mitwirkung ist es, klare Verhältnisse zu schaffen, die nicht bestehen würden, wenn *Otte* und *Zwez* dem *Stingl* zunächst durch ihre Erklärung die Geschäftsführungsbefugnis entziehen würden und anschließend über die Voraussetzungen der Entziehung und damit über die Wirksamkeit der Erklärung gestritten würde.[10] Die damit geschaffene Klarheit soll nicht nur dem Rechtsverkehr nutzen, sondern auch dem Betroffenen selbst, für den die Geschäftsführerstellung gerade beim Betrieb eines Handelsgewerbes oftmals die Erwerbsgrundlage seiner Existenz darstellen wird.[11]

20 Voraussetzung einer erfolgreichen Klage ist nach § 117, 1. Hs. HGB ein wichtiger Grund für die Entziehung. § 117, 2. Hs. HGB nennt beispielhaft grobe Pflichtverletzung oder Unfähigkeit zur ordnungsmäßigen Geschäftsführung. Ob ein wichtiger Grund vorliegt, ist notwendig eine Einzelfallentscheidung, bei der die Bindung aller Gesellschafter, auch die der klagenden, durch die gesellschaftsrechtliche Treupflicht zu beachten ist.[12] Sie kann es gebieten, die Geschäftsführung durch den – etwa infolge Alters und Krankheit – unfähig gewordenen Gesellschafter zu ertragen. Die geschilderten Schwächen des *Stingl* dürften weder einzeln noch zusammengenommen für eine Entziehung der Geschäftsführungsbefugnis ausreichen, weil sie sich durch eine andere Organisation der Geschäftsführung und damit durch ein milderes Mittel weitgehend kompensieren ließen. Nur wenn *Stingl* nach dem Gesamtbild der Verhältnisse als Geschäftsführer untragbar geworden ist, kann die Klage Erfolg haben. Sollte er sich der erforderlichen Neuorganisation der Geschäftsführung starrköpfig widersetzen oder die ihm dadurch gezogenen Grenzen hartnäckig überschreiten, könnte darin allerdings ein weiteres Indiz für die Notwendigkeit einer Entziehung gesehen werden.

21 Als Regelung des Innenverhältnisses unterliegt auch § 117 HGB nach § 109 HGB der Disposition der Gesellschafter. Sie können daher insbesondere die Anforderungen an den wichtigen Grund modifizieren oder das Klageerfordernis durch einen Gesellschafterbeschluss ersetzen.[13] Umstritten ist aber, ob die Entziehungsbefugnis auch gänzlich ausgeschlossen werden kann. Die herrschende Meinung verneint diese Frage zu Recht, da die Mitgesellschafter eine Möglichkeit haben müssen, untragbaren Gesellschaftsverhältnissen entgegenzuwirken, ohne dafür gleich zur ultima ratio eines Gesellschafterausschlusses oder gar der Kündigung der Gesellschaft greifen zu müssen.[14]

22 Nicht im HGB geregelt ist die umgekehrte Frage, ob ein Gesellschafter die Geschäftsführung aus wichtigem Grund niederlegen kann. Über § 105 III HGB ist § 712 II BGB anzuwenden, der dem Gesellschafter die Befugnis einräumt, die Geschäftsführung aus wichtigem Grund zu kündigen (s. dazu § 6 Rn. 21 ff.).[15] Eine Gestaltungsklage ist nicht vorgesehen; das Gesetz nimmt hier die mit der privaten Kündigungserklärung verbundene Rechtsunsicherheit in Kauf.

4. Informationsrecht

23 Der nicht zur Geschäftsführung berufene Gesellschafter ist von dem mit der Geschäftsführung verbundenen Informationsstrom abgeschnitten. § 118 HGB gewährt

---

[10] Vgl. zu diesem Normzweck Staub/*C. Schäfer,* § 117 Rn. 1 f.

[11] S. zu diesem Normzweck auch MüKoHGB/*Jickeli,* § 117 Rn. 1.

[12] Zu der erforderlichen Abwägung vgl. Staub/*C. Schäfer,* § 117 Rn. 22 ff.

[13] Vgl. statt aller Baumbach/Hopt/*Roth,* § 117 Rn. 11 f.

[14] *RG* JW 1935, 696, 697; *BGH* NJW 1998, 1225, 1226; Baumbach/Hopt/*Roth,* § 117 Rn. 11; MüKoHGB/*K. Schmidt,* § 127 Rn. 9; Staub/*Habersack,* § 127 Rn. 15; a. A. Staub/*C. Schäfer,* § 117 Rn. 9 f.

[15] Vgl. dazu statt aller Baumbach/Hopt/*Roth,* § 114 Rn. 19.

ihm deshalb ein besonderes Informationsrecht (inhaltsgleich: § 716 BGB – vgl. die Ausführungen in § 6 Rn. 33 ff.).[16] Bei der Einsichtnahme darf der Gesellschafter auch bei der OHG einen Sachverständigen zuziehen, weil das Kontrollrecht anderenfalls vielfach wirkungslos bliebe. Der Sachverständige kann jedoch abgelehnt werden, wenn die Einsichtnahme durch ihn der OHG Schaden bereiten könnte oder seine Mitwirkung für die anderen Gesellschafter nicht zumutbar ist (vgl. auch insofern § 6 Rn. 35 m. w. Nachw.).[17]

5. Die Vergütung des Geschäftsführers

Fall 6: Mittlerweile führt *Zwez* die Geschäfte der Gesellschaft (s. Fall 1) allein. Seine Arbeitskraft wird dadurch voll in Anspruch genommen. Kann er für die Geschäftsführung eine Vergütung beanspruchen? **24**

25 Weder das BGB noch das HGB sehen einen Vergütungsanspruch des geschäftsführenden Gesellschafters vor. Das ist vom Standpunkt des Gesetzes aus konsequent, weil nach § 709 BGB, § 114 HGB alle Gesellschafter gemeinsam oder einzeln handelnd zur Geschäftsführung berechtigt und verpflichtet sind. Geht man davon aus, dann erfüllen alle Gesellschafter mit der Geschäftsführung ihre Pflicht und erhalten dafür ihren jeweiligen Anteil an dem in der Gesellschaft erzielten Gewinn (§ 722 BGB, § 121 HGB).[18] Für einen Vergütungsanspruch des *Zwez* besteht also keine gesetzliche Grundlage. Es ist aber ohne weiteres möglich und auch üblich, eine entsprechende Abrede in den Gesellschaftsvertrag aufzunehmen.[19] Eine solche Abrede muss nicht zwangsläufig in einer Gehaltsvereinbarung bestehen, sondern es sind sehr unterschiedliche Gestaltungen möglich. So kann der Gegenwert für die mit der Geschäftsführung verbundene Leistung in einem gegenüber § 121 HGB erhöhten Gewinnanteil enthalten sein. Er kann auch darin liegen, dass der Gesellschafter überhaupt einen Gewinnanteil erhält, nämlich dann, wenn sein Beitrag i. S. d. § 705 BGB allein in der Arbeitsleistung besteht (s. dazu bereits § 1 Rn. 16 f.). Fehlt es – wie hier – an einer entsprechenden Abrede, hat der Vergütungsanspruch indes keine Grundlage. Auch über den Aufwendungsersatz nach § 110 HGB kann er nicht begründet werden, da der Gesellschafter ohnehin zur Förderung des Gesellschaftszwecks verpflichtet ist, so dass es sich nicht um ein freiwilliges Vermögensopfer handelt (vgl. dazu noch § 14 Rn. 49 ff. m. w. Nachw.). *Zwez* kann deshalb keine Vergütung verlangen.

26 Der nachträglichen Begründung eines Vergütungsanspruchs oder der nachträglichen Erhöhung eines bereits vorgesehenen Entgelts durch Änderung des Gesellschaftsvertrags steht nichts im Wege. Erforderlich ist dafür aber, dass alle Gesellschafter einer solchen Vertragsänderung zustimmen. Unter Umständen kann sich eine Zustimmungspflicht aus der mitgliedschaftlichen Treupflicht ergeben, doch werden von der Rechtsprechung insofern hohe Anforderungen gestellt.[20] Eine Zustimmungspflicht kann danach nur dann angenommen werden, wenn die Anpassung für die Weiterverfolgung des Gesellschaftszwecks unbedingt geboten ist.[21] Das soll etwa

---

[16] Zur individualvertraglichen und gesellschaftsvertraglichen Ausgestaltungsmöglichkeit des Informationsrechts aus § 118 HGB s. *de Groot,* NZG 2013, 529 ff.

[17] Baumbach/Hopt/*Roth,* § 118 Rn. 9; Staub/*C. Schäfer,* § 118 Rn. 31. S. zur Beschränkungs- bzw. Verweigerungsmöglichkeit der Einsichtnahme nach § 118 HGB im Einzelfall *Otte,* NZG 2014, 521, 522 f.

[18] Vgl. dazu Staub/*C. Schäfer,* § 114 Rn. 47; *K. Schmidt,* § 47 II 4b.

[19] Zu möglichen Gestaltungen vgl. etwa Staub/*C. Schäfer,* § 114 Rn. 47 f.

[20] Sehr zurückhaltend noch BGHZ 44, 40, 41 f. = NJW 1965, 1960.

[21] *OLG München* NZG 2004, 125, 126; Ebenroth/Boujong/Joost/Strohn/*Drescher,* § 114 Rn. 51; MüKoHGB/*Rawert,* § 114 Rn. 83.

dann der Fall sein, wenn die bisherige Gewinnbeteiligung in keinem vertretbaren Verhältnis zu den Aufgaben des Geschäftsführers steht oder zu befürchten ist, dass die Gesellschaft einen verdienten Geschäftsführer durch Kündigung verlieren wird.[22]

II. Die Vertretung

1. Einzel-, Allein- und Gesamtvertretung

27 Die Regeln über die Vertretungsmacht im Außenverhältnis sind in §§ 125 f. HGB enthalten. Aus dem Charakter als Personengesellschaft ergibt sich bereits, dass der Grundsatz der Selbstorganschaft gilt, die Gesellschaft mithin von ihren Gesellschaftern organschaftlich vertreten wird. Das schließt die Beauftragung eines Nichtgesellschafters (speziell im Handelsrecht namentlich auch durch einen Prokuristen, § 48 HGB, oder einen Handlungsbevollmächtigten, § 54 HGB) zwar nicht aus, doch kann der Beauftragte nur eine abgeleitete Rechtsmacht erhalten, wohingegen die primäre organschaftliche Befugnis und damit die letztverantwortliche Entscheidungsmacht stets den Gesellschaftern vorbehalten bleibt (s. noch Rn. 49 ff.). Während diese Grundsätze sich bereits aus dem Prinzip der Selbstorganschaft ergeben, bleibt für die einzelnen Gesellschaftsformen zu beantworten, wie die organschaftliche Vertretungsmacht unter den Gesellschaftern verteilt ist und welche inhaltliche Reichweite ihr beizumessen ist.

28 **Fall 7:** Auch nachdem *Stingl* aus der Gesellschaft ausgeschieden ist, bleibt das Verhältnis zwischen den Gesellschaftern angespannt. So widerspricht *Otte* dem von *Zwez* geplanten Ankauf eines Gabelstaplers. *Zwez* erwirbt den Gabelstapler trotzdem für die OHG. Ist der Erwerb wirksam?

29 Der Kaufvertrag (§ 433 BGB) und die Übereignung (§ 929 BGB) sind gegenüber der OHG wirksam, wenn die Voraussetzungen des § 164 BGB erfüllt sind. *Zwez* hat bei Abschluss beider Verträge „für die OHG“, also in deren Namen, gehandelt. Fraglich ist, ob er auch innerhalb der ihm zustehenden Vertretungsmacht tätig geworden ist. Anders als § 714 i. V. m. § 709 BGB sieht § 125 I HGB im Sinne eines effizienten und flexiblen unternehmerischen Handelns die Einzelvertretung vor.[23] Da der Gesellschaftsvertrag zwischen *Otte* und *Zwez* keine andere Regelung enthält, kann *Zwez* also allein für die OHG Rechtsgeschäfte vornehmen. Der von *Otte* erklärte Widerspruch schränkt die Vertretungsmacht des *Zwez* nicht ein, sondern betrifft nur die Geschäftsführungsbefugnis (s. § 6 Rn. 40). Da die Vertretungsmacht nicht – wie bei der BGB-Gesellschaft (§ 714 BGB) – an die Geschäftsführungsbefugnis gekoppelt ist, stellt sich auch hier nicht die bei § 711 BGB umstrittene Frage, ob der Widerspruch auf das Außenverhältnis durchschlägt (vgl. dazu § 6 Rn. 40). *Zwez* hätte den Erwerb des Gabelstaplers also im Innenverhältnis nicht vornehmen dürfen (§ 115 I, 2. Hs. HGB); im Außenverhältnis kann sich der Veräußerer als Dritter auf die Einzelvertretungsmacht des § 125 I HGB aber trotzdem verlassen. Der Erwerb des Gabelstaplers erfolgt also zwar pflichtwidrig, ist aber nichtsdestotrotz wirksam.

30 **Fall 8:** Nach einer Änderung des Gesellschaftsvertrags können *Otte* und *Zwez* die OHG nur zusammen vertreten. Bevor es zur Eintragung dieser Regelung in das Handelsregister kommt, nimmt *Otte* für die OHG einen Kredit auf. Wird die OHG aus der Kreditaufnahme verpflichtet, wenn der Kreditgeber von der neuen Vereinbarung keine Kenntnis gehabt hat?

31 § 125 I HGB normiert als gesetzlichen Normalfall die Einzelvertretung jedes Gesellschafters. Durch einen Folgezusatz macht er aber zugleich deutlich, dass den Gesell-

---

[22] Vgl. zu diesen Beispielen MüKoHGB/*Rawert,* § 114 Rn. 83; s. ferner Staub/*C. Schäfer,* § 114 Rn. 47.

[23] Vgl. dazu Staub/*C. Schäfer,* § 115 Rn. 1; *K. Schmidt,* § 48 II 3a.

schaftern die Möglichkeit offensteht, einzelne Gesellschafter vertraglich von der Vertretung auszuschließen. Ebenso wie bei der Gesellschaft bürgerlichen Rechts ist es deshalb auch hier zulässig, einen Gesellschafter allein zum vertretungsberechtigten Geschäftsführer zu bestellen (Alleinvertretungsmacht). Darüber hinaus sieht § 125 II HGB die Möglichkeit vor, im Gesellschaftsvertrag abweichend vom Grundsatz der Einzelvertretung (§ 125 I HGB) die Gesamtvertretung durch alle oder mehrere Gesellschafter zu vereinbaren. Eine solche Gestaltung ist aus Gesellschaftersicht besonders geeignet, um zu gewährleisten, dass die eigenen Belange hinreichend berücksichtigt werden. Zugleich macht sie die Geschäftsleitung aber auch ausgesprochen schwerfällig, weshalb § 125 II 2 HGB Auflockerungen der Gesamtvertretung zulässt: Die zur Gesamtvertretung berechtigten Gesellschafter können einzelne von ihnen zur Vornahme bestimmter Geschäfte oder bestimmter Arten von Geschäften ermächtigen (zur Parallele bei der GbR vgl. bereits § 6 Rn. 8 ff.). Damit auch der Rechtsverkehr nicht übermäßig durch die Erschwernisse der Gesamtvertretung belastet wird, bleibt überdies für die gegenüber der OHG abzugebenden Willenserklärungen die Empfangszuständigkeit der zur Vertretung ermächtigten Gesellschafter einzeln erhalten (§ 125 II 3 HGB: passive Einzelvertretung). Entsprechendes gilt bei Zustellungen im Zivilprozess (§ 171 III ZPO).

Da *Otte* und *Zwez* nur zusammen Vertretungsmacht haben, können sie die OHG grundsätzlich auch nur durch eine gemeinschaftliche Erklärung verpflichten (§ 164 BGB). Hier könnte die OHG jedoch ausnahmsweise verpflichtet worden sein, weil die Kreditaufnahme durch *Otte* erfolgt ist, bevor die Änderung der Vertretungsmacht in das Handelsregister eingetragen wurde. Die Vertretungsmacht der Gesellschafter und nachträgliche Änderungen sind nach §§ 106 II Nr. 4, 107 HGB zur Eintragung in das Handelsregister anzumelden und nach § 10 HGB bekannt zu machen. Mit dieser Regelung wird das Interesse der Gesellschafter an einer autonomen Gestaltung ihrer Vertretungsorganisation in Einklang gebracht mit dem Interesse des Rechtsverkehrs an klar umrissenen Zuständigkeiten.[24] Die Gesellschafter können Einschränkungen vornehmen, müssen den Rechtsverkehr darüber aber informieren. Unterlassen sie (wie im Fall 8) diese Information, so wird der vertraglichen Gestaltung die Rechtswirkung zwar nicht gänzlich versagt (also keine konstitutive Wirkung), sie kann Dritten aber nach § 15 I HGB nicht entgegengehalten werden.[25] Auch im Fall 8 könnte die OHG dem Kreditgeber die neue Gesamtvertretungsregelung nach § 15 I HGB vor Eintragung und Bekanntmachung deshalb nur entgegenhalten, wenn sie ihm bekannt wäre. Weil das nicht der Fall ist, wird die OHG aus der Kreditaufnahme verpflichtet. 32

Hinweis:

Gerade in gesellschaftsrechtlichen Fallgestaltungen kommt der Vorschrift des § 15 HGB gesteigerte Bedeutung zu, dessen Verständnis Studenten erfahrungsgemäß besondere Schwierigkeiten bereitet. Aufgrund der zahlreichen dogmatischen Folgeprobleme, die sich um diese Vorschrift ranken, ist sie zugleich aber auch beliebter Klausurgegenstand und muss deshalb sicher beherrscht werden. 33

Fall 9: Wie können sich *Otte* und *Zwez* behelfen, wenn sie zwar Gesamtvertretung wollen, aber nicht einer stets von der Gegenwart des anderen abhängig sein soll? 34

---

[24] Vgl. dazu etwa Staub/*C. Schäfer,* § 106 Rn. 1.

[25] Einzelheiten zur negativen Registerpublizität bei Staub/*J. Koch,* § 15 Rn. 29 ff.

35 Für diesen Fall kommt zunächst die Einzelermächtigung der gesamtvertretungsberechtigten Gesellschafter gem. § 125 II 2 HGB in Betracht, also die Ermächtigung des *Otte* oder des *Zwez* durch eine Erklärung, die beide im Innenverhältnis oder auch gegenüber dem jeweiligen Geschäftspartner abgeben. Die Erklärung kann auch konkludent erfolgen, etwa in der Weise, dass das Auftreten des anderen Gesamtvertreters als Einzelvertreter fortdauernd geduldet wird.[26] Sie bewirkt, dass die Gesamtvertretungsmacht des ermächtigten Gesellschafters für die gegenständlich zu bezeichnenden Geschäfte oder Geschäftsarten erweitert wird.[27]

36 Neben der Einzelermächtigung kommt die Vereinbarung einer sog. gemischten oder unechten Gesamtvertretung nach § 125 III HGB in Frage: Im Gesellschaftsvertrag können *Otte* und *Zwez* vorsehen, dass jeder von ihnen die OHG gemeinsam mit einem Prokuristen vertritt, wenn sie nicht zusammen handeln. Durch diese Regelung hat der Gesetzgeber den Gesellschaftern, die sich für eine Gesamtvertretung nach § 125 II 1 HGB entschieden haben, eine weitere Möglichkeit der „erleichterten" Handhabung neben der Ermächtigung nach § 125 II 2 HGB an die Hand gegeben.[28] Der Umfang der Vertretungsmacht des Prokuristen bestimmt sich in diesem Fall nicht nach § 49 HGB, sondern richtet sich nach der Vertretungsmacht des Gesellschafters und kann daher entgegen § 49 II HGB etwa auch die Veräußerung und Belastung von Grundstücken umfassen.[29] Zu beachten ist, dass die gemeinschaftliche Vertretung mit einem Prokuristen nur vereinbart werden kann, wenn daneben auch eine Gesamtvertretung vorgesehen ist (vgl. Wortlaut: „wenn nicht mehrere zusammen handeln"). Ausschließliche Einzelvertretung in Gemeinschaft mit einem Prokuristen kann der Gesellschaftsvertrag nicht einführen, weil eine solche Gestaltung zur Folge hätte, dass die Gesellschafter letztlich nicht mehr allein über die Geschicke der Gesellschaft bestimmen könnten. Eine solche Unterwerfung unter fremde Bestimmungsmacht ist mit dem Grundsatz der Selbstorganschaft (s. § 2 Rn. 11 und § 6 Rn. 1, 4 und 11 und unten Rn. 49 ff.) nicht zu vereinbaren.[30] Die gemischte Gesamtvertretung ist also nur neben einer alternativen Vertretungsform ausschließlich durch die Gesellschafter statthaft.[31]

2. Der Umfang der Vertretungsmacht

37 **Fall 10:** *Otte* hat erneut Einzelvertretungsmacht. Während eines Krankenhausaufenthalts des *Zwez* erwirbt er eine Beteiligung an einem Autozulieferer, da er der Auffassung ist, die OHG müsse sich in wirtschaftlich unruhigen Zeiten breiter aufstellen, um gegen Verluste in einer Geschäftssparte besser abgesichert zu sein (sog. Diversifikation). Ist dieser Erwerb gegenüber der OHG wirksam?

38 Anders als in Fall 8 geht es hier nicht um die Frage, ob ein Gesellschafter allein die OHG vertreten kann, sondern um das Problem, welche gegenständlichen Grenzen der Vertretungsmacht gezogen sind. Nach § 126 I HGB ist die Vertretungsmacht völlig unbeschränkt. Während das BGB in § 714 BGB den Umfang der Vertretungs-

---

26 Vgl. etwa RGZ 123, 279, 288 f.; *BAG* NJW 1981, 2374; Staub/*C. Schäfer,* § 125 Rn. 47.

27 BGHZ 64, 72, 75 = NJW 1975, 1117; BGHZ 91, 334, 336 = NJW 1984, 2085; zum Erfordernis gegenständlicher Beschränkung vgl. z. B. *BGH* WM 1986, 315, 316; zur Rechtsnatur der Ermächtigung vgl. statt vieler Staub/*C. Schäfer,* § 125 Rn. 45 m. w. Nachw.

28 Staub/*C. Schäfer,* § 125 Rn. 56.

29 BGHZ 13, 61, 64 = NJW 1954, 1158; BGHZ 62, 166, 170 = NJW 1974, 1194; BayObLGZ 1973, 158, 159 = NJW 1973, 2068; *BayObLG* NJW 1994, 2965; *Köhl,* NZG 2005, 197, 199; a. A. *Reinert,* Unechte Gesamtvertretung und unechte Gesamtprokura, 1990, S. 41 ff., 54 ff.

30 Vgl. auch BGHZ 26, 330, 332 f. = NJW 1958, 668; BGHZ 99, 76, 79 = NJW 1987, 841; MüKoHGB/*K. Schmidt,* § 125 Rn. 33; Staub/*C. Schäfer,* § 125 Rn. 57.

31 *Windbichler,* § 14 Rn. 9.

macht mit dem der Geschäftsführungsbefugnis (§ 709 BGB) verknüpft (vgl. § 6 Rn. 39), trennt das HGB streng zwischen Geschäftsführungsbefugnis (§ 116 HGB) und Vertretungsmacht (§ 126 HGB). Das rechtliche Können des Gesellschafters der OHG reicht also über das Maß dessen hinaus, was er im Innenverhältnis darf. Der Grund liegt ausschließlich im Schutz des redlichen Geschäftsverkehrs, dem das HGB einen höheren Stellenwert einräumt als das BGB: Der Dritte kann die inneren Verhältnisse der Gesellschaft regelmäßig nicht beurteilen, da er den Gesellschaftszweck und den Zuschnitt des Unternehmens auch dem Handelsregister nicht entnehmen kann. Deshalb wird ihm diese Prüfung nicht auferlegt; er darf auf den unbeschränkten Umfang der Vertretungsbefugnis vertrauen und muss lediglich überprüfen, ob diese Befugnis überhaupt besteht. Obwohl *Otte* die ihm im Innenverhältnis durch § 116 I HGB gezogenen Grenzen überschritten hat – die Beteiligung an einem Autozulieferer gehört nicht zum gewöhnlichen Geschäftsbetrieb der OHG – ist der Erwerb gem. § 164 BGB, § 126 HGB der OHG gegenüber wirksam.

Die Vertretungsmacht kann auch nicht durch den Gesellschaftsvertrag Dritten 39
gegenüber beschränkt werden (§ 126 II HGB). Darin liegt ein wichtiger Unterschied zum Bestehen der Vertretungsmacht. Hinsichtlich des Bestehens der Vertretungsmacht kann der Gesellschaftsvertrag ein vom gesetzlichen Regelfall der Einzelvertretungsmacht abweichendes Vertretungsmodell mit Wirkung gegenüber Dritten vorsehen, solange dieses nur im Handelsregister eingetragen ist. Die Gesellschafter können also (innerhalb des Grundsatzes der Selbstorganschaft) frei darüber bestimmen, wer die Gesellschaft vertreten darf. Hinsichtlich des Umfangs der Vertretungsmacht gilt diese Freiheit jedoch nicht mehr. Auch insofern soll der Vertragspartner von jeder Prüfung entlastet werden.[32]

Zweifelhaft ist, ob dieser weite und unbeschränkbare Umfang der Vertretungsmacht 40
nur Außenstehenden gegenüber gilt oder ob sich auch die Gesellschafter selbst darauf berufen können, wenn sie Geschäfte mit der OHG vornehmen. Die heute herrschende Meinung nimmt die Gesellschafter im Wege einer teleologischen Reduktion vom Schutz des § 126 II HGB aus. Der „Dritte" i. S. d. § 126 II HGB wird als „außenstehender Dritter" verstanden, der die im Innenverhältnis vereinbarten Beschränkungen gegen sich gelten lassen muss. Dieser Einschränkung ist zuzustimmen. § 126 II HGB schützt den redlichen Geschäftsverkehr. Der Gedanke des Verkehrsschutzes ist aber nur für Geschäfte mit gesellschaftsfremden Personen berechtigt. Deshalb kann die Vertretungsmacht für Rechtsgeschäfte zwischen OHG und Gesellschafter wirksam beschränkt werden.[33]

Eine Ausnahme vom Grundsatz der Unbeschränkbarkeit macht § 126 III HGB für 41
den Betrieb einer von mehreren Niederlassungen; hier gilt das Recht der Prokura entsprechend (vgl. § 50 III HGB).

Fall 11: *Otte* verkauft an *Löwe* Ziegelsteine erster Wahl zum Preis von Steinen zweiter Wahl 42
und lässt sich dafür 500 EUR zustecken. Muss die OHG den Vertrag gegen sich gelten lassen?

Dem ersten Anschein nach müsste die OHG den Vertrag nach § 164 BGB, § 126 43
HGB gegen sich gelten lassen, weil die Vertretungsmacht des *Otte* unbeschränkt und unbeschränkbar ist. Der Gesichtspunkt des Verkehrsschutzes rechtfertigt je-

---

[32] Vgl. dazu MüKoHGB/*K. Schmidt,* § 126 Rn. 16; Staub/*Habersack,* § 126 Rn. 1, 20.

[33] Vgl. BGHZ 38, 26, 32 ff. = NJW 1962, 2344; *OLG Stuttgart* ZIP 2010, 474, 475; Baumbach/Hopt/*Roth,* § 126 Rn. 6; Staub/*Habersack,* § 126 Rn. 28; in der Begründung abweichend MüKoHGB/*K. Schmidt,* § 126 Rn. 17, der über die Grundsätze vom Missbrauch der Vertretungsmacht aber zu ähnlichen Ergebnissen gelangt.

doch nicht nur die Unbeschränkbarkeit der Vertretungsmacht, sondern zeigt auch die Grenzen auf, die § 126 I und II HGB gezogen sind. *Löwe* hat als Käufer der Ziegelsteine bewusst mit *Otte* zusammen gehandelt; er hat ihn angestiftet, seine Pflichten als Geschäftsführer zu verletzen, um aus dieser bewussten Pflichtwidrigkeit seinen Vorteil zu ziehen. Ein Vertrag, der unter solchen Umständen zustande kommt (Kollusion), ist schon sittenwidrig und deshalb nichtig gem. § 138 I BGB.[34]

44 Über den Fall der Kollusion hinaus verdient der Dritte auch dann keinen Schutz, wenn er das pflichtwidrige Handeln des Gesellschafters positiv kennt oder wenn er einen nach Lage der Dinge evidenten Missbrauch der Vertretungsmacht nicht erkennt, also die verkehrserforderliche Sorgfalt in besonders hohem Maße außer Acht lässt.[35] Ob der Vertreter selbst sich bewusst ist, die Grenzen seiner Vertretungsmacht zu überschreiten, spielt dabei – entgegen der älteren Rechtsprechung[36] – keine Rolle.[37]

45 **Fall 12:** *Otte* nimmt seine Jugendfreundin *Schnitzler* ohne vorherige Absprache mit *Zwez* in die Gesellschaft auf. *Zwez* fragt, ob er auch diesen Akt hinnehmen muss, wenn dem *Otte* weiterhin Einzelgeschäftsführungsbefugnis zustand?

46 §§ 125 f. HGB regeln die organschaftliche Vertretung der Gesellschaft, nicht aber der Gesellschafter selbst. Die Aufnahme einer weiteren Gesellschafterin stellt aber ein sog. Grundlagengeschäft dar, da es dafür einer Änderung des Gesellschaftsvertrages bedarf (s. bereits § 6 Rn. 18). Die Abgabe dieser Willenserklärung betrifft also die gesellschaftsfreie Sphäre des *Zwez*, in der er sich die Vertretungshandlungen des *Otte* nicht zurechnen lassen muss.[38] *Schnitzler* ist daher nicht Gesellschafterin der OHG geworden.

3. Die Entziehung der Vertretungsmacht

47 **Fall 13:** Im Fall 5 wollen *Otte* und *Zwez* dem *Stingl* nicht nur die Geschäftsführungsbefugnis, sondern auch die Vertretungsmacht entziehen. Ist das möglich?

48 Nach § 127 HGB kann einem Gesellschafter die Vertretungsmacht entzogen werden. Das gilt selbst für den einzigen vertretungsberechtigten Gesellschafter. In der Entziehungserklärung liegt sodann der Beschluss künftiger Gesamtvertretungsmacht der verbleibenden Gesellschafter, so dass der Grundsatz der Selbstorganschaft gewahrt ist.[39] Wie nach § 117 HGB ist auch nach § 127 HGB aus Gründen der Rechtssicherheit ein Gestaltungsurteil erforderlich (s. Rn. 19). Voraussetzung einer Entziehung ist in beiden Fällen ein wichtiger Grund. Anders als nach § 715 BGB ist es nach §§ 117, 127 HGB möglich, entweder nur die Geschäftsführungsbefugnis oder nur die Vertretungsmacht zu entziehen. Dem *Stingl* kann also auch die Vertretungsmacht entzogen werden, wenn ein wichtiger Grund vorliegt. Zu den Erfolgsaussichten einer darauf gerichteten Klage gilt das zur Entziehung der Geschäftsführungsbefugnis Ausgeführte entsprechend (Rn. 20).

---

[34] BGHZ 50, 112, 114 = NJW 1968, 1379; *BGH* NJW 1966, 1911; *BGH* NJW 1989, 26, 27; *BGH* NZG 2004, 139, 140; Staub/*Habersack,* § 126 Rn. 24.
[35] BGHZ 127, 239, 241 f. = NJW 1995, 250; *BGH* NJW 1994, 2082, 2083; vgl. zum Evidenzerfordernis auch MüKoHGB/*K. Schmidt,* § 126 Rn. 21; Staub/*Habersack,* § 126 Rn. 26.
[36] Vgl. etwa *BGH* NJW 1966, 1911; BGHZ 50, 112, 114 f. = NJW 1968, 1379.
[37] *BGH* NJW 1984, 1461, 1462; *BGH* NJW 1988, 2241, 2243; *BGH* NJW 1996, 589, 590; *BGH* NZG 2004, 139, 140; MüKoBGB/*Schubert,* § 164 Rn. 215 ff.; Staub/*Habersack,* § 126 Rn. 24.
[38] Vgl. zu dieser Einschränkung Staub/*Habersack,* § 126 Rn. 12; *Kindler,* § 10 Rn. 76.
[39] BGHZ 33, 105, 108 = NJW 1960, 1997; Staub/*Habersack,* § 127 Rn. 7 m. w. Nachw.

III. Geschäftsführung und Vertretung durch Nichtgesellschafter?

Fall 14: *Otte* und *Zwez* sind mittlerweile selbst in die Jahre gekommen und wollen die Geschäftsleitung in die Hände des jugendlich-dynamischen *Wollenschläger* legen, der an der Gesellschaft nicht beteiligt ist. *Wollenschläger* ist aber nur bereit, diese Aufgabe zu übernehmen, wenn er völlig freie Hand erhält. Deshalb soll in den Gesellschaftsvertrag eine Klausel aufgenommen werden, wonach die Gesellschafter von der Geschäftsleitung gänzlich ausgeschlossen werden. *Otte* und *Zwez* wären bereit, diese Bedingung zu erfüllen, fragen sich aber, ob einer solchen Gestaltung gesellschaftsrechtliche Bedenken entgegenstehen. 49

Bisher ist von dem Regelfall ausgegangen worden, dass die Gesellschafter selbst die Geschäfte der OHG führen und die Gesellschaft vertreten. Es bleibt die Frage zu untersuchen, ob die gesellschaftsrechtlichen Aufgaben und Befugnisse auch bei einem Dritten liegen können. Dem steht grundsätzlich das bereits aus dem Recht der BGB-Gesellschaft bekannte Prinzip der Selbstorganschaft entgegen, das auch für die OHG Gültigkeit beansprucht: Die Befugnis zu organschaftlicher Geschäftsführung und Vertretung ist ein aus der Mitgliedschaft in der Gesellschaft folgendes Verwaltungsrecht. Wer nicht Gesellschafter ist, hat kein Mitgliedschaftsrecht und eben deshalb auch keine Geschäftsführungs- und Vertretungsbefugnis.[40] Die organschaftlichen Befugnisse liegen also notwendig bei den Gesellschaftern, die auf diese Weise vor unüberschaubaren Haftungsrisiken geschützt werden (s. dazu bereits § 2 Rn. 11, § 6 Rn. 1, 4 und 11 – jeweils m. w. Nachw.). 50

Gerade bei dem Betrieb eines Handelsgewerbes kann sich allerdings in noch höherem Maße als bei der Gesellschaft bürgerlichen Rechts das Bedürfnis ergeben, die Geschäftsleitung in die Hände eines zwar gesellschaftsfremden, aber professionellen Managements zu legen, und zwar insbesondere beim Übergang von einer Generation auf die nächste. Diesen Gestaltungen zieht das Prinzip der Selbstorganschaft eine Grenze, ohne sie jedoch gänzlich auszuschließen. Unzulässig ist es jedenfalls, dem Dritten die organschaftliche Geschäftsführungsbefugnis der Gesellschafter rechtsgeschäftlich zu übertragen. Dem steht das Abspaltungsverbot des § 717 S. 1 BGB entgegen, das nach § 105 III HGB auch für die OHG gilt.[41] Möglich ist es dagegen, gesellschaftsfremde Dritte mit der bloßen Ausübung von Geschäftsführungsaufgaben rechtsgeschäftlich zu beauftragen.[42] Den schuldrechtlichen Rahmen für die Ausübungsbefugnis bildet ein Anstellungsvertrag, der als Dienstvertrag i. S. d. § 675 BGB einzuordnen ist. Auch wenn eine solche Übertragung die mit dem Grundsatz der Selbstorganschaft geschützten Gesellschafterbelange durchaus gefährden kann, wird sie von der Rechtsprechung deshalb mittlerweile in einem recht großzügigen Umfang zugelassen. So kann dem Geschäftsführer anerkanntermaßen eine Generalvollmacht eingeräumt werden.[43] Die mittlerweile wohl herrschende Meinung lässt es überdies zu, dass alle Gesellschafter im Gesellschaftsvertrag von der Geschäftsführung (allerdings nicht von der Vertretung) ausgeschlossen werden.[44] Das ist nicht unbedenklich, denn wenn man annimmt, dass die organschaftliche Geschäftsführungsbefugnis nicht auf einen Außenstehenden übertragen werden kann, so führt der Ausschluss aller Geschäftsführer zu dem widersinnigen Ergebnis, dass für die 51

[40] Die folgenden Grundsätze gelten für die Geschäftsführungsbefugnis und die Vertretungsmacht gleichermaßen; vgl. statt aller Baumbach/Hopt/*Roth,* § 125 Rn. 5.

[41] BGHZ 36, 292, 293 ff. = NJW 1962, 738; MüKoHGB/*Rawert,* § 114 Rn. 25.

[42] Vgl. etwa BGHZ 36, 292, 294 = NJW 1962, 738; MüKoHGB/*Rawert,* § 114 Rn. 26; Staub/*C. Schäfer,* § 114 Rn. 36.

[43] Vgl. Baumbach/Hopt/*Roth,* § 114 Rn. 24; Staub/*C. Schäfer,* § 109 Rn. 10; *K. Schmidt,* § 47 V 1a.

[44] So etwa MüKoHGB/*Rawert,* § 114 Rn. 28; Röhricht/v. Westphalen/*Haas,* § 114 Rn. 12 ff.; *K. Schmidt,* § 47 IV 1a; a. A. *Windbichler,* § 13 Rn. 4.

Geschäftsführungsbefugnis ein Ausübungsberechtigter, aber kein Rechtsträger vorhanden ist. Letztlich schränken auch die Befürworter eines solchen Ausschlusses dessen Rechtswirkungen aber dahingehend ein, dass die Letztverantwortung stets bei den Gesellschaftern bleiben muss. Deshalb müsse es ihnen möglich sein, dem Fremdgeschäftsführer Weisungen zu erteilen und ihm die Geschäftsführung notfalls auch wieder zu entziehen.[45] Auch danach handelt es sich also nicht um einen Ausschluss „im eigentlichen Sinne".[46]

52 Soll dem Fremdgeschäftsführer die Geschäftsführungsbefugnis wieder entzogen werden, so muss dafür nicht das aufwändige Verfahren der §§ 117, 127 HGB eingehalten werden, da dieses nur für die organschaftliche Vertretungsmacht gilt. Die rechtsgeschäftliche Vertretungsmacht erlischt vielmehr nach §§ 168 ff. BGB.[47] Um die Position des Fremdgeschäftsführers stärken zu können, gestattet es der BGH allerdings, die Wirksamkeit des Widerrufs der Vollmacht an das Vorliegen eines wichtigen Grundes zu knüpfen.[48] Diese Ausweitung ist indes bedenklich, da sie den Grundsatz der Selbstorganschaft in einem sehr weiten Umfang zugunsten der Freiheit privatautonomer Gestaltung relativiert.[49]

53 *Otte* und *Zwez* können den Vorstellungen des *Wollenschläger* daher zwar ansatzweise, aber doch nicht voll entgegenkommen. Sie können ihm weitgehende Befugnisse gewähren, ihm aber keine Stellung einräumen, die gegen ihre Einflussnahme gänzlich gesichert wäre. Um seine Position noch weitergehend zu stärken, müsste er in den Gesellschafterkreis aufgenommen werden; alternativ könnte sich auch noch die Wahl einer anderen Rechtsform anbieten.[50]

IV. Schein-OHG

54 Ein besonderes Problem kann sich schließlich noch stellen, wenn hinsichtlich der Vertretungsverhältnisse ein Irrtum beim Geschäftspartner erweckt wird. Das kann etwa dann der Fall sein, wenn der Rechtsschein erweckt wird, es bestehe eine OHG, die in Wirklichkeit gar nicht existiert, oder zu Unrecht der Eindruck entsteht, ein Nichtgesellschafter sei Gesellschafter. Man spricht insofern von einer Scheingesellschaft oder einem Scheingesellschafter. Wie bei der aus dem allgemeinen Handelsrecht bekannten Figur des Scheinkaufmanns[51] kann ein solcher Rechtsschein entweder durch eine Registereintragung oder durch ein sonstiges Verhalten begründet werden. Im ersten Fall greift eine Rechtsscheinhaftung nach § 15 I und III HGB, im zweiten eine Haftung nach allgemeinen Rechtsscheingrundsätzen ein.[52] Zur Schein-KG s. noch § 22 Rn. 46 ff. Diese Problematik betrifft in gleicher Form auch die GbR und wird ebenfalls über allgemeine Rechtsscheingrundsätze gelöst.[53]

---

45 Baumbach/Hopt/*Roth*, § 114 Rn. 25; MüKoHGB/*Rawert*, § 114 Rn. 26; Staub/*C. Schäfer*, § 114 Rn. 36.

46 So zutreffend Röhricht/v. Westphalen/*Haas*, § 114 Rn. 13.

47 *Kübler/Assmann*, § 6 III 3b.

48 *BGH* NJW 1982, 877, 878; *BGH* NJW 1982, 1817, 1817 f.; *BGH* NJW 1982, 2495, 2495 f.; *BGH* NJW-RR 1994, 98, 98; Baumbach/Hopt/*Roth*, § 114 Rn. 25.

49 MüKoHGB/*Rawert*, § 114 Rn. 26; *Reuter* JZ 1986, 16, 18; *U. Huber*, ZHR 152 (1988), 1, 13 f.

50 Zur mittelbaren Durchbrechung der Selbstorganschaft durch Zulassung der GmbH & Co. KG vgl. etwa Staub/*C. Schäfer*, § 114 Rn. 9.

51 Ausführlich zum Scheinkaufmann etwa Staub/*Oetker*, § 5 Rn. 24 ff.; *Canaris*, HandelsR, § 6 Rn. 7 ff.; *Weller/Prütting*, Rn. 164 ff.

52 Ausführlich zu dieser Frage *Canaris*, HandelsR, § 6 Rn. 27 ff.; *Weller/Prütting*, Rn. 178 ff. S. dazu aus der jüngeren Rechtsprechung *BGH* NJW 2012, 3368 Rn. 12 ff. = JuS 2013, 553 (mit Anm. *K. Schmidt*).

53 Ansprechende Erläuterungen zum GbR-Scheingesellschafter von *Markworth*, JuS 2016, 587.

V. Zusammenfassung

Während es bei der Geschäftsführung um das Innenverhältnis geht, betrifft die Vertretung rechtsgeschäftliche Maßnahmen für die OHG gegenüber Dritten. Wie die Gesellschaft bürgerlichen Rechts wird auch die OHG organschaftlich vertreten. Nach § 114 I HGB sind vorbehaltlich einer abweichenden gesellschaftsvertraglichen Regelung alle Gesellschafter zur Geschäftsführung berechtigt und verpflichtet, und zwar – anders als nach § 709 BGB – alle Gesellschafter einzeln (Einzelgeschäftsführung). Bei Widerspruch eines anderen geschäftsführenden Gesellschafters muss die geplante Maßnahme jedoch unterbleiben (§ 115 I, 2. Hs. HGB). Die Befugnis zur Geschäftsführung umfasst nach § 116 I HGB nur die Vornahme derjenigen Handlungen, die der Geschäftsbetrieb gerade dieser OHG mit sich bringt (konkrete Betrachtung). Geht die Maßnahme darüber hinaus, dann ist nach § 116 II HGB ein Beschluss sämtlicher Gesellschafter notwendig. Die Geschäftsführungsbefugnis kann einem Gesellschafter nach § 117 HGB auf Klage der übrigen aus wichtigem Grund durch Gestaltungsurteil entzogen werden. Eine Vergütung für die Geschäftsführung sieht das Gesetz nicht vor; ein vertraglicher Vergütungsanspruch ist möglich. 55

Entsprechend der Einzelgeschäftsführung sieht § 125 I HGB die Einzelvertretung vor; der Gesellschaftsvertrag kann auch hier das Gesamtprinzip einführen (§ 125 II HGB). Die Vertretungsmacht der Gesellschafter und nachträgliche Änderungen müssen nach §§ 106 II Nr. 4, 107 HGB zum Handelsregister angemeldet werden. Das Vertrauen des Rechtsverkehrs in diese Angaben wird über § 15 I HGB geschützt. Anders als nach §§ 709, 714 BGB ist die Vertretungsmacht nach § 126 I HGB völlig unbeschränkt. Der Gesellschafter der OHG kann also im Außenverhältnis mehr (§ 126 HGB), als er nach dem Verhältnis der Gesellschafter zueinander darf (§ 116 HGB). Dritten gegenüber kann die Vertretungsmacht nach § 126 II HGB auch nicht beschränkt werden. Auf die Unbeschränkbarkeit der Vertretungsmacht kann sich der Dritte allerdings nicht berufen, wenn er nicht schutzwürdig ist. Das ist der Fall bei Kollusion, bei positiver Kenntnis des Dritten von einem bewusst pflichtwidrigen Verhalten des Gesellschafters und bei grob fahrlässiger Unkenntnis solcher Pflichtwidrigkeit. Wie die Geschäftsführungsbefugnis nach § 117 HGB, so kann schließlich nach § 127 HGB auch die Vertretungsmacht aus wichtigem Grund durch Gestaltungsurteil entzogen werden. Nichtgesellschaftern kann weder die gesellschaftsrechtliche Geschäftsführungsbefugnis noch die organschaftliche Vertretung übertragen werden. Im Prinzip zulässig ist es jedoch, die Ausübung der Geschäftsführung Dritten zu übertragen und ihnen rechtsgeschäftliche Vollmacht zur Vertretung der OHG zu erteilen. 56

§ 14. Die Rechte und Pflichten aus der Mitgliedschaft

Literatur: Vgl. zunächst die Angaben zu § 8, ferner *Armbrüster,* Grundlagen und Reichweite von Wettbewerbsverboten im Personengesellschaftsrecht, ZIP 1997, 261; *Fleischer,* Gelöste und ungelöste Probleme der gesellschaftsrechtlichen Geschäftschancenlehre, NZG 2003, 985; *Flume,* Der minderjährige Gesellschafter – Ein Beitrag zur Zusammenführung von Beschlussdogmatik und Minderjährigenrecht, NZG 2014, 17; *N. Heinrichs,* Mehrheitsbeschlüsse bei Personengesellschaften, 2006; *Mayer,* Wettbewerbsklauseln in Personengesellschaftsverträgen, NJW 1991, 23; *Mülbert/Gramse,* Gesellschafterbeschlüsse bei der rechtsfähigen Personengesellschaft, WM 2002, 2085; *Salfeld,* Wettbewerbsverbote im Gesellschaftsrecht, 1987; *C. Schäfer,* Vom Einstimmigkeitsprinzip zum treuepflichtgetragenen Mehrheitsentscheid im Personengesellschaftsrecht, ZGR 2013, 237; *K. Schmidt,* Mehrheitsbeschlüsse in Personengesellschaften, ZGR 2008, 1; *Ulmer,* Gesellschafterbeschlüsse im Recht der Personengesellschaften – Zur

Bindung der Gesellschafter an ihre Stimmabgabe, FS Niederländer, 1991, S. 415; *Wertenbruch,* Quorumsabänderung und zweistufige Beschlusskontrolle ohne Bestimmtheitsgrundsatz, NZG 2013, 641; *Zöllner,* Beschluß, Beschlußergebnis und Beschlußergebnisfeststellung, FS Lutter, 2000, S. 821. Übungsfall: *Beater,* Der praktische Fall – Gesellschaftsrecht: Das Wettbewerbsverbot, JuS 1997, 816. Vgl. auch noch die Angaben vor Rn. 28.

I. Überblick

1 Auch hinsichtlich der Rechtsstellung des Gesellschafters in der OHG kann aufgrund der Parallelstruktur der beiden Personengesellschaftsformen in weitem Umfang auf die zur Gesellschaft bürgerlichen Rechts gewonnenen Erkenntnisse zurückgegriffen werden. Der Gesellschafter ist Mitglied der OHG und diese Mitgliedschaft ist Gegenstand eines subjektiven Rechts (§ 8 Rn. 31, 42). Aus der Mitgliedschaft folgen einzelne Rechte und Pflichten, die sich teils auf ihren personenrechtlichen Charakter, teils auf ihre vermögensrechtlichen Elemente zurückführen lassen. Zu der ersten Gruppe gehören vor allem die Verwaltungsrechte und -pflichten, aber auch die Pflicht des Gesellschafters, nicht zu der OHG in Wettbewerb zu treten (§§ 112, 113 HGB). Verwaltungsrecht des Gesellschafters ist neben dem Recht zur Geschäftsführung (§§ 114 ff. HGB) und dem Kontrollrecht des § 118 HGB vor allem sein Recht, durch Stimmabgabe an dem Zustandekommen von Beschlüssen mitzuwirken (§ 119 HGB). Zu den vermögensrechtlichen Bezügen der Mitgliedschaft zählt neben der Teilhabe am Vermögen der OHG vor allem die Beteiligung am Gewinn; ergänzend tritt der Aufwendungsersatzanspruch des § 110 HGB hinzu.

II. Gesellschafterbeschlüsse und Stimmrecht des Gesellschafters

1. Beschlusserfordernis und Beschlussfolgen

2 Eine Gesellschaft wird zunächst auf einer vertraglichen Grundlage ins Leben gerufen und kann sodann mittels ihrer Organe selbstständig am Rechtsverkehr teilhaben. Das Bedürfnis nach einer kooperativen Abstimmung der Gesellschafter erschöpft sich aber nicht in dem einmaligen Gründungsakt, sondern auch in der Folgezeit sind oftmals Entscheidungen einer solchen Tragweite zu fassen, dass sie nur von den Gesellschaftern gemeinschaftlich vorgenommen werden sollen. In diesem Fall bedarf es eines sog. Gesellschafterbeschlusses. Der Gesellschafterbeschluss ist also das Instrument verbandsinterner Willensbildung. Wann es einer solchen gemeinschaftlichen Willensbildung bedarf, ergibt sich zum Teil aus dem Gesetz, zum Teil aus der vertraglichen Vereinbarung der Gesellschafter. So sehen beispielsweise sowohl das Recht der BGB-Gesellschaft als auch das Recht der OHG für die Entziehung der Geschäftsführungsbefugnis und der Vertretungsmacht das Erfordernis eines Beschlusses der übrigen Gesellschafter vor (§§ 712, 715 BGB, §§ 117, 127 HGB). Sind die Gesellschafter gemeinschaftlich zur Geschäftsführung befugt, erfolgt auch die dann erforderliche Abstimmung zwischen ihnen im Beschlusswege (§§ 709 BGB, 115 II HGB). Weitere Fälle finden sich im Recht der BGB-Gesellschaft in § 737 BGB, im OHG-Recht in §§ 113 II, 116 II, 131 Nr. 2, 139 II, 144 I, 146 I HGB. Da das Recht der Personengesellschaften gerade im Innenverhältnis weitgehend der Disposition der Gesellschafter unterliegt (§ 109 HGB), kann der Gesellschaftsvertrag auch für weitere Fälle eine gemeinschaftliche Entscheidungsbefugnis der Gesellschafter vorsehen.[1]

---

[1] Z. B. kann über die Gewinnverwendung jährlich neu beschlossen werden. Vgl. auch *BGH* BB 1975, 1452: Bestellung eines Abschlussprüfers durch Gesellschafterbeschluss.

Um eine besondere Beschlussform handelt es sich, wenn die Änderung des ursprünglichen Gesellschaftsvertrages beschlossen wird. In diesem Fall wird die Sphäre verlassen, in der die Gesellschafter sich durch privatautonome Gestaltung bereit erklärt haben, den Gesellschaftszweck zu fördern und sich unter Umständen auch einer Mehrheitsmacht zu unterwerfen. Nach allgemeiner Auffassung ist auch in diesem Fall ein Beschluss zulässig.[2] Speziell bei der Zulässigkeit von Mehrheitsbeschlüssen bedarf er aber einer besonders sorgfältigen inhaltlichen Kontrolle (s. noch Rn. 8 ff.). 3

Steht die Wirksamkeit und Verbindlichkeit eines Beschlusses in Frage, so ist zunächst die Rechtsgrundlage für das Beschlusserfordernis zu ermitteln. Sodann ist zu fragen, welches Mehrheitserfordernis für den konkreten Beschluss zu verlangen ist (s. noch Rn. 5 ff.), um schließlich zu untersuchen, ob eine wirksame Stimmabgabe erfolgt ist (s. noch Rn. 8 ff.). Weitere Formerfordernisse gibt es bei der OHG nicht. Insbesondere bedarf es auch keiner gesonderten Gesellschafterversammlung. Sind all diese Voraussetzungen eingehalten, so entfaltet der Beschluss rechtsverbindliche Wirkung. Diese Wirkung kann nicht daraus abgeleitet werden, dass dem Beschluss Vertragscharakter beigemessen wird, weil die Gesellschafter nicht korrespondierende, sondern gleichlaufende, der gemeinschaftlichen Zweckverfolgung dienende Willenserklärungen abgeben.[3] Die Willenserklärungen werden nicht wie beim Vertrag ausgetauscht, sondern sie werden im Beschluss zusammengefasst.[4] Es handelt sich beim Beschluss deshalb vielmehr um ein mehrseitiges Rechtsgeschäft nichtvertraglicher Art, das die Gesellschafter aber dennoch bindet, da es von dem privatautonom gebildeten Willen getragen wird, Rechtsfolgen verbindlich festzulegen.[5] Deshalb ist auch die Stimmabgabe der Gesellschafter als Willenserklärung einzuordnen, da sie darauf ausgerichtet ist, die Beschlusswirkung als rechtlich abgesicherte wirtschaftliche Folge herbeizuführen.[6] Für sie gelten – etwa hinsichtlich des Zugangs und der Bindungswirkung – §§ 104 ff. BGB.[7] Die Besonderheit des Beschlusses liegt darin, dass er anders als ein Vertrag nicht nur die zustimmenden Gesellschafter bindet, sondern je nach Ausgestaltung des Zustimmungserfordernisses gegebenenfalls auch die abwesenden oder sogar die dissentierenden Gesellschafter.[8] Diese weitgehende Wirkung findet ihre Rechtfertigung in der ursprünglichen vertraglichen Vereinbarung des Zusammenschlusses und der darin ausgedrückten Bereitschaft, sich – je nach Vertragsgestaltung – auch dem Mehrheitswillen zu unterwerfen. 4

2. Einstimmigkeits- und Mehrheitserfordernis

a) Allgemeine Grundsätze

Fall 1: In der Gesellschafterversammlung der Turbolina-Maschinenbau-OHG haben drei von vier Gesellschaftern beschlossen, die Herstellung von Baumaschinen wegen unzureichenden Absatzes einzustellen. Der überstimmte Gesellschafter *Eggers,* der an eine vorübergehende 5

---

[2] Vgl. statt aller Ebenroth/Boujong/Joost/Strohn/*Freitag,* § 119 Rn. 6 f.

[3] Umfassende Darstellung zum Folgenden bei *Wiedemann,* GesR I, § 3 III 1; vgl. ferner *K. Schmidt,* § 15 I 2a m. w. Nachw.

[4] Soergel/*Hadding/Kießling,* § 709 Rn. 24; *Saenger,* Rn. 157; *K. Schmidt,* § 15 I 2a; *Wiedemann,* GesR I, § 3 III 1b; krit. aber Staub/*C. Schäfer,* § 119 Rn. 8 m. w. Nachw.

[5] *Wiedemann,* GesR I, § 3 III 1b.

[6] Umfassende Darstellung zur Rechtsnatur des Beschlusses bei *K. Schmidt,* § 15 I 2a m. w. Nachw.

[7] *Grunewald,* § 1 Rn. 69; *Saenger,* Rn. 158. Zur Problematik der Beschlussfassung unter Beteiligung von Minderjährigen s. *Flume,* NZG 2014, 17 ff.

[8] Vgl. zu diesem Unterschied etwa *Wiedemann,* GesR II, § 4 I 2a.

Flaute glaubt, will wissen, ob der Beschluss gegen seine Stimme wirksam zustande gekommen ist. Wie ist die Rechtslage, wenn der Gesellschaftsvertrag zu dieser Frage nichts enthält?

6 Das grundsätzliche Beschlusserfordernis ergibt sich hier aus § 116 HGB: Nach § 116 I HGB erstreckt sich die Geschäftsführungsbefugnis der Gesellschafter nur auf solche Handlungen, die der gewöhnliche Betrieb des Handelsgewerbes der OHG mit sich bringt (§ 13 Rn. 14). Die Aufgabe eines ganzen Produktionszweiges gehört nicht zum gewöhnlichen Geschäftsbetrieb. Nach § 116 II HGB ist deshalb ein Beschluss sämtlicher Gesellschafter erforderlich. Für sonstige Beschlussformen ergibt sich ein entsprechendes Erfordernis aus § 119 I HGB.[9] Ein Beschluss ist also nur dann wirksam zustande gekommen, wenn ihm alle Gesellschafter zugestimmt haben. Gegen die Stimme des *Eggers* ist die Produktionseinstellung deshalb nicht wirksam beschlossen worden.

7 § 119 I HGB geht für die Beschlussfassung bei der OHG – wie auch bei den sonstigen Personengesellschaften (§§ 709 BGB, 161 II HGB) – vom Einstimmigkeitsprinzip aus. Für die Körperschaften, die schon in ihrer Grundkonzeption auf größere und anonymere Zusammenschlüsse zugeschnitten sind, gilt hingegen das Mehrheitsprinzip. Dieses Prinzip kann sich jedoch auch bei den Personengesellschaften (insb. wenn es sich um größere Zusammenschlüsse handelt) als sachgerecht erweisen. Deshalb kann auch hier im Gesellschaftsvertrag abweichend von der gesetzlichen Regel vereinbart sein, dass die Beschlüsse mit Stimmenmehrheit gefasst werden. Das folgt aus der Vertragsfreiheit, die im Verhältnis der Gesellschafter zueinander gilt (§ 109 HGB), und wird durch §§ 709 II BGB, 119 II HGB bestätigt. Diese Vorschrift, die eine Zählung nach Köpfen vorsieht, entspricht dem Charakter der OHG als einem Zusammenschluss gleichberechtigter Gesellschafter. Sie enthält jedoch nur eine Auslegungsregel. Nach dem Gesellschaftsvertrag kann die erforderliche Mehrheit auch anders berechnet werden, vor allem nach den Kapitalanteilen der abstimmenden Gesellschafter (s. dazu noch Rn. 40 ff.).

b) Grenzen der Mehrheitsmacht

8 **Fall 2:** Nachdem der Gesellschaftsvertrag der Turbolina-OHG das Mehrheitsprinzip eingeführt hat, beschließen die Gesellschafter, wiederum gegen die Stimme des *Eggers,* das Gesellschaftsvermögen um 50.000 EUR zu erhöhen. Das Geld soll von den Gesellschaftern entsprechend ihrer bisherigen Beteiligung aufgebracht werden. Ist der Beschluss wirksam?

9 Der von den Gesellschaftern gefasste Beschluss sieht eine Erhöhung der Beiträge vor, die, wenn sie nicht schon im ursprünglichen Gesellschaftsvertrag vorgesehen ist, nur durch eine Vertragsänderung erfolgen kann (§ 13 Rn. 16). Hinter der äußeren Form des Beschlusses verbirgt sich also ein Änderungsvertrag. Dieser Beschluss ist deshalb nur verbindlich, wenn er auch die Wirksamkeitsvoraussetzungen eines Vertrages erfüllt. Weil andere denkbare Mängel nicht ersichtlich sind, geht es für *Eggers* um die Frage, ob und unter welchen Voraussetzungen der Gesellschaftsvertrag durch Mehrheitsbeschluss geändert werden kann.

10 Aus der für das Innenverhältnis geltenden Vertragsfreiheit (§ 109 HGB) folgt, dass die Gesellschafter das Mehrheitsprinzip auch für Vertragsänderungen einführen können.[10] Ob ein vertraglich angeordnetes Mehrheitserfordernis diese Tragweite hat oder ob es auf Geschäftsführungsmaßnahmen beschränkt sein soll, ist im Wege der Auslegung zu ermitteln. Auch wenn die Auslegung ergibt, dass die Gesellschafter das Mehrheitsprinzip auch auf Vertragsänderungen erstrecken wollten, stellt sich

---

[9] Aufschlussreich dazu Ebenroth/Boujong/Joost/Strohn/*Freitag*, § 119 Rn. 1 f.

[10] BGHZ 8, 35, 41 f. = NJW 1953, 102; BGHZ 48, 251, 253 = NJW 1967, 2157.

indes die Frage, ob die Rechtsordnung eine derart weitgehende Unterwerfung unter den Mehrheitswillen anerkennen darf oder ob sie die Minderheit nicht auch dann vor einer übermäßigen Ausübung der Mehrheitsmacht schützen muss. Gerade die in Fall 2 aufgeworfene Frage nach der Zulässigkeit einer mit Mehrheitsbeschluss herbeigeführten Beitragserhöhung illustriert das potenzielle Schutzbedürfnis deutlich.

Die ältere Rechtsprechung sah diesen Schutz ohne Weiteres dann als angemessen **11** gewährleistet an, wenn diejenigen Punkte, für die eine Mehrheitsentscheidung gelten soll, nach Gegenstand und Grenzen einer künftigen Änderung ausdrücklich vertraglich festgelegt sind (sog. Bestimmtheitsgrundsatz).[11] Die Praxis hat auf diese Vorgabe pflichtgemäß in der Weise reagiert, dass sie entsprechende Kataloge in die Gesellschaftsverträge aufgenommen hat. Die weitere Entwicklung zeigte indes, dass die Gesellschafter auch angesichts eines derart elaborierten Klauselwerks nicht dazu in der Lage waren, sich vor übermäßig belastenden Folgen durch Verweigerung des Vertragsschlusses selbst zu schützen. Der BGH hat diese Erkenntnis zum Anlass genommen, die „formelle Legitimation" des Bestimmtheitsgrundsatzes auf der ersten Prüfungsstufe durch eine zweite Prüfungsstufe in Gestalt einer „materiellen Beschlusskontrolle" zu ergänzen.[12] Diese Beschlusskontrolle war nach bisherigem Verständnis eingekleidet in die Form der sog. Kernbereichslehre. Danach muss dem einzelnen Gesellschafter ein Kernbereich von Rechten verbleiben, der nicht zur beliebigen Disposition der Mehrheit stehen darf (Einzelheiten in Rn. 14).[13]

In der weiteren Entwicklungsgeschichte hat die formelle Legitimation auf der ersten **12** Prüfungsstufe, also der Bestimmtheitsgrundsatz, einen stetigen Bedeutungsverlust erfahren. Zunächst hatte der BGH die fortdauernde Erforderlichkeit des Bestimmtheitsgrundsatzes neben der Kernbereichslehre offen gelassen und seine Entscheidungen doppelspurig begründet.[14] Später bezeichnete er ihn ausdrücklich als „Eingangsvoraussetzung für die Gültigkeit einer Mehrheitsentscheidung", die dann in einem zweiten Schritt am Maßstab der Kernbereichslehre zu überprüfen sei.[15] In neueren Judikaten wurden die Anforderungen an den Bestimmtheitsgrundsatz sodann immer weiter relativiert,[16] bis schließlich seine ursprüngliche Inhaltsprägung, namentlich die explizite Fixierung der konkreten Mehrheitsentscheidung im Gesellschaftsvertrag, vollständig aufgegeben wurde.[17] Stattdessen greift der BGH für den formellen Minderheitenschutz in der Personenhandelsgesellschaft nun auf allgemeine Aus-

---

[11] Grundlegend RGZ 91, 166, 168; vgl. ferner BGHZ 8, 35, 41 ff. = NJW 1953, 102; BGHZ 48, 251, 253 ff. = NJW 1967, 2157; *BGH* NJW-RR 1987, 285 f.; vgl. auch *K. Schmidt,* ZGR 2008, 1, 8 ff. Etwas anderes gilt für die Publikumspersonengesellschaft (s. noch § 23), vgl. auch BGHZ 66, 82, 85 f. = NJW 1976, 958; BGHZ 71, 53, 58 = NJW 1978, 1382; BGHZ 85, 350, 355 ff. = NJW 1983, 1056.

[12] Zu diesen zwei Stufen der Beschlusskontrolle vgl. etwa *Wertenbruch,* NZG 2013, 641 f.

[13] Vgl. zum Folgenden *BGH* NJW 1985, 972, 973; *BGH* NJW 1985, 974; *BGH* NJW 1995, 194, 195; BGHZ 132, 263, 268 = NJW 1996, 1678; *BGH* NZG 2014, 302 Rn. 27 ff.; BGHZ 203, 77 Rn. 14 ff. = NJW 2015, 859; vgl. auch Staub/*C. Schäfer,* § 119 Rn. 38 ff.; *Renner/Hesselbarth,* JuS 2014, 11, 12; *Grunewald,* § 1 Rn. 86; *K. Schmidt,* ZGR 2008, 1 ff., 17 ff.

[14] Vgl. etwa *BGH* NJW 1995, 194 f.; BGHZ 132, 263, 268 = NJW 1996, 1678.

[15] BGHZ 170, 283 Rn. 9 = NJW 2007, 1685 (OTTO); auch in der ebenfalls kritischen Entscheidung *BGH* ZIP 2009, 216 Rn. 15 ff. ist keine Aufgabe dieses Grundsatzes zu erkennen (wie hier: *K. Schmidt,* ZIP 2009, 737, 738).

[16] S. dazu auch die Nachweise in § 14 Fn. 16.

[17] So jüngst BGHZ 191, 293 Rn. 14 ff. = NJW 2012, 1439; *BGH* NZG 2013, 63 Rn. 15; *BGH* NZG 2014, 302 Rn. 23; BGHZ 203, 77 Rn. 14 ff. = NJW 2015, 859; s. dazu Baumbach/Hopt/*Roth,* § 119 Rn. 37 ff.; *C. Schäfer,* ZGR 2013, 237, 239 ff.; *Wertenbruch,* NZG 2013, 641 ff.

legungsgrundsätze zurück:[18] Es genüge auch bei Grundlagengeschäften, wenn die Auslegung des Gesellschaftsvertrags eindeutig ergebe, dass der betreffende Beschlussgegenstand einer Mehrheitsentscheidung unterworfen sein solle.[19] Das sei etwa auch dann der Fall, wenn „für sämtliche Beschlussangelegenheiten" eine Mehrheitsentscheidung zugelassen werde.[20] Einer minutiösen Auflistung aller erfassten Beschlussgegenstände bedürfe es nicht,[21] und zwar unabhängig davon, ob es sich um eine Geschäftsführungsmaßnahme oder um ein Grundlagengeschäft handele.[22] Bei Berücksichtigung dieser Rechtsprechung kann nur noch unter dem Gesichtspunkt der Auslegung am formellen Bestimmtheitsgrundsatz als Basisvoraussetzung für die Wirksamkeit einer Mehrheitsentscheidung festgehalten werden; darüber hinaus muss diese erste Prüfungsstufe als aufgeben angesehen werden.[23]

13 Die Aufgabe des Bestimmheitsgrundsatzes wird im Schrifttum ganz überwiegend begrüßt, weil auf diese Weise eine klare Trennung zwischen dem durch Auslegung zu ermittelnden Inhalt der Abrede und ihrer materiellen Kontrolle herbeigeführt wird.[24] Wesentlich kritischer wird im Schrifttum gewürdigt, dass der BGH in einem Judikat vom 21. Oktober 2014 augenscheinlich auch die Kernbereichslehre in Frage gestellt und sie durch eine Prüfung am Maßstab der mitgliedschaftlichen Treupflicht ersetzt hat.[25] Diese im Urteil auf den ersten Blick recht klar ausgesprochene Abkehr von der Kernbereichslehre wird verbreitet für wenig sinnvoll gehalten, weil der Rechtssicherheit wenig gedient wäre, würde die schwach konturierte und an den Besonderheiten des jeweiligen Einzelfalls zu messende Treupflicht die bereits wesentlich trennschärfer gefasste Kernbereichslehre verdrängen.[26] Tatsächlich geht es dem BGH aber offenbar gar nicht darum, den Kernbereichsgedanken gänzlich zu verwerfen, sondern es soll ihm lediglich der absolute Charakter genommen werden. Es soll verhindert werden, dass nach der Erkenntnis, es liege ein Eingriff in den Kernbereich der Mitgliedschaft vor, aufgehört werde zu prüfen und etwa nicht mehr danach gefragt werde, ob eine antizipierte Zustimmung vorliege oder die fehlende Zustimmung unter den Gesichtspunkten Treupflicht und Interessenabwägung überwunden werden könne (s. dazu noch Rn. 15).[27]

14 Für die Fallbearbeitung ist folgendermaßen vorzugehen: Es findet weiterhin eine zweistufige Prüfung statt, die sich in eine formelle und eine materielle Prüfung

---

[18] BGHZ 191, 293 Rn. 14 ff. = NJW 2012, 1439; *BGH* NZG 2014, 302 Rn. 23 (zur GbR); BGHZ 203, 77 Rn. 14 ff. = NJW 2015, 859; vgl. Baumbach/Hopt/*Roth,* § 119 Rn. 39.

[19] BGHZ 170, 283 Rn. 16 = NJW 2007, 1685 (OTTO); BGHZ 191, 293 Rn. 16 = NJW 2012, 1439; *BGH* NZG 2014, 302 Rn. 23; BGHZ 203, 77 Rn. 14 ff. = NJW 2015, 859.

[20] BGHZ 203, 77 Rn. 14 = NJW 2015, 859.

[21] Vgl. BGHZ 170, 283 Rn. 9 = NJW 2007, 1685 (OTTO); *BGH* NJW 2009, 669 Rn. 15 (Schutzgemeinschaft II); BGHZ 191, 293 Rn. 14 ff. = NJW 2012, 1439; *BGH* NZG 2014, 302 Rn. 23; BGHZ 203, 77 Rn. 14 ff. = NJW 2015, 859; *K. Schmidt,* ZGR 2008, 1, 10.

[22] Ausdrücklich auch mit der letztgenannten Klarstellung BGHZ 191, 293 Rn. 14 ff. = NJW 2012, 1439; *BGH* NZG 2014, 302 Rn. 23; BGHZ 203, 77 Rn. 14 ff. = NJW 2015, 859.

[23] Ähnlich Baumbach/Hopt/*Roth,* § 119 Rn. 39 f. Vgl. auch Staub/*C. Schäfer,* § 119 Rn. 36 f.; *C. Schäfer,* ZGR 2013, 237, 243 ff.; *Wertenbruch,* NZG 2013, 641, 643.

[24] Vgl. etwa *C. Schäfer,* NZG 2014, 1401 ff.; *Ulmer,* ZIP 2015, 657 ff.

[25] BGHZ 203, 77 Rn. 12, 19 = NJW 2015, 859.

[26] Vgl. etwa *Priester,* NZG 2015, 529 ff.; *C. Schäfer,* ZIP 2015, 1313, 1315 mit der Darstellung weiterer kritischer Konsequenzen auf der Rechtsfolgenseite; *Ulmer,* ZIP 2015, 657, 658 f.; positive Würdigung aber bei *Altmeppen,* NJW 2015, 2065 ff.; *Wertenbruch,* DB 2014, 2875, 2876 f.

[27] Vgl. dazu die Klarstellung des Vorsitzenden des II. Zivilsenats *Alfred Bergmann* in VGR, Band 21, Gesellschaftsrecht in der Diskussion 2015, 2016, nach Diskussionsbericht *P. Scholz,* S. 67.

aufteilt.[28] Zunächst ist auf der ersten Stufe formell festzustellen, dass die Mehrheitsklausel den entsprechenden Beschlussgegenstand nach allgemeinen Auslegungskriterien, also entweder aufgrund ausdrücklicher Nennung oder allgemein gehaltener Fassung, tatsächlich erfasst. Auf die Bestimmtheit wird im Rahmen dieser formellen Prüfung verzichtet, weil die allgemeine Auslegung klar von den inhaltlichen Schutzerfordernissen getrennt werden soll. Auf der zweiten Stufe erfolgt sodann eine materielle Kontrolle des Beschlusses, bei der wiederum zwischen absolut und relativ unentziehbaren Rechten unterschieden wird. Sie bilden zusammen das, was bislang unter den Kernbereich gefasst wurde. Auf absolut unentziehbare Rechte kann überhaupt nicht verzichtet werden. Zu diesen seltenen Fällen zählt etwa das Recht, rechtswidrige Beschlüsse der Gesellschafterversammlung anfechten zu können.[29] In relativ unentziehbare Rechte kann dagegen mit Zustimmung des betroffenen Gesellschafters eingegriffen werden; nur in Ausnahmefällen kann eine fehlende Zustimmung im Wege Treupflicht überwunden werden (s. dazu noch Rn. 15). Der Kreis der relativ unentziehbaren Rechte lässt sich indes nicht eindeutig bestimmen. Auf eine Pauschalformel gebracht lässt sich sagen, dass für alle unmittelbar rechtsverkürzenden oder pflichtenerhöhenden Gesellschafterbeschlüsse ein solches Zustimmungserfordernis im engeren Sinne besteht. Es umfasst insbesondere die Einführung und Erhöhung von Beitragspflichten, das Stimmrecht, das Unterrichtungsrecht, die Vermögensrechte (Gewinn und Abfindung) sowie die actio pro socio.[30] Auch diese Eingrenzung ist indes noch nicht eindeutig, weil die Bestimmung relativ unentziehbarer Rechte nicht abstrakt bestimmt werden kann, ohne dabei die spezielle Struktur der jeweiligen Gesellschaft und die konkrete Stellung des betroffenen Gesellschafters zu berücksichtigen. Sind nach dieser Maßgabe relativ unentziehbare Rechte betroffen, so bedarf es einer Zustimmung, die auch antizipiert erteilt werden kann. In der bloßen Zustimmung zu einer pauschal gefassten Mehrheitsklausel kann diese Zustimmung aber noch nicht gesehen werden, sondern hier finden nun doch wieder Bestimmtheitsanforderungen Eingang in die materielle Prüfung: Nur wenn der Eingriff ausdrücklich zugelassen wird und auch in seiner inhaltlichen Reichweite klar umrissen wird (z. B. Obergrenze und Anlass für Beitragserhöhung), ist die Zustimmung wirksam.[31] Nicht genügend ist die bloße Auflistung von Beschlussgegenständen einer Mehrheitsklausel (z. B. „Begründung von Nachschusspflichten“).[32] Gegenläufig zu diesen Überlegungen, die in erster Linie dem Schutz des Gesellschafters dienen, kann sodann aber auch noch eine Korrektur zugunsten der Gesellschaft erfolgen, wenn der Gesellschafter selbst in diesem Kernbereich seiner Mitgliedschaft ausnahmsweise doch aufgrund mitgliedschaftlicher Treubindungen zur Zustimmung verpflichtet ist (vgl. dazu schon § 8 Rn. 7 ff. sowie Rn. 15).

Überträgt man diese Grundsätze auf den hier zu entscheidenden Fall, so ergibt sich, **15**
dass es für die Wirksamkeit der Maßnahme nicht schon genügt, wenn der Gesellschaftsvertrag der Turbolina-OHG auch die Erhöhung der Beitragspflicht ausdrücklich oder schlüssig der Mehrheitsmacht unterstellt. Die Prüfung überwindet damit zwar noch die erste Stufe der formellen Prüfung, da die Klausel auch eine Beitragserhöhung erfasst. Sie scheitert aber auf der zweiten Stufe der materiellen Prüfung. Die Beschränkung der Beitragspflicht auf den ursprünglich versprochenen Leis-

---

[28] Vgl. zum Folgenden BGHZ 203, 77 Rn. 10 ff. = NJW 2015, 859.
[29] BGH NJW 1995, 1218, 1219.
[30] Zu den Einzelheiten s. Staub/*C. Schäfer,* § 119 Rn. 40 ff.; *Kindler,* § 11 Rn. 79; *K. Schmidt,* ZGR 2008, 1, 18 f.
[31] Vgl. dazu *C. Schäfer,* ZGR 2013, 237, 253 f.
[32] *C. Schäfer,* ZGR 2013, 237, 254.

tungsumfang ist nämlich schon aufgrund der klaren Anordnung des § 707 BGB (anwendbar auf OHG über § 105 III HGB) den relativ unentziehbaren Rechten zuzuordnen. Auch hier ist zwar noch eine Zustimmung möglich, die sich aber nicht in der bloßen Zustimmung zur Mehrheitsklausel erschöpfen darf. Den in Rn. 14 dargestellten inhaltlichen Anforderungen genügt diese Klausel nicht. Da auch keine besonders dringlichen Gründe für eine solche Erhöhung angegeben werden, kann auch nicht die Rede davon sein, dass die Verweigerung des *Eggers,* der Maßnahme zuzustimmen, treuwidrig sein könnte.[33] Vor diesem Hintergrund ist von der Unwirksamkeit des Beschlusses auszugehen.[34]

3. Das Stimmrecht

16 **Fall 3:** Der Gesellschaftsvertrag der Turbolina-OHG enthält überdies ein Mehrheitserfordernis für ungewöhnliche Geschäftsführungsmaßnahmen i. S. d. § 116 II HGB. Als *Eggers* auf der Tagesordnung für die nächste Gesellschaftersammlung sieht, dass auf dieser Grundlage über den Erwerb einer Beteiligung an dem Schraubenhersteller Sperling-GmbH beschlossen werden soll, vereinbart er vertraglich mit seinen Mitgesellschaftern *Brand* und *Reschke,* dass sie beide geschlossen gegen diesen Erwerb stimmen werden. Welche Rechtsfolgen entfaltet diese Vereinbarung?

17 Weil Gesellschafterbeschlüsse gerade in wichtigen Angelegenheiten erforderlich sind, ist das Stimmrecht des Gesellschafters eines seiner wesentlichen Verwaltungsrechte. Gemäß §§ 717 BGB, 105 III HGB kann es nicht getrennt von der Gesellschafterstellung übertragen werden (§ 8 Rn. 35 ff.); als Umgehungsgeschäft unzulässig ist auch eine verdrängende Stimmrechtsvollmacht (s. § 8 Rn. 39). Dagegen darf sich der Gesellschafter grundsätzlich verpflichten, sein Stimmrecht in einem bestimmten Sinne auszuüben, da es in diesem Fall nicht abgespalten, sondern nur zum Gegenstand einer schuldrechtlichen Bindung gemacht wird. Das ist unproblematisch, sofern die Stimmbindung thematisch auf einzelne Beschlussgegenstände begrenzt ist und sich in den Grenzen der §§ 134, 138 BGB hält.[35] Allerdings entfalten solche Vereinbarungen auch nur schuldrechtliche Wirkung, d. h. sie verpflichten die Mitgesellschafter im Innenverhältnis, schlagen aber nicht auf das Außenverhältnis durch. Halten sich *Brand* und *Reschke* also nicht an die Vereinbarung, dann ist der Beschluss trotz der abredewidrigen Stimmabgabe wirksam; nur im Innenverhältnis haben die beiden ihre Pflichten verletzt. Auch eine klageweise Durchsetzung und Vollstreckung nach § 894 ZPO ist möglich, wird aber häufig aus zeitlichen Gründen scheitern.[36] Die Zulässigkeit einer einstweiligen Verfügung ist in diesen Fällen umstritten.[37]

Hinweis:

18 Da eine Klage zumeist aus zeitlichen Gründen nicht in Betracht kommt, die Zulässigkeit des einstweiligen Rechtsschutzes mit Unsicherheiten behaftet ist

---

[33] Zur Treuepflicht in Sanierungssituationen („Sanieren oder Ausscheiden"): *BGH* NZG 2009, 1347 = JuS 2010, 162 (mit Anm. *K. Schmidt*); *BGH* NJW 2011, 1667 = JuS 2011, 646 (mit Anm. *K. Schmidt*); *BGH* NJW 2015, 2882 = JuS 2016, 173 (mit Anm. *K. Schmidt*). S. zur Zustimmungspflicht überdies schon § 8 Rn. 7 ff.

[34] Zu dem hier nicht weiter zu vertiefenden Rechtsschutz durch Beschlussmängelklagen vgl. *Grunewald,* § 1 Rn. 90 ff.; *Saenger,* Rn. 159 f.; *Windbichler,* § 9 Rn. 12 ff.; *K. Schmidt,* ZGR 2008, 1, 24 ff.

[35] Vgl. etwa *BGH* NJW 2009, 669, 670 f.; *Grunewald,* § 1 Rn. 75 f.

[36] BGHZ 48, 163, 169 ff. = NJW 1967, 1963; *Zöllner,* ZHR 155 (1991), 168, 185 ff.

[37] Zum Streitstand vgl. die Übersicht bei Staub/*C. Schäfer,* § 119 Rn. 70; Ulmer/Habersack/Löbbe/*Hüffer/Schürnbrand,* § 47 Rn. 89.

und ein Schadensersatzanspruch häufig an der Schwierigkeit scheitern wird, den Schaden zu quantifizieren, müssen kautelarjuristische Vorsichtsmaßnahmen ergriffen werden, um die Wirksamkeit des Stimmbindungsvertrages zu gewährleisten. Die Praxis greift zu diesem Zweck auf Vertragsstrafen zurück.[38]

Von der Stimmbindung zu unterscheiden ist der Stimmrechtsausschluss. Er ist namentlich in den Fällen der §§ 712, 715, 737 S. 2 BGB bzw. §§ 117, 127, 140 I HGB für den von diesen (Entziehungs-/Ausschluss-)Beschlüssen betroffenen Gesellschafter vorgesehen. Darüber hinaus ist ohne eindeutige gesetzliche Grundlage auch anerkannt, dass ein Gesellschafter dann vom Stimmrecht ausgeschlossen ist, wenn über seine eigene Entlastung, seine Befreiung von einer Verbindlichkeit oder die Einleitung eines Rechtsstreits gegen ihn beschlossen wird. Das ist für die Körperschaften gesetzlich festgelegt (vgl. §§ 34 BGB, 47 IV GmbHG, 136 I AktG, 43 IV GenG) und wird im Analogieweg auf die Personengesellschaften übertragen.[39] Ebenso wird ein Stimmrechtsausschluss von der heute herrschenden Meinung im Lichte des Rechtsgedankens des § 181 BGB (Insichgeschäft) anerkannt, wenn es um ein Rechtsgeschäft mit einem bestimmten Gesellschafter geht.[40] Schließlich kann auch der Gesellschaftsvertrag einen Stimmrechtsausschluss vorsehen, soweit dieser nicht in die Grundlagen der Gesellschaft oder auf diese Weise in unentziehbare Rechtspositionen im Kernbereich der Mitgliedschaft eingreift (s. bereits Rn. 8 ff.).[41] Zu Einschränkungen des freien Stimmrechts durch die Treupflicht s. bereits § 8 Rn. 7 ff. Eine entgegen einem Stimmrechtsausschluss abgegebene Stimme ist nichtig und wird daher bei der Ermittlung des Abstimmungsergebnisses nicht mitgezählt.[42] 19

III. Das Wettbewerbsverbot

Fall 4: Da er seine Vorstellungen in der Turbolina-OHG nicht hinreichend durchzusetzen vermag, beschließt *Eggers*, seine Beteiligung zwar nicht aufzugeben, daneben aber ein eigenes Maschinenbau-Unternehmen in der Rechtsform einer GmbH zu gründen. Kann die OHG dagegen Unterlassung verlangen? 20

Ein Unterlassungsanspruch der OHG könnte sich aus § 112 I HGB ergeben. Danach unterliegt *Eggers* als Gesellschafter der OHG einem Wettbewerbsverbot. Ohne Einwilligung seiner Mitgesellschafter darf er in dem Handelszweig der OHG keine Geschäfte machen. Das Verbot erklärt sich aus der von den Gesellschaftern gem. § 705 BGB übernommenen Verpflichtung, den Gesellschaftszweck zu fördern, und ist ein spezieller, gesetzlich geregelter Fall der gesellschaftsrechtlichen Treupflicht (s. § 8 Rn. 7 ff.).[43] Auch bei anderen Gesellschaftsformen, die ein solches Wettbewerbsverbot nicht explizit vorsehen (wie etwa die BGB-Gesellschaft), kann ein entspre- 21

---

[38] Vgl. dazu etwa Scholz/*K. Schmidt*, § 47 Rn. 61.

[39] *BGH* WM 1974, 834, 835; *BGH* NZG 2012, 625, 626; *Grunewald*, § 1 Rn. 71; *Kindler*, § 11 Rn. 83.

[40] *Grunewald*, § 1 Rn. 71; *Kindler*, § 11 Rn. 84; skeptisch *Windbichler*, § 13 Rn. 10.

[41] BGHZ 20, 363, 368 ff. = NJW 1956, 1198; *Grunewald*, § 1 Rn. 70; *Kindler*, § 11 Rn. 81 f.

[42] *Grunewald*, § 1 Rn. 71.

[43] BGHZ 89, 162, 165 = NJW 1984, 1351; *BGH* NJW 2002, 1046, 1047; Ebenroth/Boujong/Joost/Strohn/*Freitag*, § 112 Rn. 1; MüKoHGB/*Langhein*, § 112 Rn. 1; Röhricht/v. Westphalen/*Haas*, § 112 Rn. 1; Staub/*C. Schäfer*, § 112 Rn. 3. Zu der vom Wettbewerbsverbot zu unterscheidenden Geschäftschancenlehre, die sich ebenfalls aus der gesellschaftsrechtlichen Treuepflicht ergibt, s. bereits § 8 Rn. 12.

chendes Verbot daher ebenfalls aus der Treupflicht abgeleitet werden.[44] In beiden Fällen ist der Wettbewerb nur gestattet, wenn die anderen Gesellschafter eingewilligt haben (vgl. dazu besonders § 112 II HGB). In Ermangelung einer solchen Einwilligung darf *Eggers* also zu der Gesellschaft nicht in Wettbewerb treten. Die OHG kann deshalb von ihm schon im Vorbereitungsstadium Unterlassung verlangen.

22 Das in § 112 HGB ausgesprochene Wettbewerbsverbot steht in einem Spannungsverhältnis zu dem Kartellverbot des § 1 GWB.[45] Danach sind Verträge unwirksam, wenn sie von Unternehmen zu einem gemeinsamen Zweck geschlossen werden und geeignet sind, die Erzeugung oder die Marktverhältnisse durch Beschränkung des Wettbewerbs spürbar zu beeinflussen. Einen Gesellschaftsvertrag ohne gemeinsamen Zweck gibt es nicht und für die Personenhandelsgesellschaften folgt die Eignung des Vertrags zur Marktbeeinflussung durch Wettbewerbsbeschränkung aus § 112 HGB. Auf den ersten Blick mag man dazu tendieren, § 112 HGB als die speziellere Vorschrift anzusehen, da er schließlich Wettbewerbsbeschränkungen auf der Grundlage eines Gesellschaftsvertrags ausdrücklich zulässt. Auch könnte man argumentieren, dass das Wettbewerbsverbot zu Lasten des Gesellschafters vom Gesetz ausgesprochen wird, während § 1 GWB Verträge betrifft.[46] Auf der anderen Seite liegt es aber auch auf der Hand, dass das Kartellrecht nicht durch die Gründung einer Gesellschaft ausgehöhlt werden darf. Der Einwand einer fehlenden vertraglichen Grundlage geht deshalb fehl, weil ohne den Abschluss des Gesellschaftsvertrages auch § 112 HGB nicht greift.[47] Es hat sich deshalb heute zu Recht die Auffassung durchgesetzt, dass es nicht möglich ist, den Konflikt generell zugunsten der einen oder der anderen Vorschrift zu entscheiden. Die Lösung muss vielmehr in einer Interessen- und Güterabwägung gefunden werden.[48] Dabei hat erstens Bedeutung, welches Maß die vorhandene oder zu erwartende Marktbeeinflussung erreicht.[49] Zweitens und vor allem kommt es darauf an, ob die Gesellschaft der Regelform des Gesetzes entspricht, also als Arbeits- und Haftungsgemeinschaft der Gesellschafter konzipiert ist. Wenn das nicht zutrifft, kann der Rechtsgedanke des § 1 GWB vor dem des § 112 HGB Vorrang erlangen, und zwar insbesondere dann, wenn sich Konkurrenten zu einer Personenhandelsgesellschaft zusammenschließen, um gezielt aktuellen oder potenziellen Wettbewerb zwischen ihnen auszuschalten und zu regulieren.[50]

23 **Fall 5:** *Eggers* fragt, welche Wege ihm offen stehen, um sich der Untersagung der OHG zu entziehen. Er erwägt zum einen, die Produktpalette der neu zu gründenden GmbH auf die Textiltechnik zu beschränken, da die Turbolina-OHG in diesem Segment nicht tätig sei, sondern sich auf die Verpackungstechnik spezialisiert habe. Zum anderen überlegt er, ob nicht seine Frau das neue Unternehmen unter ihrem Namen gründen und ihn als Prokuristen oder Auftragsvermittler einstellen könnte.

---

[44] *Kübler/Assmann,* § 6 II 2c; MüKoBGB/*Ulmer/C. Schäfer,* § 705 Rn. 235 ff.

[45] So auch für das Kartellverbot nach Art. 101 AEUV, für das die hier genannten Grundsätze entsprechend gelten; vgl. BGHZ 104, 246, 256 = NJW 1988, 2737; Staub/*C. Schäfer,* § 112 Rn. 42 m. w. Nachw.

[46] So etwa noch *Kardaras,* Das Wettbewerbsverbot in den Personengesellschaften, 1967, S. 132 ff.

[47] Ebenroth/Boujong/Joost/Strohn/*Bergmann,* § 112 Rn. 35; Staub/*C. Schäfer,* § 112 Rn. 40 m. w. Nachw.

[48] Dazu und zum Folgenden BGHZ 38, 306 ff. = NJW 1963, 646; BGHZ 70, 331 ff. = NJW 1978, 1001; BGHZ 89, 162, 169 = NJW 1984, 1351; Ebenroth/Boujong/Joost/Strohn/*Bergmann,* § 112 Rn. 35; MüKoHGB/*Langhein,* § 112 Rn. 32; Staub/*C. Schäfer,* § 112 Rn. 41.

[49] *Kellermann,* FS R. Fischer, 1979, S. 307, 317.

[50] Ebenroth/Boujong/Joost/Strohn/*Bergmann,* § 112 Rn. 37.

§ 112 I HGB enthält zwei Tatbestandsmerkmale: erstens „Handelszweig der Gesellschaft“ bzw. „gleichartige“ Handelsgesellschaft, zweitens „Geschäfte machen“. Ob die Unterscheidung zwischen Verpackungstechnik und Textiltechnik von Bedeutung ist, hängt davon ab, wie konkret der Handelszweig der OHG bestimmt werden muss. Dabei kommt dem Sinn des Wettbewerbsverbots entscheidende Bedeutung zu. Das Gesetz verbietet dem Gesellschafter den Wettbewerb nur insoweit, als er mit seiner Pflicht zur Förderung des gemeinsamen Zwecks in Widerspruch stünde. Der jeweilige Gesellschaftszweck muss also genau erfasst werden; es kommt darauf an, welchen Unternehmensgegenstand gerade diese OHG nach dem Gesellschaftsvertrag hat (konkrete Betrachtung), und zwar auch dann, wenn es um die Beteiligung an einer anderen Gesellschaft geht.[51] Ist die OHG nur in der Verpackungstechnik tätig, dann kann dem *Eggers* deshalb nicht nach § 112 I HGB verwehrt werden, Textiltechnik auszuführen. 24

In dem beschränkten Rahmen, der sich durch die konkrete Betrachtung des Handelszweigs ergibt, ist dem Gesellschafter vorbehaltlich der Einwilligung jede geschäftliche Tätigkeit verboten.[52] Auch das folgt aus dem Sinn des Wettbewerbsverbots; für die Beeinträchtigung des Zwecks der OHG ist es ohne Belang, in welcher Form der Gesellschafter Geschäfte macht. Die Vermittlung von Aufträgen fällt deshalb ebenso unter das Verbot des § 112 I HGB wie der Abschluss. Das Handeln im fremden Namen ist ebenso untersagt wie das Handeln im eigenen Namen. *Eggers* darf also weder seiner Ehefrau Aufträge vermitteln noch als ihr Prokurist tätig werden. 25

Fall 6: *Eggers* setzt sich über den Protest der OHG hinweg, gründet das neue Unternehmen und ist ein halbes Jahr tätig. Ob der Turbolina-OHG daraus ein Verlust erwachsen ist, lässt sich jedoch nicht feststellen. Was ist der Gesellschaft zu raten? 26

§ 113 HGB nennt die Sanktionen des Verstoßes gegen das Wettbewerbsverbot. Der ihm zuwider handelnde Gesellschafter ist schadensersatzpflichtig. Wahlweise hat die OHG ein Eintrittsrecht. Lässt sich nicht feststellen, ob der Gesellschaft ein Verlust erwachsen ist, oder kann der Verlust nicht beziffert werden, dann ist ihr zu raten, von dem Eintrittsrecht Gebrauch zu machen und auf diese Weise den von dem Gesellschafter erzielten Gewinn an sich zu ziehen. Die herrschende Meinung gewährt der OHG sowohl den Schadensersatzanspruch als auch das Eintrittsrecht aber nur, wenn der Gesellschafter den Verstoß gegen das Wettbewerbsverbot zu vertreten hat (§ 276 I 1 BGB).[53] Bedeutung kann diese Voraussetzung erlangen, wenn sich der Gesellschafter in einem Irrtum über die Grenzen des erlaubten Wettbewerbs befunden hat. Während sich das Erfordernis des Vertretenmüssens für den Schadensersatzanspruch aus den allgemeinen Grundsätzen des Schuldrechts ableiten lässt, ist diese Voraussetzung für das Eintrittsrecht der OHG bedenklich, weil es der Eingriffskondiktion (z. B. bei Patentverletzung: Herausgabe des Verletzergewinns) näher steht als dem Schadensersatzanspruch. Da auch das Eintrittsrecht hier einen erkennbaren Sanktionscharakter haben soll,[54] ist im Ergebnis dennoch der herrschenden Meinung zu folgen. 27

---

[51] Baumbach/Hopt/*Roth,* § 112 Rn. 5; Staub/*C. Schäfer,* § 112 Rn. 15; *Armbrüster,* ZIP 1997, 261, 262.

[52] Ebenroth/Boujong/Joost/Strohn/*Bergmann,* § 112 Rn. 13; Staub/*C. Schäfer,* § 112 Rn. 20.

[53] Ebenroth/Boujong/Joost/Strohn/*Bergmann,* § 113 Rn. 7, 11; Röhricht/v. Westphalen/*Haas,* § 113 Rn. 4; Staub/*C. Schäfer,* § 113 Rn. 13, 16.

[54] Vgl. dazu Ebenroth/Boujong/Joost/Strohn/*Bergmann,* § 113 Rn. 11.

28 **Fall 7:** *Eggers* hat sich an einer konkurrierenden OHG als Gesellschafter beteiligt. Der auf ihn entfallende Gewinnanteil beträgt 10.000 EUR. Kann die Gesellschaft diesen Gewinn herausverlangen?

29 Die OHG kann von *Eggers* den Gewinn herausverlangen, wenn es das Eintrittsrecht auch bei der nach § 112 I HGB verbotenen Beteiligung an einer anderen Gesellschaft gibt. Ein Eintrittsrecht in dem Sinne, dass die OHG Gesellschafterin der anderen Gesellschaft wird, besteht zwar nicht; denn der Sinn des Eintrittsrechts liegt nur darin, der OHG den verbotswidrig erzielten Gewinn zuzuführen. Ein Anspruch der OHG gegen ihren Gesellschafter, den ihm aus der verbotenen Beteiligung zufließenden Gewinn an sie abzuführen, ist dagegen anzuerkennen.[55] *Eggers* muss also die 10.000 EUR an die OHG herausgeben.

IV. Feststellung und Verteilung von Gewinn und Verlust; Entnahmerecht

Literatur: *Fink/Woring,* Buchführung für Juristen, JuS 2001, 1067; *Großfeld,* Bilanzrecht, 4. Aufl., 2005; *Hopt,* Bilanz, Reservenbildung und Gewinnausschüttung bei der OHG und KG, FS Odersky, 1996, S. 799; *Knobbe-Keuk,* Bilanz- und Unternehmenssteuerrecht, 9. Aufl., 1993; *Schulze-Osterloh,* Die Rechnungslegung der Einzelkaufleute und Personenhandelsgesellschaften nach dem Bilanzrichtlinien-Gesetz, ZHR 150 (1986), 403; *ders.,* Gewinn oder Verlust der Personenhandelsgesellschaft, FS K. Schmidt, 2009, S. 1447. Vgl. aus betriebswirtschaftlicher Sicht: *Wöhe/Mock,* Die Handels- und Steuerbilanz, 6. Aufl., 2010.

1. Die Ermittlung von Gewinn und Verlust

30 Die §§ 120 ff. HGB regeln das wichtigste Vermögensrecht des OHG-Gesellschafters, das Recht zur Gewinnbeteiligung. Dabei sind zunächst zwei Schritte voneinander zu trennen: In einem ersten Schritt gilt es, den Gewinn oder Verlust der OHG zu ermitteln, um dann in einem zweiten Schritt die Verteilung auf die Gesellschafter festzulegen.

31 **Fall 8:** Nach der von den Gesellschaftern der Turbolina-OHG für das Geschäftsjahr 2013 festgestellten Bilanz ergab sich kein Überschuss der Aktiva über die Passiva. Nach der gleichfalls festgestellten Bilanz 2014 beträgt dieser Überschuss 100.000 EUR. *Eggers* ist der Ansicht, damit sei ein verteilungsfähiger Gewinn von 100.000 EUR entstanden. Die anderen Gesellschafter wenden ein, dass in den Vorjahren Verluste eingetreten seien, die das Eigenkapital aufgezehrt hätten. Von einem Gewinn könne erst gesprochen werden, wenn der Stand des ursprünglich eingebrachten Kapitals wieder erreicht sei.

32 Nach § 120 I HGB wird der Gewinn oder der Verlust des Jahres am Schlusse jedes Geschäftsjahres aufgrund der Bilanz ermittelt und für jeden Gesellschafter sein Anteil daran berechnet. Grundlage der Gewinnermittlung ist also zunächst die Bilanz. Die Bilanz ist nach § 242 I 1 HGB ein aufgrund der Buchführung (§ 238 HGB) erstellter Rechnungsabschluss, der nach den Gesetzesworten das Verhältnis des Vermögens und der Schulden darstellt.[56] Ein genaues Bilanzschema schreibt § 266 HGB zwar nur für mittelgroße und große Kapitalgesellschaften vor, die dort vorgesehene kontoförmige Aufteilung in eine Aktivseite (links) und eine Passivseite (rechts) wird aber auch auf die Personenhandelsgesellschaften übertragen.[57] Dabei beziehen sich beide Bilanzseiten auf dieselben Vermögenswerte, stellen diese aber aus einem unterschiedlichen Blickwinkel dar: Die Passivseite zeigt die Mittelherkunft, also etwa ob das Vermögen aus Einlagen der Gesellschafter und den damit

---

[55] BGHZ 38, 306, 309 f. = NJW 1963, 646; BGHZ 89, 162, 171 = NJW 1984, 1351; zust. Baumbach/Hopt/*Roth,* § 113 Rn. 3; Röhricht/v. Westphalen/*Haas,* § 113 Rn. 4a; Staub/*C. Schäfer,* § 113 Rn. 20 m. w. Nachw. auch zur älteren Gegenauffassung.

[56] Zur Buchführung vgl. *Fink/Woring,* JuS 2001, 1067 ff.

[57] *Wiedemann,* GesR II, § 8 II 4b.

erwirtschafteten Gewinnen (Eigenkapital) oder aus einer Kreditaufnahme (Fremdkapital) stammt.[58]

Hinweis:

Dieser Nachweis über die Mittelherkunft geht also über die in § 242 I 1 HGB geforderte Darstellung der „Schulden" noch hinaus, was gerade den Anfänger regelmäßig verwirrt. Als nicht minder irritierend mutet es an, wenn dieser Nachweis über die Mittelherkunft nach eingeschliffenem Begriffsverständnis als Nachweis über das „Kapital" bezeichnet wird.[59] 33

Die Aktivseite gibt dagegen Auskunft über die Mittelverwendung, wobei zwischen 34 Anlage- und Umlaufvermögen unterschieden wird.[60] Dabei zählen zum Anlagevermögen die Vermögensgegenstände, die dem Betrieb für eine längere Dauer zu dienen bestimmt sind (z. B. das Unternehmensgrundstück oder Produktionsmaschinen), wohingegen das Umlaufvermögen solche Wirtschaftsgüter umschreibt, die innerhalb kürzerer Zeitspannen umgeformt oder umgesetzt werden sollen (z. B. Roh-, Hilfs- und Betriebsstoffe o. ä.).

Der Zweck einer solchen Gegenüberstellung liegt zunächst in einer Bemessungs- 35 funktion: Auf der Grundlage der Bilanz werden die Gewinnansprüche der Gesellschafter und die Steuerverbindlichkeiten gegenüber dem Staat berechnet. Darüber hinaus hat die Bilanz auch eine Informationsfunktion, da sie den Marktteilnehmern in verlässlicher und aussagekräftiger Weise Aufschluss über die wirtschaftliche Situation des Unternehmens gibt.[61] Im Rahmen des § 120 I HGB geht es um die erstgenannte Funktion. Allerdings lässt sich auch aus der Bilanz noch nicht der Gewinn der Gesellschaft entnehmen, sondern die darin enthaltene Gegenüberstellung der Aktiva und der unter den Passiva ausgewiesenen Verbindlichkeiten gibt lediglich Aufschluss über das Reinvermögen der OHG im Zeitpunkt des Rechnungsabschlusses.

Das Reinvermögen ist aber noch nicht der Jahresgewinn. Dieser ergibt sich viel- 36 mehr aus dem Betrag, um den das Reinvermögen im Laufe des Geschäftsjahres in diesem Zeitraum zugenommen hat. Entsprechend ist der Jahresverlust der Betrag, um den das Reinvermögen in diesem Zeitraum abgenommen hat.[62] Gewinn und Verlust ergeben sich also aus dem Vergleich der Vermögenslagen zu Beginn und am Ende des Geschäftsjahres. Ob in der Turbolina-OHG im Geschäftsjahr 2014 ein Gewinn erzielt worden ist, kann deshalb nicht allein aus der Schlussbilanz dieses Jahres ermittelt werden. Die Schlussbilanz auf den 31. Dezember 2014 muss vielmehr verglichen werden mit der Eröffnungsbilanz, die ihrerseits mit der Schlussbilanz des vorausgegangenen Geschäftsjahres, also auf den 31. Dezember 2013, identisch ist (Bilanzidentität). Diesen Bilanzvergleich meint das Gesetz, wenn

[58] Zur Aufteilung dieser beiden Positionen bei der Personengesellschaft vgl. MHdB GesR I/*Sangen-Emden*, § 62 Rn. 26 ff.; allgemein auch *Großfeld/Luttermann*, Bilanzrecht, 4. Aufl., 2005, Rn. 28 ff.

[59] Vgl. etwa Baumbach/Hopt/*Merkt*, § 242 Rn. 2.

[60] Vgl. zum Folgenden *Wöhe/Mock*, Die Handels- und Steuerbilanz, 6. Aufl., 2010, S. 15.

[61] Vgl. zu diesen Funktionen *Wiedemann*, GesR II, § 8 II 4a.

[62] Die Darstellung ist insofern etwas vereinfacht, als die Dotierung von Rücklagen bzw. die Entnahmen aus ihnen hier nicht berücksichtigt werden; vgl. dazu Baumbach/Hopt/*Roth*, § 120 Rn. 5; vgl. zu den Einzelheiten der Gewinnermittlung auch *Schulze-Osterloh*, FS K. Schmidt, 2009, S. 1447 ff.

es in § 120 I HGB sagt, dass Gewinn oder Verlust des Jahrs „aufgrund der Bilanz“ ermittelt werden.[63]

37 Vergleicht man die Bilanz der Turbolina-OHG auf den 31.12.2013 mit der auf den 31.12.2014, dann ergibt sich eine Zunahme des Gesellschaftsvermögens um 100.000 EUR. Die Gesellschafter streiten um die richtige Vergleichsgröße: *Eggers* will den 31.12.2013 heranziehen, während die anderen Gesellschafter auf die Eigenkapitalsituation abheben, die vor Eintritt der Verlustperiode bestand. Sie haben insofern Recht, als sich bei diesem Vergleich ein Gewinn dann nicht ergibt, wenn früher ein Eigenkapital in Höhe von 100.000 EUR vorhanden war. Nach § 120 I HGB sind jedoch Gewinn oder Verlust „des Jahres“, d. h. des jeweils abgelaufenen Geschäftsjahres zu ermitteln. Damit erweist sich die Auffassung des *Eggers* als richtig. Der von 2013 auf 2014 erzielte Überschuss ist verteilungspflichtiger Gewinn, obwohl in den Vorjahren das Eigenkapital der OHG verlorengegangen ist. Wie sich aus § 109 HGB ergibt, kann der Gesellschaftsvertrag zwar eine andere Regelung treffen, doch ist von dieser Möglichkeit nach dem Sachverhalt kein Gebrauch gemacht worden. Zur abweichenden Rechtslage gegenüber den Kapitalgesellschaften, AG und GmbH, vgl. noch § 32 Rn. 24 ff.

38 Die Feststellung von Gewinn oder Verlust durch Bilanzvergleich nach § 120 I HGB darf schließlich nicht mit einer Gewinn- und Verlustrechnung (GuV) im technischen Sinne verwechselt werden.[64] Auch eine solche Rechnung hat die OHG nach § 242 II HGB zu erstellen, doch hat sie eine andere Funktion: Es handelt sich um eine Zusammenstellung der Aufwendungen und der Erträge und gibt darüber Auskunft, wie das Betriebsergebnis entstanden ist. Es macht einen offensichtlichen Unterschied aus, ob ein Gewinn von 100.000 EUR mit Aufwendungen von beispielsweise 500.000 EUR oder von 5 Mio. EUR erwirtschaftet worden ist. Während die Bilanz die Vermögenslage des Unternehmens ausweist, zeigt die Gewinn- und Verlustrechnung demnach die Ertragslage (vgl. auch die Unterscheidung in § 264 II HGB).

39 **Fall 9:** Die geschäftsführenden Gesellschafter der Turbolina-OHG haben für 2014 eine Bilanz aufgestellt, der *Eggers* nicht zustimmen will, weil nach seiner Ansicht Gegenstände des Anlagevermögens der OHG unterbewertet worden sind. Was ist zu tun?

40 Die erhebliche Bedeutung der Bilanz ergibt sich schon aus dem zu § 120 I HGB Ausgeführten. Zu unterscheiden ist zwischen ihrer Aufstellung und ihrer Feststellung. Die Bilanzaufstellung ist eine Geschäftsführungsmaßnahme und obliegt deshalb den geschäftsführenden Gesellschaftern. Sie ist erfolgt, wenn diese einen unterschriftsreifen Entwurf hergestellt haben. Die Bilanzfeststellung hat dagegen Vertragscharakter. Festgestellt ist die Bilanz (vorbehaltlich anderslautender Regelungen im Gesellschaftsvertrag) deshalb erst mit der Zustimmungserklärung sämtlicher Gesellschafter im Wege des Beschlusses.[65] Verweigert *Eggers* die Zustimmung zu der aufgestellten Bilanz, so können die anderen Gesellschafter gegen ihn auf Zustim-

---

[63] Vgl. statt aller Baumbach/Hopt/*Roth,* § 120 Rn. 7; *Großfeld/Luttermann,* Bilanzrecht, 4. Aufl., 2005, Rn. 32 f.

[64] Vgl. zur Gewinn- und Verlustrechnung *Großfeld/Luttermann,* Bilanzrecht, 4. Aufl., 2005, Rn. 1020 ff.; *Wöhe/Mock,* Handels- und Steuerbilanz, 6. Aufl., 2010, S. 152 ff.

[65] Vgl. zu diesen Grundsätzen BGHZ 76, 338, 342 = NJW 1980, 1524; BGHZ 80, 357 f. = NJW 1981, 2563; *Großfeld/Luttermann,* Bilanzrecht, 4. Aufl., 2005, Rn. 217 ff.; *C. Schäfer,* § 8 Rn. 7; zu der davon streng abzugrenzenden öffentlich-rechtlichen Pflicht zur Unterzeichnung des Jahresabschlusses durch alle voll haftenden Gesellschafter nach § 245 S. 2 HGB s. Ebenroth/Boujong/Joost/Strohn/*Ehricke,* § 120 Rn. 53; *Großfeld/Luttermann* (a. a. O.), Rn. 221 f.

mung klagen.[66] Weil die Zustimmung Willenserklärung ist, wird sie gem. § 894 ZPO durch das der Klage entsprechende rechtskräftige Urteil ersetzt. Umgekehrt kann *Eggers* gegen die übrigen Gesellschafter auf Feststellung klagen, dass die aufgestellte Bilanz unrichtig ist. Eine Aufstellung der Bilanz durch das Gericht ist jedoch – selbstverständlich – nicht möglich.[67] Ob die Klage der einen oder der anderen Seite Erfolg hat, hängt davon ab, ob die Bewertung der in Frage stehenden Vermögensgegenstände tatsächlich zu niedrig ausgefallen ist.

Die von *Eggers* behauptete Unterbewertung bewirkt, wenn sie vorliegt, eine Min- 41
derung des zur Verteilung kommenden Gewinns, weil für dessen Ermittlung nach § 120 I HGB die Bilanz maßgeblich ist. Trotzdem werden derartige Unterbewertungen oftmals gezielt vorgenommen, um dadurch sog. stille Reserven aufzubauen, also Vermögenswerte, die nicht in der Bilanz erscheinen, es der Gesellschaft aber ermöglichen, auch für schlechte Zeiten Polster aufzubauen, um weiterhin Gewinne ausschütten zu können. Vom Bilanzrecht wird diese Zielsetzung gebilligt und eine Unterbewertung zugelassen, da sie zwar die Informationsfunktion der Bilanz beeinträchtigt, aber die Solidität des Unternehmens erhöht. Das Gesellschaftsrecht muss der Bildung stiller Reserven aber im Hinblick auf die Bemessungsfunktion Grenzen ziehen, da anderenfalls der Gewinnanspruch der Gesellschafter ausgehöhlt werden könnte. Deshalb werden sie nur dann zugelassen, wenn der Gesellschaftsvertrag die Unterbewertung zulässt oder wenn die Gesellschafter im konkreten Fall darüber einig sind.[68] Weil es daran hier fehlt, würde eine Unterbewertung zur Unrichtigkeit des Jahresabschlusses führen und die Klage *Eggers* hätte Erfolg.

2. Die Verteilung von Gewinn und Verlust

a) Der Begriff des Kapitalanteils

Ist danach die Gewinnhöhe ermittelt worden, so ist nach § 120 I HGB der Anteil 42
eines jeden Gesellschafters daran zu berechnen und sodann nach § 120 II HGB seinem Kapitalanteil zuzuschreiben. Die Berechnungsformel enthält (vorbehaltlich einer abweichenden vertraglichen Regelung, § 109 HGB) § 121 I HGB, wonach jedem Gesellschafter zunächst ein Anteil in Höhe von 4 % seines Kapitalanteils gebührt. Maßgeblich ist also der Begriff des Kapitalanteils, der im Gesetz allerdings nicht näher erläutert wird. Über seine Funktion besteht jedoch Einigkeit: Es handelt sich um eine reine Rechenziffer, die das Verhältnis der Beteiligung der verschiedenen Gesellschafter durch Zahlen ausdrückt.[69] Dieses Verhältnis ist von Bedeutung bei der Gewinnverteilung (§ 121 HGB), bei dem Entnahmerecht (§ 122 HGB) und bei der Feststellung des Auseinandersetzungsguthabens (§ 155 HGB). Das Verhältnis der Kapitalanteile zueinander ist also der Schlüssel, nach dem die in der OHG erwirtschafteten Vermögenswerte unter die Gesellschafter zu verteilen sind. Darüber hinaus können auch weitere Rechte, etwa die Gewichtung des Stimmrechts, vom Kapitalanteil abhängig gemacht werden.[70] Über die konkrete Höhe des Gesellschaftsvermögens oder des Wertes der einzelnen Beteiligung gibt der Kapitalanteil

---

[66] Vgl. dazu etwa *BGH* NJW 1999, 571, 572; *OLG München* NZG 2001, 959 f.; Koller/*Kindler*/Roth/Morck, § 120 Rn. 5; MüKoBGB/*C. Schäfer,* § 721 Rn. 4, 7.

[67] BGHZ 26, 25, 28 = NJW 1958, 57.

[68] Vgl. dazu auch *C. Schäfer,* § 8 Rn. 7.

[69] Vgl. RGZ 117, 238, 242; Baumbach/Hopt/*Roth,* § 120 Rn. 12 f.; Ebenroth/Boujong/Joost/Strohn/*Ehricke,* § 120 Rn. 58; ausführlich *U. Huber,* Vermögensanteil, Kapitalanteil und Gesellschaftsanteil, 1970, S. 173 ff., bes. S. 228 ff.

[70] Baumbach/Hopt/*Roth,* § 120 Rn. 12; Ebenroth/Boujong/Joost/Strohn/*Ehricke,* § 120 Rn. 57.

hingegen keinen Aufschluss. Wenn etwa jeder Gesellschafter ausweislich des Gesellschaftsvertrags einen Kapitalanteil von 25.000 EUR haben soll, dann bedeutet das nicht, dass ihre Beteiligung so viel wert ist; mit dieser einzelnen Ziffer ist nichts anzufangen. Es kann daraus nur geschlossen werden, dass sie an dem Gesellschaftsvermögen gleichmäßig beteiligt sind. Ist also das Vermögen der OHG 300.000 EUR wert und sind drei Gesellschafter vorhanden, dann ist die Beteiligung jedes von ihnen mit 100.000 EUR zu bewerten, obwohl sich der Kapitalanteil auf 25.000 EUR beläuft.

43 **Fall 10:** Der Gesellschafter *Schäuble* bringt in die Turbolina-OHG als Beitrag eine hochwertige Computeranlage und spezielle Software ein. Der Wert dieser Gegenstände kann nur grob geschätzt werden. Können die Gesellschafter im Vertrag vorsehen, dass ihm dafür ein Kapitalanteil in Höhe von 25.000 EUR eingeräumt wird?

44 Ist damit die Funktion des Kapitalanteils geklärt, so bleibt zu untersuchen, in welcher Höhe er im Gesellschaftsvertrag zu veranschlagen ist. Auch dazu enthält das Gesetz keine Aussage, geht aber stillschweigend davon aus, dass der Kapitalanteil sich nach dem Wert der urspünglichen Einlage bemisst. Durch die Zuschreibung weiterer Gewinnanteile oder den Abzug von Verlustbeteiligungen nach § 121 HGB soll sich dieser Wert verändern können. Der Kapitalanteil ist nach dem gesetzlichen Modell also variabel. In der Praxis macht man aber auch insofern von der durch § 109 HGB eröffneten Gestaltungsfreiheit Gebrauch und legt stattdessen feste Kapitalanteile im Gesellschaftsvertrag fest, die der weiteren Vermögensentwicklung der Gesellschaft nicht folgen.[71] Dabei folgt aus der Funktion des Kapitalanteils als reiner Verteilungsschlüssel, dass er den Verkehrswert der Beteiligung nicht anzugeben braucht und regelmäßig auch nicht angibt. Nur relativ, d. h. im Verhältnis der Gesellschafter zueinander, soll der Kapitalanteil den Beteiligungswert richtig zum Ausdruck bringen. Daher ist es auch unbedenklich, wenn die Leistung des *Schäuble* von den Gesellschaftern möglicherweise nicht exakt taxiert wird. Die Festlegung des Kapitalanteils ist also nicht zu beanstanden.

b) Die Gewinn- und Verlustverteilung

45 **Fall 11:** Die Turbolina-OHG hat in dem Geschäftsjahr einen Gewinn von 50.000 EUR erzielt. Der Kapitalanteil des *Eggers* beläuft sich auf 10.000 EUR, der der Gesellschafter *Brand* und *Reschke* jeweils auf 15.000 EUR und der des *Schäuble* auf 20.000 EUR. Wie ist der Gewinn auf die Gesellschafter zu verteilen?

46 Für die Verteilung von Gewinn und Verlust ist § 121 HGB maßgeblich. Von dem erzielten Gewinn ist vorab eine Kapitaldividende von 4 % auszuschütten (§ 121 I HGB). Ein darüber hinausgehender Gewinn ist ebenso wie ein Verlust nach Köpfen zu verteilen (§ 121 III HGB). Danach beträgt die Kapitaldividende des *Eggers* 400 EUR, die von *Brand* und *Reschke* 600 EUR und die des *Schäuble* 800 EUR. Die Summe der Kapitaldividenden von 2.400 EUR ist von dem Gewinn abzuziehen. Die Differenz von 47.600 EUR wird auf vier Köpfe verteilt, so dass jeder Gesellschafter über seine Kapitaldividende hinaus 11.900 EUR erhält.

47 Nach § 121 HGB ist also ein doppelter Verteilungsschlüssel maßgeblich. § 121 I HGB sieht die Verzinsung des eingesetzten Kapitals vor. Dagegen bringt § 121 III HGB den personenbezogenen Charakter der OHG zum Ausdruck: Die Mitwirkung jedes Gesellschafters ist der des anderen gleichwertig. § 121 HGB ist jedoch dispositiv; ein Gesellschaftsvertrag, der die Frage der Gewinnverteilung nicht regelt, ist

---

[71] Zu den Gründen dieser Abweichung vom gesetzlichen Modell vgl. etwa *C. Schäfer,* § 8 Rn. 3 f.

kaum vorstellbar. Dabei können die jeweils unterschiedlichen Verhältnisse in der OHG (hoher oder niedriger Kapitaleinsatz, unterschiedliche Arbeitsleistung der Gesellschafter, unterschiedliche Verteilung des Haftungsrisikos im Innenverhältnis) berücksichtigt werden.

3. Das Entnahmerecht

Fall 12: Der geschäftsführende Gesellschafter *Schäuble* weigert sich, dem *Eggers* den auf ihn entfallenden Gewinnanteil auszuzahlen, weil das Geld zur Abdeckung eines im laufenden Geschäftsjahr zu erwartenden Verlustes benötigt werde. 48

Der dem einzelnen Gesellschafter nach § 121 HGB zukommende Gewinn wird nicht an ihn ausbezahlt, sondern wird nach § 120 II HGB seinem Kapitalanteil zugeschrieben. Der Gewinnanteil verbleibt also zunächst im Vermögen der OHG. Die Gesellschafter sind jedoch nach § 122 HGB berechtigt, Geld aus der Gesellschaftskasse zu entnehmen. 49

Für den Umfang des Entnahmerechts ist wieder zwischen der Kapitaldividende und dem sonstigen Gewinnanteil zu unterscheiden. Nach § 122 I HGB steht jedem Gesellschafter zunächst eine gewinnunabhängige Kapitaldividende in Höhe von 4 % seines Kapitalanteils zu. Dieses gewinnunabhängige Recht soll dem Umstand Rechnung tragen, dass die Gesellschafter einer OHG häufig ihre gesamte Arbeitskraft für die Gesellschaft aufwenden und daher die Möglichkeit haben müssen, ihren Mindestunterhalt auch unabhängig von deren aktueller Wirtschaftssituation zu sichern.[72] Die Kapitaldividende kann *Eggers* entnehmen, ohne dass ihm irgendwelche Einwendungen entgegengesetzt werden könnten. Dem Anspruch auf die Entnahme des weiteren Gewinnanteils kann die OHG dagegen mit der Einrede begegnen, dass ihr die Entziehung der Mittel zum „offenbaren Schaden" gereichen würde. Dass im laufenden Geschäftsjahr Verlust droht, reicht jedoch nicht aus, um das Recht auf Entnahme des im abgelaufenen Jahr erzielten Gewinns zu beschneiden. Die zum Betrieb erforderlichen Mittel müssen notfalls durch Kreditaufnahme beschafft werden. Ein offenbarer Schaden droht der OHG erst, wenn der Bestand des Unternehmens gefährdet oder seine Weiterentwicklung wesentlich behindert würde.[73] Das könnte z. B. der Fall sein, wenn die benötigten Mittel durch Kreditaufnahme nicht oder jedenfalls nicht unter wirtschaftlich vernünftigen Bedingungen beschafft werden können. Nur weil im laufenden Jahr Verluste drohen, braucht *Eggers* also auf die Gewinnentnahme nicht zu verzichten. Auch das Entnahmerecht kann der Gesellschaftsvertrag abweichend von § 122 I HGB ausgestalten (§ 109 HGB). 50

V. Der Ersatz von Aufwendungen

Fall 13: *Schäuble* hat die Grundsteuer für das Unternehmensgrundstück der Turbolina-OHG versehentlich von seinem privaten Girokonto überwiesen. Kann er von der OHG Erstattung des Betrags verlangen? 51

Schäuble könnte einen Ersatzanspruch gegen die OHG aus § 110 I, 1. Fall HGB haben. Ähnlich wie § 670 i. V. m. § 713 BGB dem geschäftsführenden Gesellschafter einer Gesellschaft bürgerlichen Rechts (§ 6 Rn. 25 f.) gewährt § 110 I HGB jedem Gesellschafter einen Anspruch auf Erstattung seiner Aufwendungen. Aufwendungen sind freiwillige Vermögensopfer. An dieser Freiwilligkeit könnte man hier zweifeln, da schließlich auch *Schäuble* selbst nach § 128 S. 1 HGB für die Begleichung der Steuerschuld einzustehen hatte. Die ganz herrschende Meinung wendet § 110 HGB 52

[72] Vgl. dazu etwa Ebenroth/Boujong/Joost/Strohn/*Ehricke*, § 122 Rn. 1.
[73] Ebenroth/Boujong/Joost/Strohn/*Ehricke*, § 120 Rn. 41.

aber dennoch an, da für die Freiwilligkeit nicht das Verhältnis des Gesellschafters zum Gläubiger maßgeblich ist, sondern sein Verhältnis zur Gesellschaft. In diesem Verhältnis besteht aber keine Pflicht, eine solche Schuld zu begleichen, so dass eine Aufwendung anzunehmen ist.[74] Auch im Fall 13 war im Innenverhältnis die Grundsteuer aus dem Gesellschaftsvermögen, nicht aus dem Privatvermögen des *Schäuble* zu begleichen. *Schäuble* kann also von der OHG Erstattung des aufgewandten Betrags verlangen. Außerdem stehen ihm nach § 110 II i. V. m. § 352 II HGB vom Zeitpunkt der Aufwendung an 5 % Zinsen zu.

53 **Fall 14:** *Eggers* wird bei der Inspektion einer defekten Maschine verletzt und muss 1.000 EUR für die Heilbehandlung aufwenden. Hat er gegen die Turbolina-OHG einen Ersatzanspruch? Steht ihm ein Schmerzensgeld zu?

54 Während §§ 670, 713 BGB nur Aufwendungsersatz gewähren, gibt § 110 I, 2. Fall HGB auch einen Ersatzanspruch wegen der Verluste, die ein Gesellschafter unmittelbar durch seine Geschäftsführung oder aus den untrennbar mit ihr verbundenen Gefahren erleidet.[75] Verluste i. S. d. § 110 I HGB können Vermögensschäden jeder Art sein. Nur solche Verluste sind jedoch nach § 110 I HGB auszugleichen, die unmittelbar durch die Geschäftsführung oder aus den mit ihr untrennbar verbundenen Gefahren entstehen. Das Gesetz will damit die erstattungspflichtigen Vermögensnachteile eingrenzen. Adäquate Kausalität zwischen Geschäftsführung und Verlust ist erforderlich, aber nicht ausreichend. Es muss darüber hinaus ein enger innerer Zusammenhang zwischen der Geschäftsführung und dem eingetretenen Verlust bestehen.[76] Diese Voraussetzung ist bei *Eggers,* der bei der Vornahme der Geschäftsführungshandlung selbst verletzt wird, erfüllt. *Eggers* hat also gegen die OHG einen Ersatzanspruch wegen der ihm erwachsenen Heilungskosten nach § 110 I, 2. Fall HGB. Immaterielle Schäden werden von dem Verlustbegriff des § 110 I HGB jedoch nicht erfasst, so dass ein Schmerzensgeldanspruch nicht geltend gemacht werden kann.[77]

VI. Zusammenfassung

55 Die wesentlichen Rechte und Pflichten, die sich aus der Mitgliedschaft ergeben, beziehen sich auf die Mitwirkung bei Gesellschafterbeschlüssen, auf den Wettbewerb eines Gesellschafters, auf die Beteiligung am Gesellschaftsvermögen sowie an Gewinn und Verlust, schließlich auf den Ersatz von Aufwendungen. Der Gesellschafterbeschluss ist ein mehrseitiges Rechtsgeschäft nichtvertraglicher Art, das durch die in der Stimmabgabe liegenden Willenserklärungen der Gesellschafter zustande kommt. Das Stimmrecht kann von der Mitgliedschaft nicht abgespalten werden. Der Gesellschafter kann sich jedoch im Stimmbindungsvertrag zu einer bestimmten Ausübung seines Rechts verpflichten. Beschlüsse werden nach § 119 I HGB einstimmig gefasst. Der Gesellschaftsvertrag kann jedoch das Mehrheitsprinzip einführen. Für diesen Fall gibt § 119 II HGB eine Auslegungsregel; nach dem Vertrag kann die Mehrheit auch anders als nach Köpfen zu berechnen sein, besonders nach Kapitalanteilen. Der Beschluss kann auch den Gesellschaftsvertrag ändern. Er ist dann jedoch nur der Form nach Beschluss, der Sache nach Änderungsvertrag.

---

[74] Vgl. dazu etwa BGHZ 37, 299, 302 f. = NJW 1962, 1863; Ebenroth/Boujong/Joost/Strohn/*Goette,* § 110 Rn. 10, 12; Staub/*C. Schäfer,* § 110 Rn. 12; *Faust,* FS K. Schmidt, 2009, S. 357, 359.

[75] Der erweiterte Aufwendungsbegriff, der sich inzwischen zu § 670 BGB durchgesetzt hat, leistet allerdings weitgehend dasselbe; vgl. dazu etwa Erman/*K. P. Berger,* § 670 Rn. 7 ff.

[76] Staub/*C. Schäfer,* § 110 Rn. 22 ff.

[77] Baumbach/Hopt/*Roth,* § 110 Rn. 11.

Auch hier sind Mehrheitsentscheidungen möglich, doch muss die Auslegung des Vertrags zuverlässig ergeben, welche Punkte einer Änderung durch Mehrheitswillen zugänglich sein sollen. Minderheitsgesellschafter erhalten einen ergänzenden Schutz noch in der Weise, dass ihnen ein Kernbereich von unentziehbaren Rechten verbleiben muss, der ohne ihre Zustimmung nicht zur beliebigen Disposition der Mehrheit stehen darf.

Nach § 112 HGB ist dem Gesellschafter der Wettbewerb verboten. Das daraus 56
resultierende Spannungsverhältnis zu § 1 GWB ist durch eine Güter- und Interessenabwägung aufzulösen, bei der es vor allem darauf ankommt, ob die OHG dem gesetzlichen Leitbild einer Arbeits- und Haftungsgemeinschaft entspricht oder nicht. Das Wettbewerbsverbot erfasst nur Geschäfte in dem Bereich, in dem die OHG nach ihrem vertraglichen Unternehmensgegenstand tätig ist, gilt aber in diesem beschränkten Rahmen für jede geschäftliche Tätigkeit, nicht nur für eigene Abschlüsse, sondern auch für die Vermittlung, nicht nur für Handeln im eigenen, sondern auch im fremden Namen. Wird gegen das Wettbewerbsverbot verstoßen, dann kommen nach § 113 HGB ein Schadensersatzanspruch der OHG und wahlweise ein Eintrittsrecht in Betracht, das es der Gesellschaft erlaubt, den von dem Gesellschafter erzielten Gewinn an sich zu ziehen.

Die Beteiligung des Gesellschafters am Vermögen der OHG wird ausschließlich 57
durch die Mitgliedschaft vermittelt. Der Kapitalanteil des Gesellschafters ist deshalb kein selbstständiges Recht, sondern eine Rechnungsziffer, die den Wert der jeweiligen Beteiligung des Gesellschafters am Gesellschaftsvermögen ausdrückt. Er ist für die Gewinnverteilung (§ 121 HGB), für das Entnahmerecht (§ 122 HGB) und für die Feststellung des Auseinandersetzungsguthabens (§ 155 HGB) von Bedeutung. Gewinn oder Verlust der OHG werden nach § 120 I HGB ermittelt, indem die Schlussbilanz für das abgelaufene Geschäftsjahr mit der Eröffnungsbilanz verglichen wird. Zwischen der Aufstellung und der Feststellung der Bilanz ist zu unterscheiden. Die Aufstellung der Bilanz ist Geschäftsführungsmaßnahme und mit der Herstellung eines unterschriftsreifen Entwurfs abgeschlossen. Die Feststellung der Bilanz erfolgt durch Vertragsschluss sämtlicher Gesellschafter. Der auf den einzelnen Gesellschafter entfallende Gewinn wird nach der dispositiven Vorschrift des § 120 II HGB seinem Kapitalanteil zugeschrieben. Von dem Jahresgewinn steht jedem Gesellschafter nach § 121 I HGB zunächst ein Anteil in Höhe von 4 % seines Kapitalanteils zu. Der übersteigende Gewinn wird nach Köpfen verteilt (§ 121 III HGB). Nach § 122 HGB ist der Gesellschafter berechtigt, Entnahmen bis zur Höhe seines Gewinnanteils vorzunehmen.

Nach § 110 I, 1. Fall HGB kann jeder Gesellschafter von der OHG Ersatz seiner 58
Aufwendungen verlangen; das gilt besonders, wenn ein Gesellschafter Schulden der OHG aus seinem Privatvermögen bezahlt hat. Den geschäftsführenden Gesellschaftern steht darüber hinaus Ersatz für die Vermögensverluste zu, die ihnen aus der Geschäftsführung erwachsen, sofern zwischen dem Verlust und der Geschäftsführung ein über adäquate Kausalität hinausgehender sachlicher Zusammenhang besteht (§ 110 I, 2. Fall HGB).

§ 15. Die Rechtsstellung der OHG gegenüber Dritten

Literatur: Vgl. die Angaben zu § 3; ferner *U. Huber,* Die Parteifähigkeit der Personalgesellschaft des Handelsrechts und ihr Wegfall während des Prozesses, ZZP 82 (1969), 224; *Ober-*

hammer, Die OHG im Zivilprozess, 1998; *Wertenbruch,* Die Haftung von Gesellschaften und Gesellschaftsanteilen in der Zwangsvollstreckung, 2000.

I. Der Erwerb von Rechten durch die OHG

1 Ebenso wie bei der Gesellschaft bürgerlichen Rechts stellt sich auch bei der OHG stets die Frage, wem die Rechte und Pflichten des Verbundes zuzurechnen sind. In Betracht kommt der Verbund selbst als organisierte Wirkungseinheit oder die Gesamtheit seiner Mitglieder, der Gesellschafter. Aufgrund der ursprünglichen historischen Konzeption der BGB-Gesellschaft als besonderes Schuldverhältnis fiel die Antwort auf diese Frage dort schwer (§ 3 Rn. 3 ff.). Bei der OHG wird sie hingegen durch die Vorschrift des § 124 HGB erleichtert, wonach die OHG unter ihrer Firma Rechte erwerben und Verbindlichkeiten eingehen, Eigentum und andere dingliche Rechte an Grundstücken erwerben, vor Gericht klagen und verklagt werden kann. Dass diese grundlegende Vorschrift nicht zu Beginn, sondern in der Mitte des OHG-Rechts verortet wurde, erklärt sich daraus, dass das OHG-Recht (wie schon bei Geschäftsführung und Vertretung gesehen) wesentlich schärfer als das Recht der BGB-Gesellschaft zwischen dem Innenverhältnis und dem Außenverhältnis unterscheidet. Während die zuvor besprochenen Rechte und Pflichten aus der Mitgliedschaft das Innenverhältnis betrafen, steht bei der Rechtsstellung der OHG gegenüber Dritten das Außenverhältnis in Frage.

2 **Fall 1:** *Büchler* und *Sauset* gründen das Tierfachgeschäft „Rock-a-dog“ in der Rechtsform einer OHG. Da das Geschäft gut läuft und deshalb ausgedehnt werden soll, erwirbt der zur Vertretung ermächtigte *Büchler* für die OHG ein weiteres Grundstück. Wer wird als Eigentümer in das Grundbuch eingetragen?

3 § 124 I HGB bestimmt, dass die OHG unter ihrer Firma Rechte erwerben und Verbindlichkeiten eingehen kann. Damit bestätigt die Vorschrift, dass die Personengesellschaft zwar nicht juristische Person, aber als Wirkungseinheit ihrer Mitglieder rechtsfähig ist (vgl. dazu bereits § 3 Rn. 3 ff.). Weil das Gesetz Grundstücksrechte ausdrücklich nennt, tritt die OHG auch insoweit nach außen als selbstständige Wirkungseinheit auf; sie ist also grundbuchfähig. Eigentümer sind deshalb nicht die Gesellschafter der Rock-a-dog-OHG, sondern die Gesellschaft selbst ist als Berechtigte in das Grundbuch einzutragen.[1] Entsprechend ist die Berechtigung an den übrigen Gegenständen des Gesellschaftsvermögens zugeordnet. Sie gehören der OHG, nicht den Gesellschaftern, und zwar weder als Einzelnen noch als Teilhabern einer bloßen Vermögensgemeinschaft. Schließlich sind auf dieser Basis auch die besitzrechtlichen Probleme zu lösen. Die Gesellschaft selbst ist Besitzerin, z. B. des Grundstücks; der Organbesitz ist ihr als eigener Besitz zuzurechnen (§ 3 Rn. 19 ff.).

4 § 124 I HGB ordnet die erworbenen Rechte der Gesellschaft zu, ist aber nicht selbst ein Erwerbstatbestand. Für den Erwerb von Rechten gelten vielmehr wie bei der Gesellschaft bürgerlichen Rechts die allgemeinen Grundsätze, d. h. es ist ein Erwerbstatbestand in Form eines gültigen Rechtsgeschäfts erforderlich (§§ 398, 873/925, 929 ff. BGB), bei dessen Vornahme die OHG, weil sie nur durch ihre Organe handeln kann, ordnungsgemäß vertreten sein muss. In der Klausur erfolgt der Einstieg also – was immer wieder übersehen wird – über § 164 I BGB; bei der Prüfung der Vertretungsmacht ist sodann auf die Regeln organschaftlicher Vertretung überzublenden.

---

[1] § 15 Abs. 1 lit. b der Grundbuchverfügung (GBV) ordnet deshalb auch ausdrücklich die Eintragung der Gesellschaft mit Firma und Sitz an.

II. Die Begründung von Verbindlichkeiten der OHG

1. Erfüllungspflichten

Fall 2: Die einsame Rentnerin *Vogt* hat bei der Rock-a-dog-OHG einen Yorkshireterrier erworben. Gegen wen richtet sich ihr Erfüllungsanspruch aus § 433 I 1 BGB? 5

Nach § 124 I HGB kann die OHG unter ihrer Firma nicht nur Rechte erwerben, sondern auch Verbindlichkeiten eingehen. Die Verselbstständigung der OHG wird also auch anerkannt, soweit es um ihre Pflichten geht. Verpflichtungstatbestand ist hier der Abschluss des Kaufvertrags. Als Zurechnungsnorm bei der Begründung von vertraglichen Erfüllungspflichten kommt § 164 BGB in Betracht. Seine Voraussetzungen sind erfüllt, wenn ein zur Vertretung ermächtigter Gesellschafter (§§ 125 ff. HGB) oder ein durch Rechtsgeschäft Bevollmächtigter (§§ 48 ff., 54 HGB, § 167 BGB) den Vertrag im Namen der OHG geschlossen hat. Unter dieser Voraussetzung richtet sich der Erfüllungsanspruch der *Vogt* aus § 433 I 1 BGB gegen die OHG. 6

2. Vertragliche oder deliktische Schadensersatzpflichten

Fall 3: Als *Vogt* sich während des Verkaufsgesprächs nach dem Gesundheitszustand des Tieres erkundigt, erklärt der Gesellschafter *Büchler,* der als Verkaufsleiter für die OHG tätig und zur Vertretung ermächtigt ist, der Hund sei kerngesund. Tatsächlich weiß er aber, dass das Tier an einem Hüftschaden leidet. *Vogt* muss daher bei dem Tier schon bald eine kostspielige Hüftoperation vornehmen lassen und verlangt die Kosten von der OHG ersetzt. Zu Recht? 7

Der *Vogt* könnte hier zunächst ein vertraglicher Schadensersatzanspruch aus §§ 280 I, 437 Nr. 3, 434, 90a S. 3 BGB zustehen. Die OHG ist Verkäuferin, da der Vertrag nach § 164 I BGB i. V. m. § 125 HGB in ihrem Namen geschlossen worden ist. An der Mangelhaftigkeit des Kaufgegenstandes bestehen keine Zweifel.[2] Ein Schadensersatzanspruch setzt nach § 280 I BGB aber weiterhin voraus, dass der Verkäufer den Mangel zu vertreten hat. Das wäre nur dann der Fall, wenn sich die OHG das Verschulden des *Büchler* zurechnen lassen müsste. Bei der OHG ist im vertraglichen Bereich wie bei der BGB-Gesellschaft umstritten, ob § 278 BGB oder § 31 BGB analog die richtige Zurechnungsnorm ist (§ 7 Rn. 5). Hält man mit der hier vertretenen Auffassung § 278 BGB von seiner Rechtsfolge her für nicht einschlägig, erfolgt die Zurechnung über § 31 BGB analog.[3] Die OHG stellt, wie § 124 HGB zeigt, die rechtsfähige Wirkungseinheit ihrer Mitglieder dar und wird als solche von den geschäftsführenden Gesellschaftern ebenso repräsentiert wie der Verein von seinem Vorstand. 8

Daneben kann der *Vogt* ein weiterer Schadensersatzanspruch aus § 823 II BGB i. V. m. § 263 StGB zustehen. *Büchler* hat die *Vogt* vorsätzlich über einen Mangel des Kaufgegenstandes getäuscht.[4] Der Betrugstatbetand ist hier erfüllt, doch bedarf es auch insofern eines Zurechnungstatbestandes. Bei deliktischen Handlungen scheidet § 278 BGB von vornherein aus, so dass die Zurechnung hier nach allgemeiner Auffassung über § 31 BGB analog zu erfolgen hat (s. bereits oben § 7 Rn. 8). Die OHG ist der *Vogt* also aus § 280 I BGB und § 823 II BGB i. V. m. § 263 StGB, jeweils i. V. m. § 31 BGB analog, zum Schadensersatz verpflichtet. 9

---

[2] Allgemein zur kaufrechtlichen Behandlung von Tiermängeln vgl. *Eichelberger/Zentner,* JuS 2009, 201 ff.; *H. P. Westermann,* ZGS 2005, 342 ff.

[3] Vgl. oben § 7 Rn. 5 m. w. Nachw.; speziell für die OHG statt aller Baumbach/Hopt/*Roth,* § 124 Rn. 25; s. dazu auch *Steinbeck,* JuS 2012, 105, 111.

[4] Zur strafrechtlichen Würdigung in diesen Fällen vgl. statt aller *Fischer,* StGB, 63. Aufl., 2016, § 263 Rn. 7 f., 120.

III. Prozessuale Fragen

10 **Fall 4:** Der Rock-a-dog-OHG ist mittlerweile der weitere Gesellschafter *Schulz* beigetreten. Im Hinblick auf den prestigeschädigenden Verkauf eines kranken Hundes an *Vogt* tritt er mit der Überlegung an *Sauset* heran, ob eine Klage der OHG auf Ausschluss des Mitgesellschafters *Büchler* erfolgreich sein könnte. Wie ist die Rechtslage?

11 Nach § 124 I HGB kann die OHG zwar unter ihrer Firma klagen und verklagt werden. Sie ist also parteifähig. Mit der Feststellung der generellen Parteifähigkeit ist aber noch nicht die Frage beantwortet, ob die Rock-a-dog-OHG auch in dieser konkreten prozessualen Konstellation für die mit der Klage verfolgte Ausschließung ihres Gesellschafters die richtige Partei ist, ob ihr also das geltend gemachte Gestaltungsklagerecht (§ 140 I HGB) überhaupt zusteht. Das ist zu verneinen, weil die Ausschließung das Vertragsverhältnis der Gesellschafter untereinander betrifft, an dem die OHG nicht teilhat.[5] Die gleichwohl von der OHG erhobene Klage ist also trotz ihrer Parteifähigkeit abzuweisen. Zulässig und unter den weiteren Voraussetzungen des § 140 I HGB begründet wäre nur eine von allen übrigen Gesellschaftern gemeinsam erhobene Klage (s. dazu noch § 18 Rn. 12).[6]

12 **Fall 5:** *Vogt* klagt gegen die Rock-a-dog-OHG auf Zahlung von 600 EUR Schadensersatz wegen der Kosten für die Operation des Yorkshireterriers. Wird das Amtsgericht den *Büchler* als Zeugen oder als Partei vernehmen?

13 Ob *Büchler* im Prozess der OHG als Zeuge (§§ 373 ff. ZPO) oder als Partei (§§ 445 ff. ZPO) vernommen wird, hängt davon ab, wie weit die OHG auch prozessual gegenüber den in ihr zusammengeschlossenen Gesellschaftern verselbstständigt ist. Auf diese Frage enthält das Gesetz eine klare Antwort. Nach § 124 I HGB kann die OHG unter ihrer Firma selbst klagen und auch verklagt werden. Nach § 124 II HGB ist zur Zwangsvollstreckung in das Vermögen der OHG ein gegen sie gerichteter Titel erforderlich und umgekehrt kann nach § 129 IV HGB aus diesem Titel nicht gegen den einzelnen Gesellschafter vollstreckt werden. Aus diesen Anordnungen ergibt sich, dass die OHG parteifähig i. S. d. § 50 ZPO ist.[7]

14 Diese Parteifähigkeit des Verbundes hat allerdings nur Bedeutung für das Verhältnis zwischen dem Kläger und dem Beklagten. Ob die Gesellschafter im Prozess der OHG als Zeugen oder als Partei zu behandeln sind, richtet sich dagegen nicht nach der Parteifähigkeit der OHG, sondern nach dem Verhältnis der Gesellschafter zu ihrer OHG. Auch wenn diese selbst Prozesssubjekt ist, werden doch die Gesellschafter unmittelbar betroffen, weil sie die OHG bilden. Die heute ganz herrschende Meinung zieht daraus den Schluss, dass die vertretungsberechtigten Gesellschafter als Partei zu vernehmen sind, die übrigen Gesellschafter dagegen als Zeugen, soweit sie nicht mit der Gesellschaft verklagt werden.[8] Das Gericht wird also den zur

---

[5] Vgl. Baumbach/Hopt/*Roth,* § 124 Rn. 41; MüKoHGB/*K. Schmidt,* § 124 Rn. 23; Staub/*C. Schäfer,* § 109 Rn. 64.

[6] Hierher gehören auch die Fälle der §§ 117, 127, 133 HGB.

[7] Heute allgemeine Auffassung, vgl. BGHZ 34, 293, 297 = NJW 1961, 1022; MüKoHGB/*K. Schmidt,* § 124 Rn. 22. Folgerichtig hat BGHZ 62, 131 ff. = NJW 1974, 338 angenommen, dass im Übergang von Gesellschaftsprozess zum Gesellschafterprozess ein gewillkürter Parteiwechsel liegt; überholt: RGZ 141, 280; zum langwierigen Entwicklungsprozess dieser Erkenntnis vgl. *Oberhammer,* Die OHG im Zvilprozess, 1998, S. 4 ff.

[8] BGHZ 42, 230, 231 f. = NJW 1965, 106; Ebenroth/Boujong/Joost/Strohn/*Hillmann,* § 124 Rn. 23; MüKoHGB/*K. Schmidt,* § 124 Rn. 22; Staub/*Habersack,* § 124 Rn. 33; a. A. noch *Hüffer,* FS Stimpel, 1985, S. 165, 182.

Vertretung der OHG ermächtigten *Büchler* als Partei vernehmen; dass die OHG selbst Prozesspartei ist, steht dem nicht entgegen.

Fall 6: *Büchler, Sauset* und *Schulz* haben sich gegenüber der Sparkasse ihrer Heimatstadt in einer vollstreckbaren Urkunde zur Zahlung von 25.000 EUR verpflichtet. Kann die Sparkasse aus der Urkunde gegen die OHG vollstrecken? **15**

Die Zwangsvollstreckung findet nicht nur aus vollstreckbaren Endurteilen (§ 704 ZPO), sondern auch aus den in § 794 I ZPO genannten weiteren Titeln statt. Die Sparkasse besitzt einen Vollstreckungstitel nach § 794 I Ziff. 5 ZPO. Gemäß § 124 II HGB kann die Sparkasse jedoch nur dann gegen die OHG vollstrecken, wenn sie einen gegen die Gesellschaft selbst gerichteten Titel hat. Dass die Gesellschafter sich der Zwangsvollstreckung unterworfen haben, reicht nicht aus, weil sie diese Erklärung nicht als Vertreter der OHG abgegeben haben. Der Vergleich mit dem für die Gesellschaft bürgerlichen Rechts einschlägigen § 736 ZPO zeigt das deutlich.[9] Sinn des § 124 II HGB ist es, das Vermögen der OHG auch in der Vollstreckung von dem Vermögen der Gesellschafter zu trennen. Nur auf dem Weg des § 135 HGB kann der Privatgläubiger eines oder mehrerer Gesellschafter auf den in der OHG gebundenen Vermögenswert zugreifen (s. dazu noch § 17 Rn. 8 ff.). Die Sparkasse kann also aus der Urkunde nicht gegen die OHG vollstrecken. **16**

IV. Zusammenfassung

§ 124 HGB bringt die Rechtsnatur der OHG als für das Außenverhältnis rechtlich verselbstständigte Wirkungseinheit ihrer Gesellschafter zum Ausdruck. Die Vorschrift begründet nicht selbst einen Rechtserwerb der OHG, sondern setzt einen Erwerbstatbestand in Form eines gültigen Rechtsgeschäfts und wirksamer Vertretung voraus. Die Verselbstständigung der OHG rechtfertigt es, der Gesellschaft über den Wortlaut des § 124 I HGB hinaus auch Besitz zuzusprechen. Die OHG kann auch Verbindlichkeiten eingehen (§ 124 HGB). Voraussetzung für eine Haftung der OHG ist ein ihr zurechenbarer Verpflichtungstatbestand. Das ist für vertragliche Erfüllungsansprüche ein Rechtsgeschäft, bei dem die Gesellschaft wirksam nach § 164 BGB vertreten sein muss. In Betracht kommt aber auch ein Ersatzanspruch vertraglicher oder deliktischer Natur. Die OHG muss sich das anspruchsbegründende Verhalten ihres Gesellschafters in analoger Anwendung des § 31 BGB zurechnen lassen. Darüber hinaus sind die §§ 278, 831 BGB anwendbar, soweit ihre Voraussetzungen vorliegen. Die Verselbstständigung der OHG zu einer rechtsfähigen Wirkungseinheit wirkt sich auch in ihrer prozessrechtlichen Stellung aus. Sie ist, obwohl nicht juristische Person, für Prozesse mit Dritten aktiv und passiv parteifähig. Darüber darf jedoch nicht übersehen werden, dass das Prozessergebnis die Gesellschafter als die kraft ihrer Mitgliedschaft Beteiligten trifft. Sie sind deshalb im Prozess der OHG, zumindest soweit ihnen Vertretungsmacht zukommt, nicht als Zeugen, sondern als Partei zu vernehmen. Die Zwangsvollstreckung in das Vermögen der OHG findet gem. § 124 II HGB nur aus einem gegen die Gesellschaft selbst gerichteten Titel statt; auch ein gegen alle Gesellschafter gerichteter Titel ist, anders als nach § 736 ZPO bei der Gesellschaft bürgerlichen Rechts, nicht ausreichend. **17**

---

[9] *BayObLG* NJW 1986, 2578 f.; Baumbach/Hopt/*Roth*, § 124 Rn. 45; MüKoHGB/*K. Schmidt*, § 124 Rn. 30; Staub/*Habersack*, § 124 Rn. 42 (jeweils auch m. w. Nachw. zu einer potenziellen Ausnahme beim Wechsel der Rechtsform); vgl. zu § 736 ZPO § 3 Rn. 16, § 7 Rn. 32.

§ 16. Die Haftung der Gesellschafter für die Verbindlichkeiten der OHG

Literatur: *Altmeppen,* Haftung der Gesellschafter einer Personengesellschaft für Delikte, NJW 1996, 1017; *ders.,* Die akzessorische Haftung der Gesellschafter einer Personengesellschaft für einen „Drittanspruch" ihres Mitgesellschafters, NJW 2009, 2241; *Beck,* Personengesellschaften – Gemeinsamkeiten und Unterschiede zwischen GbR und OHG, Jura 2013, 209; *Faust,* Der Regress gegen Mitgesellschafter bei Personenhandelsgesellschaften, FS K. Schmidt, 2009, S. 357; *Gellings,* Inanspruchnahme eines Gesellschafters: Innenregress und Gesamtschuldnerausgleich, JuS 2012, 589; *M. Huber,* Zwischen den Stühlen – die persönliche Haftung des Gesellschafters in der Insolvenz der OHG, JuS 2009, 129; *Klimke,* Einwendungsverzicht und Rechtskrafterstreckung bei Personengesellschaften, ZGR 2006, 540; *Kubis,* Der Regreß des Personenhandelsgesellschafters aus materiellrechtlicher und verfahrensrechtlicher Sicht, 1988; *Lindacher,* Grundfälle zur Haftung bei Personengesellschaften, JuS 1981, 431, 578, 818; JuS 1982, 36, 349, 504; *Odemer,* Grundfälle zur gesellschaftsrechtlichen Haftung natürlicher Personen im Privatrecht, JuS 2016, 109; 203; *Primaczenko,* Die Einrede der Aufrechenbarkeit in § 770 II BGB und § 129 III HGB, JA 2007, 173; *Steinbeck,* Grundfälle zum Personengesellschaftsrecht, JuS 2012, 105; *Wünsche,* Ansprüche gegen die OHG und ihre Gesellschafter in der Fallbearbeitung, JuS 2009, 980; Zur Haftung des ausgeschiedenen Gesellschafters vgl. die Nachw. Vor § 18.

I. Die Bedeutung des § 128 HGB

1. Die akzessorische Mitverpflichtung der Gesellschafter

1 Aufgrund der durch die Weißes Ross-Entscheidung des BGH initiierten Anlehnung des Rechts der BGB-Gesellschaft an das OHG-Recht war die akzessorische Haftung des OHG-Gesellschafters nach § 128 S. 1 HGB bereits im Kontext der §§ 705 ff. BGB zu besprechen (s. oben § 7 Rn. 10 ff.). Ihren originären Anwendungsbereich hat sie bei den Personenhandelsgesellschaften, weshalb im Folgenden ihre konkrete Tragweite näher beleuchtet werden soll. Für die BGB-Gesellschaft beanspruchen diese Ausführungen aber gleichermaßen Gültigkeit.

2 **Fall 1:** *Lotz* und *Petermann* eröffnen in der Münchener Innenstadt die WatchMunich OHG, die sich auf den Vertrieb neuer und gebrauchter Armbanduhren im Vintage-Stil spezialisiert hat. Die Kundin *Klestil* erwirbt dort ein neues Modell der Marke Mido, die ihr in den nächsten Tagen nach Hause geliefert werden soll. Kann sie bei Lieferschwierigkeiten der OHG auch *Lotz* und *Petermann* persönlich auf Lieferung in Anspruch nehmen?

3 Nach § 128 S. 1 HGB haften die Gesellschafter den Gläubigern der OHG für deren Verbindlichkeiten persönlich.[1] Weil das Gesetz selbst die Mithaftung der Gesellschafter anordnet, stellen sich Probleme der Haftungsbegründung, wie sie für die Gesellschaft bürgerlichen Rechts erörtert worden sind (oben § 7 Rn. 10 ff.), für die OHG nicht. Aufgrund der nunmehr für die Gesellschaft bürgerlichen Rechts von der herrschenden Meinung favorisierten Theorie der akzessorischen Gesellschafterhaftung beruht die Mithaftung der Gesellschafter aber in beiden Fällen auf derselben gedanklichen Grundlage: Die Verbindlichkeit der OHG wird notwendig von entsprechenden Verbindlichkeiten ihrer Mitglieder begleitet (äußere Akzessorietät). Demgegenüber ging die heute überkommene Theorie von der einheitlichen Schuld mit doppeltem Haftungsobjekt von der Annahme aus, dass die OHG nur die Zusammenfassung ihrer Gesellschafter ist, und erblickte die Bedeutung des § 128 HGB allein darin, dass dem Gläubiger neben dem Vermögen der OHG ein zweites Haftungsobjekt, nämlich das Privatvermögen der Gesellschafter, zur Verfügung

---

[1] Zur Haftung der OHG nach § 124 HGB vgl. bereits § 15 Rn. 1 ff.; anschauliche Darstellung des Prüfungsaufbaus im Gutachten bei *Wünsche,* JuS 2009, 980 ff.

gestellt wird.[2] Diese Ansicht ist mit der richtig verstandenen Rechtsnatur der Personengesellschaft überhaupt und der OHG insbesondere unvereinbar und kann deshalb keine Zustimmung finden.

Der Ursprung der Haftung ist für die akzessorische Mithaftung der Gesellschafter gleichgültig. Die Gesellschafter haften also nicht nur für vertraglich begründete Verbindlichkeiten, sondern ebenso für Bereicherungs- und Deliktsschulden der Gesellschaft sowie wie für Verbindlichkeiten aus GoA, Produkt- und Gefährdungshaftung.[3] Die Haftung für diese Verbindlichkeiten ist unmittelbar, primär und unbeschränkt. Unmittelbar bedeutet, dass der Gesellschafter direkt von dem Gläubiger in Anspruch genommen werden kann, also nicht – wie etwa der Kommanditist einer KG (s. noch § 22) – nur die Ausstattung der Gesellschaft mit entsprechenden Mitteln schuldet.[4] Die Bezeichnung als primäre Haftung soll im Gegensatz zur subsidiären Haftung zum Ausdruck bringen, dass der Gläubiger nicht erst (wie bei der Bürgschaft, § 771 BGB) zunächst die Gesellschaft als Hauptschuldnerin in Anspruch nehmen muss, sondern sich direkt an den Gesellschafter wenden kann.[5] Das Merkmal der unbeschränkten Haftung bringt zum Ausdruck, dass der Gesellschafter nicht wie bei der KG oder GmbH nur eine beschränkte Summe aufzubringen hat, sondern mit seinem gesamten Privatvermögen für die Gesellschaftsverbindlichkeit haftet.[6] Zumindest die grundsätzliche Mitverpflichtung der Gesellschafter *Lotz* und *Petermann* kann auf dieser Grundlage also festgestellt werden. Zur Haftung als Gesamtschuldner s. noch Rn. 30 ff. 4

2. Der Inhalt der Verbindlichkeit der Gesellschafter

Umstritten ist hingegen der Inhalt der in § 128 S. 1 HGB angeordneten Mitverpflichtung: Ob die Gesellschafter der WatchMunich OHG der *Klestil* auch persönlich zur Lieferung verpflichtet sind (§ 433 I 1 BGB), hängt davon ab, wie ihre persönliche Haftung inhaltlich ausgestaltet ist. Wenn die Gesellschafter schlechthin dasselbe schulden wie die OHG, hat *Klestil* gegen jeden von ihnen den Anspruch auf Lieferung der Uhr. Wenn die Gesellschafter das Erfüllungsinteresse des Gläubigers lediglich in Geld zu befriedigen brauchen, kann *Klestil* die Lieferung nur von der OHG verlangen.[7] Die erste Auffassung wird als Erfüllungstheorie bezeichnet, die zweite als Haftungstheorie. Im Schrifttum hat sich mittlerweile im Grundsatz die gläubigerfreundliche Erfüllungstheorie klar durchgesetzt; den Belangen der Haftungstheorie wird durch punktuelle Durchbrechungen Rechnung getragen.[8] 5

Mit der zutreffenden Annahme äußerlich akzessorischer Gesellschafterhaftung ist die Frage nach dem Schuldinhalt noch nicht vorentschieden. Dass die Haftung der OHG von einer Haftung der Mitglieder notwendig begleitet wird, heißt nämlich nicht zwingend, dass deren Verpflichtung auch inhaltlich an die der Gesellschaft 6

---

2 Zu dieser früher h. M. vgl. noch *A. Hueck*, OHG, § 21 II 2 und 4.

3 Staub/*Habersack*, § 128 Rn. 10; *Saenger*, Rn. 295.

4 Vgl. *Kindler*, § 10 Rn. 99; *C. Schäfer*, § 6 Rn. 8.

5 Vgl. dazu etwa Ebenroth/Boujong/Joost/Strohn/*Hillmann*, § 128 Rn. 18; *Kindler*, § 10 Rn. 100; *Steinbeck*, JuS 2012, 105, 110.

6 MüKoHGB/*K. Schmidt*, § 128 Rn. 15.

7 Bei Geldschulden laufen beide Theorien von vornherein auf dasselbe Ergebnis hinaus.

8 Die Erfüllungstheorie vertreten etwa Baumbach/Hopt/*Roth*, § 128 Rn. 8 ff.; Koller/*Kindler*/Roth/Morck, § 128 Rn. 5; Staub/*Habersack*, § 128 Rn. 27 ff.; *Grunewald*, § 2 Rn. 38 ff.; *Beck*, Jura 2013, 209, 221 f.; *Hadding*, ZGR 1981, 577, 582 ff.; im Ergebnis auch BGHZ 23, 302 = NJW 1957, 871; BGHZ 73, 217, 221 f. = NJW 1979, 1361; zur Haftungstheorie vgl. etwa noch *Wieland*, Handelsrecht I, 1921, § 53d I 3; *R. Fischer*, Die Haftung des Gesellschafters für Schulden der OHG, 1936, S. 77 ff.

angelehnt ist. Dennoch ist der herrschenden Erfüllungstheorie zuzustimmen. Die grundsätzliche inhaltliche Übereinstimmung von Gesellschafts- und Gesellschafterschuld (Inhaltsakzessorietät) folgt nämlich aus dem Zweck des § 128 HGB. Er besteht darin, im Interesse der Gläubiger die Erfüllung der Verbindlichkeiten sicherzustellen und damit zugleich die besondere Seriosität und Kreditwürdigkeit der Rechtsform OHG zu erhöhen (s. oben § 12 Rn. 5).[9] Mit diesen Zielen wäre es nicht vereinbar, den Gläubiger gegenüber den Gesellschaftern von vornherein selbst in solchen Fällen auf einen Geldanspruch zu verweisen, in denen den Gesellschaftern die Erfüllung ohne weiteres möglich ist. Dem legitimen Anliegen der Haftungstheorie, dem Gesellschafter eine gesellschaftsfreie Privatsphäre zuzubilligen, kann auf anderen Ebenen, namentlich nach allgemeinen Regeln des Schuldrechts und des Zwangsvollstreckungsrechts, hinreichend Rechnung getragen werden (vgl. dazu die Ausführungen im Folgenden). Der Erfüllungstheorie ist also grundsätzlich beizutreten. Hat der Gläubiger selbst an der persönlichen Erfüllung durch den Gesellschafter kein Interesse, dann hat auch er die Möglichkeit, unter den Voraussetzungen des § 281 I BGB auf Geldersatz überzugehen.[10]

7 Folge dieser Festlegung ist, dass sämtliche vertretbare Handlungen auch von dem einzelnen Gesellschafter selbst verlangt werden können. So ist er beispielsweise verpflichtet, Nachbesserungsleistungen, die im Rahmen eines Bauvertrags geschuldet werden, auch dann durchzuführen, wenn er selber nicht über die dazu erforderlichen Fähigkeiten verfügt. In diesem Fall ist es seine Sache, ein geeignetes Unternehmen zu beauftragen und zu bezahlen.[11] Seine gesellschaftsfreie Privatsphäre wird dadurch nicht über Gebühr beeinträchtigt, weil ohne seine Verpflichtung auch der Gläubiger zur Vornahme dieser Handlung gezwungen wäre. Weshalb dem Gesellschafter nicht zugemutet werden kann, was anderenfalls der Gläubiger leisten müsste, ist nicht ersichtlich.

8 Ausnahmen von der Erfüllungshaftung der Gesellschafter sind hingegen dann anzunehmen, wenn eine unvertretbare Handlung (§ 888 ZPO) oder eine sonstige Leistung geschuldet wird, die durch einen Schuldnerwechsel eine Inhaltsänderung erführe.[12] Einen solchen höchstpersönlichen Charakter der Gesellschaftsschuld wird man etwa dann annehmen müssen, wenn die Gesellschaft die Abgabe einer (isolierten) Willenserklärung schuldet.[13] Hier würde eine Erklärung des Gesellschafters nicht denselben Inhalt haben und auch nicht denselben Leistungserfolg herbeiführen. Ist etwa die Gesellschaft zur Bewilligung einer Dienstbarkeit an einem Grund-

---

9 Vgl. dazu etwa Röhricht/v. Westphalen/*Haas*, § 128 Rn. 6; *Windbichler*, § 14 Rn. 18; s. auch Staub/*Habersack*, § 128 Rn. 28, der überzeugend auf Parallelen zur ebenfalls akzessorischen Bürgenhaftung hinweist.

10 *K. Schmidt*, § 49 III 1b cc; so bereits zur Rechtslage vor dem Inkrafttreten des Schuldrechtsmodernisierungsgesetzes vom 26.11.2001 (BGBl. I 3138) unter Berufung auf § 283 a.F. *BGH* NJW 1987, 2367, 2369; zum Übergang von der Erfüllungs- zur Schadensersatzklage nach heutiger Rechtslage vgl. MüKoBGB/*Ernst*, § 281 Rn. 176ff.

11 BGHZ 73, 217, 221f. = NJW 1979, 1361; *BGH* NJW 2009, 431 Rn. 11; *C. Schäfer*, § 6 Rn. 10. Eine Ausnahme wäre nur in solchen (eher realitätsfernen) Fällen denkbar, in denen eine Arbeit nur durch den von der OHG beschäftigten Spezialisten durchgeführt werden kann (vgl. *Windbichler*, § 14 Rn. 19).

12 Staub/*Habersack*, § 128 Rn. 36; *K. Schmidt*, § 49 III 2; *Hadding*, ZGR 1981, 577, 582ff.; *Hüffer*, ZHR 151 (1987), 396, 410.

13 Staub/*Habersack*, § 128 Rn. 36f.; *Saenger*, Rn. 297. Etwas anderes gilt aber dann, wenn die geschuldete Willenserklärung nur Bestandteil einer vertretbaren Leistung (etwa eines Übereignungsvorgangs) ist. In diesem Fall ist auch der Gesellschafter zur Abgabe der Willenserklärung verpflichtet, da anderenfalls selbst eine Geldschuld der Gesellschaft nicht von dem Gesellschafter erfüllt werden könnte (Staub/*Habersack*, § 128 Rn. 37 mit 121).

stück verpflichtet, dann ist der Gesellschafter nicht dazu in der Lage, diese Erklärung abzugeben und es würde dadurch auch nicht der gewünschte Erfolg herbeigeführt.[14]

Weniger eindeutig ist die vielfach ebenfalls als Ausnahme diskutierte Verpflichtung der Gesellschaft zur Auskunft oder Rechnungslegung.[15] Der BGH hat hier auch den geschäftsführenden Gesellschafter persönlich für verpflichtet gehalten, da er diese Tätigkeit ja bereits im Innenverhältnis gegenüber der Gesellschaft erbringen müsse.[16] Dem ist trotz vielstimmig vorgetragener Kritik aus dem Schrifttum im Ergebnis zuzustimmen.[17] Entscheidend ist dabei in der Begründung allerdings nicht so sehr die Verpflichtung des Geschäftsführers gegenüber der Gesellschaft, sondern die sich daraus spiegelbildlich ergebende Möglichkeit der Leistungserfüllung. Der nicht geschäftsführende Gesellschafter wird sich dagegen mit Erfolg auf das eigene Unvermögen berufen können (§ 275 I BGB), da ihm die für die Rechnungslegung erforderlichen Informationen fehlen. 9

Schließlich erkennt die herrschende Meinung eine Ausnahme von der Erfüllungshaftung auch noch dann an, wenn die Gesellschaft zur Unterlassung verpflichtet ist.[18] Dieser Ausnahme kommt namentlich im Zusammenhang mit Wettbewerbsverboten oder Ausschließlichkeitsbindungen[19] große praktische Bedeutung zu. Ohne weiteres einleuchtend ist diese Ausnahme nicht, denn es liegt auf der Hand, dass etwa ein Wettbewerbsverbot ohne weiteres umgangen werden könnte, wenn zwar nicht die Gesellschaft, wohl aber ihre Gesellschafter als Wettbewerber auftreten. Dennoch ist der herrschenden Meinung zuzustimmen, da ein solches individuelles Verbot vom Inhalt der Haftung eben nicht mehr umfasst wäre. Es handelte sich also nicht um eine Haftung für die OHG-Schuld, sondern um eine neue, nicht mehr inhaltsgleiche Verbindlichkeit.[20] Allfälligen Umgehungsgefahren ist auf anderen Wegen zu begegnen, namentlich durch eine vorausschauende kautelarjuristische Gestaltung (s. oben § 2 Rn. 14 ff.). Gegebenenfalls kann auch eine konkludent erklärte vertragliche Mitverpflichtung angenommen werden.[21] 10

Während diesen Gestaltungen in der Praxis eine gesteigerte Bedeutung zukommt, stehen in der universitären Ausbildung Sachverhalte im Vordergrund, bei denen die Gesellschaft zur Übereignung eines Gegenstandes verpflichtet ist. Dabei ist zunächst danach zu unterscheiden, ob es sich um einen Gattungs- oder um einen Stückkauf handelt. Im letztgenannten Fall muss weiter danach differenziert werden, in wessen Eigentum sich die geschuldete Sache befindet. Im Fall 1 stellt die Übereignung einer Uhr eine vertretbare Handlung dar, da der Übergabeakt keinen höchstpersönlichen Charakter hat und die damit verbundene Übereignungserklärung keine isolierte 11

---

[14] So (für die akzessorische Haftung der Mitglieder einer GbR) *BGH* NJW 2008, 1378 Rn. 8; auch hier bedarf es nicht des argumentativen Rückgriffs auf eine gesellschaftsfreie Privatsphäre.

[15] Vgl. dazu etwa *K. Schmidt,* § 49 III 2b.

[16] BGHZ 23, 302, 306 f. = NJW 1957, 871; bestätigend für eine Auseinandersetzungsbilanz auch *BGH* NJW 2009, 431 Rn. 11.

[17] Zur Kritik vgl. etwa *Flume,* Die Personengesellschaft, § 16 III 5 (S. 312 ff.); *K. Schmidt,* § 49 III 2b; dem *BGH* zustimmend Baumbach/Hopt/*Roth,* § 128 Rn. 10; *Wiedemann,* GesR II, § 8 III 3b cc (S. 736).

[18] Vgl. etwa *BGH* NZG 2013, 1095 = JA 2014, 470 (mit Anm. *Weber*) = JuS 2013, 1136 (mit. Anm. *K. Schmidt*); Staub/*Habersack,* § 128 Rn. 38; *Saenger,* Rn. 297; *K. Schmidt,* § 49 III 2c.

[19] Eine solche Bindung kann etwa dergestalt formuliert sein, dass es der OHG untersagt ist, Materialien bei anderen Herstellern als dem Vertragspartner zu beziehen.

[20] So überzeugend *BGH* NZG 2013, 1095 = JA 2014, 470 (mit Anm. *Weber*) = JuS 2013, 1136 (mit. Anm. *K. Schmidt*); *K. Schmidt,* § 49 III 2c.

[21] Zu weiteren Ansätzen vgl. Staub/*Habersack,* § 128 Rn. 39.

Willenserklärung, sondern Bestandteil des Übereignungsvorgangs ist. Eine Haftung der Gesellschafter ist danach zunächst entstanden. Der Anspruch kann auch ohne weiteres gegen sie durchgesetzt werden, wenn er aus einem Gattungskauf herrührt und sie zur Beschaffung in der Lage sind.[22] Schwieriger stellt sich die Rechtslage dar, wenn es sich um einen Stückkauf handelt und die Uhr im Eigentum der Gesellschaft oder eines Dritten steht. Kann sich der in Anspruch genommene Gesellschafter in diesem Fall die Uhr nicht beschaffen,[23] so ist ihm die Erfüllung subjektiv unmöglich mit der Rechtsfolge, dass eine ursprüngliche Leistungspflicht von vornherein nicht entsteht (§ 275 I BGB) und stattdessen eine Schadensersatzpflicht nach § 311a II 1 BGB eingreift.[24] Hier hatte sich die *Klestil* ein neues Modell einer gängigen Marke ausgesucht, so dass sie die Gesellschafter ohne weiteres auch persönlich auf Lieferung in Anspruch nehmen kann.

12 **Fall 2:** *Petermann* hat *Klestil* versehentlich die nicht zum Verkauf stehende Armbanduhr des *Lotz* verkauft, die dieser zur Vornahme einer kleineren Reparatur im Laden zurückgelassen hatte. Da es sich um ein besonders wertvolles und seltenes Sammlerstück der Marke Breguet handelt, besteht *Klestil* gegenüber *Lotz* auf Lieferung. Dieser erklärt aber unter Verweis auf den besonderen Affektionswert des Stücks, dass er unter keinen Umständen dazu bereit sei, sich von der Uhr zu trennen. Kann *Klestil* dennoch Lieferung von ihm verlangen?

13 Ist der in Anspruch genommene Gesellschafter selbst Eigentümer des geschuldeten Gegenstands, so ist weiter zu differenzieren: War er zur Übereignung der Uhr an die Gesellschaft weder bereit noch verpflichtet, so war bereits die Gesellschaft zur Erfüllung ihrer Schuld von vornherein nicht in der Lage. Die OHG haftete daher infolge ihres anfänglichen Unvermögens zur Leistungserbringung nur auf Schadensersatz statt der Leistung gem. § 311a II 1 BGB, worauf sich auch der in Anspruch genommene Gesellschafter nach § 129 I HGB berufen kann.[25] Es bedarf insofern nicht der im Schrifttum teilweise herangezogenen Konstruktion über eine „gesellschaftsfreie Privatsphäre".[26] War der Gesellschafter hingegen zur Übereignung der Uhr an die Gesellschaft verpflichtet, so steht die Einwendung des anfänglichen Unvermögens weder der Gesellschaft noch dem Gesellschafter zu; der Gesellschafter muss für die Schuld einstehen.[27] In diesen Fallgruppen der Stückschuld verlagert sich das Problem des Inhalts der akzessorischen Haftung also von der Ebene der An-

---

[22] Staub/*Habersack,* § 128 Rn. 33; *Kindler,* § 10 Rn. 108.

[23] Zu dieser Ausnahme bei bestehender Beschaffungsmöglichkeit vgl. etwa MüKoBGB/*Ernst,* § 275 Rn. 52.

[24] Nach Staub/*Habersack,* § 128 Rn. 31 soll der Beklagte im Prozess mit diesem Einwand aber nicht gehört werden, wenn nur feststeht, dass er jedenfalls auf das Interesse haftet (ebenso ohne nähere Begründung Ebenroth/Boujong/Joost/Strohn/*Hillmann,* § 128 Rn. 25). Diese Rechtsanschauung beruht aber noch auf dem im Zuge der Schuldrechtsreform aufgehobenen § 283 BGB a. F. Nach der Streichung dieser Vorschrift besteht die Möglichkeit einer „Leistungsklage trotz Unmöglichkeit", verbunden mit einem anschließenden Übergang auf eine ersatzweise Schadensersatzforderung, nicht mehr (vgl. MüKoBGB/*Ernst,* § 275 Rn. 168 mit weiteren Hinweisen zum prozessualen Vorgehen in § 281 Rn. 176 ff.); wie hier auch *Kindler,* § 10 Rn. 106; *Windbichler,* § 14 Rn. 19; *Lindacher,* JuS 1982, 349, 352.

[25] Nach Auffassung von Staub/*Habersack,* § 128 Rn. 32 soll auch dieser Einwand wieder erst im Vollstreckungsverfahren gehört werden; dagegen bereits die Ausführungen in § 16 Fn. 24; wie hier *Hadding,* JuS 1978, 23, 26; *Lindacher,* JuS 1982, 349, 352; *Martensen,* Der Inhalt der unbeschränkten Haftung von Personenhandelsgesellschaften, 1989, S. 66 ff.; im Ergebnis auch *Windbichler,* § 14 Rn. 19 und wohl auch *Saenger,* Rn. 297; a. A. (uneingeschränkte Haftung) *Eisenhardt/Wackerbarth,* Rn. 376; *Grunewald,* § 2 Rn. 38.

[26] So aber die Begründung von *Saenger,* Rn. 297; *Windbichler,* § 14 Rn. 19; wie hier *Kindler,* § 10 Rn. 107 ff.

[27] So ist auch das in der Lehrbuchliteratur oft zitierte Schulbeispiel zu lösen, in dem der Geschäftsführer einer OHG ein Grundstück verkauft, das einem Gesellschafter gehört; vgl.

spruchsbegründung auf die Einwendungsebene (s. dazu noch Rn. 17 ff.). Da hier keine Hinweise erkennbar sind, dass *Lotz* zur Übereignung der Armbanduhr an die Gesellschaft verpflichtet war, kann ihn die *Klestil* nur auf Schadensersatz in Geld in Anspruch nehmen.

Hinweis:

14 Aus Sicht eines Klausurstellers kann der besondere Reiz dieser Konstellationen in der Verbindung des Gesellschaftsrechts mit allgemeinen Problemen des Leistungsstörungsrechts liegen. Wer an dieser Stelle nicht klar genug zwischen der Rechtspersönlichkeit der Gesellschaft und ihrer Mitglieder trennt, wird zu keiner tragfähigen Lösung gelangen.

3. Die Unabdingbarkeit der gesetzlichen Regel

15 **Fall 3:** Im Gesellschaftsvertrag zwischen *Lotz* und *Petermann* war verabredet worden, dass *Petermann* für die Verbindlichkeiten der Gesellschaft überhaupt nicht haften soll. Welche Bedeutung hat diese Abrede?

16 Nach § 128 S. 2 HGB kann die gesamtschuldnerische Haftung der Gesellschafter nicht mit Wirkung gegenüber Dritten abbedungen werden. Die Vorschrift bezieht sich nur auf haftungsbeschränkende Klauseln, die im Innenverhältnis der Gesellschafter zu Lasten eines Gläubigers vereinbart werden. Eine Vereinbarung, dass sich die Haftung auf das Vermögen der OHG beschränkt, ist deshalb wirksam, wenn sie in einem Vertrag getroffen ist, der nicht „gegenüber", sondern „mit" einem Gläubiger geschlossen wird.[28] Auch eine im Gesellschaftsvertrag enthaltene Haftungsbeschränkung ist aber keinesfalls bedeutungslos. Sie ist zwar Dritten gegenüber unwirksam, bindet jedoch die Gesellschafter, wenn ihr Vertragswille darauf gerichtet ist. Der durch die Abmachung begünstigte Gesellschafter erwirbt gegen die anderen einen Anspruch auf Befreiung von der Verbindlichkeit gegenüber dem Gläubiger.[29]

II. Die Einwendungen des Gesellschafters (§ 129 HGB)

1. Persönliche Einwendungen

17 Auch wenn die Haftung des Gesellschafters nach § 128 S. 1 HGB entstanden ist, so können ihr doch ebenso wie bei Einzelakteuren Einwendungen oder Einreden entgegenstehen.[30] Die besondere Schwierigkeit der gesellschaftsrechtlichen Konstellation liegt darin, dass diese Einwendungen sowohl in der Person des Einzelnen als auch bei der Gesellschaft entstehen können.

18 **Fall 4:** *Petermann* behauptet gegenüber der Forderung der *Klestil*, diese habe gerade ihn in einem persönlichen Gespräch „aus der Haftung entlassen". Ist dieser Einwand beachtlich?

19 § 129 HGB behandelt die Einwendungen, die der Gesellschafter vorbringen kann, wenn der Gläubiger ihn nach § 128 HGB persönlich in Anspruch nehmen will. Das

---

dazu etwa *Windbichler*, § 14 Rn. 19 allerdings mit einer argumentativen Abweichung vom hier vorgeschlagenen Lösungsweg.

[28] Staub/*Habersack*, § 128 Rn. 16. Vgl. zur Zulässigkeit einer (quotalen) Haftungsbeschränkung der Gesellschafter durch vertragliche Vereinbarung eines geschlossenen Immobilienfonds (Gesellschaft) mit dem Gesellschaftsgläubiger § 7 Rn. 23.

[29] Vgl. dazu Staub/*Habersack*, § 128 Rn. 15.

[30] Vgl. zu den Einzelheiten aus neuerer Zeit etwa *Klimke*, ZGR 2006, 540 ff.

Vorbringen des *Petermann* läuft darauf hinaus, dass *Klestil* mit ihm einen Erlassvertrag i. S. d. § 397 BGB geschlossen hat, betrifft also eine persönliche Einwendung. Diese persönlichen Einwendungen werden von § 129 I HGB nicht explizit geregelt, sondern die Vorschrift betrifft nach ihrem Wortlaut nur solche Einwendungen, die von der OHG abgeleitet werden können. Dass der Gesellschafter dem Gläubiger auch seine persönlichen Einwendungen entgegenhalten kann, entspricht aber schon allgemeinen Grundsätzen und wird deshalb von § 129 I HGB als selbstverständlich vorausgesetzt.[31] Das Vorbringen des *Petermann* ist also beachtlich. Entsprechend könnte er z. B. geltend machen, dass *Klestil* ihm die Forderung gestundet habe oder seine persönliche Haftung durch Vertrag mit *Klestil* von vornherein ausgeschlossen worden sei.

2. Von der OHG abgeleitete Einwendungen

20 **Fall 5:** Die von *Klestil* erworbene Armbanduhr war auf ihre Bitte hin an ihren Wohnort gesandt worden und wurde auf dem Transport durch Drittverschulden vollständig zerstört. *Klestil* verlangt die Lieferung einer neuen Uhr oder ersatzweise Schadensersatz statt der Leistung. *Petermann* lehnt jede weitere Leistung ab und verlangt stattdessen seinerseits Zahlung des Kaufpreises.

21 Neben den persönlichen Einwendungen kann *Petermann* nach § 129 I HGB diejenigen Einwendungen geltend machen, die von der OHG erhoben werden können. Der Begriff der Einwendung wird dabei in einem weiteren Sinne verstanden und umfasst nicht nur die rechtshindernden und rechtsvernichtenden Einwendungen im engeren Sinne, sondern auch die bloß rechtshemmenden Einreden.[32] § 128 HGB will sicherstellen, dass der Gesellschaftsgläubiger wegen seines Anspruchs befriedigt wird, will dem Gläubiger aber grundsätzlich keinen Anspruch gegen den Gesellschafter geben, den er nicht auch gegen die OHG hat.[33]*Petermann* muss also nur dann eine neue Uhr übereignen, wenn auch die OHG weiterhin dazu verpflichtet wäre. Das wäre dann zu verneinen, wenn die Leistungspflicht nach § 275 I BGB untergegangen wäre. Das ist unproblematisch anzunehmen, wenn es sich bei der Lieferung um eine Stückschuld handelte. Etwas anderes gilt aber auch dann nicht, wenn ursprünglich eine Gattungsschuld vorgelegen haben sollte. Da nämlich eine Schickschuld vereinbart war (§ 269 BGB), hätte sich diese Gattungsschuld bereits mit der Übergabe an die Transportperson, also vor Eintritt der Unmöglichkeit, zu einer Stückschuld konkretisiert (§ 243 II BGB). Auf dieses Freiwerden der OHG von der Leistungspflicht kann sich *Petermann* gegenüber *Klestil* berufen. Auch eine Schadensersatzpflicht aus §§ 280 I, III, 283 BGB trifft ihn nicht, da ein solcher Anspruch mangels Vertretenmüssen schon gegenüber der OHG nicht entstanden ist. Die Zahlung des Kaufpreises könnte er jedenfalls dann verlangen, wenn es sich bei *Klestil* nicht um eine Verbraucherin (§ 13 BGB) handelt. In diesem Fall läge ein Versendungskauf i. S. d. § 447 I BGB vor, bei dem die Preisgefahr mit der Übergabe an eine zuverlässige Transportperson auf *Klestil* verlagert wurde.[34] Ist *Klestil* hingegen Verbrau-

---

[31] Vgl. etwa *Kübler/Assmann,* § 7 V 2b.

[32] Vgl. dazu *Kindler,* § 10 Rn. 110.

[33] Nach *BGH* NZG 2010, 264 Rn. 40 unterliegt die Gesellschafts- und die Gesellschafterschuld derselben Verjährungsfrist. Dass die Forderung gegen die OHG allerdings verjährt ist, hindert indes die Inanspruchnahme des Gesellschafters nicht, wenn ihm gegenüber der Lauf der Verjährungsfrist rechtzeitig unterbrochen wurde; BGHZ 73, 217, 223 ff. = NJW 1979, 1361; BGHZ 104, 76, 80 ff. = NJW 1988, 1976.

[34] In diesem Fall könnte *Klestil* gegen die Transportperson Ansprüche im Wege der Drittschadensliquidation geltend machen; vgl. dazu *Looschelders,* Schuldrecht BT, 11. Aufl., 2016, Rn. 198 ff.

cherin, so gilt nach § 474 IV BGB die Regelung des § 447 I BGB nur, wenn *Klestil* als Käuferin der Armbanduhr den Spediteur (etc.) beauftragt hatte und die Watch-Munich OHG (Unternehmerin) der *Klestil* (Käuferin) diese Person nicht zuvor benannt hatte. Fehlt es daran, ist die Anwendung des § 447 I BGB nach § 474 IV BGB ausgeschlossen mit der Folge, dass *Klestil* den Kaufpreis gem. § 326 I BGB nicht zu bezahlen braucht.[35]

Nach § 129 I HGB kann der Gesellschafter alle Einwendungen erheben, die der OHG zustehen.[36] Er kann also nicht nur vorbringen, dass die OHG nach § 275 BGB frei geworden ist, sondern auch, dass die Leistungspflicht nach § 362 BGB erloschen ist, dass der angebliche Vertrag gar nicht zustande gekommen oder durch Anfechtung vernichtet ist (§ 142 BGB) oder dass die Leistung des Gläubigers an die OHG noch aussteht (§ 320 BGB) usw. 22

3. Die aufschiebenden Einreden gem. § 129 II und III HGB

Während § 129 I HGB es dem Gesellschafter erlaubt, sich auf schon bestehende Einwendungen der Gesellschaft zu berufen, regelt § 129 II und III HGB solche Einwendungen, die erst mit der Ausübung eines Gestaltungsrechts geltend gemacht werden können, das der einzelne Gesellschafter (zumindest wenn er nicht geschäftsführungsbefugt ist) aber nicht für die Gesellschaft ausüben kann. Auch in diesem Fall soll er nicht zur Leistung verpflichtet sein. 23

Fall 6: Abweichend von Fall 5 ist die Uhr nicht zerstört worden. *Petermann* verweigert aber die Auslieferung mit der Begründung, *Klestil* habe die OHG bei Abschluss des auf Rechnung getätigten Kaufvertrags über ihre Kreditwürdigkeit getäuscht. 24

Petermann beruft sich darauf, dass die OHG ihre zum Vertragsschluss mit *Klestil* führende Erklärung nach § 119 II BGB anfechten könne. Der Irrtum über die Kreditwürdigkeit des Vertragspartners ist bei einem auf Rechnung getätigten Geschäft Irrtum über eine verkehrswesentliche Eigenschaft der Person im Sinne der Vorschrift;[37] unter Umständen kommt auch eine Anfechtung nach § 123 I BGB in Frage. Die Anfechtbarkeit an sich begründet nach allgemeinen Grundsätzen noch keine Einwendung, auf die sich der Gesellschafter gem. § 129 I HGB berufen könnte. Dennoch räumt ihm § 129 II HGB aufgrund der für die OHG bestehenden Anfechtungslage ein zeitweiliges, also auch hinsichtlich seiner Dauer mit der Anfechtungslage verknüpftes Leistungsverweigerungsrecht ein.[38] § 129 II HGB rechtfertigt sich daraus, dass der Gläubiger das von dem Gesellschafter Empfangene an diesen nach § 812 I 2, 1. Mod. BGB (hält man die ex-tunc-Wirkung für entscheidend: § 812 I 1, 1. Mod. BGB) zurückgewähren müsste, wenn die Anfechtung durch die OHG erfolgt; denn mit der Anfechtung durch die OHG entfiele rückwirkend nicht nur ihre Verbindlichkeit, sondern auch die persönliche Haftung des Gesellschafters (§ 128 HGB) und damit der Rechtsgrund für die Leistung an den Gläubiger. Die Vorschrift gibt dem Gesellschafter also das Recht, eine Güterbewegung zu verhindern, die alsbald rückgängig gemacht werden müsste, und beruht damit letztlich auf dem Grundsatz „dolo agit, qui petit, quod statim redditurus est" (§ 242 BGB). Demnach könnte *Petermann* die Leistung verweigern. 25

---

35 Vgl. zu der durch § 474 IV BGB gegebenen neuen Rechtslage etwa BeckOK BGB/*Faust,* Ed. 40, 1.8.2016, § 474 Rn. 42 ff.

36 Vgl. dazu statt aller *K. Schmidt,* § 49 II 3c.

37 MüKoBGB/*Armbrüster,* § 119 Rn. 128 m. w. Nachw.

38 Vgl. dazu *K. Schmidt,* § 49 II 3d.

26 **Fall 7:** Die OHG hat gegen *Klestil* aus einem früheren Vertrag noch eine Restforderung von 500 EUR. Kann *Petermann* sich darauf berufen?

27 Nach § 129 III HGB kann der Gesellschafter die Zahlung an den Gläubiger auch verweigern, solange dieser sich durch Aufrechnung gegen eine fällige Forderung der OHG befriedigen kann. Wenn die OHG gegen *Klestil* eine Restforderung über 500 EUR hat, so besteht eine beiderseitige Aufrechnungslage (§ 387 BGB), aus der *Petermann* das Leistungsverweigerungsrecht des § 129 III HGB ableiten kann.[39] Zu eigentümlichen Ergebnissen führt eine buchstabengetreue Gesetzesanwendung in den Fällen, in denen die Aufrechnungslage auf einer Seite beschränkt ist.[40] Eine derartige Beschränkung kann sich namentlich nach §§ 393 f. BGB bei Forderungen aus unerlaubter Handlung oder bei unpfändbaren Forderungen ergeben. Führt eine solche Beschränkung dazu, dass die OHG nicht aufrechnen kann, der Gläubiger aber schon, so soll dem Gesellschafter nach dem Wortlaut des § 129 III HGB ebenfalls ein Leistungsverweigerungsrecht zustehen. Das Ergebnis wäre jedoch merkwürdig: Obwohl der Gläubiger eine Aufrechnung der OHG nicht hinnehmen müsste, hätte der Gesellschafter ein Leistungsverweigerungsrecht. Mit dem Gedanken einer akzessorischen und primären Haftung ist diese Lesart nicht zu vereinbaren. Der Gesetzgeber wollte sich hier augenscheinlich an die entsprechende Vorschrift zur Bürgenhaftung in § 770 Abs. 2 BGB anlehnen, hat dabei aber übersehen, dass sich diese Regelung aus der grundsätzlichen Subsidiarität der Bürgschaft ergibt und deshalb auf die primäre Gesellschafterhaftung nicht übertragen werden kann.[41] Diese gesetzgeberische Fehlvorstellung rechtfertigt eine einschränkende Auslegung des § 129 III HGB: Der Gläubiger soll den Gesellschafter nur dann nicht zur Leistung zwingen können, wenn er eine Aufrechnung durch die OHG hinnehmen müsste. Insoweit ist § 129 III HGB nach der ratio legis dem § 129 II HGB vergleichbar. Der Gesellschafter soll nicht deshalb haften müssen, weil er ein der Gesellschaft zustehendes Gestaltungsrecht nicht ausüben darf.[42] Besteht die Aufrechnungslage dagegen einseitig zugunsten des Gläubigers, dann kann der Gesellschafter daraus kein Leistungsverweigerungsrecht herleiten.[43]

28 Im umgekehrten Fall – nur die OHG könnte aufrechnen, nicht aber der Gläubiger – führt der Wortlaut des § 129 III HGB zu einem nicht minder merkwürdigen Ergebnis: Dem Gesellschafter stünde das Leistungsverweigerungsrecht nicht zu, obwohl sich der Gläubiger gegen eine Aufrechnung durch die OHG nicht wehren könnte. Hier ist eine erweiternde Auslegung geboten, die dem Gesellschafter gestattet, aufgrund der Aufrechnungslage zugunsten der OHG die Leistung zu verweigern.[44]

29 Zu unterscheiden sind also drei Fälle: Besteht die Aufrechnungslage zugunsten des Gläubigers und der OHG, kann der Gesellschafter die Leistung verweigern. Kann nur der Gläubiger aufrechnen, steht dem Gesellschafter dieses Recht nicht zu. Kann nur die OHG aufrechnen, hat der Gesellschafter wiederum ein Leistungsverweigerungsrecht.

---

[39] Vgl. dazu und zum Folgenden Baumbach/Hopt/*Roth,* § 129 Rn. 11 ff.; *Weller/Prütting,* Rn. 253; *K. Schmidt,* § 49 II 3d; *Bülow,* ZGR 1988, 192, 195 f., 198 f.
[40] Anschaulich zum Folgenden *Primaczenko,* JA 2007, 173 ff.
[41] Zu den Einzelheiten vgl. Staub/*Habersack,* § 129 Rn. 23.
[42] Vgl. dazu Staub/*Habersack,* § 129 Rn. 23.
[43] BGHZ 42, 396, 397 f. = NJW 1965, 627; Baumbach/Hopt/*Roth,* § 129 Rn. 13; Staub/*Habersack,* § 129 Rn. 23; *Weller/Prütting,* Rn. 253; *Saenger,* Rn. 304.
[44] Baumbach/Hopt/*Roth,* § 129 Rn. 12; Staub/*Habersack,* § 129 Rn. 23; *Saenger,* Rn. 304.

III. Die Beurteilung von Schuldnermehrheiten

1. Gesellschaft und Gesellschafter

Große Schwierigkeiten bereitet in der juristischen Ausbildung regelmäßig die rechtliche Einordnung von Schuldnermehrheiten, die hier gleich in mehrfacher Hinsicht auftreten. Zunächst ergibt sich aus dem Grundsatz der akzessorischen Haftung naturgemäß eine parallele Haftung von Gesellschaft und Gesellschafter. Darüber hinaus handelt es sich auch bei den akzessorisch haftenden Gesellschaftern um eine mehrköpfige Gruppe, da eine Ein-Mann-Gesellschaft bei den Personengesellschaften von der ganz herrschenden Meinung nicht anerkannt wird. Klausurrelevanz erhalten diese Konstellationen regelmäßig, wenn ein Gesellschafter in Anspruch genommen wird und sodann Rückgriff bei der Gesellschaft oder seinen Mitgesellschaftern sucht. In diesem Fall ist namentlich zu problematisieren, ob die Schuldnermehrheit den Gesamtschuldregeln unterfällt. 30

Fall 8: *Lotz* hat eine Forderung über 2.400 EUR bezahlt, die der Commerzbank gegen die WatchMunich OHG zusteht. Die Forderung war durch eine Hypothek an einem Grundstück der OHG gesichert. Hat *Lotz* die Hypothek erworben? 31

Ein Übergang der Hypothek könnte sich hier aus §§ 401 I, 412 BGB ergeben, wenn die hypothekarisch gesicherte Forderung im Wege der Legalzession auf *Lotz* übergegangen wäre. Eine solche Legalzession wird in § 426 II BGB angeordnet, der die erfüllte Forderung auf den leistenden Gesamtschuldner übergehen lässt und ihm damit eine zweite Regressmöglichkeit neben der eigenständigen Ausgleichsforderung aus § 426 I 1 BGB einräumt.[45] Die Regressnorm des § 426 BGB ist jedoch unmittelbar nur anwendbar, wenn im Verhältnis des Gesellschafters zur OHG eine Gesamtschuld vorliegt. Wer mit der oben abgelehnten, früher herrschenden Lehre die Verbindlichkeit der OHG und die Schuld des Gesellschafters nach § 128 HGB als identisch ansieht (s. oben Rn. 3), muss eine Gesamtschuld zwischen OHG und Gesellschafter schon deshalb verneinen, weil es an der in den §§ 421 ff. BGB vorausgesetzten Verschiedenheit der Schuldner fehlt (vgl. § 421 BGB: „Schulden mehrere …"). Aber auch wenn man mit der jetzt ganz herrschenden Meinung annimmt, dass die Verbindlichkeit des Gesellschafters nicht mit derjenigen der OHG identisch ist, kann man ein Gesamtschuldverhältnis nicht bejahen.[46] Ungeachtet aller Streitigkeiten über den Rechtsbegriff der Gesamtschuld ist diese jedenfalls nur dann anzunehmen, wenn die verschiedenen Verbindlichkeiten grundsätzlich in ihrem rechtlichen Bestand voneinander unabhängig sind. Das folgt aus § 425 BGB. Diese Unabhängigkeit weist die Schuld des Gesellschafters gegenüber der Schuld der OHG nicht auf. Aus den parallelen Verteidigungsmöglichkeiten (§ 129 I HGB) folgt vielmehr, dass die Schuld des Gesellschafters der Schuld der OHG auch inhaltlich akzessorisch ist.[47] Ist z. B. die OHG wegen Unmöglichkeit nach § 275 BGB frei geworden, so 32

---

[45] Dass das Gesetz neben dem selbstständigen Ausgleichsanspruch des § 426 I 1 BGB auch noch die Legalzession der beglichenen Forderung nach § 426 II BGB vorsieht, erklärt sich daraus, dass der Ausgleichsberechtigte nur auf diesem zweiten Weg über §§ 412, 401 BGB die für die Forderung bestehenden Sicherheiten erlangen kann. Der originäre Ausgleichsanspruch aus § 426 I 1 BGB kann dagegen im Hinblick auf die Verjährungsfrist vorteilhaft sein, wenn diese bei der übergegangenen Forderung zum Teil schon verstrichen ist; vgl. dazu *Medicus/Lorenz,* Schuldrecht BT II, 17. Aufl., 2014, Rn. 850.

[46] Vgl. BGHZ 39, 319, 323 = NJW 1963, 1873; BGHZ 47, 376, 378 = NJW 1967, 2155; BGHZ 104, 76, 78 ff. = NJW 1988, 1976; Baumbach/Hopt/*Roth,* § 128 Rn. 19, 25; Staub/*Habersack,* § 128 Rn. 20; *K. Schmidt,* § 49 II 4b; a. A. noch *Flume,* Die Personengesellschaft, § 16 II 2a (S. 286 ff.).

[47] Nachdrücklich BGHZ 73, 217, 224 f. = NJW 1979, 1361.

kann abweichend von § 425 II BGB auch von dem Gesellschafter nicht mehr die Leistung verlangt werden. Es kann auch, anders als in § 423 BGB vorausgesetzt, nicht ein Schulderlass mit der OHG vereinbart und zugleich die persönliche Haftung der Gesellschafter aufrechterhalten werden.[48] Für eine unmittelbare Anwendung des § 426 BGB ist aus diesen Gründen kein Raum.

33 Das bedeutet nicht, dass der Gesellschafter keinen Ausgleichsanspruch gegen die OHG hätte. Grundlage dieses Anspruchs ist § 110 HGB; in der Zahlung des Gesellschafters liegt eine Aufwendung im Sinne der Vorschrift.[49] Zwar könnte man zweifeln, ob es sich tatsächlich um ein freiwilliges Vermögensopfer handelt, da *Lotz* schließlich nach § 128 S. 1 HGB zur Zahlung verpflichtet war. Die ganz herrschende Meinung wendet § 110 HGB aber dennoch an, da für die Freiwilligkeit nicht das Verhältnis des Gesellschafters zum Gläubiger maßgeblich ist, sondern sein Verhältnis zur Gesellschaft (vgl. dazu bereits oben § 14 Rn. 50 m. w. Nachw.). In diesem Verhältnis besteht aber keine Pflicht, eine solche Schuld zu begleichen, so dass eine Aufwendung anzunehmen ist. Anders als beim Gesamtschuldregress sieht das Gesetz in § 110 HGB jedoch nicht vor, dass der Gesellschafter auch die Sicherheiten erwirbt, die für die Forderung des Gläubigers bestellt waren. Erwägenswert ist allerdings, entgegen der Ansicht des BGH[50] einen solchen Übergang auch ohne ausdrückliche gesetzliche Anordnung aus einer analogen Anwendung des § 774 I BGB abzuleiten. Diese Vorschrift bringt (ähnlich wie §§ 1143 I, 1225 BGB) ein allgemeines Prinzip der Akzessorietät zum Ausdruck, wonach die Hauptforderung auf den akzessorisch Haftenden übergeht, nachdem er den Gläubiger befriedigt hat.[51] Es spricht viel dafür, dieses Prinzip auch auf den OHG-Gesellschafter zu übertragen, da es nicht sachgerecht erscheint, die für die Gesellschaftsschuld bestellten akzessorischen Sicherheiten und Vorzugsrechte ersatzlos untergehen zu lassen, wenn die Forderung von einem Gesellschafter beglichen wird.[52] Folgt man dem, hat *Lotz* eine Ausgleichsforderung gegen die OHG nach § 110 HGB erworben. Die Hypothek ist zwar nicht gem. §§ 401, 412, 426 II BGB auf ihn übergegangen, wohl aber nach § 774 I analog i. V. m. §§ 401, 412 BGB.

2. Das Verhältnis der Gesellschafter zueinander

a) Keine Mithaftung für Sozialverbindlichkeiten

34 Anspruchsvolle, aber wichtige Differenzierungen sind vorzunehmen, soweit es um Ausgleichsforderungen der Gesellschafter untereinander geht. Hier ordnet § 128 S. 1 HGB zwar klar die gemeinschaftliche Haftung als Gesamtschuldner an, doch muss zunächst genau überprüft werden, ob die Vorschrift überhaupt Anwendung findet (s. Fall 9). Selbst wo das der Fall ist, können die allgemeinen Regeln der Gesamtschuld durch das Gesellschaftsrecht zum Teil überlagert werden (s. Fall 10 und 11).

---

[48] BGHZ 47, 376, 378 = NJW 1967, 2155.

[49] BGHZ 37, 299 ff. = NJW 1962, 1863; BGHZ 39, 319, 323 f. = NJW 1963, 1873; *BGH* NZG 2011, 1023 Rn. 59; Staub/*C. Schäfer,* § 110 Rn. 16; *Beck,* Jura 2013, 209, 220; *Gellings,* JuS 2012, 589, 590; vgl. schon oben § 14 Rn. 50.

[50] Der *BGH* (NZG 2011, 1023 Rn. 60) spricht sich gegen eine analoge Anwendung des § 774 I BGB aus, weil es wegen des § 110 HGB an einer planwidrigen Regelungslücke fehle. Dazu kritisch *Grunewald,* § 1 Rn. 124.

[51] Vgl. dazu auch *Kubis,* Der Regress des Personenhandelsgesellschafters, 1988, S. 120; ferner Staub/*Habersack,* § 128 Rn. 43; MüKoHGB/*K. Schmidt,* § 128 Rn. 31; *ders.,* § 49 V 1; ; *Gellings,* JuS 2012, 589, 592; dagegen aber *BGH* NZG 2011, 1023 Rn. 60; *Preuß,* ZHR 160 (1996), 163, 170.

[52] Staub/*Habersack,* § 128 Rn. 43.

Fall 9: Kann *Petermann* (s. Fall 1) die Zahlung einer rückständigen Geschäftsführervergütung von dem mittlerweile ebenfalls der Gesellschaft beigetretenen *Reschke* verlangen? 35

Die Besonderheit gegenüber den bisher erörterten Fallgestaltungen liegt darin, dass der Gläubiger hier selbst Gesellschafter ist. Des Weiteren ist zu berücksichtigen, dass sich die Forderung des *Petermann* auf Zahlung der rückständigen Geschäftsführervergütung aus dem Gesellschaftsverhältnis selbst ergibt.[53] Aus der Sicht der OHG handelt es sich um eine Sozialverpflichtung. Auf solche Sozialverpflichtungen ist § 128 HGB unanwendbar.[54] Das folgt aus der systematischen Stellung der Vorschrift – die §§ 123 ff. HGB betreffen das Verhältnis „zu Dritten" – und aus ihrem Sinn, die Kreditfähigkeit der OHG zu stärken. § 128 S. 1 HGB ist daher ein Instrument der Gläubigersicherung, nicht der Mitgesellschaftersicherung. *Petermann* kann deshalb nur Zahlung aus der Kasse der OHG verlangen; eine Forderung gegen *Reschke* persönlich hat er nicht. 36

b) Der Gesellschafter als Drittgläubiger

Anders stellt sich die Rechtslage dar, wenn der Gläubiger zwar Gesellschafter ist, der Gesellschaft aber nicht in dieser Funktion, sondern wie ein außenstehender Gläubiger gegenübertritt. 37

Fall 10: *Petermann* (s. Fall 1) hat der OHG ein Darlehen über 6.000 EUR gewährt. Kann er *Reschke* nach § 128 HGB auf Rückzahlung in Anspruch nehmen? 38

Auch hier tritt der Gesellschafter als Gläubiger auf. Anders als in Fall 9 ist seine Forderung aber nicht als Sozialverbindlichkeit aus dem Gesellschaftsverhältnis entstanden, sondern der Anspruch hat einen davon unabhängigen Rechtsgrund. *Petermann* ist demnach zwar Gesellschafter, tritt dem *Reschke* aber nicht in dieser Eigenschaft gegenüber. Es wäre eine ungerechtfertigte Schlechterstellung gegenüber einem gesellschaftsfremden Kreditgeber, dem *Petermann* die Inanspruchnahme der anderen Gesellschafter nach § 128 HGB in diesem Fall schlechthin zu versagen.[55] Andererseits ist die Darlehensschuld im Verhältnis der Gesellschafter zueinander nicht aus dem Privatvermögen eines Gesellschafters, sondern aus der Kasse der OHG zu tilgen. Weil *Petermann* Gesellschafter ist, darf er das nicht ignorieren. Aus dieser Überlegung heraus hat die bislang herrschende Meinung angenommen, dass der rückgriffsberechtigte Gesellschafter zunächst versuchen müsse, sich wegen seiner Forderung aus der Gesellschaftskasse zu befriedigen. Nur soweit das nicht gelinge, also subsidiär, könne er gem. § 128 HGB die Gesellschafter persönlich in Anspruch nehmen.[56] Der BGH ist dieser Auffassung allerdings in einer Entscheidung zur Haftung eines Kommanditisten für die Drittgläubigerforderung eines Mitgesellschafters entgegengetreten. Nach seiner Auffassung muss ein Gesellschafter, der eine 39

---

53 An dieser Einordnung ändert sich auch dann nichts, wenn daneben ein gesondertes Arbeitsverhältnis vereinbart wurde.

54 BGHZ 37, 299 ff. = NJW 1962, 1863; *C. Schäfer,* § 6 Rn. 12; *Gellings,* JuS 2012, 589, 592; vgl. aber auch *Faust,* FS K. Schmidt, 2009, S. 357, 361 ff., der eine Anwendung des § 110 HGB zwar ebenfalls ablehnt, u. U. aber einen Rückgriff nach §§ 683, 684 BGB zulassen möchte.

55 Vgl. zu derartigen Forderungen eines Gesellschafters aus sog. „Drittgeschäften" Staub/*Habersack,* § 128 Rn. 13.

56 Vgl. zu dieser Subsidiaritätsanordnung etwa *BGH* NJW-RR 2002, 455, 456; MüKoHGB/*K. Schmidt,* § 128 Rn. 12, 18; Staub/*Habersack,* § 128 Rn. 26. *Altmeppen,* NJW 2009, 2241 weist zu Recht darauf hin, dass diese Einschränkung in der Praxis keine Rolle spielen wird, da der Gesellschafter sich ohnehin zunächst an die Gesellschaft wenden werde und anderenfalls die Mitgesellschafter immer noch Freistellung von der Gesellschaft verlangen könnten.

Drittgläubigerforderung besitzt, nicht zuerst versuchen, die Gesellschaft in Anspruch zu nehmen. Eine generell subsidiäre Haftung eines Gesellschafters für Verbindlichkeiten gegenüber einem Gläubiger-Gesellschafter verstoße mangels Schutzbedürftigkeit des haftenden Gesellschafters nicht gegen die gesellschaftliche Treuepflicht, weil der in Anspruch genommene Gesellschafter regelmäßig einen Aufwendungsersatzanspruch nach § 110 HGB habe und überdies mit Blick auf die drohende Inanspruchnahme auch noch seine Freistellung verlangen könne. Sei die Gesellschaft zur Zahlung bereit und fähig, könne es daher nicht dazu kommen, dass der Gesellschafter die Drittgläubigerforderung aus seinem eigenen Vermögen begleichen müsse.[57] So erwägenswert diese Überlegungen auch erscheinen, so sind sie doch auch nicht ganz unbedenklich. Schließlich ergeben sich aus der Treupflicht nicht nur Beschränkungen auf der Haftungsebene, sondern die Treupflicht gebietet es auch eine vertrauensvolle und loyale Zusammenarbeit in der durch gegenseitiges Vertrauen geprägten Personengesellschaft. Eine direkte Inanspruchnahme des Gesellschafters wird – sofern es sich nicht um eine Publikumsgesellschaft handelt – diese zwischen den Gesellschaftern bestehende Vertrauensbasis regelmäßig nachhaltig erschüttern. Das kann dafür sprechen, es – entgegen der Auffassung des BGH – doch bei der grundsätzlichen Subsidiarität der Gesellschafterhaftung bei Drittgläubigerforderungen eines Gläubiger-Gesellschafters zu belassen. Darüber hinaus gilt für den Gläubiger-Gesellschafter noch eine zweite Besonderheit: Weil auch er für die Schulden der OHG nach § 128 S. 1 HGB gesamtschuldnerisch haftet, könnte sein Mitgesellschafter *Reschke* als Folge seiner Inanspruchnahme auch von ihm Ausgleichung nach § 426 I BGB verlangen. Deshalb verstieße es gegen den Grundsatz „dolo agit, qui petit, quod statim redditurus est“ (§ 242 BGB), wenn der Gläubiger-Gesellschafter zunächst volle Befriedigung verlangen und die anderen Gesellschafter auf den Ausgleichsanspruch verweisen wollte.[58] Die Folge ist, dass der Gläubiger-Gesellschafter seine Mitgesellschafter in diesem Fall nur unter Abzug seiner eigenen Verlustbeteiligung in Anspruch nehmen darf (hier also 2.000 EUR). Umstritten ist, ob er wegen der Restsumme (i. H. v. 4.000 EUR) von den anderen Gesellschafter nur eine Zahlung pro rata verlangen darf oder ob er sie gesamtschuldnerisch, also auf die volle Summe in Anspruch nehmen darf. Die herrschende Meinung orientiert sich hier streng an dem Wortlaut des § 128 S. 1 HGB, der generell eine gesamtschuldnerische Haftung vorsieht.[59] Der einzelne Gesellschafter wird schon durch die subsidiäre Haftung hinreichend geschützt, so dass eine weitergehende teleologische Reduktion unter dem Aspekt der Treupflicht in der Tat nicht angezeigt ist. Bei drei Gesellschaftern kann *Petermann* den *Reschke* also auf die Zahlung von 4.000 EUR in Anspruch nehmen, allerdings erst nachdem er erfolglos gegen die Gesellschaft vorgegangen ist.[60]

---

[57] S. dazu *BGH* ZIP 2013, 2305 Rn. 32 ff. = JuS 2014, 270 (mit Anm. *K. Schmidt*); *BGH* BeckRS 2014, 08033 Rn. 15 (jeweils zur Kommanditistenhaftung). Der *BGH* lehnt die Subsidiaritätsanordnung bei Drittforderungsansprüchen eines Gesellschafters grundsätzlich ab und bejaht eine unmittelbare Haftung des Kommanditisten für Drittgläubigerforderungen eines Gesellschafters. Vgl. auch *OLG Köln* NZG 2014, 179, 182 ff.

[58] Vgl. dazu Staub/*Habersack,* § 128 Rn. 25; *C. Schäfer,* § 6 Rn. 12; *Faust,* FS K. Schmidt, 2009, S. 357, 358; krit. *Altmeppen,* NJW 2009, 2241 ff.

[59] *BGH* NJW 1983, 749 f.; Ebenroth/Boujong/Joost/Strohn/*Hillmann,* § 128 Rn. 20; Staub/*Habersack,* § 128 Rn. 13, 25, 49; *Faust,* FS K. Schmidt, 2009, S. 357, 358; a. A. MüKoHGB/*K. Schmidt,* § 128 Rn. 12, 18; *ders.,* § 49 I 2b; *ders.,* JuS 2003, 228, 231.

[60] Nach der Lösung von *K. Schmidt* (vgl. vorige Fußnote) könnte er nur eine Erfüllung pro rata, also in Höhe von 2.000 EUR, verlangen.

c) Der Gesellschafterregress nach eigener Inanspruchnahme aus § 128 S. 1 HGB

Fall 11: *Klestil* hat ihre Forderung über 2.400 EUR bei *Lotz* beigetrieben. Nach dem Gesellschaftsvertrag haben *Lotz* 1/10, *Petermann, Reschke* sowie die später beigetretene Gesellschafterin *Braun* je 3/10 der eintretenden Verluste zu tragen. Kann *Lotz* von seinen Mitgesellschaftern einen Ausgleich verlangen? 40

Lotz ist hier als Gesellschafter in Anspruch genommen worden und könnte deshalb grundsätzlich einen Ausgleichsanspruch nach § 110 HGB geltend machen (s. bereits oben Rn. 33). Dabei würde es sich aber um eine Sozialverbindlichkeit der Gesellschaft handeln, für die seine Mitgesellschafter grundsätzlich nicht nach § 128 S. 1 HGB haften. Die Besonderheit dieses Falles besteht allerdings darin, dass er diese Aufwendung gerade als Gesamtschuldner getätigt hat, nämlich infolge seiner Inanspruchnahme nach § 128 S. 1 HGB, der gerade eine solche Form der Schuldnermehrheit i. S. d. §§ 421 ff. BGB anordnet. Ein Ausgleichsanspruch steht ihm daher zwar nicht nach § 128 S. 1 HGB zu, wohl aber als gesamtschuldnerischer Rückgriffsanspruch nach § 426 I und II BGB.[61] 41

Bei der Anwendung des § 426 BGB ergeben sich jedoch wiederum zwei ähnliche (aber nicht identische) Besonderheiten wie in Fall 10. Zunächst ist auch hier zu bedenken, dass die persönliche Haftung der Gesellschafter im Interesse der Gläubiger angeordnet ist. Im Verhältnis der Gesellschafter zueinander ist die Verbindlichkeit dagegen nicht aus dem Privatvermögen des einen oder des anderen von ihnen, sondern aus der Gesellschaftskasse zu begleichen. Hat der Gläubiger einen Gesellschafter persönlich in Anspruch genommen, dann liegt darin für das Innenverhältnis der Gesellschafter eine Fehlentwicklung. Diese Fehlentwicklung würde fortgeführt, wenn der in Anspruch genommene Gesellschafter gegen seine Mitgesellschafter und deren Privatvermögen ohne Einschränkung Regress nehmen dürfte. Der Ausgleichsanspruch richtet sich deshalb in erster Linie gegen die OHG und findet insoweit, wie dargelegt, seine Grundlage in § 110 HGB (s. oben Rn. 33). Nur soweit aus der Gesellschaftskasse keine Befriedigung zu erlangen ist, müssen die anderen Gesellschafter im Innenverhältnis als Gesamtschuldner einstehen. In diesem Sinne ist der Gesamtschuldregress auch hier subsidiär.[62] Das Ergebnis folgt zwanglos aus der Trennung zwischen Gesellschaftsvermögen und Gesellschaftervermögen; sie zu respektieren, haben sich die Gesellschafter mit Abschluss des Vertrags verpflichtet (Konkretisierung der mitgliedschaftlichen Treupflicht). Die zweite Besonderheit betrifft wiederum das Maß des Regresses, geht hier aber andere Wege. Das erklärt sich daraus, dass der Rückgriff hier nicht auf der Grundlage des § 128 S. 1 HGB erfolgt, der eine gesamtschuldnerische Haftung vorsieht, sondern auf der Grundlage des § 426 I BGB. Dieser sieht grundsätzliche eine gleichmäßige Haftung nach Köpfen vor, die aber durch eine anderweitige Bestimmung verdrängt werden kann. Eine solche anderweitige Bestimmung liegt für den Rückgriff des Gesellschafters in der vertraglichen Regelung der internen Verlustbeteiligung. Danach haftet der einzelne Gesellschafter dem in Anspruch genommenen Gesamtschuldner nicht abermals gesamtschuldnerisch, sondern nur pro rata nach Maßgabe seiner eigenen Verlusttragungspflicht.[63] 42

---

[61] Zum Nebeneinander dieser beiden Anspruchsgrundlagen vgl. bereits § 16 Rn. 32.

[62] BGHZ 37, 299, 302 f. = NJW 1962, 1863; BGHZ 103, 72, 76 = NJW 1988, 1375; *BGH* NZG 2002, 232, 233; *BGH* NJW-RR 2008, 256 Rn. 17. Aus dem Schrifttum z. B. Baumbach/Hopt/*Roth,* § 128 Rn. 27; Staub/*Habersack,* § 128 Rn. 49; *Beck,* Jura 2013, 209, 220.

[63] Baumbach/Hopt/*Roth,* § 128 Rn. 27; Ebenroth/Boujong/Joost/Strohn/*Hillmann,* § 128 Rn. 32; Staub/*Habersack,* § 128 Rn. 49; *Faust,* FS K. Schmidt, 2009, S. 357, 360; *Gellings,* JuS 2012, 589, 592.

43 Wenn *Lotz* aus der Kasse der OHG keine Befriedigung erlangen kann, hat er also gem. § 426 I BGB i. V. m. § 128 S. 1 HGB gegen jeden seiner drei Mitgesellschafter eine Forderung über 720 EUR (= $^{3}/_{10}$ von 2.400 EUR). In diesem Rahmen kann er seinen Regress auch auf die Forderung der *Klestil* gegen die Gesellschafter stützen, die gem. § 426 II BGB auf ihn übergeht. Das verbleibende Zehntel entspricht der eigenen Verlustquote des *Lotz*.

Hinweis:

44 Für Studenten kann der Lernaufwand wesentlich reduziert werden, wenn es ihnen gelingt, Strukturparallelen zwischen einzelnen rechtlichen Konstruktionen zu erkennen. Unter diesem Gesichtspunkt sollten auch die in der gesamten Rechtsordnung begegnenden Regressgestaltungen als Einheit erfasst werden. Es geht dabei um Konstellationen, in denen der Leistende nicht wie bei der Kondiktion von dem Empfänger eine Leistung zurückverlangt, sondern von einem Dritten Erstattung begehrt. Zu dieser Anspruchsgruppe gehören etwa die Fälle der Legalzession (z. B. §§ 426 II, 774 I, 1143 I BGB) oder die Pflicht zur rechtsgeschäftlichen Abtretung nach §§ 255, 285 I BGB, aber auch die Rückgriffsansprüche des Auftragnehmers, Bürgen oder Gesamtschuldners.[64] Speziell gesellschaftsrechtliche Relevanz haben – wie in den vorangegangenen Fällen gesehen – der Aufwendungsersatzanspruch nach § 110 HGB bzw. § 713 BGB i. V. m. 670 BGB sowie die Regeln der Gesamtschuld aufgrund der in § 128 S. 1 HGB enthaltenen Anordnung.

IV. Prozessuale Fragen

1. Die Streitgenossenschaft zwischen OHG und Gesellschafter

45 Die zivilrechtlichen Probleme, die sich bei einer Schuldnermehrheit in Gestalt von Haftungs- und Regressansprüchen ergeben können, finden ein zivilprozessuales Pendant in der Frage nach einer etwaigen Streitgenossenschaft der Beteiligten.

46 **Fall 12:** *Klestil* hat ein obsiegendes Urteil gegen die OHG und gegen *Petermann* (s. Fall 1) erstritten. Die OHG legt rechtzeitig Berufung ein. *Petermann*, der nichts unternommen hat, meint, damit sei auch das gegen ihn gerichtete Urteil nicht rechtskräftig geworden.

47 Das Urteil wird unangreifbar (formell rechtskräftig), wenn die Rechtsmittelfrist abgelaufen und das Rechtsmittel nicht eingelegt ist (§ 705 ZPO). *Petermann* hat die Berufungsfrist des § 517 ZPO nicht eingehalten. Das gegen ihn gerichtete Urteil ist deshalb nur dann nicht rechtskräftig geworden, wenn die von der OHG eingelegte Berufung auch für ihn wirkt. Diese Wirkung ergibt sich aus § 62 ZPO, wenn die OHG und der Gesellschafter notwendige Streitgenossen sind; denn in diesem Fall ist *Petermann* als durch die OHG vertreten anzusehen.

48 Notwendige Streitgenossenschaft begegnet in zwei Fallgruppen.[65] Sie ist erstens gegeben, wenn mehrere Personen zusammen als Prozesspartei auftreten müssen, weil sonst die Sachlegitimation fehlt (Streitgenossenschaft aus materiell-rechtlichem Grund). Beispiele bilden die gesellschaftsrechtlichen Gestaltungsklagen der §§ 117, 127, 133, 140 HGB. Zweitens liegt notwendige Streitgenossenschaft vor, wenn bei einem zeitlichen Nacheinander der Prozesse das erste Urteil präjudizielle Wirkung

[64] Anschaulicher Überblick bei *Medicus/Petersen*, Bürgerliches Recht, 25. Aufl., 2015, § 35.
[65] Vgl. zum Folgenden *Rosenberg/Schwab/Gottwald*, § 49 Rn. 1 ff.

gegen die anderen beteiligten Personen hätte; hier geht es also um die Fälle der Rechtskrafterstreckung (vgl. §§ 325, 326, 856 ZPO).[66] In diesen Fällen besteht nämlich gegenüber den Beteiligten ein Zwang zur gleichförmigen Entscheidung.

Nur unter diesem Gesichtspunkt kann zwischen OHG und Gesellschafter eine notwendige Streitgenossenschaft bestehen. Weil die Haftung des Gesellschafters zur Haftung der OHG äußerlich und inhaltlich akzessorisch ist (s. oben Rn. 1 ff.), kann es lediglich dann zu unterschiedlichen Urteilen gegen beide kommen, wenn der Gesellschafter persönliche Einwendungen gegen den Anspruch des Klägers erhebt (§ 129 I HGB). Zwei Betrachtungsweisen sind auf dieser Basis möglich. Man kann auf den konkreten Prozess abheben und aus dieser Sicht feststellen, dass es zu unterschiedlichen Urteilen nur kommen kann, wenn der Gesellschafter in diesem Rechtsstreit eine persönliche Einwendung geltend macht; Folgerung ist, dass nur in diesem Fall keine notwendige Streitgenossenschaft vorliegt.[67] Stellt man dagegen nicht auf den konkreten Prozess, sondern auf die generelle Möglichkeit persönlicher Einwendungen und damit unterschiedlich lautender Urteile ab, gelangt man zwangsläufig zu dem Schluss, dass die Streitgenossenschaft zwischen OHG und Gesellschafter in keinem Fall eine notwendige ist.[68] Diese zweite Betrachtung ist vorzuziehen, weil der Gesellschafter seine Verteidigung im Laufe des Prozesses ändern kann, was bei konkreter Betrachtung zu wechselnden Qualifikationen der Streitgenossenschaft führen würde. Gesellschaft und Gesellschafter sind demnach keine notwendigen, sondern nur einfache Streitgenossen nach § 59 ZPO. Dasselbe gilt für mehrere verklagte Gesellschafter untereinander.[69] Weil *Petermann* also nicht als notwendiger Streitgenosse gem. § 62 ZPO durch die OHG vertreten worden ist, hat das Urteil gegen ihn Rechtskraft erlangt. 49

2. Die Zwangsvollstreckung

Fall 13: *Klestil* hat nur einen Titel gegen die OHG. Der Gerichtsvollzieher lehnt es ab, aufgrund dieses Titels bei *Petermann* zu pfänden. Ist die Weigerung berechtigt? 50

Für die Zwangsvollstreckung in das Vermögen der OHG ist nach § 124 II HGB ein gegen die Gesellschaft selbst gerichteter Titel erforderlich. Nach § 129 IV HGB gilt die Umkehrung für die Zwangsvollstreckung in das Privatvermögen eines Gesellschafters: Der Titel gegen die OHG reicht nicht. Notwendig ist ein Titel gegen den Gesellschafter selbst. Der Gerichtsvollzieher lehnt es also zu Recht ab, aufgrund des gegen die Gesellschaft gerichteten Titels bei *Petermann* zu pfänden. Die Regelung in § 129 IV HGB ist folgerichtig: In dem Prozess gegen die OHG kann der Gesellschafter seine persönlichen Einwendungen gegen den Anspruch des Klägers nicht vorbringen. Weil das Gesetz solche Einwendungen in § 129 I HGB zulässt, kann es nicht gestatten, dass aus dem gegen die OHG ergangenen Urteil gegen den Gesellschafter vollstreckt wird.[70] 51

---

[66] *Rosenberg/Schwab/Gottwald,* § 49 Rn. 4: „Rechtskrafterstreckung bei einem Nacheinander von Prozessen führt zur notwendigen Streitgenossenschaft bei einem Miteinander von Prozessen."

[67] So die frühere Rechtsprechung, vgl. RGZ 123, 151, 154; RGZ 136, 266, 268; *BGH* BB 1961, 148.

[68] So die heute h. M.; vgl. BGHZ 54, 251, 255 f. = NJW 1970, 1740; *BGH* NJW 1988, 2113; Baumbach/Hopt/*Roth,* § 128 Rn. 39; MüKoHGB/*K. Schmidt,* § 128 Rn. 21.

[69] MüKoHGB/*K. Schmidt,* § 128 Rn. 21.

[70] BGHZ 62, 131 f. = NJW 1974, 750; MüKoHGB/*K. Schmidt,* § 129 Rn. 27.

V. Zusammenfassung

52 Zu der Haftung der Gesellschaft tritt nach § 128 S. 1 HGB die akzessorische Gesellschafterhaftung hinzu. Danach ist der Gesellschafter grundsätzlich wie die Gesellschaft zur Erfüllung und nicht nur zur Leistung des Interesses in Geld verpflichtet (Inhaltsakzessorietät). Doch lässt dieser Grundsatz Ausnahmen zu. Maßgeblich ist dabei, ob eine Leistung des Gesellschafters nach dem Maßstab des § 888 ZPO etwas inhaltlich anderes wäre als eine Leistung der OHG. Nach § 128 S. 2 HGB kann die persönliche Haftung des Gesellschafters nicht im Gesellschaftsvertrag mit Wirkung gegenüber dem Gläubiger abbedungen werden. Wirksam ist jedoch eine entsprechende Vereinbarung mit dem Gläubiger selbst. Eine Klausel des Gesellschaftsvertrags kann nur die Gesellschafter selbst binden, nämlich in dem Sinne, dass der Begünstigte im Innenverhältnis einen Anspruch auf Freistellung erwirbt. Nach § 129 I HGB kann der Gesellschafter gegen die Forderung des Gläubigers solche Einwendungen erheben, die sich gerade aus seinem Verhältnis zu diesem ergeben (persönliche Einwendungen), und weiter alle Einwendungen vorbringen, die der OHG zustehen. Besondere Leistungsverweigerungsrechte gewähren § 129 II und III HGB. Nach § 129 III HGB darf der Gesellschafter die Leistung verweigern, wenn die Aufrechnungslage zugunsten des Gläubigers und der OHG besteht, ferner dann, wenn nur die OHG aufrechnen könnte, aber nicht, wenn zwar der Gläubiger aufrechnen kann, aber eine Aufrechnung durch die Gesellschaft nicht hinzunehmen braucht.

53 Im Verhältnis zwischen der OHG und den Gesellschaftern besteht keine Gesamtschuld, weil die Verbindlichkeit des Gesellschafters derjenigen der OHG akzessorisch und damit nicht in der von § 425 BGB vorausgesetzten Weise selbstständig ist. Der Ausgleichsanspruch des Gesellschafters gegen die OHG folgt deshalb nicht aus § 426 I BGB, sondern aus § 110 HGB. In ihrem Verhältnis zueinander haften die Gesellschafter nach § 128 S. 1 HGB als Gesamtschuldner, wobei diese Anordnung aber nicht für Sozialverbindlichkeiten gilt. Ein Ausgleichsanspruch des Gesellschafters kommt deshalb nur in Betracht, wenn er der Gesellschaft ausnahmsweise wie ein Drittgläubiger gegenübertritt oder wenn er nach eigener Inanspruchnahme seine Mitgesellschafter nicht über § 128 S. 1 HGB, sondern über § 426 I und II BGB in Anspruch nimmt. In diesem Fall muss er sich aber zwei Einschränkungen gefallen lassen: Zunächst richtet sich seine Ausgleichsforderung in erster Linie gegen die OHG; nur soweit er nicht aus der Gesellschaftskasse befriedigt wird, kann er von den anderen Gesellschaftern persönlich Ausgleichung verlangen. Auch dieser Ausgleich ist aber beschränkt. Wird er auf § 426 BGB gestützt, haften die Mitgesellschafter ohnehin nur pro rata. Bei einem Rückgriff nach § 128 S. 1 HGB muss der Anspruchsteller sich zumindest den auf ihn entfallenden Verlustanteil abziehen lassen.

54 Zwischen der OHG und dem Gesellschafter besteht keine notwendige Streitgenossenschaft (§ 62 ZPO), weil gegen die OHG und gegen den Gesellschafter wegen der ihm persönlich zustehenden Einwendungen (§ 129 I HGB) unterschiedliche Urteile ergehen können. Der Gläubiger kann aus dem gegen die OHG ergangenen Urteil auch nicht gegen die Gesellschafter vollstrecken (§ 129 IV HGB); das Gesetz verlangt dafür einen gegen den Gesellschafter selbst gerichteten Titel.

§ 17. Auflösung und Liquidation der OHG

Literatur: *Beck,* Personengesellschaften – Gemeinsamkeiten und Unterschiede zwischen GbR und OHG; Jura 2013, 209; *Butzer,* Die Liquidation von Personenhandelsgesellschaften – ein Überblick, Jura 1994, 628; *K. Schmidt,* Liquidationszweck und Vertretungsmacht der Liquidatoren, AcP 174 (1974), 55; *K. Schmidt,* Ultra-vires-Doktrin: tot oder lebendig?, AcP 184 (1984), 529; *K. Schmidt,* Die Handels-Personengesellschaft in Liquidation, ZHR 153 (1989), 270.

I. Die Auflösungstatbestände

Hinsichtlich der Auflösung und der Liquidation der OHG kann sehr weitgehend auf das Recht der BGB-Gesellschaft verwiesen werden (s. § 10). Wie dort ist auch hier zwischen der Auflösung und der Auseinandersetzung zu differenzieren, an deren Ende erst die Vollbeendigung der Gesellschaft steht. Die Auflösung beginnt, wenn einer der in § 131 HGB genannten Auflösungsgründe erfüllt ist. Unterschiede ergeben sich nur insofern, als bei den Personenhandelsgesellschaften aufgrund ihrer Teilnahme am Handelsverkehr dem Fortbestand der Gesellschaft größere Bedeutung beigemessen wird als bei der BGB-Gesellschaft. Das zeigt sich insbesondere darin, dass das Ausscheiden eines Gesellschafters nicht zwangsläufig zur Auflösung der Gesellschaft führt. Die für Personengesellschaften charakteristische Fokussierung auf die konkreten Personen des ursprünglichen Zusammenschlusses wird daher in diesem Punkt etwas aufgelockert. Darüber hinaus wird auch dem gesteigerten Bedürfnis des Handelsverkehrs nach Rechtssicherheit dadurch Rechnung getragen, dass die Auflösung der Gesellschaft unter gerichtlicher Beteiligung zu erfolgen hat. 1

Fall 1: *Baßler, Henn* und *Kloepfer* betreiben gemeinsam das Musikfachgeschäft 3Klang in der Rechtsform einer OHG. Schon kurz nach der Geschäftseröffnung erweist sich der unzuverlässige *Baßler* aber als zunehmende Belastung für seine Geschäftspartner. Die Situation eskaliert, als *Baßler* infolge einer verunglückten Börsenspekulation schwere finanzielle Verluste erleidet. Seine Situation ist derart desolat, dass die Eröffnung des Insolvenzverfahrens über sein Vermögen mangels Masse abgelehnt wird (§ 26 I 1 InsO). *Kloepfer* will vor diesem Hintergrund die gemeinsame Zusammenarbeit schnellstmöglich beenden und die Gesellschaft fristlos kündigen. Welche Möglichkeiten stehen ihm in diesem Fall offen, wenn *Baßler* und *Henn* sich der Auflösung verweigern? 2

Um die gemeinsame Zusammenarbeit in der OHG zu beendigen, muss *Kloepfer* die Gesellschaft auflösen. Das ist nur möglich, wenn einer der in § 131 I HGB genannten Auflösungstatbestände erfüllt ist.[1] § 131 I Nr. 1 HGB nennt insofern zunächst den Zeitablauf. Es handelt sich dabei also nicht um einen gesetzlichen, sondern um einen schon von den Parteien vereinbarten vertraglichen Auflösungsgrund. Er kann vorliegen, wenn eine Zeit nach dem Kalender festgelegt ist, aber auch wenn ein bestimmtes Ereignis als Endtermin vereinbart wird, dessen Eintritt zwar gewiss ist, aber zeitlich noch nicht fixiert werden kann (z. B. Erschöpfung der Ölquelle XY).[2] In der Praxis kommt diesem Auflösungstatbestand keine wesentliche Bedeutung zu, da derartige Vereinbarungen nur selten getroffen werden. Als weiteren Grund führt § 131 I Nr. 2 HGB einen Auflösungsbeschluss der Gesellschafter auf. Ebenso wie § 131 I Nr. 1 HGB hat auch dieser Tatbestand im Wesentlichen eine nur klarstellende Bedeutung. Da die Gesellschaft von den Gesellschaftern privatautonom nach ihrem freien Willen ins Leben gerufen werden kann, steht es ihnen auch frei, sie wieder aufzulösen, was durch einen entsprechenden Beschluss vollzogen werden kann.[3] § 131 I Nr. 3 HGB ergänzt den Auflösungstatbestand der Gesellschaftsinsolvenz, der sich daraus erklärt, dass das Insolvenzverfahren auf die Beseitigung der Gesellschaft als Rechtsträger gerichtet ist.[4] Wird die Eröffnung des Insolvenzver- 3

[1] Vgl. dazu etwa den Überblick bei MüKoHGB/*K. Schmidt,* § 131 Rn. 11 ff.; ferner *Kübler/Assmann,* § 7 VI 1.
[2] MüKoHGB/*K. Schmidt,* § 131 Rn. 12; *Beck,* Jura 2013, 209, 215.
[3] MüKoHGB/*K. Schmidt,* § 131 Rn. 15.
[4] Vgl. dazu Staub/*C. Schäfer,* § 131 Rn. 30; *Beck,* Jura 2013, 209, 215.

fahrens nach § 26 I 1 InsO mangels Masse abgelehnt, so führt das grundsätzlich nicht zur Auflösung. Das wird mittelbar bestätigt durch § 131 II 1 Nr. 1 HGB, der eine gegenteilige Anordnung nur für den Fall trifft, dass keine natürliche Person für die Gesellschaftsschulden haftet, also namentlich bei der GmbH & Co. KG (vgl. dazu noch § 37).[5] Als letzten Fall nennt § 131 I Nr. 4 HGB schließlich noch die Auflösung durch gerichtliche Entscheidung und verweist damit auf § 133 HGB, der eine solche Auflösung für den Fall vorsieht, dass ein Gesellschafter die Gesellschaft aus einem wichtigen Grund kündigt. Ohne einen solchen Grund ist eine einseitige Auflösung also – anders als bei der BGB-Gesellschaft (§ 723 I 1 BGB) – nicht möglich (zu den Gründen s. noch Rn. 5).

4 Nach allgemeinen Grundsätzen ist diese gesetzliche Aufzählung noch um den Fall zu ergänzen, dass die Gesellschafterzahl auf einen absinkt, da eine Einmann-Personengesellschaft nicht anzuerkennen ist (vgl. dazu bereits § 10 Rn. 9; zum Sonderfall einer Ausschlussklage in einer zweigliedrigen Gesellschaft s. noch § 18 Rn. 31).[6] Im Übrigen ist die Aufzählung des § 131 I HGB grundsätzlich abschließend.[7] Die Auflösungsgründe des § 726 BGB (Zweckerreichung und Unmöglichkeit) gibt es bei der OHG nicht. Sie sollen aus Gründen der Rechtssicherheit auch nicht über die Verweisungsnorm des § 105 III HGB entsprechende Anwendung finden. Liegt ausnahmsweise ein Sachverhalt vor, der unter § 726 BGB subsumierbar wäre, so kann das ein wichtiger Grund für ein Auflösungsurteil nach § 133 HGB sein. Als Beispiele sind die Fälle zu nennen, in denen der Fortführung des bisherigen Geschäftsgegenstands ein Verbot, z. B. eine Import- oder Exportsperre, entgegensteht oder die Ausbeutung der Kiesgrube, die den Gegenstand des Unternehmens bildet, abgeschlossen ist.[8]

5 Die wichtigste Abweichung vom Recht der BGB-Gesellschaft liegt darin, dass seit dem Inkrafttreten des Handelsrechtsreformgesetzes im Jahr 1998[9] Ereignisse, die nur einen einzelnen Gesellschafter betreffen (Tod, Eröffnung des Insolvenzverfahrens über sein Vermögen, Kündigung durch Gesellschafter oder seinen Gläubiger), nicht mehr zur Auflösung der Gesellschaft führen. Nach § 131 III HGB wird in diesem Fall lediglich die Mitgliedschaft desjenigen Gesellschafters beendet, in dessen Person das Ereignis eintritt (vgl. dazu noch § 18 Rn. 5 ff.). Diese Regelung soll dem Fortbestand des Gesellschaftsunternehmens dienen[10] und lässt deshalb den Charakter der OHG als Arbeits- und Haftungsgemeinschaft zurücktreten (zur Anwendung auf den einzigen Komplementär einer KG vgl. noch die Ausführungen unter § 21 Rn. 31).

6 Der finanzielle Zusammenbruch des *Baßler* berührt den Fortbestand der Gesellschaft daher zunächst nicht. Ein Fall des § 131 I HGB liegt ersichtlich nicht vor, da *Baßler* sich weigert, an einem entsprechenden Gesellschafterbeschluss i. S. d. § 131 I

---

[5] Vgl. zu diesem Szenario MüKoHGB/*K. Schmidt*, § 131 Rn. 29 ff.; Staub/*C. Schäfer*, § 131 Rn. 40 f.

[6] Auflösung und Vollbeendigung fallen dann zusammen; vgl. z. B. (unter diesem Gesichtspunkt zutreffend) *OLG Zweibrücken* FGPrax 1995, 93; Baumbach/Hopt/*Roth*, § 131 Rn. 7.

[7] BGHZ 75, 178, 179 = NJW 1980, 233; BGHZ 82, 323, 326 = NJW 1982, 875; *BGH* WM 1973, 863, 864; Baumbach/Hopt/*Roth*, § 131 Rn. 6; Staub/*C. Schäfer*, § 131 Rn. 43; krit. MüKoHGB/*K. Schmidt*, § 131 Rn. 9; *K. Schmidt*, ZHR 153 (1989), 270, 278 ff.

[8] Ist dieser Schlusspunkt schon eindeutig als Beendigungsgrund im Gesellschaftsvertrag vorgesehen, kann im letztgenannten Fall allerdings auch § 131 I Nr. 1 HGB zur Anwendung gelangen.

[9] BGBl. I 1474.

[10] RegBegr, BT-Drucks. 13/8444, S. 41 f., 65.

Nr. 2 HGB mitzuwirken und § 131 I Nr. 3 HGB nur die Insolvenz der Gesellschaft, nicht aber eines einzelnen Gesellschafters erfasst. Eine solche Gesellschafterinsolvenz würde nach § 131 III 1 Nr. 2 HGB nicht zur Auflösung, sondern nur zum Ausscheiden des Gesellschafters führen, doch ist auch dieser Fall hier nicht gegeben, weil das Gericht die Eröffnung des Insolvenzverfahrens nach § 26 I 1 InsO gerade abgelehnt hat.[11] Die Vorschrift lässt sich in diesem Fall auch nicht analog anwenden, weil ihr Sinn, den in der Gesellschafterstellung steckenden Wert zur geordneten Befriedigung der Gläubiger durch den Insolvenzverwalter zu verwenden, bei Ablehnung des Verfahrens nicht verwirklicht werden kann; den Gläubigern bleibt nur der Weg des § 135 HGB (vgl. dazu noch die Ausführungen in Rn. 8 ff.).

Kloepfer bleibt danach nur noch die Möglichkeit einer Kündigung. Sie kann auf zwei verschiedenen Wegen erfolgen: Besteht für die Kündigung der Gesellschaft kein wichtiger Grund, so ist der einzelne Gesellschafter trotzdem nicht zur Fortsetzung der gemeinschaftlichen Tätigkeit gezwungen. Vielmehr kann er auch ohne das Vorliegen eines Grundes eine Kündigung aussprechen, die dann nach der neuen Rechtslage aber nur zu seinem Ausscheiden aus der Gesellschaft führt (§ 131 III 1 Nr. 3 HGB i. V. m. § 132 HGB). Damit sich die übrigen Gesellschafter auf diese einschneidende Veränderung und den damit verbundenen Kapitalabfluss einstellen können, ist eine solche Kündigung nur fristgebunden möglich, nämlich mit sechs Monaten Frist zum Ende des Geschäftsjahrs (§ 132 HGB). Wenn *Kloepfer* so lange nicht warten will und eine einverständliche Lösung (§ 131 III 1 Nr. 2 HGB) nicht möglich ist, bleibt nur die Auflösungsklage des § 133 HGB. Sie ist eine im Interesse der Rechtssicherheit eingeführte Gestaltungsklage; ein nachträglicher Streit über das Vorliegen eines wichtigen Grundes und damit über die Wirksamkeit der Kündigung soll vermieden werden. Wann ein wichtiger Grund vorliegt, sagt § 133 HGB nicht, sondern es werden nur zwei Beispiele in § 133 II HGB aufgeführt, nämlich eine wesentliche Pflichtverletzung oder die Unmöglichkeit künftiger Pflichterfüllung. Diese beispielhaft genannten Fälle werden dahingehend verallgemeinert, dass ein wichtiger Grund dann vorliegt, wenn der Auflösungsgrund so wichtig ist, dass dem Gesellschafter ein Zuwarten bis zum nächsten regulären Kündigungstermin (§ 132 HGB) nicht zugemutet werden kann. Diese Voraussetzung ist angesichts der Haftungs- und Arbeitsgemeinschaft der Gesellschafter bei dem völligen wirtschaftlichen Zusammenbruch eines von ihnen zu bejahen.[12] *Kloepfer* kann also zwar nicht fristlos kündigen, aber die gerichtliche Auflösung der OHG verlangen. 7

Fall 2: Die Gesellschafter ringen sich schließlich nach einem klärenden Gespräch doch dazu durch, die OHG fortzuführen. Nun stellt sich aber heraus, dass der Fortbestand der Gesellschaft mittlerweile auch von außen bedroht wird. Die Commerzbank hat gegen *Baßler* eine Forderung über 10.000 EUR und kündigt an, sie wolle in Ermangelung anderer nennenswerter Vermögenswerte des *Baßler* zumindest den Wert realisieren, der in seiner Beteiligung an der OHG liegt. Wie kann die Bank hier vorgehen, wenn sich in ihrem Besitz ein unanfechtbar gewordener Vollstreckungsbescheid und ein drei Monate altes Protokoll über einen fruchtlosen Pfändungsversuch befindet? 8

Aufgrund eines Titels gegen *Baßler* kann die Commerzbank nicht in das Gesellschaftsvermögen vollstrecken (§ 124 II HGB – vgl. bereits § 15 Rn. 15 f.). Den dafür erforderlichen Titel gegen die OHG selbst kann sie aber als Privatgläubiger eines Gesellschafters nicht erlangen. Insoweit ist das Gesellschaftsvermögen gegen den Zugriff der Gläubiger eines Gesellschafters abgeschirmt. Wie bei der BGB-Gesellschaft ist aber auch hier der Anspruch des Gesellschafters auf das Auseinanderset- 9

---

[11] BGHZ 75, 178, 181 = NJW 1980, 233; Baumbach/Hopt/*Roth*, § 131 Rn. 13.

[12] Staub/*C. Schäfer*, § 133 Rn. 29; a. A. MüKoHGB/*K. Schmidt*, § 131 Rn. 74.

zungsguthaben (§ 734 BGB i. V. m. § 105 III HGB) übertragbar (§ 717 S. 2 BGB i. V. m. § 105 III HGB) und damit pfändbar (§ 851 I ZPO).[13] Die Pfändung erfolgt gem. § 829 i. V. m. § 857 I ZPO. Damit ist der Bank jedoch wenig geholfen, wenn die OHG nicht auseinandergesetzt wird. § 131 III 1 Nr. 4 HGB i. V. m. § 135 HGB gewährt deshalb dem Gläubiger das Recht, die Gesellschaft zu kündigen.[14] Dafür ist zunächst neben der Pfändung die Überweisung (§ 835 i. V. m. § 857 I ZPO) des Anspruchs auf das Auseinandersetzungsguthaben notwendig. Weiter darf der Titel nicht bloß vorläufig vollstreckbar sein. Das trifft nicht nur auf die nach § 705 ZPO rechtskräftig gewordenen Endurteile, sondern auch auf den Vollstreckungsbescheid der Commerzbank zu. Er ist Vollstreckungstitel nach § 794 I Nr. 4 ZPO und mit Versäumung der Einspruchsfrist nach §§ 339, 700 ZPO unangreifbar geworden. Schließlich kann die Bank, wie von § 135 HGB vorausgesetzt, auch einen fruchtlosen Pfändungsversuch in das sonstige bewegliche Vermögen des *Baßler* nachweisen, der innerhalb der letzten sechs Monate erfolgt ist.

10 Die Bank kann deshalb den Gesellschaftsvertrag nach § 135 HGB mit einer Frist von sechs Monaten zum Ende des Geschäftsjahres kündigen. Sie erhält nach Abschluss der Liquidation das Auseinandersetzungsguthaben (§ 734 BGB) des *Baßler,* soweit es zu ihrer Befriedigung erforderlich ist. Das Verfahren ist mühsam. Einen anderen Weg, den in der Beteiligung an der OHG liegenden Vermögenswert zu realisieren, gibt es jedoch nicht.

II. Die Grundgedanken der §§ 145 ff. HGB

11 Durch die Auflösung wird die OHG ebenso wenig beendet wie die Gesellschaft bürgerlichen Rechts.[15] Mit der Auflösung ändert sich der Gesellschaftszweck: Nicht mehr der Betrieb des Handelsgewerbes (§ 105 I HGB) ist Zweck der OHG, sondern die Beendigung der gesellschaftlichen Bindungen. Das dafür erforderliche Abwicklungsverfahren bezeichnen die §§ 145 ff. HGB als Liquidation der OHG.[16]

12 Wie bei der BGB-Gesellschaft spielt auch bei der Liquidation der OHG der Gesichtspunkt des Gläubigerschutzes nur am Rande eine Rolle (vgl. § 146 II 2 HGB). Die Gläubiger der OHG werden nämlich durch den Fortbestand der persönlichen Haftung der Gesellschafter (§§ 128, 159 HGB) hinreichend geschützt.[17] Deshalb ist das gesetzliche Liquidationsverfahren grundsätzlich dispositiv (vgl. § 145 I und II HGB). Die §§ 145 ff. HGB werden auch verdrängt, wenn es um die Interessen der Gläubiger der Gesellschaft geht, nämlich bei Insolvenz der OHG (§ 145 I HGB, §§ 11, 19 InsO).

13 Die Liquidation ist grundsätzlich Sache der Gesellschafter selbst (§ 146 HGB). Der Aufgabenkreis der Liquidatoren und ihre Vertretungsmacht richten sich nach § 149 HGB. Bei der Abwicklung der „schwebenden Geschäfte" (§ 149 S. 1, 2. Hs. HGB) haben sie ein weites Ermessen. Sie können namentlich den Betrieb weiterführen, soweit das dem Liquidationszweck entspricht, also z. B. die bisherige Produktion aufrechterhalten, wenn dies dem rationellen Abbau eines Rohstofflagers dient. In

[13] Vgl. schon § 8 Rn. 37. Die Kündigungsbefugnis des Gläubigers wird in § 725 BGB jedoch mit der Pfändung des Anteils am Gesellschaftsvermögen verknüpft; insoweit weicht § 135 HGB ab.

[14] Vgl. dazu etwa *BGH* NZG 2009, 1106 Rn. 10 ff.; MüKoHGB/*K. Schmidt,* § 131 Rn. 82; Staub/*C. Schäfer,* § 131 Rn. 101.

[15] Zur Unterscheidung zwischen Auflösung und Vollbeendigung vgl. § 10 Rn. 1.

[16] *Saenger,* Rn. 329; *Windbichler,* § 12 Rn. 31 f.; Überblick bei *Butzer,* Jura 1994, 628 ff.

[17] Teilweise krit. *K. Schmidt,* ZHR 153 (1989), 270, 283 f.

diesem Rahmen können sie auch neue Verträge abschließen, z. B. Produktionsmaterial einkaufen und die hergestellten Waren verkaufen.[18]

14 § 149 HGB gibt zugleich das Charakteristikum des gesetzlichen Liquidationsverfahrens an: Das Vermögen der OHG ist in Geld umzusetzen, also zu versilbern. Zweck ist die Herstellung einer verteilungsfähigen Masse.

15 Die Verteilung erfolgt aufgrund der Schlussbilanz, die von den Liquidatoren aufzustellen ist (§ 154 HGB). Verteilungsschlüssel sind die Kapitalanteile der Gesellschafter (§ 155 HGB).[19] Die Liquidation ist abgeschlossen, wenn das nach der Berichtigung der Verbindlichkeiten verbleibende Vermögen der OHG vollständig unter den Gesellschaftern verteilt ist. Damit endet die Existenz der Gesellschaft.

III. Zusammenfassung

16 Die Sachverhalte, die zur Auflösung der OHG führen, sind in § 131 I HGB genannt. Darüber hinaus wird die OHG aufgelöst (und zugleich vollbeendet), wenn die Gesellschafterzahl unter zwei absinkt. Die in § 131 I Nr. 4 HGB angesprochene Entscheidung ist das Auflösungsurteil des § 133 HGB. Mit der Auflösung ist die Gesellschaft im Allgemeinen nicht beendet; die OHG wird vielmehr liquidiert (§§ 145 ff. HGB). Liquidatoren sind grundsätzlich die Gesellschafter selbst (§ 146 HGB). Ihr Aufgabenkreis und ihre Vertretungsmacht richten sich nach § 149 HGB: Zweck der Liquidation ist die Herstellung einer verteilungsfähigen Masse. Das Vermögen der OHG ist deshalb in Geld umzusetzen (§ 149 HGB). Verteilt wird aufgrund der Schlussbilanz (§ 154 HGB) entsprechend den Kapitalanteilen der Gesellschafter (§ 155 HGB). Mit der vollständigen Verteilung endet die Existenz der OHG.

§ 18. Eintritt und Ausscheiden von Gesellschaftern; Gesellschafterwechsel

Literatur: Vgl. bereits die Angaben Vor § 10; ferner *Altmeppen,* Zur Enthaftung des ausscheidenden Personengesellschafters, NJW 2000, 2529; *Dauner-Lieb,* Abfindungsklauseln bei Personengesellschaften, ZHR 158 (1994), 271; *Foerster,* Abfindungs- und Nachfolgeregelungen im Laufe der Zeit, ZGR 2014, 396; *Henze,* Einschränkung und Ausschluss des Abfindungsanspruchs des Personengesellschafters in der Rechtsprechung des *BGH,* FS K. Schmidt, 2009, S. 619; *Hülsmann,* Abfindungsklauseln: Kontrollkriterien der Rechtsprechung, NJW 2002, 1673; *Lüneborg,* Die Nachhaftung des ausgeschiedenen Personengesellschafters für Altverbindlichkeiten, ZIP 2012, 2229; *Rasner,* Abfindungsklauseln bei Personengesellschaften, ZHR 158 (1994), 292; *Sigle,* Gedanken zur Wirksamkeit von Abfindungsklauseln in Gesellschaftsverträgen, ZGR 1999, 659; *Stodolkowitz,* Die außerordentliche Gesellschafterkündigung in der Personenhandelsgesellschaft, NZG 2011, 1327; *Ulmer/C. Schäfer,* Die rechtliche Beurteilung vertraglicher Abfindungsbeschränkungen bei nachträglich eintretendem groben Mißverhältnis, ZGR 1995, 134; *Wangler,* Abfindungsregeln in Gesellschaftsverträgen, DB 2001, 1763; *Wertenbruch,* Beginn der Enthaftungsfrist bei Ausscheiden aus einer Personengesellschaft, NZG 2008, 216; Übungsfall: *Saenger/Scheuch,* „Schluss mit der Vetternwirtschaft!“, JA 2012, 651.

I. Aufnahme eines neuen Gesellschafters

1 **Fall 1:** Die beiden Freundinnen *Hilbert* und *Bauer* betreiben seit mehr als zehn Jahren das Ambienta-Wellnesshotel in der Rechtsform einer OHG. Der umtriebige Geschäftsmann *Gaedeke* möchte sich ebenfalls als Gesellschafter beteiligen, um die aus seiner Sicht dringend

---

[18] *BGH* NJW 1984, 982; weitergehend *K. Schmidt,* AcP 174 (1974), 55, 71 ff.; *ders.,* AcP 184 (1984), 529 ff.

[19] Zum Kapitalanteil vgl. § 14 Rn. 40 ff.

erforderliche Modernisierung voranzutreiben. Kann *Hilbert,* die dem Beitritt *Gaedekes* wesentlich aufgeschlossener gegenübersteht als die skeptische *Bauer,* den Vertrag mit *Gaedeke* kraft ihrer Vertretungsmacht für die OHG abschließen?

2 Die OHG ist eine Arbeits- und Haftungsgemeinschaft der Parteien des Gesellschaftsvertrags. Daraus erklärt sich, dass die Aufnahme eines neuen Gesellschafters wie bei der BGB-Gesellschaft (vgl. oben § 6 Rn. 17f.) auch hier nicht gesetzlich geregelt ist. Die §§ 107, 130 HGB lassen nur erkennen, dass die Erweiterung des Mitgliederkreises durch Abschluss eines weiteren Aufnahmevertrags zulässig ist. Einen solchen Vertrag könnte *Hilbert* mit *Gaedeke* kraft ihrer Vertretungsmacht (§§ 125, 126 HGB) abschließen, wenn die OHG selbst Vertragspartei wäre, da die Vertretungsmacht des Gesellschafters jeden Vertragsschluss der OHG abdeckt (§ 126 I HGB). Der Aufnahmevertrag wird jedoch nicht zwischen der OHG und dem Aufzunehmenden abgeschlossen, sondern zwischen sämtlichen bisherigen und neuen Gesellschaftern.[1] In der Aufnahme eines neuen Gesellschafters liegt nämlich der Abschluss eines Gesellschaftsvertrags mit dem Eintretenden, verbunden mit einer Änderung des unter den bisherigen Gesellschaftern bestehenden Vertrags,[2] weil die mitgliedschaftliche Beteiligung des Neuen am Gesellschaftsvermögen und an Gewinn und Verlust, ferner seine Mitwirkungsrechte in der OHG, auf die Rechtsstellung der bisherigen Gesellschafter einwirken.

3 Weil die OHG nicht Partei des Aufnahmevertrags ist, sind die §§ 125, 126 HGB nicht anwendbar.[3] Aufgrund ihrer organschaftlichen Vertretungsmacht kann *Hilbert* den Vertrag mit *Gaedeke* also nicht abschließen. Bei dem Vertragsschluss müssen entweder *Hilbert* und *Bauer* gemeinsam handeln oder *Bauer* muss *Hilbert* eine besondere Vollmacht erteilen (§§ 164, 167 BGB). Wenn die Aufnahme zusätzlicher Gesellschafter von vornherein geplant ist, kann es sinnvoll sein, die Bevollmächtigung schon im Gesellschaftsvertrag vorzunehmen; rechtliche Bedenken bestehen dagegen nicht. Dieser Weg wird namentlich bei der Publikums-KG (vgl. dazu § 23 Rn. 5) beschritten, indem die persönlich haftende Gesellschafterin (Komplementär-GmbH) die Aufnahmeverträge mit den neuen Kommanditisten nicht nur im eigenen Namen, sondern aufgrund vertraglicher Ermächtigung zugleich im Namen der übrigen Gesellschafter abschließt.[4]

4 Mit dem Abschluss des Aufnahmevertrags wird *Gaedeke* als neuer Gesellschafter Mitglied der OHG. Die Mitgliedschaft vermittelt ihm eine Beteiligung am Gesellschaftsvermögen, während die Beteiligungsquoten der übrigen Gesellschafter entsprechend zurückgehen. Ein gesondertes dingliches Recht am Gesellschaftsvermögen steht dem *Gaedeke* ebenso wie bei der BGB-Gesellschaft nicht zu. Dem entspricht auch die grundbuchmäßige Behandlung, etwa hinsichtlich des Eigentums am Hotelgrundstück. Nach § 124 I HGB wird allein die OHG als Eigentümerin in das Grundbuch eingetragen (zur schwierigeren Situation bei der BGB-Gesellschaft vgl. die Ausführungen oben § 3 Rn. 18). Wurde die Aufnahme des *Gaedeke* erfolgreich vollzogen, so ist sie nach §§ 107, 108 HGB von sämtlichen Gesellschaftern zur Eintragung in das Handelsregister anzumelden. Die Eintragung hat nur deklaratorische Bedeutung, und zwar auch in den Fällen des § 2 HGB, sofern der kaufmännische Charakter des Unternehmens vorher durch Eintragung begründet wurde (vgl.

---

1 BGHZ 26, 330, 333 f. = NJW 1958, 668; BGHZ 76, 160, 164 = NJW 1980, 1463; *Saenger,* Rn. 319; K. *Schmidt,* § 45 II 3a.

2 MüKoHGB/*K. Schmidt,* § 105 Rn. 206; *ders.,* § 45 II 3a; *Eisenhardt/Wackerbarth,* Rn. 406.

3 RGZ 128, 172, 176.

4 Vgl. zu derartigen Gestaltungen etwa Ebenroth/Boujong/Joost/Strohn/*Henze/Notz,* § 177a Anh. B, Rn. 11 ff.; Röhricht/v. Westphalen/*Haas/Mock,* § 161 Rn. 130 ff.

§ 12 Rn. 12 ff.). Für die Wirksamkeit des Beitritts im Außenverhältnis gilt wie bei der Gründung § 123 HGB (s. oben § 12 Rn. 22 ff.). Zur Haftungsfolge nach § 130 HGB s. noch Rn. 32 ff.

II. Ausscheiden und Ausschließung eines Gesellschafters

1. Überblick

Fall 2: Nachdem *Gaedeke* in die Gesellschaft eingetreten ist, kommt es immer häufiger zu Reibereien mit *Bauer,* die ihre anfängliche Abneigung nicht überwinden kann und auch mit den Modernisierungsvorschlägen des *Gaedeke* nicht einverstanden ist. Schließlich entscheidet sie sich unter dem Druck ständiger Auseinandersetzungen dazu, sich aus der OHG zurückzuziehen, ohne dass die Gesellschaft deshalb aufgelöst werden soll. Ist das möglich? 5

Bauer will ihre Mitgliedschaft beenden, während die OHG unter Wahrung ihrer rechtlichen Identität von den übrigen Gesellschaftern fortgesetzt werden soll. Diesen Tatbestand bezeichnet man als das Ausscheiden eines Gesellschafters, das auf einer Vielzahl von Gründen beruhen kann.[5] Diese in § 131 III 1 HGB enthaltenen Ausscheidenstatbestände sind weiter gefasst als bei der BGB-Gesellschaft, da bestimmte Sachverhalte in der Person eines Gesellschafters, die dort zur Auflösung der gesamten Gesellschaft führen, bei der OHG seit dem Inkrafttreten des Handelsrechtsreformgesetzes im Jahr 1998[6] nur das Ausscheiden des davon betroffenen Gesellschafters zur Folge haben (s. bereits § 17 Rn. 5). 6

2. Tod und Insolvenz

Entsprechend dieser Grundsatzentscheidung führen der Tod oder die Insolvenz eines Gesellschafters anders als bei der BGB-Gesellschaft (§§ 727 f. BGB) nicht zur Auflösung der OHG, sondern lediglich zum Ausscheiden des davon Betroffenen (§ 131 III 1 Nr. 1 und 2 HGB – s. bereits § 17 Rn. 5). Im ersten Fall kann die Mitgliedschaft unter Umständen auf die Erben übergehen, doch ist dies von der vertraglichen Ausgestaltung im Einzelfall abhängig (vgl. dazu noch ausführlich § 19). Im Falle einer Insolvenz fällt anders als bei der BGB-Gesellschaft nicht das Auseinandersetzungsguthaben (s. oben § 8 Rn. 28 f.), sondern lediglich das Abfindungsguthaben in die Insolvenzmasse und dient damit der gleichmäßigen Befriedigung der Insolvenzgläubiger. 7

3. Kündigung

Auch die Kündigung des Gesellschafters bezieht sich nicht wie bei der BGB-Gesellschaft in Form einer Auflösungskündigung auf die Gesellschaft insgesamt, sondern führt als Austrittskündigung lediglich zum Ausscheiden des Kündigenden. Das ordnet § 131 III 1 Nr. 3 HGB an, der allerdings nur die Kündigungsfolge, nicht aber ihre Voraussetzungen regelt. Diese sind vielmehr in § 132 HGB enthalten. Danach kann bei einer auf unbestimmte Zeit eingegangenen OHG die Kündigung grundlos erfolgen, doch muss eine Kündigungsfrist von mindestens sechs Monaten eingehalten werden, damit sich die Gesellschaft rechtzeitig auf den Kapitalabfluss einstellen kann, der aus dem Abfindungsanspruch des Ausscheidenden resultiert (s. dazu noch Rn. 14 ff.). Erfolgt die Kündigung zur Unzeit, bleibt sie dennoch wirksam, kann aber wie nach § 723 II BGB einen Anspruch auf Schadensersatz begründen.[7] Der Gesellschaftsvertrag kann noch weitere Konkretisierungen, nach § 133 III HGB 8

---

[5] Überblick bei *Saenger,* Rn. 309 ff.; *K. Schmidt,* § 50 II; *Windbichler,* § 15 Rn. 12 ff.

[6] BGBl. I 1474.

[7] So auch Baumbach/Hopt/*Roth,* § 132 Rn. 5; *Windbichler,* § 15 Rn. 13.

aber keine Erschwernisse der Kündigung vorsehen (vgl. dazu die Ausführungen zur Parallelvorschrift des § 723 III BGB in § 10 Rn. 4). Umstritten ist, ob auch eine außerordentliche Kündigung der Mitgliedschaft zulässig ist.[8] Das ist unproblematisch, wenn der Gesellschaftsvertrag eine entsprechende Regelung enthält, anderenfalls aber zweifelhaft, da § 133 HGB das Vorliegen eines wichtigen Grundes zwar vorsieht, daran aber nur die Auflösung der Gesellschaft insgesamt knüpft. Daraus kann der Umkehrschluss gezogen werden, dass eine außerordentliche Austrittskündigung unzulässig ist.[9] Das könnte aber im Einzelfall zu unverhältnismäßigen Konsequenzen führen. Der wegen eines wichtigen Grundes austrittswillige Gesellschafter wäre gezwungen, den gesamten Verbund zur Auflösung zu bringen. Um eine solche Überreaktion zu vermeiden, ist a maiore ad minus auch eine Austrittskündigung aus wichtigem Grund zuzulassen.[10]

9 Ebenso wie die Kündigung des Gesellschafters führt auch die in § 135 HGB vorgesehene Kündigung eines Privatgläubigers nach § 131 III 1 Nr. 4 HGB lediglich zum Ausschluss des Betroffenen (wiederum anders bei der BGB-Gesellschaft nach § 725 BGB, s. oben § 10 Rn. 7). Nach § 135 HGB kann eine solche Kündigung nur erfolgen, wenn der Gläubiger zuvor erfolglos versucht hat, in das bewegliche Vermögen des Gesellschafters zu vollstrecken. Wie im Insolvenzfall verschafft sich hier auch der Privatgläubiger den Zugriff nicht auf das Auseinandersetzungs-, sondern auf das Abfindungsguthaben. Eine Erschwernis dieses Kündigungsrechts im Gesellschaftsvertrag ist selbstverständlich nicht möglich, da es dem Schutz eines außenstehenden Dritten dient und damit nicht zur Disposition der Gesellschafter gestellt werden kann.[11]

10 Bislang ungeklärt ist die Frage, ob ein volljährig gewordener Gesellschafter durch Kündigung aus der OHG ausscheiden kann. Für die BGB-Gesellschaft ist die Antwort in § 723 I 3 Nr. 2 BGB zu finden (vgl. dazu § 4 Rn. 38). Der Gesetzgeber des Minderjährigenhaftungsbeschränkungsgesetzes[12] hielt eine entsprechende Regelung im Handelsrecht für obsolet, weil er davon ausging, dass § 723 I 3 Nr. 2 BGB in einer solchen Weise auf § 133 HGB ausstrahle, dass der Eintritt der Volljährigkeit einen wichtigen Grund für eine Auflösungsklage darstelle.[13] Die herrschende Auffassung im Schrifttum wendet dagegen nicht § 133 HGB an, sondern hält zu Recht § 131 III HGB für einschlägig.[14] Das Ausscheiden des volljährig gewordenen Gesellschafters entspricht der auf den Erhalt der Gesellschaft zugeschnittenen Grundtendenz des OHG-Rechts besser als die Auflösung des gesamten Verbandes.

4. Gesellschaftsvertrag und Beschluss

11 Die letzten beiden in § 131 III 1 HGB genannten Ausscheidenstatbestände finden im Recht der BGB-Gesellschaft ein Pendant. So ordnet zunächst § 131 III 1 Nr. 5

---

[8] Dieses Problem kann sich bei der auf eine bestimmte Zeit eingegangenen Gesellschaft stellen (Ausnahme, s. dazu bereits § 10 Rn. 4) oder bei einer auf unbestimmte Zeit eingegangenen, wenn die Frist des § 132 HGB nicht gewahrt werden soll.

[9] So in der Tat Staub/*C. Schäfer,* § 131 Rn. 99.

[10] So überzeugend Baumbach/Hopt/*Roth,* § 133 Rn. 1; MüKoHGB/*K. Schmidt,* § 132 Rn. 37 ff.; *Saenger,* Rn. 312; *Wiedemann,* GesR II, § 8 IV 2d; einer Gestaltungsklage bedarf es insofern – wie auch sonst bei der Kündigung – nicht; s. auch dazu *OLG Celle* NZG 2011, 261, 262; Baumbach/Hopt/*Roth,* § 133 Rn. 1; *Stodolkowitz,* NZG 2011, 1327, 1328 ff.

[11] *Saenger,* Rn. 313; *Windbichler,* § 15 Rn. 14.

[12] BGBl. 1998 I 2487.

[13] RegBegr, BT-Drucks. 13/5624, S. 10.

[14] So etwa Baumbach/Hopt/*Roth,* § 133 Rn. 7; Koller/*Kindler*/Roth/Morck, § 132 Rn. 5; Staub/*C. Schäfer,* § 133 Rn. 32; *Windbichler,* § 15 Rn. 13; *Grunewald,* ZIP 1999, 597, 599.

HGB an, dass der Gesellschaftsvertrag weitere Ausscheidensgründe vorsehen kann, etwa bei Erreichen einer Altersgrenze oder bestimmten familiären Veränderungen in einer Familiengesellschaft.[15] Diese Anordnung erklärt sich aus der für die Personengesellschaft charakteristischen Befugnis zur weitgehenden privatautonomen Gestaltung, die der Rechtsverkehr im Hinblick auf die absichernde persönliche Haftung der Gesellschafter hinzunehmen vermag. Aus demselben Grund steht es den Gesellschaftern nach § 131 III 1 Nr. 6 HGB – wiederum wie bei der BGB-Gesellschaft – offen, jederzeit einverständlich zu vereinbaren, dass einer von ihnen ausscheidet. Ein solcher Beschluss ist das Gegenstück zum Aufnahmevertrag und wie dieser zu behandeln.

5. Ausschluss eines Gesellschafters

Ein Ausschluss gegen den Willen des Ausscheidenden ist dagegen übereinstimmend 12 mit dem Recht der BGB-Gesellschaft (§ 737 BGB) nur dann möglich, wenn dafür ein wichtiger Grund vorliegt. Das ist für die OHG in § 140 i. V. m. § 133 HGB geregelt. Da ein solcher Ausschluss in der auf enge persönliche Zusammenarbeit angelegten OHG oftmals Gegenstand emotional geführter Kontroversen sein wird, hat der Gesetzgeber hier durch das Erfordernis einer gerichtlichen Gestaltungsklage für Rechtssicherheit gesorgt. Überdies ist es erforderlich, dass alle übrigen Gesellschafter gemeinsam die Ausschließungsklage erheben, wozu sie aber unter Umständen durch ihre mitgliedschaftlichen Treubindungen verpflichtet sein können (vgl. dazu § 8 Rn. 7 ff.). Im Prozess treten sie als notwendige Streitgenossenschaft i. S. d. § 62 ZPO auf.[16] Wie bei der BGB-Gesellschaft haben auch die Mitglieder einer OHG die Möglichkeit, die in § 140 i. V. m. § 133 HGB vorgesehenen Ausschlussvoraussetzungen vertraglich zu modifizieren, um diesen besonders konfliktträchtigen Akt prozedural zu entschärfen. Dabei steht ihnen auch die Möglichkeit offen, an die Stelle von Klage und Urteil einen Beschluss der Gesellschafterversammlung zu setzen; überdies kann der Gesellschaftsvertrag auch vorsehen, dass ein solcher Beschluss als Mehrheitsentscheidung gefasst werden kann.[17] Inhaltliche Grenzen sind der kautelarjuristischen Gestaltungsmacht jedoch insofern gezogen, als auf die Voraussetzung eines wichtigen Grundes in der Regel nicht verzichtet werden kann. Wie bei der BGB-Gesellschaft gilt etwas anderes nur dann, wenn eine solche freie Hinauskündigungsklausel sachlich gerechtfertigt und inhaltlich hinreichend deutlich gefasst ist (dazu ausführlich § 10 Rn. 28 ff. m. w. N.); zu den Folgen einer solchen Klausel für den Abfindungsanspruch s. noch Rn. 28.

6. Rechtsfolgen

Ist einer der Ausscheidenstatbestände des § 131 III 1 HGB erfüllt, so endet die 13 Mitgliedschaft des Gesellschafters, während seine Haftung aus § 128 S. 1 HGB in den durch § 160 HGB gezogenen Grenzen fortdauert (s. noch Rn. 35 ff.). Sein Vermögensanteil wächst nach § 738 I 1 BGB i. V. m. § 105 III HGB den übrigen Gesellschaftern zu, was auf der Grundlage des heutigen dogmatischen Entwicklungsstan-

---

[15] *Saenger,* Rn. 314; *Windbichler,* § 15 Rn. 15. Beispiel aus der Rspr.: KG betreibt Ferienzentrum, das aus 500 Wohnungen nebst Freizeiteinrichtungen besteht. Die Mitgliedschaft wird im Vertrag an das Eigentum an einer Wohnung geknüpft und endet danach mit Eigentumsverlust (nach *BGH* NJW 2003, 1729, 1730); zu den Grenzen dieser Gestaltungsmacht bei fehlender sachlicher Rechtfertigung s. bereits § 10 Rn. 28 ff.

[16] Röhricht/v. Westphalen/*Haas,* § 140 Rn. 16.

[17] BGHZ 68, 212, 214 = NJW 1977, 1292; BGHZ 81, 263, 265 f. = NJW 1981, 2565; BGHZ 107, 351, 361 = NJW 1989, 2681; Staub/*C. Schäfer,* § 140 Rn. 57; *Grunewald,* § 2 Rn. 62; *Saenger/Scheuch,* JA 2012, 656 f.

des dahingehend zu verstehen ist, dass mit dem Ausscheiden seine durch die Mitgliedschaft vermittelte vermögensmäßige Beteiligung erlischt und sich spiegelbildlich die Beteiligung seiner Mitgesellschafter entsprechend erhöht (vgl. dazu § 10 Rn. 18). Als Ausgleich steht ihm ein Abfindungsanspruch nach § 738 I 2 BGB i. V. m. § 105 III HGB zu (s. dazu Rn. 14 ff.). Das Ausscheiden des Gesellschafters ist von sämtlichen Gesellschaftern zur Eintragung in das Handelsregister anzumelden, wobei auch dieser Eintragung nur deklaratorische Bedeutung zukommt. Die Sicherung des Rechtsverkehrs infolge einer fehlerhaften Registerlage erfolgt auch hier über § 15 HGB.

Für die in Fall 2 aufgeworfene Frage ergibt sich daraus: Da keiner der in § 131 III 1 Nr. 1, 2 oder 4 HGB enthaltenen gesetzlichen Ausscheidenstatbestände erfüllt ist und auch der Gesellschaftsvertrag eine entsprechende Klausel nicht enthält, bietet es sich für *Bauer* zunächst an, dass sie ihr Ausscheiden mit *Hilbert* und *Gaedeke* vertraglich vereinbart. Gem. §§ 131 III 1 Nr. 3, 132 HGB kann sie auch mit einer Frist von sechs Monaten zum Schluss des Geschäftsjahrs kündigen.

III. Der Abfindungsanspruch und seine gesellschaftsvertragliche Ausgestaltung

1. Gesetzliche Regelung

14 In der Praxis erweist sich der finanzielle Ausgleich für den Verlust der Mitgliedschaft des ausgeschiedenen Gesellschafters häufig als problematisch. Diese Probleme sind kein Spezifikum des OHG-Rechts, sondern gelten ebenso für die Gesellschaft bürgerlichen Rechts und die KG. Auch in diesem Punkt kann also weitgehend auf die Erkenntnisse zur BGB-Gesellschaft zurückgegriffen werden (s. § 10 Rn. 17 ff.). Besonderheiten gegenüber der BGB-Gesellschaft ergeben sich namentlich aus dem Umstand, dass dieser finanzielle Ausgleich zumeist Gegenstand kautelarjuristischer Gestaltung ist, die bei den Personenhandelsgesellschaften in der Praxis oftmals an die für alle Kaufleute vorgeschriebene Bilanzierungspflicht anknüpft, womit sich weitere Problemfelder eröffnen.[18] Zumindest im gesetzlichen Ausgangspunkt stimmt die Rechtslage bei BGB-Gesellschaft und OHG aber überein.

15 **Fall 3:** Da sich die Zusammenarbeit mit der *Bauer* zunehmend als unmöglich erweist, haben *Hilbert* und *Gaedeke* schließlich ihren gerichtlichen Ausschluss nach § 140 i. V. m. § 133 HGB durchgesetzt. *Bauer* fragt, welche finanziellen Ansprüche ihr jetzt noch zustehen, wenn der Gesellschaftsvertrag zu dieser Frage keine Regelung enthält?

16 Weil das HGB keine besondere Regelung enthält, ist das Rechtsverhältnis zwischen dem ausscheidenden und den übrigen Gesellschaftern gem. § 105 III HGB nach den §§ 738 bis 740 BGB zu beurteilen.

17 Der Anteil der *Bauer* am Gesellschaftsvermögen wächst *Hilbert* und *Gaedeke* zu (§ 738 I 1 BGB). Das bedeutet für *Bauer,* dass sie mit der Aufgabe ihrer Mitgliedschaft auch die dadurch vermittelte Beteiligung am Gesellschaftsvermögen verliert, ohne die von ihr in das Vermögen der OHG eingebrachten Gegenstände (§ 705 BGB) zurückfordern zu können. Nur solche Gegenstände erhält sie zurück, die der OHG zur Benutzung überlassen waren (§ 738 I 2 BGB). Für den Verlust der Beteiligung am Gesellschaftsvermögen erhält der Gesellschafter einen Ausgleich durch den Abschichtungsanspruch des § 738 I 2 BGB; *Bauer* hat also einen Anspruch auf das Auseinandersetzungsguthaben, das ihr zustünde, wenn die

---

[18] Vgl. zu entsprechenden Gestaltungen bei der BGB-Gesellschaft aber auch Erman/*H. P. Westermann,* § 738 Rn. 11 ff.; MüKoBGB/*C. Schäfer,* § 738 Rn. 60 ff.

OHG im Zeitpunkt ihres Ausscheidens aufgelöst worden wäre (vgl. dazu § 10 Rn. 20).

2. Buchwertklauseln

a) Inhalt

Bereits in § 10 (Rn. 20) wurde festgestellt, dass nach der gesetzlichen Ausgangskonzeption die summenmäßige Fixierung des Abfindungsanspruchs gem. § 738 I 2 BGB auf der Grundlage einer Ertragswertberechnung zu erfolgen hat. Diese Berechnung ist nicht nur aufwändig und kostspielig, sondern auch ausgesprochen konfliktträchtig. Die Parteien versuchen daher häufig, den daraus erwachsenden Schwierigkeiten schon im Vorfeld der Vertragsgestaltung durch die vertragliche Vereinbarung einer unkomplizierteren Berechnungsmethode zu begegnen. Zugleich wird dabei oftmals das Ziel verfolgt, den mit der Abfindung verbundenen Kapitalabfluss in einem erträglichen Rahmen zu halten, um den Fortbestand der Gesellschaft nicht zu gefährden.[19] Um diese Zwecke zu erreichen, werden in der Praxis verbreitet sog. Buchwertklauseln verwendet. 18

Fall 4: Der Gesellschaftsvertrag der Ambienta-Wellnesshotel OHG enthält die Bestimmung, dass der ausscheidende Gesellschafter nach den Buchwerten der letzten Jahresbilanz abzufinden ist. *Bauer* hält diese Klausel für unwirksam, weil das danach berechnete Abfindungsguthaben in Höhe von 150.000 EUR dem realen Wert ihrer Beteiligung auch nicht annähernd entspreche. Insbesondere durch eine ganz erhebliche Steigerung der Grundstückspreise, die sich in der Bilanz nicht widerspiegele, sei ihr Beteiligungswert mit mindestens 600.000 EUR zu veranschlagen, so dass sie eine niedrigere Abfindung nicht hinnehmen müsse. Ist diese Rechtsauffassung zutreffend? 19

Buchwertklauseln zeichnen sich dadurch aus, dass sie den Abfindungsanspruch an die Vermögensposition des Gesellschafters koppeln, wie sie sich nach der gem. § 242 HGB zu erstellenden Bilanz der Gesellschaft darstellt. Welche Vermögenspositionen danach im Einzelnen erfasst sind, ist Auslegungsfrage. In jedem Fall erstreckt sich der Anspruch des ausscheidenden Gesellschafters auf die Rückzahlung noch vorhandener Einlagen und die Auszahlung einbehaltener Gewinne, doch wird regelmäßig anzunehmen sein, dass auch noch weitere Rücklagen davon erfasst sein sollen.[20] Der Buchwert ist also nicht ohne weiteres mit dem Nennbetrag des Kapitalkontos (s. oben § 14 Rn. 40 ff.) gleichzusetzen. 20

b) Wirtschaftliche Benachteiligung des Ausscheidenden aufgrund einer Buchwertklausel

Die Buchwertklausel ist als privatautonome Regelung der Kündigungsfolgen grundsätzlich zulässig, doch sind ihrer Wirksamkeit je nach der Ausgestaltung im Einzelfall Schranken gezogen. Bedenklich erscheint eine solche Gestaltung namentlich dann, wenn die in der Bilanz ausgewiesenen Werte und die wirklichen Werte weit auseinandergehen, was durch die unterschiedlichen Ausprägungen des bilanzrechtlichen Vorsichtsprinzips (§ 252 I Nr. 4 HGB) tendenziell begünstigt wird.[21] So 21

---

[19] Vgl. zu diesem Gesichtspunkt auch *Grunewald,* § 1 Rn. 146; *Henze,* FS K. Schmidt, 2009, S. 619, 622 f. mit noch tiefergehender ökonomischer Analyse. Zu den unterschiedlichen Erscheinungsformen der Klauselgestaltung s. auch *Henze,* a. a. O., S. 621 f.

[20] Insbesondere die sog. offenen Rücklagen und Rückstellungen mit Eigenkapitalcharakter werden danach berücksichtigt, nicht aber der good will und die stillen Reserven; vgl. zu den hier nicht weiter zu vertiefenden Einzelheiten *BGH* NJW 1979, 104; MüKoBGB/*C. Schäfer,* § 738 Rn. 63; Staub/*C. Schäfer,* § 131 Rn. 189.

[21] Vgl. zu diesem Prinzip etwa Ebenroth/Boujong/Joost/Strohn/*Böcking/Gros,* § 252 Rn. 25 ff.; Koller/Kindler/Roth/*Morck,* § 252 Rn. 5; aufschlussreich zu den rechtspoliti-

werden etwa Vermögensgegenstände gem. § 253 HGB regelmäßig nach ihrem Anschaffungswert bilanziert, von dem in der Folgezeit zwar Abschreibungen vorgenommen werden können, Wertsteigerungen aber unberücksichtigt bleiben, was namentlich bei Gesellschaften mit hohem Anlagevermögen (z. B. Grundbesitz) zu erheblichen Wertdifferenzen führen kann. Zu weiteren Abweichungen des Buchwertes von dem realen Wert kann es kommen, wenn eine Gesellschaft von der aus § 248 II HGB folgenden Möglichkeit Gebrauch macht, selbsterstellte immaterielle Vermögenswerte, wie etwa Patente, Marken- und Urheberrechte sowie den Firmenwert (sog. „good will"[22]) nicht als Aktivposten in die Bilanz aufzunehmen, da diesen Gütern in einer wissensbasierten Gesellschaft ebenfalls ein erheblicher Wert innewohnen kann.[23] Übersteigt aufgrund derartiger Abweichungen das reale Vermögen das bilanzmäßig ausgewiesene Vermögen, so spricht man von stillen Reserven des Unternehmens. Je höher sie ausfallen, desto eher kann die Berechnung des Abfindungsguthabens auf der Grundlage der Bilanz zu untragbaren Differenzen zwischen dem Buchwert und dem wirklichen Beteiligungswert führen.

c) Nichtigkeitsfolge im Einzelfall

22 Die Rechtsprechung reagiert auf derartige Bewertungsdifferenzen, indem sie die zugrunde liegenden Buchwertklauseln als nichtig ansieht, allerdings nicht pauschal, sondern nur dort, wo sie tatsächlich zu einer inakzeptablen Benachteiligung des Ausscheidenden führen. Die dogmatische Begründung dieses Ergebnisses fällt je nach der Gestaltung im Einzelfall und nach den Ursachen für die Bewertungsdifferenz sehr unterschiedlich aus.[24] Der erste Ansatzpunkt, um die Nichtigkeitsfolge zu begründen, liegt in § 138 I BGB. Unter dem Gesichtspunkt der Knebelung kann eine Buchwertklausel dann nichtig sein, wenn die danach berechnete Abfindung für den Gesellschafter in einem derartigen Missverhältnis zu dem tatsächlichen Beteiligungswert steht, dass er in seiner persönlichen und wirtschaftlichen Freiheit über Gebühr beeinträchtigt wird.[25] Der so begründeten Nichtigkeit kommt allerdings keine große Rolle zu, da § 138 I BGB nur dann eingreift, wenn die Diskrepanz schon bei Abschluss des Vertrages erkennbar ist.[26] Das wird in der Praxis aber zumeist nicht der Fall sein, sondern die Unverhältnismäßigkeit wird regelmäßig erst nach Vertragsschluss eintreten.

23 In diesem Fall griff die früher herrschende Meinung auf den Rechtsgedanken der §§ 723 III BGB, 133 III HGB zurück, die einen generellen Ausschluss des Kündigungsrechts verbieten.[27] Daraus wurde geschlossen, dass auch eine Klausel unwirk-

---

schen Hintergründen etwa *Wöhe/Mock,* Die Handels- und Steuerbilanz, 6. Aufl., 2010, § 10 3a.

[22] Vgl. zur Begrifflichkeit bereits § 12 Rn. 18.

[23] Bis zum Gesetz zur Modernisierung des Bilanzrechts (Bilanzrechtsmodernisierungsgesetz – BilMoG) vom 25.5.2009 (BGBl. I 1102) war eine Aktivierung dieser Güter als spezielle Ausprägung des Vorsichtsprinzips sogar ausdrücklich verboten; zur Neufassung vgl. etwa Baumbach/Hopt/*Merkt,* § 248 Rn. 3.

[24] Vgl. zum Folgenden den Überblick bei MüKoBGB/*C. Schäfer,* § 738 Rn. 64; Staub/*C. Schäfer,* § 131 Rn. 168; *Eisenhardt/Wackerbarth,* Rn. 424 ff.; *Grunewald,* § 1 Rn. 147.

[25] Vgl. dazu etwa Staub/*C. Schäfer,* § 131 Rn. 169 m. w. Nachw.; *Foerster,* ZGR 2014, 396, 400; *Henze,* FS K. Schmidt, 2009, S. 619, 624 f.; zu der schwierigen Festlegung, wann ein solches Missverhältnis vorliegt, vgl. MüKoHGB/*K. Schmidt,* § 131 Rn. 168; *Foerster,* ZGR 2014, 396, 400.

[26] MüKoBGB/*C. Schäfer,* § 738 Rn. 46.

[27] Vgl. zum Folgenden noch *BGH* NJW 1985, 192, 193; BGHZ 116, 359, 368 f. = NJW 1992, 892; *Ulmer,* FS Quack, 1991, S. 477, 488 f.

sam sein müsste, die das Kündigungsrecht zwar nicht ausschließt, es aber faktisch aushöhlt, weil der Gesellschafter durch die buchwertgestützte Berechnung seines Abfindungsanspruchs derart benachteiligt wird, dass er sich an der Ausübung seines Kündigungsrechts gehindert sieht.[28] Hinsichtlich dieses Nichtigkeitsgrundes wurde ursprünglich angenommen, er greife auch dann ein, wenn sich das objektive Missverhältnis zwischen Buchwert und wirklichem Wert erst nachträglich einstelle. Folge dieser älteren Rechtsprechung war, dass der auf den wirklichen Wert gerichtete gesetzliche Anspruch (§ 738 I 2 BGB) an die Stelle des unwirksam beschränkten Anspruchs trat.

d) Ergänzende Vertragsauslegung

Diese Rechtsprechung hat der BGH mit der Begründung aufgegeben, dass auch auf der Grundlage der §§ 723 III BGB, 133 III HGB eine zunächst wirksam vereinbarte Abfindungsklausel nicht nachträglich unwirksam werden könne.[29] Stattdessen sei im Wege ergänzender Vertragsauslegung (§§ 133, 157 BGB) zu prüfen, welche den Buchwert erhöhende Vereinbarung die Vertragsparteien getroffen hätten, wenn ihnen die spätere Entwicklung bewusst gewesen wäre. Danach ergebe sich ein Wert zwischen Buchwert und wirklichem Wert, der es erlaube, dem auf Begrenzung der Abfindung gerichteten Zweck der Klausel und damit dem Interesse am Fortbestand des Unternehmens noch Rechnung zu tragen.[30] Folgt man diesem Ansatz, so schuldet die Gesellschaft der *Bauer* nicht ohne weiteres 600.000 EUR. Vielmehr ist eine Zwischensumme nach dem hypothetischen Parteiwillen zu ermitteln. 24

Auch wenn diese Rechtsprechung den Vorteil hat, flexiblere Abfindungslösungen an die Stelle des bisherigen „Alles oder Nichts“ zu setzen, so sind doch auch ihre Schwachpunkte nicht zu verkennen.[31] In nicht wenigen Fällen wird es nämlich an greifbaren Anhaltspunkten fehlen, aus denen sich auf einen hypothetischen Parteiwillen schließen lässt, ohne vollends in bloße Spekulation zu verfallen. Die angestrebte Einzelfallgerechtigkeit vernachlässigt auch, dass es die Gesellschaften in der Hand haben, durch eine sinnvolle Abfindungsregelung die Unwirksamkeitsfolge zu vermeiden. Die vom BGH nunmehr favorisierte Lösung mindert das Risiko für die Vertragsverantwortlichen und ist deshalb kein Beitrag zur Förderung einer ausgewogenen Klauselpraxis. 25

3. Kündigung durch Mitgesellschafter oder Dritte

Wie die Darstellung der Ausscheidensgründe gezeigt hat, kann die Beendigung der Mitgliedschaft auch auf die fremde Initiative der übrigen Gesellschafter oder eines Gläubigers zurückgehen (Rn. 9, 12). Dieser unterschiedlichen Ausgangslage muss auch die rechtliche Beurteilung der Abfindungsregeln Rechnung tragen. Im ersten Fall, in dem der Streit um die Abfindungshöhe vermutlich besonders erbittert geführt werden wird, ist in gesteigertem Maße dafür Sorge zu tragen, dass die verbleibenden Gesellschafter ihr Kündigungsrecht nicht missbräuchlich ausüben, 26

---

[28] Eine trennscharfe tatbestandliche Abgrenzung dieser Fallgruppe zu den oben dargestellten Konstellationen, die von § 138 BGB erfasst werden, findet sich nur selten; tatsächlich scheinen sich die beiden Konstellationen zu überschneiden.

[29] BGHZ 123, 281, 284 = NJW 1993, 3193; zust. aus dem Schrifttum Baumbach/Hopt/*Roth*, § 131 Rn. 70

[30] BGHZ 123, 281, 285 ff. = NJW 1993, 3193; vgl. auch BGHZ 126, 226, 242 ff. = NJW 1994, 2536; *BGH* NJW 1997, 2592, 2593; *BGH* NZG 2011, 1420 Rn. 13 (GmbH Einziehung).

[31] Krit. *Ulmer/C. Schäfer*, ZGR 1995, 134 ff.; vgl. ferner *Grunewald*, § 1 Rn. 147; *Foerster*, ZGR 2014, 396, 421.

um aus einer für sie günstigen kautelarjuristischen Ausgestaltung des Abfindungsanspruchs Vorteil zu ziehen. Im zweiten Fall darf die vertragliche Abfindungsregel nicht zu Lasten des außenstehenden Gläubigers instrumentalisiert werden.

27 **Fall 5:** Die *Bauer* wurde von *Hilbert* und *Gaedeke* gekündigt. Sie meint, man könne sie nicht erst vor die Tür setzen und dann noch mit den Buchwerten abspeisen.

28 Fraglich ist zunächst, ob die Kündigung überhaupt wirksam ist. Dafür ist auf die Ausführungen in Rn. 8 ff. zu verweisen. Erforderlich ist also entweder ein wichtiger Grund für die Ausschließungskündigung oder eine vertragliche Hinauskündigungsklausel, die hinreichend klar und sachlich gerechtfertigt ist. Für diesen zweiten Fall hat der BGH in einem vielbeachteten Urteil entschieden, dass die Abfindung angemessen, d. h. am Leitbild des § 738 I 2 BGB ausgerichtet, sein muss.[32] Dem ist grundsätzlich beizupflichten, weil sonst das Interesse des Minderheitsgesellschafters an einer angemessenen Abfindung einseitig einer Mehrheitsentscheidung geopfert wird, von der nur diejenigen, die sie treffen, etwas haben, nämlich eine Wertsteigerung ihrer Gesellschaftsanteile um die Differenz zwischen Buchwert und wirklichem Wert.[33] Die dogmatische Fundierung dieses Ergebnisses ist nicht ganz eindeutig; überwiegend wird insofern wohl auf § 138 I BGB abgestellt.[34] Folgt man dem, so braucht sich *Bauer* also jedenfalls dann nicht mit den Buchwerten abfertigen zu lassen, wenn sie keinen wichtigen Grund zur Kündigung gegeben hat. Liegt eine sachliche Rechtfertigung vor, so bleibt die Kündigung zwar wirksam, aber an die Stelle der vereinbarten Abfindung tritt eine Abfindung nach dem Verkehrswert.[35] Den Umkehrschluss – Zulässigkeit einer Abfindung zu Buchwerten bei Vorliegen eines wichtigen Grundes – sollte man nicht ziehen. Solche Vereinbarungen geraten jedenfalls in die Nähe von Verwirkungsklauseln mit Strafcharakter, die sich ihrerseits als problematisch erweisen können.

29 **Fall 6:** Die Kündigung der Gesellschaft wurde nicht von einem der Gesellschafter ausgesprochen, sondern von der Deutschen Bank, die gegen *Bauer* eine fällige Darlehensforderung hat. Nach dem Gesellschaftsvertrag ist das Abfindungsguthaben nach dem Ertragswert zu ermitteln und nur im Fall der Gläubigerkündigung nach den Buchwerten zu berechnen. Ist eine solche Klausel wirksam?

30 Eine Buchwertklausel, die nur gelten soll, wenn der Gläubiger eines Gesellschafters kündigt (§§ 131 III 1 Nr. 4, 135 HGB) oder wenn der Gesellschafter infolge der Eröffnung des Insolvenzverfahrens über sein Vermögen ausscheidet (§§ 131 III 1 Nr. 2 HGB), enthält eine unzulässige Gläubigerbenachteiligung und kann nicht hingenommen werden.[36] Dasselbe gilt erst recht für vertragliche Bestimmungen, nach denen in diesen Fällen ein Abfindungsanspruch überhaupt nicht entsteht. Die Deutsche Bank braucht sich deshalb nicht auf die Buchwerte verweisen zu lassen, sondern kann auf die Forderung der *Bauer* so zugreifen, wie sie sich aus § 738 I 2 BGB ergibt. Die Begründung dieses Ergebnisses wurde früher zum Teil in den insolvenz-

---

[32] *BGH* NJW 1979, 104; vgl. aber zur Hinauskündigung im Rahmen eines sog. Mitarbeitermodells BGHZ 164, 98, 101 ff. = NJW 2005, 3641; krit. dazu *Grunewald,* FS Priester, 2007, S. 123, 130.

[33] Vgl. dazu auch *Henze,* FS K. Schmidt, 2009, S. 619, 627 f.

[34] So *BGH* NJW 1970, 104; vgl. seither besonders *BGH* NJW 1989, 2685; BGHZ 164, 98, 101 ff. = NJW 2005, 3641; vgl. aus dem Schrifttum auch Ebenroth/Boujong/Joost/Strohn/*Lorz,* § 131 Rn. 130.

[35] BGHZ 164, 98, 104 = NJW 2005, 3641.

[36] BGHZ 65, 22, 28 = NJW 1975, 1835; *BGH* NJW 1993, 2101, 2102; *BGH* NZG 2000, 1027, 1028; Ebenroth/Boujong/Joost/Strohn/*Lorz,* § 131 Rn. 126; MüKoBGB/*C. Schäfer,* § 738 Rn. 47 f.; Staub/*C. Schäfer,* § 131 Rn. 171.

rechtlichen Anfechtungsvorschriften der §§ 3 I AnfG, 133 I InsO gesucht.[37] Die heute ganz herrschende Meinung stellt dagegen auf § 138 I BGB ab.[38] Dieser letztgenannten Auffassung ist schon deshalb zuzustimmen, weil nur sie sicherstellen kann, dass auf Gläubigerbenachteiligung abzielende Klauseln schon von dem Registergericht beanstandet werden.[39] Die insolvenzrechtliche Anfechtbarkeit könnte dagegen nach den gesetzlichen Vorschriften nur klageweise geltend gemacht werden.

IV. Sonderfall der zweigliedrigen Gesellschaft

Bei der Darstellung des Rechts der BGB-Gesellschaft wurde bereits das Ausscheiden 31 eines Gesellschafters aus einer zweigliedrigen Gesellschaft als problematischer Sonderfall erörtert. Es ist dort nicht gesondert geregelt, müsste nach allgemeinen Grundsätzen aber zur Auflösung der Gesellschaft führen, da es eine Einmann-Personengesellschaft nicht gibt (s. bereits § 10 Rn. 9, § 17 Rn. 4). Da auf der anderen Seite die damit zwangsläufig verbundene Zerschlagung des Unternehmens und der darin verkörperten wirtschaftlichen Werte volkswirtschaftlich kaum sinnvoll sein kann, wurde dort im Wege eines Analogieschlusses unter bestimmten Umständen der Übergang des Unternehmens auf einen Gesellschafter zugelassen (s. oben § 10 Rn. 32 f.). Bei der OHG hat der Gesetzgeber diesem Anliegen zumindest für den Fall einer Ausschließungsklage in § 140 I 2 HGB gesondert Rechnung getragen, dazu aber nur die knappe Anordnung getroffen, es stehe der Ausschließungsklage nicht entgegen, wenn nach der Ausschließung nur ein Gesellschafter verbleibe. Diese Feststellung ist dahingehend zu verstehen, dass die Gesellschaft zwar in jedem Fall erlischt (s. bereits § 17 Rn. 4), das Gesellschaftsvermögen aber im Wege der Gesamtrechtsnachfolge auf den Verbliebenen übergeht. Eine Auseinandersetzung findet also nicht statt;[40] ebenso wenig bedarf es gesonderter Übertragungsakte.[41] Dieselbe Folge tritt auch dann ein, wenn ein Gesellschafter nach Maßgabe eines der übrigen in § 131 III 1 HGB genannten Tatbestände aus der zweigliedrigen Gesellschaft ausscheidet.[42]

V. Die Haftung des eintretenden und des ausgeschiedenen Gesellschafters für Verbindlichkeiten der OHG

1. Die Haftung des eintretenden Gesellschafters

Bereits im Recht der BGB-Gesellschaft wurde die Haftung des eintretenden Gesell- 32 schafters erörtert (vgl. zum Folgenden § 7 Rn. 23 m. w. Nachw.). Sie ist dort sehr umstritten, da eine derart weitgehende Haftungsfolge sich in ihrer Schärfe nicht uneingeschränkt mit dem zum Teil eher lockeren Zusammenschluss zu einer BGB-Gesellschaft verträgt. Dennoch wird diese Konsequenz von der mittlerweile ganz herrschenden Meinung als Folge der akzessorischen Haftung des BGB-Gesellschafters hingenommen und auf eine Analogie zu § 130 HGB gestützt. Bei der OHG

---

[37] Vgl. noch *Heckelmann,* Abfindungsklauseln in Gesellschaftsverträgen, 1973, S. 116 ff.; *Möhring,* FS Barz, 1974, S. 49, 63 ff.

[38] Baumbach/Hopt/*Roth,* § 131 Rn. 60; Ebenroth/Boujong/Joost/Strohn/*Lorz,* § 131 Rn. 126; MüKoHGB/*K. Schmidt,* § 131 Rn. 160; Staub/*C. Schäfer,* § 131 Rn. 171; *Windbichler,* § 15 Rn. 19.

[39] So beruht BGHZ 65, 22 = NJW 1975, 1835 auf einer Vorlage in einer Registersache.

[40] *BVerwG* NJW 2011, 3671 Rn. 15; Baumbach/Hopt/*Roth,* § 131 Rn. 35; an den wichtigen Grund werden in diesem Fall allerdings hohe Anforderungen gestellt; vgl. *Windbichler,* § 15 Rn. 20.

[41] *Windbichler,* § 15 Rn. 21.

[42] Baumbach/Hopt/*Roth,* § 131 Rn. 35; Staub/*C. Schäfer,* § 131 Rn. 111 f.; *Windbichler,* § 15 Rn. 20.

müssen solche teleologischen Erwägungen aufgrund der klaren Haftungsanordnung dieser Vorschrift nicht angestellt werden.

33 **Fall 7:** *Bailer* hat 2014 Installationsarbeiten in dem Hotel ausgeführt und präsentiert die Rechnung dem *Gaedeke. Gaedeke* meint, die Rechnung gehe ihn nichts an, weil er 2014 noch nicht Gesellschafter gewesen sei.

34 *Bailer* will den *Gaedeke* nach § 128 HGB persönlich in Anspruch nehmen, obwohl die Verbindlichkeit der OHG entstanden ist, bevor *Gaedeke* Gesellschafter wurde. Diese Möglichkeit steht dem Gläubiger nach § 130 HGB offen.[43] *Gaedeke* kann sich nur mit solchen Einwendungen verteidigen, die § 129 HGB zulässt; wann die Gesellschaftsverbindlichkeit entstanden ist, hat keine Bedeutung.[44] Anders als nach § 25 HGB kommt es für die Haftungsbegründung nicht auf die Firmenfortführung an, weil die Haftung des Eingetretenen nach §§ 128, 130 HGB Folge seiner Gesellschafterstellung ist. Die Haftung ist auch unabhängig davon, ob der Eingetretene die Verbindlichkeit der OHG kannte oder kennen musste. Schließlich kann der Gesellschaftsvertrag diese Haftung gem. § 130 II HGB auch nicht mit Wirkung gegenüber dem Gläubiger ausschließen. *Gaedeke* muss also die Rechnung des *Bailer* bezahlen, kann aber von seinen Mitgesellschaftern Freistellung oder nachträgliche Erstattung verlangen, wenn der Gesellschaftsvertrag ihn von der Mithaftung befreit hat.[45]

2. Die Haftung des ausgetretenen Gesellschafters

35 Komplexer stellt sich die Nachhaftung des ausgetretenen Gesellschafters dar, die namentlich bei Dauerschuldverhältnissen zu einer schwierigen Abwägung führt. Auf der einen Seite ist zu berücksichtigen, dass die akzessorische Mithaftung aller Gesellschafter die Kreditgrundlage darstellt, auf die die Geschäftspartner der OHG vertrauen durften. Diesem Vertrauen kann nicht schon durch den bloßen Austritt die Grundlage entzogen werden. Auf der anderen Seite muss aber auch der Gesellschafter die Möglichkeit haben, nicht weiterhin in Gestalt einer Endloshaftung dauerhaft für die Verbindlichkeiten der Gesellschaft einstehen zu müssen, von der er sich bereits gelöst hat.[46] Diesem schwierigem Spannungsfeld hat sich der Gesetzgeber in der unglücklich gefassten Vorschrift des § 160 HGB angenommen.

36 **Fall 8:** Aufgrund der Weigerung des *Gaedeke* schickt *Bailer* die Rechnung der *Bauer.* Diese sendet sie mit dem Vermerk zurück: „Wie Ihnen bekannt sein dürfte, bin ich im vergangenen Jahr aus der OHG ausgeschieden und deshalb selbstverständlich nicht mehr bereit, noch Verbindlichkeiten der Gesellschaft zu erfüllen. Mit meinen damaligen Mitgesellschaftern habe ich im Zuge meines Ausscheidens eine entsprechende Absprache getroffen, so dass ich Sie bitte, sich mit Ihrer Forderung an die verbleibenden Gesellschafter *Gaedeke* und *Hilbert* zu wenden.“ Kann *Bailer* auch ihr gegenüber auf Zahlung bestehen?

37 § 160 HGB ist auf den ersten Blick wie eine eigenständige Anspruchsgrundlage formuliert. Würde man die Nachhaftung des Ausgeschiedenen allein auf dieser Grundlage bestimmen, käme man aber zu abstrusen Ergebnissen. Die Haftung wäre nach dem Wortlaut des § 160 I 1 HGB nur dann begründet, wenn die Verbindlichkeit vor Ablauf von fünf Jahren nach dem Ausscheiden fällig würde und daraus Ansprüche gegen ihn in einer in § 197 I Nr. 3–5 BGB bezeichneten Art festgestellt sind oder eine Vollstreckungshandlung vorgenommen oder beantragt wurde. Diese Lesart ist nach dem Gesetzeswortlaut zwar naheliegend, aber dennoch falsch, da § 160 HGB nach dem klaren Willen des Gesetzgebers die Haftung des ausgeschiede-

---

[43] Zum teleologischen Hintergrund dieser Vorschrift vgl. bereits die Darstellung in § 7 Rn. 23.
[44] Staub/*Habersack,* § 130 Rn. 12; *Kübler/Assmann,* § 7 V 5.
[45] Staub/*Habersack,* § 130 Rn. 15.
[46] Vgl. dazu auch Ebenroth/Boujong/Joost/Strohn/*Hillmann,* § 160 Rn. 2.

nen Gesellschafters nicht etwa umfassend regeln, sondern sie nur inhaltlich begrenzen soll.[47] Ist die Verbindlichkeit zu einem Zeitpunkt entstanden, als der Anspruchsgegner noch Gesellschafter war, ergibt sich seine Haftung bereits aus § 128 S. 1 HGB und endet nicht mit seinem Ausscheiden aus der OHG. Dieser Grundsatz wird in § 160 HGB als selbstverständlich vorausgesetzt;[48] die daraus resultierende Haftung bedarf also entgegen der missverständlichen Fassung der Vorschrift keiner weiteren Feststellungsakte. Die Funktion der Norm beschränkt sich vielmehr auf die Anordnung, dass die solchermaßen begründete Haftung nach dem Ablauf von fünf Jahren endet, wenn nicht zuvor eine Feststellung nach § 160 I HGB getroffen wurde. Da der Anspruch gegen den Gesellschafter aber auch der herkömmlichen Verjährung unterliegt und die Verjährungsfristen im Zuge des Schuldrechtsmodernisierungsgesetz[49] auf eine regelmäßige Dauer von drei Jahren verkürzt wurden (§ 195 BGB), kommt der Enthaftung nach § 160 HGB daneben nur noch eine eingeschränkte praktische Bedeutung zu.[50]

Für die Lösung des Falls 8 folgt daraus, dass *Bauer* sich gegenüber der Forderung **38** des *Bailer* nicht auf ihr Ausscheiden berufen kann. Daran ändert auch die Absprache mit ihren Mitgesellschaftern nichts, da eine solche Vereinbarung nach § 128 S. 2 HGB im Außenverhältnis keine Wirkung entfaltet (s. oben § 16 Rn. 16). Wird *Bauer* also in Anspruch genommen, so kann sie auf der Grundlage dieser Absprache zwar von ihren ehemaligen Mitgesellschaftern Freistellung verlangen (§§ 738 I 2 BGB, 105 III HGB), sich der Forderung selbst aber nicht entziehen. Der Gläubiger *Bailer* kann also darauf bestehen, dass *Bauer* bezahlt.

3. Sonderproblem Dauerschuldverhältnisse

Fall 9: Die OHG ist dem Vermieter *Sachs* die Miete für ein Gartengrundstück für 2013 **39** schuldig geblieben. *Bauer* ist im März 2014 aus der OHG ausgeschieden, was am 27. März 2014 in das Handelsregister eingetragen worden ist. Sie möchte wissen, ob *Sachs* sie noch wegen des rückständigen Mietzinses in Anspruch nehmen kann und gegebenenfalls, bis wann sie sich auf die Forderung des *Sachs* einzurichten hat.

Die Antwort auf die erste Frage ist einfach. § 160 I 1 HGB enthält zwar eine **40** zeitliche Begrenzung für die Haftung des ausgeschiedenen Gesellschafters, gibt aber gerade dadurch zu erkennen, dass das Ausscheiden des Gesellschafters allein noch kein Enthaftungstatbestand ist (s. schon Rn. 37). Weil es um die Miete für 2013 geht, ist die Verbindlichkeit der OHG auch vor dem Ausscheiden der *Bauer* im März 2014 begründet worden. Sie muss also damit rechnen, auch weiterhin von dem Vermieter in Anspruch genommen zu werden.

Die zweite Frage zu beantworten, ist schwieriger. Nach der Enthaftungsregelung **41** des § 160 I HGB gilt für die Geltendmachung der vor dem Ausscheiden des Gesellschafters begründeten Verbindlichkeiten eine materielle Ausschlussfrist von fünf Jahren. Sie beginnt grundsätzlich mit der Eintragung des Ausscheidens in das Handelsregister (§ 160 I 1 HGB), doch greift nach der neueren Rechtsprechung des BGH ein früherer Fristablauf, wenn der Gläubiger von dem Ausscheiden positive Kenntnis hatte. In diesem Fall ist an den Zeitpunkt der Kenntnisnahme anzuknüpfen, was den dogmatischen Vorzug hat, dass damit ein Gleichklang zur Parallel-

---

[47] Vgl. auch Koller/*Kindler*/Roth/Morck, § 160 Rn. 1.

[48] *K. Schmidt,* § 51 I 1; *Hofmeister,* NZG 2002, 851, 852.

[49] Schuldrechtsmodernisierungsgesetz vom 26.11.2001, BGBl. I 3138.

[50] Vgl. dazu *Hofmeister,* NZG 2002, 851 ff.; etwas anderes gilt aber bei den gleich noch zu besprechenden Dauerschuldverhältnissen; so zutreffend MüKoBGB/*C. Schäfer,* § 736 Rn. 22.

vorschrift des § 736 II BGB hergestellt wird, wo mangels Registerpflicht von vornherein nicht auf die Eintragung abgestellt werden kann.[51] Der weitere Fristlauf bestimmt sich im Einzelnen unter analoger Anwendung von Verjährungsnormen (§ 160 I 2 und 3 HGB). Soweit der Anspruch nicht in einer in § 197 I Nr. 3–5 BGB bezeichneten Art festgestellt ist,[52] wird die Frist nur durch die gerichtliche Geltendmachung des Anspruchs oder (bei öffentlich-rechtlichen Ansprüchen) durch Erlass eines entsprechenden Verwaltungsakts gewahrt (§ 160 I 1 HGB). Daneben ist die Anspruchsverfolgung auch bei einem schriftlichen Anerkenntnis entbehrlich (§ 160 II HGB). Zur Sonderregelung für die KG in § 160 III HGB s. noch § 22 Rn. 29.

42 Die Ausschlussfrist des § 160 I 1 HGB gilt für alle Arten von Schuldverhältnissen, also insbesondere auch für kündbare Dauerschuldverhältnisse, wie etwa bei Miet- oder Lohnforderungen sowie bei Ansprüchen aus betrieblicher Altersversorgung.[53] Auch wenn diese Ansprüche abschnittsweise und damit zum Teil erst nach dem Ausscheiden des Gesellschafters fällig werden, so sind sie doch bereits während seiner Mitgliedschaft in dem Sinne „begründet" worden, dass der Rechtsgrund für den betreffenden Anspruch gegen die Gesellschaft bereits gelegt war.[54] Dass die Gesellschaft die Möglichkeit hätte, sie durch Kündigung zu beenden, ändert daran nichts.[55] Die gesetzliche Regelung schafft damit einen angemessenen Ausgleich zwischen den Interessen des ausscheidenden Gesellschafters, der auf die Geschäftsführung der Gesellschaft keinen Einfluss mehr hat und von ihren Erträgen nicht mehr profitiert, und den Interessen der Gesellschaftsgläubiger, die auf eine fortdauernde Mithaftung der einzelnen Gesellschafter vertrauen.[56] Nur Verbindlichkeiten, die nach dem Ausscheiden des Gesellschafters gänzlich neu begründet werden, werden von seiner Nachhaftung also nicht mehr erfasst.[57]

43 Die ausgeschiedene Gesellschafterin *Bauer* ist auf dieser Grundlage wie folgt zu beraten: Für die Forderung des *Sachs* gilt die Ausschlussfrist von fünf Jahren (§ 160 I 1 HGB). Die Frist beginnt nach § 187 I BGB spätestens mit dem Tag, der auf die Eintragung des Ausscheidens in das Handelsregister folgt, also mit dem 28. März 2014. Sie endet gem. § 188 II, 1. Hs. BGB mit Ablauf des 27. März 2019. Von da an braucht *Bauer* mit der Forderung nicht mehr zu rechnen, wenn diese nicht vorher gerichtlich geltend gemacht worden ist.

---

[51] So in Abkehr von der bislang h. M. BGHZ 174, 7 Rn. 7 ff. = NJW 2007, 3784 im Anschluss an *Altmeppen,* NJW 2000, 2529, 2530 ff.; seitdem auch *OLG Frankfurt a. M.* NZG 2009, 659; Baumbach/Hopt/*Roth,* § 160 Rn. 5; MüKoHGB/*K. Schmidt,* § 160 Rn. 27; Staub/*Habersack,* § 160 Rn. 16; *Wertenbruch,* NZG 2008, 216, 217; a. A. Ebenroth/Boujong/Joost/Strohn/*Hillmann,* § 160 Rn. 9.

[52] Als festgestellt im Sinne des durch das Schuldrechtsmodernisierungsgesetz neu gefassten § 197 I Nr. 3–5 BGB gelten rechtskräftig festgestellte Ansprüche, Ansprüche aus vollstreckbaren Vergleichen oder Urkunden und Ansprüche, die durch die im Insolvenzverfahren erfolgte Feststellung vollstreckbar geworden sind.

[53] BGHZ 142, 324, 331 = NJW 2000, 208; *BGH* NJW 2002, 2170, 2171.

[54] Vgl. zu dieser zentralen Voraussetzungen Staub/*Habersack,* § 160 Rn. 10; *Lüneborg,* ZIP 2012, 2229 ff. Umstr. ist insbesondere, ob bei Dauerschuldverhältnissen auch der haftungsbegründende Tatbestand selbst vor dem Ausscheiden des Gesellschafters verwirklicht, also etwa die Pflichtverletzung vorher begangen worden sein muss, um der Voraussetzung „bis dahin begründet" zu genügen; vgl. dazu *LG Bonn* NZG 2011, 143, 145; a. A. Baumbach/Hopt/*Roth,* § 160 Rn. 2.

[55] Zu der unter der alten Rechtslage herrschenden Kündigungstheorie und ihrer Aufgabe durch die neuere Rspr. (BGHZ 142, 324, 328 ff. = NJW 2000, 208, 210) vgl. die ausführliche Darstellung von *Siems/Maaß,* WM 2000, 2328 ff.

[56] Vgl. zu dieser Interessenabwägung *BGH* NJW 2002, 2170, 2171.

[57] Ebenroth/Boujong/Joost/Strohn/*Hillmann,* § 160 Rn. 8.

Hinweis:

Die Vorschrift des § 160 HGB bereitet Studenten in erster Linie aufgrund ihres völlig verunglückten Wortlauts Probleme, da er bei buchstabengetreuer Subsumtion zu gänzlich sachwidrigen Ergebnissen führt. Des Weiteren wird oft übersehen, dass die Vorschrift nach § 736 II BGB auch auf die BGB-Gesellschaft Anwendung findet. Dieser Fehler dürfte darauf zurückzuführen sein, dass § 736 II BGB der allgemeinen Verweisungsrichtung des § 105 III HGB von der OHG auf die BGB-Gesellschaft entgegenläuft. 44

VI. Die Übertragung der Mitgliedschaft durch einheitliches Verkehrsgeschäft

Fall 10: *Bauer* möchte ihre Beteiligung an der OHG gegen Zahlung von 400.000 EUR an die Geschäftsfrau *Köhler* veräußern. *Köhler* soll in sämtliche Rechte und Pflichten der *Bauer* nachfolgen. Ist ein Vertrag dieses Inhalts zulässig? 45

Das Ausscheiden eines bisherigen und die Aufnahme eines neuen Gesellschafters sind getrennte Rechtsvorgänge, und zwar auch dann, wenn sie durch Vereinbarungen des alten und des neuen Gesellschafters mit den übrigen Gesellschaftern aufeinander abgestimmt werden. Es ist unbestritten, dass ein Gesellschafterwechsel auf diesem Wege herbeigeführt werden kann; man spricht von der Theorie des Doppelvertrags.[58] Auf diese Weise wollen *Bauer* und *Köhler* jedoch nicht verfahren. Ihr Vertragswille ist vielmehr darauf gerichtet, dass *Köhler* durch Übertragungsgeschäft Rechtsnachfolgerin der *Bauer* wird. Wie bereits bei der BGB-Gesellschaft gesehen, ist eine solche Übertragung nach §§ 398, 413 BGB ohne weiteres möglich. Namentlich § 719 BGB steht dem nicht entgegen, da dieser Vorschrift nach heutigem Verständnis nur die Aussage zu entnehmen ist, dass die Gesellschafter nicht über das Gesellschaftsvermögen verfügen dürfen (ausführlich § 8 Rn. 31 f.). Da es sich aber kein Gesellschafter gefallen lassen muss, dass ihm ohne seine Zustimmung ein neuer Partner aufgedrängt wird, setzt die wirksame Verfügung über die Mitgliedschaft die Zustimmung der anderen Gesellschafter voraus (s. auch dazu § 8 Rn. 31 f. m. w. Nachw.). Die Rechtsstellung der Gesellschaftsgläubiger darf durch die Übertragung der Mitgliedschaft nicht verschlechtert werden. Für ihre Forderungen haftet der übertragende Gesellschafter also weiterhin gem. §§ 128, 160 HGB (dazu Rn. 35 ff.), während den Erwerber die Haftung nach §§ 128, 130 HGB trifft. 46

Bauer und *Köhler* können also die Mitgliedschaft in der von ihnen vorgesehenen Weise übertragen; die Wirksamkeit der Übertragung ist allerdings von der Zustimmung der Mitgesellschafter abhängig. Vorteile gegenüber der Konstruktion des Doppelvertrages (oben Rn. 46) bietet diese Gestaltung insbesondere bei einer zweigliedrigen Gesellschaft. Hier ist die einheitliche Übertragung die einzige Möglichkeit, einen der Gesellschafter ausscheiden zu lassen, ohne dass die Gesellschaft aufgelöst wird, weil die Gesellschafterzahl unter zwei absinkt (vgl. § 10 Rn. 9, § 17 Rn. 4). Auch abgesehen von dieser Besonderheit der zweigliedrigen Gesellschaft bietet die Übertragung konstruktive Vorzüge gegenüber dem isoliert vollzogenen Ausscheiden und Eintritt. Bei der Übertragung durch einheitliches Verkehrsgeschäft kann es nämlich nicht vorkommen, dass ein Gesellschafter wirksam ausscheidet, aber die Aufnahme des neuen an einem Wirksamkeitsmangel leidet, oder dass umgekehrt 47

---

[58] BGHZ 44, 229, 231 = NJW 1966, 499; *BGH* NJW 1975, 166; BGHZ 71, 296, 299 = NJW 1978, 1525; BGHZ 81, 82, 84 = NJW 1981, 2747; statt vieler vgl. noch MüKoBGB/*C. Schäfer*, § 719 Rn. 17.

das Ausscheiden fehlerhaft erfolgt und ein neuer Gesellschafter wirksam aufgenommen wird.

VII. Zusammenfassung

48 Die Aufnahme eines neuen Gesellschafters wird in den §§ 107, 130 HGB als zulässig vorausgesetzt. Der Aufnahmevertrag wird zwischen sämtlichen bisherigen Gesellschaftern und dem neuen Gesellschafter abgeschlossen. Weil die OHG am Abschluss nicht beteiligt ist, gilt die Vertretungsregelung der §§ 125, 126 HGB nicht. Das Gegenstück zur Aufnahme eines neuen ist das Ausscheiden eines bisherigen Gesellschafters. Ein Gesellschafter kann vor allem ausscheiden, wenn er mit den anderen Gesellschaftern eine entsprechende Vereinbarung trifft oder wenn einer der Tatbestände des § 131 III 1 HGB vorliegt. Der ausscheidende Gesellschafter hat den Abfindungsanspruch des § 738 I 2 BGB. Gesellschaftsvertragliche Vereinbarungen über die Berechnung dieses Anspruchs, namentlich die sogenannte Buchwertklausel, sind grundsätzlich zulässig. Krasse Differenzen zwischen dem wirklichen Wert und dem Buchwert der Beteiligung braucht jedoch unter Umständen auch derjenige Gesellschafter nicht hinzunehmen, der selbst kündigt. Buchwertklauseln, die auf eine Gläubigerbenachteiligung abzielen, sind jedenfalls unzulässig. Auch im Fall der Ausschließungskündigung muss die Abfindung angemessen, also an § 738 I 2 BGB, ausgerichtet sein. Den neu aufgenommenen Gesellschafter trifft nach § 130 HGB die persönliche Haftung (§ 128 HGB) auch für solche Verbindlichkeiten der OHG, die vor seinem Eintritt begründet waren. Der ausscheidende Gesellschafter haftet auch weiterhin für die vor seinem Ausscheiden begründeten Verbindlichkeiten der OHG. Das ergibt sich aus § 128 S. 1 HGB und wird in § 160 HGB vorausgesetzt, der die Forthaftung für diesen Fall durch eine Ausschlussfrist von fünf Jahren begrenzt. Schließlich kann die Mitgliedschaft von dem bisherigen auf den neuen Gesellschafter auch durch einheitliches Verkehrsgeschäft übertragen werden, wenn der Gesellschaftsvertrag die Übertragung zulässt oder die Gesellschafter ihr zustimmen. Diese Übertragung bewirkt eine Rechtsnachfolge des neuen Gesellschafters in die Mitgliedschaft des bisherigen.

§ 19. Die Vererbung der Mitgliedschaft bei der OHG

Literatur: Vgl. neben den Angaben in § 11 zunächst die grundlegenden Schriften von *Siebert,* Gesellschaftsvertrag und Erbrecht bei der offenen Handelsgesellschaft, 3. Aufl., 1958 und *Wiedemann,* Die Übertragung und Vererbung von Mitgliedschaftsrechten bei Handelsgesellschaften, 1965; vgl. ferner *C. Becker,* Der Tod des Gesellschafters einer Personengesellschaft mit Familienstämmen: Gestaltungsinstrumente für den Gesellschaftsvertrag, ZEV 2011, 157; *M. Becker,* Die Übertragung eines Personengesellschaftsanteils durch Rechtsgeschäft unter Lebenden auf den Todesfall, AcP 201 (2001), 653; *Boujong,* Abfindungsklauseln nach dem Tod des Gesellschafters einer OHG und Pflichtteilsergänzungsansprüche, FS Ulmer, 2003, S. 41; *Kespohl,* Gestaltungsmöglichkeiten bei der Nachfolge in Familiensachen, GWR 2011, 130; *C. Schäfer,* Das bedingte Austrittsrecht nach § 139 HGB in der GbR, NJW 2005, 3665; *Seeger,* Einführung in das Recht der Unternehmensnachfolge, Jura 2007, 889; *Schmidt/Lebkücher,* Unternehmensnachfolge in Personengesellschaften, Ad Legendum 2014, 347.

I. Ausscheiden durch Tod des Gesellschafters

1 Bereits in § 17 Rn. 5 wurden die grundlegenden Unterschiede angesprochen, die sich bei dem Tod eines OHG-Gesellschafters im Vergleich zum Tod eines BGB-Gesellschafters ergeben. Bei der BGB-Gesellschaft steht der persönliche Zusammenschluss

stärker im Vordergrund, weshalb § 727 I BGB hier die Auflösung der Gesellschaft anordnet. Bei der OHG wird dagegen seit dem Handelsrechtsreformgesetz der Kontinuität des unternehmenstragenden Zusammenschlusses größeres Gewicht beigemessen, so dass § 131 III 1 Nr. 1 HGB in diesem Fall nur das Ausscheiden des Gesellschafters aus der fortbestehenden Gesellschaft vorsieht. Hier gilt also von vornherein qua Gesetz die Rechtslage, die bei einer BGB-Gesellschaft erst vertraglich in Gestalt einer Fortsetzungsklausel vereinbart werden kann: Die Gesellschaft wird von den überlebenden Gesellschaftern fortgeführt. Da auch diese Regelung gem. § 131 III 1 HGB nur „mangels abweichender vertraglicher Bestimmung“ gilt, kann der Gesellschaftsvertrag hiervon abweichen und wie bei der BGB-Gesellschaft die Auflösung als Todesfolge anordnen. Lediglich die Anordnung von gesetzlichem Regel- und vertraglich-dispositivem Ausnahmefall ist also vertauscht: Bei der BGB-Gesellschaft ist die Auflösung die gesetzliche Regel und die Fortführung die vertragliche Ausnahme; bei der OHG ist es genau umgekehrt.[1] Soll auch bei der OHG der Tod eines Gesellschafters wie bei der BGB-Gesellschaft zur Auflösung führen, so bedarf es einer entsprechenden Auflösungsklausel im Gesellschaftsvertrag, die sodann zur Auseinandersetzung und Beendigung unter Verteilung des verbleibenden Auseinandersetzungsguthabens führt (vgl. dazu § 11 Rn. 2 f.).

II. Fortführung und Abfindung

1. Gesetzliche Ausgangslage, Problemaufriss und Gestaltungsvarianten

2 Der gesetzliche Regelfall ist die Fortführung der Gesellschaft. Die Erben des ausgeschiedenen Gesellschafters sind damit in derselben Position wie bei einer BGB-Gesellschaft mit Fortsetzungsklausel (s. oben § 11 Rn. 4 ff.). Mit dem Tod scheidet der Erblasser aus und an die Stelle seiner Mitgliedschaft tritt der Abfindungsanspruch nach § 738 I 2 BGB i. V. m. § 105 III HGB. Damit ist die vermögensmäßige Position der Erben gesichert, doch kann der dadurch ausgelöste Kapitalabfluss den Fortbestand der Gesellschaft gefährden. Dem können die Gesellschafter vorbeugen, indem sie einen gegenseitigen Abfindungsausschluss vereinbaren, der hier – ebenso wie bei der BGB-Gesellschaft – zulässig ist und auch keine Pflichtteilsergänzungsansprüche auslöst (s. dazu § 11 Rn. 8 f.). Diese Lösung sichert den Bestand der Gesellschaft, kann aber aus Sicht der Erben eine signifikante Minderung der Erbmasse bedeuten. Als weitere Gestaltungsalternative ist deshalb in Erwägung zu ziehen, die Erben nicht abzufinden, sondern ihnen stattdessen die Übernahme des Gesellschaftsanteils des Erblassers zu gestatten. Bei der BGB-Gesellschaft wird das oftmals nicht möglich sein, weil gerade bei Zusammenschlüssen von Freiberuflern die Mitgliedschaft persönliche Qualifikationen voraussetzt, über die die Erben womöglich nicht verfügen werden (s. bereits oben § 11 Rn. 11). Im Personenhandelsrecht ist eine solche Aufnahme häufig leichter zu bewerkstelligen, zumal § 139 HGB dem Erben die Möglichkeit eröffnet, der Gesellschaft in der weitgehend von unternehmerischer Verantwortung befreiten Stellung eines Kommanditisten beizutreten (s. noch Rn. 15 ff.). Hier finden entsprechende Nachfolgeklauseln also wesentlich größere Verbreitung.

3 **Fall 1:** *Lehmann*, *Lotz* und *Pfuhl* gründen das Fitnessstudio „Fitness First“ in der Rechtsform einer OHG. Da sie allesamt ihren Lebensunterhalt aus den Einkünften der Gesellschaft bestreiten wollen, soll gewährleistet sein, dass die Gesellschaft auch dann fortbesteht, wenn einer von ihnen verstirbt. *Pfuhl* besteht aber darauf, dass seine beiden Söhne *Daniel* und *Jörg* in diesem Fall nicht gänzlich auf den Vermögenswert der Beteiligung verzichten müssen. *Daniel*

---

[1] Rechtspolitische Kritik bei *K. Schmidt*, JZ 2003, 585, 594.

ist kräftig gebaut und ein talentierter Leistungssportler, während *Jörg* ein eher schmächtiger, unsportlicher Bücherwurm mit Begeisterung für Modedesign und Malerei ist. Wie können die Vorstellungen der Gesellschafter kautelarjuristisch umgesetzt werden?

4 Da der Fortbestand der Gesellschaft bereits durch die bloße Ausscheidensanordnung in § 131 III 1 Nr. 1 HGB umgesetzt wird, bedarf es einer Fortsetzungsklausel nicht. Es muss lediglich gewährleistet werden, dass der Abfindungsanspruch ausgeschlossen ist und den Erben der in der Beteiligung verkörperte Wert durch Einräumung einer Gesellschafterstellung erhalten bleibt. In der Kautelarpraxis wurde zur Umsetzung dieses Anliegens eine Vielzahl von Gestaltungsvarianten entwickelt, deren geläufigste die (einfachen oder qualifizierten) Nachfolgeklauseln sowie die Eintrittsklauseln sind.

2. Nachfolgeklauseln

5 Während nach der gesetzlichen Regelfolge des § 738 I 2 BGB i. V. m. § 105 III HGB lediglich der Abfindungsanspruch des gem. § 131 III 1 Nr. 1 HGB ausgeschiedenen Gesellschafters vererbt werden würde, haben Nachfolgeklauseln die Funktion, stattdessen den Anteil an der werbenden Gesellschaft selbst vererblich zu stellen.[2] Dabei finden zwei verschiedene Unterformen Anwendung: einfache und qualifizierte Nachfolgeklauseln. Einfache Nachfolgeklauseln sind dadurch gekennzeichnet, dass sie den Anteil ganz allgemein vererblich stellen und damit die künftige personale Zusammensetzung der Testierfreiheit des Gesellschafters überlassen. Eine solche Klausel kann etwa folgendermaßen gefasst sein:

„Beim Tode eines Gesellschafters wird die Gesellschaft nicht aufgelöst, sondern mit dessen Erben fortgesetzt.“[3]

6 Auf der Grundlage einer solchen Klausel wäre es im Fall 1 also nicht unwahrscheinlich, dass beim Tode des *Pfuhl* seine Söhne *Daniel* und *Jörg* Gesellschafter der Fitness First OHG würden. Sollte *Pfuhl* sich aber mit seinen Söhnen verwerfen und etwa eine neue Lebensgefährtin als Alleinerbin einsetzen, müssen *Lehmann* und *Lotz* auch diese als neue Gesellschafterin akzeptieren. Besonders misslich kann sich ihre Position dann gestalten, wenn *Pfuhl* von einer vielköpfigen Erbengemeinschaft beerbt wird, da in diesem Fall eine Zersplitterung der Gesellschaft droht.

7 Um diese Nachteile zu vermeiden, können die Gesellschafter auf eine qualifizierte Nachfolgeklausel ausweichen.[4] Sie bestimmt, dass nicht alle Erben in die Gesellschafterstellung des verstorbenen Gesellschafters einrücken sollen, sondern nur einzelne oder nur einer von ihnen. Wollen die Mitgesellschafter sicher sein, mit welcher Person sie es künftig zu tun haben werden, so sollte der Nachfolger im Gesellschaftsvertrag namentlich bestimmt werden. Geht es ihnen nur darum, eine Zersplitterung der Gesellschaft zu vermeiden, so genügt es, wenn dem Betroffenen eine Auswahl nach bestimmten abstrakten Merkmalen vorgegeben wird.[5] Nur die so festgelegte Person müssen die Gesellschafter also als neuen Mitgesellschafter akzeptieren. Eine entsprechende Klausel kann etwa lauten:

---

[2] Vgl. MüKoBGB/*C. Schäfer,* § 727 Rn. 28 f.; zur dogmatischen Einordnung vgl. *Kindler,* § 12 Rn. 25 ff.; *C. Schäfer,* § 9 Rn. 33 ff.; zu den schwierigen Fragen, die sich in diesem Fall an die Anordnung einer Testamentsvollstreckung knüpfen, vgl. etwa *Windbichler,* § 15 Rn. 11.

[3] *Mutter* in Brambring/Mutter, Beck'sches Formularbuch ErbR, 3. Aufl., 2014, Muster G. I.2.

[4] Überblick dazu etwa bei Staub/*C. Schäfer,* § 139 Rn. 26; *Kübler/Assmann,* § 7 VII 3b; *K. Schmidt,* § 45 V 5; *C. Becker,* ZEV 2011, 157, 158 f.; *Schmidt/Lebkücher,* Ad Legendum 2014, 347, 349 ff.

[5] MüKoBGB/*C. Schäfer,* § 727 Rn. 29; *Schmidt/Lebkücher,* Ad Legendum 2014, 347, 350.

„Beim Tode des Gesellschafters Pfuhl wird die Gesellschaft nicht aufgelöst, sondern mit dessen Erben Daniel und Jörg fortgesetzt.“ 8

oder

„Beim Tod eines Gesellschafters wird die Gesellschaft immer nur mit einem Erben oder Vermächtnisnehmer als Nachfolger fortgesetzt. Der Nachfolger ist durch Erklärung gegenüber der Gesellschaft zu Lebzeiten oder durch Verfügung von Todes wegen durch den Gesellschafter zu bestimmen“.[6]

Voraussetzung dafür, dass auf diesem Wege die Nachfolgevorstellungen der Parteien 9 umgesetzt werden, ist allerdings, dass der Benannte auch tatsächlich Erbe des Gesellschafters wird.[7] Wird im Fall 1 etwa festgelegt, dass beim Tod des *Pfuhl* seine Erben *Daniel* und *Jörg* Gesellschafter werden sollen, so geht diese Klausel ins Leere, wenn er später seine Frau *Anja* als Alleinerbin einsetzt. In diesem Fall wird die Gesellschaft zwar zunächst unter den überlebenden Gesellschaftern fortgeführt, doch steht der *Anja* ein Abfindungsanspruch nach § 738 I 2 BGB zu. Es würde also genau die Rechtslage eintreten, die bei Abschluss des Gesellschaftsvertrags vermieden werden sollte.

3. Eintrittsklauseln

Eine ähnliche Funktion wie Nachfolgeklauseln haben Eintrittsklauseln.[8] Auch sie 10 sollen das künftige Schicksal des Anteils eines durch Tod ausscheidenden Gesellschafters regeln. Ihre rechtlichen Auswirkungen divergieren aber deutlich von denen einer Nachfolgeklausel. Während die Nachfolgeklausel dazu führt, dass gesellschaftsrechtlich ein unmittelbarer Anteilsübergang an den vertraglich bestimmten Erben erfolgt, hat die Eintrittsklausel nicht einen derartigen Automatismus zur Folge. Die Gesellschaft wird vielmehr zunächst unter den übrigen Gesellschaftern fortgesetzt und es wird den in der Eintrittsklausel benannten Personen lediglich das Recht eingeräumt, der Gesellschaft unter den in der Klausel genannten Voraussetzungen beizutreten.[9] Die Nachfolge tritt also nicht schon automatisch kraft Erbrechts ein (§ 1922 BGB), sondern erfolgt durch Rechtsgeschäft unter Lebenden, nämlich durch Aufnahmevertrag zwischen den Altgesellschaftern und dem in der Klausel Benannten. Der Gesellschaftsvertrag mit Eintrittsklausel stellt damit einen berechtigenden Vertrag zugunsten Dritter i. S. d. §§ 328, 331 I BGB dar.[10] Eine solche Klausel kann etwa folgendermaßen formuliert sein:

„Beim Tode des Gesellschafters Pfuhl erhält sein Sohn Daniel das Recht, in die OHG in einem der Beteiligung des verstorbenen Gesellschafters entsprechenden Umfang einzutreten. Der Eintretende hat seinen Eintritt innerhalb von zwei Monaten nach dem Tode des Gesellschafters zu erklären. Bis zu diesem Zeitpunkt halten die übrigen Gesellschafter den Kapitalanteil des Verstorbenen treuhänderisch. Nach fruchtlosem Ablauf dieser Frist wird die Gesellschaft endgültig von den übrigen Gesellschaftern unter Abfindung der Erben des Verstorbenen fortgesetzt. 11

Macht der Eintrittsberechtigte von seinem Eintrittsrecht Gebrauch, so sind die übrigen Gesellschafter verpflichtet, den Anteil unentgeltlich auf ihn zu übertragen; ein Abfindungsanspruch

---

6 So etwa die beiden Vorschläge von *Mutter* in Brambring/Mutter, Beck'sches Formularbuch ErbR, 3. Aufl., 2014, Muster G. I.4.

7 Vgl. dazu MüKoBGB/*C. Schäfer,* § 727 Rn. 42; *Schmidt/Lebküche*r, Ad Legendum 2014, 347, 351.

8 Überblick bei MüKoHGB/*K. Schmidt,* § 139 Rn. 25; Staub/*C. Schäfer,* § 139 Rn. 16 ff.; *Kübler/Assmann,* § 7 VII 4; *C. Becker,* ZEV 2011, 157, 160 f.; *Schmidt/Lebküche*r, Ad Legendum 2014, 347, 349 ff.

9 Vgl. zu diesen Unterschieden MüKoBGB/*C. Schäfer,* § 727 Rn. 53; *Kespohl,* GWR 2011, 130, 131; *Schmidt/Lebküche*r, Ad Legendum 2014, 347, 349.

10 *Kindler,* § 12 Rn. 24; *Kübler/Assmann,* § 7 VII 4; *Schmidt/Lebküche*r, Ad Legendum 2014, 347, 349.

der Erben des verstorbenen Gesellschafters gegen die Gesellschaft oder die übrigen Gesellschafter ist in diesem Fall ausgeschlossen."[11]

12 Gegenüber der Nachfolgeklausel hat die Eintrittsklausel den Vorteil, dem Erben die Entscheidungsfreiheit über seinen Beitritt zu erhalten. Zudem ist es möglich, die Gesellschafterstellung unter Umständen auch unabhängig von der Erbenstellung zu gestalten, wobei dann die kautelarjuristische Herausforderung darin besteht, dem beitretenden Gesellschafter die Kapitalbeteiligung des verstorbenen Gesellschafters zuzuwenden, obwohl infolge des Ausscheidens zunächst ein Abfindungsanspruch des Erben entsteht.[12] Dieser größeren Gestaltungsfreiheit der Beteiligten steht allerdings auch ein gewichtiger Nachteil gegenüber: Es besteht die Gefahr, dass der Begünstigte von seinem Eintrittsrecht keinen Gebrauch macht, damit die Verwirklichung des Erblasserwillens vereitelt und zugleich den Fortbestand der Gesellschaft gefährdet; denn in diesem Fall lebt der zunächst ausgeschlossene Abfindungsanspruch wieder auf und führt zu dem unerwünschten Kapitalabfluss.[13]

13 Für die Lösung des Falles 1 folgt daraus, dass die Gesellschafter den Fortbestand der Gesellschaft am zuverlässigsten dadurch gewährleisten können, dass sie eine einfache Nachfolgeklausel in den Gesellschaftsvertrag aufnehmen. Damit tritt im Falle seines Versterbens automatisch der jeweilige Erbe des *Pfuhl* in den Gesellschaftsvertrag ein. *Lehmann* und *Lotz* können allerdings nicht sicher sein, wen sie als Erben aufzunehmen haben und sind auch nicht davor gesichert, dass die Beteiligung unter einer Vielzahl von Erben „atomisiert" wird. Größere Sicherheit bietet ihnen in diesem Fall eine qualifizierte Nachfolgeklausel, doch müssen sie sich hier ergänzend gegen die Gefahr absichern, dass die darin genannten Nachfolger nicht als Erben eingesetzt werden und die Klausel damit ins Leere geht.[14] Eine Eintrittsklausel würde ebenfalls eine namentliche Festlegung ermöglichen, den Beitritt (und damit auch die Entscheidung über die weiteren Kapitalgrundlagen der Gesellschaft) aber in das Belieben des Benannten stellen.

Hinweis:

14 In Klausuren im Pflichtfach sollten derart anspruchsvolle Konstellationen eher selten begegnen. In der Praxis kommt ihnen dagegen eine überragende Bedeutung zu. Auch hier zeigt sich wieder die besondere kautelarjuristische Herausforderung, die gerade das Gesellschaftsrecht an den Rechtsanwender stellt (§ 2 Rn. 14 ff.).

III. Die Umwandlung der Gesellschafterstellung in eine Kommanditbeteiligung

1. Grundsätzliche Regelung des § 139 HGB

15 **Fall 2:** Die Gesellschafter der Fitness First OHG haben sich für eine einfache Nachfolgeklausel entschieden. Tatsächlich verstirbt *Pfuhl* früh und wird von seinen beiden Söhnen beerbt. Während *Daniel* der Aussicht, künftig Gesellschafter eines Fitnessstudios zu sein, optimistisch

---

[11] Zitiert nach *Mutter* in Brambring/Mutter, Beck'sches Formularbuch ErbR, 3. Aufl., 2014, Muster G. I.5.

[12] Vgl. zu den unterschiedlichen Gestaltungsoptionen Staub/*C. Schäfer,* § 139 Rn. 17. Eine Lösung kann etwa der grundsätzliche Abfindungsausschluss eröffnen; vgl. dazu die Musterklausel unten.

[13] Staub/*C. Schäfer,* § 139 Rn. 19.

[14] Zu entsprechenden Gestaltungsmöglichkeiten vgl. *Mutter* in Brambring/Mutter, Beck'sches Formularbuch ErbR, 3. Aufl., 2014, Muster G. I.4 Anm. 1.

entgegenblickt, bleibt der grüblerische *Jörg* skeptisch. Er möchte das Risiko der persönlichen Haftung nicht eingehen und ist wegen seiner doch sehr anders gelagerten Interessen an der Geschäftsführung eines Fitnessstudios nicht interessiert. Wie kann er diese Vorstellungen umsetzen?

Durch die Nachfolge in den Gesellschaftsanteil kann der Erbe in eine Konfliktsitua- 16
tion geraten: Er übernimmt die persönliche Haftung für die bestehenden und künftigen Verbindlichkeiten der OHG gem. § 128 HGB, unterliegt dem Wettbewerbsverbot des § 112 HGB und ist zur Geschäftsführung verpflichtet (§ 114 HGB). Diese Belastung kann er zwar vermeiden, indem er die Erbschaft ausschlägt (§§ 1942 ff. BGB). Damit verlöre er aber schlechthin den Gesellschaftsanteil und darüber hinaus die Erbschaft insgesamt. Diesen Interessenkonflikt löst § 139 HGB.[15] Nach § 139 I HGB kann ein Gesellschafter sein Verbleiben in der Gesellschaft davon abhängig machen, dass ihm die Stellung eines Kommanditisten eingeräumt wird. Die Gesellschaft wird damit also von der OHG in eine andere Gesellschaftsform, eine Kommanditgesellschaft, umgewandelt, bei der neben die unternehmerisch agierenden und haftenden Komplementäre eine zweite Form von Anlagegesellschaftern tritt, die Kommanditisten, die von der Geschäftsführung, aber auch von der Haftung ausgenommen sind (ausführliche Darstellung in § 20 Rn. 1). Die Interessen des *Jörg* wären danach also weitgehend geschützt.

In der Umwandlung der bisherigen OHG in eine KG liegt eine Änderung des 17
Gesellschaftsvertrags, zu der die anderen Gesellschafter nicht verpflichtet sind. Sie können deshalb den Umwandlungsantrag nach § 139 II HGB ablehnen. Damit erwirbt der Erbe gem. § 139 II HGB das Recht, fristlos aus der OHG auszuscheiden, womit zugleich der Abfindungsanspruch des § 738 I 2 BGB i. V. m. § 105 III HGB entsteht. Vor diesem Hintergrund wird den anderen Gesellschaftern die Ablehnung des Umwandlungsantrags vielfach nicht ratsam erscheinen. Der Erbe muss seine Rechte nach § 139 III HGB grundsätzlich innerhalb einer Dreimonatsfrist ausüben. Entscheidet er sich für die Kommanditistenstellung, so bestimmt sich seine Haftung für die bis dahin entstandenen Gesellschaftsschulden gem. § 139 IV HGB nur nach Maßgabe der §§ 1967 ff. BGB, also den Vorschriften zur Haftung des Erben für Nachlassverbindlichkeiten. Seinem Schutzcharakter entsprechend kann § 139 HGB grundsätzlich nicht im Gesellschaftsvertrag abbedungen werden. Nach heute herrschender Meinung findet die Vorschrift auf den Gesellschafter-Erben in der BGB-Gesellschaft entsprechende Anwendung, wenn der Gesellschaftsvertrag eine Nachfolgeklausel enthält. Wollen die Gesellschafter in diesem Fall das Ausscheiden des Erben (und den damit verbundenen Abfindungsanspruch) vermeiden, müssen sie die Gesellschaft durch Eintragung nach § 105 II HGB allerdings zunächst in eine Personenhandelsgesellschaft umwandeln.[16]

2. Mehrere Erben als Nachfolger

Im Fall 2 stellt sich die Anwendung des § 139 HGB allerdings insofern komplizier- 18
ter dar, als *Pfuhl* nicht einen, sondern zwei Erben mit unterschiedlichen Gestaltungsvorstellungen und beruflichen Perspektiven hinterlässt. In diesem Fall rücken gem. § 1922 BGB alle Erben automatisch in die Gesellschafterstellung ein, wenn der

---

[15] S. etwa *Schmidt/Lebkücher,* Ad Legendum 2014, 347, 351 f. zur Haftung des Erben und zur Option des § 139 HGB.

[16] Vgl. zu den Einzelheiten MüKoBGB/*C. Schäfer,* § 727 Rn. 47 f.; *Kindler,* § 12 Rn. 32; *Mock,* NZG 2004, 118, 119 f.; *C. Schäfer,* NJW 2005, 3665, 3667; *Schmidt/Lebkücher,* Ad Legendum 2014, 347, 352; *Ulmer,* ZIP 2003, 1113, 1121; a. A. noch Staudinger/*Habermeier* (2003), § 727 Rn. 16.

Gesellschaftsvertrag eine Nachfolgeklausel enthält. Weil mehrere Erben nach § 2032 BGB eine Erbengemeinschaft bilden, stellt sich hinsichtlich der Anwendung des § 139 HGB die Frage, ob sie den Gesellschaftsanteil als Erbengemeinschaft erwerben oder ob jeder einzelne von ihnen abweichend von § 2032 BGB entsprechend seiner Erbquote in die Gesellschafterstellung einrückt. Nur in diesem zweiten Fall lassen sich die unterschiedlichen Vorstellungen von *Daniel* und *Jörg* über ihren Verbleib in der Gesellschaft ohne Schwierigkeiten verwirklichen.

19 § 139 I HGB spricht dafür, bei der Nachfolge in den Gesellschaftsanteil der OHG eine Ausnahme von dem Gesamthandsprinzip der §§ 2032 ff. BGB zu machen. Die Vorschrift geht nämlich von einer Mehrheit von Erben aus und gewährt jedem von ihnen das Recht, die Umwandlung in eine Kommanditbeteiligung zu verlangen. Damit ist vorausgesetzt, dass jeder Erbe Gesellschafter wird und dass nicht alle zusammen einen Gesellschaftsanteil haben. Schon daran scheitert eine Anwendung des Gesamthandsprinzips. Darüber hinaus passt die Erbengemeinschaft aber auch nicht als Gesellschafterin in die OHG. Zum einen steht die gemeinschaftliche Nachlassverwaltung des § 2038 BGB mit dem Prinzip der Einzelgeschäftsführung (§ 115 I HGB) und der Einzelvertretung (§ 125 I HGB) nicht in Einklang. Zum anderen müssen die Miterben bis zur Nachlassteilung nach § 2059 BGB grundsätzlich nicht mit ihrem Privatvermögen für die Nachlassverbindlichkeiten haften, während § 128 HGB die persönliche Haftung des Gesellschafters gerade vorsieht und § 139 IV HGB die erbrechtliche Haftungsbeschränkung nur eintreten lässt, wenn der Erbe die Rechte des § 139 I HGB ausübt oder die OHG aufgelöst wird.

20 Aus diesen Gründen erwerben mehrere Erben den Gesellschaftsanteil nicht als Erbengemeinschaft. Die bis dahin einheitliche Rechtsstellung des Gesellschafter-Erblassers spaltet sich mit seinem Tod auf, und die einzelnen Erben rücken entsprechend ihrer Erbquote in die OHG ein; man spricht insofern von einer Sondererbfolge.[17] Allerdings kann die Mitgliedschaft des Erblassers nur aufgespalten werden, soweit sie eine Beteiligung am Vermögen der OHG vermittelt. Dagegen sind die Verwaltungsrechte des Erblassers ihrer Natur nach unteilbar; sie vervielfältigen sich deshalb im Zeitpunkt des Erbfalls entsprechend der Zahl der in die OHG einrückenden Erben. Deren Verwaltungsrechte gehen deshalb in der Summe über die Rechtsstellung des Erblassers hinaus, ein Ergebnis, das sich nur deshalb rechtfertigen lässt, weil die Gesellschafter selbst im Gesellschaftsvertrag diese Form der Nachfolge vorgesehen haben. Weil *Daniel* und *Jörg* mit dem Erbfall jeder für sich Gesellschafter der OHG geworden sind, müssen sie den Umwandlungsantrag des § 139 I HGB auch nicht gemeinsam stellen. *Jörg* kann die Kommanditistenstellung allein für seine Person anstreben.

IV. Die Nachfolgeklausel beim Auseinanderfallen von gesellschaftsvertraglicher und erbrechtlicher Regelung

1. Der als Nachfolger Benannte ist nicht Erbe geworden

21 Zu besonderen Schwierigkeiten kann es führen, wenn die ursprüngliche gesellschaftsvertragliche Gestaltung und die spätere erbrechtliche Lösung, etwa durch

[17] Ganz h. M., vgl. RGZ 16, 40, 48 (noch zum ADHGB); RGZ 171, 345, 349; BGHZ 22, 186, 192 = NJW 1957, 180; BGHZ 68, 225, 237 = NJW 1977, 1339; *BGH* NJW 1995, 3314, 3315; *BGH* NJW 1999, 571, 572; *BGH* NJW-RR 2012, 730 Rn. 18 (zum Kommanditanteil); MüKoHGB/*K. Schmidt*, § 139 Rn. 13; Staub/*C. Schäfer*, § 139 Rn. 45; *Kindler*, § 12 Rn. 29; *Kübler/Assmann*, § 7 VII 3a; *Saenger*, Rn. 227; *Kespohl*, GWR 2011, 130, 131; a. A. z. B. *Grunewald*, § 1 Rn. 157 ff. (ausgehend von dem gedanklichen Ansatzpunkt, dass auch die Erbengemeinschaft rechtsfähig sei; dagegen bereits § 3 Rn. 12).

unvorhergesehene Entwicklungen oder eine inkonsistente Nachfolgegestaltung durch den späteren Erblasser, nicht in die gleiche Richtung gehen.

Fall 3: Im Gesellschaftsvertrag der Fitness First OHG ist allein *Daniel* als Nachfolger des *Pfuhl* vorgesehen. Kurz vor dem Ableben des *Pfuhl* kommt *Daniel* aber selbst bei einem Autounfall ums Leben. Welche Auswirkungen ergeben sich für die OHG? 22

Nach § 1923 I BGB kann Erbe nur werden, wer zur Zeit des Erbfalls lebt. Weil *Daniel* vor *Pfuhl* verstarb, ist er also nicht Erbe geworden. Die gesellschaftsvertragliche Nachfolgeklausel und die Erbfolge gehen daher auseinander. Damit wird die qualifizierte Nachfolgeklausel zwar nicht nichtig, aber gegenstandslos; mangels eines Nachfolgers geht sie ins Leere.[18] Weil die Nachfolgeklausel in diesem Fall also nichts bewirkt, verbleibt es bei der durch § 131 III 1 Nr. 1 HGB geschaffenen Rechtslage: Die OHG besteht unter den überlebenden Gesellschaftern weiter. In diesem Fall haben aber diejenigen, die Erben des *Pfuhl* geworden sind, nach §§ 738 I 2, 1922 BGB i. V. m. § 105 III HGB einen Abfindungsanspruch. Die Rechtslage entspricht also derjenigen bei Ausscheiden durch Tod eines Gesellschafters ohne Ausschluss des Abfindungsanspruchs (Rn. 2). 23

Eine andere Beurteilung kommt dann in Betracht, wenn der als Nachfolger Benannte zwar vorhanden, aber nicht Erbe geworden ist, etwa deshalb, weil er nicht zu den gesetzlichen Erben zählt und ein Testament zu seinen Gunsten entweder nicht errichtet oder nicht gültig ist. In diesem Fall muss erwogen werden, ob die Nachfolgeklausel in analoger Anwendung des § 140 BGB in eine Eintrittsklausel umzudeuten ist.[19] Wegen der mit dem Abfindungsanspruch der Erben verbundenen Schwierigkeiten wird der Versuch einer solchen Umdeutung indessen regelmäßig scheitern (vgl. Rn. 2).[20] 24

2. Der als Nachfolger Benannte ist nur Miterbe geworden

Fall 4: Im Gesellschaftsvertrag war abermals vorgesehen, dass nur *Daniel* Nachfolger des *Pfuhl* werden soll. Seine Erben sind aber *Daniel* und *Jörg*. Wie wirkt sich diese Abweichung aus? 25

Auch hier gehen die gesellschaftsvertragliche und die erbrechtliche Regelung auseinander: Nach der qualifizierten Nachfolgeklausel (s. oben Rn. 7f.) soll allein *Daniel* Nachfolger sein, ist aber nicht allein Erbe geworden. Diese Situation kann auf Versäumnisse bei der testamentarischen Regelung der Erbfolge zurückgehen. Sie kann aber von dem Gesellschafter-Erblasser auch gerade gewollt sein: Er will zwar nur einen Nachfolger in der OHG, kann sich aber nicht entschließen, weitere Personen von ihrer gesetzlich angeordneten Erbfolge auszuschließen. 26

Was das grundsätzliche Schicksal der Mitgliedschaft angeht, besteht im Ergebnis Einigkeit, dass die gesellschaftsrechtliche Regelung nicht durch die spätere erbrechtliche Gestaltung verdrängt werden kann. Gesellschafter kann vielmehr nur derjenige werden, bei dem die gesellschaftsvertragliche und die erbrechtliche Regelung übereinstimmen. Im Fall 4 wird also allein *Daniel* Gesellschafter, obwohl er erbrechtlich nur zur Hälfte als Nachfolger berufen ist. Die herrschende Meinung begründet dieses Ergebnis mit einem Vorrang des Gesellschaftsrechts.[21] Weil der Gesellschaftsanteil durch die Nachfolgeklausel überhaupt erst vererblich wird, bestimmt der Vertrag auch darüber, wem der Gesellschaftsanteil kraft Erbrechts (§ 1922 BGB) anfällt. 27

---

[18] Staub/*C. Schäfer*, § 139 Rn 32.

[19] *BGH* NJW 1978, 264; MüKoHGB/*K. Schmidt*, § 139 Rn. 26; Staub/*C. Schäfer*, § 139 Rn. 22.

[20] Auf diese Schwierigkeit weist auch Staub/*C. Schäfer*, § 139 Rn. 22 hin.

[21] Vgl. etwa *Kübler/Assmann*, § 7 VII 3a; *Windbichler*, § 15 Rn. 4.

Gegen den im Gesellschaftsvertrag niedergelegten Willen der Gesellschafter kann niemand in die OHG aufgenommen werden.[22]

28 Von dieser grundsätzlichen Entscheidung über die Mitgliedschaft ist die zweite Frage nach dem Vermögenswert zu trennen, der in dem Gesellschaftsanteil liegt. Die heute ganz herrschende Meinung beantwortet auch diese Frage im Sinne einer Vollnachfolge in den Gesellschaftsanteil: Der in der Nachfolgeklausel Benannte wird nicht nur allein Gesellschafter, sondern er erwirbt nach § 1922 BGB auch die uneingeschränkte vermögensmäßige Beteiligung, die diese Mitgliedschaft vermittelt.[23] Die Nachfolge in die Mitgliedschaft und die erbrechtliche Vermögensnachfolge im Übrigen gehen also verschiedene Wege. Der Vollnachfolge dort steht die der Erbquote entsprechende Beteiligung hier gegenüber. Deshalb lässt sich auch hier von einer „Sondererbfolge" in den Gesellschaftsanteil sprechen.

29 Infolge der Sondererbfolge rückt *Daniel* also in die gesamte Rechtsstellung ein, die *Pfuhl* in der OHG hatte; *Jörg* kann von der Gesellschaft nichts verlangen. Allerdings ist *Daniel* wegen des ihm mit dem Kapitalanteil zugeflossenen Mehrwerts gegenüber seinem Miterben *Jörg* nach erbrechtlichen Grundsätzen ausgleichspflichtig. Übersteigt der Wert der Beteiligung den Anteil, den *Daniel* nach seiner Erbquote von der Erbmasse beanspruchen könnte, ist er dem *Jörg* zur Zahlung der Differenz verpflichtet.[24]

V. Zusammenfassung

30 Nach § 131 III 1 Nr. 1 HGB bewirkt der Tod eines Gesellschafters sein Ausscheiden aus der OHG. Sie besteht also als werbende Gesellschaft der bisherigen Mitglieder fort. Der Erbe erhält gem. §§ 738, 1922 BGB i. V. m. § 105 III HGB den Abfindungsanspruch, der als Folge des Ausscheidens des verstorbenen Gesellschafters entstanden ist. Dieser Anspruch kann im Gesellschaftsvertrag ausgeschlossen werden; damit wird der Anteilswert den überlebenden Gesellschaftern zugewandt und der Vermögensverlust der OHG vermieden. Vererblich ist der Gesellschaftsanteil nur dann, wenn der Gesellschaftsvertrag eine Nachfolgeklausel enthält. Sie kann so ausgestaltet sein, dass der jeweilige Erbe des verstorbenen Gesellschafters in dessen Position nachrückt (einfache Nachfolgeklausel) oder dass schon der Gesellschaftsvertrag eine Bestimmung enthält, die allerdings nur dann zum Eintritt des Benannten führt, wenn er tatsächlich Erbe wird (qualifizierte Nachfolgeklausel). Kann oder soll eine erbrechtliche Nachfolgeregelung nicht getroffen werden, so kommt eine Eintrittsklausel in Betracht. Hier vollzieht sich die Nachfolge durch Rechtsgeschäft unter Lebenden, nämlich durch Aufnahmevertrag zwischen den Altgesellschaftern und dem in der Klausel Benannten. Die Eintrittsklausel ist Vertrag zugunsten Dritter (§§ 328 I, 331 I BGB), so dass der Benannte einen Anspruch auf Abschluss des Gesellschaftsvertrags hat.

---

[22] *Kübler/Assmann,* § 7 VII 3b aa.

[23] Grundlegend BGHZ 68, 225, 237 ff. = NJW 1977, 1339 unter Aufgabe des gegenteiligen, in BGHZ 22, 186, 195 = NJW 1957, 180 eingenommenen Standpunktes. Zustimmend etwa: *Kindler,* § 12 Rn. 31; *Kübler/Assmann,* § 7 VII 3b bb; *K. Schmidt,* § 45 V 5b.

[24] Vgl. auch *Kindler,* § 12 Rn. 31; *Kübler/Assmann,* § 7 VII 3b cc; *Saenger,* Rn. 228; *Schmidt/Lebkücher,* Ad Legendum 2014, 347, 350 f. Über die dogmatische Begründung besteht wiederum keine Einigkeit. Der *BGH* hatte in BGHZ 22, 186, 196 f. = NJW 1957, 180 noch auf § 242 BGB abgestellt; andere plädieren für eine Anwendung der erbrechtlichen Auseinandersetzungsvorschriften; Überblick über den Meinungsstand bei Staub/*C. Schäfer,* § 139 Rn. 152 f.; MüKoHGB/*K. Schmidt,* § 139 Rn. 19 f.; *K. Schmidt,* § 45 V 5c.

Der in einer Nachfolgeklausel Benannte rückt nach § 1922 BGB in die Mitgliedschaft des Erblassers ein. Nach § 139 HGB kann der Erbe, der auf diese Weise persönlich haftender Gesellschafter geworden ist, seinen Verbleib in der Gesellschaft davon abhängig machen, dass ihm die Stellung eines Kommanditisten eingeräumt wird. Sind mehrere Erben als Nachfolger berufen, so rücken sie nicht als Erbengemeinschaft (§ 2032 BGB), sondern einzeln entsprechend ihrer Erbquote in die Gesellschafterstellung ein. Ist der von dem Gesellschafter benannte Nachfolger überhaupt nicht Erbe geworden, so ist die Nachfolgeklausel als solche gegenstandslos. Den Erben steht der Abfindungsanspruch des § 738 I 2 BGB i. V. m. § 105 III HGB zu. Allenfalls kommt analog § 140 BGB die Umdeutung der Nachfolge- in eine Eintrittsklausel in Betracht. 31

2. Kapitel. Die Kommanditgesellschaft

§ 20. Begriff und Errichtung der KG

Literatur: Zum Wesen der Kommanditgesellschaft vgl. die anschauliche Darstellung von *Wiedemann,* GesR II, § 9 I; zur Errichtung vgl. *Clauss/Fleckner,* Die Kommanditgesellschaft in der Gründung, WM 2003, S. 1790. Allgemein gefasster Überblick auch bei *Lange,* Grundzüge des Rechts der KG, Jura 2015, 1017.

I. Grundlagen

1. Begriff und Wesen der KG

Die Kommanditgesellschaft wird in der Grundnorm des § 161 I HGB als eine Gesellschaft beschrieben, deren Zweck auf den Betrieb eines Handelsgewerbes unter gemeinschaftlicher Firma gerichtet ist und bei der die Haftung eines oder mehrerer Gesellschafter auf den Betrag einer bestimmten Vermögenseinlage beschränkt ist (Kommanditisten), während bei dem anderen Teil der Gesellschafter eine Beschränkung der Haftung nicht stattfindet (persönlich haftende Gesellschafter = Komplementäre). In dieser Zweiteilung des Gesellschafterkreises unterscheidet sich die KG von der OHG, die nach § 105 I HGB gerade dadurch gekennzeichnet ist, dass „bei keinem der Gesellschafter die Haftung gegenüber den Gesellschaftsgläubigern beschränkt ist.“[1] Während die OHG also für alle Beteiligten eine „Arbeits- und Haftungsgemeinschaft“ ist (s. oben § 2 Rn. 8, § 12 Rn. 1 ff.), ist das bei der KG nur hinsichtlich der Komplementäre der Fall. Nur sie sind „Unternehmergesellschafter“, während die Kommanditisten nicht persönlich haften und dementsprechend auch von der Geschäftsführung und Vertretung weitgehend ausgeschlossen sind (vgl. dazu noch § 21 Rn. 1 ff.). Sie gestalten demnach nicht selbst das unternehmerische Handeln, sondern sind an der Gesellschaft vornehmlich vermögensmäßig beteiligt, weshalb man sie als „Anlagegesellschafter“ umschreiben kann. Die Kommanditgesellschaft ist daher – zumindest nach der gesetzestypischen Idealvorstellung – die Unterform der Personengesellschaften, in der sich Arbeit und Kapital vermählen: Der unternehmerisch tätige Kaufmann schließt sich mit einem Kapitalgeber zur 1

[1] Zu diesem missverständlichen Passus vgl. bereits § 12 Rn. 11. Gerade der Vergleich mit der Textfassung des § 161 I HGB erhellt aber seine eigentliche Funktion: die Abgrenzung zur KG.

Durchführung eines oder mehrerer Geschäfte zusammen.[2] Diese Idealvorstellung kann aufgrund der für das Personengesellschaftsrecht charakteristischen vertraglichen Gestaltungsfreiheit auch hier weitgehend modifiziert werden. In der Praxis haben sich namentlich die Publikums-Kommanditgesellschaft sowie die GmbH & Co. KG (mittlerweile auch in der Unterform der UG & Co. KG) etabliert, die von der gesetzestypischen Ausgestaltung deutlich abweichen und deshalb in §§ 23 und 37 gesondert dargestellt werden.

2. Rechtstatsächliche Verbreitung

2 Zur rechtstatsächlichen Verbreitung der OHG wurde in § 12 Rn. 5 festgestellt, dass ihre Beliebtheit namentlich aufgrund fehlender Haftungsbereitschaft in den letzten Jahrzehnten deutlich nachgelassen hat, so dass zum 1. Januar 2016 nur noch 24.215 Unternehmen in dieser Rechtsform betrieben werden. Deshalb mag es auf den ersten Blick überraschen, dass die Beliebtheit der KG, die früher stets im Schatten der OHG stand, eher zugenommen hat.[3] Es gibt heute (Stand 1. Januar 2016) in Deutschland 257.681 Unternehmen in dieser Rechtsform, obgleich auch hier zumindest die Komplementäre eine unbeschränkte Haftung tragen.[4] Dieser scheinbare Widerspruch erklärt sich in erster Linie daraus, dass es zu einem großen Teil nicht die gesetzestypischen Kommanditgesellschaften mit einer natürlichen Person als Komplementär sind, die diese Verbreitung tragen, sondern die gesetzesatypischen Ausgestaltungen, insbesondere die GmbH & Co. KG. Diese Gesellschaftsform zeichnet sich dadurch aus, dass die Rolle des unbeschränkt haftenden Komplementärs von einer GmbH übernommen wird, also einer Kapitalgesellschaft, deren Mitglieder gerade nicht persönlich haften, so dass auch hier keine natürliche Person ein unbeschränktes Haftungsrisiko trägt (ausführlich § 37). Auf die GmbH & Co. KG entfallen heute mindestens die Hälfte aller Kommanditgesellschaften (vgl. noch die Zahlen in § 37 Rn. 10).[5] Daneben hat aber auch eine gesetzestypische KG gegenüber der OHG den Vorteil, die unbeschränkte Haftung auf einzelne Gesellschafter konzentrieren zu können. Dass kann etwa in Familiengesellschaften ein großer Vorteil sein, wenn Familienmitglieder an den Erträgen der Gesellschaft partizipieren sollen, auch wenn sie zur persönlichen Mitarbeit nicht bereit oder nicht hinreichend qualifiziert sind.[6]

3. Gesetzliche Regelungsschwerpunkte

3 Die Kommanditgesellschaft ist als zweite Personenhandelsgesellschaft nach der OHG in den §§ 161–177a HGB geregelt. Die deutlich geringere Zahl von Vorschriften gegenüber dem OHG-Recht (§§ 105–160 HGB) erklärt sich daraus, dass der Gesetzgeber die Regelung der KG auf dem OHG-Recht aufgebaut und dieses in §§ 161 ff. HGB lediglich abgewandelt und ergänzt hat. Dieses Regelungskonzept

---

2 Sehr lesenswert zu den historischen Ursprüngen *Wiedemann,* GesR II, § 9 I 2, der auf den Zusammenhang dieser Organisationsform mit dem mittelalterlichen Standes- und Kirchenrecht verweist, das Adeligen, Offizieren und Geistlichen die selbstständige Teilnahme am Wirtschaftsleben verbot. Ihnen eröffnete die KG die Möglichkeit, ihr Vermögen dennoch gewinnbringend anzulegen.

3 Vgl. dazu *Wiedemann,* GesR II, § 9 I 5: 1907 gab es 1.600 Kommandit- und 27.000 offene Handelsgesellschaften.

4 *Kornblum,* GmbHR 2016, 691, 692.

5 *Wiedemann,* GesR II, § 9 I 5 spricht sogar von zwei Dritteln; vgl. zu dem hier verwandten Zahlenmaterial die in § 37 Rn. 10 zugrunde gelegten Angaben des Statistischen Bundesamtes.

6 *Eisenhardt/Wackerbarth,* Rn. 483; *Grunewald,* § 3 Rn. 4.

findet seinen deutlichsten Niederschlag in § 161 II HGB, der die Geltung des OHG-Rechts auch für die KG anordnet, soweit nicht die folgenden Vorschriften etwas anderes anordnen. Damit gilt auch für die KG die in § 105 III HGB angeordnete subsidiäre Geltung des Rechts der BGB-Gesellschaft (§§ 705 ff. BGB), wodurch der Normenbestand abermals verschlankt wird. Diese Verweisungstechnik findet ihre Berechtigung nicht nur in dem gemeinsamen Charakter dieser Gesellschaftsformen als Personengesellschaften, sondern überdies in dem Umstand, dass der Gesetzgeber die KG letztlich als eine Sonderform der OHG unter Hinzutreten beschränkt haftender Gesellschafter konzipiert hat. Namentlich die voll haftenden Komplementäre nehmen dieselbe unternehmerische Position ein wie die Gesellschafter einer OHG. Ihre Rechtsstellung wird deshalb in den §§ 161 ff. HGB nicht näher ausgestaltet, sondern ausschließlich durch die Verweisung des § 161 II HGB auf §§ 105 ff. HGB geregelt. Auch andere regelungsbedürftige Bereiche, wie etwa die Vermögensordnung der Gesellschaft oder ihre Auflösung und Abwicklung, werden in erster Linie durch Verweis auf das OHG-Recht geregelt und deshalb auch in der folgenden Darstellung nur dort näher erläutert, wo sich Abweichungen zu den §§ 105 ff. HGB ergeben. Der gesetzliche Regelungsschwerpunkt liegt auf der Rechtsstellung des Kommanditisten, der die KG gerade charakteristisch von der OHG abgrenzt.[7] Seine Rechtsposition soll deshalb auch im Mittelpunkt der weiteren Ausführungen stehen.

Hinweis:

Diese Verweisungstechnik bereitet vielen Studenten erhebliche Schwierigkeiten. Zum einen setzt sie eine sichere Beherrschung nicht nur des OHG-Rechts, sondern auch der §§ 705 ff. BGB voraus. Überdies führen auch die Paragrafenüberschriften oftmals in die Irre: § 170 HGB etwa scheint ausweislich seiner Überschrift die „Vertretung der KG" zu regeln, doch ist dort nur geregelt, wer sie nicht vertritt: der Kommanditist. Mancher Student versucht sich in diesem Fall an einem „Rückschluss", aber die Lösung ist viel simpler: Die Vertretungsmacht des Komplementärs ergibt sich aus §§ 125 ff. i. V. m. § 161 II HGB. Gleiches gilt für den mit dem Wort „Wettbewerbsverbot" überschriebenen § 165 HGB. Hier ist nur geregelt, dass der Kommanditist einem solchen Verbot nicht unterliegt. Für den Komplementär ergibt es sich nicht aus einem Rückschluss, sondern aus § 112 i. V. m. § 161 II HGB. 4

II. Die Entstehung der KG durch Neugründung

1. Grundzüge

Fall 1: Die Jungunternehmerin *Eickelmann* importiert und vertreibt französische Weine. Ihre Freundin *Forster* will sich an dem Geschäft mit 50.000 EUR beteiligen, an dem Vermögen und an dem finanziellen Erfolg des Unternehmens partizipieren, zugleich aber ihr Haftungsrisiko begrenzen. *Eickelmann* steht diesen Vorstellungen aufgeschlossen gegenüber, möchte aber die hohe Kreditwürdigkeit, die ihr Unternehmen gerade auch deshalb genießt, weil sie persönlich für dessen Erfolg und Misserfolg geradesteht, nicht gefährden. Welche gesellschaftsrechtlichen Gestaltungsmöglichkeiten stehen ihnen zur Verfügung? Welche Schritte müssen sie einleiten? 5

Da *Eickelmann* die gesteigerte Seriosität ihres Unternehmens gerade auch auf ihre persönliche Haftungsbereitschaft zurückführt, verbietet sich der Weg in eine Kapitalgesellschaft (namentlich eine GmbH), bei der diese Haftung gerade ausgeschlossen 6

[7] Vgl. dazu auch *Weller/Prütting*, Rn. 353; *Wiedemann*, GesR II, § 9 I 6.

ist. Im Personengesellschaftsrecht ist eine Haftungsbegrenzung einzelner Beteiligter nur in zwei Gesellschaftsformen möglich, nämlich der Kommanditgesellschaft oder der stillen Gesellschaft nach § 230 HGB, die ebenfalls der Beteiligung eines Anlagegesellschafters (Rn. 1) dient. Die Wahl zwischen diesen beiden Gesellschaftsformen ist von einer Vielzahl von Abwägungen abhängig, die in § 24 Rn. 6 noch ausführlicher dargestellt werden. Insbesondere wenn *Forster* an der Anonymität ihrer Beteiligung interessiert ist, wird sie sich für die stille Gesellschaft entscheiden, die gerade dadurch gekennzeichnet ist, dass der stille Gesellschafter nicht nach außen in Erscheinung tritt. Da der Sachverhalt für ein solches Anliegen aber keine Hinweise enthält und der offen gelegte Beitritt der *Forster* die Kreditwürdigkeit des Unternehmens, auf die *Eickelmann* großen Wert legt, vielmehr noch erhöhen könnte, bietet sich hier eher die KG an. Das gilt umso mehr, als *Forster* umfassend an der Gesellschaft beteiligt sein will, was bei der stillen Gesellschaft nicht möglich ist (s. noch § 24 Rn. 6). Es empfiehlt sich daher die Rechtsform der KG mit *Forster* als Kommanditistin und *Eickelmann* als Komplementärin.

7 Die Gründungsvoraussetzungen der KG erschließen sich zunächst daraus, dass über die Erwähnung „einer Gesellschaft" in § 161 I HGB und über die Verweiskette der §§ 161 II, 105 III HGB, 705 BGB auf das Recht der BGB-Gesellschaft Bezug genommen wird. Die allgemeinen Voraussetzungen eines (formlosen) Gesellschaftsvertrags i. S. d. § 705 BGB müssen auch hier vorliegen. Als Vertragspartner kommen dabei nicht nur natürliche Personen in Betracht, sondern es können auch juristische Personen oder Personengesellschaften als Gesellschafter auftreten. Das ergibt sich für die Kommanditistenstellung einer BGB-Gesellschaft nunmehr explizit aus § 162 I 2 HGB,[8] hat die weitaus größere Bedeutung aber hinsichtlich der Komplementärstellung einer GmbH im Rahmen der GmbH & Co. KG (s. noch § 37).[9]

8 Wie bei der OHG muss der besondere Zweck dieser Gesellschaft nach § 161 I HGB auf den Betrieb eines Handelsgewerbes i. S. d. § 1 II HGB unter gemeinschaftlicher Firma gerichtet sein, wobei die Firmengebung auch hier keine Voraussetzung, sondern eine Rechtsfolge ist (s. § 12 Rn. 10 f.). Der Betrieb der *Eickelmann* ist zweifellos ein Gewerbe,[10] so dass die Zwecksetzung des Betriebs eines Handelsgewerbes nur dann scheitern könnte, wenn das Unternehmen nach Art und Umfang einen in kaufmännischer Weise eingerichteten Geschäftsbetrieb nicht erfordert. Auch dies würde den Gestaltungsvorstellungen der beiden Gesellschafterinnen aber nicht entgegenstehen, da der über § 161 II HGB anwendbare § 105 II HGB auch die optionale Wahl einer KG über eine freiwillige Registereintragung erlaubt. Tatsächlich liegt hier der Hauptanwendungsfall des § 105 II HGB (s. bereits § 12 Rn. 14). Abweichend vom OHG-Recht muss der Gesellschaftsvertrag schließlich die beschränkte Haftung der *Forster* vorsehen. Sind diese Voraussetzungen erfüllt, so ist die Gesellschaft zumindest im Innenverhältnis wirksam entstanden (zur Entstehung im Außenverhältnis s. noch § 18). Die Eintragung der Gesellschaft hat also auch hier hinsichtlich des Entstehungsaktes nur deklaratorische, keine konstitutive Wirkung. Allerdings ist diese Einordnung dahingehend zu relativieren, dass die Haftungsbeschränkung des Kommanditisten nach § 176 I HGB erst mit der Eintragung wirksam wird, der damit also zumindest unter diesem Gesichtspunkt doch auch eine

---

[8] Vgl. dazu BGHZ 148, 291, 293 ff. = NJW 2001, 3121; *Grunewald,* ZGR 2003, 541, 542 f.; *Schmidt/Bierly,* NJW 2004, 1210 ff. Zur zulässigen Stellung einer Außen-Gesellschaft bürgerlichen Rechts als Komplementärin s. *OLG Celle,* NZG 2012, 667.

[9] Vgl. auch *Kindler,* § 13 Rn. 7 f.

[10] Vgl. zu den Begriffsmerkmalen etwa *Canaris,* HandelsR, § 2.

partielle konstitutive Wirkung zukommt. Darauf wird unter § 22 Rn. 32 ff. zurückzukommen sein.

2. Einlage und Haftsumme

a) Begriffliche Unterscheidung

Das Verständnis der für die KG so zentralen Haftungsbeschränkung des Kommanditisten wird durch eine im Gesetz angelegte Begriffsverwirrung zwischen Einlage und Haftsumme erschwert. Tatsächlich umschreiben diese Begriffe zwei unterschiedliche Sachverhalte, die streng voneinander zu trennen sind: 9

Fall 2: *Forster* will sich zwar mit 50.000 EUR an dem Unternehmen beteiligen (s. Fall 1), möchte aber ihre persönliche Haftung vorsichtshalber auf 25.000 EUR beschränken. Ist das möglich? 10

Forster möchte hier den an das Unternehmen nach § 705 BGB zu leistenden Beitrag von der Höhe ihrer persönlichen Haftung trennen. Um diese Sachverhalte auch terminologisch zu unterscheiden, empfiehlt sich die Gegenüberstellung von Einlage und Haftsumme.[11] Die versprochene Einlage des Kommanditisten ist für seine Pflichtenstellung im Innenverhältnis (§ 705 BGB) maßgeblich. Sie ist ein durch Einbringung in das Gesellschaftsvermögen zu leistender Beitrag. Die Haftsumme betrifft hingegen das Außenverhältnis zu den Gläubigern. Sie ist der Höchstbetrag, bis zu dem der eingetragene Kommanditist den Gläubigern persönlich haftet. § 161 I HGB, der den Kommanditisten gerade dadurch charakterisiert, dass seine Haftung auf den „Betrag einer bestimmten Vermögenseinlage" beschränkt ist, ist daher unglücklich formuliert. Die Einlagepflicht eines Gesellschafters im Innenverhältnis ist bei allen Gesellschaftsformen stets beschränkt. Die Besonderheit der KG liegt in der Beschränkung der Haftsumme im Außenverhältnis. Ebenso korrekturbedürftig ist es, wenn § 162 I 1 HGB vorschreibt, es müsse der Betrag der Einlage in das Handelsregister eingetragen werden. Im Außenverhältnis ist gerade nicht die Einlage, sondern in erster Linie die Haftsumme von Interesse.[12] 11

Haftsumme und Einlage werden in den meisten Fällen nach Inhalt und Höhe deckungsgleich sein, doch muss das nicht zwangsläufig der Fall sein. Das folgt schon daraus, dass die Einlageleistung in einer KG – wie in jeder anderen Gesellschaft – nicht allein in Geld, sondern auch in anderen Leistungen bestehen kann. Der Kommanditist kann seinen Beitrag also auch in der Form erbringen, dass er der KG ein Grundstück überlässt, Betriebseinrichtungen einbringt oder nur seine Arbeitskraft in den Dienst des gemeinsamen Zwecks stellt. In diesen Fällen fehlt es an der Inhaltsgleichheit von Einlage und Haftsumme, die stets nur in einem Geldbetrag ausgedrückt werden kann. Überdies kann – worauf es in Fall 2 ankommt – die Einlage und die Haftsumme auch der Höhe nach auseinandergehen. *Forster* steht es also durchaus offen, eine Einlage in Höhe von 50.000 EUR zu leisten und zugleich ihre persönliche Haftung auf 25.000 EUR zu beschränken. Damit kann sie allerdings nicht verhindern, dass die 50.000 EUR durch Vollstreckungsmaßnahmen gegen die KG verloren gehen. Das über den Betrag der Haftsumme hinaus Geleistete ist nicht etwa Darlehen, sondern Einlage, und haftet deshalb als Gesellschaftsvermögen den Gläubigern der KG. Der Vorteil dieser Gestaltung liegt aber darin, dass dieser Beitrag nur im Innenverhältnis zu leisten ist, die *Forster* aber davon verschont bleibt, 12

---

[11] Grundlegend zum Folgenden *K. Schmidt*, Einlage und Haftung des Kommanditisten, 1977; vgl. ferner etwa BGHZ 116, 7, 11 = NJW 1992, 241; MüKoHGB/*K. Schmidt*, § 172 Rn. 5 ff.; *Eisenhardt/Wackerbarth*, Rn. 488 f.; *Gehling*, BB 2011, 73, 74 f.

[12] Vgl. auch *Kindler*, § 13 Rn. 9.

sich aufgrund ihrer Kommanditistenhaftung (§§ 171 I, 172 IV HGB) auch im Außenverhältnis mit den Gläubigern der KG auseinandersetzen zu müssen. Hat sie 25.000 EUR in das Gesellschaftsvermögen eingebracht und dort belassen, kann sie von ihnen nicht mehr weiter in Anspruch genommen werden.

b) Fehler beim Vertragsschluss

13 **Fall 3:** *Forster* hat die Vereinbarung über die Haftsumme angefochten, weil sie in dem Gesellschaftsvertrag infolge eines Schreibfehlers statt mit 25.000 EUR mit 250.000 EUR angegeben ist. Welche Bedeutung hat die Anfechtung für den Bestand der KG?

14 Wie die Gesellschaft bürgerlichen Rechts und wie die OHG, so entsteht auch die KG durch Abschluss eines Gesellschaftsvertrags. Der Gesellschaftsvertrag der KG muss die Vereinbarung enthalten, dass wenigstens einer der Gesellschafter nur beschränkt haftet. § 161 I HGB verlangt dafür (in missverständlicher Terminologie – Rn. 9 ff.) den „Betrag einer bestimmten Vermögenseinlage", d. h. die Haftsumme muss ziffernmäßig festgelegt werden. Eine Mindesthaftung sieht das Gesetz insofern nicht vor. *Forster* könnte daher auch für eine Einlage von einem Euro die Kommanditistenstellung erlangen, doch wäre die wirtschaftliche Sinnhaftigkeit einer solchen Gestaltung zweifelhaft. Im Fall 3 besteht eine wirksame Vereinbarung über die Haftsumme zwischen *Eickelmann* und *Forster* nicht mehr, weil *Forster* ihre Erklärung nach § 119 I, 2. Mod. BGB angefochten hat (§ 142 I BGB). Mangels eines wirksamen Gesellschaftsvertrags ist die KG also nicht zustande gekommen. Anders wäre die Rechtslage zu beurteilen, wenn die Gesellschaft bereits in Vollzug gesetzt worden wäre, als die Anfechtung erfolgte. Die Anfechtung könnte dann die Wirkung, die ihr nach bürgerlichem Recht zukommt, nicht mehr entfalten. Vielmehr läge eine (fehlerhafte) Kommanditgesellschaft vor, die nach der Lehre von der fehlerhaften Gesellschaft wirksam und nur ex nunc abzuwickeln wäre (vgl. § 5).

3. Firmenbildung

15 **Fall 4:** *Eickelmann* und *Forster* wollen unter der Firma „Weindepot *Eickelmann* & *Forster* KG" auftreten. Ist eine solche Firmierung zulässig?

16 Wie die OHG muss auch die KG unter einer Firma auftreten (§ 161 I HGB). Ob die von *Eickelmann* und *Forster* gewählte Firma zulässig ist, ist nach §§ 18, 19 HGB zu beurteilen. Eine aus dem Namen der Gesellschafter abgeleitete Firma ist nach dem Handelsrechtsreformgesetz von 1998[13] zwar nicht mehr zwingend erforderlich, aber doch weiterhin zulässig. Problematisch ist allerdings, ob neben dem Familiennamen des Komplementärs auch der des Kommanditisten in die Firma aufgenommen werden darf. Bis zur Handelsrechtsreform 1998 war dies gesetzlich explizit ausgeschlossen (§ 19 IV HGB a. F.). Diese Regelung ist nunmehr entfallen und auch § 18 I HGB steht einer solchen Gestaltung nicht mehr entgegen. Zweifel an der Zulässigkeit könnte man deshalb allenfalls im Lichte des Irreführungsverbots des § 18 II HGB hegen, da die Aufnahme in die Firma im Verkehr als Hinweis auf den Komplementär verstanden werden kann. Die heute wohl herrschende Meinung hält eine solche Gestaltung aber dennoch für zulässig, da anderenfalls die bewusste Liberalisierung des Firmenrechts im Jahr 1998 für die KG partiell unterlaufen würde; die Streichung des § 19 IV HGB a. F. würde ins Leere gehen.[14] Nach dieser Ände-

[13] Gesetz zur Neuregelung des Kaufmanns- und Firmenrechts und zur Änderung anderer handels- und gesellschaftsrechtlicher Vorschriften (Handelsrechtsreformgesetz – HRefG) v. 22.6.1998, BGBl. I 1474.

[14] Vgl. etwa *OLG Saarbrücken* NZG 2006, 586 f.; Staub/*Burgard,* § 18 Rn. 56; Röhricht/v. Westphalen/Haas/*Ries,* § 18 Rn. 34; *C. Schäfer,* § 12 Rn. 2; a. A. *Windbichler,* § 17 Rn. 7.

rung darf der durchschnittliche Verkehrsteilnehmer schon wegen §§ 22, 24 HGB nicht mehr erwarten, dass die Firma Aufschluss über die Gesellschafter und die Haftungsverhältnisse gibt. Folgt man dieser Ansicht, so ist die von *Eickelmann* und *Forster* gewählte Gestaltung zulässig.

4. Anmeldung und Eintragung in das Handelsregister

Fall 5: *Eickelmann* und *Forster* haben das gemeinsame Geschäft am 1. April 2014 eröffnet. Die Eintragung in das Handelsregister folgte am 16. Juni 2014 nach. Wann ist die KG entstanden? 17

Die KG ist nach §§ 106, 161 II HGB zur Eintragung in das Handelsregister anzumelden. Nach § 162 I HGB muss die Anmeldung auch die Kommanditisten bezeichnen und ihre jeweilige Haftsumme angeben (das Gesetz spricht auch hier wiederum missverständlich von „Einlage" – s. oben Rn. 9ff.). In der Bekanntmachung nach § 10 HGB müssen die Kommanditisten allerdings nicht genannt werden.[15] Für die Wirkung der Eintragung sind die §§ 123, 161 II HGB maßgeblich. Danach entsteht die KG wie auch die OHG (§ 12 Rn. 22ff.) im Außenverhältnis spätestens mit dem Registereintrag (§ 123 I HGB). Tritt die Gesellschaft bereits vor Eintragung im Rechtsverkehr auf, so ist dieser Zeitpunkt maßgeblich, wenn die Gesellschaft ein Handelsgewerbe nach § 1 II HGB betreibt und alle Komplementäre (nicht aber die Kommanditisten) der Aufnahme der Geschäfte zugestimmt haben (§ 123 II HGB).[16] Weil diese Voraussetzung bei *Eickelmann* und *Forster* erfüllt ist, ist die KG bereits am 1. April entstanden. Wird das Gewerbe dagegen erst durch Eintragung zum Handelsgewerbe (§§ 2, 3 HGB), so liegt auch nach Geschäftseröffnung noch keine KG vor, weil es an der Grundvoraussetzung des § 161 I HGB fehlt. Ein Zusammenschluss dieser Art ist vielmehr eine Gesellschaft bürgerlichen Rechts,[17] so dass sich auch die Haftungsverhältnisse nach den dazu entwickelten Grundsätzen richten. Die Haftungsbeschränkung des Kommanditisten findet insofern keine Beachtung, sondern es gilt auch für ihn die strenge Haftung nach der Akzessorietätstheorie. 18

III. Die Entstehung der KG durch Umwandlung einer OHG

Fall 6: In Abwandlung zu Fall 1 hat sich *Forster* nicht mit der Einzelunternehmerin *Eickelmann* zusammengeschlossen, sondern ist einer von *Eickelmann* gemeinsam mit der Weinkennerin *Meißner* schon zuvor gegründeten OHG beigetreten. Wie ist das Verhältnis zwischen der bisherigen OHG und der neuen KG zu beurteilen? 19

Eine KG kann nicht allein durch eine Neugründung entstehen, sondern auch durch eine Umwandlung, hier etwa aus einer OHG in eine KG. Eine solche Umwandlung kann durch einen ad hoc aus konkretem Anlass gefassten Gesellschafterbeschluss erfolgen, etwa um – wie hier – einen Anlagegesellschafter in eine bisher unternehmerisch ausgerichtete Gemeinschaft aufzunehmen. Daneben kann auch beim Tod eines Gesellschafters die Umwandlung in eine KG geboten sein, wenn der Erbe nach § 139 HGB verlangt, dass ihm eine Kommanditistenstellung eingeräumt wird (s. § 19 Rn. 15ff.). In beiden Fällen können diese Umwandlungen wegen der beschränkten Haftung des Kommanditisten allerdings erst mit der Eintragung in das Handels- 20

---

[15] Grund: Da die Kommanditisten nicht persönlich haften, ist auch ihre Nennung für den Rechtsverkehr nur von geringem Interesse; so die Begründung zum Entwurf des Namensaktiengesetzes (NaStraG), BT-Drucks., 14/4051, S. 18f.

[16] Vgl. Ebenroth/Boujong/Joost/*Strohn*, § 176 Rn. 10; *C. Schäfer*, § 12 Rn. 5.

[17] BGHZ 59, 179, 181 = NJW 1972, 1660; BGHZ 61, 59, 67 = NJW 1973, 1691; BGHZ 63, 45, 47 = NJW 1974, 1905; BGHZ 69, 95, 97f. = NJW 1977, 1683; Röhricht/v. Westphalen/*Haas/Mock*, § 176 Rn. 3.

register Wirksamkeit im Außenverhältnis erlangen.[18] Die Anmeldepflicht ergibt sich aus §§ 161 II, 107, 162 III HGB.

21 Durch die Umwandlung entsteht keine neue Gesellschaft, sondern es bleibt die rechtliche Identität zwischen der bisherigen OHG und der neuen KG gewahrt.[19] Eine Übertragung der Vermögensgegenstände auf die neue Gesellschaft ist deshalb weder erforderlich noch möglich. Eine derartige Umwandlung unterliegt auch nicht den Vorschriften der §§ 190 ff. UmwG, was durch § 190 II UmwG klargestellt werden soll.[20] Erforderlich ist allerdings eine Anpassung des Rechtsformzusatzes in der Firma nach § 19 HGB.[21]

IV. Zur Kaufmannseigenschaft der KG und ihrer Gesellschafter

22 **Fall 8:** *Forster* hat gegenüber dem Lieferanten *Häfner* mündlich erklärt, sie bürge für die Kaufpreisschuld der KG. Ist die Bürgschaft wirksam?

23 Ob die von *Forster* abgegebene Bürgschaftserklärung gültig ist, hängt wegen der Formvorschrift des § 766 BGB davon ab, ob *Forster* Kauffrau ist; denn nur als solche könnte sie gem. § 350 HGB einen Bürgschaftsvertrag formlos abschließen.

24 Nach § 6 I HGB ist die KG als Kaufmann zu behandeln. Aufgrund der heute ganz überwiegend anerkannten Verselbstständigung der Personengesellschaft gegenüber ihren Mitgliedern (§ 3 Rn. 3 ff.) kann daraus nicht der Schluss gezogen werden, dass auch den Gesellschaftern die Kaufmannseigenschaft zukommt. § 350 HGB ist daher nicht unmittelbar anwendbar. Zulässig ist aber wie bei der OHG ein Analogieschluss, wenn die Gründe, die bei der KG selbst einen Verzicht auf das Formerfordernis rechtfertigen, auch bei ihren Gesellschaftern vorliegen (§ 12 Rn. 27 ff. m. w. Nachw.). Das ist hinsichtlich der Komplementäre aus denselben Gründen wie bei der OHG zu bejahen. Als Unternehmergesellschafter (Rn. 1) ist es gerade ihre Professionalität und Geschäftserfahrung, die eine Verminderung des Schutzniveaus rechtfertigt. Der Kommanditist kann dagegen die KG nicht vertreten (§ 170 HGB) und ist nach der gesetzlichen Regel (§ 164 HGB) auch nicht zur Geschäftsführung berufen (s. noch § 21 Rn. 1). Die herrschende Meinung spricht ihm deshalb nicht nur die Kaufmannseigenschaft ab, sondern lässt auch einen Analogieschluss nicht zu.[22] Eine Ausnahme kann nur in gesetzesatypischen Formen der Kommanditgesellschaft in Betracht gezogen werden, etwa für den geschäftsleitenden Kommanditisten, insbesondere den Geschäftsführer einer Komplementär-GmbH.[23]

25 Weil *Forster* nicht Kauffrau ist und auch die Voraussetzungen für einen Analogieschluss zu § 350 HGB nicht vorliegen, ist die von ihr abgegebene Bürgschaftserklärung wegen Formmangels nichtig (§§ 125, 766 BGB).

V. Zusammenfassung

26 Die KG ist nach § 161 I HGB eine besondere Form der OHG. Wenigstens einer der Gesellschafter haftet den Gläubigern nur beschränkt. Die beschränkt haftenden Gesellschafter sind die Kommanditisten, die anderen die Komplementäre. Die Vorschrif-

---

[18] Zur Bedeutung des Registereintrags *BayObLG* JR 1968, 263; *Kindler,* § 13 Rn. 11.
[19] *Kindler,* § 13 Rn. 13; *K. Schmidt,* § 53 II 1c.
[20] RegBegr, BT-Drucks. 12/6699, S. 137; vgl. dazu *Zöllner,* ZGR 1993, 334, 340.
[21] *Kindler,* § 13 Rn. 13.
[22] *RG* JW 1935, 947, 947; BGHZ 45, 282, 285 = NJW 1966, 1960; *BGH* NJW 1980, 1049; *BGH* NJW 1980, 1572, 1574; *BGH* NJW 1982, 569, 570; Baumbach/Hopt/*Roth,* § 161 Rn. 5; *Saenger,* Rn. 333; *C. Schäfer,* § 12 Rn. 2; *Windbichler,* § 17 Rn. 17.
[23] Staub/*C. Schäfer,* § 105 Rn. 79 ff.

ten über die OHG gelten gem. § 161 II HGB für die KG subsidiär. Die Haftsumme des § 161 I HGB und die Einlage i. S. d. § 705 BGB müssen weder dem Inhalt noch der Höhe nach identisch sein. Im Verhältnis des Kommanditisten zu den Gläubigern ist die Haftsumme maßgeblich, während es im Innenverhältnis auf die Einlage ankommt. Nach §§ 106, 161 II HGB ist die KG zur Eintragung in das Handelsregister anzumelden; dabei müssen gem. § 162 I HGB die Kommanditisten mit ihrer jeweiligen Haftsumme angegeben werden. Im Außenverhältnis entsteht die KG spätestens mit der Eintragung (§§ 123 I, 161 II HGB). Erfolgt der Geschäftsbeginn früher, so ist dieser Zeitpunkt maßgeblich, wenn die KG ein Handelsgewerbe nach § 1 II HGB betreibt (§§ 123 II, 161 II HGB). Wird das Gewerbe dagegen erst durch die Eintragung zum Handelsgewerbe (vor allem: § 2 HGB), so besteht vor der Eintragung eine Gesellschaft bürgerlichen Rechts. Eine KG kann auch durch Umwandlung einer OHG gegründet werden. Dadurch entsteht jedoch keine neue Gesellschaft. Die bisherige OHG und die neue KG sind vielmehr rechtlich identisch. Eine Übertragung des Gesellschaftsvermögens ist deshalb weder erforderlich noch möglich. Die KG ist gem. § 6 I HGB Kaufmann. Die für Kaufleute geltenden Vorschriften können auf die Komplementäre zumeist analog angewandt werden, nicht aber auf die Kommanditisten. Ausnahmen sind für geschäftsleitende Kommanditisten begründbar.

§ 21. Die Rechtsstellung des Kommanditisten nach Gesetz und Vertragspraxis

Literatur: *Beuthien,* Darf ein Kommanditist mehr als widersprechen? Zum Verhältnis des § 164 HGB zu § 116 HGB, NZG 2013, 976; *Bork/Jacoby,* Das Ausscheiden des einzigen Komplementärs nach § 131 Abs. 3 HGB, ZGR 2005, 611; *U. Huber,* Das Auskunftsrecht des Kommanditisten, ZGR 1982, 539; *K.J. Müller,* Das gesetzliche Wettbewerbsverbot der Gesellschafter der KG, NJW 2007, 1724; *Rosner,* Der Umfang des außerordentlichen Informationsrechts des Kommanditisten nach § 166 III HGB, NZG 2014, 655.

I. Geschäftsführung und Vertretung

1. Der Komplementär als Leiter des Unternehmens der KG

1 In § 20 wurde dargestellt, dass der Gesetzgeber die KG als Sonderform der OHG konzipiert hat, die sich von dieser im Wesentlichen durch das Hinzutreten weiterer, beschränkt haftender Gesellschafter, der Kommanditisten, auszeichnet. Die nähere Ausgestaltung ihrer Rechtsposition steht also im Mittelpunkt der §§ 161 ff. HGB (s. § 21 Rn. 3 f.). Das Herzstück dieser Regelung ist die in § 22 noch vertieft darzustellende Haftung des Kommanditisten (§§ 171 ff. HGB). Aber auch unter anderen Gesichtspunkten weicht seine Rechtsstellung von der des Komplementärs ab, was sich namentlich daraus erklärt, dass mit seinem Ausschluss von der Haftung auch eine Beschränkung seiner unternehmerischen Gestaltungsfreiheit innerhalb der Gesellschaft einhergeht. Am auffälligsten manifestiert sich dies darin, dass er nach §§ 164, 170 HGB sowohl von der Geschäftsführung als auch von der Vertretung ausgeschlossen ist, womit der grundsätzlich angestrebte Gleichlauf von Herrschaft und Haftung hergestellt wird (s. oben § 2 Rn. 11). Beide Rechte sind stattdessen dem Komplementär zugewiesen, was sich aufgrund der grundsätzlichen Regelungskonzeption des KG-Rechts nicht aus §§ 161 ff. HGB, sondern aus dem Verweis des § 161 II HGB auf §§ 114 ff., 125 f. HGB ergibt (s. dazu bereits § 20 Rn. 4).

2 **Fall 1:** *Bauerschmidt* und *Harnos* betreiben in der Düsseldorfer Innenstadt gemeinsam das Sonnenstudio Tropisol in der Rechtsform einer KG. Während *Harnos* als Komplementär unbeschränkt haftet, ist *Bauerschmidt* lediglich mit einer Einlage und Haftsumme von 30.000 EUR an der Gesellschaft beteiligt. *Harnos* will für das Solarium die Sonnenbank Sunray

Prestige 27/1 zum Preis von 14.000 EUR erwerben. *Bauerschmidt* befürchtet, dass sich eine solch hohe Investition im Hinblick auf den verschärften Wettbewerbsdruck in der Solariumbranche kaum rentieren werde, und widerspricht dem Erwerb. Ist *Harnos* an den Widerspruch gebunden?

3 Der Aufbau des KG-Rechts folgt in der Grundstruktur dem Aufbau des OHG-Rechts. Nach der Entstehung und Anmeldung der Gesellschaft wird zunächst das Innenverhältnis der Gesellschafter untereinander (§§ 163 ff. HGB), sodann das Außenverhältnis geregelt (§§ 170 ff. HGB), wobei von acht Vorschriften sieben die besonders problematische Haftung des Kommanditisten behandeln (§§ 171 ff. HGB). Für die Auflösung und Auseinandersetzung gelten über § 161 II HGB die allgemeinen Regeln des OHG-Rechts; nur für den Tod des Kommanditisten findet sich eine Sondervorschrift in § 177 HGB.

4 Bei der Frage, ob *Harnos* an den Widerspruch gebunden ist, handelt es sich um ein Problem des Innenverhältnisses. Die grundlegende Vorschrift ist insofern § 163 HGB, der in Parallele zu § 109 HGB festlegt, dass sich das Verhältnis der Gesellschafter untereinander nur dann nach § 164 ff. HGB richtet, wenn der Gesellschaftsvertrag nichts anderes vorschreibt. Die für das Personengesellschaftsrecht charakteristische Gestaltungsfreiheit der Gesellschafter gilt demnach auch hier. Da eine solche Bestimmung hier fehlt, ist zur Beantwortung der in Fall 1 aufgeworfenen Frage die gesetzliche Regelung maßgebend.

5 Danach ist *Harnos* als Komplementär nach § 114 i. V. m. § 161 II HGB zur Geschäftsführung befugt, *Bauerschmidt* nach § 164 S. 1, 1. Hs. HGB davon ausgeschlossen. Zwar muss in der OHG eine Geschäftsführungsmaßnahme nach § 115 I, 2. Hs. HGB unterbleiben, wenn ein anderer Gesellschafter der Vornahme der Handlung widerspricht, doch steht auch dieses Widerspruchsrecht nur dem geschäftsführenden Gesellschafter zu (§ 13 Rn. 8 f.). Folgerichtig schließt § 164 S. 1 HGB also nicht nur das Geschäftsführungsrecht, sondern auch das Widerspruchsrecht des Kommanditisten aus. Allerdings gilt diese Beschränkung (entsprechend dem Rechtsgedanken des § 116 II HGB) nur für solche Handlungen, die nicht über den gewöhnlichen Betrieb des Handelsgewerbes der KG hinausgehen (§ 164 S. 1, 2. Hs. HGB). Ob die von *Harnos* geplante Anschaffung diese Voraussetzung erfüllt, hängt zwar von dem Zuschnitt gerade der konkreten KG ab und lässt sich deshalb letztlich nur bei Kenntnis aller Umstände des Einzelfalls beurteilen. Die Annahme, dass der Ankauf einer Sonnenbank den gewöhnlichen Betrieb eines Solariums überschreitet, ist jedoch trotz des beachtlichen Preises fernliegend. *Harnos* ist deshalb an den Widerspruch des *Bauerschmidt* nicht gebunden.

6 **Fall 2:** *Harnos* will das Studio um einen Kosmetik- und Fußpflegebereich erweitern. Muss er dazu die Zustimmung des *Bauerschmidt* einholen?

7 Die von *Harnos* geplante Ausweitung der geschäftlichen Tätigkeit geht über den gewöhnlichen Betrieb des Handelsgewerbes der KG hinaus. Nach § 164 HGB hat *Bauerschmidt* deshalb das Recht zum Widerspruch. Mit seinem Widerspruch käme *Bauerschmidt* allerdings zu spät, wenn ihn *Harnos* von seinen Plänen nicht vor der Durchführung in Kenntnis setzen würde. Der Komplementär muss deshalb dem Kommanditisten die Möglichkeit zum Widerspruch geben. In diesem Sinne ist § 164 HGB nicht nur ein Zustimmungsrecht, sondern nach heute ganz herrschender Meinung auch ein Zustimmungserfordernis zu entnehmen.[1] Das Zustimmungserfor-

---

[1] RGZ 158, 302, 305 f.; *OLG Stuttgart*, ZIP 2010, 474, 476; MüKoHGB/*Grunewald*, § 164 Rn. 9 ff.; Staub/*Casper*, § 164 Rn. 2; dazu ausführlich *Beuthien*, NZG 2013, 967 ff.

dernis gilt jedoch nur im Innenverhältnis. Handlungen im Außenverhältnis sind auch in Ermangelung einer notwendigen Zustimmung voll wirksam.[2]

Ebenso wie bei diesen „ungewöhnlichen" Maßnahmen bedürfen der Zustimmung der Kommanditisten erst recht die sog. Grundlagengeschäfte, zu denen insbesondere Änderungen des Gesellschaftsvertrages zählen (z. B. Aufnahme neuer Mitglieder).[3] Sie sind schon von dem Begriff der Geschäftsführung nicht umfasst. Auch an sonstigen Gesellschafterbeschlüssen müssen die Kommanditisten mitwirken, da die §§ 163 ff. HGB insofern keine Abweichung von den allgemeinen Regeln vorsehen.[4] 8

2. Vertretungsmacht

Fall 3: Im Gesellschaftsvertrag der KG ist festgelegt, dass *Harnos* für Investitionen, die ein Volumen von 10.000 EUR übersteigen, die Zustimmung des *Bauerschmidt* einholen muss. Dennoch ignoriert er dessen Widerspruch und erwirbt die neue Sonnenbank zum Preis von 14.000 EUR. Hat der Verkäufer einen Zahlungsanspruch gegen die Gesellschaft aus § 433 II BGB? 9

In diesem Fall wird § 164 HGB, der die Anschaffung zuließ (Rn. 5), nach § 163 HGB von der abweichenden Regelung des Gesellschaftsvertrages verdrängt. *Harnos* durfte im Innenverhältnis die Liege also nicht erwerben. Bei der hier zu beantwortenden Fallfrage geht es jedoch nicht um das Innenverhältnis der Gesellschafter zueinander, sondern um das Außenverhältnis gegenüber Dritten. Danach besteht der Zahlungsanspruch dann, wenn die KG von *Harnos* wirksam vertreten wurde, was sich nach der allgemeinen Vorschrift des § 164 I BGB richtet und von der Vertretungsbefugnis des Gesellschafters abhängt. Die grundsätzliche Vertretungsmacht des *Harnos* ergibt sich auch hier aus § 125 i. V. m. § 161 II HGB, der Ausschluss des *Bauerschmidt* aus § 170 HGB. Eine Beschränkung ihres Umfangs ist nach § 126 II i. V. m. § 161 II HGB unwirksam. Auch eine abweichende Regelung im Gesellschaftsvertrag ist nicht möglich, da § 163 HGB gerade nicht auf § 170 HGB verweist (s. aber noch Rn. 17). *Harnos* hatte also im Außenverhältnis Vertretungsbefugnis, so dass der Vertrag über die Sonnenbank wirksam zustande gekommen ist und ein Zahlungsanspruch besteht. Im Innenverhältnis ist er der KG zum Schadensersatz nach § 280 I BGB verpflichtet, da er die Grenzen seiner Geschäftsführungsbefugnis überschritten hat (s. bereits § 13 Rn. 8). 10

Fall 4: *Harnos* hat bei seiner Anschaffung nicht nur seine Befugnisse, sondern auch die Zahlungsfähigkeit der Gesellschaft überschätzt. Da der Verkäufer auf Bezahlung drängt, sieht sich deshalb *Bauerschmidt* genötigt, die Zahlung für die Gesellschaft zu erbringen. Kann er später Rückgriff bei der KG nehmen, wenn sich deren finanzielle Lage wieder verbessert hat? 11

Ein solcher Rückgriff ist nach § 110 I i. V. m. § 161 II HGB möglich.[5] Dieser Anspruch steht in Ermangelung einer Sonderregelung in den §§ 163 ff. HGB auch den nicht geschäftsführungsbefugten Kommanditisten zu.[6] Für den Rückgriff gegen *Harnos* gelten die in § 16 Rn. 40 ff. dargestellten Grundsätze. 12

---

[2] Vgl. etwa *Eisenhardt/Wackerbarth*, Rn. 506; *Saenger*, Rn. 341.

[3] *C. Schäfer*, § 14 Rn. 3.

[4] *C. Schäfer*, § 14 Rn. 5.

[5] Vgl. *BGH* NJW 2002, 232, 233.

[6] Vgl. *BGH* NJW-RR 2002, 455 f.; *BGH* NZG 2005, 807; Röhricht/v. Westphalen/*Haas*, § 110 Rn. 2; *Kindler*, § 13 Rn. 49.

3. Abweichende Ausgestaltung der KG durch den Gesellschaftsvertrag

13 Diese Verteilung der Geschäftsführungs- und Vertretungsbefugnis entspricht der gesetzestypischen Idealvorstellung, die jedoch nach § 163 HGB zumindest teilweise zur Disposition der Gesellschafter steht:

14 **Fall 5:** *Bauerschmidt* ist bereit, dem Unternehmen weitere 25.000 EUR zuzuführen, wenn ihm Geschäftsführungs- und Vertretungsbefugnis eingeräumt wird. Ist das unter Beibehaltung des Kommanditistenstatus möglich?

15 Nach § 164 S. 1, 1. Hs. HGB ist *Bauerschmidt* als Kommanditist zwar von der Geschäftsführung ausgeschlossen. Gemäß § 163 HGB gelten die §§ 164–169 HGB für das Innenverhältnis jedoch nur „in Ermangelung abweichender Bestimmungen des Gesellschaftsvertrags" (entsprechend § 109 HGB für die OHG). Im Gesellschaftsvertrag kann deshalb die Geschäftsführung auch einem Kommanditisten übertragen werden; § 164 HGB ist dispositiv.[7] Darin liegt auch keine unzulässige Drittorganschaft,[8] weil der Kommanditist Gesellschafter ist.

16 Der Gesellschaftsvertrag kann danach die gesetzliche Regel geradezu umkehren, den Komplementär von der Geschäftsführung ganz ausschließen und diese allein dem Kommanditisten übertragen. In diesem Fall verlagert sich der wirtschaftliche Schwerpunkt der Gesellschaft auf den Kommanditisten, der zudem auch noch das Privileg behält, von der unbeschränkten persönlichen Haftung befreit zu sein.[9] Weil eine solche Gesellschaft von einem Kommanditisten als Kapitalgeber beherrscht wird, spricht man von einer kapitalistischen KG. Obwohl der Kommanditist damit faktisch die Befugnisse des Komplementärs übernimmt, reicht diese Umkehrung der Machtverhältnisse doch nicht aus, um die Beschränkungen der Kommanditistenhaftung (§§ 171 ff. HGB) im Außenverhältnis zu durchbrechen. Zwar entspricht das begrenzte Risiko des Kommanditisten seinen beschränkten Einflussmöglichkeiten; die Umkehrung, dass derjenige unbeschränkt haftet, der die Gesellschaft beherrscht, findet im Gesetz jedoch keine Stütze.[10] Es kann allerdings im Verhältnis der Gesellschafter zueinander vereinbart werden, dass der Kommanditist den Komplementär von der Haftung freistellt.

17 Etwas anderes als für die Geschäftsführung gilt für die Vertretung: Nach § 170 HGB ist der Kommanditist von der Vertretung der KG ausgeschlossen. Diese Vorschrift steht nicht unter dem Vorbehalt anderweitiger vertraglicher Regelung des § 163 HGB; sie ist deshalb zwingend.[11] Die organschaftliche Vertretungsmacht kann *Bauerschmidt* also nicht erteilt werden. Er kann jedoch rechtsgeschäftliche Vertretungsmacht, etwa in Form einer Prokura (§§ 48 ff. HGB) oder einer Generalvollmacht erhalten, so dass er auch im Außenverhältnis weitgehend eine Stellung wie ein Komplementär erlangen kann.[12]

---

[7] BGHZ 17, 392 ff. = NJW 1966, 1309; *BGH* WM 1968, 509 f.; BGHZ 51, 198, 201 = NJW 1969, 507.

[8] Vgl. dazu § 2 Rn. 11, § 6 Rn. 1, 4 und 11; so auch BGHZ 51, 198, 201 = NJW 1969, 507; MüKoHGB/*Grunewald,* § 164 Rn. 23, *Saenger,* Rn. 341, a. A. etwa *Wiedemann,* GesR II, § 9 II 2a (S. 772).

[9] *Windbichler,* § 19 Rn. 4.

[10] BGHZ 45, 204, 205 (Rektorfall) = NJW 1966, 1309; Baumbach/*Hopt,* § 164 Rn. 9; Ebenroth/Boujong/*Joost/Strohn,* § 164 Rn. 27; Kritisch in Bezug auf einen vermögenslosen Komplementär Staub/*C. Schäfer,* Anh. § 105, Rn. 56.

[11] H. M., vgl. BGHZ 41, 367, 368 = NJW 1964, 1624; BGHZ 51, 198, 200 = NJW 1969, 507; statt vieler Staub/*Thiessen,* § 170 Rn. 3; *Saenger,* Rn. 351; *Windbichler,* § 17 Rn. 10.

[12] Vgl. dazu BGHZ 17, 392, 395 = NJW 1955, 1394; *Saenger,* Rn. 351.

Hinweis:

Der auf diese Weise mit Geschäftsführungsbefugnis und Vollmacht ausgestattete Kommanditist ist die eine Variante des geschäftsleitenden Kommanditisten. Häufiger ist als zweite Variante der Kommanditist, der die Geschäfte einer GmbH & Co. KG nicht in dieser Eigenschaft, sondern als Geschäftsführer der Komplementär-GmbH betreibt (vgl. noch § 37.). Auf eine noch weitergehende Abweichung von der gesetzestypischen Idealvorstellung in Gestalt der Publikums-KG wird noch in § 23 eingegangen. 18

II. Weitere Rechte und Pflichten aus der Mitgliedschaft des Kommanditisten

1. Wettbewerbsverbot, Kontrollrecht, Treupflicht

Fall 6: Wegen der ständigen Streitigkeiten mit *Harnos* erwägt *Bauerschmidt,* ein eigenes Sonnenstudio zu eröffnen. Da seine Kommanditistenbeteiligung ihm aber immer noch erfreuliche Gewinne einbringt, möchte er auch daran weiterhin festhalten. Ist ihm das möglich? 19

Für den Komplementär einer Gesellschaft stünde einer solchen Beteiligung das Wettbewerbsverbot der §§ 112, 113 i. V. m. § 161 II HGB entgegen. Diese Regelungen beruhen auf der Überlegung, dass der Gesellschafter grundsätzlich dazu verpflichtet ist, Geschäftschancen zugunsten seiner Gesellschaft wahrzunehmen, und deshalb in einen Loyalitätskonflikt gelangen würde, wenn er zugleich selbstständig unternehmerisch aktiv wäre. Zudem gewährt ihm das Informationsrecht des § 118 HGB auch einen derart umfassenden Einblick in die Gesellschaftsinterna, dass er seine Kenntnisse nutzen könnte, um sich zum eigenen Vorteil einen Wettbewerbsvorteil gegenüber der Gesellschaft zu verschaffen (s. bereits § 14 Rn. 18 ff.). 20

Auf Kommanditisten lassen sich diese Überlegungen nicht übertragen. Sie sind nach § 164 HGB nicht zur Geschäftsführung befugt und darüber hinaus wird in § 166 HGB auch ihr Informations- und Kontrollrecht auf das Mindestmaß beschnitten, das erforderlich ist, um die vermögensmäßigen Interessen der Kommanditisten hinreichend wahren zu können. Einen umfassenden Einblick in die Geschäftsführung erhalten sie auf diesem Wege nicht mehr, was ihnen insofern zumutbar ist, als sie auch nicht unbeschränkt für die Verbindlichkeiten der Gesellschaft haften.[13] Eine Erweiterung dieses beschränkten Rechts sieht § 166 III HGB nur ausnahmsweise und nach gerichtlicher Anordnung vor, wenn ein wichtiger Grund für eine weitergehende Information (z. B. ein Verdacht auf eine Schädigung der Gesellschaft; sonstige Interessengefährdung des Kommanditisten) vorliegt.[14] Aufgrund dieses Ausschlusses der Geschäftsführungsbefugnis und der Verengung des Kontrollrechts ist es folgerichtig, wenn nach § 165 HGB auch das Wettbewerbsverbot der §§ 112, 113 HGB, das gerade auf diesen beiden Rechten beruht, für den Kommanditisten nicht gelten soll. 21

Etwas anderes kann sich ausnahmsweise aus der mitgliedschaftlichen Treupflicht ergeben, die auch den Kommanditisten trifft. Zwar zeigt der in § 165 HGB angeordnete Ausschluss der §§ 112, 113 HGB, die gerade ein Ausfluss der mitgliedschaftlichen Treupflicht sind (§ 14 Rn. 18 ff.), dass diese Pflicht beim Kommanditisten ent- 22

---

[13] Vgl. dazu Ebenroth/Boujong/Joost/Strohn/*Weipert,* § 166 Rn. 1; *Kindler,* § 13 Rn. 59 ff.

[14] Vgl. jüngst *BGH* ZIP 2016, 1769; außerdem *OLG Hamm* NZG 2006, 620 ff.; *OLG Köln* NZG 2014, 660 f.; *OLG München* NZG 2008, 864 ff.; *OLG München* NZG 2009, 658 ff.; *Rosner,* NZG 2014, 655 ff.

sprechend seiner geringeren Einflussmöglichkeiten eher schwach ausgeprägt ist. Soweit seine Rechtsstellung aufgrund des konkreten Zuschnitts der Gesellschaft und der Gestaltungsspielräume im Innenverhältnis (§ 163 HGB) ausnahmsweise stärker ausgestaltet wurde (s. Rn. 13 ff.), ergibt sich daraus auch eine höhere Verantwortlichkeit, die sich im Einzelfall auch zu einem Wettbewerbsverbot verdichten kann.[15] Darüber hinaus kann auch der Gesellschaftsvertrag nach § 163 HGB eine Durchbrechung des § 165 HGB vorsehen und den Kommanditisten einem Wettbewerbsverbot unterwerfen. Die gesellschaftsvertragliche Vereinbarung eines Wettbewerbsverbots ist jedenfalls zulässig, wenn die Kommanditisten maßgeblichen Einfluss auf die Geschäftsführung haben. Das Wettbewerbsverbot verstößt in diesem Fall nicht gegen § 1 GWB, wenn es den Bestand sowie die Funktionsfähigkeit einer ansonsten kartellrechtsneutralen Gesellschaft gewährleistet und es nicht über das zum Schutze der Gesellschaft erforderliche Maß hinausgeht.[16] Da derartige Einschränkungen hier aber nicht ersichtlich sind, ist dem *Bauerschmidt* die selbstständige Eröffnung eines Solariums also nicht verwehrt. Macht er von dieser Möglichkeit Gebrauch, so kann es umgekehrt aber auch ihm durch seine Treupflicht verwehrt sein, die ihm grundsätzlich zustehenden Kontrollrechte künftig noch auszuüben, soweit überwiegende Interessen der Gesellschaft dem entgegenstehen.[17]

2. Vermögensrechte des Kommanditisten

23 Eine besondere Regelung hat auch die Gewinnberechtigung des Kommanditisten erfahren. Für die Berechnung des Gewinns oder Verlustes verweist § 167 I HGB zwar auch für den Kommanditisten noch auf § 120 HGB, begrenzt sodann aber in § 167 II HGB den Gewinn, der dem Kapitalanteil des Kommanditisten zugeschrieben werden kann (§ 120 II HGB – vgl. dazu § 14 Rn. 40 ff.), auf den Betrag der vereinbarten Pflichteinlage.[18] Das Gesetz geht hier also vom gesetzlich vorgesehenen Regelfall variabler Kapitalanteile aus, die den Schlüssel dafür darstellen, nach dem die in der OHG erwirtschafteten Vermögenswerte unter die Gesellschafter zu verteilen sind (s. oben § 14 Rn. 40). Dieser variable Charakter soll durch § 167 II HGB eingeschränkt werden, um zu verhindern, dass der Kommanditist seine Stellung innerhalb der Gesellschaft nicht durch Stehenlassen von Gewinn zu Lasten des Komplementärs ausweitet.[19] Da in der Praxis zumeist fest Kapitalanteile vereinbart werden (s. § 14 Rn. 42), ist die Bedeutung dieser Einschränkung eher gering.

24 Der Kapitalanteil bestimmt sodann die Gewinnverteilung. Nach § 168 I i. V. m. § 121 I HGB gebührt zunächst jedem Gesellschafter ein Anteil in Höhe von 4 % seines Kapitalanteils. Der darüber hinausgehende Gewinn wird nicht wie bei der OHG nach Köpfen verteilt (§ 121 III HGB), sondern nach der wenig präzisen Formel des § 168 II HGB, der eine Gewinnverteilung entsprechend einem den Umständen nach angemessenem Verhältnis der Anteile vorschreibt. Bei der danach erforderlichen Abwägung sollen insbesondere auch die unbeschränkte Haftung der

---

[15] Vgl. dazu BGHZ 89, 162, 165 f. = NJW 1984, 11351; Ebenroth/Boujong/Joost/Strohn/*Weipert*, § 166 Rn. 7; *Kindler*, § 13 Rn. 58; *Saenger*, Rn. 349; *K. J. Müller*, NJW 2007, 1724, 1725 ff.; generell zur Wechselwirkung zwischen Einwirkungsmöglichkeiten und Pflichtenbindung aufgrund der mitgliedschaftlichen Treupflichten vgl. § 8 Rn. 12 f.

[16] So jüngst *KG* NZG 2014, 1058; s. dazu *Schäfer/Wojtek*, GWR 2014, 220.

[17] *BGH* NJW 1995, 194; *Windbichler*, § 17 Rn. 12.

[18] Auf die Haftsumme komme es hier also nicht an; vgl. auch MüKoHGB/*Grunewald*, § 167 Rn. 14.

[19] Vgl. dazu auch *Saenger*, Rn. 347 im Anschluss an MüKoHGB/*Grunewald*, § 167 Rn. 15, die die berechtigte Frage aufwirft, warum diese Befürchtung nicht auch auf Seiten des Komplementärs gesehen wird.

Komplementäre sowie der Einsatz ihrer Arbeitskraft Berücksichtigung finden. Nach § 168 II HGB kann der Gesellschaftsvertrag hier eine andere Gewinnverteilung vorsehen, wovon im Hinblick auf die Unbestimmtheit des gesetzlichen Maßstabs dringend Gebrauch gemacht werden sollte.[20] Dieselben Maßstäbe wie für die Gewinnverteilung gelten nach § 168 II HGB auch für die Verlustverteilung, die allerdings für den Kommanditisten in § 167 III HGB auf den noch ausstehenden Teil seiner Einlage begrenzt wird.

Von der rechnerischen Gewinnverteilung ist die Gewinnentnahme oder -auszahlung 25 zu unterscheiden. Den Komplementären, bei denen angenommen wird, dass sie ihren Lebensunterhalt aus der Gesellschaft finanzieren müssen, steht wie den OHG-Gesellschaftern nach § 122 I i. V. m. § 161 II HGB zunächst ein ergebnisunabhängiges Entnahmerecht i. H. v. 4 % ihres Kapitalanteils zu; weitere Gewinne können sie entnehmen, soweit es der Gesellschaft nicht zum Schaden gereicht (vgl. dazu bereits § 14 Rn. 48). Der Kommanditist, auf den diese Überlegung nicht zutrifft, hat hingegen nach § 169 HGB kein gewinnunabhängiges Entnahmerecht, sondern lediglich einen Anspruch auf Auszahlung des auf ihn entfallenden Gewinns nach Abschluss des Geschäftsjahres. Einschränkungen dieses Anspruchs können sich allenfalls aus Treugesichtspunkten ergeben.[21] Auch diese Rechte unterliegen allesamt nach § 163 HGB der freien Disposition der Gesellschafter.[22] In der Praxis begegnen oftmals weitergehende vertragliche Entnahme- und Auszahlungsbeschränkungen, mit denen die Eigenkapitalbildung der Gesellschaft gefördert werden soll.[23]

III. Die Übertragung und Vererbung der Mitgliedschaft

1. Die Übertragung der Mitgliedschaft

Auch wenn die Rechtsstellung des Kommanditisten demnach gegenüber dem 26 Grundmodell der §§ 105 ff. HGB in vielerlei Hinsicht modifiziert wird, gelten doch auch für ihn über § 161 II HGB die allgemeinen Bestimmungen des OHG-Rechts, wo das Gesetz derartige Abweichungen nicht vorsieht. Das zeigt sich auch bei der Übertragung der Mitgliedschaft.

Fall 7: Nachdem das neue Solarium des *Bauerschmidt* immer größeren Zulauf findet, sieht er 27 sich wirtschaftlich in einer solchen Weise gestärkt, dass er sich zutraut, die Beteiligung an der KG aufzugeben. Er fragt deshalb, ob er seinen Kommanditanteil auch gegen den Willen des *Harnos* auf einen Dritten übertragen kann, wenn der Gesellschaftsvertrag zu dieser Frage keine Regelung enthält.

Die Mitgliedschaft in einer OHG und auch die Mitgliedschaft des Komplementärs 28 in einer KG können nur übertragen werden, wenn der Gesellschaftsvertrag dies vorsieht oder wenn alle Gesellschafter der Übertragung zustimmen. Diese Folge wurde mit dem persönlichen Charakter des Zusammenschlusses begründet, der in dem Zusammenschluss zu einer Arbeits- und Haftungsgemeinschaft im Rahmen einer Personengesellschaft besonders intensiv ist (vgl. § 18 Rn. 2). Da bereits in § 20 (Rn. 1) festgestellt wurde, dass der Kommanditist an dieser Arbeits- und Haftungsgemeinschaft nicht teilnimmt, stellt sich die Frage, ob auch der Kommanditanteil in ähnlicher Weise personengebunden ist oder ob der Kommanditist nach dem Gesetz die Stellung eines austauschbaren Kapitalgebers innehat.

---

[20] *Saenger,* Rn. 347; *Windbichler,* § 17 Rn. 13.
[21] Ebenroth/Boujong/Joost/Strohn/*Weipert,* § 169 Rn. 14.
[22] Zu abweichenden vertraglichen Regelungsmöglichkeiten vgl. etwa Röhricht/v. Westphalen/*Haas/Mock,* § 169 Rn. 18 ff.
[23] *Eisenhardt/Wackerbarth,* Rn. 499; *Saenger,* Rn. 348.

29 Den §§ 163 ff. HGB liegt die Vorstellung des Gesetzgebers zugrunde, dass der Kommanditist in der Gesellschaft grundsätzlich die gleiche Rechtsstellung hat wie der Komplementär.[24] Minderungen seiner aus der Mitgliedschaft folgenden Einzelrechte muss er nur insoweit hinnehmen, als sie gesetzlich vorgesehen oder von ihm im Vertrag akzeptiert sind. Die Mitgliedschaft des Kommanditisten ist deshalb ebenso personenbezogen wie die des OHG-Gesellschafters oder des Komplementärs, d. h. auch der Kommanditanteil ist grundsätzlich nicht übertragbar. *Harnos* braucht sich also von *Bauerschmidt* einen neuen Kommanditisten nicht aufdrängen zu lassen. Dagegen ist die Übertragung des Kommanditanteils (wie auch bei anderen Gesellschaftsformen) unbedenklich zulässig, wenn der Gesellschaftsvertrag sie vorsieht oder wenn die Gesellschafter ihre Zustimmung erteilen.[25] Zur Haftung des eintretenden und des ausscheidenden Gesellschafters s. noch § 22 Rn. 21 ff.

2. Die Vererbung der Mitgliedschaft

30 Während bei der Übertragung unter Lebenden die schwächere Rechtsstellung des Kommanditisten demnach nicht auf die rechtliche Behandlung durchschlägt, prägt sie doch die erbrechtliche Behandlung des Kommanditanteils. Das wird deutlich durch einen Vergleich mit der Rechtsstellung des OHG-Gesellschafters. Dessen Tod führt gem. § 131 III Nr. 1 HGB zum Ausscheiden des Verstorbenen mit dem Ergebnis, dass die Erben gem. § 1922 BGB nur den Abfindungsanspruch des § 738 I 2 BGB i. V. m. § 105 III HGB erwerben (vgl. § 19 Rn. 1 f.). Dagegen ordnet § 177 HGB für den Tod des Kommanditisten an, dass die Gesellschaft in Ermangelung abweichender vertraglicher Regelungen mit dessen Erben fortgesetzt wird, was bei einer OHG nur über eine Nachfolgeklausel erreicht werden könnte (vgl. § 19 Rn. 5 ff.). Auch hier kann eine Erbengemeinschaft als solche nicht in die Gesellschaft einrücken. Die Kommanditbeteiligung spaltet sich vielmehr entsprechend den Erbquoten auf.[26]

IV. Auflösung und Liquidation

31 Nicht besonders geregelt sind die Auflösung und die Auseinandersetzung der KG. Es gelten deshalb die allgemeinen Grundsätze des OHG-Rechts. Probleme treten nur dann auf, wenn der letzte Komplementär aus der Gesellschaft ausscheidet. Sind zu diesem Zeitpunkt noch mehrere Kommanditisten vorhanden, so stellt dieses Ausscheiden lediglich einen besonderen Auflösungsgrund dar, da eine Personengesellschaft nicht bestehen kann, wenn keiner der Beteiligten persönlich haftet.[27] In Anlehnung an §§ 27 II, 139 III HGB wird den Kommanditisten in dieser Situation gestattet, die Gesellschaft innerhalb von drei Monaten abzuwickeln. Überschreiten sie diesen Zeitraum, wandelt sich die Gesellschaft in eine OHG um.[28] Auch diese Lösung versagt allerdings, wenn es sich um eine Zweipersonen-KG handelt. In diesem Fall geht das gesamte Vermögen kraft Gesetzes und ohne Liquidationsver-

---

[24] Zum Folgenden vgl. etwa *Kübler/Assmann,* § 8 II; *K. Schmidt,* § 53 III.

[25] Zur schenkweisen Übertragung eines Kommanditanteils an einen Minderjährigen vgl. *OLG Bremen* NZG 2008, 750 f.; *OLG München* NZG 2009, 104 ff.

[26] Grundlegend *RG* DR 1943, 1228 unter Aufgabe von RGZ 123, 366, 369 f.; seither BGHZ 58, 316, 317 = NJW 1971, 1755; BGHZ 91, 132, 135 f. = NJW 1984, 2104; *BGH* NJW-RR 2012, 730 Rn. 18; aus dem Schrifttum z. B. MüKoHGB/*K. Schmidt,* § 177 Rn. 16.

[27] Vgl. etwa Ebenroth/Boujong/Joost/Strohn/*Lorz,* § 131 Rn. 29.

[28] *BGH* NJW 1979, 1705, 1706; MüKoHGB/*K. Schmidt,* § 131 Rn. 46; Staub/*C. Schäfer,* § 131 Rn. 46.

fahren auf den Kommanditisten über,[29] der damit aber zum unbeschränkt haftenden Einzelkaufmann würde.[30] Um dies zu verhindern, wendet der BGH auch hier § 27 HGB an, so dass der verbleibende Kommanditist innerhalb von drei Monaten über die Fortführung zu entscheiden hat.[31]

V. Ausscheiden und Abfindung

Ebenfalls nicht gesondert geregelt ist das Ausscheiden eines Gesellschafters aus der KG. Es gelten auch insofern die allgemeinen Grundsätze. Für den Kommanditisten ist zu beachten, dass sich die Abfindungszahlung regelmäßig als Rückgewähr der Einlage auswirkt, was nach § 172 IV HGB zur Folge hat, dass seine persönliche Haftung wieder auflebt (s. noch ausführlich § 22 Rn. 18 ff.).[32] Auch die Ausschließung eines Gesellschafters ist über § 161 II HGB nach § 140 HGB möglich. Bei einem Kommanditisten sind an den dafür erforderlichen wichtigen Grund aber gesteigerte Anforderungen zu stellen, da er von der Geschäftsführung und Vertretung ausgeschlossen ist und seine fortdauernde Mitgliedschaft die übrigen Gesellschafter deshalb nur bedingt beeinträchtigen kann.[33] 32

VI. Zusammenfassung

Nach den gesetzlichen Regelungen ist der Komplementär Leiter des Unternehmens der KG. Er ist zur Geschäftsführung befugt (§§ 114 ff. i. V. m. § 161 II HGB) und hat die Vertretungsmacht (§§ 125 f. i. V. m. § 161 II HGB). Der Kommanditist hat nur bei außergewöhnlichen Geschäften ein Widerspruchsrecht (§ 164 S. 1, 2. Hs. HGB), muss allerdings durch vorherige Information in den Stand versetzt werden, sein Recht auszuüben. Von der Geschäftsführung ist der Kommanditist nach § 164 S. 1, 1. Hs. HGB ausgeschlossen, von der Vertretung nach § 170 HGB. Die erste Vorschrift ist dispositiv, die zweite zwingend. Dem Kommanditisten kann aber rechtsgeschäftlich Vertretungsmacht eingeräumt werden. Da der Kommanditist nach § 164 HGB von der Geschäftsführung ausgeschlossen und nach § 166 HGB in seinen Kontrollrechten beschränkt ist, besteht grundsätzlich kein Bedürfnis, ihn einem Wettbewerbsverbot zu unterwerfen. § 165 HGB befreit ihn deshalb von dem Verbot der §§ 112, 113 HGB. Etwas anderes kann sich im Einzelfall aus den mitgliedschaftlichen Treupflichten ergeben, die auch für den Kommanditisten – wenngleich in deutlich abgeschwächtem Umfang – Geltung beanspruchen. Die Mitgliedschaft des Kommanditisten ist in ähnlicher Weise personengebunden wie die des Komplementärs oder des Gesellschafters einer OHG. Sie ist deshalb nur übertragbar, wenn der Gesellschaftsvertrag das vorsieht oder wenn alle Gesellschafter zustimmen. Das Gesetz misst allerdings der Person des Kommanditisten nicht dieselbe Bedeutung bei wie der des Komplementärs oder des Gesellschafters einer OHG. Darum ist der Kommanditanteil auch vererblich (§ 177 HGB). Das Ausscheiden des letzten Komplementärs führt zur Auflösung, bei der zweigliedrigen KG sogar zur sofortigen liquidationslosen Beendigung der KG. 33

---

[29] Ebenroth/Boujong/Joost/Strohn/*Lorz*, § 131 Rn. 29; MüKoHGB/*K. Schmidt*, § 131 Rn. 55.

[30] Vgl. zu diesem Szenario Staub/*C. Schäfer*, § 131 Rn. 113.

[31] BGHZ 113, 132, 134 f. = NJW 1991, 844; MüKoHGB/*K. Schmidt*, § 139 Rn. 66; zu den hier nicht weiter zu vertiefenden Einzelheiten s. Staub/*C. Schäfer*, § 131 Rn. 113 f.; ähnlich auch Ebenroth/Boujong/Joost/Strohn/*Lorz*, § 139 Rn. 128; *Bork/Jacoby*, ZGR 2005, 611, 632 ff.; *K. Schmidt*, JZ 2003, 585, 594.

[32] *Windbichler*, § 17 Rn. 20.

[33] *BGH* NJW 1995, 597; *Eisenhardt/Wackerbarth*, Rn. 533.

§ 22. Die Haftung des Kommanditisten

Literatur: *Dauner-Lieb,* Die Kommanditistenhaftung vor Eintragung (§ 176 Abs. 1 HGB), FS Lutter, 2000, S. 835; *Jacobs,* Unbeschränkte Haftung der Kommanditisten vor Eintragung für gesetzliche Gesellschaftsverbindlichkeiten, DB 2005, 2227; *Kindler,* Grundfragen der Kommanditistenhaftung, JuS 2006, 865; *Mattheus/Schwab,* Kommanditistenhaftung und Registerpublizität, ZGR 2008, 65; *K. Schmidt,* Was wird aus der unbeschränkten Kommanditistenhaftung nach § 176 HGB?, GmbHR 2002, 341; *Wagner,* Neue Haftungsrisiken für Kommanditisten einer kleingewerblichen KG vor Eintragung, NJW 2001, 1110. Übungsfälle: *Lotte/Bertl,* Der Handel zieht alle Register, JuS 2014, 339; *Lüneborg,* Das Versäumnisurteil, JuS 2013, 434; *Odemer,* Grundfälle zur gesellschaftsrechtlichen Haftung natürlicher Personen im Privatrecht, JuS 2016, 109; 203; *Röck,* Eigenbedarf bei Personengesellschaften, JuS 2014, 249.

I. Die Rechtsnatur der Kommanditistenhaftung

1. Unmittelbare und persönliche Haftung

1 Die Sonderstellung des Kommanditisten in der KG wird durch seine Haftungsbeschränkung charakterisiert. Hier liegt bei der Ausgestaltung seiner Rechtsposition also der gesetzliche Schwerpunkt, aus dem sich weitgehend auch die übrigen Besonderheiten seiner Mitgliedschaft (keine Vertretungs- und Geschäftsführungsbefugnis etc., s. § 21) erklären. Das Grundprinzip der §§ 171 ff. HGB lässt sich auf den Nenner bringen, dass der Kommanditist den Gläubigern persönlich bis zu der im Handelsregister publizierten Haftsumme haftet (§ 171 I, 1. Hs. HGB), sich auch von dieser Haftung aber befreien kann, indem er den Betrag in die KG einzahlt (§ 171 I, 2. Hs. HGB) und dort belässt (§ 172 IV HGB). Eine unbeschränkte Haftung kann ihm nur dann drohen, wenn die Haftungsbeschränkung nicht ordnungsgemäß im Handelsregister publiziert wurde (§ 176 HGB).

2 **Fall 1:** *Brommer, Busse* und *Zipperle* bieten unter der Firma Byteworx KG Softwareentwicklung für Großunternehmen in der Rechtsform einer KG an. Während *Busse* geschäftsführender Komplementär ist, haben *Brommer* und *Zipperle* lediglich eine Kommanditistenstellung mit einer Einlage und Haftsumme von jeweils 25.000 Euro. Beide haben diese Summe im Gesellschaftsvertrag versprochen, aber noch nicht in die Gesellschaftskasse eingezahlt. Gläubigerin *Ruff* verlangt von *Brommer* die Bezahlung von 14.000 EUR für an die KG verkaufte Computer-Hardware. *Brommer* meint, *Ruff* müsse sich zunächst an die KG halten.

3 Der Anspruch der *Ruff* gegen *Brommer* ergibt sich aus § 433 II BGB i. V. m. § 171 I, 1. Hs. HGB. Danach haftet *Brommer* als Kommanditist den Gesellschaftsgläubigern unmittelbar. Allerdings haftet er nach § 171 I, 1. Hs. HGB nur bis zur Höhe seiner Haftsumme und nur soweit, als er seine Einlage noch nicht geleistet hat. Sieht man vorerst von diesen Beschränkungen ab, dann entspricht die Haftung des Kommanditisten weitgehend derjenigen des Komplementärs oder derjenigen des Gesellschafters einer OHG. Der Kommanditist haftet demnach unmittelbar und primär: Er selbst kann also im Außenverhältnis in Anspruch genommen werden und nicht von dem Gläubiger verlangen, dass er zunächst die KG in Anspruch nimmt.[1] Das heißt weiter, dass der Gläubiger in das gesamte Vermögen des Kommanditisten vollstrecken kann; der Kommanditist haftet in diesem Sinne persönlich, nicht nur mit einzelnen, etwa als Einlage vorgesehenen Vermögensgegenständen. Die Ansicht des *Brommer* ist also unzutreffend. *Ruff* kann unmittelbar gegen ihn vorgehen und bei der Vollstreckung auf das gesamte Vermögen ihres Schuldners zugreifen.

---

1 Staub/*Thiessen,* § 171 Rn. 13; *Grunewald,* § 3 Rn. 29; *Saenger,* Rn. 353.

Fraglich bleibt, ob der beschränkt haftende Kommanditist auch in gleicher Weise zur Erfüllung verpflichtet ist wie ein voll haftender Gesellschafter (vgl. § 16 Rn. 5 ff.). Diese Frage wurde früher wegen der grundsätzlichen Übereinstimmung beschränkter und unbeschränkter Gesellschafterhaftung bejaht.[2] Inzwischen hat sich jedoch zum Inhalt der beschränkten Kommanditistenhaftung die Ansicht durchgesetzt, dass der Kommanditist nicht Erfüllung schuldet, sondern für das Erfüllungsinteresse des Gläubigers bis zur Höhe der Haftsumme (unmittelbar und persönlich) durch Zahlung einzustehen hat.[3] Dieser Ansicht ist beizutreten, weil eine summenmäßig beschränkte Haftung sich nur auf eine Zahlungspflicht beziehen kann. Nur wo diese Beschränkung fehlt, nämlich im Ausnahmefall des § 176 HGB (dazu Rn. 32 ff.), verbleibt es deshalb für den Haftungsinhalt bei den für die OHG entwickelten Grundsätzen. 4

2. Die Einwendungen des Kommanditisten

Fall 2: Kann *Brommer* gegen die Forderung (s. Fall 1) vorbringen, dass *Ruff* die Hardware nicht ordnungsgemäß geliefert hat und die KG deshalb von dem Kaufvertrag zurückgetreten ist? 5

Ob *Brommer* sich auf den Rücktritt vom Vertrag berufen kann, den die KG erklärt hat (mögliche Grundlagen: § 323 oder § 326 V BGB), richtet sich danach, welche Einwendungen dem Kommanditisten gegen die Forderung des Gesellschaftsgläubigers zustehen; denn *Brommer* will aus dem Rücktritt der KG die Einwendung ableiten, dass der Zahlungsanspruch nicht mehr besteht. 6

Der Kommanditist hat die gleichen Einwendungen wie ein voll haftender Gesellschafter.[4] Er kann also alle Einwendungen geltend machen, die der KG zustehen (§ 129 I HGB), er kann seine persönlichen Einwendungen erheben (§ 129 I HGB), und er hat die Anfechtungs- und Aufrechnungseinrede des § 129 II und III HGB. Schließlich ist auch zur Zwangsvollstreckung gegen den Kommanditisten ein gegen diesen gerichteter Titel erforderlich (§ 129 IV HGB).[5] Wird er dennoch erfolgreich in Anspruch genommen, so kann er nach denselben Regeln wie der Gesellschafter einer OHG bei der Gesellschaft, aber auch bei seinen Mitgesellschaftern Regress nehmen (s. auch bereits § 16 Rn. 30 ff.).[6] Weil der Rücktritt die Zahlungspflicht der KG aus § 433 II BGB entfallen lässt, kann *Brommer* sich auf den von der Gesellschaft erklärten Rücktritt berufen (§ 129 I HGB). 7

II. Die summenmäßige Beschränkung der Kommanditistenhaftung

Die Besonderheit der Kommanditistenstellung liegt in ihrer summenmäßigen Beschränkung. Dabei ist die bereits oben (unter § 20 Rn. 9 ff.) erwähnte Unterscheidung zwischen Haftsumme und Einlage zu beachten. Des Weiteren hängt die Wirkung der Beschränkung davon ab, ob bereits eine Einlage in die Gesellschaft erbracht und dort dauerhaft belassen wurde. 8

Fall 3: Die Sparkasse hat der KG einen Kredit von 50.000 EUR gegeben. Inwieweit kann sie *Brommer,* dessen eingetragene Haftsumme 25.000 EUR beträgt, in Anspruch nehmen, wenn dieser seine Einlage noch nicht geleistet hat? Kann sich die Sparkasse darauf berufen, dass die 9

---

2 S. noch *Flume,* Die Personengesellschaft, § 16 III 2 (S. 303 f.); außerdem Staub/*Thiessen,* § 171 Rn. 34.

3 Ebenroth/Boujong/Joost/*Strohn,* § 171 Rn. 11 f.; MüKoHGB/*K. Schmidt,* §§ 171, 172 Rn. 16; Röhricht/v. Westphalen/*Haas/Mock,* § 171 Rn. 7; *Saenger,* Rn. 357.

4 Staub/*Thiessen,* § 171 Rn. 15.

5 Einzelheiten in § 16 Rn. 51.

6 *BGH* NZG 2002, 232, 233; *C. Schäfer,* § 13 Rn. 5.

Gesellschafter zwischenzeitlich eine Verdoppelung der Haftsumme verabredet haben, die allerdings noch nicht eingetragen ist?

10 Die Sparkasse hat gegen die KG eine Forderung aus § 488 I 2 BGB über 50.000 EUR, für deren Erfüllung *Brommer* nach § 171 I, 1. Hs. HGB unmittelbar haftet. Seine Haftung ist jedoch in den Worten des § 171 I, 1. Hs. HGB durch die Höhe der Einlage begrenzt. Das ist missverständlich. Gemeint ist damit die Haftsumme, wie sie in das Handelsregister eingetragen worden ist (vgl. § 162 I 1 HGB i. V. m. § 172 I HGB und dazu § 20 Rn. 11 f.). Die Sparkasse kann deshalb den Kommanditisten *Brommer* nur in Höhe von 25.000 EUR in Anspruch nehmen.

11 Zur Haftung des Kommanditisten, der seine Einlage noch nicht geleistet hat, kann also zusammenfassend gesagt werden: Er haftet unmittelbar, er haftet auch persönlich (beliebige Auswahl des Vollstreckungsobjekts durch den Gläubiger), sein Risiko ist jedoch der Höhe nach durch die eingetragene Haftsumme begrenzt; nur darin besteht die Beschränkung der Kommanditistenhaftung. Auch kann ein Gläubiger-Gesellschafter unmittelbar einen Kommanditisten nach §§ 171 ff. HGB in Anspruch nehmen, sofern es um Drittgläubigerforderungen geht (hinsichtlich Sozialansprüche vgl. § 16 Rn. 34 ff.). Dabei gelten dort dieselben Beschränkungen wie bei der Inanspruchnahme eines persönlich haftenden Gesellschafters. Vor allem muss der Gläubiger-Gesellschafter nach hier vertretener Auffassung (aber entgegen der Ansicht des BGH) wegen seiner gesellschaftlichen Treuepflicht prinzipiell zuerst versuchen, den Anspruch gegen die Kommanditgesellschaft durchzusetzen.[7]

12 Auf eine von den Gesellschaftern verabredete Verdoppelung der Haftsumme, die noch nicht in das Handelsregister eingetragen ist, kann sich die Sparkasse nur ausnahmsweise berufen, nämlich nur dann, wenn die Erhöhung in handelsüblicher Weise bekanntgemacht oder ihr anderweitig von der KG mitgeteilt worden ist (§ 172 II HGB). Der fehlende Registereintrag muss also durch einen anderen von der Gesellschaft ausgehenden Publizitätsakt ersetzt werden. Es würde der Sparkasse also nichts helfen, wenn sie ihre Kenntnis über die Erhöhung der Haftsumme von dritter Seite erhalten hätte. Auf der anderen Seite kann sich der Gläubiger auf die eingetragene Haftsumme verlassen. Herabsetzungen werden ihm gegenüber erst mit der Eintragung in das Handelsregister wirksam (§ 174 HGB).[8] Ein Erlass oder eine Stundung der Einlage ist den Gläubigern gegenüber schlechthin unwirksam (§ 172 III HGB), was sich bei zutreffender Differenzierung zwischen Haftsumme und Einlage von selbst versteht.

III. Der Ausschlusstatbestand des § 171 I, 2. Hs. HGB

1. Die Bedeutung des § 171 I, 2. Hs. HGB

13 **Fall 4:** *Brommer* lehnt es ab, die Forderung der Sparkasse (s. Fall 3) zu begleichen, weil er den von ihm versprochenen Betrag auf das Konto der KG überwiesen hat.

14 Wenn *Brommer* die von ihm versprochene Einlage geleistet hat, haftet er persönlich den Gläubigern der KG und damit der Sparkasse überhaupt nicht mehr (§ 171 I, 2.

[7] Vgl. dazu bereits § 16 Rn. 39; ebenso Ebenroth/Boujoung/Joost/*Strohn*, § 171 Rn. 14. Dagegen lehnt nun der *BGH* (ZIP 2013, 2305 Rn. 32 ff. = JuS 2014, 270 [mit Anm. *K. Schmidt*]; *BGH* BeckRS 2014, 08033 Rn. 15) grundsätzlich eine subsidiäre Haftung des Kommanditisten für solche Gesellschaftsverbindlichkeiten ab. Vgl. auch *OLG Köln* NZG 2014, 179, 182 ff.

[8] Zu den rechtlichen Wirkungen einer fehlerhaften Eintragung der Haftsumme im Handelsregister s. *Lux*, DStR 2013, 1671 ff.

Hs. HGB).[9] Wenn der Kommanditist einen seiner Haftsumme entsprechenden Betrag einbezahlt hat, können sich die Gläubiger, von der Haftung der Komplementäre abgesehen, also nur noch an die KG halten (§§ 124, 161 II HGB). Hat der Kommanditist die Einlage teilweise geleistet, dann ermäßigt sich seine Haftung um den geleisteten Betrag („soweit"). Diese Regelung ist sachgerecht, weil die Haftung des Kommanditisten summenmäßig begrenzt ist und er mit der Leistung der Einlage schon das Vermögen der KG als Haftungsobjekt entsprechend verstärkt hat. Die Gesellschaftsgläubiger trifft allerdings aufgrund dieses Ausschlusstatbestandes ein erhebliches Risiko. Ob und inwieweit die Einlage geleistet ist, geht nämlich aus dem Handelsregister nicht hervor. Der Gläubiger, der einen Kommanditisten in Anspruch nimmt, muss also stets damit rechnen, dass dessen Haftung ausgeschlossen ist. Die Beweislast für die Leistung der Einlage trägt allerdings der Kommanditist.

2. Die Leistung der Einlage

Fall 5: *Brommer* hat zwar nichts an die KG gezahlt, ist aber für andere Schulden der Gesellschaft in Höhe von 25.000 EUR aufgekommen. Kann er das der Sparkasse (s. Fall 3) entgegenhalten? 15

Die Zahlungen an andere Gläubiger der KG kann *Brommer* der Sparkasse nur dann entgegenhalten, wenn darin die Leistung der Einlage i. S. d. § 171 I, 2. Hs. HGB liegt. Wann das der Fall ist, war früher umstritten,[10] wird heute aber weitgehend einheitlich beurteilt.[11] Danach ist entscheidend, dass der Kommanditist der KG tatsächlich werthaltige Vermögenswerte zuführt. Dabei kommt es auf eine objektive Betrachtung an. Führt der Kommanditist der KG einen Sachwert zu, der objektiv nur 10.000 EUR wert ist, dann gilt gegenüber den Gläubigern auch nur diese Leistung als erbracht, selbst wenn die Gesellschafter ihn mit 20.000 EUR veranschlagt haben.[12] Darüber hinaus muss er diese Leistung „auf seine Einlageschuld" geleistet haben. Eine Wertzuführung im Zusammenhang mit einem sonstigen Verkehrsgeschäft genügt danach also nicht.[13] Ebenso wenig ist die Leistung des Kommanditisten an einen Gesellschaftsgläubiger als Leistung „auf die Einlage" anzusehen; der Kommanditist leistet hier nicht an die Gesellschaft, sondern aufgrund seiner eigenen Mitverpflichtung nach § 171 I HGB.[14] *Brommer* ist damit noch nicht von seiner Einlagepflicht und damit nach § 171 I HGB auch von seiner persönlichen Haftung noch nicht befreit. Er kann seine Haftung gleichwohl vermeiden, indem er mit dem Aufwendungsersatzanspruch, der ihm gem. §§ 110, 161 II HGB aus seiner Zahlung erwächst, gegen die Forderung der KG auf Leistung der Einlage aufrechnet.[15] Damit erlischt die Einlageschuld und der Kommanditist wird automatisch gegenüber allen Gläubigern von seiner Haftung befreit.[16] 16

---

9 MüKoHGB/*K. Schmidt,* §§ 171, 172 Rn. 41; *ders.,* § 54 II 2 und 3; *Kübler/Assmann,* § 8 III 2; *Windbichler,* § 17 Rn. 19.

10 Zu der heute in Klausuren nicht mehr nachzuzeichnenden Auseinandersetzung zwischen Vertrags- und Verrechnungstheorie vgl. den Überblick bei MüKoHGB/*K. Schmidt,* §§ 171, 172 Rn. 46; *ders.,* § 54 I 3.

11 Vgl. zum Folgenden insb. MüKoHGB/*K. Schmidt,* §§ 171, 172 Rn. 46 ff.; *ders.,* § 54 I 3c; *ders.,* Einlage und Haftung des Kommanditisten, 1977, S. 25 ff.; dem folgend BGHZ 95, 188, 198 = NJW 1985, 2947; Baumbach/Hopt/*Roth,* § 171 Rn. 6 ff.; Ebenroth/Boujong/Joost/*Strohn,* § 171 Rn. 38 ff.; *C. Schäfer,* § 13 Rn. 6; s. dazu eine fallstudienmäßige Aufarbeitung bei *Lotte/Bertl,* JuS 2014, 339, 342.

12 Baumbach/Hopt/*Roth,* § 171 Rn. 6; *Grunewald,* § 3 Rn. 37; *C. Schäfer,* § 13 Rn. 6.

13 Vgl. etwa MüKoHGB/*K. Schmidt,* §§ 171, 172 Rn. 48.

14 So auch *BGH* NJW 1984, 2290, 2291; Baumbach/Hopt/*Roth,* § 171 Rn. 8; MüKoHGB/*K. Schmidt,* §§ 171, 172 Rn. 50; *C. Schäfer,* § 13 Rn. 7.

15 BGHZ 95, 188, 197 = NJW 1985, 2947 unter Aufgabe von BGHZ 51, 391, 394 = NJW 1969, 1210; so auch BGHZ 109, 334, 337 = NJW 1990, 1109.

16 Baumbach/Hopt/*Roth,* § 171 Rn. 8 m. w. Nachw.; *Kindler,* JuS 2006, 865.

17 Nicht nur Zahlungen, sondern auch Leistungen anderen Inhalts kommen für den Haftungsausschluss des § 171 I, 2. Hs. HGB in Betracht, wie die Einbringung von Grundstücken, Betriebsanlagen, Patenten usw. Auch solche Leistungen sind dem Gläubiger gegenüber nach ihrem wirklichen Wert anzusetzen; eine von den Gesellschaftern vorgenommene Bewertung hat nur für das Innenverhältnis Bedeutung.[17] Schließlich kann der Kommanditist seine Einlage auch leisten, indem er den ihm zukommenden Gewinnanteil in der KG stehenlässt (§ 167 II HGB).

3. Die Haftung bei Rückgewähr der Einlage

18 **Fall 6:** Der Sachbearbeiter bei der Sparkasse entdeckt, dass es mit den Zahlungen des *Brommer* (s. Fall 4/5) zwar seine Richtigkeit hat, dass ihm aber der aufgewandte Betrag aus der Gesellschaftskasse rückvergütet wurde.

19 Wenn dem *Brommer* der von ihm aufgewandte Betrag aus der Gesellschaftskasse wieder zugeflossen ist, hat sich dieser Betrag nur vorübergehend im Vermögen der KG befunden. Mit der Rückvergütung ist der Grund für den Ausschluss der persönlichen Haftung nach § 171 I, 2. Hs. HGB weggefallen. Es wäre widersinnig, wenn der Kommanditist seine persönliche Haftung ausschalten könnte, indem er seine Einlage leistet und sich dann den entsprechenden Betrag wieder auszahlen lässt. § 172 IV 1 HGB bestimmt deshalb, dass die Einlage den Gläubigern gegenüber als nicht geleistet gilt, wenn sie dem Kommanditisten zurückbezahlt wird. Die Sparkasse kann also von *Brommer* gem. § 488 I 2 BGB i. V. m. § 171 I, 1. Hs. HGB Zahlung verlangen.

20 Die Rückzahlung ist als Gegenstück zur Leistung der Einlage durch den Kommanditisten aufzufassen.[18] Über den engen Wortlaut des § 172 IV 1 HGB hinaus ist deshalb jede Leistung zu berücksichtigen, die dem Kommanditisten zugute kommt und das haftende Vermögen der KG vermindert.[19] So würde auch die Rückübertragung einer Sacheinlage unter § 172 IV 1 HGB fallen, ebenso die Befreiung des Kommanditisten von einer persönlichen Schuld durch Zahlung an seinen Gläubiger. Als Rückgewähr der geleisteten Einlage behandelt § 172 IV 2 HGB die Gewinnauszahlung oder -entnahme, wenn der Kapitalanteil des Kommanditisten (vgl. dazu § 14 Rn. 40 ff.) durch Verluste unter der Haftsumme liegt oder durch die Entnahme unter die Haftsumme absinkt.[20] Das ist folgerichtig, weil es für den Gläubiger der KG gleichgültig ist, ob deren haftendes Vermögen durch Rückgewähr der Einlage oder durch Auszahlung von Gewinn vermindert wird; der gutgläubige Kommanditist wird allerdings durch § 172 V HGB geschützt.[21]

---

[17] Vgl. auch BGHZ 61, 59, 71 f. = NJW 1973, 1691; Ebenroth/Boujoung/Joost/*Strohn,* § 171 Rn. 50 f.; *Röck,* JuS 2014, 249, 252.

[18] Eingehend *K. Schmidt,* § 54 III 2a.

[19] BGHZ 39, 319, 331 = NJW 1963, 1873; BGHZ 47, 149, 155 f. = NJW 1967, 1321; *OLG Hamburg* WM 1989, 753 ff.; MüKoHGB/*K. Schmidt,* §§ 171, 172 Rn. 66 ff.; *Lüneborg,* JuS 2013, 434, 437; *Röck,* JuS 2014, 249, 252; *Kübler/Assmann,* § 8 III 3; *Saenger,* Rn. 356; *Windbichler,* § 17 Rn. 20. Vgl. aber auch *OLG Koblenz* DB 1995, 421: keine Anwendung gegenüber Sozialansprüchen.

[20] Die in § 172 IV HGB genannte Wirkung führt aber nicht automatisch dazu, dass auch die Gesellschaft von dem Kommanditisten Rückzahlung in das Gesellschaftsvermögen verlangen kann. Vielmehr bestimmt sich der gesellschaftsinterne Rückzahlungsanspruch allein nach dem Inhalt des Gesellschaftsvertrags; s. dazu *BGH* NJW 2013, 2278 Rn. 11 = JuS 2013, 846 (mit Anm. *K. Schmidt*).

[21] Vgl. zu dieser Vorschrift *BGH* NJW 2009, 2126; zu den Voraussetzungen guten Glaubens bei Bilanzerrichtung s. auch *BGH* DB 1982, 2076; MüKoHGB/*K. Schmidt,* §§ 171, 172 Rn. 89.

IV. Die Haftung des Kommanditisten bei Ein- und Austritt

Besondere Probleme kann der Ein- und Austritt eines Kommanditisten bereiten, da in diesem Fall die ohnehin schon anspruchsvollen Fragen der vorgreifenden und nachwirkenden Haftung um die Besonderheiten der Kommanditeinlage ergänzt werden. In Klausuren begegnet hier überdies auch häufig noch eine Verknüpfung mit § 15 HGB, der in gesellschaftsrechtlichen Sachverhalten oft eine wichtige Rolle spielt. 21

Fall 7: *Techert* ist als weiterer Kommanditist in die Byteworx KG eingetreten, hat aber seine Einlage noch nicht geleistet. Kann die Sparkasse auch ihn in Anspruch nehmen, obwohl der Kredit noch vor seinem Eintritt ausbezahlt wurde? 22

Die Sparkasse kann *Techert* nach § 488 I 2 BGB i. V. m. § 171 I, 1. Hs. HGB in Anspruch nehmen, wenn er auch für solche Verbindlichkeiten als Kommanditist haftet, die vor seinem Eintritt in die Gesellschaft begründet waren. Das sieht § 173 HGB entsprechend dem Vorbild des § 130 HGB vor.[22] Nach dieser Vorschrift ist es auch unerheblich, ob infolge des Eintritts die Gesellschaftsfirma verändert wird (anders dagegen § 28 HGB). Auch eine Vereinbarung im Gesellschaftsvertrag, die diese Haftung ausschließt, ist Dritten gegenüber unwirksam (§ 173 II HGB). Die Sparkasse kann also von *Techert* Zahlung verlangen, muss dabei aber wie bei jedem Kommanditisten die Beschränkungen des § 171 HGB beachten. 23

§ 173 HGB setzt lediglich voraus, dass jemand als Kommanditist „in eine bestehende Handelsgesellschaft" eintritt. Ob es sich dabei schon um eine KG handelt oder ob eine OHG erst durch den Eintritt zur KG wird, ist gleichgültig. § 173 HGB findet jedoch keine Anwendung, wenn durch den Eintritt des Kommanditisten erst eine Handelsgesellschaft entsteht (vgl. dazu § 28 HGB). 24

Fall 8: *Zipperle* ist zum 31. Dezember 2014 als Kommanditist bei der Byteworx KG gegen Auszahlung des Abfindungsguthabens ausgeschieden. Kann die Sparkasse von ihm 2015 Rückzahlung des 2013 an die KG gewährten Kredits verlangen? 25

Die Sparkasse kann von *Zipperle* gem. § 488 I 2 BGB Rückzahlung des Kredits verlangen, wenn er trotz seines Ausscheidens nach § 171 I, 1. Hs. HGB haftet. Eine besondere Regel über die Wirkung des Ausscheidens auf die Kommanditistenhaftung enthalten die §§ 161 ff. HGB nicht, so dass über § 161 II HGB die Enthaftungsvorschrift des § 160 HGB zur Anwendung kommt. Aus ihr ergibt sich implizit, dass die Haftung des Gesellschafters durch sein Ausscheiden nicht aufgehoben wird (vgl. dazu bereits § 18 Rn. 37).[23] 26

Weil die fünfjährige Ausschlussfrist des § 160 I HGB nicht abgelaufen ist, haftet *Zipperle* der Sparkasse ebenso wie ein nicht ausgeschiedener Kommanditist. In diesem Zusammenhang ist die Auszahlung des Abfindungsguthabens von besonderer Bedeutung. Lässt sich der Kommanditist das auszahlen, was ihm nach § 738 I 2 BGB zusteht, so fließt wertmäßig dasjenige an ihn zurück, was er in die KG eingebracht hat. In der Auszahlung des Abfindungsguthabens liegt deshalb die Rückgewähr der Einlage i. S. d. § 172 IV 1 HGB, so dass der Ausschlusstatbestand des § 171 I, 2. Hs. HGB dem Kommanditisten auch dann nicht zugute kommt, wenn er die Einlage während seiner Gesellschafterzeit geleistet hatte.[24] *Zipperle* kann sich also 2015 weder auf sein Ausscheiden noch auf den Ausschlusstatbestand des § 171 27

---

[22] Baumbach/Hopt/*Roth*, § 173 Rn. 1, 7; Staub/*Thiessen*, § 173 Rn. 6; *K. Schmidt*, § 54 IV 2.
[23] S. dazu die fallstudienmäßige Aufarbeitung von *Röck*, JuS 2014, 249 ff.
[24] RGZ 64, 77, 81; BGHZ 61, 149, 151 = NJW 1973, 1878.

I, 2. Hs. HGB berufen. Er ist der Sparkasse zur Zahlung verpflichtet, aber nur bis zum Ablauf der neu geschaffenen Ausschlussfrist.

28 Eine enthaftende Wirkung schon des Ausscheidens käme nur in Betracht, wenn *Zipperle* seinen Kommanditanteil im Wege des Verkehrsgeschäfts (Abtretung) auf einen Dritten übertragen hätte. Eine solche Übertragung ist grundsätzlich zulässig, setzt aber, auch wenn nur ein Kommanditanteil übertragen wird, die Zustimmung der Mitgesellschafter voraus (§ 21 Rn. 26 ff.). Für die Haftungslage ist dann zu unterscheiden, ob dieser Vorgang durch das Handelsregister richtig, nämlich durch Rechtsnachfolgevermerk, verlautbart wird oder ob sich die Rechtsnachfolge des neuen Kommanditisten in den Anteil des *Zipperle* aus dem Handelsregister nicht ergibt. Im ersten Fall gilt: Für den Altkommanditisten *Zipperle* bleibt es beim Haftungsausschluss des § 171 I, 2. Hs. HGB, weil er nicht i. S. d. § 738 BGB ausscheidet und es deshalb nicht zu einer Einlagenrückgewähr i. S. d. § 172 IV HGB kommt.[25] Weil die im Handelsregister eingetragene Haftsumme nach wie vor durch die Einlage des *Zipperle* gedeckt ist, haftet auch der neue Kommanditist nicht. Wenn die Einlage einmal geleistet ist und im Vermögen der KG verbleibt, tritt die Befreiungswirkung also zugunsten des alten und des neuen Kommanditisten ein.[26] Daran ändert sich schließlich nichts, wenn *Zipperle* den Anteil entgeltlich überträgt und der Erwerber den Kaufpreis an ihn zahlt. Das durch die Zahlung geschmälerte Vermögen des Erwerbers haftet den Gläubigern der KG nämlich bei geleisteter Einlage ohnehin nicht.[27]

29 Im zweiten Fall – kein Rechtsnachfolgevermerk – ergibt sich folgende Lösung:[28] *Zipperle* ist auch ohne den Vermerk ausgeschieden, weil es sich dabei nicht um ein Element des Übertragungstatbestands handelt.[29] Da der Übertragungsvorgang aus dem Handelsregister jedoch nicht ersichtlich ist, stellt sich die Rechtslage für Außenstehende nunmehr so dar, als ob sich sein Austritt und der Eintritt des neuen Kommanditisten als isolierte Rechtsvorgänge vollzogen hätten. In diesem Fall hätte die Haftsumme doppelt abgedeckt sein müssen. Da dies nicht geschehen ist, trifft *Zipperle* eine Forthaftung entsprechend §§ 160, 161 II HGB. Umstritten ist allein, ob sich dieses Ergebnis aus § 15 HGB oder aus den (tatbestandlich enger gefassten) Grundsätzen einer allgemeinen Rechtsscheinhaftung ergibt.[30] Die erste Lösung ist zweifelhaft geworden, nachdem § 162 II HGB im Zuge des NaStraG[31] dahingehend geändert wurde, dass in der Bekanntmachung keine Angaben zu den Kommanditisten gemacht werden müssen und deshalb § 15 HGB keine Anwendung findet. Diese Änderung sollte aber keinesfalls den Kommanditisten bei fehlerhafter Eintragung begünstigen, sondern allein der schwindenden Bedeutung des rechtspolitisch frag-

---

[25] *Adel,* DStR 1994, 1580, 1584; *Eckert,* ZHR 147 (1983), 565, 566.

[26] *Kindler,* § 13 Rn. 40; *Kroppen,* Die Haftung des Kommanditisten bei fehlender Eintragung, 1987, S. 6; *Adel,* DStR 1994, 1580, 1584.

[27] *Eckert,* ZHR 147 (1983), 565, 566 m. w. Nachw. in Fn. 5.

[28] Vgl. *RG* DNotZ 1944, 195; Ebenroth/Boujong/Joost/*Strohn,* § 173 Rn. 18; *Kindler,* § 13 Rn. 41; einschränkend MüKoHGB/*K. Schmidt,* § 173 Rn. 36.

[29] Vgl. etwa Ebenroth/Boujong/Joost/*Strohn,* § 173 Rn. 18.

[30] Für die erste Lösung Ebenroth/Boujong/Joost/*Strohn,* § 173 Rn. 18; Staub/*J. Koch,* § 15 Rn. 40 ff.; *Saenger,* Rn. 376; *Grunewald,* ZGR 2003, 541 ff.; *Noack,* FS Ulmer, 2003, S. 1245, 1253 f. sowie jetzt auch *Kindler,* § 13 Rn. 41 unter Aufgabe des in NJW 2001, 1678, 1691 vertretenen Standpunkts; für die zweite Lösung MüKoHGB/*Krebs,* § 15 Rn. 28 ff.; MüKoHGB/*K. Schmidt,* § 173 Rn. 37; *ders.,* ZIP 2002, 413 ff.; *Mattheus/Schwab,* ZGR 2008, 65, 83 f.

[31] Gesetz zur Namensaktie und zur Erleichterung der Stimmrechtsausübung (NaStraG) vom 18.1.2001 (BGBl. I 123).

würdigen Bekanntmachungserfordernisses Rechnung tragen.[32] § 15 HGB findet deshalb auch hier Anwendung, stellt allerdings allein auf den Rechtsschein der Eintragung ab, da es insofern keine Bekanntmachung mehr gibt und sie deshalb auch für die Anwendung des § 15 HGB naturgemäß ohne Relevanz ist. Nur das soll mit der Neufassung klargestellt werden.[33] Die Forthaftung des *Zipperle* entsprechend §§ 160, 161 II HGB beruht demnach auf § 15 HGB. Sie wäre nur dann ausgeschlossen, wenn § 171 I, 2. Hs. HGB zu seinen Gunsten eingreift. Das ist jedoch analog § 172 IV HGB nicht der Fall, weil die Einlageleistung nunmehr zugunsten des Anteilserwerbers wirkt.[34] Es haftet also nicht der neue, sondern der alte Kommanditist.[35] Entsprechende Anwendung findet § 160 I HGB nach § 160 III HGB, wenn ein Komplementär in die Position eines Kommanditisten wechseln möchte.

V. Zur Abgrenzung: Die Haftung der KG mit der Einlage des Kommanditisten

Fall 9: *Brommer* hat seine Einlagepflicht durch Übereignung eines Grundstücks im Wert von 50.000 EUR erfüllt. Die Sparkasse, die sonst kein nennenswertes Vermögen vorfindet, will das Grundstück zwangsversteigern lassen. *Brommer* meint, dadurch werde die in das Handelsregister eingetragene Beschränkung der Haftung auf 25.000 EUR umgangen. 30

Die Sparkasse will gem. §§ 124, 161 II HGB gegen die KG vollstrecken. Dazu ist sie auch dann ohne weiteres berechtigt, wenn der Einlagegegenstand, der das Objekt der Vollstreckung bilden soll, von einem Kommanditisten stammt und sein Wert die Haftsumme übersteigt. Beschränkt ist nach §§ 161 I, 171 I HGB nur die unmittelbare und persönliche Haftung des Kommanditisten. Es hilft ihm also hier[36] nichts, dass die eingetragene Haftsumme geringer ist als der Wert seiner Einlage.[37] Die Sparkasse kann das Grundstück somit verwerten. 31

VI. Die unbeschränkte Haftung des Kommanditisten

1. Aufnahme eines Geschäftsbetriebs i. S. d. § 1 HGB vor Eintragung der KG

Neben § 171 und § 172 IV HGB ist § 176 HGB die dritte Vorschrift, die in Klausuren zur Kommanditistenhaftung besonders häufig eine Rolle spielt. Ihre Anwendung wird namentlich dadurch erschwert, dass sie sich aufgrund des modernen Verständnisses der BGB-Gesellschaft (§ 3 Rn. 3 ff., § 7 Rn. 10 ff.) nicht mehr in gleicher Weise in die Gesamtsystematik des Personengesellschaftsrechts einfügt, wie es dem Gesetzgeber ursprünglich vorschwebte. Daraus ergeben sich systematische Friktionen, die bei der Auslegung Berücksichtigung finden müssen. 32

Fall 10: Die Sparkasse (s. Fall 3) macht geltend, dass sie den Kredit am 15. April 2014 nach einer mit *Busse* und *Brommer* gemeinsam geführten Besprechung gewährt hat, während die KG erst am 15. Juni 2014 eingetragen worden ist. Kann sie auf dieser Grundlage die 50.000 EUR von *Brommer* verlangen, wenn dem Vertreter der Sparkasse gegenüber erwähnt wurde, dass es sich bei der Gesellschaft um eine KG handelt? 33

Die Besonderheit des Falles besteht darin, dass die Verbindlichkeit aus § 488 I 2 BGB begründet worden ist, bevor die KG und damit die beschränkte Haftung des 34

---

32 Vgl. dazu RegE NaStraG, BT-Drucks. 14/4051, S. 19; ausführlich *Noack,* FS Ulmer, 2003, S. 1245, 1252 ff.

33 Ausführlich dazu Staub/*J. Koch,* § 15 Rn. 40 ff.

34 BGHZ 81, 82, 87, 89 = NJW 1981, 2747; MüKoHGB/*K. Schmidt,* § 173 Rn. 36; *Eckert,* ZHR 147 (1983), 565, 569, 571; *v. Olshausen,* GS Knobbe-Keuk, 1997, S. 247, 258 ff., 262 ff.

35 Zum Sonderfall der Nachhaftung eines Komplementärs bei Wechsel in die Kommanditistenstellung vgl. *OLG Hamm* NZG 2008, 101 ff.

36 Zum verbleibenden Nutzen einer geringeren Haftsumme vgl. § 20 Rn. 12.

37 Staub/*Schilling,* 4. Aufl., § 171 Rn. 3.

Brommer in das Handelsregister eingetragen worden ist (§ 162 HGB). Ob die Sparkasse in diesem Fall die 50.000 EUR von *Brommer* verlangen kann, richtet sich nach § 176 HGB.

35 § 176 HGB muss im Zusammenhang mit der Frage gesehen werden, wann die Gesellschaft im Außenverhältnis entsteht (vgl. § 20 Rn. 18). Liegt ein Handelsgewerbe nach § 1 HGB vor, dann ist die KG im Außenverhältnis nach § 123 II i. V. m. § 161 II HGB schon entstanden, wenn die Gesellschaft den Geschäftsbetrieb aufnimmt. Die Byteworx KG erfüllt beide Voraussetzungen. Bei der Erstellung und dem Vertrieb von Software handelt es sich nämlich um einen Gewerbebetrieb. Mangels besonderer Anhaltspunkte für ein Kleingewerbe ist auch davon auszugehen, dass eine kaufmännische Betriebsorganisation erforderlich ist, die Ausnahmeregelung des § 1 II HGB also nicht eingreift. In der Aufnahme des betrieblichen Zwecken dienenden Kredits liegt ferner der Beginn der geschäftlichen Tätigkeit der Gesellschaft. Die KG ist also bereits entstanden, aber die nur beschränkte Haftung des Kommanditisten ist mangels Eintragung noch nicht aus dem Handelsregister ersichtlich. In diesem Stadium haftet der Kommanditist nach § 176 I 1 HGB unbeschränkt, wenn er an der Aufnahme der Geschäfte durch seine Zustimmung mitgewirkt hat, es sei denn, der Gläubiger kannte die Beteiligung als Kommanditist (§ 176 I 1 HGB a. E.); in diesem Fall ist er nicht schutzbedürftig. *Brommer* hat die erforderliche Zustimmungserklärung wenigstens durch schlüssiges Verhalten abgegeben.[38] Er kann nämlich nicht widerspruchslos an der Besprechung über einen Unternehmenskredit mitwirken und im Nachhinein geltend machen, er sei nicht einverstanden gewesen. Auch die Kenntnis der Sparkasse, dass die Gesellschaft in der Rechtsform einer KG organisiert ist, hindert die Anwendung des § 176 I HGB nicht, solange der Geschäftspartner nicht positive Kenntnis von der Kommanditistenstellung des in Anspruch genommenen Gesellschafters hat; selbst grob fahrlässige Unkenntnis schadet nicht.[39] Darauf deutet hier aber nichts hin. Die Sparkasse kann also von *Brommer* nach § 488 I 2 BGB i. V. m. § 176 I 1 HGB Zahlung der 50.000 EUR verlangen. Die unbeschränkte Kommanditistenhaftung endet nicht mit der Eintragung in das Handelsregister, unterliegt jedoch der Enthaftungsregelung des § 160 HGB, die nicht nur entsprechende,[40] sondern unmittelbare Anwendung findet.[41]

36 **Fall 11:** Auf einer Geschäftsfahrt zu einem Großkunden verursacht *Busse* – immer noch vor der Eintragung der Gesellschaft – mit einem firmeneigenen Pkw einen Verkehrsunfall, bei dem der Fahrradfahrer *Kreft* erhebliche Verletzungen erleidet. Auch er will sich deshalb an den wohlhabenden *Brommer* wenden, der sich aber darauf beruft, schon seine Einlage in die Gesellschaft geleistet zu haben.

37 Dem *Kreft* steht hier ein Anspruch aus § 7 I StVG und § 823 I BGB zu, für den über § 31 BGB analog die Gesellschaft einzustehen hat (s. oben § 7 Rn. 8, § 15 Rn. 9). Für die Haftung des Kommanditisten scheint auch hier bei wortlautgetreuer Auslegung § 176 I HGB einzugreifen, da die Gesellschaft noch nicht eingetragen war. Dem *Kreft* war die Beteiligung des *Brommer* als Kommanditist auch nicht positiv

---

[38] Zur Zustimmung durch schlüssiges Verhalten vgl. auch RGZ 128, 172, 180 f.; BGHZ 82, 209, 211 = NJW 1982, 883; Ebenroth/Boujong/Joost/*Strohn*, § 176 Rn. 10.

[39] Vgl. etwa Baumbach/Hopt/*Roth*, § 176 Rn. 4; anders aber bei Firmierung als GmbH & Co. KG, vgl. *OLG Frankfurt a. M.* NZG 2007, 625; *Kindler*, § 13 Rn. 21.

[40] So aber Baumbach/Hopt/*Roth*, § 176 Rn. 13.

[41] Gesellschafter i. S. d. § 160 HGB ist jeder persönlich haftende Gesellschafter (RegBegr NachBG, BT-Drucks. 12/1868, S. 8) und der Kommanditist haftet nach § 176 I 1 HGB „gleich" einem solchen.

bekannt, so dass der in § 176 I 1 BGB a. E. enthaltene Haftungsausschluss nicht eingreift. Dass er von der Gesellschafterstellung des *Brommer* gar nichts wusste, ist unerheblich, da § 176 I HGB eine Vorschrift des abstrakten Vertrauensschutzes ist.[42]

Allerdings wird von der ganz herrschenden Meinung eine (klausurrelevante) ungeschriebene Ausnahme von der Haftung des § 176 I HGB dann zugelassen, wenn es sich nicht um eine rechtsgeschäftliche Verbindlichkeit oder vertragsähnliche Forderung (cic, GoA) handelt, sondern um eine solche aus einer unerlaubten Handlung. Die zugrunde liegende teleologische Reduktion des § 176 I HGB wird mit dem Normzweck begründet. Nach herrschender, namentlich von der Rechtsprechung getragener Ansicht schützt § 176 HGB das nach der gesetzlichen Wertung typischerweise vorhandene Vertrauen des Geschäftsverkehrs in eine unbeschränkte Gesellschafterhaftung, sofern die Beschränkung nicht aus dem Handelsregister ersichtlich ist.[43] Deshalb soll eine solche Haftung nur dort eingreifen, wo überhaupt Vertrauen entstehen kann. Das ist im Deliktsrecht aber nicht der Fall. Vielmehr lässt sich nach einem vielfach bemühten Vergleich „niemand im Vertrauen auf das Handelsregister vom Auto anfahren." Deshalb soll § 176 I HGB hier nicht greifen, sondern der Kommanditist nur entsprechend der Abrede im Innenverhältnis nach § 171 HGB haften.[44] Für andere Verbindlichkeiten aus gesetzlichen Schuldverhältnissen muss dasselbe gelten.[45] **38**

So schlüssig diese Folgerung auch ist, so kann nicht verkannt werden, dass die Prämisse, auf der sie beruht, heute nicht mehr unproblematisch ist, und zwar im Hinblick auf die Entwicklung bei der BGB-Gesellschaft. Aufgrund des für diese Gesellschaftsform jetzt anerkannten Haftungsregimes (akzessorische Haftung analog § 128 S. 1 HGB) geht die mittlerweile ganz herrschende Meinung grundsätzlich in der Personengesellschaft von einem Prinzip unbeschränkter Haftung der Gesellschafter für die Schulden der Gesellschaft aus (§ 7 Rn. 10 ff.). Vor diesem Verständnishintergrund liegt der Regelungsschwerpunkt des § 176 I HGB nicht in der (belastenden) Haftungsanordnung, sondern in dem (privilegierenden) Haftungsausschluss bei Kenntnis des Gläubigers in § 176 I 1 a. E. HGB.[46] Da dieses Privileg für die Gesellschafter einer BGB-Gesellschaft nicht gilt, wird der nicht eingetragene Gesellschafter im Handelsverkehr heute milder behandelt als der nicht eingetragene Gesellschafter einer BGB-Gesellschaft, was in der Sache kaum überzeugt. Allerdings handelt es sich bei dieser berechtigten Kritik um eine eher rechtspolitische Beanstandung, der in der Rechtsanwendung nur beschränkt Rechnung getragen werden kann. Vielmehr müssen die sich daraus ergebenden Haftungsfolgen auch mit der konkreten **39**

---

[42] Vgl. etwa BGHZ 82, 209, 212 f., 215 = NJW 1982, 883; Ebenroth/Boujong/Joost/*Strohn*, § 176 Rn. 1; MüKoHGB/*K. Schmidt*, § 176 Rn. 1; *Kindler*, § 13 Rn. 21; a. A. *Jacobs*, DB 2005, 2227, 2232 f.

[43] BGHZ 66, 98, 101 f. = NJW 1976, 848; BGHZ 69, 95, 99 f. = NJW 1977, 1683; BGHZ 82, 209, 212 f. = NJW 1982, 883; *BGH* NJW 1983, 2258. Ältere Rechtsprechung, die in der unbeschränkten Haftung eine „zivilrechtliche Strafe" für unterbliebene Eintragung sah (RGZ 128, 172, 181), ist überholt. Aus dem Schrifttum vgl. Ebenroth/Boujong/Joost/*Strohn*, § 176 Rn. 1; *Priester*, BB 1980, 911 f., 916.

[44] BGHZ 82, 209, 215 = NJW 1982, 883; vgl. auch Baumbach/Hopt/*Roth*, § 176 Rn. 1; MüKoHGB/*K. Schmidt*, § 176 Rn. 37; *ders.*, § 55 I 3; *Kindler*, § 13 Rn. 22; *C. Schäfer*, § 12 Rn. 5; zur Gegenmeinung vgl. *Crezelius*, BB 1983, 5, 11; *Jacobs*, DB 2005, 2227 ff.

[45] So auch *Kindler*, § 13 Rn. 22; *C. Schäfer*, § 12 Rn. 5.

[46] *Saenger*, Rn. 361; *Crezelius*, BB 1983, 5, 8 ff.; *Dauner-Lieb*, FS Lutter, 2000, S. 835, 836 ff.; *Mülbert*, AcP 199 (1999), 38, 97 ff.; jetzt auch *K. Schmidt*, § 55 I 1, 2; *ders.*, GmbHR 2002, 341 f.

Ausgestaltung des § 176 HGB in Einklang zu bringen sein. Der Gesetzgeber hat den Anspruch aus § 176 HGB unter die Bedingung der Gutgläubigkeit des zu schützenden Gläubigers gestellt und ihn somit als Vertrauensschutznorm konzipiert.[47] Diesem Normcharakter muss die Auslegung auch bei rechtspolitischen Bedenken Rechnung tragen. Daher ist es richtig, die Vorschrift dann nicht anzuwenden, wenn ein Vertrauen in die unbeschränkte Gesellschafterhaftung bei der Begründung der Verbindlichkeit überhaupt keine Rolle spielen kann, wie es namentlich bei Verbindlichkeiten aus unerlaubter Handlung der Fall ist. *Kreft* kann daher den *Brommer* nicht persönlich in Anspruch nehmen.

Hinweis:

40 Diese letztgenannte Überlegung (Rn. 39) soll demjenigen, der die Struktur des Gesellschaftsrechts umfassend zu begreifen sucht, eine Erklärung für Friktionen innerhalb der heutigen Systematik geben. Für die herkömmliche Fallbearbeitung kann ein solcher Tiefgang nicht erwartet werden. Wer hier den Ausschluss gesetzlicher Schuldverhältnisse erkennt (Rn. 38), wird zumeist die durchschnittlichen Anforderungen schon übertreffen.

2. Aufnahme eines Geschäftsbetriebs i. S. d. § 2 HGB vor Eintragung der KG

41 **Fall 12:** Wie wäre die Haftung des *Brommer* vor der Eintragung zu beurteilen, wenn die Gesellschaft ein Unternehmen betriebe, das keiner kaufmännischen Organisation bedarf und *Brommer* nachweisen könnte, dass dem Vertreter der Sparkasse bekannt war, dass er nach dem Gesellschaftsvertrag nur als Kommanditist haften sollte?

42 Nach der Sachverhaltsvorgabe liegt ein Kleingewerbe vor, das nach § 1 II HGB kein Handelsgewerbe ist. Dazu kann das Gewerbe nur werden, indem von der Eintragungsoption des § 2 HGB Gebrauch gemacht wird. Die Gesellschaft wird damit bei unbeschränkter Haftung aller Mitglieder zur OHG, wie § 105 II HGB eigens hervorhebt, und gem. §§ 105 II, 161 II HGB zur KG, sofern ein Mitglied nur beschränkt haftet. Die Rechtswirkung ist also eintragungsabhängig, so dass erst in diesem Zeitpunkt eine den §§ 161 ff. HGB unterliegende Gesellschaft gem. §§ 123 II, 161 II HGB entstehen und § 176 I 1 HGB Anwendung finden kann. Das bringt § 176 I 2 HGB zum Ausdruck. Als Kommanditisten einer KG trifft *Brommer* also keine Haftung.

43 Fraglich ist allerdings, ob nicht auf einer anderen Grundlage eine Haftung konstruiert werden kann. Wenn das Unternehmen bereits betrieben wurde und die Entstehung einer KG nur an der fehlenden Eintragung nach § 105 II HGB scheiterte, dann lag zu diesem Zeitpunkt eine BGB-Gesellschaft vor, in der jeder Gesellschafter nach heute ganz herrschender Meinung analog § 128 S. 1 HGB für die Gesellschaftsverbindlichkeiten haftet. Etwas anderes gilt nur, wenn ein Haftungsausschluss unmittelbar mit dem Geschäftspartner vereinbart wurde. Dieser Fall ist hier jedoch nicht gegeben. Der Vertreter der Sparkasse wusste zwar von der anvisierten Kommanditistenstellung des *Brommer,* aber er hat mit ihm keine eigene Abrede dieses Inhalts getroffen. *Brommer* müsste danach analog § 128 S. 1 HGB haften.

44 Damit gelangt man allerdings zu einem eigentümlichen Wertungswiderspruch: Würde die Gesellschaft schon jetzt ein Handelsgewerbe betreiben, ohne als KG

---

[47] So auch *K. Schmidt,* § 55 I 1.

eingetragen zu sein, müsste der Kommanditist nicht persönlich haften, weil dem Gläubiger diese Kommanditistenstellung bekannt war (§ 176 I 1, letzter Hs. HGB). Bei der nicht gewerblich handelnden Gesellschaft würde ihn die Haftungsfolge hingegen treffen. Die künftigen Kommanditisten einer noch nicht eingetragenen Kann-KG würden also in deutlicher Umkehr allgemeiner Prinzipien schärfer haften als die Kommanditisten einer noch nicht eingetragenen Ist-KG. Dieser Wertungswiderspruch ist aus dem neuen Verständnis der BGB-Gesellschaft entstanden, das zu einer schärferen akzessorischen Haftung ihrer Mitglieder geführt hat. Wenn § 176 I 2 HGB für die kleingewerbetreibende KG die Anwendung des § 176 I 1 HGB ausschließt, dann ändert das auf dieser Basis an der grundlegenden Haftungsanordnung also nichts, sondern führt lediglich dazu, dass der Gesellschafter sich – anders als bei der eingetragenen KG – nicht mehr auf den Haftungsausschluss bei fehlendem Vertrauen berufen kann. Damit wird die Ursprungskonzeption des historischen Gesetzgebers aber auf den Kopf gestellt. Dieser hatte § 176 I 1 HGB nämlich noch als Haftungsverschärfung verstanden,[48] so dass er spiegelbildlich § 176 I 2 HGB als Privilegierung Kleingewerbetreibender auffassen musste.[49] Um eine derartige Umkehr des gesetzgeberischen Willens und eine unangemessene Schlechterstellung Kleingewerbetreibender gegenüber Gewerbebetreibenden zu vermeiden, erscheint es angemessen, das Haftungsprivileg des § 176 I 1, 2. Hs. HGB in den Fällen der §§ 2, 3 und 105 II HGB analog anzuwenden.[50]

Für die Lösung des Falles 12 bedeutet das: Vor der Eintragung in das Handels- 45
register begründet der Zusammenschluss der Gesellschafter eine Gesellschaft bürgerlichen Rechts. Hier trifft die Gesellschafter grundsätzlich eine unbegrenzte akzessorische Haftung für die Gesellschaftsschulden analog § 128 S. 1 HGB. Da dem Vertreter der Sparkasse dieser Umstand aber bewusst war und die Sparkasse sich dieses Wissen nach § 166 I BGB zurechnen lassen muss, ist die Haftung des *Brommer* nach den Grundsätzen des § 171 HGB beschränkt.

3. Die Schein-KG

Fall 13: Ist die Haftung des *Brommer* in Fall 12 (also bei einem nicht kaufmännischen Gewer- 46
be) anders zu beurteilen, wenn die Gesellschaft sich selbst auf Briefbögen und bei Werbemaßnahmen als KG bezeichnet hat, ohne dass dem Vertreter der Sparkasse bewusst war, dass gerade *Brommer* nur als Kommanditist haften sollte?

Derartige Fallkonstellationen wurden bislang als Fallgruppen der Rechtsscheinhaf- 47
tung diskutiert (Stichwort: Schein-KG). Ihre Behandlung war umstritten. Die früher herrschende Meinung argumentierte folgendermaßen: Trete eine nicht eingetragene Gesellschaft, die kein Handelsgewerbe betreibe, im Rechtsverkehr als KG auf, so erzeuge sie dadurch den Rechtsschein einer – allerdings noch nicht eingetragenen – KG. Der als Kommanditist vorgesehene Gesellschafter, der diesem Verhalten zu-

48 So noch ausdrücklich in der RegBegr HRefG, BT-Drucks. 13/8444, S. 68; vgl. dazu MüKoHGB/*K. Schmidt,* § 176 Rn. 1 ff.; *ders.,* GmbHR 2002, 341, 342 f.; *Wagner,* NJW 2001, 1110, 1112.

49 So auch noch RGZ 128, 178, 181; BGHZ 59, 179, 181 = NJW 1972, 1660; BGHZ 61, 59, 65 = NJW 1973, 1691; BGHZ 63, 45, 47 = NJW 1974, 1905; BGHZ 69, 95, 97 f. = NJW 1977, 1683.

50 MüKoHGB/*K. Schmidt,* § 176 Rn. 6 f.; *ders.,* § 55 I 2a; *Grunewald,* § 3 Rn. 2 f.; *C. Schäfer,* § 12 Rn. 5; *Dauner-Lieb,* FS Lutter, 2000, S. 835, 845 f.; *Mülbert,* AcP 199 (1999), 38, 99 ff.; *Wagner,* NJW 2001, 1110, 1112; a. A. Baumbach/Hopt/*Roth,* § 176 Rn. 6; *Saenger,* Rn. 364; *Windbichler,* § 17 Rn. 23; *Clauss/Fleckner,* WM 2003, 1790, 1794; *Jacobs,* DB 2005, 2227 ff.

gestimmt habe, hafte wegen veranlassten Rechtsscheins wie der Gesellschafter einer tatsächlich bestehenden, aber noch nicht eingetragenen KG, also entsprechend § 176 I 1 HGB, mithin unbeschränkt.[51] Der BGH ist dieser Argumentation in einer älteren Entscheidung nicht gefolgt.[52] Nach seiner Ansicht muss der Gesellschafter so haften, als ob die Gesellschaft durch Eintragung als KG entstanden wäre, also als Kommanditist mit den Beschränkungen des § 171 HGB. Das Gericht meinte, anderenfalls stehe der Gläubiger besser als er bei entstandener KG stünde und das verstoße gegen den Grundsatz, dass die Rechtsscheinhaftung nicht weiterreiche, als wenn der Schein der Wirklichkeit entspräche.

48 Mit der neueren Rechtsprechung des BGH zur BGB-Gesellschaft lässt sich jedoch auch diese bislang herrschende Meinung nicht mehr aufrechterhalten. Wenn nämlich die akzessorische Haftung der Gesellschafter selbst durch eine explizite einseitige Haftungsbeschränkung nicht ausgeschlossen werden kann (vgl. dazu § 7 Rn. 18 ff.), so kann eine solche Beschränkung erst recht nicht durch die vorläufig noch unberechtigte Führung der Firma der künftigen KG herbeigeführt werden.[53] Diese Lösung ergibt sich nunmehr zwanglos aus den Grundsätzen der Gesellschafterhaftung in der BGB-Gesellschaft, ohne dass es eines Rückgriffs auf Rechtsscheingrundsätze bedarf.[54] Die Sparkasse kann *Brommer* also als unbeschränkt haftenden Gesellschafter einer BGB-Gesellschaft in voller Höhe der Darlehenssumme in Anspruch nehmen.

4. Keine ordnungsgemäße Eintragung des Eintritts eines weiteren Kommanditisten

49 **Fall 14:** Die Sparkasse will nicht mehr den *Brommer,* sondern den *Techert* in Anspruch nehmen, der erst nachträglich der KG beigetreten ist (s. Fall 7). Sie ist der Auffassung, zumindest *Techert* müsse ihr unbeschränkt haften, weil ihre Forderung nach seinem Eintritt, aber noch vor seiner Eintragung in das Handelsregister begründet wurde.

50 Für diejenigen Verbindlichkeiten, die nach dem Eintritt[55] des Kommanditisten, aber vor seiner Eintragung in das Handelsregister begründet werden, gilt gem. § 176 II HGB die Regel des § 176 I 1 HGB entsprechend. Das bedeutet im Ergebnis, dass der Kommanditist für diese Verbindlichkeiten – Kenntnis des Gläubigers von der Kommanditistenstellung ausgenommen – unbeschränkt haftet. Nicht gänzlich zweifelsfrei ist, was die vorgeschriebene entsprechende Anwendung für die Voraussetzungen der Haftung bedeutet. Dass der Gläubiger bei Abschluss des Geschäfts Kenntnis von der Gesellschaftszugehörigkeit des Kommanditisten gehabt hat, darf nicht gefordert werden.[56] Ob die Zustimmung des Kommanditisten zur Fortführung der Gesellschaftsgeschäfte eine Voraussetzung seiner unbeschränkten Haftung bildet,[57] erscheint jedenfalls fraglich und ist wegen der Praxis-

---

51 *OLG Köln* OLGZ 1973, 468, 471; *OLG Nürnberg* WM 1961, 124, 126; *Schwerdtner,* JR 1973, 320.

52 BGHZ 61, 59, 66 = NJW 1973, 1691; BGHZ 69, 95, 98 ff. = NJW 1977, 1683; ihm folgend Baumbach/Hopt/*Roth,* § 176 Rn. 7 m. w. Nachw.; Ebenroth/Boujong/Joost/*Strohn,* § 176 Rn. 3; *Kindler,* § 13 Rn. 33 ff.; ablehnend vor allem *Flume,* Die Personengesellschaft, § 16 IV 5 (S. 332 ff.); *K. Schmidt,* § 55 II 1a.

53 *K. Schmidt,* § 55 I 2b; *Dauner-Lieb,* FS Lutter, 2000, S. 835, 844 ff.; *Wagner,* NJW 2001, 1110, 1111 f.

54 Koller/*Kindler*/Roth/Morck, § 176 Rn. 7; *Clauss/Fleckner,* WM 2003, 1790, 1796; *Wagner,* NJW 2001, 1110, 1111.

55 Kein „Eintritt" ist der Hinzuerwerb eines Kommanditanteils durch ein Gesellschaftsmitglied, vgl. BGHZ 66, 98, 101 = NJW 1976, 848 und dazu *Schilling,* ZGR 1978, 173 ff.

56 BGHZ 82, 209, 212 = NJW 1982, 883; anders *Priester,* BB 1980, 911, 913.

57 So RGZ 128, 172, 181.

ferne eines solchen Erfordernisses wohl zu verneinen.[58] Die damit noch gesteigerte Belastung des Kommanditisten kann vermieden werden, wenn die Parteien vereinbaren, dass der Eintritt erst mit der Eintragung in das Handelsregister wirksam werden soll.[59]

VII. Zusammenfassung

Hat der Kommanditist seine Einlage noch nicht geleistet, so haftet er den Gläubi- 51
gern der KG bis zur Höhe der Haftsumme unmittelbar und persönlich. Der Gläubiger muss also nicht zunächst gegen die KG vorgehen und kann in das gesamte Vermögen des Kommanditisten vollstrecken. Die Gläubiger können jedoch keine Erfüllung, sondern nur Zahlung in Geld verlangen. Gegen die Forderung der Gläubiger stehen dem Kommanditisten nach §§ 129, 161 II HGB dieselben Einwendungen zu wie dem Komplementär oder dem Gesellschafter einer OHG. Die Haftung des Kommanditisten, der seine Einlage noch nicht geleistet hat, ist nur summenmäßig begrenzt (§ 171 I, 1. Hs. HGB). Maßgeblich ist dafür die Haftsumme, so wie sie in das Handelsregister eingetragen worden ist (§ 162 I BGB i. V. m. § 172 I HGB). Hat der Kommanditist seine Einlage geleistet, dann ist seine persönliche Haftung gegenüber den Gläubigern ausgeschlossen (§ 171 I, 2. Hs. HGB). Die persönliche Haftung des Kommanditisten lebt allerdings nach § 172 IV 1 HGB wieder auf, wenn ihm seine Einlage unmittelbar oder mittelbar zurückgewährt worden ist.

Wer als Kommanditist in eine bestehende Handelsgesellschaft eintritt, haftet als 52
solcher gem. § 173 HGB auch für diejenigen Verbindlichkeiten, die vor seinem Eintritt begründet waren. Die Haftung des Kommanditisten endet nicht mit seinem Ausscheiden aus der Gesellschaft (§§ 160, 161 II HGB). Lässt er sich das Abfindungsguthaben (§ 738 I 2 BGB) auszahlen, so liegt darin die Rückgewähr der Einlage i. S. d. § 172 IV 1 HGB, so dass die persönliche Haftung selbst dann wieder auflebt, wenn er die Einlage während seiner Zeit als Gesellschafter geleistet hatte. Ist die Verbindlichkeit entstanden, bevor die KG in das Handelsregister eingetragen worden ist, so haftet der Kommanditist nach § 176 HGB unbeschränkt, wenn drei Voraussetzungen erfüllt sind: Die Gesellschaft muss ein Handelsgewerbe nach § 1 HGB betreiben, sie muss den Geschäftsbetrieb bereits aufgenommen und der Kommanditist muss der Aufnahme zugestimmt haben. Entsteht das Handelsgewerbe erst mit der Eintragung kraft Ausübung der darauf gerichteten Option (§ 2 HGB), dann liegt bis dahin eine Gesellschaft bürgerlichen Rechts vor, deren Gesellschafter akzessorisch für die Gesellschaftsverbindlichkeiten haften. Diese Haftung kann aber in analoger Anwendung des § 176 I 1, 2. Hs. HGB beschränkt werden, wenn der Gläubiger die künftige Kommanditistenstellung kennt. Eine akzessorische Haftung als BGB-Gesellschafter trifft schließlich auch die Gesellschafter, die sich zu Unrecht bereits als Kommanditisten einer KG gerieren (Schein-KG). Für Verbindlichkeiten, die nach dem Eintritt des Kommanditisten, aber vor seiner Eintragung in das Handelsregister begründet werden, gilt § 176 I 1 HGB entsprechend (§ 176 II HGB).

---

[58] Baumbach/Hopt/*Roth,* § 176 Rn. 9; Ebenroth/Boujong/Joost/*Strohn,* § 176 Rn. 31; *Kindler,* § 13 Rn. 23; *K. Schmidt,* ZHR 144 (1980), 192, 194 ff.; wohl auch BGHZ 82, 209, 211 = NJW 1982, 883 („dürfte").

[59] BGHZ 82, 209, 212 = NJW 1982, 883; *Eisenhardt/Wackerbarth,* Rn. 525; *Kindler,* JuS 2006, 865.

§ 23. Die Publikums-KG

Literatur: Anschaulicher Überblick über die Grundsätze der Prospekthaftung bei *Assmann/Schütze,* Handbuch des Kapitalanlagerechts, 4. Aufl., 2015, § 5 Rn. 1 ff.; vgl. ferner *Bayer/Riedel,* Kapitalbeteiligungen an Personengesellschaften und Anlegerschutz, NJW 2003, 2567; *Fleischer/Cloppenburg,* Haftung für falsche Information des Sekundärmarktes auch bei Kapitalanlagen des nicht geregelten Kapitalmarktes?, ZHR 171 (2007), 519; *Ebenroth/Autenrieth,* Gesellschaftsrechtliche Besonderheiten der Publikums-KG, JA 1980, 8; *Hüffer,* Die Publikumspersonengesellschaft und das Problem des Anlegerschutzes, JuS 1979, 457; *Kiethe,* Prospekthaftung und grauer Kapitalmarkt, NZG 2000, 216; *Kellermann,* Zur Anwendung körperschaftsrechtlicher Grundsätze und Vorschriften auf die Publikums-Kommanditgesellschaft, FS Stimpel, 1985, S. 295; *Krieger,* Empfiehlt sich eine gesetzliche Regelung der Publikums-KG?, FS Stimpel, 1985, S. 307; *Strohn,* Anlegerschutz bei geschlossenen Immobilienfonds nach der Rechtsprechung des Bundesgerichtshofs, WM 2005, 1441; *Thümmel,* Möglichkeiten und Grenzen der Kompetenzverlagerung auf Beiräte in der Personengesellschaft und in der GmbH, DB 1995, 2461; *Wiedemann,* Alte und neue Kommanditgesellschaften, NZG 2013, 1041; *ders.,* Zum gesellschaftsrechtlichen Anlegerschutz in Publikums-Personengesellschaften, FS Priester, 2007, S. 857; *Ziegler,* Die Prospekthaftung am nicht organisierten Kapitalmarkt im Spannungsverhältnis zu personengesellschaftsrechtlichen Grundsätzen, DStR 2005, 30. Überblick auch bei *Lange,* Sonderformen der KG, Jura 2016, 225.

I. Begriff

1 **Fall 1:** Die Rechtsanwältin *König* erhält eines Tages von ihrem Bankberater einen Prospekt über die Anlagemöglichkeit als Kommanditistin in einer Kommanditgesellschaft, deren Gesellschaftszweck darauf gerichtet sein soll, ein Ferienzentrum mit 200 Wohnungen am Bodensee zu finanzieren und die Gewinne aus der späteren Vermietung zu vereinnahmen. Da eine solche Gestaltung der *König* aufgrund ihrer Kenntnisse aus dem Gesellschaftsrecht nur schwer mit der persönlichen Ausrichtung einer Personenhandelsgesellschaft vereinbar erscheint, fragt sie, welche juristische Konstruktion sich hinter diesem Angebot verbirgt.

2 Die inhaltliche Gestaltungsfreiheit, die der Gesetzgeber den Gesellschaftern einer KG in § 163 HGB eingeräumt hat, macht es in Verbindung mit dem begrenzten Haftungsrisiko des Kommanditisten möglich, diese Rechtsform für Aufgaben nutzbar zu machen, die ihr der Gesetzgeber nicht zugedacht hat (s. bereits § 21 Rn. 13 ff.).[1] Eine verbreitete Erscheinungsform solcher gesetzesatypischen Gestaltungen ist die sog. Publikumsgesellschaft.[2] Der Gesellschaft wird hier die Aufgabe zugewiesen, die für ein Unternehmen benötigten Mittel durch die Einlagen der Kommanditisten zu beschaffen.[3] Anders als bei der gesetzestypischen KG handelt es sich bei den Kommanditisten aber nicht um einen kleinen Kreis persönlich verbundener Financiers, sondern um eine große Zahl anonymer Kapitalgeber, für die ihre Beteiligung an der KG lediglich eine besondere Form der Kapitalanlage darstellt. Ähnlich wie die AG (s. noch § 29 Rn. 1) fungiert die KG hier als „Kapitalsammelstelle", ähnlich wie bei einem Aktionär sind die Risiken einer solchen Betei-

---

[1] Solche und ähnliche Entwicklungen haben zu der Frage geführt, ob der gesetzlichen Regelung ein im Kern verbindlicher Typ der jeweiligen Gesellschaftsform zugrunde liegt. Die Lehre vom Typenzwang und ähnliche theoretische Konzepte haben sich jedoch (zu Recht) nicht durchsetzen können; vgl. dazu *Kübler/Assmann,* § 21 I; *K. Schmidt,* § 5 III (bes. 2b).

[2] Verbreitet ist auch die Bezeichnung als Anlagegesellschaften; vom Steuerrecht geprägt sind die Bezeichnungen Abschreibungs- oder Verlustzuweisungsgesellschaften; vgl. z. B. *Hüffer,* JuS 1979, 457 ff.

[3] Zu den Erscheinungsformen und Gründungsanlässen vgl. etwa Röhricht/v. Westphalen/*Haas/Mock,* § 161 Rn. 107 ff.

ligung auch für den Kommanditisten überschaubar, da er seine persönliche Haftung auf die Haftsumme begrenzen kann.

II. Motive der Rechtsformwahl

Dass die Gesellschafter sich mit einem solchen Gestaltungsanliegen nicht gleich für eine AG entscheiden, die vom Gesetzgeber gerade für diesen Kapitalsammelzweck geschaffen wurde, erklärt sich zum einen aus der größeren privatautonomen Gestaltungsfreiheit, die eine Personengesellschaft im Vergleich zur starren AG eröffnet (vgl. § 29 Rn. 5 und 12),[4] zum anderen aus steuerlichen Gründen. Das Aufkommen und die Verbreitung von Publikumsgesellschaften seit den 1960er Jahren war im Wesentlichen darauf zurückzuführen, dass eine solche Beteiligung als Risikokapital eingestuft wurde, um dessen Bereitstellung bei den Anlegern mit steuerlichen Vorteilen geworben wurde.[5] Insbesondere war es bis zur Einführung von § 15a EStG im Jahre 1980 möglich, die auf einem negativen Kapitalkonto des Kommanditisten verbuchten Verluste der KG mit anderweitigem Einkommen des Kommanditisten zu verrechnen, was zu einer erheblichen Steuerersparnis führen konnte (sog. Abschreibungsgesellschaften). Der Gesetzgeber hatte diese Anreize ganz bewusst als Mittel der Investitionsförderung eingesetzt, um bestimmte Branchen oder Regionen zu unterstützen.[6] Das machte diese Anlageform zeitweise so attraktiv, dass die Eigenkapitalzuführung an Publikumspersonengesellschaften in den 1970er Jahren die an die AG übertraf.[7] Nach Schätzungen sollen in dieser Zeit für jährlich etwa 1,5–4 Mrd. DM Anteile an Publikumsgesellschaften am Kapitalmarkt platziert worden sein.[8] Mittlerweile hat der Gesetzgeber diese steuerlichen Anreize deutlich vermindert,[9] woraufhin auch die Zahl der Neugründungen stark zurückgegangen ist. Da er aber auch keine klar ablehnende Linie gegenüber derartigen Verlustzuweisungsmodellen verfolgt, kann es für Anleger auch weiterhin attraktiv sein, sich in einem solchen größeren Investitionsprojekt in Form einer Personengesellschaft zu beteiligen.[10] Darüber hinaus ist die Kenntnis dieser Materie auch deshalb noch weiterhin von großer Bedeutung, weil die Rechtsprechung bis zum heutigen Tage damit beschäftigt ist, Streitigkeiten aus früheren Gesellschaftsgründungen aufzuarbeiten.[11] 3

Soweit die Initiatoren sich für die Wahl einer Publikumspersonengesellschaft entschieden haben, wird als Personengesellschaft zumeist die Rechtsform einer KG gewählt, insbesondere in der Rechtsform der später noch zu erläuternden GmbH & Co. KG, bei der keine natürliche Person eine persönliche Haftung trägt (§ 37). Diese Ausgestaltung ist indes nicht zwingend. Gerade bei schon länger bestehenden Gesellschaften begegnet auch noch häufig die BGB-Gesellschaft,[12] da Publikumsgesellschaften oftmals kein Grundhandelsgewerbe betreiben, was bis zur Handelsrechts- 4

---

[4] MüKoHGB/*Grunewald,* § 161 Rn. 111.

[5] Vgl. zum Folgenden Ebenroth/Boujong/Joost/Strohn/*Henze/Notz,* § 177a Anh. B, Rn. 7; MüKoHGB/*Grunewald,* § 161 Rn. 111; Röhricht/v. Westphalen/*Haas/Mock,* § 161 Rn. 109.

[6] *Windbichler,* § 19 Rn. 2.

[7] MüKoHGB/*Grunewald,* § 161 Rn. 112.

[8] MüKoHGB/*Grunewald,* § 161 Rn. 112.

[9] Insb. ist eine Verlustzuweisung nur noch in Höhe der Kommanditistenhaftung möglich; vgl. dazu Röhricht/v. Westphalen/*Haas/Mock,* § 161 Rn. 109.

[10] So auch die Einschätzung von *Windbichler,* § 19 Rn. 2.

[11] Röhricht/v. Westphalen/*v. Gerkan/Haas,* 3. Aufl., § 161 Rn. 88.

[12] Umfassende Nachweise bei Ebenroth/Boujong/Joost/Strohn/*Henze/Notz,* § 177a Anh. B, Rn. 9.

reform von 1998 aber Voraussetzung für den Zugang zu den Personenhandelsgesellschaften und damit auch zur KG war. Die mit dieser Rechtsformwahl verbundenen Risiken galten als akzeptabel, solange der BGH noch nicht von einer akzessorischen Gesellschafterhaftung auch in der BGB-Gesellschaft ausging (s. dazu § 7 Rn. 10ff.). Seit der Neuausrichtung der Rechtsprechung könnten sich gerade in der Publikumsgesellschaft für den einzelnen Gesellschafter unübersehbare Risiken aus einer akzessorischen Haftung ergeben, weshalb der BGH hier – dogmatisch nicht ganz stringent, aber zumindest im wirtschaftlichen Ergebnis überzeugend – auch weiterhin eine Haftungsbeschränkung zulässt.[13] Schließlich wird zum Teil auch auf die stille Gesellschaft zurückgegriffen.[14]

III. Ausgestaltung

5 Entsprechend ihrer Funktion als Kapitalsammelstelle werden auch die Publikumspersonengesellschaften unter Ausnutzung der in § 163 HGB eingeräumten Gestaltungsfreiheit strukturell den Kapitalgesellschaften angenähert.[15] Man spricht deshalb auch von einer körperschaftlichen KG. Diese Annäherung vollzieht sich auf mehreren Ebenen und kann hier nur in groben Zügen dargestellt werden: Die Anleger werden auf Initiative einer kleinen Gruppe von Initiatoren in der Regel öffentlich angeworben. Bei Interesse wird ihnen eine einheitlich ausgestaltete, standardisierte Kommanditbeteiligung angeboten, auf deren nähere Ausgestaltung sie keinen Einfluss nehmen können.[16] Entsprechend dem Gesellschaftszweck, eine möglichst große Zahl von Investoren anzuziehen, wird die Aufnahme neuer Mitgesellschafter und die Übertragung der Mitgliedschaft von der ansonsten erforderlichen Zustimmung der Mitgesellschafter (§ 6 Rn. 17f., § 8 Rn. 31f.) gelöst.[17] Der Einstimmigkeitsgrundsatz wird für Gesellschafterbeschlüsse und in bestimmten Grenzen auch für Vertragsänderungen durch das Mehrheitsprinzip ersetzt, wobei die Mehrheit nicht nach Köpfen, sondern nach Kapitalanteilen gezählt wird.[18] Von den unternehmerischen Entscheidungen werden die Anleger-Gesellschafter ausgeschlossen. Soll der Einfluss der Investoren noch weiter zurückgedrängt werden, so ist es auch möglich (und durchaus verbreitet), ihnen selbst die Kommanditistenstellung nicht einzuräumen, sondern einen Treuhandkommanditisten einzusetzen, der den Anteil dann für die Anleger hält und ihre Anlegerinteressen bündelt, wodurch die organisatorischen Abläufe verschlankt werden.[19]

---

[13] Vgl. dazu bereits § 7 Rn. 20 m. w. Nachw.

[14] Ausführlich dazu Ebenroth/Boujong/Joost/Strohn/*Henze/Notz,* § 177a Anh. B, Rn. 179; *Windbichler,* § 19 Rn. 21.

[15] S. aber nun die rechtlichen Grenzen, die das Kapitalanlagegesetzbuch (KAGB) vom 4.7.2013 (BGBl. I 1981) bei offenen Investmentkommanditgesellschaften (§§ 124ff. KAGB) sowie bei geschlossenen Investmentkommanditgesellschaften (§§ 149ff. KAGB) vorsieht. Zu diesen beiden neuen Unterarten der „klassischen" Publikums-Kommanditgesellschaft s. einführend etwa *Wallach,* ZGR 2014, 289ff.; *Wiedemann,* NZG 2013, 1041.

[16] Ebenroth/Boujong/Joost/Strohn/*Henze/Notz,* § 177a Anh. B, Rn. 3; Röhricht/v. Westphalen/*Haas/Mock,* § 161 Rn. 108.

[17] Ebenroth/Boujong/Joost/Strohn/*Henze/Notz,* § 177a Anh. B, Rn. 11ff.; Röhricht/v. Westphalen/*Haas/Mock,* § 161 Rn. 130ff.; für die Übertragung bleibt aber oft die Zustimmung der Gesellschaft erforderlich; vgl. dazu ausführlich *Weisner/Lindemann,* ZIP 2008, 766ff.; zu etwaigen Schadensersatzansprüchen bei Versagung der Zustimmung s. *OLG München* NZG 2009, 25ff.

[18] Vgl. zu den Einzelheiten Röhricht/v. Westphalen/*Haas/Mock,* § 161 Rn. 140ff.; *Windbichler,* § 19 Rn. 13.

[19] Vgl. zu dieser Konstruktion Ebenroth/Boujong/Joost/Strohn/*Henze/Notz,* § 177a Anh. B, Rn. 10f., 156ff.; MüKoHGB/*Grunewald,* § 161 Rn. 110; Röhricht/v. Westphalen/*v. Ger-*

Als Komplementärin wird regelmäßig eine GmbH eingesetzt (dazu noch ausführlich unter § 37). In ihr agieren als Geschäftsführer zumeist die Initiatoren, die auf diese Weise ihren Einfluss sichern. Daneben können aber grundsätzlich auch Nicht-Gesellschafter zur Geschäftsführung berufen werden, da in der GmbH der Grundsatz der Selbstorganschaft nicht gilt (s. bereits § 2 Rn. 11). Da die Kommanditisten als Geldgeber schon aufgrund ihrer großen Zahl und ihrer beschränkten Befugnisse (s. § 21) zumeist nicht in der Lage sind, die Geschäftsführung zu kontrollieren, wird oft ein weiteres Organ (Verwaltungsrat, Beirat) eingesetzt, dem – ähnlich wie dem Aufsichtsrat einer AG (s. noch § 30 Rn. 24 ff.) – die Befugnis eingeräumt wird, die Geschäftsführung zu beraten und zu überwachen, gegebenenfalls auch auf sie Einfluss zu nehmen.[20] Auch eine solche Ergänzung des gesetzlich vorgesehenen Organgefüges wird durch § 163 HGB gestattet. Zum Auskunftsanspruch des Kommanditisten über Name und Anschrift seiner Mitgesellschafter vgl. § 6 Rn. 36. 6

IV. Anlegerschutz in der Publikums-KG

1. Problemaufriss

Fall 2: *König* hält die Investition in ein Ferienzentrum grundsätzlich für eine vielversprechende Anlagemöglichkeit. Auch nachdem sie die juristische Konstruktion nachvollzogen hat, verbleiben ihr aber Zweifel, ob ihr auch bei einer solchen Investition ein hinreichender Anlegerschutz zugute kommt oder ob dieses Gestaltungsmodell nicht gerade dazu dient, einen solchen Schutz zu unterlaufen. Was ist ihr zu antworten? 7

Die Rechtsanwendung wird durch derartige Gestaltungen vor die Schwierigkeit gestellt, dass die am Modell der persönlichen Arbeits- und Haftungsgemeinschaft ausgerichteten §§ 161 ff. HGB sich hier als weitgehend unpassend erweisen: Die Gesellschaft ist, um ihre Kapitalsammelfunktion erfüllen zu können, auf eine Vielzahl von Kommanditisten und auf einen häufigen Gesellschafterwechsel angelegt. Obgleich Personengesellschaft tritt die Individualität ihrer Mitglieder gänzlich in den Hintergrund; es zählt allein die kapitalmäßige Beteiligung. Diese Diskrepanz zwischen gesetzlichem Idealtypus und privatautonom geschaffenem Realtypus wirft zahlreiche Fragen auf, die hier ebenfalls nur in knapper Form angerissen werden können. Probleme entstehen namentlich dann, wenn das Unternehmen oder seine Gründer nicht seriös sind. Die Publikums-KG nimmt Funktionen wahr, die teilweise denen der Publikums-AG vergleichbar sind, ohne dass deren gesetzliche Sicherungen gegen einen Gründungsschwindel bestehen (vgl. dazu § 29 Rn. 8 ff.). Dabei wird ein solcher Schwindel auf Seiten der Investoren sogar noch erleichtert, da gerade die steuerlichen Anreize erfahrungsgemäß wesentlich dazu beitragen können, Anleger zu Investitionen zu verleiten, deren Tragweite und Risiken sie kaum überschaut haben. 8

2. Schutz durch richterliche Inhaltskontrolle

Nachdem im Jahr 1978 ein Vorhaben der Bundesregierung gescheitert war, einen vertriebsorientierten Anlegerschutz zu leisten,[21] fiel die Aufgabe, den Besonderhei- 9

---

kan/Haas, 3. Aufl., § 161 Rn. 90; die Investoren sind dann also nicht unmittelbar an der KG beteiligt, sondern in einer gesonderten GbR zusammengefasst.

[20] Zu den unterschiedlichen Gestaltungsmöglichkeiten vgl. MüKoHGB/*Grunewald,* § 161 Rn. 152 ff.; Röhricht/v. Westphalen/*Haas/Mock,* § 161 Rn. 155; *Thümmel,* DB 1995, 2461 ff.

[21] Entwurf eines Gesetzes über den Vertrieb von Anteilen an Vermögensanlagen, BT-Drucks. 8/1405 vom 2.1.1978. Übersicht und Kritik: *Hüffer,* JuS 1979, 457, 462 ff.; *Ulmer/Dopfer,* BB 1978, 461 ff.

ten der Publikums-KG Rechnung zu tragen, zunächst der Rechtsprechung zu. Der BGH setzte gleich an mehreren Stellschrauben an, um diese Aufgabe zu erfüllen, und entwickelte auf diese Weise ein mittlerweile recht klar konturiertes Sonderrecht der Publikums-KG. So unterstellte er zunächst den Gesellschaftsvertrag der Publikums-KG einer Inhaltskontrolle nach dem Vorbild des AGB-Rechts.[22] Dem steht zwar auf den ersten Blick § 310 IV 1 BGB entgegen, wonach §§ 305 ff. BGB auf Verträge auf dem Gebiet des Gesellschaftsrechts keine Anwendung finden. Diese Vorschrift beruht aber auf dem Gedanken, dass eine richterliche Inhaltskontrolle nicht erforderlich ist, weil die Verträge von Personengesellschaften durch Gesellschafter ausgehandelt werden, die in einem engen persönlichen Kontakt stehen, während bei den Kapitalgesellschaften die strengen gesetzlichen Vorgaben eine unangemessene Benachteiligung einzelner Gesellschafter nicht zulassen.[23] Der BGH hat jedoch zu Recht erkannt, dass beide Überlegungen auf die Publikumspersonengesellschaften nicht zutreffen, sondern der Anleger-Gesellschafter den Gesellschaftsvertrag ebenso als fertiges, ohne seine Beteiligung entstandenes und für ihn unveränderbares Regelwerk vorfindet wie der Kunde die AGB eines anderen Vertragspartners. Deshalb ist eine Inhaltskontrolle hier gerechtfertigt und erforderlich. Als normative Grundlage kann auf § 242 BGB zurückgegriffen werden, zur Festlegung der Prüfungsmaßstäbe auf §§ 305 ff. BGB, als gesetzliches Referenzmodell zur inhaltlichen Ausgestaltung des Anlegerschutzes auf die kapitalgesellschaftsrechtlichen Regeln.[24]

3. Haftungsrechtlicher Schutz, Prospekthaftung

10 Flankiert werden diese vertragsrechtlichen Kautelen durch einen haftungsrechtlichen Schutz, wenn der Anleger durch falsche oder unvollständige Informationen dazu bewegt worden ist, der Publikums-KG beizutreten. Eine Anfechtung wird in diesen Fällen regelmäßig durch die Grundsätze der fehlerhaften Gesellschaft ausgeschlossen,[25] so dass der Anleger vornehmlich auf Schadensersatzansprüche angewiesen ist. Das dazu von der Rechtsprechung entwickelte haftungsrechtliche Schutzregime ist mittlerweile ausgesprochen facettenreich und ausdifferenziert, da enttäuschte Anleger nicht allein gegen die Initiatoren der Gesellschaft vorgehen, sondern auch versuchen, andere Beteiligte, etwa Anlageberater, Treuhandkommanditisten (Rn. 5), Sachverständige, Rechtsanwälte, Mittelverwendungskontrolleure, Wirtschaftsprüfer etc., als Haftungsadressaten in die Pflicht zu nehmen.[26] Für den Regelfall, dass die Informationen zu der Gesellschaft in Werbeprospekten übermittelt wurden, hat sich dieser haftungsrechtliche Schutz zu dem Institut einer vertrauensgestützten Prospekthaftung verdichtet. Eine solche Prospekthaftung war für börsennotierte Aktiengesellschaften schon seit 1896 im Börsengesetz enthal-

---

[22] Vgl. zum Folgenden grundlegend BGHZ 64, 238, 241 ff. = NJW 1975, 1318; ferner BGHZ 102, 172, 177 = NJW 1988, 969; BGHZ 104, 50 = NJW 1988, 1903; Ebenroth/Boujong/Joost/Strohn/*Henze/Notz,* § 177a Anh. B, Rn. 30 ff.; MüKoBGB/*Basedow,* § 310 Rn. 87; Röhricht/v. Westphalen/*Haas/Mock,* § 161 Rn. 115 ff.; *Saenger,* Rn. 436; *Windbichler,* § 19 Rn. 8.

[23] Vgl. dazu MüKoBGB/*Basedow,* § 310 Rn. 86.

[24] Vgl. auch Ebenroth/Boujong/Joost/Strohn/*Henze/Notz,* § 177a Anh. B, Rn. 32; Röhricht/v. Westphalen/*Haas/Mock,* § 161 Rn. 115 ff.

[25] Vgl. dazu *Windbichler,* § 19 Rn. 16. Zur Anwendbarkeit dieser Grundsätze auch auf die Verbraucherschutzregeln bei Außergeschäftsraumverträgen vgl. § 5 Rn. 23 ff.

[26] Übersicht über die verschiedenen Ansätze bei Ebenroth/Boujong/Joost/Strohn/*Henze/Notz,* § 177a Anh. B, Rn. 49 ff.; beispielhaft zur Mithaftung des Mittelverwendungskontrolleurs *Grunewald,* FS Goette, 2011, S. 113 ff.; *J. Koch,* WM 2010, 1057 ff. Zur bürgerlichrechtlichen Prospekthaftung s. auch *Schürnbrand,* ZGR 2014, 256, 274 ff.

ten.[27] Der BGH nahm diese Regelung zum Vorbild für die Entwicklung einer eigenständigen zivilrechtlichen Prospektverantwortlichkeit auf der Grundlage einer Vertrauenshaftung, die ihr gesetzliches Fundament heute in § 311 II, III BGB findet.[28] Sie richtet sich in erster Linie gegen die das Management bildenden Initiatoren und Gründer, unter Umständen aber auch gegen die Absatzmittler.[29] Im Ergebnis verbindet die Rechtsprechung also den Anlegerschutz durch Gesellschafts- und Vertragsrecht mit einem vertriebsorientierten Anlegerschutz.

Hinweis:

Diese in Anlehnung an das Börsengesetz (in seiner damaligen Fassung) entwickelte Rechtsprechung hat ihrerseits wiederum den Gesetzgeber zu einer Vielzahl von Maßnahmen inspiriert. So ordnen etwa neben dem mittlerweile außer Kraft getretenen Verkaufsprospektgesetz (VerkProspG)[30] das Vermögensanlagengesetz (VermAnlG) und das Kapitalanlagegesetzbuch (KAGB) bei der Beteiligung an bestimmten Investments weitgehende Prospektpflichten und damit korrespondierende Prospekthaftungen an.[31] Rechtsfolge der Prospekthaftung ist nach §§ 20 ff. VermAnlG bzw. nach § 306 I KAGB, dass der Anleger gegen Übernahme seines Anteils die Rückzahlung des Erwerbspreises verlangen kann. Durch diese gesetzlichen Regelungen ist der Anwendungsbereich der zivilrechtlichen Prospekthaftung deutlich beschnitten worden.[32] Die Einzelheiten können hier nicht dargestellt werden, sondern sind Gegenstand des Kapitalmarktrechts.[33] Wichtig ist an dieser Stelle nur das Bewusstsein einer gesellschaftsrechtlichen Problemlage, der parallel auf vertrags- und kapitalmarktrechtlicher Ebene Rechnung getragen wird. 11

[27] Zu der Wechselwirkung von geschriebener und ungeschriebener Prospekthaftung vgl. die Darstellung bei *Assmann*/Schütze, Handbuch des Kapitalanlagerechts, 4. Aufl., 2015, § 5 Rn. 5 ff.

[28] Umfassender Überblick bei *Assmann*/Schütze, Handbuch des Kapitalanlagerechts, 4. Aufl., 2015, § 5 Rn. 5 ff.; dazu auch *Hanke,* BKR 2014, 441, 443 f.

[29] Vgl. dazu die grundlegenden Entscheidungen BGHZ 71, 284 ff. = NJW 1978, 1625; BGHZ 72, 382 ff. = NJW 1979, 718; BGHZ 76, 231 ff. = NJW 1980, 1470; BGHZ 77, 172 ff. = NJW 1980, 1840; BGHZ 79, 337 ff. = NJW 1981, 1449. Übersicht über den unüberschaubaren Meinungsstand in Rspr. und Lit. etwa bei *Assmann*/Schütze, Handbuch des Kapitalanlagerechts, 4. Aufl., 2015, § 5 Rn. 26 ff.; Röhricht/v. Westphalen/*Haas*/*Mock,* § 161 Rn. 181 ff.; *Kiethe,* NZG 2000, 216 ff.

[30] Die Haftung für „Altfälle“ nach §§ 13, 13a VerkProspG a. F. besteht jedoch weiterhin für alle Vermögensanlagen-Verkaufsprospekte fort, die bis zum 31.5.2012 veröffentlicht wurden (§ 32 II VermAnlG). S. dazu etwa *Buck-Heeb,* Kapitalmarktrecht, 7. Aufl., 2014, § 5 Rn. 239 ff.

[31] Prospektpflicht: § 6 VermAnlG, §§ 164, 268 KAGB; Prospekthaftung: §§ 20 ff. VermAnlG, § 306 KAGB.

[32] Vgl. *Assmann*/Schütze, Handbuch des Kapitalanlagerechts, 4. Aufl., 2015, § 5 Rn. 21; *Buck-Heeb,* Kapitalmarktrecht, 8. Aufl., 2016, § 5 Rn. 264.

[33] Vgl. dazu etwa die Darstellungen bei *Assmann*/Schütze, Handbuch des Kapitalanlagerechts, 4. Aufl., 2015, § 5; *Buck-Heeb,* Kapitalmarktrecht, 8. Aufl., 2016, §§ 4 und 5; *Grunewald/Schlitt,* Einführung in das Kapitalmarktrecht, 3. Aufl., 2014, §§ 11 und 12; *Langenbucher,* § 14; *Hanke,* BKR 2014, 441 ff.; *Schürnbrand,* ZGR 2014, 256, 279 ff.

V. Zusammenfassung

12 Der Gesellschaftsvertrag kann die KG nach § 163 HGB abweichend von den §§ 161 ff. HGB in einer solchen Weise ausgestalten, dass sie körperschaftsähnliche Strukturen erhält und ähnlich wie eine AG als Kapitalsammelstelle fungiert. Man spricht insofern von einer Publikums-KG, bei der eine Vielzahl von Kommanditisten in der Kommanditbeteiligung eine Kapitalanlage sucht. Da die §§ 161 ff. HGB auf diese Gestaltungsform nicht zugeschnitten sind, zugleich die Belange der Gesellschafter, insbesondere der Anlegerschutz, auch nicht allein der privatautonomen Gestaltung überlassen werden können, hat die Rechtsprechung ein Sonderrecht der Publikums-KG entwickelt, das den Anlegern namentlich über eine richterrechtliche Inhaltskontrolle sowie über eine Prospekthaftung der Initiatoren, Gründer und Absatzmittler Schutz gewährt. Der Gesetzgeber hat diese Ansätze mittlerweile aufgegriffen, insbesondere durch das Anlegerschutzverbesserungsgesetz aus dem Jahr 2004.

3. Kapitel. Verwandte Gesellschaftsformen

§ 24. Die stille Gesellschaft

Literatur: *Blaurock,* Handbuch Stille Gesellschaft, 8. Aufl., 2016; *Florstedt,* Der stille Verband, 2007; *Keul* in Münchener Handbuch des Gesellschaftsrechts, Bd. II, 4. Aufl., 2014, 4. Teil (S. 1845 ff.); *Mock,* Die fehlerhafte mehrgliedrige stille Gesellschaft, DStR 2014, 536; *C. Schäfer,* Zur Anwendung der Lehre vom fehlerhaften Verband bei Schadensersatzansprüchen atypischer stiller Gesellschafter, GWR 2014, 25; *Weigl,* Anwendungs- und Problemfelder der stillen Gesellschaft, DStR 1999, 1568; *Weimar,* Die GmbH & Still im Fortschritt des Gesellschaftsrechts, ZIP 1993, 1509; *Windbichler,* Schadensersatzansprüche des stillen Gesellschafters, ZGR 1989, 434 ff.

I. Die rechtlichen Merkmale der stillen Gesellschaft

1 Eine ähnliche Funktion wie die Kommanditgesellschaft erfüllt die stille Gesellschaft. Auch sie spaltet die Gesellschaft in zwei verschiedene Gesellschaftergruppen, von denen eine unternehmerisch tätig ist, während die andere in erster Linie als Kapitalgeber fungiert.

2 **Fall 1:** Die Modedesignerin *Gallert* vertreibt unter der Firma „Dressnice" als Einzelkauffrau in einem Online-Shop selbstgeschneiderte Mode, Accessoires und Pflegeartikel über das Internet. Der Fitnessclubbetreiber *Lischka* hält diese Idee für vielversprechend und möchte sich mit 80.000 EUR an dem Geschäft beteiligen. Er befürchtet aber, dass seine Gesellschafterstellung in einem Unternehmen aus der Modebranche in seinem Freundes- und Kundenkreis mit spöttischer Belustigung aufgenommen wird. Welche Gestaltungsmöglichkeiten stehen ihm hier zur Verfügung?

3 Wenn *Lischka* sich darauf beschränken will, die 80.000 EUR anzulegen, ohne dass ihm an einer persönlichen Mitarbeit in dem Unternehmen der *Gallert* etwas liegt, kommen als Gesellschaftsform die KG und die stille Gesellschaft (§§ 230 ff. HGB) in Betracht. Die stille Gesellschaft ist zunächst dadurch gekennzeichnet, dass der Stille das Handelsgewerbe nicht selbst betreibt. Gesellschaftszweck i. S. d. § 705 BGB ist hier die Förderung des von einem anderen, dem Geschäftsinhaber, betriebenen Handelsgewerbes.[1] Der Geschäftsinhaber kann Einzelkaufmann, Personenhan-

[1] Ebenroth/Boujong/Joost/Strohn/*Gehrlein,* § 230 Rn. 14; *C. Schäfer,* § 28 Rn. 2.

dels- oder Kapitalgesellschaft sein.[2] Erfolgt dagegen eine Beteiligung an einer Gesellschaft oder an einer Einzelperson, die kein Handelsgewerbe betreibt, so liegt eine stille Gesellschaft nach § 230 I HGB nicht vor, sondern lediglich eine Innengesellschaft bürgerlichen Rechts (§ 705 BGB); wegen der vergleichbaren Interessenlage kann dort aber meist auf die §§ 230 ff. HGB zurückgegriffen werden.[3]

Charakteristisch für die stille Gesellschaft ist weiter, dass der Stille die Einlage so leisten muss, dass sie in das alleinige Vermögen des Inhabers des Handelsgeschäfts übergeht (§ 230 I HGB).[4] Je nach dem Gegenstand der Einlage müssen die Voraussetzungen der §§ 398 ff., 873/925, 929 ff. BGB erfüllt sein. Abweichend von den §§ 718, 719 BGB entsteht also kein Gesellschaftsvermögen, an dem die Gesellschafter gemeinschaftlich beteiligt sind. Die stille Gesellschaft weist auch sonst keine Außenbeziehung auf. Allein der Geschäftsinhaber wird aus den im Betrieb geschlossenen Geschäften berechtigt und verpflichtet (§ 230 II HGB). Eine gemeinsame Firma gibt es ebenso wenig wie eine Vertretung der Gesellschaft oder eine Haftung des stillen Gesellschafters. 4

Weil sich die Beteiligung auf ein Handelsgewerbe bezieht, ist die stille Gesellschaft im HGB geregelt. Weil der Stille das Gewerbe nicht selbst betreibt, ist sie jedoch keine Handelsgesellschaft (vgl. § 1 I HGB und Überschrift vor § 105 HGB), sondern eine besondere Form der Gesellschaft bürgerlichen Rechts (§§ 705 ff. BGB). Sie ist eine reine Innengesellschaft, die aber im Handelsrecht – anders als im Recht der BGB-Gesellschaft – gegenüber den Außengesellschaften OHG und KG eine eigenständige Regelung erfahren hat, was ihre rechtliche Behandlung erleichtert.[5] Entgegen der früher herrschenden Meinung ist mittlerweile auch die mehrgliedrige stille Gesellschaft anerkannt, bei der sich mehrere stille Gesellschafter mit dem Unternehmensgesellschafter zusammenschließen.[6] 5

Zusammenfassend lässt sich die stille Gesellschaft als Innengesellschaft ohne gemeinschaftliches Vermögen charakterisieren.[7] Das Verständnis der BGB-Gesellschaft als rechtsfähiger Wirkungseinheit (vgl. § 3 Rn. 3 ff.) und die daran geknüpften Folgerungen können auf sie nicht übertragen werden. Die stille Gesellschaft ist ihrer Rechtsnatur nach vielmehr ein Schuldverhältnis. Ihr Hauptvorteil für die Geschäftsinhaberin *Gallert* besteht darin, dass sie einen Partner und Geldgeber gewinnt, ohne sich in die Geschäftsführung hineinreden lassen zu müssen[8] und ohne ihr Einzelunternehmen in ein Gesellschaftsvermögen überführen zu müssen. Einen Mitarbei- 6

---

[2] Eine besonders häufige Erscheinungsform ist aus steuerlichen Gründen die „GmbH & Still", vgl. statt vieler MüKoHGB/*K. Schmidt,* § 230 Rn. 87.

[3] MHdB GesR II/*Keul,* § 75 Rn. 1; *Grunewald,* § 4 Rn. 4; *Saenger,* Rn. 380.

[4] Zu anderen Formen einer mittelbaren Teilhabe am Unternehmen, etwa in Gestalt eines Nießbrauchs, einer Treuhand oder einer Unterbeteiligung, vgl. MüKoHGB/*K. Schmidt,* Vor § 230 Rn. 1 ff.

[5] *C. Schäfer,* § 27 Rn. 1.

[6] So die inzwischen ganz h. M.; vgl. BGHZ 127, 176, 179 = NJW 1995, 192; *BGH* NZG 2013, 1422 Rn. 16; *BGH* BeckRS 2014, 18457 Rn. 8; *OLG Düsseldorf* WM 1994, 2489, 2490; Baumbach/Hopt/*Roth,* § 230 Rn. 7; Ebenroth/Boujong/Joost/Strohn/*Gehrlein,* § 230 Rn. 81 ff.; MüKoHGB/*K. Schmidt,* § 230 Rn. 83; *ders.,* § 62 II 2c cc; Staub/*Harbarth,* § 230 Rn. 108; *Mock,* DStR 2014, 536 f.; *C. Schäfer,* § 30 Rn. 4. Nach traditioneller Auffassung sollte in diesem Fall eine Vielzahl von Einzelbeteiligungen, aber kein einheitliches Gesellschaftsverhältnis entstehen; vgl. RGZ 25, 41, 44; so auch heute noch *Weller/Prütting,* Rn. 424; *Hey,* GmbHR 2001, 1101 f.

[7] Staub/*Harbarth,* § 230 Rn. 10 ff.; *Kübler/Assmann,* § 9 I 1c; *Weller/Prütting,* Rn. 422.

[8] Die abredewidrige Verwendung von Einlagen begründet aber die Schadensersatzpflicht des Inhabers, vgl. *BGH* NJW 1988, 413 und dazu *Windbichler,* ZGR 1989, 434 ff.; *BGH* NJW 1995, 1353, 1354.

ter gewinnt sie mit der Aufnahme des stillen Gesellschafters allerdings nicht. Die vom Gesetz vorgesehene völlige Anonymität des Stillen kann je nach Sachlage Vor- und Nachteile haben: Dass fremdes Kapital in dem Unternehmen arbeitet, muss nicht offengelegt werden; die wirklich „stille" Beteiligung verstärkt aber auch nicht den Kredit des Geschäftsinhabers. Der wesentliche Vorteil für *Lischka* kann hier darin liegen, dass seine Beteiligung anonym bleibt. Daneben haftet er den Gläubigern auch nicht persönlich, was allerdings auch in einer Kommanditistenstellung nach Leistung der Einlage möglich wäre (§ 171 HGB – s. dazu § 22 Rn. 1 ff.). Diese Vorteile werden jedoch durch den Verzicht auf eine Beteiligung am Geschäftsvermögen und auf die Teilnahme an der Geschäftsführung erkauft.[9]

7 Entscheidet sich *Lischka* für eine Beteiligung als stiller Gesellschafter, so erfolgt die Begründung der Gesellschafterstellung – wie bei jeder Gesellschaft – durch einen Vertrag nach § 705 BGB. Ob die Grundsätze der fehlerhaften Gesellschaft (§ 5) hier Anwendung finden, ist umstritten.[10] Die herrschende Meinung bejaht diese Frage zu Recht. Zwar handelt es sich bei der stillen Gesellschaft um eine Innengesellschaft, so dass der Schutz des Rechtsverkehrs die Anwendung der Lehre von der fehlerhaften Gesellschaft nicht erfordert, jedoch kann auch bei der stillen Gesellschaft die Rückabwicklung im Innenverhältnis problematisch sein.[11] Darüber hinaus berücksichtigt die herrschende Meinung, dass es sich bei der stillen Gesellschaft letztlich um eine Risikogemeinschaft handelt. Ließe man die Rückabwicklung nach Bereicherungsrecht zu, würde eine positive Geschäftsentwicklung allein zugunsten des Inhabers, eine negative allein zugunsten des Stillen wirken, was dem Charakter der stillen Gesellschaft als Risikogemeinschaft nicht ausreichend Rechnung tragen würde.[12]

II. Das Rechtsverhältnis zwischen dem Geschäftsinhaber und dem stillen Gesellschafter

8 Bei den bisher besprochenen Gesellschaftsformen standen zumeist Probleme der Geschäftsführung, der Vertretung und der Haftung im Vordergrund. Der stille Gesellschafter ist von all diesen Rechten und Pflichten aber ausgenommen. Der Regelungsschwerpunkt der §§ 230 ff. HGB liegt deshalb auf seiner vermögensrechtlichen Position als Kapitalanleger, wozu auch ein entsprechendes Kontrollrecht gehört.

9 **Fall 2:** *Lischka* sagt die Rechtsform der stillen Gesellschaft aufgrund der darin gewährten Anonymität am meisten zu. Weniger vermag er sich mit dem Gedanken anzufreunden, einen großen Teil seines Vermögens ohne nennenswerte Einwirkungs- und Kontrollmöglichkeiten

[9] Ausführlich zu den wirtschaftlichen Gründen dieser Rechtsformwahl MHdB GesR II/*Keul*, § 72 Rn. 23 ff.

[10] Für die Anwendbarkeit vgl. *BGH* NZG 2005, 472, 473; *BGH* NJW 2005, 1784, 1785; *BGH* NJW-RR 2013, 1373 Rn. 16 ff.; *BGH* BeckRS 2014, 18457 Rn. 8; Ebenroth/Boujong/Joost/Strohn/*Gehrlein*, § 230 Rn. 31; Röhricht/v. Westphalen/Haas/*Mock*, § 230 Rn. 18 ff.; *Blaurock*, Handbuch Stille Gesellschaft, 8. Aufl., 2016, Rn. 11.12 ff. (mit ausführlicher Darstellung des Meinungstands in Rn. 11.5 ff.); kritisch *Mock*, DStR 2014, 536, 537 f.; a. A. MüKoBGB/*Ulmer/C. Schäfer*, § 705 Rn. 359; *C. Schäfer*, ZHR 170 (2006), 373, 395 ff.; differenzierend *C. Schäfer*, GWR 2014, 25, 26 f.; *K. Schmidt*, § 62 III 1d, § 6 II 3. Speziell zur Anwendbarkeit der Lehre von der fehlerhaften Gesellschaft bei einer mehrgliedrigen stillen Gesellschaft s. ausführlich *BGH* NZG 2013, 1422 Rn. 11 ff.; dazu *Mock*, DStR 2014, 536 ff.; *C. Schäfer*, GWR 2014, 25 ff.

[11] *Konzen*, FS Westermann, 2008, S. 1133, 1144 ff.; keine hinreichend schwerwiegenden Abwicklungsprobleme sieht MüKoBGB/*Ulmer/C. Schäfer*, § 705 Rn. 359.

[12] Vgl. BGHZ 55, 5, 9 = NJW 1971, 375 im Anschluss an *R. Fischer*, JR 1962, 201, 204; Ebenroth/Boujong/Joost/Strohn/*Gehrlein*, § 230 Rn. 31.

einer anderen Person anzuvertrauen. Er möchte deshalb wissen, ob sich vermeiden lässt, dass seine Einlage durch Verluste der Gesellschaft vermindert wird. Überdies interessiert ihn, wie er die Entwicklung des Unternehmens kontrollieren kann und ob er vor einem eigenmächtigen oder gar ihn gezielt benachteiligenden Handeln der *Gallert* geschützt ist.

Welchen Anteil *Lischka* an Gewinn und Verlust des Handelsgeschäfts hat, richtet 10 sich in erster Linie nach dem Gesellschaftsvertrag. Fehlt eine Regelung, so gilt ein Anteil als vereinbart, der den Umständen nach angemessen ist (§ 231 I HGB). Das entspricht weitgehend der Gewinn- und Verlustbeteiligung der Kommanditisten nach § 168 II HGB und ist ebenso wie diese mit der Unwägbarkeit der Angemessenheitsfeststellung belastet. Hier wie dort empfiehlt sich deshalb eine besondere vertragliche Regelung (s. bereits § 21 Rn. 24). Dabei kann nach § 231 II HGB die Gewinnbeteiligung des Stillen nicht ausgeschlossen werden, wohl aber seine Verlustbeteiligung.[13] Die Einlage des *Lischka* kann also gegen eine Verminderung durch Verluste (vgl. dazu § 232 II HGB) gesichert werden, indem die Verlustbeteiligung im Gesellschaftsvertrag ausgeschlossen wird.

Der *Lischka* zustehende Gewinn ist am Schluss des Geschäftsjahrs zu berechnen und 11 auszuzahlen (§ 232 I HGB). Ein von ihm nicht entnommener Gewinn vermehrt seine Einlage nur, wenn dies im Gesellschaftsvertrag vorgesehen ist (§ 232 III HGB). Grundlage der Gewinnbeteiligung ist nach herrschendem Verständnis das „Betriebsergebnis“, nicht das gesamte Bilanzergebnis.[14] Daraus folgt, dass die sog. stillen Reserven, die sich etwa aus der Wertsteigerung eines Grundstücks oder des Firmenwertes ergeben können (s. § 14 Rn. 39), dem stillen Gesellschafter nicht zugute kommen (zu abweichenden Gestaltungsmöglichkeiten s. deshalb noch Rn. 21).[15]

Das dem stillen Gesellschafter in § 233 HGB gewährte Kontrollrecht hat nur einen 12 bescheidenen Inhalt. Wie der Kommanditist (§ 166 HGB – s. dazu § 21 Rn. 21) kann auch er lediglich eine Abschrift des Jahresabschlusses verlangen und dessen Richtigkeit anhand der Geschäftsunterlagen prüfen (§ 233 I HGB). § 716 BGB ist ausgeschlossen (§ 233 II HGB). Eine weitergehende Kontrolle ist nur aus wichtigem Grund und nur mit richterlicher Hilfe möglich (§ 233 III HGB), sofern nicht der Gesellschaftsvertrag selbst einen Informationsanspruch begründet.[16] Auch von dieser Gestaltungsmöglichkeit sollte *Lischka* also Gebrauch machen, wenn er eine stärkere Kontrolle wünscht.

Davon abgesehen sieht das Gesetz nur einen äußerst schwachen flankierenden 13 Schutz des stillen Gesellschafters vor. Der Geschäftsinhaber darf weitgehend selbst über die unternehmerische Ausrichtung entscheiden. Nur wesentliche Veränderungen, die Veräußerung oder die Einstellung des Geschäftsbetriebs bedürfen der Zustimmung des stillen Gesellschafters.[17] Überdies haftet der Geschäftsinhaber für Verletzungen seiner Geschäftsführungspflicht, allerdings nur nach dem Verschuldensmaßstab des § 708 BGB (diligentia quam in suis – s. bereits § 8 Rn. 21 ff.).[18]

---

[13] Zu der in diesen Fällen schwierigen Abgrenzung zum partiarischen Darlehen vgl. bereits § 1 Rn. 13 ff.; ferner BGHZ 127, 176, 177 ff. = NJW 1995, 192; *Kübler/Assmann,* § 9 I 1b; *Saenger,* Rn. 386.

[14] Vgl. statt aller die Ausführungen von Staub/*Harbarth,* § 232 Rn. 4 (m. w. Nachw.).

[15] Staub/*Harbarth,* § 232 Rn. 9 f.; *Weller/Prütting,* Rn. 427.

[16] *BGH* NJW-RR 1995, 165, 166; weitergehend MüKoHGB/*K. Schmidt,* § 233 Rn. 13 ff.; Überblicksaufsatz: *Kort,* DStR 1997, 1372 ff.

[17] *BGH* WM 1963, 1209, 1210; Baumbach/Hopt/*Roth,* § 230 Rn. 13; Röhricht/v. Westphalen/*Mock,* § 230 Rn. 95 ff.; *Blaurock/Jung,* Handbuch Stille Gesellschaft, 8. Aufl., 2016, Rn. 12.09 ff.

[18] *Saenger,* Rn. 382.

Schließlich ist er dem stillen Gesellschafter gegenüber auch an die mitgliedschaftliche Treupflicht gebunden.[19]

III. Die Beendigung der stillen Gesellschaft

14 **Fall 3:** *Lischka* hat den Gesellschaftsvertrag zum 31. Dezember 2014 gekündigt. Was kann er bei Auflösung der Gesellschaft beanspruchen?

15 Die Kündigung der stillen Gesellschaft wird in § 234 I HGB behandelt. Die Vorschrift setzt die für die Gesellschaft bürgerlichen Rechts geltenden Auflösungsgründe (§§ 723–728 BGB) ebenso voraus wie die für die OHG geltenden Auflösungstatbestände (§§ 131–135 HGB) und verbindet für die stille Gesellschaft die beiden Normengruppen.[20] Eine ordentliche Kündigung durch einen Gesellschafter ist nur mit einer Frist von sechs Monaten zum Ende des Geschäftsjahrs möglich (§ 132 i. V. m. § 234 I 1 HGB). Die Regelung des Handelsrechts (§ 135 HGB und nicht § 725 BGB) gilt auch für die Kündigung durch den Gläubiger des stillen Gesellschafters (§ 234 I 1 HGB). Dagegen ist, anders als nach § 133 HGB, die fristlose Kündigung aus wichtigem Grund (§ 723 BGB) zulässig, ein Auflösungsurteil also nicht erforderlich (§ 234 I 2 HGB). Kein Auflösungsgrund ist nach § 234 II HGB der Tod des stillen Gesellschafters (vgl. dagegen § 727 BGB).

16 Hat *Lischka* die Gesellschaft durch Kündigung aufgelöst, so kann er von *Gallert* gem. § 235 I HGB verlangen, dass sie sich mit ihm auseinandersetzt und sein Guthaben in Geld auszahlt. An dem Ergebnis noch schwebender Geschäfte ist *Lischka* zu beteiligen (§ 235 II und III HGB). Anders als bei der Gesellschaft bürgerlichen Rechts oder bei der OHG und KG kann eine Abwicklung oder Liquidation bei der stillen Gesellschaft nicht stattfinden, weil weder ein gemeinschaftliches Vermögen (vgl. § 230 I HGB) noch gemeinschaftliche Schulden (vgl. § 230 II HGB) vorhanden sind. Bei der stillen Gesellschaft sind deshalb Auflösung und Beendigung gleichbedeutend, so dass die „Auseinandersetzung", von der § 235 HGB spricht, eine andere Bedeutung hat als sonst: Der Begriff bezeichnet lediglich die Feststellung des Guthabens, das dem stillen Gesellschafter auszuzahlen ist.[21] Dieses Guthaben besteht aus der Einlage, so wie sie sich zum Schluss des letzten Geschäftsjahres ergeben hat, und dem Gewinn- oder Verlustanteil, der seither entstanden ist.

17 In diesem Zusammenhang sind auch § 236 HGB und § 136 InsO zu sehen. Die Eröffnung des Insolvenzverfahrens über das Vermögen eines Gesellschafters löst die Gesellschaft nach § 728 II BGB auf. Soweit sich ein Überschuss der Einlage über den Verlustanteil ergibt, kann der stille Gesellschafter diese Forderung als Insolvenzgläubiger (§ 38 InsO) geltend machen (§ 236 I HGB), also gleichrangig mit anderen Gläubigern. Damit unterscheidet er sich von den OHG- und KG-Gesellschaftern, die im Rang erst nach den übrigen Gläubigern berücksichtigt werden (§ 155 HGB) und infolge dessen zumeist leer ausgehen.[22] Auch in diesem Punkt zeigt sich die deutlich verminderte Verantwortlichkeitsposition des stillen Gesellschafters, dessen Funktion als Kapitalgeber seine Rechtsstellung prägt. Da er den übrigen Gläubigern

---

[19] Vgl. etwa *Blaurock/Jung,* Handbuch Stille Gesellschaft, 8. Aufl., 2016, Rn. 12.29 ff.; *C. Schäfer,* § 29 Rn. 3.

[20] *Kübler/Assmann,* § 9 II 3.

[21] Jüngst auch *BGH* BB 2016, 719 für eine als „Innen-KG" ausgestaltete mehrgliedrige stille Gesellschaft; MüKoHGB/*K. Schmidt,* § 235 Rn. 2.

[22] *Weller/Prütting,* Rn. 429.

nicht selbst haftet, besteht auch kein Grund, ihm eine nachrangige Rechtsposition zuzuweisen.

Eine rückständige Einlage muss – ebenfalls anders als bei OHG und KG – nur noch insoweit geleistet werden, wie das erforderlich ist, um einen Verlustanteil des stillen Gesellschafters zu decken (§ 236 II HGB). Wenn der Gesellschaftsvertrag seine Beteiligung am Verlust ausschließt (§ 231 II HGB), gibt es danach auch in der Insolvenz keine Zahlungspflicht des stillen Gesellschafters.[23] § 136 InsO gibt schließlich dem Insolvenzverwalter ein besonderes Anfechtungsrecht, das abweichend von §§ 129 ff. InsO ausgestaltet ist, namentlich indem auf subjektive Voraussetzungen verzichtet wird und einige Fristen verlängert sind. Der Gesetzgeber trägt damit dem Umstand Rechnung, dass der stille Gesellschafter dem Unternehmen näher steht als andere Gläubiger, weshalb hier die erhöhte Gefahr einer bevorzugten Befriedigung besteht.[24] 18

IV. Atypische Formen der stillen Gesellschaft

Fall 4: Über die Zeit entwickelt *Lischka* ein immer intensiveres Interesse an Modethemen und möchte deshalb selbst – bei fortdauernder Anonymität – doch stärker in die Geschäftsführung eingebunden werden. Er fragt deshalb, ob mit der Zustimmung der *Gallert* eine Vertragsänderung möglich ist, nach der beide gleichberechtigte Geschäftsführer und hälftige Teilhaber des Unternehmens sind. Sind diese Abmachungen mit der gesetzlichen Regelung der stillen Gesellschaft vereinbar? 19

Im Normalfall würde *Gallert* als Inhaberin des Handelsgeschäfts dieses und damit zugleich die Geschäfte der stillen Gesellschaft allein führen. Der Gesellschaftsvertrag kann jedoch eine andere Regelung treffen, wovon in der Praxis (zumeist aus steuerlichen Erwägungen[25]) häufig Gebrauch gemacht wird. Wie die Vertragschließenden im Innenverhältnis ihre Beziehungen regeln wollen, steht ihnen grundsätzlich frei. Danach ist es zulässig, dass *Gallert* und *Lischka* gleichberechtigte Geschäftsführer werden.[26] 20

Soweit *Lischka* hälftiger Teilhaber der Vermögenswerte des Unternehmens sein soll, weicht der Gesellschaftsvertrag von der Regelung in den §§ 232, 235 HGB ab. Danach ist die Beteiligung des stillen Gesellschafters nur auf Gewinn und Verlust aus den Geschäften des Unternehmens bezogen, nicht jedoch auf den Unternehmenswert selbst. Nach dem von *Gallert* und *Lischka* geschlossenen Vertrag hat *Lischka* im Innenverhältnis eine Stellung, die derjenigen des Gesellschafters einer OHG ähnlich ist. Auch Vereinbarungen dieses Inhalts stehen den Parteien frei.[27] Anzutreffen ist bei solchen atypischen stillen Gesellschaften auch eine Gestaltung, bei der der Stille im Innenverhältnis einem Kommanditisten gleichgestellt wird. Sie wird auch als „Innen-KG“ bezeichnet.[28] Die Parteien können dem stillen Gesellschafter jedoch nur einen obligatorischen Anspruch auf Beteiligung am Unternehmenswert geben; die Bildung eines gemeinschaftlichen Vermögens kann bei der stillen Gesellschaft nicht vereinbart werden. Eine solche Gestaltung kann für den stillen Gesellschafter von Interesse sein, wenn er auch an den stillen Reserven des 21

---

23 *OLG Hamm* ZIP 1993, 1321 f. (dort auch zu den Ausnahmen); MüKoHGB/*K. Schmidt,* § 236 Rn. 22.
24 MüKoInsO/*Stodolkowitz/Bergmann,* § 136 Rn. 1.
25 Vgl. dazu ausführlich MHdB GesR II/*Keul,* § 73 StG Rn. 44 ff.
26 BGHZ 8, 157, 160 = NJW 1953, 818; MüKoHGB/*K. Schmidt,* § 230 Rn. 77.
27 BGHZ 8, 157, 161 ff. = NJW 1953, 818; *BFH* NJW-RR 1994, 423; MüKoHGB/*K. Schmidt,* § 230 Rn. 79 ff.
28 MüKoHGB/*K. Schmidt,* § 230 Rn. 79, 81.

Unternehmens vermögensmäßig partizipieren will (s. bereits Rn. 11).[29] Zu beachten ist aber, dass auch bei der atypischen, der KG angenäherten stillen Gesellschaft der Stille weder direkt noch analog § 171 HGB gegenüber den Gläubigern des Handelsgewerbes haftet.[30] Er schuldet seine stille Einlage allein im Innenverhältnis. Dies rechtfertigt sich damit, dass die Einlage des Stillen nicht im Handelsregister eingetragen wird, mithin kein Vertrauenstatbestand gesetzt wird, der eine Außenhaftung rechtfertigen könnte.[31]

V. Zusammenfassung

22 Der stille Gesellschafter beteiligt sich zwar an dem Handelsgeschäft eines anderen, betreibt dieses aber nicht selbst. Die stille Gesellschaft ist deshalb nicht Handelsgesellschaft, sondern Gesellschaft bürgerlichen Rechts (§§ 705 ff. BGB). Der Stille muss die Einlage in das Vermögen des Geschäftsinhabers überführen (§ 230 I HGB); ein gemeinschaftliches Vermögen wird also nicht gebildet. Auch sonst entstehen keine Außenbeziehungen (§ 230 II HGB). Der Anteil des Stillen an Gewinn und Verlust des Handelsgeschäfts richtet sich in erster Linie nach dem Gesellschaftsvertrag, hilfsweise nach § 231 I HGB. Die Gewinnbeteiligung kann nicht ausgeschlossen werden (§ 231 II HGB). Abzurechnen und auszuzahlen ist am Ende des Geschäftsjahrs (§ 232 HGB); ein Kontrollrecht gewährt § 233 HGB. Die Auflösungsgründe der §§ 723–728 BGB gelten grundsätzlich auch für die stille Gesellschaft, werden jedoch durch § 234 HGB teilweise modifiziert. Ist die Gesellschaft aufgelöst, so kann der Stille Auseinandersetzung und Auszahlung des Guthabens verlangen (§ 235 I HGB). Der Begriff Auseinandersetzung bezeichnet hier lediglich die Feststellung des Guthabens. Zulässig sind auch atypische Gestaltungen der stillen Gesellschaft. Der Gesellschaftsvertrag kann vorsehen, dass auch der Stille Geschäftsführer wird, er kann ihn auch obligatorisch an dem Wert des Unternehmens beteiligen.

§ 25. Die Partnerschaft

Literatur: Vgl. die Kommentierungen von *Henssler,* PartGG, 2. Aufl., 2008; *Michalski/Römermann,* PartGG, 4. Aufl., 2014; *C. Schäfer* in MüKoBGB, 6. Aufl., 2013, Vor § 741; ferner: *Baumann,* Haftungsersetzung und Haftungsfondsersetzung durch Versicherungsschutz im Gesellschaftsrecht, GmbHR 2014, 953; *Lenz,* Die Partnerschaft – alternative Gesellschaftsform für Freiberufler, MDR 1994, 741; *Leuering,* Die Partnerschaft mit beschränkter Berufshaftung, NZG 2013, 1001; *Odemer,* Grundfälle zur gesellschaftsrechtlichen Haftung natürlicher Personen im Privatrecht, JuS 2016, 109; 203; *Römermann,* Die PartG mbB – eine neue attraktive Rechtsform für Freiberufler, NJW 2013, 2305; *Römermann/Jähne,* Die Partnerschaftsgesellschaft mit beschränkter Berufshaftung – ein Erfolgsmodell, BB 2015, 579; *K. Schmidt,* Die freiberufliche Partnerschaft, NJW 1995, 1; *Seibert,* Die Partnerschaftsgesellschaft mit beschränkter Berufshaftung (PartmbB), DB 2013, 1710; *Ulmer/Habersack,* Die Haftungsverfassung der Partnerschaftsgesellschaft, FS Brandner, 1996, S. 151; *Zimmermann,* Verdrängt die PartG mbB Haftungsvereinbarungen?, NJW 2014, 1142.

---

[29] Vgl. dazu auch BGHZ 7, 174, 177 f. = NJW 1952, 1412 (insoweit nicht abgedruckt); MüKoHGB/*K. Schmidt,* § 230 Rn. 79; Ebenroth/Boujong/Joost/Strohn/*Gehrlein,* § 230 Rn. 65.

[30] *BGH* ZIP 2010, 1341 Rn. 2, 7 sowie die Kurzwiedergabe bei *K. Schmidt,* JuS 2010, 924; vorgehend *OLG Schleswig* NZG 2009, 256, 257 f.; *OLG Celle* NZG 2009, 1075, 1076.

[31] *OLG Schleswig* NZG 2009, 256, 257 f.; *Commandeur/Frings,* NZG 2009, 1076 f.

I. Einführung

1. Entwicklungsgeschichte

Im Jahr 1995 wurde der Rechtsformkatalog der Personengesellschaften um einen weiteren Typus bereichert, nämlich die Partnerschaftsgesellschaft (kurz: Partnerschaft).[1] Die Partnerschaft ist nach ihrer Umschreibung in § 1 I 1 PartGG eine Gesellschaft zur gemeinsamen Ausübung eines freien Berufs. Der Gesetzgeber hat damit dem Umstand Rechnung getragen, dass im Hinblick auf die überregionale Verbreitung vieler freier Berufe (etwa international agierende Großkanzleien) ein immer stärker werdendes Kooperationsbedürfnis bestand, für das im Gesetz aber keine geeignete Gesellschaftsform vorgesehen war.[2] Die Personenhandelsgesellschaften setzen nach §§ 105 I, 161 I HGB den Betrieb eines Handelsgewerbes voraus, das bei den freien Berufen gerade nicht gegeben ist.[3] Zudem wurde den Zusammenschlüssen von Freiberuflern bis in die Mitte der 1990er Jahre auch der Zugang zu den Kapitalgesellschaften aus berufsrechtlichen Gründen verwehrt, da man annahm, dass die für die freien Berufe charakteristische eigenverantwortliche Erbringung von Dienstleistungen höherer Art mit dem anonymen körperschaftlichen Zuschnitt der Kapitalgesellschaften nicht zu vereinbaren sei.[4] Es blieb daher nur der Zusammenschluss zur BGB-Gesellschaft, die sich allerdings zu diesem Zeitpunkt ebenfalls als wenig geeignete Kooperationsform erwies, namentlich da ihre Rechtsfähigkeit noch nicht anerkannt war.[5] Zudem war eine Haftungsbeschränkung in der BGB-Gesellschaft unter der damals noch herrschenden Doppelverpflichtungslehre zwar noch leichter möglich als nach der heute herrschenden Akzessorietätstheorie, bedurfte aber eines gesteigerten kautelarjuristischen Aufwands, der nicht mit der erwünschten Rechtssicherheit belohnt wurde. Um diesem Missstand abzuhelfen, stellt der Gesetzgeber den freien Berufen mit der Partnerschaft eine nur auf ihre Bedürfnisse zugeschnittene Rechtsform zur Verfügung. Im Jahr 2013 wurde dieser passgenaue Zuschnitt noch einmal optimiert durch die Ergänzung um eine neue Variante der Partnerschaft, die „Partnerschaft mit beschränkter Berufshaftung".[6] Sie soll dazu dienen, das – von vielen Freiberuflern als unzulänglich angesehene – Haftungssystem der Partnerschaft zu verbessern und damit zugleich dem unter Freiberuflern (namentlich Anwälten) zu beobachtenden „Trend" zur britischen Limited Liability Partnership (LLP) entgegenzuwirken (s. Rn. 22). 1

2. Strukturmerkmale

Fall 1: Die Rechtsanwältinnen *Ridder, Wöbbecke* und *Zessin* haben sich zu einer Sozietät in der Rechtsform einer BGB-Gesellschaft zusammengeschlossen. Sie erwägen, die Sozietät in eine Partnerschaft umzuwandeln. Sie bitten daher um Auskunft, welche Vor- und Nachteile mit 2

---

1 Und zwar durch das am 1.7.1995 in Kraft getretene Gesetz zur Schaffung von Partnerschaftsgesellschaften und zur Änderung anderer Gesetze vom 25.7.1994 (PartGG – BGBl. I 1744); RegBegr, BT-Drucks. 12/6152, S. 7 ff. Textsammlung mit Einführung und Materialien: *Seibert,* Die Partnerschaft, 1994.

2 Meilicke/v. Westphalen/Hoffmann/*Lenz*/Wolff, § 1 Rn. 3 f.; MüKoBGB/*C. Schäfer,* Vor § 1 PartGG Rn. 4.

3 Vgl. statt aller *Canaris,* HandelsR, § 2 Rn. 8 ff.

4 Vgl. dazu die Darstellung von Meilicke/v. Westphalen/Hoffmann/*Lenz*/Wolff, § 1 Rn. 7; MüKoBGB/*C. Schäfer,* Vor § 1 PartGG Rn. 15 f. m. w. Nachw.

5 Zum Umschwung im Jahr 2001 vgl. § 3 Rn. 3 ff.

6 Gesetz zur Einführung einer Partnerschaftsgesellschaft mit beschränkter Berufshaftung und zur Änderung des Berufsrechts der Rechtsanwälte, Patentanwälte, Steuerberater und Wirtschaftsprüfer vom 15.7.2013, BGBl. I 2386.

dieser Gestaltung für sie verbunden sind und auf welche sonstigen Gestaltungsalternativen sie zurückgreifen könnten.

3 Einen entscheidenden Einfluss auf die Wahl der geeigneten Rechtsform hat stets die Verteilung des Haftungsrisikos zwischen den Beteiligten, das auch bei einer Rechtsanwaltskanzlei nicht vollständig durch die Berufshaftpflichtversicherungen der Beteiligten aufgefangen wird. Besonders risikoreich ist die Haftung bei einer BGB-Gesellschaft, da neben dem Gesellschaftsvermögen auch jede der drei Anwältinnen mit ihrem Privatvermögen haftet, wenn eine von ihnen einen Haftungsfall verursacht. Möglich ist aber auch die Organisation der Sozietät als GmbH, bei der die Außenhaftung auf das Gesellschaftsvermögen beschränkt ist (§ 13 II GmbHG).[7] Diese auf den ersten Blick günstige Rechtslage findet ihre Kehrseite etwa darin, dass eine „Freiberufler"-GmbH einen erheblichen organisatorischen Aufwand verursacht, der mit entsprechenden Kosten verbunden ist: Sie muss beispielsweise Handelsbücher führen (§ 238 HGB), einen Jahresabschluss mit Bilanz, Gewinn- und Verlustrechnung erstellen (§§ 242, 266, 275 HGB), diesen prüfen lassen (§ 316 HGB) und bekannt geben (§ 325 HGB). Daneben ist sie der Gewerbesteuer unterworfen (§ 2 II 1 GewStG). Ferner kann es auch in der Außenwirkung problematisch sein, wenn Freiberufler nicht bereit sind, für ihre Tätigkeit höherer Art persönlich einzustehen. Einer der Vorzüge der Partnerschaft ist darin zu sehen, dass sie zumindest in ihrer Grundvariante eine Haftungsverfassung aufweist, die einen Kompromiss zwischen diesen beiden Wegen eröffnet. § 8 I PartGG ordnet nämlich neben der Haftung mit dem Gesellschaftsvermögen zwar eine gesamtschuldnerische Haftung aller Partner an; bearbeitet einer der Partner ein Mandat jedoch nahezu allein und begeht dabei einen Fehler, so haftet neben dem Gesellschaftsvermögen nur der fehlerhaft beratende Partner mit seinem Privatvermögen (§ 8 II PartGG). Das private Vermögen der anderen Partner steht als Haftungsmasse nicht zur Verfügung. Durch die im Jahr 2013 für bestimmte freie Berufe eingeführte Partnerschaft mit beschränkter Berufsausübungshaftung als spezielle Partnerschaftsvariante[8] sind diese Vorzüge weiter ausgebaut worden. In dieser Ausgestaltung der Partnerschaft haftet den Gläubigern für Verbindlichkeiten der Partnerschaft aus Schäden wegen fehlerhafter Berufsausübung nur die Partnerschaft mit ihrem Gesellschaftsvermögen; eine akzessorische Haftung der Partner ist insoweit ausgeschlossen (s. noch Rn. 22 ff.). Diese Haftungsbeschränkung greift aber nur bei mandatsbezogenen Schäden (vgl. Wortlaut: „mit beschränkter Berufshaftung") ein; sie lässt die persönliche Haftung der Partner für sonstige Gesellschaftsverbindlichkeiten (z. B. aus Mietvertrag, Kaufvertrag) unberührt. Daher bietet sich gerade für die Rechtsanwältinnen *Ridder, Wöbbecke* und *Zessin* die Gesellschaftsform der Partnerschaft an. Vorteilhaft ist die Rechtsform der Partnerschaft ferner, wenn *Ridder, Wöbbecke* und *Zessin* die Kanzlei vergrößern und weitere Rechtsanwälte als Angestellte oder in freier Mitarbeit beschäftigen möchten. Zugunsten dieser Anwälte, die nicht Mitglied der Partnerschaft sind, gilt die Publizität des Partnerschaftsregisters nach § 5 II PartGG i. V. m. § 15 II 1 HGB, so dass sie für Fehler von *Ridder, Wöbbecke* oder *Zessin* nicht persönlich

---

[7] Im Innenverhältnis besteht nach § 43 II GmbHG allerdings ein Regressanspruch der Gesellschaft gegen die die Haftung verursachende Rechtsanwältin, den der Mandant pfänden kann. Das Privatvermögen der an dem Mandat nicht beteiligten Anwältinnen ist jedoch geschützt.

[8] Die Partnerschaftsgesellschaft mit beschränkter Berufshaftung stellt lediglich eine Rechtsformvariante der Partnerschaft ohne eine derartige Haftungsbeschränkung dar. Sie ist keine andere Rechtsform; s. *OLG Nürnberg* NZG 2014, 422 f.; MüKoBGB/*C. Schäfer*, § 8 PartGG Rn. 41.

haften. Bei einer Rechtsanwalts-GbR besteht stets das Risiko einer Rechtsscheinhaftung.[9]

4 Eine weitere Gestaltungsalternative stellt die Organisationsform der AG dar, die mit ähnlichen Nachteilen verbunden ist wie die GmbH (Rn. 3), überdies aber aufgrund der Regelungsdichte des Aktienrechts auch nur für größere Zusammenschlüsse in Betracht zu ziehen ist.[10] Die EuGH-Rechtsprechung zur gesellschaftsrechtlichen Gründungstheorie hat schließlich die Tür für ausländische Rechtsformen geöffnet (vgl. § 40 Rn. 1 ff.). Bedeutung hat vor allem die Limited Liablility Partnership (LLP) erlangt, derer sich insbesondere die deutschen Ableger internationaler Großkanzleien angelsächsischen Ursprungs bedienen.[11]

5 Bei der Ausgestaltung der Rechtsform der Partnerschaftsgesellschaft hat sich der Gesetzgeber vornehmlich an der OHG orientiert, was in den zahlreichen Verweisungen in §§ 2, 4 bis 10 PartGG auf das HGB (und dort insbesondere auf das OHG-Recht) zum Ausdruck kommt.[12] Ergänzend verweist § 1 IV PartGG auf das Recht der BGB-Gesellschaft, doch bleiben dafür nur wenige Anwendungsbereiche, da die meisten Lücken bereits durch die Verweise auf das OHG-Recht geschlossen werden.[13]

Hinweis:

6 Auch diese Verweisung trägt dazu bei, dass das Recht der OHG weiterhin seine große Bedeutung erhält, auch wenn die Rechtsform der OHG selbst auf immer geringere Resonanz im Rechtsverkehr stößt (vgl. bereits § 12 Rn. 6).

3. Rechtstatsächliche Verbreitung

7 Die Rechtspraxis reagierte zunächst mit großer Zurückhaltung auf die neue Rechtsform der Partnerschaft. Von den etwa 600.000 Freiberuflern hatten sich ein Jahr nach ihrer Einführung erst 300 Zusammenschlüsse für die Partnerschaft entschieden.[14] Diese schleppende Verbreitung erklärte sich zum einen aus einer gewissen Trägheit der Kautelarpraxis, die sich in den Anfängen naturgemäß schwer damit tut, die vertrauten alten Gestaltungsformen durch unbekannte neue zu ersetzen. Zum anderen galt das Haftungsregime in der Partnerschaftsgesellschaft zum Teil als noch schärfer als das in der seinerzeit noch von der Doppelverpflichtungslehre geprägten BGB-Gesellschaft. Nachdem der BGH im Jahr 1994 die Zulässigkeit einer Freiberufler-GmbH[15] und im Jahr 2001 in der Entscheidung Weißes Ross schließlich noch die Rechtsfähigkeit der BGB-Gesellschaft anerkannte (§ 3 Rn. 3 ff.), schienen noch

---

[9] Vgl. *Peres/Depping,* DStR 2006, 2261.

[10] Zur Zulässigkeit vgl. BGHZ 161, 376, 387 = NJW 2005, 1568.

[11] Vgl. dazu etwa *Henssler/Mansel,* NJW 2007, 1393 und *Triebel/Silny,* NJW 2008, 1034.

[12] Interessant ist hier die Parallelentwicklung in Österreich, wo das österreichische Handelsgesetzbuch im Jahr 2005 in ein Unternehmensgesetzbuch umgewandelt wurde, das die Rechtsform der früheren offenen Handelsgesellschaft in einer neuen Form der offenen Gesellschaft auch für Freiberufler öffnete (entsprechend für KG); vgl. zu dieser Entwicklung Kalss/Nowotny/*Schauer,* Österreichisches Gesellschaftsrecht, 2008, Rn. 2/89 ff.; *Krejci,* ZHR 170 (2006), 113 ff.

[13] Vgl. zur Regelungstechnik *Mahnke,* WM 1996, 1029, 1032.

[14] MüKoBGB/*C. Schäfer,* Vor § 1 PartGG, Rn. 26.

[15] Zunächst für Zahnärzte BGHZ 124, 224, 225 = NJW 1994, 786; das *BayObLG* erklärte 1994 auch eine Rechtsanwalts-GmbH für zulässig (*BayObLG* NJW 1995, 199; BayObLGZ 1996, 188, 191 = NJW 1996, 3217), was im Jahr 1998 durch eine Änderung der BRAO

weniger Gründe für die Wahl einer Partnerschaft zu sprechen. Gerade diese letztgenannte Entscheidung läutete jedoch einen Richtungswechsel ein. Der BGH erkannte in dieser Entscheidung nämlich nicht nur die Rechtsfähigkeit der BGB-Gesellschaft an, sondern unterstellte ihr Haftungsregime auch der Akzessorietätstheorie analog § 128 S. 1 HGB (§ 7 Rn. 10 ff.). Gemessen an diesem Vergleichsmaßstab ist heute aus Gesellschaftersicht die Partnerschaft die ungefährlichere und damit attraktivere Rechtsform des Zusammenschlusses.[16] Dies gilt erst recht, seitdem neben der gesetzlichen Haftungsbeschränkung aus § 8 II PartGG die Partnerschaft mit beschränkter Berufsausübungshaftung noch weitergehend die persönliche Haftung der Partner für Gesellschaftsverbindlichkeiten einschränkt (Rn. 22 ff.). Die Neubewertung dieser Rechtsform spiegelt sich auch in den Zahlen wider: Zum 31. Dezember 2015 existierten laut dem Partnerschaftsregister 12.175 Partnerschaften in Deutschland; davon waren wiederum 2.957 Partnerschaften in der Partnerschaftsform der beschränkten Berufshaftung eingetragen.[17]

II. Gründung

1. Vertragsschluss

8 **Fall 2:** *Ridder, Wöbbecke* und *Zessin* haben sich für die Partnerschaft entschlossen und fragen, welche Maßnahmen sie zur Gründung einer solchen Gesellschaft ergreifen müssen.

9 Wie sich aus § 2 II, 2. Hs. PartGG ergibt, kann eine Partnerschaft auch aus der Umwandlung einer Gesellschaft bürgerlichen Rechts entstehen.[18] Zentrale Voraussetzung für die Gründung einer Partnerschaft ist, dass der gemeinsame Zweck in der gemeinschaftlichen Ausübung eines freien Berufs liegt. Wie sich schon aus dem allgemeinen Gewerbebegriff ergibt, betreibt die Partnerschaft also kein Handelsgewerbe, was in § 1 I 2 PartGG noch einmal klargestellt wird. Sie ist demnach auch nicht Handelsgesellschaft i. S. d. § 6 I HGB. Was Ausübung eines freien Berufs i. S. d. Gesetzes ist, umschreibt § 1 II PartGG in enger Anlehnung an § 18 I Nr. 1 EStG.[19] Es müssen nicht alle Partner denselben freien Beruf ausüben, vielmehr ist auch eine sog. interprofessionelle Zusammenarbeit möglich, wie sie in der Praxis etwa bei Zusammenschlüssen von Wirtschaftsprüfern und Steuerberatern begegnet.[20] Mitgliedsfähig sind nach § 1 I 3 PartGG nur natürliche Personen. Die selbstständig tätigen und als solche zugelassenen Rechtsanwältinnen sind danach „partnerschaftsfähig". Die von ihnen (oder von anderen Angehörigen freier Berufe) errichtete Partnerschaft muss gem. § 2 I PartGG auch einen Gesamtnamen annehmen, der das Vorliegen einer Partnerschaft durch einen entsprechenden Rechtsformzusatz zum Ausdruck bringt. Dabei darf das Wort „Partnerschaft" nur dann

---

(§§ 59c–59m BRAO) durch den Gesetzgeber für die GmbH anerkannt wurde; zum Streitstand zur Rechtsanwalts-AG vgl. *Henssler*, Einf. Rn. 44 f.

16 MüKoBGB/*C. Schäfer*, Vor § 1 PartGG Rn. 27.

17 *Lieder/Hoffmann*, NZG 2016, 287; vgl. auch die Entwicklung in den letzten Jahren dazu *Lieder/Hoffmann*, NZG 2014, 127; *Lieder/Hoffmann*, NJW 2015, 897.

18 Dazu RegBegr, BT-Drucks. 12/6152, S. 9, 12; *Seibert*, DB 1994, 2381, 2382.

19 Einzelheiten dazu bei Meilicke/v. Westphalen/Hoffmann/*Lenz*/Wolff, § 1 Rn. 28 ff.; *Michalski/Römermann*, § 1 Rn. 29 ff.; MüKoBGB/*C. Schäfer*, § 1 PartGG Rn. 33 ff. Berechtigte Kritik z. B. bei *K. Schmidt*, NJW 1995, 1, 2; *ders.*, § 64 I 2b.

20 Vgl. dazu etwa *Eisenhardt/Wackerbarth*, Rn. 457; *Saenger*, Rn. 400; *K. Schmidt*, § 64 II 1. Daher verstößt das Sozietätsverbot des § 59a I 1 BRAO (i. V. m. § 1 III PartGG) gegen Art. 12 GG, soweit es um eine Anwalts-Arzt/Apotheker-Kanzlei geht und die Apothekertätigkeit lediglich gutachterlich und fachlich beratend erfolgt, *BVerfG* NJW 2016, 700; *BGH* BB 2016, 1489; dazu *Römermann/Zimmermann*, BB 2016, 2691.

durch den Zusatz „und Partner“[21] ersetzt werden, wenn außer dem oder den namensgebenden Gesellschaftern noch mindestens ein weiterer Partner vorhanden ist.[22] § 11 S. 1 PartGG monopolisiert den Rechtsformzusatz zugunsten der Partnerschaft, was namentlich zur Folge hat, dass die praktisch ungleich wichtigere Freiberufler-GbR diese beliebte Bezeichnung in ihrem Namen nicht mehr verwenden darf.[23] Hinsichtlich weiterer Regelungen verweist § 2 II PartGG auf das HGB-Firmenrecht. Bei der Partnerschaft mit beschränkter Berufshaftung muss der Name der Partnerschaft den Zusatz „mit beschränkter Berufshaftung“ oder eine allgemein verständliche Abkürzung enthalten (§ 8 IV 3 PartGG). Dieser Namenszusatz bzw. diese Abkürzung ist in das Partnerschaftsregister einzutragen (§§ 3 II Nr. 1, 5 I PartGG). Als eine allgemein verständliche Abkürzung gibt § 8 IV 3 PartGG „mbB“ vor. Dagegen ist die Abkürzung „mbH“ zu vermeiden, weil sie den Eindruck einer vollumfänglichen Haftungsbeschränkung erweckt und die Gesellschaftsgläubiger somit von einer Rechtsverfolgung abhalten könnte.[24] Der von der Gesellschaft gewählte Namenszusatz muss auf den Geschäftsbriefen angegeben werden (§ 7 V PartGG, § 125a I HGB).

Haben sich die Gesellschafterinnen auf einen Namen geeinigt, so haben sie im 10
nächsten Schritt einen schriftlichen Partnerschaftsvertrag mit dem in § 3 PartGG aufgeführten Inhalt (Name, Sitz, Gesellschafter, Gegenstand) abzufassen.[25] Auch wenn dieser Vertrag nicht beim Registergericht einzureichen ist, so führt eine Nichteinhaltung der Schriftform doch zur Unwirksamkeit nach § 125 BGB. Es ist daher auch bei einer schon bestehenden Sozietät ein vollständig neuer Vertragstext zu erstellen. Anderenfalls ist der Gründungsakt nichtig, sofern nicht eine Umdeutung in eine BGB-Gesellschaft in Betracht kommt, was aber nur dann anzunehmen ist, wenn es den Gesellschaftern nicht gerade um das Haftungsprivileg in der Partnerschaftsgesellschaft ging (s. noch Rn. 18 ff.).[26] Ist eine Umdeutung nicht möglich, sind nach Vollzug des Vertrages allerdings die Grundsätze über fehlerhafte Gesellschaftsverträge zu beachten (s. § 5).[27]

2. Registereintragung

Sodann ist die Gesellschaft nach § 4 PartGG zu einem besonderen Register, dem 11
sog. Partnerschaftsregister, anzumelden, das von den Amtsgerichten geführt wird. Der Gesetzgeber sah sich zur Schaffung eines solchen zweiten Registers neben dem Handelsregister veranlasst, da die Partnerschaft kein Handelsgewerbe betreibt.[28] Die damit eingetretene Zersplitterung der Publizitätsformen ist dadurch wieder geheilt worden, dass mit der Einführung des § 8b HGB auch diese Daten nun über die

---

21 Für das „und“ können auch gebräuchliche Kürzel verwandt werden.

22 Scheidet der weitere Partner aus und verbleiben allein die namensgebenden Partner in der Partnerschaft, darf der Zusatz „und Partner“ hingegen weiterhin verwendet werden; vgl. *OLG Celle* NZG 2008, 866.

23 BGHZ 135, 257, 258 f. = NJW 1997, 1854 mit zust. Rezension *Weber/Jacob,* ZGR 1998, 142, 145 ff. Etwas anderes gilt für Gesellschaften, die vor dem 1.7.1995 errichtet wurden. Sie dürfen den Partnerschaftszusatz weiterführen, müssen ihn aber durch einen Hinweis auf die andere Rechtsform (z. B. „GbR“) neutralisieren (§ 11 S. 3 PartGG; die zusätzliche Übergangsvorschrift in § 11 S. 2 PartGG ist wegen Zeitablaufs obsolet geworden).

24 RegBegrE, BT-Drucks. 17/10487, S. 14; *Seibert,* DB 2013, 1710, 1713; *Saenger,* Rn. 417; dagegen wohl für die Zulässigkeit der Abkürzung „mbH“ Palandt/*Sprau,* § 705 Rn. 7.

25 Vgl. dazu *K. Schmidt,* NJW 1995, 1, 3.

26 MüKoBGB/*C. Schäfer,* § 3 PartGG Rn. 7; anders *K. Schmidt,* § 64 II 2b: immer GbR.

27 MüKoBGB/*C. Schäfer,* § 3 PartGG Rn. 1, 7 ff.; wohl anders die Kombination dieser Ansätze bei *Saenger,* Rn. 401.

28 Krit. *K. Schmidt,* NJW 1995, 1, 3.

einheitliche Informationsplattform des Unternehmensregisters abgerufen werden können.[29] Der Inhalt der Eintragung ist in § 5 I PartGG geregelt. Im Übrigen verweist § 5 II PartGG auf das handelsrechtliche Registerrecht, so dass insbesondere auch der in der Ausbildung besonders prüfungsrelevante § 15 HGB hier zur Anwendung gelangen kann. Bei einer Partnerschaft mit beschränkter Berufshaftung muss der Anmeldung zudem eine Versicherungsbescheinigung gemäß § 113 II VVG beigefügt werden (§ 4 III PartGG). Die Besonderheit der Eintragung der Partnerschaft in das Partnerschaftsregister liegt darin, dass ihr im Außenverhältnis nach § 7 I PartGG eine konstitutive Wirkung zukommt. Anders als in § 123 HGB kann diese Eintragung nicht durch die Aufnahme der Geschäfte ersetzt werden. Der Gesetzgeber wollte damit eine trennscharfe Abgrenzung der Partnerschaft von der Freiberufler-GbR erreichen.[30] Fehlt es an der Eintragung, so kann also im Außenverhältnis eine Partnerschaft nicht vorliegen.

12 Für das Innenverhältnis ergibt sich die konstitutive Wirkung der Eintragung nicht aus dem Gesetz, so dass man annehmen könnte, dass die Gesellschaft insofern schon mit dem Abschluss des Gesellschaftsvertrages als Partnerschaft gilt. Das würde zwar zu einer eigentümlichen Aufspaltung des Gesellschaftscharakters führen, die aber auch bei § 123 HGB hingenommen wird (vgl. § 12 Rn. 22 ff.). Die herrschende Meinung geht diesen Weg nicht, sondern nimmt an, dass die Gesellschaft unabhängig von der Rechtsformwahl auch im Innenverhältnis zunächst die Rechtsform der BGB-Gesellschaft habe.[31] Aufgrund der grundsätzlichen Dispositivität des Innenrechts bei Personengesellschaften (vgl. etwa §§ 109, 163 HGB) führt diese Qualifikation aber auch nach der herrschenden Meinung nicht zur Anwendung der §§ 705 ff. BGB. Vielmehr müsse dem auf die Gründung einer Partnerschaft gerichteten Parteiwillen schon vor der Eintragung im Innenverhältnis dadurch Rechnung getragen werden, dass man die Rechtsbeziehungen zwischen den Beteiligten im Zweifel am Maßstab des PartGG messe, soweit der Gesellschaftsvertrag keine abweichenden Regelungen enthalte.[32] Da also auch diese herrschende Meinung zu einem gespaltenen Regelungsregime führt, erscheint es vorzugswürdig, in einer gesetzestreuen Lesart im Innenverhältnis tatsächlich auch vor der Eintragung schon von einer Partnerschaft auszugehen, der lediglich im Außenverhältnis nach § 7 I PartGG noch die Anerkennung versagt wird.[33]

13 Für das Innenrecht der ordnungsgemäß errichteten Partnerschaft verweist sodann § 6 PartGG auf das Standesrecht (so klarstellend Abs. 1), auf den Partnerschaftsvertrag (Abs. 1 und 2 S. 1) sowie auf die Regelungen des Innenverhältnisses in der OHG (§§ 110–116 II, 117–119 HGB). Wie bei der OHG gilt also auch hier – anders als bei der BGB-Gesellschaft – die grundsätzliche Einzelgeschäftsführungsbefugnis nach § 6 III PartGG i. V. m. § 115 I HGB. Eine Besonderheit gegenüber der OHG liegt darin, dass ein Partner von der Geschäftsführung nur hinsichtlich der „sonstigen Geschäfte“ ausgeschlossen werden kann (§ 6 II PartGG), was im Gegenschluss ergibt, dass ein solcher Ausschluss dort unzulässig ist, wo er die zur Ausübung des freien Berufs gehörenden Geschäfte betrifft.

---

[29] Vgl. zu diesem Portal Staub/*J. Koch,* § 8b Rn. 1 ff.
[30] RegBegr, BT-Drucks. 12/6152, S. 15 f.
[31] MüKoBGB/*C. Schäfer,* § 7 PartGG Rn. 4; *Grunewald,* § 5 Rn. 4; *Saenger,* Rn. 403.
[32] MüKoBGB/*C. Schäfer,* § 7 PartGG Rn. 5; *Grunewald,* § 5 Rn. 4.
[33] So im Ergebnis wohl auch *C. Schäfer,* § 22 Rn. 3.

Hinweis:

Ist im Sachverhalt nur nach dem Außenverhältnis gefragt (z. B. Haftung), so kann die insofern konstitutive Wirkung der Registereintragung auch bei der Falllösung die oftmals schwierige Qualifikationsfrage erleichtern. Fehlt es an dieser Eintragung, können nur die §§ 705 ff. BGB zur Anwendung gelangen. Deutlich schwieriger wird es, wenn auch nach dem Innenverhältnis (z. B. Geschäftsführungsbefugnis) gefragt wird. In diesem Fall genügt die fehlende Eintragung noch nicht, um das einschlägige Regelungsregime zweifelsfrei zu identifizieren. Haben die Parteien tatsächlich einen Partnerschaftsvertrag geschlossen, ist nach der hier vertretenen Auffassung das PartGG unmittelbar anzuwenden. Die herrschende Meinung geht von einer BGB-Gesellschaft aus, die aber aufgrund des besonderen Parteiwillens ebenfalls dem Recht der Partnerschaft unterliegt. 14

III. Die Partnerschaft im Außenverhältnis

1. Rechtsträgerschaft

Ebenso wird auch für das Außenverhältnis weitgehend auf das OHG-Recht verwiesen. § 7 II PartGG verleiht der Partnerschaft durch den Verweis auf § 124 HGB Rechtsfähigkeit. § 7 III PartGG verweist auf die Vertretungsvorschriften des OHG-Rechts. 15

Fall 3: Die Anwältinnen haben einstimmig beschlossen, die Sozietät in eine Partnerschaft umzuwandeln. Der bisherige Gesellschaftsvertrag ist entsprechend angepasst und die Partnerschaft in das dafür geführte Register eingetragen worden. Eine wirksame Berufshaftpflichtversicherung hat die Partnerschaft allerdings nicht abgeschlossen. Jedoch hat *Ridder* für die Partnerschaft ein Bürogebäude gekauft. Wer wird in das Grundbuch eingetragen und wer schuldet den Kaufpreis? 16

Die Partnerschaft ist nach § 7 II PartGG i. V. m. § 124 HGB selbst Trägerin von Rechten und Pflichten. Sie kann daher das Grundstück erwerben, wenn sie nach § 164 I BGB wirksam vertreten wurde. Das ist hier anzunehmen, da *Ridder* eine eigene Willenserklärung im fremden Namen abgegeben hat und nach § 7 III PartGG i. V. m. § 125 I HGB zur Vertretung nach Maßgabe des in § 126 HGB umschriebenen Umfangs berechtigt war. Die Partnerschaft ist damit Eigentümerin geworden. Hinsichtlich der Eintragung könnte § 1 IV PartGG i. V. m. § 47 II GBO dafür sprechen, dass nicht allein die Partnerschaft, sondern ergänzend auch noch die Partner aufzuführen sind. Diese Regelung wird aber durch § 7 II PartGG überlagert, der die entsprechende Anwendung des § 124 HGB anordnet und damit die Grundbuchfähigkeit der OHG (vgl. § 15 Rn. 3) auf die Partnerschaft erstreckt.[34] Nur sie selbst ist also in das Grundbuch einzutragen. 17

2. Die Haftung bei der Partnerschaft in ihrer Grundform

Auch die Antwort auf die Frage nach dem Schuldner der Kaufpreisverbindlichkeit (§ 433 II BGB) ist durch § 7 II PartGG i. V. m. § 124 I HGB teilweise vorgezeichnet. Ist die Partnerschaft selbst verpflichtungsfähig, dann tritt eine solche Verpflichtung automatisch ein, wenn sie nach § 164 I BGB wirksam vertreten wurde. Da das hier geschehen ist, schuldet die Partnerschaft den Kaufpreis. Fraglich bleibt, ob der Ver- 18

[34] Ebenso MüKoBGB/*C. Schäfer*, § 7 PartGG Rn. 12.

käufer die Partner auch persönlich in Anspruch nehmen kann. Auch das ist zu bejahen, weil § 8 I 1 PartGG zumindest im Grundsatz eine § 128 S. 1 HGB entsprechende Vorschrift enthält und für die Ausgestaltung der Partnerhaftung auf § 129 HGB (Einwendungen) und § 130 HGB (Haftung für Altverbindlichkeiten) verweist.

19 **Fall 4:** Partnerin *Zessin* möchte wissen, inwieweit sie wegen des Kaufpreises (s. Fall 3) in Anspruch genommen werden kann. Auch beschäftigt sie die Frage, ob sie dem Mandanten *Bielinis* Schadensersatz schuldet. Das Mandat *Bielinis* hatte ihre Kollegin *Wöbbecke* übernommen. *Zessin* war jedoch während des Urlaubs von *Wöbbecke* vertretungsweise für sie tätig. Dabei hatte sie schuldhaft eine Frist versäumt, was bei *Bielinis* zu einem Schaden von 25.000 EUR geführt hat.

20 Die beiden Fragen zielen in das Zentrum der Haftungsproblematik bei der Partnerschaft. Die Antwort auf die erste Frage ergibt sich aus § 8 I 1 PartGG: *Zessin* haftet neben der Partnerschaft (die den §§ 124 I HGB, 7 II PartGG nicht entsprechende Formulierung „neben dem Vermögen der Partnerschaft" ist misslungen) persönlich, also unbeschränkt und auch mit ihrem gesamten Privatvermögen. Diese persönliche und unbegrenzte Haftung ist eine Konsequenz aus der grundsätzlichen Entscheidung des Gesetzgebers für das OHG-Modell. Dem kann man nicht entgegenhalten, dass es in § 8 I PartGG eine § 128 S. 2 HGB entsprechende Vorschrift nicht gibt. Sie fehlt offenbar im Hinblick auf § 8 II PartGG, aus dem sich im Wege des Umkehrschlusses eine im Übrigen unabdingbare unbeschränkte persönliche Haftung ergibt.[35] Zugleich ist mittlerweile auch dem § 8 IV 1 PartGG zu entnehmen, dass nur unter bestimmten Voraussetzungen die persönliche Haftung der Partner ausgeschlossen ist. Da ein für die Partnerschaft abgeschlossener Kaufvertrag über ein Bürogebäude allerdings keinen besonderen Mandantenbezug aufweist, scheidet schon deshalb die Anwendbarkeit des § 8 IV 1 PartGG aus. *Zessin* haftet somit akzessorisch nach § 8 I PartGG (dazu noch Rn. 24) hinsichtlich des Kaufpreises.

21 Die zweite Frage zielt auf die bereits angesprochene Regelung in § 8 II PartGG.[36] Sie dient der Haftungskonzentration auf den Partner, der das Mandat tatsächlich wahrnimmt, soll es also ermöglichen, die der bisherigen Judikatur[37] entsprechende gesamtschuldnerische Haftung aller Sozien für die zu vertretende Verletzung beruflicher Pflichten eines von ihnen zu vermeiden. Diese Mithaftung wird als nicht mehr sachgerecht angesehen[38] und ist in der Tat oftmals problematisch; man denke etwa an international agierende Anwaltssozietäten. Die damit angestrebte Haftungsbeschränkung sollte nach § 8 II PartGG a. F. zunächst auf vertraglichem Wege erfolgen, indem Partnern die Möglichkeit eröffnet wurde, ihre aus § 8 I PartGG folgende persönliche Haftung durch vertragliche Vereinbarung auf den mit der Mandatsbearbeitung betrauten Partner zu beschränken. Diese Regelung führte aber in der Praxis insbesondere dann zu Auslegungsschwierigkeiten, wenn der im Vertrag genannte Partner und der tatsächlich mit der Mandatsbearbeitung betraute Partner auseinanderfielen. Nach der am 1. August 1998 in Kraft getretenen neuen Fassung

---

35 Im Ergebnis ebenso *Michalski/Römermann,* § 8 Rn. 16; MüKoBGB/*C. Schäfer,* § 8 PartGG Rn. 7; *Seibert,* DB 1994, 2381, 2384.

36 Die Vorschrift ist neugefasst durch Gesetz vom 22.7.1998 (BGBl. I 1878); vgl. zur Änderung *Michalski/Römermann,* § 8 Rn. 4 ff. (mit ausführlichen Nachweisen zu den Gesetzesmaterialien).

37 BGHZ 56, 355, 357 ff. = NJW 1971, 1801 (Anwaltssozietät); BGHZ 97, 273, 276 ff. = NJW 1986, 2364 (Gemeinschaftspraxis); diese Rspr. wurde auch nach der Hinwendung zur Akzessorietätslehre fortgeführt und zwar gerade unter Verweis auf die Rechtslage bei der Partnerschaft; vgl. BGHZ 154, 370, 377 f. = NJW 2003, 1803 (s. oben § 7 Rn. 23).

38 RegBegr, BT-Drucks. 12/6152, S. 17.

des § 8 II PartGG kommt es daher allein darauf an, wer tatsächlich mit der Bearbeitung eines Auftrags befasst ist.[39] Von dieser Regelung sind nach § 8 II, 2. Hs. PartGG Bearbeitungsbeiträge von untergeordneter Bedeutung ausgenommen. Die Haftung wird also auf den federführenden Partner konzentriert; wechselseitige Unterstützung soll nicht mit einem Haftungsrisiko sanktioniert werden.[40] In einem Alternativverhältnis zum § 8 II PartGG steht § 8 IV 1 PartGG, der jedoch zugunsten von *Zessin* schon deshalb nicht anwendbar ist, weil hier die Partnerschaft keine Berufshaftpflichtversicherung unterhält (dazu noch Rn. 24). *Zessin* muss sich also darauf einrichten, auf Schadensersatz nach § 8 I PartGG in Anspruch genommen zu werden, soweit ihr Bearbeitungsbeitrag nicht nur von untergeordneter Bedeutung gewesen sein sollte (§ 8 II, 2. Hs. PartGG).[41]

3. Die Haftung bei der Partnerschaft mit beschränkter Berufshaftung

Mit der Einführung der Partnerschaft mit beschränkter Berufshaftung hat der Gesetzgeber im Jahre 2013 eine neue Variante der Partnerschaftsgesellschaft geschaffen.[42] Dadurch sollte das Haftungssystem der Partnerschaft reformiert werden, das von vielen Freiberuflern offenkundig nicht als optimale Gestaltungsform empfunden wurde. Gerade das Konzept der Handelndenhaftung nach § 8 II PartGG ließ sich mit den Organisationsstrukturen größerer, meist arbeitsteilig handelnder Partnerschaften nicht recht in Einklang bringen.[43] Hier sind nämlich meist mehrere Partner mit einem Mandat betraut, besitzen aber oft nicht die Möglichkeit, die Tätigkeit der mitarbeitenden Partner zu kontrollieren. Trotz mangelnder Kontrollmöglichkeit haftet der mit dem Mandat befasste Partner wegen § 8 II PartGG vollumfänglich.[44] Diese scharfe Haftung war für viele Freiberufler Anlass, sich stattdessen in der britischen Limited Liability Partnership (LLP) zusammenzuschließen,[45] die eine umfassende Haftungsbeschränkung auf das Gesellschaftsvermögen erlaubt.[46] Diesem Trend soll die neue Haftungsbeschränkung nach § 8 IV 1 PartGG entgegenwirken.[47] 22

Fall 5: Muss *Zessin* in Fall 4 persönlich haften, wenn die Partnerschaftsgesellschaft eine Berufshaftpflichtversicherung unterhält, als PartG mbB im Partnerschaftsregister eingetragen ist und mit diesem Namenszusatz auch im Rechtsverkehr auftritt? 23

Durch die Einführung der Partnerschaft mit beschränkter Berufshaftung ermöglicht das PartGG eine Haftungskonzentration für berufliche Fehler allein auf das Gesell- 24

---

39 *Michalski/Römermann,* § 8 Rn. 37; *Baumann,* GmbHR 2014, 953; *Leuering,* NZG 2013, 1001, 1002 f. Eine persönliche Haftung trifft allerdings auch den neu in die Partnerschaft eingetretenen Partner, der ein Mandat übernimmt, bei dem ein anderer Partner vor dem Eintritt des neuen Partners einen Berufsfehler begangen hat; vgl. *BGH* NJW 2010, 1360 Rn. 15 ff.; a. A. noch Meilicke/*v. Westphalen*/Hoffmann/Lenz/Wolff, 2. Aufl., § 8 Rn. 33.

40 Zu den mit dieser Ausnahmeregelung verbundenen Auslegungsschwierigkeiten vgl. *Michalski/Römermann,* § 8 Rn. 31 ff.; *Saenger,* Rn. 410.

41 Insbesondere kann nicht pauschal angenommen werden, dass bloße Urlaubs- und Krankheitsvertretung per se von „untergeordneter Bedeutung“ ist; vgl. *Römermann,* NJW 2013, 2305, 2307.

42 Gesetz zur Einführung einer Partnerschaftsgesellschaft mit beschränkter Berufshaftung und zur Änderung des Berufsrechts der Rechtsanwälte, Patentanwälte, Steuerberater und Wirtschaftsprüfer vom. 15.7.2013, BGBl. I 2386.; s. auch § 25 Rn. 9.

43 RegBegrE, BT-Drucks. 17/10487, S. 11, 13; *Seibert,* DB 2013, 1710.

44 Vgl. *BGH* NJW 2010, 1360, 1362; *Leuering,* NZG 2013, 1001, 1005; *Seibert,* DB 2013, 1710.

45 Vgl. *Baumann,* GmbHR 2014, 953 f.; *Saenger,* Rn. 414; krit. *Grunewald,* ZIP 2012, 1115, 1117.

46 Vgl. *Henssler,* NJW 2014, 1761, 1762 f.; *Weller/Kienle,* DStR 2005, 1060; *dies.,* DStR 2005, 1102, 1105.

47 Krit. *Grunewald,* ZIP 2012, 1115, 1117; *Römermann,* NJW 2013, 2305, 2306.

schaftsvermögen. Voraussetzung nach § 8 IV 1 PartGG ist, dass die Partnerschaft eine durch Gesetz vorgeschriebene Berufshaftpflichtversicherung unterhält. Weitere Voraussetzungen sieht das Gesetz nicht vor.[48] Die von § 8 IV 1 PartGG verlangte Berufshaftpflichtversicherung muss konkret durch ein Gesetz vorgegeben sein.[49] Dabei ist § 4 III PartGG zu entnehmen, dass die Haftungsbeschränkung nur solchen freien Berufen offen steht, die einen Versicherungsnachweis nach § 113 II VVG erbringen können.[50] Zu diesen freien Berufen gehören etwa Rechts- und Patentanwälte, Steuerberater und Wirtschaftsprüfer.[51] Für Rechtsanwälte beispielsweise ordnet § 51a BRAO die Berufshaftpflichtversicherung an; die Mindestversicherungshöhe für Partnerschaftsgesellschaften mB beträgt gemäß § 51a II BRAO 2.500.000 Mio. Euro. Dagegen reicht außerhalb dieser Konstellation bereits eine Summe von 250.000 EUR aus, § 51 IV 1 BRAO.[52] Nach § 8 IV 1 PartGG muss die Partnerschaft die Berufshaftpflichtversicherung „unterhalten". Demnach muss also die Versicherung wirksam abgeschlossen sein und der Versicherungsschutz muss zum Zeitpunkt der schädigenden Handlung bestehen.[53] Ist diese Voraussetzung erfüllt, haftet den Gesellschaftsgläubigern für Verbindlichkeiten der Partnerschaft aus Schäden wegen fehlerhafter Berufsausübung ausschließlich das Gesellschaftsvermögen.[54] Es besteht dann keine gesamtschuldnerische Haftung nach § 8 I PartGG. Auch lebt die persönliche Haftung des einzelnen Partners nicht wieder auf, nur weil im Einzelfall die vorgeschriebene Versicherungssumme erschöpft ist oder die Versicherung aufgrund grober Fahrlässigkeit oder Vorsatz nicht für den Schaden aufkommt.[55] Allerdings unterliegt § 8 IV 1 PartGG einer wesentlichen Restriktion: Die Haftungsbeschränkung greift nämlich nur bei Verbindlichkeiten aus Schäden wegen fehlerhafter Berufsausübung ein. Diese Beschränkung beruht darauf, dass nur hier die Berufshaftpflichtversicherung zugunsten der Gesellschaftsgläubiger greift.[56] Folglich sind von der Haftungsbeschränkung solche Verbindlichkeiten nicht erfasst, die keinen spezifischen Mandantenbezug aufweisen.[57] So ist etwa bei Verbindlichkeiten aus Kauf-, Arbeits- und Mietverträgen die Haftungsbeschränkung des § 8 IV 1 PartGG nicht einschlägig; die Partner haften somit uneingeschränkt persönlich nach § 8 I PartGG.[58] Jedoch besteht neben § 8 IV PartGG unverändert die Möglichkeit fort, die Haftung der Partnerschaft vertraglich zu beschränken.[59] Zu beachten ist noch, dass § 8 II PartGG und § 8 IV PartGG in einem Ausschließlichkeitsverhältnis zueinander stehen.[60]

---

48 *Leuering,* NZG 2013, 1001, 1003 f.; *Kindler,* § 10 Rn. 129; *Baumann,* GmbHR 2014, 953, 954; *Seibert,* DB 2013, 1710, 1711; *Grunewald,* § 5 Rn. 12.

49 *Seibert,* DB 2013, 1710, 1711.

50 Vgl. *Saenger,* Rn. 416.

51 *Leuering,* NZG 2013, 1001, 1003; *Römermann,* NJW 2013, 2305, 2309; *Saenger,* Rn. 416.

52 Ausführlich auch *Römermann/Jähne,* BB 2015, 579, 580 f.

53 *Römermann,* NJW 2013, 2305, 2309; *Römermann/Jähne,* BB 2015, 579, 580; *Seibert,* DB 2013, 1710, 1712; *Saenger,* Rn. 416.

54 *Baumann,* GmbHR 2014, 953, 954; *Leuering,* NZG 2013, 1001, 1004; *Seibert,* DB 2013, 1710, 1711; *Kindler,* § 10 Rn. 129; *Saenger,* Rn. 418.

55 RegBegrE, BT-Drucks. 17/10487, S. 14; *Leuering,* NZG 2013, 1001, 1004; *Römermann,* NJW 2013, 2305, 2309; *Saenger,* Rn. 418.

56 RegBegrE, BT-Drucks. 17/10487, S. 1, 14; *Saenger,* Rn. 418.

57 Damit geht bei der Partnerschaft mit beschränkter Berufshaftung die Haftungsbeschränkung nicht soweit, wie sie bei der LLP festgelegt werden kann.

58 Vgl. *Leuering,* NZG 2013, 1001, 1004; *Römermann,* NJW 2013, 2305, 2309; *Römermann/Jähne,* BB 2015, 579, 581; *Seibert,* DB 2013, 1710 f.; *Saenger,* Rn. 418.

59 *Leuering,* NZG 2013, 1001, 1003; *Seibert,* DB 2013, 1710, 1714; *Zimmermann,* NJW 2014, 1142, 1144 ff.; *Kindler,* § 10 Rn. 130.

60 *Römermann,* NJW 2013, 2305, 2307.

25 Da *Zessin* Partnerin einer Partnerschaft mbB ist, besteht grundsätzlich zu ihren Gunsten die Haftungsbeschränkung des § 8 IV 1 PartGG; denn bei der Partnerschaftsgesellschaft, der sie angehört, handelt es sich um einen Zusammenschluss von Rechtsanwältinnen. Diese Partnerschaft hat wiederum die von § 8 IV 1 PartGG verlangte Berufshaftpflichtversicherung abgeschlossen. „Unterhält" nun diese Partnerschaft eine solche Versicherung, kann sich *Zessin* auf § 8 IV 1 PartGG berufen. Die Partnerschaftsgesellschaft, bei der *Zessin* Partner ist, wurde zudem im Partnerschaftsregister als Partnerschaft „mbB" eingetragen, so dass insbesondere ein Gutglaubensschutz Dritter über § 15 I HGB i. V. m. § 5 II PartGG wegfällt. Nach § 8 IV 3 PartGG muss nämlich im Namen der Partnerschaft der Zusatz „mit beschränkter Berufshaftung" oder eine allgemein verständliche Abkürzung enthalten sein. Dieser Zusatz bzw. diese Abkürzung ist in das Partnerschaftsregister einzutragen (Rn. 9). Deshalb können prinzipiell gutgläubige Dritte auf das Schweigen des Partnerschaftsregisters und auf einen dort nicht eingetragenen – die Haftungsbeschränkung anzeigenden – Namenszusatz vertrauen.[61] Auch ein allgemeiner Rechtsschein wurde hier nicht gesetzt, weil *Zessins* Partnerschaft im Rechtsverkehr stets den haftungsbeschränkenden Namenszusatz verwendete.[62] Für den Kaufpreis, den die Partnerschaftsgesellschaft hinsichtlich des erworbenen Bürogebäudes zahlen muss, haftet *Zessin* dennoch uneingeschränkt persönlich nach § 8 I PartGG. Es handelt sich schließlich um keine mandatsbezogene Verbindlichkeit; die Haftungsbeschränkung des § 8 IV 1 PartGG gilt somit nicht. Dagegen haftet *Zessin* aus dem gegenüber der Partnerschaftsgesellschaft bestehenden Mandat *Bielinis* nicht; insoweit greift § 8 IV 1 PartGG ein. *Bielinis* kann nur die Partnerschaft für den bei ihm eingetretenen Schaden (25.000 EUR) in Anspruch nehmen.

IV. Auflösung, Abwicklung, Ausscheiden

26 Für das Ausscheiden eines Partners und die Auflösung der Partnerschaft verweist § 9 I PartGG auf die §§ 131–144 HGB. Die dazu unter § 17 Rn. 1 ff. und § 18 Rn. 5 ff. gegebenen Erläuterungen sind für die Partnerschaft dahingehend zu ergänzen, dass § 9 III PartGG einen weiteren Ausscheidensgrund vorsieht, wenn der Partner die Zulassung zu dem freien Beruf verliert, den er in der Partnerschaft ausübt. Dieser Fokussierung auf den freien Beruf entspricht es, wenn § 9 IV 1 PartGG die Vererbung des Anteils ausschließt, wobei der Gesellschaftsvertrag unter bestimmten Voraussetzungen Ausnahmen von dieser Regel festlegen kann (vgl. zu den Einzelheiten § 9 IV PartGG). Eine rechtsgeschäftliche Anteilsübertragung ist im PartGG wie auch im OHG-Recht nicht geregelt (s. oben § 18 Rn. 2), setzt aber nach allgemeinen Grundsätzen die Zustimmung sämtlicher Partner oder die vorherige Zulassung im Gesellschaftsvertrag voraus.[63] Für die Liquidation verweist § 10 I PartGG auf das OHG-Recht (oben § 17 Rn. 11 ff.), für die Nachhaftung § 10 II PartGG auf §§ 159 f. HGB (s. oben § 18 Rn. 35 ff.).

V. Zusammenfassung

27 Die durch das Gesetz von 1994 geschaffene und seit 1. Juli 1995 (Inkrafttreten) mögliche Partnerschaft ist eine Gesellschaft zur gemeinsamen Ausübung freier Berufe. Sie bedarf zu ihrer Gründung eines schriftlichen Vertrages und zur Wirksamkeit im Außenverhältnis überdies auch der Eintragung in das Partnerschaftsregister, der

---

[61] *Leuering*, NZG 2013, 1001, 1003 f.; *Seibert*, DB 2013, 1710, 1713; *Kindler*, § 10 Rn. 130.
[62] S. dazu *Seibert*, DB 2013, 1710, 1713.
[63] MüKoBGB/*C. Schäfer*, § 9 PartGG Rn. 32; vgl. dazu auch *K. Schmidt*, § 64 III 2.

insofern also konstitutive Wirkung zukommt. Die Partnerschaft unterliegt nach § 1 IV PartGG den §§ 705 ff. BGB, soweit das Gesetz nicht selbst eine Regelung enthält und auch nicht – wie fast durchgängig – auf die §§ 105 ff. HGB verweist. Die Partnerschaft betreibt kein Handelsgewerbe (§ 1 I 2 PartGG). Nach dem Vorbild der OHG (§ 124 I HGB) ist sie rechts- und verpflichtungsfähig. Auch in der zentralen Frage nach der Haftung der Partner lehnt sich § 8 PartGG an die §§ 128 ff. HGB an. Eine gesetzliche Haftungsbegrenzung gem. § 8 II PartGG greift dann ein, wenn nur ein einzelner Partner mit der Bearbeitung eines Auftrags befasst war. Seit der Gesetzgeber im Jahre 2013 als Variante der Partnerschaftsgesellschaft die Partnerschaft mbB eingeführt hat, kann die persönliche Haftung des Partners unter der Voraussetzung des § 8 IV 1 PartGG noch weitgehender ausgeschlossen sein. Auflösung, Ausscheiden und Auseinandersetzung richten sich mit nur geringfügigen Ausnahmen nach dem OHG-Modell.

4. Teil. Körperschaften

1 Nachdem der Schwerpunkt der bisherigen Darstellung auf den Personengesellschaften lag, sollen im Folgenden die Körperschaften erläutert werden. Ihre zentralen Merkmale sind bereits in § 2 herausgearbeitet worden. Es handelt sich um eine Verbandsform, bei der nicht die individuellen Gesellschafter im Mittelpunkt des gesellschaftlichen Lebens stehen, sondern die Körperschaft ist gegenüber ihren Mitgliedern „verabsolutiert". Gekennzeichnet ist sie insbesondere durch ihre körperschaftliche Verfassung, also durch eine auf Satzung beruhende Ordnung mit besonderen Organen. Weitere charakteristische Merkmale sind etwa das Prinzip der Fremdorganschaft, das Mehrheitsprinzip und der Ausschluss der persönlichen Haftung (ausführlich dazu § 2).

2 Die folgende Darstellung soll nicht alle Körperschaftstypen erfassen, sondern sich auf die in der Praxis und Ausbildung wichtigsten Erscheinungsformen konzentrieren. Das sind der Verein, die Aktiengesellschaft und die GmbH. In seiner Ausbildungsrelevanz bleibt der Verein hinter den Personengesellschaften zurück.[1] Dennoch hat er als Grundform der Körperschaften zumindest in seinen Grundzügen am Anfang der Darstellung zu stehen, um eine Verständniskulisse für das darauf aufbauende Kapitalgesellschaftsrecht zu schaffen, also das Recht der Aktiengesellschaft und der GmbH. Von den beiden Kapitalgesellschaften soll sodann zunächst die Aktiengesellschaft erläutert werden. Sie ist als Organisationsform für Großunternehmen deutlich stärker reguliert als die GmbH, die vom Gesetzgeber für kleinere Zusammenschlüsse vorgesehen ist, die nicht darauf ausgerichtet sind, den öffentlichen Kapitalmarkt in Anspruch zu nehmen. Zwar begegnet in Klausuren die GmbH häufiger als die Aktiengesellschaft, aber ihr Verständnis wird durch die Kenntnis des Aktienrechts deutlich erleichtert. Wer die Strukturelemente der „großen Schwester" Aktiengesellschaft verinnerlicht hat, dem wird es keine Schwierigkeiten mehr bereiten, auch die GmbH als ihr verschlanktes Gegenüber zu erfassen. Bei beiden Erscheinungsformen der Kapitalgesellschaften ist die Darstellung im Wesentlichen am examensrelevanten Prüfungsstoff ausgerichtet.

Hinweis:

3 Was genau zum Prüfungsstoff zählt, kann aufgrund der föderalen Unterschiede in den juristischen Ausbildungsordnungen nicht pauschal umschrieben werden. Jedem Studenten sei namentlich für die Examensvorbereitung empfohlen, in der für ihn einschlägigen Juristenausbildungsordnung nachzuschlagen, welche Bereiche des Gesellschaftsrechts in seinem Bundesland abgefragt werden können.[2] Für das Schwerpunktbereichstudium sind die jeweiligen universitären Ausbildungsordnungen maßgeblich.

---

[1] Vgl. aber auch *Petersen,* Jura 2002, 683: „Vereinsrecht gehört zu den am meisten unterschätzten Bereichen der zivilrechtlichen Examensvorbereitung".

[2] Überblick auch bei *C. Schäfer,* § 1 Rn. 1 ff.

1. Kapitel. Der Verein

§ 26. Begriff und Errichtung des eingetragenen Vereins

Literatur: Vgl. bereits die Nachw. zu § 2; speziell zum Verein s. zunächst die Handbücher: *Reichert,* Vereins- und Verbandsrecht, 13. Aufl., 2016; *Sauter/Schweyer/Waldner,* Der eingetragene Verein, 20. Aufl., 2016; *Stöber/Otto,* Handbuch zum Vereinsrecht, 11. Aufl., 2016; ferner aus dem Schrifttum: *Beuthien,* Wie ideell muss ein Idealverein sein?, NZG 2015, 449; *Grundmann/Terner,* Vereinsrecht – ein Überblick, JA 2008, 689; *Leuschner,* Ist der ADAC zu Recht ein eingetragener Verein?, ZIP 2015, 356; *Mummenhoff,* Gründungssysteme und Rechtsfähigkeit, 1979; *Petersen,* Das Vereinsrecht des BGB, Jura 2002, 683; *Reuter,* (Keine) Durchgriffshaftung der Vereinsmitglieder wegen Rechtsformverfehlung, NZG 2008, 650; *Reuter,* Zur Vereinsrechtsreform 2009, NZG 2009, 1368; *Schauhoff/Kirchhain,* Der wirtschaftlich tätige gemeinnützige Verein – Zur Auslegung des § 21 BGB, ZIP 2016, 1857; *K. Schmidt,* Der bürgerlich-rechtliche Verein mit wirtschaftlicher Tätigkeit, AcP 182 (1982), 1; *K. Schmidt,* Systemfragen des Vereinsrechts, ZHR 147 (1983), 43; *K. Schmidt,* Verbandszweck und Rechtsfähigkeit im Vereinsrecht, 1984; *Seltmann,* Rechtsfolgen der wirtschaftlichen Betätigung von Idealvereinen, DStR 2008, 1443; *Wagner,* Die Entwicklungen im Vereinsrecht, NZG 2016, 1046.

I. Begriff, Erscheinungsformen und Verbreitung

1 Wie die BGB-Gesellschaft als Prototyp der Personengesellschaften in §§ 705 ff. BGB geregelt ist, hat auch der Verein als Prototyp der Körperschaften eine Regelung im allgemeinen Bürgerlichen Recht gefunden, nämlich in den §§ 21 ff. BGB. Die unterschiedliche systematische Stellung erklärt sich aus der bereits in § 2 angesprochenen juristischen Verselbstständigung der Körperschaften (§ 2 Rn. 3 f.). Während der historische Gesetzgeber die BGB-Gesellschaft noch als ein herkömmliches Schuldverhältnis mit einer besonderen Vermögensbindung aufgefasst hat (§ 3 Rn. 3 ff.), sah er im eingetragenen Verein eine eigenständige Rechtspersönlichkeit, eine juristische Person, die deshalb im ersten Abschnitt des Allgemeinen Teils unter dem Titel „Personen" gleich nach den natürlichen Personen behandelt wird. Eine spezifisch gesellschaftsrechtliche Regelungsperspektive hatte der Gesetzgeber also offenkundig noch nicht entwickelt.

2 In den §§ 21 ff. BGB wird der Verein nicht durch eine Definition umschrieben, sondern als Begriff vorausgesetzt; der einleitende § 21 BGB regelt schon seine Gründung. In der Rechtsprechung und im Schrifttum versteht man unter dem Verein einen auf Dauer angelegten, körperschaftlich organisierten Zusammenschluss von Personen, die einen gemeinsamen Zweck verfolgen.[1] Der zentrale Unterschied zur BGB-Gesellschaft liegt hier also in der körperschaftlichen Struktur, die in den §§ 21 ff. BGB näher ausgeformt wird. Sie gibt dem Verein das überindividuelle Gepräge und eröffnet ihm die für diese Gesellschaftsform charakteristische Möglichkeit, einer Vielzahl untereinander nicht miteinander verbundenen Mitgliedern offen zu stehen. Ein weiteres schon aus der alltäglichen Anschauung vertrautes Kennzeichen des Vereins liegt darin, dass er anders als die bislang besprochenen Gesellschaftsformen zumeist nicht einer unternehmerischen Tätigkeit dient, sondern seine wichtigsten Einsatzfelder im sportlichen, kulturellen oder karitativen Bereich liegen. Diese Besonderheit erklärt sich noch nicht aus der oben wiedergegebenen Definition, sondern aus § 22 BGB, der Vereine mit einer wirtschaftlichen Ausrichtung nur

[1] Vgl. etwa MüKoBGB/*Reuter,* §§ 21, 22 Rn. 1; Palandt/*Ellenberger,* Vor § 21 Rn. 14.

nach einer besonderen staatlichen Verleihung erlaubt, die aber im Regelfall versagt wird (zu den Hintergründen s. noch Rn. 21 ff.). Der gesetzliche und tatsächliche Regelfall ist also der nicht wirtschaftlich ausgerichtete Verein; man spricht insofern von einem Idealverein. Körperschaften, die unternehmerisch tätig sein wollen, sollen nach dem Willen des Gesetzgebers die Rechtsform der Aktiengesellschaft oder der GmbH wählen, in denen der Haftungsausschluss der Gesellschafter durch ihre Verpflichtung zum Aufbau eines Haftungsfonds kompensiert wird (s. bereits § 2 Rn. 4). Auch sie werden von der oben wiedergegebenen Definition umfasst, sind in ihrer Grundverfassung also ebenfalls Vereine und unterscheiden sich von diesen nur durch zusätzliche weitere Merkmale, namentlich die zwingende Aufbringung eines Mindestkapitals.

Neben der Abgrenzung zwischen dem Idealverein und dem wirtschaftlichen Verein 3
liegt dem Gesetz noch eine weitere Zweiteilung zugrunde, die das Verständnis des Vereinsrechts erschwert: die Unterscheidung zwischen rechtsfähigen und nicht rechtsfähigen Vereinen (vgl. § 54 S. 1 BGB). Da der Verein die Rechtsfähigkeit gem. § 21 BGB mit der Eintragung erhält, ist diese Unterscheidung deckungsgleich mit der Unterscheidung zwischen eingetragenen und nicht eingetragenen Vereinen. Die §§ 21 ff. BGB regeln den gesetzlichen Normalfall des eingetragenen Vereins. Der nicht eingetragene Verein findet lediglich in § 54 BGB eine gesonderte Regelung. Ihm fehlt mit der Eintragung gerade ein für Körperschaften ansonsten typisches, wenngleich nicht zwingendes Element (s. § 2 Rn. 6 f. sowie unten Rn. 15). Das schlägt sich auch in seiner rechtlichen Behandlung nieder: § 54 S. 1 BGB unterstellt ihn dem Recht der Gesellschaft, also den §§ 705 ff. BGB, was zu der eigentümlichen Folge führt, dass für den nicht rechtsfähigen Verein das Recht der BGB-Gesellschaft gilt, deren Rechtsfähigkeit mittlerweile aber anerkannt ist (§ 3 Rn. 3 ff.). Auf diese problematische Anordnung wird unter § 28 Rn. 8 ff. zurückzukommen sein.

Der Verein als Gesellschaftsform hat zahllose Anwendungsfelder.[2] Neben den 4
bereits erwähnten Vereinen mit sportlicher, kultureller oder karitativer Zielsetzung sind etwa auch Parteien, Arbeitgeber- und Arbeitnehmer- sowie Wirtschaftsverbände als Vereine organisiert.[3] Schon nach der in Art. 9 I GG festgelegten Vereinigungsfreiheit kann letztlich jeder beliebige Zweck Vereinszweck sein; nur über das Verleihungserfordernis des § 22 BGB wird unternehmerisch ausgerichteten Vereinstypen der Weg in die „Kapitalvereine" Aktiengesellschaft und GmbH gewiesen und der Weg in den Verein versperrt. Die Anwendungsbeispiele für Vereine reichen daher vom historischen Ausgangsfall der „Skat-, Kegel-, Rauch- und Saufvereine"[4] über den Kaninchenzüchterverein, den Mieterverein, den Lions-Club, die Ärzte- oder Apothekerverbände bis zum Bund der Deutschen Industrie (BDI). Aber auch innerhalb der einzelnen Erscheinungsformen des Vereins bietet sich ein zum Teil sehr heterogenes Bild: So ist etwa im sportlichen Bereich nicht nur der kleine, lokale Fußballverein in der Vereinsform organisiert, sondern auch eine Spitzenmannschaft der Fußballbundesliga (s. dazu noch Rn. 27 ff.). Im Jahr 2014 gab es in Deutschland 588.801 eingetragene Vereine.[5] Nach Schätzungen ist jeder zweite Deutsche in mindestens einem Verein organisiert; viele sind aber auch in

---

[2] Ausführlicher Überblick bei *Reichert,* Vereins- und Verbandsrecht, 13. Aufl., 2016, Rn. 32 ff., insb. 52.

[3] *Reichert,* Vereins- und Verbandsrecht, 13. Aufl., 2016, Rn. 52; *Saenger,* Rn. 443.

[4] Vgl. dazu *Mugdan,* Die gesammten Materialien zum BGB, I. Band, 1899, S. 995.

[5] Vereinsstatistik 2014 nach V&M Service GmbH, Konstanz, Deutschland, Sommer 2014; die größte Verbreitung haben weiterhin Sportvereine, vgl. MHdB GesR V/*Beuthien,* § 1 Rn. 2.

mehreren aktiv.[6] Die wirtschaftliche Relevanz dieser Rechtsform ist also kaum zu überschätzen.

5 Eine im Jahr 2004 initiierte Reform des Vereinsrechts, die auf die Abschaffung des wirtschaftlichen Vereins und eine Neuregelung des Rechts des nicht rechtsfähigen Vereins abzielte, wurde vom Gesetzgeber nicht weiter verfolgt.[7] Auch ein Projekt der EU-Kommission, im Wege einer Verordnung das Statut eines Europäischen Vereins zu schaffen, wurde offenbar aufgegeben.[8]

II. Gründung des Vereins

6 **Fall 1:** Der sportbegeisterte Taxifahrer *Hövekamp* hat den Rugby-Sport für sich entdeckt. Er möchte deshalb mit 14 Gleichgesinnten die „Konstanzer Kakerlakers" als neuen Sportverein gründen. Auf der Gründungsversammlung wird folgendes Schriftstück unterzeichnet: „Ich stimme der Gründung des Vereins Konstanzer Kakerlakers zu und erkläre zugleich meinen Beitritt. Mit meiner Unterschrift erkenne ich auch die anliegende Satzung an." *Hövekamp* fragt, ob der Verein damit wirksam errichtet wurde und welche nächsten Schritte die Mitglieder noch unternehmen müssen, damit der Verein seine Tätigkeit aufnehmen kann.

7 Das BGB enthält keine Vorschriften über die Gründung des Vereins. Welche Anforderungen erfüllt sein müssen, lässt sich jedoch aus den allgemeinen Merkmalen einer jeden Gesellschaft sowie aus den Merkmalen des entstandenen Vereins ableiten. So setzt der Begriff der Gesellschaft im weiteren Sinne, zu der auch der Verein zählt,[9] zunächst einen Vertragsschluss voraus, durch den die Gründer den gemeinsamen Zweck festlegen und sich zur Förderung dieses Zwecks verpflichten (vgl. § 1 Rn. 16 f.).[10] Auf diesen Vertrag findet die Lehre von der fehlerhaften Gesellschaft, die ein allgemeines Prinzip des Gesellschaftsrechts enthält, Anwendung (s. oben § 5).[11] Die Voraussetzung des Vertragsschlusses ist hier mit der Unterzeichnung des Schriftstücks erfüllt. Indem die Beteiligten den Gründungsvertrag abschließen, werden sie zugleich die ersten Mitglieder des Vereins. Weil der Verein ein korporativer Zusammenschluss ist, ist weiter erforderlich, dass die Gründer eine Satzung formulieren und ihre Geltung im Gründungsvertrag vereinbaren. Auch diese Voraussetzung ist erfüllt, indem die Gründer „die anliegende Satzung" anerkennen. Dass die Gründungsvereinbarung und die Satzung in getrennten Urkunden formuliert sind, steht nicht entgegen. Mit Abschluss des Vertrags und Anerkennung der Satzung ist der Verein also errichtet.

8 Die Eintragung ist für den Verein kein konstitutives Errichtungsmerkmal, was namentlich in §§ 21, 54 BGB zum Ausdruck kommt, die zwischen rechtsfähigen und nicht rechtsfähigen Vereinen unterscheiden und die Erlangung der Rechtsfähigkeit (nicht aber die Entstehung des Vereins als solche) gerade an die Eintragung knüpfen (s. dazu noch § 28 Rn. 1 ff.). Man kann daher nur von einer partiell konstitutiven Wirkung der Eintragung sprechen: Sie konstituiert den Verein als juristische Person, nicht aber den Verein selbst. Ebenso bedarf es bei einem Verein –

---

6 Vgl. etwa *Wehling* in Welt vom 21.12.1998: Warum Vereine die Demokratie stärken.

7 Vgl. dazu *Bergmann,* ZGR 2005, 654 ff.; *Beuthien,* NZG 2005, 493 ff.; *Hadding,* ZGR 2006, 137 ff.; *Reuter,* NZG 2005, 738 ff. Der nichtsrechtsfähige Verein war aufgrund dieser verworrenen Gesetzeslage Diskussionspunkt des 71. DJT 2016, vgl. dazu *C. Schäfer,* Gutachten E zum 71. Deutschen Juristentag, 2016.

8 Vgl. dazu die krit. Würdigung von *Terner,* ZEuP 2007, 96 ff.

9 Soergel/*Hadding,* Vor § 21 Rn. 45.

10 Vgl. speziell für den Verein etwa *Eisenhardt/Wackerbarth,* Rn. 205 f.; *Wolf/Neuner,* AT, § 17 Rn. 1 ff.; *Saenger,* Rn. 447 f.

11 Vgl. etwa Soergel/*Hadding,* § 25 Rn. 30; *Reichert,* Vereins- und Verbandsrecht, 13. Aufl., 2016, Rn. 91; *Eisenhardt/Wackerbarth,* Rn. 207.

anders als bei den Kapitalgesellschaften – nicht der Aufbringung eines Mindestkapitals. Das mag insofern überraschen, als in (§ 2 Rn. 4) dargelegt wurde, dass bei den Kapitalgesellschaften mit dem Aufbau dieses Haftungsfonds die Befreiung von der persönlichen Haftung erkauft wird. Eine persönliche Haftung der Gesellschafter besteht aber auch beim Verein nicht. Dass er trotzdem keiner Kapitalaufbringung bedarf, erklärt sich daraus, dass die Haftungsgefahren beim Verein deutlich geringer erscheinen, da das Gesetz vom Idealverein ausgeht, der gerade nicht unternehmerisch tätig sein soll.[12]

Mit der Errichtung ist der Verein ins Leben gerufen, aber er ist noch nicht hand- 9
lungsfähig. Anders als bei den Personengesellschaften, die vom Prinzip der Selbstorganschaft geprägt sind (§ 2 Rn. 11), stehen hier nicht die Gesellschafter als geborene Organwalter zur Verfügung, sondern es bedarf der besonderen Bestellung eines solchen Organs. Nach § 26 I BGB ist bei einem Verein der Vorstand das zur Führung der laufenden Geschäfte und zur Vertretung berufene Organ. Dringlichste Aufgabe bei den Konstanzer Kakerlakers ist deshalb, dass die Vereinsmitglieder einen Vorstand bestellen. Er wird nach § 27 I BGB grundsätzlich von der Mitgliederversammlung durch Beschluss bestellt, wobei die Einzelheiten seiner Bestellung und seiner Zusammensetzung, namentlich also die Zahl der Vorstandsmitglieder, gem. § 58 Nr. 3 BGB in der Satzung vorgegeben sein soll. Die Mitgliederversammlung entscheidet nach § 32 I 3 BGB in der Regel mit der Mehrheit der bei der Versammlung erschienenen Mitglieder. Zu beachten ist allerdings die Vorschrift des § 40 BGB, wonach §§ 27 und 32 BGB nachgiebiges, also satzungsdispositives Recht sind. Die Satzung kann also durchaus ein anderes Procedere vorsehen, etwa die Befugnis zur Bestellung einem besonderen Beirat übertragen oder ähnliches.[13] Auch kann die Satzung vorsehen, dass der Vorstand von einem Vereinsexternen zu bestellen ist. Solange eine derartige Bestimmung kraft Satzungsänderung durch die Mitgliederversammlung abbedungen werden kann, widerspricht diese Bestellungsart auch nicht der Vereinsautonomie.[14]

Mit der Bestellung tritt der Vorstand in seine durch Gesetz und Satzung vorgezeich- 10
nete Rechts- und Pflichtenstellung ein. Soll darüber hinaus auch noch seine persönliche Rechtsstellung näher geregelt werden (Vergütung, Büroausstattung u. ä.), ist daneben noch ein Anstellungsvertrag erforderlich, der vom Bestellungsakt zu trennen ist.[15] Auch er fällt in die Zuständigkeit des für die Bestellung von Vorstandsmitgliedern kompetenten Organs. Entsprechendes gilt für die Abberufung des Vorstands.[16] Sie ist nach § 27 II 1 BGB jederzeit möglich, doch kann auch hier die Satzung nach § 27 II 2 BGB etwas anderes bestimmen. Besteht ein Vergütungsanspruch aufgrund eines parallel geschlossenen Anstellungsvertrages, bleibt dieser nach § 27 II 1 BGB unberührt, sofern nicht auch eine Kündigung dieses Vertrags möglich ist (namentlich als außerordentliche Kündigung bei wichtigem Grund). Es kann also sein, dass der Vorstand von seinen Rechten und Pflichten entbunden ist, aber doch weiterhin eine Vergütung erhält.

---

[12] Vgl. dazu etwa BGHZ 45, 395, 397 = NJW 1966, 2007.
[13] Die Möglichkeit einer Beiratsbestellung ergibt sich aus § 25 BGB (s. noch § 27 Rn. 3).
[14] *OLG Köln* NJW 1992, 1048 ff. Für eine sehr weitgehende Gestaltungsgfreiheit der Satzung im Rahmen der Vereinsautonomie *OLG Karlsruhe* NZG 2012, 1314 ff. (hinsichtlich der Satzung eines Zweigvereins, dessen Mitglieder zugleich Vereinsmitglieder des Einfluss nehmenden Gesamtvereins sind); *Grunewald,* § 8 Rn. 8.
[15] Vgl. dazu etwa Soergel/*Hadding,* § 27 Rn. 12 f.; *Grunewald,* § 8 Rn. 34.
[16] BGHZ 113, 237, 241 ff. = NJW 1991, 1727; dazu *Baums,* ZGR 1993, 141 ff.

III. Der Erwerb der Rechtsfähigkeit

1. Verein ohne wirtschaftlichen Geschäftsbetrieb

a) Bedeutung der Rechtsfähigkeit

11 Der Verein wurde in § 2 den Körperschaften zugeordnet. Diese erhalten ihre von den Mitgliedern losgelöste Organisationsstruktur in der Regel gerade auch dadurch, dass ihnen eine eigenständige Rechtspersönlichkeit verliehen wird. Sie werden zur juristischen Person. Aus diesem Grund ist es erläuterungsbedürftig, wenn das Gesetz in § 54 BGB zwischen rechtsfähigen und nicht rechtsfähigen Vereinen unterscheidet.

12 **Fall 2:** *Hövekamp* hat erfahren, dass es sowohl eingetragene als auch nicht eingetragene Vereine gibt. Er fragt sich deshalb, ob auch für ihn eine Eintragung ratsam ist und welche Schritte er unternehmen muss, um die Eintragung zu erreichen.

13 Ziel der Eintragung ist es, den Verein zur juristischen Person werden zu lassen. Der Verein erlangt damit nach § 21 BGB Rechtsfähigkeit und kann am Rechtsverkehr teilnehmen. Er selbst – und nicht seine Mitglieder – ist Inhaber der Rechte und Schuldner der Verbindlichkeiten, die für ihn begründet werden. Er ist grundbuchfähig, aktiv und passiv parteifähig (§ 50 I ZPO). Diese Verselbstständigung des Vereins zur juristischen Person führt zur rechtlichen Trennung zwischen ihm und seinen Mitgliedern, was aus Gesellschaftersicht insbesondere den Vorteil hat, dass die Haftung für Vereinsverbindlichkeiten auf die Gesellschaft selbst beschränkt bleibt.[17] § 54 S. 1 BGB verweist für den nicht eingetragenen Verein hingegen auf das Recht der BGB-Gesellschaft, wo die Mitglieder die akzessorische Haftung analog § 128 S. 1 HGB trifft (s. noch § 28 Rn. 8 ff.).[18]

14 Als juristische Person hat der eingetragene oder konzessionierte Verein im Bereich des Vermögensrechts und auch darüber hinaus, soweit dies seinen Aufgaben entspricht, dieselbe Rechtsstellung wie eine natürliche Person. Ob diese Gleichstellung so weit reicht, dass der Verein als eine reale Verbandsperson neben der natürlichen Person anzuerkennen ist oder ob er mit dem staatlichen Verleihungsakt lediglich im Wege einer Fiktion der natürlichen Person gleichgestellt wird, war im 19. Jahrhundert Gegenstand einer intensiven dogmatischen Debatte, als deren Hauptprotagonisten *Otto von Gierke* (Lehre von der realen Verbandstheorie) und *Friedrich Carl von Savigny* (Fiktionstheorie) zu nennen sind.[19] Diese Debatte kann für die vertiefte gedankliche Durchdringung des Gesellschaftsrechts auch heute noch aufschlussreich sein. Für die Fallbearbeitung hat sie ihre Bedeutung indes verloren.[20] Es ist heute weitgehend unbestritten, dass der Verband im Sinne *Otto von Gierkes* nicht allein eine Fiktion ist, sondern eine soziale Realität. Dagegen ist von der Lehre *Savignys* die Erkenntnis geblieben, dass der Staat durch einen Publizitätsakt dafür zu sorgen hat, dass das Vorhandensein der juristischen Person klargestellt wird. Der

---

[17] Die Frage, ob und unter welchen Voraussetzungen es geboten ist, die Trennung zwischen der juristischen Person und ihren Mitgliedern zu durchbrechen, ist Gegenstand der sog. Durchgriffslehre. Auf diese Frage ist im Zusammenhang mit der Einmann-GmbH näher einzugehen, weil sie vor allem dort Bedeutung erlangt. Zum Vereinsrecht BGHZ 54, 222 = NJW 1970, 2015 sowie aus neuerer Zeit BGHZ 175, 12 = NZG 2008, 670 (Kolpingwerk).

[18] Zu weiteren Vorteilen der staatlichen Anerkennung auch aus steuerlicher und öffentlich-rechtlicher Sicht vgl. *Reichert,* Vereins- und Verbandsrecht, 13. Aufl., 2016, Rn. 384 ff.

[19] Vgl. insb. *v. Savigny,* System des heutigen römischen Rechts, Bd. II, 1840, S. 236 ff. (Fiktionstheorie) und *Otto v. Gierke,* Dt. PrivatR, Bd. I, 1895 (Nachdruck 1936), § 59 (Lehre von der realen Verbandsperson). Zusammenfassende Darstellung bei Soergel/*Hadding,* vor § 21 Rn. 7 ff.; *K. Schmidt,* § 8 II; *Wiedemann,* GesR I, § 4 I 1.

[20] Vgl. auch Palandt/*Ellenberger,* Vor § 21 Rn. 1: für die praktische Rechtsanwendung unergiebig; ähnlich Soergel/*Hadding,* Vor § 21 Rn. 7 ff.

Rechtsverkehr soll nicht mit rechtsfähigen Verbandspersonen leben, deren Existenz ungesichert ist.[21]

Hinweis:

Studenten bereitet oft die Trennung der Begriffe Körperschaft, juristische Person und Rechtsfähigkeit große Schwierigkeiten. Das ist verständlich, da die tatsächliche Schnittmenge der davon erfassten Gestaltungen groß ist. Dennoch sind die Begriffe nicht deckungsgleich, sondern sie umschreiben unterschiedliche Aspekte identischer oder doch zumindest ähnlicher Sachverhalte. So kennzeichnet der Begriff der Körperschaft die organisatorische Struktur der Gesellschaft, die auf eine Loslösung von ihren Mitgliedern ausgerichtet ist. Endgültig vollzogen ist diese Loslösung aber erst, wenn mit der Eintragung der Schritt zur juristischen Person gemacht wurde.[22] Am deutlichsten zeigt sich der Unterschied zwischen diesen Begriffen beim nicht eingetragenen Verein, der zwar Körperschaft, aber keine juristische Person ist. Auch die Begriffe Rechtsfähigkeit und juristische Person bezeichnen nicht denselben Sachverhalt, wie bereits die Überlegungen zur Rechtsfähigkeit der BGB-Gesellschaft gezeigt haben, deren Einordnung als juristische Person von der ganz herrschenden Meinung zu Recht abgelehnt wird (s. bereits § 3 Rn. 13). Die Eigenschaft, eine „juristische Person“ zu sein, besagt lediglich, dass dem Verbund seine Rechtsfähigkeit in einem bestimmten, staatlich geordneten Verfahren verliehen wurde, wovon der Gesetzgeber namentlich bei den Körperschaften wegen der hier notwendigen Rechtssicherheit Gebrauch macht.[23] 15

b) Erlangung der Rechtsfähigkeit

16 Dass der Verein juristische Person werden soll, kann nicht der Vorstand beschließen. Erforderlich ist vielmehr, dass die Satzung den Erwerb der vollen Rechtsfähigkeit bestimmt (§ 57 I BGB). Überdies bedarf es aber auch noch einer weiteren Kontrollinstanz, die gewährleistet, dass von der Gesellschaft – gerade im Hinblick auf den Haftungsausschluss zugunsten der Gesellschafter – keine Gefahren für den Rechtsverkehr ausgehen. Es gilt also nicht wie im Personengesellschaftsrecht das Prinzip der freien Verbandsbildung, sondern es bedarf einer staatlichen Mitwirkung. Für diese Mitwirkung sieht das Gesetz zwei unterschiedliche Systeme vor, das System der Normativbedingungen und das Konzessionssystem.[24]

17 Das System der Normativbedingungen ist heute der gesetzliche Normalfall einer staatlichen Mitwirkung. Es gilt auch im Recht der Kapitalgesellschaften (AG und GmbH) und stellt damit das Verfahren dar, in dem juristische Personen des Zivil- und Handelsrechts regelmäßig entstehen. Es ist dadurch gekennzeichnet, dass die Rechtsordnung die Gründung des Vereins und auch die Entscheidung, ob der Verein juristische Person werden soll, zunächst der privaten Initiative überlässt. Das Gesetz formuliert lediglich Mindestanforderungen an die Organisation des Vereins, die dieser erfüllen muss, wenn er juristische Person werden will.[25] Ob die Bedingungen

---

[21] So zutreffend *K. Schmidt,* § 8 II 4.

[22] Soergel/*Hadding,* Vor § 21 Rn. 4.

[23] Vgl. dazu etwa Soergel/*Hadding,* Vor § 21 Rn. 4.

[24] Sehr anschaulich zum Folgenden *K. Schmidt,* § 8 II 5; s. auch Soergel/*Hadding,* Vor § 21 Rn. 18 ff.

[25] Vgl. *Kübler/Assmann,* § 10 II; *Wolf/Neuner,* AT, § 17 Rn. 14.

erfüllt sind, wird im Rahmen des Eintragungsverfahrens geprüft, und die Eintragung bestätigt öffentlich, dass die Prüfung mit positivem Ergebnis erfolgt ist. Auf die Eintragung besteht ein Anspruch (Art. 9 I GG), wenn nicht ein besonderes Eintragungshindernis wie das gesetzliche Verbot des nach der Satzung verfolgten Zwecks besteht.[26] Eine Konzession ist daneben weder erforderlich noch auch nur möglich. Der Verein wird vielmehr zur juristischen Person, indem er in das Vereinsregister eingetragen wird (§ 21 BGB).

18 Das Konzessionssystem, das früher das gesamte Kapitalgesellschaftsrecht beherrschte, ist heute nur noch beim wirtschaftlichen Verein vorgesehen. Ist der Zweck eines Vereins auf einen wirtschaftlichen Geschäftsbetrieb gerichtet, so kann er durch staatliche Verleihung (Konzession) rechtsfähig werden, sofern nicht speziellere Vorschriften eingreifen (§ 22 BGB).[27] Solche spezielleren Vorschriften enthalten z. B. das Aktiengesetz, das GmbH-Gesetz oder das Genossenschaftsgesetz. Auf das Konzessionssystem greift der Gesetzgeber dann zurück, wenn aufgrund der Art der Entscheidung nicht hinreichend klar konturierte, subsumtionsfähige Normativbedingungen formuliert werden können und der Behörde deshalb eine gewisse Elastizität in ihrer Entscheidung zugebilligt werden soll.[28] Diese Situation sah der Gesetzgeber bei der Beurteilung eines wirtschaftlichen Geschäftsbetriebs als gegeben an, was mit Blick auf die Schwierigkeiten, die diese Feststellung aufwirft (s. noch Rn. 21 ff.), nachvollziehbar erscheint.

19 Der Verein der Konstanzer Kakerlakers ist ein Idealverein i. S. d. § 21 BGB,[29] für den die namentlich in §§ 55 ff. BGB vorgesehenen Normativbedingungen gelten. Danach muss der Vorstand den Verein bei dem zuständigen Amtsgericht (§ 55 BGB) zur Eintragung anmelden (§ 59 I BGB); die Anmeldung muss in öffentlich beglaubigter Form erfolgen (§§ 77, 129 BGB). Dabei ist nach § 59 II BGB die Satzung beizufügen, die mindestens Zweck, Namen und Sitz des Vereins bezeichnen und die Eintragungsabsicht ergeben muss (§ 57 I BGB). Diese Satzung gibt dem Verein seine körperschaftliche Verfassung und ist die Grundlage für den Beitritt weiterer Mitglieder (s. § 2 Rn. 8 f.), was dazu führt, dass sie in der Folgezeit nach objektiven Kriterien auszulegen ist.[30] Überdies sieht § 59 II BGB auch die Einreichung der Bestellungsurkunde des Vorstands vor, damit dessen Legitimation nachgewiesen wird. Nach § 56 BGB soll der Verein nur eingetragen werden, wenn mindestens sieben Mitglieder vorhanden sind. Damit soll verhindert werden, dass unbedeutende Vereine eingetragen und damit als juristische Person rechtsfähig werden.[31] Mit der Eintragung führt der Verein nach § 65 BGB den Zusatz „e. V." (= eingetragener Verein).

20 Nach der bis zum 31. Mai 1998 geltenden Rechtslage bedurfte die Anmeldung eines Idealvereins darüber hinaus der Beteiligung der zuständigen Verwaltungsbehörde (§§ 61 bis 63 BGB a. F.). Durch Art. 11 Nr. 1 des Justizmitteilungsgesetzes vom 18. Juni 1997[32] ist dieses Erfordernis entfallen, so dass die Prüfung, ob die Vereinssatzung gegen Art. 9 II GG, §§ 3 I, 8 I VereinsG oder § 33 I PartG verstößt, allein

[26] *LG Hamburg* NJW-RR 1991, 892; vgl. auch *OLG Köln* NJW 1992, 1048.

[27] Zuständig sind die einzelnen Bundesländer, die ihre behördlich-sachliche Zuständigkeit wiederum gesondert im Landesrecht geregelt haben; Übersicht bei Soergel/*Hadding,* §§ 21, 22 Rn. 48.

[28] So treffend *K. Schmidt,* § 8 II 5c bb; ein weiterer Anwendungsfall des Konzessionssystems ist der Versicherungsverein auf Gegenseitigkeit nach § 15 VAG.

[29] Zur Frage des wirtschaftlichen Geschäftsbetriebs vgl. Rn 21 ff.

[30] Vgl. auch *Grunewald,* § 8 Rn. 15 ff.; *Saenger,* Rn. 450.

[31] Vgl. statt aller Soergel/*Hadding,* § 56 Rn. 1.

[32] BGBl. I 1430.

dem Registergericht obliegt, das diesbezügliche Bedenken der zuständigen Verwaltungsbehörde entsprechend Art. 35 I GG mitzuteilen hat.[33] Eine weitere wesentliche Änderung hat die registerrechtliche Behandlung durch das am 30. September 2009 in Kraft getretene Vereinsrechtsänderungsgesetz erfahren.[34] Anders als das bereits im Jahr 2006 reformierte Handelsregister,[35] wird das Vereinsregister zwar nicht vollständig auf eine elektronische Registerführung umgestellt,[36] doch wird zumindest die elektronische Anmeldung gestattet.[37]

2. Verein mit wirtschaftlichem Geschäftsbetrieb

a) Grundsatz

Die wichtigste materielle Prüfung, die das Registergericht im Falle einer Vereins- 21
anmeldung vorzunehmen hat, betrifft die Frage nach der Ausrichtung auf einen wirtschaftlichen Geschäftsbetrieb, die – wie gesehen – sodann auch über den Umfang der staatlichen Mitwirkung entscheidet. Diese Feststellung kann sich als durchaus problematisch erweisen.

Fall 4: Kaum sind die Kakerlakers erfolgreich ins Leben gerufen, hat *Hövekamp* eine weitere 22
Idee, die dieses Mal allerdings seine berufliche Tätigkeit betrifft. Mit anderen Taxiunternehmern möchte er einen Verein gründen, der eine Funktaxizentrale betreiben soll. Ihre Aufgabe besteht in erster Linie in der Annahme und Vermittlung von Aufträgen für Taxifahrten. Die durch die Vermittlung entstehenden Unkosten werden aus den Beiträgen der Taxiunternehmer gedeckt. Kann der Verein die Rechtsfähigkeit durch Eintragung in das Vereinsregister erlangen?

Ob der Verein durch Eintragung in das Vereinsregister oder durch staatliche Ver- 23
leihung (Konzession) rechtsfähig wird, hängt nach §§ 21, 22 BGB allein davon ab, ob sein Zweck auf einen wirtschaftlichen Geschäftsbetrieb gerichtet ist oder nicht. Der Sinn des Konzessionserfordernisses liegt darin, den Rechtsverkehr zu schützen. Korporationen, für die gesellschaftsrechtliche Sonderformen (AG, GmbH, Genossenschaft usw.) mit ihren strengeren Gründungs-, Prüfungs- und Kapitalaufbringungsvorschriften geeignet sind, sollen nicht durch die leichter erreichbare Eintragung in das Vereinsregister zu juristischen Personen werden.[38] Diesem Zweck entsprechend ist nach herkömmlicher Auffassung ein wirtschaftlicher Geschäftsbetrieb i. S. d. § 22 BGB zu bejahen, wenn der Verein mit der Absicht, für sich oder seine Mitglieder wirtschaftliche Vorteile zu erwerben, vor allem Gewinn zu erzielen, dauernd und planmäßig am Rechtsverkehr teilnimmt, und wenn eine solche Teilnahme den Hauptzweck des Vereins bildet.[39] Maßgeblich ist nicht der bloße Satzungswortlaut, sondern die beabsichtigte tatsächliche Tätigkeit, der wirkliche „Un-

---

33 Vgl. *Reichert,* Vereins- und Verbandsrecht, 13. Aufl., 2016, Rn. 239 f.

34 Gesetz zur Erleichterung elektronischer Anmeldungen zum Vereinsregister und anderer vereinsrechtlicher Änderungen vom 24.9.2009, BGBl. I 3145.

35 Ausführlich dazu Staub/*J. Koch,* § 8 Rn. 6 ff.

36 Zu dem Motiv, mit der weiterhin zulässigen Papieranmeldung namentlich auf kleinere Vereine Rücksicht zu nehmen, vgl. RegE, BT-Drucks. 16/12813, S. 9.

37 Vgl. dazu *Reuter,* NZG 2009, 1368, 1372 f.

38 BGHZ 85, 84, 88 f. = NJW 1983, 569 (ADAC); *BGH* NJW 1986, 3201, 3202. Durch die Herabsenkung des Mindeststammkapitals einer GmbH auf einen Euro (s. noch § 33 Rn. 6 f.) ist der Anreiz für derartige Umgehungsansätze allerdings wesentlich gemindert.

39 BGHZ 22, 240, 244 = NJW 1957, 218; vor allem BGHZ 45, 395, 397 = NJW 1966, 2007; Beispiele aus der Rspr.: *OLG Celle* NJW-RR 1996, 1502 f.; *OLG Düsseldorf* NJW-RR 1996, 990 f.; *OLG Hamm* DB 1997, 418 f.; *OLG Schleswig* NZG 2013, 145 f.; *OLG Zweibrücken* NJW-Spezial 2014; 112 f.

ternehmensgegenstand" des Vereins.[40] Anderenfalls könnte eine ideelle Zielsetzung letztlich jeden noch so umfangreichen Geschäftsbetrieb legitimieren.[41]

24 Auch diese Vorgaben erweisen sich in der Vielfalt der Lebenswirklichkeit aber nur bedingt als abgrenzungsfähige Begriffsbestimmung. Die herrschende Meinung orientiert sich deshalb am Normzweck des § 22 BGB und stellt die Frage, welchen Vereinen aus Gläubigerschutzerwägungen der Zugang zur Rechtsform des Vereins versagt werden sollte.[42] Aus dieser Vorgabe wurde namentlich von *K. Schmidt* eine Typenreihe der von § 22 BGB erfassten Vereinsformen entwickelt, die mittlerweile auch von der Rechtsprechung übernommen wurde:[43] Auf einen wirtschaftlichen Geschäftsbetrieb ausgerichtet ist ein Verein danach zunächst dann, wenn er werbend am Markt tätig ist (1. Typus: am Markt unternehmerisch tätige Vereine). Daneben genügt es aber auch, wenn er – wie etwa bei den verbreiteten Buchclubs – nur gegenüber seinen eigenen Mitgliedern als Anbieter auftritt (2. Typus: unternehmerische Tätigkeit in einem Binnenmarkt).[44] Schließlich ist ein Wirtschaftsverein auch dann anzunehmen, wenn Unternehmer einen Teil ihrer Unternehmenstätigkeit ausgliedern und auf einen Verein verlagern (3. Typus: genossenschaftsähnliche Kooperation).

25 Für die Lösung des Falls 3 bedeutet das: Weil die Taxizentrale von den Kunden für ihre Vermittlungstätigkeit kein Entgelt fordert, erwirtschaftet der zu ihrem Betrieb gegründete Verein keinen eigenen Gewinn. Seine Tätigkeit soll jedoch den Taxiunternehmern als seinen Mitgliedern zugute kommen, indem diesen Kunden zugeführt werden. Die durch die Vermittlung entstehenden Unkosten werden aus den Beiträgen der Taxiunternehmer gedeckt, und die Beiträge schlagen sich in der Kalkulation der Fahrpreise nieder. Die Tätigkeit der Zentrale soll also zwar nicht dem Verein selbst, wohl aber seinen Mitgliedern Gewinn bringen.[45] Um diese Absicht zu verwirklichen, nimmt der Verein auch dauernd und planmäßig am Rechtsverkehr teil, indem er die Beförderungsverträge vermittelt. Der Zweck des Vereins ist also auf einen wirtschaftlichen Geschäftsbetrieb gerichtet. Die Typenlehre bestätigt dieses Ergebnis, indem sie den Verein dem genossenschaftlichen Kooperationstyp zuordnet. Er kann deshalb nicht durch Eintragung in das Vereinsregister juristische Person werden; für ihn gilt nicht das System der Normativbedingungen (§ 21 BGB), sondern das Konzessionssystem (§ 22 BGB).

26 Ist § 22 BGB einschlägig, so hängt die Verleihung nach dem unglücklichen Wortlaut davon ab, dass besondere bundesgesetzliche Vorschriften nicht bestehen. Dieser Passus wird im Hinblick auf den Normzweck dahingehend verstanden, dass aufgrund der besonderen Umstände des Einzelfalls die Rechtsform einer Kapitalgesellschaft oder Genossenschaft für den Verein trotz seines wirtschaftlichen Geschäfts-

---

[40] Vgl. BGHZ 15, 315, 319 f. = NJW 1955, 422; *OLG Stuttgart* OLGZ 1967, 475, 476; *OLG Hamm* DB 1997, 418.

[41] *KG* ZStV 2012, 62, 63; Soergel/*Hadding,* §§ 21, 22 Rn. 20; *Grunewald,* § 8 Rn. 26; *Saenger,* Rn. 444.

[42] Vgl. etwa *Grunewald,* § 8 Rn. 27; *Saenger,* Rn. 444; *K. Schmidt,* § 23 III 2b.

[43] *K. Schmidt,* § 23 III 2, 3; *ders.,* Verbandszweck und Rechtsfähigkeit im Vereinsrecht, 1984, S. 89 ff.; im Grundsatz zust. z. B. *BVerwG* NJW 1998, 1166 f.; *BayObLG* NJW-RR 1999, 765; *OLG Düsseldorf* NJW-RR 1998, 683; MüKoBGB/*Reuter,* § 22 Rn. 6 ff.; Palandt/*Ellenberger,* § 21 Rn. 3 ff.; Soergel/*Hadding,* §§ 21, 22 Rn. 24 ff.; *Wolf/Neuner,* AT, § 17 Rn. 28 ff.; *Reichert,* Vereins- und Verbandsrecht, 13. Aufl., 2016, Rn. 130 ff.; *Eyles,* NJW 1996, 1994, 1995 ff.

[44] *BVerwG* NJW 1998, 1166, 1167; *KG* ZStV 2012, 62, 63; Palandt/*Ellenberger,* § 21 Rn. 5.

[45] Dass der Verein selbst entgeltlich tätig wird, ist deshalb für die Anwendung des § 22 BGB nicht erforderlich. Anders noch RGZ 154, 343, 351.

betriebs nicht zumutbar sein darf.[46] Für diesen Fall wird die Konzessionserteilung in ein eingeschränktes Ermessen der Behörde gestellt.[47] Die Chancen eines Vereins, auf dem Weg des § 22 BGB juristische Person zu werden, sind danach aber gering. Der Funktaxi-Verein wird voraussichtlich weder im Eintragungsverfahren (§ 21 BGB) noch bei der Verwaltungsbehörde (§ 22 BGB) Erfolg haben. Die Behörde wird ihn darauf verweisen, als GmbH oder Genossenschaft zur juristischen Person zu werden. Tatsächlich erleiden die meisten wirtschaftlichen Vereine dieses Schicksal. Sie sind in der Praxis kaum von Bedeutung, weshalb im Jahr 2004 auch bereits ihre gänzliche Abschaffung erwogen wurde (s. oben Rn. 5).

b) Nebenzweckprivileg

Fall 5: Die Konstanzer Kakerlakers stehen nach mehreren sportlich erfolgreichen Jahren auch finanziell ausgesprochen gut da. Sie haben ein Vereinsheim auf einem eigenen Grundstück, das häufig auch für private Feiern entgeltlich vermietet wird. Die dabei erzielten Überschüsse werden in erster Linie für die Jugendarbeit des Vereins verwandt. Liegt ein wirtschaftlicher Geschäftsbetrieb i. S. d. § 22 BGB vor? **27**

Die Unterhaltung von Gaststätten stellt einen wirtschaftlichen Geschäftsbetrieb dar. **28** Er bildet jedoch nicht die Haupt-, sondern die Nebentätigkeit des Vereins. In diesem Fall geht die ganz herrschende Meinung davon aus, dass der Zusammenschluss damit seinen Charakter als Idealverein nicht verliert. Um diesen Sachverhalt auszudrücken, spricht man von einem Nebentätigkeitsprivileg des Idealvereins. Das Schrifttum zu Haupt- und Nebentätigkeit sowie zur Abgrenzung von Ideal- und Wirtschaftsverein unter diesem Gesichtspunkt erreicht die Grenze des Überschaubaren.[48] Dabei geht es freilich nicht um Vereinslokale, -zeitschriften oder ähnlich harmlose Sachverhalte, sondern etwa um den Bereich des Lizenzfußballs oder um Automobilclubs mit vielfältig tätigen Tochtergesellschaften.[49] In der Gesamtlinie besteht weitgehend Einigkeit, dass ohne das Nebenzweckprivileg nicht auszukommen ist, dass dieses Privileg aber in der Praxis überdehnt wird.

Die Grenze zwischen zulässigem und unzulässigem Verhalten kann jedoch kaum **29** trennscharf gezogen werden. Überwiegend wird sie heute nicht aus quantitiven Größenmerkmalen, sondern anhand qualitativer Kriterien entwickelt. Entscheidend

---

[46] Vgl. etwa BVerwGE 58, 26, 31 ff. = NJW 1979, 2261.

[47] BVerwGE 58, 26, 32 = NJW 1979, 2261; BGHZ 85, 84, 89 = NJW 1983, 569 (ADAC).

[48] Ausführliche Übersicht bei *K. Schmidt,* § 23 III 3d; vgl. im Übrigen *Grunewald,* § 8 Rn. 27; *Wolf/Neuner,* AT, § 17 Rn. 35 f.; *Füllgraf,* DB 1981, 2267 ff.; *Heckelmann,* AcP 179 (1979), 1 ff.; *Knauth,* JZ 1978, 339 ff.; *K. Schmidt,* AcP 182 (1982), 1 ff. Informative Dissertationen: *Hemmerich,* Möglichkeiten und Grenzen der wirtschaftlichen Betätigung von Idealvereinen, 1982; *Knauth,* Die Rechtsformverfehlung bei eingetragenen Vereinen mit wirtschaftlichem Geschäftsbetrieb, 1976; *Menke,* Die wirtschaftliche Betätigung nichtwirtschaftlicher Vereine, 1998.

[49] Vgl. zum letzten etwa die wenig überzeugende Entscheidung BGHZ 85, 84, 92 ff. = NJW 1983, 569: selbstständige Rechtsschutzversicherungs-AG als Tochtergesellschaft des ADAC; dazu z. B. *Leuschner,* ZIP 2015, 365 ff.; *Reuter,* ZIP 1984, 1052 ff. Bei Fußballvereinen mit Lizenzfußballabteilungen wird vielfach der Status als Idealverein nur noch traditionelle Gründe haben; s. dazu *Küting/Strauß,* Der Konzern 2013, 390 ff.; *Weber,* GmbHR 2013, 631, 633; *Grunewald,* § 8 Rn. 27. Aufsehen erregt hat die Anregung von *Leuschner,* den Verein FC Bayern München e. V. wegen Rechtsformverfehlung aus dem Vereinsregister zu löschen, was jedoch vom *AG München* abgelehnt wurde, GWR 2016, 403 (mit Anm. *Wettich*). Die Diskussionen um das Nebenzweckprivileg halten jedoch unverändert an. Vgl. etwa zur Frage, ob Betreiber von Kindertagesstätten Idealvereine sind (mit sehr restriktiver Tendenz) *KG* MDR 2016, 403; *KG* NZG 2016, 989; *KG* DStR 2016, 2120; dafür *OLG Brandenburg* NZG 2015, 922. Vertiefend zur Problematik *Beuthien,* NZG 2015, 449; krit. *Leuschner,* ZIP 2015, 356; *Schauhoff/Kirchhain,* ZIP 2016, 1857; *Wagner,* NZG 2016, 1046.

ist danach, ob die wirtschaftliche Betätigung zur Erhaltung eines zweckentsprechenden Vereinslebens erforderlich ist oder sonst zur Verfolgung des ideellen Hauptzwecks vernünftigerweise als unentbehrlich angesehen werden kann.[50] Gemessen an diesem Maßstab ist der Betrieb des Vereinsheims als zulässiger Nebenzweck anzusehen. Das Vereinsheim dient der Erhaltung des Vereinslebens, seine anderweitige Vermietung der sinnvollen wirtschaftlichen Nutzung und damit der finanziellen Förderung des satzungsmäßigen Zwecks.[51] Wäre das Ergebnis anders ausgefallen, hätte das Registergericht dem Verein die Rechtsfähigkeit nach § 395 FamFG entziehen müssen;[52] sie wäre jedoch nicht von selbst entfallen.[53]

IV. Zusammenfassung

30 Die §§ 21 ff. BGB enthalten keine Vorschriften über die Gründung des Vereins. Erforderlich sind dafür ein Vertrag, durch den die Gründer den auf Dauer angelegten gemeinsamen Zweck festlegen und sich zur Förderung dieses Zwecks verpflichten, und eine Satzung, die mit dem Gründungsvertrag in Kraft gesetzt wird. Damit der Verein handlungsfähig wird, muss ein Vorstand bestellt werden. Ist der Vereinszweck nicht auf einen wirtschaftlichen Geschäftsbetrieb gerichtet, so gilt für den Erwerb der vollen Rechtsfähigkeit das System der Normativbedingungen. Der Verein wird mit der Eintragung in das Vereinsregister juristische Person (§ 21 BGB); es besteht ein Anspruch auf Eintragung, wenn die Bedingungen des Gesetzes erfüllt sind. Richtet sich der Vereinszweck dagegen auf einen wirtschaftlichen Geschäftsbetrieb, dann gilt für den Erwerb der Rechtsfähigkeit das Konzessionssystem, d. h. die Rechtsfähigkeit kann nur durch Verwaltungsakt verliehen werden (§ 22 BGB). Ein wirtschaftlicher Geschäftsbetrieb liegt nach herkömmlicher Ansicht vor, wenn der Verein mit der Absicht, für sich oder seine Mitglieder Gewinn zu erzielen, dauernd und planmäßig am Rechtsverkehr teilnimmt. Die Verfolgung einer wirtschaftlichen Nebentätigkeit macht aus dem Idealverein noch keinen Wirtschaftsverein (Nebenzweckprivileg). Mit Eintragung oder Konzession wird der Verein zur juristischen Person. Die juristische Person kann selbstständig am Rechtsverkehr teilnehmen und ist auch gegenüber ihren Mitgliedern ein selbstständiges Rechtssubjekt.

§ 27. Vereinsorgane und Mitgliedschaft

Literatur: Vgl. bereits die Nachw. zu § 26; ferner *Bartodziej,* Ansprüche auf Mitgliedschaft in Vereinen und Verbänden, ZGR 1991, 517; *Benecke,* Der Ausschluss aus dem Verein, WM 2000, 1173; *Dreher,* Die persönliche Verantwortlichkeit von Geschäftsleitern nach außen und die

---

[50] Vgl. dazu Soergel/*Hadding,* §§ 21, 22 Rn. 36 m. w. Nachw. Dass eine solche Bestimmung im Einzelfall freilich schwierig ist, zeigt sich etwa an der jüngeren Diskussion, ob die wirtschaftliche Betätigung eines Kindergartenvereins noch unter das Nebenzweckprivileg fällt. Dies ablehnend *KG* ZStV 2012, 62, 63; *Winheller,* DStR 2012, 1562 f.; a. A. dagegen *Menges,* ZStV 2012, 63, 64.

[51] Weitere Beispiele bei Soergel/*Hadding,* §§ 21, 22 Rn. 37.

[52] Das ergab sich bis 2009 unmittelbar aus § 43 II BGB. Diese Vorschrift wurde dann aber gestrichen durch das Gesetz zur Erleichterung elektronischer Anmeldungen zum Vereinsregister und anderer vereinsrechtlicher Änderungen vom 24.9.2009, BGBl. I 3145. Damit sollte eine anderenfalls eintretende Doppelzuständigkeit von Verwaltungsbehörde und Registergericht vermieden werden; vgl. dazu *Reuter,* NZG 2009, 1368, 1372.

[53] So die Klarstellung in BGHZ 175, 12 Rn. 17 ff. = NZG 2008, 670 (Kolpingwerke); vgl. dazu *Reuter,* NZG 2008, 650 ff.; *Seltmann,* DStR 2008, 1443 ff.

innergesellschaftliche Aufgabenteilung, ZGR 1992, 22; *Grunewald,* Vereinsaufnahme und Kontrahierungszwang, AcP 182 (1982), 182; *Grunewald,* Wissenszurechnung bei juristischen Personen, FS Beusch, 1993, S. 301; *Kleindiek,* Deliktshaftung und juristische Person, 1997; *Leuschner,* Das Haftungsprivileg der §§ 31a, 31b BGB, NZG 2014, 281; *Piper,* Die Haftung für Organe nach § 31 BGB, JuS 2011, 490; *Reuter,* Bestellung und Anstellung von Organmitgliedern im Körperschaftsrecht, FS Zöllner, 1998, S. 487; *Reuter,* Zur Vereinsrechtsreform 2009, NZG 2009, 1368.

I. Der Vorstand

1. Die Organstellung des Vorstands

In § 26 wurde dargelegt, dass der Vorstand nach § 26 I 1 BGB notwendiges Organ des Vereins ist und durch einen Mitgliederbeschluss (§ 27 I BGB) bestellt wird, sofern die Satzung nicht ein anderes Gremium oder ein anderes Verfahren vorsieht (§ 40 BGB). Zu klären bleiben die Rechte und Pflichten, die mit seiner Organstellung verbunden sind, wobei speziell in der juristischen Ausbildung die Vertretung und Geschäftsführung sowie die Haftung des Vorstands im Mittelpunkt stehen. 1

Fall 1: *Jansen* ist ehrenamtlicher Alleinvorstand des Rudervereins Rhenania e. V. Zur Vorbereitung der nächsten Vereinssitzung lässt er den jährlichen Geschäftsbericht in der Druckerei des Unternehmers *Emberger* drucken. Von wem kann *Emberger* Zahlung des Werklohns verlangen? 2

Zwingend vorgeschriebene Organe des Vereins sind der Vorstand (§§ 26 ff. BGB) und die Mitgliederversammlung (§§ 32 ff. BGB). Die Satzung kann weitere Organe vorsehen (§ 25 BGB). Von dieser Möglichkeit macht die Praxis regen Gebrauch. So sind etwa Verwaltungsräte, Beiräte oder ständige Ausschüsse weit verbreitet. Größere Vereine wie etwa Parteien richten oft auch eigene Schiedsgerichte ein, um Streitigkeiten innerhalb des Vereins intern geräuschlos beizulegen. 3

Hier möchte *Emberger* einen Anspruch auf Zahlung des Werklohns gem. § 631 I BGB aus einem Handeln des *Jansen* als Vorstand herleiten. Der Anspruch könnte gegen den Verein gerichtet sein, wenn dieser sich die Willenserklärung seines Vorstands zurechnen lassen müsste. Als Zurechnungsnorm für dieses rechtsgeschäftliche Handeln kommt § 164 I BGB in Betracht. 4

Hinweis:

Auch hier sei noch einmal betont, dass die Einstiegsvorschrift bei der Prüfung einer rechtsgeschäftlichen Gesellschaftsverbindlichkeit stets § 164 BGB ist, nicht die spezifisch gesellschaftsrechtliche Vorschrift, die allein die Vertretungsmacht regeln kann (hier: § 26 BGB). 5

§ 164 I BGB setzt zunächst voraus, dass der Vorstand nicht im eigenen, sondern im Namen des Vereins gehandelt hat. Die Fremdbezogenheit seines Handelns ergibt sich aus den Umständen. Wenn der Vorstand den Geschäftsbericht des Vereins drucken lässt, kann und darf der Drucker nicht annehmen, dass der Vorstand selbst Vertragspartei werden will. Voraussetzung ist weiter, dass der Vorstand „innerhalb der ihm zustehenden Vertretungsmacht" handelt. Nach § 26 I 2 BGB hat der Vorstand die Stellung eines gesetzlichen Vertreters; seine Vertretungsmacht wird also grundsätzlich nur durch den Vereinszweck begrenzt.[1] Die Satzung kann die Ver- 6

[1] Vgl. etwa *BGH* NJW-RR 1996, 866; Staudinger/*Weick* (2005), § 26 Rn. 9; *Wolf/Neuner,* AT, § 17 Rn. 55.

tretungsmacht allerdings weiter beschränken (§ 26 I 3 BGB), was jedoch einen eindeutigen, über bloße Zustimmungsvorbehalte hinausgehenden Inhalt voraussetzt. Diese Beschränkungsmöglichkeit erscheint auf den ersten Blick als eine übermäßig starke Belastung des Rechtsverkehrs, da sie nach dem Wortlaut des § 26 I 3 BGB auch gegenüber Dritten Gültigkeit beanspruchen soll, die sich dann also nach den Rechtsverhältnissen innerhalb der Gesellschaft erkundigen müssten. Diese Folge wird aber für den eingetragenen Verein durch § 70 i. V. m. § 68 BGB entschärft, wonach diese Wirkung gegenüber Dritten nur dann eintritt, wenn die Beschränkung im Vereinsregister eingetragen oder dem Dritten bekannt ist. Dasselbe gilt nach § 68 BGB für Veränderungen des Vorstands. Ist die Beschränkung nicht in der ursprünglichen Satzung enthalten, sondern Gegenstand einer Satzungsänderung, so wird sie erst mit der Eintragung in das Vereinsregister wirksam (§ 71 BGB).

7 Hat der Verein einen mehrköpfigen Vorstand, so wird er nach § 26 II 1 BGB durch die Mehrheit der Vorstandsmitglieder vertreten.[2] Für die passive Stellvertretung, also den Empfang einer Willenserklärung, genügt nach § 26 II 2 BGB die Vertretung durch ein Vorstandsmitglied.

8 Der Ruderverein Rhenania hat nur den Alleinvorstand *Jansen.* Nach dem Sachverhalt ist davon auszugehen, dass die Satzung keine die Vertretungsmacht beschränkenden Bestimmungen enthält. Die Voraussetzungen des § 164 I BGB sind damit erfüllt. *Emberger* kann also von dem Verein die Bezahlung der Rechnung verlangen. Die mit der Verleihung der Rechtsfähigkeit einhergehende Erstarkung zur juristischen Person führt dazu, dass die Mitglieder des Vereins nicht neben diesem in Anspruch genommen werden können. Zu der (seltenen) Ausnahme einer Durchgriffshaftung gegen die Mitglieder vgl. noch die Ausführungen zur GmbH bei § 35 Rn. 25. Dort hat die Durchgriffshaftung ihren zentralen Anwendungsbereich; sie beansprucht grundsätzlich aber auch für den Verein Gültigkeit.

9 Ebenso wie die dogmatische Erfassung der juristischen Person selbst (§ 26 Rn. 14) war auch die Frage, wie sie im Rechtsverkehr wissen, wollen und handeln kann, Gegenstand einer hitzigen Debatte.[3] Für *Savigny,* der die juristische Person nicht als ein reales, sondern ein fingiertes Rechtssubjekt sah, konnte sie auch nicht selbst Rechtsgeschäfte abschließen, sondern bedurfte eines besonderen Vertreters (Vertretertheorie).[4] Dieser Vertreter könne zwar Rechte und Verbindlichkeiten des Vereins begründen; der Verein müsse aber nicht für Delikte des Vorstands einstehen, da er als juristische Person deliktsunfähig sei.[5] *Gierke,* der die juristische Person als Verbandsperson auffasste, hielt sie deshalb auch für unmittelbar handlungsfähig. Das Verhalten ihrer Organe werde ihr nicht nur als Vertreterhandeln zugerechnet, sondern durch ihre Organe gebe die Gesellschaft unmittelbar Willenserklärungen ab, begehe unerlaubte Handlungen und übe Besitz aus (Organtheorie).[6] Aus diesem Streit heraus erklärt sich die Fassung des § 26 I 2 BGB, der gerade nicht formuliert, der Vorstand sei Vertreter, sondern die eigenwillige Formulierung wählt, er habe „die Stellung eines gesetzlichen Vertreters". Der Gesetzgeber wollte damit bewusst

---

[2] Diese klarstellende Neuerung wurde eingeführt durch das Gesetz zur Erleichterung elektronischer Anmeldungen zum Vereinsregister und anderer vereinsrechtlicher Änderungen vom 24.9.2009, BGBl. I 3145; zum früheren Streitstand vgl. Soergel/*Hadding,* § 26 Rn. 16.

[3] Überblick über den Streitstand bei *K. Schmidt,* § 10; *Martinek,* Repräsentantenhaftung, 1979, S. 25ff.

[4] *v. Savigny,* System des heutigen Römischen Rechts II, 1840, § 90 (S. 283).

[5] *v. Savigny,* System des heutigen Römischen Rechts II, 1840, § 95 (S. 317).

[6] *v. Gierke,* Genossenschaftstheorie, 1887, S. 603ff.; *ders.,* Deutsches Privatrecht I, 1895 (Nachdruck 1936), § 67 I (S. 518f.).

keine Stellung in dem dogmatischen Streit beziehen, sondern diese Klärung der Rechtswissenschaft überlassen.[7] Die Regelung des § 31 BGB, der die Haftung des Vereins für eine Schadenszufügung durch den Vorstand anordnet (s. noch Rn. 16 ff.), wird hingegen als ein Hinweis auf die Geltung der Organtheorie verstanden,[8] die deshalb heute von der ganz herrschenden Meinung vertreten wird.[9] Das bedeutet, dass der Vorstand als Organ unmittelbar den Willen bildet, der kraft Zurechnung der Wille des Vereins selbst ist. Guter oder böser Glaube, Arglist und Willensmängel des Vorstands sind deshalb ohne Weiteres analog § 166 I BGB dem Verein zuzurechnen.[10] Aus der Organstellung des Vorstands folgt, dass der Verein durch den Vorstand auch Besitzer wird, obwohl der Vorstand nicht Besitzdiener i. S. d. § 855 BGB ist.[11] Man spricht insofern von Organbesitz. Weil sich die Vertretung nur auf Rechtsgeschäfte bezieht, könnte allein die Stellung des Vorstands als gesetzlicher Vertreter nicht zu diesem Ergebnis führen, da der Besitz rein tatsächlich beurteilt wird.

Hinweis:

Auch dieser Streit ist dogmatisch ausgesprochen interessant, braucht bei der Fallbearbeitung aber in der Regel nicht erörtert zu werden. Bei rechtsgeschäftlichen Verpflichtungen genügt die salomonische Formulierung des Gesetzgebers in § 26 I 2 BGB; die Frage nach der deliktischen Verantwortung ist über § 31 BGB entschieden worden. 10

Aus der Organstellung des Vorstands folgt schließlich, dass er nicht nur gegenüber Dritten zur Vertretung befugt ist, sondern auch im Innenverhältnis gegenüber den Vereinsmitgliedern zur Vornahme aller Handlungen berufen ist, die zur Förderung des Vereinszwecks geboten sind und nicht in die Zuständigkeit der Mitgliederversammlung fallen (vgl. dazu Rn. 22 ff.). Der Vorstand hat also nicht nur Vertretungsmacht, sondern auch Geschäftsführungsbefugnis. Sie wird in § 27 III BGB vorausgesetzt, wenngleich die Abgrenzung zur Vertretungsmacht hier nicht mit gleicher Klarheit vollzogen wurde wie etwa bei den Personengesellschaften. Dass beide Kompetenzen zusammenfallen, ist allerdings nicht erforderlich. Die Satzung kann wirksam vorsehen, dass der Vorstand nur vertritt, während die Geschäftsführung bei einem anderen Vereinsorgan liegt.[12] Nach § 27 III BGB gilt für die Geschäftsführung des Vorstands das Auftragsrecht der §§ 664–670 BGB. Danach unterliegt er gem. § 665 BGB den Weisungen der Mitgliederversammlung, ist ihr nach § 666 BGB zur Auskunft und dem Verein nach § 667 BGB zur Herausgabe verpflichtet.[13] Auf der anderen Seite steht ihm ein Aufwendungsersatzanspruch nach § 670 BGB zu, doch kann in einem gesonderten Anstellungsvertrag (s. bereits § 26 Rn. 10) auch 11

---

[7] MüKoBGB/*Arnold,* § 26 Rn. 11; Staudinger/*Weick* (2005), § 26 Rn. 10.

[8] Vgl. die Nachw. bei *Martinek,* Repräsentantenhaftung, 1979, S. 30 ff.

[9] Vgl. auch BGHZ 20, 119, 125 = NJW 1956, 746 sowie aus der Kommentarliteratur z. B. Staudinger/*Weick* (2005), § 26 Rn. 10; MüKoBGB/*Arnold,* § 26 Rn. 11.

[10] BGHZ 109, 327, 330 ff. = NJW 1990, 975; *BGH* NJW 1992, 1099, 1100; *BGH* NJW 1995, 2159, 2160; *BGH* NJW 1996, 1205, 1206; krit. Würdigung mit Einzelheiten bei *Grunewald,* FS Beusch, 1993, S. 301, 302 ff.

[11] BGHZ 67, 166 f. = NJW 1976, 2163; MüKoBGB/*Arnold,* § 26 Rn. 12; *Baur/Stürner,* § 7 Rn. 70; *Westermann/Gursky/Eickmann,* Sachenrecht, 8. Aufl., 2011, § 19 Rn. 4 ff. Vgl. auch § 3 Rn. 19 ff. zu den Besitzfragen bei der Personengesellschaft.

[12] BGHZ 69, 250, 252 ff. = NJW 1978, 415.

[13] Vgl. dazu etwa *Grunewald,* § 8 Rn. 32, 34, 58.

noch eine weitergehende Vergütung vorgesehen sein. In diesem Fall handelt der Vorstand allerdings nicht aufgrund eines Auftragsverhältnisses, sondern aufgrund eines Dienstvertrages.[14] Zur Beendigung des Dienstverhältnisses s. bereits § 26 Rn. 10.

2. Die Organhaftung des Vereins

12 **Fall 2:** Bei der Anfahrt zu einem Fest des Rudervereins Rhenania e. V. geriet der Gast *Heckel* mit dem rechten Vorderrad seines Pkw in eine ungesicherte Grube, die unbekannte Vereinsmitglieder ausgehoben hatten, um einen Fahnenmast aufzustellen. Mit der Sicherung des Geländes war niemand beauftragt. Von wem kann *Heckel* Schadensersatz verlangen?

13 *Heckel* könnte zunächst von denjenigen Vereinsmitgliedern Schadensersatz verlangen, von denen die Grube ausgehoben wurde. Die von ihm erlittene Eigentumsverletzung (§ 823 I BGB) geht adäquat-kausal auf das Ausheben der Grube zurück. Rechtfertigungsgründe sind nicht ersichtlich, und bei Anwendung der verkehrserforderlichen Sorgfalt (§ 276 I 2 BGB) hätten die Mitglieder erkennen können und müssen, dass durch die ungesicherte Grube eine Eigentumsverletzung eintreten konnte. *Heckel* kann also Schadensersatz nach § 823 I BGB von denjenigen Vereinsmitgliedern fordern, die daran beteiligt waren, die Grube auszuheben. Dieser Anspruch hilft ihm jedoch nicht weiter, weil die verantwortlichen Personen unbekannt sind. Zur Durchgriffshaftung gegen die Mitglieder vgl. bereits Rn. 8 und unten § 35 Rn. 25 ff.

14 *Heckel* könnte weitere Ersatzansprüche gegen den Vorstand *Jansen* haben. Als Grund für einen solchen Anspruch kommt zunächst eine Verletzung der dem Verein auferlegten Verkehrssicherungspflicht in Betracht. Der Ruderverein Rhenania e. V. als Ausrichter des Festes hätte das Vereinsgrundstück absichern müssen. Dem Vorstand *Jansen* – als für den Verein handelndes Organ – hätte es sich nämlich aufdrängen müssen, dass Personen oder Sachen zu Schaden kommen können, wenn der Verein das Vereinsgrundstück für die Anfahrt öffnet und nichts für die Sicherung des Geländes tut. Rechtfertigungsgründe sind dafür nicht ersichtlich. Die unterlassenen Sicherungsmaßnahmen des *Jansen* sind über § 31 BGB (s. noch Rn. 16) dem Ruderverein Rhenania e. V. als Eigenhandeln zuzurechnen. Im Verbandsinnenverhältnis war *Jansen* als Vereinsvorstand auch dazu verpflichtet, solche Sicherungsmaßnahmen zu ergreifen. Fraglich ist aber, ob *Jansen* auch unmittelbar gegenüber den Gästen des Vereinsfestes dazu verpflichtet war, die auf dem Vereinsgelände befindliche Grube abzusichern. Auf eine solche Garantenpflicht kommt es hier gerade an, da *Jansen* selbst nicht aktiv gehandelt hat, den tatbestandsmäßigen Erfolg also allenfalls durch ein pflichtwidriges Unterlassen verursacht haben kann. Als haftungsbegründende Pflichtwidrigkeit genügt es aber nach richtiger, wenngleich umstrittener Ansicht nicht, dass der Vorstand intern in seinem Verhältnis zum Verein verpflichtet ist, dessen Einrichtungen und Tätigkeiten so zu organisieren, dass Rechtsverletzungen i. S. d. §§ 823 ff. BGB vermieden werden.[15] Haftungsbegründend

[14] *Grunewald,* § 8 Rn. 34, 58; *Saenger,* Rn. 456.

[15] Im Ansatz abweichend BGHZ 109, 297, 303 = NJW 1990, 976 (VI. Zivilsenat), wonach entscheidungserheblich sein soll, ob der Geschädigte dem Verband (im Fall: der GmbH) absolut geschützte Rechtsgüter anvertraut hat (tendenziell haftungserweiternd); ähnlich *BGH* NJW 1996, 1535, 1536 (VI. Zivilsenat); eher ablehnend dazu BGHZ 125, 366, 375 f. = NJW 1994, 1801 (II. Zivilsenat); nun aber auch der VI. Zivilsenat in BGHZ 194, 26 Rn. 23 ff. = NJW 2012, 3439 restriktiver, da auch dieser den Vorstandsmitgliedern primär interne Organisationspflichten zuspricht, die grds. nicht haftungsbegründend ins Außenverhältnis durchschlagen; in der Sache bestätigend *BGH* WM 2014, 1479 Rn. 23 ff. (I. Zivilsenat); Schrifttum in den folgenden Fußnoten.

für den Vorstand kann hier allenfalls die Verletzung der dem Verein obliegenden Verkehrssicherungspflicht sein, wenn diese nicht nur den Verein, sondern zugleich auch seinen Vorstand trifft. Dabei ist aber zu beachten, dass dem Vorstand in erster Linie eine interne Organisationspflicht obliegt (s. o.), die grundsätzlich eben keine Verkehrspflichten des Vorstands gegenüber außenstehenden Dritten begründet. Eine im Außenverhältnis wirkende Erfolgsabwendungspflicht des Vorstands kann sich – in begrenztem Umfang – nur auf Grund besonderer Umstände ergeben;[16] wann solche besonderen Umstände vorliegen, ist in der juristischen Wissenschaft noch nicht abschließend geklärt. Als maßgeblich wird aber insbesondere die Inanspruchnahme besonderen Vertrauens angesehen; dabei kann u. U. auch die Wertigkeit der geschützten Rechtsgüter eine Rolle spielen.[17] Demnach müssten die Gäste des Festes ein besonderes Vertrauen in den Vorstand *Jansen* hinsichtlich der Sicherheit der Veranstaltung gehabt haben. Da dies nicht ersichtlich ist, wird den *Jansen* keine eigene Verkehrssicherungspflicht gegenüber *Heckel* treffen. *Heckel* kann also vom Vorstand *Jansen* nach § 823 I BGB keinen Schadensersatz verlangen.

Verwirklicht der Vorstand im Einzelfall doch einen Haftungstatbestand, so ist § 31a **15** BGB zu beachten.[18] Nach § 31a II BGB kann der ehrenamtlich tätige Vorstand in diesem Fall vom Verein die Befreiung von der Verbindlichkeit verlangen, soweit er den Schaden nicht vorsätzlich oder grob fahrlässig herbeigeführt hat.[19] Diese Vorschrift wurde in das Vereinsrecht eingefügt, um die Bereitschaft zur ehrenamtlichen Tätigkeit nicht mit einem Sanktionsrisiko zu bestrafen.[20] Sie greift außer bei gänzlich unentgeltlicher Tätigkeit auch bei geringfügigen Vergütungen unterhalb von 720 Euro.

Heckel kann aber von dem Verein selbst Schadensersatz fordern. Als eingetragener **16** Verein ist der Ruderclub juristische Person (§ 21 BGB) und damit mögliches Zuordnungssubjekt nicht nur von Rechten, sondern auch von Verbindlichkeiten. Weil er als juristische Person nicht selbst handeln kann, setzt seine Haftung voraus, dass er sich das haftbar machende Verhalten natürlicher Personen zurechnen lassen muss. Eine solche Zurechnungsnorm (keine Anspruchsgrundlage!) enthält § 31 BGB. Danach ist der Ruderclub für den Schaden verantwortlich, den sein Vorstand dem *Heckel* zugefügt hat, sofern der Vorstand einen Haftpflichttatbestand verwirklicht und dabei in Ausführung der ihm zustehenden Verrichtungen gehandelt hat. Dass die beiden Voraussetzungen erfüllt sind, wurde schon bejaht (Rn. 14). Daher ist der Verein selbst dem *Heckel* also nach § 823 I i. V. m. § 31 BGB ersatzpflichtig.

Der Vorstand, der durch pflichtwidriges Handeln eine Schadensersatzpflicht seines **17** Vereins begründet, verletzt damit in der Regel seine Pflichten aus dem Auftrags-

---

16 BGHZ 194, 26 Rn. 24 = NJW 2012, 3439; *BGH* WM 2014, 1479 Rn. 24; ähnlich *OLG Schleswig* NZG 2012, 104, 105 f.; Hüffer/*Koch*, § 93 Rn. 66; vgl. MüKoAktG/*Spindler*, § 93 Rn. 323; *Grunewald*, ZHR 157 (1993), 451, 456 f.; *Kleindiek*, Deliktshaftung und juristische Person, 1997, S. 445 f., 483 f.

17 Baumbach/Hueck/*Zöllner/Noack*, § 43 Rn. 78; Hüffer/*Koch*, § 93 Rn. 66.

18 Geht es dagegen um die Haftung von Vereinsmitgliedern, die für den Verein ehrenamtlich tätig sind, kann nicht auf § 31a BGB zurückgegriffen werden. Es greift aber der deckungsgleiche § 31b BGB ein. Zu §§ 31a, 31b BGB s. *Leuschner*, NZG 2014, 281, 282 ff.

19 Auch vor der Einführung dieser Regelung wurden ähnliche Ergebnisse aus § 670 i. V. m. § 27 III BGB hergeleitet, vgl. BGHZ 89, 153, 156 ff. = NJW 1984, 789 (unter Erstreckung auf andere Funktionsträger – „Pfadfinder-Stammesführer"); *BGH* NJW 2005, 981.

20 Gesetz zur Begrenzung der Haftung von ehrenamtlich tätigen Vereinsvorständen vom 28.9.2009, BGBl. I 3161; zu den Motiven vgl. RegE, BT-Drucks. 16/10120, S. 6 f.; s. auch *Leuschner*, NZG 2014, 281 f.; zum Begriff der Unentgeltlichkeit, RegE, a. a. O., S. 7; krit. *Reuter*, NZG 2009, 1368, 1390.

oder Dienstverhältnis (s. oben Rn. 11, 14) gegenüber dem Verein und wäre diesem deshalb grundsätzlich auch selbst schadensersatzpflichtig nach § 280 I BGB. Einem darauf gestützten Rückgriff des Vereins steht aber bei ehrenamtlicher Tätigkeit § 31a I BGB entgegen, der eine Ersatzpflicht für ein nur leicht fahrlässiges Verhalten ausschließt (zum Normzweck s. bereits Rn. 15).[21] Die Mitglieder des Vereins können wegen einer Vereinsschädigung in der Regel keinen eigenständigen Ersatzanspruch gegen den Vorstand geltend machen, da die Mitgliedschaft dadurch nicht in ihrem Kern betroffen, sondern lediglich reflexartig berührt wird (vgl. dazu bereits § 8 Rn. 44).[22]

18 Nach §§ 823 ff. i. V. m. § 31 BGB wäre der Verein schließlich auch dann ersatzpflichtig, wenn nicht der Vorstand, sondern ein anderer verfassungsmäßig dazu berufener Vertreter (§ 31 BGB) die erforderliche Verkehrssicherung unterlassen hätte. Damit sind die „besonderen Vertreter" des § 30 BGB gemeint. Die Bestellung von verantwortlichen Personen unterhalb der Vorstandsebene ist erforderlich, wenn der Vorstand selbst nicht alle Vereinsangelegenheiten überblicken oder ordnen kann. Vertreter i. S. v. § 30 BGB ist jedoch nur derjenige, dessen Rechtsstellung sich auf die Satzung zurückführen lässt; ein Auftrag des Vorstands reicht nicht aus. Ist der Verein unzureichend organisiert, weil die Bestellung besonderer Vertreter notwendig gewesen wäre, aber nicht erfolgt ist, so darf das nicht zu Lasten geschädigter Dritter gehen. In diesem Fall haftet der Verein nach § 31 BGB so, als ob ein zuständiges Vereinsorgan vorhanden gewesen und ihm der Fehler unterlaufen wäre.[23]

19 **Fall 3:** Müsste der Verein auch dann haften, wenn im Fall 1 der Vorstand *Jansen* die Druckereirechnung nicht rechtzeitig bezahlt hätte und dadurch dem *Emberger* ein Verzugsschaden entstanden wäre (§§ 280 I, II, 286 BGB)?

20 Auch in diesem Fall wird der Verein unstreitig verpflichtet. Unterschiedlich beurteilt wird allerdings, ob die Zurechnung der schuldhaften Pflichtverletzung nach § 31 BGB erfolgt oder ob bei Verletzung einer bestehenden Verbindlichkeit § 278 BGB die vorrangig einschlägige Vorschrift ist. Bei der entsprechenden Fragestellung im Rahmen der Personengesellschaften wurde diese Frage zugunsten des § 31 BGB entschieden, obwohl dort nur eine analoge Anwendung zulässig war (§ 7 Rn. 5). Erst recht muss diese Antwort natürlich im unmittelbaren Anwendungsbereich dieser Vorschrift gelten. Die Anwendung des § 278 BGB scheitert hier wieder an der darin angeordneten Rechtsfolge, dass die Gesellschaft sich das Verschulden ihres Vorstands wie ein eigenes Verschulden zurechnen lassen müsste. Das Handeln des Vorstands ist aber gerade kein Fremdhandeln, sondern es ist ihr Eigenhandeln. Deshalb ist auch sein Verschulden kein fremdes Verschulden, das sich die Gesellschaft „wie eigenes" zurechnen lassen muss, sondern es ist ihr eigenes. Auf dieser Konstellation beruht § 31 BGB, so dass kein Grund besteht, ihn entgegen seinem Wortlaut hier nicht anzuwenden und stattdessen § 278 BGB den Vorzug zu geben.[24] § 278 BGB bleibt aber anwendbar, wenn nicht der Vorstand, sondern tatsächlich ein Erfüllungsgehilfe haftet. In diesem Fall wird daneben oft auch ein Anspruch aus

---

[21] Hinsichtlich der Haftung von ehrenamtlich tätigen Vereinsmitgliedern gilt § 31b I BGB. Zu §§ 31a, 31b BGB s. *Leuschner*, NZG 2014, 281, 282 ff.

[22] Vgl. speziell für den Verein auch *Grunewald*, § 8 Rn. 79.

[23] *BGH* NJW 1980, 2810, 2811; *BGH* NJW 1982, 1144, 1145; Staudinger/*Weick* (2005), § 31 Rn. 29 ff.; krit. *Landwehr*, AcP 164 (1964), 482 ff.

[24] Vgl. zum Streitstand bereits § 7 Rn. 5; speziell zum Verein für die Anwendung des § 31 BGB *Jauernig*, § 31 Rn. 1; MüKoBGB/*Grundmann*, § 278 Rn. 10; *Wolf/Neuner*, AT, § 17 Rn. 68, 72; *K. Schmidt*, § 10 IV 3; dagegen für § 278 BGB z. B. *Flume*, Die juristische Person, § 11 III 5 (S. 395 ff.).

§ 831 BGB bestehen, der auf den Vorstand ebenfalls unanwendbar ist, da er kein weisungsabhängiger Verrichtungsgehilfe ist.

Hinweis:

Auch wenn die Prüfungsrelevanz des Vereinsrechts insgesamt hinter der Bedeutung des Personengesellschaftsrechts zurückbleibt, so ist die sichere Beherrschung auch dieses Gesellschaftstyps schon deshalb wichtig, weil viele seiner Strukturmerkmale auf andere Gesellschaftsformen übertragen werden können. Das wichtigste Beispiel ist der hier besprochene § 31 BGB, der nach heute ganz herrschender Meinung nicht nur die Haftungszurechnung bei sämtlichen Körperschaften (auch solchen des öffentlichen Rechts, § 89 BGB) regelt, sondern auch in den Personengesellschaften Anwendung findet, und zwar bei schuldrechtlichen Pflichtverletzungen ebenso wie bei deliktischen Handlungen. Solange der Sachverhalt also nicht allein die rechtsgeschäftliche Begründung von Rechten und Pflichten einer Gesellschaft abfragt, wird oft auch die vereinsrechtliche Vorschrift des § 31 BGB in der Klausur eine Rolle spielen. 21

II. Die Mitgliederversammlung

Fall 4: *Jansen* (s. Fall 1) beschließt angesichts der angespannten finanziellen Situation des Rudervereins eine Beitragserhöhung für alle Mitglieder. Vereinsmitglied *Bleckmann* will sich dies aber nicht gefallen lassen, weil er meint, dafür sei die Mitgliederversammlung zuständig. 22

Die Mitgliederversammlung (§§ 32ff. BGB) ist neben dem Vorstand das zweite notwendige Vereinsorgan. Etwas anderes scheint sich auf den ersten Blick aus § 40 BGB zu ergeben, wonach § 32 BGB grundsätzlich abdingbar ist. Zur Disposition des Satzungsgebers steht aber nur der konkrete Zuständigkeitsbereich der Mitgliederversammlung, nicht ihre Einrichtung als Organ. In die Zuständigkeit der Mitgliederversammlung fallen nach § 32 BGB alle Angelegenheiten, die nach der Satzung oder der gesetzlichen Regelung nicht dem Vorstand oder sonstigen Organen (vgl. § 30 BGB) zugewiesen sind. Das darf nicht so verstanden werden, als sei die Zuständigkeit der Mitgliederversammlung in dem Sinne subsidiär, dass sämtliche Angelegenheiten dem Vorstand zugewiesen werden könnten. Die Mitgliederversammlung hat vielmehr eine unentziehbare Kompetenz, wenn es um die Grundentscheidungen des Vereinslebens geht. Sie ist namentlich zuständig für die Bestellung und Abberufung des Vorstands (§ 27 BGB), für Änderungen des Vereinszwecks und für sonstige Satzungsänderungen (§ 33 BGB)[25] sowie für die Vereinsauflösung (§ 41 BGB). In einer Hierarchie der Vereinsorgane kommt der Mitgliederversammlung der höchste Rang zu. 23

Weil die Zuständigkeit der Mitgliederversammlung in § 32 BGB nicht positiv bestimmt ist, kann die Kompetenzabgrenzung gegenüber dem Vorstand schwierig sein, soweit die Satzung keine eindeutigen Regeln enthält. Nach § 58 Nr. 2 BGB soll die Satzung zwar bestimmen, ob und welche Beiträge von den Mitgliedern zu leisten sind. Vorschriften über den Grund und die Art der Beitragspflicht sind erforderlich, aber grundsätzlich auch genügend.[26] Geldbeiträge müssen nicht in der Satzung 24

---

[25] Vgl. zur Notwendigkeit der Unterscheidung BGHZ 96, 245, 249f. = NJW 1986, 1033 (Mehrheitserfordernisse); s. hierzu auch Staudinger/*Weick* (2005), § 33 Rn. 1ff.; BeckOK BGB/*Schöpflin*, Ed. 40, 1.8.2016, § 33 Rn. 1.

[26] BGHZ 105, 306, 315f. = NJW 1989, 1724; BGHZ 130, 243, 246f. = NJW 1995, 2981.

beziffert sein, auch nicht durch Angabe eines Höchstbetrags. Vielmehr kann die Satzung es dem Vorstand oder der Mitgliederversammlung oder einem für sie handelnden Ausschuss überlassen, die Beitragshöhe festzusetzen und frühere Festsetzungen zu ändern.

25 Ob *Bleckmann* im Fall 4 Recht hat, hängt also davon ab, welche Regelung die Satzung getroffen hat. Ist die Beitragshöhe in der Satzung ziffernmäßig festgelegt, dann ist zur Erhöhung eine Satzungsänderung erforderlich, so dass sich die Zuständigkeit der Mitgliederversammlung aus § 33 BGB ergibt. Weist die Satzung die Feststellung der Höhe dem Vorstand oder der Mitgliederversammlung zu, so gilt diese Vorschrift. Schweigt die Satzung, so lässt sich eine Kompetenz des Vorstands nicht begründen. Die Feststellung der Beiträge gehört namentlich nicht mehr in den Rahmen der Geschäftsführung. Hier greift also die Zuständigkeit ein, die § 32 BGB der Mitgliederversammlung einräumt. Der Vorstand kann die Beiträge also nur erhöhen, wenn die Satzung das vorsieht.

26 Hat die Mitgliederversammlung zu entscheiden, so ist sie nach Maßgabe der §§ 36 f. BGB einzuberufen.[27] Auch die Einberufungszuständigkeit kann von der Satzung beliebig festgelegt werden. Im Regelfall obliegt sie dem Vorstand, da er generell für den Verein auch im Innenbereich handelt.[28] Für die Form der Einberufung ist die Satzung maßgeblich. Regelt sie die Einberufung nicht, dann muss der Vorstand eine Form wählen, die allen Mitgliedern Gelegenheit gibt, von Ort, Zeit und Tagesordnung der Versammlung Kenntnis zu nehmen. Der Beschluss ist nach § 32 I 2 BGB nur gültig, wenn bei der Einberufung bereits verkündet wurde, welche Beschlüsse zu fassen sind. Damit sich die Mitglieder auf die Versammlung einstellen können, ist überdies eine angemessene Frist einzuhalten.[29] Die in dieser Form einberufene Mitgliederversammlung entscheidet nach § 32 I 3 BGB mit der Mehrheit der erschienenen Mitglieder. Eine besondere Mehrheit sieht das Gesetz für Satzungsänderungen vor (§ 33 I 1 BGB: 3/4-Mehrheit); für eine Zweckänderung wird sogar eine einstimmige Entscheidung verlangt.[30] Die Satzung kann aber auch insofern etwas anderes bestimmen.

III. Die Mitgliedschaft

1. Inhalt, Erwerb und Verlust der Mitgliedschaft

27 **Fall 5:** *Bleckmann* ist über das Ansinnen des *Jansen* so empört, dass er beschließt, seine Mitgliedschaft zum Preis von 500 EUR an *Fürstenau* zu übertragen. *Jansen* kann *Fürstenau* nicht leiden und hat sich daher schon seit langem geweigert, ihn in den Ruderclub aufzunehmen. Für *Fürstenau*, der eine lokalpolitische Karriere anstrebt und überdies in seiner Tätigkeit als Rechtsanwalt auf ein weites soziales Netzwerk angewiesen ist, ist die Mitgliedschaft in dem Club dagegen von großer Bedeutung. Kann er auf diesem Wege die Mitgliedschaft erwerben? Hat er notfalls aus einem anderen Rechtsgrund einen Anspruch, in den Verein aufgenommen zu werden?

28 Die Mitgliedschaft ist das Dauerrechtsverhältnis zwischen dem Verein und dem Mitglied; sie bezeichnet die Summe der korporativen Rechte und Pflichten des Mit-

---

[27] Zu den hier nicht weiter interessierenden Einzelheiten von Einberufung und Beschlussfassung vgl. etwa *Reichert,* Vereins- und Verbandsrecht, 13. Aufl., 2016, Rn. 1254 ff., 1344 ff., 1428 ff., 1487 ff.

[28] *Reichert,* Vereins- und Verbandsrecht, 13. Aufl., 2016, Rn. 1230 ff.

[29] Vgl. dazu BGHZ 99, 119, 122 ff. = NJW 1987, 1811; MüKoBGB/*Arnold,* § 32 Rn. 16; BeckOK BGB/*Schöpflin,* Ed. 40, 1.8.2016, § 32 Rn. 13.

[30] Vgl. etwa *Grunewald,* § 8 Rn. 50; *Saenger,* Rn. 462. Zum Begriff des Vereinszwecks s. *BGH* NJW-RR 2013, 604 ff.

glieds (vgl. bereits § 8 Rn. 1)[31] und bildet nach richtiger, wenngleich umstrittener Ansicht den Gegenstand eines ihm zustehenden subjektiven Rechts (vgl. auch dazu § 8 Rn. 31).[32] Die Mitgliedschaft ist höchstpersönlich, also weder übertragbar noch vererblich (§ 38 BGB), doch kann die Satzung auch insofern etwas anderes vorsehen (§ 40 BGB). Die Unübertragbarkeit ist also kein zwingendes Strukturelement der Mitgliedschaft, sondern beruht auf Zweckmäßigkeitserwägungen des Gesetzgebers.[33] Zu den Rechten der Mitglieder gehören im Wesentlichen das Recht auf Teilnahme an der Mitgliederversammlung, das Stimmrecht, das aktive und passive Wahlrecht, das Recht auf Benutzung der Vereinseinrichtungen und das Recht der Minderheit auf Einberufung der Mitgliederversammlung nach § 37 I BGB. Ausgehend vom Regelfall des Idealvereins tritt die Bedeutung der aus der Mitgliedschaft folgenden Vermögensrechte im Vereinsrecht hinter die der Verwaltungsrechte zurück. Ausfluss der Mitgliedschaft ist jedoch der Anfall des Vereinsvermögens an die Mitglieder, den § 45 III BGB bei Auflösung des Vereins unter einschränkenden Voraussetzungen vorsieht. Die Mitgliedschaft ist weiter gekennzeichnet durch die Pflicht des Vereins, die Mitglieder willkürfrei und entsprechend der Satzung zu behandeln.[34]

Zu den Pflichten des Mitglieds gehört es, die festgesetzten Beiträge zu entrichten, 29 die Verwaltungsrechte auszuüben und sein Verhalten an der mitgliedschaftlichen Treupflicht auszurichten (vgl. dazu § 8 Rn. 7 ff.).[35] Darüber hinaus ist es auch zulässig, wenn der Verein aufgrund seiner Organisationsautonomie (§ 25 BGB) in seiner Satzung Vereinsstrafen für gesellschaftsschädigendes Verhalten vorsieht (vgl. etwa die sog. Sportgerichtsurteile), wobei allerdings umstritten ist, ob es sich dabei um eine Vertragsstrafe i. S. d. §§ 339 ff. BGB handelt. Dieser schwierigen und hier nicht zu vertiefenden Frage kommt namentlich für die Reichweite der gerichtlichen Nachprüfung Bedeutung zu.[36] Die Rechtsprechung tendiert hier mit Blick auf die Vereinsautonomie zu einer bloßen Plausibilitätskontrolle, da sich das Vereinsmitglied der Strafgewalt des Vereins unterworfen habe.[37] Die Gegenauffassung plädiert zu Recht für eine umfassende Kontrolle, da sich das Mitglied nur dann der Strafgewalt des Vereins unterwirft, wenn die einschlägigen Voraussetzungen tatsächlich erfüllt sind. Das bedarf aber der vollständigen gerichtlichen Kontrolle.[38]

Wer nicht schon an der Gründung teilgenommen hat, erwirbt die Mitgliedschaft 30 durch Vertrag mit dem Verein.[39] Er muss seinen Beitritt erklären und von dem

---

[31] *Wolf/Neuner,* AT, § 17 Rn. v. 88; *K. Schmidt,* § 19 I 3; *Lutter,* AcP 180 (1980), 84, 97 ff. m. w. Nachw.

[32] A. A. für das Vereinsrecht namentlich Soergel/*Hadding,* § 38 Rn. 3a; *ders.,* FS Steindorff, 1990, S. 31, 34, 36 ff.

[33] Auch das ist streitig, vgl. *Lutter,* AcP 180 (1980), 84, 99 ff. m. Meinungsübersicht; a. M. besonders *Hadding,* FS Steindorff, 1990, S. 31, 38 ff.

[34] BGHZ 110, 323, 327 = NJW 1990, 2877; *OLG Celle* WM 1988, 495; *OLG Celle* NJW-RR 1995, 1273; vgl. hinsichtlich des Anspruchs auf Gleichbehandlung die entsprechende Vorschrift bei der AG: § 53a AktG.

[35] Speziell zum Verein: BGHZ 110, 323, 330 f. = NJW 1990, 2877; *Grunewald,* § 8 Rn. 13.

[36] Zu den Einzelheiten vgl. Soergel/*Hadding,* § 25 Rn. 37 ff.; *K. Schmidt,* § 24 V 3 – jeweils m. w. Nachw. zum umfangreichen Schrifttum.

[37] Vgl. etwa BGHZ 102, 265, 276 f. = NJW 1988, 552; BGHZ 128, 93, 110 f. = NJW 1995, 583; *BGH* NJW 1997, 3368.

[38] Vgl. etwa *Grunewald,* § 8 Rn. 74; *Saenger,* Rn. 465; *K. Schmidt,* § 24 V 3 f.

[39] BGHZ 37, 160, 164 = NJW 1962, 1508: „Der Beitritt ist ein privatrechtlicher Vertrag, der ein privatrechtliches Verhältnis zwischen dem Verein und dem Mitglied erzeugt."; vgl. auch BGHZ 101, 193, 196 = NJW 1987, 2503.

Verein aufgenommen werden. Der Verein wird dabei von seinem Vorstand vertreten; anders als bei den Personengesellschaften bedarf es nicht der Zustimmung der Mitgesellschafter. Bei übertragbar gestellter Mitgliedschaft (§ 40 BGB) kann das Recht auch durch Vertrag zwischen dem alten und dem neuen Mitglied erworben werden.[40] Die Mitgliedschaft endet durch den Tod des Mitglieds (vgl. § 38 S. 1 BGB), durch seinen Austritt (§ 39 BGB) und durch einen Ausschluss als eine besondere Form der Vereinsstrafe (vgl. bereits Rn. 29).[41]

31 Für die Lösung der ersten in Fall 5 aufgeworfenen Frage bedeutet dies, dass *Bleckmann* seine Mitgliedschaft nicht ohne Weiteres an *Fürstenau* veräußern kann. Vielmehr steht dem das Verbot des § 38 BGB entgegen, sofern die Satzung nicht eine Ausnahme von dieser Regel vorsieht.

2. Aufnahmezwang

32 Mit der zweiten von *Fürstenau* aufgeworfenen Frage ist das Problem eines Aufnahmezwangs angesprochen. Grundsätzlich ist der Verein nicht verpflichtet, einen Beitrittswilligen als Mitglied aufzunehmen. Die Aufnahme oder Nichtaufnahme ist vielmehr Gegenstand seiner autonomen Entscheidung.[42] Nur ausnahmsweise kann sich eine Aufnahmepflicht ergeben, und zwar aus § 20 V GWB, aus § 826 BGB oder aus einer nicht dem GWB unterliegenden Monopolstellung des Vereins.

33 § 20 V GWB ist eine Vorschrift des Kartellrechts und statuiert für Wirtschafts- und Berufsvereinigungen einen Aufnahmezwang, wenn die Ablehnung des Unternehmens eine sachlich nicht gerechtfertigte Ungleichbehandlung darstellt.[43] Für Bereiche jenseits der unternehmerischen Betätigung hat die Rechtsprechung einen Aufnahmezwang nach § 826 i. V. m. § 249 I 1 BGB anerkannt, wenn der Antragsteller durch die Verweigerung der Aufnahme geschädigt wird und die Ablehnung die Tatbestandsmerkmale des § 826 BGB erfüllt.[44] Das kann bei einer diskriminierenden Ablehnung ohne sachliche Rechtfertigung anzunehmen sein, wenn der Bewerber ein berechtigtes Interesse an der Mitgliedschaft hat.[45] Für eine sachliche Rechtfertigung genügt allerdings in der Regel schon eine entsprechende satzungsmäßige Grundlage.[46] Das ergibt sich aus der Vereinsautonomie nach § 25 BGB. Die Rechtsordnung kann es nicht einerseits dem Verein überlassen, seine Angelegenheiten durch die Satzung selbst zu regeln, und ihm andererseits mit dem Vorwurf der Sittenwidrigkeit begegnen, wenn er seine Satzung anwendet.[47] Sittenwidrig kann der Verein in diesem Fall nur handeln, wenn seine Satzung generell

---

40 So namentlich bei der Aktiengesellschaft, vgl. § 31 Rn. 2.

41 Zu den besonderen Anforderungen an einen Vereinsausschluss vgl. *Benecke,* WM 2000, 1173 ff.; *Reuter,* NJW 1987, 2401 ff.; monographisch *Grunewald,* Der Ausschluss aus Gesellschaft und Verein, 1987.

42 BGHZ 101, 193, 200 = NJW 1987, 2503; *LG Heidelberg* NJW 1991, 927; Soergel/*Hadding,* § 38 Rn. 12; *Reichert,* Vereins- und Verbandsrecht, 13. Aufl., 2016, Rn. 1047; *K. Schmidt,* § 24 V 2.

43 Vgl. dazu statt vieler *Bechtold/Bosch,* GWB, 8. Aufl., 2015, § 20 Rn. 59 ff.; *Reichert,* Vereins- und Verbandsrecht, 13. Aufl., 2016, Rn. 1056 ff.; *K. Schmidt,* § 24 V 2a.

44 BGHZ 21, 1, 7 f. = WM 1956, 98 und BGHZ 29, 344, 347 = NJW 1959, 880.

45 Vgl. zu dieser Abwägung etwa MüKoBGB/*Reuter,* Vor § 21 Rn. 112 ff.; *Reichert,* Vereins- und Verbandsrecht, 13. Aufl., 2016, Rn. 1072 ff.; s. auch Soergel/*Hadding,* § 38 Rn. 13: Diskriminierung als entscheidendes Merkmal.

46 Daraus darf allerdings nicht der Umkehrschluss gezogen werden, ein Anspruch bestehe, wenn der Bewerber die satzungsmäßigen Voraussetzungen erfüllt; vgl. BGHZ 101, 193, 200 = NJW 1987, 2503; Soergel/*Hadding,* § 38 Rn. 12.

47 *BGH* NJW 1969, 316, 317.

einer rechtlichen Prüfung nicht standhält, etwa aufgrund eines diskriminierenden Inhalts.[48]

Schließlich hat der BGH einen Aufnahmezwang trotz entgegenstehender Satzung auch dann noch anerkannt, wenn die Rechtsordnung die Berufung auf die satzungsmäßige Aufnahmebeschränkung gerade wegen der Monopolstellung des Verbandes nicht hinnehmen kann.[49] In diesem Fall darf eine Ablehnung, auch wenn sie vom Satzungstext gedeckt ist, nicht zu einer sachlich nicht gerechtfertigten Ungleichbehandlung gegenüber anderen Mitgliedern führen. Der Sache nach handelt es sich dabei um die analoge Anwendung des § 20 V GWB auf solche Monopolverbände, die nicht dem Kartellrecht unterliegen.[50] Später hat der BGH diese Rechtsprechung auch auf Vereine ausgedehnt, denen kein Monopolcharakter zukommt, wenn sie nur im wirtschaftlichen oder sozialen Bereich eine überragende Machtstellung einnehmen und deshalb ähnlich wie ein Monopolist in der Lage sind, durch die Aufnahmeverweigerung schwerwiegende Interessen des Beitrittswilligen zu verletzen. Das kann etwa bei einer Gewerkschaft der Fall sein,[51] wegen § 10 I 1 ParteienG aber nicht bei einer politischen Partei.[52] 34

Im Fall 5 kann sich die Ablehnung des *Fürstenau* weder auf eine satzungsmäßige Grundlage noch auf eine sonstige sachlich nachvollziehbare Begründung stützen. Sie beruht allein auf der persönlichen Antipathie des Vereinsvorstands, so dass man eine diskriminierende Benachteiligung annehmen kann. Diese allein genügt aber noch nicht, um einen Aufnahmeanspruch des *Fürstenau* zu bejahen. Vielmehr muss auch auf seiner Seite ein überwiegendes Interesse erkennbar sein, das es rechtfertigt, die (ebenfalls von Art. 9 GG geschützte) Organisationsautonomie des Vereins zu verdrängen. Das hat der BGH aber grundsätzlich in solchen Fällen abgelehnt, in denen die Vereinigung vorwiegend „die Förderung der Geselligkeit ihrer Mitglieder zum Ziele hat, mag diese auch die einzige ihrer Art sein und die Mitgliedschaft ein gewisses Geltungsbedürfnis befriedigen."[53] Nach diesem Maßstab wird man einen Aufnahmeanspruch des *Fürstenau* hier zu verneinen haben. 35

Größere Bedeutung als in derartigen privaten Aufnahmebegehren ist dem Aufnahmezwang in der Vergangenheit dort zugekommen, wo ein Verein die Aufnahme in einen Dachverband verlangt, um auf diese Weise in den Genuss öffentlicher Fördermittel zu kommen.[54] Ob eine solche Ablehnung im Verhältnis zu den aufgenommenen Mitgliedern als eine sachlich nicht gerechtfertigte Ungleichbehandlung zu qualifizieren ist, hängt davon ab, welche Gesichtspunkte nach Zweck und Aufgabe des Dachverbands und seiner inneren Organisation für die Aufnahmebeschränkun- 36

---

[48] Vgl. BGHZ 63, 282, 285 = NJW 1975, 771; BGHZ 140, 74, 82 f. = NJW 1999, 1326; zur Inhaltskontrolle vgl. *Nicklisch,* JZ 1976, 105 ff.

[49] BGHZ 63, 282, 285 = NJW 1975, 771; vgl. weiter *BGH* NJW 1980, 186; BGHZ 93, 151, 152 f. = NJW 1985, 1216; BGHZ 101, 193, 200 = NJW 1987, 2503; BGHZ 102, 265, 276 = NJW 1988, 552.

[50] Das ist in der Substanz nichts anderes als die von *Grunewald,* AcP 182 (1982), 182, 210 geforderte Rechtsfortbildung. Vgl. zum Ganzen auch Soergel/*Hadding,* § 38 Rn. 13; *K. Schmidt,* § 24 V 2.

[51] BGHZ 93, 151, 152 ff. = NJW 1985, 1216.

[52] BGHZ 101, 193, 201 = NJW 1987, 2503.

[53] *BGH* NJW 1980, 186; vgl. dazu auch *K. Schmidt,* 24 V 2b; krit. MüKoBGB/*Reuter,* Vor § 21 Rn. 113; für einen großzügigeren Aufnahmezwang auch im Bereich der Freizeitgestaltung *LG Karlsruhe* NJW-RR 2002, 111, 112 f.: Klage eines Chors homosexueller Männer (die „Queer-Flöten") auf Aufnahme in den Badischen Sängerbund.

[54] Vgl. zum Folgenden etwa BGHZ 63, 282 = NJW 1975, 771; BGHZ 140, 74 = NJW 1999, 1326. *OLG München* SpuRt 2014, 110 ff.; Übersicht über die umfangreiche Rechtsprechung bei *Reichert,* Vereins- und Verbandsrecht, 13. Aufl., 2016, Rn. 1070 f.

gen sprechen. Auf die Zulässigkeit einer Aufnahmebeschränkung kann es etwa hindeuten, wenn eine gleichmäßige regionale Verteilung der angeschlossenen Vereine erreicht werden soll, damit ein Übergewicht bestimmter Bereiche bei der Willensbildung des Dachverbandes vermieden wird. Auch in einem solchen Fall ist aber weiter zu prüfen, ob dieses Ziel nicht schon durch eine mildere Satzungsgestaltung, z. B. durch Stimmrechtsbeschränkungen, erreicht werden kann.

IV. Zusammenfassung

37 Zwingend vorgeschriebene Organe des Vereins sind der Vorstand und die Mitgliederversammlung. Der Vorstand ist zur Vertretung des Vereins (§ 26 I 2 BGB) und zur Geschäftsführung berufen. Der Umfang der Vertretungsmacht kann in der Satzung beschränkt werden. Für schädigende Handlungen von Vorstandsmitgliedern in Ausführung der ihnen zustehenden Verrichtungen haftet der Verein nach § 31 BGB (Organhaftung). Als Zurechnungsnorm setzt § 31 BGB voraus, dass Vorstandsmitglieder einen Haftpflichttatbestand erfüllt haben; dieser kann deliktischer oder vertraglicher Natur sein. Ersatzpflichtig ist der Verein auch dann, wenn nicht der Vorstand, sondern ein anderer satzungsmäßiger Vertreter (§ 30 BGB) die schädigende Handlung vorgenommen hat oder wenn der Schaden gerade darauf zurückzuführen ist, dass die erforderliche Bestellung eines solchen Vertreters unterlassen wurde (Organisationsmangel). Die Mitgliederversammlung (§§ 32 ff. BGB) hat eine unentziehbare Kompetenz, wenn es um die Grundentscheidungen des Vereinslebens geht (§ 33 BGB). Sie ist ferner zuständig für die Bestellung und Abberufung des Vorstands (§ 27 BGB). Nach § 32 BGB sind von der Mitgliederversammlung auch diejenigen Angelegenheiten zu entscheiden, die keinem anderen Vereinsorgan zugewiesen sind. Die Versammlung entscheidet durch Beschluss, der grundsätzlich mit der Mehrheit der erschienenen Mitglieder gefasst wird (§ 32 BGB).

38 Die Mitgliedschaft bezeichnet die Summe der korporativen Rechte und Pflichten des Mitglieds. Sie ist das Rechtsverhältnis zwischen dem Mitglied und dem Verein und zugleich subjektives Recht. Erworben wird sie durch Teilnahme an der Gründung oder durch Vertrag mit dem Verein, der mit Beitritts- und Aufnahmeerklärung zustandekommt. Die Mitgliedschaft endet durch Tod, durch Austritt oder durch Ausschluss. Eine Pflicht des Vereins, einen Beitrittswilligen aufzunehmen, lässt sich nur ausnahmsweise begründen, wenn der Verein eine Monopolstellung oder eine Machtstellung mit für den Beitrittswilligen vergleichbaren Einflussmöglichkeiten innehat. Handelt es sich um eine Wirtschafts- oder Berufsvereinigung, so besteht ein Aufnahmeanspruch, wenn die tatbestandlichen Voraussetzungen des § 20 V GWB erfüllt sind. In anderen Fällen kann die Aufnahmepflicht des Vereins aus § 826 i. V. m. § 249 BGB abgeleitet werden. Handelt der Verein nicht sittenwidrig, weil der Beitrittswillige die satzungsmäßigen Voraussetzungen für eine Aufnahme nicht erfüllt, so kann sich für ihn ein Aufnahmeanspruch ausnahmsweise in Anlehnung an § 20 V GWB ergeben.

§ 28. Der nicht eingetragene Verein

Literatur: *Bergmann,* Ein Plädoyer für § 54 Satz 1 BGB: Der nicht rechtsfähige Verein als körperschaftlich verfasste Gesellschaft, ZGR 2005, 654; *Flume,* Der nichtrechtsfähige Verein, ZHR 148 (1984), 503; *Habscheid,* Der nicht rechtsfähige Verein zwischen juristischer Person und Gesellschaft, AcP 155 (1956), 375; *Prütting,* Der nichtrechtsfähige Verein im Zivilprozess, in der Zwangsvollstreckung und Insolvenz sowie im Grundbuch, FS Reuter, 2010, S. 263;

Reiff, Die Haftungsverfassungen nichtrechtsfähiger unternehmenstragender Verbände, 1996; *Terner*, Neues zum Vereinsrecht, NJW 2008, 16. Vgl. ferner bereits die Angaben zu §§ 26 und 27.

I. Gesetzliche Ausgangslage

Eine der rätselhaftesten Vorschriften des Bürgerlichen Rechts ist § 54 BGB, wonach auf Vereine, die nicht rechtsfähig sind, die Vorschriften über die Gesellschaft (also die BGB-Gesellschaft, §§ 705 ff. BGB) Anwendung finden. Die Schwierigkeiten, vor die sich der Rechtsanwender durch diese Anordnung gestellt sieht, ergeben sich zunächst schon aus den grundlegenden Umwälzungen des Rechts der BGB-Gesellschaft, die unter § 3 dargestellt wurden. Während der historische Gesetzgeber, auf den auch § 54 BGB zurückgeht, die Gesellschaft bürgerlichen Rechts noch als schlichtes Schuldverhältnis mit einer besonderen Vermögensordnung auffasste, ist heute ihr Charakter als rechtsfähige Zurechnungseinheit in Rechtsprechung und Schrifttum anerkannt und vom modernen Gesetzgeber bestätigt (s. oben § 3 Rn. 3 ff.). Daraus ergibt sich der Auftrag an den Rechtsanwender, das ohnehin schon aus den Fugen geratene und historisch überkommene Regelungsmodell der §§ 705 ff. BGB auf eine andere Gesellschaftsform zu übertragen, obwohl auch der Gesetzgeber, der diesen Wertungstransfer anordnete, dabei noch ein gänzlich anderes Modell vor Augen hatte. Am augenfälligsten treten die dadurch ausgelösten Wertungswidersprüche in der grundlegenden Frage nach der Rechtsfähigkeit des nicht eingetragenen Vereins zu Tage. Nachdem der BGH in der Weißes Ross-Entscheidung die Rechtsfähigkeit der BGB-Gesellschaft anerkannt hat (§ 3 Rn. 8), scheint die Kernaussage des § 54 S. 1 BGB in diesem neu gestalteten rechtlichen Umfeld darin zu bestehen, dass ein Verein, der mangels Eintragung nicht rechtsfähig ist, als rechtsfähiger Verbund zu behandeln ist. 1

Ungeachtet dieser durch das neue Verständnis der BGB-Gesellschaft ausgelösten systematischen Brüche darf nicht übersehen werden, dass § 54 S. 1 BGB auch vor dieser Neuausrichtung der Rechtsprechung eine höchst problematische Vorschrift war, ordnet sie doch schließlich an, einen Verbund, der von seinen Gründern als korporativer Zusammenschluss konzipiert wurde, als Personengesellschaft zu behandeln. Das Ziel, das der Gesetzgeber damit verfolgte, war vereinspolitischer Natur: Indem er die nicht eingetragenen Vereine den für sie nicht passenden Regeln über die Gesellschaft bürgerlichen Rechts unterwarf, wollte er sie veranlassen, sich zur Eintragung anzumelden, um im Rahmen des Eintragungsverfahrens eine staatliche Kontrolle ausüben zu können. Eine besondere Rolle spielte dabei das Misstrauen des historischen Gesetzgebers gegenüber den herkömmlich als Vereinen organisierten Gewerkschaften, aber auch gegenüber parteipolitischen Gruppierungen.[1] Speziell die Parteien sind auch heute aus politischer Tradition zumeist noch als nicht eingetragene Vereine organisiert.[2] Zu den gescheiterten Reformansätzen vgl. bereits § 26 Rn. 5. 2

II. Die korporative Verfassung

Fall 1: *Strasser* und *Gackenheimer* haben mit drei weiteren Freunden das Vokalensemble Cantabile gegründet. Sie wollen ihrem Zusammenschluss eine institutionalisierte Form geben, da sie auf einen großen Zulauf weiterer Mitglieder hoffen. Sie entschließen sich deshalb für die Organisationsform eines Vereins und entwerfen eine entsprechende Satzung. Als Vorstand werden *Strasser* und *Gackenheimer* eingesetzt, die unmittelbar die Geschäftsführung in die 3

[1] Vgl. auch *Grunewald*, § 9 Rn. 1; *Saenger*, Rn. 473; *K. Schmidt*, § 25 II 2a.
[2] Ausführlich dazu *Reffken*, NVwZ 2009, 1131 ff.

Hand nehmen. Da derzeit die Zahl von sieben Mitgliedern noch nicht erreicht ist, verweigert das Registergericht unter Berufung auf § 56 BGB die Eintragung des Vereins. *Strasser* bemüht sich deshalb um weitere Mitglieder und wirbt den *Assfalg* als Bass an, der vier Wochen nach der Gründung gegenüber *Strasser* und *Gackenheimer* seinen Beitritt erklärt. Ist *Assfalg* Mitglied des Vereins geworden?

4 Nimmt man die Anordnung des § 54 S. 1 BGB wörtlich, so wäre diese Frage zu verneinen. § 54 S. 1 BGB verweist für die Behandlung des nicht eingetragenen und deshalb nicht rechtsfähigen Vereins auf das Recht der BGB-Gesellschaft. Da diese als Personengesellschaft auf das besondere persönliche Vertrauen ihrer Mitglieder zugeschnitten ist, kann der Beitritt hier nur mit Zustimmung aller übrigen Gesellschafter erfolgen (s. oben § 6 Rn. 18). Ein ausschließlich mit den Geschäftsführern vereinbarter Beitritt ist nicht ausreichend. Es besteht jedoch Einigkeit, dass der Verweis auf das Recht der BGB-Gesellschaft keinesfalls derart weitreichende Folgen auslösen kann. Die in § 54 S. 1 BGB vorgeschriebene Anwendung der §§ 705 ff. BGB kann den nicht eingetragenen Verein schon im Lichte des Art. 9 GG nicht zu etwas anderem machen, als er nach dem Willen seiner Gesellschafter ist. Die Struktur des Personenzusammenschlusses ist dem Gesetzgeber deshalb durch die privatautonome Gestaltungsentscheidung der Gründer vorgegeben. Sofern die Gesellschafter sich also nicht nur dem Namen nach, sondern auch in der Sache eindeutig für eine korporative Verfassung entschieden haben, muss diese Entscheidung respektiert werden. Um dies festzustellen, muss untersucht werden, welche Strukturmerkmale dieser Personenzusammenschluss tatsächlich aufweist.[3] Dabei zeigt sich, dass die Gründer ihren Zusammenschluss eindeutig nicht als Personengesellschaft, sondern als Körperschaft konzipieren wollten: Sie verfolgen einen auf Dauer angelegten gemeinschaftlichen Zweck, dessen Erreichung aber nicht von dem konkreten Mitgliederbestand abhängig sein soll. Aus diesem Grund haben sie ihrem Zusammenschluss eine Satzung gegeben und die Geschäftsführung in die Hände eines Vorstands gelegt. Der Zusammenschluss ist also eindeutig als Körperschaft ausgestaltet und diese Entscheidung hat die Rechtsordnung zu akzeptieren.[4]

5 Daraus ergibt sich indes das Problem, dass es an einem passenden gesetzlichen Regelungsregime fehlt, dem diese Körperschaft unterworfen sein kann. § 54 BGB stellt für den nicht eingetragenen Verein keine geeignete Organisationsform zur Verfügung.[5] So sind die §§ 723, 727 BGB, die beim Ausscheiden eines Mitglieds die Auflösung der Gesellschaft anordnen, unvereinbar mit der Unabhängigkeit des Vereins von seinem jeweiligen Mitgliederbestand. Die §§ 709, 714 BGB weisen die Geschäftsführung und die Vertretung den Mitgliedern selbst zu und treten damit in Widerspruch zu der korporativen Verfassung, die durch die Existenz besonderer Vereinsorgane gekennzeichnet ist (§ 2 Rn. 8 f.). Die Mitglieder einer BGB-Gesellschaft trifft nach nunmehr herrschender Meinung eine akzessorische Haftung für die Verbindlichkeiten ihrer Gesellschaft (vgl. dazu § 7 Rn. 10 ff.); die Mitglieder eines Vereins haben dagegen ein anerkennenswertes Interesse daran, mit ihrem Beitritt ein überschaubares Risiko einzugehen (vgl. noch Rn. 10).

6 Angesichts dieser fehlenden Eignung der §§ 705 ff. BGB muss die rechtliche Behandlung der nicht eingetragenen Vereine zumindest teilweise durch ihren korporativen Charakter bestimmt werden. Das gilt namentlich für die innere Willensbildung des Vereins und für sein Verhältnis zu den Mitgliedern. Auf welchem dogmatischen

---

[3] Vgl. zu dieser Abgrenzung auch *Saenger,* Rn. 473.

[4] BGHZ 50, 325, 328 f. = NJW 1968, 1830; *Saenger,* Rn. 473; *Flume,* ZHR 148 (1984), 503, 505.

[5] Relativierend *Flume,* ZHR 148 (1984), 503, 521 f.

Wege dieses allgemein anerkannte Ergebnis erreicht werden soll, ist allerdings nicht ganz klar. Zum Teil ist es denkbar, den Verweis auf das Recht der BGB-Gesellschaft wörtlich zu nehmen, dann aber den privatautonomen Gestaltungsspielraum ihrer Mitglieder zu nutzen, um deren Willen zur korporativen Struktur zu berücksichtigen.[6] Andere greifen ohne diesen Umweg gleich auf eine partielle Analogie zum Vereinsrecht zurück.[7] Der erste Weg ist dogmatisch sauberer, versagt allerdings, soweit es um die Außenverhältnisse der Gesellschaft geht. Daher ist im Sinne einer einheitlichen Rechtsanwendung dem Weg über die Analogie der Vorzug zu geben, sofern dem korporativen Charakter des Zusammenschlusses Rechnung zu tragen ist. Eine entsprechende Regelungslücke kann aus der Neuordnung des Rechts der BGB-Gesellschaft sowie aus der generell offensichtlich missglückten Fassung des § 54 BGB hergeleitet werden.

Für die Lösung des Falls 1 bedeutet dies, dass *Assfalg* Vereinsmitglied geworden ist. 7
Die Gründer des Vereins haben diesem bewusst eine beitrittsoffene körperschaftliche Verfassung gegeben und es besteht kein Grund, warum die Rechtsordnung diese Entscheidung nicht respektieren sollte. Es gelten deshalb auch hier die Regeln über den eingetragenen Verein entsprechend, so dass *Assfalg* dem Verein im Wege einer Vereinbarung mit den Geschäftsführern beitreten konnte (s. oben § 27 Rn. 30).

III. Der nicht eingetragene Verein im Rechtsverkehr

Fall 2: Immer noch vor der Eintragung mieten *Strasser* und *Gackenheimer* eine Räumlichkeit 8
für die gemeinsamen Proben an und erwerben von ihrer gemeinsamen Bekannten *Kohler* ein gebrauchtes Klavier. Wer ist Eigentümer des Klaviers? Wer schuldet den Mietzins? Von wem kann *Kohler* die Bezahlung des Kaufpreises verlangen?

Eigentümer kann nur sein, wer rechtsfähig ist. Weil der Verein als juristische Person 9
erst mit der Eintragung entsteht (§ 21 BGB), kann er vor diesem Zeitpunkt nicht Rechtsträger sein. Vielmehr ist insoweit über § 54 S. 1 BGB auf die §§ 705 ff. BGB zurückzugreifen. Nachdem mittlerweile aber auch die Rechtsfähigkeit und Eigentümerstellung der BGB-Gesellschaft anerkannt ist (§ 3 Rn. 3 ff.), muss das Verständnis des § 54 S. 1 BGB neu geordnet werden: Wenn dort von dem nicht rechtsfähigen Verein die Rede ist, dann ist damit lediglich gemeint, dass dem Verein nicht auf dem besonderen Wege einer Eintragung der Status einer juristischen Person verliehen worden ist.[8] Das hindert aber nicht seine Rechtsfähigkeit, die wie bei der Gesellschaft bürgerlichen Rechts auch aus einem anderen Grund anerkannt werden kann (s. § 26 Rn. 15). Der Verein ist also rechtsfähig und kann danach auch Eigentümer sein, wenn er beim Vertragsschluss ordnungsgemäß vertreten worden ist. Ausgangsvorschrift ist insofern § 164 BGB. Die Vertretungsmacht richtet sich nicht nach §§ 709, 714 BGB, da der Gesetzgeber auch insofern die Festlegung der Mitglieder auf eine korporative Struktur zu respektieren hat. Maßgeblich ist vielmehr § 26 I BGB analog, wonach der Vorstand den Verein vertritt. Der Verein ist deshalb Eigentümer des Klaviers und Schuldner von Kaufpreis und Mietzins. Ebenso wie bei der BGB-Gesellschaft erstreckt sich seine Rechtsfähigkeit auch auf andere Bereiche. So ist etwa auch sein Namensschutz nach § 12 BGB und den zugehörigen wettbewerbsrechtlichen Regeln (§§ 5, 15 II MarkenG) anerkannt.[9] Auch hinsichtlich der

---

[6] So sehr deutlich *Bergmann,* ZGR 2005, 54, 659 ff.; wohl auch *Grunewald,* § 9 Rn. 6; *Wolf/Neuner,* AT, § 17 Rn. 128; *Grundmann/Terner,* JA 2002, 689, 695.

[7] Dahin tendierend augenscheinlich *Kübler/Assmann,* § 11 I 1c; *K. Schmidt,* § 25 II 2b.

[8] So auch das Verständnis bei Soergel/*Hadding,* § 54 Rn. 1; zu dem begrifflichen Zusammenspiel von juristischer Person und Rechtsfähigkeit vgl. § 26 Rn. 15.

[9] BGHZ 120, 103, 106 = NJW 1993, 459; Staudinger/*Weick* (2005), § 54 Rn. 26.

Grundbuchfähigkeit des nicht eingetragenen Vereins gelten die für die BGB-Gesellschaft geltenden Grundsätze: Der Verein ist also selbst eintragungsfähig, doch müssen auch seine Mitglieder ergänzend aufgeführt werden (§ 3 Rn. 18).[10]

10 Fraglich ist, ob neben der Haftung des Vereins auch eine Haftung der Mitglieder besteht. Weil der Vorstand hier im Rahmen seiner Vertretungsmacht für den Verein gehandelt hat, wird dieser selbst Vertragspartei. Allerdings verweist § 54 S. 1 BGB auf das Recht der BGB-Gesellschaft, für die heute anerkannt ist, dass sich aus einer Verbindlichkeit der Gesellschaft grundsätzlich auch eine akzessorische Haftung ihrer Mitglieder ergibt (§ 7 Rn. 10 ff.). Ein Haftungsausschluss ist nur durch explizite Individualvereinbarung mit dem Vertragspartner möglich (§ 7 Rn. 19). Die daraus nach § 54 S. 1 BGB zu ziehende Konsequenz einer persönlichen Haftung der Vereinsmitglieder ließe sich aber mit der körperschaftlichen Struktur des nicht rechtsfähigen Vereins kaum vereinbaren und würde zu erheblichen persönlichen Haftungsrisiken der Mitglieder führen, mit denen sie beim Beitritt typischerweise nicht rechnen.[11] Daher ist nach nahezu einhelliger Meinung der in § 54 S. 1 BGB enthaltene Verweis auch hier unanwendbar und stattdessen auf die Regelungen des eingetragenen Vereins zurückzugreifen.[12] Danach vertritt der Vorstand allein den Verein (§ 26 I 2 BGB), nicht aber die Mitglieder. Etwas anderes hat nur dann zu gelten, wenn der nicht eingetragene Verein auf einen wirtschaftlichen Geschäftsbetrieb gerichtet ist. Würde man auch hier die Vorschriften des eingetragenen Vereins anwenden, so gelangten die Vereinsmitglieder in den Genuss des Privilegs der Mithaftung, obwohl § 22 S. 1 BGB gerade für diesen Fall die Erlangung der Rechtsfähigkeit regelmäßig ausschließt, um die persönliche Haftung der Mitglieder für Vereinsschulden zu erhalten. Daher schlägt beim wirtschaftlichen Verein die Verweisung auf die Regeln der Gesellschaft voll durch mit dem Ergebnis, dass die Mitglieder eine unbeschränkte akzessorische Haftung trifft.[13] Bei dem Verein Cantabile handelt es sich um einen Idealverein, so dass *Kohler* nach den dargelegten Grundsätzen nicht verlangen kann, dass ein Mitglied den Kaufpreis aus seinem Privatvermögen bezahlt.

11 Schließlich kommen auch noch die Mitglieder des Vorstands selbst als Anspruchsgegner in Betracht. Auch sie sind wegen der körperschaftlichen Verselbstständigung des Vereins nicht Vertragspartner und werden nach dem vorstehend Gesagten auch nicht in ihrer Funktion als Gesellschafter automatisch mitverpflichtet. § 54 S. 2 BGB enthält jedoch eine Sondervorschrift, die den Rechtsverkehr schützen und zugleich weiteren Druck auf die Vereinsmitglieder ausüben soll, die Eintragung zu betreiben. Nach § 54 S. 2 BGB haftet der Vertreter auch persönlich, und zwar ohne Rücksicht

---

[10] So jüngst *BGH* NZG 2016, 666, wobei der *BGH* offen lässt, ob sich das Eintragungserfordernis der Mitglieder daraus ergibt, dass der nicht eingetragene Verein auch nicht rechtsfähig ist oder aber mit der h. M. die Rechtsfähigkeit zwar zu bejahen ist, das Eintragungserfordernis aber aus § 54 S. 1 BGB i. V. m. § 47 II GBO folgt. Jedenfalls hat der *BGH* der Ansicht, der Verein sei unter seinem Namen eintragungsfähig, eine Absage erteilt. Vgl. auch Palandt/*Ellenberger,* § 54 Rn. 8; *Lieder,* Jura 2012, 335, 342; a. A. *Prütting,* FS Reuter, 2010, S. 263, 268 f. unter Hinweis auf die praktischen Probleme bei großen Zusammenschlüssen; offen gelassen von *Reffken,* NVwZ 2009, 1131, 1133.

[11] Staudinger/*Weick* (2005), § 54 Rn. 51; *K. Schmidt,* § 25 III 2; a. A. etwa *H. P. Westermann,* NZG 2001, 289, 295.

[12] Mit unterschiedlichen Begründungen *BGH* NJW 1957, 1186; MüKoBGB/*Arnold,* § 54 Rn. 41 ff.; Soergel/*Hadding,* § 54 Rn. 24; Staudinger/*Weick* (2005), § 54 Rn. 51 ff.; *K. Schmidt,* § 25 III 2; *Reiff,* Die Haftungsverfassungen nichtrechtsfähiger unternehmenstragender Verbände, 1996, S. 124 f.

[13] Vgl. die Nachw. in voriger Fn.; ausführlich *Reiff,* Die Haftungsverfassungen nichtrechtsfähiger unternehmenstragender Verbände, 1996, S. 121 ff.: „Sperrfunktion des § 22".

darauf, ob er Vertretungsmacht gehabt hat oder nicht.[14] *Kohler* kann also auch von denjenigen Vorstandsmitgliedern Zahlung gem. § 433 II i. V. m. § 54 S. 2 BGB verlangen, die ihr gegenüber für den Verein aufgetreten sind. Haben alle Vorstandsmitglieder gehandelt, so trifft sie auch alle eine Haftung, und zwar als Gesamtschuldner (§§ 421 ff. BGB).

Fall 3: Beim Transport des Klaviers in die neuen Räumlichkeiten beschädigt *Gackenheimer* das Treppenhaus der Vermieterin *Meyer.* Kann auch sie *Gackenheimer* selbst oder den Verein in Anspruch nehmen? 12

Für die persönliche Haftung der Vorstandsmitglieder aus § 823 BGB spielt die Eintragung selbstverständlich überhaupt keine Rolle. Fraglich ist allein, ob auch der Verein haftet. Diese Frage ist zu bejahen. Die einschlägige Vorschrift ist § 31 BGB, weil der nicht eingetragene Verein ebenso durch Organe handelt wie der eingetragene und sich deshalb von Fehlleistungen seiner Organe nicht wegen Fremdverschuldens distanzieren kann.[15] Nachdem die Anwendung des § 31 BGB auch auf die BGB-Gesellschaft anerkannt ist (§ 7 Rn. 5 ff.), können an diesem Ergebnis generell keine Zweifel mehr bestehen. Die durch die fahrlässige Eigentumsverletzung des *Gackenheimer* geschädigte *Meyer* kann also den Verein nach § 823 i. V. m. § 31 BGB in Anspruch nehmen. Sind die Voraussetzungen der Haftungsprivilegierung nach § 31a BGB erfüllt, kann sich *Gackenheimer* allerdings auch im nicht rechtsfähigen Verein darauf berufen.[16] 13

IV. Der nicht eingetragene Verein im Zivilprozess

Fall 4: Kann *Meyer* (s. Fall 3) den Verein schon vor dessen Eintragung gerichtlich auf Zahlung verklagen? Kann umgekehrt auch der Verein gegen *Meyer* mietrechtliche Gewährleistungsansprüche geltend machen? 14

Der Verein kann als solcher nur dann klagen und verklagt werden, wenn er aktiv und passiv parteifähig ist, also die Fähigkeit besitzt, als Kläger oder Beklagter Subjekt eines Prozessrechtsverhältnisses zu sein. Nach § 50 I ZPO ist parteifähig, wer rechtsfähig ist. Es wurde in der Vergangenheit aber stets bezweifelt, ob dafür auch die der BGB-Gesellschaft zukommende, aber nicht zu eigener Rechtspersönlichkeit verdichtete Rechtsfähigkeit ausreichend ist. Diese Zweifel wurden noch dadurch verstärkt, dass § 50 II ZPO a. F. dem nicht eingetragenen Verein die passive Parteifähigkeit einräumte, was den Gegenschluss zuließ, dass ihm die aktive Parteifähigkeit nicht zukommen sollte. Ein solches Verständnis ließ sich aber wiederum mit der Anerkennung der BGB-Gesellschaft als rechtsfähige Zurechnungseinheit kaum in Einklang bringen. Der BGH hatte aus dieser Neuorientierung im Jahr 2008 den Schluss gezogen, dass – entgegen dem systematischen Fingerzeig des § 50 II ZPO a. F. – auch die aktive Parteifähigkeit des nicht rechtsfähigen Vereins heute anzuerkennen sei,[17] womit § 50 II ZPO a. F. allerdings gegenstandslos wurde.[18] Schließlich hat im Jahr 2009 der Gesetzgeber dieser Ungewissheit ein Ende gesetzt, und zwar durch das Vereinsrechtsänderungsgesetz vom 24. September 2009.[19] Dieses Gesetz 15

---

[14] Zur umstr. Frage, ob § 52 S. 2 BGB auch auf gesetzliche Verbindlichkeiten des nichteingetragenen Vereins anwendbar ist, s. ausführlich *Schwab,* NZG 2012, 481 ff.

[15] *Habscheid,* AcP 155 (1956), 375, 406 f.; Erman/*H. P. Westermann,* § 54 Rn. 12; Soergel/*Hadding,* § 54 Rn. 22; *Grunewald,* § 9 Rn. 7; *Wolf/Neuner,* AT, § 17 Rn. 135 f.

[16] *Saenger,* Rn. 474; *Reuter,* NZG 2009, 1368, 1369.

[17] *BGH* NJW 2008, 69 Rn. 54 f.; vgl. zu dieser Entscheidung auch *Terner,* NJW 2008, 16 ff.; anders noch BGHZ 109, 15, 16 ff. = NJW 1990, 186.

[18] *K. Schmidt,* NJW 2001, 993, 1003; dem folgend *Eisenhardt/Wackerbarth,* Rn. 263.

[19] Gesetz zur Erleichterung elektronischer Anmeldungen zum Vereinsregister und anderer vereinsrechtlicher Änderungen vom 24.9.2009, BGBl. I 3145; vgl. dazu auch RegBegr, BT-

ergänzt § 50 II ZPO in der Weise, dass auch dem nicht eingetragenen Verein nunmehr nicht allein die passive, sondern auch die aktive Parteifähigkeit zukommt. Der Verein kann also klagen und verklagt werden.

V. Zusammenfassung

16 Trotz § 54 S. 1 BGB ist der nicht eingetragene Verein nicht Gesellschaft, sondern Körperschaft. Diesem Charakter muss die rechtliche Behandlung Rechnung tragen. Die Vorschriften über die Gesellschaft (§§ 705 ff. BGB) sind also nur insoweit heranzuziehen, als dem Umstand Rechnung getragen werden muss, dass eine juristische Person nicht vorliegt. Im Übrigen gilt das Recht des eingetragenen Vereins entsprechend, soweit die §§ 705 ff. BGB auch in ihrem fortentwickelten Verständnis als Regelung einer rechtsfähigen Wirkungseinheit keine sachgerechte Normierung enthalten. Träger von Vermögensrechten sind nicht die Vereinsmitglieder als einzelne, sondern ist der Verein, den sie gegründet haben. Für die auf Rechtsgeschäft beruhenden Verbindlichkeiten haftet der Verein mit dem Vereinsvermögen. Daneben haften die für den Verein handelnden Personen, namentlich die Mitglieder des Vorstands, gem. § 54 S. 2 BGB mit ihrem Privatvermögen. Eine Haftung der anderen Vereinsmitglieder mit ihrem Privatvermögen ist dagegen zumindest dann ausgeschlossen, wenn es sich um einen Idealverein handelt. Ist der nicht eingetragene Verein auf einen wirtschaftlichen Geschäftsbetrieb gerichtet, so greift angesichts der Sperrwirkung des § 22 S. 1 BGB die Verweisung auf die §§ 705 ff. BGB voll durch und begründet damit eine akzessorische Mithaftung der Vereinsmitglieder. Handlungen der Organe, die diese schadensersatzpflichtig machen, muss sich der Verein gemäß § 31 BGB zurechnen lassen. Der nicht eingetragene Verein ist nach § 50 II ZPO aktiv und passiv parteifähig.

2. Kapitel. Die Aktiengesellschaft

§ 29. Strukturmerkmale und Gründung der AG

Literatur: Zur historischen Entwicklung des Aktienrechts vgl. die umfassende Darstellung der einzelnen Entwicklungsstufen bei *Bayer/Habersack* (Hrsg.), Aktienrecht im Wandel, Band I, 2007; ferner *Bösselmann*, Die Entwicklung des deutschen Aktienwesens im 19. Jahrhundert, 1939; *Schubert/Hommelhoff*, Hundert Jahre modernes Aktienrecht, ZGR-Sonderheft 4, 1985; Überblick über die Strukturmerkmale bei *Langenbucher*, Einführung in das Recht der Aktiengesellschaft, Jura 2004, 577; zum Gründungsvorgang, namentlich zur Sachgründung, vgl. *G. H. Roth*, Die Reform der verdeckten Sacheinlage, FS Hüffer, 2010, S. 853; *Schall*, Kapitalaufbringung nach dem MoMiG, ZGR 2009, 126. Überblick bei *Lange*, Grundzüge des Rechts der Aktiengesellschaft, Jura 2016, 333.

I. Allgemeine Strukturmerkmale der AG

1. Historischer Ausgangspunkt

1 Während der Verein auf körperschaftlich strukturierte, aber nicht wirtschaftlich tätige Zusammenschlüsse zugeschnitten ist, soll die Aktiengesellschaft am entgegengesetzten Ende des gesellschaftsrechtlichen Spektrums vornehmlich als Organisati-

---

Drucks. 16/12813, S. 15; *Prütting*, FS Reuter, 2010, S. 263, 267 mit weiteren Hinweisen zur Zwangsvollstreckung in das Vereinsvermögen auf S. 267 f.

onsform für große unternehmerische Zusammenschlüsse mit wirtschaftlicher Zielsetzung dienen. Ihre historische Entwicklung ist untrennbar mit der Industrialisierung Deutschlands im 19. Jahrhundert verbunden.[1] Je weiter sich der Staat entsprechend der vorherrschenden Geistesströmung des Liberalismus aus wirtschaftlichen Vorhaben zurückzog, desto stärker trat zutage, dass es an einer geeigneten Organisationsform fehlte, um den nunmehr anstehenden unternehmerischen Herausforderungen zu begegnen. Industrielle Großvorhaben, wie etwa die Finanzierung des Eisenbahn- oder Bergbaus, konnten in den herkömmlichen Organisationsformen der Personengesellschaften nicht bewältigt werden. Dem stand nicht allein die persönliche Gesellschafterhaftung entgegen, sondern auch die individuelle Ausrichtung des Zusammenschlusses, der es nicht zuließ, einen breiten Anlegerkreis anzuwerben.[2] Diese Lücke wurde durch die Entwicklung der Aktiengesellschaft geschlossen, die darauf ausgerichtet ist, als Kapitalsammelbecken eine große Zahl von Anlegern zur Unterstützung eines ambitionierten unternehmerischen Vorhabens zu gewinnen. Die Entwicklung wurde – anders als bei der GmbH (s. noch § 33 Rn. 2) – nicht durch einen Legislativakt angestoßen, sondern es war zunächst die Praxis, die entsprechende Organisationsformen kreierte, die dann aber schon bald wegen der damit verbundenen Risiken für die Anleger und für den Rechtsverkehr einer gesetzlichen Regulierung unterworfen wurden.[3]

2. Die AG als Körperschaft

Die organisatorische Ausgestaltung dieser neuen Gesellschaftsform wurde dabei 2
weitgehend schon von der zentralen Zielsetzung der AG als Kapitalsammelbecken vorgegeben: Ein Zusammenschluss mit dieser Funktion muss zwangsläufig als eine Körperschaft ausgestaltet sein, da in der Regel nur hier der umfassende Haftungsausschluss sowie der Beitritt einer Vielzahl von Mitgliedern möglich ist, die untereinander keine persönliche Verbindung haben (vgl. ausführlich § 2).[4] Aus dieser grundlegenden Organisationsentscheidung ergeben sich folgerichtig sodann auch die weiteren Strukturmerkmale, die notwendigerweise mit einer Körperschaft einhergehen und bereits in § 2 Rn. 1 ff. ausführlich dargestellt wurden. Um die Gesellschaft beitrittsoffen auszugestalten, bedarf sie einer Satzung, auf deren Grundlage weitere Gesellschafter ohne Zustimmung der bisherigen Mitglieder beitreten können (§ 23 AktG). Spiegelbildlich muss der Austritt aus der Gesellschaft ihren Bestand, aber auch ihre Kapitalgrundlagen unberührt lassen. Da die AG entsprechend ihrem Charakter als Kapitalsammelbecken nicht allein Unternehmergesellschafter, sondern auch reine Anlegergesellschafter ansprechen soll, die zur Haftung nicht bereit sind, muss sie überdies als juristische Person konzipiert sein, bei der die Haftung auf die Gesellschaft konzentriert wird. Im Gesetz kommt das in § 1 I 1 AktG zum Ausdruck, wonach die AG eine Gesellschaft mit eigener Rechtspersönlichkeit ist, für

---

1 Vgl. zum Folgenden etwa die Darstellung von *Kießling* in Bayer/Habersack, Aktienrecht im Wandel, Band I, 2007, 4. Kap., S. 98 ff.: „Eisenbahnbau und Industrialisierung als Katalysator der Entwicklung des Aktienrechts“.

2 Vgl. auch dazu *Kießling* in Bayer/Habersack, Aktienrecht im Wandel, Band I, 2007, 4. Kap. Rn. 9 ff.

3 Zur deutschen Entwicklung *Kießling* in Bayer/Habersack, Aktienrecht im Wandel, Band I, 2007, 4. Kap. Rn. 12 ff.; zum wichtigen Vorbild der französischen Grandes Compagnies de commerce vgl. *Rothweiler/Geyer* in Bayer/Habersack, Aktienrecht im Wandel, Band I, 2007, 2. Kap. Rn. 4 ff.

4 Mittlerweile sind zwar auch im Personengesellschaftsrecht derartige Gestaltungen verbreitet (s. § 23 und § 37), die aber nicht der Typusvorstellung des historischen Gesetzgebers entsprechen und damals weder entwickelt noch anerkannt waren.

deren Verbindlichkeiten den Gläubigern nur das Gesellschaftsvermögen haftet. Die staatliche Mitwirkung, die erforderlich ist, um einer Gesellschaft den Status einer juristischen Person zu verleihen, ist wie beim Verein als System der Normativbedingungen konzipiert, d. h. der Gesellschaft wird vom Registergericht der Status als juristische Person verliehen, sobald sie bestimmte, gesetzlich fixierte Mindestvoraussetzungen erfüllt (ausführlich dazu § 26 Rn. 16 ff.).[5] Wie bei jeder Körperschaft muss schließlich auch die Organstruktur der überindividuellen Ausrichtung des Zusammenschlusses Rechnung tragen und nach dem Prinzip der Fremdorganschaft ausgestaltet sein. Die Willensbildung erfolgt entsprechend allgemeinen korporativen Grundsätzen nicht nach dem Einstimmigkeits-, sondern nach dem Mehrheitsprinzip, wobei die Mehrheit nicht nach Köpfen, sondern nach dem Kapitaleinsatz bestimmt wird (§ 2 Rn. 12).[6]

3. Die AG in Abgrenzung zum Verein und zur GmbH

3 Die bislang aufgezählten Merkmale der AG ergeben sich bereits aus ihrer Ausgestaltung als Körperschaft, sind aber in ähnlicher Weise auch bei dem Verein oder bei der GmbH anzutreffen, die beide ebenfalls als Körperschaft konzipiert sind. Von dem Verein unterscheidet sich die AG in erster Linie durch ihre wirtschaftliche Ausrichtung. Das wirkt sich am deutlichsten darin aus, dass der Haftungsausschluss der Gesellschafter an strengere Voraussetzungen geknüpft wird. Bei dem Verein erscheint ein solcher Ausschluss nicht besonders risikoreich, weil das Gesetz vom Regelfall des wirtschaftlich nicht tätigen Idealvereins ausgeht (s. oben § 26 Rn. 8). Bei der AG und der GmbH ist es dagegen problematisch, wenn Private sich zu einer Gesellschaft zusammenschließen, die als selbstständiger Akteur im Handelsverkehr auftritt und für ihre Gesellschafter Gewinne erwirtschaftet, ohne dass diese auch für die daraus entstehenden Verluste einstehen. Der Gesetzgeber hat den Haftungsausschluss dennoch zugelassen, um auf diese Weise die unternehmerische Initiative zu ermutigen; das wirtschaftliche Scheitern soll nicht auch zur Vernichtung der wirtschaftlichen Existenzgrundlagen des Unternehmers führen. Als Gegengewicht wird aber verlangt, dass die Gesellschafter den Verbund mit einem Mindestvermögen ausstatten, das dem Rechtsverkehr als Haftungsfonds dienen soll; bei der AG spricht man insofern vom Grundkapital.[7] In der rechtlichen Gestaltung wirkt sich dieser Unterschied zwischen AG und Verein namentlich darin aus, dass ein wesentlicher Regelungsschwerpunkt bei der AG wie auch bei der GmbH auf der Aufbringung, Absicherung und Erhaltung dieses Mindestvermögens liegt (sog. Kapitalaufbringungs- und Kapitalerhaltungsregeln). Da der Verein aber die Grundform der Körperschaften ist, kann hilfsweise auch das Vereinsrecht zur Anwendung gelangen, wenn das Aktienrecht eine entsprechende Regelungslücke aufweist (vgl. dazu noch § 30 Rn. 8 ff.).

---

[5] Zu dem schmerzlichen historischen Lernprozess, der dieser Ausgestaltung gerade bei der AG voranging („Gründerkrach"), vgl. *Kießling* in Bayer/Habersack, Aktienrecht im Wandel, Band I, 2007, Kap. 5 Rn. 19 ff. und Kap. 7 Rn. 40 ff.; *Pahlow*, ebenda, Kap. 8 Rn. 78 ff.; *Lieder*, ebenda, Kap. 10 Rn. 1 ff., 30 ff., 109 ff.

[6] Hier zeigt sich allerdings eine Abweichung zum Verein, bei dem gerade nicht die vermögensmäßige Beteiligung im Vordergrund steht (s. oben § 27 Rn. 26).

[7] Durch die im Jahr 2007 erfolgte Einführung einer Unternehmergesellschaft, bei der dieser Haftungsfonds nur noch einen Euro betragen muss, ist diese Grundidee zwar deutlich verwässert, aber zumindest im Prinzip aufrechterhalten worden (ausführlich dazu unter § 33 Rn. 6 f.). Zu der Berechtigung des Mindestkapitals aus heutiger Sicht vgl. etwa *Eidenmüller/Engert,* GmbHR 2005, 433 ff.; *Mülbert,* Der Konzern 2004, 151 ff.; *Wilhelmi,* GmbHR 2006, 13 ff.

Die Unterschiede zwischen AG und GmbH werden in § 33 Rn. 3 ff. noch ausführlich dargestellt. Nach der Idealvorstellung des Gesetzgebers (von der die Rechtswirklichkeit zum Teil allerdings deutlich abweicht) soll die AG vornehmlich als Organisationsform für größere Zusammenschlüsse dienen, die zumindest langfristig darauf abzielen, den öffentlichen Kapitalmarkt in Anspruch zu nehmen.[8] Ausgehend von dieser Vorstellung wird vermutet, dass die Gesellschafter regelmäßig untereinander nur in geringem Umfang persönlich verbunden sind (treffend insofern die französische Bezeichnung als „société anonyme"). Die GmbH ist dagegen auf kleinere Zusammenschlüsse zugeschnitten, deren Gesellschafter zwar die persönliche Haftung ausschließen wollen, aber nicht die Absicht haben, einen breiten Anlegerkreis anzuwerben. 4

Aus dieser unterschiedlichen Zielsetzung erklären sich die zentralen Unterschiede zwischen AG und GmbH. Gerade um den Handel der Aktie (und damit der Mitgliedschaft in der AG – s. noch § 31 Rn. 1 ff.) am Kapitalmarkt zu ermöglichen, muss es sich bei der Aktie um ein standardisiertes Produkt handeln, das von einem Anleger ohne großen Informationsaufwand erworben werden kann.[9] Ein solcher Anlegergesellschafter wird weder zur individuellen Ausgestaltung seiner Mitgliedschaft noch zur Kontrolle der Geschäftsleitung in der Lage sein. Daher übernimmt es bei der AG der Gesetzgeber, die Position des Gesellschafters weitgehend gegen Übervorteilung und die Risiken unternehmerischen Handelns abzusichern. Von diesen gesetzlichen Vorgaben dürfen die Satzungsgeber nicht abweichen (§ 23 V AktG: Grundsatz der Satzungsstrenge). Bei der GmbH als persönlicherem Zusammenschluss wird es dagegen weithin der privatautonomen Gestaltungsmacht der Gesellschafter überlassen, ihre Rechtsbeziehungen untereinander zu ordnen. Der Gesetzgeber hält sich mit zwingenden Vorgaben zurück, was schon rein äußerlich in dem deutlich geringeren Umfang des GmbH-Rechts (§§ 1–85 GmbHG) gegenüber dem Aktienrecht (§§ 1–410 AktG) zum Ausdruck kommt. 5

Die unterschiedliche idealtypische Ausrichtung der Aktiengesellschaft auf einen großen Kreis von Anlegergesellschaftern einerseits und der GmbH auf einen kleinen Kreis von Unternehmergesellschaftern andererseits spiegelt sich darüber hinaus in besonders augenfälliger Weise in der Organisationsstruktur der beiden Gesellschaftstypen wider: Beide verfügen zwar über ein Geschäftsleitungsorgan, das nicht zwingend von den Gesellschaftern zu besetzen ist (Fremdorganschaft – s. bereits § 2 Rn. 11). Während die Gesellschafter dieses Organ in der GmbH aber unmittelbar anweisen und kontrollieren können, verfügt die AG über ein professionelles und weitgehend eigenständiges Management, das von einem gesonderten Kontrollorgan, dem Aufsichtsrat, überwacht wird (ausführlich dazu unter § 30). Auf diese hier nur sehr grob skizzierten Unterschiede wird bei der Darstellung der Einzelregelungen zurückzukommen sein, in denen diese verschiedenen Funktionszuweisungen ihren Ausdruck gefunden haben. 6

---

[8] Vgl. zu dieser unterschiedlichen Zielrichtung etwa *Roth*/Altmeppen, Einl. Rn. 1 ff. Diese gesetzliche Idealvorstellung entspricht allerdings nicht der Rechtswirklichkeit (s. noch § 29 Rn. 4); zu den Gründen und den rechtspolitischen Konsequenzen aus dieser Diskrepanz zwischen Typusvorstellung und Rechtswirklichkeit vgl. etwa *C. Schäfer,* NJW 2008, 2536 ff.; sehr ausführlich: *Bayer,* Gutachten E zum 67. Deutschen Juristentag.

[9] Schmidt/Lutter/*Seibt,* § 23 Rn. 53.

4. Rechtstatsächliche Verbreitung

7 Die Zahl der Aktiengesellschaften ist seit den 1980er Jahren kräftig angestiegen. Gab es 1980 in der Bundesrepublik nur 2.147 Aktiengesellschaften, so sind es nach dem Stand von Januar 2016 insgesamt 15.453.[10] Dieser deutliche Schub ist unter anderem darauf zurückzuführen, dass der Gesetzgeber sich seit Mitte der 1990er Jahre bemüht, die AG auch für den Mittelstand attraktiver zu machen und ihm auf diese Weise den Zugang zum Kapitalmarkt zu erleichtern.[11] Dennoch bleibt die AG rein zahlenmäßig klar hinter der GmbH zurück, deren Zahl mittlerweile die Schwelle von einer Million deutlich überschritten hat.[12] Da die AG aber auch weiterhin die bevorzugte Organisationsform für Großunternehmen bleibt, ist das wirtschaftliche Gewicht dieser Gesellschaften doch erheblich. So entfiel im Jahr 2013 auf deutsche Aktiengesellschaften und die (damit verwandten) Kommanditgesellschaften auf Aktien ein Gesamtgrundkapital von 178,99 Mrd. EUR.[13] Dabei gab es im Jahr 2012 von den zu dieser Zeit bestehenden knapp 17.000 Aktiengesellschaften nur 920 börsennotierte Papiere deutscher Emittenten; entgegen landläufiger Vorstellung ist die Börsennotierung also nicht die Regel, sondern die Ausnahme.[14]

II. Die Gründung der AG

1. Die einfache Gründung

8 In der Praxis kommt es nur selten vor, dass eine AG ähnlich wie eine Personengesellschaft ad hoc aus dem Nichts gegründet wird. Vielmehr entsteht eine AG zumeist aus der Umwandlung einer anderen Gesellschaft, in der Regel einer GmbH.[15] Dieser Umwandlungsvorgang ist gesondert im UmwG geregelt worden und wird in § 39 noch näher dargestellt; er ist mit dem Gründungsakt nicht identisch.[16] Der gesetzliche Regelfall, auf dem auch in der juristischen Ausbildung der deutliche Schwerpunkt liegt, ist dagegen der herkömmliche Gründungsvorgang. Über seinen originären Anwendungsbereich hinaus rührt die Relevanz des Gründungsrechts aus seiner Modellwirkung für die Ausgestaltung des Kapitalerhöhungsrechts her. Da es beim Gründungsvorgang wie bei der Kapitalerhöhung in erster Linie um die sichere Kapitalaufbringung geht, folgt das Kapitalerhöhungsrecht dem Aufbau des Gründungsrechts.[17] In der Praxis spielen die demnach parallel ausgestalteten Regelungen bei der Kapitalerhöhung eine größere Rolle, da eine AG nur einmal gegründet wird, ihr Kapital in der Regel aber mehrfach erhöht (§ 32 Rn. 13 ff.).

9 Bei einem herkömmlichen Gründungsvorgang entsteht die AG in mehreren zeitlich aufeinander folgenden Stufen, die von der Vorbereitungsphase bis zur Eintragung in

---

[10] *Kornblum,* GmbHR 2016, 691, 692. Im Vergleich zu den Vorjahren sind die Zahlen aber leicht rückläufig, vgl. *Kornblum,* GmbHR 2014, 694, 695 mit noch 16.005 Aktiengesellschaften im Januar 2014.

[11] Vgl. zu dieser Entwicklungslinie etwa *Habersack/Schürnbrand* in Bayer/Habersack, Aktienrecht im Wandel, Band I, 2007, 17. Kap. Rn. 8.

[12] Nach *Kornblum,* GmbHR 2016, 691, 692 waren am 1.1.2016 1.186.598 Gesellschaften mbH in deutschen Handelsregistern eingetragen.

[13] Laut Kapitalmarktstatistik der Deutschen Bundesbank (Stand: Februar 2013).

[14] Vgl. bereits die Nachw. in § 29 Fn. 8.

[15] Vgl. MHdB GesR IV/*Hoffmann-Becking,* § 3 Rn. 1; *Langenbucher,* § 2 Rn. 1 ff.

[16] Dem Gründungsrecht kommt allerdings auch für den praktisch wichtigeren Umwandlungsvorgang erhebliche Bedeutung zu, da die gesetzlichen Vorschriften letztlich darauf abzielen, innerhalb des Umwandlungsvorgangs dieselben Qualitätsstandards zu gewährleisten wie innerhalb des Gründungsvorgangs (s. noch § 39); besonders augenfällig kommt dieser Zusammenhang in § 197 UmwG zum Ausdruck.

[17] Vgl. dazu etwa MüKoAktG/*Schürnbrand,* § 182 Rn. 2.

das Handelsregister reichen. Der nachfolgende Überblick beschränkt sich auf die einschlägigen gesetzlichen Bestimmungen. Die im Gesetz nicht geregelte Vorgesellschaft, die bei der Errichtung durch mehrere Personen ein notwendiges Durchgangsstadium auf dem Weg zur AG ist, und ihr Verhältnis zur entstandenen juristischen Person bilden ein Problemfeld, das sich nicht auf das Aktienrecht beschränkt, sondern seine praktische Bedeutung vor allem im Recht der GmbH zeigt. Die dazu entwickelten Grundsätze sollen deshalb erst dort dargestellt werden (§ 33 Rn. 24 ff.), wenngleich sie für die AG ebenfalls entsprechende Gültigkeit beanspruchen.

Fall 1: Die Event-Managerin *Reisser* will gemeinsam mit ihren Kollegen *Dreher* und *Fink* die Konzertagentur Mightytunes Entertainment in der Rechtsform einer AG gründen, um deutschlandweit Konzertveranstaltungen und sonstige Live-Events nationaler und internationaler Künstler professionell zu organisieren und zu vermarkten. Welche Schritte müssen vorgenommen werden, um die Gesellschaft ins Leben zu rufen? 10

Wie jede Gesellschaft (§ 705 BGB) bedarf auch die Gründung einer AG eines Gesellschaftsvertrages. Anders als bei den Personengesellschaften wird das Vertragsprinzip hier allerdings in der Weise durchbrochen, dass das Gesetz auch eine Einmann-Gründung von Kapitalgesellschaften zulässt, was namentlich bei der Gründung von Tochtergesellschaften von großer Bedeutung ist.[18] Daneben kann auf diese Weise auch der Einzelunternehmer in den Genuss der Haftungsprivilegierung gelangen, ohne auf den Umweg einer sog. Strohmanngründung mit anderen Gesellschaftern ausweichen zu müssen.[19] Diese letztgenannte Motivation spielt allerdings bei der GmbH eine wesentlich größere Rolle als bei der schwerfälligeren AG, die sich kaum für einen Einzelunternehmer eignet. Wird eine Einmann-Gründung vorgenommen, entsteht die Gesellschaft durch den einseitigen Gründungsakt, wenngleich § 2 AktG terminologisch noch an dem Vertragserfordernis festhält.[20] Im Fall 1 sind drei Gründer beteiligt, so dass diese Regeln hier nicht weiter zu vertiefen sind. 11

Eine weitere Besonderheit des aktienrechtlichen Gründungsvorgangs liegt darin, dass mit dem Abschluss des Gesellschaftsvertrages zugleich die Satzung der AG festgelegt wird (§ 2 AktG). Auf dieser Grundlage können sodann weitere Mitglieder der Gesellschaft beitreten, ohne dass es des Abschlusses eines weiteren Vertrages oder der Zustimmung der bisherigen Gesellschafter bedarf.[21] Im Hinblick auf diese grundlegende Funktion soll die Richtigkeit der Satzung so weit wie möglich gewährleistet sein, weshalb ihre Feststellung nach § 23 I 1 AktG einer notariellen Beurkundung bedarf. Der Inhalt der Satzung ist in § 23 III AktG festgelegt und umfasst etwa die Firma (§ 4 AktG) und den Sitz (§ 5 AktG), den Unternehmensgegenstand und die Höhe des Grundkapitals, also des Haftungsfonds, den die Gesellschafter aufzubringen haben, um sich damit von der persönlichen Haftung freizukaufen (§ 2 Rn. 4). Er beträgt bei der AG nach § 7 AktG mindestens 50.000 Euro. Der Angabe des Unternehmensgegenstands kommt deshalb besondere Bedeutung zu, weil er zugleich die Geschäftsführungsbefugnis des Vorstands begrenzt (s. noch § 30 Rn. 6).[22] Eine wichtige Eigenheit der AG, die bereits in Rn. 5 kurz angerissen wurde, zeigt sich in § 23 V AktG: Anders als im Recht der Personengesellschaften (§§ 109, 12

---

[18] Vgl. zur Einmann-Gesellschaft etwa *Fezer,* JZ 1981, 608 ff.; *Hüffer,* ZHR 145 (1981), 521 ff.

[19] Zu derartigen Strategien vgl. etwa MüKoAktG/*Heider,* § 2 Rn. 8; *Windbichler,* § 25 Rn. 22.

[20] Vgl. zu den Einzelheiten des Gründungsaktes etwa MüKoAktG/*Pentz,* § 41 Rn. 73 ff.

[21] Zum Zusammenspiel von Gesellschaftsvertrag und Satzung vgl. etwa MüKoAktG/*Heider,* § 2 Rn. 36.

[22] Zu den Anforderungen an die Umschreibung des Unternehmensgegenstandes vgl. Hüffer/*Koch,* § 23 Rn. 21 ff.; MüKoAktG/*Pentz,* § 23 Rn. 79 ff.; zu seiner Bedeutung vgl. MüKoAktG/*Pentz,* § 23 Rn. 78; *Langenbucher,* § 2 Rn. 7, § 4 Rn. 66 ff.

163 HGB) und der GmbH (§ 45 GmbHG) ist die Inhalts- oder Gestaltungsfreiheit der Gründer weitgehend aufgehoben; die Vorschriften des AktG sind grundsätzlich zwingend. Auf diese Weise soll eine Standardisierung des Produkts Aktie erreicht werden, die Voraussetzung für einen funktionierenden Handel am Kapitalmarkt ist.[23]

13 Das Grundkapital der AG wird in Aktien aufgeteilt (§ 1 II AktG), die von den Gründern übernommen werden müssen (§§ 2, 29 AktG). Mit der Übernahme der Aktien wird die Pflicht zur Leistung der Einlagen begründet (§ 54 AktG; zu den Einzelheiten s. noch § 32 Rn. 1). Sind sämtliche Aktien übernommen worden, so ist die Gesellschaft errichtet (§ 29 AktG), ohne jedoch schon als juristische Person zu bestehen (§ 41 I 1 AktG); die Gründer bilden jetzt eine Vorgesellschaft (näher § 33 Rn. 24 ff.). Die Errichtung der Gesellschaft ist also nicht mit der Gründung identisch, sondern bezeichnet nur ein Teilstück des Gründungsvorgangs.

14 Damit die Gesellschaft handlungsfähig wird, müssen die Gründer sodann den ersten Aufsichtsrat bestellen (§ 30 I AktG), der (zumindest in seiner historischen Grundkonzeption) die Funktion eines Aktionärsausschusses erfüllt.[24] Da sich der Mitgliederkreis einer AG aus einer großen Zahl von unternehmerisch desinteressierten Anlegergesellschaftern zusammensetzen kann, soll der von den Aktionären gewählte Aufsichtsrat die Interessen der Gesellschafter gegenüber dem Geschäftsführungsorgan, dem Vorstand, durchsetzen. Um ihm die dazu erforderlichen Befugnisse einzuräumen, agiert er auch als Prinzipal des Vorstands und hat diesen deshalb nach § 30 IV AktG zu berufen, wobei wie bei dem Verein zwischen dem organschaftlichen Berufungsakt und dem Anstellungsakt zu unterscheiden ist (s. oben § 26 Rn. 10).[25] Im nächsten Schritt ist nach § 36 II i. V. m. § 36a I AktG ein Teil der Einlage, nämlich mindestens ein Viertel des Nennbetrags der übernommenen Aktien, zur freien Verfügung des Vorstands einzuzahlen. Dass der Gesetzgeber nicht die vollständige Leistung verlangt, erklärt sich aus der Überlegung, dass die AG in ihrer Anlaufphase häufig noch nicht auf eine volle Kapitalausstattung angewiesen sein wird und in diesem Fall die Mittel nicht ungenutzt bleiben sollen.[26]

15 Die Gründer haben einen schriftlichen Gründungsbericht zu erstatten (§ 32 AktG), der als Grundlage für die anschließende Gründungsprüfung durch die Mitglieder des Vorstands und des Aufsichtsrats dient, die darüber ebenfalls zu berichten haben (§§ 33–35 AktG). Der Hauptzweck dieser Regelung liegt dabei nicht so sehr in der kritischen Aussagekraft dieser Berichte, sondern in der Erleichterung der Registerkontrolle und der darin liegenden Gewährübernahme, auf die bei Fehlerhaftigkeit eine Haftung der berichtenden Organe gestützt werden kann (s. noch Rn. 17). Nach Abschluss dieser Prüfungen ist die Gesellschaft zur Eintragung in das Handelsregister anzumelden (§§ 36, 37 AktG). Es folgt die Prüfung der Ordnungsmäßigkeit der Errichtung und der Anmeldung durch das Gericht (§ 38 AktG). Den letzten Akt bilden die Eintragung der AG in das Handelsregister (§ 39 AktG) und ihre Bekanntmachung (§ 40 AktG). Mit der Eintragung entsteht die AG als juristische Person (§ 41 AktG).

---

[23] Vgl. zu diesem Normzweck etwa Hüffer/*Koch,* § 23 Rn. 34; Schmidt/Lutter/*Seibt,* § 23 Rn. 53.

[24] Diese Grundkonzeption ist dadurch verwässert worden, dass der spätere Gesetzgeber den Aufsichtsrat auch zum Hort der deutschen Mitbestimmung erkoren hat (s. noch § 30 Rn. 40 ff.); vgl. zu der damit einhergehenden Funktionsverschiebung etwa *Lutter* in Bayer/Habersack, Aktienrecht im Wandel, Band II, 2007, 8. Kap.

[25] Vgl. dazu etwa Hüffer/*Koch,* § 84 Rn. 2 ff., 14 ff.

[26] MüKoAktG/*Pentz,* § 36a Rn. 6.

16 Ist die AG eingetragen, so ist sie selbst dann wirksam entstanden, wenn Gründungsmängel vorliegen.[27] Maßgeblich sind die §§ 275–277 AktG, 397 FamFG. Danach kann die AG nicht ex tunc nichtig sein. Selbst wenn die Gesellschaft auf Klage (§ 275 AktG) oder von Amts wegen (§ 397 FamFG) für nichtig erklärt worden ist, bewirkt das lediglich ihre Abwicklung, also dieselbe Folge, die auch dann eintreten würde, wenn sie nach § 262 AktG mit Wirkung ex nunc aufgelöst worden wäre (§ 277 AktG). Daraus erklärt sich, dass der Gesetzgeber die Gründungsmängel nicht im Zusammenhang mit der Gründung, sondern bei der Auflösung der AG behandelt hat. Die Gründe, die zu einer so verstandenen Nichtigkeit der AG führen können, sind überdies stark eingeschränkt. §§ 275 AktG, 397 FamFG erkennen als Nichtigkeitsgrund nur das Fehlen einer Satzungsbestimmung über den Gegenstand des Unternehmens oder ihre Nichtigkeit an. Soweit sich der Mangel auf den Unternehmensgegenstand bezieht, ist Heilung nach § 276 AktG möglich. Keine Nichtigkeitsgründe sind namentlich Willensmängel, die das Gründungsgeschäft beeinflusst haben. Die gesetzliche Regelung gehört in den weiteren Zusammenhang der Lehre von der fehlerhaften Gesellschaft (dazu § 5) und bezweckt, Aktionäre und Gläubiger der AG vor einer sachwidrigen Rückwirkung von Gründungsmängeln zu schützen.[28]

17 Wird die AG durch Pflichtverletzungen der an der Gründung beteiligten Personen geschädigt, so hat sie gegen diese Schadensersatzansprüche, deren Zweck es ist, das in der Satzung vorgesehene Anfangsvermögen der AG herzustellen.[29] Die sogenannte Gründerhaftung ist in den §§ 46–51 AktG geregelt. Danach haften für schadensursächliche Gründungsmängel: die Gründer selbst (§ 46 AktG) mit Umkehr der Beweislast in der Verschuldensfrage (§ 46 III AktG), etwaige Hintermänner der Gründer (§ 46 V AktG), die in § 47 AktG besonders aufgeführten Personen, die Mitglieder des Vorstands und des Aufsichtsrats (§ 48 AktG), schließlich die Gründungsprüfer (§ 49 AktG i. V. m. § 323 I–IV HGB).

2. Die qualifizierte Gründung, insb. die Sacheinlage

a) Die offene Sacheinlage

18 Diese Gründungsanforderungen gelten für einen herkömmlichen aktienrechtlichen Gründungsvorgang. Ist die Gründung mit gesteigerten Gefahren verbunden, so sieht das Gesetz noch weitere Kautelen vor; man spricht insofern von einer qualifizierten Gründung. Die Fallgruppen einer solchen qualifizierten Gründung sind in §§ 26, 27 AktG aufgezählt. Die wichtigste ist die sog. Sacheinlage:

19 **Fall 2:** *Reisser,* die bei der Gründung der Mightytunes Entertainment AG Aktien zum Nennbetrag von 25.000 EUR übernommen hat, will diese Leistung nicht in bar erbringen, sondern ihre bisherige Kundendatei, die sie exakt auf diesen Wert veranschlagt, auf die Gesellschaft übertragen. Ist das möglich?

20 Dieser Fall ist in § 27 AktG geregelt. Danach lässt das Gesetz auch Einlageleistungen zu, die nicht in Geldzahlungen bestehen, sog. Sacheinlagen. Sie sind für die Kapitalaufbringung besonders gefährlich, da zu befürchten steht, dass die Gründer Sachgegenstände von geringem Wert höher veranschlagen und zu diesem übertriebenen Wert auf ihre Einlagepflicht anrechnen.[30] Auf der anderen Seite kann es für ein

---

[27] Eingehend MüKoAktG/*J. Koch,* § 275 Rn. 5 ff.

[28] Vgl. zu diesem Zusammenspiel mit der Lehre von der fehlerhaften Gesellschaft auch MüKoAktG/*Pentz,* § 23 Rn. 174 ff.; *Grunewald,* § 10 Rn. 218 ff.

[29] *Kübler/Assmann,* § 15 I 5; *K. Schmidt,* § 27 II 6.

[30] Gerade derartige überbewertete Sacheinlagen haben zu dem historischen „Gründerkrach“ in den 1870er Jahren maßgeblich beigetragen; vgl. die Darstellung bei GroßkommAktG/

Unternehmen aber auch sinnvoll sein, schon im Zuge des Gründungsvorgangs derartige Sachgegenstände übertragen zu bekommen.[31] Das Gesetz verbietet die Sachgründung deshalb nicht, knüpft daran aber besondere Sicherungsvorkehrungen an: So muss die Sacheinlage in der Satzung offen gelegt[32] und die allgemeine Gründungsprüfung um eine weitere Prüfung durch einen externen Wirtschaftsprüfer ergänzt werden (vgl. § 33 II Nr. 4 AktG). Erreicht die Sacheinlage trotzdem nicht den dafür veranschlagten Wert, so trifft den Einlageschuldner (den sog. Inferenten) eine Pflicht, die Differenz in bar auszugleichen.[33] Diese Pflicht ist im Aktienrecht nicht eindeutig geregelt, ergibt sich aber aus der mit der Aktienübernahme verknüpften allgemeinen Pflicht zur Kapitalaufbringung und findet eine Bestätigung in § 9 I GmbHG, der eine solche Haftung für die GmbH explizit festschreibt.[34] Aufgrund des übereinstimmenden Charakters der beiden Gesellschaftstypen als Kapitalgesellschaften kann dieser Grundsatz auch auf die AG übertragen werden. Flankiert wird diese Differenzhaftung des Inferenten durch die in §§ 46 ff. AktG geregelte allgemeine Haftung der sonstigen Gründungsbeteiligten (Rn. 17), einschließlich des hier ergänzend hinzugezogenen Wirtschaftsprüfers. Zur Frage, welche Gegenstände überhaupt einlagefähig sind, vgl. noch die Ausführungen zur GmbH in § 33 Rn. 17 ff.

21 Im Fall 2 könnte man daran zweifeln, ob es sich bei der Kundendatei überhaupt um eine einbringungsfähige „Sache“ i. S. d. § 27 AktG handelt. Der Begriff ist hier aber nicht i. S. d. § 90 BGB zu verstehen, sondern entscheidend ist, dass es sich um einen Vermögensgegenstand handelt, dessen wirtschaftlicher Wert feststellbar ist.[35] Eine solche Wertfeststellung wird heute von der herrschenden Meinung zumeist recht großzügig bejaht und etwa auch bei einer Kundendatei angenommen. Den mit der Wertfeststellung verbundenen Schwierigkeiten wird dadurch Rechnung getragen, dass der Wert der Einlage tendenziell eher zurückhaltend veranschlagt wird.[36] Werden die sonstigen Kautelen eingehalten (Rn. 20), kann die Datei also eingebracht werden.

b) Die verdeckte Sacheinlage

22 **Fall 3:** *Reisser* scheut den mit einer offenen Sacheinlage verbundenen Aufwand und verabredet deshalb mit *Dreher,* der zum Vorstand bestellt werden soll, dass sie zunächst eine einfache Bareinlage in der Höhe von 25.000 EUR vornimmt, der *Dreher* ihr dann gleich nach Eintragung der Gesellschaft die Kundendatei zum Preis von 25.000 EUR abkauft. Welche Rechtsfolgen löst diese Vorgehensweise aus, wenn das Grundkapital der Gesellschaft insgesamt 350.000 EUR beträgt und die Kundendatei der *Reisser* tatsächlich 20.000 EUR wert ist?

Assmann, Einl. Rn. 79 ff.; *Bröcker,* ZIP 1999, 1029, 1032. Diese Erfahrungen haben wesentlich die heutige Ausgestaltung des Gründungsrechts geprägt.

[31] Vgl. zu wichtigen Anwendungsfällen, namentlich zur Einbringung eines Unternehmens, etwa MüKoAktG/*Pentz,* § 27 Rn. 22 ff.

[32] Die hygienische Wirkung, die sich der Gesetzgeber von einem solchen Offenlegungszwang versprach, lässt sich in dem bekannten Ausspruch des US Supreme Court Justice *Brandeis* zusammenfassen: „Sunlight is the best disinfectant.“

[33] Wurden dabei die Aktien nicht zum geringsten (§ 9 I AktG), sondern zu einem höheren Ausgabebetrag begeben (Agio), erfasst die Ausgleichpflicht des Inferenten auch diesen Betrag; BGHZ 191, 364 = NJW-RR 2012, 866; *Verse,* ZGR 2012, 875, 878 f.; *Weng,* DStR 2012, 862 f.

[34] Vgl. zu dieser Differenzhaftung BGHZ 64, 52, 62 = NJW 1975, 974; BGHZ 68, 191, 195 = NJW 1977, 1196; BGHZ 191, 364 = NJW-RR 2012, 866; Hüffer/*Koch,* § 9 Rn. 6.

[35] Hüffer/*Koch,* § 27 Rn. 3; MüKoAktG/*Pentz,* § 27 Rn. 18.

[36] MüKoAktG/*Pentz,* § 27 Rn. 25.

23 Eine Sacheinlage ist aufwändig und kostspielig. Überdies wird der Gründer oft Zweifel haben, ob die externe Gründungsprüfung seine persönliche Wertfeststellung auch tatsächlich bestätigt. In dieser Situation eröffnet sich eine naheliegende Umgehungsmöglichkeit, die der Fall 3 beispielhaft illustriert: Es wird eine Bareinlage geleistet, die sodann genutzt wird, um den Gegenstand, der von vornherein in die Gesellschaft eingebracht werden sollte, zu dem verabredeten Preis zu erwerben. Man spricht insofern von einer verdeckten Sacheinlage. Das Gesetz hat einer solchen Umgehungsstrategie zum Teil in § 52 AktG entgegengewirkt. Danach werden alle Verträge, die innerhalb von zwei Jahren nach der Gründung mit Gründern oder Aktionären mit einem bestimmten Mindestanteilsbesitz von 10 % abgeschlossen werden und nach denen die AG eine Gegenleistung von mehr als 10 % ihres Grundkapitals zu erbringen hat, einem gründungsähnlichen Verfahren unterworfen (sog. Nachgründung; zu den verfahrensrechtlichen Einzelheiten lies § 52 I–IX AktG).[37] Da die Schwelle von 10 % des Grundkapitals hier nicht erreicht ist, würde der Erwerb der Datei dieses Verfahren nicht auslösen.

24 Neben den Nachgründungsregeln, die nur bei Überschreitung der Schwellenwerte und überdies auch nur für das Aktienrecht, nicht aber für das GmbH-Recht gelten, hat die Rechtsprechung für die davon nicht erfassten Fälle einen flankierenden Schutz entwickelt, die sog. Lehre von der verdeckten Sacheinlage.[38] Diese Regeln waren in ihrer ursprünglichen Ausgestaltung ausgesprochen streng: Der ursprünglichen Bareinlage wurde jegliche Erfüllungswirkung versagt, was namentlich in Insolvenzsituationen dazu führen konnte, dass der Inferent unter Umständen gezwungen war, die gesamte Leistung noch einmal zu erbringen, und zwar unabhängig von der tatsächlichen Werthaltigkeit des später (verdeckt) eingebrachten Sachgegenstandes. Da diese scharfe Folge aber zunehmend als richterrechtliche Überreaktion auf einen formalen Fehler (die unterlassene satzungsmäßige Offenlegung) kritisiert wurde,[39] hat der Gesetzgeber im Jahr 2008 (für die GmbH) und im Jahr 2009 (für die AG)[40] die Regeln der verdeckten Sacheinlage in einer deutlich entschärften Form in das Gesetz aufgenommen, und zwar in § 27 III AktG. Dort wird die verdeckte Sacheinlage zunächst in § 27 III 1 AktG definiert: Die Geldeinlage eines Aktionärs ist bei wirtschaftlicher Betrachtung und auf Grund einer im Zusammenhang mit der Übernahme der Geldeinlage getroffenen Abrede vollständig oder teilweise als Sacheinlage zu bewerten.[41] Da eine solche Abrede zumeist nur schwer zu beweisen ist, hatte die frühere Rechtsprechung auf eine entsprechende Vermutung zurückgegriffen, wenn das spätere Verkehrsgeschäft, durch das der Sachgegenstand eingebracht wurde, in einem engen sachlichen und zeitlichen Zusammenhang (i. d. R. sechs Monate) mit dem Gründungsakt stand.[42] Ausweislich der Gesetzesmaterialien soll diese Vermutung auch nach dem neuen Recht gelten, wenngleich sie im Gesetzestext keinen Niederschlag gefunden hat.[43] Liegt eine solche Abrede vor, wird der Aktionär nach § 27 III 2 AktG nicht von seiner Einlageverpflichtung befreit. Das spätere

---

[37] Vgl. dazu die Kommentarliteratur zu § 52; ferner *Saenger,* Rn. 632; monographisch *J. Koch,* Die Nachgründung, 2002.

[38] Vgl. zu diesen Rechtsprechungsregeln noch *Henze,* ZHR 154 (1990), 105 ff.; *Priester,* DStR 1990, 770 ff.

[39] Vgl. *K. Schmidt,* § 37 II 4b.

[40] Zu den Gründen für diese zeitliche Staffelung vgl. etwa *Dauner-Lieb,* AG 2009, 217 f.

[41] Einzelheiten bei Hüffer/*Koch,* § 27 Rn. 26 ff.; vgl. dazu bereits etwa BGHZ 132, 133, 135 = NJW 1996, 1286; BGHZ 166, 8 Rn. 10 ff. = NJW 2006, 1736 (beide für die GmbH).

[42] Vgl. nur BGHZ 125, 141, 143 f. = NJW 1994, 1477; BGHZ 132, 133, 139 = NJW 1996, 1286.

[43] So RegBegr MoMiG, BT-Drucks. 16/6140, S. 41 für die GmbH, der das Aktienrecht ein Jahr später angepasst wurde.

Verkehrsgeschäft ist nach § 27 III 2 AktG aber wirksam. Die grundlegende Änderung gegenüber der bisherigen Rechtslage liegt nun darin, dass nach § 27 III 3 AktG der Wert des Vermögensgegenstandes, hier also der Kundendatei, auf die fortbestehende Geldeinlagepflicht des Aktionärs aus § 27 III 2 AktG angerechnet wird.[44] *Reisser* wäre daher zwar nicht von ihrer Einlagepflicht befreit, müsste aufgrund der Anrechnung des tatsächlichen Werts des Sachgegenstandes im Ergebnis aber nur noch eine Nachzahlung von 5.000 EUR erbringen.

25 Auch wenn die Entschärfung der früher übertrieben strengen Lehre von der verdeckten Sacheinlage im Grundsatz überwiegend begrüßt wurde, ist doch auch die Neuregelung nachdrücklicher rechtspolitischer Kritik ausgesetzt. Die Quintessenz dieser Kritik lässt sich darin zusammenfassen, dass es gesetzestechnisch kaum stimmig erscheint, auf der einen Seite ein aufwändiges Sachgründungsverfahren zu formulieren, auf der anderen Seite aber eine naheliegende und einfach zu bewerkstelligende Umgehung dieser Regeln weitgehend sanktionslos zu lassen.[45] Tatsächlich zeigt das Fallbeispiel 3, dass *Reisser* selbst in dem unwahrscheinlichen Fall einer Aufdeckung der verdeckten Sacheinlage kaum schlechter stünde, als wenn sie sämtliche Vorschriften der Sachgründung von vornherein beachtet hätte. In beiden Konstellationen ist sie im Falle einer Unterbewertung zur Nachzahlung verpflichtet: bei der offenen Sacheinlage nach allgemeinen Kapitalaufbringungsregeln in Anlehnung an § 9 I GmbHG, bei der verdeckten Sacheinlage nach § 27 III 2 und 3 AktG. Die drohende Nachzahlungspflicht kann also kaum einen Anreiz begründen, die Sacheinlageregeln doch zu beachten. Der Gesetzgeber hat trotz dieser bereits im Gesetzgebungsverfahren vielstimmig vorgebrachten Kritik an der Regelung festgehalten.[46] Er sieht eine hinreichende Abschreckung namentlich darin, dass bei einer verdeckten Sacheinlage nach § 27 III 5 AktG der Aktionär im Streitfall die Werthaltigkeit zu beweisen hat. Weiterhin habe das Gericht bei einer verdeckten Sacheinlage nach § 27 III 4 AktG die Eintragung abzulehnen, was allerdings voraussetzt, dass das Gericht die Transaktion durchschaut, wozu es kaum jemals in der Lage sein wird. Schließlich drohen dem Vorstand, der sich an einer solchen Aktion beteiligt, straf- und haftungsrechtliche Sanktionen nach § 399 I Nr. 1 AktG und § 93 II AktG.

Hinweis:

26 Die bisherigen Erfahrungen in der Praxis lassen vermuten, dass sich diese Hoffnung des Gesetzgebers nicht erfüllt hat. Die Zahl an Sachgründungen ist deutlich gesunken, was darauf hindeutet, dass die Zahl verdeckter Sachgründungen entsprechend gestiegen ist. Das verbleibende Sanktionsarsenal scheint also nicht die gewünschte Abschreckungswirkung zu entfalten.

III. Zusammenfassung

27 Die AG hat die Funktion eines Kapitalsammelbeckens für große unternehmerische Vorhaben. Aus diesem Grund ist sie als Körperschaft strukturiert und trägt deren charakteristische Merkmale. Von dem Verein unterscheidet sie sich durch die wirtschaftliche Zielsetzung, von der GmbH durch die Ausrichtung auf einen größeren

[44] Zur verdeckten Sacheinlage bei der AG vgl. *Andrianesis,* WM 2011, 968 ff.; *Müller,* NZG 2011, 761 ff.

[45] Vgl. dazu etwa *Büchel,* GmbHR 2007, 1065, 1070; *Dauner-Lieb,* AG 2009, 217, 219.

[46] Vgl. zu den folgenden Überlegungen des Gesetzgebers RegBegr MoMiG, BT-Drucks. 16/6140, S. 40.

Anlegerkreis und damit (zumindest nach der Idealvorstellung des Gesetzgebers) auch auf den Kapitalmarkt. Im Rahmen des Gründungsvorgangs muss der AG in notarieller Form eine korporative Satzungsgrundlage gegeben werden, die den Zusammenschluss für weitere Mitglieder beitrittsoffen gestaltet. Darüber hinaus steht die Aufbringung des Grundkapitals im Mittelpunkt der gesetzlichen Regelung. Diese Kapitalaufbringung wird insbesondere gefährdet, wenn ein Aktionär eine Sacheinlage erbringt. Das Gesetz begegnet diesen Gefahren mit den Instrumenten Publizität, Prüfung und Haftung. Eine Umgehung dieser Regelung im Wege einer verdeckten Sacheinlage hat zur Folge, dass die Bareinlagepflicht fortbesteht, doch kann der Wert des später eingebrachten Sachgegenstandes auf diese Pflicht angerechnet werden.

§ 30. Die Organe der AG

Literatur: *Bartz,* Corporate Governance in Deutschland – Eine Einführung, JA 2003, 905; *Becker/Horn,* Ungeschriebene Aktionärsrechte nach Holzmüller und Gelatine, JuS 2005, 1067; *Butzke,* Die Hauptversammlung der Aktiengesellschaft, 5. Aufl., 2011; *Fleischer,* Handbuch des Vorstandsrechts, 2006; *Fleischer,* Ungeschriebene Hauptversammlungszuständigkeiten im Aktienrecht, NJW 2004, 2335; *Graewe/Dethleff,* Beratungsverträge mit Aufsichtsräten, ZJS 2014, 135; *Harnos/Rudzio,* Die Innenhaftung des Vorstands der Aktiengesellschaft, JuS 2010, 104; *Kirschbaum/Wittmann,* Selbstregulierung im Gesellschaftsrecht: Der Deutsche Corporate Governance Kodex, JuS 2006, 1062; *Lutter,* Die Kontrolle der gesellschaftsrechtlichen Organe – Corporate Governance – ein internationales Thema, Jura 2002, 83; *Lutter/Krieger/Verse,* Rechte und Pflichten des Aufsichtsrats, 6. Aufl., 2014; *Mückl,* Diskretion im Aufsichtsrat, Jura 2008, 863; *Peltzer,* Vorstand und Geschäftsführung als Leitungs- und gesetzliches Vertretungsorgan der Gesellschaft, JuS 2003, 348; *Peltzer,* Trial and Error – Anmerkungen zu den Bemühungen des Gesetzgebers, die Arbeit des Aufsichtsrats zu verbessern, NZG 2009, 1041; *Steffek,* Die Innenhaftung von Vorständen und Geschäftsführern – Ökonomische Zusammenhänge und rechtliche Grundlagen, JuS 2010, 295; *Veil/Brinckmann,* Corporate Governance im europäischen Gesellschaftsrecht, Jura 2007, 366. Allgemein gefasster Überblick bei *Lange,* Grundzüge des Rechts der Aktiengesellschaft, Jura 2016, 333. Übungsfall: *Schwarz,* Alleingang beim Beteiligungserwerb, Jura 2012, 75. Zur Mitbestimmung vgl. die Angaben vor Rn. 40.

I. Der Vorstand

1. Der Vorstand im Zuständigkeitsgefüge der AG

Als juristische Person kann die AG nicht selbst handeln. Sie braucht deshalb Organe. 1
Das AktG schreibt zwingend den Vorstand (§§ 76–94), den Aufsichtsrat (§§ 95–116) und die Hauptversammlung (§§ 118–147) vor. Von dieser Organstruktur kann die Satzung nicht abweichen (§ 23 V AktG – s. § 29 Rn. 5 und 12). Der Vorstand ist das Leitungsorgan der Gesellschaft (§ 76 AktG), das vom Aufsichtsrat überwacht wird (§ 111 I AktG). Die Aktionäre, die ihre Rechte in der Hauptversammlung ausüben, sind die wirtschaftlichen Eigentümer der AG. Bis 1937 hatte der Gesetzgeber daraus die auf den ersten Blick durchaus plausibel erscheinende Konsequenz gezogen, die Hauptversammlung müsse auch innerhalb der Gesellschaft das für die Geschicke der AG maßgebende Organ sein.[1] In den 1930er Jahren setzte sich dann aber zunehmend die Erkenntnis durch, dass die Aktionäre, die sich nicht nur aus Unternehmergesellschaftern, sondern zu einem großen Teil auch aus reinen Anlegergesellschaftern zusammensetzen können, nicht dazu in der Lage sind, die unternehmerischen Ent-

---

[1] Ausführlich zu der im Folgenden darzustellenden Entwicklung GroßkommAktG/*Assmann,* Einl., Rn. 148 ff.; *Bayer/Engelke* in Bayer/Habersack, Aktienrecht im Wandel, Band I, Kap. 15 Rn. 16 ff.

scheidungen des Tagesgeschäfts sachgerecht zu beurteilen. Gestützt wurde dieser Schluss durch die weitere Überlegung, dass die Hauptversammlung nur selten zusammentritt und auch dann nicht alle Aktionäre anwesend sind, so dass es sich bei diesem Organ letztlich um ein inhomogenes Gremium mit einer dem Zufall ausgelieferten Zusammensetzung handelt.[2] In der Gesamtschau gelangte der Gesetzgeber von 1937 demnach zu dem Befund, dass dieses Organ seiner ganzen Struktur nach für die Mitwirkung an der Leitung einer AG nicht geeignet sei.[3] Daraus zog er die Konsequenz, das Leitungsorgan Vorstand weitgehend von der Hauptversammlung zu emanzipieren und seine Kompetenzen zu ihren Lasten deutlich auszuweiten.[4] Nach dieser bis heute fortdauernden Konzeption bleibt der Hauptversammlung lediglich eine Grundlagenkompetenz für die „Verfassung" der AG (s. noch Rn. 32), während die Geschäftsführungsbefugnis umfassend auf den Vorstand verlagert wird. Am deutlichsten kommt dies in § 76 I AktG zum Ausdruck, wonach der Vorstand die AG unter eigener Verantwortung zu leiten hat. Er hat also eine eigene Kompetenz, die gegenüber den Befugnissen anderer Gesellschaftsorgane unabhängig ist.[5]

2. Vertretung und Geschäftsführung

2 **Fall 1:** Die Morpheus AG ist ein Unternehmen der pharmazeutischen Industrie. Ihr Grundkapital beträgt 250 Mio. Euro. Der Vorstand besteht aus drei Personen, der Vorstandsvorsitzenden *Groß* sowie ihren Vorstandskollegen *Sigg* und *Voß*. Der Vorstand beschließt einstimmig, die Produktpalette der AG in den Beauty- und Kosmetikbereich auszudehnen. Großaktionär *Will*, der über 50 % der Anteile verfügt, hält diese Maßnahme für wirtschaftlich nicht sinnvoll und untersagt dem Vorstand, diese Überlegungen weiter zu verfolgen. Dennoch erwirbt der Vorstand der Morpheus AG für 25 Mio. EUR eine Mehrheitsbeteiligung an der auf Körperhaarentfernung spezialisierten Epilsoft GmbH. Kann der Verkäufer die Zahlung des Kaufpreises von der Morpheus AG verlangen? Ist der Vorstand der Morpheus AG zum Schadensersatz verpflichtet?

3 Die AG ist nach § 1 I 1 AktG eine Gesellschaft mit eigener Rechtspersönlichkeit, die demnach auch Schuldnerin des Kaufpreises (§ 433 II BGB) sein kann, wenn sie nach § 164 I BGB wirksam verpflichtet wurde. Das hängt davon ab, ob der Vorstand mit Vertretungsmacht gehandelt hat. Nach § 76 I AktG hat der Vorstand die Gesellschaft unter eigener Verantwortung zu leiten, d. h. die Führungsfunktionen im Unternehmen und die gesetzlich besonders zugewiesenen Aufgaben wahrzunehmen. Zu diesen Aufgaben gehört auch die Geschäftsführungsbefugnis (§ 77 AktG) und die Vertretungsmacht (§ 78 AktG). Die Ausgestaltung der Vertretungsmacht entspricht dem schon aus dem Personengesellschaftsrecht bekannten Modell: Der Vorstand vertritt die AG nach § 78 I 1 AktG gerichtlich und außergerichtlich. Dem Umfang nach kann die Vertretungsmacht nach § 82 I AktG nicht beschränkt werden (ähnlich § 126 II HGB). Besteht der Vorstand – wie hier – aus mehreren Personen, so sind sie nach § 78 II 1 AktG nur gemeinschaftlich zur Vertretung befugt. Die Satzung kann davon aber Ausnahmen zulassen, wovon in der Praxis in der Regel

[2] Ausführliche Darstellung aller mit einer stärkeren Einbindung der Hauptversammlung verbundenen Probleme bei MüKoAktG/*Kubis*, § 118 Rn. 25 ff.

[3] Aufschlussreiche Würdigung in der Gelatine-Entscheidung BGHZ 159, 30, 43 ff. = NJW 2004, 1860 – vgl. dazu noch Rn. 36.

[4] Zu der Frage, inwiefern diese Kompetenzverlagerung durch nationalsozialistisches Gedankentum („Führerprinzip") beeinflusst war, vgl. die ausgewogene Darstellung von GroßkommAktG/*Assmann*, Einl. Rn. 168 ff.; deutlich bejahend *Bayer/Engelke* in Bayer/Habersack, Aktienrecht im Wandel, Band I, Kap. 15 Rn. 16 ff.

[5] Vgl. GroßkommAktG/*Kort*, § 76 Rn. 41 ff.; KölnerKommAktG/*Mertens/Cahn*, § 76 Rn. 44 ff.; MüKoAktG/*Spindler*, § 76 Rn. 22; *Kübler/Assmann*, § 15 III 4a.

Gebrauch gemacht wird (vgl. § 78 III AktG).[6] Darüber hinaus kann der Gesamtvorstand auch von sich aus einzelne Mitglieder zur Vertretung ermächtigen (§ 78 IV AktG). Hier hat der Vorstand gemeinschaftlich gehandelt. Die Morpheus AG ist also trotz des Widerspruchs des *Will* zur Zahlung des Kaufpreises verpflichtet.

Schadensersatz hätte der Vorstand zu leisten, wenn er seine Pflichten im Innenverhältnis verletzt hätte. Hier kann eine Überschreitung der Geschäftsführungsbefugnis in Betracht gezogen werden. Der daraus resultierende Schadensersatzanspruch war bei den Personengesellschaften und dem Verein durchweg aus § 280 I BGB herzuleiten; für die AG enthält § 93 II AktG eine eigenständige Anspruchsgrundlage (s. dazu noch Rn. 20 ff.). Der Vorstand ist nach § 77 AktG zur Geschäftsführung befugt, wobei ein mehrköpfiger Vorstand auch hier – in Ermangelung abweichender Satzungsregelungen – gemeinschaftlich zu handeln hat. 4

Der Umfang der Geschäftsführungsbefugnis wird in § 82 II AktG in einer sehr missverständlichen Art und Weise umschrieben. Danach sind die Vorstandsmitglieder verpflichtet, die Beschränkungen einzuhalten, die im Rahmen der Vorschriften über die AG die Satzung, der Aufsichtsrat, die Hauptversammlung und die Geschäftsordnung des Vorstands und des Aufsichtsrats für die Geschäftsführungsbefugnis getroffen haben. Auf den ersten Blick scheint der Vorstand daher – ebenso wie die Geschäftsführer einer GmbH (§ 37 I GmbHG – s. noch § 34 Rn. 10 f.) – zumindest im Innenverhältnis strengen Bindungen zu unterliegen. Dieser Eindruck ist aber trügerisch. Entscheidend ist insofern der in § 82 II AktG enthaltene Passus „im Rahmen der Vorschriften über die AG“. Nur wo das Aktiengesetz selbst entsprechende Beschränkungen oder Beschränkungsmöglichkeiten vorsieht, ist der Vorstand daran gebunden.[7] Die starke Stellung des Vorstands innerhalb der AG äußert sich aber gerade darin, dass das Gesetz derartige Weisungsbindungen nur an wenigen Stellen normiert und der Grundsatz der Satzungsstrenge (§ 23 V AktG – s. § 29 Rn. 5 und 12) ihre Ausweitung nicht zulässt. 5

So kann im Fall 1 der Großaktionär seine Rechte nach § 118 I AktG grundsätzlich nur in der Hauptversammlung ausüben. Deren Befugnisse werden in § 119 I AktG auf wenige grundlegende Fragen beschränkt.[8] Über Fragen der Geschäftsführung kann sie nach § 119 II AktG nur entscheiden, wenn der Vorstand es verlangt (s. dazu noch Rn. 31). Auch der Aufsichtsrat hat die Geschäftsführung zwar nach § 111 I AktG zu überwachen, es dürfen nach § 111 IV 1 AktG aber keine Maßnahmen der Geschäftsführung auf ihn übertragen werden. Allenfalls hat er die Möglichkeit, bestimmte Arten von Geschäften nach § 111 IV 2 AktG einem Zustimmungsvorbehalt zu unterwerfen (dazu noch ausführlich unter Rn. 27), wovon hier aber kein Gebrauch gemacht wurde. Aus der Satzung selbst ergibt sich eine Beschränkung der Geschäftsführungsbefugnis allenfalls in der Weise, dass die Angabe des Unternehmensgegenstandes nach § 23 III Nr. 2 AktG ihr eine Grenze zieht. Über diese Festlegung haben die Aktionäre also die Möglichkeit, die Handlungsspielräume des Vorstands enger oder weiter zu fassen.[9] Da hier nichts darauf hindeutet, dass der 6

---

[6] Zu den unterschiedlichen Gestaltungsmöglichkeiten (z. B. funktions- oder spartenbezogene Beschränkungen) vgl. etwa Hüffer/*Koch*, § 77 Rn. 9 ff.; MüKoAktG/*Spindler*, § 77 Rn. 63 ff. (jeweils bezogen auf die Geschäftsführungsbefugnis).

[7] Hüffer/*Koch*, § 82 Rn. 8; zum charakteristischen Unterschied zur GmbH (§ 37 I GmbHG) s. noch § 34 Rn. 10 f.

[8] Zu einer weiteren ungeschriebenen Hauptversammlungszuständigkeit vgl. noch unten Rn. 35 f.

[9] Vgl. dazu *BGH* NJW 2013, 1958 Rn. 16; Hüffer/*Koch*, § 82 Rn. 9; MüKoAktG/*Spindler*, § 82 Rn. 34 ff.; Schmidt/Lutter/*Seibt*, § 82 Rn. 13 ff.

Beteiligungserwerb vom Unternehmensgegenstand nicht mehr gedeckt war, ergibt sich auch daraus keine Überschreitung der Geschäftsführungsbefugnis. Der Vorstand der Morpheus AG ist deshalb nicht nur im Außenverhältnis, sondern auch im Innenverhältnis keinen Bindungen unterworfen. Er ist nicht zum Schadensersatz verpflichtet. Engere Bindungen können allein in Konzernsachverhalten bestehen. Darauf wird in § 38 Rn. 30 f. zurückzukommen sein.

Hinweis:

7 Diese Unterscheidung zwischen der eigenverantwortlichen Leitungsmacht des Vorstands und der strengen Weisungsbindung der GmbH-Geschäftsführer ist für das Verständnis des Kapitalgesellschaftsrechts von zentraler Bedeutung. In der Ausbildung wird diese Bedeutung noch einmal dadurch gesteigert, dass diese Unterscheidung gerade das besonders klausurrelevante Themengebiet der Geschäftsführung und Vertretung betrifft. Hier besteht eine gefährliche Klausurfalle, da die einschlägigen Vorschriften, § 82 II AktG und § 37 I GmbHG, nahezu wortgleich formuliert scheinen, aber doch zu ganz unterschiedlichen Ergebnissen führen.

3. Weitergehende Zurechnung des Vorstandshandelns

8 Neben der rechtsgeschäftlichen Bindung im Wege der Vertretung muss sich die AG auch ein sonstiges Verhalten ihres Vorstands zurechnen lassen. Allerdings enthält das Aktienrecht, obwohl es insgesamt sehr ausführlich normiert ist (§§ 1–410 AktG), keine eigenständige Zurechnungsnorm. Da die AG in ihrer Grundstruktur als Körperschaft jedoch auf den Verein zurückgeht, kann auch für sie auf § 31 BGB zurückgegriffen werden.

9 **Fall 2:** Aufgrund einer groben Fahrlässigkeit des Leiters der Entwickungsabteilung *Kutsch* gerät ein Medikament der Morpheus AG in den Handel, das schwere gesundheitliche Schäden auszulösen kann. Der Geschädigte *Schnetz* erwägt eine Klage gegen die AG. Hat diese Aussicht auf Erfolg?

10 Wenn *Kutsch* schuldhaft eine eigene Verkehrssicherungspflicht verletzt hat, dann hat *Schnetz* zunächst gegen ihn Ansprüche aus § 823 I, § 823 II BGB i. V. m. §§ 223, 229 StGB, § 253 II BGB (Verletzung des Körpers und der Gesundheit). Eine Klage gegen die Morpheus AG selbst ist dagegen nur sinnvoll, wenn das deliktische Verhalten des Leiters der Entwicklungsabteilung auch eine Haftung der AG auslöst. Anspruchsgrundlage gegen die Morpheus AG könnte zunächst § 831 BGB sein. *Kutsch* hat tatbestandsmäßig und rechtswidrig i. S. d. § 823 BGB gehandelt und ist durch den von ihm geschlossenen Dienstvertrag (§ 611 BGB) auch gegenüber der AG weisungsgebunden, somit deren Verrichtungsgehilfe. *Schnetz* läuft jedoch Gefahr, dass der AG der Entlastungsbeweis des § 831 I 2 BGB gelingt. Wenn sich die Klage allein auf § 831 BGB stützen ließe, wäre deshalb das Risiko des Prozessverlustes hoch. Auch würde § 831 BGB von vornherein versagen, wenn die AG den *Kutsch* zum Vorstandsmitglied bestellt hätte. Die vorausgesetzte Weisungsgebundenheit könnte nämlich nicht ohne Widerspruch zur eigenverantwortlichen Leitungsmacht des § 76 I AktG bejaht werden (s. für die Personengesellschaften auch bereits § 7 Rn. 8).

11 Das Aktiengesetz enthält keine Norm, nach der sich die AG das Verhalten des *Kutsch* zurechnen lassen müsste. Sie könnte jedoch nach § 31 BGB haftbar sein. Das setzt voraus, dass die AG als Verein einzuordnen ist. Im Unterschied zur Personen-

gesellschaft ist der Verein durch eine korporative Verfassung gekennzeichnet (vgl. § 26 Rn. 7). Eine solche korporative Verfassung weist auch die AG auf. Sie hat nämlich eine Satzung (§§ 2, 23 AktG) und Organe mit festgelegten Kompetenzen (vgl. dazu § 2 Rn. 8 f.): Vorstand (§§ 76 ff. AktG), Aufsichtsrat (§§ 95 ff. AktG) und Hauptversammlung (§§ 118 ff. AktG). Die Mitgliedschaft der Aktionäre ist in Gesetz (§§ 53a ff. AktG) und Satzung als beitrittsfähige Sonderordnung ausgestaltet. Aufgrund ihrer korporativen Verfassung ist die AG streng genommen nicht Kapital-„Gesellschaft", sondern Kapital-„Verein" (vgl. auch § 6 II HGB). Damit ist § 31 BGB auf die AG anwendbar.[10]

Schnetz kann von der X-AG jedoch nur dann Schadensersatz verlangen, wenn 12
Kutsch Mitglied des Vorstands (§§ 76 ff. AktG) oder „ein anderer verfassungsmäßig berufener Vertreter" war (§ 31 BGB). Dass der Leiter der Entwicklungsabteilung Vorstandsmitglied ist, kann nicht angenommen werden, weil der Sachverhalt nichts über seine Bestellung durch den Aufsichtsrat (§ 84 I AktG) aussagt. Er ist auch nicht verfassungsmäßig berufener Vertreter i. S. d. §§ 30, 31 BGB, weil seine Rechtsstellung nicht aus der Satzung der AG abgeleitet werden kann. Dem verfassungsmäßigen Vertreter sind jedoch nach dem Sinn des § 31 BGB diejenigen Personen gleichzustellen, die nach ihrer Stellung im Unternehmen einen wichtigen Aufgabenbereich der juristischen Person eigenverantwortlich wahrnehmen.[11] Diese Voraussetzung ist bei dem Leiter der Entwicklungsabteilung erfüllt.

Eine Klage des *Schnetz* gegen die Morpheus AG hat also Aussicht auf Erfolg, wobei 13
der korporative Charakter der AG die Grundlage für die Anwendung des § 31 BGB und damit für die Zurechnung der schuldhaften Pflichtverletzung des Leiters der Entwicklungsabteilung abgibt.

4. Bestellung des Vorstands und Widerruf der Bestellung

Fall 3: Für Großaktionär *Will,* der immer noch über den Erwerb der Epilsoft GmbH erbost ist, 14
stellt dieser Schadensfall nur einen weiteren Beleg für die Unfähigkeit des Vorstands dar. Deshalb entschließt er sich kurzerhand, den gesamten Vorstand zu entlassen und durch Personen seines Vertrauens zu ersetzen. Wie muss er vorgehen, um dieses Vorhaben umzusetzen?

Der Einzelaktionär hat – unabhängig vom Gewicht seiner Stimme – aus den in Rn. 1 15
genannten Gründen auch insofern keine Möglichkeit der Einwirkung, sondern kann seine Rechte nach § 118 I AktG nur in der Hauptversammlung ausüben. Deren Befugnisse sind in § 119 I AktG aufgezählt. Danach darf die Hauptversammlung den Vorstand weder bestellen noch die Bestellung widerrufen. Beide Rechte stehen stattdessen nach § 84 I und III AktG dem Aufsichtsrat zu.

Als Vorstandsmitglied kann jeder bestellt werden, der die Voraussetzungen des § 76 16
III AktG erfüllt. Zu diesen Voraussetzungen zählt nicht die Mitgliedschaft in der AG, worin das für Körperschaften typische Prinzip der Fremdorganschaft zum Ausdruck kommt (§ 2 Rn. 11). Wie viele Vorstandsmitglieder zu bestellen sind, wird in der Satzung festgelegt (§ 23 III Nr. 6 AktG). Mindestzahlen ab einer bestimmten Unternehmensgröße sieht § 76 II AktG vor. Die Bestellung erfolgt auf höchstens fünf Jahre; wiederholte Bestellung ist zulässig.[12] Kann der Aufsichtsrat nicht han-

[10] Vgl. statt aller Hüffer/*Koch,* § 1 Rn. 3, § 78 Rn. 23.

[11] BGHZ 49, 19, 21 = NJW 1968, 391; BGHZ 101, 215, 218 = NJW 1987, 2925; *BGH* NJW 2013, 3366 Rn. 12; MüKoBGB/*Arnold,* § 31 Rn. 20; Palandt/*Ellenberger,* § 31 Rn. 6.

[12] Zur Zulässigkeit einer Neubestellung nach vorzeitiger Beendigung der Bestellung – trotz möglicher Umgehung des § 83 I 3 AktG – s. *BGH* NZG 2012, 1027 Rn. 19 ff.; *Bürgers/Theusinger,* NZG 2012, 1218 ff.; *Saenger,* Rn. 580.

deln, so hat in dringenden Fällen, z. B. zwecks Einberufung einer Hauptversammlung,[13] das Gericht ein Vorstandsmitglied zu bestellen (§ 85 AktG).

17 Wie beim Verein ist vom organschaftlichen Bestellungsakt, mit dem die gesetzlich festgelegte Organstellung als Vorstandsmitglied verliehen wird, der Anstellungsvertrag zu trennen, in dem seine Beziehungen zu der AG geregelt werden (insb. Vergütung, Versorgungsansprüche, Ressortzuständigkeit etc.).[14] Der Anstellungsvertrag ist Dienstvertrag i. S. d. §§ 611, 675 BGB; als Arbeitsvertrag lässt er sich wegen der selbstständigen Stellung des Vorstandsmitglieds (§ 76 I AktG) nicht qualifizieren. Auch beim Abschluss des Anstellungsvertrags wird die AG von dem Aufsichtsrat vertreten (§ 112 AktG). Speziell bei der Festlegung der Vergütung sind die Vorgaben des § 87 AktG zu beachten, der als Reaktion auf eine intensive öffentliche Debatte um die Angemessenheit von Managergehältern dem Aufsichtsrat in seiner heutigen Fassung vorgibt, eine angemessene Vergütung zu vereinbaren.[15] Diese Vertretungsmacht des Aufsichtsrats gegenüber dem Vorstand setzt sich sodann auch während der gesamten Bestelldauer nach § 112 AktG fort, so dass der Aufsichtsrat also insgesamt als Prinzipal des Vorstands fungiert.

18 Schließlich kann der Aufsichtsrat die Bestellung auch vor Ablauf der offiziellen Bestelldauer nach § 84 III AktG widerrufen, bedarf dafür aber eines wichtigen Grundes. Als solche Gründe nennt § 84 III 2 AktG zunächst die grobe Pflichtverletzung und die Unfähigkeit zur ordnungsmäßigen Geschäftsführung. Ohne ein solches Versäumnis kann sich die AG also nicht ohne weiteres von einem Vorstandsmitglied trennen, worin sich abermals die starke Stellung des Vorstands innerhalb der AG zeigt. Allerdings nennt § 84 III 2 AktG als letzten Grund auch noch den Vertrauensentzug durch die Hauptversammlung. Wenn diese dem Vorstand also das Vertrauen entzieht, ist auch dies ein wichtiger Grund, um die Bestellung des Vorstands zu widerrufen. Allerdings endet in diesem Fall allein seine Organstellung, nicht aber – wie § 84 III 5 AktG ausdrücklich klarstellt – auch der Anstellungsvertrag. Dieser muss gesondert nach § 626 BGB gekündigt werden und in diesem Verhältnis genügt der Vertrauensentzug nicht als wichtiger Grund.[16] Es kann daher durchaus vorkommen, dass ein Vorstandsmitglied wirksam aus seinem Amt abberufen wird, ihm die AG aber weiterhin die Vorstandsbezüge zu zahlen hat. Soweit dem Vorstand kein grob pflichtwidriges Verhalten vorgeworfen werden kann, muss *Will* seine Stimmmacht also dazu nutzen, um dem Vorstand auf der Hauptversammlung das Vertrauen zu entziehen. Sodann muss er auf den Aufsichtsrat Einfluss nehmen (was ihm ebenfalls nur auf informellem Wege möglich ist), damit dieser den Vertrauensentzug zum Anlass nimmt, die Bestellung zu widerrufen. Erst dann ist der Vorstand abberufen, kann aber weiterhin seine Bezüge verlangen.

5. Rechte und Pflichten des Vorstands

19 Die Pflichten des Vorstands ergeben sich in erster Linie aus den Pflichten der AG. Da der Vorstand die AG vertritt (§ 78 AktG), sind alle an sie adressierten gesetzli-

---

[13] *BGH* AG 1985, 53 f.; *BGH* AG 1986, 290; *BGH* NJW-RR 1990, 166 ff.

[14] KölnerKommAktG/*Mertens/Cahn,* § 84 Rn. 4 und 34 ff.; *Baums,* Der Geschäftsleitervertrag, 1987, S. 3 ff., 24 ff. (dieser jedoch für Bestellung und Anstellung als einheitliches Rechtsgeschäft).

[15] Zur Problematik dieser Vorschrift vgl. *Fleischer,* NZG 2009, 801 ff.; *J. Koch,* WM 2010, 49 ff.; *Martens,* FS Hüffer, 2010, S. 647 ff.; *Thüsing,* AG 2009, 517; ausführliche Literaturübersicht bei Hüffer/*Koch,* § 87 vor Rn. 1.

[16] Vgl. dazu Hüffer/*Koch,* § 84 Rn. 48, 49.

chen Vorgaben vom Vorstand der AG zu beachten. Darüber hinaus sieht das Aktiengesetz auch selbst neben dem Recht und der Pflicht zur Geschäftsführung und Vertretung (s. Rn. 2 ff.) noch weitere Pflichten des Vorstands vor. So hat er nach § 83 AktG die Hauptversammlung vorzubereiten und durchzuführen. Er unterliegt einem Wettbewerbsverbot nach § 88 AktG und ist dem Aufsichtsrat gegenüber zum Bericht verpflichtet; dieser Bericht ist Grundlage für die zentrale Überwachungsfunktion des Aufsichtsrats (s. noch Rn. 24). § 91 AktG normiert allgemeine Organisations- und Buchführungspflichten. Besondere Pflichten für den Fall eines signifikanten finanziellen Verlustes, einer Überschuldung oder der Zahlungsunfähigkeit sieht § 92 AktG vor. Für die universitäre Ausbildung dürfte neben den Regelungen zur Geschäftsführung und Vertretung § 93 AktG die bedeutsamste Regelung sein. Er normiert in § 93 I 1 AktG zunächst die allgemeine Sorgfaltspflicht des Vorstands, die auch eine Verschwiegenheitspflicht nach § 93 I 3 AktG umfasst. Besonders wichtig ist § 93 II AktG, der für den Fall einer Pflichtverletzung eine Schadensersatzpflicht des Vorstands normiert.

6. Haftung des Vorstands

Fall 4: Der Ausflug in den Beauty- und Kosmetikbereich erweist sich als katastrophaler Fehlschlag für die Morpheus AG. Schon nach vier Jahren muss die Beteiligung mit horrenden Verlusten wieder verkauft werden. *Will,* der diese Entwicklung von Anfang an vorausgesehen hat, fragt, ob der Vorstand jetzt zumindest zum Ersatz dieses Schadens verpflichtet ist. 20

Eine solche Haftung ist in § 93 II AktG vorgesehen. Sie ist nicht als unmittelbare Außenhaftung gegenüber den Gesellschaftern ausgestaltet, sondern als eine Innenhaftung gegenüber der AG. Dadurch wird eine Haftungskanalisierung erreicht und vermieden, dass der Vorstand mit einer unübersehbaren Vielzahl von Klagen überzogen wird. Eine unmittelbare Inanspruchnahme durch die Gesellschafter kommt wie bei der Personengesellschaft nur nach § 823 I BGB in Betracht, wenn ein unmittelbarer Eingriff in die Mitgliedschaft vorliegt, was aber im Regelfall zu verneinen ist (s. dazu oben § 8 Rn. 42 ff.). § 93 II AktG ist nach allgemeiner Auffassung kein Schutzgesetz i. S. d. § 823 II BGB.[17] 21

Die Haftung nach § 93 II AktG setzt eine Pflichtwidrigkeit des Vorstands voraus. Eine solche Pflichtwidrigkeit kann zunächst in Gestalt eines Verstoßes gegen ein gesetzlich normiertes Ge- oder Verbot vorliegen; einige dieser Fälle werden in § 93 III AktG namentlich hervorgehoben.[18] Bei dem Beteiligungserwerb ist ein derartiger Gesetzesverstoß jedoch nicht ersichtlich. Es könnte aber ein Verstoß gegen die allgemeine Sorgfaltspflicht nach § 93 I 1 AktG vorliegen. Um die Vorstandsmitglieder davor zu schützen, dass ein unternehmerisch nicht tätiger Richter im Lichte eines schon eingetretenen Schadensfalls aus der Rückschau vorschnell einen Sorgfaltsverstoß annimmt, hat der Gesetzgeber im Jahr 2005 die Anforderungen an einen solchen Verstoß durch die Kodifizierung des schon bislang anerkannten Geschäftsleiterermessens in § 93 I 2 AktG präzisiert.[19] Danach liegt eine Pflichtverletzung nicht vor, wenn das Vorstandsmitglied bei einer unternehmerischen (also nicht rechtlich gebundenen) Entscheidung vernünftigerweise annehmen durfte, auf der 22

[17] *LG Bonn* AG 2001, 484, 486; *LG Bonn* BeckRS 2010, 15014; *LG Düsseldorf* AG 1991, 70, 71; Hüffer/*Koch,* § 93 Rn. 61; MüKoAktG/*Spindler,* § 93 Rn. 309.

[18] Zu der schwierigen dogmatischen Einordnung dieser Vorschrift vgl. Hüffer/*Koch,* § 93 Rn. 68.

[19] Und zwar im Zuge des Gesetzes zur Unternehmensintegrität und Modernisierung des Anfechtungsrechts (UMAG) vom 22.9.2005 (BGBl. I 2802); vgl. dazu *Göpfert/Rottmeier,* ZIP 2014, 1259, 1260; *Hopt,* ZIP 2013, 1793, 1797; *J. Koch,* ZGR 2006, 769 ff.

Grundlage angemessener Information zum Wohle der Gesellschaft zu handeln (sog. Business Judgment Rule).[20] Sofern der Vorstand der Morpheus AG also nachweisen kann, dass der Erwerb durch eine hinreichende Risikoanalyse vorbereitet wurde und der spätere Fehlschlag nicht schon im Erwerbszeitpunkt auf der Hand lag, muss er eine Haftung nach § 93 II AktG demnach nicht befürchten. Mit dieser Klarstellung soll verhindert werden, dass Vorstände durch ein übermäßiges Haftungsrisiko zu stark in ihrer unternehmerischen Entscheidungsfreude eingeschränkt werden.[21]

23 Im Streitfall umfasst die Darlegungs- und Beweislast der AG den Eintritt des Schadens und seine Höhe, das möglicherweise pflichtwidrige Tun oder Unterlassen, das sie dem Vorstandsmitglied vorwerfen will, und die adäquate Kausalität zwischen dieser Handlung und dem Schaden. Dagegen ist es Sache des beklagten Vorstandsmitglieds, die Umstände darzulegen und zu beweisen, aus denen sich sein pflichtgemäßes Verhalten oder das Fehlen eines Verschuldens ergibt. Die Beweislastumkehr des § 93 II 2 AktG bezieht sich also nicht nur auf das Verschulden.[22] Nach § 93 IV 1 AktG tritt die Ersatzpflicht nicht ein, wenn die Handlung des Vorstands auf einem gesetzmäßigen Beschluss der Hauptversammlung beruht. Dieser Haftungsausschluss kann ein Anreiz für den Vorstand sein, der Hauptversammlung auch eine Geschäftsführungsmaßnahme, die nicht in ihre Zuständigkeit fällt, nach § 119 II AktG (s. oben Rn. 6 und unten Rn. 31) zum Beschluss vorzulegen, wovon er sonst in der Regel nur selten Gebrauch machen wird. Die Verjährungsfrist betrug ursprünglich fünf Jahre, ist dann im Jahr 2010 aber für börsennotierte Aktiengesellschaften auf zehn Jahre verdoppelt worden, um eine umfassende juristische Aufarbeitung der Finanzkrise zu gewährleisten (§ 93 VI AktG).[23] Besteht eine Ersatzpflicht des Vorstands, so ist der Aufsichtsrat nach der grundlegenden ARAG/Garmenbeck-Entscheidung, über deren genaue Reichweite bis zum heutigen Tage noch gerungen wird, grundsätzlich dazu verpflichtet, den Anspruch der AG nach § 112 AktG (s. noch Rn. 27) geltend zu machen.[24]

II. Der Aufsichtsrat

1. Allgemeines

24 Als zweites Organ regelt das Gesetz in §§ 95 ff. AktG den Aufsichtsrat. Seine zentrale Aufgabe liegt nach § 111 I AktG in der Überwachung des Vorstands. Dieses Erfordernis ergibt sich aus der besonderen Struktur der Hauptversammlung, die speziell bei einem breit gestreuten Anlegerkreis (sog. Publikumsgesellschaft) nicht dazu in der Lage sein wird, zu kontrollieren, ob der Vorstand mit den ihm anvertrauten Mitteln auch tatsächlich ausschließlich zum Wohle der Gesellschaft wirt-

---

[20] Näher zum Ganzen Hüffer/*Koch,* § 93 Rn. 8 ff.; *Fleischer,* ZIP 2004, 685 ff.; *Ihrig,* WM 2004, 2098 ff.; *J. Koch,* ZGR 2006, 769, 782 ff.; *Paefgen,* AG 2014, 554, 560 ff.; *ders.* AG 2004, 245 ff.; *C. Schäfer,* ZIP 2005, 1253 ff.

[21] Vgl. dazu bereits die amtliche Begründung zu § 84 AktG 1937, Abdruck bei *Klausing,* S. 71; BGHZ 135, 244, 253 = NJW 1997, 1926; *Fleischer,* FS Wiedemann, 2002, S. 827, 829 f.; *J. Koch,* ZGR 2006, 769, 782 f.; *Kock/Dinkel,* NZG 2004, 441, 442; *Paefgen,* AG 2004, 245, 247; *Ulmer,* DB 2004, 860.

[22] *BGH* NJW 1963, 46; BGHZ 152, 280, 284 f. = NJW 2003, 358; *OLG Hamm* ZIP 1995, 1263, 1265; Hüffer/*Koch,* § 93 Rn. 53 m. w. Nachw.; eingehende, in den Ergebnissen aber nicht ganz einheitliche Analysen bei *Goette,* ZGR 1995, 648 ff.; *Fleck,* GmbHR 1997, 237 ff.

[23] Diese Verlängerung erfolgte durch das Restrukturierungsgesetz von 9.12.2010 (BGBl. I 1900); zur Kritik vgl. *Baums,* ZHR 174 (2010), 593 ff.; *Fleischer,* AG 2014, 457 ff.; *Paefgen,* AG 2014, 554, 571.

[24] BGHZ 135, 244 = NJW 1997, 1926; vgl. dazu aus neuerer Zeit etwa *J. Koch,* NZG 2014, 934 ff.; *Paefgen,* AG 2008, 761 ff.

schaftet.[25] Der historische Gesetzgeber verfolgte daher mit der Einsetzung des Aufsichtsrats das Ziel, diese notwendige Kontrolle einem Aktionärsausschuss zu überlassen. Diese Funktion des Aufsichtsrats als Aktionärsausschuss ist später zunehmend dadurch verwässert worden, dass der Gesetzgeber dem Aufsichtsrat noch vielfältige andere Aufgaben zuwies; namentlich wurde dort auch die unternehmerische Mitbestimmung der Arbeitnehmer verankert (s. noch Rn. 40 ff.).[26] Der Aufsichtsrat ist deshalb heute ein pluralistisch besetztes Interessenvertretungsorgan, dessen Überwachungstätigkeit zwar weiterhin den Aktionären, aber eben nicht nur diesen, sondern auch anderen öffentlichen Interessen dient.[27] Diese vielfältige Funktionszuweisung hat dazu beigetragen, dass die Überwachung der Vorstände durch die Aufsichtsräte immer wieder im Zentrum der Kritik steht und Gegenstand permanenter Reformüberlegungen ist. Als wesentliche Kritikpunkte werden zumeist die übermäßige Nähe zwischen Überwacher und Überwachtem sowie die mangelnde Professionalität deutscher Aufsichtsräte angeführt.[28]

Als Kollegialorgan besteht der Aufsichtsrat nach § 95 AktG aus mindestens drei, **25** höchstens 21 Mitgliedern. Sie werden grundsätzlich von der Hauptversammlung gewählt (§§ 101, 119 I Nr. 1 AktG) und abberufen (§ 103 AktG), doch können diese Regelungen durch mitbestimmungsrechtliche Besonderheiten überlagert werden (s. noch Rn. 40 ff.). Persönliche Voraussetzungen für die Mitgliedschaft im Aufsichtsrat enthalten die §§ 100, 105 AktG. Sie sollen der sachgerechten Wahrnehmung der Überwachungsaufgabe dienen und insbesondere sicherstellen, dass zwischen Aufsichtsrat und Geschäftsleitung keine personelle Verflechtung erfolgt. Der Aufsichtsrat muss, anders als der Vorstand, einen Vorsitzenden haben (§ 107 I AktG). Das Gesetz weist ihm eine Reihe besonderer Aufgaben zu (vgl. z. B. §§ 90 I 2, 184 I, 223 AktG). Weitere Funktionen, vor allem die Leitung der Hauptversammlung, können ihm durch die Satzung übertragen werden.

2. Überwachungsaufgabe

Fall 5: Der Aufsichtsrat der Morpheus AG wünscht Auskunft über den Stand der Entwick- **26** lungsarbeiten an einem neuen Medikament und will die darüber vorhandenen Unterlagen einsehen. Der Vorstand befürchtet, dass damit Einzelheiten des Projekts publik werden, und ist der Ansicht, dass dies der AG im derzeitigen Stadium schaden würde. Wie muss er sich verhalten?

Der Vorstand muss seine Bedenken zurückstellen, wenn der Aufsichtsrat mit seinem **27** Auskunftsverlangen innerhalb der ihm zustehenden Kompetenzen handelt. Neben der Bestellung der Vorstandsmitglieder (§ 84 I AktG) und der Vertretung der AG ihnen gegenüber (§ 112 AktG) ist es die wesentliche Aufgabe des Aufsichtsrats, die Geschäftsführung des Vorstands zu überwachen (§ 111 AktG).[29] Der Vorstand leitet

[25] Der zugrunde liegende Interessenkonflikt hat unter dem Schlagwort des principal agent conflict breite wissenschaftliche Beachtung gefunden; vgl. dazu etwa Staudinger/*Martinek* (2006), Vor § 662 Rn. 73 ff.; *Hirte,* KapGesR, Rn. 1.29 ff.; *Lieder,* Der Aufsichtsrat im Wandel der Zeit, 2006, S. 629 f.

[26] Vgl. zu dieser ursprünglichen Funktion und ihrer späteren Erosion im Laufe der Zeit *Lieder,* Der Aufsichtsrat im Wandel der Zeit, 2006, S. 78 f., 104 f., 144 f., 352, 429; krit. etwa *Zöllner,* AG 1994, 336, 337 f.

[27] Vgl. *Lieder,* Der Aufsichtsrat im Wandel der Zeit, 2006, S. 429.

[28] Vgl. aus dem mittlerweile unübersehbaren Schrifttum etwa *Bachmann,* FS Hopt, 2010, Band I, S. 337 ff.; *Peltzer,* NZG 2009, 1041 ff.

[29] Monographie: *Semler,* Leitung und Überwachung der Aktiengesellschaft, 2. Aufl., 1996; vgl. ferner *Götz,* AG 1995, 337, 344 ff.; *Horn,* ZIP 1997, 1129 ff.; *Hüffer,* ZGR 1980, 320, 329 ff., 335 ff.; speziell zur Überwachungs- und Beratungspflicht des Aufsichtsrats in der Krise *Hasselbach,* NZG 2012, 41 ff.

die AG zwar eigenverantwortlich (§ 76 I AktG), muss seine Tätigkeit jedoch der laufenden Kontrolle durch den Aufsichtsrat unterwerfen. Deshalb ist der Vorstand nach § 90 AktG zur Berichterstattung gegenüber dem Aufsichtsrat verpflichtet, damit dieser nicht gezwungen ist, die Vorgänge nachträglich zur Kenntnis zu nehmen, sondern sich frühzeitig in die Willensbildung der Gesellschaft einschalten kann. Damit der Aufsichtsrat seine Aufgabe erfüllen kann, hat er aber auch das Recht, die schriftlichen Unterlagen der Gesellschaft von sich aus einzusehen und zu prüfen und sich ein Bild von dem Vermögen der AG zu machen (§ 111 II AktG). Durch die Satzung oder durch Beschluss des Aufsichtsrats kann ferner vorgesehen werden, dass der Vorstand für bestimmte Arten von Geschäften der Zustimmung des Aufsichtsrats bedarf (§ 111 IV 2 AktG). Seit einer Gesetzesänderung im Jahr 2002 ist der Aufsichtsrat sogar gesetzlich dazu verpflichtet, von dieser Möglichkeit des Zustimmungsvorbehalts Gebrauch zu machen.[30] Zu diesem Zweck kann etwa in der Satzung eine Reihe von Geschäftsführungsmaßnahmen von hoher Bedeutung aufgelistet werden, die grundsätzlich einer Zustimmung des Aufsichtsrats bedürfen.[31] Unter Umständen kann ein Zustimmungsvorbehalt auch ad hoc für eine Einzelmaßnahme erklärt werden.[32] Ausnahmsweise, nämlich bei drohendem schlechthin und eindeutig unvertretbarem Vorstandshandeln, kann sich durch Ermessensschrumpfung eine Pflicht des Aufsichtsrats ergeben, einen Zustimmungsvorbehalt einzuführen.[33]

28 Der Vorstand ist zwar nach § 93 I 3 AktG verpflichtet, über vertrauliche Angaben und über Geheimnisse der Gesellschaft Stillschweigen zu bewahren, und ein Entwicklungsvorhaben muss zu den Geheimnissen der AG gezählt werden. Diese Verschwiegenheitspflicht gilt jedoch nicht gegenüber dem Aufsichtsrat.[34] Wenn der Vorstand eine Angelegenheit unter Berufung auf seine Verschwiegenheitspflicht der Kenntnis des Aufsichtsrats entziehen dürfte, hätte er gerade in wichtigen Fragen die Möglichkeit, dem Aufsichtsrat die Erfüllung seiner Aufgabe unmöglich zu machen. Gegenüber dem Aufsichtsrat muss der Vorstand deshalb Auskunft erteilen. Das Berichtsverlangen kann nach § 90 III 2 AktG ohne Einschränkungen auch von einem einzelnen Aufsichtsratsmitglied geltend gemacht werden. Dieser Pflicht zur Offenheit gegenüber dem Aufsichtsrat entspricht die Verschwiegenheitspflicht der Aufsichtsratsmitglieder nach § 116 i. V. m. § 93 I 3 AktG, die den gleichen Inhalt hat wie die der Mitglieder des Vorstands und deren Umfang durch Satzung oder Geschäftsordnung des Aufsichtsrats gem. § 23 V AktG nicht geändert werden kann.[35] Für eine Pflichtverletzung des Aufsichtsrats haftet er nach § 116 i.V.m. § 93 II AktG. Der Vorstand muss also dem Aufsichtsrat die gewünschten Auskünfte erteilen und ihm die Unterlagen zur Einsichtnahme zur Verfügung stellen (§§ 90 III, 111 II AktG).

---

[30] Und zwar durch das Transparenz- und Publizitätsgesetz (TransPuG) vom 19.7.2002 (BGBl. I 786).

[31] Vgl. dazu etwa Hüffer/*Koch,* § 111 Rn. 35 ff.; Schmidt/Lutter/*Drygala,* § 111 Rn. 49 ff.; *Fleischer,* BB 2013, 835, 839 ff.

[32] Vgl. dazu BGHZ 124, 111, 127 = NJW 1994, 520; *OLG Stuttgart* WM 1979, 1296, 1300; Hüffer/*Koch,* § 111 Rn. 39 m. w. Nachw.; MüKoAktG/*Habersack,* § 111 Rn. 102, 115.

[33] BGHZ 124, 111, 127 = NJW 1994, 520; *Götz,* ZGR 1990, 633, 639; insoweit zustimmend auch *Dreher,* ZHR 158 (1994), 614, 634 f.

[34] BGHZ 20, 239, 246 = NJW 1956, 906; Monographie: *Lutter,* Information und Vertraulichkeit im Aufsichtsrat, 3. Aufl., 2006; statt vieler weiterer vgl. noch MüKoAktG/*Spindler,* § 93 Rn. 128.

[35] BGHZ 64, 325 = NJW 1975, 1412.

3. Vermeidung von Interessenkonflikten

Fall 6: Die Vorstandsvorsitzende *Groß* der Morpheus AG steht kurz vor ihrer Vertragsverlängerung. Da ihr unternehmerischer Erfolg bislang mäßig war, überlegt sie, wie sie sich den Aufsichtsrat auf andere Weise gewogen halten kann. Dabei verfällt sie auf den Gedanken, dass sie das Wohlwollen der Aufsichtsratsmitglieder vielleicht am besten dadurch gewinnen könnte, wenn sie deren magere Bezüge ein wenig aufbessert. Sie beschließt daher nach Abstimmung mit ihren Vorstandskollegen, die Aufsichtsratsbezüge zu verdoppeln. Überdies schließt sie mit der Consulta Steuerberatungs-GmbH, deren Geschäftsführer und alleiniger Gesellschafter der Aufsichtsratsvorsitzende *Birkenstock* ist, einen Beratungsvertrag, wonach die Consulta die Morpheus AG für ein Jahreshonorar im gehobenen fünfstelligen Bereich künftig in betriebswirtschaftlichen und steuerrechtlichen Fragen beraten solle. Die anderen Aufsichtsratsmitglieder haben dem Vertrag zugestimmt. Wie ist dieses Vorgehen rechtlich zu beurteilen? 29

Gemäß § 113 I 1 AktG kann den Aufsichtsratsmitgliedern eine Vergütung gewährt werden. Die Verdoppelung der Bezüge könnte aber nur dann wirksam sein, wenn sie in die Kompetenz des Vorstands fällt. Nach § 113 I 2 AktG kann die Vergütung aber nur durch die Satzung oder einen Hauptversammlungsbeschluss gewährt werden. Ziel der Regelung ist es, die Vergütung durch Zuweisung an die Hauptversammlung und die dadurch gewährleistete Publizität auf ein angemessenes Maß zu reduzieren.[36] Darüber hinaus soll verhindert werden, dass der Vorstand die Gehälter derjenigen festlegt, die ihn überwachen sollen.[37] Das anderenfalls vorhandene Missbrauchspotenzial verdeutlicht Fall 6. Folglich kann *Groß* die Bezüge der Aufsichtsratsmitglieder nicht wirksam verdoppeln. Fraglich ist, ob sie zumindest den Beratungsvertrag wirksam abschließen konnte. Grundsätzlich vertritt der Vorstand nach § 78 I 1 AktG die Gesellschaft. In den Fällen des § 114 I AktG ist jedoch die Zustimmung des Aufsichtsrates erforderlich. Die Norm will verhindern, dass die von § 113 AktG festgelegte Kompetenz der Hauptversammlung, über die Vergütung der Aufsichtsratsmitglieder zu bestimmen, dadurch umgangen wird, dass der Vorstand Beratungsverträge mit den Aufsichtsratsmitgliedern schließt und diesen so Vorteile zukommen lässt, die das interne Gleichgewicht beeinträchtigen können.[38] Diese Überlegung trifft auch auf Verträge zu, die nicht mit einem Aufsichtsratsmitglied, sondern mit einer von ihm beherrschten Gesellschaft geschlossen werden.[39] Der in Fall 6 von *Groß* geschlossene Beratungsvertrag benötigt damit die Zustimmung durch den Aufsichtsrat, die auch vorliegt. Allerdings nimmt der BGH an, dass ein Vertrag wegen Verstoßes gegen § 113 AktG nach § 134 BGB nichtig und damit nicht zustimmungsfähig ist, wenn die im Beratungsvertrag vereinbarte Tätigkeit bereits in die Aufgaben des Aufsichtsratsmitglieds als Organteil der Gesellschaft fällt, denn dann stellt der geschlossene Vertrag eine unzulässige Vergütungsvereinbarung dar.[40] Um Umgehungen zu verhindern, verlangt er darüber hinaus, dass in dem Vertrag die Aufgaben und die dafür zu entrichtende Vergütung so konkret angegeben werden, dass der Aufsichtsrat sich ein eigenes Urteil zu den zu erbringenden Leistungen bilden und auf dieser Grundlage beurteilen kann, ob es sich tatsäch- 30

---

36 MüKoAktG/*Habersack*, § 113 Rn. 2.

37 BGHZ 168, 188 Rn. 9 = NJW 2006, 3211; BGHZ 194, 14 Rn. 13 = NJW 2012, 3235; Hüffer/*Koch*, § 113 Rn. 1.

38 BGHZ 170, 60 Rn. 9 = NJW 2007, 298; Hüffer/*Koch*, § 114 Rn. 1. Zum Anwendungsbereich des § 114 AktG *Graewe/Dethleff*, ZJS 2014, 135 ff.

39 BGHZ 168, 188 Rn. 10 f. = NJW 2006, 3211. Nach BGHZ 170, 60 Rn. 8 = NJW 2007, 298 gilt dies auch dann, wenn das Aufsichtsratsmitglied nicht notwendig beherrschend an dem Unternehmen, mit dem der Vertrag geschlossen wird, beteiligt ist und ihm dadurch nicht nur ganz geringwertige oder zu vernachlässigende Zuwendungen zufließen; ebenso BGHZ 194, 14 Rn. 14 = NJW 2012, 3235.

40 BGHZ 170, 60 Rn. 13 = NJW 2007, 298.

lich um eine überobligationsmäßige Leistung handelt, die durch die allgemeine Aufsichtsratsvergütung noch nicht abgedeckt ist.[41] Gemessen an diesem Maßstab ist der von *Groß* geschlossene Vertrag nichtig.

III. Die Hauptversammlung

1. Zuständigkeit

31 Die Hauptversammlung ist das Organ, in dem die Aktionäre nach § 118 I AktG ihre Rechte ausüben. Dieser Aussage kommt nicht nur eine feststellende, sondern auch eine begrenzende Wirkung zu, da die Mitwirkungsrechte der Aktionäre tatsächlich ausschließlich über dieses Organ ausgeübt werden können.[42] Vom Standpunkt des einzelnen Aktionärs aus handelt es sich dabei um eine Mediatisierung seiner Rechte; aus der Perspektive der AG kann man sagen, dass der Einfluss der Aktionäre in geordnete Bahnen gelenkt wird. Aufgrund der in Rn. 1 dargestellten Entwicklung ist die Hauptversammlung heute nicht mehr das zentrale Organ der AG. Sie ist nach § 119 I AktG nur dort entscheidungsbefugt, wo das Gesetz dies ausdrücklich anordnet; einige besonders wichtige Fallgruppen sind in § 119 I AktG beispielhaft aufgeführt, andere sind in einer recht unübersichtlichen Art und Weise über das Gesetz verstreut.[43] Im Übrigen ist die Hauptversammlung von Fragen der Geschäftsführung ausgeschlossen und kann darüber nur entscheiden, wenn der Vorstand es verlangt (§ 119 II AktG). Das wird er nur ausnahmsweise tun, insbesondere um sich auf diesem Wege das Haftungsprivileg des § 93 IV 1 AktG zu sichern (vgl. bereits Rn. 23).

32 Verblieben ist der Hauptversammlung aber auch weiterhin die Zuständigkeit für die grundlegenden Strukturentscheidungen, namentlich wenn es um die Satzung der AG (§ 119 I Nr. 5 AktG) oder um ihre Kapitalgrundlagen (§ 119 I Nr. 6 AktG) geht. Als weitere Grundlagenentscheidungen in diesem Sinne bedürfen der Zustimmung der Hauptversammlung etwa: der Abschluss von Unternehmensverträgen (§§ 291, 292 AktG),[44] die Übertragung des gesamten Vermögens der AG (§ 179a AktG), der Ausschluss von Minderheitsaktionären (§ 327a AktG), die Verschmelzung (§§ 13, 36, 60 ff. UmwG), die Spaltung (§ 125 UmwG) und der Wechsel der AG in eine andere Rechtsform (§§ 193 f., 232 ff. UmwG). Eine wichtige Kompetenz begründet ihr Recht, die Mitglieder des Aufsichtsrats zu bestellen (§ 119 I Nr. 1 AktG), da auf diese Weise – vorbehaltlich mitbestimmungsrechtlicher Regelungen (s. noch Rn. 40 ff.) – letztlich sämtliche Organe der AG durch die Aktionäre als wirtschaftliche Eigentümer legitimiert werden.[45] Darüber hinaus trifft sie einige periodisch wiederkehrende Entscheidungen, wie etwa über die Verwendung des Bilanzgewinns (§ 119 I Nr. 2 AktG) und die Bestellung der Abschlussprüfer (§ 119 I Nr. 4 AktG) sowie über die Entlastung des Vorstands und des Aufsichtsrats, wobei diese letztgenannte Entscheidung nach § 120 II AktG nur die Bedeutung eines Vertrauenserweises hat, also nicht zu einer Haftungsbefreiung dieser Organe führt.[46]

---

[41] BGHZ 170, 60 Rn. 13 = NJW 2007, 298; s. dazu auch *OLG Köln* NZG 2013, 548, 550.

[42] MüKoAktG/*Spindler,* § 118 Rn. 1.

[43] Zur Kritik an dieser Regelungstechnik vgl. MüKoAktG/*Kubis,* § 119 Rn. 10.

[44] Wobei es hier im Einzelfall darauf ankommt, ob die AG herrschendes oder beherrschtes Unternehmen ist – vgl. noch § 38 Rn. 32 ff.

[45] In der Praxis wird dieses Recht allerdings zum Teil dadurch verwässert, dass zumindest in einer Publikumsgesellschaft die Aktionäre kaum dazu in der Lage sind, eigene Kandidaten auszuwählen und durchzusetzen, so dass die Vorschläge zumeist aus der Verwaltung selbst kommen müssen.

[46] BGHZ 29, 385, 390 = NJW 1959, 1082; BGHZ 36, 296, 306 = NJW 1962, 864; BGHZ 94, 324, 327 = NJW 1986, 129; Hüffer/*Koch,* § 120 Rn. 1 ff.

Eine der umstrittensten aktienrechtlichen Fragen der letzten Jahrzehnte lautete, ob neben den enumerativ im Gesetz angeführten Zuständigkeiten auch noch ungeschriebene Kompetenzen der Hauptversammlung anzuerkennen sind. 33

Fall 7: Nach all den unternehmerischen Fehlschlägen der letzten Jahre beschließt der Vorstand der Morpheus AG, zu einem großen mutigen Befreiungsschlag auszuholen und eine weitere Beteiligung an der BioImmunPharma AG zu einem Wert von 90 Mio. EUR zu erwerben. *Will* meint, im Hinblick auf das Grundkapital der AG von 250 Mio. EUR habe diese Maßnahme eine solche Tragweite, dass sie nur mit Zustimmung der Hauptversammlung getroffen werden dürfe. Hat er Recht? 34

Nach § 119 I AktG beschließt die Hauptversammlung in den im Gesetz und in der Satzung ausdrücklich bestimmten Fällen. Ein Beteiligungserwerb ist davon nicht erfasst. Im Jahr 1982 hat der BGH in der berühmten Holzmüller-Entscheidung aber auch eine ungeschriebene Hauptversammlungszuständigkeit anerkannt.[47] In dem zugrunde liegenden Sachverhalt hatte der Vorstand der Holzmüller AG keine Beteiligung erworben, sondern einen zentralen Bestandteil des Unternehmensubstrats, nämlich einen Seehafen, der 80 % der Unternehmensaktiva ausmachte,[48] in eine Tochtergesellschaft ausgegliedert. Dadurch erlitten die Aktionäre zwar keinen Vermögensschaden, konnten über diesen Unternehmensteil der AG aber nicht mehr unmittelbar entscheiden; denn alleiniger Gesellschafter der Tochter war die Holzmüller AG, die durch ihren Vorstand vertreten wurde, der auf diese Weise über Satzungsänderungen, Kapitalerhöhungen o. ä. beschließen konnte (sog. Mediatisierungseffekt).[49] Der BGH entschied, dass eine solche Maßnahme, die einer Satzungsänderung zumindest faktisch nahe steht, nicht ohne die Zustimmung der Hauptversammlung getroffen werden dürfe.[50] Da der BGH aber weder die dogmatische Grundlage dieser Kompetenz benannte noch ihre tatbestandlichen Voraussetzungen präzisierte, löste diese Entscheidung eine heftige Debatte über die Zuständigkeitsabgrenzung innerhalb einer AG aus. Während einige die Mitwirkung der Hauptversammlung grundsätzlich bei allen unternehmerischen Entscheidungen von gesteigerter Bedeutung verlangten, wollten andere diese ungeschriebene Zuständigkeit auf eher extrem gelagerte Sachverhalte in der Nähe der grundlegenden Holzmüller-Entscheidung (also Maßnahme, die etwa 80 % der Unternehmensaktiva betrifft) begrenzen.[51] 35

In der Gelatine-Entscheidung aus dem Jahr 2004 hat sich der BGH schließlich der zuletzt genannten engeren Auffassung angeschlossen.[52] Dabei verweist er insbesondere auf die in Rn. 1 dargestellte Entwicklungsgeschichte des AktG 1937. Der damit vollzogenen Kompetenzverlagerung habe die bewusste Entscheidung zugrunde gelegen, die Hauptversammlung nicht mit Maßnahmen der Geschäftsführung zu befassen. Mehr noch als damals komme es heute in einer global vernetzten Wirtschaftswelt darauf an, sich bietende Chancen umgehend zu nutzen oder aufkommenden Gefahren sogleich zu begegnen. In dieser Situation sei eine zu enge Bindung des Vorstands an jeweils einzuholende Entschließungen der nicht ständig präsenten, sondern in der Regel nur mit erheblichem Aufwand einzuberufenden Hauptver- 36

---

47 Vgl. BGHZ 83, 122 = NJW 1982, 1703; vgl. zu der im Folgenden darzustellenden Entwicklung etwa *Hoffmann-Becking,* ZHR 172 (2008), 231 ff.

48 Hüffer/*Koch,* § 119 Rn. 16.

49 Vgl. dazu etwa *Hoffmann-Becking,* ZHR 172 (2008), 231 ff.; *Hofmeister,* NZG 2008, 47, 49.

50 BGHZ 83, 122, 131 f. = NJW 1982, 1703.

51 Zu dem nicht mehr überschaubaren Streitstand im Vorfeld der Gelatine-Entscheidung vgl. statt vieler *Hüffer,* FS Ulmer, 2003, S. 279 ff.

52 BGHZ 159, 30, 38 ff. = NJW 2004, 1860.

sammlung gänzlich unpraktikabel.[53] Aus diesem Grund wird eine ungeschriebene Zuständigkeit also nur bei einer erheblichen Strukturänderung angenommen, die in ihrer Bedeutung für die Gesellschaft an die Umstände des Holzmüller-Falls (etwa 80 % der Unternehmensaktiva) heranreicht.[54] Als Rechtsgrundlage war in der ursprünglichen Holzmüller-Entscheidung noch § 119 II AktG genannt.[55] Das dort normierte Vorlageermessen reduziere sich in diesen Fällen auf eine Vorlagepflicht. Das hatte gegenüber der anderweitig vorgeschlagenen Gesamtanalogie zu sonstigen gesetzlich geregelten Strukturmaßnahmen[56] den Vorteil, dass die unterlassene Mitwirkung der Hauptversammlung zwar die Befugnis des Vorstands im Innenverhältnis entfallen ließ, seine Zuständigkeit im Außenverhältnis jedoch nicht berührte. Auf der anderen Seite kann der Beschluss nach § 119 II AktG aber mit einer einfachen Mehrheit gefasst werden, was insofern unstimmig erschien, als sonstige Strukturmaßnahmen nur mit einer ¾-Mehrheit beschlossen werden können. In der Gelatine-Entscheidung hat der BGH die praktischen Vorzüge beider Ansätze miteinander verbunden und im Wege der „offenen Rechtsfortbildung" und unter Zurückstellung dogmatischer Bedenken eine Beschlusszuständigkeit mit einer ¾-Mehrheit postuliert, deren Missachtung aber die Vertretungsmacht des Vorstands im Außenverhältnis unberührt lasse.[57]

37 Im Fall 7 plant die Geschäftsleitung zwar eine Investition erheblichen Umfangs, die aber dennoch die Struktur der Morpheus AG nicht in einer solchen Weise verschiebt, dass die Hauptversammlung einzubeziehen wäre. Der Vorstand darf also allein darüber entscheiden.[58]

2. Einberufung und Beschluss

38 Die Hauptversammlung findet mindestens einmal jährlich statt. Das ergibt sich aus § 175 I AktG, der verlangt, dass die Hauptversammlung einmal im Jahr über die Gewinnverwendung zu entscheiden hat (sog. ordentliche Hauptversammlung; ebenso § 120 I AktG für die Entlastungsentscheidung). Sie findet auch weiterhin nicht als virtuelle Hauptversammlung, sondern als Präsenzveranstaltung statt, wenngleich der Gesetzgeber in den letzten Jahren verstärkt die Möglichkeiten einer Online-Teilnahme ausgebaut hat (vgl. § 118 I 2, II, III, IV AktG).[59] Die Einberufung ist sehr detailliert in §§ 121 ff. AktG geregelt.[60] Diese auf den ersten Blick eher technisch anmutenden Formalregelungen haben in den letzten Jahrzehnten einen starken Bedeutungszuwachs erhalten, weil professionelle Kläger (sog. räuberische Aktionäre) auf breiter Front gezielt Formverstöße der Geschäftsleitung im Vorfeld oder während der Hauptversammlung ermitteln oder sogar selbst provozieren. Damit verfolgen sie den Zweck, wichtige Hauptversammlungsbeschlüsse anzufechten und das daraus entstehende Erpressungspotenzial zu ihren eigenen finanziellen Gunsten nutzbar zu machen. Darauf wird unter § 31 Rn. 12 ff. zurückzukommen sein.

---

53 BGHZ 159, 30, 44 = NJW 2004, 1860.

54 BGHZ 159, 30, 45 = NJW 2004, 1860; zu den daraus folgenden qualitativen und quantitativen Voraussetzungen vgl. Hüffer/*Koch*, § 119 Rn. 20 ff.; *Hofmeister*, NZG 2008, 47 ff.

55 BGHZ 83, 122, 131 = NJW 1982, 1703.

56 Vgl. dazu statt vieler etwa GroßkommAktG/*Mülbert*, § 119 Rn. 21 ff.

57 Vgl. dazu BGHZ 159, 30, 42 f., 45 f. = NJW 2004, 1860.

58 S. zur ungeschriebenen Hauptversammlungskompetenz auch die fallstudienmäßige Aufarbeitung von *Schwarz*, Jura 2012, 75 ff.

59 Vgl. zu dieser Entwicklung Hüffer/*Koch*, § 118 Rn. 10 ff.; MüKoAktG/*Kubis*, § 118 Rn. 17; Schmidt/Lutter/*Spindler*, § 118 Rn. 9; *Bosse*, NZG 2009, 807 ff.; *Mimberg*, ZGR 2003, 21 ff.

60 Zu den hier nicht zu vertiefenden Einzelheiten vgl. etwa *Hirte*, KapGesR, Rn. 3.233 ff.; *Mimberg/Gätsch*, Die Hauptversammlung der AG nach dem ARUG, 2010.

39 Auf der Hauptversammlung, die im Regelfall (wenn auch nicht zwingend) vom Vorsitzenden des Aufsichtsrats geleitet wird,[61] hat der Aktionär ein Rede- und Auskunftsrecht, das ebenfalls in § 31 Rn. 8 ff. vertieft dargestellt wird. Die Willensbildung auf der Hauptversammlung vollzieht sich schließlich mittels der Beschlusstechnik. Die Hauptversammlung entscheidet dabei nach § 133 I AktG grundsätzlich mit einfacher Mehrheit; für strukturändernde Beschlüsse (z. B. Satzungsänderungen) ordnet das Gesetz eine qualifizierte ¾-Mehrheit an.[62] Das Stimmrecht wird dabei – anders als bei den Personengesellschaften (§§ 709 II BGB, 119 II HGB) – nicht nach Köpfen, sondern nach der Beteiligungshöhe bemessen (§ 134 I AktG). Eine Stimmvertretung ist unter den Voraussetzungen des § 134 III AktG zulässig. Besondere Kautelen gelten nach § 135 AktG bei der Ausübung des Stimmrechts durch die depotführenden Banken.[63]

IV. Die Mitbestimmung der Arbeitnehmer

Literatur: Vgl. die anschaulichen Darstellungen von *Rittner/Dreher,* Europäisches und deutsches Wirtschaftsrecht, 3. Aufl., 2007, § 10 m. w. Nachw. in Fn. 1 und *K. Schmidt,* § 16 IV; ferner *Adams,* Das Ende der Mitbestimmung, ZIP 2006, 1561.

40 Eine bedeutsame Eigenheit der Organisationsstruktur deutscher Aktiengesellschaften ist ihre Beeinflussung durch die Regeln der unternehmerischen Mitbestimmung.[64] Die unternehmerische Mitbestimmung ist abzugrenzen von der betrieblichen Mitbestimmung. Diese soll den Arbeitnehmer in seiner arbeitsrechtlichen und sozialen Stellung schützen. Sie ist im Betriebsverfassungsgesetz geregelt und erfolgt durch den Betriebsrat (vgl. insbesondere §§ 87 ff., 92 ff. BetrVG). Die Unternehmensmitbestimmung will dagegen der Arbeitnehmerseite Einfluss auf die Leitung des Unternehmens verschaffen und setzt deshalb bei den Organen der Gesellschaft an.[65] In Deutschland ist insbesondere der Aufsichtsrat der Sitz der Mitbestimmung, dessen Funktion als Aktionärsausschuss und Überwachungsorgan dadurch nicht unerheblich geschwächt wird (s. dazu oben Rn. 24 ff.). Im Einzelnen sind drei Varianten der Mitbestimmung zu unterscheiden.

41 Für die Unternehmen der Montanindustrie (insb. Kohle, Eisen und Stahl) gelten das Montan-Mitbestimmungsgesetz vom 21. Mai 1951 sowie das Mitbestimmungsergänzungsgesetz („Holdinggesetz“) vom 7. August 1956. Die Zahl der von dieser Mitbestimmungsform erfassten Unternehmen ist aufgrund des Strukturwandels nur noch gering. Greift die Montanmitbestimmung ein, so ist der Aufsichtsrat zu gleichen Teilen mit Vertretern der Anteilseigner und der Arbeitnehmer besetzt (§ 4 Montan-MitbestG). Hinzu treten weitere Mitglieder (drei oder fünf). Auf eines dieser Mitglieder (den 11., 15. oder 21. Mann) müssen sich die Vertreter beider Seiten einigen (§ 8 Montan-MitbestG). Von ihm wird deshalb angenommen, dass er neutral ist, so dass eine echte paritätische Besetzung vorliegt. Für den Vorstand schreibt § 13 Montan-MitbestG einen Arbeitsdirektor als gleichberechtigtes Mitglied vor, der nicht gegen die Stimmen der Mehrheit der Arbeitnehmervertreter im Aufsichtsrat bestellt werden kann. Diese Form der Mitbestimmung erfasst Unternehmen in der

---

[61] Vgl. dazu *Hirte,* KapGesR, Rn. 3.245.
[62] Vgl. dazu Hüffer/*Koch,* § 133 Rn. 11 ff.
[63] Vgl. dazu etwa *Baums,* ZHR 171 (2007), 599 ff.; *Grundmann,* BKR 2009, 31 ff.; *J. Schmidt,* WM 2009, 2350 ff.
[64] Zur europäischen Sonderstellung der weitgehenden deutschen Mitbestimmungsregeln vgl. etwa *Rittner/Dreher,* Europäisches und deutsches Wirtschaftsrecht, 3. Aufl., 2007, § 10 Rn. 56.
[65] *Kübler/Assmann,* § 33; *Saenger,* Rn. 1057 ff.; *K. Schmidt,* § 16 IV.

Form der AG und der GmbH, sofern sie in der Regel mehr als 1000 Arbeitnehmer beschäftigen. Das Holdinggesetz dehnt die Montanmitbestimmung auf solche Gesellschaften aus, die nach ihrem eigenen Betriebszweck nicht unter die Mitbestimmung fallen würden, die aber Montanunternehmen beherrschen. Vorausgesetzt ist, dass der Unternehmenszweck des Konzerns durch die Montanunternehmen gekennzeichnet wird (vgl. §§ 1, 3 MitbestErG).[66]

42 Das Mitbestimmungsgesetz vom 4. Mai 1976[67] erfasst solche Unternehmen außerhalb des Montanbereichs, die in der Regel mehr als 2.000 Arbeitnehmer beschäftigen und in der Rechtsform einer AG, einer KGaA, einer GmbH oder einer Genossenschaft betrieben werden (§ 1 MitbestG). Die typische GmbH & Co. KG wird, obwohl Personengesellschaft, ebenfalls der Mitbestimmung unterworfen (§ 4 MitbestG). Das wesentliche Instrument der Mitbestimmung ist auch hier der Aufsichtsrat, der zu gleichen Teilen mit Vertretern der Anteilseigner und der Arbeitnehmer besetzt wird (§ 7 MitbestG). Anders als in der Montanmitbestimmung sollen mögliche Pattsituationen nicht durch ein zusätzliches neutrales Aufsichtsratsmitglied, sondern durch den Aufsichtsratsvorsitzenden aufgelöst werden. Er bedarf zu seiner Wahl nach dem gesetzlichen Regelfall einer Mehrheit von zwei Dritteln der Aufsichtsratsmitglieder (§ 27 I MitbestG; vgl. aber auch § 27 II MitbestG) und hat zwei Stimmen, wenn sich bei der Abstimmung und bei einer erneuten Abstimmung Stimmengleichstand ergibt (§ 29 II MitbestG). Auf diese Weise behält die Kapitalseite im Konfliktfall die Möglichkeit, ihre Vorstellungen durchzusetzen (daher auch: hinkende Parität), was unter verfassungsrechtlichen Gesichtspunkten im Lichte des Art. 14 GG erforderlich war.[68] In der Praxis wird von dieser Möglichkeit aber nur selten Gebrauch gemacht, um den Betriebsfrieden nicht zu gefährden.[69] Für den Vorstand schreibt § 33 MitbestG einen Arbeitsdirektor als gleichberechtigtes Mitglied vor, ohne jedoch einen § 13 I 2 Montan-MitbestG vergleichbaren besonderen Wahlmodus vorzusehen.

43 In einer dritten Variante findet Mitbestimmung in solchen Unternehmen statt, die weder der Montanmitbestimmung unterworfen sind noch in der Regel mehr als 2.000 Arbeitnehmer beschäftigen (vgl. § 1 III MitbestG). Insoweit gilt das Drittelbeteiligungsgesetz. Der Aufsichtsrat solcher Gesellschaften muss zu einem Drittel aus Vertretern der Arbeitnehmer bestehen (§ 4 I DrittelbG). Ausgenommen von der Mitbestimmung ist die AG im Wesentlichen nur dann, wenn sie weniger als 500 Arbeitnehmer beschäftigt. Darüber hinaus gilt dieses Gesetz auch für AGs, die vor dem 10. August 1994 in das Handelsregister eingetragen waren und keine Familiengesellschaften sind.[70]

44 Die Regelung der Unternehmensmitbestimmung betrifft die Organe der Gesellschaften und greift damit in einen Kernbereich des Gesellschaftsrechts, besonders des Aktienrechts, ein. So wird die Zahl der Aufsichtsratsmitglieder von den Mitbestimmungsgesetzen festgelegt, nach dem Gesetz von 1976 die Stellung des Aufsichtsratsvorsitzenden neu bewertet und auf diese Weise der GmbH der gesellschaftsrechtlich

---

[66] Die sich daraus ergebende Differenzierung zwischen Konzernobergesellschaften mit Montan-Bezug und solchen ohne Montan-Bezug ist mit Art. 3 I GG aber nur zum Teil vereinbar, so dass das *BVerfG* das HoldingG teilweise für verfassungswidrig erklärt hat (BVerfGE 99, 367 ff. = NJW 1999, 1535).

[67] Vgl. zu seiner Verfassungsmäßigkeit BVerfGE 50, 290 = NJW 1979, 699.

[68] Vgl. dazu BVerfGE 50, 290, 351 f. = NJW 1979, 699.

[69] *Hirte,* KapGesR, Rn. 3.161; *Saenger,* Rn. 1064.

[70] Vgl. zur Verfassungsmäßigkeit dieser Regelung *BVerfG* ZIP 2014, 464; s. zu dieser Ausnahme auch *Kindler,* NJW 1994, 3041, 3045 f.

nur fakultative Aufsichtsrat (§ 52 I GmbHG) zwingend vorgeschrieben. Wichtiger ist, dass die gruppenparitätische Zusammensetzung des Aufsichtsrats auf das Zusammenwirken der Gesellschaftsorgane nicht ohne Einfluss bleiben kann. Schon die dadurch bedingte Größe des Aufsichtsrats wirkt sich auf die Effizienz seiner Arbeit kaum förderlich aus. Hinzu kommt, dass die Besetzung mit zwei unterschiedlichen Gruppen, die zumindest in bestimmten Situationen (etwa im Falle einer drohenden Übernahme) geradezu gegensätzliche Interessen verfolgen, seine Überwachungsfunktion noch weiterhin schwächt.

V. Zusammenfassung

Organe der AG sind der Vorstand, der Aufsichtsrat und die Hauptversammlung. 45
Der Vorstand leitet die AG in eigener Verantwortung (§ 76 I AktG), ihm obliegen die Geschäftsführung und die Vertretung (§§ 77, 78 AktG). Im Rahmen seiner Zuständigkeiten ist der Vorstand gegenüber anderen Gesellschaftsorganen unabhängig. Die gesetzliche Kompetenzverteilung kann auch durch die Satzung nicht geändert werden (§ 23 V AktG). Die Mitglieder des Vorstands werden von dem Aufsichtsrat auf längstens fünf Jahre bestellt (§ 84 I AktG). Die Bestellung ist einseitiges korporationsrechtliches Rechtsgeschäft, das dem Bestellten die Organstellung in der AG verschafft. Die dienstvertraglichen Beziehungen des Vorstandsmitglieds zu der AG regelt der Anstellungsvertrag (§§ 611, 675 BGB). Auch beim Abschluss dieses Vertrags wird die AG von dem Aufsichtsrat vertreten (§ 112 AktG). Die Haftung des Vorstands ist in § 93 II AktG als Innenhaftung ausgestaltet worden. Das Haftungsrisiko wird durch den in § 93 I 2 AktG vorgesehenen Entscheidungsspielraum (sog. Business Judgment Rule) gemindert. Neben der Bestellung der Vorstandsmitglieder (§ 84 I AktG) und der Vertretung der AG ihnen gegenüber (§ 112 AktG) ist es die wesentliche Aufgabe des Aufsichtsrats, die Geschäftsführung des Vorstands zu überwachen (§ 111 AktG); zu diesem Zweck hat er Zustimmungsvorbehalte nach § 111 IV AktG einzuführen. Um Interessenkonflikte und unlautere Einflussnahmen zu vermeiden, bestimmt der Vorstand nicht über die Vergütung der Aufsichtsratsmitglieder (§ 113 AktG). Ein Vertragsschluss mit ihnen ist zwar möglich, bedarf zu seiner Wirksamkeit aber der Zustimmung des gesamten Aufsichtsrats nach § 114 AktG. Die Mitglieder des Aufsichtsrats werden grundsätzlich und vorbehaltlich mitbestimmungsrechtlicher Sondervorschriften von der Hauptversammlung gewählt (§ 101 AktG) und abberufen (§ 103 AktG).

Die Hauptversammlung ist das Forum, das den Aktionären zur Ausübung ihrer Ver- 46
waltungsrechte dient (§ 118 I AktG). Die Kompetenzen der Hauptversammlung gegenüber den anderen Gesellschaftsorganen ergeben sich aus § 119 AktG; über Fragen der Geschäftsführung kann sie nur entscheiden, wenn der Vorstand es verlangt (§ 119 II AktG). Ungeschriebene Hauptversammlungszuständigkeiten werden nur in seltenen Ausnahmefällen anerkannt, wenn der Vorstand eine erhebliche Strukturänderung vornehmen will. Wichtige Aufgaben hat die Hauptversammlung, wenn es um die Satzung der AG oder um ihre Kapitalgrundlagen geht (§ 119 I Nr. 5, 6 AktG) oder wenn das rechtliche oder wirtschaftliche Schicksal der AG insgesamt in Frage steht, z. B. beim Abschluss von Unternehmensverträgen (§ 293 I und II AktG). Die Zusammensetzung des Aufsichtsrats und teilweise auch des Vorstands ist das Instrument der Unternehmensmitbestimmung. Für die Unternehmen der Montanindustrie gilt auch nach dem Inkrafttreten des Mitbestimmungsgesetzes vom 4. Mai 1976 die bisherige Regelung (Montan-Mitbestimmungsgesetz 1951 und Mitbestimmungsergänzungsgesetz 1956) weiter. Danach besteht der Aufsichtsrat zu gleichen Teilen aus Vertretern der Anteilseigner und der Arbeitnehmer sowie aus weiteren Mitglie-

dern, von denen eines neutral sein soll; Mitglied des Vorstands ist ein Arbeitsdirektor. Diese Lösung hat das Gesetz von 1976 für Unternehmen mit mehr als 2.000 Arbeitnehmern mit der Abweichung übernommen, dass das zusätzliche neutrale Mitglied fehlt. Stimmengleichstand soll durch eine zusätzliche Stimme des Aufsichtsratsvorsitzenden überwunden werden. Für kleinere Unternehmen (mit weniger als 2.000 Arbeitnehmern) außerhalb des Montanbereichs gelten die Vorschriften des Drittelbeteiligungsgesetzes, die ein Drittel Arbeitnehmervertreter im Aufsichtsrat vorsehen.

§ 31. Die Mitgliedschaft des Aktionärs

Literatur: *Eder,* Die rechtsgeschäftliche Übertragung von Aktien, NZG 2004, 107; *Florstedt,* Die Reform des Beschlussmängelrechts durch das ARUG, AG 2009, 465; *Habersack/Meyer,* Globalverbriefte Aktien als Gegenstand sachenrechtlicher Verfügungen?, WM 2000, 1678; *Habersack/Stilz,* Zur Reform des Beschlussmängelrechts – Bestandsaufnahme nach ARUG und Perspektiven, ZGR 2010, 710; *R. Koch/Wackerbeck,* Der Schutz vor räuberischen Aktionären durch die Neuregelungen des ARUG, ZIP 2009, 1603; *Mülbert,* Die Aktie zwischen mitgliedschafts- und wertpapierrechtlichen Vorstellungen, FS Nobbe, 2009, S. 691; *Poelzig,* § 826 BGB als Instrument gegen „räuberische Aktionäre", DStR 2009, 1151; *Poelzig/Meixner,* Die Bekämpfung missbräuchlicher Anfechtungsklagen gegen börsennotierte Gesellschaften, AG 2008, 196; *Seibert,* Der Ausschluß des Verbriefungsanspruchs des Aktionärs in Gesetzgebung und Praxis, DB 1999, 267; *Seibert,* Berufsopponenten – Anfechtungsklage – Freigabeverfahren – Haftungsklage: Das UMAG, eine Rechtsfolgenanalyse, NZG 2007, 841; *Staake,* Das Recht der Aktie, JA 2004, 247. Übungsfall zur Anfechtungsklage: *J. Koch/Klein,* Aktienrechtliche Anfechtungsklage und Folgen unzureichender Ad-hoc-Publizität, Jura 2010, 875. Vgl. auch die Angaben zu § 30.

I. Die Verbriefung der Mitgliedschaft in der Aktie

1 **Fall 1:** *Conradi* hat über einen Online-Broker Aktien des Finanzdienstleisters Millenium AG erworben. Er fragt, ob er tatsächlich Mitglied geworden ist, da er bis heute noch keine Aktienurkunde erhalten habe. Darüber hinaus möchte er wissen, wie er anhand seiner Aktien ihren Wert ermitteln kann.

2 Die Mitgliedschaft an einer AG kann originär durch Übernahme von Aktien bei der Gründung (§§ 2, 29 AktG) oder durch Zeichnung von jungen Aktien bei einer Kapitalerhöhung begründet werden. Daneben ist auch ein abgeleiteter Erwerb durch Einzelrechtsnachfolge möglich. Der Gesetzgeber war bestrebt, diesen abgeleiteten Erwerb so leicht wie möglich zu gestalten, da Anleger nur dann für die volkswirtschaftlich erwünschte Investition in Aktiengesellschaften zu gewinnen sind, wenn sie die Möglichkeit einer schnellen Investition und Desinvestition haben (sog. Umlauffähigkeit). Diesem Zweck dient die Verbriefung von Aktien. Sie soll eine Übertragung nach sachenrechtlichen Grundsätzen ermöglichen und damit insbesondere auch die Möglichkeit eines gutgläubigen Erwerbs (§§ 932 ff. BGB) eröffnen, die hier noch dadurch erleichtert wird, dass nach § 935 II BGB bei Inhaberpapieren selbst ein Abhandenkommen des Papiers einen solchen Erwerb nicht hindert.[1] In der Praxis sind diese sachenrechtlichen Regeln über die Jahre hinweg stark modifiziert und überdies durch depotrechtliche Regeln überlagert worden.[2] Insbesondere hat der Aktionär nach § 10 V AktG nicht mehr wie früher einen unabdingbaren Anspruch auf eine Einzelverbriefung, sondern die Satzung kann die Ausstellung einer

---

[1] Vgl. zu den Einzelheiten auch *Saenger,* Rn. 549.

[2] Zu den depotrechtlichen Regelungen vgl. etwa Ebenroth/Boujong/Joost/Strohn/*Scherer,* Band II, BankR VI – Depotgesetz; Marsch-Barner/Schäfer/*Gätsch,* Handbuch börsennotierte AG, 3. Aufl., 2014, § 5 Rn. 78 ff.

Globalurkunde gestatten, die sodann in der Regel bei der Clearstream Banking AG in Frankfurt am Main hinterlegt wird.[3] In der Praxis ist dies heute der Regelfall. An dieser Globalaktie wird dem Aktionär ein Miteigentumsanteil eingeräumt, so dass das sachenrechtliche Ausgangskonzept auch heute im Prinzip noch eingehalten wird. Es prägt weiterhin die gesetzliche Terminologie, auch wenn sich die Rechtswirklichkeit deutlich davon entfernt hat.

Hinsichtlich der Ausgestaltung sind Nennbetrags- und Stückaktien einerseits, Inhaber- und Namensaktien andererseits zu unterscheiden. Die Differenzierung zwischen Nennbetrags- und Stückaktien (§ 8 AktG) bezieht sich auf die Frage, wie die Höhe der Beteiligung in der Aktie zum Ausdruck kommt. Die auf den ersten Blick naheliegende Gestaltung als Quotenaktie verbietet sich deshalb, weil sich die quotale Beteiligung im Falle einer Kapitalerhöhung verschieben kann (s. dazu noch § 32 Rn. 13 ff.). Bei der stattdessen gewählten Form der Nennbetragsaktie erfolgt eine konkrete Bezifferung, deren nominelle Höhe aus sich selbst heraus zunächst keinerlei Aussagekraft hinsichtlich des Wertes der Aktie hat. Diese Aussagekraft ergibt sich erst im Zusammenspiel mit dem satzungsmäßig festgelegten Grundkapital. Aus dem Verhältnis von Grundkapital und Nennbetrag folgt, in welcher quotalen Höhe der Aktionär an der Gesellschaft beteiligt ist. Diese Quote ist sodann nicht nur für die Wertfeststellung, sondern auch für die Festlegung der Stimmrechtshöhe von Bedeutung (s. noch Rn. 6). Die Nennbetragsaktie war früher der Regelfall, doch erwies sich ihre Behandlung im Zuge der Euro-Umstellung als schwierig.[4] Deshalb hat der Gesetzgeber ihr die Stückaktie zur Seite gestellt, bei der sich die Beteiligungsquote aus dem Verhältnis der vom Aktionär gehaltenen Stückzahl zu der Gesamtzahl der ausgegebenen Aktien ergibt. Wie die Höhe des Grundkapitals kann auch diese Gesamtzahl der Satzung entnommen werden (vgl. § 23 III Nr. 3 und 4 AktG). 3

Die Differenzierung zwischen Inhaber- und Namensaktien (§ 10 I AktG) bezieht sich auf die Frage, wie der Berechtigte in der Aktie ausgewiesen ist, wobei das Gesetz auch hier noch von dem veralteten Modell der Einzelverbriefung ausgeht. Danach wird bei Inhaberaktien der jeweilige Inhaber als Berechtigter ausgewiesen, bei Namensaktien wird der erste Inhaber namentlich benannt. Nach allgemeinen wertpapierrechtlichen Grundsätzen kann die Inhaberaktie sodann durch sachenrechtliche Übertragung, die Namensaktie durch das sog. Indossament (vgl. § 68 I AktG) übertragen werden.[5] In der durch die Globalurkunde geprägten Praxis, die hier nicht ausführlich dargestellt werden kann, wird auch dieses gesetzliche Grundmodell durch abweichende Gestaltungen weitgehend überlagert. Die Legitimation des Aktionärs ergibt sich nicht aus einer verbrieften Aktie, sondern wird über die depotführende Bank nachgewiesen.[6] Bei der Namensaktie muss die Identität des Aktionärs zudem in ein bei der AG geführtes Aktienregister eingetragen werden, was für die AG den Vorteil hat, dass ihr die Kommunikation mit ihren Aktionären (sog. Investor Relations) erleichtert wird.[7] 4

---

[3] Vgl. zu dieser Entwicklung Hüffer/*Koch*, § 10 Rn. 3, 12 ff.; *Seibert*, DB 1999, 267 ff.

[4] Vgl. zu dieser Entwicklung etwa Hüffer/*Koch*, § 8 Rn. 1 ff.

[5] Zu diesem Zusammenspiel mit allgemeinen wertpapierrechtlichen Grundsätzen vgl. Hüffer/*Koch*, § 8 Rn. 4; § 68 Rn. 2 ff.; Marsch-Barner/Schäfer/*Gätsch*, Handbuch börsennotierte AG, 3. Aufl., 2014, § 5 Rn. 12 ff. Unter einem Indossament versteht man eine besondere Form der wertpapierrechtlichen Übertragung, bei der der Veräußerer eines Orderpapiers durch eine schriftliche Übertragungserklärung auf dem Rücken (ital.: in dosso) des Papiers die Übertragung anordnet; vgl. MüKoHGB/*Langenbucher*, § 364 Rn. 2 ff.

[6] Vgl. dazu Hüffer/*Koch*, § 123 Rn. 5.

4a Im Fall 1 ist *Conradi* also auch ohne Ausstellung einer Einzelurkunde Aktionär geworden. Bei einer börsennotierten Aktie kann der Marktwert über den Börsenkurs ermittelt werden. Ansonsten kann der Gesellschafter der Aktie im Zusammenspiel mit der Satzung nur seine persönliche Beteiligungsquote entnehmen und muss mithilfe der Regelpublizität (Bilanz, Gewinn- und Verlustrechnung, Lagebericht, vgl. §§ 242 ff., 264 ff. HGB) selbst versuchen, den Wert der AG einzuschätzen und daraus den Wert seiner Beteiligung abzuleiten.

II. Die Einzelrechte aus der Mitgliedschaft

1. Verwaltungsrechte

a) Teilnahme-, Stimm- und Auskunftsrecht

5 **Fall 2:** In der Hauptversammlung der Millenium AG begehrt *Conradi* zum Tagesordnungspunkt „Verwendung des Bilanzgewinns" Auskunft über den Wert des im Eigentum der AG befindlichen Verwaltungsgrundstücks in der Münchener Innenstadt. Der Vorstand verweigert die Auskunft mit dem Hinweis, dieser Wert könne der Bilanz entnommen werden. *Conradi* entgegnet, dass der mittlerweile 30 Jahre alte Bilanzansatz aufgrund der Entwicklung des Immobilienmarktes heute kaum noch als realistisch eingeschätzt werden könne. Als der Vorstand trotzdem die Auskunft verweigert, beginnt *Conradi,* ihn laut zu beschimpfen, wodurch im Saal eine so erhebliche Unruhe entsteht, dass die Tagesordnung nicht weiter behandelt werden kann. Der Aufsichtsratsvorsitzende als Versammlungsleiter schließt *Conradi* daraufhin nach mehrfacher fruchtloser Ermahnung von der weiteren Teilnahme aus. *Conradi* fragt nun, ob die in seiner Abwesenheit gefassten Hauptversammlungsbeschlüsse nichtig oder wenigstens anfechtbar seien.

6 Nichtigkeit oder Anfechtbarkeit (s. noch Rn. 12 ff.) kann nur angenommen werden, wenn die Rechte des Aktionärs tatsächlich verletzt sind. Ebenso wie bei den Personengesellschaften ergeben sich auch aus der Mitgliedschaft in einer AG Verwaltungs- und Vermögensrechte des Gesellschafters. Seine Pflichtenposition ist hingegen nur sehr schwach ausgestaltet, da eine persönliche Einbindung dem anonymen Charakter der AG und den damit verfolgten Zielen (§ 29 Rn. 1 ff.) widersprechen würde. Das wichtigste Verwaltungsrecht des Aktionärs ist es, in der Hauptversammlung seine Stimme abzugeben und dadurch innerhalb der Kompetenzen dieses Organs Einfluss zu nehmen (§§ 12, 134 AktG). Jede Aktie gewährt grundsätzlich das Stimmrecht, und zwar bei Nennbetragsaktien entsprechend ihrem Nennbetrag, bei Stückaktien nach deren Zahl (§§ 12 I 1, 134 I 1 AktG). Ausnahmen bilden stimmrechtslose Vorzugsaktien, bei denen der Aktionär zugunsten einer verbesserten Dividendenberechtigung auf sein Stimmrecht verzichtet (§§ 12 I 2, 139 ff. AktG).[8] Das Stimmrecht kann der Aktionär durch Dritte ausüben lassen. Das Gesetz stellt dafür drei Formen zur Verfügung: Die Ausübung durch einen Bevollmächtigten (§ 134 III AktG),[9] die Ermächtigung zur Ausübung des Stimmrechts für fremde Aktien im eigenen Namen (§ 129 III AktG) und die Ausübung des Stimmrechts im Namen dessen, den es angeht, durch Kreditinstitute und z. B. Aktionärsvereinigungen (§ 135 AktG).[10]

---

[7] Vgl. etwa *Maul,* NZG 2001, 585 ff.; *Noack,* ZIP 1999, 1993 ff.; *ders.,* FS Bezzenberger, 2000, S. 291 ff.; *Seibert,* FS Peltzer, 2001, S. 469, 470 ff.

[8] Vgl. dazu etwa Hüffer/*Koch,* § 139 Rn. 1 ff.

[9] Bevollmächtigter in diesem Sinne kann nach § 134 III 5 AktG auch ein von der Gesellschaft benannter Stimmrechtsvertreter sein (vgl. dazu Hüffer/*Koch,* § 134 Rn. 26 ff.; *Hüther,* AG 2001, 68 ff.; *Noack,* ZIP 2001, 57 ff.).

[10] Zur fortdauernden rechtspolitischen Diskussion um das Depotstimmrecht der Banken vgl. *Baums,* ZHR 171 (2007), 599 ff.; *J. Schmidt,* WM 2009, 2350 ff.

Aus diesem Stimmrecht ergibt sich zugleich notwendigerweise als zweites Verwaltungsrecht des Aktionärs das Recht auf Teilnahme an der Hauptversammlung, da er nach § 118 I AktG nur hier seine Aktionärsrechte ausüben darf. Als impliziter Bestandteil des Teilnahmerechts steht dem Aktionär auch ein Rederecht zu, was sich dem Gesetzestext allerdings nur mittelbar aus § 131 II 2 AktG entnehmen lässt. 7

Als weiteres Verwaltungsrecht des Aktionärs tritt das Auskunftsrecht hinzu (§§ 131, 132 AktG). Das Auskunftsrecht soll dem Aktionär diejenigen Informationen verschaffen, die er für eine sachgerechte Ausübung seines Stimmrechts benötigt. Anders als in anderen Gesellschaftsformen kann dem Aktionär kein umfassendes Auskunfts- und Einsichtsrecht (vgl. etwa § 716 BGB, § 118 HGB, § 51a GmbHG) gewährt werden, da die leichte Erwerbsmöglichkeit es anderenfalls auch Wettbewerbern ermöglichen würde, sich Einblick in Geschäftsinterna zu verschaffen. Überdies wäre ein solches Recht auch im Hinblick auf die zum Teil hohe Zahl von Aktionären kaum praktikabel. Das Auskunftsrecht ist daher stark eingeschränkt. Es kann nach § 131 AktG nur auf der Hauptversammlung und nur insoweit ausgeübt werden, als es zur sachgemäßen Beurteilung des Gegenstands der Tagesordnung erforderlich ist (§ 131 I 1 AktG). Darüber hinaus steht dem Vorstand unter den Voraussetzungen des § 131 III AktG auch ein Auskunftsverweigerungsrecht zu, wenn die Interessen der AG das Auskunftsinteresse des Aktionärs überwiegen. [11] Eine Kompensation zu diesen Einschränkungen bietet die Pflicht der AG zu einer weitgehenden Regelpublizität (Bilanz, Gewinn- und Verlustrechnung, Lagebericht – vgl. §§ 242 ff., 264 ff. HGB). 8

Wird die Auskunft zu Unrecht verweigert, so kann dieses Aktionärsrecht im Auskunftserzwingungsverfahren nach § 132 AktG durchgesetzt werden. Dabei kann der Richter, die Verweigerungsentscheidung des Vorstands in vollem Umfang nachprüfen. Darüber hinaus kann eine zu Unrecht verweigerte Auskunft auch eine Anfechtungsklage nach § 243 AktG begründen (s. noch Rn. 13 ff.), und zwar nach ganz herrschender Ansicht ohne vorgängiges Erzwingungsverfahren nach § 132 AktG.[12] 9

Im Fall 2 wurde *Conradi* die Auskunft zu Recht verweigert. Es handelt sich hier um sog. stille Reserven, die der Vorstand nach § 131 III Nr. 3 AktG nicht offenzulegen hat. Diese Regelung ist rechtspolitisch zweifelhaft, da sie es dem Aktionär erschwert, sich über den tatsächlichen Wert seiner Beteiligung zu informieren. Dennoch hat das BVerfG die Regelung als verfassungsmäßige Inhalts- und Schrankenbestimmung anerkannt, da die Bildung solcher Reserven dem anerkennenswerten Zweck diene, als Bewertungsreserve das Unternehmen vor allgemeinen wirtschaftlichen Risiken zu schützen, für die sonst bilanziell keine Vorsorge getroffen werden kann.[13] *Conradis* Auskunftsrecht wurde demnach nicht verletzt. 10

Zu überprüfen bleibt die Zulässigkeit des Saalverweises. Das Recht auf eigene Teilnahme an der Hauptversammlung und auf Abgabe der Stimme kann dem Aktionär grundsätzlich nicht entzogen werden. Fraglich kann nur sein, ob ihm die Ausübung dieser Rechte versagt werden darf, wenn er den sachgerechten Ablauf der Haupt- 11

---

[11] Zu den inhaltlichen Anforderungen an das Auskunfts- sowie an das Auskunftsverweigerungsrecht vgl. *BGH* NJW 2014, 541 Rn. 20; *BGH* NZG 2014, 423 Rn. 25 ff.; *Lieder,* NZG 2014, 601, 602 ff.; vgl. zur richtlinienkonformen Ausgestaltung des Tatbestandsmerkmals „Erforderlichkeit“ *BGH* NJW 2014, 541 Rn. 21 ff.; *OLG Frankfurt a. M.* ZIP 2012, 2501, 2503; *Kersting,* FS Hoffmann-Becking, 2013, S. 651 ff.; *Kubis,* ZGR 2014, 608 ff.

[12] BGHZ 86, 1, 3 ff. = NJW 1983, 878; *BGH* NJW 1988, 1090 f.; *OLG Hamburg* GmbHR 1987, 480, 481; *KG* AG 2001, 355, 356; Hüffer/*Koch,* § 132 Rn. 2 m. w. Nachw.; a. A. vor allem *Werner,* FS Heinsius, 1991, S. 911, 918 ff.

[13] Vgl. dazu *BVerfG* NJW 2000, 129, 130; krit. *Kaserer,* ZIP 1999, 2085 ff.

versammlung nachhaltig stört. Diese Frage ist zu bejahen, weil die Rechtsausübung des einzelnen Aktionärs ihre Grenze findet, wenn durch ihn das Recht der gesamten Hauptversammlung auf ordnungsgemäße Behandlung der Gesellschaftsangelegenheiten verletzt wird.[14] Den sachgemäßen Ablauf der Hauptversammlung sicherzustellen, ist Aufgabe des Versammlungsleiters; ihm steht deshalb auch das Recht zu, einen Aktionär von der weiteren Teilnahme auszuschließen.[15] Übertriebene Empfindlichkeit gegenüber kritischen Äußerungen ist allerdings fehl am Platz. Überdies ist Voraussetzung eines Saalverweises stets, dass die Störung durch Einsatz milderer Mittel (z. B. Abmahnung, Beschränkung der Redezeit im Einzelfall, Wortentzug) nicht behoben werden kann.[16] Auch *Conradis* Teilnahme- und Stimmrecht wurden deshalb nicht verletzt. Er kann folglich nicht im Klagewege (s. noch Rn. 12 ff.) gegen die auf der Hauptversammlung gefassten Beschlüsse vorgehen.

b) Beschlussmängelrecht

aa) Nichtigkeits- und Anfechtungsklage

12 Als letztes Verwaltungsrecht des Aktionärs ist schließlich sein Recht zu nennen, rechtswidrige Hauptversammlungsbeschlüsse im Klagewege anzufechten. Die Ausgestaltung dieses Anfechtungsrechts bildet einen der schwierigsten Streitpunkte in der aktienrechtlichen Diskussion der letzten Jahrzehnte.[17] Diese Diskussion findet ihren Ausgangspunkt in der mittlerweile seit langem verbreiteten Praxis sog. räuberischer Aktionäre, das Anfechtungsrecht missbräuchlich auszuüben. Dazu wird der Umstand nutzbar gemacht, dass eine Anfechtungsklage den Vollzug strukturverändernder Maßnahmen über einen längeren Zeitraum hinweg blockieren kann (s. dazu noch Rn. 18 ff.). Da Hauptversammlungsbeschlüsse oftmals Sachverhalte von erheblicher finanzieller Bedeutung betreffen, erwächst daraus ein Erpressungspotential (der sog. Lästigkeitswert), das die Aktionäre nutzen, um sich dadurch finanzielle Vorteile zu verschaffen. Obwohl Gesetzgeber, Rechtsprechung und Schrifttum mittlerweile seit mehreren Jahrzehnten versuchen, diesem Missbrauch Einhalt zu gebieten, ist eine zufriedenstellende Lösung bis heute nicht gefunden worden.[18]

13 **Fall 3:** Im nächsten Jahr hat sich *Conradi* besser auf die Hauptversammlung vorbereitet. Zu dem Beschluss über die Fusion mit der Go Finance 24 AG hat er einen Katalog von 50 Fragen ausgearbeitet, die er dem Vorstand stellen will. Als er unter anderem auch Auskunft über den Feuerversicherungswert eines Grundstücks der Go Finance 24 AG begehrt, erklärt der Vorstand, er könne nicht erkennen, wofür diese Information von Belang sein solle, und verweigert die Auskunft. *Conradi* erhebt eine Beschlussmängelklage, woraufhin der Registerrichter erklärt, er werde die Verschmelzung nicht eintragen, solange nicht über diese Anfechtungsklage entschieden sei. Kann der Vorstand der Millenium AG, der eine solche Verzögerung schon aus steuerlichen Gründen auf keinen Fall hinnehmen will, die Eintragung doch noch zeitnah herbeiführen?

14 Jeder Aktionär hat ungeachtet der Höhe seiner Beteiligung das Recht, Hauptversammlungsbeschlüsse gerichtlich zu beanstanden, wenn sie unter einem Gültigkeitsmangel leiden. Für die Auswirkungen von Gültigkeitsmängeln auf den Bestand von

---

[14] BGHZ 44, 245 ff. = NJW 1966, 43; vgl. dazu und zum Folgenden auch *Max,* AG 1991, 77 ff.; *Quack,* AG 1985, 145 ff.; *Siepelt,* AG 1995, 254 ff.; *Wicke,* NZG 2007, 771, 773 f.

[15] BGHZ 44, 245, 251. = NJW 1966, 43; vgl. dazu auch Hüffer/*Koch,* § 129 Rn. 22, 31 m. w. Nachw.; *Wicke,* NZG 2007, 771, 773 f.

[16] *LG Frankfurt a. M.* AG 1984, 192; *LG Stuttgart* AG 1994, 425, 426 f.; Hüffer/*Koch,* § 129 Rn. 31 f.; *Butzke,* Die Hauptversammlung der Aktiengesellschaft, 5. Aufl., 2011, Rn. D 71 ff.

[17] Überblick bei Hüffer/*Koch,* § 245 Rn. 22 ff.

[18] Vgl. dazu die Bestandsaufnahme von *Florstedt,* AG 2009, 465 ff.

Hauptversammlungsbeschlüssen enthalten die §§ 241 ff. AktG eine besondere Regelung, nach der zwischen der Nichtigkeit und der Anfechtbarkeit des Beschlusses zu unterscheiden ist. Von vornherein nichtig ist ein Hauptversammlungsbeschluss im Interesse der Rechtssicherheit nur ausnahmsweise in den vom Gesetz abschließend genannten Fällen. Die für alle Beschlüsse geltenden Nichtigkeitsgründe sind in § 241 AktG zusammengefasst;[19] ein mit dem Wesen der AG nicht zu vereinbarender Beschluss i. S. d. § 241 Nr. 3 AktG läge z. B. vor, wenn durch ihn die gesetzlich festgelegten Kompetenzen der Gesellschaftsorgane verändert werden sollten. Besondere Vorschriften über die Nichtigkeit der Wahl von Aufsichtsratsmitgliedern, über die Nichtigkeit des Gewinnverwendungsbeschlusses sowie der Feststellung des Jahresabschlusses sind in den §§ 250, 253, 256 AktG enthalten. Die Nichtigkeit kann grundsätzlich von jedermann geltend gemacht werden, bei eintragungsbedürftigen Beschlüssen aber nur drei Jahre lang (§ 242 II AktG). Eine Heilung ist nur in eng begrenzten Fällen (namentlich: Beurkundungsmängel) nach § 242 I AktG durch Eintragung möglich. Im Fall 3 besteht für die Annahme der Nichtigkeit jedoch kein Anlass.

Neben der für die Geltendmachung von Schwerstmängeln vorgesehenen Nichtigkeitsklage eröffnen §§ 243 ff. AktG bei weniger gravierenden Mängeln auch die Möglichkeit der Anfechtungsklage. Die Anfechtung eines Hauptversammlungsbeschlusses hat mit der Anfechtung nach §§ 119 ff. BGB nur die Gestaltungswirkung gemeinsam (§§ 142 I BGB, 241 Nr. 5 AktG); im Übrigen sind beide scharf zu unterscheiden. So ist Gegenstand der aktienrechtlichen Anfechtung nicht die Stimmabgabe als eigene Willenserklärung, sondern der Beschluss der Hauptversammlung (vgl. § 243 I AktG).[20] Die schwächere Ausgestaltung der Anfechtungsklage im Vergleich zu der Nichtigkeitsklage äußert sich namentlich darin, dass sie nur innerhalb einer Frist von einem Monat (§ 246 AktG)[21] und nur von dem in § 245 AktG genannten Personenkreis erhoben werden kann. Überdies ist eine Heilung dieser Mängel nach § 244 AktG möglich, wenn die Hauptversammlung den anfechtbaren Beschluss durch einen neuen Beschluss bestätigt. Der Anfechtungsklage wird stattgegeben, wenn der Beschluss formell oder materiell rechtswidrig zustande gekommen ist, wobei im Falle eines Verfahrensverstoßes einschränkend allerdings ein innerer Zusammenhang mit der Beschlussfassung verlangt wird: Der Fehler muss von einer solchen Relevanz sein, dass zumindest nicht ausgeschlossen werden kann, dass er auf das Ergebnis der Beschlussfassung Einfluss gehabt hat.[22] Wird anhand dieses Maßstabs ein relevanter Fehler festgestellt, so führt die erfolgreiche Anfechtungsklage im Ergebnis zu derselben Folge wie die Nichtigkeit: Der Beschluss wird nach § 248 I i. V. m. § 241 Nr. 5 AktG für nichtig erklärt. 15

Im Fall 3 wird man nicht nur die Relevanz des Fehlers, sondern schon den Fehler selbst zu verneinen haben. Nach § 131 I 1 AktG ist Auskunft nur über Angelegen- 16

---

[19] *Kübler/Assmann,* § 15 V 6; *K. Schmidt,* § 28 IV 5c; eingehend *Noack,* Fehlerhafte Beschlüsse in Gesellschaften und Vereinen, 1989, S. 34 ff.

[20] Fraglich kann nur sein, ob infolge der Anfechtung der Stimmabgabe nach §§ 119, 123, 142 BGB auch der Hauptversammlungsbeschluss gem. § 243 I AktG anfechtbar wird. Vgl. BGHZ 14, 264, 267 f. = NJW 1954, 1563.

[21] In Klausuren spielt hier häufig die Fristwahrung nach § 167 ZPO eine Rolle – vgl. etwa *J. Koch/Klein,* Jura 2010, 875, 876 f.

[22] Zu diesem Relevanzerfordernis BGHZ 149, 158, 163 ff. = NJW 2002, 1128; BGHZ 160, 253, 255 f. = NJW 2004, 3561; BGHZ 160, 385, 392 = NJW 2005, 828; *BGH* AG 2008, 83, 84; *KG* AG 2010, 163, 166; weitere Nachw. bei Hüffer/*Koch,* § 243 Rn. 12 f. auch zur früher herrschenden Kausalitätsbetrachtung; vgl. ferner *C. Schäfer,* § 43 Rn. 13; *Fleischer,* ZIP 2014, 149, 150 ff.

heiten der AG zu geben, soweit sie zur sachgemäßen Beurteilung eines Tagesordnungspunkts erforderlich sind. Bereits an der Erforderlichkeit, spätestens aber an der Relevanz (vgl. speziell für die Auskunft die Sonderregelung in § 243 IV AktG) dürfte es hier aber fehlen.[23] Sollte überdies nachgewiesen werden, dass *Conradi* die Klage ausschließlich erhoben hat, um sich ihren „Lästigkeitswert" durch eine Zahlung oder sonstige Zuwendung der AG „abkaufen" zu lassen,[24] läge ein Rechtsmissbrauch vor, der ebenfalls zum Verlust der Anfechtungsbefugnis und damit zur fehlenden Begründetheit (nicht zur Unzulässigkeit – s. noch Rn. 17) führen würde.[25]

Hinweis:

17 Beim Aufbau der Klage ist zwischen ihrer Zulässigkeit und ihrer Begründetheit zu unterscheiden. Von den herkömmlichen Schemata, etwa im Verwaltungsrecht, weicht dieser Aufbau allerdings in mehrfacher Hinsicht ab. So ist zunächst bei der statthaften Klageart nicht zwischen Anfechtungs- und Nichtigkeitsklage zu unterscheiden, weil beide Klagen darauf gerichtet sind, den Hauptversammlungsbeschluss gerichtlich für nichtig erklären zu lassen (identisches Rechtsschutzziel).[26] Es wird eine einheitliche Gestaltungsklage erhoben, bei der sodann Nichtigkeits- und Anfechtungsgründe geprüft werden, was den Vorteil hat, dass Fehler bei der schwierigen Abgrenzung der beiden Mängelgruppen nicht schon zur Unzulässigkeit der Klage führen. Um diese einheitliche Zulässigkeitsprüfung nicht auf einer späteren Prüfungsstufe doch noch aufzubrechen, müssen auch die nur für die Anfechtungsklage geltenden Voraussetzungen der Anfechtungsbefugnis und der Anfechtungsfrist in die Begründetheit verschoben werden. Deshalb wird die Anfechtungsbefugnis als eine materiell-rechtliche Befugnis zur Rechtsgestaltung, die Anfechtungsfrist als materiell-rechtliche Ausschlussfrist verstanden.[27] Auch ein etwaiger Rechtsmissbrauch wird erst in der Begründetheit geprüft (s. bereits Rn. 16). In der Zulässigkeit sind deshalb als Regelvoraussetzungen zumeist nur der Klagegegner (§ 246 II AktG) und das zuständige Gericht (§ 246 III AktG: LG) anzusprechen.[28]

bb) Register- und Freigabeverfahren

18 Das Problem dieser Fallgestaltungen liegt allerdings häufig darin, dass schon der Zeitablauf bis zur Entscheidung über die Klage für die AG einen hohen Lästigkeitswert haben kann, wenn der Beschluss bis dahin nicht durch Registereintragung vollzogen werden kann. Zwar löst die Klage (anders als im Umwandlungsrecht – s. noch § 39 Rn. 11) keine Registersperre aus, sondern es wird in das Ermessen des

[23] Vgl. dazu auch *KG* NJW-RR 1995, 98, 102; MüKoAktG/*Kubis,* § 131 Rn. 203.

[24] BGHZ 107, 296, 308 ff. = NJW 1989, 2689; *BGH* NJW 1990, 322; BGHZ 112, 9, 30 = NJW 1990, 2747; *BGH* AG 1991, 102, 104; *BGH* NJW 1992, 569; *BGH* AG 1992, 448; MüKo-AktG/*Hüffer/C. Schäfer,* § 245 Rn. 52 ff.; Hüffer/*Koch,* § 245 Rn. 22 ff. (dort vor Rn. 22 Zusammenstellung des weiteren Schrifttums).

[25] H. M., vgl. *BGH* AG 1992, 448; *OLG Frankfurt a. M.* AG 1992, 271 m. w. Nachw.; *OLG Karlsruhe* AG 1992, 273; *KG* ZIP 2011, 123, 124; Hüffer/*Koch,* § 245 Rn. 27, 30; a. A. z. B. *Künzel,* FS Heinsius, 1991, S. 425, 428 ff.; *Teichmann,* JuS 1990, 269, 271.

[26] Hüffer/*Koch,* § 246 Rn. 12 f.

[27] *BGH* NJW 1998, 3344, 3345; *LG München I* NZG 2009, 226, 227; Hüffer/*Koch,* § 246 Rn. 20 f.

[28] Fallbearbeitungsbeispiel für einen solchen Aufbau bei *J. Koch/Klein,* Jura 2010, 875 ff.

Registerrichters gestellt, ob er den Beschluss einträgt oder nicht (§ 21 FamFG). Häufig wird er aber davor zurückschrecken, den Beschluss trotz einer rechtshängigen Anfechtungsklage einzutragen, da für Registerrichter nicht das Spruchrichterprivileg des § 839 II BGB gilt.[29] Damit führt die Erhebung einer Anfechtungsklage zwar nicht zu einer rechtlichen, wohl aber zu einer faktischen Eintragungssperre, die den Vollzug des Beschlusses über einen langen Zeitraum hinweg hemmen kann, auch wenn sie letztlich keinen Erfolg hat.[30] Eine Ersatzpflicht des Aktionärs besteht in diesem Fall nicht. Etwas anderes gilt nur, wenn ihm ausnahmsweise nachgewiesen werden kann, dass sein Verhalten die Voraussetzungen des § 826 BGB erfüllt.[31] Das Druckmittel des räuberischen Aktionärs ist also die Registerblockade, ihr Hebel das Zeitmoment.

Der Gesetzgeber hat an zahlreichen Stellschrauben angesetzt, um der Missbrauchsgefahr entgegenzuwirken. 19 Der vielstimmig erhobenen Forderung nach einer höheren Beteilungsquote zur Ausübung des Anfechtungsrechts ist er aber nicht nachgekommen, obwohl es in der Tat unverhältnismäßig erscheint, wenn ein Investment im Wert von einem Euro einen Beschluss in mehrstelliger Millionenhöhe blockieren kann.[32] Stattdessen hat er zunächst die Hauptversammlungsprozeduren verschlankt, etwa durch die Möglichkeit, das Rede- und Auskunftsrecht zeitlich zu begrenzen, um auf diese Weise auch das Risiko von Verfahrensfehlern zu minimieren.[33] Bestimmten Verfahrensfehlern (z. B. technischen Mängeln und leichten Auskunftsmängeln) wird die Anerkennung als Klagegrund gänzlich versagt (vgl. § 243 III, IV 1 AktG), andere (namentlich Mängel bei der Bewertung eines Unternehmens und den darauf bezogenen Auskünften) werden in ein gesondertes Spruchverfahren verlagert, das dem Vollzug des Beschlusses nicht entgegensteht (vgl. etwa §§ 304 III 2, 395 V, 327f sowie § 243 IV 2 AktG).[34] Insbesondere hat der Gesetzgeber aber auch ein gesondertes Freigabeverfahren nach § 246a AktG in Form einstweiligen Rechtsschutzes eingeführt, in dem die AG die Eintragung des Beschlusses herbeiführen kann.[35] Das Gericht stellt fest, dass die Klage der Eintragung nicht entgegensteht, wenn die Klage unzulässig oder offensichtlich unbegründet ist (§ 246a II Nr. 1 AktG) oder wenn die Aussetzung einen schweren Nachteil der AG begründet, der zu dem geltend gemachten Beschlussfehler in keinem Verhältnis steht (§ 246a II Nr. 3 AktG). Nach dem erst im Jahr 2009 neu eingeführten § 246a II Nr. 2 AktG wird das Gericht auch dann die Eintragung anordnen, wenn der Kläger nicht mindestens einen anteiligen Betrag am Grundkapital von 1.000 EUR hält, so dass auf

---

[29] Der Grund für diese Ausklammerung liegt darin, dass § 839 II BGB nicht den Richter, sondern die Rechtskraft seines Urteils schützt; vgl. dazu BGHZ 50, 14, 19f. = NJW 1968, 989. Die Eintragung ist aber kein Urteil, das in Rechtskraft erwächst.

[30] *DAV-Handelsrechtsausschuss,* NZG 2005, 388, 393; *Diekmann/Leuering,* NZG 2004, 249, 254; *Göz/Holzborn,* WM 2006, 157, 161; *J. Koch,* ZGR 2006, 769, 798; *Schütz,* DB 2004, 419, 423; *Veil,* AG 2005, 567, 570f.

[31] Vgl. dazu etwa *OLG Frankfurt a. M.* NZG 2009, 222ff.; *LG Frankfurt a. M.* NZG 2007, 929ff.

[32] Vgl. dazu etwa *Poelzig/Meixner,* AG 2008, 196, 200ff.; *J. Vetter,* AG 2008, 177, 185ff.; s. auch bereits *Hüffer,* FS Brandner, 1996, S. 57, 60ff.; skeptisch aber *Baums/Drinhausen,* ZIP 2008, 145, 148f.

[33] Vgl. dazu etwa *J. Koch,* ZGR 2006, 769, 791 ff.

[34] Überblick über diese Änderungen, die namentlich durch das Gesetz zur Unternehmensintegrität und zur Modernisierung des Anfechtungsrechts (UMAG) vom 22.9.2005 (BGBl. I 2802) vollzogen wurden, bei *J. Koch,* ZGR 2006, 769, 791 ff.

[35] Dieses Freigabeverfahren geht auf das UMAG von 2005 zurück (vgl. vorige Fn.) und wurde dann durch das Gesetz zur Umsetzung der Aktionärsrechterichtlinie (ARUG) vom 30.7.2009, BGBl. I 2479 umfassend neu geordnet; vgl. dazu *Verse,* NZG 2009, 1127ff.

diesem Umweg die Beteiligungshöhe letztlich doch noch eine Rolle spielt.[36] Wird aufgrund des Freigabeverfahrens die Eintragung vollzogen, so wird das Klageverfahren nach § 246a IV AktG dennoch fortgeführt, kann aber nicht mehr zur Aufhebung des Beschlusses führen, sondern nur noch einen Schadensersatzanspruch des Anfechtungsklägers begründen. Der Nachweis eines Schadens wird für ihn aber oftmals problematisch sein.[37]

2. Vermögensrechte und -pflichten

20 Die wichtigste Pflicht, die einem Aktionär auferlegt ist, ist die Pflicht zur Leistung der versprochenen Einlage. Sie ergibt sich aus dem mit der Übernahme der Aktien abgegebenen Einlageversprechen und findet einen ausdrücklichen gesetzlichen Anhaltspunkt in § 54 AktG. Dieser Pflicht steht als Vermögensrecht der Dividendenanspruch des Aktionärs aus § 58 IV AktG gegenüber.

Hinweis:

21 Studenten tun sich oft etwas schwer damit, die richtige Anspruchsgrundlage für den Anspruch auf Leistung der versprochenen Einlage zu identifizieren. Das ist insofern nachvollziehbar, als § 54 I AktG zwar mit „Hauptverpflichtung des Aktionärs" überschrieben ist, sodann aber nur eine Beschränkung dieser Pflicht formuliert. Tatsächlich genügt in einer auf der Privatautonomie ruhenden Rechtsordnung die Einigung über die Einlagenleistung, um die Verpflichtung zu begründen. Ergänzend kann auf § 54 I AktG hingewiesen werden.

22 **Fall 4:** Nach dem von der Hauptversammlung der Millenium AG gefassten Beschluss über die Gewinnverwendung ist auf das Grundkapital eine Dividende von 10 % zu zahlen. Nachdem sich die finanzielle Situation der Millenium AG aber dramatisch verschlechtert hat, beschließt eine erneut einberufene Hauptversammlung nachträglich, die Dividende auf 4 % zu kürzen. *Conradi,* der die Dividende schon vollständig verplant hat, fragt, ob er diese Kürzung hinnehmen muss.

23 Nach § 58 IV AktG haben die Aktionäre einen Anspruch auf Verteilung des Betrags, der sich aufgrund des Hauptversammlungsbeschlusses über die Gewinnverwendung (§§ 119 I Nr. 2, 174 AktG) ergibt (vgl. § 30 Rn. 31 f.). Es ist deshalb zu unterscheiden zwischen dem mitgliedschaftlichen Dividendenrecht des § 58 IV AktG und dem Anspruch auf Zahlung der Dividende.[38] Das mitgliedschaftliche Dividendenrecht gibt dem Aktionär lediglich einen Anspruch darauf, dass der Beschluss der Hauptversammlung über die Gewinnverwendung herbeigeführt wird. Ein Zahlungsanspruch entsteht erst mit der Beschlussfassung; seine Grundlage ist § 58 IV AktG i. V. m. dem konkreten Beschluss der Hauptversammlung. Ist ein Zahlungsanspruch der Aktionäre gegen die AG einmal entstanden, so liegt es nicht mehr im Belieben der Hauptversammlung, diesen Anspruch durch neue Beschlussfassung zu Fall zu bringen. Mit dem Beschluss über die Gewinnverwendung ist ihre organschaftliche Kompetenz erschöpft. Die Dividendenkürzung kann also nicht nachträglich beschlossen werden.[39]

---

[36] Diese Änderung geht zurück auf das ARUG von 2009 (vgl. vorige Fn.); vgl. dazu etwa *Hüffer,* ZHR 172 (2008), 572, 586 f.; *Verse,* NZG 2009, 1127, 1129.

[37] Vgl. etwa Hüffer/*Koch,* § 246a Rn. 26; *Spindler,* NZG 2005, 825, 830.

[38] BGHZ 23, 150, 154 = NJW 1957, 588; vgl. zum Folgenden auch *C. Schäfer,* § 43 Rn. 4.

[39] Vgl. BGHZ 23, 150, 157 = NJW 1957, 588.

In dem ersten Beschluss über die Gewinnverwendung hätte die Hauptversammlung den Gewinn nach § 58 III AktG in Gewinnrücklagen einstellen (sog. Thesaurierung) oder auf neue Rechnung vortragen können. Beides dient dazu, der AG eine solidere Kapitalgrundlage zu geben, mindert zugleich aber den Dividendenanspruch des Aktionärs. Das Gesetz gewährt den an angemessener Rendite interessierten Aktionären in diesem Fall lediglich ein Anfechtungsrecht in § 254 AktG, wenn nicht 4 % des Grundkapitals als Dividende verteilt werden und die Rücklagenbildung „bei vernünftiger kaufmännischer Beurteilung nicht notwendig ist". Weil hier 4 % ausgeschüttet werden sollten, wäre nicht einmal eine Anfechtung möglich gewesen. 24

Wird die AG aufgelöst und abgewickelt, so hat der Aktionär ein weiteres Vermögensrecht, nämlich den Anspruch auf den Liquidationserlös (§ 271 AktG), der jedoch erst nach Ablauf eines Sperrjahres verteilt werden darf (§ 272 AktG). Des Weiteren können ihm auch bei einer Veränderung des Grundkapitals noch zusätzliche Vermögensrechte zustehen. So hat er insbesondere bei einer Kapitalerhöhung (§§ 182 ff. AktG – s. noch § 32 Rn. 13 ff.) das Recht, neue Aktien zu beziehen, um auf diese Weise seine bisherige Beteiligungsquote wahren zu können. 25

3. Mitgliedschaftliche Treupflicht

Als letzte Pflicht des Aktionärs ist noch seine mitgliedschaftliche Treupflicht zu erwähnen (vgl. dazu allgemein bereits § 8 Rn. 7 ff.). Ihre Anerkennung ist im Aktienrecht auf wesentlich größeren Widerstand gestoßen als bei den Personengesellschaften, da der anonyme Zuschnitt der AG nur schwer mit einer persönlichen Rücksichtnahme auf Mitgesellschafter in Einklang zu bringen ist. Nach Auffassung des BGH soll das Bestehen von Treupflichten aber nicht so sehr von dem mehr oder weniger anonymen Zuschnitt der Gesellschaft abhängen, sondern von den konkreten Einwirkungsmöglichkeiten des einzelnen Gesellschafters. Wo derartige Einwirkungsmöglichkeiten bestehen, korrespondiert damit auch eine entsprechende Treupflicht, von dieser Möglichkeit nur mit Rücksicht auf die Mitaktionäre Gebrauch zu machen.[40] Sie kann deshalb unter Umständen auch einen Minderheitsaktionär treffen, wenn dieser die Möglichkeit hat, auf die Geschicke der Gesellschaft durch Ausübung seiner Minderheitsrechte Einfluss zu nehmen (etwa durch eine gezielt schädigende Anfechtungsklage).[41] 26

Inhaltlich kann die Treupflicht wie bei den Personengesellschaften darin bestehen, die im Gesellschaftsinteresse begründeten mitgliedschaftlichen Befugnisse zur Förderung des Gesellschaftszwecks auszuüben und bei der Ausübung eigennütziger Mitgliedsrechte auf die anderen Gesellschafter angemessen Rücksicht zu nehmen (s. zu diesen Schutzrichtungen oben § 8 Rn. 10 ff.). Ein Wettbewerbsverbot des Aktionärs kann in aller Regel nicht aus der Treupflicht abgeleitet werden.[42] Ebenfalls wie bei den Personengesellschaften sind auch die Rechtsfolgen zu beurteilen (s. oben § 8 Rn. 20). Die mitgliedschaftliche Treupflicht kann einklagbare Handlungs- und Unterlassungspflichten auslösen, aber auch Grundlage eines Schadensersatzanspruchs nach § 280 I BGB sein. Darüber hinaus kann ein unter Verstoß gegen Treubindun- 27

---

[40] Grundlegend BGHZ 103, 184, 194 f. = NJW 1988, 1579 (Linotype); vgl. ferner *BGH* NJW 1992, 3167, 3171; BGHZ 127, 107, 111 = NJW 1994, 3094; BGHZ 129, 136, 142 f. = NJW 1995, 1739; weitere Nachw. bei Hüffer/*Koch*, § 53a Rn. 14.

[41] Generell zur Treupflicht des Minderheitsaktionärs BGHZ 129, 136, 143 ff. = NJW 1995, 1739 (Girmes); Hüffer/*Koch*, § 53a Rn. 14; *Hennrichs*, AcP 195 (1995), 221, 240 f. Zur missbräuchlichen Anfechtungsklage als Unterfall der Treupflichtverletzung vgl. Hüffer/*Koch*, § 245 Rn. 27; *Henze*, BB 1996, 489, 494 ff.

[42] Vgl. dazu etwa *Hüffer*, FS Röhricht, 2005, S. 251 ff.

gen zustande gekommener Hauptversammlungsbeschluss nach § 243 I AktG angefochten werden.[43]

III. Zusammenfassung

28 Die Verbriefung von Aktien soll ihren schnellen Erwerb und Verkauf ermöglichen. Mit der Verbriefung wird die Anwendung sachenrechtlicher Grundsätze und damit auch die Möglichkeit eines gutgläubigen Erwerbs eröffnet. Es bedarf dazu keiner Einzelverbriefung, sondern es genügt die Verbriefung in einer Globalurkunde. Die Aktien können zum Ausweis der Beteiligungshöhe als Nennbetrags- oder Stückaktien, zum Ausweis des Berechtigten als Inhaber- oder Namensaktien ausgestaltet sein.

29 Hinsichtlich der Aktionärsrechte sind seine Verwaltungs- und Vermögensrechte zu unterscheiden. Verwaltungsrechte sind insbesondere das Teilnahme-, Stimm- und Auskunftsrecht sowie das Recht, Beschlussmängel im Klagewege geltend zu machen. Dafür steht dem Aktionär bei Schwerstmängeln die Nichtigkeitsklage, ansonsten die Anfechtungsklage zur Verfügung. Die Anfechtungsklage ist in ihren Wirkungen weniger einschneidend, da sie nur von anfechtungsbefugten Personen in einer knapp bemessenen Frist geltend gemacht werden kann und der Hauptversammlung überdies eine Heilungsmöglichkeit offen steht. Den in den letzten Jahren zu verzeichnenden Fällen eines Missbrauchs des Klagerechts versucht der Gesetzgeber auf mehreren Ebenen zu begegnen. Insbesondere kann die AG über das Freigabeverfahren nach § 246a AktG versuchen, die Eintragung herbeizuführen.

30 Vermögensrecht des Aktionärs ist – neben dem Anspruch auf den Liquidationserlös (§ 271 AktG) – das Dividendenrecht. Zu unterscheiden ist zwischen dem mitgliedschaftlichen Dividendenrecht (§ 58 IV AktG) und dem Dividendenzahlungsanspruch. Das erstgenannte Dividendenrecht gewährt dem Aktionär nur einen Anspruch gegen die AG auf Herbeiführung des Hauptversammlungsbeschlusses über die Gewinnverwendung (§§ 119 I Nr. 2, 174 AktG). Der Anspruch auf Dividendenzahlung entsteht erst mit diesem Beschluss und findet seine Grundlage in § 58 IV AktG i. V. m. dem jeweiligen Beschluss über die Gewinnverwendung. Ist der Beschluss gefasst, so kann dem Aktionär der damit entstandene Zahlungsanspruch nicht mehr entzogen werden. Schließlich trifft den Aktionär unter Umständen auch eine mitgliedschaftliche Treupflicht, deren Reichweite mit seinen Einwirkungsmöglichkeiten korrespondiert.

§ 32. Die Finanzverfassung der AG

Literatur: *Bayer,* Moderner Kapitalschutz, ZGR 2007, 220; *Bitter,* Rechtsperson und Kapitalerhaltung – Gesellschafterschutz vor „verdeckten Gewinnausschüttungen“ bei Kapital- und Personengesellschaften, ZHR 168 (2004), 302; *Henze,* Vermögensbindungsprinzip und Anlegerschutz, NZG 2005, 115; *Mülbert/Leuschner,* Aufsteigende Darlehen im Kapitalerhaltungs- und Konzernrecht – Gesetzgeber und BGH haben gesprochen, NZG 2009, 281; *Priester,* Kapitalaufbringungspflicht und Gestaltungsspielräume beim Agio, FS Lutter, 2000, S. 617.

---

[43] BGHZ 132, 84, 93 f. = NJW 1996, 1756; *OLG Düsseldorf* AG 2003, 578 f.; Hüffer/*Koch,* § 53a Rn. 27 ff., § 243 Rn. 24 ff.

I. Kapitalaufbringung und Kapitalerhaltung

1. Kapitalaufbringung

Die zentrale Funktion der AG ist ihre Kapitalsammelfunktion (§ 29 Rn. 1). Damit sie diese Funktion erfüllen kann, muss die persönliche Haftung der Aktionäre ausgeschlossen sein, da es anderenfalls nicht möglich wäre, eine große Zahl zum Teil anonymer Anleger zu einer Investition zu bewegen. Die fehlende persönliche Haftung muss durch den Aufbau eines Haftungsfonds kompensiert werden (§ 2 Rn. 4). Diese Kapitalaufbringung ist Teil des Gründungsrechts und in diesem Zusammenhang schon in § 29 Rn. 8 ff. dargestellt worden. Ergänzend soll an dieser Stelle noch auf das Instrument des Agios hingewiesen werden, das sich gerade dem Anfänger oftmals nur mit Mühe erschließt, in der Praxis aber von großer Bedeutung ist. Es ist geregelt in § 9 AktG. § 9 I AktG trifft zunächst die unter dem Gesichtspunkt der Kapitalaufbringung ohne weiteres einleuchtende Anordnung, dass eine Aktie nicht für einen geringeren Betrag ausgegeben werden darf als den Nennbetrag oder den auf die einzelne Stückaktie entfallenden anteiligen Betrag (sog. Verbot der Unterpari-Emission). Anderenfalls bliebe der Haftungsfonds schon im Zeitpunkt der Gründung hinter dem Wert zurück, den das satzungsmäßig ausgewiesene Grundkapital den Gläubigern gegenüber ausweist. § 9 II AktG ergänzt sodann die weniger selbstverständliche Anordnung, dass eine Ausgabe für einen höheren Betrag, das sog. Agio, zulässig ist. Eine AG kann also eine Aktie zu einem Nennbetrag von 5 EUR ausgeben, dafür aber die Einzahlung von 15 EUR verlangen. Das tatsächliche Gründungsvermögen übersteigt in diesem Fall das ausgewiesene Grundkapital deutlich. Die Rechte des Aktionärs werden dadurch nicht geschmälert, da – wie gesehen (§ 31 Rn. 3) – der Nennbetrag der Aktie lediglich die quotale Beteiligung ausdrückt, aber nichts mit dem tatsächlichen Wert der Aktie zu tun hat. Die quotale Beteiligung bleibt aber gleich, solange nur alle Aktionäre zu einer solchen höheren Einzahlung verpflichtet sind. Der Vorteil eines solchen Agios liegt darin, dass das Gesellschaftsvermögen in Höhe des Grundkapitals engen Bindungen unterliegt, die im Folgenden noch näher darzustellen sind. Bei der Verwendung des zusätzlich eingezahlten Agios ist die Gesellschaft dagegen wesentlich freier, so dass es ihre Handlungsspielräume erweitert.[1] 1

2. Die Vermögensbindung nach § 57 AktG

Das so aufgebrachte Grundkapital soll sodann nicht nur den Haftungsfonds der Gesellschaft bilden, sondern auch ihr Betriebsvermögen. Diese beiden Zielsetzungen stehen in einem offenkundigen Spannungsverhältnis, das durch die Regeln der Kapitalerhaltung aufgelöst wird. Die Grundsätze der Kapitalerhaltung können in ihrem Kern dahin zusammengefasst werden, dass es der AG gestattet ist, das aufgebrachte Grundkapital einzusetzen, um ihre unternehmerischen Ziele zu verfolgen, dass es ihr aber verwehrt ist, dieses Kapital an die Aktionäre zurückzuzahlen. Maßgebliche Vorschrift ist § 57 AktG. Nach § 57 I AktG dürfen den Aktionären die Einlagen nicht zurückgewährt werden. Diese Anordnung ist trotz ihres zentralen Charakters für die Finanzverfassung der AG missverständlich formuliert.[2] Es kommt weder darauf an, ob den Aktionären ihre Einlage zurückerstattet wird, noch ist entscheidend, ob – wie bei der GmbH (s. noch § 36 Rn. 1 ff.) – die Rückzahlung 2

---

[1] Vgl. zu dieser Funktion etwa *Priester,* FS Lutter, 2000, S. 617 f., der zu Recht darauf hinweist, dass dem Agio im Zuge der Kapitalerhöhung größere Bedeutung zukommt als im Zuge der Gründung.

[2] Vgl. zum Folgenden Hüffer/*Koch,* § 57 Rn. 2.

das Mindestkapital der AG berührt. Vielmehr kommt die Reichweite des Verbots erst in § 57 III AktG vollständig zum Ausdruck: Es darf außerhalb der regulären Gewinnverwendung überhaupt kein Gesellschaftsvermögen an die Aktionäre verteilt werden. Damit dient die Vorschrift nicht allein dem Schutz des Grundkapitals, sondern schützt auch einzelne Aktionäre vor einer verdeckten Gewinnausschüttung an andere und wahrt zugleich die organschaftliche Kompetenz der Hauptversammlung bezüglich der Gewinnverwendung.[3]

3 Dass das Grundkapital auch nicht im Rahmen der Gewinnverteilung beeinträchtigt wird, gewährleistet das Bilanzrecht. Dort wird in § 266 III A I HGB angeordnet, dass das Grundkapital zu passivieren ist.[4] Diese auf den ersten Blick überraschende Anordnung erklärt sich daraus, dass das Grundkapital nicht etwa mit dem Vermögen der AG identisch ist, sondern vielmehr im Hinblick auf dieses Vermögen den Charakter einer satzungsmäßig festgeschriebenen Sollziffer hat.[5] Sie gibt an, welche Höhe das Vermögen der AG zur Sicherung der Gläubiger mindestens haben soll. Das verpflichtet die Aktionäre, zunächst im Zuge des Gründungsvorgangs ein solches Vermögen aufzubringen (s. oben § 29 Rn. 8 ff., 13 f.).[6] Während des weiteren Bestandes der AG kann die Passivierung zwar nicht verhindern, dass das Vermögen durch unternehmerische Verluste unter diese Sollziffer sinkt,[7] aber sie kann doch verhindern, dass das Vermögen an die Aktionäre ausgezahlt wird. Eine solche Rückzahlung darf nach § 57 III AktG nämlich nur im Rahmen der regulären Gewinnverwendung erfolgen und die Passivierung bewirkt, dass ein Bilanzgewinn erst ausgewiesen wird, wenn das Vermögen der AG nicht nur die Verbindlichkeiten deckt, sondern auch das satzungsmäßig ausgewiesene Grundkapital. Das Grundkapital wirkt damit – nach dem treffenden Bild von *Würdinger* – wie eine Staumauer: Nur der Überschuss darf abfließen.[8]

Hinweis:

4 Dieses Staumauer-Bild sollten Studenten sorgsam verinnerlichen, weil bis zum Examen hin oftmals die Vorstellung vom Grundkapital als einer Art „Schatulle" anzutreffen ist, in der das Gesellschaftsvermögen für die Gläubiger bereitgehalten wird.[9] Damit werden aber das Wesen des Grundkapitals als bloßer Sollziffer und seine weitere Funktion als Betriebsfonds verkannt.

---

[3] Hüffer/*Koch,* § 57 Rn. 1; *Wilhelmi,* Der Grundsatz der Kapitalerhaltung im System des GmbH-Rechts, 2001, S. 19; *Bitter,* ZHR 168 (2004), 302, 308; *Schön,* FS Röhricht, 2005, S. 559, 560 ff.; vgl. auch BGHZ 190, 7 Rn. 15 = NJW 2011, 2719.

[4] § 266 III A I HGB spricht zwar vom gezeichneten Kapital, aber ausweislich § 272 I HGB ist das gezeichnete Kapital der AG das Grundkapital. Zu den Grundlagen der Buchführung s. *Wolf,* JuS 2012, 486 ff.

[5] *K. Schmidt,* § 26 IV 1a.

[6] *K. Schmidt,* § 26 IV 1a.

[7] Eine solche Vermögensaufzehrung löst andere Schutzmechanismen aus, namentlich die Pflicht zur Einberufung der Hauptversammlung, wenn das Vermögen unter die Hälfte des Grundkapitals sinkt (§ 92 I AktG), das Zahlungsverbot nach Eintritt der Zahlungsunfähigkeit nach § 92 II AktG sowie die Insolvenzantragspflicht nach § 15a I InsO; vgl. weiter *K. Schmidt,* § 29 II 3.

[8] *Würdinger,* Aktienrecht und das Recht der verbundenen Unternehmen, 4. Aufl., 1981, S. 31 ff.; Fortentwicklung dieses Bildes bei *Wiedemann,* GesR I, § 10 IV 1b (S. 557).

[9] So auch die Beobachtung von *Hirte,* KapGesR, Rn. 5.23.

Fall 1: Die Realquadrat Immobilien AG ist Investor und Projektentwickler von gewerblichen Immobilien mit Schwerpunkt Büro- und innerstädtischer Einzelhandelsnutzung. In ihrem Anlagevermögen befindet sich ein Grundstück im Wert von 1,5 Mio. Euro. Der Mehrheitsaktionär *Rudzio* überzeugt den Vorstand der AG davon, ihm das Grundstück für 800.000 EUR zu überlassen. Welche Folgen löst dieses Geschäft aus? 5

Die Besonderheit dieses Falles liegt daran, dass hier nicht offen eine Zahlung an einen Aktionär erfolgt ist, sondern ein Verkehrsgeschäft mit ihm abgeschlossen wurde. Grundsätzlich bleibt es der Gesellschaft unbenommen, auch mit ihren Aktionären Rechtsgeschäfte zu tätigen, allerdings nur solange damit keine verdeckte Einlagenrückgewähr einhergeht. Das ist nur dann der Fall, wenn das Geschäft zu marktüblichen Konditionen abgeschlossen wurde.[10] Maßgeblich ist dabei jedoch auch die Vollwertigkeit der vom Aktionär zu erbringenden Gegenleistung. Allerdings kann diese Vollwertigkeit regelmäßig bejaht werden, wenn das abgeschlossene Rechtsgeschäft einem Drittvergleich standhält.[11] Um naheliegende Umgehungsmöglichkeiten zu versperren, wird der Verbotstatbestand auch auf bestimmte Leistungen an Dritte ausgedehnt, etwa an dem Aktionär nahestehende Personen (z. B. Angehörige, aber auch Tochtergesellschaften) oder an eine Person, die erst künftig Aktionär wird.[12] 6

Im Fall 1 wurde das Grundstück deutlich unter seinem tatsächlichen Wert, also gerade nicht zu marktüblichen Konditionen, veräußert. Folge ist nach § 62 I 1 AktG, dass der Aktionär das Grundstück zurückzugewähren hat. § 812 BGB wird von dieser Regelung in der Weise verdrängt, dass ein bereicherungsrechtlicher Anspruch regelmäßig an der von § 812 BGB verlangten rechtsgrundlosen Bereicherung scheitert.[13] Diese liegt nämlich nicht vor, da ein Verstoß gegen § 57 AktG grundsätzlich die Wirksamkeit des Verpflichtungsgeschäfts unberührt lässt.[14] Daneben kann den handelnden Vorstand selbst eine Schadensersatzpflicht nach § 93 II, III Nr. 1 AktG treffen. Darüber hinaus wird auch noch eine Schadensersatzpflicht des Aktionärs nach § 117 I 1 AktG anzunehmen sein, da *Rudzio* seinen Einfluss innerhalb der AG vorsätzlich genutzt hat, um den Vorstand zu einem nachteiligen Geschäft zu bewegen. 7

3. Darlehen an Gesellschafter

Fall 2: Darüber hinaus erteilt der Vorstand der Realquadrat Immobilien AG dem *Rudzio* auch noch ein Darlehen in Höhe von 200.000 EUR, das mit 3 % verzinst werden soll. Ist *Rudzio* auch in diesem Fall zur Rückzahlung nach § 62 AktG verpflichtet? 8

Eine früher verbreitete Meinungsgruppe hatte eine solche Darlehensgewährung an Gesellschafter (sog. upstream loans) im Lichte des § 57 I 1 AktG unter denselben Voraussetzungen zugelassen wie bei sonstigen Rechtsgeschäften.[15] Entscheidend sollte sein, ob ein gewissenhafter Geschäftsleiter dasselbe Rechtsgeschäft in dersel- 9

---

[10] Hüffer/*Koch,* § 57 Rn. 8 ff.

[11] Hüffer/*Koch,* § 57 Rn. 8.

[12] Vgl. zu dieser Erweiterung Hüffer/*Koch,* § 57 Rn. 18 f.

[13] Hüffer/*Koch,* § 62 Rn. 2, 12.

[14] Str., so aber die mittlerweile h. M. Demzufolge lässt ein Verstoß gegen § 57 AktG die Wirksamkeit des Verpflichtungs- als auch des Verfügungsgeschäfts unberührt; s. dazu BGHZ 196, 312 Rn. 14 ff. = NJW 2013, 1742= JuS 2013, 738 (mit Anm. *K. Schmidt*) = ZJS 2013, 418 (mit Anm. *Feldmann*); *OLG München* AG 2012, 518, 520 f.; Hüffer/*Koch,* § 57 Rn. 32; § 62 Rn. 12; MüKoAktG/*Bayer,* § 57 Rn. 216 ff.; *Bayer/Scholz,* WM 2013, 426 ff.; *Hirte,* NJW 2014, 1219; *Nodoushani,* NZG 2013, 687 ff.; *Witt,* ZGR 2013, 668 ff.

[15] Vgl. zum Folgenden etwa noch GroßkommAktG/*Henze,* § 57 Rn. 49; *K. Schmidt,* § 29 II 2a.

ben Lage zu denselben Konditionen auch mit einem Nichtaktionär geschlossen hätte. Maßgeblich für die Beurteilung war, ob die Lage der Gesellschaft einen Liquiditätsabfluss überhaupt zuließ. Zudem wurde gefordert, dass angemessene Zinsen gezahlt werden und der Gesellschafter auf Dauer solvent und kreditwürdig erschien, der Rückerstattungsanspruch der AG also vollwertig war. In der Bilanz stellte sich die Darlehensvergabe dann als ein sog. reiner Aktivtausch dar, bei dem die Minderung des Barvermögens durch eine Erhöhung der Darlehensforderungen ausgeglichen wurde. Diese Rechtsprechung war nicht unumstritten, da sie zu offenkundigen Gefahren für die Kapitalerhaltung führte.[16] Der AG wurde Betriebskapital entzogen und ihr stattdessen nur ein schuldrechtlicher Anspruch überlassen, mit dem sie nicht wirtschaften konnte. Bei fehlender Fälligkeit des Darlehensanspruchs war auch den Gläubigern der Zugriff darauf verwehrt.

10 Im sog. November-Urteil aus dem Jahr 2003 hat sich der BGH dieser Kritik angeschlossen und die Voraussetzungen für eine zulässige Darlehensvergabe deutlich restriktiver formuliert. Die Darlehensvergabe an den Gesellschafter sollte grundsätzlich unzulässig sein. Eine Ausnahme wurde nur dann in Erwägung gezogen, wenn die Vergabe im Interesse der Gesellschaft lag, wenn sie einem Drittvergleich standhielt und wenn die Kreditwürdigkeit des Gesellschafters selbst bei Anlegung strengster Maßstäbe außerhalb jedes Zweifels lag,[17] was insbesondere bei einer vollständigen Besicherung angenommen wurde.[18] Letztlich ließ der Senat aber offen, ob er die Darlehensvergabe selbst unter diesen Voraussetzungen als zulässig anerkennen würde.[19] Diese Entscheidung stieß auf scharfe Kritik, die namentlich darauf gründete, dass durch die Darlehensvergabe letztlich nicht das Vermögen der Gesellschaft, sondern lediglich ihre Liquidität gemindert werde. Die Kapitalerhaltungsregeln schützten die Gläubiger nicht vor einer ungünstigen Zusammensetzung des Schuldnervermögens und einer erschwerten Verwertbarkeit.[20] Besonders kritisch wurde bewertet, dass die Entscheidung auch eine verbreitete Form der Konzernfinanzierung, nämlich das sog. Cash Pooling, gefährdete. Diese Finanzierungsform zeichnet sich dadurch aus, dass die liquiden Mittel innerhalb eines Konzerns auf eine Finanzierungsgesellschaft ausgelagert werden, deren einzige Funktion darin besteht, diese Mittel entsprechend dem jeweiligen Liquiditätsbedarf innerhalb des Konzerns zu verteilen.[21] Da auch diese Zahlungen innerhalb eines Konzerns nicht rechtsgrundlos getätigt werden können, erfolgen sie auf der Grundlage eines Darlehensvertrages. Durch das November-Urteil des *BGH*, das gerade Darlehen an Gesellschafter oder ihnen nahestehende Personen betraf, wurde diese sinnvolle Praxis in Frage gestellt.[22] Hier und nicht in der Vergabe von Darlehen an Einzelpersonen lag die eigentliche Problematik der November-Entscheidung.

11 Der Gesetzgeber hat im Jahr 2008 auf diese Kritik reagiert und einen neuen Ausnahmetatbestand in § 57 I 3 AktG eingefügt, wonach § 57 I 1 AktG nicht eingreift bei Auszahlungen, die aufgrund eines Beherrschungs- oder Gewinnabführungsvertrages erfolgen, sowie bei Zahlungen, die durch einen vollwertigen Gegenleistungs-

---

16 Vgl. etwa *OLG Hamm* ZIP 1995, 1263, 1270; *Schön,* ZHR 159 (1995), 351, 359 ff.

17 BGHZ 157, 72, 75 ff. = NJW 2004, 1111 (zu den Parallelvorschriften §§ 30, 31 GmbHG).

18 Vgl. Hüffer/*Koch,* § 57 Rn. 22 f.

19 BGHZ 157, 72, 75 = NJW 2004, 1111.

20 *Fuhrmann,* NZG 2004, 552 ff.; *Schilmar,* DB 2004, 1411.

21 Ausführlich zur Funktionsweise eines Cash Pools *Wirsch,* Kapitalaufbringung und Cash Pooling in der GmbH, 2009, S. 35 ff.; vgl. ferner etwa *Schmelz,* NZG 2006, 465.

22 Vgl. dazu etwa *Habersack/Schürnbrand,* NZG 2004, 689 ff.

oder Rückgewähranspruch gegen den Gesellschafter gedeckt sind.[23] § 57 I 3 AktG n. F. kehrt damit zur bilanziellen Betrachtungsweise zurück (Aktivtausch) und lässt einen vollwertigen Rückgewähranspruch genügen. Die Bonität des Gesellschafters muss sich danach so darstellen, dass eine Rückzahlung wahrscheinlich ist; eine Sicherheitenstellung ist nicht erforderlich. Umstritten ist, ob neben dem Vollwertigkeitsgebot auch noch das Erfordernis einer angemessenen Gegenleistung in Gestalt einer marktüblichen Verzinsung besteht. Die herrschende Meinung verneint das unter Verweis auf den klaren Gesetzeswortlaut zumindest bei kurzfristigen Darlehen. Bei langfristigen Darlehen führt eine fehlende marktübliche Verzinsung allerdings dazu, dass der Rückzahlungsanspruch nicht mehr vollwertig ist, so dass die Voraussetzungen des § 57 I 3 AktG nicht mehr vorliegen.[24] Solange daher im Fall 2 nicht begründete Zweifel an der finanziellen Solidität des *Rudzio* bestehen, ist er nicht zur Rückzahlung verpflichtet. Für den Sonderfall des Cash Poolings hat der BGH im MPS-Urteil noch weitergehende Anforderungen aufgestellt. So ist neben den Kontrollpflichten der Verwaltungsorgane bei einem Cash Pooling auch die Einrichtung eines Informations- und Frühwarnsystems zwischen herrschendem und abhängigem Unternehmen erforderlich.[25]

II. Gesellschafterdarlehen

Während es in der vorgenannten Fallgestaltung um Darlehen der Gesellschaft an ihre 12
Aktionäre ging, kann sich auch umgekehrt das Darlehen eines Aktionärs an seine Gesellschaft unter dem Gesichtspunkt einer angemessen Kapitalausstattung der Gesellschaft als problematisch erweisen. Diese Fälle wurden früher unter der Bezeichnung des Eigenkapitalersatzrechts behandelt. Heute spricht man allgemein von Gesellschafterdarlehen. Sie spielen im GmbH-Recht eine wesentlich größere Rolle als im Aktienrecht, da hier die Verbindung zwischen Gesellschaft und Gesellschafter zumeist deutlich enger ausgestaltet ist. Deshalb fand sich auch eine gesetzliche Regelung bislang ausschließlich im GmbHG (§§ 32a, b GmbHG a. F.), die auf die AG nur unter modifizierten Voraussetzungen analog angewandt wurde.[26] Aus diesem Grund soll die Darstellung auch hier im Rahmen des GmbH-Rechts erfolgen (§ 36 Rn. 9 ff.), wenngleich der Gesetzgeber die Regelung nunmehr im Insolvenzrecht verortet (§ 39 I Nr. 5 InsO) und damit klargestellt hat, dass sie auch auf das Aktienrecht ohne weitere Modifizierungen Anwendung findet.

III. Kapitalmaßnahmen

1. Effektive Kapitalerhöhung gegen Einlagen

Das Grundkapital muss im Zeitpunkt der Gründung in der Satzung festgelegt und 13
aufgebracht werden. Dabei handelt es sich aber nicht um die einzige Gelegenheit, wie die Kapitalsammelstelle AG Gelder von Investoren einwerben kann. Vielmehr hat sie auch während ihres weiteren Bestehens die Möglichkeit, im Wege einer sog. Kapitalerhöhung gegen Einlagen weitere Aktien auszugeben und sich auf diese Weise neues Kapital zu verschaffen. Da das Grundkapital in der Satzung festgelegt

---

[23] Gesetz zur Modernisierung des GmbH-Rechts und zur Bekämpfung von Missbräuchen vom 23.10.2008, BGBl. I 2026; vom *BGH* auch für Altfälle als Klarstellung akzeptiert in BGHZ 179, 71 Rn. 12 = NJW 2009, 850 (MPS); krit. zur Neuregelung Hüffer/*Koch,* § 57 Rn. 24.

[24] Vgl. etwa Hüffer/*Koch,* § 57 Rn. 26; Schmidt/Lutter/*Fleischer,* § 57 Rn. 52; *Kiefner/Theusinger,* NZG 2008, 801, 804.

[25] BGHZ 179, 71 Rn. 14 = NJW 2009, 850 (MPS).

[26] BGHZ 90, 381, 385 ff. = NJW 1984, 1893; vgl. dazu auch *K. Schmidt,* § 18 III 4.

ist (§ 23 III Nr. 3 AktG), ist mit einer solchen Kapitalhöhung naturgemäß auch eine Satzungsänderung verbunden, für die § 179 II AktG grundsätzlich einen Hauptversammlungsbeschluss mit einer (qualifzierten) ¾-Mehrheit vorsieht. Speziell für die Kapitalerhöhung wird dieses Erfordernis in § 182 AktG aufgegriffen. Die weiteren Voraussetzungen orientieren sich am Gründungsrecht, da der Kapitalerhöhungsvorgang letztlich eine modifizierte Wiederholung des Gründungsvorgangs darstellt. Der Beschluss ist nach § 184 AktG zum Handelsregister anzumelden. Sodann müssen die neuen Aktien übernommen werden. Diese Übernahme liegt also nicht bereits in der Mitwirkung am Beschluss, sondern erfolgt erst durch die Zeichnung der neuen Aktien (§ 185 AktG).[27] Als Gegenleistung kann eine Bareinlage, aber auch eine Sacheinlage erbracht werden, wofür §§ 183 f. AktG allerdings besondere Kautelen in Anlehnung an § 27 AktG vorsehen. Nach dem Verweis des § 183 II AktG finden auch die Regeln der verdeckten Sacheinlage hier Anwendung. Da eine Gesellschaft nur einmal gegründet wird, aber regelmäßig häufiger ihr Kapital erhöht, haben diese Regeln hier ihren eigentlichen Anwendungsbereich. Sodann wird die Kapitalerhöhung durchgeführt durch Einzahlung der gezeichneten Beiträge, wobei nach § 188 II AktG auch hier die Kapitalaufbringungsregeln des allgemeinen Gründungsrechts gelten. Die Durchführung muss sodann nach § 188 I AktG nochmals zum Handelsregister eingetragen werden und wird damit nach § 189 AktG wirksam.

14 **Fall 3:** Der Vorstand der Realquadrat Immobilien AG möchte unbedingt einen Gebäudekomplex von der Großinvestorin *Zebisch* erwerben. *Zebisch* ist aber nur bereit, diesen Komplex zu übertragen, wenn ihr im Gegenzug eine 5%ige Beteiligung an der Realquadrat Immobilien AG eingeräumt wird. Was kann der Vorstand hier tun?

15 Hier kommt eine Kapitalerhöhung gegen eine Sacheinlage nach §§ 182, 183 AktG in Betracht. Problematisch ist dabei allerdings die Vorschrift des § 186 AktG. Danach muss jedem Aktionär auf sein Verlangen ein seinem Anteil an dem bisherigen Grundkapital entsprechender Teil der neuen Aktien zugeteilt werden. Dieses Bezugsrecht soll dem Aktionär eine Möglichkeit geben, seine aktuelle Beteiligungsquote zu behalten.[28] Wenn ein Aktionär etwa über eine Beteiligung von 25,1 % verfügt, so hat er eine sog. Sperrminorität inne, da zumindest satzungsändernde Beschlüsse, die eine ¾-Mehrheit erfordern (§ 179 II AktG), nicht gegen seinen Willen gefasst werden können. Wird das Kapital nun erhöht und ein weiterer Aktionär tritt – wie hier mit fünf Prozent – in die AG ein, so würde die Beteiligungsquote des Altaktionärs unter 25 % sinken, so dass er seine Sperrminorität verlieren würde. Davor soll ihn ein Bezugsrecht schützen.[29] Überdies soll das Bezugsrecht auch einer Verwässerung des Beteiligungswertes entgegenwirken, die sich daraus ergeben kann, dass die neuen Aktien bei einer Kapitalerhöhung oftmals unter ihrem Marktwert ausgegeben werden müssen, um sie erfolgreich am Markt platzieren zu können. Je billiger die neuen Aktien aber ausgegeben werden, desto stärker verwässert sich der Beteiligungswert der Altaktionäre. Auch davor ist der Altaktionär geschützt, wenn er über sein Bezugsrecht selbst die neuen Aktien bevorrechtigt zeichnen kann.[30] Will oder kann der Aktionär dieses Bezugsrecht nicht ausnutzen, kann er es am Kapitalmarkt veräußern und so die Verwässerung des Anteilswertes kompensieren. Vorgaben für die Ausübung des Bezugsrechts enthält § 186 I und II AktG.

---

[27] Vgl. auch *C. Schäfer*, § 35 Rn. 57.
[28] *K. Schmidt*, § 29 III 2d.
[29] *K. Schmidt*, § 29 III 2d.
[30] Schmidt/Lutter/*Veil*, § 186 Rn. 24.

Fall 3 zeigt allerdings die Problematik eines solchen Bezugsrechts. Sie tritt stets dann zutage, wenn es der AG nicht darauf ankommt, allgemein neues Kapital zu beschaffen, sondern wenn die Aktien an einen bestimmten Investor ausgegeben werden sollen. Das ist insbesondere in der hier in Frage stehenden Konstellation einer Sachkapitalerhöhung der Fall, da der zu beschaffende Einlagegegenstand in der Regel nur von einer bestimmten Person erbracht werden kann.[31] Für diese Fälle lässt § 186 III und IV AktG auch einen Ausschluss des Bezugsrechts zu und stellt dafür einige verfahrensrechtliche Voraussetzungen auf. Eine sachliche Rechtfertigung wird nicht explizit verlangt. Nach der Kali & Salz-Entscheidung des *BGH* bedarf es im Hinblick auf die möglicherweise erhebliche Beeinträchtigung der Aktionärsrechte aber auch einer solchen inhaltlichen Legitimation.[32] Der Gesetzgeber hat diese Rechtsprechung mittelbar durch die Einführung des § 186 III 4 AktG anerkannt, wonach ein Ausschluss des Bezugsrechts insbesondere dann zulässig ist, wenn die Kapitalerhöhung gegen Bareinlagen 10 % des Grundkapitals nicht übersteigt und der Ausgabebetrag den Börsenpreis nicht wesentlich unterschreitet. Wenn danach also ein Fall formuliert wird, in dem der Ausschluss regelmäßig als sachlich gerechtfertigt gilt, dann kann daraus im Rückschluss gefolgert werden, dass der Ausschluss unzulässig ist, wenn es an einer solchen sachlichen Rechtfertigung fehlt.[33] 16

Im Fall 3 könnte der Vorstand also eine Sachkapitalerhöhung unter Ausschluss des Bezugsrechts der Aktionäre durchführen, soweit dargelegt werden kann, dass der Erwerb des Gebäudekomplexes im Gesellschaftsinteresse liegt und dieses Interesse das Interesse der Aktionäre am Erhalt ihrer Rechtsposition überwiegt.[34] Ist die Realquadrat Immobilien AG börsennotiert und unterschreitet der Ausgabebetrag der jungen Aktien den Börsenpreis nicht wesentlich, so greift die Rechtfertigung nach § 186 III 4 AktG. 17

2. Sonstige Fälle einer Kapitalerhöhung

Neben diesem Fall einer effektiven Kapitalerhöhung gegen Einlagen kennt das Gesetz noch mehrere andere Varianten, die hier nur knapp in ihrer allgemeinen Funktion dargestellt werden sollen. So ist eine bedingte Kapitalerhöhung (§§ 192–201 AktG) dadurch gekennzeichnet, dass sie nur insoweit durchgeführt wird, als von Umtausch- oder Bezugsrechten auf die neuen Aktien Gebrauch gemacht wird. Ein solches Umtausch- oder Bezugsrecht kann sich etwa dann ergeben, wenn an den Vorstand der AG sog. Aktienoptionen ausgegeben wurden, die dieser nur dann ausüben wird, wenn der Optionspreis unter dem aktuellen Marktwert liegt. Aus dieser Unsicherheit des Bedarfs an weiteren Aktien ergibt sich der bedingte Charakter der Kapitalerhöhung. Bei einer genehmigten Kapitalerhöhung nach §§ 202–206 AktG ermächtigt die Hauptversammlung den Vorstand, aus eigener Initiative und nach seinem Ermessen das Kapital der Gesellschaft um maximal die Hälfte des Grundkapitals zu erhöhen. Dadurch erhält er die Flexibilität, eine Kapitalerhöhung spontan vornehmen zu können, ohne das langwierige und schwerfällige Verfahren einer regulären Kapitalerhöhung durchlaufen zu müssen. Auf diese Weise soll es ihm ermöglicht werden, unternehmerische Chancen flexibel durch rasche Schaffung neuen Eigenkapitals ausnutzen zu können. 18

Schließlich kennt das Gesetz auch noch die nominelle Kapitalerhöhung nach §§ 207–220 AktG, die sich dadurch auszeichnet, dass der AG keine neuen Mittel 19

---

[31] *K. Schmidt,* § 29 III 2d.
[32] BGHZ 71, 40, 43 ff. = NJW 1978, 1316 und dazu Hüffer/*Koch,* § 186 Rn. 25.
[33] Schmidt/Lutter/*Veil,* § 186 Rn. 30.
[34] Hüffer/*Koch,* § 186 Rn. 28.

zugeführt werden, sondern lediglich ihre in der Vergangenheit gebildeten Rücklagen in Grundkapital umgewandelt werden. Dadurch wird eine wirtschaftliche Stärkung herbeigeführt, da das Grundkapital strenger gebunden ist als die Rücklagen und die Gesellschaft demnach an Kreditwürdigkeit gewinnt.[35]

3. Kapitalherabsetzung

20 Schließlich kennt das AktG in §§ 222–236 AktG auch die Möglichkeit einer Kapitalherabsetzung, wobei ebenfalls mehrere Typen unterschieden werden. Von einer effektiven Herabsetzung spricht man dann, wenn das Grundkapital herabgesetzt wird, um auf diese Weise Vermögen an die Aktionäre ausschütten zu können. Wenn eine AG etwa mit einem Grundkapital von 50 Mio. EUR gegründet wurde, sich dann aber aus einem Geschäftsfeld zurückzieht und mittlerweile nur noch ein Eigenkapital von 25 Mio. EUR benötigt, dann wäre sie dennoch nicht in der Lage, ein überschüssiges Vermögen an ihre Aktionäre auszukehren. Die 50 Mio. EUR Grundkapital müssten stets gedeckt sein. Senkt sie das Grundkapital hingegen auf 25 Mio. EUR herab, ist eine entsprechende Gewinnauskehrung an die Aktionäre möglich. Da in diesem Fall Vermögen an die Aktionäre abfließt, spricht man von einer effektiven Herabsetzung. Der Schwerpunkt der gesetzlichen Regelung liegt hier auf dem Gläubigerschutz, da das haftende Kapital verringert wird. Die Gläubiger können daher unter den Voraussetzungen des § 225 AktG von der AG eine Sicherheitsleistung verlangen. In der Praxis spielt die effektive Kapitalherabsetzung aber nur eine geringe Rolle.[36] Häufiger wird die Kapitalherabsetzung zu Sanierungszwecken eingesetzt.

21 **Fall 4:** Das Vermögen der Realquadrat Immobilien AG, deren Grundkapital 10 Mio. EUR beträgt, ist auf 5 Mio. EUR herabgesunken. Die AG benötigt nach Auffassung des Vorstands dringend noch weitere 10 Mio. EUR neues Eigenkapital und fragt, wie sie dieses einwerben kann.

22 Um neues Eigenkapital einzuwerben, müsste die AG eine Kapitalerhöhung vornehmen.[37] Für eine Kapitalerhöhung gilt aber ebenso wie für die Gründung das Verbot einer Unterpari-Emission des § 9 I AktG: Aus Gründen der Kapitalaufbringung dürften Aktien nicht unter ihrem Nennwert ausgegeben werden (s. bereits Rn. 1). Die neuen Aktionäre müssten also, wenn Aktien im Nennwert von insgesamt 10 Mio. EUR ausgegeben werden sollen, auch mindestens Einlagen im Wert von 10 Mio. EUR in die Gesellschaft einbringen. Dazu werden sie aber kaum bereit sein, da sie damit einen unmittelbaren Wertverlust erleiden würden. Nimmt man etwa an, die AG hätte zehn Altaktionäre gehabt und es sollten nun zehn Neuinvestoren hinzutreten, so müsste jeder dieser Investoren 1 Mio. EUR zahlen. Die AG hätte also 20 Aktionäre mit Aktien zu einem Nennbetrag von 1 Mio. EUR, denen aber aufgrund der vorangegangenen Verluste nur noch ein Vermögen in Höhe von 15 Mio. EUR gegenüberstünde. Der tatsächliche Wert der Aktien beliefe sich auf nur 750.000 Euro. Jeder Neuaktionär hätte mit dem bloßen Zeichnungsakt einen Verlust von 250.000 EUR erlitten.

23 Aus diesem Grund muss, bevor das Kapital erhöht werden kann, zunächst eine Kapitalherabsetzung erfolgen. Das Grundkapital muss auf die reale Vermögenssumme von 5 Mio. EUR herabgesenkt werden. Die zehn Altaktionäre würden infolge der Herabsetzung Aktien zum Nennwert von jeweils 500.000 EUR halten. Würden sodann, um die erforderlichen 10 Mio. EUR zu erhalten, weitere 20 Aktien zum Nennbetrag von jeweils 500.000 EUR ausgegeben werden, so hätte die AG 30 Ak-

---

[35] Zu weiteren Motiven vgl. noch Hüffer/*Koch*, § 207 Rn. 4.
[36] Vgl. *K. Schmidt*, § 29 III 4.
[37] Vgl. zum Folgenden etwa *K. Schmidt*, § 29 III 1.

tionäre und ein Vermögen von 15 Mio. Euro. Rechnerisch würde auf jeden Aktionär also ein Vermögensanteil von 500.000 EUR fallen, so dass die Werthaltigkeit ihres Investments gesichert wäre. Die Kapitalherabsetzung ist demnach Voraussetzung für die künftige Kapitalerhöhung. Da in diesem Fall kein Vermögen an die Gesellschafter ausgeschüttet werden soll, spricht man hier von einer nominellen Kapitalherabsetzung. Hier ist der Schutz der Gläubiger regelmäßig von geringerer Relevanz, da ihre Interessen schon durch die eingetretenen Verluste und nicht erst durch die Kapitalherabsetzung gefährdet werden. Das Gesetz lässt eine solche Herabsetzung deshalb in einem vereinfachten Verfahren nach §§ 229–236 AktG zu. Insbesondere muss hier eine Sicherheitsleistung nach § 225 AktG (Rn. 20) nicht erbracht werden, wenn zugleich die Aktionäre solange auf Gewinnausschüttungen verzichten, bis die AG durch eine hinreichende Rücklagenbildung wieder saniert ist (§§ 230, 233 AktG).

IV. Gewinnverwendung

Die Grundlage für die Gewinnverwendung ist der Jahresabschluss der AG, den der Vorstand innerhalb von drei Monaten nach Abschluss des Geschäftsjahres aufzustellen hat (§§ 242, 264 I HGB).[38] Grundlage dieser Aufstellung sind die Handelsbücher i. S. d. § 238 HGB, die der Vorstand nach § 91 I AktG zu führen hat.[39] Von der Aufstellung des Jahresabschlusses ist seine Feststellung zu unterscheiden. Sie ist nach § 172 AktG erst dann erfolgt, wenn auch der Aufsichtsrat ihn billigt. Damit steht fest, dass dieser Abschluss der für die Gesellschaftsorgane verbindliche und für die Rechtsbeziehungen der AG zu den Aktionären maßgebende Jahresabschluss ist.[40] Können sich Vorstand und Aufsichtsrat nicht einigen, so obliegt die Feststellung nach § 173 AktG der Hauptversammlung, doch wird davon in der Praxis aus nachvollziehbaren Gründen nur sehr zurückhaltend Gebrauch gemacht; aufgrund ihrer Zusammensetzung und fehlenden Sachkunde ist die Hauptversammlung kaum als Feststellungsorgan geeignet.[41] 24

Um dem Aufsichtsrat die Prüfung zu ermöglichen, ist ihm der Jahresabschluss unverzüglich (§ 121 I 1 BGB) nach der Aufstellung vorzulegen. Bei mittleren und größeren Gesellschaften (§ 267 HGB) ist der Abschluss überdies nach § 316 HGB auch von einem Abschlussprüfer zu prüfen und muss diesem deshalb ebenfalls gleich nach der Aufstellung gem. § 320 I HGB unverzüglich zugeleitet werden. Der Abschlussprüfer, der gem. § 111 II 3 AktG nicht vom Vorstand, sondern vom Aufsichtsrat bestellt wird, hat diesen sodann nach Maßgabe der §§ 321 HGB, 171 AktG bei seiner Prüfung zu unterstützen. 25

Der solchermaßen festgestellte Jahresabschluss ist die Grundlage für die Entscheidung über die Gewinnverwendung. Über sie beschließt nach § 174 I AktG die Hauptversammlung, was dieser auf den ersten Blick eine sehr starke Rechtsposition zu geben scheint. Tatsächlich wird dieses Recht aber in mehrfacher Hinsicht relativiert.[42] So ist die Hauptversammlung zunächst bei ihrer Gewinnverwendungsentscheidung nach § 174 I 2 AktG an den Jahresabschluss gebunden. Da der Vorstand die Möglichkeit hat, bei der Aufstellung dieses Abschlusses bilanzielle Spielräume so auszunutzen, dass der Gewinn verhältnismäßig niedrig ausfällt, ergibt sich schon aus dieser Bindung eine erhebliche Einschränkung dieser Hauptversammlungskom- 26

---

[38] Vgl. zur Funktion des Jahresabschlusses *K. Schmidt,* § 29 IV.
[39] Zur Bedeutung dieser Vorschrift vgl. Hüffer/*Koch,* § 91 Rn. 2.
[40] Vgl. MüKoAktG/*Hennrichs/Pöschke,* § 172 Rn. 10.
[41] Vgl. MüKoAktG/*Hennrichs/Pöschke,* § 172 Rn. 1.
[42] Vgl. zum Folgenden MHdB GesR IV/*Hoffmann-Becking,* § 46 Rn. 1 ff.; MüKoAktG/*Hennrichs/Pöschke,* § 174 Rn. 5 ff.

petenz. Überdies kann die Hauptversammlung auch nicht über die Verteilung des ungeschmälerten Bilanzgewinns entscheiden, sondern es sind Rücklagen zu bilden. So sieht zunächst § 150 I AktG die Bildung einer gesetzlichen Rücklage in Höhe von 5 % des Jahresüberschusses vor. Über diese gesetzliche Rücklagenbildung hinaus können Vorstand und Aufsichtsrat nach § 58 II AktG (höchstens) die Hälfte des Jahresüberschusses in weitere Gewinnrücklagen einstellen. Der Gewinnanteil, über den die Hauptversammlung letztlich noch zu beschließen hat, kann demnach sehr moderat ausfallen. Soweit der Gewinn zur Ausschüttung an die Aktionäre bestimmt wird, ergibt sich aus diesem Beschluss im Zusammenspiel mit § 58 IV AktG der Dividendenanspruch des Aktionärs. Nach § 60 AktG gilt als Maßstab für die Gewinnverteilung der Anteil am Grundkapital.

V. Zusammenfassung

27 Die Finanzverfassung der AG baut auf den Prinzipien der Kapitalaufbringung und -erhaltung auf. Die Kapitalaufbringung erfolgt im Zuge des Gründungsvorgangs, um einen Ausgleich für die fehlende persönliche Haftung der Gesellschafter zu gewähren. Die Kapitalerhaltung findet ihren gesetzlichen Ausdruck vornehmlich in § 57 AktG. Sie schützt das aufgebrachte Grundkapital in der Weise, dass es nicht an die Aktionäre zurückgezahlt werden darf. Gesellschaftsvermögen darf nach § 57 I, III AktG nur im Rahmen der Gewinnverteilung an die Aktionäre ausgezahlt werden und die in § 266 III A I HGB angeordnete Passivierung des Grundkapitals sorgt dafür, dass ein entsprechender Bilanzgewinn nur ausgewiesen werden darf, wenn das Grundkapital gedeckt ist. Das Grundkapital ist aber gesetzlich nicht davor geschützt, dass es infolge unternehmerischer Entscheidungen verbraucht wird. Rechtsgeschäfte mit ihren Aktionären darf die AG vornehmen, solange darin nicht aufgrund eines Missverhältnisses von Leistung und Gegenleistung eine verdeckte Einlagenrückgewähr liegt. Der dafür erforderliche Drittvergleich gilt auch, wenn ein Darlehen an den Gesellschafter gewährt wird, solange der Rückzahlungsanspruch nur vollwertig ist (§ 57 I 3 AktG). Das Grundkapital ist keine unveränderliche Größe, sondern kann durch satzungsändernde Mehrheit herauf- oder herabgesetzt werden. Als Spielarten der Kapitalerhöhung kennt das Gesetz die effektive Kapitalerhöhung gegen Einlagen, die bedingte, die genehmigte und die nominelle Kapitalerhöhung. Als Unterarten der Kapitalherabsetzung werden die effektive und die nominelle Kapitalherabsetzung unterschieden. Über die Gewinnverwendung hat nach § 174 AktG die Hauptversammlung zu entscheiden, die dabei aber in vielerlei Hinsicht an die vorherige Festlegung der Verwaltung gebunden ist. Insbesondere wird der vom Vorstand aufgestellte Jahresabschluss von ihm gemeinsam mit dem Aufsichtsrat als verbindlich festgestellt. Dabei können in weitem Umfang auch Rücklagen gebildet werden, was von der Hauptversammlung ebenfalls hinzunehmen ist.

3. Kapitel. Die Gesellschaft mit beschränkter Haftung

§ 33. Struktur und Gründung der GmbH

Literatur: *Hangebrauck*, Die Reform des GmbH-Rechts, JA 2008, 125; *Hucke/Holfter*, Die Unternehmergesellschaft (haftungsbeschränkt) – eine echte Alternative für Unternehmensgründer, JuS 2010, 861; *Kindler*, Grundzüge des neuen Kapitalgesellschaftsrechts – Das Gesetz zur Modernisierung des GmbH-Rechts und zur Bekämpfung von Missbräuchen (MoMiG), NJW

2008, 3249; *J. Koch,* Die europäische Niederlassungsfreiheit als Herausforderung für das deutsche Gesellschaftsrecht, JuS 2004, 755; *Körber/Kliebisch,* Das neue GmbH-Recht, JuS 2008, 1041; *Langenbucher,* Grundfälle zum Recht der Gesellschaft mit beschränkter Haftung, JuS 2004, 387, 478, 581; *Lutter/Ulmer/Zöllner* (Hrsg.), Festschrift 100 Jahre GmbH-Gesetz, 1992; *Odemer,* Grundfälle zur gesellschaftsrechtlichen Haftung natürlicher Personen im Privatrecht, JuS 2016, 109; 203; *Ramm,* Der Gesellschaftsvertrag der Unternehmergesellschaft (haftungsbeschränkt), Jura 2009, 895; *C. Schäfer,* Rechtsprobleme bei Gründung und Durchführung einer Unternehmergesellschaft, ZIP 2011, 53; *Schürnbrand,* Die große GmbH-Reform 2008: Gesetz zur Modernisierung des GmbH-Rechts und Bekämpfung von Missbräuchen (MoMiG), JA 2009, 81. Allgemein gefasster Überblick bei *Lange,* Grundzüge des Rechts der GmbH, Jura 2016, 117. Zur Vorgesellschaft s. noch die Nachweise vor Rn. 24.

I. Die GmbH im Gesamtgefüge des Gesellschaftsrechts

1. Einführung der GmbH

Fall 1: *Brock* und *Maturana* wollen ein Unternehmen gründen, das mehrere Autowaschanlagen in der Kölner Innenstadt betreiben soll. Aufgrund einer vorangegangenen erfolgreichen unternehmerischen Tätigkeit sind sie beide dazu in der Lage, die erforderlichen Mittel selbst aufzubringen. Zu einer persönlichen Haftung sind sie aber nicht bereit. Was ist die für sie geeignete Gesellschaftsform? 1

Anders als die AG ist die GmbH keine Gesellschaftsform, die sich zunächst in der Praxis entwickelt und sodann vom Gesetzgeber zum Gegenstand staatlicher Regulierung gemacht wurde (§ 29 Rn. 1), sondern es handelt sich hier um eine Gesellschaftsform, die am Reißbrett des Gesetzgebers entstanden ist. Sie wurde 1892 vom Gesetzgeber ohne historisches Vorbild aufgrund eines Entwurfs des nationalliberalen Reichstagsabgeordneten *Wilhelm Oechelhäuser* mit dem noch heute geltenden GmbH-Gesetz geschaffen.[1] Zu dieser Initiative sah der Gesetzgeber sich veranlasst, nachdem die AG durch die Aktienrechtsnovelle von 1884 verschärften Normativbedingungen (§ 26 Rn. 16 ff.) unterworfen worden war und seither als Rechtsform für Zusammenschlüsse personalistischen Typs nur noch eingeschränkt taugte.[2] Der Gesetzgeber hielt es aber für sinnvoll, Zusammenschlüssen, die nicht darauf angelegt sind, den Kapitalmarkt in Anspruch zu nehmen, ebenfalls die Möglichkeit eines Ausschlusses der persönlichen Haftung zu eröffnen, um auf diese Weise die unternehmerische Initiative auch auf dieser Ebene zu beflügeln. 2

2. Strukturmerkmale

Schon aus dieser Funktion können die wichtigsten Strukturmerkmale der GmbH gefolgert werden.[3] Wenn die Haftung der Gesellschafter ausgeschlossen sein soll, so muss die GmbH zwangsläufig als Körperschaft ausgestaltet sein, auch wenn der personalistische Zuschnitt sie oft rechtstatsächlich eher der OHG verwandt erscheinen lassen mag. Da sie überdies unternehmerisch tätig werden soll, muss der Ausschluss der persönlichen Haftung (vgl. dazu § 13 II GmbHG) – anders als beim Verein, aber ebenso wie bei der AG – durch den Aufbau eines Haftungsfonds kompensiert werden. Es handelt sich mithin um eine sog. Kapitalgesellschaft (§ 2 Rn. 4). Ebenso wie die AG hat die GmbH also ein Mindestkapital, das hier als Stammkapital bezeichnet wird. Dieses ist in der Satzung fixiert (§ 3 I Nr. 3 3

---

[1] Überblick über die Entstehungsgeschichte bei *Ulmer*/Habersack/Löbbe, Einl. Rn. A 17 ff.; vgl. seither *Schubert,* FS 100 Jahre GmbHG, 1992, S. 1 ff. m. w. Nachw. (S. 3 Fn. 9).

[2] Zu dieser Entwicklung, zu den vorangegangenen Gründerjahren und dem folgenden Gründerkrach vgl. die Darstellung von *Hofer* in Bayer/Habersack, Aktienrecht im Wandel, Band I, 2007, Kap. 11.

[3] Zu den Strukturmerkmalen der GmbH vgl. *Ulmer*/Habersack/Löbbe, Einl. Rn. A 17 ff.; *K. Schmidt,* § 33 I 2.

GmbHG) und führt als bilanzieller Passivposten (§ 266 III A I HGB) zur Bindung eines der Sollziffer entsprechenden Vermögens (§ 32 Rn. 3); das Stammkapital der GmbH entspricht nach seiner Funktion also dem Grundkapital der AG. Deshalb findet auch das aktienrechtliche System der Kapitalaufbringung und -erhaltung hier ein Pendant. Aus der Einordnung als Körperschaft kann weiter gefolgert werden, dass die GmbH eine Satzung haben muss (§§ 2f. GmbHG), dass ihre Entstehung einer staatlichen Kontrolle bedarf (§§ 7ff., 11 GmbHG) und sie damit den Status einer juristischen Person (§ 13 GmbHG) erhält (vgl. § 2 Rn. 3f.). Die Übertragung der Mitgliedschaft ist zumindest im gesetzlichen Grundmodell ohne Zustimmung der Mitgesellschafter möglich (§§ 15f. GmbHG – s. aber noch § 35 Rn. 3). Schließlich folgt aus dem körperschaftlichen Charakter, dass eine Fremdorganschaft möglich ist, die hier einem Geschäftsführer (§ 35 GmbHG) anvertraut wird. Die Willensbildung erfolgt – wie bei der AG – durch Mehrheitsentscheidungen nach Kapitalanteilen (§ 47 GmbHG).

4 Neben diesen vielen Gemeinsamkeiten zwischen GmbH und AG begegnen aber auch zahlreiche Unterschiede, die sich namentlich aus der fehlenden Kapitalmarktorientierung der GmbH und ihrem personalistischen Zuschnitt (Rn. 2) ergeben. So wirkt sich die fehlende Kapitalmarktorientierung insbesondere dahingehend aus, dass eine GmbH anders als die AG (§ 23 V AktG) kein standardisiertes Produkt sein muss, sondern den Gesellschaftern wie bei anderen Gesellschaften auch ein wesentlich größerer kautelarjuristischer Gestaltungsspielraum zugestanden werden kann (vgl. insbesondere § 45 GmbHG).[4] Dieser Gestaltungsspielraum entspricht auch dem personalistischen Zuschnitt. Die Gesellschafter sind hier keine anonym auf dem Kapitalmarkt angeworbenen Mitglieder, sondern selbst dazu in der Lage, ihre Rechtsposition innerhalb der Gesellschaft auszugestalten. Daraus ergibt sich spiegelbildlich, dass auch der Gesetzgeber den von ihm vermittelten Schutz nicht ganz so breitflächig wie bei der AG auszugestalten hat, was schon in der deutlich geringeren Regelungsdichte des GmbHG zum Ausdruck kommt (AktG: §§ 1–410; GmbHG: §§ 1–87 GmbHG). Weiter macht die Ausrichtung auf den Kapitalmarkt eine gesteigerte Seriosität der Rechtsform AG erforderlich, die sich etwa darin äußert, dass ihr Grundkapital doppelt so hoch ist wie das Stammkapital einer GmbH (§ 7 AktG: 50.000 EUR, § 5 I GmbHG: 25.000 EUR), dass es in der Folgezeit durch gesetzlich vorgeschriebene Rücklagen abzusichern ist und dass der Gründungsvorgang strengeren Anforderungen unterliegt.

5 Der personalistische Charakter der GmbH wirkt sich insbesondere auf ihre Organisationsstruktur aus. Während die AG als Kapitalsammelstelle auch eine Vielzahl von reinen Anlegergesellschaftern ansprechen soll, die zur gemeinschaftlichen Leitung eines Großunternehmens kaum in der Lage sein werden, wird die GmbH zumeist von unternehmerisch selbst tätigen Mitgliedern gegründet. In diesem Fall besteht kein Anlass, die Geschäftsführung von ihnen unabhängig zu gestalten, sondern der Geschäftsführer wird gerade im Gegenteil ihren Weisungen unterworfen (§ 37 I GmbHG) und muss ihnen nach § 51a GmbHG Auskunft und Einsicht in Bücher

[4] Die den Gesellschaftern durch § 45 GmbHG eingeräumte Gestaltungsfreiheit ist Ausdruck eines legislatorischen Kompromisses. Über die Ausgestaltung der GmbH bestand nämlich keine einheitliche Meinung; teils wurde eine Personengesellschaft mit beschränkter Haftung, teils eine vereinfachte AG gewünscht. Der Gesetzgeber hat sich für den zweiten Weg entschieden, mit § 45 GmbHG aber die Möglichkeit offen gelassen, die GmbH im Verhältnis der Gesellschafter zueinander nach dem Vorbild der Personengesellschaft auszugestalten (*Ulmer*/Habersack/Löbbe, Einl. Rn. A 4f.; *Schubert,* FS 100 Jahre GmbHG, 1992, S. 1, 43ff.).

und Schriften gewähren (vgl. gerade hier den scharfen Kontrast zum schwachen Auskunftsrecht nach § 131 AktG). Auch ein Aufsichtsrat ist nicht zwingend erforderlich, da die Gesellschafter oftmals selbst in der Lage sein werden, die Geschäftsführung zu kontrollieren. Aufgrund der kautelarjuristischen Gestaltungsfreiheit innerhalb dieser Gesellschaftsform kann er aber aus eigener Initiative im Gesellschaftsvertrag vorgesehen werden (§ 52 GmbHG). Sowohl aus der fehlenden Kapitalmarktausrichtung als auch aus dem personalistischen Zuschnitt erklären sich sodann die Unterschiede bei der Übertragung der Mitgliedschaft. Die Mitgliedschaft innerhalb einer GmbH soll zwar übertragbar sein, aber es ist nicht erforderlich, sie wie bei der AG so auszugestalten, dass sie ohne jeden Aufwand standardisiert am Kapitalmarkt gehandelt werden kann. Eine derart beliebige Übertragbarkeit würde auch dem personalistischen Zuschnitt der GmbH oftmals widersprechen. Die Übertragbarkeit wird deshalb in § 15 III GmbHG an das Erfordernis einer notariellen Beurkundung geknüpft. Überdies können die Gesellschafter die Übertragung nach § 15 V GmbHG noch von weiteren Anforderungen abhängig machen (sog. Vinkulierung). Auf weitere Unterschiede wird in den jeweiligen Einzeldarstellungen noch vertieft eingegangen.

3. Rechtstatsächliche Verbreitung und Reform

Der Legislativakt von 1892 hatte einen durchschlagenden Erfolg. Die GmbH ist heute die in der Praxis zahlenmäßig klar dominierende Rechtsform. Zum Stichtag des 1. Januar 2016 waren 1.186.598 Gesellschaften in dieser Rechtsform in deutschen Handelsregistern eingetragen.[5] Darüber hinaus hat sich die GmbH auch als „Exportschlager“ erwiesen. Das deutsche Modell wurde mittlerweile – wenngleich auch mit zum Teil nicht unerheblichen Modifikationen – in die große Mehrzahl der Industriestaaten übernommen.[6] Eine beachtliche Konkurrenz ist der GmbH allerdings erwachsen, nachdem der EuGH in der Entscheidungstrilogie Centros, Überseering, Inspire Art entschieden hat, dass die europäische Niederlassungsfreiheit (Art. 49 AEUV) die Mitgliedstaaten dazu verpflichte, Gesellschaften aus anderen Mitgliedstaaten in ihrer originären Rechtsform anzuerkennen (vgl. dazu noch ausführlich § 40 Rn. 1 ff. m. w. Nachw.). Das führte zu einer rasanten Verbreitung der englischen Private Company Limited by Shares (kurz Limited), die ebenso wie die GmbH einen Ausschluss der persönlichen Haftung ermöglicht, dafür als Gegengewicht aber nur ein Mindestkapital von einem Pfund verlangt. Der Rechtsverkehr wird hier also nicht durch den Aufbau eines nennenswerten Haftungsfonds geschützt, sondern in erster Linie durch die Publizität dieses geringen Mindestkapitals. Trotz zahlreicher Nachteile, die mit der Nutzung dieses ausländischen Rechtskleides in Deutschland verbunden waren,[7] erschien diese Ausgestaltung vielen Unternehmensgründern doch so attraktiv, dass die Zahl der Limiteds in Deutschland innerhalb weniger Jahre hochschnellte. Zum 1. Januar 2010 waren 17.551 Limiteds in Deutschland tätig.[8] 6

Um die weitere Ausbreitung der Limited zu Lasten der heimischen GmbH aufzuhalten, sah der Gesetzgeber sich schließlich zu einer weitreichenden Reform des GmbH-Rechts veranlasst. Durch das Gesetz zur Modernisierung des GmbH-Rechts 7

[5] *Kornblum,* GmbHR 2016, 691, 692.

[6] Vgl. dazu *Lutter,* FS 100 Jahre GmbHG, 1992, S. 49, 51 ff.; *Ulmer*/Habersack/Löbbe, Einl. Rn. A 7.

[7] Vgl. zu diesen Nachteilen etwa die Darstellung von *W. Müller/S. Müller,* GmbHR 2006, 641, 642 f.; *Römermann,* NJW 2006, 2065 f.

[8] *Kornblum,* GmbHR 2010, 739, 746.

und zur Bekämpfung von Missbräuchen (MoMiG) aus dem Jahr 2008 wurde als Unterform der GmbH die sog. Unternehmergesellschaft (haftungsbeschränkt) eingeführt (vgl. § 5a GmbHG).[9] Sie zeichnet sich in erster Linie dadurch aus, dass es sich von der Grundstruktur um eine GmbH handelt, deren Mindestkapital aber nur einen Euro beträgt (zu weiteren Einzelheiten s. Rn. 21 ff.). Der Gesetzgeber hat die Unternehmergesellschaft bewusst nicht als eigenständige Rechtsform ausgestaltet, um den Rechtsformenkatalog nicht übermäßig auszudehnen. Vielmehr handelt es sich um eine „Mini-GmbH", deren rechtliche Ausgestaltung nur punktuell vom GmbH-Recht abweicht.[10] In der Unternehmenspraxis hat sich diese neue GmbH-Variante in beeindruckender Geschwindigkeit durchgesetzt. Zum 1. Januar 2016 waren 115.644 Zusammenschlüsse in dieser verschlankten Form organisiert, von denen 8.891 auf die UG & Co. KG entfielen.[11] Der Gesetzgeber hat sein selbst gestecktes Ziel, die rasante Verbreitung der britischen Limited durch Einführung einer attraktiven nationalen Rechtsformalternative aufzuhalten, also offenkundig erreicht. Tatsächlich sind nach der Einführung der Unternehmergesellschaft bei inländischen Gründungen ohne unternehmerischen Auslandsbezug (und hier lag der klare Schwerpunkt der Limited-Gründungen) auch keine nennenswerten Gründe mehr erkennbar, die es ratsam erscheinen lassen, einer Limited den Vorzug vor der Unternehmergesellschaft zu geben.[12] Vielmehr überwiegen die Vorteile der Unternehmergesellschaft aus Gründersicht mittlerweile so klar, dass eine gegenteilige anwaltliche Empfehlung heute gar als haftungsbegründender „Beratungsfehler" angesehen wird.[13]

8 Im Fall 1 müssen die Parteien eine Körperschaft gründen, um die persönliche Haftung ausschließen zu können.[14] Da die Körperschaft sich unternehmerisch betätigen soll, kommt ein Verein nicht in Betracht. Es bleiben im Wesentlichen GmbH und AG. Die AG ist für das von *Brock* und *Maturana* geplante Unternehmen aber schon deshalb nicht die geeignete Gesellschaftsform, weil sie die benötigten Mittel selbst aufbringen wollen. Wird die Kapitalsammelfunktion der AG nicht genutzt, dann ist es im Allgemeinen wenig sinnvoll, sich den komplizierten und starren (§ 23 V AktG) Vorschriften des Aktienrechts zu unterwerfen. Wenn die künftigen Gesellschafter auf die Leitung des Unternehmens direkten Einfluss nehmen wollen, ist die Form der AG auch wegen der Selbstständigkeit des Vorstands (§ 76 I AktG) nicht günstig. Die GmbH dagegen kann so organisiert werden, dass persönliche Mitarbeit und direkter Einfluss auf die Unternehmensleitung gewährleistet sind. Die GmbH ist deshalb hier die zweckmäßige Gesellschaftsform. Auf die besondere Ausgestaltung als UG (haftungsbeschränkt) werden *Brock* und *Maturana* nicht zurückgreifen müssen, da sie über die nötigen Mittel für die finanzielle Ausgestaltung der Gesellschaft verfügen und deshalb nicht die Beschränkungen in Kauf nehmen müssen, die mit der Wahl dieser GmbH-Variante verbunden sind.

---

[9] Das Schrifttum zu dieser neuen GmbH-Variante hat schon jetzt die Grenzen des Überschaubaren überschritten; vgl. statt vieler *Habersack,* ZIP 2011, 53 ff.; *Hucke/Holfter,* JuS 2010, 861 ff.; *Joost,* ZIP 2007, 2242 ff.; *Ramm,* Jura 2009, 895 ff.; *Römermann,* NJW 2010, 905 ff.; *C. Schäfer,* ZIP 2011, 53 ff.

[10] Bork/*C. Schäfer,* § 5a Rn. 4; *Roth*/Altmeppen, § 5a Rn. 5; *Joost,* ZIP 2007, 2242, 2243; *Seibert,* GmbHR 2007, 673, 675.

[11] *Kornblum,* GmbHR 2016, 691, 692.

[12] Zu den mit der Limited-Gründung verbundenen Nachteilen s. noch § 40 Rn. 8.

[13] *C. Schäfer,* ZIP 2011, 53.

[14] Der Sonderfall der GmbH & Co. KG soll hier ausgeblendet werden; s. dazu noch § 37.

II. Die Gründung der GmbH

1. Reguläre Gründung

Fall 2: *Brock* und *Maturana* entscheiden sich tatsächlich für die Rechtsform der GmbH. Sie ärgern sich aber über die damit verbundenen Kosten und fragen, ob es eine Möglichkeit gibt, diese zu reduzieren. 9

Bei der Gründung der GmbH kann im Wesentlichen auf das Vergleichsmodell der AG verwiesen werden. Die Unterschiede zwischen den beiden Rechtsformen treten hier nur in Einzelpunkten zutage. Es überwiegen die Gemeinsamkeiten, da es sich um die Gründung einer Körperschaft und Kapitalgesellschaft handelt, bei der insbesondere die Aufbringung des Stammkapitals im Vordergrund steht. *Brock* und *Maturana* müssen zunächst einen Gesellschaftsvertrag in notarieller Form abschließen (§ 2 GmbHG). Ebenso wie bei der AG ist auch bei der GmbH eine Einmann-Gründung zulässig (vgl. § 1 GmbHG: „durch eine oder mehrere"). Den Mindestinhalt des Gesellschaftsvertrags gibt § 3 GmbHG an. Das Stammkapital (§ 3 I Nr. 3 GmbHG) muss 25.000 EUR betragen (§ 5 I GmbHG), sofern nicht die Rechtsform der Unternehmergesellschaft gewählt wird (s. dazu noch Rn. 21 ff.). Die Stammeinlage (§ 3 I Nr. 4 GmbHG) entspricht der Aktie in der Bedeutung des § 1 II AktG, also als Anteil am Grundkapital. Wie die Aktie (§ 8 I AktG) darf auch die Stammeinlage nicht in einer Quote ausgedrückt werden. Für die einzelne Stammeinlage ist ein Mindestbetrag seit 2008 nicht mehr vorgesehen, allerdings muss nach § 5 II GmbHG der Nennbetrag jedes Geschäftsanteils auf volle Euro lauten, so dass ein Anteil nicht für weniger als einen Euro ausgegeben werden kann.[15] 10

Wie bei der AG (§ 27 AktG) muss auch bei der GmbH die Vereinbarung von Sacheinlagen in den Gesellschaftsvertrag aufgenommen werden (§ 5 IV 1 GmbHG). Die Gesellschafter müssen einen Sachgründungsbericht vorlegen (§ 5 IV 2 GmbHG). An die Bestellung der Geschäftsführer (§ 6 GmbHG) schließt sich die Einzahlung von einem Viertel jeder Stammeinlage, insgesamt aber mindestens 12.500 EUR, an (§ 7 II GmbHG). Sacheinlagen sind vollständig vor der Anmeldung zu leisten, und zwar so, dass sie endgültig zur freien Verfügung der Geschäftsführer stehen (§ 7 III GmbHG). Danach ist die GmbH zur Eintragung in das Handelsregister anzumelden (§§ 7, 8 GmbHG). In der Anmeldung haben die Geschäftsführer u. a. die Leistung der Mindesteinlagen (§ 7 II und III GmbHG) zu versichern (§ 8 II GmbHG). Der Registerrichter prüft die Ordnungsmäßigkeit der Gründung und der Anmeldung.[16] Nicht behebbare Mängel oder die Überbewertung von Sacheinlagen führen zur Ablehnung der Eintragung (§ 9c GmbHG). Ebenso wie bei der AG gelten die Grundsätze der verdeckten Sacheinlage, die hier – parallel zur aktienrechtlichen Regelung – in § 19 IV, V GmbHG geregelt ist (ausführlich dazu unter § 29 Rn. 22 ff.). 11

2. Vereinfachte Gründung

Wenn *Brock* und *Maturana* die Gründungskosten reduzieren wollen, so können sie prüfen, ob für sie eine vereinfachte Gründung nach § 2 Ia GmbHG in Betracht kommt. Auch diese Gestaltungsoption wurde erst im Jahr 2008 mit dem MoMiG (Rn. 7) neu in das Gesetz eingeführt. Der Gesetzgeber verfolgte damit das Ziel, die GmbH als Rechtsform attraktiver zu gestalten, indem ihre Gründung vereinfacht wurde. Deshalb wird es jetzt in § 2 Ia GmbHG zugelassen, dass die GmbH in einem einfachen Verfahren gegründet wird, wenn sie höchstens drei Gesellschafter und 12

---

[15] Vgl. zu dieser Änderung *Roth*/Altmeppen, § 5 Rn. 20.

[16] Zur Prüfungstätigkeit des Registergerichts vgl. Staub/*J. Koch,* § 8 Rn. 79 ff., 96 ff.

einen Geschäftsführer hat. Die Gründung kann sodann nach einem festen Vertragsmuster erfolgen, das dem GmbHG als Musterprotokoll in der Anlage hinzugefügt wurde. Dieses Musterprotokoll ist so ausgestaltet, dass es die Gründung einer standardisierten GmbH nach dem gesetzlichen Grundmodell ermöglicht, den Gründern aber nicht die Ausnutzung kautelarjuristischer Gestaltungsspielräume gestattet. Nach der ursprünglichen Konzeption der Entwurfsverfasser des Reformgesetzes sollte die Wahl dieser Gestaltungsvariante es den Gründen ermöglichen, gänzlich auf die notarielle Beurkundung nach § 2 I GmbHG verzichten zu können.[17] Davon hat der Gesetzgeber im Hinblick auf die im Laufe des Gesetzgebungsverfahrens geäußerte Kritik Abstand genommen und an dem Formerfordernis festgehalten.[18] Dadurch sind die mit der vereinfachten Gründung verbundenen Vorteile verhältnismäßig gering. Eine gewisse verwaltungstechnische Erleichterung mag sich daraus ergeben, dass mit dem Gesellschaftsvertrag, der Bestellung des Geschäftsführers und der Gesellschafterliste drei Dokumente in einem, nämlich dem Musterprotokoll, zusammengefasst sind. Kostenmäßige Vorteile ergeben sich bei der Gründung per Musterprotokoll insoweit, als dass nach § 107 I 2, § 105 VI 1 Nr. 1 GNotKG zur Berechnung der Notarkosten nicht der Mindestgeschäftswert von 30.000 EUR (§ 107 I 1 GNotKG) angesetzt wird, sondern das Stammkapital der Gesellschaft (vgl. § 105 I 1 Nr. 1 GNotKG).[19] *Brock* und *Maturana* können also die Gründungskosten durch eine Gründung nach § 2 Ia GmbHG senken, sofern der Geschäftswert unter 30.000 EUR liegt.

3. Insbesondere: Der Grundsatz der Kapitalaufbringung

13 **Fall 3:** Das Stammkapital der zu gründenden GmbH soll folgendermaßen aufgebracht werden: Bareinlagen von *Brock* und *Maturana* in Höhe von je 50.000 EUR, Übereignung eines Lieferwagens zum Wert von 15.000 EUR, unentgeltliche Nutzung eines Grundstücks des *Maturana* für die Dauer von zehn Jahren, bewertet mit 80.000 EUR, unvergütete Geschäftsführertätigkeit des *Brock* für zunächst fünf Jahre, bewertet mit 100.000 Euro. Kann die GmbH auf dieser Basis entstehen?

14 Ob die GmbH so entstehen kann, wie ihre Gründer sich das vorstellen, hängt von den Anforderungen ab, die an die Aufbringung des Stammkapitals zu stellen sind. Das Stammkapital hat dieselbe Funktion wie das Grundkapital der AG. Seine Zahl soll den Gläubigern also angeben, in welcher Höhe Vermögenswerte mindestens in der GmbH vorhanden sind (vgl. § 32 Rn. 2 f.). Das Gesetz kann sich deshalb nicht darauf beschränken, der GmbH ein Stammkapital vorzuschreiben (vgl. §§ 3 I Nr. 3, 5 I GmbHG). Es muss auch Vorkehrungen treffen, dass die entsprechenden Vermögenswerte aufgebracht werden und der GmbH erhalten bleiben (zur Kapitalerhaltung s. noch § 36 Rn. 2 ff.).

15 Mit der Aufbringung des Kapitals befassen sich §§ 5, 7 II und III, 9–9c, 19–25 GmbHG.[20] Das Stammkapital wird von den Gründern der GmbH aufgebracht, indem sie sämtliche Stammeinlagen übernehmen (§ 5 GmbHG) und an die Gesellschaft Leistungen erbringen, die mindestens dem Betrag ihrer jeweiligen Stammeinlage entsprechen. Ähnlich wie bei der AG geht das Gesetz auch bei der GmbH

---

[17] RegBegr MoMiG, BT-Drucks. 16/6140, S. 27.

[18] Zu der Kritik vgl. die Stellungnahme des Bundesrates zum MoMiG, BR-Drucks. 354/07 (B), S. 3 f.; Beschlussempfehlung und Bericht des Rechtsausschusses, BT-Drucks. 16/9737, S. 54.

[19] Näher zu den möglichen Vorteilen der vereinfachten Gründung vgl. *Michalski*, § 2 Rn. 120 f.; *Roth*/Altmeppen, § 2 Rn. 51; *Miras*, NZG 2012, 486, 488 ff.; *Tebben*, RNotZ 2008, 441, 442.

[20] Allgemein zur Kapitalaufbringung in der GmbH vgl. Ulmer/Habersack/Löbbe/*Ulmer*/*Casper*, § 5 Rn. 12 ff.; *Priester*, FS 100 Jahre GmbHG, 1992, S. 159 ff.

von der Bargründung aus, nimmt also als Regelfall an, dass sich die Gründer zu Geldleistungen in Höhe ihrer Stammeinlagen verpflichten. Soweit *Brock* und *Maturana* Bareinlagen erbringen sollen, ist ihre Gründung also unbedenklich. Ein Viertel oder mindestens 12.500 EUR sind nach § 7 II GmbHG schon vor der Anmeldung zum Handelsregister zu leisten, der Rest nach Einforderung durch Beschluss der Gesellschafterversammlung (§ 46 Nr. 2 GmbHG). Auch wenn § 7 II GmbHG das nicht ausdrücklich hervorhebt, müssen die Bareinlagen ebenso wie Sacheinlagen (§ 7 III GmbHG) endgültig zur freien Verfügung der Geschäftsführer stehen. Das wird in § 8 II 1 GmbHG vorausgesetzt und ist deshalb notwendig, weil sonst das Mindestvermögen der GmbH nur scheinbar aufgebracht würde. Erforderlich und genügend ist dafür, dass die Mindestzahlungen an die Geschäftsführer selbst erbracht worden sind (also nicht als Direktleistung an einen Gläubiger) und ihnen im Zeitpunkt der Anmeldung noch wertmäßig zur Verfügung stehen. Aus dem letztgenannten Erfordernis ergibt sich, dass einerseits zwar keine Thesaurierungspflicht besteht – die Einlagen müssen nicht gegenständlich unversehrt vorhanden sein – aber andererseits ein bloßer Zufluss der Einlagen ohne wertmäßige Deckung für § 7 II GmbHG nicht genügt.[21]

Damit die GmbH auch tatsächlich Geld in die Kasse bekommt, können die Stamm- 16
einlagen den Gesellschaftern weder erlassen noch gestundet werden (§ 19 II 1 GmbHG); ebenso ist eine Aufrechnung durch den Gesellschafter unzulässig (§ 19 II 2 GmbHG). Säumige Gesellschafter können nach § 21 GmbHG unter Verlust ihrer geleisteten Teilzahlungen ausgeschlossen werden (Kaduzierung); ihre Haftung wegen des Ausfallbetrags erlischt dadurch nicht (§ 21 III GmbHG). Hat der ausgeschlossene Gesellschafter seinen Geschäftsanteil von einem früheren Gesellschafter erworben, so haftet dieser Rechtsvorgänger ebenso der GmbH (§§ 22, 23 GmbHG). Schließlich trifft die Gesellschafter eine Ausfallhaftung nach dem Verhältnis ihrer Geschäftsanteile (§ 24 GmbHG). Die Rechtsfolgen der Säumnis oder des Zahlungsausfalls sind zwingend vorgeschrieben (§ 25 GmbHG).

Den größeren Teil des Stammkapitals wollen *Brock* und *Maturana* nicht durch 17
Zahlungen, sondern durch andere Leistungen abdecken. Die grundsätzliche Zulässigkeit dieses Verfahrens wird von § 5 IV GmbHG und auch von § 7 III GmbHG vorausgesetzt (Sachgründung). Es fragt sich jedoch, welche Gegenstände einlagefähig sind, also welche Gegenstände die GmbH anstelle des in der Stammeinlage ausgedrückten Geldbetrags annehmen darf. Diese Frage steht in unmittelbarem Zusammenhang mit dem Grundsatz der Kapitalaufbringung. Lässt man Sacheinlagen zu, die der Geldeinlage nicht gleichwertig sind, so besteht die Gefahr, dass die GmbH die dem Stammkapital entsprechenden Vermögenswerte nur auf dem Papier besitzt. Das Problem besteht auch bei der Sachgründung einer AG (§ 27 AktG; vgl. dazu § 29 Rn. 18 ff.). Weil die Rechtsform der GmbH infolge des mit 25.000 EUR niedrig angesetzten Mindeststammkapitals (§ 5 I GmbHG) leicht zugänglich ist und eine externe Gründungsprüfung – anders als bei der Sacheinlage in einer AG (vgl. § 33 II GmbHG) – nicht stattfindet,[22] hat die Frage der Einlagefähigkeit aber gerade hier

---

[21] Vgl. BGHZ 119, 177 ff. = NJW 1992, 3300; BGHZ 150, 197, 199 = NJW 2002, 522; s. auch *Hüffer,* ZGR 1993, 474, 476 f. und 480 ff. *Rezori,* RNotZ 2011, 125, 128; a. A. im ersten Punkt (Leistung an die Geschäftsführer nicht stets erforderlich) *Ihrig,* Die endgültige freie Verfügung über die Einlage von Kapitalgesellschaftern, 1991, S. 295 ff.; a. A. im zweiten Punkt (Mittelzufluss genügt) z. B. *Hommelhoff/Kleindiek,* ZIP 1987, 477, 485; *Lutter,* NJW 1989, 2649, 2652 f., 2655.

[22] Sie war noch in § 5d RegE GmbH-Novelle (BT-Drucks. 8/1347) vorgesehen; vom Rechtsausschuss als zu weitgehend gestrichen, vgl. Bericht (BT-Drucks. 8/3908), S. 70.

praktische Bedeutung. Bei der Beurteilung der Einlagefähigkeit eines Gegenstandes spielen drei Gesichtspunkte eine Rolle:[23] Er muss einen fassbaren Vermögenswert besitzen,[24] er muss zur freien Verfügung der Gesellschaft gelangen können und er muss, wenn Gegenstand der Einlage eine Forderung gegen den Gesellschafter ist, der GmbH mehr verschaffen als die bloße obligatorische Berechtigung.

18 Mit dem Eigentum an dem Lieferwagen erwirbt die GmbH einen fassbaren Vermögenswert.[25] Dieser Gegenstand ist deshalb unbedenklich einlagefähig. Von der Frage nach der Einlagefähigkeit zu unterscheiden ist die Frage nach der Höhe des Wertansatzes. Für den Lieferwagen als Gegenstand des Anlagevermögens ist der Wiederbeschaffungswert (Tagesneuwert) im Zeitpunkt der Anmeldung maßgeblich.[26] Dass das Fahrzeug mit den von den Gesellschaftern angesetzten 15.000 EUR überbewertet wäre, ist nach dem Sachverhalt nicht ersichtlich. Auch das Recht zur zehnjährigen unentgeltlichen Nutzung des Grundstücks hat einen fassbaren Vermögenswert, der mit 80.000 EUR nicht zu hoch angesetzt erscheint. Dass das Nutzungsrecht nicht zum Gegenstand des Rechtsverkehrs gemacht werden kann, also nicht beliebig übertragbar ist, steht seiner Einlagefähigkeit nicht entgegen. Ausreichend ist, dass die GmbH den Vermögenswert im Rahmen ihres Unternehmens nutzen kann.[27] Auch das Erfordernis, dass die GmbH mehr erlangt als eine Forderung gegen ihren Gesellschafter, ist wegen der besitzrechtlichen Position gewahrt, die sie mit der Übernahme der Nutzung erhält.[28]

19 Die künftige Geschäftsführertätigkeit des Mitgründers *Brock* ist dagegen nicht einlagefähig. Dass sie einen Wert hat, wird sich zwar nicht bezweifeln lassen, und dass die GmbH die Kenntnisse, die Fähigkeiten und die Arbeitskraft des *Brock* in ihrem Unternehmen nutzen kann, ist gleichfalls anzunehmen. Hier ist jedoch der oben erwähnte dritte Gesichtspunkt entscheidend. Von einer „Einlage" des Gesellschafters lässt sich nur sprechen, wenn der Gesellschafter einen Bestandteil seines gegenwärtigen Vermögens aufgibt und der GmbH dadurch mehr verschafft als bloß obligatorische, gegen ihn selbst gerichtete Rechte. Weil es daran fehlt, können Verpflichtungen eines Mitgründers zu Dienstleistungen nicht als Sacheinlagen eingebracht werden. § 27 II, 2. Hs. AktG sagt das für die Aktiengesellschaft ausdrücklich.[29] Es gilt jedoch auch für die GmbH.[30]

20 Weil die Gründer die Geschäftsführertätigkeit des *Brock* als Vermögensbestandteil der GmbH aktivieren wollen, kann die Gesellschaft nicht in der vorgesehenen Weise entstehen. Der Registerrichter, dem der Gesellschaftsvertrag mit der Anmeldung vorzulegen ist (§ 8 I Nr. 1 GmbHG), muss die Eintragung in das Handelsregister ablehnen.

---

[23] Vgl. zum Folgenden etwa Ulmer/Habersack/Löbbe/*Ulmer/Casper,* § 5 Rn. 48 ff.

[24] § 27 II, 1. Hs. AktG fordert gleichbedeutend einen feststellbaren wirtschaftlichen Wert; näher Hüffer/*Koch,* § 27 Rn. 13 ff.

[25] Vielfach wurde früher auf die Bilanzfähigkeit des Vermögenswerts abgestellt. Die Behandlung in der Bilanz kann jedoch nur Indiz für die Greifbarkeit des Vermögenswerts sein, vgl. schon BGHZ 29, 300, 304 = NJW 1959, 934; Ulmer/Habersack/Löbbe/*Ulmer/Casper,* § 5 Rn. 52; vgl. auch § 27 II, 1. Hs. AktG.

[26] Ähnlich Ulmer/Habersack/Löbbe/*Ulmer/Casper,* § 5 Rn. 91 f.

[27] Ulmer/Habersack/Löbbe/*Ulmer/Casper,* § 5 Rn. 62; *Hüffer,* NJW 1979, 1065, 1067; Hüffer/*Koch,* § 27 Rn. 18 m. w. Nachw.; unscharf BGHZ 29, 300, 304 = NJW 1959, 934.

[28] Ulmer/Habersack/Löbbe/*Ulmer/Casper,* § 5 Rn. 62; a. A. *Knobbe-Keuk,* ZGR 1980, 214, 221.

[29] Zu Auslegungsschwierigkeiten bezüglich der Dienstleistungen Dritter vgl. Hüffer/*Koch,* § 27 Rn. 22.

[30] Vgl. statt aller Ulmer/Habersack/Löbbe/*Ulmer/Casper,* § 5 Rn. 70.

4. Besonderheiten bei der UG (haftungsbeschränkt)

Fall 4: Welche Besonderheiten ergeben sich, wenn sich *Brock* und *Maturana* (s. Fall 1) doch für die Gründung einer Unternehmergesellschaft entscheiden? 21

Nach § 5a I GmbHG muss eine Gesellschaft, die mit einem Stammkapital gegründet wird, das den Betrag des Mindeststammkapitals nach § 5 I GmbHG unterschreitet, in der Firma abweichend von § 4 GmbHG die Bezeichnung „Unternehmergesellschaft (haftungsbeschränkt)" oder „UG (haftungsbeschränkt)" führen.[31] Bemerkenswert an dieser Feststellung ist, dass sie die materielle Kernaussage in einem Relativsatz versteckt: Eine GmbH kann mit einem Stammkapital unter 25.000 EUR gegründet werden. Eine Mindesthöhe wird nicht angegeben, so dass § 5 II GmbHG gilt, wonach der Nennbetrag jedes Geschäftsanteils auf volle Euro lauten muss. Daraus kann die Schlussfolgerung gezogen werden, dass eine Unternehmergesellschaft mit einem Mindestkapital von nur einem Euro gegründet werden kann.[32] Damit wird die klassische Zweiteilung des deutschen Rechts durchbrochen, wonach sich unternehmerisch tätige Gesellschafter zwischen einer persönlichen Haftung oder dem Aufbau eines Haftungsfonds zur Sicherung der Gläubiger entscheiden müssen (zu den Gründen s. bereits oben § 2 Rn. 4). Die Gläubiger müssen jetzt also selbst für ihren Schutz sorgen und werden vom Gesetzgeber nur dadurch unterstützt, dass ihnen durch die besondere Form der Firmierung und durch die Veröffentlichung des niedrigen Stammkapitals im Handelsregister die zweifelhafte Solidität der Gesellschaft vor Augen geführt wird. Neben der Firmierung besteht für eine solche Gesellschaft die weitere Besonderheit nach § 5a II GmbHG darin, dass die Anmeldung abweichend von § 7 II GmbHG erst erfolgen darf, wenn das Stammkapital in voller Höhe eingezahlt ist; Sacheinlagen sind hier ausgeschlossen.[33] 22

Lässt der Gesetzgeber eine solche Mini-GmbH demnach grundsätzlich zu, so will er doch auch ihren dauerhaften Fortbestand nicht hinnehmen. Die Unternehmergesellschaft ist nur als eine transitorische Gesellschaftsform ausgestaltet, die auf die Gründung einer ordentlichen GmbH ausgerichtet ist. Das kommt in § 5a III GmbHG zum Ausdruck, der die Gesellschaft zu einer – für das GmbH-Recht ansonsten unüblichen (§ 36 Rn. 6) – Rücklagenbildung zwingt.[34] Auf diese Weise soll zumindest langfristig das Kapitalpolster des § 5 I GmbHG erreicht werden. Dementsprechend ordnet auch § 5a V GmbHG an, dass die Gesellschaft sich von den in § 5a I-IV GmbHG vorgesehenen Sonderregeln befreien kann, indem sie ihr Stammkapital so erhöht, dass es die Schwelle des § 5 I GmbHG übersteigt. Nur an der Firmierung nach § 5a I GmbHG können die Gesellschafter nach ihrer Wahl festhalten, wenn sie sich davon aus Gründen der Firmenkontinuität Vorteile versprechen. Abweichend von diesen in § 5a GmbHG normierten Sonderregeln unterliegt die Unternehmergesellschaft uneingeschränkt dem allgemeinen GmbH-Recht. 23

III. Vorgründungsgesellschaft, Vorgesellschaft und juristische Person

Literatur: *Beuthien,* Wer sind die Handelnden? Warum und wie lange müssen sie haften? – Zu Sinn, Inhalt, Reichweite und Dauer der Handelndenhaftung, GmbHR 2013, 1; *ders.,* Die Vorgesellschaft im Privatrechtssystem, ZIP 1996, 305 und 360; *Drygala,* Praktische Probleme der Vor-GmbH, Jura 2003, 433; *Gummert,* Die Haftungsverfassung der Vor-GmbH nach der

---

[31] S. *BGH* NJW 2012, 2871 Rn. 9 ff. = JuS 2013, 1651 (mit. Anm. *K. Schmidt*) zur Rechtsscheinhaftung des Handelnden analog § 179 BGB, wenn für eine Unternehmergesellschaft (haftungsbeschränkt) mit dem unrichtigen Rechtsformzusatz „GmbH" gehandelt wird.

[32] Statt aller *Roth*/Altmeppen, § 5a Rn. 7.

[33] Hierzu *von Bressensdorf,* Jura 2016, 777.

[34] Vgl. dazu *Roth*/Altmeppen, § 5a Rn. 24 ff.

jüngsten Rechtsprechung des *BGH* DStR 1997, 1007; *Kichner/Dietrich,* Haftungsverfassung der Vor-GmbH und ihre Stellung als Komplementärin einer KG, JA 2008, 340; *Krebs/Klerx,* Die Haftungsverfassung der Vor-GmbH – *BGH* NJW 1997, 1507, JuS 1998, 991; *Leßmann,* Die Vertretung bei den sog. Vorgesellschaften, Jura 2004, 367; *Lettl,* Haftung bei Gesellschaftsgründung, JuS 2006, 912; *Priester,* Vorbeteiligungsgesellschaft bei GmbH-Kapitalerhöhung, GWR 2014, 405; *K. Schmidt,* Zur Haftungsverfassung der Vor-GmbH, ZIP 1997, 671. Übungsfall: *Grosskreuz,* Geschäfte in der Gründungsphase, JA 2005, 347 ff.

1. Die Vorgründungsgesellschaft

a) Grundsätzliche Überlegungen

24 Aktiengesellschaft und GmbH sind das Ergebnis eines Entwicklungsprozesses, der mit der Vorbereitungsphase beginnt und mit der Entstehung der juristischen Person endet.[35] So können etwa schon in der Vorbereitungsphase vor dem Abschluss des Gesellschaftsvertrages Studien über die Marktchancen des Unternehmens, über den voraussichtlichen Kapitalbedarf, über die Art der Kapitalaufbringung oder über den zweckmäßigen Gesellschaftssitz notwendig sein. Auch nach dem Abschluss des Gesellschaftsvertrages müssen die Gesellschafter zum Teil für die entstehende Gesellschaft bereits unternehmerisch tätig werden, obwohl die Eintragung noch nicht erfolgt ist. In beiden Fällen besteht nach der klaren Anordnung des § 11 I GmbHG eine GmbH in Ermangelung der Eintragung noch nicht. Da das gemeinschaftliche Tätigwerden aber zumindest die Anforderungen des § 705 BGB erfüllt, kann ihm auch nicht jegliche gesellschaftsrechtliche Relevanz abgesprochen werden. Rechtsprechung und Schrifttum haben deshalb für dieses Gründungsstadium Regeln entwickelt, die auf der einen Seite dem Umstand Rechnung tragen, dass die gemeinschaftliche Betätigung tatsächlich schon aufgenommen wurde, auf der anderen Seite aber auch die gesetzliche Anordnung des § 11 I GmbHG nicht missachten.

25 **Fall 5:** Noch bevor der notarielle Gesellschaftsvertrag zwischen *Brock* und *Maturana* (s. Fall 2) überhaupt geschlossen worden ist, mietet *Brock* von *Schlemmer* im Namen der GmbH ein weiteres Grundstück für den gemeinschaftlichen Geschäftsbetrieb an. Gegen wen kann *Schlemmer* in diesem Fall den Anspruch auf den Mietzins geltend machen, wenn die GmbH zwischenzeitlich in das Handelsregister eingetragen worden ist?

26 Zur juristischen Einordnung von Handlungen im Gründungsstadium sind zwei Phasen streng voneinander zu trennen: die Errichtungsphase und die Entstehungsphase. Von der Errichtungsphase spricht man von dem Moment an, in dem die Gesellschafter sich darauf geeinigt haben, eine GmbH gründen zu wollen. Sie endet mit dem Abschluss des notariell beurkundeten Gesellschaftsvertrages. Es beginnt nun die Entstehungsphase, die bis zur Eintragung der Gesellschaft andauert. Beide Phasen unterliegen unterschiedlichen rechtlichen Regeln.[36]

b) Gründung der Vorgründungsgesellschaft

27 In der Errichtungsphase liegt, wenn die Einigung auf Abschluss des späteren Gesellschaftsvertrages nach dem Willen der Gründer schon verbindlich sein soll, eine Abrede vor, die alle Merkmale des § 705 BGB erfüllt: Die Gesellschafter einigen sich darauf, eine GmbH zu gründen und alles zu tun, um diesen Gründungsakt zu vollziehen. Der gemeinsame Zweck, den die Gesellschafter verfolgen (§ 705 BGB), besteht darin, die Gründung der GmbH vorzubereiten, besonders, ihre Satzung auszuarbeiten (vgl. §§ 2 und 3 GmbHG). Es liegt also zumindest eine Gesellschaft bürgerlichen Rechts vor, die man aufgrund ihrer besonderen Zweckausrichtung auf

---

[35] Dieselben Grundsätze gelten für die Genossenschaft oder den eingetragenen Verein.
[36] Vgl. zu dieser Trennung etwa MüKoGmbHG/*Merkt,* § 11 Rn. 7; *C. Schäfer,* § 32 Rn. 2.

den Gründungsakt als Vorgründungsgesellschaft bezeichnet.[37] Sofern in diesem Stadium bereits ein Handelsgewerbe betrieben wird (etwa im Rahmen einer Sachgründung oder wegen eines Pilotprojekts), kann nach § 105 I HGB auch eine OHG gegeben sein.

Brock und *Maturana* haben sich mit der Entscheidung über die Gründung der GmbH zunächst darauf festgelegt, eine Vorgründungsgesellschaft in Gestalt einer BGB-Gesellschaft zu gründen. Fraglich ist allerdings – was in Klausuren häufig übersehen wird – ob dieser Gründungsakt wirksam ist. Das könnte hier zweifelhaft sein im Lichte der Formvorschrift des § 2 I 1 GmbHG. Nach heute nahezu einhelliger Auffassung bedarf der auf die Gründung einer GmbH gerichtete Vorvertrag entsprechend § 2 I 1 GmbHG zumindest dann der notariellen Form, wenn die Gesellschafter sich darin schon verbindlich zur Gründung verpflichten.[38] Dem ist im Hinblick auf den Zweck der in § 2 I 1 GmbHG geforderten Form zuzustimmen. Die der Formbedürftigkeit des § 2 I 1 GmbHG neben der Beweisfunktion auch zugrunde liegende Warnfunktion liefe leer, wenn die Gründer aufgrund eines formlosen Vorvertrags zur Gründung der Gesellschaft verpflichtet wären. Wird die Form nicht gewahrt, ist der Vorvertrag gemäß § 125 BGB nichtig. **28**

Allerdings kann sich hier ein anderes Ergebnis aus der höchstrichterlich entwickelten Lehre von der fehlerhaften Gesellschaft ergeben, sofern zumindest eine tatsächliche Einigung stattgefunden hat, die Gesellschaft in Vollzug gesetzt wurde und keine höherrangigen Schutzbelange entgegenstehen (s. ausführlich § 5). Das ist hier zu bejahen. Die Gesellschafter haben sich auf die Gründung geeinigt und die Gesellschaft mit der Anmietung auch in Vollzug gesetzt. Höherrangige Schutzbelange sind bei einem bloßen Formmangel nach § 125 BGB nicht gegeben.[39] Diese Norm schützt die Sicherheit des Rechtsverkehrs und erfüllt eine Warnfunktion gegenüber den Gründern. Die Rechtssicherheit wird aber auch bei zunächst unterbliebener Beurkundung des Vorvertrages noch hinreichend gewahrt, wenn nur die eigentliche Errichtung der Gesellschaft noch notariell beurkundet wird. Gemindert wird nur der Schutz der Gründer. Dieses Schutzziel kann man aber auch dadurch erreichen, dass die Gesellschaft zunächst – auch im Interesse der Gründer – als bestehend und nur die im Gesellschaftsvertrag eingegangene Verpflichtung zur Errichtung der GmbH als unwirksam angesehen wird. Als Zwischenergebenis kann daher festgehalten werden, dass zwischen *Brock* und *Maturana* wirksam eine BGB-Gesellschaft entstanden ist. **29**

c) Haftung der Vorgründungsgesellschaft und ihrer Mitglieder

Weiterhin müsste diese Gesellschaft wirksam vertreten worden sein. Das richtet sich nach § 164 I BGB. Dabei stellt sich im Lichte des Offenkundigkeitsprinzips allerdings das Problem, dass die Gesellschafter hier nicht im Namen der BGB-Gesellschaft aufgetreten sind, sondern schon im Namen der noch nicht existenten GmbH. Dieser Fehler ist aber nach den Grundsätzen für sog. unternehmensbezogene Ge- **30**

---

[37] Zur Einordnung als BGB-Gesellschaft vgl. statt vieler BGHZ 91, 148, 151 = NJW 1984, 2164; *OLG Schleswig,* ZIP 2014, 1525, 1527; MüKoBGB/*Ulmer/C. Schäfer,* Vor § 705 Rn. 25; MüKoGmbHG/*Merkt,* § 11 Rn. 104; *Priester,* GWR 2014, 405, 406; *C. Schäfer,* § 32 Rn. 3.

[38] RGZ 156, 129, 138; *BGH* WM 1988, 163, 164; *KG* AG 2004, 321; *OLG Schleswig,* ZIP 2014, 1525, 1528; Baumbach/Hueck/*Fastrich,* § 2 Rn. 33 ff.; Hüffer/*Koch,* § 23 Rn. 14; *Priester,* GWR 2014, 405, 406; Diese Verbindlichkeit kann sich auch aus den Umständen ergeben, etwa wenn die Gesellschafter schon Aufwendungen machen oder sonstige Vorbereitungshandlungen vornehmen sollen.

[39] Vgl. statt aller MüKoBGB/*Ulmer/C. Schäfer,* § 705 Rn. 328.

schäfte unbeachtlich. Verpflichtet wird stets der tatsächliche Rechtsträger, hier also die BGB-Gesellschaft.[40]

Hinweis:

31 Die Sinnhaftigkeit dieser Regel ist besonders augenfällig im Hinblick auf den Übergang zwischen BGB-Gesellschaft und OHG. Hier wird es oftmals schon den Gesellschaftern nicht bewusst sein, welche Rechtsform der von ihnen vertretene Verband hat, so dass es sinnlos wäre, wollte man die wirksame Vertretung an der Falschbezeichnung scheitern lassen.

32 Da *Brock* und *Maturana* überdies auch gemeinschaftlich für diese Gesellschaft nach §§ 709, 714 BGB vertretungsbefugt waren, ist die BGB-Gesellschaft wirksam vertreten worden. Aufgrund ihrer mittlerweile anerkannten Rechtsfähigkeit (§ 3 Rn. 3 ff.) haftet sie also für den Mietzins. Dadurch ändert sich auch nichts durch die später erfolgte Eintragung der GmbH. Zwar wird die Gesellschaft durch Zweckerreichung (§ 726 BGB) aufgelöst, sobald die Körperschaft errichtet ist.[41] Die Auflösung ist aber streng von der Liquidation zu trennen, die erst dann ihren Abschluss findet, wenn sämtliche Verbindlichkeiten der Gesellschaft beglichen sind. Da es daran hier fehlt, kann *Schlemmer* die BGB-Gesellschaft weiterhin in Anspruch nehmen. Die Haftung der Gesellschafter ergibt sich nach der heute ganz herrschenden Akzessorietätstheorie aus einer analogen Anwendung des § 128 S. 1 HGB (s. oben § 7 Rn. 10 ff.).

d) Handelndenhaftung

33 Daneben könnte ein Anspruch gegen die Gesellschafter auch noch aus § 11 II GmbHG hergeleitet werden. Diese Vorschrift normiert eine sog. Handelndenhaftung für den Fall, dass der Handelnde bereits vor der Eintragung im Namen der Gesellschaft gehandelt hat. Zumindest auf die hier in Frage stehende Vorgründungsgesellschaft wird diese Vorschrift – obgleich ihrem Wortlaut nach ohne weiteres einschlägig – nicht mehr angewandt.[42] Begründet wird dies damit, dass der historische Normzweck des § 11 II GmbHG überkommen sei. Der historische Gesetzgeber ging davon aus, dass eine GmbH vor ihrer Eintragung noch nicht bestehe und die vermeintliche Vertretung also vollständig ins Leere gehe. Durch die persönliche Haftung sollte der Handelnde zur Eintragung angehalten und ein Handeln ohne Vertretungsmacht sanktioniert werden.[43] Diese Vorstellung ist heute aber nicht mehr haltbar. Vielmehr ist es Rechtsprechung und Literatur gelungen, die früher recht ungeordneten Vorstellungen von der mehraktigen Gründung einer GmbH zu präzisieren und die einzelnen Gründungsstadien dogmatisch-systematisch zu durchdringen. Danach ist für eine Anwendung des § 11 II GmbHG bereits im Vorgründungsstadium kein Raum und kein Bedürfnis: Solange eine Person im Namen einer GmbH

[40] BGHZ 62, 216, 221 = NJW 1974, 1191; BGHZ 92, 259, 268 = NJW 1985, 136; *BAG* NZA 2006, 1156 Rn. 12; MüKoBGB/*Schubert,* § 164 Rn. 117 ff.; Palandt/*Ellenberger,* § 164 Rn. 2; *Medicus/Petersen,* Rn. 917 f.

[41] Auf eine OHG ist diese Vorschrift allerdings auch über § 105 III HGB nicht anwendbar, sondern es bedarf hier aus Gründen der Rechtssicherheit eines gesonderten Auflösungsaktes (s. § 18 Rn. 5 ff.).

[42] BGHZ 91, 148, 150 ff. = NJW 1984, 2164; *BGH* WM 1985, 479; *OLG Brandenburg* BeckRS 2011, 07487; Scholz/*K. Schmidt,* § 11 Rn. 97; *Ulmer/Habersack*/Löbbe, § 11 Rn. 131.

[43] Vgl. zu diesem historischen Normzweck und dem heutigen Bedeutungswandel etwa *Ulmer/Habersack*/Löbbe, § 11 Rn. 122 f.

auftritt, bevor ein Gesellschaftsvertrag abgeschlossen worden ist, handelt es sich um einen der im Geschäftsleben in vielfältiger Weise vorkommenden und keineswegs ungewöhnlichen Fälle, in denen der Rechtsträger des Unternehmens, für das gehandelt wird, falsch bezeichnet wird. Fälle dieser Art werden allgemein so gelöst, dass der wahre Rechtsträger aus dem (unternehmensbezogenen) Rechtsgeschäft berechtigt und verpflichtet wird, falls der Handelnde bevollmächtigt war (Rn. 30). Da beim Abschluss im Namen einer GmbH mit Vertretungsmacht die Vorgründungsgesellschaft verpflichtet wird und ihre Gesellschafter unbeschränkt haften, gibt es keinen Grund, hier eine besondere Ausnahme von anderen Fällen zu machen und die Haftung des Handelnden anders zu regeln, als es bei einer sonstigen Fehlbezeichnung geschehen würde. Auch die Druckfunktion, mit der die Handelnden zur Eintragung angehalten werden sollen, geht ins Leere, wenn noch nicht einmal ein Gesellschaftsvertrag abgeschlossen wurde.[44]

e) Verhältnis der Vorgründungsgesellschaft zur eingetragenen GmbH

Neben diesen Ansprüchen gegen die BGB-Gesellschaft und ihre Mitglieder lässt sich eine eigenständige Haftung der später entstandenen GmbH nicht begründen. Bereits oben ist festgestellt worden, dass die GmbH beim Abschluss des Mietvertrages noch nicht bestand. Sie müsste daher nur dann für die Zahlung des Mietzinses einstehen, wenn die Schulden der Vorgründungsgesellschaft durch vertragliche Vereinbarung oder durch Gesetz auf sie übergegangen sind. Eine vertragliche Vereinbarung ist nicht geschlossen worden. Eine Haftung der GmbH könnte daher nur dann angenommen werden, wenn sie grundsätzlich für die von ihrer Vorgründungsgesellschaft eingegangenen Verbindlichkeiten einstehen müsste. Das ist indes nicht der Fall. Die Vorgründungsgesellschaft ist klar von der durch den Abschluss des Gesellschaftsvertrages entstehenden Vorgesellschaft zu unterscheiden. Sie ist weder mit dieser identisch noch ist sie ihre Rechtsnachfolgerin. Eine solche Identitätsbetrachtung würde sich schon aufgrund der grundlegenden Unterschiede zwischen der Vorgründungsgesellschaft als Personengesellschaft und der fertigen GmbH als Körperschaft verbieten.[45] Es bedarf danach also einer vertraglichen Übertragung.[46] Da diese hier nicht vorgenommen wurde, hat *Schlemmer* gegen die GmbH also keine Ansprüche. 34

2. Die Vorgesellschaft

a) Verpflichtung der Vorgesellschaft und ihrer Gesellschafter

Fall 6: Wie wäre Fall 5 zu beurteilen, wenn bei Abschluss des Mietvertrages der Gesellschaftsvertrag bereits in notariell beurkundeter Form abgeschlossen, die Gesellschaft aber noch nicht in das Handelsregister eingetragen worden wäre und diese Eintragung auch im Zeitpunkt der Geltendmachung der Forderung noch nicht erfolgt wäre? 35

Hier geht es nicht mehr um die Errichtungs-, sondern um die Entstehungsphase. Der Abschluss des Gesellschaftsvertrages begründet für die rechtliche Behandlung eine Zäsur. Das erklärt sich daraus, dass die Gesellschaft mit dem Vertragsabschluss bereits ihre körperschaftliche Struktur erhalten hat, etwa indem eine Satzung festgelegt oder Organe bestellt wurden. Aus der Anordnung des § 11 II GmbHG wird nicht der Schluss gezogen, auch diese Strukturvorgabe der Gesellschafter müsse 36

---

44 *Ulmer/Habersack*/Löbbe, § 11 Rn. 126.

45 Vgl. etwa *BGH* WM 1981, 1301; *BGH* WM 1984, 929; Baumbach/Hueck/*Fastrich,* § 11 Rn. 38; Lutter/Hommelhoff/*Bayer,* § 11 Rn. 2; *Priester,* GWR 2014, 405, 406 f.

46 So im Ergebnis deshalb auch BGHZ 91, 148, 151 = NJW 1984, 2164; *BGH* NJW 1992, 363, 363; Baumbach/Hueck/*Fastrich,* § 11 Rn. 38; Lutter/Hommelhoff/*Bayer,* § 11 Rn. 2; krit. unter Verweis auf die fehlende Praktikabilität *Roth*/Altmeppen, § 11 Rn. 75.

vollständig ignoriert werden. Vielmehr wird die Gesellschaft nicht mehr als BGB-Gesellschaft behandelt, sondern als eine körperschaftlich strukturierte Gesellschaft sui generis, die als Vorstufe und notwendiges Durchgangsstadium bis auf die noch fehlende Rechtsfähigkeit bereits der künftigen Gesellschaft entspricht.[47] Sie ist eine rechtsfähige Wirkungseinheit, also ein von den Gründern zu unterscheidendes, durch Organe handlungsfähiges Zuordnungssubjekt für Rechte und Verbindlichkeiten.[48] Auf sie finden bereits alle für die GmbH geltenden Vorschriften Anwendung, soweit sie nicht gerade die Eintragung voraussetzen, was namentlich hinsichtlich des Haftungsausschlusses nach § 13 II GmbHG der Fall ist.[49]

37 Kommt die Vor-GmbH danach grundsätzlich als Anspruchsgegner in Betracht, so müsste sie auch wirksam verpflichtet worden sein, was sich wiederum nach § 164 I BGB richtet. Dass der Rechtsträger falsch bezeichnet wurde, ist auch hier nach den Grundsätzen des unternehmensbezogenen Geschäfts unbeachtlich (s. Rn. 30). Fraglich ist aber die Vertretungsmacht der Gesellschafter. Die früher herrschende Auffassung ging auf der Grundlage des sog. Vorbelastungsverbots davon aus, dass es den Geschäftsführern der Vor-GmbH grundsätzlich versagt sein sollte, Verbindlichkeiten zu Lasten der Vor-GmbH zu begründen, um zu verhindern, dass das durch die Stammkapitalziffer bezeichnete Vermögen bei der Eintragung bereits durch Verbindlichkeiten geschmälert ist.[50] Diese Lehre hat jedoch die Tätigkeit der Geschäftsführer im Gründungsstadium über Gebühr eingeschränkt, was sich insbesondere bei der Einbringung eines Unternehmens als Sacheinlage als hinderlich erwiesen hat.

38 Die heute herrschende Meinung nimmt deshalb eine grundsätzliche Vertretungsmacht des geschäftsführenden Gesellschafters an[51] und setzt an die Stelle des Vorbelastungsverbots eine Verlustdeckungs- und eine Unterbilanzhaftung der Gesellschafter, die dem Geschäftsbeginn zugestimmt haben.[52] Diese beiden Haftungstypen unterscheiden sich darin, dass die Verlustdeckungshaftung dann greift, wenn die Eintragung noch nicht erfolgt oder vollständig gescheitert ist,[53] während die Unter-

---

[47] Vgl. etwa *Ulmer/Habersack*/Löbbe, § 11 Rn. 10ff. Die h. M. ergänzt dies zumeist um den Zusatz, dass es sich um eine „gesamthänderisch strukturierte" Gesellschaft sui generis handele. Diese Qualifikation beruht aber im Wesentlichen auf der früheren strikten Zweiteilung zwischen juristischer Person und Gesamthand. Nachdem die prägende Wirkung des Gesamthandsprinzips heute aber deutlich zurückgedrängt ist (s. ausführlich § 9 Rn. 21), erweist sich diese Qualifikation eher als verwirrend, denn als erhellend (krit. auch Scholz/*K. Schmidt,* § 11 Rn. 30); Für die Falllösung hat diese Einordnung jedenfalls keinerlei Relevanz, MüKoGmbHG/*Merkt,* § 11 Rn. 11.

[48] Vgl. dazu BGHZ 80, 129, 138 = NJW 1981, 1373; Baumbach/Hueck/*Fastrich,* § 11 Rn. 6.

[49] BGHZ 21, 242, 246 = NJW 1956, 1435; BGHZ 45, 338, 347 = NJW 1966, 1311; BGHZ 51, 30, 32 = NJW 1969, 509; BGHZ 72, 45, 48f. = NJW 1978, 1978; BGHZ 80, 129, 132 = NJW 1981, 1373; BGHZ 134, 333, 336 = NJW 1997, 1507; *BGH* NJW 2000, 1193, 1194; BGHZ 169, 270 Rn. 10 = NJW 2007, 589; Baumbach/Hueck/*Fastrich,* § 11 Rn. 6; Lutter/Hommelhoff/*Bayer,* § 11 Rn. 7.

[50] In diesem Sinne noch BGHZ 45, 338, 342f. = NJW 1966, 1311; BGHZ 65, 378, 383 = NJW 1976, 419. Ausnahmen wurden für rechtlich notwendige (z. B. die Gebührenforderung des Notars) oder, bei der Sachgründung, auch für wirtschaftlich notwendige Geschäfte gemacht; vgl. BGHZ 45, 338, 342f. = NJW 1966, 1311; BGHZ 65, 378, 383 = NJW 1976, 419.

[51] BGHZ 80, 129, 139 = NJW 1981, 1373; *Ulmer/Habersack*/Löbbe, § 11 Rn. 68ff. (nur für notwendige oder einvernehmlich beschlossene Geschäfte) einerseits und *K. Schmidt,* § 34 III 3b bb andererseits (umfassende Vertretungsmacht). Da die Gesellschafter hier einvernehmlich handelten, würden beide Auffassungen zu demselben Ergebnis gelangen.

[52] Für ein solches Zustimmungserfordernis als Korrektiv zur strengen Haftungsanordnung zu Recht BGHZ 134, 333, 335f. = NJW 1997, 1507; Baumbach/Hueck/*Fastrich,* § 11 Rn. 24.

[53] So zutreffend *Ulmer/Habersack*/Löbbe, § 11 Rn. 121; ihm folgend Baumbach/Hueck/*Fastrich,* § 11 Rn. 26: Fälligkeit tritt aber erst mit Scheitern der Eintragung ein.

bilanzhaftung erst mit der Eintragung entsteht und diese verdrängt.[54] Die Verlustdeckungshaftung wird heute ganz überwiegend als anteilige Innenhaftung der Gesellschafter aufgefasst.[55] Sie ist inhaltlich nicht auf die Höhe der vom Gesellschafter übernommenen Einlagepflicht beschränkt, sondern gilt unbegrenzt für alle Anlaufverluste der Gesellschaft. Die Gesellschafter haften aber nur im Verhältnis ihrer Kapitalanteile; nur wenn ein Anspruch nicht durchsetzbar ist, greift eine Ausfallhaftung der übrigen Gesellschafter entsprechend § 24 GmbHG.[56] Namentlich die Ausgestaltung als Innenhaftung ist nicht unumstritten, da sie die Rechtsverfolgung der Gläubiger erschwert.[57] Der BGH hat sich aber dennoch dafür entschieden, um eine geordnete, einheitliche Anspruchsverfolgung zu gewährleisten und einen Gläubigerwettlauf (Windhundrennen) zu vermeiden.[58]

Auf der Grundlage dieser heute herrschenden Meinung ergibt sich für die Lösung 39
des Falles 6 also Folgendes: Aufgrund der Vertretungsmacht der Gesellschafter wird bereits die Vorgesellschaft nach § 164 I BGB rechtsgeschäftlich verpflichtet. Für ihre Verbindlichkeiten haften aber auch die Gründungsgesellschafter im Innenverhältnis zur Gesellschaft. Diese Haftung ist anteilig im Verhältnis ihrer Kapitalanteile ausgestaltet; der Gesellschafter haftet aber mit seinem gesamten Vermögen.

b) Handelndenhaftung

Daneben besteht im Zeitraum zwischen dem Abschluss des Gesellschaftsvertrags 40
und der Eintragung auch ein Anspruch gegen die Handelnden aus § 535 II BGB i. V. m. § 11 II GmbHG. Zwar kann man an der rechtspolitischen Berechtigung dieser Vorschrift angesichts der Gesellschafts- und der Vorbelastungshaftung auch in diesem Stadium zweifeln, doch kann der Rechtsanwender aufgrund solcher Bedenken nicht die Entscheidung treffen, eine bestehende Vorschrift aus teleologischen Gründen gänzlich unangewandt zu lassen. Anders als bei der Vorgründungsgesellschaft, bei der noch nicht einmal der Gesellschaftsvertrag geschlossen wurde, kann der Handelndenhaftung bei der Vorgesellschaft doch zumindest noch die Funktion verbleiben, die Geschäftsführer zu einer zügigen Anmeldung zu motivieren.[59] Allerdings trägt die herrschende Meinung den rechtspolitischen Zweifeln doch zumindest dadurch Rechnung, dass sie die Vorschrift auf ihren Kernbestand reduziert: So genügt für die Anwendung des § 11 II GmbHG nur ein Handeln der Geschäftsführer, nicht auch ein Tätigwerden von Gesellschaftern, die diese Organstellung nicht innehaben.[60] Sollten *Brock* und *Maturana* nach dem Gesellschaftsvertrag also gemeinschaftlich die Geschäftsführung zukommen, so haften sie auch beide aus § 535 II BGB i. V. m. § 11 II GmbHG.

---

[54] Die Unterbilanzhaftung wird verbreitet auch als Vorbelastungs- oder Differenzhaftung bezeichnet.

[55] Baumbach/Hueck/*Fastrich,* § 11 Rn. 24 f.

[56] BGHZ 134, 333, 339 ff. = NJW 1997, 1507; BGHZ 149, 273, 274 f. = NJW 2002, 824; Baumbach/Hueck/*Fastrich,* § 11 Rn. 25.

[57] Namentlich darauf gründet etwa die Kritik von Lutter/Hommelhoff/*Bayer,* § 11 Rn. 22; MüKoAktG/*Pentz,* § 41 Rn. 62 ff.; *Altmeppen,* NJW 1997, 3272, 3273 f.

[58] Grundlegend BGHZ 134, 333, 338 ff. = NJW 1997, 1507; dem folgend etwa Hüffer/*Koch,* § 41 Rn. 9a; Schmidt/Lutter/*Drygala,* § 41 Rn. 14; *Ulmer/Habersack*/Löbbe, § 11 Rn. 75 ff.

[59] Vgl. zu diesem Unterschied auch *Ulmer/Habersack*/Löbbe, § 11 Rn. 126.

[60] BGHZ 65, 378 = NJW 1976, 419; BGHZ 66, 359 = NJW 1976, 1685; *Ulmer/Habersack*/Löbbe, § 11 Rn. 133 ff.; *Saenger,* Rn. 745; *Hey,* JuS 1995, 484, 485; vgl. dazu auch *Beuthien,* GmbHR 2013, 1 ff. Zur Anwendung von § 11 II GmbHG auf gesetzliche Verbindlichkeiten s. *Schwab,* NZG 2012, 481 ff.

3. Folgen der Eintragung

41 **Fall 7:** Wie verändert sich die Rechtslage in Fall 6, wenn die GmbH eingetragen wird?

42 In diesem Fall gehen mit der Eintragung nach heute allgemeiner Auffassung sämtliche Aktiva und Passiva nahtlos auf die eingetragene GmbH über, ohne dass es eines gesonderten Übertragungsaktes bedarf. Umstritten, im Ergebnis aber ohne Bedeutung, ist dabei lediglich, ob dies durch Gesamtrechtsnachfolge, Formwechsel (s. noch § 39 Rn. 22 ff.) oder aufgrund einer Identität von Vor-GmbH und GmbH erfolgt.[61] An die Stelle der Verlustdeckungshaftung tritt nun die sog. Unterbilanzhaftung der Gesellschafter. Sie ist nicht nur darauf ausgerichtet, die im Vorfeld der Eintragung eingetretenen Verluste auszugleichen, sondern noch weitergehend müssen die Gesellschafter das Vermögen der Gesellschaft im Verhältnis ihrer Kapitalanteile wieder so weit auffüllen, bis es die Höhe des satzungsmäßig ausgewiesenen Stammkapitals erreicht.[62] Wie bei der Verlustdeckungshaftung handelt es sich auch hier um eine Innenhaftung. Dogmatisch leitet der BGH diesen Vorverlustausgleich bei Eintragung aus einem aus den Kapitalaufbringungs- und -erhaltungsgrundsätzen gefolgerten gesellschaftsrechtlichen Unversehrtheitsgrundsatz ab.[63]

43 Eine weitere Änderung ergibt sich hinsichtlich der Handelndenhaftung aus § 11 II GmbHG. Sie geht nach herrschender Meinung mit der Eintragung unter.[64] Das wird damit begründet, dass der Vertragspartner aufgrund des Handelns im Namen der GmbH weiß, dass er nach Eintragung der Gesellschaft nur noch mit dieser zu tun hat (§ 13 II GmbHG). Von diesem Zeitpunkt an steht dem Gläubiger das von ihm erwartete Haftungsobjekt in Gestalt der GmbH zur Verfügung, so dass keine Notwendigkeit mehr besteht, ihm über die GmbH hinaus einen zusätzlichen Haftungsschuldner zu verschaffen. Seinem Sicherungsbedürfnis ist dadurch Rechnung getragen, dass die Gründer der Gesellschaft gegebenenfalls weitere Einlagen einzahlen müssen, wenn das Haftungskapital bei der Eintragung nicht mehr zur Verfügung steht (s. oben Rn. 42). Deshalb erlischt die Haftung des Handelnden mit der Eintragung der GmbH.

Hinweis:

44 Die praktische Bedeutung dieses Fragenkreises hat sich mittlerweile relativiert, weil die Eintragungsdauer heute deutlich kürzer ist als noch vor einigen Jahren. In der juristischen Ausbildung nimmt dieser Fragenkomplex – wie die zahlreichen Beiträge in Ausbildungszeitschriften belegen (s. Literaturübersicht) – auch weiterhin eine wichtige Rolle ein. Trotz der Komplexität und Vielschichtigkeit der damit verbundenen Probleme sollten sich also gerade Studenten hier keine Wissenslücke erlauben.

---

[61] Vgl. zu den unterschiedlichen Standpunkten etwa Baumbach/Hueck/*Fastrich*, § 11 Rn. 56 (Gesamtrechtsnachfolge); Roth/*Altmeppen*, § 11 Rn. 19 und Scholz/*K. Schmidt*, § 11 Rn. 31 (Identität); *Ulmer/Habersack*/Löbbe, § 11 Rn. 89 f. (Formwechsel).

[62] Vgl. dazu etwa BGHZ 80, 129, 140 ff. = NJW 1981, 1373; *Saenger*, Rn. 746.

[63] BGHZ 80, 129, 140 ff. = NJW 1981, 1373; BGHZ 80, 182, 185 = NJW 1981, 1452; Baumbach/Hueck/*Fastrich*, § 11 Rn. 58; *Ulmer/Habersack*/Löbbe, § 11 Rn. 81 ff.

[64] Vgl. zum Folgenden BGHZ 69, 95, 104 = NJW 1977, 1683; BGHZ 80, 182, 185 = NJW 1981, 1452; Scholz/*K. Schmidt*, § 11 Rn. 130; *Ulmer/Habersack*/Löbbe, § 11 Rn. 146; *Saenger*, Rn. 745.

IV. Zusammenfassung

Die GmbH ist als Rechtsformalternative zur AG entstanden für körperschaftlich strukturierte Gesellschaften mit einem eher personalistischen und beständigen Gesellschafterkreis, der nicht den Kapitalmarkt in Anspruch nehmen will. Sie ist juristische Person (§ 13 I GmbHG) und Kapitalgesellschaft; den Gläubigern haftet nur das Gesellschaftsvermögen (§ 13 II GmbHG). Der innere Aufbau der GmbH ist weitgehend dem Gesellschaftsvertrag überlassen (§ 45 GmbHG). Das macht diese Rechtsform im Unterschied zu derjenigen der AG (§ 23 V AktG) anpassungsfähig und eröffnet ihr ein breites praktisches Anwendungsspektrum. Die wesentlichen Punkte bei der Gründung der GmbH sind: der Abschluss des Gesellschaftsvertrags in notarieller Form (§§ 2, 3 GmbHG), verbunden mit der Übernahme der Stammeinlagen, die Bestellung der Geschäftsführer (§ 6 GmbHG), die Einzahlung eines Teils der Stammeinlagen (§ 7 II und III GmbHG), die Anmeldung und die Eintragung in das Handelsregister (§§ 7 – 11 GmbHG). Das Gesetz lässt neuerdings auch eine vereinfachte Gründung nach einem Musterprotokoll zu (§ 2 Ia GmbHG), deren Erleichterungen aus Gründersicht aber eher moderat ausgefallen sind. 45

Das Stammkapital wird von den Gründern der GmbH aufgebracht, indem sie sämtliche Stammeinlagen übernehmen (§ 5 GmbHG) und Leistungen an die GmbH erbringen, die mindestens dem Betrag der jeweiligen Stammeinlage entsprechen. Sachgründungen sind zulässig. Neben der herkömmlichen GmbH mit einem Stammkapital von 25.000 EUR können die Gesellschafter neuerdings auch eine Mini-GmbH mit einem Mindestkapital von nur einem Euro gründen. Durch die Einführung dieser neuen Gesellschaftsform wurde die Konkurrenz der Limited weitgehend aus dem Feld gedrängt, zugleich aber die für das deutsche Gesellschaftsrecht typische Zweiteilung in Personengesellschaften mit einer persönlichen Haftung der Gesellschafter und Kapitalgesellschaften, bei denen sich die Gesellschafter einen Haftungsausschluss durch Aufbau eines Haftungsfonds erkaufen, durchbrochen. 46

Als juristische Person entsteht die GmbH erst mit der Eintragung in das Handelsregister (§ 11 I GmbHG). In diesem Stadium ist die Errichtungsphase von der Einigung über die Gesellschaftsgründung bis zum Abschluss des Gesellschaftsvertrages und die Entstehungsphase vom Abschluss des Gesellschaftsvertrags bis zur Eintragung zu unterscheiden. Die Vorgründungsgesellschaft ist in der Regel BGB-Gesellschaft, gegebenenfalls auch OHG. Ihre Gesellschafter haften also nach § 128 HGB (analog). Ihre Gründung kann formbedürftig sein, doch gelten im Zweifel die Grundsätze von der fehlerhaften Gesellschaft. Die Handelndenhaftung aus § 11 II GmbHG gilt für sie nicht. Ihre Rechte und Pflichten gehen nicht auf die GmbH über. In der Entstehungsphase spricht man dagegen von einer Vorgesellschaft. Sie ist ein körperschaftlicher Zusammenschluss sui generis, auf den das Recht der entstandenen juristischen Person Anwendung findet, soweit es nicht die volle Rechtsfähigkeit des Verbandes voraussetzt. Für Geschäfte im Gründungsstadium trifft die Gesellschafter eine als Innenhaftung ausgestaltete Verlustdeckungshaftung, die mit der Eintragung in eine leicht modifizierte Unterbilanzhaftung übergeht. Ein Vorbelastungsverbot gibt es nicht. Die Handelndenhaftung geht mit der Eintragung unter. Ansonsten tritt die GmbH vollständig in die Rechte und Pflichten der Vor-GmbH ein, wobei die dogmatische Konstruktion umstritten ist. 47

§ 34. Die Organisationsverfassung der GmbH

Literatur: *Blasche,* Praxisfragen aus dem Gesellschaftsrecht zu § 181 BGB, Jura 2011, 359; *Fleischer,* Das unternehmerische Ermessen des GmbH-Geschäftsführers und seine GmbH-spezifischen Grenzen, NZG 2011, 521; *Kindler,* Grundfragen der Geschäftsführerhaftung in der GmbH, Jura 2006, 364; *Seel,* Rechtsstellung des GmbH-Geschäftsführers – Worauf ist zu achten?, JA 2009, 446; *Weller,* Haftung von GmbH-Aufsichtsratsmitgliedern für Zahlungen nach Insolvenzreife, GWR 2010, 310827; *Thonfeld,* Der „instabile Überschuldungsbegriff" des Finanzmarktstabilisierungsgesetzes, NZI 2009, 15; *Zech,* Haftung der Geschäftsführer einer GmbH gegenüber deren Gläubigern, JA 2009, 769. Übungsfälle: *Füg/Giesen/Bieder,* Eine unglückliche Übernahme, Jura 2016, 415; *J. Koch/Chachulski,* Kritisches Krisenmanagement, Jura 2013, 802. Vgl. auch bereits die Angaben zu § 33.

I. Allgemeine Organstruktur

1 Um die allgemeine Organstruktur der GmbH zu erfassen, muss man sich den Adressatenkreis vor Augen halten, auf den der Gesetzgeber diese Gesellschaftsform zugeschnitten hat. Sie soll in erster Linie personalisierten Zusammenschlüssen von Mitunternehmern offenstehen, die in der Regel selbst an den Geschäften beteiligt sind und lediglich ihre persönliche Haftung ausschließen wollen (§ 33 Rn. 2). Daraus ergibt sich, dass das Verhältnis von Geschäftsführung und Gesellschaftern anders ausgestaltet sein muss als etwa im Aktienrecht. Während sich im Aktienrecht nur mit Blick auf die konkrete Realstruktur der Gesellschaft beurteilen lässt, wer das stärkste Organ der AG ist, fällt die Antwort im GmbH-Recht eindeutig aus. Das stärkste Organ ist die Gesellschafterversammlung, die der Geschäftsleitung unmittelbar Weisungen erteilen kann (§ 37 I GmbHG).

2 Auch eines Aufsichtsrats bedarf die GmbH im Hinblick auf ihre personalistische Struktur nicht zwingend; die Gesellschafter sind aufgrund ihrer größeren Nähe zum Unternehmen, ihrer oftmals vorhandenen eigenen Sachkunde und aufgrund ihres kleineren Gesellschafterkreises selbst zur Überwachung der Geschäftsleitung in der Lage. Aufgrund der für die GmbH typischen Gestaltungsfreiheit (vgl. § 45 GmbHG) kann ein solches Organ aber nach § 52 GmbHG freiwillig gebildet werden, wobei sich seine Rechte dann weitgehend an der aktienrechtlichen Regelung orientieren.[1] Zwingend erforderlich kann die Bildung eines Aufsichtsrats in der GmbH aber aufgrund mitbestimmungsrechtlicher Vorschriften werden (s. § 30 Rn. 40 ff.). In diesen Fällen richten sich die Rechte und Pflichten des Aufsichtsrats im Wesentlichen nach dem Aktienrecht (vgl. § 3 II Montan-MitbestG, § 25 I Nr. 2 MitbestG, § 1 I Nr. 3 S. 2 DrittelbG). Daneben steht es den Gesellschaftern auf der Grundlage des § 45 GmbHG auch offen, noch weitere Organe einzurichten, etwa einen Beirat, Verwaltungsrat oder Gesellschafterausschuss, den sie dann mit eigens auf die konkrete Gesellschaft zugeschnittenen Kompetenzen ausstatten können.[2] Im gesetzlichen Regelfall verfügt die GmbH aber nur über zwei Organe: über den oder die Geschäftsführer (§ 6 GmbHG) und über die Gesellschafterversammlung (§§ 45 ff. GmbHG).

---

[1] Einen instruktiven Anwendungsfall für diese Verweisung bietet die Doberlug-Entscheidung des *BGH;* vgl. BGHZ 187, 60 = NJW 2011, 221; s. dazu auch *Schürnbrand,* NZG 2010, 1207 ff.; *Thiessen,* ZGR 2011, 275 ff.; *Weller,* GWR 2010, 310827.

[2] Vgl. zu solchen Gestaltungen etwa Ulmer/Habersack/Löbbe/*Heermann,* § 52 Rn. 308 ff.

II. Die Geschäftsführer

1. Bestellung und Widerruf

Hat die GmbH keinen Aufsichtsrat, muss die Geschäftsleitung notwendigerweise von den Gründern bzw. der Gesellschafterversammlung bestellt werden (vgl. §§ 6, 46 Nr. 5 GmbHG). Hat die Gesellschaft einen Aufsichtsrat, gilt aber nichts anderes, was sich im Gesetz daraus ergibt, dass § 52 GmbHG nicht auf § 84 AktG verweist. Die Gesellschaft kann nach § 6 I GmbHG einen oder mehrere Geschäftsführer haben. Bei der Bestellung sind die persönlichen Voraussetzungen des § 6 II GmbHG zu beachten. Dazu gehört nach § 6 III GmbHG aber nicht die Gesellschafterstellung des Geschäftsführers; für die GmbH gilt also ebenso wie für die AG das Prinzip der Fremdorganschaft (vgl. § 2 Rn. 11). Auch die Gesellschafter selbst können als Geschäftsführer auftreten, wovon in der Praxis regelmäßig Gebrauch gemacht wird. Bei einer Einmann-GmbH sind dann also sämtliche Organe personenidentisch besetzt.[3] Will der geschäftsführende Einmann-Gesellschafter in diesem Fall als Privatperson selbst ein Geschäft mit der GmbH abschließen, gilt für ihn nach § 35 III GmbHG das Verbot des Insichgeschäfts nach § 181 BGB, der nicht nur in der Einmann-Gesellschaft, sondern auch in einer mehrköpfigen Gesellschaft Gültigkeit beansprucht.[4] In der Praxis wird diese Hürde allerdings dadurch überwunden, dass die Regelung des § 181 BGB im Gesellschaftsvertrag abbedungen wird.[5] Diese Gestaltung ist derart verbreitet, dass sie sogar in das Musterprotokoll nach § 2 Ia GmbHG (§ 33 Rn. 12) Eingang gefunden hat, und zwar nicht nur für die Einpersonengesellschaft, sondern auch für die Mehrpersonengesellschaft.[6] 3

Von dem organschaftlichen Bestellungsakt ist wie bei der AG auch hier der Anstellungsvertrag zu trennen, der die persönliche Rechtsstellung des Gesellschafters regelt und nach allgemeinen Grundsätzen geschlossen und gekündigt werden kann (s. dazu § 30 Rn. 17). Der Widerruf der Bestellung ist einfacher möglich als nach § 84 III AktG, womit sich auch hier die schwächere Stellung des Geschäftsführers gegenüber dem Vorstand bestätigt. Die Bestellung kann nach § 38 GmbHG jederzeit widerrufen werden; nur die Ansprüche aus dem Anstellungsvertrag bleiben davon unberührt. Auch diese freie Widerrufbarkeit kann nach § 38 II GmbHG im Gesellschaftsvertrag aber abweichend geregelt und etwa der aktienrechtlichen Regelung angeglichen werden. Die Bestellung und ihr Widerruf sind nach § 39 GmbHG zur Eintragung in das Handelsregister anzumelden; die Eintragung hat aber lediglich deklaratorische Bedeutung.[7] 4

Der im Zuge des MoMiG (§ 33 Rn. 7) neu eingeführte § 35 I 2 GmbHG soll einer bis dahin verbreiteten Praxis der sog. Firmenbestattung entgegenwirken. Davon spricht man, wenn eine in wirtschaftliche Turbulenzen geratene GmbH sich gezielt dem Zugriff ihrer Gläubiger zu entziehen sucht. Zu diesem Zweck wurde oftmals schlicht der Geschäftsführer abberufen, um auf diese Weise die Zustellung von 5

---

[3] Bei einer Einmann-AG kann diese Personenidentität nicht erreicht werden, da zumindest die Mitgliedschaft im Vorstand und im Aufsichtsrat nach § 105 AktG einander ausschließen, da anderenfalls die Kontrollfunktion des Aufsichtsrats leer liefe (sog. Inkompatiblität).

[4] Zur Anwendung des § 181 BGB im Gesellschaftsrecht vgl. *Blasche,* Jura 2011, 359 ff.

[5] Zu den (umstrittenen) Anforderungen an eine Freistellung außerhalb der Satzung vgl. etwa Baumbach/Hueck/*Zöllner/Noack,* § 35 Rn. 132 ff.; Roth/*Altmeppen,* § 35 Rn. 80 f.; Ulmer/Habersack/Löbbe/*Paefgen,* § 35 Rn. 76 f.; zur dann aber eingreifenden Dokumentationspflicht bei Insichgeschäften nach § 35 III 2 GmbHG vgl. aber noch § 35 Rn. 28.

[6] Vgl. dazu auch Baumbach/Hueck/*Zöllner/Noack,* § 35 Rn. 136a.

[7] Vgl. etwa *OLG Hamburg* NZG 2000, 698; Roth/*Altmeppen,* § 39 Rn. 6.

Willenserklärungen an die Gesellschaft zu vereiteln.[8] In dieser Situation der Führungslosigkeit ordnet § 35 I 2 GmbHG deshalb jetzt an, dass die Gesellschaft für den Fall, dass ihr gegenüber Willenserklärungen abgegeben oder Schriftstücke zugestellt werden sollen, durch ihre Gesellschafter vertreten wird.[9]

2. Geschäftsführung und Vertretung

a) Kompetenzzuweisung

6 **Fall 1:** *Putzke* und *Weinzierl* gründen gemeinsam die Eiscafé Venezia GmbH in Bonn. Zum Geschäftsführer bestellen sie den *Voigt.* Sie selbst wollen sich mit diesem Bestellungsakt aber nicht vollständig aus der Geschäftsführung zurückziehen, sondern noch einzelne eigene Befugnisse (nicht nur ein Weisungsrecht) für sich behalten. Ist das möglich?

7 Eine allgemeine Regelung der Aufgaben und Zuständigkeiten der Geschäftsführer, wie sie in den §§ 76 ff. AktG für den Vorstand der AG enthalten ist, fehlt im GmbHG. Nach § 35 I GmbHG sind die Geschäftsführer zur Vertretung der Gesellschaft berufen. Sind mehrere Geschäftsführer bestellt, so sind sie zur Gesamtvertretung berechtigt, wenn die Satzung nichts anderes vorsieht (§ 35 II 1 GmbHG). Bei der Abgabe von Willenserklärungen gegenüber der GmbH (Passivvertretung) genügt – wie stets im Gesellschaftsrecht (vgl. etwa auch § 125 II 3 HGB) – die Abgabe gegenüber einem vertretungsberechtigten Gesellschafter.

8 Anders als in allen anderen gesellschaftsrechtlichen Regelwerken fehlt es aber an einer klaren Zuweisung der Geschäftsführungsbefugnis im Innenverhältnis. In den §§ 40 ff. GmbHG werden nur punktuelle Maßnahmen der Geschäftsführung dem Geschäftsführer zugewiesen: Einreichung der Gesellschafterliste (§ 40 GmbHG – s. noch § 35 Rn. 17 ff.), Buchführung (§ 41 GmbHG), Aufstellung des Jahresabschlusses (§ 42 GmbHG – s. noch § 36 Rn. 6). Auch den Gesellschaftern räumt das Gesetz keine generelle Geschäftsführungszuständigkeit ein; nach § 46 Nr. 6 GmbHG haben sie insoweit nur über solche Maßnahmen zu bestimmen, die der Prüfung und Überwachung der Geschäftsführung dienen. Anders als das Aktiengesetz (§§ 76 ff., 111 IV, 119 II AktG) enthält das GmbH-Gesetz also keine in sich geschlossene Regelung der Organzuständigkeiten. Entscheidend für die Kompetenzverteilung zwischen Geschäftsführern und Gesellschaftern ist nach § 45 GmbHG grundsätzlich der Gesellschaftsvertrag (vgl. schon Rn. 2). Nur soweit dieser keine Regelung enthält, ist aus der Organstellung der Geschäftsführer abzuleiten, dass sie zu sämtlichen Maßnahmen befugt sind, die zur Unternehmensleitung gehören.[10] Eine mittelbare Bestätigung findet diese Einordnung in § 37 I GmbHG, der die Geschäftsführer dazu verpflichtet, Beschränkungen ihrer Geschäftsführungsbefugnis im Innenverhältnis zu beachten.

9 Soweit aber die Gesellschafter nach dem Vertrag hinsichtlich der Geschäftsführung Rechte haben, sind die Befugnisse der Geschäftsführer entsprechend eingeschränkt. Der Gesellschaftsvertrag kann z. B. die Mitarbeit von Gesellschaftern vorsehen, ohne sie zu Geschäftsführern zu machen, er kann bestimmte Arten von Geschäften den Gesellschaftern vorbehalten oder die Geschäftsführer von der Zustimmung der Gesellschafter abhängig machen. Den Geschäftsführern der GmbH fehlt also die selbstständige Stellung, die für den Vorstand der AG charakteristisch ist (§ 76 I AktG). *Weinzierl* und *Putzke* können sich also eigene Geschäftsführungsbefugnisse vorbehalten.

---

[8] Vgl. zu derartigen Praktiken RegBegr MoMiG, BT-Drucks. 16/6140, S. 42 sowie *Kleindiek*, ZGR 2007, 276 ff.; *Seibert*, ZIP 2006, 1157, 1164 ff.; *ders.*, FS Röhricht, 2005, S. 585, 594.

[9] Vgl. zur Neuregelung Roth/*Altmeppen*, § 35 Rn. 8 ff.; *Steffek*, BB 2007, 2077 ff.

[10] Statt vieler Ulmer/Habersack/Löbbe/*Paefgen*, § 37 Rn. 1.

b) Beschränkungen der Vertretungs- und Geschäftsführungsbefugnis

10 Auch hinsichtlich der Beschränkungen der Vertretungs- und Geschäftsführungsbefugnis ist die Unterscheidung zwischen Innen- und Außenverhältnis im Gesetz nicht ganz so trennscharf umgesetzt worden wie im Aktienrecht (s. § 82 AktG). § 35 I GmbHG ordnet die generelle Vertretungsmacht an. Unter der Überschrift „Beschränkungen der Vertretungsbefugnis" wird in § 37 I GmbHG sodann festgestellt, dass die Geschäftsführer der GmbH gegenüber verpflichtet sind, die Beschränkungen einzuhalten, die für den Umfang ihrer Befugnis, die Gesellschaft zu vertreten, durch den Gesellschaftsvertrag oder, soweit dieser nicht ein anderes bestimmt, durch die Beschlüsse der Gesellschafter festgesetzt sind. § 37 II 1 GmbHG ergänzt, dass eine solche Beschränkung dritten Personen gegenüber keine rechtliche Wirkung hat. § 37 I GmbHG regelt mithin – entgegen der missverständlichen Überschrift – Beschränkungen der Geschäftsführungsbefugnis[11] und erst in § 37 II GmbHG wird festgestellt, dass diese nicht auf die Vertretungsbefugnis durchschlagen.

11 § 37 I GmbHG scheint auf den ersten Blick nicht nur in seiner Struktur, sondern auch inhaltlich § 82 II AktG nahezustehen (s. oben § 30 Rn. 5). Tatsächlich besteht aber zwischen den Vorschriften ein wesentlicher Unterschied: Beide Vorschriften binden die Geschäftsleitung an beschränkende Vorgaben der Gesellschafter. Nach § 82 II AktG sind aber nur solche Beschränkungen zulässig, die „im Rahmen der Vorschriften über die Aktiengesellschaft" getroffen werden und das Aktiengesetz sieht derartige Beschränkungen zumeist nicht vor, sondern es gilt die Eigenverantwortlichkeit des Vorstands nach § 76 AktG (s. bereits § 30 Rn. 2 ff., 5). Bei der GmbH fehlt es an diesem Zusatz. Hier besteht also eine umfassende Weisungsbindung. Entsprechende Vorgaben können in der Satzung enthalten sein, etwa auch in Form eines Zustimmungsvorbehaltes, oder ad hoc beschlossen werden. Bei besonders bedeutenden, außergewöhnlichen Maßnahmen ist der Geschäftsführer nach herrschender Meinung auch ohne eine solche Vorgabe verpflichtet, die Gesellschafterversammlung aus eigener Initiative mit der Entscheidung zu befassen.[12] All diese Einschränkungen gelten aber stets nur im Innenverhältnis. Im Außenverhältnis wird dem Geschäftsführer in § 37 II GmbHG aus Gründen der Verkehrssicherheit eine uneingeschränkte Vertretungsmacht zugewiesen (vgl. die Parallelen zu §§ 126 II HGB, 82 I AktG). Schwierigkeiten bereitet Studenten erfahrungsgemäß das Zusammenspiel der gesellschaftsrechtlichen Vertretungsregel mit dem handelsrechtlichen Registerrecht.

12 **Fall 2:** *Putzke* und *Weinzierl* haben als weiteren Geschäftsführer den *Garlichs* bestellt. Ihm wird Einzelvertretungsmacht mit der Einschränkung eingeräumt, dass er Geschäfte, die ein Volumen von über 10.000 EUR haben, nicht ohne vorherige Zustimmung der Gesellschafter abschließen darf. Bei der Anmeldung der Gesellschaft vergessen die Gesellschafter, die Bestellung des *Garlichs* anzumelden. Trotzdem nimmt die Gesellschaft die Geschäfte auf, wobei auch *Garlichs* häufig für sie auftritt. Im Januar 2015 wird er von den Gesellschaftern wegen unternehmerischen Misserfolgs abberufen, ohne dass dies in das Handelsregister eingetragen wird. Trotzdem schließt er im März 2015 mit einem Händler, der von seiner Abberufung nichts weiß, noch einen Kaufvertrag über eine hochwertige Speiseeismaschine zu einem Preis von 12.000 EUR ab. Ist die Gesellschaft durch dieses Geschäft verpflichtet worden?

---

[11] Der ähnlich strukturierte § 82 AktG ist dementsprechend auch mit „Beschränkungen der Vertretungs- und Geschäftsführungsbefugnis" überschrieben; Übungsfall bei *Füg/Giesen/Bieder,* Jura 2016, 415.

[12] Lutter/Hommelhoff/*Kleindiek,* § 37 Rn. 10 f.; Ulmer/Habersack/Löbbe/*Paefgen,* § 37 Rn. 18 f.; a. A. Baumbach/Hueck/*Zöllner/Noack,* § 37 Rn. 7.

13 Der Händler könnte gegen die GmbH einen Anspruch aus § 433 II BGB haben. Die GmbH kann nach § 13 I GmbHG Anspruchsgegnerin sein, wenn sie beim Abschluss des Kaufvertrags wirksam nach § 164 I BGB vertreten worden wäre. Vertretungsbefugt ist nach § 35 I GmbHG der Geschäftsführer der GmbH. Zunächst war *Garlichs* wirksam zum Geschäftsführer bestellt worden. Die unterbliebene Eintragung nach § 39 GmbHG ist unbeachtlich, da sie nur deklaratorische Bedeutung hat. Allerdings war *Garlichs* zum Zeitpunkt des Vertragsschlusses bereits abberufen worden, was nach § 38 I GmbHG ohne weitere Voraussetzungen zulässig ist (s. oben Rn. 4); auch insofern ist die Eintragung keine Wirksamkeitsvoraussetzung. *Garlichs* hatte seine Geschäftsführerstellung und damit seine Vertretungsmacht also verloren. Diesen Umstand kann die GmbH dem Händler jedoch nicht entgegenhalten, wenn die Voraussetzungen des § 15 I HGB erfüllt sind. Das ist hier der Fall. Bei der Abberufung handelt es sich nach § 39 I GmbHG um eine in den Angelegenheiten der GmbH eintragungspflichtige Tatsache, die nicht eingetragen und dem Händler auch nicht anderweitig bekannt ist. Dass bereits eine Voreintragung nicht erfolgt ist, ist nach heute herrschender Meinung unbeachtlich, weil der Rechtsverkehr auch durch andere Umstände als durch die Voreintragung von dem vorherigen Rechtszustand Kenntnis erlangt haben kann.[13] Die GmbH muss sich also behandeln lassen, als habe *Garlichs* seine Vertretungsmacht beibehalten. Dass seine Befugnisse bei Geschäften, die ein Volumen von 10.000 EUR übersteigen, beschränkt sein sollen, kann nach § 37 GmbHG allein das Innen-, nicht aber das Außenverhältnis berühren. Die GmbH muss den Kaufpreis also bezahlen.

3. Sorgfaltspflicht und Haftung

14 Ebenso wie der Vorstand einer AG (§ 93 I AktG) sind auch die Geschäftsführer einer GmbH nach § 43 I GmbHG dazu verpflichtet, in den Angelegenheiten der Gesellschaft die Sorgfalt eines ordentlichen Kaufmanns anzuwenden. Ein Verstoß gegen diese oder eine sonstige Pflicht löst nach § 43 II GmbHG eine Schadensersatzhaftung aus, die wie im Aktienrecht als Innenhaftung ausgestaltet ist (vgl. dort § 30 Rn. 20 ff.). Eine spezielle Regelung des Geschäftsleiterermessens entsprechend der aktienrechtlichen Business Judgment Rule ist im GmbHG nicht vorgesehen. Da aber auch im Aktienrecht die Einführung des § 93 I 2 AktG vornehmlich als Klarstellung der ohnehin geltenden Rechtslage verstanden wurde und die Geschäftsführer einer GmbH nicht weniger auf unternehmerische Entscheidungsspielräume angewiesen sind, ist anerkannt, dass diese Regelung auch im GmbH-Recht Anwendung findet.[14] Ebenfalls bestimmt sich die Beweislast nach § 93 II 2 AktG analog, da auch dieser Bestimmung allgemeine Grundsätze des Geschäftsbesorgungsrechts (namentlich die Rechenschaftspflicht) zugrunde liegen.[15] § 43 III GmbHG enthält als Parallele zu § 93 III AktG einen Katalog von Regelbeispielen, der allerdings schmaler ausgestaltet ist als im Aktienrecht. Die Ansprüche gegen den Geschäftsführer verjähren gem. § 43 IV GmbHG in fünf Jahren.

---

[13] Ausführlich dazu etwa Staub/*J. Koch*, § 15 Rn. 43 ff. m. w. Nachw.

[14] BGHZ 152, 280, 282 f. = NJW 2003, 358; *BGH* NJW 2008, 3361 Rn. 11; *Strohn/Simon*, GmbHR 2010, 1181, 1185; dazu ausführlich *Fleischer*, NZG 2011, 521 ff.; *J. Koch/Chachulski*, Jura 2013, 802, 803 ff.

[15] Vgl. dazu Roth/*Altmeppen*, § 43 Rn. 111.

4. Pflichten in der Insolvenz

a) Insolvenzantragspflicht

Fall 3: Acht Monate nach der Gründung müssen *Putzke* und *Weinzierl* feststellen, dass aufgrund der hohen Anfangsinvestitionen in Ausstattung und Personal den Verbindlichkeiten der Gesellschaft in Höhe von 28.000 EUR im Februar 2015 nur noch ein Vermögen von 20.000 EUR gegenübersteht. Geschäftsführer *Voigt* ist darüber nicht sonderlich beunruhigt, da die Eissaison erst im Frühjahr richtig beginnt, möchte aber wissen, ob er nicht dennoch nach dem Gesetz zur Stellung eines Insolvenzantrags verpflichtet ist. 15

Die hier in Frage stehende Insolvenzantragspflicht wurde bereits bei der AG kurz angerissen, spielt aber bei der GmbH eine wesentlich größere Rolle, da diese Gesellschaftsform deutlich insolvenzanfälliger ist als die AG.[16] Deshalb soll sie erst hier vertieft erörtert werden, obwohl die im Folgenden dargelegten Grundsätze auch für die AG Gültigkeit beanspruchen. 16

Gesetzlicher Ausgangspunkt ist auch hier § 15a InsO. Wie im Aktienrecht wurde die ursprünglich spezifisch gesellschaftsrechtliche Regelung (§ 64 I GmbHG a. F.) im Zuge des MoMiG (§ 33 Rn. 7) in die Insolvenzordnung transponiert (zu den Gründen s. noch Rn. 28). Voraussetzung sind Zahlungsunfähigkeit oder Überschuldung, die in §§ 17 II und 19 InsO legal definiert werden. Eine wesentliche Verschiebung hat sich in den letzten Jahren hinsichtlich des Eröffnungsgrundes der Überschuldung ergeben. Dieser Eröffnungsgrund gilt nur für juristische Personen und soll verhindern, dass die Insolvenz einer nicht überlebensfähigen Gesellschaft noch bis zur Zahlungsunfähigkeit hinausgezögert wird. Die fehlende Überlebensfähigkeit soll durch die bilanzielle Überschuldung indiziert werden. Dieser Indikator ist aber nicht unproblematisch, da eine solche Überschuldung oftmals auch nur vorübergehender Natur sein kann und deshalb nicht zwangsläufig auf die mangelnde Existenzfähigkeit hindeutet.[17] Der Gesetzgeber hat das bilanzielle Kriterium deshalb noch durch eine sog. Fortführungsprognose ergänzt, in der festgestellt werden soll, ob die Gesellschaft trotz ihrer finanziellen Probleme noch Zukunftsaussichten hat. 17

Das Verhältnis zwischen diesen beiden Kriterien ist vor dem Hintergrund der Finanzkrise aber verschoben worden. Nach § 19 II InsO a. F. war zur Feststellung der Überschuldung zunächst die Fortführungsprognose aufzustellen.[18] Ihr positiver oder negativer Ausgang entschied jedoch nicht über die Feststellung der Überschuldung, sondern stellte nur die Weichen für die eigentlich maßgebliche bilanzielle Beurteilung. Diese Beurteilung kann nämlich sehr unterschiedlich ausfallen, je nachdem, welche Wertfeststellung man ihr zugrunde legt. Geht man davon aus, es solle der Wert des fortbestehenden Unternehmens bemessen werden (Fortführungswert), dann wird dieser Wert wesentlich höher sein, als wenn man annimmt, das Unternehmen solle zerschlagen werden, um sodann seine Einzelbestandteile zu veräußern (Liquidationswert). Der Ausgang der Wertprognose entschied nach altem Recht nur darüber, welches Szenario der Bilanzierung zugrunde gelegt werden sollte. Bei positivem Ausgang erfolgte eine Bilanzierung nach Fortführungswerten, bei negativem Ausgang eine Bilanzierung nach Liquidationswerten. Dadurch war die Feststellung der Überschuldung nicht allein an das unsichere Fortführungsszenario, sondern überdies auch an objektive Bilanzierungsregeln geknüpft.[19] 18

---

16 Vgl. Roth/*Altmeppen*, Vor § 64 Rn. 4; *Ulmer*/Habersack/Löbbe, Einl. Rn. A 128 f.; *Meyer*, GmbHR 2004, 1417, 1421 ff. Die Hauptursache dieser gesteigerten Insolvenzanfälligkeit wird in der unzureichenden Kapitalausstattung vieler Gesellschaften mbH gesehen.

17 Vgl. zu dieser Konfliktlage etwa Braun/*Bußhardt*, InsO, 6. Aufl., 2014, § 19 Rn. 2.

18 Vgl. zum Folgenden statt aller Baumbach/Hueck/*Haas*, Vor § 64 Rn. 294 ff.

19 Baumbach/Hueck/*Haas*, 20. Aufl., § 64 Rn. 43c.

19 Infolge der Finanzkrise wurde diese Regelung im Rahmen des sog. Finanzmarktstabilisierungsgesetzes neugefasst,[20] weil der Gesetzgeber befürchtete, dass anderenfalls übermäßig viele Unternehmen durch die krisenbedingte Abwertung von Aktien und Immobilien in die Insolvenz gezwungen werden könnten.[21] Nach § 19 II InsO in der Fassung des Finanzmarktstabilisierungsgesetzes kann die Fortführungsprognose jede noch so tiefgreifende bilanzielle Überschuldung kompensieren.[22] Auch wenn diese legislative Notbremse vor dem Hintergrund der Finanzkrise durchaus nachvollziehbar erscheint, ist sie in ihrer generellen rechtspolitischen Bewertung doch kritisch zu würdigen. Die bisherige Verbindung von Fortführungsprognose und Bilanzierung sollte eine Verobjektivierung der Zukunftsprognose bewirken. Insolvenzverwalter und Gerichte sollten nicht von Seiten des Schuldners mit Hoffnungsszenarien konfrontiert werden, um immer größere Insolvenzverschleppungen zu rechtfertigen. Nach der Neufassung besteht dagegen die Gefahr, dass die Unternehmensfortführung zum Schaden der Gläubiger auf diffuse Zukunftschancen gestützt wird.[23] Auch der Gesetzgeber war sich der Schwächen des neuen Überschuldungstatbestandes bewusst und hatte daher diesen ursprünglich nur übergangsweise bis Ende 2013 eingeführt; danach sollte wieder der alte Überschuldenstatbestand in Kraft treten. Mittlerweile hat der Gesetzgeber aber mit dem Gesetz zur Einführung einer Rechtsbehelfsbelehrung im Zivilprozess (BGBl. I 2012, 2418, 2424) die Befristung aufgehoben; er hält somit nun doch dauerhaft am zweistufigen Überschuldungsbegriff fest. Für die Lösung des Falles 3 bedeutet dies, dass eine Pflicht zur Stellung des Insolvenzantrags zu verneinen sein dürfte. Die Verluste resultieren in erster Linie aus Anfangsinvestitionen, die sich nicht wiederholen werden. Auf der anderen Seite steht das Unternehmen am Ende der Winterpause und kann in dem jetzt kommenden Frühling mit größeren Gewinnen rechnen. Da die rechnerische Überschuldung überdies auch keine ganz gravierenden Dimensionen angenommen hat, kann eine positive Fortführungsprognose gestellt werden, so dass *Voigt* nicht verpflichtet ist, den Insolvenzantrag zu stellen.

20 **Fall 4:** Obwohl im vorigen Fall nicht nur eine bilanzielle Überschuldung vorlag, sondern auch die Fortführungsprognose negativ ausgefallen ist, unterlässt es *Voigt* zunächst, einen Insolvenzantrag zu stellen. Um den Geschäftsbetrieb aufrechtzuerhalten, erbringt er an den Händler *Willems* weitere Zahlungen in Höhe von 5.000 EUR aus dem Gesellschaftsvermögen. Dadurch lässt dieser sich über die Solidität der Gesellschaft täuschen und erbringt seinerseits weitere Leistungen an die Gesellschaft in Höhe von 20.000 EUR, die die Gesellschaft nicht bezahlt. Stattdessen entschließt sich *Voigt* endlich, den Insolvenzantrag zu stellen. Der Insolvenzverwalter fragt nun, ob er *Voigt* persönlich auf die Zahlung der an *Willems* geleisteten 5.000 EUR in Anspruch nehmen kann. Auf der anderen Seite wollen auch *Willems* und andere Händler, die bereits vor der Insolvenzreife Geschäfte mit der GmbH geschlossen haben, wissen, ob sie von *Voigt* persönlich den Ersatz ihrer Ausfälle verlangen können.

21 Gemäß § 80 I InsO ist der Insolvenzverwalter auch zur Geltendmachung der Ansprüche der Gesellschaft gegen ihren Geschäftsführer berufen. Eine Ersatzpflicht des *Voigt* gegenüber der Gesellschaft könnte sich hier aus § 64 S. 1 GmbHG wegen der nach Eintritt der Insolvenzreife geleisteten Zahlung in Höhe von 5.000 EUR er-

---

[20] Gesetz zur Umsetzung eines Maßnahmenpaketes zur Stabilisierung des Finanzmarktes (Finanzmarktstabilisierungsgesetz – FMStG) vom 17.10.2008, BGBl. I 1982.

[21] Ausführliche Begründung in RegBegr FMStG, BT-Drucks. 16/10600, S. 12 f.

[22] Vgl. zur Neuregelung etwa *Hirte/Knof/Mock,* ZinsO 2008, 1217 ff.; *Thonfeld,* NZI 2009, 15 ff.

[23] Baumbach/Hueck/*Haas,* 20. Aufl., 2013, § 64 Rn. 43e.

geben.[24] § 64 S. 1 GmbHG soll verhindern, dass ab Insolvenzreife einzelne Gläubiger der GmbH privilegiert befriedigt werden; die Masse soll für die gleichmäßige Befriedigung aller Gläubiger erhalten bleiben.[25] Anders als die aktienrechtliche Parallelvorschrift § 92 II AktG hat der Gesetzgeber diesen flankierenden Haftungstatbestand im GmbHG systematisch nicht bei den Geschäftsleiterpflichten, sondern bei den Auflösungsgründen verortet. Durch die Zahlung der 5.000 EUR hat *Voigt* den Tatbestand des § 64 S. 1 GmbHG erfüllt. Einer Ersatzpflicht könnte er sich gem. § 64 S. 2 GmbHG nur durch den – wohl nicht zu führenden – Nachweis entziehen, dass die Zahlungen mit der Sorgfalt eines ordentlichen Geschäftsmanns vereinbar waren.[26] Entscheidend ist dabei, dass die Zahlung im wohlverstandenen Interesse der Gläubiger liegt.[27] Als Ausnahmetatbestand ist § 64 S. 2 GmbHG eng auszulegen, um den Schutz vor Masseschmälerungen im Sinne des § 64 S. 1 GmbHG nicht wieder auszuhöhlen.[28]

Neben diesem Anspruch der Gesellschaft kann sich daneben auch noch ein unmittelbarer Anspruch der geschädigten Gläubiger ergeben. Wird eine insolvente, also nicht mehr lebensfähige Gesellschaft weitergeführt, so hat dies regelmäßig zur Folge, dass die Insolvenzmasse zum Schaden der Gläubiger noch weiter geschmälert wird. Den daraus entstehenden Schaden versuchen sie oftmals von den Geschäftsleitungsorganen ersetzt zu bekommen. Vertragliche Schadensersatzansprüche scheiden dabei regelmäßig aus, da zwischen den Gläubigern und den Geschäftsleitungsorganen keine Vertragsbeziehungen bestehen. Lediglich im Einzelfall kann eine vertragliche Haftung aus c.i.c. (§§ 280 I, 311 II, 241 II BGB) oder der Inanspruchnahme besonderen persönlichen Vertrauens (§ 311 III BGB) in Betracht kommen, wofür im Fall 4 jedoch nichts ersichtlich ist. 22

Eine Ersatzpflicht der Geschäftsleitung kann sich aber aus § 823 II BGB i.V.m. § 15a I 1 InsO ergeben. Die Eigenschaft des § 15a I 1 InsO als Schutzgesetz ist anerkannt.[29] Die in § 15a I 1 InsO enthaltene Insolvenzantragspflicht bezweckt den Schutz der Gesellschaftsgläubiger. Das gilt sowohl für die Altgläubiger, deren Forderungen schon vor der Insolvenzreife entstanden sind, als auch für Neugläubiger, die erst nach diesem Zeitpunkt Ansprüche gegen die Gesellschaft erworben haben.[30] *Voigt* hat seine Pflicht nach § 15a I 1 InsO verletzt, da er die Eröffnung des Insolvenzverfahrens nach Eintritt der Überschuldung nicht innerhalb der dreiwöchigen Frist des § 15a I 1 InsO beantragt hat. Das für eine Haftung nach § 823 II BGB erforderliche Verschulden ist gegeben. Da *Voigt* von der finanziellen Lage der Gesellschaft Kenntnis hatte, liegt ein vorsätzlicher Verstoß gegen § 15a I 1 InsO vor. 23

Hinsichtlich des Umfangs des Schadensersatzanspruchs ist zu differenzieren: Altgläubiger, deren Forderung gegen die Gesellschaft vor Eintritt der Insolvenzantragspflicht entstanden ist, können nur ihren sog. Quotenschaden ersetzt verlangen, also die Differenz zwischen der Insolvenzquote, die sie bei rechtzeitiger Antragsstellung erhalten hätten, und dem Betrag, der tatsächlich an sie ausgekehrt 24

[24] Zur Zuständigkeit des Insolvenzverwalters vgl. Baumbach/Hueck/*Haas*, § 64 Rn. 28.
[25] Roth/*Altmeppen*, § 64 Rn. 1; *J. Koch/Chachulski*, Jura 2013, 802, 806.
[26] Die Beweislast trägt der Geschäftsführer; vgl. Roth/*Altmeppen*, § 64 Rn. 29 m. w. Nachw.
[27] Baumbach/Hueck/*Haas*, § 64 Rn. 89.
[28] Baumbach/Hueck/*Haas*, § 64 Rn. 89; Roth/*Altmeppen*, § 64 Rn. 21.
[29] Vgl. etwa BGHZ 29, 100, 102 = NJW 1959, 623; *BGH* NJW 2012, 3510 Rn. 9; *BGH* NJW 2014, 698 Rn. 6 ff.; *BAG* NJW 2014, 2669 Rn. 32; Lutter/Hommelhoff/*Kleindiek*, Anh. § 64 Rn. 80; Roth/*Altmeppen*, Vorb. § 64 Rn. 121; *J. Koch/Chachulski*, Jura 2013, 802, 807.
[30] Vgl. etwa BGHZ 29, 100, 104 = NJW 1959, 623; *BGH* NJW 2014, 698 Rn. 6 ff.; Lutter/Hommelhoff/*Kleindiek*, Anh. § 64 Rn. 80.

wird.[31] Nach der älteren Rechtsprechung wurde auch Neugläubigern, deren Forderungen nach Eintritt der Insolvenzantragspflicht begründet wurden, nur der Quotenschaden zugesprochen.[32] Diese Rechtsprechung hat der BGH jedoch mittlerweile verworfen und spricht den Neugläubigern stattdessen den vollen Ausfallschaden zu.[33] Dieser Auffassung ist zuzustimmen, da sie mit allgemeinen schadensrechtlichen Wertungen, namentlich der Differenzhypothese gem. § 249 I BGB, in Einklang steht. Bei rechtzeitiger Stellung des Insolvenzantrags hätten die Neugläubiger mit der Gesellschaft aller Wahrscheinlichkeit nach überhaupt nicht oder nur gegen entsprechende Sicherheiten kontrahiert und hätten daher keinen Vermögensverlust erlitten. Sie können daher den vollen individuellen Schaden ersetzt verlangen, der dadurch entstanden ist, dass sie mit der Gesellschaft in Rechtsbeziehungen getreten sind.

25 *Willems* ist bezüglich der nach Eintritt der Überschuldung erbrachten Leistungen i. H. v. 20.000 EUR als Neugläubiger zu behandeln. Dass er bereits zuvor Gläubiger der Gesellschaft war, ist unbeachtlich, da es allein auf die Begründung der jeweiligen Forderung ankommt. Er kann daher die gesamten 20.000 EUR als Kontrahierungsschaden ersetzt verlangen. Diesen Anspruch kann er ohne Einschaltung des Insolvenzverwalters individuell geltend machen.[34] Hingegen können die Altgläubiger ihren Quotenschaden während der Dauer des Insolvenzverfahrens nicht selbstständig verfolgen. Vielmehr handelt es sich um einen sog. Gesamtschaden, den die Gläubiger nicht individuell, sondern gemeinschaftlich durch eine Verringerung des zur Insolvenzmasse gehörenden Vermögens vor oder nach Eröffnung des Insolvenzverfahrens erlitten haben. Dieser Gesamtschaden kann gemäß § 92 S. 1 InsO während des Insolvenzverfahrens nur vom Insolvenzverwalter eingefordert werden.[35] Erst nach Beendigung des Insolvenzverfahrens können die Gläubiger ihre Ansprüche wieder individuell durchsetzen.

b) Insolvenzverursachungshaftung

26 **Fall 5:** Nachdem das Eiscafé Venezia den Sommer insgesamt gut überstanden und seine Verluste ausgeglichen hat, wollen nun auch *Putzke* und *Weinzierl* endlich eine Rendite sehen. Sie veranlassen daher *Voigt,* der sich als angestellter Geschäftsführer ihres Drucks nicht zu wehren weiß, zu einer Auszahlung von jeweils 18.000 Euro. Diese Zahlung führt nahezu unmittelbar zur Zahlungsunfähigkeit der GmbH, die deshalb kurz darauf Insolvenz anmeldet. Kann der Insolvenzverwalter von *Voigt* die Rückzahlung der 36.000 EUR verlangen?

27 Eine solche Insolvenzverursachungshaftung ist seit dem MoMiG in § 64 S. 3 GmbHG vorgesehen. Der Gesetzgeber wollte mit dieser Regelung insbesondere Ausplünderungen in unmittelbarer Insolvenznähe sanktionieren; derartige Vor-

---

[31] Vgl. BGHZ 29, 100, 105 ff. = NJW 1959, 623; BGHZ 100, 19, 23 = NJW 1987, 2433; BGHZ 126, 181, 190 = NJW 1994, 2220; *BGH* NJW 2012, 3510 Rn. 13 f.; *BGH* NJW 2014, 698 Rn. 7; Baumbach/Hueck/*Haas,* § 64 Rn. 168 ff.; Lutter/Hommelhoff/*Kleindiek,* Anh. § 64 Rn. 91 ff.; Roth/*Altmeppen,* Vor § 64 GmbHG Rn. 121 ff.

[32] Vgl. etwa noch BGHZ 29, 100, 104 ff.; weitere Einzelnachweise bei BGHZ 126, 181, 191 = NJW 1994, 2220.

[33] H. M., vgl. BGHZ 126, 181, 190 ff. = NJW 1994, 220; BGHZ 138, 211, 214 ff. = NJW 1998, 2667; *BGH* NJW 2012, 3510 Rn. 13 ff.; *BGH* NJW 2014, 698 Rn. 7; Baumbach/Hueck/*Haas,* § 64 Rn. 168 ff.; Lutter/Hommelhoff/*Kleindiek,* Anh. § 64 Rn. 91 ff.; *J. Koch/Chachulski,* Jura 2013, 802, 807.

[34] Vgl. statt aller Lutter/Hommelhoff/*Kleindiek,* Anh. § 64 Rn. 101 ff. m. w. Nachw. S. *BGH* NJW 2014, 698 Rn. 6 ff. zur Einstufung als Alt- oder Neugläubiger bei einem bereits begründeten Dauerschuldverhältnis vor Insolvenzreife.

[35] Vgl. Lutter/Hommelhoff/*Kleindiek,* Anh. § 64 Rn. 99 f.; Roth/*Altmeppen,* Vor § 64 Rn. 123.

gehensweisen begegnen namentlich im Zuge organisierter Firmenbestattungen (s. oben Rn. 5).[36] Die dogmatische Existenzberechtigung der Neuregelung erscheint durchaus zweifelhaft, da in diesen Fällen regelmäßig die Schadensersatzhaftung nach § 43 II und III GmbHG eingreifen wird.[37] Ihre Voraussetzungen sind hier indes erfüllt: Die Zahlungen des *Voigt* haben unmittelbar zur Insolvenz der GmbH geführt. Daneben wird auch ein Anspruch aus § 43 II, III GmbHG bestehen. Überdies werden auch die Gesellschafter nach §§ 30, 31 GmbHG sowie nach der sog. Existenzvernichtungshaftung in Anspruch genommen werden können. Auf diese beiden Anspruchsgrundlagen wird in § 36 Rn. 1 ff. und § 38 Rn. 59 ff. zurückzukommen sein.

Hinweis:

Gerade Studenten mit Interesse am Gesellschaftsrecht dürfen bei ihrer Examensvorbereitung das Insolvenzrecht nicht ausblenden, da die Berührungspunkte zwischen den beiden Materien zahlreich sind.[38] In den letzten Jahren sind sie sogar noch ausgebaut worden, da der Gesetzgeber sich dazu entschieden hat, bislang gesellschaftsrechtlich geregelte Vorschriften in das Insolvenzrecht zu verlagern.[39] Der Hintergrund dieser Verlagerung liegt nicht allein im stringenten juristischen Ordnungssinn des Gesetzgebers, sondern erklärt sich auch aus dem Bemühen, die Anwendung dieser Regeln auf europäische Auslandsgesellschaften sicherzustellen.[40] Diese dürfen im Lichte der Niederlassungsfreiheit nämlich nicht dem inländischen Gesellschaftsrecht, wohl aber dem allgemeinen tätigkeitsbezogenen Verkehrsrecht (Deliktsrecht, Bereicherungsrecht etc.; s. noch § 40 Rn. 6) sowie dem nationalen Insolvenzrecht unterstellt werden.[41] Inwiefern dem EuGH eine derartige „Umetikettierung" genügt, ist allerdings noch zweifelhaft. 28

III. Die Gesellschafterversammlung

Das zweite Organ der GmbH ist die Gesellschafterversammlung. Von dem Gedanken an eine „kleine AG" geleitet, hat der Gesetzgeber den Gesellschaftern in § 46 GmbHG die Aufgaben zugewiesen, die in der AG der Hauptversammlung oder dem Aufsichtsrat zukommen. Wie sich aus § 45 II GmbHG ergibt, ist auch diese Regelung aber nicht zwingend, so dass § 46 GmbHG also eine deutlich geringere 29

36 Lutter/Hommelhoff/*Kleindiek*, § 64 Rn. 47 ff.; *Seibert*, ZIP 2006, 1157, 1167.

37 Insgesamt sehr krit. zum eigenständigen Bedeutungsgehalt des § 64 S. 3 GmbHG Roth/*Altmeppen*, § 64 Rn. 76 ff., 84. Speziell zur Einstellung von fälligen und durchsetzbaren Forderungen eines Gesellschafters in die Liquiditätsbilanz zur Ermittlung der Verursachung der Zahlungsunfähigkeit nach § 64 S. 3 GmbHG s. BGHZ 195, 42 Rn. 9 ff. = NZG 2012, 1379 = JuS 2013, 267 (mit Anm. *K. Schmidt*), *Haas*, NZG 2013, 41 ff.

38 Überblick bei *K. Schmidt*, § 1 II 7.

39 Vgl. zu dieser Entwicklung etwa *Bork*, ZGR 2007, 250 ff.

40 *Bork*, ZGR 2007, 250, 252.

41 Vgl. dazu auch Staub/*J. Koch*, § 13d Rn. 40 f.; *Windbichler*, § 24 Rn. 7. In diese Problematik bettet sich auch § 64 II 1 a. F. = § 64 S. 1 n. F. GmbHG ein: Der *EuGH* stuft die – bei national-systematischer Betrachtung – gesellschaftsrechtliche Vorschrift als Insolvenzrecht i. S. d. Art. 4 EuInsVO ein und erklärt sie für vereinbar mit der Niederlassungsfreiheit; vgl. *EuGH* ZIP 2015, 2468 (zusammenfassend *Petersen*, Jura 2016, 1077) mit einer Analyse auch der Folgen für weitere Vorschriften *Schall*, ZIP 2016, 289. Zu § 64 S. 1 GmbHG s. auch § 34 Rn. 21.

Bedeutung als der zentralen Vorschrift des § 119 AktG zukommt. Tatsächlich enthalten die Gesellschaftsverträge in der Praxis ausführliche Zuständigkeitskataloge, in denen die kautelarjuristischen Spielräume sorgfältig genutzt werden. Eine Grenze findet diese Gestaltungsfreiheit aber dort, wo sie zu einer Selbstentmachtung der Gesellschafter führt, etwa in der Weise, dass der Geschäftsführer zur eigenmächtigen Vornahme von Satzungsänderungen ermächtigt wird.[42]

30 Die ihnen obliegenden Beschlüsse fassen die Gesellschafter nach der gesetzlichen Regel in Versammlungen (§ 48 I GmbHG),[43] doch ist unter bestimmten Voraussetzungen auch eine schriftliche Beschlussfassung möglich (§ 48 II GmbHG).[44] Bei einer Einmann-Gesellschaft ist eine Niederschrift des „Beschlusses“ erforderlich (§ 48 III GmbHG). Die Einberufung zur Gesellschafterversammlung ist deutlich weitmaschiger reguliert als im Aktienrecht. Sie erfolgt durch den Geschäftsführer (§ 49 I GmbHG) in der Form des § 51 GmbHG, und zwar mindestens einmal im Jahr zum Beschluss über den Jahresabschluss (§ 42a GmbHG). Daneben muss die Gesellschafterversammlung einberufen werden, wenn es im Interesse der Gesellschaft erforderlich erscheint (§ 49 II GmbHG), mehr als 50 % des Stammkapitals verbraucht sind (§ 49 III GmbHG) oder es eine Minderheit von 10 % des Stammkapitals verlangt (§ 50 GmbHG). Die Beschlussfassung erfolgt gem. § 47 I GmbHG nach dem Mehrheitsprinzip; das Stimmrecht wird gem. § 47 II GmbHG nach der Beteiligungshöhe gewichtet. Eine Stimmrechtsvollmacht ist nach § 47 III GmbHG möglich. Stimmverbote enthält § 47 IV GmbHG. Für Beschlussmängel gelten – in Ermangelung einer eigenständigen Regelung – die §§ 241–257 AktG analog.[45] Das Problem räuberischer Anfechtungsklagen stellt sich allerdings bei der GmbH nur in geringem Maße, da es der personalistische Zuschnitt dieses Gesellschaftstyps professionellen Berufsklägern erschwert, Eingang in den Gesellschafterkreis zu finden.[46]

IV. Zusammenfassung

31 Nach dem gesetzlichen Leitbild ist die GmbH auf personalisierte Zusammenschlüsse von Mitunternehmern zugeschnitten. Ihr stärkstes Organ ist die Gesellschafterversammlung, die der Geschäftsleitung unmittelbar Weisungen erteilen kann (§ 37 I GmbHG). Ein Aufsichtsrat ist nicht vorgesehen, kann aber von den Gesellschaftern aufgrund ihrer weitreichenden Gestaltungsmöglichkeit eingerichtet werden (§ 52 GmbHG). Die Geschäftsführer werden von der Gesellschafterversammlung bestellt und abberufen. Es gilt das Prinzip der Fremdorganschaft. Wie bei der AG ist von dem organschaftlichen Bestellungsakt der Anstellungsvertrag zu unterscheiden. Infolge der personalistischen Struktur der GmbH ist die Stellung der Geschäftsführer wesentlich schwächer ausgestaltet als die des Vorstandes in der AG (§ 76 AktG). Die Geschäftsführungsbefugnis kann anders als im AktG (§ 82 II AktG) in umfassender Weise beschränkt werden; nur im Außenverhältnis ist eine solche Beschränkung unwirksam (§ 37 II GmbHG). Die Haftung des Geschäftsführers ist als Innenhaf-

---

[42] Zu den Grenzen etwa Lutter/Hommelhoff/*Bayer*, § 45 Rn. 8 ff.

[43] Vgl. zur Organqualität der Gesellschafterversammlung *Hüffer*, FS 100 Jahre GmbHG, 1992, S. 521, 526 ff.

[44] BGHZ 28, 355, 358 = NJW 1959, 194; Ulmer/Habersack/Löbbe/*Hüffer/Schürnbrand*, § 48 Rn. 42 ff.

[45] Vgl. statt vieler Baumbach/Hueck/*Zöllner/Noack*, Anh. § 47 Rn. 1 ff.; jüngst *OLG Hamm* ZIP 2016, 1481. Beispielhaft auch *Lange*, NJW 2016, 1852: Beschlussmängel durch unbekannte oder unerreichbare Gesellschafter.

[46] Zur Anwendbarkeit der speziell auf diese räuberischen Aktionäre zugeschnittenen neueren aktienrechtlichen Regeln auf die GmbH vgl. *Raiser*, FS Hüffer, 2010, S. 789 ff.

tung ausgestaltet (§ 43 GmbHG); die Business Judgment Rule (§ 93 I 2 AktG) findet analoge Anwendung. Die in § 15a InsO rechtsformneutral geregelte Insolvenzantragspflicht verpflichtet die Geschäftsleitung, innerhalb von drei Wochen nach Eintritt der Zahlungsunfähigkeit (§ 17 II InsO) oder Überschuldung (§ 19 InsO) Insolvenzantrag zu stellen. Eine Überschuldung setzt neben dem bilanziellen Kriterium noch eine negative Fortführungsprognose voraus. Versäumt es die Geschäftsleitung, rechtzeitig Insolvenzantrag zu stellen, haftet sie den Gläubigern gem. § 823 II BGB i. V. m. § 15a I 1 InsO. Dabei erhalten Neugläubiger den gesamten Schaden ersetzt, der dadurch entstanden ist, dass sie nach Insolvenzreife mit der GmbH kontrahiert haben. Altgläubiger erhalten nur den sog. Quotenschaden ersetzt. Daneben haftet der Geschäftsführer seiner Gesellschaft gegenüber für Zahlungen, die nach Eintritt der Insolvenzreife geleistet worden sind (§ 64 S. 1 GmbHG), sowie für Zahlungen, die unmittelbar zur Insolvenz der Gesellschaft geführt haben (§ 64 S. 3 GmbHG). Die Zuständigkeiten der Gesellschafterversammlung sind in § 46 GmbHG geregelt; die Gesellschafter können aber hiervon abweichende Regelungen treffen. Die Einberufung und der Ablauf der Gesellschafterversammlung werden vom Gesetz deutlich weniger intensiv reguliert als im Aktienrecht. Für Beschlussmängel gelten die §§ 241–257 AktG analog.

§ 35. Die Mitgliedschaft des GmbH-Gesellschafters

Literatur: *Altmeppen,* Zur Entwicklung eines neuen Gläubigerschutzkonzeptes in der GmbH, ZIP 2002, 1553; *Desch,* Der Erwerb von GmbH-Geschäftsanteilen zwei Jahre nach der Reform, BB 2010, 3104; *Hamann,* GmbH-Anteilserwerb vom Nichtberechtigten: Die Mischung verschiedener Gutglaubenstatbestände im MoMiG-Regierungsentwurf, NZG 2007, 492; *Kort,* Offene Fragen zu Gesellschafterliste, Gesellschafterstellung und gutgläubigem Anteilserwerb (§§ 40 und 16 GmbHG nF), GmbHR 2009, 169; *Lieder,* Gutgläubiger Erwerb im Erbrecht und Gesellschaftsrecht, Jura 2010, 801; *Luttermann,* Juristische Person, Konzern und Existenzvernichtungshaftung, JA 2008, 833; *Peifer,* Die persönliche Haftung der Gesellschafter einer GmbH, JuS 2008, 490; *Preuß,* Gesellschafterliste, Legitimation gegenüber der Gesellschaft und gutgläubiger Erwerb von GmbH-Anteilen, ZGR 2008, 676; *Schnauder/Müller-Christmann,* Der zivilrechtliche Schutz des GmbH-Vermögens vor dem Zugriff der Gesellschafter, JuS 1998, 980; *Timme,* Haftung von Gesellschaftern einer GmbH gegenüber Gläubigern der Gesellschaft, JA 2003, 95; *Veil,* Gesellschafterhaftung wegen existenzvernichtenden Eingriffs und materieller Unterkapitalisierung, NJW 2008, 3264; *Wicke,* Die GmbH-Gesellschafterliste im Fokus der Rechtsprechung, DB 2011, 1037. Übungsfälle: *Röck,* Gesellschafter- und Geschäftsführerhaftung in der GmbH – Bilanzielle Betrachtungsweise und Existenzvernichtung, Jura 2013, 118; *Schöne/Arens,* Der verheimlichte Sohn, JuS 2015, 813. Vgl. auch bereits die Angaben zu § 33 und 34.

I. Der Erwerb der Mitgliedschaft

1. Übertragbarkeit

Fall 1: *Dietrich* ist Gesellschafter des Speditionsunternehmens Transmovers GmbH. Er möchte seinen auf 100.000 EUR lautenden Geschäftsanteil zu Geld machen. Kann er den Anteil veräußern? Welchen Preis kann er erzielen, wenn das Stammkapital der GmbH eine Million EUR beträgt? 1

Der Geschäftsanteil bezeichnet die Gesamtheit der Rechte und Pflichten des Gesellschafters. Nach § 14 GmbHG sind die Geschäftsanteile mit einem Nennbetrag zu bezeichnen, der sich nach der Stammeinlage bestimmt. Hier wie im Aktienrecht soll also die Mitgliedschaft nicht in einer Quote, sondern in einem auf Euro lautenden Betrag ausgedrückt werden (s. § 31 Rn. 3). Wie auch bei allen anderen Erwerbs- 2 formen kann die Mitgliedschaft entweder originär im Zuge des Gründungsaktes, aber auch durch späteren derivativen Erwerb erlangt werden. § 15 I GmbHG sieht vor, dass Geschäftsanteile veräußerlich und vererblich sind. Da die GmbH aber nicht auf den Kapitalmarkt ausgerichtet ist, müssen ihre Anteile nicht in einer der Aktie vergleichbaren Weise umlauffähig sein. Sie werden deshalb nicht in einem Wertpapier verbrieft. Die Übertragung erfolgt nicht nach sachenrechtlichen Grundsätzen, sondern nach §§ 398, 413 BGB.[1] Der Abtretungsvorgang und ebenso das auf Abtretung gerichtete Verpflichtungsgeschäft müssen notariell beurkundet werden (§ 15 III und IV GmbHG).

3 § 15 I GmbHG enthält jedoch nur den gesetzlichen Regelfall. Der Gesellschaftsvertrag kann die Abtretung des Geschäftsanteils erschweren, insbesondere von der Genehmigung der GmbH oder auch anderer Gesellschafter abhängig machen (§ 15 V GmbHG – sog. Vinkulierung).[2] Von dieser Möglichkeit wird in GmbH-Gesellschaftsverträgen fast durchgängig Gebrauch gemacht, da nur auf diese Weise gewährleistet werden kann, dass der personalistische Charakter der GmbH (§ 33 Rn. 2) auch im Veräußerungsfall gewahrt bleibt.

4 *Dietrich* ist also nur dann zur Veräußerung in der Lage, wenn der Gesellschaftsvertrag dafür keine Voraussetzungen aufstellt oder wenn diese Voraussetzungen erfüllt sind. Da der Geschäftsanteil die Mitgliedschaft in der GmbH bezeichnet, kommt es für seinen Wert nicht auf den Nennbetrag, sondern auf den Wert des Gesellschaftsunternehmens an. Dass der Geschäftsanteil des *Dietrich* auf 100.000 EUR lautet, sagt also nichts über den Preis aus, den er erzielen kann. Dieser kann nur aufgrund einer Unternehmensbewertung festgelegt werden, die sich ihrerseits im Wesentlichen nach dem Ertragswert bestimmt.

2. Formerfordernis

5 **Fall 2:** Nach langer Suche hat *Dietrich* die Geschäftsfrau *Wolf* als Erwerbsinteressentin gefunden und will ihr seinen GmbH-Anteil zu einem Preis von 100.000 EUR verkaufen. Um Steuern zu sparen, geben sie beim Abschluss des Kaufvertrages vor dem Notar den Kaufpreis jedoch nur mit 45.000 EUR an. Kurze Zeit später wird auch die Übertragung vor dem Notar erklärt und beurkundet. Hat *Wolf* den Anteil wirksam und endgültig erworben?

6 *Wolf* könnte den Anteil wirksam nach §§ 398, 413 BGB erworben haben. Die Übertragung an sich ist nach § 15 III GmbHG formwirksam erfolgt. Nach dem Abstraktionsprinzip wirken sich etwaige Einigungsmängel hinsichtlich des Preises nicht auf das übertragende Verfügungsgeschäft aus, mit dem lediglich der Übergang des Eigentums vollzogen wird. Darüber sind sich die Parteien aber einig und entsprechend ist es auch formgerecht dokumentiert worden. *Wolf* könnte aber nach § 812 I 1, 1. Mod. BGB zur Rückübertragung verpflichtet sein, wenn der Kaufvertrag unwirksam wäre. Tatsächlich haben sich die Parteien über den Verkauf zum Preis von 45.000 EUR nur zum Schein geeinigt, so dass dieser Vertrag nach § 117 I BGB unwirksam ist. Stattdessen beansprucht der durch das Scheingeschäft verdeckte tatsächliche Vertragsschluss über 100.000 EUR nach § 117 II BGB Wirksamkeit. Auf ihn finden allerdings nach § 117 II BGB die für das verdeckte Rechtsgeschäft geltenden Vorschriften Anwendung, also auch die Formvorschrift des § 15 IV

[1] Die Unterschiede zum Aktienrecht sind mittlerweile zum Teil dadurch relativiert worden, dass nach § 16 III GmbHG neuerdings auch der gutgläubige Erwerb von GmbH-Anteilen zulässig ist (s. noch Rn. 17 ff.).

[2] RGZ 159, 272, 278; *Renner/Hesselbarth,* JuS 2014, 11, 13; vgl. zu solchen Vinkulierungsklauseln *Blasche,* RNotZ 2013, 515 ff.; *Reichert/Winter,* FS 100 Jahre GmbHG, 1992, S. 209, 212 ff.

GmbHG. Da dieses Geschäft nicht ordnungsgemäß beurkundet wurde, ist es nach § 125 BGB unwirksam. § 15 IV 2 GmbHG eröffnet jedoch eine Heilungsmöglichkeit, wenn der formlos geschlossene Vertrag durch die spätere formgerechte Abtretung nach § 15 III GmbHG vollzogen wird. Das ist hier geschehen. *Wolf* hat daher endgültig den Anteil erworben. Der zugrunde liegende Kaufvertrag wurde geheilt, so dass die Übertragung nicht ohne rechtlichen Grund erfolgt ist.

Hinweis:

Beachten Sie hier die Strukturparallelen zum Schwarzkauf im Grundstücksrecht.[3] Beiden Fallkonstellationen liegt dieselbe dogmatische Problematik zugrunde. 7

Fall 3: Im vorigen Fall hatten *Dietrich* und *Wolf* vereinbart, dass die Abtretung des Gesellschaftsanteils unter der aufschiebenden Bedingung vollständiger Kaufpreiszahlung erfolgen sollte. Nach der aufschiebend bedingten Abtretung weigert sich *Wolf*, den Kaufpreis zu zahlen mit der Behauptung, dass der Kaufvertrag unwirksam sei. Was kann *Dietrich* in diesem Fall tun? 8

Dietrich könnte einen Anspruch auf Kaufpreiszahlung aus § 433 II BGB haben. Der Kaufvertrag war ursprünglich unwirksam, könnte aber nach § 15 IV 2 GmbHG geheilt worden sein. Allerdings ist die Abtretung derzeit noch schwebend unwirksam, weil sie unter der aufschiebenden Bedingung des § 158 I BGB steht. Diese Bedingung ist nicht eingetreten. Der BGH hat dennoch auch in dieser Konstellation eine Heilung gestattet.[4] *Dietrich* kann sie herbeiführen, indem er auf die Bedingung verzichtet. Diese Möglichkeit hat der BGH dem Verkäufer zugesprochen, da die Bedingung allein ihn begünstigt, so dass ihm auch ein einseitiger Verzicht möglich sein soll. Mit dem Verzicht wird die Abtretung wirksam, die Heilung tritt ein und *Dietrich* kann die Zahlung des Kaufpreises verlangen. 9

3. Mängel beim Unternehmenskauf

Fall 4: Schon kurz nach dem Erwerb der Beteiligung muss *Wolf* feststellen, dass sie ein ausgesprochen schlechtes Geschäft gemacht hat. Es stellt sich heraus, dass Teile des Fuhrparks des Unternehmens deutlich veraltet, manche Fahrzeuge sogar mit größeren Mängeln behaftet sind, die während der Vertragsverhandlungen nicht erwähnt wurden. Kann *Wolf* den Erwerb aus diesem Grund rückgängig machen, wenn *Dietrich* – abweichend vom Ausgangsfall (Fall 1) – 100%iger Alleingesellschafter der GmbH war und der Kaufpreis eine Million EUR betragen hat? 10

Wolf könnte hier nach §§ 437, 440, 323 BGB vom Kaufvertrag zurücktreten, wenn die Kaufsache mit einem Mangel behaftet war. Ein wirksamer Kaufvertrag wurde hier geschlossen. Insbesondere wurde das Formerfordernis des § 15 IV GmbHG eingehalten. § 311b I BGB findet daneben keine Anwendung, selbst wenn das verkaufte Unternehmen auch ein Grundstück in seinem Anlagevermögen hält.[5] Problematisch ist allerdings, ob hier tatsächlich ein Mangel vorliegt, da schließlich nicht einzelne Bestandteile, sondern nur Anteile an dem Unternehmen verkauft wurden. In diesem Fall liegt ein Rechtskauf vor, auf den gem. § 453 BGB die für den Kauf von Sachen geltenden Vorschriften anwendbar sind. Das bedeutet aber nicht, dass 11

---

3 Vgl. dazu etwa *Medicus/Petersen*, Rn. 595.

4 *BGH* NJW-RR 1989, 291, 292; BGHZ 127, 129, 133 f. = NJW 1994, 3227; BGHZ 138, 195, 198 = NJW 1998, 2360.

5 Vgl. statt vieler MüKoBGB/*Kanzleiter*, § 311b Rn. 14.

zur danach erforderlichen Feststellung der Mangelhaftigkeit auf die in dem Unternehmen enthaltenen Gegenstände abgestellt werden kann, sondern es müsste der Anteil selbst mangelhaft sein.[6] Das könnte etwa dann angenommen werden, wenn ein Anteil erworben wird, bei dem der ursprüngliche Gesellschafter seine Einlageverpflichtung noch nicht ganz erfüllt hat, weil das nach § 16 II GmbHG zur Folge hat, dass der Erwerber neben dem Veräußerer für diese Schuld haftet.[7] Auf einen solchen Mangel deutet hier aber nichts hin. Der Anteil selbst ist also nicht fehlerhaft.

12 Handelt es sich um eine geringe Beteiligung, so bleibt es bei diesem Ergebnis. Anders kann die juristische Bewertung ausfallen, wenn eine derart hohe Beteiligung oder sogar alle Anteile gekauft werden mit der Folge, dass der Erwerb der Anteile sich letztlich als Erwerb des gesamten Unternehmens darstellt. In diesem Fall spricht man von einem Unternehmenskauf. Über Unternehmenskäufe und Verschmelzungen werden Unternehmensübernahmen vollzogen, mit denen man etwa die Expansion eines Unternehmens oder die Erzielung von Synergieeffekten bezweckt. Es handelt sich dabei um einen wichtigen Teilbereich des Wirtschaftsrechts, der unter dem Schlagwort der M&A-Transaktionen (Mergers & Acquisitions) begrifflich verselbstständigt ist.[8] In der Praxis werden derartige Transaktionen selbstverständlich zumeist nicht nach dem allgemeinen Kaufrecht vollzogen, sondern aufgrund umfassender und sorgfältig ausgearbeiteter Vertragswerke.[9] Für die Erstellung dieser Vertragswerke ist aber die Kenntnis des gesetzlichen Grundmodells erforderlich, das auch in der Folgezeit gegebenenfalls als gesetzliches Auffangmodell – etwa in Fällen von Regelungslücken oder der Unwirksamkeit einzelner Gestaltungen – heranzuziehen ist.

Hinweis:

13 Obwohl es sich bei einem Unternehmenskauf um eine sehr komplexe gesellschaftsrechtliche Transaktion handelt, begegnet er doch im allgemeinen Staatsexamen relativ häufig, da es sich zugleich auch um einen der Standardfälle zum Rechtskauf handelt.

14 Um den Unternehmenskauf richtig einzuordnen, ist zunächst festzustellen, auf welchem Wege er vollzogen wurde. Man unterscheidet insofern zwei Gestaltungen: den „asset deal" und den „share deal".[10] Bei einem „asset deal" wird das Unternehmen als Gesamtheit von Sachen und Rechten verkauft. Diese Form des Erwerbs hat den Nachteil, dass bei der dinglichen Übertragung die einzelnen Unternehmensbestandteile wegen des sachenrechtlichen Bestimmtheitsgrundsatzes einzeln und nach den jeweils geltenden Regeln übertragen werden müssen.[11] Bei einem „share

---

6 Vgl. auch *Saenger,* Rn. 1079.

7 So etwa auch RGZ 96, 227, 229 f.; Baumbach/Hueck/*Fastrich,* § 16 Rn. 25; Roth/*Altmeppen,* § 15 Rn. 8; *Wälzholz,* DStR 2002, 500, 501; a. A. *Grunewald,* NZG 2003, 372, 373.

8 Vgl. dazu auch *Saenger,* Rn. 1074 ff.

9 Diese Sorgfalt bezieht sich nicht nur auf die Ausarbeitung des vertraglichen Regelwerkes, sondern auch auf die vorbereitende Feststellung etwaiger Unternehmensmängel. Für dieses Verfahren, das in mehrfacher Hinsicht juristische Fragestellungen aufwirft, hat sich der Begriff der „Due-Diligence-Prüfung" eingebürgert; vgl. dazu etwa *H. P. Westermann,* ZHR 169 (2005), 248 ff.

10 Vgl. zum Folgenden etwa *Saenger,* Rn. 1075 ff. mit einem Überblick über den Ablauf eines Unternehmenskaufs in Rn. 1081 ff.; ferner Michalski/*Ebbing,* § 15 Rn. 178.

11 Vgl. zu der sich daraus ergebenden Vielzahl von Transaktionen das Beispiel aus dem Umwandlungsrecht von *K. Schmidt,* § 12 I 6c.

deal", wie er auch in Fall 4 vorliegt, wird nicht das Unternehmen als solches verkauft, sondern Kaufgegenstand sind lediglich die Anteile an dem Unternehmensträger.

Der Unterschied im Übertragungsweg wirkt sich nicht nur auf den dinglichen Über- 15
tragungsakt aus, sondern auch auf die Behandlung von Gewährleistungsrechten, wobei die Einzelheiten in beiden Konstellationen umstritten sind (auch vor diesem Hintergrund empfiehlt sich eine sorgfältige kautelarjuristische Ausgestaltung). Bei einem „asset deal" wird zum Teil angenommen, schon Mängel an Einzelgegenständen könnten Gewährleistungsrechte hinsichtlich des Unternehmenskaufs begründen, die nach allgemeinen kaufrechtlichen Regeln nur insofern eingeschränkt wären, als Schadensersatz statt der ganzen Leistung und Rücktritt nicht auf unerhebliche Mängel gestützt werden könnten.[12] Die herrschende Meinung fordert dagegen zu Recht, dass der Mangel eine solche Erheblichkeit annehmen muss, dass die wirtschaftliche Grundlage des Unternehmens erschüttert ist.[13] Dieser restriktiveren Sichtweise ist zuzustimmen, da nur sie mit dem vertraglichen Kaufgegenstand korrespondiert und anderenfalls ein mangelfreier Unternehmenskauf auch praktisch kaum vollzogen werden könnte.

Bei dem hier in Frage stehenden „share deal" liegen die Dinge noch komplizierter. 16
Da der „share deal" ein Rechtskauf ist, bei dem grundsätzlich nur ein Mangel des Rechts selbst Gegenstand des Gewährleistungsrechts sein darf (s. Rn. 11), müssten Sachmängel bei der juristischen Beurteilung an sich vollständig ausgeblendet werden. Um der tatsächlichen wirtschaftlichen Reichweite der Transaktion Rechnung zu tragen, lässt die herrschende Meinung aber eine Ausnahme von dieser Regel zu, wenn eine derart hohe Beteiligung erworben wird, dass der „share deal" bei wirtschaftlicher Betrachtungsweise letztlich dem „asset deal" gleichsteht.[14] Streit besteht weiterhin hinsichtlich der Frage, ab welcher Schwelle eine solche Gleichstellung anzunehmen ist.[15] Jedenfalls ab einer Beteiligungshöhe von über 90 % wird man sie aber unproblematisch bejahen dürfen. Im Fall 4 wird sogar eine 100%ige Beteiligung übertragen, so dass erst recht anzunehmen ist, dass der „share deal" dem „asset deal" gleichsteht.[16] Damit ist die Frage nach dem Rücktrittsrecht aber noch nicht beantwortet, sondern es muss auch hier geklärt werden, ob der Sachmangel eine solche Schwere hat, dass er das zentrale Unternehmenssubstrat beeinträchtigt (s. bereits oben Rn. 15).[17] Daran dürfte es hier fehlen. Zwar sind manche Fahrzeuge veraltet und einige wohl auch mangelhaft, doch deutet nichts darauf hin, dass von diesen Defiziten das Unternehmenssubstrat tatsächlich betroffen ist. *Wolf* kann daher nicht vom Kaufvertrag zurücktreten.

---

[12] Vgl. etwa Staudinger/*Matusche-Beckmann* (2014), § 434 Rn. 184, wonach an das Kriterium des „Durchschlagens" keine zu hohen Anforderungen gestellt werden sollen; *Wolf/Kaiser,* DB 2002, 411, 414 f.

[13] *OLG Köln* ZIP 2009, 2063, 2065; MüKoBGB/*H. P. Westermann,* § 453 Rn. 24 ff.; *Saenger,* Rn. 1078; *Hilgard,* BB 2012, 852, 853; *Triebel/Hölzle,* BB 2002, 521, 525.

[14] Vgl. etwa Baumbach/Hueck/*Fastrich,* § 15 Rn. 7; Michalski/*Ebbing,* § 15 Rn. 181; Palandt/*Weidenkaff,* § 453 Rn. 23; Scholz/*Seibt,* § 15 Rn. 153; *Hilgard,* BB 2012, 852, 854.

[15] Vgl. zu den unterschiedlichen Schwellenwerten etwa *OLG München* DB 1998, 1321: 75 %; Palandt/*Weidenkaff,* § 453 Rn. 23: mindestens 80 %; nach *BGH* NJW 2001, 2163, 2164 sind 40 % jedenfalls zu wenig; Überblick bei Michalski/*Ebbing,* § 15 Rn. 178; Scholz/*Seibt,* § 15 Rn. 153; *Grunewald,* NZG 2003, 372 f. mit Fn. 8; *Weitnauer,* NJW 2002, 2511, 2513 mit Fn. 12.

[16] Das wird klargestellt in BGHZ 85, 367, 370 = NJW 1983, 390; BGHZ 138, 195, 204 f. = NJW 1998, 2360.

[17] So speziell für den share deal auch Michalski/*Ebbing,* § 15 Rn. 181.

4. Der gutgläubige Erwerb von GmbH-Geschäftsanteilen

17 Die Möglichkeit, GmbH-Anteile gutgläubig zu erwerben, war früher nicht im GmbH-Recht vorgesehen. Das hatte zur Folge, dass der Veräußerer zum Teil mit hohem Aufwand seine Berechtigung darlegen musste, was das Verfahren schwerfällig machte und zu erheblichen Transaktionskosten für die Beteiligten führte.[18] Diesem Missstand wollte der MoMiG-Gesetzgeber abhelfen und hat zu diesem Zweck in § 16 III GmbHG eine an § 892 BGB angelehnte Variante des gutgläubigen Erwerbs von Anteilsrechten eingeführt. Die Möglichkeit gutgläubigen Erwerbs ist somit nicht mehr zwingend mit einer Verbriefung verknüpft. Wie jeder gutgläubige Erwerb greift auch § 16 III GmbHG nur bei Verkehrsgeschäften[19] ein und bedarf eines Rechtsscheinträgers (vgl. etwa § 932 BGB: Besitz; § 892 BGB: Grundbuch). Das ist hier die Gesellschafterliste nach § 40 GmbHG, der damit nach der neuen Gesetzeslage eine deutlich gesteigerte Bedeutung zukommt.[20] Der gute Glaube soll gem. § 16 III 3 GmbHG nicht wie nach § 892 BGB erst bei Vorsatz, sondern wie in § 932 BGB auch schon bei grober Fahrlässigkeit ausgeschlossen sein; aus §§ 892, 899 BGB wurde ergänzend die Möglichkeit eines den guten Glauben ausschließenden Widerspruchs übernommen.[21] Schließlich soll der wahre Eigentümer die Verdrängung aus seiner Rechtsposition auch nur dann hinnehmen müssen, wenn er sich die Entstehung des Rechtsscheins zurechnen lassen muss.[22] Das soll nach der (durch die mehrfache Verneinung nahezu unverständlichen) Vorschrift des § 16 III 2 GmbHG dann der Fall sein, wenn die Liste bereits länger als drei Jahre unrichtig war, so dass er davon hätte Kenntnis nehmen können, oder ihm die Unrichtigkeit aus anderen Gründen zugerechnet wird.[23] Zu berücksichtigen ist, dass der Rechtsschein der Gesellschafterliste lediglich auf die Gesellschafterstellung abstellt und sich somit nicht auf die Existenz des Geschäftsanteils, dessen Lastenfreiheit oder die (unbeschränkte) Verfügungsbefugnis des Inhabers bezieht.[24] Demnach ist die Gesellschafterliste auch nicht geeignet, einen Rechtsschein dafür zu erzeugen, dass seitens des eingetragenen Inhabers nicht bereits aufschiebend bedingt über den Geschäftsanteil verfügt wurde. Folglich scheidet ein gutgläubiger Zweiterwerb eines aufschiebend bedingt abgetretenen Geschäftsanteils vor Bedingungseintritt nach § 161 III BGB i. V. m. § 16 III GmbHG aus.[25]

18 **Fall 5:** Der Erwerb durch *Wolf* im Jahr 2010 wurde durch den Notar *Krumm* beurkundet. Dieser hat es aber versäumt, rechtzeitig eine neu gefasste Gesellschafterliste beim Registergericht einzureichen (vgl. zu dieser Pflicht § 40 II GmbHG). Dieses Versäumnis nutzt *Dietrich*, um den Anteil noch in demselben Jahr ein weiteres Mal an *Stankewitz* zu übertragen. Der jetzt mit der Beurkundung betraute Notar reicht eine veränderte Gesellschafterliste beim Registergericht ein und benachrichtigt die Geschäftsführung der Gesellschaft. Kurz darauf stirbt *Stankewitz* und wird von der gutgläubigen *Hahn* beerbt, die daraufhin als neue Gesellschafterin in die Liste eingetragen wird. Im Jahr 2015 überträgt *Hahn* den Anteil weiter an *Behle.* Ist *Behle* Eigentümer des Anteils geworden? Kann *Wolf* einen Schadensersatzanspruch gegen *Krumm* geltend machen?

---

[18] Vgl. dazu etwa RegBegr MoMiG, BT-Drucks. 16/6140, S. 38; s. ferner *Böttcher/Blasche,* NZG 2007, 565 ff.; *Hamann,* NZG 2007, 492 ff.

[19] Zu diesem Begriff im Sachenrecht etwa MüKoBGB/*Kohler,* § 892 Rn. 33 ff.; *Vieweg/Werner,* § 5 Rn. 8 ff.

[20] Vgl. zu dieser Liste statt vieler *Preuß,* ZGR 2008, 676 ff.

[21] Zu dieser Mischung verschiedener Gutglaubenstatbestände *Hamann,* NZG 2007, 492 ff.

[22] Zu dem ähnlich ausgestalteten Zurechnungsprinzip in § 935 BGB vgl. etwa MüKoBGB/*Oechsler,* § 935 Rn. 1.

[23] Vgl. zu der Drei-Jahres-Frist etwa Roth/*Altmeppen,* § 16 Rn. 77 f.

[24] S. BGHZ 191, 84 Rn. 17 ff. = NZG 2011, 1268; *Saenger,* Rn. 760.

[25] S. dazu BGHZ 191, 84 Rn. 14 ff. = NZG 2011, 1321 ff.; *Saenger,* Rn. 760.

Ursprünglich war *Dietrich* Eigentümer. Er könnte sein Eigentum aber nach §§ 398, 413 BGB an *Wolf* verloren haben. Das ist durch den formwirksamen Übertragungsakt geschehen. Die unterbliebene Eintragung der *Wolf* in die Liste steht dem Eigentumserwerb nicht entgegen, da die Eintragung nur deklaratorische Bedeutung hat.[26] *Wolf* könnte ihr Eigentum aber nach § 16 III GmbHG durch einen gutgläubigen Erwerb des *Stankewitz* verloren haben. Dieser war gutgläubig und konnte seinen guten Glauben auch auf den Rechtsträger der Gesellschaftsliste stützen. Dennoch ist sein Erwerb zu verneinen, da der *Wolf* die Falscheintragung nicht zuzurechnen war und auch noch keine drei Jahre abgelaufen waren (§ 16 III 2 GmbHG). Schließlich hat auch *Hahn* den Anteil nicht gutgläubig erworben, da kein rechtsgeschäftlicher Erwerb vorliegt und nur dieser – ebenso wie im Sachenrecht – durch die Gutglaubensregeln geschützt ist. Ein gutgläubiger Erwerb ist dann aber in der Person des *Behle* erfolgt, da auch er aufgrund der Eintragung in die Gesellschafterliste gutgläubig war und seit der erstmaligen Fehlerhaftigkeit drei Jahre verstrichen sind. Dass innerhalb dieser drei Jahre unterschiedliche Personen ausgewiesen waren, schadet der Zurechnung nicht.[27] *Wolf* hat also ihr Eigentum an *Behle* verloren, kann wegen ihres Eigentumsverlustes aber einen Anspruch gegen *Krumm* geltend machen. Anders als beim Geschäftsführer (§ 40 III GmbHG) ist ein Anspruch gegen den Notar nicht ausdrücklich im GmbH-Gesetz geregelt.[28] Er folgt aber aus der Verletzung der Amtspflicht nach § 19 BNotO.[29] 19

II. Vermögens- und Verwaltungsrechte des Gesellschafters

1. Vermögensrechte

Ist die Mitgliedschaft erworben, so ergeben sich daraus ebenso wie bei allen anderen Gesellschaftsformen Vermögens- und Verwaltungsrechte. Zu den Vermögensrechten zählt insbesondere der Anspruch auf Teilhabe am Gewinn. Wie bei der AG (§ 32 Rn. 26) verdichtet er sich erst im Zusammenspiel mit dem Gesellschafterbeschluss über die Gewinnverwendung zu einem konkreten Zahlungsanspruch. Bis dahin kann der Gesellschafter nur verlangen, dass ein solcher Beschluss gefasst wird.[30] Auf die Einzelheiten wird im Zusammenhang mit der Finanzverfassung der GmbH noch eingegangen (§ 36 Rn. 6). Des Weiteren gehören wie bei der AG auch das Recht auf Beteiligung am Liquidationserlös aus § 72 GmbHG und das (gesetzlich hier nicht geregelte) Bezugsrecht der Gesellschafter bei Kapitalerhöhungen zu den Vermögensrechten (s. dazu noch § 36). 20

2. Verwaltungsrechte

Zu den Verwaltungsrechten des GmbH-Gesellschafters zählt insbesondere das Recht, an Beschlüssen der Gesellschafterversammlung mitzuwirken, was zugleich das Teilnahme- und Rederecht impliziert (§ 31 Rn. 7 f., § 34 Rn. 29). Das Beschlussmängelrecht hat im GmbHG keine eigenständige Regelung gefunden, doch steht auch dem GmbH-Gesellschafter ein Anfechtungsrecht zu, das entsprechend den aktienrechtlichen Grundsätzen ausgeformt wird (s. bereits § 31 Rn. 12 ff. m. w. Nachw.). Wesentlich intensiver als im Aktienrecht ist das Auskunfts- und Einsichtsrecht des Gesellschafters ausgestaltet, da die dort zu bedenkenden Gründe, 21

[26] S. dazu Baumbach/Hueck/*Fastrich*, § 16 Rn. 2.
[27] Baumbach/Hueck/*Fastrich*, § 16 Rn. 36; Roth/*Altmeppen*, § 16 Rn. 78.
[28] Vgl. grundsätzlich zur voneinander abzugrenzenden Zuständigkeit von Geschäftsführer und Notar Baumbach/Hueck/*Noack*, § 40 Rn. 49 f.
[29] Vgl. dazu etwa Baumbach/Hueck/*Noack*, § 40 Rn. 72 ff.
[30] Baumbach/Hueck/*Fastrich*, § 29 Rn. 39 f.; *C. Schäfer*, § 36 Rn. 4.

dem Aktionär nur sehr beschränkte Rechte einzuräumen (große Zahl der Aktionäre, leichter Zugang für Wettbewerber – s. § 31 Rn. 8), bei der personalistischen GmbH nicht greifen. Jeder Gesellschafter kann nach § 51a I GmbHG unverzüglich Auskunft über die Angelegenheiten der GmbH und Einsicht in die Bücher und Schriften verlangen. Der Geschäftsführer darf die Auskunft nach § 51a II GmbHG nur verweigern, wenn er Nachteile für die GmbH befürchtet, doch muss auch dies durch einen Gesellschafterbeschluss bestätigt werden (§ 51a II 2 GmbHG). Diese weitgehenden Rechte können selbst im Gesellschaftsvertrag nach § 51a III GmbHG nicht abbedungen werden. Einem ausgeschiedenen Gesellschafter steht lediglich nach §§ 810, 242 BGB ein Einsichtsrecht zu,[31] das aber ebenso der Einschränkung des § 51a II BGB unterliegt.[32]

III. Pflichten des Gesellschafters

1. Vermögenspflichten

22 Die wichtigsten Pflichten des GmbH-Gesellschafters sind seine Vermögenspflichten und hier insbesondere die Pflicht zur Leistung der übernommenen Einlage. Sie folgt aus dem Übernahmeversprechen und findet im Gesetz den deutlichsten Anhaltspunkt in § 19 I GmbHG. Wie sich aus § 3 II GmbHG ergibt, können die Gesellschafter daneben auch noch weitere Leistungspflichten übernehmen, wovon in der Praxis verbreitet Gebrauch gemacht wird (z. B. Pflicht zur Gebrauchsüberlassung etc.). §§ 26–28 GmbHG erlauben es auch, dem Gesellschafter Nachschusspflichten aufzuerlegen. Während diese Zusatzpflichten zumindest noch vom explizit erklärten Willen des Gesellschafters gedeckt sind, verpflichtet ihn § 24 GmbHG schließlich sogar noch zu einer über seine Einlagepflicht hinausgehenden unfreiwilligen Ausfallhaftung für den Fall, dass andere Gesellschafter ihrer Einlagepflicht nicht nachkommen. Diese Regelung findet im Aktienrecht kein Pendant, sondern erklärt sich daraus, dass der Gesetzgeber es im Hinblick auf die typischerweise gegebene persönliche Verbundenheit der Gesellschafter für zumutbar hält, sie für die Zahlungsfähigkeit ihrer Mitgesellschafter einstehen zu lassen. Der zentrale Grundsatz des § 13 II GmbHG, wonach der Gesellschafter nicht über seine Einlage hinaus in Anspruch genommen werden kann, wird dadurch durchbrochen.

2. Verwaltungspflichten

23 Speziell in Fällen einer Führungslosigkeit der Gesellschaft werden die Gesellschafter durch die Neuregelung des MoMiG (Rn. § 33 Rn. 7) zur Vermeidung einer missbräuchlichen Firmenbestattung (s. § 34 Rn. 5) mittlerweile auch persönlich verstärkt in Anspruch genommen. So ist insbesondere die Insolvenzantragspflicht (§ 34 Rn. 15 ff.) in § 15a III InsO für den Fall auf sie erweitert worden, dass die Gesellschaft über keine funktionsfähigen Vertretungsorgane mehr verfügt (Legaldefinition in § 10 II InsO).

3. Treupflicht

24 Schließlich trifft auch die Gesellschafter einer GmbH eine ungeschriebene mitgliedschaftliche Treupflicht.[33] Aufgrund des personalistischen Charakters der GmbH ist

---

[31] *OLG Naumburg* NZG 2014, 868 f.; Baumbach/Hueck/*Zöllner/Noack*, § 51a Rn. 7, 60.

[32] *OLG Naumburg* NZG 2014, 868 f.

[33] Grundlegend die ITT-Entscheidung des *BGH*, BGHZ 65, 15 = NJW 1976, 191 sowie aus dem Schrifttum *M. Winter*, Mitgliedschaftliche Treubindungen im GmbH-Recht, 1987; vgl. ferner *K. Schmidt*, § 20 IV 2b; *Henze*, ZHR 162 (1998), 186 ff.; *Hüffer*, FS Steindorff, 1990, S. 59. Die Verweigerung der Zustimmung ist beispielsweise nicht treuwidrig, wenn der

ihre Begründung auf deutlich geringeren Widerstand gestoßen als bei der AG. Inhaltlich ergeben sich aber keine grundlegenden Unterschiede. Die Treupflicht verpflichtet den Gesellschafter dazu, die im Gesellschaftsinteresse begründeten mitgliedschaftlichen Befugnisse zur Förderung des Gesellschaftszwecks auszuüben und bei der Ausübung eigennütziger Mitgliedsrechte auf die anderen Gesellschafter angemessen Rücksicht zu nehmen (s. zu diesen Schutzrichtungen oben § 8 Rn. 7 ff.).[34] Wie bei der AG kann die mitgliedschaftliche Treupflicht einklagbare Handlungs- und Unterlassungspflichten auslösen, aber auch Grundlage eines Schadensersatzanspruchs nach § 280 I BGB sein. Darüber hinaus kann ein unter Verstoß gegen Treubindungen zustande gekommener Hauptversammlungsbeschluss analog § 243 I AktG angefochten werden.

IV. Durchgriff auf den GmbH-Gesellschafter und die Existenzvernichtungshaftung

1. Durchgriffshaftung

Die GmbH ist als juristische Person (§ 13 I GmbHG) Zuordnungssubjekt für Rechte und Pflichten und durch ihre Organe handlungsfähig. Die Rechts- und Handlungsfähigkeit der juristischen Person führt zur rechtlichen Trennung zwischen ihr und ihren Mitgliedern: Erwirbt die GmbH ein Grundstück, so wird sie Eigentümer und Besitzer; die Gesellschafter sind weder als Berechtigte noch als Inhaber der tatsächlichen Gewalt beteiligt. Entsprechend wird der Kaufpreis für das Grundstück (§ 433 II BGB) von der GmbH und nicht von den Gesellschaftern geschuldet. Fraglich ist allerdings, welche Grenzen dem damit umschriebenen Trennungsprinzip gezogen sind, da schließlich die Missbrauchsgefahren auf der Hand liegen. So besteht namentlich bei der Schuldenhaftung die Gefahr, dass die Gesellschafter den mit der GmbH verbundenen Haftungsausschluss nutzen, um sämtliche Risiken der unternehmerischen Tätigkeit auf den Rechtsverkehr abzuwälzen und zugleich alle Chancen für sich zu beanspruchen. Aber auch die oben erwähnte Voraussetzung eines Verkehrsgeschäfts für jede Form eines gutgläubigen Erwerbs (Rn. 17) ist letztlich eine Variante der Durchgriffsproblematik: Sind die Parteien eines Erwerbsgeschäfts zwar rechtlich verschieden, aber wirtschaftlich identisch, so wird die Verselbstständigung zur juristischen Person missachtet. Der Alleingesellschafter kann deshalb von seiner GmbH nicht gutgläubig erwerben und sie nicht von ihm. Auch wenn es um die Frage geht, inwiefern Eigenschaften, Kenntnisse, Erklärungen oder Verhaltensweisen des Gesellschafters der GmbH zuzurechnen sind und umgekehrt, handelt es sich um eine Erscheinungsform des Durchgriffs.[35] Die damit aufgeworfene Fragestellung, ob der Trennung zwischen Gesellschaft und Gesellschafter Grenzen gesetzt sind, tritt nicht allein bei der GmbH auf, sondern es handelt sich um ein generelles Problem der juristischen Person.[36] Besonders häufig begegnet es bei der Einmann-GmbH, wenngleich es auch auf diese Konstellation nicht beschränkt ist. 25

Fall 6: Nach zwei Jahren ist die Transmovers GmbH insolvent. Als der Insolvenzverwalter versucht, den Ursachen für diese Entwicklung auf den Grund zu kommen, muss er feststellen, 26

Gesellschafter lediglich formale Bedenken hat, inhaltlich die Maßnahme aber mitträgt, *BGH* BB 2016, 1548, 1549.

[34] Zur Frage, inwiefern sich aus der Treupflicht auch ein Wettbewerbsverbot im Kapitalgesellschaftsrecht ergeben kann, vgl. *Hüffer*, FS Röhricht, 2005, S. 251 ff.

[35] Dazu ausführlich *Raiser/Veil*, § 39 Rn. 5 ff.; *Kindler*, § 14 Rn. 78 ff.

[36] Vgl. speziell zur AG Hüffer/*Koch*, § 1 Rn. 17 ff.

dass es an jeder Dokumentation fehlt. Offensichtlich hat die Alleingesellschafterin *Wolf* sich des Öfteren unmittelbar aus der Kasse der Transmovers GmbH bedient, um damit ihre privaten Verbindlichkeiten zu decken. Auch sonstige Insichgeschäfte i. S. d. § 181 BGB wurden augenscheinlich häufig von *Wolf* vorgenommen. An einer Dokumentation nach § 35 III 2 GmbHG fehlt es aber. Als der Verwalter dies den Insolvenzgläubigern berichtet, fragen diese, ob eine Möglichkeit besteht, unmittelbar gegen *Wolf* vorzugehen. Was ist ihnen zu antworten?

27 Das Gesetz sieht eine Durchgriffsmöglichkeit nicht vor, sondern geht von der schrankenlosen rechtlichen Selbstständigkeit der Gesellschaft aus. Im Schrifttum stehen sich im Wesentlichen drei Meinungsgruppen gegenüber.[37] Die Vertreter der Missbrauchstheorie wollen die grundsätzliche Trennung zwischen der juristischen Person und ihren Mitgliedern nur ausnahmsweise unbeachtet lassen, wenn die juristische Person missbräuchlich eingesetzt wird. Der Missbrauch wird von den Vertretern dieser Auffassung allerdings unterschiedlich aufgefasst, nämlich zum Teil subjektiv im Sinne einer absichtlichen Gesetzesumgehung[38] oder einer fraudulösen Schädigung, zum Teil objektiv im Sinne einer zweckwidrigen Verwendung der juristischen Person.[39] Im Schrifttum herrschend ist heute die sog. Normanwendungslehre, die nicht von einem allgemeinen Tatbestand des Missbrauchs der juristischen Person ausgeht, sondern von der konkreten Norm, deren Anwendung jeweils in Frage steht. Ob die Trennung zwischen der juristischen Person und ihrem Gesellschafter Bestand hat, soll von Sinn und Zweck der Norm abhängen.[40] Welche Unterschiede sich zwischen diesen beiden Auffassungen ergeben können, zeigt etwa gerade das Erfordernis des Verkehrsgeschäfts beim gutgläubigen Erwerb. Wenn der Alleingesellschafter selbst das fehlende Eigentum nicht kennt, handelt er nicht bewusst missbräuchlich, so dass die Missbrauchslehre den Veräußerungsakt an die GmbH anerkennen würde. Die Normanwendungslehre gelangt hingegen zu dem Ergebnis, dass § 932 BGB nur das Vertrauen „im Rechtsverkehr" schützen soll und davon keine Rede sein kann, wenn der Erwerbsvorgang zwischen zwei wirtschaftlich identischen Subjekten erfolgt. Schließlich ist eine dritte Meinungsgruppe zu nennen, die das Trennungsprinzip ausnahmslos anwendet und Missbrauchsfällen dadurch begegnet, dass unter näheren Voraussetzungen entsprechend § 43 GmbHG eine Gesellschafterhaftung für Sorgfaltsverstöße angenommen wird.[41]

28 Der BGH verfolgt einen wesentlich pragmatischeren Ansatz, ohne dass ein durchgängiges dogmatisches Konzept erkennbar wäre. Häufig findet sich die Formel, die juristische Person und ihre Gesellschafter müssten dann als Einheit behandelt werden, wenn die Wirklichkeiten des Lebens, die wirtschaftlichen Bedürfnisse und die Macht der Tatsachen es dem Richter gebieten, die personen- und vermögensrechtliche Selbstständigkeit der GmbH und ihres alleinigen Gesellschafters hintanzusetzen.[42] Zugleich wird aber auch betont, es dürfe nicht leichtfertig und schrankenlos

---

[37] Überblick bei Hüffer/*Koch,* § 1 Rn. 17; *Raiser/Veil,* § 39 Rn. 3 f. sowie *Kindler,* § 14 Rn. 80.

[38] So besonders *Serick,* Rechtsform und Realität juristischer Personen, 1955 (Nachdr. 1980).

[39] Vgl. etwa *Reinhardt,* FS H. Lehmann, 1956, Bd. II, S. 576 ff.; der *BGH* hat sich dem in einzelnen Judikaten augenscheinlich angeschlossen; vgl. etwa BGHZ 68, 312, 315 = NJW 1977, 1449; BGHZ 122, 123, 136 = NJW 1993, 1200.

[40] Vgl. mit Unterschieden im Einzelnen: *Müller-Freienfels,* AcP 156 (1957), 522 ff.; *E. Rehbinder,* KonzernaußenR und allgemeines PrivatR, 1969, S. 90 ff.; *ders.,* FS R. Fischer, 1979, S. 579 ff.; *Rittner,* Die werdende juristische Person, 1973, S. 271 ff., 274.

[41] Dafür namentlich *Altmeppen,* ZIP 2002, 1553, 1557 ff.; *Wilhelm,* Rechtsform und Haftung bei der juristischen Person, 1981, S. 285 ff.; ähnlich auch *Flume,* Die juristische Person, § 3 I (S. 67 ff.), § 3 III 3 (S. 85 ff.).

[42] RGZ 99, 232, 234; BGHZ 54, 222, 224 = NJW 1970, 2015.

über die Rechtsfigur der juristischen Person hinweggegangen werden.[43] Wichtiger als diese Formeln ist indes die Entwicklung von Fallgruppen, in denen ein Durchgriff in Betracht gezogen wird. Die wichtigste davon ist der Durchgriff wegen einer Vermögensvermischung, wie sie auch in Fall 6 vorgekommen ist. Sie wird dann angenommen, wenn die Vermögensmassen der Gesellschaft und der Gesellschafter in einem solchen Maße miteinander vermischt sind, dass die Kapitalerhaltungspflichten der §§ 30, 31 GmbHG nicht mehr erfüllt werden können, also nicht festgestellt werden kann, ob eine an den Gesellschafter ausgezahlte Summe seinem Vermögen oder dem der Gesellschaft zuzuordnen ist.[44] Dabei sind aber strenge Anforderungen zu stellen; die bloß unklare Zuordnung einzelner Gegenstände genügt noch nicht.[45] Dass auf ein solches Verhalten ein Durchgriff gestützt werden kann, findet eine Bestätigung auch in den Gesetzesmaterialien zu § 35 III 2 GmbHG, in denen als Folge eines Verstoßes gegen die dort geregelten Dokumentationspflichten bei Insichgeschäften (s. § 34 Rn. 3) ausdrücklich eine Durchgriffshaftung in Erwägung gezogen wurde.[46]

Als zweite Fallgruppe des Haftungsdurchgriffs wird die sog. materielle Unterkapita- 29
lisierung diskutiert, also ein Sachverhalt, in dem eine Gesellschaft von vornherein mit einem derart unzureichenden Eigenkapital ausgestattet wird, dass sie nach Art und Umfang ihrer Geschäftstätigkeit offensichtlich nicht in der Lage sein wird, ihren Finanzbedarf zu befriedigen. Die heute herrschende Meinung verlangt dazu eine qualifizierte Unterkapitalisierung in dem Sinne, dass die Kapitalausstattung eindeutig und für Insider klar erkennbar unzureichend ist.[47] Die dogmatischen Grundlagen und auch die weiteren Voraussetzungen dieses Haftungstatbestands sind aber auch nach jahrzehntelanger Diskussion weiterhin unklar,[48] weshalb mittlerweile die Existenzberechtigung dieser Fallgruppe zum Teil grundsätzlich in Frage gestellt wird.[49] Der BGH hat in der GAMMA-Entscheidung aus dem Jahr 2008 klargestellt, dass eine Finanzausstattungspflicht des Gesellschafters systemwidrig wäre[50] und zumindest ein bloß objektiver Missbrauch der Rechtsform GmbH (s. o. Rn. 27) den Haftungsdurchgriff nicht begründen könne.[51] Ob sich aus § 826 BGB im Falle eines subjektiven Missbrauchs etwas anderes ergeben könne, hat er jedoch ausdrücklich offen gelassen.[52]

2. Existenzvernichtungshaftung

Als eine dritte Fallgruppe wurde lange Zeit die Konstellation des qualifiziert faktischen 30
Konzerns diskutiert, also einer Sachverhaltsgestaltung, die im Recht der Unterneh-

---

[43] BGHZ 20, 4, 11 = NJW 1956, 785; BGHZ 54, 222, 224 = NJW 1970, 2015; BGHZ 78, 318, 333 = NJW 1981, 522.

[44] Vgl. BGHZ 95, 330, 333 f. = NJW 1986, 188; BGHZ 125, 366, 368 = NJW 1994, 1801; *AG Brühl* NZG 2002, 584; vgl. auch Hüffer/*Koch,* § 1 Rn. 20; *Peifer,* JuS 2008, 490, 493; *Schwab,* GmbHR 2012, 1213, 1214.

[45] *C. Schäfer,* § 33 Rn. 18.

[46] Vgl. dazu RegBegr, BT-Drucks. 12/625, S. 6.

[47] Vgl. grundlegend *Ulmer,* FS Duden, 1977, S. 661, 679; ihm folgend etwa *Michalski/Funke,* § 13 Rn. 383; *Peifer,* JuS 2008, 490, 493; vgl. ferner Scholz/*Bitter,* § 13 Rn. 138 ff.; *Kindler,* § 14 Rn. 86.

[48] So auch das Fazit von *Michalski/Funke,* § 13 Rn. 380; umfassend zur Gesamtproblematik *Eckhold,* Materielle Unterkapitalisierung, 2002.

[49] Vgl. etwa *Veil,* NJW 2008, 3264, 3266; zumindest sehr skeptisch auch *C. Schäfer,* § 33 Rn. 17.

[50] BGHZ 176, 204 Rn. 23 = NJW 2008, 2437.

[51] BGHZ 176, 204 Rn. 21 = NJW 2008, 2437.

[52] BGHZ 176, 204 Rn. 25 = NJW 2008, 2437.

mensverbindungen angesiedelt war (s. noch § 38 Rn. 50, 59 ff. m. w. Nachw.). Als Ergebnis einer – auch hier jahrzehntelang währenden – Diskussion hat der BGH diesen konzernspezifischen Ansatz in eine allgemeine Gesellschafterhaftung für sog. existenzvernichtende Eingriffe umgewandelt.[53] Auch dieser existenzvernichtende Eingriff sollte nach der ursprünglichen richterrechtlichen Ausgestaltung eine Durchgriffshaftung der Gläubiger gegen den schädigenden Gesellschafter begründen.[54] Mittlerweile hat der BGH seine dogmatische Konzeption aber dahingehend modifiziert, dass ein existenzvernichtender Eingriff (obwohl mittlerweile gestützt auf § 826 BGB) nicht mehr eine Außenhaftung des Gesellschafters gegenüber den Gesellschaftsgläubigern begründen soll, sondern lediglich eine Innenhaftung gegenüber der Gesellschaft.[55] Von einer Durchgriffshaftung lässt sich deshalb hier nicht mehr sprechen.

31 Die Existenzvernichtungshaftung hat sich aus einer konzernrechtlichen Diskussion entwickelt und soll auch hier erst vertieft in diesem Kontext dargestellt werden, weil sich aus dieser Entwicklungsgeschichte ihre einzelnen Elemente klarer erfassen lassen. Es darf aber dennoch nicht verkannt werden, dass es sich dabei heute um eine für alle Gesellschafter auch jenseits der Konzernkonstellation geltende Haftungsgrundlage handelt.[56] Ihre Voraussetzungen sind dann erfüllt, wenn ein Gesellschafterzugriff auf das Gesellschaftsvermögen vorliegt, der die aufgrund der Zweckbindung dieses Vermögens gebotene angemessene Rücksichtnahme auf die Erhaltung der Fähigkeit der Gesellschaft zur Bedienung ihrer Verbindlichkeiten in einem ins Gewicht fallenden Maße vermissen lässt.[57] Als Folge dieses Eingriffs muss die Insolvenzreife der Gesellschaft eintreten.[58] Um den existenzvernichtenden Eingriff von reinen Managementfehlern abzugrenzen, muss das der Gesellschaft entzogene Vermögen in die Sphäre mindestens eines Gesellschafters bzw. einer ihm nahestehenden Person fließen.[59] Auf weitere Einzelheiten soll in § 38 Rn. 59 ff. näher eingegangen werden.

Hinweis:

32 Der in Rn. 27 f. dargestellte Meinungsstreit bildet einen wichtigen Verständnisbaustein zur Erfassung der Durchgriffsproblematik. In der Klausur muss er in der Regel nicht erläutert werden, sondern es kann zumeist auf die verselbstständigten Fallgruppen zurückgegriffen werden. So würde es etwa bei der Prüfung des gutgläubigen Erwerbs den Leser eher verwirren als weiterführen, wollte ein Verfasser die Prüfung des Verkehrsgeschäfts mit dieser Diskussion belasten. Für das Strukturverständnis des Gesellschaftsrechts und des gutgläubigen Erwerbs ist es aber wichtig, zu begreifen, dass es sich hier letztlich um eine Durchgriffsproblematik handelt.

---

[53] Grundlegend insofern die Entscheidung Bremer Vulkan, BGHZ 149, 10, 16 = NJW 2001, 3622.

[54] BGHZ 151, 181, 186 = NJW 2002, 3024.

[55] BGHZ 173, 246 Rn. 15 ff. = NJW 2007, 2689; umfassend zur Kritik noch § 38 Rn. 64 f.

[56] Vgl. BGHZ 151, 181, 186 f. = NJW 2002, 3024; *Emmerich/Habersack*, KonzernR, § 31 Rn. 9.

[57] Vgl. den ersten Leitsatz der KBV-Entscheidung, BGHZ 151, 181, 186 = NJW 2002, 3024.

[58] Vgl. bereits *Michalski/Funke*, § 13 Rn. 412; *Röhricht*, FS 50 Jahre BGH, 2000, S. 83, 113; *J. Hoffmann*, NZG 2002, 68, 69; *Wilhelmi*, DZWIR 2003, 45 f.

[59] So auch das Verständnis von *C. Schäfer*, § 33 Rn. 14; a. A. wohl *Michalski/Funke*, § 13 Rn. 412.

V. Zusammenfassung

Anteile an einer GmbH können im Wege der Abtretung gem. §§ 398, 413 BGB 33
übertragen werden. Verpflichtungs- und Verfügungsgeschäft bedürfen dabei gem. § 15 III und IV GmbHG der notariellen Beurkundung. In der Praxis sind sog. Vinkulierungsklauseln nach § 15 V GmbHG verbreitet, die eine Abtretung nur unter weiteren Voraussetzungen zulassen, um den personalistischen Zuschnitt der GmbH zu wahren. Werden die Anteile an einer GmbH auf der Grundlage eines Kaufvertrags erworben (share deal), so liegt ein Rechtskauf nach § 453 BGB vor. Anknüpfungspunkt für etwaige Gewährleistungsansprüche des Erwerbers sind in diesem Fall allein Rechtsmängel des GmbH-Anteils, nicht aber Sachmängel der in der GmbH enthaltenen Gegenstände. Etwas anderes gilt, wenn sich der Kauf aufgrund der Beteiligungshöhe letztlich als Unternehmenskauf darstellt. In diesem Fall kann ausnahmsweise auch ein Mangel an einem Einzelgegenstand als Mangel des Unternehmens anerkannt werden, wenn er so gravierend ist, dass er die Funktionsfähigkeit des gesamten Unternehmens beeinträchtigt. Der mit dem MoMiG neu gefasste § 16 III GmbHG schafft erstmals die Möglichkeit eines gutgläubigen Erwerbs von GmbH-Anteilen, bei dem die Gesellschafterliste nach § 40 GmbHG als Rechtsscheinträger dient.

Die Mitgliedschaft in einer GmbH begründet verschiedene Vermögens- und Ver- 34
waltungsrechte, die zum Teil mit den aktienrechtlichen Befugnissen korrespondieren. Das in § 51a GmbHG geregelte Auskunfts- und Einsichtsrecht geht jedoch deutlich über die aktienrechtlichen Regelungen hinaus. Die Vermögenspflichten des Gesellschafters erschöpfen sich ähnlich wie bei der GmbH weitgehend in der Einlagepflicht des Gesellschafters. Im Übrigen ist seine Haftung nach § 13 II GmbHG ausgeschlossen. Diese rechtliche Trennung zwischen der GmbH und ihren Mitgliedern birgt allerdings eine erhebliche Missbrauchsgefahr. Die herrschende Meinung im Schrifttum begegnet dieser Gefahr, indem sie ausnahmsweise einen Durchgriff auf die Gesellschafter gestattet, wenn Sinn und Zweck der in der konkreten Situation jeweils anzuwendenden Norm eine missbräuchliche Verwendung der Gesellschaft erkennen lassen. Die Rechtsprechung lässt einen Durchgriff ebenfalls in Einzelfällen zu, folgt dabei aber nicht einem geschlossenen dogmatischen Konzept, sondern stellt auf einzelne Fallgruppen ab, namentlich auf den Durchgriffsgrund einer undurchsichtigen Vermischung von Gesellschafts- und Gesellschaftervermögen. Ob daneben auch eine materielle Unterkapitalisierung einen Haftungsdurchgriff nach sich ziehen kann, wird uneinheitlich beurteilt. Die Existenzvernichtungshaftung ist nach neuerer BGH-Rechtsprechung kein Fall der Durchgriffshaftung mehr, sondern begründet eine auf § 826 BGB gestützte Innenhaftung des Gesellschafters gegenüber der GmbH.

§ 36. Die Finanzverfassung der GmbH

Literatur: *Altmeppen*, Das neue Recht der Gesellschafterdarlehen in der Praxis, NJW 2008, 3601; *Bork*, Abschaffung des Eigenkapitalersatzrechts zugunsten des Insolvenzrechts?, ZGR 2007, 250; *Eusani*, Systematik der neuen Kapitalerhaltung bei der GmbH, Jura 2009, 502; *Gehrlein*, Die Behandlung von Gesellschafterdarlehen durch das MoMiG, BB 2008, 846; *Habersack*, Gesellschafterdarlehen nach dem MoMiG: Anwendungsbereich, Tatbestand und Rechtsfolgen der Neuregelung, ZIP 2007, 2145; *Hirte*, Die Neuregelung des Rechts der Gesellschafterdarlehen durch das MoMiG, WM 2008, 1429; *Wilhelmi*, Der Grundsatz der Kapitalerhaltung im System des GmbH-Rechts, 2001; vgl. auch die Angaben zu § 32 und § 33.

I. Kapitalaufbringung und Kapitalerhaltung

1 **Fall 1:** *Klett* ist Geschäftsführerin der Marketingberatung Avantgarde GmbH. Nachdem die Agentur einen lukrativen Großauftrag erhalten hat und auch sonst glänzend positioniert ist, beschließt *Klett,* die drei Gesellschafter an diesem Erfolg partizipieren zu lassen und vereinbart mit ihnen, jedem 50.000 EUR aus dem Gesellschaftsvermögen zukommen zu lassen. Wie ist diese Zahlung zu bewerten, wenn die GmbH ein Grundkapital von 25.000 EUR hat und ihrem Vermögen in Höhe von 300.000 EUR Verbindlichkeiten in Höhe von 27.000 EUR gegenüberstehen?

2 Wie die AG ist auch die GmbH eine Kapitalgesellschaft, so dass hier wie dort die Aufbringung und Erhaltung des Grundkapitals ein Kernelement der gesetzlichen Regelung ist. Die Kapitalaufbringung erfolgt im Zuge des Gründungsvorgangs und ist in diesem Kontext bereits dargestellt worden (§ 33 Rn. 9ff.). Die zentrale Vorschrift der Kapitalerhaltung ist § 30 GmbHG, der eine ähnliche Funktion erfüllt wie § 57 AktG, sich von dieser Vorschrift aber auch in wichtigen Punkten unterscheidet. Nach § 30 I 1 GmbHG darf das zur Erhaltung des Stammkapitals erforderliche Vermögen der Gesellschaft nicht an die Gesellschafter ausgezahlt werden. Das stimmt weitgehend mit der Aussage des § 57 I 1 AktG überein, aber es fehlt im GmbH-Recht die Ergänzung des § 57 III AktG, wonach außerhalb der regulären Gewinnverwendung überhaupt kein Vermögen an die Gesellschafter ausgezahlt werden darf. Während in der AG also das gesamte Vermögen einer Vermögensbindung unterliegt (§ 32 Rn. 2ff.), ist im GmbH-Recht nur das satzungsmäßig ausgewiesene Stammkapital geschützt. Der Grund für diesen Unterschied liegt darin, dass durch die Vermögensbindung in der AG nicht nur die Gläubiger geschützt werden sollen, sondern auch die Aktionäre, und zwar vor einer ungleichen Verteilung von Gesellschaftsvermögen innerhalb der Gesellschaft (§ 32 Rn. 2ff.). Um dies zu verhindern, soll die Verteilung nur im streng formalisierten Verfahren der Gewinnverteilung erfolgen.[1] Dem Gläubigerschutz dient diese strengere aktienrechtliche Bindung nur noch bedingt insofern, als die Formalisierung im Zuge der Gewinnverwendung auch die vorherige Rücklagenbildung gewährleistet. Darüber hinaus macht es für die Gläubiger keinen Unterschied, ob das Vermögen im Wege der Einlagenrückgewähr oder der Gewinnausschüttung an die Gesellschafter ausgekehrt wird.

3 Bei der GmbH wird eine solche strenge Vermögensbindung im Interesse der Gesellschafter für obsolet gehalten. Da es sich bei der GmbH zumindest in der gesetzlichen Typusvorstellung nicht um einen anonymisierten, sondern um einen personalistischen Gesellschaftstyp handelt (§ 33 Rn. 2), werden die Gesellschafter in der Regel selbst dazu in der Lage sein, die Vermögensverteilung innerhalb der Gesellschaft im Blick zu behalten.[2] Man begnügt sich daher hier mit dem auf das Mindestkapital beschränkten Auszahlungsverbot des § 30 I GmbHG, das bilanzrechtlich durch die in § 266 III A I HGB enthaltene Passivierungspflicht flankiert wird (zur Funktionsweise dieses bilanzrechtlichen Ansatzes s. § 32 Rn. 2f.). Vor einer ungleichen Verteilung werden die Gesellschafter durch den gesellschaftsrechtlichen Gleichbehandlungsgrundsatz geschützt,[3] der im GmbH-Recht – anders als im Recht der AG,

---

[1] Vgl. zu diesem Unterschied auch MüKoAktG/*Bayer,* § 57 Rn. 2; *Wilhelmi,* Der Grundsatz der Kapitalerhaltung im System des GmbH-Rechts, 2001, S. 19; vgl. auch bereits die Nachw. in § 32 Rn. 2ff.

[2] Ausführlicher Vergleich der Kapitalerhaltungsregeln in AG und GmbH bei Baumbach/Hueck/*Fastrich,* § 30 Rn. 6; Ulmer/*Habersack*/Löbbe, § 30 Rn. 21; *Wilhelmi,* Der Grundsatz der Kapitalerhaltung im System des GmbH-Rechts, 2001, S. 23ff.

[3] Baumbach/Hueck/*Fastrich,* § 29 Rn. 71; Ulmer/*Habersack*/Löbbe, § 30 Rn. 13; Ulmer/Habersack/Löbbe/*W. Müller,* § 29 Rn. 163.

§ 53a AktG – keinen gesetzlichen Niederschlag gefunden hat, hier aber ebenfalls Gültigkeit beansprucht.[4] Ein Verstoß gegen diesen Grundsatz stellt zugleich eine Pflichtverletzung des Geschäftsführers nach § 43 I GmbHG dar und kann eine entsprechende Schadensersatzpflicht auslösen.

Im Fall 1 ist die von *Klett* beschlossene Ausschüttung also unter dem Gesichtspunkt 4
der Kapitalerhaltung unproblematisch. Das durch § 30 I 1 GmbHG geschützte Stammkapital ist gedeckt. Auch unter Gleichbehandlungsaspekten ist die Zahlung nicht zu beanstanden, da alle Gesellschafter gleichmäßig bedacht werden sollen. Problematisch ist allerdings, dass eine solche Vorabausschüttung von Gewinn an die Gesellschafter in die Zuständigkeit der Gesellschafterversammlung eingreift, die nach § 46 Nr. 1 GmbHG allein für die Verwendung des Ergebnisses verantwortlich ist.[5] Man könnte in der Zustimmung der Gesellschafter in diesem Fall einen entsprechenden Beschluss sehen, da – wie § 51 III GmbHG belegt – Beschlüsse auch ohne ordnungsgemäße Einberufung gefasst werden können, wenn sämtliche Gesellschafter anwesend sind.[6] Zweifelsfrei ist diese Entscheidung jedoch nicht, da die Gesellschafter hier keinesfalls eine Entscheidung über die Ergebnisverwendung auf der Grundlage des Jahresabschlusses getroffen haben, wie §§ 29, 46 ff. GmbHG sie vorsehen.[7] Verneint man daher einen Gewinnverwendungsbeschluss, hat *Klett* tatsächlich ihre gesetzlichen Kompetenzen überschritten. Wenn diese Überschreitung indes von allen Gesellschaftern gebilligt wird, so ist darin aufgrund des dispositiven Charakters des GmbH-Rechts jedenfalls kein pflichtwidriges Verhalten zu sehen, das eine Schadensersatzpflicht begründen könnte.[8]

Im Übrigen folgt das Recht der Kapitalerhaltung weitgehend dem Aktienrecht. Auch 5
im GmbH-Recht wurde für die Behandlung von Gesellschafterdarlehen eine Parallelregelung zu § 57 I 3 AktG in § 30 I 3 GmbHG eingeführt, so dass die dazu entwickelten Regelungen auch hier gelten. Insbesondere sind Cash-Pool-Systeme auch bei der GmbH weiterhin möglich (vgl. dazu oben § 32 Rn. 8 ff.). Wie im Aktienrecht wird von § 30 I GmbHG nicht nur die offene, sondern auch die verdeckte Einlagenrückgewähr in Gestalt eines unausgewogenen Verkehrsgeschäfts erfasst (§ 32 Rn. 5 ff.). Sind die Voraussetzungen des § 30 I GmbHG erfüllt, besteht ein Rückzahlungsanspruch aus § 31 I GmbHG.[9] Anders als bei der AG wird dieser Rückzahlungsanspruch durch eine Ausfallhaftung der Mitgesellschafter nach § 31 III GmbHG flankiert. Obwohl sich dies aus dem Gesetz nicht eindeutig ergibt, ist dieser Anspruch auf die Höhe der Stammkapitalziffer beschränkt, da die Gesell-

---

4 Baumbach/Hueck/*Fastrich*, § 13 Rn. 31; Michalski/*Funke*, § 13 Rn. 121; Michalski/*Salje*, § 29 Rn. 104.

5 Vgl. zu diesem Zuständigkeitsaspekt auch Baumbach/Hueck/*Fastrich*, § 29 Rn. 71, 75; Michalski/*Salje*, § 29 Rn. 104; Scholz/*Verse*, § 29 Rn. 115; Ulmer/Habersack/Löbbe/*W. Müller*, § 29 Rn. 163.

6 Vgl. dazu auch *BGH* NJW 1999, 2817.

7 Vgl. zu den Anforderungen an einen solchen Beschluss etwa Lutter/*Hommelhoff*, § 29 Rn. 16 ff.; Wenn man allerdings mit der h. M. bei einer Vorabzahlung eine Gewinnausschüttung annimmt (zweifelnd Rowedder/Schmidt-Leithoff/*Pentz*, § 29 Rn. 164), dann erschiene es durchaus konsequent, den entsprechenden Beschluss auch als Gewinnverwendungsbeschluss im Sinne dieser Vorschriften anzuerkennen.

8 So im Ergebnis auch Baumbach/Hueck/*Fastrich*, § 29 Rn. 75; MüKoGmbHG/*Ekkenga*, § 29 Rn. 264; *Roth*/Altmeppen, § 29 Rn. 62a.

9 Zur fehlenden Nichtigkeit des Verfügungs- und Verpflichtungsgeschäfts und der damit verbundenen Frage nach der Anwendung von Vindikations- und Kondiktionsrecht vgl. bereits § 32 Rn. 7; speziell für die GmbH auch *OLG Düsseldorf* NZG 2012, 1150, 1151 = JuS 2013, 740 (mit Anm. *K. Schmidt*); Baumbach/Hueck/*Fastrich*, § 30 Rn. 66 f.; Roth/*Altmeppen*, § 30 Rn. 150 ff.

schafter anderenfalls einem unbegrenzten Haftungsrisiko ausgesetzt wären. Eine solch weitgehende Durchbrechung des für sie geltenden Haftungsausschlusses kann auf den (verschuldensunabhängigen) § 31 III GmbHG nicht gestützt werden.[10]

II. Gewinnverwendung

6 Auch die Gewinnverwendung ist bei der GmbH weniger streng reglementiert als bei der AG. Nach § 29 I GmbHG haben die Gesellschafter einen Anspruch auf den Jahresüberschuss. Dieser ergibt sich aus dem Jahresabschluss, der nach den Regeln der §§ 264 ff. HGB vom Geschäftsführer aufzustellen und der Gesellschafterversammlung gem. § 42a I GmbHG unverzüglich (§ 121 I BGB) vorzulegen ist; dem Geschäftsführer obliegt auch schon im Vorfeld die Buchführung nach § 41 GmbHG. Häufig wird bei der GmbH die Privilegierung für kleine Kapitalgesellschaften nach § 267 I HGB eingreifen mit der Folge, dass die GmbH weder einen Lagebericht zu erstellen (§ 264 I 4 HGB) noch einen Abschlussprüfer hinzuzuziehen hat (§ 316 I 1 HGB). Die verbindliche Feststellung des Jahresabschlusses obliegt dann – anders als bei der AG (§ 32 Rn. 26) – gemäß § 46 I Nr. 1 GmbHG nicht der Geschäftsleitung, sondern der Gesellschafterversammlung. Auf dieser Grundlage beschließt die Gesellschafterversammlung – wiederum nach § 46 Nr. 1 GmbHG – über die Gewinnverwendung. Zur Rücklagenbildung sind sie nicht verpflichtet; nur bei einer Unternehmergesellschaft gilt nach § 5a III GmbHG etwas anderes (s. § 33 Rn. 23). In der regulären GmbH wird den Gesellschaftern hingegen nur durch die Ausschüttungssperre des § 30 I GmbHG eine Grenze gesetzt. Sie können sich aber freiwillig nach § 29 II GmbHG zur Rücklagenbildung entschließen oder eine entsprechende Regelung auch schon vorab im Gesellschaftsvertrag vorsehen. Hinsichtlich des auszuschüttenden Gewinns erfolgt die Verteilung unter ihnen im Verhältnis ihrer Geschäftsanteile.

Hinweis:

7 Spätestes im Schwerpunktbereichstudium werden Studenten, die sich mit dem Kapitalgesellschaftsrecht beschäftigen, nicht mehr ohne gewisse Grundkenntnisse im handelsrechtlichen Bilanzrecht auskommen, die in der Ausbildung aber oftmals vernachlässigt werden. Neben der für das Verständnis des Kapitalgesellschaftsrechts zentralen Ausgestaltung des Grundkapitals als satzungsmäßig festgelegter „Sollziffer“ auf der Passivseite der Bilanz (§ 32 Rn. 3), sollten Studenten auch mit den Funktionen und Inhalten von Bilanz (§§ 242 ff., 264 ff. HGB), Gewinn- und Verlustrechnung (§§ 275 ff. HGB) und Lagebericht (§§ 289 f. HGB) vertraut sein, die Zuständigkeit zur Auf- und Feststellung des Jahresabschlusses (§ 32 Rn. 24 ff.) und die Einbeziehung des Abschlussprüfers (§ 32 Rn. 25) kennen sowie einige grundlegende Ansatzvorschriften, etwa das bilanzrechtliche Vorsichtsprinzip (vgl. dazu bereits § 18 Rn. 21 m. w. Nachw.), beherrschen.

---

[10] So BGHZ 150, 61, 65 = NJW 2002, 1803; *BGH* NJW 2003, 3629, 3632; *BGH* NZG 2005, 845, 846; vgl. auch Rowedder/Schmidt-Leithoff/*Pentz,* § 31 Rn. 38; Ulmer/*Habersack*/Löbbe, § 31 Rn. 55; im Schrifttum werden aber auch abweichende Konzepte vertreten, namentlich eine weitergehende Beschränkung auf den Nennbetrag des Geschäftsanteils (vgl. etwa *K. Schmidt,* § 37 III 3b; dem folgend Lutter/*Hommelhoff,* § 31 Rn. 22).

III. Kapitalmaßnahmen

8 Ebenso wie in der AG kann sich auch in der GmbH das Erfordernis ergeben, die Kapitalgrundlagen der Gesellschaft im Laufe ihres Bestehens zu verändern. In Übereinstimmung mit § 182 AktG enthält § 55 GmbHG – im Anschluss an die allgemeinen Regelungen zur Satzungsänderung in §§ 53 f. GmbHG – eine Regelung zur effektiven Erhöhung des Stammkapitals (s. § 32 Rn. 13) und in § 55a GmbHG zur genehmigten Kapitalerhöhung (s. § 32 Rn. 18). In beiden Fällen kann die Kapitalerhöhung auch gegen Sacheinlagen erfolgen (vgl. § 32 Rn. 15). Ein Bezugsrecht sieht das Gesetz nicht vor, doch nimmt die ganz herrschende Meinung ein solches auch bei der GmbH an, da es zwingend erforderlich ist, um die Gesellschafterinteressen angemessen zu schützen (§ 32 Rn. 15 ff.); ebenso wie im Aktienrecht wird aber auch der Ausschluss dieses Rechts unter den Voraussetzungen des § 186 III, IV AktG analog zugelassen (§ 32 Rn. 16).[11] § 57c GmbHG sieht auch eine Kapitalerhöhung aus Gesellschaftsmitteln vor (§ 32 Rn. 19), § 58 GmbHG eine Herabsetzung des Stammkapitals (§ 32 Rn. 20 ff.). Die Voraussetzungen und verfahrensrechtlichen Abläufe sind für alle diese Maßnahmen detailliert in §§ 55 ff. GmbHG geregelt. Sie entsprechen im Wesentlichen den aktienrechtlichen Vorbildern und sollen hier deshalb nicht vertieft nachgezeichnet werden. Kein Pendant findet im GmbH-Recht die bedingte Kapitalerhöhung, da für die Gestaltungen, für die sie im Aktiengesetz vorgesehen ist (§ 192 AktG: Wandelanleihen etc.), im GmbH-Recht kein Bedarf besteht.[12]

IV. Gesellschafterdarlehen

1. Grundkonstellation

9 **Fall 2:** Der Großauftrag an die Avantgarde GmbH entwickelt sich zum Fiasko. *Klett* unterlaufen einige schwerwiegende Fehler, woraufhin der Kunde Schadensersatz geltend macht und auch andere Kunden ihre Aufträge zurückziehen. Infolge dieser Entwicklung gerät die GmbH an den Rand der Insolvenz. Die Gesellschafter *Cöllen* und *Henningsen* gewähren ihr daher beide noch ein jederzeit kündbares Darlehen in Höhe von jeweils 80.000 Euro. Als sich abzeichnet, dass die Avantgarde GmbH dennoch nicht zu retten ist, lassen sie sich das Darlehen von *Klett* zurückzahlen. Fünf Wochen später muss die GmbH Insolvenz anmelden. Der Insolvenzverwalter fragt, ob er Ansprüche gegen *Cöllen* und *Henningsen* geltend machen kann.

10 Auf den ersten Blick scheint am Verhalten von *Cöllen* und *Henningsen* nichts auszusetzen zu sein. Sie haben sich wie herkömmliche Darlehensgläubiger verhalten und durch ihr Rückzahlungsverlangen eine Gefährdung ihres Anspruchs rechtzeitig verhindert. Betrachtet man den Gesamtvorgang allerdings etwas genauer, so stellt man fest, dass es nicht richtig wäre, das Verhalten *Cöllens* und *Henningsens* am Maßstab herkömmlicher Gläubiger zu messen, da ihre Risikoposition eine ganz andere ist. Sie haben der Gesellschaft ein Darlehen gewährt, um diese in einer akuten Krise am Leben zu erhalten. In einer solchen Situation haben die Gesellschafter aber (anders als andere Gläubiger) regelmäßig die Möglichkeit, die Kreditgewährung so auszugestalten, dass trotz der krisenhaften Zuspitzung in der Gesellschaft ihr Rückzahlungsanspruch nicht gefährdet ist. Sie können – wie hier – eine jederzeitige Kündbarkeit vereinbaren und die Geschäftsführung intensiv überwachen (§ 51a GmbHG), um sicherzustellen, dass noch hinreichend Vermögen zur Rückzahlung

---

[11] Baumbach/Hueck/*Zöllner/Fastrich*, § 55 Rn. 20 f.; *Roth*/Altmeppen, § 55 Rn. 23; Rowedder/Schmidt-Leithoff/*Schnorbus*, § 55 Rn. 33 ff.; *Grunewald*, § 13 Rn. 142; *C. Schäfer*, § 35 Rn. 61.

[12] Vgl. statt vieler *Scholz*/Priester, § 55 Rn. 10.

ihres Kredits vorhanden ist. Damit kann die Gesellschaft weiter wirtschaften, obwohl sie nicht mehr lebensfähig ist.

11 Genau eine solche Verlängerung des Überlebenskampfes soll das Insolvenzrecht verhindern, da er regelmäßig dazu führt, dass auch die letzten Reste des Gesellschaftsvermögens zu Lasten der Gläubiger verbraucht werden. Diese insolvenzrechtliche Zielsetzung wird hier von den Gesellschaftern konterkariert, ohne dass sie ein eigenes Risiko eingehen. Es ist ihnen also der Vorwurf zu machen, dass sie gegen die Grundsätze ordnungsgemäßer Unternehmensfinanzierung verstoßen haben, indem sie der GmbH in einer Krise Fremdkapital zugeführt haben, obwohl sie Eigenkapital benötigte.[13] Auf diese Weise wurde die Gesellschaft auch hier auf Kosten außenstehender Gläubiger künstlich am Leben erhalten. §§ 32a, b GmbHG a. F. reagierten auf eine solche Vorgehensweise, indem sie die Formwahl des Kreditgebers im Hinblick auf dessen „Finanzierungsfolgenverantwortung“[14] ignorierten und das von ihm gegebene Fremdkapital in Eigenkapital umqualifizierten. Voraussetzung war, dass es sich um ein sog. „eigenkapitalersetzendes“ Darlehen handelte, was dann angenommen wurde, wenn sich die Lage der Gesellschaft bereits so stark krisenhaft zugespitzt hatte, dass sie von dritter Seite keinen Kredit mehr hätte erlangen können.[15]

12 Der Gesetzgeber des MoMiG hat einen anderen Ansatz gewählt und ihn auch systematisch anders verortet, nämlich im Insolvenzrecht,[16] womit zugleich klargestellt ist, dass diese Grundsätze auch bei der AG Gültigkeit beanspruchen (s. § 32 Rn. 12, § 34 Rn. 28). Die wichtigste inhaltliche Änderung ist darin zu sehen, dass es nicht mehr auf die Qualifikation als „eigenkapitalersetzend“ ankommt, sondern aus Gründen der Klarheit und der Rechtssicherheit grundsätzlich sämtliche Gesellschafterdarlehen erfasst werden.[17] Für sie gilt § 39 I Nr. 5 InsO, wonach im Insolvenzfall ein gesetzlicher Rangrücktritt für sämtliche Gesellschafterdarlehen eingreift, d. h. sie werden erst erfüllt, wenn andere Gläubiger Befriedigung erlangt haben.[18] Flankiert wird diese Regelung durch ein besonderes Anfechtungsrecht nach § 135 InsO.[19] Entscheidend ist nicht mehr eine materiell-rechtliche Qualifikation als „eigenkapitalersetzend“, sondern eine zeitliche Eingrenzung: Anfechtbar sind alle Zahlungen auf ein Gesellschafterdarlehen, die bis zu einem Jahr vor der Insolvenz erbracht wurden. In diesem Fall besteht ein Rückzahlungsanspruch aus § 143 InsO, neben dem § 30 GmbHG nicht mehr zur Anwendung gelangt. Für die Ausgestaltung des Anspruchs wird z. T. auf das Bereicherungsrecht verwiesen, namentlich im Falle des bösgläubigen Anfechtungsschuldners auf die Haftungsverschärfung nach §§ 819 I, 818 IV BGB. Wird das Anfechtungsverfahren mangels Masse nicht eröffnet (§ 26 InsO), wird das Anfechtungsrecht in § 6 AnfG den Gläubigern zugewiesen.

---

[13] Vgl. zu diesem Grundgedanken etwa auch *Grunewald,* § 10 Rn. 201 ff.

[14] Vgl. dazu *Raiser/Veil,* 5. Aufl., § 38 Rn. 8 f.

[15] Zu den Einzelheiten vgl. noch *Preuß,* JuS 1999, 342 ff.

[16] Vgl. zu den Hintergründen *Bork,* ZGR 2007, 250, 252 ff.; *Habersack,* ZIP 2007, 2145, 2147 f. und oben § 34 Rn. 28.

[17] Vgl. zu dieser Erweiterung RegBegr MoMiG, BT-Drucks. 16/6140, S. 56; *BAG* ZIP 2014, 927 Rn. 22 f.; *BGH* NJW 2013, 2282 Rn. 10; *Bork,* ZGR 2007, 250, 254 ff.; *Habersack,* ZIP 2007, 2145, 2147; scharfe Kritik an dem wertungsmäßigen Fundament der Neuregelung bei Roth/*Altmeppen,* 6. Aufl., Anh. §§ 32a, b Rn. 4 ff.

[18] Nach *BGH* NJW 2012, 682 Rn. 13 ff. ist ein Darlehnsrückzahlungsanspruch eines ausgeschiedenen Gesellschafters im Insolvenzverfahren allenfalls dann als nachrangig zu behandeln, wenn er im letzten Jahr vor dem Eröffnungsantrag oder nach diesem Antrag ausgeschieden ist.

[19] S. dazu vertiefend *Commandeur/Utsch,* NZG 2013, 575 ff.

Eine Einschränkung erfährt diese Regelung hinsichtlich ihres persönlichen Anwendungsbereichs. Nach § 39 IV InsO gilt sie nicht für Darlehen solcher Gläubiger, die erst zum Zweck der Sanierung Gesellschafter geworden sind. Auf diese Weise soll verhindert werden, dass auch Außenstehende ohne besondere Finanzierungsverantwortung von sinnvollen Sanierungsbemühungen abgehalten werden.[20] Auch Darlehen von Gesellschaftern, die weniger als 10 % des Stammkapitals halten und nicht Geschäftsführer sind, sollen nach § 39 V InsO von diesen Folgen ausgenommen werden. Mit diesem Kleinbeteiligtenprivileg („Witwen- und Erbtantenprivileg") soll dem Umstand Rechnung getragen werden, dass in diesem Fall keine besondere unternehmerische Verantwortung des nur geringfügig Beteiligten vorliegt, so dass man ihm auch keine gesteigerte Finanzierungsverantwortlichkeit auferlegen kann.[21] 13

2. Erweiterungen

Das Recht der Gesellschafterdarlehen wird zum Teil noch auf verwandte Gestaltungen übertragen, um entweder ihrer wirtschaftlichen Gleichwertigkeit Rechnung zu tragen oder naheliegende Umgehungsmöglichkeiten zu schließen. So werden unter § 39 I Nr. 5 InsO auch Darlehen subsumiert, die zwar nicht von einem Gesellschafter selbst, aber von einem für diesen handelnden Treuhänder oder einem mittelbaren Stellvertreter gereicht werden. Auch die Darlehensgewährung durch einen nahen Angehörigen des Gesellschafters wird erfasst, sofern die geleisteten Mittel aus dem Vermögen des Gesellschafters stammen[22]. Darüber hinaus erweitert § 39 I Nr. 5 InsO den Anwendungsbereich dieser Grundsätze auf wirtschaftlich vergleichbare Rechtshandlungen wie etwa auf solche Fälle, in denen kein Darlehen gewährt wird, sondern etwa der Geschäftsführer sein Gehalt „stehen lässt" oder die Kreditgewährung durch ein abhängiges Unternehmen erfolgt.[23] Schließlich finden die dargestellten Grundsätze auch Anwendung, wenn ein Gesellschafter der GmbH zwar nicht selbst ein Darlehen vergibt, aber eine Sicherheit für eine fremde Darlehensvergabe stellt. Fällt die Gesellschaft in diesem Fall in die Insolvenz, verweist § 44a InsO den Dritten zunächst auf die Inanspruchnahme der Sicherung und lässt ihn nur in Höhe eines dabei erlittenen Ausfalls am Insolvenzverfahren teilnehmen. Wurde ihm Befriedigung gewährt, ist diese nach § 135 II InsO anfechtbar. Der Rückzahlungsanspruch richtet sich dann aber gem. § 143 III InsO an den sichernden Gesellschafter. Schließlich kann unter Umständen auch die Gebrauchsüberlassung von Anlagegegenständen darlehensähnlichen Charakter haben. Das Gesetz reagiert darauf hier allerdings nicht in Gestalt eines Anfechtungsrechts. Vielmehr wird es dem Gesellschafter in § 135 III InsO für einen Zeitraum von höchstens einem Jahr ab Eröffnung des Insolvenzverfahrens verwehrt, seinen Aussonderungsanspruch aus § 47 InsO geltend zu machen. Voraussetzung ist, dass der Gegenstand für die Fortführung des Unternehmens von erheblicher Bedeutung ist und der Insolvenzverwalter die Fortsetzung der Gebrauchsüberlassung verlangt. Im Gegenzug erhält der Gesellschafter weiterhin eine Vergütung für die Gebrauchsüberlassung. 14

---

20 *C. Schäfer,* § 35 Rn. 45.

21 Vgl. dazu *Seibert,* GmbHR 1998, 309; krit. Uhlenbruck/*Hirte,* § 39 Rn. 72; *K. Schmidt,* ZIP 1996, 1586, 1587 ff.

22 Vgl. BGHZ 188, 363 Rn. 10 f. = NJW 2011, 1503; dazu insgesamt BGHZ 193, 378 Rn. 11 ff. = NJW 2012, 3443; *BGH* NJW 2013, 2282 Rn. 11 ff.; Roth/*Altmeppen,* 6. Aufl., 2009, Anh. §§ 32a, b Rn. 22.

23 Vgl. zum erstgenannten Fall *BAG* ZIP 2014, 927 Rn. 27 f.; zum letztgenannten Fall BGHZ 188, 363 Rn. 10 = NJW 2011, 1503; *BGH* NJW 2013, 2282 Rn. 14 ff.; Uhlenbruck/*Hirte,* § 39 Rn. 42.

V. Zusammenfassung

15 Wie die AG ist auch die GmbH eine Kapitalgesellschaft, bei der ein Schwerpunkt der gesetzlichen Regelung auf der Aufbringung und Erhaltung des gesetzlich vorgeschriebenen Mindestkapitals liegt. Von der aktienrechtlichen Regelung weicht das Modell des GmbH-Rechts allerdings insofern ab, als nach § 57 AktG nicht nur das Grundkapital geschützt, sondern eine allgemeine Vermögensbindung angeordnet wird, um die Aktionäre vor Ungleichbehandlung zu schützen. Bei der GmbH ist die Reichweite des Kapitalschutzes geringer, da er auf das Stammkapital und damit auf den Gläubigerschutz beschränkt wird. Die Schutzintensität ist allerdings insofern höher, als die Rückzahlungspflicht des Gesellschafters aus § 31 I GmbHG in § 31 III GmbHG noch um eine Ausfallhaftung der Gesellschafter ergänzt wird. Die Gewinnverwendung in der GmbH weicht von der in der AG in erster Linie darin ab, dass auch die Feststellung des Jahresabschlusses der Gesellschafterversammlung obliegt (§ 46 Nr. 1 GmbHG) und eine Rücklagenbildung gesetzlich nicht vorgeschrieben ist. Die Regelung von Kapitalmaßnahmen orientiert sich stark an dem aktienrechtlichen Vorbild. Ein Bezugsrecht ist dort nicht explizit vorgesehen, aber von der herrschenden Meinung anerkannt. Analog § 186 III, IV AktG ist aber auch ein Ausschluss dieses Rechts möglich. Gesellschafterdarlehen können gegen das Gebot einer ordnungsgemäßen Unternehmensfinanzierung verstoßen und sind daher in der Insolvenz nach § 39 I Nr. 5 InsO nachrangig. Werden sie innerhalb eines Jahres vor der Insolvenz zurückgezahlt, besteht ein Anfechtungsgrund nach § 135 I InsO, der einen Rückzahlungsanspruch nach § 143 I InsO auslöst. Wirtschaftlich verwandte Gestaltungen werden diesen Regeln gleichgestellt.

5. Teil. Rechtsformübergreifende Probleme

§ 37. Die GmbH & Co. KG als Verbindung von Kapital- und Personengesellschaft

Literatur: *Bachmann,* Die Haftung des Geschäftsleiters für die Verschwendung von Gesellschaftsvermögen, NZG 2013, 1121; *Binz/Sorg,* Die GmbH & Co. KG, 11. Aufl., 2010; *Esch,* Die GmbH & Co. KG als „Einheitsgesellschaft", BB 1991, 1129; *Lambrich,* Die Haftung bei der GmbH & Co. KG, Jura 2007, 88; *Mühlhaus/Wenzel,* Organstellung und Haftung des GmbH-Geschäftsführers in der GmbH & Co. KG, GmbH-StB 2014, 87; *Römermann/Passarge,* Die GmbH & Co KG ist tot – es lebe die UG & Co KG!, ZIP 2009, 1497; *K. Schmidt,* Fortschritt oder Rückschritt im Recht der Einheits-GmbH & Co. KG?, ZIP 2007, 2193; *Reichert,* GmbH & Co. KG, 7. Aufl., 2015; *Teichmann,* Die Auslandsgesellschaft & Co., ZGR 2014, 220; *Theiselmann,* Die Kapitalaufbringung in der GmbH & Co. KG, GmbHR 2008, 521; *Wachter,* Kreditvergabe und Kapitalschutz bei der GmbH & Co. KG, GmbHR 2004, 1249; *Weller,* Wettbewerbsverbote und ihre Drittwirkung in der Kapitalgesellschaft & Co. KG, ZHR (2011) 175, 110. Übungsfälle: *Kirchner/Dietrich,* Haftungsverfassung der Vor-GmbH und ihre Stellung als Komplementärin einer KG; Grundsätze der Kapitalaufbringung in der GmbH & Co. KG, JA 2008, 340; *Mand,* Die Dohlen.com GmbH & Co. KG, JuS 2006, 330; *Röck,* Gesellschafter- und Geschäftsführerhaftung in der GmbH – Bilanzielle Betrachtungsweise und Existenzvernichtung, Jura 2013, 118. Übersicht auch bei *Lange,* Sonderformen der KG, Jura 2016, 225.

I. Struktur und Zulässigkeit der GmbH & Co. KG

Bei der GmbH & Co. KG handelt es sich nicht um eine Körperschaft, sondern im Ausgangspunkt um eine Personengesellschaft, nämlich eine KG. Die Besonderheit dieser KG besteht darin, dass ihr einziger persönlich haftender Gesellschafter (Komplementär – s. dazu § 20 Rn. 1) eine GmbH ist. Auf den ersten Blick erscheint diese Konstruktion widersinnig, da der unbeschränkt persönlich haftende Gesellschafter eine Gesellschaft „mit beschränkter Haftung" ist. Dieser scheinbare Widerspruch folgt aber schlicht daraus, dass die Bezeichung GmbH irreführend ist. Nicht die Haftung der Gesellschaft ist beschränkt, sondern die ihrer Gesellschafter (s. bereits § 33 Rn. 3). Die GmbH haftet unbeschränkt mit ihrem Vermögen, so dass zumindest der Wortlaut der einschlägigen gesetzlichen Regelungen einer solchen Konstruktion nicht entgegensteht. 1

Dennoch darf nicht verkannt werden, dass die Anerkennung dieser Konstruktion keinesfalls selbstverständlich ist. Die GmbH & Co. KG ist im Gesetz nicht als eigenständige Gesellschaftsform vorgesehen. Ihre Entstehung hat sie nicht einem Legislativakt zu verdanken, sondern dem kautelarjuristischen Einfallsreichtum der Praxis, die für diese Gesellschaftsform Bedarf sah (Rn. 3 ff.). Ob sich eine solche Kreation einer neuen Gesellschaftsform mit dem gesellschaftsrechtlichen Typenzwang (§ 2 Rn. 14) vereinbaren lässt, ist nicht zweifelsfrei, zumal als Ergebnis dieses Gestaltungsaktes eine der gesetzlichen Grundkonzeption widersprechende Personengesellschaft steht, in der keine natürliche Person mehr haftet (vgl. § 2 Rn. 3 f.).[1] 2

---

[1] Überblick über die verschiedenen Einwände bei *K. Schmidt,* § 56 I 2a; vgl. auch *Wiedemann,* GesR II, § 9 IV 1d: „Rechtstheoretische Vorbehalte haben auch heute noch Gewicht."

Trotz dieser Zweifel hat die Rechtsprechung diese Gestaltung seit langer Zeit mit der Begründung anerkannt, dass letztlich kein neuer Typus geschaffen werde, sondern man lediglich zwei bestehende Typen miteinander verbinde.[2] Auch der Gesetzgeber hat die GmbH & Co. KG inzwischen in vielen Einzelregelungen des Gesetzes berücksichtigt,[3] woraus sich eine zumindest mittelbare Anerkennung schließen lässt, auch wenn es an einer geschlossenen Gesamtregelung weiterhin fehlt.

Hinweis:

Die GmbH & Co. KG ist heute in der gesellschaftsrechtlichen Praxis derart fest etabliert, dass ihre Zulässigkeit auch in einer Klausur nicht mehr problematisiert werden sollte.

II. Motive für die Wahl der GmbH & Co. KG

1. Steuerrechtliche Vorzüge

3 Die Motive, die bei der Wahl der geeigneten Organisationsform für die GmbH & Co. KG sprechen können, sind sehr vielgestaltig. Ihre historische Entstehung hat sie nicht ihren gesellschaftsrechtlichen Vorzügen, sondern steuerrechtlichen Überlegungen zu verdanken.[4] Diese beruhten auf der früheren steuerlichen Doppelbelastung der GmbH. Sie geht darauf zurück, dass der bayerische Staat im Jahr 1912 und sodann auch das Deutsche Reich im Jahr 1920 die GmbH der Körperschaftsteuer unterwarfen.[5] Da überdies die Gesellschafter auch noch der Einkommensteuer unterliegen, entstand eine Doppelbelastung, die das gesellschaftsrechtlich so attraktive Modell der GmbH steuerrechtlich unattraktiv werden ließ. Die Kautelarpraxis stand damit vor der Aufgabe, eine Gesellschaftsform zu kreieren, die ebenso wie die GmbH die persönliche Haftung ausschloß, zugleich aber die Doppelbesteuerung vermied. Die Lösung wurde in der GmbH & Co. KG gefunden, die es ermöglichen sollte, die in der KG erwirtschafteten Gewinne nicht der Komplementär-GmbH, sondern unmittelbar den Kommanditisten zufließen zu lassen und damit die Körperschaftsteuer zu sparen.

4 Dieser historische Vorzug hat sich mittlerweile erledigt, nachdem das Körperschaftsteuerreformgesetz vom 31. August 1976 die geschilderte Doppelbelastung beseitigt hat.[6] Zwar ist die GmbH nach wie vor körperschaftsteuerpflichtig. Die von ihr auf den ausgeschütteten Gewinn gezahlte Steuer wird aber dem Gesellschafter auf die von ihm zu zahlende Einkommensteuer angerechnet. Mit der Beseitigung der Doppelbelastung ist jedoch nur ein Anreiz entfallen, in der GmbH & Co. KG die Gewinne der KG möglichst den Kommanditisten zuzuweisen. Auch weiterhin

---

[2] Grundlegend bereits RGZ 105, 101, 103 ff. im Anschluss an BayObLGZ 27, 331; BGHZ 45, 204, 206 ff. = NJW 1966, 1309; aus dem Schrifttum vgl. statt aller etwa Koller/*Kindler*/Roth/Morck, § 161 Rn. 2; *Binz/Sorg*, GmbH & Co. KG, § 1 Rn. 9 ff.; *Saenger*, Rn. 420; *Wiedemann*, GesR II, § 9 IV 1d.

[3] Vgl. etwa § 19 II HGB (Rechtsformzusatz), § 125a HGB (Angaben auf Geschäftsbriefen), § 15a I 2 InsO (Insolvenzantragspflicht), weitere Beispiele bei *Saenger*, Rn. 420; der Gesetzgeber spricht hier allerdings nicht von einer GmbH & Co. KG, sondern von einer „Personengesellschaft, bei der kein Gesellschafter eine natürliche Person ist"; vgl. dazu *C. Schäfer*, § 45 Rn. 1.

[4] Vgl. zum Folgenden etwa Reichert/*Liebscher*, § 1 Rn. 11; *Windbichler*, § 37 Rn. 7.

[5] Vgl. zu diesem Ursprung auch RGZ 105, 101, 103.

[6] BGBl. I 2598.

können mit der Wahl dieser Rechtsform steuerrechtliche Vorzüge verbunden sein, die aber von zahlreichen Umständen des Einzelfalls (z. B. unterschiedlich ausgestalteten Steuertarifen) abhängen und deshalb an dieser Stelle nicht nachgezeichnet werden können.[7] Für alle Unternehmen gilt die Überlegung, dass die Rechtsform der GmbH & Co. KG auch in guten Jahren steuerlich im allgemeinen nicht schadet, aber gerade in schlechten nützt. Damit erweist sich die GmbH & Co. KG im Vergleich zur GmbH auch nach aktueller Steuerrechtsregelung in vielen Fällen als günstiger.

2. Gesellschaftsrechtliche Vorzüge

Fall 1: Der Unternehmer *Breidenich* hinterlässt seinen drei Töchtern *Anja, Christiane* und *Maxi* bei seinem Tod die Anteile an einer von ihm betriebenen Kaffeerösterei in der Rechtsform einer GmbH. Der Geschäftsumfang hat in den letzten Jahren stark zugenommen, so dass eine wesentliche Erhöhung der Eigenkapitalbasis wünschenswert ist. Sowohl die neuen Gesellschafter selbst als auch der Fabrikant *Gröntgen* sind bereit, dem Unternehmen Mittel zuzuführen. Welche Lösungen sind möglich? 5

Während früher die steuerrechtlichen Vorzüge den Ausschlag für die GmbH & Co. KG gaben, überwiegen heute eher die gesellschaftsrechtlichen Überlegungen,[8] die beispielhaft durch Fall 1 illustriert werden. Verbleiben die Gesellschafter in der Rechtsform der GmbH, so könnte eine Erweiterung der Eigenkapitalbasis in der Weise erfolgen, dass das Stammkapital der GmbH erhöht wird (§§ 53 ff., 55 GmbHG). Dieser Weg kann für die Geldgeber jedoch nachteilig sein. Weil nach § 29 GmbHG nur der berichtigte Jahresüberschuss unter die Gesellschafter verteilt werden darf und ein solcher nur ausgewiesen werden kann, wenn die Summe der Aktiva die Summe aus Verbindlichkeiten und Stammkapital übersteigt (vgl. § 36 Rn. 6), erschwert jede Erhöhung des Stammkapitals die Gewinnausschüttung. Auch kann eine Mindestrendite etwa in Gestalt fester Zinsen wegen des Auszahlungsverbots in § 30 I GmbHG nicht gewährleistet werden. An die gleiche Grenze stößt ein Entnahmerecht der Gesellschafter. Die Erhöhung des Stammkapitals führt also zu einer entsprechenden Vermögensbindung, die zwar im Interesse der Gläubiger liegt, aber für die Gesellschafter nachteilig sein kann. Ein Geldgeber, für den die Fortentwicklung des Unternehmens nur insoweit interessant ist, als sie ihm auch eine angemessene fortlaufende Rendite gewährleistet, wird für diese Lösung nicht ohne weiteres zu gewinnen sein. Diese Überlegung gilt nicht nur für den außenstehenden *Gröntgen*, sondern auch die bisherigen Gesellschafter müssen sich die Frage stellen, ob sie es vertreten können, ihre persönliche Liquidität zu schwächen, indem sie weitere Mittel in der GmbH binden. 6

Diese Schwierigkeiten lassen sich vermeiden, wenn dem Unternehmen die benötigten Gelder nicht durch eine Erhöhung des Stammkapitals, sondern durch die Gründung einer KG zugeführt werden, bei der die Geldgeber Kommanditisten werden.[9] Wird das Unternehmen von einer KG getragen, dann kommt es für die Feststellung von Gewinn und Verlust nach §§ 120, 161 II, 167 I HGB nur auf das abgelaufene Geschäftsjahr an; die Erhöhung der eigenen Mittel erschwert also die Gewinnausschüttung nicht (Einzelheiten in § 21 Rn. 23 ff.). Der Gesellschaftsvertrag der KG kann die Beteiligung des Kommanditisten an Gewinn und Verlust den jeweiligen Verhältnissen entsprechend ausgestalten, weil die §§ 167 ff. HGB nachgiebiges Recht 7

---

[7] Vgl. zu den Einzelheiten *Binz/Sorg*, GmbH & Co. KG, § 22 Rn. 21 ff.

[8] Vgl. auch *Wiedemann*, GesR II, § 9 IV 1c.

[9] Auch das *RG* sah in der grundlegenden Entscheidung RGZ 105, 101, 103 in solchen Überlegungen eine legitime Zielsetzung dieser Konstruktion.

enthalten. Wenn die Erben sich für diesen Weg entscheiden und auch *Gröntgen* bei dieser Lösung mitwirkt, entsteht eine KG, bei der die GmbH die Komplementärin ist, *Anja, Christiane* und *Maxi* zugleich Gesellschafterinnen der GmbH und Kommanditistinnen der KG sind, während *Gröntgen* nur als Kommanditist hinzutritt.

8 Die Gesellschaftsform der GmbH & Co. KG ist nicht nur dann zweckmäßig, wenn es, wie im Fall 1 um das Problem der Kapitalbeschaffung geht. Auch andere gesellschaftsrechtliche Gesichtspunkte können die Wahl dieser Rechtsform nahelegen.[10] Sie kann z. B. die geeignete Lösung sein, wenn der bisherige Komplementär einer KG das Risiko persönlicher und unbeschränkter Haftung nicht mehr tragen will und die Kommanditisten nicht bereit sind, ihre Kommanditbeteiligung gegen Geschäftsanteile an einer GmbH einzutauschen. Die GmbH & Co. KG kann auch die Schwierigkeiten lösen, die sich ergeben, wenn für den bisherigen geschäftsführenden Komplementär kein geeigneter Nachfolger vorhanden ist; denn bei der GmbH & Co. KG wird die Geschäftsführung von der Komplementär-GmbH durch deren Geschäftsführer ausgeübt, der nicht Gesellschafter sein muss (§ 6 III 1 GmbHG). Zwischenzeitlich bestehende bilanzrechtliche Vorzüge der GmbH & Co. KG sind mittlerweile relativiert worden, nachdem der Gesetzgeber in § 264a HGB die Vorschriften über die Rechnungslegung von Kapitalgesellschaften auch auf die GmbH & Co. KG für anwendbar erklärt hat.[11]

III. Erscheinungsformen und tatsächliche Verbreitung der GmbH & Co. KG

9 Die GmbH & Co. KG zeichnet sich dadurch aus, dass die GmbH die Komplementärstellung innehat. Weitere Differenzierungen ergeben sich in der Praxis danach, wer die Gesellschafter- und Geschäftsführerposition in der GmbH & Co. KG übernimmt und welche weiteren Personen als Kommanditisten vorhanden sind.[12] So können etwa sämtliche Kommanditisten zugleich Gesellschafter der Komplementär-GmbH sein; man spricht in diesem Fall von einer personengleichen GmbH & Co. KG oder einer GmbH & Co. KG im engeren Sinne.[13] Diese Ausgestaltung wird zumeist dann gewählt, wenn die Kommanditisten zugleich die Unternehmergesellschafter sind, die hinter der GmbH & Co. KG stehen und lediglich ihre persönliche Haftung ausschließen wollen. Besonders an dieser Konstellation entzündete sich die Kritik an der GmbH & Co. KG, da hier letztlich drei gleichgeordnete Personengesellschafter vorhanden sind, von denen keiner den Gläubigern persönlich haftet.[14] Es ist sogar möglich, dass nur eine Person die GmbH gründet (s. oben § 29 Rn. 11) und sodann als Geschäftsführer dieser GmbH mit sich selbst als natürlicher Person (satzungsrechtlich befreit von der Beschränkung des § 181 BGB) die Kommanditgesellschaft gründet, in der die GmbH Komplementär und er selbst Kommanditist ist. In diesem Fall handelt es sich um eine Einpersonen-GmbH & Co. KG. Auch ihre Zulässigkeit ist anerkannt.[15] Häufig wird die GmbH & Co. KG auch als Organisationskleid für eine Publikumsgesellschaft eingesetzt, bei der die Anleger die Kommanditistenrolle übernehmen und Initiatoren der Gesellschaft die Geschäftsführung der GmbH besetzen (s. dazu bereits § 23 Rn. 6). In diesem Fall sind die Kommanditisten

---

10 Vgl. zum Folgenden etwa *Binz/Sorg,* GmbH & Co. KG, § 1 Rn. 17 ff.

11 Kapitalgesellschaften- und Co.-Richtlinie-Gesetz vom 24.2.2000 (BGBl. I 154); vgl. zu den Änderungen im Einzelnen *Zimmer/Eckhold,* NJW 2000, 1361 ff.; s. ferner *Wiedemann,* GesR II, § 9 IV 1c; zu etwaigen Vermeidungsstrategien *Waßmer,* GmbHR 2002, 412 ff.

12 Vgl. dazu den Überblick bei *K. Schmidt,* § 56 II 3.

13 Vgl. MüKoHGB/*Grunewald,* § 161 Rn. 92 ff.; *K. Schmidt,* § 56 II 3c.

14 Vgl. zur Kritik auch *K. Schmidt,* § 56 II 3c.

15 Vgl. dazu *K. Schmidt,* § 56 II 3d; ferner *Saenger,* Rn. 421; *Windbichler,* § 37 Rn. 11.

weitgehend von der Geschäftsführung ausgeschlossen und haben nur einen sehr geringen Einfluss in der Gesellschaft.

Angesichts dieses Variationsreichtums ist die GmbH & Co. KG heute eine der am weitesten verbreiteten Gesellschaftsformen. Nach neueren Erhebungen sollen derzeit etwa 137.658 Gesellschaften in dieser Rechtsform organisiert sein.[16] Allerdings setzt sich auch hier der Siegeszug der neuen Unternehmergesellschaft (§ 33 Rn. 7) mit beeindruckender Geschwindigkeit fort. Zum 1. Januar 2016 waren bereits 8.891 Unternehmen in der Rechtsform einer UG (haftungsbeschränkt) & Co. KG organisiert.[17] Weitere Konstellationen sind denkbar (AG & Co. KG oder GmbH & Co. OHG), haben aber keine nennenswerte Verbreitung gefunden.[18] 10

IV. Die Errichtung der GmbH & Co. KG

Fall 2: Im Fall 1 ist der Erblasser vor seinem Tod nicht mehr zur Errichtung der GmbH gekommen, sondern hat das Unternehmen als Einzelkaufmann geführt. Was müssen seine Erben unternehmen, wenn sie das Geschäft als GmbH & Co. KG führen wollen? 11

Um die GmbH & Co. KG zu errichten, bedarf es der Gründung zweier Gesellschaften nach allgemeinen Regeln, die sodann entsprechend miteinander verzahnt werden müssen.[19] Dafür können zwei Wege beschritten werden. Zunächst können die Erben die GmbH gründen, deren Unternehmensgegenstand bereits erkennen lassen muss, dass sie die Geschäftsführung in der KG übernehmen soll.[20] Die GmbH schließt sodann, vertreten durch ihren Geschäftsführer, mit den Erben den Gesellschaftsvertrag der KG. Ob zu diesem Zeitpunkt die Gründung der GmbH bereits durch die Eintragung abgeschlossen wurde, ist unbeachtlich, da nach heute ganz herrschender Meinung auch die Vor-GmbH bereits die Komplementärstellung in der KG übernehmen kann (vgl. zur Vor-GmbH § 33 Rn. 24 ff., 36 ff.).[21] Alternativ ist es aber auch möglich, zunächst die KG zu gründen, wobei einer der Erben die Rolle des Komplementärs übernimmt. Nach der Entstehung der GmbH tritt diese als Komplementärin in die KG ein, während der ursprüngliche Komplementär in die Kommanditistenrolle zurücktritt. Die so entstandene Gesellschaft muss nach § 19 I Nr. 3, II HGB einen Rechtsformzusatz tragen, der neben der Bezeichnung als Kommanditgesellschaft oder KG auch erkennen lässt, dass keine natürliche Person in der KG haftet (in der Regel: GmbH & Co. KG). Auch auf Geschäftsbriefen müssen in Anlehnung an das Kapitalgesellschaftsrecht (§ 35a GmbHG, § 80 AktG) gem. §§ 125a, 177a HGB bestimmte Identitätsangaben enthalten sein. 12

---

[16] Vgl. die Aufstellung des Statistischen Bundesamtes für das Jahr 2014, abrufbar unter www.destatis.de/DE/ZahlenFakten/GesellschaftStaat/OeffentlicheFinanzenSteuern/Steuern/Umsatzsteuer/Tabellen/Voranmeldungen_Rechtsformen.html, zuletzt abgerufen am 8.11.2016.

[17] Vgl. dazu *Kornblum,* GmbHR 2016, 691, 692. Zu besonderen rechtlichen Problemstellungen dieser Konstellation, namentlich im Hinblick auf die Rücklagenbildung vgl. Bork/*C. Schäfer,* § 5a Rn. 9.

[18] Vgl. auch dazu die Aufstellung des Statistischen Bundesamtes (Fn. 18); ferner *Clauss/Fleckner,* WM 2003, 1790, 1797 f. sowie *Binz/Sorg,* GmbH & Co. KG, § 25; *C. Schäfer,* § 45 Rn. 3; *K. Schmidt,* § 56 I 1b.

[19] In der Praxis erfolgt allerdings häufiger eine Umwandlung statt einer Neugründung; vgl. dazu und zum Folgenden *Wiedemann,* GesR II, § 9 IV 2; s. ferner *C. Schäfer,* § 46 Rn. 1.

[20] *C. Schäfer,* § 46 Rn. 2; vgl. zu den Einzelheiten auch *Wiedemann,* GesR II, § 9 IV 2a.

[21] Vgl. *C. Schäfer,* § 46 Rn. 2; *Wiedemann,* GesR II, § 9 IV 2a; s. auch die Fallbearbeitung von *Kirchner/Dietrich,* JA 2008, 340 ff.

V. Die Organisationsverfassung der GmbH & Co. KG

13 **Fall 3:** Nachdem die Kommanditisten, die gleichzeitig alleinige Gesellschafter der Komplementär-GmbH sind, ihre Einlagen vollständig eingezahlt haben und *Anja* zur Geschäftsführerin der GmbH bestellt wurde, nimmt die Gesellschaft ihre Geschäfte auf. *Anja* schließt im Namen der GmbH & Co. KG einen Vertrag mit einem Händler über die Lieferung von 300 Kilo Kaffeebohnen der Sorte Arabica. Von wem kann der Händler Zahlung des Kaufpreises verlangen?

14 Die rechtliche Behandlung der GmbH & Co. KG muss stets von ihrer Grundform der KG ausgehen. Sie tritt im Rechtsverkehr als Trägerin des Unternehmens auf.[22] Nach §§ 161 II, 124 I HGB ist sie Trägerin von Rechten und Pflichten. Ihre Vertretung obliegt nach §§ 161 II, 125 ff. HGB dem Komplementär; die Kommanditisten sind nach § 170 HGB von der Vertretung ausgeschlossen. Komplementär ist die GmbH, der hier im Wesentlichen nur die Funktion zukommt, die Geschäftsführung und Vertretung der KG zu besorgen.[23] Sie erbringt also in ihrer Funktion als Mitgesellschafterin Dienstleistungen für die KG.[24] Dabei wird sie nach § 35 GmbHG von ihrem Geschäftsführer vertreten. Dieser wird von den Gesellschaftern der GmbH bestellt und abberufen[25] und unterliegt auch im Folgenden nach § 37 I GmbHG ihren Weisungen. Handelt es sich um eine personengleiche GmbH & Co. KG (Rn. 9) liegt in diesem Fall das „unternehmerische Entscheidungszentrum" der Gesellschaft also vollständig bei den Kommanditisten.[26] Gegenläufig ist aber auch eine Gestaltung möglich, bei der die GmbH von den Kommanditisten völlig losgelöst wird (idR bei der Publikumspersonengesellschaft – § 23 Rn. 5 f.). In diesem Fall werden sie nur in sehr geringem Umfang Einfluss auf die Geschäftsführung ausüben können.[27] Daneben können nach der für Personengesellschaften charakteristischen Gestaltungsfreiheit im Innenverhältnis (§ 163 HGB) auch weitere Organe eingerichtet werden (z. B. Beiräte o. ä.), wovon gerade bei Publikumsgesellschaften in der Rechtsform der GmbH & Co. KG häufig Gebrauch gemacht wird (s. bereits § 23 Rn. 6).

15 Hier ist *Anja* als Geschäftsführerin der GmbH tätig geworden, hat durch das Auftreten im Namen der GmbH & Co. KG aber deutlich gemacht, dass auch die GmbH nur als Komplementärin stellvertretend für die KG tätig wird. Die KG ist also nach § 164 I BGB wirksam vertreten worden. Für die Verbindlichkeiten haften die Kommanditisten nach § 171 I, 2. Hs. HGB nicht, da sie ihre Einlagen geleistet haben.[28] Ebenso ist ihre Haftung als Gesellschafter der GmbH nach § 13 II GmbHG ausgeschlossen. Es haftet also nur die GmbH als Komplementärin mit ihrem Gesellschaftsvermögen, das allerdings zumeist nur sehr moderat ausgestattet wird.[29] Die Kapitalgeber des Unternehmens sind in der Regel die Kommanditisten.

16 **Fall 4:** Welche Folge hätte es, wenn *Anja* die interne Anweisung erhalten hätte, bei Lieferbestellungen dieses Volumens die Zustimmung der übrigen Gesellschafter einzuholen, sie dies aber unterlassen hätte?

---

[22] *Saenger,* Rn. 420; *K. Schmidt,* § 56 II 1a.
[23] *C. Schäfer,* § 47 Rn. 1.
[24] *Wiedemann,* GesR II, § 9 IV 3b aa.
[25] Vgl. zu den Einzelheiten *Wiedemann,* GesR II, § 9 IV 3b bb.
[26] *C. Schäfer,* § 48 Rn. 3; vgl. auch *Wiedemann,* GesR II, § 9 IV 1b bb.
[27] *Wiedemann,* GesR II, § 9 IV 1b bb.
[28] *Windbichler,* § 37 Rn. 18; zur Anwendung des § 176 HGB auf die GmbH & Co. KG vgl. *Saenger,* Rn. 430.
[29] *C. Schäfer,* § 47 Rn. 2.

In diesem Fall hätte *Anja* sich pflichtwidrig verhalten, da sie nach § 37 I GmbHG im Innenverhältnis an die Weisungen der Gesellschafter gebunden ist. Auf ihre Vertretungsmacht im Außenverhältnis hätte diese Einschränkung nach § 37 II GmbHG keine Auswirkungen. Der Verstoß könnte aber einen Schadensersatzanspruch nach § 43 II GmbHG gegenüber der GmbH begründen. Diese Konstruktion einer Ersatzpflicht ist allerdings insofern problematisch, als der eigentliche Unternehmensträger die KG ist, so dass ein etwaiger Schaden bei ihr eintreten wird. Zwar könnte sie die Komplementär-GmbH in Anspruch nehmen, die sich das Verschulden ihres Geschäftsführers analog § 31 BGB zurechnen lassen muss,[30] doch würde die Anspruchsverfolgung durch diese Haftungskette erschwert und möglicherweise gar vereitelt. Die ganz herrschende Meinung gestattet es der KG stattdessen, unmittelbar den Geschäftsführer in Anspruch zu nehmen.[31] Die genaue dogmatische Herleitung ist allerdings noch nicht geklärt. Die überwiegende Auffassung nimmt aber an, dass nicht nur das Anstellungsverhältnis, sondern auch das bloße Organschaftsverhältnis zwischen der GmbH und ihrem Geschäftsführer als „Vertrag" mit Schutzwirkungen zugunsten der KG zu qualifizieren ist, der damit auf diesem Weg eine eigene Anspruchsberechtigung zugewiesen wird.[32] Im Ergebnis hat sich *Anja* also pflichtwidrig verhalten und kann wegen eines etwaigen Schadens nicht nur von der GmbH, sondern auch von der KG selbst in Anspruch genommen werden. 17

Hinweis:

Im Rahmen des Pflichtfachstoffes werden in der Klausur zumeist nur sehr allgemeine Kenntnisse über die GmbH & Co. KG abgefragt. In den meisten Fällen wird es um die generelle Verpflichtungsfähigkeit, die Vertretung und Geschäftsführung sowie die Haftung der Gesellschafter gehen. Studenten sollten sich also nicht von der ineinander verzahnten Organisation abschrecken lassen, sondern sorgfältig die einzelnen Regelungsbereiche voneinander abschichten. 18

VI. Die Mitgliedschaft in der GmbH & Co. KG

Fall 5: *Christiane* (Fall 1) möchte sich aus dem inzwischen als GmbH & Co. KG betriebenen Unternehmen zurückziehen und ihre Beteiligung verkaufen. Die übrigen Gesellschafter sind mit dem von ihr gefundenen Käufer nicht einverstanden. Kann *Christiane* ihre Absicht trotzdem verwirklichen? 19

Christiane ist zwar nur an einem Unternehmen, aber an zwei Gesellschaften beteiligt: Sie hat einen Geschäftsanteil an der GmbH und ist Kommanditistin der KG. 20

---

[30] Vgl. auch *Saenger,* Rn. 426.

[31] BGHZ 75, 321, 324 f. = NJW 1980, 589; BGHZ 76, 326, 337 f. = NJW 1980, 1524; *BGH* NJW-RR 2002, 965, 966; BGHZ 197, 304 Rn. 17 ff. = NJW 2013, 3636 (mit Anm. *Bryant*) = JuS 2013, 1040 (mit Anm. *K. Schmidt*); *C. Schäfer,* § 48 Rn. 17; *K. Schmidt,* § 56 IV 3b.

[32] Vgl. BGHZ 75, 321, 322 ff. = NJW 2980, 589; BGHZ 76, 326, 337 f. = NJW 1980, 1524; *BGH* NJW-RR 2002, 965, 966. Der *BGH* hat in BGHZ 197, 304 Rn. 17 ff. = NJW 2013, 3636 (mit Anm. *Bryant*) = JuS 2013, 1040 (mit Anm. *K. Schmidt*) nun ausdrücklich entschieden, dass nicht nur das Anstellungsverhältnis, sondern auch das organschaftliche Sonderrechtsverhältnis zwischen der Komplementär-GmbH und ihrem Geschäftsführer drittschützende Wirkung zugunsten der KG hat. Vgl. auch *OLG Karlsruhe* NZG 2013, 1177 Rn. 21; *Bachmann,* NZG 2013, 1121, 1126 f.; *Mühlhaus/Wenzel,* GmbH-StB 2014, 87, 90 ff.; *C. Schäfer,* § 48 Rn. 17; *Windbichler,* § 37 Rn. 13; krit. *Teichmann,* ZGR 2014, 220, 244; *Grunewald,* § 3 Rn. 79; *K. Schmidt,* § 56 IV 3b; *Wiedemann,* GesR II, § 9 IV 3b aa.

Die Beteiligungen an diesen Gesellschaften folgen unterschiedlichen gesetzlichen Regeln: Der Geschäftsanteil ist nach § 15 I GmbHG veräußerlich. Dagegen folgt aus dem personenbezogenen Charakter der Kommanditistenstellung, dass der Kommanditanteil nur mit Zustimmung aller Gesellschafter übertragen werden kann, wenn der Gesellschaftsvertrag der KG nichts anderes vorsieht (vgl. § 21 Rn. 27 ff.). *Christiane* kann also ihren Mitgesellschaftern keinen neuen Kommanditisten aufzwingen und der Interessent wird nicht bereit sein, den Geschäftsanteil an der GmbH zu erwerben, wenn er nicht zugleich Kommanditist wird. Grund hierfür ist, dass die Einkünfte der Gesellschaft vorwiegend an die Kommanditisten ausgeschüttet werden.

21 Nicht nur bei der Übertragung der Mitgliedschaft, sondern auch in anderen Konstellationen können sich bei der GmbH & Co. KG daraus Schwierigkeiten ergeben, dass für ein Unternehmen zwei Gesellschaften gegründet worden sind, deren gesetzliche Regeln nicht übereinstimmen. Divergenzen zwischen dem Recht der GmbH und dem der KG ergeben sich namentlich bei der Beschlussfassung: Bei Abstimmungen in der Gesellschafterversammlung der GmbH gilt das Mehrheitsprinzip, in der KG dagegen der Einstimmigkeitsgrundsatz. In der GmbH wird die Mehrheit nach Geschäftsanteilen gezählt (§ 47 GmbHG), in der KG hat jeder Gesellschafter grundsätzlich ohne Rücksicht auf die Höhe seiner Kapitalbeteiligung die gleiche Stimme.[33]

22 Eine Harmonisierung der unterschiedlichen gesetzlichen Regelungen ist also notwendig und durch Abstimmung der Gesellschaftsverträge auch möglich, weil bei beiden Gesellschaftsformen im Innenverhältnis weitgehend Vertragsfreiheit herrscht (§§ 163 HGB, 45 GmbHG). So könnte in der Frage des Gesellschafterwechsels je nach dem gewünschten Ergebnis Übereinstimmung geschaffen werden, indem entweder die freie Veräußerlichkeit des Geschäftsanteils der GmbH aufgehoben (§ 15 V GmbHG – s. dazu § 35 Rn. 3) und damit das Recht der GmbH an das der KG angepasst wird oder indem gerade umgekehrt der Gesellschaftsvertrag der KG die Kommanditbeteiligung übertragbar macht (s. § 21 Rn. 29).

23 Ein anderer Weg zur Harmonisierung von GmbH und KG ist die Verkoppelung beider Gesellschaften durch Anteilserwerb. Diese Verkoppelung erfolgt, indem die Gesellschafter der GmbH ihre Geschäftsanteile auf die KG übertragen (sog. Einheitsgesellschaft).[34] Dadurch entsteht – in den Worten von *K. Schmidt* – „ein hochgezüchtetes Produkt kautelarjuristischer Praxis, das den Betrachter zwischen Bewunderung und schwindelerregender Verstörung hin und her reißt."[35] Dieses Produkt, das in der Praxis immer größere Verbreitung findet, dient dazu, die von den Gründern formell herbeigeführte, in der Regel aber nicht wirklich gewollte Zweiteilung der Unternehmensstruktur zu überwinden.[36] Das geschieht in der Weise, dass die Gesellschafter der GmbH ihre Mitgliedschaft mit der Übertragung zugunsten der KG aufgeben. Die Rechte der Gesellschafterversammlung in der GmbH (vgl. § 34 Rn. 29 f.) werden also von der KG ausgeübt. Die Geschäftsführung der KG liegt wiederum bei der Komplementär-GmbH und erfolgt mittelbar durch deren Geschäftsführer. Der Geschäftsführer der GmbH übt also die Gesellschafterrechte der KG hinsichtlich der GmbH aus. Zu unterschiedlichen Willensbildungen in der GmbH und in der KG kann es bei dieser Konstruktion nicht mehr kommen. Die

[33] Vgl. zur Beschlussfassung auch *C. Schäfer*, § 48 Rn. 6 ff.

[34] MüKoHGB/*Grunewald*, § 161 Rn. 95; *Binz/Sorg*, GmbH & Co. KG, § 8; *C. Schäfer*, § 48 Rn. 18; *K. Schmidt*, ZIP 2007, 2193 ff.; vgl. dazu aus der neueren Rspr. *BGH* NZG 2007, 751, 752.

[35] *K. Schmidt*, ZIP 2007, 2193.

[36] *K. Schmidt*, ZIP 2007, 2193.

Zulässigkeit dieses Verfahrens wird von § 172 VI HGB vorausgesetzt; die Vorschrift will lediglich verhindern, dass mit der Überführung der GmbH-Anteile die Kommanditisten nach § 172 I HGB von ihrer Haftung befreit werden.

VII. Zusammenfassung

Die GmbH & Co. KG ist eine KG, bei der die Stellung des Komplementärs von 24 einer GmbH übernommen wird. Die Funktion dieser GmbH besteht hier allein darin, die Geschäftsführung und Vertretung der Gesellschaft zu übernehmen. Zugleich trifft sie allein aber auch die unbeschränkte persönliche Haftung für die Verbindlichkeiten der KG. Die GmbH & Co. KG ist ursprünglich aus steuerrechtlichen Erwägungen entstanden, doch überwiegen heute die gesellschaftsrechtlichen Vorzüge. Ihre Zulässigkeit ist in der Rechtsprechung anerkannt und wird auch im Gesetz an mehreren Stellen vorausgesetzt. Die Erscheinungsformen der GmbH & Co. KG in der Praxis können sehr unterschiedlich sein. Sind die Kommanditisten zugleich alleinige Gesellschafter der GmbH, wird es sich um eine besondere Form einer Unternehmergesellschaft handeln. Die Konstruktion der GmbH & Co. KG kann aber auch dazu eingesetzt werden, um die Kommanditisten nur als Geldgeber einzubeziehen, sie aus der Geschäftsführung aber auszuschließen. In diesem Fall wird ihnen nicht auch noch die Stellung als GmbH-Gesellschafter eingeräumt. Die Gründung der GmbH & Co. KG setzt die Gründung oder das Bestehen zweier Gesellschaften voraus, einer GmbH und einer KG, die sodann vertraglich miteinander verzahnt werden müssen. Komplementärfähig ist dabei schon die Vor-GmbH. Die Geschäfte werden vom Geschäftsführer der GmbH geleitet, der dabei den Weisungen der GmbH-Gesellschafter unterliegt. Pflichtwidriges Verhalten kann ihn nach herrschender Meinung nicht nur zur Haftung gegenüber der GmbH (§ 43 II GmbHG), sondern auch gegenüber der KG verpflichten, wobei die genaue dogmatische Konstruktion zweifelhaft ist. Die Gesellschaftsverträge der GmbH und der KG müssen, damit die Verbindung beider Gesellschaftsformen funktionieren kann, aufeinander abgestimmt werden. So müssen z. B. die unterschiedlichen Regeln über die Übertragbarkeit des Gesellschaftsanteils und die Beschlußfassung harmonisiert werden. Zulässig ist auch die Verkoppelung durch Anteilserwerb (Einheitsgesellschaft).

§ 38. Grundzüge des Konzernrechts

Literatur: *Altmeppen,* Die historischen Grundlagen des Konzernrechts, in Bayer/Habersack, Aktienrecht im Wandel, Bd. II, 2007, 23. Kap.; *Beck,* Nachteilszufügung, ihre Wirkung und ihr Ausgleich im faktischen AG-Konzern, BB 2015, 1289; *Eberl-Borges,* Die Konzernhaftung im Kapitalgesellschaftskonzernrecht, Jura 2002, 761; *Emmerich/Habersack,* Konzernrecht, 10. Aufl., 2013; *Fleischer,* Konzernleitung und Leitungssorgfalt der Vorstandsmitglieder im Unternehmensverbund, DB 2005, 759; *Grunewald,* Einführung in das Konzernrecht, JA 1992, 11; *Kuhlmann/Ahnis,* Konzern- und Umwandlungsrecht, 4. Aufl., 2016; *Luttermann,* Juristische Personen, Konzern und Existenzvernichtungshaftung, JA 2008, 833; *Osterloh-Konrad,* Abkehr vom Durchgriff: Die Existenzvernichtungshaftung des GmbH-Gesellschafters nach „Trihotel", ZHR 172 (2008), 274; *Röhricht,* Die GmbH im Spannungsfeld zwischen wirtschaftlicher Dispositionsfreiheit ihrer Gesellschafter und Gläubigerschutz, FS 50 Jahre BGH, 2000, S. 83; *K. Schmidt,* Die wundersame Karriere des Unternehmensbegriffs im Bereich der Konzernhaftung, AG 1994, 189; *Schön,* Abschied vom Vertragskonzern, ZHR 168 (2004), 629; *Steinhauer,* Der Börsenpreis als Bewertungsgrundlage für den Abfindungsanspruch von Aktionären, AG 1999, 299; *Timm,* Grundfälle zum Konzernrecht, JuS 1999, 553, 656, 760, 867, 966; *Ulmer,* Von „TBB" zu „Bremer Vulkan" – Revolution oder Evolution?, ZIP 2001, 2021; *Veil,* Gesellschafterhaftung wegen existenzvernichtenden Eingriffs und materieller Unterkapitalisierung, NJW 2008, 3264.

I. Grundlagen

1. Begriff und Motive der Konzernierung

1 Im Mittelpunkt der bisherigen Darstellung stand das Einzelunternehmen, also die rechtlich und wirtschaftlich selbstständige Gesellschaft. Diese unabhängige Einzelgesellschaft ist in der Unternehmenspraxis aber nicht der Regelfall. Vielmehr sind namentlich Kapitalgesellschaften, teilweise aber auch Personengesellschaften (s. noch Rn. 6), oftmals in einen Unternehmensverbund einbezogen (zur genauen Terminologie s. noch Rn. 7).[1] Davon spricht man, wenn ein Unternehmen zwar seine rechtliche Selbstständigkeit behält, wirtschaftlich aber von einem anderen Unternehmen abhängig ist.[2] In erster Linie kann sich eine solche Abhängigkeit aus einer gesellschaftlichen Beteiligung ergeben, die etwa in der Weise entstehen kann, dass eine Gesellschaft Anteile an einer anderen Gesellschaft erwirbt, eine Tochtergesellschaft gründet oder eine Gesellschaft ausgliedert (§ 39 Rn. 15).[3] Die Gründe für eine solche Konzernierung können vielfältig sein.[4] Eine wichtige Rolle spielt etwa die Möglichkeit der Haftungssegmentierung. So wird eine Gesellschaft, die ein risikoreiches Unternehmen plant, daran interessiert sein, dass ein unternehmerischer Fehlschlag nicht die Existenz der gesamten Gesellschaft bedroht. Das kann vermieden werden, indem die Obergesellschaft eine Tochtergesellschaft, etwa in der Rechtsform einer GmbH, gründet.[5] Diese GmbH muss zwar mit Kapital ausgestattet werden, die weitere Haftung der Muttergesellschaft ist aber – wie bei jedem anderen Gesellschafter auch – nach § 13 II GmbHG ausgeschlossen. Des Weiteren kann mit der Konzernierung z. B. auch eine Dezentralisierung angestrebt werden: Mit der Gründung oder Ausgliederung einer Tochtergesellschaft entsteht eine eigenständige operative Einheit mit einer selbstständigen Organisationsstruktur, die dazu dienen kann, die Geschäftsleitung der Obergesellschaft von laufenden operativen Entscheidungen von lokaler Bedeutung zu entlasten.[6]

2. Gesetzliche Regelungsaufgabe

2 Die rechtliche Behandlung einer solchen Unternehmensverbindung wirft deshalb Probleme auf, weil das klassische Gesellschaftsrecht grundsätzlich vom Regelungsmodell der rechtlich und wirtschaftlich selbstständigen Gesellschaft ausgeht. In einer solchen Gesellschaft besteht ein natürlicher Interessengleichlauf aller Gesellschafter, der auf die Förderung des gemeinsamen Gesellschaftszwecks gerichtet ist.[7] In der Konzernsituation, die gerade durch die wirtschaftliche Abhängigkeit von einem

---

[1] Vgl. zu dieser Diskrepanz zwischen gesetzlichem Regelungsmodell und Rechtswirklichkeit MüKoAktG/*Altmeppen,* Einl. §§ 291 ff. Rn. 3, 19 ff. Nach einer (allerdings seit längerer Zeit nicht mehr rechtstatsächlich verifizierten) älteren Schätzung sollen rund ¾ aller Aktiengesellschaften mit über 90 % des Kapitals in Konzerne eingebunden sein; bei Gesellschaften mbH geht man etwa bei der Hälfte aller Gesellschaften von einer Konzernbindung aus; vgl. etwa *Emmerich/Habersack,* KonzernR, § 1 Rn. 8 m. w. Nachw.

[2] Vgl. etwa *Emmerich/Habersack,* KonzernR, § 4 Rn. 6 ff.; *Kuhlmann/Ahnis,* Konzern- und UmwR, Rn. 3.

[3] Vgl. zu diesen Entstehungsgründen *Emmerich/Habersack,* KonzernR, § 1 Rn. 20 ff.

[4] Vgl. zum Folgenden etwa die anschauliche Darstellung von *Timm,* JuS 1999, 553, 555 f.

[5] Zur Terminologie: Die Begriffe Obergesellschaft, Muttergesellschaft und herrschendes Unternehmen (das ist der im Gesetz verwandte Begriff) werden weitgehend synonym gebraucht; dem entsprechen auf der Gegenseite die Begriffe Untergesellschaft, Tochtergesellschaft und abhängiges Unternehmen; *Timm,* JuS 1999, 553, 554 Fn. 9.

[6] Zu weiteren Vorteilen einer Konzernierung vgl. *Timm,* JuS 1999, 553, 555 f.

[7] Vgl. zu diesem Leitbild MüKoAktG/*Altmeppen,* Einl. §§ 291 ff. Rn. 3; *Emmerich/Habersack,* KonzernR, § 1 Rn. 23; *Kuhlmann/Ahnis,* Konzern- und UmwR, Rn. 4.

anderen Unternehmen charakterisiert ist, wird dieser natürliche Interessengleichlauf der Gesellschafter aber durchbrochen,[8] was besondere Regelungen erforderlich macht. Das soll das folgende Beispiel illustrieren:

Fall 1: Die Secutech AG entwickelt und vertreibt im regionalen badischen Umfeld biometrische Sicherheitssysteme für Unternehmen und Privatleute. Die Argus Alarm- und Sicherheitssysteme AG ist ein auf allen Bereichen der elektronischen Sicherheitstechnik international aufgestelltes Unternehmen, das sich gerade im Bereich der biometrischen Systeme fortentwickeln will. Von dem Gründer erwirbt sie deshalb eine Mehrheitsbeteiligung von 80 % an der Secutech AG und schließt mit dieser sodann einen Unternehmensvertrag, in dem die Leitung der Secutech AG der Argus AG unterworfen wird (Beherrschungsvertrag i. S. d. § 291 I 1, 1. Mod. AktG – s. noch Rn. 30). Die Argus AG weist nun den Vorstand der Secutech AG an, die biometrische Grundlagenforschung fortzuführen, nutzt die Ergebnisse dieser Forschung sodann aber selbst zur Entwicklung und zum Vertrieb neuer Sicherheitssysteme. Welche Gefahren bestehen hier? **3**

Dieser Fall zeigt exemplarisch die Gefahren auf, die sich aus einer Konzernierung für die Tochtergesellschaft und die an ihr Beteiligten, insbesondere ihre Aktionäre und Gläubiger, ergeben können.[9] Durch die anderweitige Interessenbindung wird der natürliche Interessengleichlauf ihrer Gesellschafter durchbrochen und gesellschaftsfremde Partikularinteressen der Muttergesellschaft beeinflussen zum Schaden der Tochtergesellschaft deren Geschäftstätigkeit. Vorrangige Aufgabe des Konzernrechts ist es, diese konzernspezifischen Gefahren für Gläubiger und Minderheitsgesellschafter des abhängigen Unternehmens auszuschließen.[10] **4**

3. Aufbau der gesetzlichen Regelung

Während man in anderen Ländern versucht, der besonderen Konzernsituation über das allgemeine Gesellschaftsrecht, namentlich etwa die mitgliedschaftlichen Treupflichten, den Gleichbehandlungsgrundsatz und die allgemeine Durchgriffshaftung, Rechnung zu tragen,[11] hat der deutsche Gesetzgeber im Jahr 1965 eine eigenständige, wenngleich lückenhafte Regelung geschaffen, deren Schwerpunkte im Aktienrecht enthalten sind, nämlich in §§ 15–22 AktG einerseits und in §§ 291–328 AktG andererseits.[12] §§ 15–19 AktG enthalten zunächst Definitionsnormen, die trotz ihrer Verortung im AktG für das gesamte Gesellschaftsrecht Gültigkeit beanspruchen.[13] Folgerichtig knüpfen sie nicht wie die sonstigen Vorschriften des Aktienrechts an die AG, sondern an das Unternehmen an (s. noch Rn. 8 ff.). §§ 20–22 AktG normieren sodann Mitteilungspflichten, die schon im Vorfeld die an der Gesellschaft Beteiligten vor den Gefahren einer drohenden Konzernierung warnen sollen. Anders als bei den Definitionsnormen sind diese Regelungen aber nicht rechtsformübergreifend, sondern rechtsformspezifisch, weil sie voraussetzen, dass die Beteiligung an einer Gesellschaft in der Rechtsform einer AG oder KGaA (§ 278 III AktG) erworben wird. §§ 291–328 AktG regeln – wiederum nur rechtsformspezifisch für die abhängige AG oder KGaA – den Akt der Konzernierung selbst, ihre Rechtsfolgen und die Vorschriften zum Schutz der Beteiligten, namentlich der Gläubiger und **5**

---

[8] Vgl. dazu Baumbach/Hueck/*Beurskens,* SchlAnhKonzernR, Rn. 1 ff.; *Emmerich/Habersack,* KonzernR, § 1 Rn. 23 ff.; *Kuhlmann/Ahnis,* Konzern- und UmwR, Rn. 4 f.; *K. Schmidt,* § 17 I 1a.

[9] Weiteres Beispiel etwa bei *Kuhlmann/Ahnis,* Konzern- und UmwR, Rn. 2 und 5.

[10] Vgl. dazu *Emmerich/Habersack,* KonzernR, § 1 Rn. 17 f.

[11] Rechtsvergleichender Überblick bei *Emmerich/Habersack,* KonzernR, § 1 Rn. 42.

[12] Zur historischen Entwicklung vgl. *Emmerich/Habersack,* KonzernR, § 1 Rn. 5 ff.; ausführlich *Altmeppen* in Bayer/Habersack, Bd. II, 2007, 23. Kap.

[13] *Emmerich/Habersack,* KonzernR, § 2 Rn. 1; Hüffer/*Koch,* § 15 Rn. 6;.

Aktionäre. Darüber hinaus findet sich in Einzelbereichen der Rechtsordnung eine Vielzahl von Regelungen, die speziell auf die Konzernsituation zugeschnitten sind, etwa das Konzernbilanzrecht in §§ 290 ff. HGB.[14]

6 Diese rechtsformspezifische Regelungsperspektive des materiellen Konzernrechts ist unvollständig, da sich die konzernspezifischen Gefahren auch bei anderen Gesellschaftsformen ergeben können. Namentlich für die GmbH, die besonders häufig als Tochtergesellschaft eingesetzt wird (Rn. 52), sind zwar die §§ 15 ff. AktG anwendbar,[15] doch muss sie im Übrigen ohne unmittelbar einschlägige gesetzliche Regelung auskommen. Die auch insoweit vor allem in den letzten Jahren entwickelten Rechtsgrundsätze sind aus den gesetzlichen Wertungen abgeleitetes Richterrecht. Nicht behandelt wird in diesem Werk das Konzernrecht der Personengesellschaften. Auch wenn mittlerweile anerkannt ist, dass eine Personengesellschaft nicht nur herrschendes, sondern auch abhängiges Unternehmen sein kann, ist das Konzernrecht der Personengesellschaften doch weiterhin nur so rudimentär entwickelt, dass es hier nicht nachgezeichnet werden kann.[16]

II. Die rechtsformübergreifenden Definitionsnormen der §§ 15–19 AktG

1. Regelungsprinzip und Terminologie

7 Die §§ 15–19 AktG treffen keine eigenständige materiell-rechtliche Anordnung, sondern definieren Begriffe, auf die sodann in anderen Regelungskomplexen, dem materiellen Konzernrecht, Bezug genommen wird. So dehnt beispielsweise § 131 I 2 AktG das Auskunftsrecht eines Aktionärs (§ 31 Rn. 8 ff.) auf die geschäftlichen Beziehungen zu einem „verbundenen Unternehmen" aus. Was ein verbundenes Unternehmen ist, wird in § 15 AktG klargestellt. Dabei umschreiben §§ 15–19 AktG unterschiedlich intensive Formen der Beeinflussung, die von der geringsten Stufe des „verbundenen Unternehmens" (§ 15 AktG) bis zur höchsten Stufe des „Konzerns" (§ 18 AktG) ansteigt.[17] Damit wird zugleich deutlich, dass die Bezeichnung dieser Regelungsmaterie als „Konzernrecht" unscharf ist. Tatsächlich fasst man unter den Begriff „Konzernrecht" sämtliche der in §§ 15 ff. AktG enthaltenen Abhängigkeitsstufen, während nach der gesetzlichen Terminologie die Bezeichnung als Konzern nur die höchste Abhängigkeitsstufe benennt (s. noch Rn. 22). Wollte man sich streng an der gesetzlichen Begrifflichkeit orientieren, wäre Gegenstand der folgenden Ausführungen also das Recht der verbundenen Unternehmen, doch ist der Begriff Konzernrecht mittlerweile derart verbreitet und üblich, dass es keinen Bedenken begegnet, den gesamten Regelungsstoff auch weiterhin als Konzernrecht in einem weiteren Sinne zu bezeichnen.[18]

2. Zum Unternehmensbegriff

8 **Fall 2:** Im Fall 1 hat an Stelle der Argus AG die private Investorin *Piroth* die Anteilsmehrheit an der Secutech AG erworben. *Breidenbach,* eine Aktionärin der Secutech AG, begehrt auf der Hauptversammlung Auskunft über die Geschäfte der Secutech AG mit *Piroth.* Muss der Vorstand der Secutech AG diese Auskunft erteilen?

---

[14] Überblick bei *Emmerich/Habersack,* KonzernR, § 1 Rn. 4.

[15] BGHZ 80, 69, 72 = NJW 1981, 1512; BGHZ 95, 330, 337 f. = NJW 1986, 188; Baumbach/Hueck/*Beurskens,* SchlAnhKonzernR, Rn. 12; Ulmer/Habersack/Löbbe/*Casper,* Anh. § 77 Rn. 17.

[16] Vgl. stattdessen *Emmerich/Habersack,* KonzernR, §§ 33 ff.; ferner Staub/*C. Schäfer,* Anh. § 105; monographisch *Bitter,* Konzernrechtliche Durchgriffshaftung bei Personengesellschaften, 2000.

[17] Vgl. zum Regelungsprinzip auch *Emmerich/Habersack,* KonzernR, § 2 Rn. 1 ff.

[18] So z. B. *Emmerich/Habersack,* KonzernR, § 1 Rn. 2; vgl. auch Hüffer/*Koch,* § 15 Rn. 2.

Die Vorschrift des materiellen Konzernrechts, anhand derer diese Frage zu beantworten ist, wurde bereits in Rn. 7 erwähnt: Nach § 131 I 2 AktG kann der Aktionär auch über die Geschäfte mit „verbundenen Unternehmen" Auskunft verlangen. Um festzustellen, ob ein solches hier vorliegt, müsste zunächst geklärt werden, ob es sich überhaupt um ein Unternehmen handelt, was bei der hier handelnden Einzelperson zweifelhaft sein könnte. 9

§§ 15 ff. AktG setzen den Unternehmensbegriff voraus, ohne ihn zu definieren. 10
Einigkeit besteht darüber, dass der Begriff als sprachlich abkürzende rechtsformneutrale Bezeichnung gewählt ist, also Differenzierungen zwischen AG, GmbH, Personengesellschaften usw. entbehrlich machen soll.[19] Für eine positive Umschreibung ist damit allerdings noch nicht viel gewonnen. Man könnte daran denken, den Begriff unter Rückgriff auf andere Sachbereiche auszufüllen, die – wie etwa das Kartellrecht in § 1 GWB – ebenfalls den Unternehmensbegriff verwenden. Eine solche Einheitsbetrachtung wird heute allerdings abgelehnt. Es besteht Einigkeit, dass es einen Rechtsbegriff des Unternehmens, der für die verschiedenen Sachzusammenhänge einheitlich und in diesem Sinne allgemeingültig wäre, weder gibt noch geben kann. Vielmehr gilt es, einen auf die §§ 15 ff. AktG zugeschnittenen und in diesem Sinne konzernrechtlichen Unternehmensbegriff zweckbezogen zu entwickeln.[20] Da im Konzernrecht insbesondere dem Umstand Rechnung getragen werden soll, dass der natürliche Interessengleichlauf der Gesellschafter durchbrochen wird (Rn. 4), fasst man (auf Seiten des herrschenden Unternehmens[21]) unter den Unternehmensbegriff jeden Gesellschafter ohne Rücksicht auf seine Rechtsform, wenn er neben seiner Beteiligung an der Gesellschaft anderweitige wirtschaftliche Interessenbindungen aufweist, die nach Art und Intensität die ernsthafte Sorge begründen, er könne wegen dieser Bindungen seinen aus der Mitgliedschaft folgenden Einfluss auf die Gesellschaft nachteilig ausüben.[22]

Gemessen an diesem Maßstab kann auch eine natürliche Privatperson Unternehmen 11
i. S. d. §§ 15 ff. AktG sein.[23] Allerdings kann die Kategorisierung hier nicht einheitlich erfolgen, sondern es muss weiter gefragt werden, ob diese Person anderweitigen unternehmerischen Interessenbindungen unterliegt.[24] Handelt es sich in Fall 2 also um einen Investor, der nur in dieser Gesellschaft engagiert ist, dann ist keine

---

[19] RegBegr 1965, abgedruckt bei *Kropff,* Textausgabe des AktG von 1965 mit Begründung des Regierungsentwurfs, S. 27; Hüffer/*Koch,* § 15 Rn. 8; *Ulmer,* FS Goerdeler, 1987, S. 623, 626 f.

[20] Vgl. BGHZ 159, 234, 236 ff. = NZG 2004, 770; *OLG Frankfurt a. M.* ZIP 2008, 880, 881; Hüffer/*Koch,* § 15 Rn. 8 ff.; MüKoAktG/*Bayer,* § 15 Rn. 10; *Ulmer,* NJW 1986, 1579, 1586.

[21] Für das abhängige Unternehmen gilt wiederum ein anderer Maßstab: Es genügt jede rechtlich besonders organisierte Vermögenseinheit ohne Rücksicht auf Rechtsform oder Geschäftsbetrieb; vgl. dazu Hüffer/*Koch,* § 15 Rn. 19; vgl. zu diesem gespaltenen Unternehmensbegriff auch *Kuhlmann/Ahnis,* Konzern- und UmwR, Rn. 29 ff., 44. Meist kommt es auf diesen Begriff nicht an, da das Gesetz i. d. R. von der abhängigen „Gesellschaft" spricht; vgl. auch dazu Hüffer/*Koch,* § 15 Rn. 19.

[22] Vgl. BGHZ 69, 334, 336 ff. = NJW 1978, 104; BGHZ 74, 359, 364 f. = NJW 1979, 2401; BGHZ 80, 69, 72 = NJW 1981, 1512; BGHZ 95, 330, 337 = NJW 1986, 188; BGHZ 135, 107, 113 = NJW 1997, 1855; Hüffer/*Koch,* § 15 Rn. 10; Ulmer/Habersack/Löbbe/*Casper,* Anh. § 77 Rn. 19 f.; *Ulmer,* NJW 1986, 1579, 1586.

[23] Vgl. BGHZ 69, 334, 338 = NJW 1978, 104; BGHZ 95, 330, 337 = NJW 1986, 188; *BGH* NJW 1996, 1282 f.; *OLG Frankfurt a. M.* ZIP 2008, 880, 881; Hüffer/*Koch,* § 15 Rn. 14; s. auch bereits RegBegr 1965, abgedruckt bei *Kropff,* Textausgabe des AktG von 1965 mit Begründung des Regierungsentwurfs, S. 27.

[24] Vgl. statt aller Hüffer/*Koch,* § 15 Rn. 9 ff., 14.

konzernspezifische Gefahr erkennbar. Zwar kann auch von einem solchen Gesellschafter die Gefahr ausgehen, dass er seine Interessen eigensüchtig und ohne Rücksicht auf die Gesellschaftsbelange verfolgt, aber dieser Gefahr vermag mit den Instrumentarien des herkömmlichen Gesellschaftsrechts, namentlich mit dem Verbot der Einflussnahme in § 117 AktG und den mitgliedschaftlichen Treupflichten (§ 31 Rn. 26 f.), hinreichend entgegengewirkt zu werden.

Hinweis:

12 Aus dieser möglichen Qualifikation von Einzelpersonen als herrschendes Unternehmen eines Konzernverbundes ergibt sich eine Klausurfalle: Die meisten Bearbeiter denken nur bei der Verbindung zweier Gesellschaften in Konzernzusammenhängen. Tatsächlich kann aufgrund der hier wiedergegebenen Rechtsprechung aber auch schon ein starker Einzelgesellschafter mit anderweitigen unternehmerischen Bindungen genügen, um die Anwendung des Konzernrechts zu eröffnen.

13 Mehrfach musste sich die Rechtsprechung mit der Frage beschäftigen, ob auch ein Hoheitsträger, etwa die BRD oder ein Bundesland, Unternehmen i. S. d. §§ 15 ff. AktG sein kann. Der BGH hat diese Frage bejaht, da auch für einen solchen Hoheitsträger vielfältige anderweitige Interessenbindungen bestehen können.[25] Das liegt auf der Hand, wenn eine Gebietskörperschaft, wie es häufig der Fall ist, über einen weiteren Beteiligungsbesitz an privatwirtschaftlichen Unternehmen verfügt. Darüber hinaus soll auch bereits die Gemeinwohlbindung der öffentlichen Hand genügen, um eine anderweitige Interessenbindung anzunehmen, da daraus ebenfalls die Gefahr resultiere, dass der Gesellschafter die öffentlichen Interessen zu Lasten der Beteiligungsgesellschaft fördert.[26]

3. Verbundene Unternehmen und Mehrheitsbesitz (§§ 15 und 16 AktG)

14 Sollte die Investorin *Piroth* im Fall 2 demnach als Unternehmen im konzernrechtlichen Sinne zu qualifizieren sein, bliebe weiter zu untersuchen, ob auch das Erfordernis eines „verbundenen" Unternehmens erfüllt ist. Die dafür maßgeblichen Definitionsnormen der §§ 15–19 AktG folgen einem verschachtelten Aufbauschema: § 15 AktG führt zunächst den Sammelbegriff der verbundenen Unternehmen ein, der fünf Arten von Unternehmensverbindungen abdeckt, die in den folgenden Paragrafen definiert werden. Die einzelnen Tatbestände werden dabei über eine aufeinander aufbauende Vermutungswirkung miteinander verzahnt (vgl. Rn. 18, 24). § 15 AktG ist damit ein Oberbegriff, auf den das materielle Konzernrecht immer dann Bezug nimmt, wenn alle Intensitätsgrade einer Konzernierung erfasst sein sollen.

15 Im Fall 2 ist bereits die erste Variante des § 15 AktG erfüllt. Danach sind verbundene Unternehmen solche, die im Verhältnis zueinander in Mehrheitsbesitz stehende Unternehmen und mit Mehrheit beteiligte Unternehmen (§ 16 AktG) sind. Wann ein Mehrheitsbesitz vorliegt, ist in § 16 I-IV AktG detailliert geregelt. Ins-

---

[25] BGHZ 69, 334, 338 ff. = NJW 1978, 104; BGHZ 105, 168, 176 f. = NJW 1988, 3143; BGHZ 135, 107, 113 = NJW 1997, 1855; BGHZ 190, 7 Rn. 30 = NJW 2011, 2719; *BAG* AG 2011, 382 Rn. 31; weitere Nachw. bei Hüffer/*Koch,* § 15 Rn. 16.

[26] BGHZ 135, 107, 113 = NJW 1997, 1855; *OLG Celle* AG 2001, 474, 476; *Emmerich/Habersack,* KonzernR, § 2 Rn. 20 ff.; *Kuhlmann/Ahnis,* Konzern- und UmwR, Rn. 40 ff.; weitere Nachw. bei Hüffer/*Koch,* § 15 Rn. 16.

besondere finden sich dort auch Regeln, unter welchen Voraussetzungen ein Unternehmen, das selbst möglicherweise nur über eine Minderheitsbeteiligung verfügt, sich den Anteilsbesitz anderer zurechnen lassen muss.[27] So muss sich etwa eine Obergesellschaft auch den Anteilsbesitz ihrer Tochter unter den Voraussetzungen des § 16 IV AktG zurechnen lassen. In Fall 2 liegt schon ein herkömmlicher Mehrheitsbesitz der Investorin *Piroth* vor, so dass die Voraussetzungen des § 16 I AktG und damit auch die des § 15 AktG erfüllt sind. Die Aktionärin *Breidenbach* hat also Anspruch auf Auskunfterteilung. Andere Vorschriften des materiellen Konzernrechts stellen von vornherein nicht auf den Begriff des verbundenen Unternehmens ab, sondern auf den des Mehrheitsbesitzes (vgl. etwa § 20 IV AktG). In diesem Fall kann sogleich die Definitionsnorm des § 16 AktG herangezogen werden, ohne dass es des Umwegs über § 15 AktG bedarf.

4. Abhängigkeit (§ 17 AktG)

Fall 3: In Fall 2 moniert *Breidenbach,* die Secutech AG habe überdies auch einen sog. Abhängigkeitsbericht über die Rechtsbeziehungen zu der Investorin *Piroth* erstellen müssen. Ist diese Auffassung zutreffend? **16**

Die einschlägige Vorschrift des materiellen Konzernrechts ist § 312 I AktG, auf dessen inhaltliche Anordnung unter Rn. 48 noch näher eingegangen wird. Interessant ist in diesem Kontext nur, dass die Vorschrift den Vorstand eines „abhängigen Unternehmens" dazu verpflichtet, einen Abhängigkeitsbericht über seine Rechtsbeziehungen zu „verbundenen Unternehmen" aufzustellen. Es wird also innerhalb einer Vorschrift des materiellen Konzernrechts auf zwei verschiedene Definitionsnormen Bezug genommen, nämlich auf § 15 und § 17 AktG. § 15 AktG wurde bereits in Rn. 15 behandelt, so dass hier vornehmlich die Bezugnahme auf § 17 AktG interessiert. § 17 AktG soll einen höheren Intensitätsgrad konzernrechtlicher Einflussmöglichkeiten umschreiben. Erforderlich ist eine Abhängigkeit, die nach § 17 I AktG angenommen wird, wenn ein Unternehmen, das sog. herrschende Unternehmen, auf ein rechtlich selbstständiges Unternehmen unmittelbar oder mittelbar einen beherrschenden Einfluss ausüben kann. Auf eine tatsächliche Einflussnahme kommt es nicht an, sondern es genügt die bloße Möglichkeit.[28] **17**

Der inhaltliche Sprung von § 16 AktG zu § 17 AktG ist nicht übermäßig weit, da sich eine solche Einflussmöglichkeit in erster Linie aus dem in § 16 AktG geregelten Mehrheitsbesitz ergeben kann. Deshalb wird auch nach § 17 II AktG von einem in Mehrheitsbesitz stehenden Unternehmen vermutet, dass es von dem an ihm mit Mehrheit beteiligten Unternehmen abhängig ist. Dennoch können § 16 AktG und § 17 AktG nicht gleichgesetzt werden, da die Vermutung des § 17 II AktG widerlegt werden kann. So ist es etwa möglich, dass die beiden Gesellschaften einen sog. Entherrschungsvertrag miteinander abschließen, in dem sich das mehrheitlich beteiligte Unternehmen verpflichtet, von seinen Einflussmöglichkeiten keinen Gebrauch zu machen.[29] Umgekehrt kann aber auch ohne einen Mehrheitsbesitz eine Abhängigkeit bestehen, etwa weil der Aktionärskreis einer Gesellschaft derart weit gestreut und ihre Hauptversammlungspräsenz so niedrig ist, dass auch eine geringere Betei- **18**

---

[27] Zu den Einzelheiten vgl. neben der Kommentarliteratur zu § 16 AktG auch *Emmerich/Habersack,* KonzernR, § 3 Rn. 1 ff.

[28] BGHZ 62, 193, 201 = NJW 1974, 855; BGHZ 148, 123, 125 = NJW 2001, 2973; *BGH* AG 2012, 594 Rn. 16; Spindler/Stilz/*Schall,* § 17 Rn. 8; *Kuhlmann/Ahnis,* Konzern- und UmwR, Rn. 67.

[29] Vgl. dazu etwa Hüffer/*Koch,* § 17 Rn. 22; Spindler/Stilz/*Schall,* § 17 Rn. 52; *Emmerich/Habersack,* KonzernR, § 3 Rn. 49 ff.; *Kuhlmann/Ahnis,* Konzern- und UmwR, Rn. 63.

ligung von beispielsweise 35 % genügt, um die nötige Mehrheit für Hauptversammlungsbeschlüsse zu erlangen und auf diese Weise die Gesellschaft zu beherrschen.[30]

Hinweis:

19 In der Klausur sollte immer erst die Vermutung geprüft werden, deren Voraussetzungen i. d. R. leicht festzustellen sind, bevor man die kompliziertere Prüfung der materiellen Abhängigkeit vornimmt.

20 Des Weiteren kann eine Abhängigkeit auch gegenüber mehreren Unternehmen bestehen, wenn sie ihre Einflusspotenziale in einer solchen Weise koordinieren, dass eine einheitliche Beherrschung des abhängigen Unternehmens gesichert erscheint (sog. Mehrmütterschaft).[31] Dafür ist eine Interessenkoordination erforderlich, die aus der Sicht des Schutzsubjekts eine ausreichend sichere Grundlage in den Verhältnissen der beteiligten Unternehmen findet. Vertragliche Absprachen zur Stimmrechtsausübung genügen jedenfalls, sind aber nicht notwendig. Auch tatsächliche Verhältnisse (z. B. familiärer Verbund) können ausreichen, sofern durch sie gesellschaftsrechtlich vermittelte Einflussmöglichkeiten verstärkt werden.[32]

21 Erforderlich ist aber stets, dass das anderweitig engagierte Unternehmen seinen Einfluss auf die beherrschte Gesellschaft aufgrund „gesellschaftsrechtlich fundierter Einflussmöglichkeiten“ erhalten hat. Andere Einflussmöglichkeiten, die sich etwa aus einer rein wirtschaftlichen Abhängigkeit (beispielsweise gegenüber der kreditgebenden Bank) ergeben, genügen nicht, um die Abhängigkeit zu begründen.[33]

5. Konzern und wechselseitige Beteiligung (§§ 18 und 19 AktG)

22 Obwohl die eingebürgerte Terminologie als „Konzernrecht“ einen anderen Eindruck nahelegt, ist die praktische Bedeutung des in § 18 I AktG legal definierten Konzernbegriffs eher gering. Die meisten Vorschriften des materiellen Konzernrechts, namentlich der wichtige Regelungsbereich des faktischen Konzerns in §§ 311 ff. AktG, knüpfen bereits an den Begriff der Abhängigkeit an (s. Rn. 17).[34] Relevanz erhält der Konzernbegriff vor allem außerhalb des Aktienrechts, im Recht der Rechnungslegung und der Mitbestimmung.

23 Nach § 18 I AktG zeichnet sich der Begriff des Konzerns gegenüber dem der Abhängigkeit dadurch aus, dass eine Einflussmöglichkeit nicht nur besteht, sondern dass davon auch Gebrauch gemacht wird. Ein Konzern im engeren Sinne (zur unscharfen Terminologie vgl. bereits Rn. 7) liegt daher immer dann vor, wenn ein herrschendes Unternehmen und ein abhängiges Unternehmen i. S. d. § 17 I AktG

---

[30] Vgl. dazu etwa Hüffer/*Koch,* § 17 Rn. 9; Spindler/Stilz/*Schall,* § 17 Rn. 25 ff.; *Emmerich/Habersack,* KonzernR, § 3 Rn. 30.

[31] BGHZ 62, 193, 197 f. = NJW 1974, 855; BGHZ 74, 359, 363 = NJW 1979, 2401; BGHZ 80, 69, 73 = NJW 1981, 1512; Hüffer/*Koch,* § 17 Rn. 13; KölnerKommAktG/*Koppensteiner,* § 17 Rn. 83 ff.

[32] BGHZ 62, 193, 199 ff. = NJW 1974, 855; BGHZ 74, 359, 363 ff. = NJW 1979, 2401; BGHZ 90, 381, 395 f. = NJW 1984, 1893; BGHZ 122, 122, 125 f. = NJW 1993, 1200; *Emmerich/Habersack,* KonzernR, § 3 Rn. 40; von der Mehrmutterschaft zu unterscheiden ist die mehrstufige Abhängigkeit; vgl. dazu Spindler/Stilz/*Schall,* § 17 Rn. 56; *Kuhlmann/Ahnis,* Konzern- und UmwR, Rn. 47 ff.

[33] Vgl. BGHZ 90, 381, 395 = NJW 1984, 1893; BGHZ 121, 137, 145 = NJW 1993, 2114; BGHZ 135, 107, 114 = NJW 1997, 1855; Hüffer/*Koch,* § 15 Rn. 15; Spindler/Stilz/*Schall,* § 17 Rn. 20.

[34] Hüffer/*Koch,* § 18 Rn. 1; *Emmerich/Habersack,* KonzernR, § 3 Rn. 14 f.

unter der einheitlichen Leitung des herrschenden Unternehmens zusammengefasst sind. Schlüsselbegriff ist also die einheitliche Leitung. Ihre Feststellung kann in der Weise erfolgen, dass materiell geprüft wird, ob das herrschende Unternehmen tatsächlich die Leitung des abhängigen Unternehmens übernommen hat. Dafür genügt bereits eine Leitung (Planung, Durchführung, Kontrolle) in wenigstens einem wesentlichen Bereich unternehmerischer Tätigkeit (z. B. Produktion, Organisation). Einer an dem Gesamtinteresse der verbundenen Unternehmen ausgerichteten Zielkonzeption für nahezu alle zentralen unternehmerischen Bereiche bedarf es dagegen nicht.[35] Die Einzelheiten sind allerdings umstritten.[36]

Praktisch erledigen sich die Schwierigkeiten, den Konzerntatbestand präzise zu erfassen, weitgehend durch die in § 18 I 2 und 3 AktG ausgesprochenen Vermutungen. Dabei ist zu unterscheiden zwischen der unwiderlegbaren Vermutung, die sich an den Beherrschungsvertrag (§ 291 AktG) und an die Eingliederung (§ 319 AktG) anschließt (§ 18 I 2 AktG), und der an den Abhängigkeitstatbestand des § 17 AktG anknüpfenden widerlegbaren Vermutung (§ 18 I 3 AktG). Nach § 18 I 2 AktG sind Unternehmen, zwischen denen ein Beherrschungsvertrag (§ 291 AktG) besteht oder von denen das eine in das andere eingegliedert ist (§ 319 AktG), als unter einheitlicher Leitung zusammengefasst anzusehen. Es handelt sich hier um Fälle einer besonderen vertraglich begründeten Abhängigkeit, auf die unter Rn. 29ff., 51 noch näher einzugehen ist. Sie begründen eine unwiderlegbare Vermutung. **24**

Darüber hinaus wird nach § 18 I 3 AktG aber auch von einem abhängigen Unternehmen vermutet, dass es mit dem herrschenden Unternehmen einen Konzern bildet. Die Abhängigkeit begründet hier also eine widerlegbare Konzernierungsvermutung. Gründet überdies auch die Abhängigkeitsfeststellung im Falle eines Mehrheitsbesitzes nach § 16 AktG auf der Vermutung des § 17 II AktG, kann sich daraus eine Vermutungskaskade ergeben, die vom Mehrheitsbesitz direkt zur Konzernierung führt.[37] **25**

Neben dem hier vorliegenden sog. Unterordnungskonzern, bei dem ein Unternehmen ein anderes beherrscht, sieht das Gesetz in § 18 II AktG auch den sog. Gleichordnungskonzern vor, bei dem zwei Unternehmen unter einer einheitlichen Leitung zusammengefasst werden, ohne dass eine Abhängigkeit besteht. In der Praxis ist diese Konstellation von geringerer Bedeutung, weshalb auch hier auf eine vertiefte Darstellung verzichtet wird.[38] Dasselbe gilt für die in § 19 AktG geregelten wechselseitig beteiligten Unternehmen,[39] die sich dadurch auszeichnen, dass ein gegenseitiger Anteilsbesitz besteht, aus dem besondere Interessenkonflikte und Gefahren für die Kapitalerhaltung, aber auch für das in der Organisationsverfassung einer AG angelegte System der checks and balances folgen können.[40] **26**

---

[35] Sog. weiter Konzernbegriff; vgl. *Emmerich/Habersack,* KonzernR, § 4 Rn. 13ff.; Hüffer/*Koch,* § 18 Rn. 8ff.; MüKoAktG/*Bayer,* § 18 Rn. 28ff. Dagegen verlangt der sog. enge Konzernbegriff zwingend, dass das herrschende Unternehmen eine auf das Gesamtinteresse des Unternehmensverbundes ausgerichtete Zielkonzeption entwickelt, wofür eine Koordination des Finanzbereichs unabdingbar ist; vgl. *Hüffer,* 10. Aufl., § 18 Rn. 8ff.; KölnerKommAktG/*Koppensteiner,* § 18 Rn. 22ff.; *Lutter,* ZGR 1987, 324, 330.

[36] Überblick über den Streitstand bei Hüffer/*Koch,* § 18 Rn. 8ff.

[37] Vgl. dazu *Emmerich/Habersack,* KonzernR, § 4 Rn. 26ff.; Hüffer/*Koch,* § 18 Rn. 10.

[38] Vgl. stattdessen *Hüffer/Koch,* § 18 Rn. 20f.; *Emmerich/Habersack,* KonzernR, § 4 Rn. 30ff.

[39] Vgl. aber auch *Emmerich/Habersack,* KonzernR, § 5 Rn. 3: „verbreiteter als bislang vielfach angenommen".

[40] Vgl. zu den Einzelheiten die Kommentarliteratur zu § 19 AktG sowie *Emmerich/Habersack,* KonzernR, § 5 Rn. 1ff.; *Saenger,* Rn. 943f.

III. Konzernbildungskontrolle durch Beteiligungspublizität

27 Die klassische Schutzperspektive des Konzernrechts liegt im Schutz der Minderheitsgesellschafter und Gläubiger bei und nach dem Abschluss des Konzernierungsvorgangs. Daneben sieht das Gesetz in §§ 20 ff. AktG auch noch eine vorgelagerte Konzernbildungskontrolle in Gestalt von Mitteilungspflichten vor.[41] Sobald bestimmte Beteiligungsschwellen an einer AG überschritten werden (beginnend bei 25 %), muss dies zunächst nach § 20 I AktG vom Erwerber der AG mitgeteilt werden; die AG hat sodann nach § 20 VI AktG für eine Veröffentlichung in den Gesellschaftsblättern (§ 25 AktG) Sorge zu tragen. Auf diese Weise sollen Aktionäre, Gläubiger und die Öffentlichkeit über die Möglichkeit einer bevorstehenden Konzernierung und die daraus resultierenden Gefahren (Rn. 4) informiert werden.[42] Bei einem Verstoß gegen die Mitteilungspflicht stehen dem Erwerber nach § 20 VII AktG keine Rechte aus den Aktien zu (insbesondere also auch kein Dividenden- oder Stimmrecht). Bei börsennotierten Aktiengesellschaften werden §§ 20 f. AktG nach § 20 VIII AktG durch die noch wesentlich schärferen §§ 21 ff. WpHG verdrängt.

IV. Der Aktienkonzern

1. Der Vertragskonzern (§§ 291 ff. AktG)

a) Wirkung des Beherrschungs- und Gewinnabführungsvertrages

28 **Fall 4:** Nachdem im Fall 1 die Argus AG die Mehrheit an der Secutech AG erworben hat, stellt sich bald heraus, dass die Zusammenarbeit der beiden Unternehmensgruppen nicht so reibungslos funktioniert, wie sich das die Geschäftsleitung der Argus AG vorgestellt hat. Das ist namentlich darauf zurückzuführen, dass der Vorstand der Secutech AG auf seine eigenständige Führungsmacht nach § 76 AktG pocht und sich Einflussnahmen von Seiten der Argus AG verbittet. Der Vorstandsvorsitzende *Bator* der Argus AG fragt, welche Möglichkeiten er hat, um auf die Geschäftsleitung der Secutech AG Einfluss zu nehmen, und welchen Preis die Argus AG für eine solche Einflussnahme zu zahlen hätte.

29 Vorschriften des materiellen Konzernrechts sind über die gesamte Rechtsordnung verstreut (vgl. bereits Rn. 5 f.). Einen geschlossenen Normenblock mit der höchsten Regelungsdichte enthalten §§ 291–327 AktG, die allerdings nur gelten, wenn das abhängige Unternehmen eine AG oder KGaA ist (s. bereits oben Rn. 5). Auch die §§ 291–327 AktG unterscheiden zwischen verschiedenen Intensitätsformen der Einflussnahme und sehen für jede dieser Formen unterschiedlich ausgestaltete Schutzvorschriften zugunsten der einzelnen Beteiligten (namentlich Minderheitsaktionäre und Gläubiger) vor. Eine besonders intensive Form der Konzernierung regeln §§ 291 f. AktG, nämlich solche Fälle, in denen sich eine AG vertraglich in einem bestimmten Umfang der Einflussnahme eines anderen Unternehmens unterwirft (sog. Unternehmensverträge).

30 Die praktisch wichtigsten Fälle sind die in § 291 I AktG geregelten Beherrschungs- und Gewinnabführungsverträge. Durch einen Beherrschungsvertrag unterstellt sich eine AG der Leitung eines anderen Unternehmens, durch einen Gewinnabführungsvertrag verpflichtet sie sich, ihren ganzen Gewinn an ein anderes Unternehmen abzuführen.[43] Für *Bator* kommt hier also der Abschluss eines Beherrschungsver-

---

[41] Allgemein zur Konzernbildungskontrolle *Emmerich/Habersack*, KonzernR, §§ 7 ff.; zur Einordnung auch der Holzmüller-Rspr. (§ 30 Rn. 34 ff.) in diesen Kontext vgl. *Emmerich/Habersack*, KonzernR, § 9 Rn. 12 ff.

[42] RegBegr 1965, abgedruckt bei *Kropff*, Textausgabe des AktG von 1965 mit Begründung des Regierungsentwurfs, S. 38.

[43] Zu den übrigen in § 292 AktG geregelten Vertragstypen vgl. die Kommentarliteratur zu § 292 AktG, ferner *Emmerich/Habersack*, KonzernR, §§ 13–15.

trages in Betracht, da dieser ihm ein Weisungsrecht gegenüber der Geschäftsleitung der Secutech AG einräumt (vergleichbar etwa dem Weisungsrecht der GmbH-Gesellschafter in § 37 I GmbHG). Es ist in § 308 AktG näher ausgestaltet und durchbricht die ansonsten geltende Befugnis des Vorstands zur weisungsfreien Leitung der AG (§ 76 AktG). Zulässig sind danach alle Weisungen, auch wenn sie für die beherrschte Gesellschaft nachteilig sind, solange sie nur den Interessen des herrschenden Unternehmens oder denen des Gesamtkonzerns dienen und die Existenz des beherrschten Unternehmens nicht gefährden (§ 308 I, II AktG). Sind diese Voraussetzungen erfüllt, muss der Vorstand den Weisungen des herrschenden Unternehmens nach § 308 II 1 AktG Folge leisten. Die so umrissene Leitungsmacht des herrschenden Unternehmens wird in § 309 I AktG nur dahingehend eingeschränkt, dass seine Geschäftsleitung die Sorgfalt eines ordentlichen und gewissenhaften Geschäftsleiters zu beachten hat und bei einem Verstoß zum Schadensersatz verpflichtet ist. Eine Ersatzpflicht kann nach § 310 AktG auch die Vorstandsmitglieder der beherrschten Gesellschaft treffen, wenn sie unter Verletzung ihrer Pflichten gehandelt haben.

31 Durch einen Gewinnabführungsvertrag verpflichtet sich das beherrschte Unternehmen, seinen gesamten Gewinn an das herrschende Unternehmen abzuführen. Früher wurden Beherrschungs- und Gewinnabführungsverträge aus steuerlichen Gründen oft miteinander verbunden, da sie nur in der Kombination das steuergünstige „Organschaftsverhältnis“ begründeten, das einen konzerninternen Gewinn- und Verlustausgleich erlaubte.[44] Mittlerweile setzt diese Folge nach §§ 14 S. 1, 17 KStG nur noch den Abschluss eines Gewinnabführungsvertrags voraus, so dass künftig auch isolierte Gewinnabführungsverträge häufiger begegnen werden.[45] Gewinnabführungsverträge greifen deutlich stärker als Beherrschungsverträge in die Finanzautonomie der verpflichteten AG ein, lassen ihre Organisationsverfassung ansonsten aber weitgehend unberührt. Insbesondere begründen sie kein Weisungsrecht nach § 308 AktG. Sie durchbrechen nicht § 76 AktG, sondern die Kapitalerhaltungs- und Gewinnverwendungsregeln der §§ 57, 58 und 60 AktG. Die Zulässigkeit dieser Durchbrechung wird in § 291 III AktG aber ausdrücklich klargestellt. Die Kapitalsicherung innerhalb der abhängigen AG erfolgt nicht nach den herkömmlichen Kapitalerhaltungsregeln, sondern über Ausgleichs- und Sicherungsansprüche zugunsten der außenstehenden Aktionäre und Gläubiger (s. noch Rn. 38 ff.).

b) Vertragsschluss

32 Der Abschluss eines Unternehmensvertrages ist in §§ 293 ff. AktG detailliert geregelt. Da er sich offensichtlich in einschneidender Weise auf die Organisationsstruktur der abhängigen AG auswirkt, bedarf der Abschluss der Zustimmung der Hauptversammlung des beherrschten Unternehmens, die mit einer qualifizierten Mehrheit (75 % des vertretenen Grundkapitals) erteilt werden muss (§ 293 I AktG). Gerade aufgrund der in Rn. 31 erwähnten Ausgleichs- und Haftungspflichten zugunsten außenstehender Aktionäre und Gläubiger (s. noch Rn. 39 ff.) kann er aber auch für das herrschende Unternehmen tiefgreifende Folgen haben. Aus diesem Grund ist der Abschluss auch auf seiner Seite mit zahlreichen Kautelen versehen. Insbesondere bedarf es auch auf dieser Ebene für den Fall eines Beherrschungs- und Gewinnabführungsvertrag gem. § 293 II AktG einer mit qualifizierter Mehrheit erteilten Zustimmung der Hauptversammlung, soweit es sich auch bei dieser Gesellschaft um eine AG oder um eine KGaA handelt.

---

[44] Vgl. zu dieser Entwicklung *Emmerich/Habersack,* KonzernR, § 1 Rn. 34 ff., § 11 Rn. 6.
[45] So auch die Prognose von *Emmerich/Habersack,* KonzernR, § 11 Rn. 6; *Saenger,* Rn. 969.

Hinweis:

33 Oftmals ist der Terminologie des Gesetzes nicht ohne Weiteres zu entnehmen, ob es um das herrschende oder das abhängige Unternehmen geht. So spricht § 293 I AktG nur von „der Hauptversammlung" und § 293 II AktG von „dem anderen Vertragsteil", ohne dass auf den ersten Blick erkennbar wäre, welches der eine oder der andere Vertragsteil wäre. Der Verständnisschlüssel liegt darin, dass die §§ 291 ff. AktG ausschließlich eine Regelung für den Fall treffen, dass eine AG oder KGaA beherrschtes Unternehmen ist. Herrschender Vertragspartner kann jedes Unternehmen sein, also etwa auch ein Hoheitsträger, eine Einzelperson oder eine Personengesellschaft. Wenn § 293 I AktG von der Hauptversammlung spricht, kann also nur das abhängige Unternehmen gemeint sein. Folgerichtig kann § 293 II AktG das Erfordernis eines korrespondierenden Hauptversammlungsbeschlusses mit qualifizierter Mehrheit nur für den Fall anordnen, dass es sich auch hier um eine AG oder KGaA handelt.

34 Bei der Ausgestaltung des Zustimmungsverfahrens hat der Vorstand der beherrschten AG die Vorgaben der §§ 293a–293g AktG zu beachten; handelt es sich bei dem herrschenden Unternehmen ebenfalls um eine AG oder KGaA, so gelten diese Vorschriften auch für den Vorstand dieser Gesellschaft. So hat der Vorstand zunächst nach § 293a AktG ausführlich über den Vertragsschluss und namentlich über die Ausgleichs- und Abfindungsansprüche außenstehender Aktionäre (s. noch Rn. 39 ff.) zu berichten.[46] Ergänzend schreibt § 293b AktG eine Prüfung durch externe Vertragsprüfer vor, die nach §§ 293c, d AktG vom Gericht bestellt werden und einen Prüfungsbericht mit dem Inhalt des § 293e AktG erstellen. Die Aktionäre werden vor und während der über den Vertragsschluss entscheidenden Hauptversammlung nach Maßgabe der §§ 293f und g AktG sowie durch ein gegenüber § 131 AktG erweitertes Auskunftsrecht gem. § 293g III AktG über den Vertragsinhalt informiert. Schließlich ist der Vertrag nach § 294 I AktG in das Handelsregister einzutragen, wobei diese Eintragung nach § 294 II AktG konstitutive Wirkung hat. Soweit der Beherrschungs- und Gewinnabführungsvertrag ohne volle Beachtung der dargestellten Erfordernisse geschlossen worden ist, lässt das seine Wirksamkeit dennoch unberührt. Der Vertrag ist nämlich wegen seines organisationsrechtlichen Charakters nach den für fehlerhafte Gesellschaftsverträge geltenden Grundsätzen zu behandeln (vgl. auch § 5).[47]

c) Sicherung der abhängigen Gesellschaft und ihrer Gläubiger

35 Aufgrund ihres sehr weitreichenden Vertragsinhalts ist der Abschluss von Unternehmensverträgen für die abhängige Gesellschaft und die in ihr verkörperten Interessen (etwa Aktionäre, Gläubiger, Arbeitnehmer) mit Risiken verbunden. Diesen Risiken wird in einem ersten Schritt dadurch Rechnung getragen, dass – wie in Rn. 30 gesehen – das Weisungsrecht der herrschenden Gesellschaft keine existenzgefährdenden Risiken erlaubt. Da auch damit die betroffenen Interessen (etwa das Interesse eines Minderheitsaktionärs an einer hinreichenden Dividende) offensicht-

---

[46] Ausführlich zur Unterrichtung der Aktionäre *Emmerich/Habersack,* KonzernR, § 17.
[47] BGHZ 103, 1, 4 f. = NJW 1988, 1326; BGHZ 105, 168, 182 = NJW 1988, 3143; BGHZ 116, 37, 38 = NJW 1992, 505; *BGH* NJW 2002, 822, 823; *Emmerich/Habersack,* KonzernR, § 11 Rn. 24 ff.; Hüffer/*Koch,* § 291 Rn. 20 f., § 294 Rn. 21.

lich noch nicht hinreichend geschützt sind, bedarf es weiterer Kautelen, die in §§ 300–307 AktG enthalten sind.[48] So verschärft zunächst § 300 AktG die Anforderungen an die gesetzliche Rücklage und sichert so auf bilanztechnischem Wege den Bestand der abhängigen AG weitergehend ab. § 301 AktG normiert eine Obergrenze für den abzuführenden Gewinn. Die einschneidendste Rechtsfolge wird aber in § 302 AktG angeordnet. Er begründet einen schuldrechtlichen, verschuldensunabhängigen Ausgleichsanspruch der abhängigen Gesellschaft hinsichtlich des von ihr erwirtschafteten Fehlbetrags. Die herrschende Gesellschaft muss demnach uneingeschränkt für die Verbindlichkeiten der beherrschten Gesellschaft einstehen (sog. Verlustübernahmepflicht).[49] Um eine geordnete Anspruchsdurchsetzung zu ermöglichen, ist diese Haftung nicht als Haftungsdurchgriff im Außenverhältnis, sondern als Innenhaftung gegenüber der beherrschten Gesellschaft ausgestaltet.[50]

Hinweis:

Aufgrund dieser Haftungsanordnung eignet sich der Vertragskonzern nicht zur oben beschriebenen Haftungssegmentierung (Rn. 1). Ein wesentliches Ziel, das mit der Konzernierung häufig verfolgt wird, kann deshalb auf diesem Wege nicht erreicht werden. 36

Schließlich müssen die Gläubiger der beherrschten Gesellschaft auch noch davor geschützt werden, dass der Unternehmensvertrag beendet wird, kurz bevor der wirtschaftliche Zusammenbruch der beherrschten Gesellschaft eintritt, um auf diese Weise der Haftung nach § 302 AktG zu entgehen. §§ 296 f. AktG lassen eine solche Beendigung zwar zu, doch sieht § 303 AktG für diesen Fall einen Sicherungsanspruch der Gläubiger vor. 37

d) Sicherung der Minderheitsgesellschafter

Die bislang beschriebenen Maßnahmen vermögen zwar, den Bestand und die Zahlungsfähigkeit der beherrschten Gesellschaft auch weiterhin zu gewährleisten, doch sind damit die Interessen der Minderheitsgesellschafter noch nicht gewahrt. Ihnen genügt es nicht, wenn die Gesellschaft fortbesteht, sondern sie haben mit ihrer Investition regelmäßig auch die Hoffnung auf Dividende und möglicherweise auch auf eine Wertsteigerung ihres Anteilsbesitzes verknüpft. Eine Dividende ist beim Gewinnabführungsvertrag aber ausgeschlossen, beim Beherrschungsvertrag kann sie zumindest deutlich geschmälert sein. Ebenso ist eine Wertsteigerung des Anteilsbesitzes unwahrscheinlich, wenn die AG nicht mehr allein im eigenen Interesse wirtschaftet. 38

Um diese Nachteile auszugleichen, sehen §§ 304 f. AktG eine Kombination aus Ausgleichs- und Abfindungsansprüchen vor. Der Ausgleichsanspruch soll die ausgefallene oder reduzierte Dividende substituieren.[51] Nach § 304 I 1 AktG muss deshalb der Gewinnabführungsvertrag einen angemessenen Ausgleich für die außenstehenden Aktionäre vorsehen, nach § 304 I 2 AktG muss der Beherrschungsvertrag einen bestimmten jährlichen Gewinnanteil garantieren. Die Berechnung dieses Aus- 39

---

[48] Zum Zweck der §§ 300–310 AktG vgl. *Emmerich/Habersack*, KonzernR, § 20 Rn. 1 ff.
[49] Vgl. dazu *Emmerich/Habersack*, KonzernR, § 20 Rn. 34.
[50] Hüffer/*Koch*, § 302 Rn. 5.
[51] Ausführlich zum Normzweck *Emmerich/Habersack*, KonzernR, § 21 Rn. 2 f.; zur Unterscheidung zwischen festem und variablem Ausgleich vgl. *Emmerich/Habersack*, KonzernR, § 21 Rn. 18 ff., 35 ff.

gleichs ist in § 304 II AktG geregelt und orientiert sich in erster Linie an der bisherigen Ertragslage und den künftigen Ertragsaussichten.

40 Daneben muss der Beherrschungs- oder Gewinnabführungsvertrag dem Aktionär des abhängigen Unternehmens nach § 305 I AktG auch die Möglichkeit eröffnen, aus der AG, in der nicht mehr allein zum Wohle dieses Unternehmens gewirtschaftet wird (vgl. § 308 II AktG), gegen eine Abfindung auszusteigen. Als problematisch erweist sich dabei die Festlegung der Abfindung, die grundsätzlich eine Bestimmung des Unternehmenswertes voraussetzt. Diese Bestimmung orientiert sich herkömmlich am sog. Ertragswert des Unternehmens, der in einem aufwändigen Verfahren festzustellen ist.[52]

41 Fraglich war lange Zeit, ob stattdessen bei börsennotierten Unternehmen auch eine Orientierung am Börsenkurs möglich ist.[53] Die herrschende Meinung hat dies ursprünglich abgelehnt, da der Börsenkurs zu „volatil", also Schwankungen ausgesetzt sei, die nicht zwingend mit dem Wert des Unternehmens im Zusammenhang stehen, sondern ihre Ursache in anderen Umständen, etwa dem Marktumfeld o. ä., finden.[54] Das Bundesverfassungsgericht hat dagegen aus Art. 14 GG das Erfordernis einer vollständigen Entschädigung hergeleitet, die sich am Verkehrswert ausrichten müsse, also dem Wert, den der Aktionär bei einer freien Desinvestitionsentscheidung hätte erzielen können. Bei börsennotierten Aktien bestimme sich dieser Verkehrswert am Börsenkurs, der deshalb zumindest die Untergrenze der Abfindung festlege.[55] Darüber hinaus kann der Börsenkurs aber auch unmittelbar zur Bestimmung der Abfindungshöhe herangezogen werden; die Schätzungsbefugnis des Gerichts aus § 287 II ZPO bezieht sich insofern auch auf die Methodenwahl;[56] auch aus verfassungsrechtlicher Sicht (Art. 14 GG) bedarf es keines zwingenden Rückgriffs auf die ansonsten anzuwendende Ertragswertmethode.[57]

42 Die Abfindung des ausscheidenden Gesellschafters erfolgt nicht stets in Geld. Handelt es sich auch bei dem herrschenden Unternehmen um eine (unabhängige) AG oder um eine KGaA, hat der Ausgleich vielmehr in Anteilen des übernehmenden Unternehmens zu erfolgen (§ 305 II Nr. 1 AktG). Damit soll erreicht werden, dass die Position des Aktionärs nicht nur wirtschaftlich, sondern auch im Hinblick auf seine Position als Mitgesellschafter des Unternehmens weitestgehend gewahrt bleibt.[58] Folge ist allerdings, dass nicht nur der Unternehmenswert der beherrschten, sondern auch der der herrschenden Gesellschaft bestimmt werden muss, womit das Verfahren noch aufwändiger wird. Der einer solchen Bewertung zwangsläufig anhaftenden Unsicherheit trägt das Gesetz sowohl hinsichtlich des Ausgleichs- als auch hinsichtlich des Abfindungsanspruchs in §§ 304 III, 305 V AktG dadurch Rechnung, dass die Anfechtung wegen eines Bewertungsmangels ausgeschlossen

---

[52] Vgl. dazu Hüffer/*Koch,* § 305 Rn. 24 ff.; *Emmerich/Habersack,* KonzernR, § 22 Rn. 34 ff.

[53] Vgl. zu dieser Diskussion *Emmerich/Habersack,* KonzernR, § 22 Rn. 28 ff.

[54] Vgl. noch BGHZ 71, 40, 51 = NJW 1978, 1316.

[55] BVerfGE 100, 289, 305 ff. = NJW 1999, 3769; aufgenommen von BGHZ 147, 108, 115 ff. = NJW 2001, 2080; zu den zahlreichen Folgeproblemen (etwa Stichtag) vgl. Hüffer/*Koch,* § 305 Rn. 36 ff.; *ders.,* FS Hadding, 2004, S. 461 ff.; *Emmerich/Habersack,* KonzernR, § 22 Rn. 29 ff. *BVerfG* AG 2012, 625, 626 stellt nochmals klar, dass Art. 14 GG keine bestimmte Methode zur Ermittlung des Werts der Unternehmensbeteiligung vorschreibt; allerdings müsse die verwendete Ermittlungsmethode zumindest die Kompensation des Verkehrswerts der Beteiligung gewährleisten.

[56] Hüffer/*Koch* § 305 Rn. 39.

[57] Vgl. *BVerfG* AG 2012, 625, 626; *OLG Frankfurt a. M.* NZG 2014, 464, 465; Hüffer/*Koch,* § 305 Rn. 37 ff.

[58] Hüffer/*Koch,* § 305 Rn. 1, 13.

wird (nach § 243 IV 2 AktG auch für darauf bezogene Informationen – s. § 31 Rn. 16). Entsprechende Beanstandungen können nur im sog. Spruchverfahren geltend gemacht werden, das die Bestandskraft des Unternehmensvertrages nicht berührt.

2. Der faktische Konzern (§§ 311–318 AktG)

a) Verbot nachteiliger Einflussnahme

Fall 5: Aufgrund der großen Belastungen, die auch für das herrschende Unternehmen mit dem Abschluss eines Beherrschungsvertrages verbunden sind, entschließt sich der Vorstand der Argus AG gegen eine solche Maßnahme. Stattdessen führt der Vorstandsvorsitzende *Bator* ein ernstes Gespräch mit dem Vorstandsvorsitzenden *Dompke* von der Secutech AG, in dem er diesem klar macht, dass seine berufliche Karriere bei der Secutech AG auch von der Zufriedenheit ihres Hauptaktionärs, der Argus AG, abhänge. *Dompke* zeigt sich einsichtig und kommt der von *Bator* geäußerten Bitte nach, die für das Geschäftsmodell der Secutech AG wichtigen Drucksensoren künftig bei einer weiteren Tochtergesellschaft der Argus AG, der Crossmatch Technologies AG, zu beziehen, obwohl ein Bezug bei dem bisherigen Zulieferer günstiger für die Secutech AG wäre. Welche Folgen löst diese Handlung für die Beteiligten aus? 43

Der Gesetzgeber ging davon aus, dass eine Konzernierung sich im Regelfall in Gestalt eines Unternehmensvertrags vollziehe. Angesichts der damit verbundenen Belastungen entscheiden sich die Beteiligten aber oftmals gegen einen solchen Vertragsschluss und vertrauen darauf, dass im Regelfall auch die faktischen Einflussmöglichkeiten einer Mehrheitsbeteiligung genügen werden, um die abhängige Gesellschaft zu steuern.[59] In den §§ 311 ff. AktG wird eine solche faktische Konzernierung nicht grundsätzlich verboten. Es soll aber gewährleistet werden, dass auch in diesem Fall die Interessen der Minderheitsgesellschafter, der Gläubiger und der übrigen Beteiligten nicht beeinträchtigt werden. Das Regelungsmodell der §§ 311 ff. AktG ruht dabei auf drei Säulen: dem Verbot einer nachteiligen Einflussnahme in § 311 AktG, dem Abhängigkeitsbericht nach §§ 312 ff. AktG und Schadensersatzansprüchen nach §§ 317 f. AktG. 44

Hinweis:

Das Regelungsmodell der §§ 311–318 AktG wird herkömmlich mit dem Begriff des faktischen Konzerns umschrieben. Diese Bezeichnung ist aber ungenau. §§ 311–318 AktG regeln das Verhältnis zwischen einem herrschenden und einem abhängigen Unternehmen, also den Fall des § 17 AktG. Der Konzernbegriff setzt dagegen voraus, dass die Leitungsmacht auch tatsächlich ausgeübt wird (s. Rn. 23). Das ist aber etwa für die in § 312 AktG geregelte Pflicht zur Erstellung eines Abhängigkeitsberichts nicht erforderlich. Auch hier zeigt sich die wenig präzise Terminologie des Konzernrechts.[60] 45

§ 311 I AktG verbietet zunächst dem herrschenden Unternehmen, seinen Einfluss zu nutzen, um die abhängige Gesellschaft dazu zu veranlassen, ein für sie nachteiliges Rechtsgeschäft vorzunehmen oder Maßnahmen zu ihrem Nachteil zu treffen oder zu unterlassen, es sei denn, dass die Nachteile ausgeglichen werden.[61] In welcher Form die Einflussnahme erfolgt (Richtlinie, Empfehlung, Ratschlag), ist 46

---

[59] Vgl. zu dieser Entwicklung etwa *Emmerich/Habersack,* KonzernR, § 11 Rn. 6.

[60] Vgl. dazu Hüffer/*Koch,* § 311 Rn. 8; *K. Schmidt,* JZ 1992, 856, 857; ausführlich zur Nachteilszufügung auch *Beck,* BB 2015, 1289.

[61] Beispiele für eine Nachteilszufügung bei *Emmerich/Habersack,* KonzernR, § 25 Rn. 20 ff.

gleichgültig; es genügt auch ein informelles Gespräch oder eine personelle Verflechtung.[62] Die Veranlassung wird nach den Regeln des Anscheinsbeweises vermutet, wenn das herrschende oder ein mit ihm verbundenes Unternehmen Vorteile aus der Maßnahme zieht.[63] Die Folge der Einflussnahme kann ein Rechtsgeschäft, aber auch ein sonstiges Tun oder Unterlassen sein.[64]

47 Mit dem Verbot nachteiliger Einflussnahme ordnet § 311 I AktG augenscheinlich eine Selbstverständlichkeit an, da dem Aktionär eine solche Einflussnahme grundsätzlich schon durch die mitgliedschaftlichen Treupflichten und § 117 AktG verboten ist. Tatsächlich liegt der Schwerpunkt dieser Anordnung nicht so sehr in dem Verbot, sondern vielmehr in der Ausnahme, die am Ende formuliert wird: Ausnahmsweise ist eine nachteilige Einflussnahme doch zulässig, sofern das herrschende Unternehmen gewährleistet, dass der Nachteil spätestens am Ende des Geschäftsjahrs ausgeglichen wird (§ 311 II 1 AktG).[65] Der Vorstand, dessen Leitungsmacht (§ 76 AktG) im faktischen Konzern grundsätzlich nicht durchbrochen ist, muss der Einflussnahme zwar nicht nachgeben, darf dies aber tun, soweit ein unmittelbarer Nachteilsausgleich erfolgt oder der von ihm vertretenen Gesellschaft zumindest ein Rechtsanspruch auf einen solchen Ausgleich gewährt wird (§ 311 II 2 AktG). Die Art des Vorteils ist nicht gesetzlich geregelt; der Ausgleich kann daher durch jeden geldwerten Vorteil erfolgen, der generell geeignet ist, die Nachteile in der Bilanz zu neutralisieren.[66] Ist diese Voraussetzung erfüllt, ist zugleich auch ein Verstoß gegen §§ 57, 60, 62 AktG, gegen die mitgliedschaftlichen Treupflichten und gegen § 117 AktG unbeachtlich.

b) Abhängigkeitsbericht

48 Damit Außenstehende überhaupt erkennen können, ob eine nachteilige Einflussnahme erfolgt ist, ordnet § 312 I AktG weiterhin an, dass der Vorstand der abhängigen Gesellschaft innerhalb der ersten drei Monate des Geschäftsjahres einen sog. Abhängigkeitsbericht mit dem Inhalt des § 312 I 2–4 AktG aufzustellen hat (§ 312 I 1 AktG). Auf diese Weise sollen nachteilige Maßnahmen dokumentiert und ihr Ausgleich sichergestellt werden.[67] Der Bericht wird nicht veröffentlicht, aber vom Abschlussprüfer geprüft, der darüber dem Aufsichtsrat berichtet (§ 313 AktG), der seinerseits dann die Hauptversammlung informiert (§§ 314 II, 171 II AktG). Eine rechtspolitisch bedenkliche Ausnahme von dem Erfordernis einer Prüfung durch den Abschlussprüfer sieht das Gesetz bei kleinen Gesellschaften i. S. d. § 267 II, III HGB vor, da diese nach § 316 HGB nicht mehr prüfungspflichtig sind mit der Folge, dass auch § 313 AktG nicht eingreift.[68] Generell zur rechtspolitischen Kritik am Regelungsmodell der §§ 311 ff. AktG noch Rn. 50.

---

[62] S. zu Art und Weise der Einwirkung auch Hüffer/*Koch*, § 311 Rn. 13.

[63] Die Einzelheiten sind umstritten; vgl. Hüffer/*Koch*, § 311 Rn. 18 ff.; MüKoAktG/*Altmeppen*, § 311 Rn. 87 ff.

[64] Hüffer/*Koch*, § 311 Rn. 23.

[65] Vgl. zu dieser Privilegierungswirkung *Emmerich/Habersack*, KonzernR, § 24 Rn. 10 ff.

[66] *OLG Jena* DB 2007, 2079, 2081b; KölnerKommAktG/*Koppensteiner*, § 311 Rn. 109 ff.; Hüffer/*Koch*, § 311 Rn. 39; MünchHdGesR IV/*Krieger*, § 70 Rn. 90; *Emmerich/Habersack*, KonzernR, § 25 Rn. 52.

[67] Vgl. dazu BGHZ 135, 107, 109 f. = NJW 1997, 1855; Hüffer/*Koch*, § 312 Rn. 1; *Emmerich/Habersack*, KonzernR, § 26 Rn. 9.

[68] Zur Kritik vgl. Hüffer/*Koch*, § 313 Rn. 2; *Emmerich/Habersack*, KonzernR, § 26 Rn. 3; *K. Schmidt*, JZ 1992, 856, 862.

c) Haftung des herrschenden Unternehmens und seiner gesetzlichen Vertreter (§ 317 AktG)

Als letztes Regelungselement des faktischen Konzerns sieht § 317 AktG eine Schadensersatzpflicht des herrschenden Unternehmens gegenüber der abhängigen Gesellschaft für den Fall einer kompensationslosen Nachteilszufügung vor. Der aus § 317 AktG resultierende Schadensersatzanspruch ist nicht lediglich eine zeitlich nachgelagerte Form des Nachteilsausgleichs nach § 311 I AktG, da anderenfalls keinerlei Anreiz für das herrschende Unternehmen bestehen würde, schon freiwillig im Vorhinein einen solchen Ausgleich anzubieten. Vielmehr besteht zwischen Nachteilsausgleich und Schadensersatz insofern eine gesteigerte Sanktionswirkung, als der Nachteilsausgleich auf der Grundlage einer vorausschauenden Perspektive veranschlagt wird, während § 317 AktG eine rückschauende Perspektive zugrunde liegt.[69] Im Zeitpunkt der Einflussnahme sind also nur die Nachteile zu ersetzen, die zu diesem Zeitpunkt schon erkennbar sind. Wird erst nachträglich Schadensersatz geleistet, sind alle Schäden zu ersetzen, die sich in zurechenbarer Form aus der Nachteilszufügung ergeben haben. Da kaum erwartet werden kann, dass der abhängige Vorstand den Anspruch gegen die herrschende Gesellschaft verfolgt, kann der Schadensersatz nach § 317 IV AktG auch von außenstehenden Aktionären und Gläubigern geltend gemacht werden. Er ist aber an die abhängige Gesellschaft zu leisten, woraus sich die geringe Bedeutung dieses Ausgleichs in der Praxis erklärt.[70] Ein weiterer Anspruch kann sich bei einer schuldhaften Verletzung der Berichtspflicht nach § 318 AktG gegen den Vorstand und den Aufsichtsrat der abhängigen Gesellschaft richten. Daneben bleiben auch andere Haftungsvorschriften weiter anwendbar (z. B. §§ 93, 116 AktG). 49

d) Rechtspolitische Bewertung und qualifizierte Nachteilszufügung

Das Regelungsmodell der §§ 311–318 AktG ist gerade in den Anfängen auf vielstimmige Kritik gestoßen, die aber in jüngerer Zeit einer milderen Beurteilung gewichen ist.[71] Dennoch bleibt auch weiterhin zu konstatieren, dass die Effektivität des gesetzlichen Modells durch mehrere Umstände beeinträchtigt wird. Dazu gehören zunächst die fehlende Öffentlichkeit des Abhängigkeitsberichts und der Verzicht auf das Erfordernis einer externen Prüfung bei kleineren Gesellschaften (Rn. 48). Diese nur eingeschränkte Publizität erschwert es außenstehenden Gläubigern und Gesellschaftern Schadensersatzansprüche geltend zu machen, für deren Durchsetzung aus ihrer Sicht ohnehin nur ein geringer Anreiz besteht (Rn. 49). Schließlich ist das Regelungsmodell der §§ 311 ff. AktG ausschließlich auf einzelne schädigende Maßnahmen zugeschnitten, bei denen es möglich ist, den daraus resultierenden Nachteil ohne Weiteres zu identifizieren. Es versagt daher, wenn die Einflussnahme eine solche Intensität annimmt, dass sich ihre schädlichen Wirkungen infolge ihrer Breite, Stärke und Dauer nicht mehr isolieren lassen und die unternehmerische Struktur der abhängigen Gesellschaft entscheidend betroffen ist. Man spricht insofern von einer qualifizierten Nachteilszufügung.[72] Die ältere Rechtsprechung hat auf 50

---

[69] Hüffer/*Koch,* § 317 Rn. 7; *Emmerich/Habersack,* KonzernR, § 27 Rn. 6.

[70] Vgl. dazu auch Hüffer/*Koch,* § 317 Rn. 1; *Emmerich/Habersack,* KonzernR, § 27 Rn. 1.

[71] Vgl. zum Folgenden etwa Schmidt/Lutter/*J. Vetter,* § 311 Rn. 8; Spindler/Stilz/*H.-F. Müller,* Vor § 311 Rn. 15 ff.

[72] Man beschrieb diese Fälle in der Vergangenheit zumeist als „qualifiziert faktischen Konzern". Da mit dieser Bezeichnung aber nicht nur der Zustand intensivierter Konzernierung, sondern auch das mittlerweile überkommene höchstrichterliche Lösungskonzept bezeichnet wurde, hat man heute von dieser Bezeichnung Abstand genommen; vgl. Hüffer/*Koch,* § 1 Rn. 23; stattdessen hat sich die Umschreibung als qualifizierte Nachteilszufügung weit-

eine derart breitflächige Einflussnahme und Schädigung mit einer analogen Anwendung der Regeln des Vertragskonzerns, namentlich § 302 AktG, reagiert (s. noch Rn. 61 m. w. Nachw.) Die neuere Rechtsprechung greift dagegen heute auf das Instrument der Existenzvernichtungshaftung zurück (s. bereits § 35 Rn. 30f.). Wegen der Eigenständigkeit des AG-Vorstands (§ 76 AktG) tritt diese Situation bei der AG aber eher selten auf. Es handelt sich vornehmlich um ein Problem der GmbH und soll deshalb auch erst in diesem Kontext besprochen werden (s. noch Rn. 64 m. w. Nachw.).

3. Eingliederung

51 Von geringer praktischer Bedeutung ist die in den §§ 319ff. AktG geregelte Eingliederung als intensivste Verbindung zweier Unternehmen. Sie führt zur vollständigen wirtschaftlichen Integration einer AG in eine andere.[73] Die rechtliche Selbstständigkeit der eingegliederten Gesellschaft bleibt zwar noch gewahrt, aber sie unterliegt nach § 323 I AktG einem uneingeschränkten Weisungsrecht, kann letztlich also wie eine „rechtlich selbstständige Betriebsabteilung" der herrschenden Gesellschaft geführt werden.[74] Die Eingliederung ist in zwei Varianten zulässig, nämlich als sog. Einheitseingliederung, wenn die herrschende Gesellschaft (hier: Hauptgesellschaft) über 100 % der Anteile der einzugliedernden Gesellschaft verfügt, oder als Eingliederung durch Mehrheitsbeschluss, wenn sie mindestens 95 % hält. Im zweiten Fall gehen die restlichen 5 % der Aktien auf die Hauptgesellschaft über, die den ausscheidenden Aktionären im Gegenzug aber nach § 320b I AktG eigene Aktien als Abfindung anzubieten hat. Nachdem §§ 327a ff. AktG[75] seit einigen Jahren die Möglichkeit vorsehen, in diesem Fall die verbleibenden Aktionäre im Wege eines sog. Squeeze-out auch gänzlich gegen eine Barabfindung aus der AG auszuschließen, hat die Mehrheitseingliederung deutlich an Attraktivität verloren.[76] Sind die Minderheitsaktionäre auf diese Weise geschützt, bedarf es noch des Gläubigerschutzes. Dieser wird durch einen Anspruch auf Sicherheitsleistung nach § 321 AktG gewährt.

V. Der GmbH-Konzern

1. Grundlagen

52 Obwohl nur das Aktienrecht spezifisch konzernrechtliche Vorschriften enthält, ist es in der Praxis doch nicht die AG, sondern die GmbH, die im Regelfall als Tochtergesellschaft eingesetzt wird. Aufgrund ihrer flexiblen Organisations- und Finanzverfassung (Weisungsrecht gem. § 37 I GmbHG, schwache Kapitalbindung gem. § 30 I GmbHG) ist sie ganz besonders zur Einbindung in einen Konzern

---

gehend durchgesetzt; vgl. etwa Hüffer/*Koch,* § 302 Rn. 7; *Emmerich/Habersack,* KonzernR, § 28.

[73] Anders als die bisher besprochenen Konzernierungsformen ist eine Eingliederung nur möglich, wenn beide Gesellschaften die Rechtsform einer AG haben.

[74] RegBegr 1965, abgedruckt bei *Kropff,* Textausgabe des AktG von 1965 mit Begründung des Regierungsentwurfs, S. 431; Hüffer/*Koch,* § 319 Rn. 1; *Emmerich/Habersack,* KonzernR, § 10 Rn. 1.

[75] Zur Einführung in die Regelungen zum Squeeze-out s. etwa *Kraft/Redenius-Hövermann,* Jura 2013, 1ff.

[76] Spindler/Stilz/*Singhof,* § 320 Rn. 3. Grund: Soll etwa eine kleine Gruppe räuberischer Minderheitsaktionäre (§ 31 Rn. 12) ausgeschlossen werden, so ist dies nur über einen Squeeze-out möglich; die Mehrheitseingliederung würde sie über § 320b I AktG in die Hauptgesellschaft befördern.

geeignet.[77] Spiegelbildlich ist sie aber gerade aufgrund dieser Weisungsbindung der Geschäftsführer auch den konzerntypischen Gefahren in besonderem Maße ausgesetzt. Will in einer AG ein herrschender Gesellschafter den natürlichen Interessengleichlauf aller Beteiligten durchbrechen, so stößt er jenseits konzernrechtlicher Weisungsbefugnisse auf die eigenständige Leitungsmacht des Vorstands nach § 76 I AktG, die eine Einflussnahme deutlich erschwert. Im GmbH-Recht eröffnet § 37 I GmbHG das Instrumentarium, einen solchen Widerstand zu brechen. Für die durch die Konzernierung regelmäßig besonders stark betroffenen Mitgesellschafter ist das meist noch gravierender als bei einer AG, da eine GmbH-Beteiligung für den einzelnen Gesellschafter oft die Grundlage seiner Existenz bildet und ihre Übertragung häufig durch das Fehlen eines organisierten Kapitalmarktes und durch die verbreiteten Vinkulierungsklauseln (§ 15 V GmbHG – s. § 35 Rn. 3) deutlich erschwert ist.[78]

Obwohl es daher gerade für diese Rechtsform eines besonderen Schutzes vor konzernspezifischen Risiken bedarf, sieht das GmbH-Recht eine solche Regelung doch nicht vor. Nur außerhalb des GmbH-Rechts finden sich einzelne Regelungen, die auch auf die GmbH anwendbar sind. Das gilt zunächst für die Definitionsnormen der §§ 15–19 ff. AktG (Rn. 7). Ist die GmbH herrschendes Unternehmen gegenüber einer AG als abhängiger Gesellschaft kommen überdies §§ 291 ff. AktG zur Anwendung. Schließlich sind auch einzelne Regelungen des Konzernbilanzrechts und des Mitbestimmungsrechts rechtsformübergreifend gefasst. Für die verbleibenden ungeregelten Problembereiche müssen Lösungen aus allgemeinen Regelungen des GmbH-Rechts und aus Analogien zu den aktienrechtlichen Instrumentarien hergeleitet werden. 53

2. Der GmbH-Vertragskonzern

Fall 6: Neben der Beteiligung an der Secutech AG hält die Argus AG auch noch eine 58 %-ige Beteiligung an der Safetronics GmbH, die Geld- und Waffenschränke sowie Möbeleinbautresore herstellt und vertreibt. Der Vorstandsvorsitzende der Argus AG *Bator* plant, auch diese GmbH künftig enger in den Gesamtkonzern einzubinden. Er fragt, ob auch hier der Abschluss eines Beherrschungsvertrages möglich sei und welche Folgen sich daraus ergäben. Was ist ihm zu antworten? 54

Auch im GmbH-Recht begegnen Vertragskonzerne, bei denen die GmbH abhängiges Unternehmen ist (zur umgekehrten Konstellation s. schon Rn. 53). Auf den ersten Blick leuchtet speziell die Notwendigkeit eines Beherrschungsvertrages nicht ein, da der dadurch vermittelte zentrale Vorteil eines Weisungsrechts (§ 308 AktG) den Gesellschaftern einer GmbH schließlich schon durch § 37 I GmbHG eröffnet wird. Tatsächlich dürfen auf dieser letztgenannten Grundlage aber keine nachteiligen Weisungen erteilt werden, was auf der Grundlage eines Beherrschungsvertrages möglich ist.[79] Wird aus diesem Grund ein solcher Vertrag geschlossen,[80] so orientiert sich die rechtliche Behandlung teils an dem allgemeinen GmbH-Recht, teils an einer Analogie zu §§ 291 ff. AktG. Die Einzelheiten sind sehr umstritten und können hier nicht vertieft dargestellt werden.[81] Namentlich besteht keine Einigkeit, ob der Vertrag als Satzungsänderung zu behandeln und daher nach § 53 II 1, 2. Hs. GmbHG 55

[77] *Emmerich/Habersack*, KonzernR, § 29 Rn. 2 f.

[78] *Emmerich/Habersack*, KonzernR, § 29 Rn. 4.

[79] Vgl. zu diesem Vorteil Baumbach/Hueck/*Beurskens*, SchlAnhKonzernR, Rn. 119 f.; *Lutter/Hommelhoff*, Anh. § 13 Rn. 46; *Emmerich/Habersack*, KonzernR, § 32 Rn. 7.

[80] Zu anderen Unterformen der Unternehmensverträge, etwa Gewinnabführungsverträgen, vgl. *Emmerich/Habersack*, KonzernR, § 32 Rn. 48 ff.

[81] Vgl. die detaillierte Darstellung bei *Emmerich/Habersack*, KonzernR, § 32 Rn. 7 ff.

und in Anlehnung an § 293 II AktG mit einer ¾-Mehrheit abzuschließen ist oder ob es analog § 33 I 2 BGB sogar der Zustimmung aller Gesellschafter bedarf.[82] Auf der Rechtsfolgenseite ergibt sich aus dem Beherrschungsvertrag ein Weisungsrecht analog § 308 AktG, zum Zweck des ausgleichenden Gläubigerschutzes analog § 302 AktG aber auch eine korrespondierende Pflicht des herrschenden Unternehmens zur Verlustübernahme.[83] Lässt man einen Vertragsschluss darüber hinaus auch mit einer ¾-Mehrheit zu, so bedarf es weiterhin eines Minderheitenschutzes, der über eine analoge Anwendung der in §§ 304, 305 AktG geregelten Abfindungs- und Ausgleichsansprüche erfolgt.[84]

3. Der faktische GmbH-Konzern

a) Grundlagen

56 **Fall 7:** Der Vorstand nimmt auch hier von dem Plan einer vertraglichen Einbindung Abstand und nutzt das allgemeine Weisungsrecht, um seine Leitungsvorstellungen in der GmbH umzusetzen. Dazu gehört unter anderem auch, dass er die Safetronics GmbH veranlasst, einen Servicevertrag mit einer anderen Tochtergesellschaft der Argus AG abzuschließen. In diesem Servicevertrag verpflichtet sich die Safetronics GmbH, eine jährliche Konzernumlage in Höhe von einem Prozent ihres Gesamtumsatzes abzuführen, obwohl dieser Umlage keine gleichwertigen Gegenleistungen gegenüberstehen. Minderheitsgesellschafter *Schlimm* der Safetronics GmbH sieht dadurch seine Vermögensinteressen innerhalb der GmbH gefährdet und fragt, wie er sich gegen diese Gestaltung zur Wehr setzen kann.

57 Da zwischen den Gesellschaften kein Beherrschungsvertrag geschlossen wurde, liegt hier nur ein faktischer GmbH-Konzern vor. Es besteht weitgehende Einigkeit, dass in diesem Fall das Regelungsmodell der §§ 311 ff. AktG nicht im Analogiewege auf das GmbH-Recht übertragen werden kann.[85] Der analogen Anwendung dieser Vorschriften steht entgegen, dass sie ihre Funktion nur im Zusammenspiel mit dem Abhängigkeitsbericht (§ 312 AktG) und den darauf bezogenen Prüfungsvorschriften (§§ 313 ff. AktG) erfüllen können, die sich schon in Ermangelung eines obligatorischen Aufsichtsrats (vgl. § 52 GmbHG – § 34 Rn. 2) nicht im Analogiewege auf die GmbH übertragen lassen.[86] Als Anspruchsgrundlage verbleibt die mitgliedschaftliche Treupflicht der Argus AG gegenüber der Safetronics GmbH. Sie verbietet dem herrschenden Unternehmen, seinen aus der Beteiligung folgenden Einfluss zum Schaden der abhängigen Gesellschaft auszuüben, um damit das eigene (Partikular-) Interesse zu fördern (Einwirkungskontrolle).[87] Gegen dieses Verbot hat die Argus AG verstoßen, indem sie ihre Tochter zu einem nachteiligen Vertrag veranlasste. Weil sie diese Pflichtverletzung auch zu vertreten hat (Vorsatz), muss sie Schadens-

---

[82] Für die erste Lösung etwa *Lutter/Hommelhoff,* Anh. § 13 Rn. 51 ff.; *Emmerich/Habersack,* KonzernR, § 32 Rn. 14 ff.; *Halm,* NZG 2001, 728, 731 ff.; für die zweite Lösung Baumbach/Hueck/*Beurskens,* SchlAnhKonzernR, Rn. 106; Ulmer/Habersack/Löbbe/*Hüffer/Schürnbrand,* § 47 Rn. 17.

[83] BGHZ 103, 1, 4 = NJW 1988, 1326; BGHZ 105, 168, 182 = NJW 1988, 3143; BGHZ 116, 37, 39 = NJW 1992, 505; *OLG Jena* NZG 2005, 716, 717; Baumbach/Hueck/*Beurskens,* SchlAnhKonzernR, Rn. 121.

[84] Vgl. dazu *Emmerich/Habersack,* KonzernR, § 32 Rn. 25 ff.; ferner Baumbach/Hueck/*Beurskens,* SchlAnhKonzernR, Rn. 118.

[85] BGHZ 65, 15, 17 f. = NJW 1976, 191; BGHZ 95, 330, 340 = NJW 1986, 188; BGHZ 149, 10, 16 = NJW 2001, 3622; Ulmer/Habersack/Löbbe/*Casper,* Anh. § 77 Rn. 53 f.; *Emmerich/Habersack,* KonzernR, § 29 Rn. 7; a. A. aber Roth/*Altmeppen,* Anh. § 13 Rn. 166 ff.

[86] Hüffer/*Koch,* § 311 Rn. 53; *Emmerich/Habersack,* KonzernR, § 29 Rn. 7; *Hommelhoff,* Die Konzernleitungspflicht, 1982, S. 251 ff.; *Ulmer,* ZHR 148 (1984), 391, 412.

[87] *Hüffer,* FS Steindorff, 1990, S. 59, 76; *M. Winter,* Mitgliedschaftliche Treubindungen im GmbH-Recht, 1988, S. 86 ff.

ersatz leisten. Diesen Anspruch kann der Minderheitsgesellschafter *Schlimm* nach herrschender Auffassung im Wege der actio pro socio geltend machen.[88]

Die aus der Verletzung der mitgliedschaftlichen Treupflicht folgende Schadensersatzpflicht dient zunächst den Interessen der Minderheitsgesellschafter, weil die Wiederherstellung des Gesellschaftsvermögens auch den Wert ihrer Geschäftsanteile auffüllt und möglicherweise die Voraussetzungen einer Gewinnausschüttung schafft. Die dadurch motivierte actio pro socio bewirkt aber auch den Schutz der Gesellschaftsgläubiger, weil die GmbH als ihre Schuldnerin mit haftendem Vermögen ausgestattet wird. Der Gläubigerschutz darf jedoch nicht allein von der Initiative der Minderheitsgesellschafter abhängen. Die Gläubiger können deshalb den aus schuldhafter Verletzung der Treupflicht folgenden Schadensersatzanspruch der GmbH auch selbst einklagen, wenn sie bei der Gesellschaft keine Befriedigung erlangen können. Die dafür erforderliche Prozessführungsbefugnis folgt, wiederum in Gestalt einer gesetzlichen Prozessstandschaft, aus einer analogen Anwendung der §§ 309 IV 3, 317 IV AktG.[89] 58

b) Vom qualifiziert faktischen Konzern zur Existenzvernichtungshaftung

Fall 8: Nachdem die Argus AG auch die verbliebenen 42 % an der Safetronics GmbH übernommen hat, intensiviert sie ihren Einfluss. Die Geschäftstätigkeit der Safetronics GmbH beschränkt sich alsbald im Wesentlichen auf die Belieferung der Argus AG und ihrer Tochtergesellschaften. Lukrative Aufträge, die die Geschäftsleitung der Safetronics GmbH akquiriert hat, werden von der Argus AG übernommen. Darüber hinaus kommt es auch zu finanziellen Verschiebungen von der Safetronics GmbH hin zur Argus AG, die allerdings aufgrund einer außerordentlich nachlässigen Buchführung in beiden Gesellschaften nicht mehr nachvollzogen werden können. Nach 1 ½ Jahren muss die Geschäftsleitung der Safetronics GmbH den Insolvenzantrag stellen. Ihr Gläubiger *Höhle* fragt, ob er wegen seines Forderungsausfalls gegen die Argus AG vorgehen kann. 59

Während es in Fall 7 um den einfachen faktischen GmbH-Konzern geht, zeichnet sich der Sachverhalt in Fall 8 dadurch aus, dass hier eine qualifizierte Nachteilszufügung vorliegt, bei der sich die Einflussnahme des herrschenden Unternehmens nicht in isolierbaren und damit ausgleichsfähigen Einzelmaßnahmen erschöpft (Rn. 50). Dazu wurde bereits zum Aktienrecht festgestellt, dass hier das auf Einzeleingriff, Nachteilsausgleich und Schadensersatzpflicht gestützte Haftungssystem der §§ 311 ff. AktG an seine Grenzen stößt (Rn. 50). Im GmbH-Recht wäre es hingegen grundsätzlich möglich gewesen, das für den faktischen GmbH-Konzern geltende treupflichtgestützte Haftungsmodell auch auf eine solche breitflächigere Einflussnahme auszudehnen. Diese Lösung war indes mit einem Unsicherheitsfaktor belastet, da Zweifel bestanden, ob speziell der Einmann-GmbH überhaupt ein anerkennenswertes Bestandsinteresse gegenüber ihrem einzigen Gesellschafter zuzubilligen war.[90] Ohne ein solches Bestandsinteresse konnte aber auch keine Treupflicht angenommen werden, obwohl etwa Fall 8 illustriert, dass auch hier ein Schutzbedürfnis Außenstehender bestehen kann. 60

Der BGH entwickelte stattdessen das Konzept des sog. qualifiziert faktischen Konzerns, wonach in einem solchen Fall einer intensiveren Konzernierung die Regeln des Vertragskonzerns, namentlich die Verlustausgleichspflicht nach § 302 AktG, 61

[88] BGHZ 65, 15, 18 f. = NJW 1976, 191; Scholz/*Emmerich,* Anh. § 13 Rn. 87; Ulmer/Habersack/Löbbe/*Casper,* Anh. § 77 Rn. 86; *Emmerich/Habersack,* KonzernR, § 30 Rn. 18.

[89] BGHZ 95, 330, 340 = NJW 1986, 188; Ulmer/Habersack/Löbbe/*Casper,* Anh. § 77 Rn. 89; *Emmerich/Habersack,* KonzernR, § 30 Rn. 19; aus dem Schrifttum besonders *Ulmer,* ZHR 148 (1984), 391, 421 f.

[90] Vgl. zu dieser Diskussion *Emmerich/Habersack,* KonzernR, § 31 Rn. 4 f.

entsprechend anzuwenden seien. Voraussetzung sollte nach einer wechselvollen höchstrichterlichen Rechtsprechung sein, dass das herrschende Unternehmen unter Missbrauch seiner Konzernleitungsmacht die Interessen der beherrschten Gesellschaft beeinträchtigt.[91] Gerechtfertigt wurde der Analogieschluss damit, dass es unangemessen sei, wolle man zugunsten des herrschenden Unternehmens die Verlustausgleichsfolge des § 302 AktG nur deshalb nicht eingreifen lassen, weil die qualifizierte Abhängigkeit auf eine irreguläre (nämlich faktische) Weise, ohne einen Unternehmensvertrag, zustande gekommen sei.[92]

62 Problematisch an dieser Haftungskonstruktion war unter anderem, dass ihre Ausgestaltung weder als Zustands- noch als Verhaltenshaftung zu überzeugen vermochte.[93] § 302 AktG knüpft die Haftung an die Schaffung eines bestimmten Zustandes an, nämlich an die vertragliche Beherrschung, nicht an einen einzelnen schädigenden Eingriff. Hätte man angenommen, dass die bloße faktische Beherrschung eine solche Zustandshaftung auslösen könnte,[94] so hätten sich für die Praxis außerordentlich belastende Haftungsfolgen ergeben, die einer sachlichen Rechtfertigung entbehrten.[95] In der Rechtsprechung hatte sich deshalb im Zuge der TBB-Entscheidung ein Verständnis als Verhaltenshaftung für eine rücksichtslose Konzernleitung durchgesetzt,[96] die sich allerdings mit der verhaltensunabhängigen Analogiegrundlage des § 302 AktG nur schwer in Einklang bringen ließ.

63 Angesichts dieser Schwächen hat der BGH die Konstruktion des qualifiziert faktischen Konzerns schließlich in der vielbeachteten Bremer Vulkan-Entscheidung gänzlich aufgegeben und an ihre Stelle eine Haftung wegen existenzvernichtenden Eingriffs gesetzt.[97] Auch das dogmatische Konzept dieser Haftung hat eine wechselreiche Entwicklung genommen. Ursprünglich wurde sie vom BGH als Unterfall einer Durchgriffshaftung (§ 35 Rn. 25 ff., 30 f.) konzipiert. Gestützt wurde sie auf die für das Recht der Kapitalgesellschaften grundlegende Voraussetzung, dass das Vermögen der Gesellschaft strikt von dem Vermögen der Gesellschafter zu trennen sei.[98] Die Respektierung der Zweckbindung des Gesellschaftsvermögens zur vorrangigen Befriedigung der Gesellschaftsgläubiger sei unabdingbare Voraussetzung für die Inanspruchnahme des Haftungsprivilegs des § 13 II GmbHG. Missachte der Gesellschafter diese Zweckbindung, indem er der Gesellschaft Vermögenswerte entziehe, so missbrauche er damit die Rechtsform der GmbH mit der Folge, dass er

---

91 Als Leitentscheidungen sind insofern zu nennen: BGHZ 95, 330 = NJW 1986, 188 (Autokran); BGHZ 107, 7 = NJW 1989, 1800 (Tiefbau); BGHZ 115, 187 = NJW 1991, 3142 (Video); BGHZ 122, 123 = NJW 1993, 1200 (TBB); vgl. zu dieser Entwicklung auch *Kuhlmann/Ahnis*, Konzern- und UmwR, Rn. 362 ff.

92 So *K. Schmidt*, § 31 IV 4.

93 Ausführlich zu dieser Entwicklung *K. Schmidt*, § 39 III 4.

94 So in der Tat noch die Video-Entscheidung des *BGH*, BGHZ 115, 187, 193 f. = NJW 1991, 3142; korrigiert durch BGHZ 122, 123, 130 f. = NJW 1993, 1200 (ausdrückliche Klarstellung schon im ersten Leitsatz).

95 Zur heftigen Kritik an der Video-Entscheidung (vorige Fn.) vgl. die zusammenfassende Darstellung bei *K. Schmidt*, § 39 III 4a.

96 BGHZ 122, 123, 130 f. = NJW 1993, 1200.

97 BGHZ 149, 10, 16 ff. = NJW 2001, 3622; präzisiert in BGHZ 151, 181, 186 ff. = NJW 2002, 3024; BGHZ 173, 246, 251 ff. = NJW 2007, 2689; zu den Reaktionen in der Literatur vgl. im Folgenden.

98 Vgl. zum Folgenden BGHZ 151, 181, 186 f. = NJW 2002, 3024 in weitgehender Anlehnung an die Überlegungen von *Röhricht*, FS 50 Jahre BGH, 2000, S. 83, 89 f., 97 ff., der sich wiederum auf Vorarbeiten von *Priester*, ZGR 1993, 512, 521 ff.; *Ulmer*, ZHR 148 (1984), 391, 416 ff.; *M. Winter*, Mitgliedschaftliche Treubindungen im GmbH-Recht, 1988, S. 202 ff.; *ders.*, ZGR 1994, 570, 585 ff. stützen konnte.

das Haftungsprivileg verliere. Die Gläubiger könnten ihre Forderungen dann unmittelbar gegenüber den Gesellschaftern geltend machen.

Auch diese dogmatische Konstruktion ist im Schrifttum aber auf breiten Widerspruch gestoßen, der unter anderem damit begründet wurde, dass es bislang noch nicht gelungen sei, die Durchgriffslehre in ein in sich schlüssiges Haftungssystem einzuordnen (vgl. dazu bereits § 35 Rn. 25 ff.); überdies drohte die Konstruktion einer unmittelbaren Außenhaftung den Gesellschafter zumindest in den Fällen übermäßig zu belasten, in denen das Unternehmen schon zuvor eine wirtschaftliche Schieflage aufwies, die durch den Eingriff nur vertieft wurde.[99] Der BGH hat deshalb die Konstruktion der Durchgriffshaftung in der Trihotel-Entscheidung durch einen deliktsrechtlichen Ansatz ersetzt.[100] Durch den existenzvernichtenden Eingriff werde die Gesellschaft sittenwidrig geschädigt, so dass ihr ein Anspruch aus § 826 BGB zustehe. Diese Konstruktion erweist sich zumindest in ihren Ergebnissen als weitgehend überzeugend.[101] In ihrer dogmatischen Herleitung verbleiben Zweifel, ob der deliktsrechtliche Ansatz tatsächlich die gewünschte Begrenzung auf eine Innenhaftung rechtfertigt oder ob bei Annahme einer sittenwidrigen Schädigung nicht auch die Gläubiger im Außenverhältnis anspruchsberechtigt sein müssten.[102] Die vom BGH angestrebte Kanalisierung auf eine Innenhaftung hätte unter Rückgriff auf die mitgliedschaftlichen Treupflichten stimmiger begründet werden können.[103] Die einer solchen Konstruktion bisher entgegenstehenden Zweifel an dem eigenständigen Bestandsschutz der Einmann-GmbH (Rn. 60) sind mittlerweile beseitigt;[104] anderenfalls hätte auch eine Innenhaftung nach § 826 BGB nicht angenommen werden können. Ob aus der Anerkennung des Bestandsschutzes auch eine Treupflicht folgt, ist jedoch weiterhin umstritten.[105] 64

Folgt man dem Haftungskonzept des *BGH,* so setzt die auf § 826 BGB gestützte Existenzvernichtungshaftung zunächst einen Zugriff auf das Gesellschaftsvermögen voraus, der die aufgrund der Zweckbindung dieses Vermögens gebotene angemessene Rücksichtnahme auf die Erhaltung der Fähigkeit der Gesellschaft zur Bedienung ihrer Verbindlichkeiten in einem ins Gewicht fallenden Maße vermissen lässt.[106] Die bloße Unterkapitalisierung genügt nach der GAMMA-Entscheidung nicht, doch hält der BGH hier eine eigenständige Fallgruppe des § 826 BGB für möglich (s. bereits § 35 Rn. 29).[107] Als Folge dieses Eingriffs muss die Insolvenzreife der Gesellschaft eintreten oder eine bereits bestehende Insolvenz vertieft werden.[108] Um den 65

---

[99] Vgl. zu dieser Kritik etwa *Emmerich/Habersack,* KonzernR, § 31 Rn. 7; *Altmeppen,* ZIP 2001, 1837, 1842; *ders.,* ZIP 2002, 1553, 1555 ff.; *ders.,* NJW 2007, 2657 f.; *Habersack,* ZGR 2008, 533, 541 f.; für einen Durchgriff dagegen noch *OLG Jena* ZIP 2002, 631, 632 ff.; *Bitter,* WM 2001, 2133, 2139 ff.; *Ulmer,* JZ 2002, 1049, 1050: Analogie zu §§ 105, 128 HGB.

[100] BGHZ 173, 246 Rn. 15 ff. = NJW 2007, 2689; aus jüngerer Zeit BGHZ 193, 96 Rn. 13 = NZG 2012, 667; *BGH* NJW-RR 2012, 1240 Rn. 21; *BGH* NJW-RR 2013, 1321 Rn. 20.

[101] So auch der Befund von Baumbach/Hueck/*Beurskens,* SchlAnhKonzernR, Rn. 80 ff.

[102] Krit. daher auch *Emmerich/Habersack,* KonzernR, § 31 Rn. 8; *Habersack,* ZGR 2008, 533, 547 f.; anders aber *Altmeppen,* NJW 2007, 2657, 2659.

[103] Vgl. dazu *Hüffer,* 10. Aufl., § 302 Rn. 8.

[104] Vgl. dazu *Emmerich/Habersack,* KonzernR, § 31 Rn. 4 f. m. w. Nachw.; ferner *Kuhlmann/Ahnis,* Konzern- und UmwR, Rn. 377 f.

[105] Vgl. etwa Baumbach/Hueck/*Beurskens,* SchlAnhKonzernR, Rn. 70; Roth/*Altmeppen,* Anh. § 13 Rn. 166, 170; *Kuhlmann/Ahnis,* Konzern- und UmwR, Rn. 378a.

[106] BGHZ 151, 181, 187 = NJW 2002, 3024; *BGH* NJW-RR 2013, 1321 Rn. 20.

[107] BGHZ 176, 204 Rn. 25 = NJW 2008, 2437; dazu auch *Weller/Prütting,* Rn. 558.

[108] Vgl. BGHZ 193, 96 Rn. 13 = NZG 2012, 667; *BGH* NJW-RR 2012, 1240 Rn. 21; *BGH* NJW-RR 2013, 1321 Rn. 20; vgl. auch *Michalski/Funke,* § 13 Rn. 412; *Emmerich/Haber-*

existenzvernichtenden Eingriff von reinen Managementfehlern abzugrenzen, wird weiterhin verlangt, dass das der Gesellschaft entzogene Vermögen in die Sphäre mindestens eines Gesellschafters bzw. einer ihm nahestehenden Person fließt.[109] Schließlich setzt die Innenhaftung nach § 826 BGB nach der Festlegung des BGH auch ein vorsätzliches Handeln voraus, wobei Eventualvorsatz genügt.[110] Nicht mehr erforderlich ist dagegen, dass es sich bei dem Gesellschafter um ein herrschendes Unternehmen i. S. d. §§ 15 ff. AktG handelt. Die Haftung hat mit der neuen dogmatischen Fundierung ihren speziell konzernrechtlichen Ansatz verloren und kann jeden Gesellschafter treffen.[111]

66 Folge der Haftung ist eine Einstandsverpflichtung gegenüber der Gesellschaft, die nach Eintritt der Insolvenz gem. § 80 I InsO vom Insolvenzverwalter geltend zu machen ist. Es handelt sich um eine Innenhaftung, die gegenüber den Ansprüchen aus §§ 30, 31 GmbHG nicht subsidiär ist, sondern im Verhältnis der Anspruchsgrundlagenkonkurrenz steht.[112] Im Fall 8 kann *Höhle* also nicht selbst einen Anspruch gegen die Argus AG geltend machen, sondern die Geltendmachung ist grundsätzlich Sache der Safetronics GmbH, die nunmehr durch den Insolvenzverwalter vertreten wird (§ 80 I InsO).[113] In der Sache wird der Anspruch anzuerkennen sein, da die breitflächige schädigende Einflussnahme der Argus AG auf die Safetronics GmbH die Anforderungen an einen existenzvernichtenden Eingriff erfüllt.

Hinweis:

67 Noch nicht abschließend geklärt ist die Frage, ob auch für die AG die Figur des qualifiziert faktischen Konzerns von der neuen Existenzvernichtungshaftung verdrängt wird. Richtigerweise ist diese Frage zu bejahen, da es ohnehin nicht gelungen ist, den Tatbestand einer solchen qualifizierten Konzernierung präzise und in dogmatisch überzeugender Form zu umreißen. Die Existenzvernichtungshaftung vermag auch im Aktienrecht etwaige Schutzlücken zu schließen, so dass kein Grund mehr besteht, an diesem unscharfen Konstrukt weiterhin festzuhalten.[114]

4. Eingliederung (§§ 319 ff. AktG) und Squeeze-out (§§ 327a ff. AktG)

68 Keine Entsprechung finden im GmbH-Recht die aktienrechtlichen Regeln zur Eingliederung in §§ 319 ff. AktG und zum Squeeze-out in §§ 327a ff. AktG (s. Rn. 51).

---

sack, KonzernR, § 31 Rn. 12, 16; *Röhricht,* FS 50 Jahre BGH, 2000, S. 83, 113; *J. Hoffmann,* NZG 2002, 68, 69; *Wilhelmi,* DZWIR 2003, 45 f.

109 So auch das Verständnis von *C. Schäfer,* § 33 Rn. 14.

110 BGHZ 173, 246 Rn. 31 = NJW 2007, 2689; BGHZ 193, 96 Rn. 13 = NZG 2012, 667; *BGH* NJW-RR 2013, 1321 Rn. 21; krit. *Emmerich/Habersack,* KonzernR, § 31 Rn. 18; *Habersack,* ZGR 2008, 533, 544 ff.

111 Vgl. BGHZ 151, 181, 186 f. = NJW 2002, 3024; *Emmerich/Habersack,* KonzernR, § 31 Rn. 9.

112 BGHZ 173, 246 Rn. 38 ff. = NJW 2007, 2689; anders noch BGHZ 151, 181, 187 = NJW 2002, 3024; vgl. dazu auch *Emmerich/Habersack,* KonzernR, § 31 Rn. 19.

113 Fraglich ist allerdings, ob diese Beschränkung auch dann gilt, wenn das Insolvenzverfahren – wie häufig – mangels Masse nicht eröffnet wird; vgl. dazu *Emmerich/Habersack,* § 31 Rn. 22.

114 Vgl. *Hüffer,* FS Goette, 2011, S. 191 ff.; a. A. etwa *Habersack,* ZGR 2008, 533, 550 f.; *Saenger,* Rn. 965.

Beide Regelungsmaterien beruhen auf der Überlegung, dass ein Kleinaktionär oftmals nur Kapitalanleger, aber nur selten ein unternehmerisch engagierter Gesellschafter sein wird. Auf die personalistisch-unternehmerisch ausgerichtete GmbH lässt sich diese Überlegung nicht übertragen, so dass eine analoge Anwendung ausscheidet.[115]

VI. Zusammenfassung

Zentrale Aufgabe des Konzernrechts ist es, konzernspezifische Gefahren für die Gläubiger und die Minderheitsgesellschafter der abhängigen Gesellschaft abzuwehren. Solche Gefahren erwachsen im Kern daraus, dass unter Konzernbedingungen gesellschaftsfremde Partikularinteressen des herrschenden Unternehmens bestehen und wirksam zur Geltung gebracht werden können. Diese Lage ergibt sich nicht nur im Aktienrecht, sondern besteht ohne Rücksicht auf die Rechtsform der abhängigen oder konzernierten Gesellschaft. Für die danach rechtsformübergreifende Problematik enthält das Gesetz in den §§ 291 ff. AktG aber nur eine rechtsformspezifische, nämlich an die AG als beherrschte Gesellschaft anknüpfende Regelung. Dagegen sind die Definitionsnormen der §§ 15 ff. AktG rechtsformunabhängig, gelten also zum Beispiel auch für die abhängige oder konzernierte GmbH. Die §§ 15 ff. AktG setzen den Unternehmensbegriff voraus. Das Gesetz verwendet ihn, um Differenzierungen nach der Rechtsform (AG, GmbH, KG usw.) überflüssig zu machen. Im Übrigen ist der konzernrechtliche Unternehmensbegriff aus dem Regelungszweck des Konzernrechts (Gefahrenabwehr) zu entwickeln. Herrschendes Unternehmen ist danach jeder Gesellschafter ohne Rücksicht auf seine Rechtsform, wenn er neben seiner Beteiligung an der Gesellschaft anderweitige wirtschaftliche Interessenbindungen aufweist, die nach Art und Intensität die ernsthafte Sorge begründen, er könne wegen dieser Bindungen seinen Einfluss auf die Gesellschaft nachteilig ausüben. Die §§ 15 ff. AktG unterscheiden zwischen Unternehmen, die in Mehrheitsbesitz stehen (§ 16 AktG), die abhängig (§ 17 AktG) oder die konzerniert sind (§ 18 AktG). Das erste folgt aus der Kapital- oder Stimmenmehrheit des herrschenden Unternehmens, das zweite aus seiner Möglichkeit, unmittelbar oder mittelbar aufgrund der ihm zur Verfügung stehenden Mittel beherrschenden Einfluss auszuüben, das dritte aus einer Zusammenfassung der Unternehmen unter einheitlicher Leitung. Bei Mehrheitsbesitz wird Abhängigkeit vermutet (§ 17 II AktG), bei Abhängigkeit Konzernierung (§ 18 I 3 AktG). 69

Die konzernbegründende einheitliche Leitung kann aufgrund eines Beherrschungsvertrags ausgeübt werden. Der dann entstehende aktienrechtliche Vertragskonzern nimmt in den §§ 291 ff. AktG die zentrale Rolle ein. Sein wesentliches Ergebnis ist zum einen das Weisungsrecht des herrschenden Unternehmens, das nach § 308 I AktG auch nachteilige Maßnahmen umfasst, zum anderen die Verlustausgleichspflicht des § 302 AktG. Wenn die abhängige Gesellschaft unter der einheitlichen Leitung des herrschenden Unternehmens steht, ohne dass ein Beherrschungsvertrag geschlossen ist, liegt ein faktischer Konzern vor. In dieser Situation ist dem herrschenden Unternehmen eine Einflussnahme verboten, sofern es die daraus entstehenden Nachteile nicht ausgleicht; fehlt der Ausgleich, so tritt die Schadensersatzpflicht des § 317 AktG ein. 70

Nicht nur mit der AG, sondern auch mit der GmbH können Beherrschungs- und andere Unternehmensverträge geschlossen werden. Sie sind auch hier Organisationsverträge und können als solche nicht ohne zustimmenden Beschluss der Gesell- 71

[115] *Emmerich/Habersack*, KonzernR, § 29 Rn. 12.

schafterversammlung der abhängigen GmbH und nicht ohne Eintragung in das Handelsregister wirksam werden. Auch die Gesellschafterversammlung des herrschenden Unternehmens muss zustimmen (§ 293 I 2 i.V.m. § 293 II 2 AktG analog). Soweit danach ein Vertragskonzern entsteht, ist auch die Pflicht zur Verlustübernahme analog § 302 AktG begründet. Im faktischen GmbH-Konzern sind die §§ 311 ff. AktG nicht anwendbar; stattdessen muss die mitgliedschaftliche Treupflicht des herrschenden Unternehmens gegenüber der GmbH den Schutz der Minderheitsgesellschafter und reflexartig auch der Gläubiger übernehmen. Bei einer breitflächigeren Einflussnahme, die zur Insolvenz der beherrschten Gesellschaft führt, wird sie ergänzt durch die sog. Existenzvernichtungshaftung, die auf § 826 BGB gestützt wird und als Innenhaftung gegenüber der Gesellschaft ausgestaltet ist.

§ 39. Umwandlungsvorgänge

Literatur: Speziell für Studenten gut geeignet ist der Überblick von *Hofmann/Riethmüller,* Einführung in das Umwandlungsrecht, JA 2009, 481 sowie der komprimiert-anschauliche Überblick bei *Saenger,* Rn. 883 ff.; zur Vertiefung vgl. neben der Kommentarliteratur zum UmwG insb. die eingehende Darstellung von *K. Schmidt,* § 12 und § 13; ferner *Rieble,* Verschmelzung und Spaltung von Unternehmen und ihre Folgen für Schuldverhältnisse mit Dritten, ZIP 1997, 301.

I. Begriff und Zweck des Umwandlungsrechts

1 Eine der wichtigsten Entscheidungen, die bei der Gründung eines Unternehmens zu treffen ist, ist die Wahl der geeigneten Rechtsform. Diese Entscheidung ist von einer Vielzahl von Kriterien abhängig, etwa der Größe der Gesellschaft und der Gesellschafterzahl, dem Zuschnitt auf einen persönlichen oder einen anonymen Gesellschafterkreis, der Bereitschaft der Mitglieder zur persönlichen Haftung, der gewünschten Organisationsstruktur, der Kreditwürdigkeit usw. Neben diesen spezifisch gesellschaftsrechtlichen Kriterien spielen oftmals auch steuerrechtliche Überlegungen eine wichtige Rolle (zu den Einzelheiten vgl. oben § 2).

2 Diese ausschlaggebenden Kriterien können sich aber im Laufe der Zeit verschieben, etwa durch das Wachstum der Gesellschaft, durch eine Veränderung ihrer Mitgliederstruktur oder durch eine veränderte Haftungsbereitschaft ihrer Gesellschafter. In diesem Fall wird das bei der Gründung angelegte Rechtskleid oftmals nicht mehr recht auf die neuen Strukturen passen. Die in diesem Fall gebotene Anpassung ist zunächst in der Weise möglich, dass kautelarjuristische Spielräume innerhalb der einmal gewählten Gesellschaftsform ausgenutzt werden, etwa durch eine Kapitalerhöhung bei einer GmbH oder einer Aktiengesellschaft (s. oben § 32 Rn. 13 ff., § 36 Rn. 8). Darüber hinaus kann aber auch erwogen werden, das ursprünglich gewählte Rechtskleid vollständig auszuwechseln.[1] Würde man dabei nach dem allgemeinen Gesellschaftsrecht vorgehen, müsste man zu diesem Zweck die bisherige Gesellschaft auflösen und die einzelnen Unternehmensbestandteile unter Beachtung des sachenrechtlichen Bestimmtheitsgebots in die neue Gesellschaft einbringen. Diese Vorgehensweise wäre aber ausgesprochen aufwändig, zumal für die einzelnen zu übertragenden Gegenstände unter Umständen auch noch

[1] Ausführlich zu den Motiven einer Umwandlung *K. Schmidt,* § 12 I 3.

unterschiedliche Übertragungsregeln gelten (Betriebsgrundstück, Einzelgegenstände, Forderungen etc.).[2]

Aufgabe des Umwandlungsrechts ist es, eine Übertragung der einzelnen Unternehmensbestandteile obsolet zu machen und auf diese Weise die Umstrukturierung zu vereinfachen. Welches rechtliche Instrumentarium dafür einzusetzen ist, hängt davon ab, welche Form einer Umwandlung anvisiert wird. Das deutsche Recht stellt im Wesentlichen drei Umwandlungstypen zur Auswahl: die Verschmelzung, die Spaltung und den Formwechsel (vgl. § 1 UmwG). Eine vierte im Umwandlungsgesetz geregelte Variante, die Vermögensübertragung (§§ 174–189 UmwG), ist von untergeordneter praktischer Bedeutung und wird deshalb im Folgenden nicht erläutert.[3] Die übrigen Umwandlungsformen sollen zumindest in ihren Grundzügen dargestellt werden. Eine erschöpfende Darstellung verbietet sich schon im Hinblick auf den Umfang der Materie. Das Umwandlungsrecht ist im Umwandlungsgesetz geregelt, das vom Umwandlungssteuergesetz flankiert wird. Mit 325 Paragrafen bleibt das Umwandlungsgesetz nur knapp hinter dem Aktienrecht zurück. Diese Regelungsdichte erklärt sich nicht allein aus der Komplexität der einzelnen Umwandlungsvorgänge, sondern auch aus ihrer Vielgestaltigkeit. Da fast alle Gesellschaftstypen in jede andere Rechtsform wechseln, verschmelzen oder gespalten werden können, ergibt sich eine große Vielzahl von möglichen Kombinationen, die nicht alle nach einheitlichen Regeln gelöst werden können. 3

Damit das Umwandlungsrecht nicht noch voluminöser ausfällt, hat der Gesetzgeber großzügig von der Abstraktions- und Verweisungstechnik Gebrauch gemacht; jede einzelne Umwandlungsvariante wird in einem allgemeinen und einem rechtsformspezifischen besonderen Teil geregelt.[4] Dadurch wurde eine weitere Aufblähung des Gesetzesstoffes vermieden, die Handhabung des Gesetzes aber nicht unbedingt erleichtert. Zusätzlich erschwert wird die Anwendung des Umwandlungsrechts dadurch, dass noch eine weitere Regelungsebene hinzutritt. Das Verschmelzungs- und das Spaltungsrecht gehen auf europäische Richtlinien zurück.[5] Das Umwandlungsrecht gehört deshalb in diesen Bereichen in den Kontext der richtliniengestützten Rechtsangleichung in den Mitgliedstaaten der EU und unterliegt den insoweit bestehenden Sonderregeln, vor allem dem Grundsatz gemeinschaftskonformer Auslegung, soweit der Geltungsanspruch der Richtlinien reicht (s. noch § 40 Rn. 13).[6] 4

---

2 Vgl. zu diesen Schwierigkeiten etwa das anschauliche Beispiel von *K. Schmidt,* § 12 I 6c; ferner *Raiser/Veil,* § 67 Rn. 11 ff.

3 Die Vermögensübertragung ist keine Umwandlung im engeren Sinne, sondern vielmehr eine besondere Form der Verschmelzung und Spaltung unter Beteiligung von juristischen Personen des öffentlichen Rechts oder Versicherungen, die aufgrund ihrer Struktur keinen Austausch von Anteilen oder Mitgliedschaften vornehmen können oder dürfen; vgl. dazu etwa *K. Schmidt,* § 13 V 2; *Hofmann/Riethmüller,* JA 2009, 481, 483.

4 Vgl. zur Gesetzestechnik *K. Schmidt,* § 13 I 1. Das Verschmelzungsrecht ist als erste Umwandlungsform geregelt und daher Bezugspunkt der späteren Verweisungen. Es stellt deshalb einen „versteckten allgemeinen Teil des Umwandlungsrechts" dar; vgl. *Hofmann/Riethmüller,* JA 2009, 481, 482.

5 Für das Verschmelzungsrecht gilt zunächst die Verschmelzungsrichtlinie 2011/35/EU vom 5.4.2011, ABl. EU Nr. L 110 (früher: dritte Richtlinie 78/855/EWG des Rates vom 9.10.1978). Geht es um grenzüberschreitende Verschmelzungen von Kapitalgesellschaften, so greift die internationale Verschmelzungsrichtlinie 2005/56/EG vom 26.10.2005, ABl. EU Nr. L 310 ein. Für die Spaltung gilt die Spaltungsrichtlinie 82/891/EWG vom 17.12.1982, ABl. EG Nr. L 378.

6 Zu der gerade im Umwandlungsrecht bedeutsamen Frage nach der richtlinienkonformen Auslegung überschießend umgesetzten Rechts vgl. *Habersack/Verse,* EuropGesR, § 3 Rn. 60; *J. Koch,* JZ 2006, 277, 280.

II. Die Verschmelzung (§§ 2–122l UmwG)

1. Wesen der Verschmelzung

5 **Fall 1:** *Scholz* und *Thalheimer* haben in der Rechtsform einer GmbH die Modelinie Hot Couture gegründet, die sich als ausgesprochen erfolgreich erweist. Um weiter zu expandieren, beschließen sie, ihre Geschäftstätigkeit mit der ebenfalls im Modebereich tätigen Sartorialist GmbH zusammenzulegen. Wie kann eine solche Zusammenlegung bewerkstelligt werden, wenn die beiden Gesellschaften sich darüber einig sind, künftig unter der Firma der Hot Couture GmbH zusammenzuwirken?

6 Das Umwandlungsrecht stellt für diesen Zweck das Instrument der Verschmelzung zur Verfügung (auch: Fusion).[7] Dabei werden zwei oder mehrere Unternehmensträger zu einem zusammengeführt, ohne dass es eines Liquidationsverfahrens bedarf.[8] Die Aufgabe des Umwandlungsrechts besteht hier darin, aus Vereinfachungsgründen die Liquidation und die anschließende neuerliche Einbringung in eine andere Gesellschaft obsolet zu machen. Diese Aufgabe bewältigt der Gesetzgeber mit dem aus dem Erbrecht bekannten Instrument der Gesamtrechtsnachfolge (Universalsukzession).[9] Der aufnehmende Rechtsträger tritt vollständig in die Rechte und Pflichten der übertragenden Rechtsträger ein. Die bisherigen Anteilsinhaber der erlöschenden Rechtsträger erhalten als Kompensation Anteilsrechte an dem übernehmenden Rechtsträger, die ihre fortdauernde mitgliedschaftliche Beteiligung an der verschmelzungsbedingt entstehenden Vermögensmasse sicherstellen. Als Unterformen der Verschmelzung unterscheidet das Gesetz die Verschmelzung durch Aufnahme, bei der der aufnehmende Rechtsträger bereits besteht (§§ 4–35 UmwG), und die Verschmelzung durch Neugründung, bei der der aufnehmende Rechtsträger erst neu gegründet wird (§§ 36–38 UmwG).

7 Hier könnte also die Sartorialist GmbH auf die Hot Couture GmbH verschmolzen werden, die dann dem Namen nach allein im Rechtsverkehr fortbestehen würde. Diese Art der Verschmelzung „durch Aufnahme" entspricht im Fall 1 dem Willen der Gesellschafter. Alternativ hätte auch in Erwägung gezogen werden können, die beiden Gesellschaften gemeinsam auf eine neu gegründete Gesellschaft (NewCo)[10] zu verschmelzen. Diese letztgenannte Gestaltung empfiehlt sich zumeist aus psychologischen Gründen, wenn zwei annähernd gleich bedeutende Konkurrenzgesellschaften aufeinander verschmolzen werden sollen (merger of equals). Auch grenzüberschreitende Verschmelzungen sind innerhalb der EU nach den im Jahr 2007 neu eingefügten §§ 122a ff. UmwG möglich.[11]

2. Voraussetzungen

8 Die verschmelzungsfähigen Rechtsträger sind in § 3 UmwG aufgeführt. Dazu gehört auch die im Fall 1 in Frage stehende Rechtsform der GmbH. Als privatautonomer Gestaltungsakt bedarf die Verschmelzung zunächst einer vertraglichen Einigung

---

[7] Verbreitet ist daneben auch die anglo-amerikanische Bezeichnung als „merger". Die Bezeichnung M&A steht für Mergers and Acquisitions, also Verschmelzung und Beteiligungserwerb, als den wesentlichen Transaktionsformen zur Zusammenführung von Unternehmen.

[8] Vgl. etwa *K. Schmidt,* § 13 III 1a.

[9] Vgl. dazu Lutter/Bayer/Vetter/*Drygala,* UmwG, 5. Aufl., 2014, § 2 Rn. 28 f.; *K. Schmidt,* § 12 IV 3.

[10] Im Transaktionsgeschäft verbreitete Abkürzung für New Company.

[11] Diese Möglichkeit geht auf eine Richtlinie der EU zurück (s. bereits § 39 Fn. 5). Zu dieser Richtlinie und ihrer Umsetzung in das deutsche Recht vgl. etwa *Bayer/J. Schmidt,* NJW 2006, 401 ff.; *Brocker,* BB 2010, 971 ff.; *Klein,* RNotZ 2007, 565 ff.; allgemein zum Internationalen Umwandlungsrecht *Saenger,* Rn. 913 ff.; *Spahlinger/Wegen,* NZG 2006, 721.

zwischen den betroffenen Gesellschaften (§ 4 UmwG). Da er überdies die Struktur der beteiligten Rechtsträger wesentlich verändert, handelt es sich um eine Strukturmaßnahme, die entsprechend allgemeinen Grundsätzen (vgl. etwa § 30 Rn. 32) der Zustimmung der Gesellschafter bedarf. Ein Regelungsschwerpunkt des Umwandlungsrechts liegt darin, diesen Zustimmungsakt in geordnete verfahrensrechtliche Bahnen zu lenken. So ist der Inhalt des Verschmelzungsvertrags in § 5 UmwG vorgeschrieben; der Vertragsschluss bedarf nach § 6 UmwG der notariellen Beurkundung. Sodann haben die Vertretungsorgane der beteiligten Gesellschaften einen Verschmelzungsbericht zu erstellen (§ 8 UmwG), der – je nach der betroffenen Rechtsform – von einem externen Sachverständigen zu prüfen ist (§§ 9–12 UmwG). Die Anteilseigner sind über diese Berichte zu informieren, was allerdings nicht im allgemeinen Teil des Verschmelzungsrechts, sondern rechtsformspezifisch in §§ 42, 47, 49, 61, 63, 82, 101 UmwG geregelt ist. Der Verschmelzungsvertrag ist nach § 13 I 2 UmwG nur wirksam, wenn die Anteilsinhaber der beteiligten Rechtsträger ihm durch einen Beschluss zustimmen, wobei die Mehrheitserfordernisse wiederum rechtsformspezifisch geregelt sind. Der Beschluss ist zur Eintragung in das Handelsregister anzumelden (§§ 16 ff. UmwG).

3. Rechtsfolgen und Rechtsschutz

9 Mit der Eintragung geht nach § 20 I UmwG das Vermögen der übertragenden Rechtsträger einschließlich der Verbindlichkeiten auf den übernehmenden Rechtsträger über; die übertragenden Rechtsträger erlöschen. Die Anteilsinhaber der übertragenden Rechtsträger werden entsprechend ihrer bisherigen Beteiligungsquote Anteilsinhaber des übernehmenden Rechtsträgers. Ist mit dem Verschmelzungsakt der Übergang in eine andere Rechtsform verbunden (was grundsätzlich zulässig ist[12]), so ist den Gesellschaftern nach § 29 UmwG überdies auch eine Barabfindung anzubieten, damit sie statt der Mitgliedschaft in einer neuen Rechtsform auch die Desinvestition wählen können (zu den Gründen s. noch Rn. 27). Da eine nachträgliche Entschmelzung kaum möglich ist, lassen nach § 20 II UmwG Mängel der Verschmelzung entsprechend den Grundgedanken der fehlerhaften Gesellschaft die Wirkungen der Eintragung unberührt (s. oben § 5).

10 Ist damit der nachträgliche Rechtsschutz ausgeschlossen, gewinnt der Rechtsschutz im Vorfeld der Eintragung an Bedeutung. Zugleich besteht hier aber wie im Aktienrecht die Gefahr missbräuchlicher Anfechtungsklagen (s. oben § 31 Rn. 12 ff.), so dass der Gesetzgeber vor der schwierigen Aufgabe stand, eine richtige Balance zwischen Minderheitenschutz und Missbrauchsgefahr zu finden. Diese Aufgabe hat er in einem ausdifferenzierten Verfahren nach §§ 14 ff. UmwG gelöst. Zunächst wird der Missbrauchsgefahr dadurch entgegengewirkt, dass Beanstandungen, die darauf gestützt werden, das Umtauschverhältnis der Anteile sei zu niedrig bemessen, gar nicht mit einer Anfechtungsklage geltend gemacht werden können. Stattdessen können die Anteilseigner in diesem Fall nach § 15 I 1 UmwG auf bare Zuzahlung klagen; die Höhe dieser Zuzahlung wird nach § 15 I 2 UmwG in einem gesonderten Spruchverfahren ermittelt.

11 Für sonstige Beanstandungen bleibt die Anfechtungsklage zulässig und löst nach § 16 I und II UmwG eine Registersperre aus. Die Maßnahme kann nicht eingetragen werden und damit auch die Bestandskraft nach § 20 II UmwG nicht eintreten. Allerdings kann diese Sperre in einem beschleunigten Freigabeverfahren vor dem Prozessgericht nach § 16 III UmwG überwunden werden, wenn die Gesellschaften

[12] Vgl. dazu *Raiser/Veil,* § 69 Rn. 1; *K. Schmidt,* § 13 III 1.

eine gesteigerte Dringlichkeit der Eintragung und die fehlende Relevanz eines etwaigen Verfahrensfehlers darlegen können. Erweist sich die Klage im Nachhinein doch als begründet, so wird die Bestandskraft der Verschmelzung davon nicht mehr berührt (§ 20 II UmwG), der Antragsgegner hat aber nach § 16 III 10 UmwG einen Anspruch auf Schadensersatz. Da es ihm schwer fallen wird, einen Schaden nachzuweisen, wird dieser Anspruch allerdings oftmals ins Leere gehen.

12 Sind die Anteilseigner durch diese Regeln sowie durch ihre Beteiligung am Verschmelzungsverfahren geschützt, so bedarf es darüber hinaus noch eines Schutzes der Gläubiger. Ein solches Schutzbedürfnis mag auf den ersten Blick zweifelhaft erscheinen, da durch eine Verschmelzung die Haftungsmasse augenscheinlich doch erhöht wird. Zugleich treten die Altgläubiger des einen Rechtsträgers aber hinsichtlich dieser Haftungsmasse auch in Konkurrenz mit den Altgläubigern des anderen Rechtsträgers, so dass sich gerade in Sanierungsfällen auch eine Verschlechterungsgefahr ergeben kann. Daher können die Gläubiger nach § 22 UmwG ein Recht auf Sicherheitsleistung geltend machen, wenn sie eine Gefährdung ihrer Forderung glaubhaft darlegen können. Bei Personengesellschaften tritt nach § 45 UmwG ergänzend eine persönliche Nachhaftung der bisherigen Anteilseigner in Anlehnung nach § 160 HGB hinzu (s. § 18 Rn. 35 ff.). Abgerundet werden diese Schutzvorschriften durch eine Schadensersatzpflicht der beteiligten Verwaltungsträger nach §§ 25 ff. UmwG, auf die sich die Rechtsträger selbst, ihre Anteilseigner und ihre Gläubiger berufen können. Der Schadensnachweis wird allerdings auch hier problematisch sein.

III. Die Spaltung (§§ 123–173 UmwG)

1. Begrifflichkeit, Motive und Erscheinungsformen

13 **Fall 2:** Die Sartorialist GmbH war unter anderem auch im Bereich Schmuckdesign tätig. Die Geschäftsführung der Hot Couture GmbH, auf die die Sartorialist GmbH mittlerweile verschmolzen wurde, plant, diesen Bereich organisatorisch zu verselbstständigen, um ihn später an einen Interessenten verkaufen zu können. Wie kann diese Verselbstständigung vollzogen werden?

14 Die Geschäftsleitung der Hot Couture GmbH kann hier eine Spaltung in Erwägung ziehen. Sie ist dadurch gekennzeichnet, dass das Gesellschaftsvermögen einer Gesellschaft auf künftig mindestens zwei Gesellschaften aufgeteilt, also ganz oder teilweise auf getrennte Rechtsträger verteilt wird.[13] Die Motive für eine solche Maßnahme können auch hier sehr vielschichtig sein.[14] So kann die Spaltung etwa dazu dienen, kleinere Tochterunternehmen zu schaffen, die am Markt selbstständig auftreten. Die so geschaffenen unternehmerischen Einheiten können sodann auch als Kooperationspartner an der Bildung von Gemeinschaftsunternehmen beteiligt werden oder eine Vorstufe für eine Teilfusion mit anderen Unternehmen darstellen. Des Weiteren kann mit der Spaltung die Veräußerung von Unternehmensteilen vorbereitet werden, vor allem in Sanierungsfällen oder bei der Änderung des Leistungsprogramms eines Unternehmens. Die Spaltung kann schließlich auch zum Zwecke der Isolierung von Haftungsrisiken (z. B. Entwicklung neuer Produkte) eingesetzt werden.

15 Die Spaltung kann in mehreren Varianten vollzogen werden. Das Gesetz unterscheidet zunächst die Aufspaltung, die Abspaltung und die Ausgliederung (§ 123 UmwG). Bei der Aufspaltung wird das gesamte Vermögen der zu spaltenden Gesellschaft auf mehrere (übernehmende) Rechtsträger überführt (Abs. 1). Bei der Abspal-

---

[13] Vgl. zum Folgenden *K. Schmidt,* § 12 II 3a.

[14] Vgl. zum Folgenden Semler/*Stengel,* UmwG, 3. Aufl., 2012, § 123 Rn. 7.

tung gibt sie nur einen Teil ihres Gesellschaftsvermögens an eine übernehmende Gesellschaft ab, wobei die Mitglieder der abspaltenden Gesellschaft zum Ausgleich ihres mit der Abspaltung verbundenen Vermögensverlustes Gesellschafter der aufnehmenden Gesellschaft werden (Abs. 2). Wenn dieser Ausgleich nicht an die Gesellschafter, sondern an die übertragende Gesellschaft gehen soll, liegt die dritte Spaltungsvariante einer Ausgliederung vor, die sich für die Gesellschafter als Umschichtung innerhalb des Gesellschaftervermögens darstellt. Die Zielgesellschaft wird dabei gleichsam „unter die Ausgangsgesellschaft gehängt" (Abs. 3).[15] Wird das gesamte Vermögen ausgegliedert, entsteht bei der übertragenden Gesellschaft eine reine Holding.[16]

Für alle drei Spaltungsfälle wird in jedem Absatz des § 123 UmwG weiter danach unterschieden, ob der aufnehmende Rechtsträger bereits besteht oder noch zu gründen ist. Im ersten Fall spricht man – wie bei der Verschmelzung – von einer Spaltung durch Aufnahme, im zweiten Fall von einer Spaltung durch Neugründung. Insgesamt gibt es also sechs Spaltungskonstellationen. Wie bei den anderen Umwandlungsvorgängen geht es auch bei der Spaltung darum, einen Unternehmensteil zu verselbstständigen, dabei aber die Übertragung einzelner Vermögensgegenstände nach dem Bestimmtheitsprinzip zu vermeiden. Das dazu eingesetzte Mittel ist – wie bei der Verschmelzung – die Universalsukzession (s. aber noch Rn. 17). Im Fall 2 wollen die Gesellschafter nicht das gesamte Vermögen der Hot Couture GmbH aufteilen, so dass eine Aufspaltung nicht in Betracht kommt. Geeignet dürfte stattdessen eine Abspaltung oder eine Ausgliederung sein. Soll die Spaltung einer späteren Veräußerung dienen, ist eine Ausgliederung zu empfehlen, da die Anteile dann in einer Hand bleiben, nämlich im Besitz der Hot Couture GmbH. 16

2. Voraussetzungen

Die Voraussetzungen der Spaltung sind eng an die der Verschmelzung angelehnt. 17 Schon hinsichtlich der spaltungsfähigen Rechtsträger verweist § 124 I UmwG auf den für die Verschmelzung geltenden § 3 UmwG. Die eigentliche verbandsrechtliche Legitimation liegt sodann auch hier in dem Beschluss der Anteilseigner der aufzuspaltenden Gesellschaft. Dieser Beschluss bedarf aber zunächst der Vorbereitung durch die Gesellschaftsorgane. Grundlage ist im Falle einer Spaltung zur Aufnahme (s. Rn. 16) ein Spaltungsvertrag (§ 126 UmwG), bei der Spaltung durch Neugründung dagegen ein Spaltungsplan (§ 136 UmwG), da es hier bis zur Neugründung noch an einem Transaktionspartner fehlt. Der Mindestinhalt von Spaltungsvertrag oder -plan ist jeweils in § 126 UmwG aufgeführt. Er umfasst etwa die Bezeichnung der Rechtsträger, die Bestimmung des Anteilserwerbs und des Umtauschverhältnisses etc. Der Umfang des Rechtsübergangs unterliegt der privatautonomen Gestaltung. Obwohl man auch hier von einer „Universalsukzession" spricht, ist sie also nicht in dem Sinne universal, dass sie das gesamte Vermögen der aufzuspaltenden Gesellschaft umfasst. Vielmehr soll der Begriff in diesem Kontext nur zum Ausdruck bringen, dass keine Übertragung nach dem sachenrechtlichen Bestimmtheitsprinzip erfolgt. Um dies zum Ausdruck zu bringen, verwendet man auch die Bezeichnung „partielle Universalsukzession".[17]

Der weitere Verfahrensgang lässt sich der gesetzlichen Regelung nur mit Mühe 18 entnehmen, da § 125 UmwG insofern auf die Regeln der Verschmelzung verweist, die in den §§ 126 ff. UmwG weiter modifiziert werden. Wie bei der Verschmelzung

---

[15] *K. Schmidt,* § 12 II 3a.
[16] *Saenger,* Rn. 903.
[17] Vgl. dazu *K. Schmidt,* § 12 IV 3b, § 13 IV 4b.

geht es zunächst um die Vorbereitung des Beschlusses der Anteilseigner durch einen Spaltungsbericht (§§ 127, 142 UmwG) und eine Spaltungsprüfung (§§ 125, 44, 48, 60, 81 UmwG) sowie eine vorbereitende Information (§§ 125, 42, 49, 63, 82 UmwG). Die Beschlussfassung erfolgt nach Maßgabe der §§ 125, 13, 43, 50, 65, 84 UmwG, die Anmeldung und die Eintragung nach §§ 129 f., 140, 146, 148 UmwG.

3. Rechtsfolgen

19 Rechtsfolge der Spaltung ist nach § 131 I UmwG, dass die im Spaltungsvertrag/-plan vorgesehenen Vermögensbestandteile auf den oder die übernehmenden Rechtsträger übergehen. Bei der Aufspaltung erlischt der übertragende Rechtsträger, ohne dass es einer besonderen Löschung bedarf. Im Fall einer Auf- oder Abspaltung werden die Anteilsinhaber des übertragenden Rechtsträgers entsprechend der vertraglich vorgesehenen Aufteilung Anteilsinhaber der übernehmenden Rechtsträger. Bei der Ausgliederung wird der übertragende Rechtsträger entsprechend dem Ausgliederungsplan/-vertrag Anteilsinhaber der übernehmenden Rechtsträger. § 131 III 2 UmwG enthält Sonderregeln für nicht übertragbare Vermögensbestandteile, § 131 III 1 UmwG Sonderregeln für vergessene Vermögensbestandteile.

4. Anteilseigner- und Gläubigerschutz

20 Der Schutz der Anteilseigner erfolgt im Wesentlichen durch ihre Verfahrensbeteiligung. Hinsichtlich der Rechtsschutzmöglichkeiten gilt über § 125 UmwG auch die Regelung des § 16 UmwG (s. oben Rn. 11). Die Bestandskraft der Spaltung nach Eintragung ergibt sich aus § 131 II UmwG. Dem Schutz der Gläubiger kommt bei der Spaltung eine größere Bedeutung zu als bei der Verschmelzung, da ihre bisherige Haftungsgrundlage vollständig aufgelöst wird. § 133 UmwG begegnet diesem Schutzbedürfnis mit einer weitgehenden und kompliziert ausgestalteten gesamtschuldnerischen Haftung aller Beteiligten. Primärschuldner ist zunächst derjenige Rechtsträger, dem eine Verbindlichkeit im Spaltungsvertrag/-plan zugewiesen ist. Sofern ein übertragender Rechtsträger fortbesteht (Abspaltung oder Ausgliederung), haftet er für seine Altverbindlichkeiten weiter, auch wenn die Verbindlichkeit einem anderen Rechtsträger zugewiesen worden ist. Unabhängig von diesen Grundsätzen haften auch diejenigen an der Spaltung beteiligten Rechtsträger, denen die Verbindlichkeit nicht zugewiesen worden ist, für die vor dem Wirksamwerden der Spaltung begründeten Verbindlichkeiten als Gesamtschuldner (§ 133 I 1 UmwG), allerdings nur bis zum Ablauf einer fünfjährigen Nachhaftungsbegrenzungsfrist (§ 133 III UmwG).

21 Auf den ersten Blick wirkt diese Anordnung widersinnig, da die Bestimmung eines Primärschuldners letztlich doch durch die subsidiäre Anordnung der Gesamtschuld konterkariert zu werden scheint. Tatsächlich hat die Bestimmung des Primärschuldners aber trotz dieser gesamtschuldnerischen Haftung Bedeutung, und zwar zum einen für die Verteilung im Innenverhältnis, zum anderen für die in § 133 III UmwG angeordnete Haftung. Schließlich gelten ergänzend auch für die Spaltung über § 125 UmwG die Haftungsvorschriften der §§ 25–27 UmwG.

IV. Der Formwechsel

1. Begrifflichkeit und Zweck

22 **Fall 3:** Die Hot Couture hat am Markt einen derart durchschlagenden Erfolg, dass die Gesellschafter beschließen, im Wege eines Börsengangs weitere Finanzmittel zu erschließen und zugleich einen Teil ihrer Beteiligung zu Geld zu machen. Da der Börsengang die Rechtsform

einer AG voraussetzt (§ 29 Rn. 4, § 33 Rn. 4), fragen sie, wie sie den dazu erforderlichen Wechsel in diese Rechtsform vollziehen können.

Die Gesellschafter könnten hier auf das Instrument des Formwechsels zurückgreifen. Dem Formwechsel liegt – wie dem gesamten Umwandlungsrecht – ein Vereinfachungsgedanke zugrunde (s. oben Rn. 3). Auch hier könnten die Gesellschafter die alte GmbH auflösen und liquidieren, um sodann eine neue AG zu gründen, in die das bislang von der GmbH betriebene Unternehmen als Sacheinlage (unter Beachtung des sachenrechtlichen Bestimmtheitsgebots) eingebracht wird. Um den damit verbundenen Aufwand zu vermeiden, stellt das Umwandlungsrecht als weiteres Instrument den Formwechsel zur Verfügung. Anders als bei der Verschmelzung oder Spaltung wird hier kein Vermögen auf einen anderen Rechtsträger übertragen, sondern es ist nur ein einzelner Rechtsträger beteiligt, der lediglich sein Rechtskleid wechselt. Dementsprechend ist das rechtstechnische Vehikel, mit dem dieser Wechsel bewerkstelligt wird, auch nicht wie bei Verschmelzung und Spaltung die Universalsukzession, sondern die Identität. Alter und neuer Rechtsträger werden als identisch angesehen, so dass es eines Übertragungsaktes nicht bedarf.[18] **23**

Aus dieser Zielvorstellung der Identität ergeben sich die Anforderungen an den gesetzgeberischen Umsetzungsakt. Zum einen müssen dem Zugang zur neuen Rechtsform gründungsähnliche Kautelen vorgeschaltet werden, um zu verhindern, dass Gründungsvoraussetzungen im Wege eines Formwechsels umgangen werden. Zum anderen muss sichergestellt werden, dass die an der Gesellschaft Beteiligten, namentlich ihre Gesellschafter und Gläubiger, die auf den Fortbestand der bisherigen Rechtsform vertraut haben, durch den Formwechsel nicht schlechter gestellt werden. Wenn etwa eine GmbH in eine Personengesellschaft umgewandelt werden soll, so kann dies kaum ohne die Zustimmung all derjenigen Gesellschafter geschehen, die künftig persönlich für die Verbindlichkeiten haften würden. Soll umgekehrt eine Personengesellschaft in eine GmbH umgewandelt werden, so wird man den Altgläubigern nicht ohne Weiteres ihre Möglichkeit der persönlichen Inanspruchnahme der Personengesellschafter nehmen können. **24**

Von dem so umschriebenen Formwechsel abzugrenzen ist der Wechsel innerhalb der Personengesellschaften, also etwa von einer BGB-Gesellschaft in eine OHG.[19] Dieser Wechsel ist nicht als Formwechsel im Umwandlungsrecht geregelt, da er nicht als Ergebnis eines Vertragsgestaltungsvorgangs eintritt, sondern als zwingende Verwandlung qua Gesetzes. Bei der Umwandlung einer OHG in eine KG ist diese Unterscheidung eher formaler Natur, da eine OHG nur selten „aus Versehen“ in eine KG umgewandelt wird. Auch wenn es sich dabei um eine gesetzliche Umwandlung handelt, wird sie also doch eine kraft Gesetzes eintretende Rechtsfolge einer gezielten Vertragsgestaltungspraxis sein. Dennoch gilt für diese Umwandlung nicht das Umwandlungsrecht, sondern anwendbar sind allein die Regeln des HGB. **25**

2. Voraussetzungen

Die in den Formwechsel einbezogenen Rechtsträger sind in § 191 UmwG aufgeführt. Die zentrale verbandsrechtliche Legitimation liegt auch hier in einem Be- **26**

[18] Vgl. zu dieser Rechtstechnik *K. Schmidt,* § 12 IV 2. Große dogmatische Schwierigkeiten bereitete diese Identitätsannahme, solange man noch von der fehlenden Rechtsfähigkeit der Gesamthand ausging (s. oben § 3 Rn. 3 ff.). Nach der Anerkennung ihrer Rechtsfähigkeit lässt sich die gesetzlich angeordnete Identität nunmehr auch in dieser Konstellation denklogisch wesentlich leichter nachvollziehen. Vgl. dazu etwa Lutter/Bayer/Vetter/*Decher/Hoger,* UmwG, 5. Aufl., 2014, § 202 Rn. 10 ff.; *K. Schmidt,* § 12 IV 2.

[19] Vgl. zum Folgenden etwa *K. Schmidt,* § 12 I 4c.

schluss der Anteilseigner nach § 193 UmwG, der durch entsprechende Informationen vorbereitet sein muss. Das Vertretungsorgan muss deshalb einen Umwandlungsbericht nach § 192 UmwG erstellen, der auch eine Vermögensaufstellung (§ 192 II UmwG) enthält. Der Beschluss selbst bedarf sodann nach den rechtsformspezifischen Einzelvorschriften zumindest einer ¾-Mehrheit (§§ 233 II, 240 I, 252 II, 262 I, 275 II, 284 S. 2, 293 UmwG). Die Umwandlung einer Personengesellschaft erfordert entsprechend ihrem persönlichen Zuschnitt i. d. R. Einstimmigkeit (§ 217 I UmwG). Soll eine andere Gesellschaft in eine BGB-Gesellschaft oder in eine OHG umgewandelt werden, müssen wegen der damit eintretenden persönlichen Haftung ebenfalls alle Gesellschafter zustimmen (§ 233 I UmwG). Der notwendige Inhalt des Beschlusses wird in § 194 UmwG umschrieben. Dazu gehören etwa die neue Rechtsform, die Firma, die Beteiligung der bisherigen Anteilsinhaber und ihre mitgliedschaftlichen Rechte nach dem Formwechsel, ein Abfindungsangebot für überstimmte Anteilsinhaber und eine Darstellung der Folgen des Formwechsels für die Arbeitnehmer und ihre Vertretungen. Bei dem Wechsel in eine Kapitalgesellschaft muss nach §§ 218, 243 UmwG auch eine Satzung beigefügt werden. Vor Umgehungen des Gründungsrechts schützt § 197 UmwG, wonach die Gründungsvorschriften der neuen Rechtsform zu beachten sind, namentlich die Normativbestimmungen bei Kapitalgesellschaften (s. oben § 26 Rn. 16 ff.). Der Formwechsel ist sodann zur Registereintragung nach § 202 UmwG anzumelden; nach der Eintragung lassen Mängel des Formwechsels seine Bestandskraft nach § 202 III UmwG unberührt (s. dazu bereits Rn. 9).

3. Rechtsfolgen und Rechtsschutz

27 Mit der Eintragung besteht der formwechselnde Rechtsträger nach § 202 I Nr. 1 UmwG in der durch den Umwandlungsbeschluss bestimmten Rechtsform weiter. Die Anteilsinhaber des formwechselnden Rechtsträgers sind nach § 202 I Nr. 2 UmwG an dem neuen Rechtsträger nach den für die neue Rechtsform geltenden Vorschriften beteiligt. Ihr Schutz erfolgt zunächst durch ihre Einbeziehung in das Umwandlungsverfahren. Darüber hinaus haben ihre überstimmten Mitglieder aber auch die Möglichkeit zum Ausstieg gegen Barabfindung (§§ 207 ff. UmwG). Diese Abweichung von anderen Umwandlungsformen erklärt sich daraus, dass der Wechsel in eine andere Rechtsform die Rechtsposition des Mitglieds unter Umständen sehr einschneidend verändern kann und er deshalb zu diesem Wechsel nicht gegen seinen Willen gezwungen werden soll.[20] Der weitergehende gerichtliche Rechtsschutz der Anteilseigner richtet sich gem. § 198 III UmwG nach § 16 II und III UmwG (s. bereits Rn. 11). Eine Verbesserung des Beteiligungsverhältnisses muss auch hier gem. § 196 UmwG im Spruchverfahren erstritten werden (s. bereits Rn. 10).

28 Die Ausgestaltung des Gläubigerschutzes hängt von der konkreten Art des Formwechsels ab. Bei dem Wechsel einer Personengesellschaft in eine Kapitalgesellschaft dauert in Anlehnung an § 160 HGB die persönliche Haftung für Altverbindlichkeiten bis zum Ablauf einer fünfjährigen Enthaftungsvorschrift fort (§ 224 I und II UmwG). Zudem müssen wegen des in § 197 UmwG enthaltenen Verweises auf das Umwandlungsrecht die Kapitalaufbringungsvorschriften gewahrt sein. Bei der Umwandlung einer Kapitalgesellschaft in eine Personengesellschaft greift die persönliche Haftung der Gesellschafter, die zumeist einen gleichwertigen Schutz bieten wird. Da

---

[20] Vgl. dazu etwa Semler/Stengel/*Kalss,* UmwG, 3. Aufl., 2012, § 207 Rn. 1. Konsequent gilt ein solches Barabfindungsgebot auch für die Verschmelzung auf einen anderen Rechtsträger (sog. Mischverschmelzung) – s. dazu bereits oben Rn. 9.

diese Gleichwertigkeit aber nicht zwingend gegeben sein muss, können die Gläubiger in diesem Fall gem. §§ 204, 22 UmwG noch ergänzend eine Sicherheitsleistung verlangen, wenn sie glaubhaft machen, dass ihre Forderungsdurchsetzung gefährdet ist. Schließlich gilt nach §§ 205 f. UmwG auch hier die Organhaftung der §§ 25 f. UmwG.

V. Zusammenfassung

Die verschiedenen Formen der Umwandlung zielen darauf ab, eine strukturelle Veränderung des Rechtsträgers eines Unternehmens rechtstechnisch zu vereinfachen. 29
Insbesondere soll diese Veränderung nicht eine Übertragung der einzelnen Unternehmensbestandteile nach dem sachenrechtlichen Bestimmtheitsprinzip erforderlich machen. Wesentliche Umwandlungsarten sind Verschmelzung, Spaltung und Formwechsel. Die Rechtstechniken, die diesen Umwandlungsvorgängen zugrunde liegen, sind nicht einheitlich, weil sie teilweise den Übergang von Gesellschaftsvermögen bewirken (Verschmelzung, Spaltung), teilweise aber auch nur zu einem Wechsel der Rechtsform führen (Formwechsel). Im ersten Fall erfolgt die angestrebte Vereinfachung über das Instrument der Universalsukzession, im zweiten Fall über das Instrument der Identität. Die Umwandlungsvoraussetzungen sind je nach Umwandlungsart und nach der Rechtsform der beteiligten Gesellschaft unterschiedlich geregelt. Gemeinsam ist allen Umwandlungsarten, dass sie ihre verbandsrechtliche Legitimation in einem strukturverändernden Beschluss der Gesellschafter finden. Dieser bedarf einer entsprechenden Vorbereitung, die durch die Verwaltungsorgane erfolgt und ebenfalls bei sämtlichen Umwandlungsvorgängen ähnlich ausgestaltet ist. Der Beschluss erlangt Wirksamkeit jeweils durch eine Eintragung, die zur dauerhaften Bestandskraft führt. Der Rechtsschutz der Anteilseigner wird daher weitgehend auf den Zeitraum vor der Eintragung verschoben. Hier hat der Gesetzgeber ein differenziertes System entwickelt, um hinreichenden Rechtsschutz zu gewähren, ohne die Möglichkeit zum Missbrauch zu eröffnen. Ein weiteres wichtiges umwandlungsrechtliches Regelungsanliegen ist der Gläubigerschutz, dessen Ausgestaltung aber von dem konkreten Umwandlungsvorgang abhängt.

6. Teil. Gesellschaften mit grenzüberschreitendem Bezug

§ 40. Europäisierung des Gesellschaftsrechts

Literatur: *Altmeppen,* Schutz vor „europäischen" Kapitalgesellschaften, NJW 2004, 97; *Beurskens,* „Societas Unius Personae" – der Wolf im Schafspelz?", GmbHR 2014, 738; *Braun,* Die Europäische Aktiengesellschaft: nach Inspire Art bereits ein Auslaufmodell?, Jura 2005, 150; *Burk,* Art. 49, 54 AEUV: Zum Stand der Niederlassungsfreiheit für natürliche Personen und Gesellschaften nach der neuen EuGH-Rechtsprechung, Jura 2010, 284; *Drygala,* What's SUP? Der Vorschlag der EU-Kommission zur Einführung einer europäischen Einpersonengesellschaft (Societas Unius Personae, SUP), EuZW 2014, 491; *Eidenmüller/Rehm,* Niederlassungsfreiheit versus Schutz des inländischen Rechtsverkehrs: Konturen des Europäischen Internationalen Gesellschaftsrechts, ZGR 2004, 159; *Frenz,* Supranationale Gesellschaftsformen, Jura 2012, 120; *Kindler,* Der reale Niederlassungsbegriff nach dem VALE-Urteil des EuGH, EuZW 2012, 888; *ders.*, Internationales Gesellschaftsrecht 2009: MoMiG, Trabrennbahn, Cartesio und die Folgen, IPRax 2009, 189; *J. Koch,* Die europäische Niederlassungsfreiheit als Herausforderung für das deutsche Gesellschaftsrecht, JuS 2004, 755; *Omlor,* Die Societas Unius Personae – eine supranationale Erweiterung der deutschen GmbH-Familie, NZG 2014, 1137; *Rauscher/Loose,* Schwerpunktbereich: Kapitalgesellschaften in der Bearbeitung auslandsrechtlicher Fälle, JuS 2013, 683; *Roth,* Internationalprivatrechtliche Aspekte der Personengesellschaften, ZGR 2014, 168; *J. Schmidt,* Der Vorschlag für eine Societas Unius Personae (SUP) – super oder suboptimal?, GmbHR 2014, R129; *Seibert,* SUP – Der Vorschlag der EU-Kommission zur Harmonisierung der Einpersonen-Gesellschaft, GmbHR 2014, R209; *Veil/Brinckmann,* Corporate Governance im europäischen Gesellschaftsrecht, Jura 2007, 366. Übungsfall: *Pechstein/Serafimova,* Fall Europarecht – Die freizügigkeitswillige Gesellschaft, JA 2014, 203. Vertiefend zur Niederlassungsfreiheit *Herdegen,* Europarecht, 18. Aufl., 2016, § 16 Rn. 22 ff.

I. Freiheit der Rechtswahl

Bereits die Entwicklung des GmbH-Rechts, namentlich die Schaffung der Unternehmergesellschaft (haftungsbeschränkt) als Rechtsformalternative zur Limited (§ 33 Rn. 6 f.) belegt eindrucksvoll, dass das deutsche Gesellschaftsrecht gerade im letzten Jahrzehnt die nachhaltigsten Impulse aus dem Europarecht erhalten hat. Das Europarecht wirkt auf drei verschiedenen Wegen auf das nationale Gesellschaftsrecht ein: Es eröffnet eine Freiheit der Rechtswahl innerhalb der EU, es führt zu einer Rechtsangleichung bestehender mitgliedstaatlicher Formen und es bildet schließlich eigene supranationale Rechtsformen heraus.[1] 1

Fall 1: *Kanzler* und *Mader* betreiben gemeinsam eine Schreinerei. Sie haben festgestellt, dass sich in den letzten Jahren mehrere ihrer Wettbewerber für die Rechtsform der englischen „Limited" mit der Begründung entschieden haben, dass eine solche Gesellschaft für nur einen Euro gegründet werden könne und einen Ausschluss der persönlichen Gesellschafterhaftung ermögliche. Sie fragen deshalb, ob es auch für ihr in Köln gelegenes Unternehmen möglich und ratsam sein könnte, dieses künftig in dieser Rechtsform zu führen. 2

Bei der einleitenden Darstellung der unterschiedlichen Gesellschaftsformen des nationalen Rechts ist festgestellt worden, dass im deutschen Recht ein numerus clausus der Gesellschaftstypen gilt: Aus Gründen des Verkehrsschutzes können die Gesell- 3

---

[1] Vgl. zum Folgenden auch *Kindler,* § 9 Rn. 26 ff.

schafter nicht selbstständig neue Gesellschaftsformen kreieren, sondern sind auf die gesetzlich vorgesehenen Gesellschaftstypen beschränkt (vgl. § 2 Rn. 14). Die Besonderheit dieses Falles liegt darin, dass die Gesellschafter nicht den deutschen Typenkatalog erweitern, sondern auf einen ausländischen Typenkatalog zurückgreifen wollen. Das könnte hier in der Weise geschehen, dass in Großbritannien eine Limited gegründet wird,[2] die sodann ihren Sitz nach Deutschland verlegt.[3]

4 Ob eine solche grenzübergreifende Typenwahl zulässig ist, orientiert sich nach allgemeinen Grundsätzen an den Regeln des Internationalen Privatrechts.[4] Aufgabe des Internationalen Privatrechts ist es, bei Sachverhalten, die – wie hier – eine Verbindung zum Recht eines ausländischen Staates aufweisen, die anwendbare Rechtsordnung zu bestimmen. Die Kodifikation des deutschen Internationalen Privatrechts in Art. 3 ff. EGBGB enthält allerdings keine Regelung darüber, welchem Recht gesellschaftsrechtliche Sachverhalte mit Auslandsberührung unterliegen. Im deutschen Recht wurde das für die Innen- und Außenbeziehung einer Gesellschaft maßgebliche Recht (Gesellschaftsstatut) traditionell überwiegend nach der sog. Sitztheorie bestimmt.[5] Danach unterfielen alle Gesellschaften, die ihren tatsächlichen Verwaltungssitz in Deutschland hatten, unabhängig vom Ort ihrer Gründung dem deutschen Recht.[6] Eine im Ausland gegründete Gesellschaft wurde also, sobald sie ihren Sitz nach Deutschland verlegte (Scheinauslandsgesellschaft), am Maßstab des deutschen Rechts gemessen. Wollte sie sich unternehmerisch betätigen, ohne dass die Mitglieder bereit waren, für die Gesellschaftsverbindlichkeiten einzustehen, musste sie den Anforderungen des deutschen Kapitalgesellschaftsrechts genügen, d. h. es mussten insbesondere die Aufbringung eines Mindestkapitals und eine Eintragung in das deutsche Handelsregister nachgewiesen werden. Anderenfalls galt die Gesellschaft in Deutschland als nicht existent. Da der tatsächliche Sitz der von *Kanzler* und *Mader* gegründeten Gesellschaft in Köln liegen sollte, wäre es ihnen demnach nicht möglich gewesen, ihr Unternehmen in der Rechtsform einer Limited zu führen.

5 Die Besonderheit dieses Falles liegt allerdings darin, dass die von *Kanzler* und *Mader* gewählte Rechtsform aus einem Mitgliedstaat der EU stammt. Hier müssen sich die Ergebnisse des Internationalen Privatrechts an den europäischen Grundfreiheiten, namentlich der Niederlassungsfreiheit nach Art. 49, 54 AEUV, messen lassen. Der EuGH hat dazu in der vieldiskutierten Entscheidungstrilogie Centros, Überseering, Inspire Art, festgestellt, dass die Niederlassungsfreiheit es erforderlich mache, Gesellschaften aus Mitgliedstaaten in ihrer originären Rechtsform anzuerkennen.[7] Da-

---

2 In Deutschland ist eine solche Gründung nicht möglich, da das deutsche Registerrecht die Eintragung einer Hauptniederlassung in einer ausländischen Rechtsform nicht zulässt. Vielmehr bedarf es erst der Errichtung der Hauptniederlassung im Ausland, die sodann eine inländische Zweigniederlassung anmelden kann; vgl. dazu Staub/*J. Koch,* § 13d Rn. 32 ff., insb. Rn. 36; *Klose-Mokroß,* DStR 2005, 971; *Riegger,* ZGR 2004, 510, 514.

3 Die Gründer müssten dafür nicht selbst Kontakt zu den englischen Behörden aufnehmen, sondern entsprechende Gründungsakte werden als Dienstleistungen über das Internet vermittelt.

4 Vgl. zum Folgenden die zusammenfassende Darstellung bei *J. Koch,* JuS 2004, 755; *Rauscher/Loose,* JuS 2013, 683; vertiefend *Grundmann,* EuropGesR, § 6 Rn. 168 ff.; *Habersack/Verse,* EuropGesR, § 3 Rn. 11 ff.

5 Zur Sitztheorie vgl. statt aller die Darstellung bei MüKoBGB/*Kindler,* IntGesR Rn. 358, 420 ff.

6 BGHZ 78, 318, 334 = NJW 1981, 522; BGHZ 97, 269, 271 = NJW 1986, 2194; BGHZ 153, 353, 355 = NJW 2003, 1607.

7 Vgl. zum Folgenden *EuGH* Slg. 1999-I, 1484, 1489 ff. = NJW 1999, 2027 (Centros); *EuGH* Slg. 2002-I, 9919, 9974 (Nr. 95) = NJW 2002, 3614 (Überseering); *EuGH* Slg. 2003-I, 10155, 10223 ff. = NJW 2003, 331 (Inspire Art) – Überblick über diese Entscheidungstrilogie bei

rüber hinaus dürften einer nach dem Recht eines anderen Mitgliedstaats gegründeten Gesellschaft keine Beschränkungen auferlegt werden, die nach innerstaatlichem Recht Voraussetzung für die Gründung von Gesellschaften, durch Gründe des Allgemeinwohls aber nicht gerechtfertigt seien. Namentlich die Mindestkapitalbestimmungen des deutschen Rechts entspringen nach Auffassung des EuGH keinen zwingenden Allgemeinwohlbelangen, da die Firmierungsvorschriften die Verbraucher hinreichend schützen.

Die herrschende Meinung des deutschen Rechts trägt dieser Forderung Rechnung, 6
indem sie innerhalb der EU den kollisionsrechtlichen Anknüpfungspunkt auswechselt: Die traditionelle Sitztheorie wird durch die Gründungstheorie ersetzt, wonach der Gründungsort die Rechtsform bestimmt.[8] Der Gründungsort liegt bei der Limited in Großbritannien, so dass sich *Kanzler* und *Mader* dieser Rechtsform bedienen können. Es wäre ihnen daher grundsätzlich möglich, eine britische Auslandsgesellschaft zu gründen und sodann das in Köln betriebene Geschäft als Zweigniederlassung dieser Auslandsgesellschaft zur Eintragung in das Handelsregister anzumelden.[9] Die Gesellschaft wäre sodann auch in Deutschland nach den englischen Regeln zu behandeln. Allein das tätigkeitsbezogene „Verkehrsrecht" (z. B. Vertragsrecht, Deliktsrecht, Bereicherungsrecht etc.) bliebe auf sie anwendbar.[10]

Diese Anerkennung einer freien Rechtswahl auf der Grundlage der unionsrecht- 7
lichen Niederlassungsfreiheit hat schwerwiegende Auswirkungen auf das deutsche Gesellschaftsrecht. Die deutsche Rechtsprechung kann künftig mit gesellschaftsrechtlichen Problemstellungen aus den Rechtsordnungen sämtlicher EU-Mitgliedstaaten konfrontiert werden. Aber auch der Gesetzgeber wurde durch diese Öffnung unter Druck gesetzt, da dadurch der Wettbewerb mit den Gesellschaftsformen der anderen Mitgliedstaaten eröffnet wurde. Wo das nationale Gesellschaftsrecht zu unattraktiv ist, können die Gesellschafter auf ausländische Modelle zurückgreifen, die ihren Belangen besser Rechnung tragen. Speziell im Bereich des GmbH-Rechts ist daraus ein Reformdruck erwachsen, dem der Gesetzgeber mit der großen GmbH-Reform im Jahr 2008 nachgegeben hat. Sie hat zur Einführung der Unternehmergesellschaft (haftungsbeschränkt) geführt, die ähnlich wie die Limited mit einem Mindeststammkapital von nur einem Euro gegründet werden kann (§ 33 Rn. 6 ff., 21 ff.).

J. Koch, JuS 2004, 755 ff.; *Rauscher/Loose,* JuS 2013, 683, 684 f. Zur Vertiefung: *Herdegen,* Europarecht, 18. Aufl., 2016, § 16 Rn. 22 ff.

[8] Vgl. etwa BGHZ 154, 185, 190 = NJW 2003, 1461; *BGH* NJW 2005, 1648, 1649; *Eidenmüller/Rehm,* ZGR 2004, 159, 161; *Rauscher/Loose,* JuS 2013, 683, 685 f.; *Roth,* ZGR 2014, 168, 184 f.; *K. Schmidt,* ZHR 168 (2004), 493, 495 ff.; *Ulmer,* NJW 2004, 1201. Diese Neuorientierung gilt allerdings nur bei EU-Mitgliedstaaten. Bei Drittstaaten hält der *BGH* an der Sitztheorie fest, da er sich ohne europäischen Zwang nicht dazu veranlasst sieht, in einer so zentralen Frage einer Grundsatzentscheidung des Gesetzgebers vorzugreifen (BGHZ 178, 192 Rn. 13 ff. = NJW 2009, 289 – Trabrennbahn – vgl. dazu auch *Kindler,* IPRax 2009, 189 ff.; *Rauscher/Loose,* JuS 2013, 683, 685 f.). Ein entsprechender Referentenentwurf, wonach künftig alle Gesellschaften einheitlich dem Gesellschaftsrecht des Gründungsstaates unterliegen sollen, wurde im Jahr 2008 vom BMJ vorgelegt; vgl. dazu etwa *Rotheimer,* NZG 2008, 181 ff.; *Wagner/Timm,* IPRax 2008, 81 ff.

[9] § 13d HGB ist insoweit unionskonform auszulegen; vgl. dazu etwa *OLG Jena* FGPrax 2006, 127; *OLG Zweibrücken* NJW 2003, 537, 538 sowie Staub/*J. Koch,* § 13 Rn. 35 ff. m. w. Nachw.

[10] Vgl. zu dieser Ausnahme statt vieler *Eidenmüller/Rehm,* ZGR 2004, 159, 167 f. Zu den Versuchen des Gesetzgebers, gesellschaftsrechtliche Regelungen in andere Materien zu verlagern, um sie als „Verkehrsrecht" zu qualifizieren, vgl. bereits § 34 Rn. 28.

8 Angesichts dieser veränderten rechtlichen Rahmenbedingungen ist heute die zweite von *Kanzler* und *Mader* aufgeworfene Frage, ob es für sie nicht nur zulässig, sondern auch ratsam sei, eine Limited zu gründen, im Regelfall klar zu verneinen, sofern sie nicht etwa beabsichtigen, tatsächlich in Großbritannien unternehmerisch tätig zu werden. Zwar ist das Mindeststammkapital bei beiden Gesellschaften vergleichbar, doch erschöpft sich darin nicht der Kostenaufwand für die Gründer. So entstehen neben den weiteren Gründungskosten bei der Limited im weiteren Verlauf ihres Bestehens zusätzliche Kosten daraus, dass sie eine Bilanzierung nach englischem Recht und die Einrichtung eines sog. registered office in England voraussetzt, an dem die wesentlichen Dokumente aufzubewahren sind. Darüber hinaus kann die zumindest partielle Fortgeltung des englischen Rechts eine kostspielige englische Rechtsberatung erforderlich machen. Selbst wenn ein Unternehmer diese Erschwernis in Kauf nimmt, muss er mit der Skepsis potenzieller Geschäftspartner rechnen, die der fremden Gestaltungsform oftmals kritisch gegenüberstehen werden.[11] Aus diesen Gründen wird mittlerweile angenommen, dass die anwaltliche Empfehlung einer Limited einen Beratungsfehler begründet, seitdem die nationale Rechtsformalternative der Unternehmergesellschaft zur Verfügung steht.[12] Tatsächlich hat die Limited, die sich im Anschluss an die EuGH-Rechtsprechung zur Niederlassungsfreiheit in rasanter Geschwindigkeit in Deutschland verbreitete, in den Jahren nach der Schaffung der Unternehmergesellschaft auch kaum noch weiteren Zulauf erhalten.[13]

9 **Fall 2:** *Kanzler* und *Mader* fragen, ob es für den Fall, dass sie sich doch für die deutsche GmbH oder ihre Unterform der Unternehmergesellschaft entscheiden, dauerhaft verwehrt sein wird, ihren Geschäftsbetrieb in unveränderter Rechtsform nach Großbritannien zu verlagern?

10 Ebenso wie englische Gesellschaften in Deutschland in ihrer originären Rechtsform akzeptiert werden müssen, ist auch deutschen Gesellschaften der freie Zuzug in den EU-Mitgliedstaat England gestattet. Problematisch ist allerdings weiterhin, ob ihnen auch der freie Wegzug aus ihrem Gründungsstaat gestattet ist. Da das europäische Recht bekanntlich eine Inländerdiskriminierung gestattet,[14] ergibt sich eine Wegzugsfreiheit aus der Niederlassungsfreiheit noch nicht.[15] Der Wegzug ist deshalb nur möglich, wenn der nationale Gesetzgeber ihn zugelassen hat. Das deutsche Recht sah eine solche Möglichkeit bis ins Jahr 2008 nicht vor, sondern verlangte die Auflösung der Gesellschaft und ihre Neugründung im Ausland (in der jeweiligen ausländischen Rechtsform). Mit der GmbH-Reform aus dem Jahr 2008 wurde diese Möglichkeit sowohl für die GmbH als auch für die AG geschaffen, um einen Wettbewerbsnachteil der deutschen Kapitalgesellschaften gegenüber der englischen Limited zu beseitigen und sie „exportfähig" zu machen.[16] Deutsche Gesellschaften können deshalb nunmehr ihren tatsächlichen Verwaltungssitz außerhalb Deutsch-

[11] Vgl. zu den Vor- und Nachteilen der Ltd. gegenüber der GmbH *Kallmeyer,* DB 2004, 636 ff.; *W. Müller/S. Müller,* GmbHR 2006, 641, 642 f.; *Römermann,* NJW 2006, 2065 f.

[12] *C. Schäfer,* ZIP 2011, 53.

[13] Vgl. dazu die Ergebnisse des Forschungsprojekts UG des Instituts für Rechtstatsachenforschung der Universität Jena – abrufbar über die Institutshomepage.

[14] *Herdegen,* Europarecht, 18. Aufl., 2016, § 6 Rn. 20; *Bösch,* Jura 2009, 91.

[15] Vgl. dazu die Cartesio-Entscheidung des *EuGH* Slg. 2008-I, 9641 Rn. 99 ff. = NJW 2009, 569 und aus dem Schrifttum *Frobenius,* DStR 2009, 487 ff.; *Kindler,* IPRax 2009, 189 ff.; *ders.,* NZG 2009, 130 ff.; *Paefgen,* WM 2009, 529 ff.; *Sethe/Winzer,* WM 2009, 536 ff.; *Wilhelmi,* JZ 2009, 411 f.

[16] Diese Änderung wurde vollzogen durch die Neufassung der §§ 4a GmbHG, 5 AktG; vgl. dazu Hüffer/*Koch,* § 5 Rn. 1 ff.; Staub/*J. Koch,* § 13 Rn. 8; *Peters,* GmbHR 2008, 245 ff.; *Rauscher/Loose,* JuS 2013, 683, 686 f.; *Roth,* ZGR 2014, 168, 186 ff.

lands haben und dennoch weiterhin als deutsche GmbH oder AG registriert sein. Von Bedeutung kann dies namentlich für international agierende Konzerne sein, denen es nunmehr möglich ist, alle Tochtergesellschaften in ein und derselben Rechtsform zu organisieren.[17] Auch wenn also der Wegzugsstaat der Gesellschaft die rechtsformwahrende Verlegung des Verwaltungssitzes untersagen darf, kann er aber den formwechselnden Wegzug nicht verbieten, soweit dies nach dem Recht des Zuzugsstaats möglich ist.[18] Im „VALE"-Urteil[19] hat der *EuGH* dann klargestellt, dass der Zuzugsstaat den identitätswahrenden Formwechsel in eine Gesellschaft seines Rechts ermöglichen muss, wenn der Formwechsel für entsprechende inländische Gesellschaften vorgesehen ist. Allerdings stellt der *EuGH* das Recht zum identitätswahrenden Formwechsel unter die Voraussetzung, dass eine tatsächliche Ansiedlung der betreffenden Gesellschaft und die Ausübung einer wirklichen wirtschaftlichen Tätigkeit im Zuzugsstaat stattfinden.[20] Da die §§ 190 ff. UmwG den identitätswahrenden Formwechsel bei inländischen Gesellschaften ermöglichen, muss dies auch für die aus den EU-Staaten zuziehenden Gesellschaften erlaubt sein. Deutschland als Zuzugsstaat darf daher grundsätzlich nicht die Auflösung dieser Gesellschaften und ihre Neugründung in einer deutschen Gesellschaftsform verlangen; vielmehr muss ein identitätswahrender Wechsel in eine deutsche Gesellschaftsform ermöglicht werden.[21]

II. Rechtsangleichung

Fall 3: *Kanzler* und *Mader* wollen des Weiteren wissen, ob die englische Limited nationalen Gebilden vergleichbar ist oder ob es zwischen deutschen Gesellschaftsformen und denen anderer Mitgliedstaaten überhaupt keine Gemeinsamkeiten gibt. 11

Die durch die neuere EuGH-Rechtsprechung gestattete Wahl einer ausländischen Rechtsform ist zwar von der Niederlassungsfreiheit der Rechtswahl innerhalb der EU gedeckt, steht aber in einem erkennbaren Spannungsverhältnis zur Rechtsordnung des Mitgliedslandes, das die Rechtswahl kraft der unionsrechtlichen Vorgaben (Art. 49, 54 AEUV) für und gegen sich gelten lassen muss. Zu den Funktionsgrundlagen der Niederlassungsfreiheit gehört es deshalb, dass die jeweils in Betracht kommenden Gesellschaftsformen der Mitgliedstaaten untereinander kompatibel sind. Sie müssen also soweit vergleichbar sein, dass sie die freie Rechtswahl auch sachlich erlauben, wobei es die unionsrechtliche Niederlassungsfreiheit und die aus ihr folgende Integrationslogik gebieten, verbleibende Abweichungen der nationalen Rechte hinzunehmen und den Vorrang des Unionsrechts auch innerstaatlich umzusetzen. 12

Die vorausgesetzte Kompatibilität ist in den Mitgliedsländern der EU trotz mancher Unterschiede weitgehend, aber durchaus nicht vollständig gegeben. Es bedarf also der Rechtsangleichung. Ihr Instrument sind die vom Rat der Europäischen Union erlassenen Richtlinien, die ihrerseits vor allem in Art. 50 II lit. g AEUV eine Grund- 13

---

17 Vgl. dazu RegBegr MoMiG, BT-Drucks. 16/6140, S. 29; ferner *Peters,* GmbHR 2008, 245, 248.

18 Vgl. dazu die Cartesio-Entscheidung des *EuGH* Slg. 2008-I, 9641 Rn. 111 f. = NJW 2009, 569; *Kindler,* EuZW 2012, 888; *Rauscher/Loose,* JuS 2013, 683, 685, 687.

19 *EuGH* NJW 2012, 2715; dazu *Kindler,* EuZW 2012, 888 ff.; *Rauscher/Loose,* JuS 2013, 683, 685, 687; s. dazu die fallstudienmäßige Aufarbeitung von *Pechstein/Serafimova,* JA 2014, 203 ff.

20 *EuGH* NJW 2012, 2715 Rn. 34; dazu etwa *Roth,* ZGR 2014, 168, 207 ff.

21 Vgl. *OLG Nürnberg* NZG 2014, 349 ff. (mit Anm. *Stiegler*); *Kindler,* EuZW 2012, 888, 890; *ders.,* § 9 Rn. 27.

lage finden.[22] Die Richtlinien wenden sich an die Mitgliedstaaten und wollen durch die Vorgabe von Regelungsstandards kompatible Rechtszustände erreichen, also solche, die ungeachtet fortdauernder Unterschiede unter dem Blickwinkel der Niederlassungsfreiheit gleichwertig sind. Insgesamt ist es von 1968 bis 2014 zu 16 Richtlinien oder Richtlinienprojekten des Rates der Europäischen Union auf dem Gebiet des Gesellschaftsrechts (einschließlich der Rechnungslegung bestimmter Gesellschaften) gekommen.[23] Während die Richtlinienpraxis der EU für das Recht der Personengesellschaften und (abgesehen vom Bilanzrecht[24]) auch für die GmbH bisher noch wenig Bedeutung erlangt hat,[25] sind ihre Einflüsse auf das Aktienrecht beachtlich.[26] Allerdings kommt seit April 2014 durch den Vorschlag der EU-Kommission hinsichtlich einer Richtlinie über eine europäische Einpersonengesellschaft, namentlich die Societas Unius Personae (SUP), wieder mehr Bewegung in die Rechtsangleichung auf der Ebene des GmbH-Rechts (dazu noch Rn. 19). Die Mitgliedstaaten der EU als die Adressaten der Richtlinie haben diese umzusetzen, nämlich das jeweilige nationale Recht so anzupassen, dass das Ziel der Rechtsangleichung erreicht wird.[27] Dagegen gibt es keine unmittelbare Rechtswirkung der Richtlinie im Horizontalverhältnis der Bürger untereinander. Im Geltungsbereich der Richtlinie ist das nationale Recht unionskonform auszulegen, also derart, dass das Richtlinienziel erreicht wird, sofern das innerstaatliche Recht dafür einen Spielraum belässt. Das Richtlinienziel ist seinerseits durch Auslegung zu ermitteln. Dabei wird der EuGH durch Vorabentscheidung nach Art. 267 AEUV tätig, soweit ihm die Rechtsfrage durch ein nationales Gericht mangels hinreichender Eindeutigkeit des europarechtlichen Auslegungsergebnisses vorgelegt wird.[28]

14 Die Antwort auf die in Fall 2 aufgeworfene Frage lautet also, dass die Limited durchaus in einem gewissen Umfang Parallelen zu einer deutschen Körperschaftsform, namentlich der GmbH, aufweist. Diese Ähnlichkeiten ergeben sich zunächst aus einer funktionalen Vergleichbarkeit. Mit der Limited verfolgen die Gründer ähnliche wirtschaftliche Ziele wie mit einer GmbH, nämlich die unternehmerische Betätigung unter Ausschluss der persönlichen Haftung. Diese übereinstimmende Zielsetzung hat auch in der gesetzlichen Ausgestaltung zu Strukturparallelen geführt. Darüber hinaus sind die GmbH und die Limited gleichermaßen von der europäischen Rechtsangleichung erfasst. Auch wenn diese bei der GmbH bisher noch kein ähnliches Ausmaß angenommen hat wie bei der AG, begegnen doch in den Grundstrukturen zahlreiche Übereinstimmungen.

---

[22] Vgl. dazu *Grundmann,* EuropGesR, § 4 Rn. 106 ff.; *Habersack/Verse,* EuropGesR, § 3 Rn. 40 ff.

[23] Vgl. die Übersicht bei Gebauer/Wiedmann/*Weller,* Zivilrecht unter europäischem Einfluss, 2. Aufl., 2010, Kap. 21 Rn. 39a; Langenbucher/*Engert,* Europäisches Privat- und Wirtschaftsrecht, 3. Aufl., 2013, § 5 Rn. 2; die bisherige Praxis der Durchnummerierung der Richtlinien wurde mittlerweile aufgegeben; vgl. *Engert,* a. a. O., Rn. 1; *Weller,* a. a. O., Rn. 39.

[24] Insoweit ist hinzuweisen auf die Bilanzrichtlinie, die Konzernbilanzrichtlinie und die Prüferbefähigungsrichtlinie; Überblick z. B. bei *Habersack/Verse,* EuropGesR, § 9 Rn. 1 ff.

[25] Bisherige Ausnahme ist die Einpersonen-Gesellschaftsrichtlinie vom 21.12.1989 (ABl. EG Nr. L 395, S. 40 ff.); Überblick bei *Habersack/Verse,* EuropGesR, § 10 Rn. 1 ff.

[26] Vgl. dazu vor allem die Kapitalrichtlinie, die Verschmelzungsrichtlinie, die Spaltungsrichtlinie und die Übernahmerichtlinie; Überblick z. B. bei *Habersack/Verse,* EuropGesR, §§ 6, 8 und 11.

[27] Dazu und zum Folgenden *Habersack/Verse,* EuropGesR, § 3 Rn. 31 ff.; *Schwarz,* EuropGesR, Rn. 212 ff.

[28] Dazu eingehend *Hirte,* RabelsZ 66 (2002), 553 ff.; Übersicht zum Rechtsschutz im Europarecht bei *Böhm,* JA 2009, 679 ff.

Hinweis:

Durch die zahlreichen europäischen Richtlinienvorgaben für das Gesellschaftsrecht kommt den allgemeinen europarechtlichen Grundsätzen, etwa zur richtlinienkonformen Auslegung oder zur Möglichkeit eines Vorabentscheidungsverfahrens, gerade auch im Gesellschaftsrecht eine erhebliche Bedeutung zu. 15

III. Unionsrechtliche Entwicklung von supranationalen Rechtsformen

Fall 4: *Kanzler* und *Mader* planen, in mehreren europäischen Mitgliedstaaten unternehmerisch tätig zu werden und fragen, ob ihnen zu diesem Zweck auch Rechtsformen zur Verfügung stehen, die in allen EU-Mitgliedsländern gleichermaßen anerkannt sind. 16

Für diesen Zweck würde sich die Wahl einer supranationalen Gesellschaftsform anbieten. Neben der unionsrechtlich initiierten Freiheit der Rechtswahl (Rn. 3 ff.) und der für die Verwirklichung der Niederlassungsfreiheit unabdingbaren Rechtsangleichung (Rn. 11 ff.) stellt die Entwicklung supranationaler Rechtsformen einen dritten Weg bei der Entwicklung des Gesellschaftsrechts dar. Darunter versteht man Gesellschaftstypen, die einen unmittelbar europäischen Ursprung haben. Das europarechtliche Instrument ist insoweit nicht die Richtlinie, sondern die Verordnung, die anders als die Richtlinie im Horizontalverhältnis der Bürger untereinander unmittelbar geltendes Recht schafft (Art. 288 II AEUV). Der derzeit bestehende Typenkatalog ist allerdings noch sehr beschränkt. 17

Im Wesentlichen kommen die Europäische Wirtschaftliche Interessenvereinigung (EWIV) und die Societas Europaea (SE) in Betracht (s. dazu im Folgenden §§ 41 und 42). Die Eignung beider Gesellschaftsformen ist hier aber zu verneinen. Die EWIV darf nicht die eigene Gewinnerzielung bezwecken, sondern lediglich die wirtschaftliche Tätigkeit ihrer Mitglieder unterstützen (Art. 3 I EWIV-VO s. noch § 41 Rn. 3). Schon damit scheidet diese Rechtsform für die von *Kanzler* und *Mader* betriebene Schreinerei aus; denn deren Zweck liegt gerade in der Gewinnerzielung, nicht in einer bloßen Unterstützungsfunktion. Im Ergebnis gilt dasselbe für die SE. Sie ist nämlich auf Großunternehmen zugeschnitten, deren Gründer ihrerseits Kapitalgesellschaften aus verschiedenen Mitgliedstaaten sein müssen (Art. 2, 15 ff. SEVO).[29] Auch das ist noch näher darzustellen (§ 42 Rn. 21 ff.). Gänzlich ungeeignet ist schließlich die Europäische Genossenschaft (Societas Cooperativa Europaea – SCE), die 2006 neu eingeführt wurde[30] und anders als die Kapitalgesellschaften nicht auf das Kapitalertragsinteresse ihrer Mitglieder ausgerichtet ist, sondern ihre sonstigen Belange und Aktivitäten zu fördern bestimmt ist.[31] Nicht zur Umsetzung gelangt ist – zumindest bislang – die Societas Privata Europaea (SPE). Sie sollte als eine europäische Spielart der GmbH ausgestaltet sein. Jedoch hatten insbesondere Deutschland und Schweden gegen diese neue supranationale Gesellschaftsform erhebliche Vorbehalte, die sich insbesondere gegen das Mindestkapital, die Arbeitneh- 18

---

[29] Vgl. dazu *Habersack/Verse*, EuropGesR, § 13 Rn. 1 ff.; *Hirte*, NZG 2002, 1, 3 f.; *Hommelhoff*, AG 2001, 279, 286 f.

[30] Verordnung des Rates der EG Nr. 1435/2003 vom 22.7.2003 über das Statut der Europäischen Genossenschaft (SCE); AusführungsG = Art. 1 des Gesetzes zur Einführung der Europäischen Genossenschaft und zur Änderung des Genossenschaftsrechts vom 14.8.2006, BGBl. I 1911.

[31] Vgl. dazu *Habersack/Verse*, EuropGesR, § 14; *Saenger*, Rn. 836; *R. Schulze*, NZG 2004, 792 ff.; *Steding*, NZG 1999, 282 ff.

mermitbestimmung und den Sitz der Gesellschaft richteten. Angesichts dieser Widerstände ist die Einführung der SPE bis auf weiteres von der politischen Agenda genommen worden.[32] Allerdings ist dieses Projekt nicht ersatzlos aufgegeben worden, sondern an seine Stelle ist ein Richtlinienvorschlag für eine europäische Einpersonengesellschaft, die Societas Unius Personae, getreten (dazu noch Rn. 19). Da auch dieses Projekt aber noch nicht Wirklichkeit geworden ist und überdies auch nur der Einpersonengesellschaft zur Verfügung steht, kann der von *Kanzler* und *Mader* anvisierte Geschäftszuschnitt derzeit nicht realisiert werden.[33]

IV. Societas Unius Personae (SUP)

19 Im April 2014 hat die EU-Kommission den Vorschlag für eine Richtlinie über Gesellschaften mit beschränkter Haftung mit einem einzigen Gesellschafter beschlossen – die sog. Societas Unius Personae (SUP).[34] Dieser Gesellschaftstyp soll durch eine Neufassung der Einpersonen-Gesellschaftsrichtlinie[35] geschaffen werden. Damit möchte die Kommission die Gründung von Tochtergesellschaften, bei denen es sich regelmäßig um Einpersonengesellschaften handelt, erleichtern: Zu diesem Zweck soll erstens eine Gründung aus dem Heimatland heraus online möglich sein; keinesfalls soll es notwendig sein, die Gründung persönlich im Zielland vor einer staatlichen Stelle vorzunehmen. Zweitens sollen insbesondere der Gläubigerschutz und die Haftung soweit harmonisiert werden, dass eine Auslandstochter gegründet werden kann, ohne dass die Gründer sich umfassend über das Recht einzelner Mitgliedstaaten informieren müssen.[36] Im Gegensatz zur SPE (Rn. 18) soll die SUP keine supranationale Rechtsform werden, sondern ein europäisch harmonisierter Subtyp der jeweiligen nationalen Privatkapitalgesellschaftsform, d. h. in Deutschland der GmbH, und dabei auch nur für Einpersonengesellschaften.[37] Dabei würde die SUP wohl keine neue nationale Gesellschaftsform neben der GmbH begründen, sondern eine Untervariante der GmbH – ebenso wie es die UG (haftungsbeschränkt) ist – werden.[38] Da die SUP durch ihre Einführung in Gestalt einer Richtlinie lediglich das nationale Recht der Mitgliedstaaten harmonisieren soll, würde es – ähnlich wie bei der SE (s. dazu noch § 42) – künftig 28 nationale Formen der SUP geben. Ob eine solche Harmonisierungsrichtlinie die notwendige Mehrheit im Rat erlangen wird, erscheint derzeit noch durchaus fraglich, weil sich bei der SUP letztlich dieselben Hauptstreitpunkte ergeben wie bei der SPE: Sitz, Mindestkapital und Mitbestimmung (s. Rn. 18).[39] Allerdings hat die Kommission anders als beim SPE-Projekt eine abweichende Kompetenzgrundlage gewählt, nämlich Art. 50 AEUV statt Art. 352 AEUV, was kompetenzrechtlich sehr bedenklich ist, aus Sicht der

---

32 Vgl. *Schumacher/Stadtmüller,* GmbHR 2012, 682; *Saenger,* Rn. 837.

33 Vgl. dazu etwa auch *Bücker,* ZHR 173 (2009), 281 ff.; *Frenz,* Jura 2012, 120, 125; *Hadding/Kießling,* WM 2009, 145 ff.; *Hennrichs,* NZG 2009, 921 ff.; *Hommelhoff/Teichmann,* GmbHR 2010, 337 ff.; *Hügel,* ZHR 173 (2009), 155, 309 ff.; *Jung,* DStR 2009, 1700 ff.; *Krejci,* FS Hüffer, 2010, S. 501 ff.; *Neye,* FS Hüffer, 2010, S. 717 ff.

34 EU-Kommission, Vorschlag für eine Richtlinie des Europ. Parlaments und des Rates über Gesellschaften mit beschränkter Haftung mit einem einzigen Gesellschafter vom 9.4.2014, COM (2014) 212 final.

35 S. § 40 Fn. 25.

36 S. dazu *Drygala,* EuZW 2014, 491 ff.; *Omlor,* NZG 2014, 1137, 1139 ff.; *Schmidt,* GmbHR 2014, R129 f.; *Seibert,* GmbHR 2014, R209 f.

37 *Omlor,* NZG 2014, 1137, 1138 f.; *Schmidt,* GmbHR 2014, R129.

38 *Seibert,* GmbHR 2014, R209; vgl. auch *Drygala,* EuZW 2014, 491, 496.

39 *Drygala,* EuZW 2014, 491, 493; *Schmidt,* GmbHR 2014, R129, 130; *Seibert,* GmbHR 2014, R209 f.

Kommission aber den Vorteil mit sich bringt, dass die Richtlinie im ordentlichen Gesetzgebungsverfahren und damit mit qualifizierter Mehrheit beschlossen werden kann.[40] Die weitere Rechtsentwicklung bleibt somit abzuwarten.

V. Zusammenfassung

Wesentliche Impulse hat das Gesellschaftsrecht durch das Europarecht erfahren. Die 20
Europäisierung des Gesellschaftsrechts erfolgt auf drei Wegen. Der erste liegt in der Freiheit der Rechtswahl. Danach ist es den Gesellschaftsgründern gestattet, sich statt der Gesellschaftsformen des eigenen Staates auch der Gesellschaftsformen eines anderen Mitgliedstaates zu bedienen; das markanteste Beispiel bildet die Wahl einer englischen Limited statt einer deutschen GmbH. Der zweite Weg wird mit der Angleichung der nationalen Gesellschaftsrechte beschritten. Dabei erfolgt die Anpassung durch die Gesetzgeber der Einzelstaaten, die dabei jedoch einem Regelungsstandard verpflichtet sind, den der Rat der Europäischen Union durch die Richtlinien vorgegeben hat (Art. 50 II lit. g AEUV). Drittens steht für die europäische Normsetzung die Verordnung zur Verfügung. Sie hat es erlaubt, mit der EWIV, der SE und der SCE supranationale Gesellschaftsformen zu schaffen, also solche, die nicht in den Rechtsordnungen der Mitgliedstaaten, sondern im Unionsrecht selbst wurzeln.

§ 41. Die Europäische Wirtschaftliche Interessenvereinigung (EWIV)

Literatur: *Abmeier,* Die Europäische wirtschaftliche Interessenvereinigung und nationales Recht, NJW 1986, 2987; *Autenrieth,* Die inländische Europäische Wirtschaftliche Interessenvereinigung (EWIV) als Gestaltungsmittel, BB 1989, 305; *Frenz,* Supranationale Gesellschaftsformen, Jura 2012, 120; *Ganske,* Die Europäische wirtschaftliche Interessenvereinigung (EWIV), DB 1985, Beil. Nr. 20; *Hartard,* Die Europäische wirtschaftliche Interessenvereinigung im deutschen, englischen und französischen Recht, 1991; *Lentner,* Das Gesellschaftsrecht der Europäischen wirtschaftlichen Interessenvereinigung (EWIV), 1994; *Müller-Gugenberger,* EWIV – Die neue europäische Gesellschaftsform, NJW 1989, 1449; *Neye,* Die Europäische wirtschaftliche Interessenvereinigung – eine Zwischenbilanz, DB 1997, 861; *v. Rechenberg,* Die EWIV – Ihr Sein und Werden, ZGR 1992, 299; *Zettel,* Die Europäische wirtschaftliche Interessenvereinigung (EWIV) – Ihre Grundlagen und Struktur, DRiZ 1990, 161.

I. Rechtsquellen und gesetzgeberisches Anliegen

Fall 1: Der Hotelier *Böni* möchte mit Kollegen aus anderen europäischen Ländern ein interna- 1
tionales Hotelreservierungs- und Marketingsystem gründen. Mitglieder sollen verschiedene juristische und natürliche Personen sein, die Hotelunternehmen in insgesamt 14 verschiedenen europäischen Staaten betreiben. Welche Gestaltungsmöglichkeit steht ihm hier offen, wenn die Teilnehmer signalisiert haben, die Kooperation solle nicht in der Gesellschaftsform nur eines Landes organisiert sein?

Der europäische Gesetzgeber hat das Gesellschaftsrecht seiner Mitgliedstaaten in der 2
Vergangenheit vornehmlich im Wege des Richtlinienerlasses beeinflusst (s. oben § 40 Rn. 11 ff.). Diese Vorgehensweise hat zur Folge, dass jedes Land seinen national geprägten Typenkanon behält, der nur in bestimmten Regelungsbereichen inhaltlich angeglichen wird. *Böni* steht hier aber vor der Aufgabe, keine nationale, sondern eine supranationale Rechtsform vorzuschlagen, die einheitlich in allen Mitgliedstaaten

[40] Vgl. dazu *Beurskens,* GmbHR 2014, 738 f.

Geltung beansprucht. Als erste supranationale Rechtsform auf europäischer Ebene ist im Jahr 1985 die Europäische Wirtschaftliche Interessenvereinigung (EWIV) geschaffen worden. Im Jahr 2004 ist die Societas Europaea an ihre Seite getreten, die aber auf Großunternehmen zugeschnitten ist (§ 42 Rn. 1 ff.) und deshalb für den von *Böni* ins Auge gefassten Zusammenschluss nicht in Frage kommt. Die EWIV findet ihre Rechtsgrundlage in einer nach Art. 308 EG (Art. 352 I AEUV) erlassenen Verordnung, nämlich der VO über die Schaffung einer EWIV vom 25. Juli 1985 (2137/85 EWG).[1] Sie enthält gem. Art. 288 II AEUV unmittelbar geltendes Recht. Die VO regelt die von ihr geschaffene Rechtsform nicht vollständig, sondern überlässt einige regelungsbedürftige Punkte dem nationalen Gesetzgeber, um sicherzustellen, dass die neue Gesellschaft passgenau in das nationale Recht eingefügt werden kann. Ein entsprechender Bedarf besteht etwa im Registerrecht, das auf die nationalen Strukturen Rücksicht nehmen muss. Zu diesem Zweck ermächtigt und verpflichtet die VO den nationalen Gesetzgeber in Art. 2 I zur lückenschließenden Gesetzgebung. Dem hat der deutsche Gesetzgeber durch das Ausführungsgesetz vom 14. April 1988 Rechnung getragen.[2] § 1 EWIV-AusfG enthält seinerseits eine Weiterverweisung auf das Recht der OHG (§§ 105 ff. HGB), soweit nicht die speziellen Vorschriften eingreifen. Damit kann über § 105 III HGB auch das Recht der BGB-Gesellschaft Anwendung finden. Schon in dieser Gesetzespyramide zeigt sich, dass die EWIV den Rechtsanwender vor keine leichte Aufgabe stellt, weil er drei Regelungsebenen miteinander verknüpfen muss: die VO, das Ausführungsgesetz und das OHG-Recht, das dann noch auf das Recht der BGB-Gesellschaft verweist.

3 Der europäische Gesetzgeber verfolgte mit der Einführung der EWIV das Ziel, grenzüberschreitende Kooperationen zwischen Unternehmen aus verschiedenen Mitgliedstaaten zu ermöglichen.[3] Die Bereitschaft zu derartigen Kooperationen soll dadurch gefördert werden, dass eine Gesellschaftsform mit europaweit einheitlichem Erscheinungsbild zur Verfügung gestellt wird. Diese sinnvolle Zielsetzung hat der europäische Gesetzgeber aber selbst dadurch konterkariert, dass er die neue Gesellschaftsform eher unattraktiv ausgestaltet hat. Das gilt zunächst für ihren Unternehmensgegenstand. Während eine deutsche Gesellschaft grundsätzlich jeden Unternehmensgegenstand verfolgen darf, der nicht verboten oder sittenwidrig ist (§§ 134, 138 BGB), darf eine EWIV nach Art. 3 I EWIV-VO nicht auf eigene Gewinnerzielung gerichtet sein. Vielmehr muss sie der wirtschaftlichen Tätigkeit ihrer Mitglieder dienen und darf nur Hilfstätigkeiten entfalten, die damit im Zusammenhang stehen.[4] Durch diese Beschränkung soll verhindert werden, dass die EWIV als Trägerin eines operativ tätigen Unternehmens oder der wesentlichen unternehmerischen Teilfunktionen tätig wird, während sich die Mitglieder mehr oder minder auf Holdingfunktionen zurückziehen.[5] Damit ist weitergehend bezweckt, den eigentlichen Unternehmensbetrieb den jeweiligen Gesellschaftsformen nationalen Rechts

---

1 ABl. EG Nr. L 199/1 vom 31.7.1985 = BT-Drucks. 11/352 S. 12 ff.; Abdruck auch bei Ebenroth/Boujong/Joost/Strohn/*Hakenberg*, nach § 160, EWIV, Anh. 1.

2 Gesetz zur Ausführung der EWG-Verordnung über die Europäische Wirtschaftliche Interessenvereinigung (EWIV-AusfG) vom 14.4.1988 (BGBl. I 514). RegBegr, BT-Drucks. 11/352, S. 6 ff. Abdruck bei Ebenroth/Boujong/Joost/Strohn/*Hakenberg*, nach § 160, EWIV, Anh. 2.

3 Ausführlich zum Folgenden Ebenroth/Boujong/Joost/Strohn/*Hakenberg*, nach § 160, EWIV Rn. 7 f.

4 *Frenz*, Jura 2012, 120; *Gleichmann*, ZHR 149 (1985), 633, 635 ff.; *Hartard*, Die EWIV im deutschen, englischen und französischen Recht, 1991, S. 6 ff.

5 Unter einer Holdinggesellschaft versteht man eine Gesellschaft, durch oder über die ein oder mehrere Gesellschafter ihren Anteilsbesitz an anderen Gesellschaften verwalten; vgl. *Emmerich/Habersack*, KonzernR, § 2 Rn. 13.

oder noch zu schaffenden supranationalen Rechtsformen vorzubehalten und Gesetzesumgehungen (etwa mitbestimmungsrechtlicher Vorschriften) durch Wahl der neuen Rechtsform auszuschließen.

Weitere Nachteile der EWIV ergeben sich aus der nur schwer überschaubaren dreistufigen Gesetzeshierarchie (Rn. 2) sowie aus dem Umstand, dass neben der EWIV selbst nach Art. 24 I EWIV-VO auch alle ihre Mitglieder unbeschränkt und gesamtschuldnerisch für die Verbindlichkeiten der Gesellschaft einzustehen haben. Angesichts dieser Nachteile hat die EWIV im Rechtsverkehr nur eine geringe Verbreitung gefunden. Zum 14. Mai 2014 waren unionsweit 2.291 EWIV gegründet und 385 wieder aufgelöst worden. Speziell in Deuschland sind 385 EWIV gegründet und 83 wieder aufgelöst worden.[6] In der juristischen Ausbildung spielt sie nur eine sehr untergeordnete Rolle, weshalb sich auch diese Darstellung auf die Grundzüge beschränkt. 4

Für die von *Böni* anvisierte Kooperation kommt die EWIV trotz dieser Nachteile als einzige Gestaltungsmöglichkeit in Betracht, sofern die Mitglieder tatsächlich auf einer supranationalen Rechtsform insistieren. Der Unternehmensgegenstand liegt in der Akquisition von Kunden für die angeschlossenen Mitgliedsunternehmen, ohne diese von entsprechenden Tätigkeiten auszuschließen. Das ist im Lichte des Art. 3 I EWIV-VO ohne Weiteres zulässig und bliebe es auch dann, wenn die EWIV etwa durch Reservierungsentgelte einen eigenen Gewinn erzielen würde. Die Gründung der EWIV ist nicht mit größerem Aufwand verbunden; ein Stammkapital muss nicht aufgebracht werden (s. noch Rn. 6 ff.). Die Beteiligung juristischer Personen ist ebenfalls zulässig, da nach Art. 4 I EWIV-VO sowohl natürliche Personen als auch Gesellschaften i. S. d. Art. 54 II AEUV und „andere juristische Einheiten“ des öffentlichen Rechts oder des Privatrechts Mitglied einer EWIV sein können. Von dieser Umschreibung, die nicht nach deutschen, sondern nach europäischen Auslegungsregeln zu interpretieren ist, werden nach ganz herrschender Meinung auch Gesellschaften bürgerlichen Rechts erfasst.[7] Daneben steht die EWIV – anders als die deutsche OHG – nach Art. 4 I lit. b EWIV-VO auch den freien Berufen als Rechtsform offen. 5

II. Gründung und Strukturmerkmale

Fall 2: Nach Rücksprache mit seinen europäischen Kollegen hat *Böni* sich tatsächlich für die Rechtsform der EWIV entschieden und fragt nun, wie eine solche Gesellschaft gegründet werden kann und welche Strukturmerkmale die einmal entstandene Gesellschaft prägen. Was ist ihm zu antworten? 6

Nach Art. 1 I EWIV-VO wird die Gesellschaft durch Abschluss eines Gesellschaftsvertrages gegründet, dessen Mindestinhalt in Art. 5 EWIV-VO angegeben wird; im Übrigen gilt nach Art. 2 EWIV-VO für den Vertragsschluss das nationale Recht. Die Gesellschaft muss einen nach Art. 3 EWIV-VO zulässigen Unternehmensgegenstand verfolgen (Rn. 3); der Mitgliederkreis bestimmt sich nach Art. 4 EWIV-VO (Rn. 5). Die Firma ist nach § 1 EWIV-AusfG nach allgemeinem Handelsrecht, also nach den §§ 18 ff. HGB zu bestimmen und gem. § 2 II Nr. 1 EWIV-AusfG durch einen Rechtsformzusatz zu ergänzen. Die Gesellschaft ist sodann nach § 3 EWIV-AusfG von den Geschäftsführern zur Eintragung anzumelden. Die Eintragung erfolgt nach Art. 6 EWIV-VO in das zuständige Register des Sitzstaates (Art. 12 EWIV-VO i. V. m. § 2 I EWIV-AusfG). 7

---

[6] Vgl. die Statistik von LIBERTAS – Europäisches Institut GmbH, http://www.libertas-institut.com/de/EWIV/statistik.pdf (abgerufen am 27.11.2014).

[7] Baumbach/Hopt/*Roth*, Anh. § 160 Rn. 13; *Bach*, BB 1990, 1432 ff.; *Gleichmann*, ZHR 149 (1985), 633, 638; *v. Rechenberg*, ZGR 1992, 299, 302; a. A. *Müller-Gugenberger*, NJW 1989, 1449, 1456.

8 Die solchermaßen entstandene EWIV ist in ihrer deutschen Ausgestaltung eine Personengesellschaft mit zum Teil korporativen Elementen (insb. Drittorganschaft). Nach § 1, 2. Hs. EWIV-AusfG „gilt" sie als Handelsgesellschaft. Wie bei den Formkaufleuten (§§ 3 I AktG, 13 III GmbHG, 6 II HGB) finden die handelsrechtlichen Sondervorschriften also ohne Rücksicht darauf Anwendung, ob die EWIV im Einzelfall ein Handelsgewerbe betreibt.[8] Vom Zeitpunkt der Eintragung an besitzt sie nach Art. 1 II EWIV-VO die Fähigkeit, im eigenen Namen Träger von Rechten und Pflichten jeder Art zu sein (Parallelvorschrift zu § 124 I HGB); die Eintragung wirkt insofern also konstitutiv. Die EWIV hat nach Art. 16 EWIV-VO zwei Organe: die gemeinschaftlich handelnden Mitglieder und den oder die Geschäftsführer. Anders als im deutschen Recht ist im europäischen Recht auch eine Drittorganschaft möglich (Art. 19 EWIV-VO). Dem Geschäftsführer obliegt nach Art. 19 EWIV-VO die Geschäftsführung und nach Art. 20 EWIV-VO die Vertretung der Gesellschaft. Hat die Gesellschaft mehrere Geschäftsführer, so darf jeder von ihnen die Gesellschaft vertreten. Wie in § 126 II HGB ist auch hier eine Beschränkung im Außenverhältnis nach Art. 20 I EWIV-VO unwirksam. Für die Verbindlichkeiten der EWIV haften auch ihre Mitglieder nach Art. 24 EWIV-VO, allerdings nur subsidiär, also – anders als bei der OHG (vgl. § 16 Rn. 4) – nur dann, wenn die EWIV trotz Aufforderung nicht innerhalb angemessener Frist bezahlt (Art. 24 II EWIV-VO). Nur im Übrigen kommen über § 1 EWIV-AusfG die §§ 128, 129 HGB zur Anwendung (s. dazu § 16 Rn. 1 ff.).

9 Die Mitgliederversammlung hat umfassende Kompetenzen und kann gem. Art. 16 II EWIV-VO jeden Beschluss zur Verwirklichung des Unternehmensgegenstandes fassen. Sie entscheidet grundsätzlich einstimmig, doch kann der Gesellschaftsvertrag auch Ausnahmen vorsehen (zu den Einzelheiten vgl. Art. 17 EWIV-VO). Den Mitgliedern steht ein Auskunftsrecht nach Art. 18 EWIV-VO zu. Eine Übertragung der Mitgliedschaft ist nach Art. 22 EWIV-VO möglich. Die Aufnahme neuer Mitglieder richtet sich nach Art. 26 EWIV-VO, das Ausscheiden alter nach Art. 27 ff. EWIV-VO. Auflösung und Abwicklung sind in Art. 31, 32, 35 EWIV-VO, § 10 EWIG-AG und §§ 145 ff. HGB geregelt.

III. Zusammenfassung

10 Die EWIV ist eine auf der Grundlage des Art. 308 EGV (Art. 352 I AEUV) durch EG-Verordnung geschaffene Rechtsform für grenzüberschreitende kooperative Zusammenschlüsse innerhalb der Union. Sie ist deshalb in ihrem Kern supranational, in der näheren Ausgestaltung aber der Gesetzgebung der Mitgliedstaaten überlassen. In der deutschen Ausgestaltung ist sie eine der OHG ähnliche Personengesellschaft mit korporativen Elementen. Ihre Attraktivität wird namentlich durch die enge Beschränkung des Unternehmensgegenstandes auf kooperative Hilfstätigkeiten ohne Gewinnerzielungsabsicht sowie durch die strenge akzessorische Haftung der Mitglieder deutlich geschmälert.

§ 42. Die Societas Europaea (SE; Europäische Aktiengesellschaft)

Literatur: Münchener Kommentar zum AktG, Bd. 7, 4. Aufl., 2017: Europäisches Aktienrecht; *Schwarz,* Verordnung (EG) Nr. 2157/2001 des Rates über das Statut der Europäischen Gesellschaft (SE), Kommentar, 2006; *Bezzenberger,* Die Europäische Aktiengesellschaft, Jura 2003, 229; *Blasche,* Einführung in das Recht der Europäischen Aktiengesellschaft (SE), Jura

[8] RegBegr, BT-Drucks. 11/352, S. 7.

2013, 268; *Casper,* Der Lückenschluss im Statut der Europäischen Aktiengesellschaft, FS Ulmer, 2003, S. 51; *Casper,* Erfahrungen und Reformbedarf bei der SE – Gesellschaftsrechtliche Reformvorschläge, ZHR 173 (2009), 181; *Fleischer,* Der Einfluß der Societas Europaea auf die Dogmatik, AcP 204 (2004), 502; *Frenz,* Supranationale Gesellschaftsformen, Jura 2012, 120; *Habersack/Drinhausen,* SE-Recht, 2. Aufl., 2016; *Hirte,* Die Europäische Aktiengesellschaft, NZG 2002, 1; *Hommelhoff,* Satzungsstrenge und Gestaltungsfreiheit in der Europäischen Aktiengesellschaft, FS Ulmer, 2003, S. 267; *Kiem,* Erfahrungen und Reformbedarf bei der SE – Entwicklungsstand, ZHR 173 (2009), 156; *Lingl,* Die Europäische Aktiengesellschaft – Societas Europaea (SE), JA 2006, 304; *Lutter,* Europäische Aktiengesellschaft – Rechtsfigur mit Zukunft?, BB 2002, 1; *Teichmann,* Die Einführung der Europäischen Aktiengesellschaft – Grundlagen der Ergänzung des europäischen Statuts durch den deutschen Gesetzgeber, ZGR 2002, 383; *Thoma/Leuering,* Die Europäische Aktiengesellschaft – Societas Europaea, NJW 2002, 1449.

I. Grundlagen

1. Wesen, Zweck und Verbreitung der Societas Europaea

Die Societas Europaea ist neben der EWIV das zweite Beispiel für eine supranationale Rechtsform europäischen Ursprungs. Ihre Schaffung geht auf die Überlegung zurück, dass eine freie Betätigung von Gesellschaften in einem mehrstaatlichen Binnenmarkt am ehesten in einer originär europäischen Gesellschaftsform erreicht werden kann, die in allen Staaten gleichermaßen bekannt und juristisch anerkannt ist und ihren Sitz ungehindert über die Grenze des Einzelstaates verlegen kann. Darüber hinaus soll mehrstaatlichen Unternehmensgruppen eine Rechtsform angeboten werden, die es ihnen erlaubt, als eine einheitliche Gesellschaft in mehreren Mitgliedsländern tätig zu sein.[1] Um diese Zwecke zu erreichen, wurde durch eine Verordnung aus dem Jahr 2001 die Societas Europaea geschaffen,[2] deren Rechtsgrundlagen sodann auf nationaler Ebene in Deutschland im Jahr 2004 mit dem SE-Ausführungsgesetz (SEAG) und dem SE-Beteiligungsgesetz (SEBG) zur Arbeitnehmermitbestimmung vervollständigt wurden.[3] Das europäische Gesetzgebungsverfahren zur Schaffung dieser Rechtsform hat sich über fast 40 Jahre hingezogen,[4] wobei sich namentlich die deutschen Vorstellungen zur unternehmerischen Mitbestimmung (§ 30 Rn. 40 ff.) als Hemmschuh der Entwicklung erwiesen.[5] Im Verlauf des langen Diskussionsprozesses hat die Ausgestaltung der SE einen deutlichen Kompromisscharakter angenommen, der sich in der Vielfältigkeit ihrer nationalen Ausprägungen niederschlägt (vgl. noch Rn. 8 f.) 1

---

1 Vgl. dazu etwa MüKoAktG/*Oechsler/Mihaylova,* vor Art. 1 SE-VO Rn. 7 ff.; *Habersack/Verse,* EuropGesR, § 13 Rn. 4; *Frenz,* Jura 2012, 120, 122.

2 Und zwar durch die Verordnung (EG) Nr. 2157/2001 des Rates vom 8.10.2001 über das Statut der Europäischen Gesellschaft (SE), ABl. EG 294/1 ff. vom 10.11.2001 (im Folgenden: SE-VO). Speziell für die Beteiligung der Arbeitnehmer wird die SE-VO ergänzt durch die Richtlinie (2001/86/EG) des Rates vom 8.10.2001 zur Ergänzung des Statuts der Europäischen Gesellschaft hinsichtlich der Beteiligung der Arbeitnehmer, ABl. EG L 294/22 ff. vom 10.11.2001 (SE-RL).

3 Beide Gesetze wurden eingeführt durch das Gesetz zur Einführung der Europäischen Gesellschaft (SEEG) vom 22.12.2004 – BGBl. I 3675 ff., das in Art. 1 das Gesetz zur Ausführung der Verordnung über das Statut der Europäischen Gesellschaft (das SE-Ausführungsgesetz, kurz: SEAG) und in Art. 2 das Gesetz über die Beteiligung der Arbeitnehmer in einer Europäischen Gesellschaft (das SE-Beteiligungsgesetz, kurz: SEBG) enthält.

4 Als zeitlicher Ausgangspunkt wird die Denkschrift der französischen Regierung über die Schaffung einer Europäischen Handelsgesellschaft vom 22.4.1966 zugrunde gelegt, Sonderbeilage zum Bulletin 9/10–1966 der EWG = AWD (RIW) 1966, 198 f.

5 Vgl. zur Entwicklungsgeschichte etwa MüKoAktG/*Oechsler/Mihaylova,* vor Art. 1 SE-VO Rn. 1 ff.

2 Funktional ist die SE – ungeachtet ihrer internationalen Ausrichtung – der AG verwandt. Ähnlich wie diese ist die SE als kapitalmarktorientierte Körperschaft und juristische Person ausgestaltet (s. noch Rn. 10 ff.) und aufgrund einer hohen Regelungsdichte und eines starren Regelungskorsetts auf Großunternehmen zugeschnitten.[6] Die Motive für die Gründung einer SE können vielgestaltig sein und haben sich, obwohl diese Gesellschaftsform erst seit kurzer Zeit existiert, bereits deutlich gewandelt.[7]

3 **Fall 1:** Die in Hamburg ansässige *Albatros* AG, die *Berthoult* SA (Société Anonyme) aus Paris und die *Cesare* SpA (Società per Azioni) aus Mailand erwägen, ihre Geschäftstätigkeit zusammenzulegen. Die neue Gesellschaft soll ihren Sitz in Hamburg haben und über ein gezeichnetes Kapital von 1 Mrd. EUR verfügen. Auf welche Weise kann dieses Projekt realisiert werden?

4 Für den erwogenen Zusammenschluss kommen verschiedene Lösungen in Betracht. So ist es zunächst denkbar, dass die *Albatros* AG die Aktienmehrheit an der *Berthoult* SA und an der *Cesare* SpA erwirbt und die so entstandene oder verfestigte Unternehmensgruppe als Konzernobergesellschaft führt. Diese Lösung belässt es aber bei einer Mehrheit von Gesellschaften, die überdies unterschiedlichen Rechtsordnungen angehören, wobei das Fallbeispiel noch von einem sehr überschaubaren Sachverhalt ausgeht. Überdies kann es auch unter rein psychologischen Gesichtspunkten für die Geschäftsleitung und die Belegschaft der beiden ausländischen Gesellschaften problematisch sein, sich der Führung einer deutschen Gesellschaft zu unterstellen. Um diese Nachteile zu vermeiden, stehen den Handelnden zwei weitere Optionen offen: Sie können sich zu der supranationalen Rechtsform der Societas Europaea zusammenschließen oder sie können sich im Wege einer grenzüberschreitenden Verschmelzung zu einer nationalen Gesellschaft vereinigen.

5 Bis zum Jahr 2007 ließ das deutsche Recht nur den ersten Weg zu. Dementsprechend lag hier auch eines der maßgeblichen Motive, weshalb Gesellschaften sich dazu entschlossen, die Rechtsform der erst im Jahr 2004 neu eingeführten Societas Europaea zu wählen.[8] Dieser Weg ist mittlerweile aber nicht mehr alternativlos, sondern im Jahr 2007 wurden die §§ 122a ff. UmwG in das deutsche Recht eingeführt, die daneben auch die Möglichkeit einer grenzüberschreitenden Verschmelzung innerhalb der EU zulassen (s. bereits § 39 Rn. 7). Seitdem haben SE-Gründungen unter diesem Gesichtspunkt an Bedeutung eingebüßt,[9] wobei die Attraktivität der beiden Gestaltungswege sehr stark von den Umständen des Einzelfalls abhängt. Für die Wahl einer SE kann auch weiterhin sprechen, dass nur mit dieser Rechtsform eine tatsächlich internationale Unternehmensgruppe geschaffen wird, die ein echtes europäisches Selbstverständnis, eine European Corporate Identity, signalisiert.[10] Auch kann die Entscheidung für eine supranationale und gegen eine nationale Rechtsform dazu beitragen, den gleichberechtigten Charakter des Zusammenschlusses („merger of equals") besonders stark zu unterstreichen. Es relativiert sich damit die bei kooperativen Zusammenschlüssen unter Umständen heikle Frage nach der Nationalität des

[6] Zur Eignung der SE auch für kleinere und mittlere Unternehmen mit grenzüberschreitenden Aktivitäten vgl. aber auch *Habersack/Verse*, EuropGesR, § 13 Rn. 5.

[7] Dazu ausführlich Bericht der Kommission an das Europäische Parlament und den Rat über die Anwendung der Verordnung (EG) Nr. 2157/2001 des Rates vom 8.10.2001 über das Statut der Europäischen Gesellschaft (SE), KOM/2010/0676 endg.

[8] Vgl. dazu *Kiem*, ZHR 173 (2009), 156, 157 f.

[9] Ebenso hat aus deutscher Sicht auch das ursprüngliche Motiv, eine grenzüberschreitende Sitzverlegung zu gestatten, an Bedeutung verloren, nachdem die Neufassung des § 5 AktG im Zuge des MoMiG (s. § 33 Rn. 7) auch der nationalen AG eine solche Sitzverlegung ermöglicht hat (vgl. dazu bereits § 40 Rn. 10 m. w. Nachw.).

[10] *Reichert*, FS Hüffer, 2010, S. 805, 820.

neuen Rechtsträgers, was es den Handelnden oft leichter machen wird, die Aufgabe der bisherigen korporativen Identität in ihrem Heimatland zu „vermarkten“.[11]

Speziell für deutsche Unternehmen liegt der Hauptgrund für die Wahl einer SE mittlerweile klar in dem Motiv, die Belastungen abzufedern, die sich aus den strengen mitbestimmungsrechtlichen Vorgaben des nationalen Rechts ergeben.[12] Zwar unterliegt auch eine SE mit Sitz in Deutschland ähnlich ausgestalteten Mitbestimmungsregeln, doch eröffnet die Wahl dieser Gesellschaftsform noch einige – hier nicht näher darzustellende – Schlupflöcher. Das gilt namentlich für Gesellschaften, die derzeit noch knapp unter dem Niveau eines mitbestimmungsrechtlichen Schwellenwertes liegen, aufgrund schneller Expansion aber alsbald in die Mitbestimmung „hineinzuwachsen“ drohen. Sie können durch den Übergang zur SE den derzeitigen mitbestimmungsrechtlichen status quo konservieren.[13] 6

Die Anreizwirkungen, die von diesen Vorzügen der SE ausgehen, lassen sich an ihrer Verbreitung ablesen. In Deutschland bestanden am 1. Januar 2016 372 Unternehmen in dieser Rechtsform, unter denen sich eine Vielzahl namhafter Großunternehmen findet.[14] In ganz Europa belief sich die Anzahl der bestehenden SEs zum 1. Juli 2016 auf 2.574.[15] 7

2. Rechtsquellen

Die SE wurzelt zwar im europäischen Verordnungsrecht. Dieses enthält jedoch keine Kodifikation, sondern bietet lediglich eine Rahmenregelung. Maßgebend für die Ausfüllung des Rahmens ist Art. 9 SE-VO, der ein vielschichtiges und für den Rechtsanwender nur mit Mühe nachvollziehbares Regelungsmodell vorschreibt.[16] Danach gilt primär die Verordnung, soweit sie eine Regelung enthält (Art. 9 I lit. a SE-VO). Daneben bestimmt sich das für die SE geltende Recht nach ihrer Satzung, sofern die Verordnung eine Bestimmung der Satzung ausdrücklich zulässt und der Satzungsgeber davon Gebrauch gemacht hat (Art. 9 I lit. b SE-VO).[17] Verbleibende Regelungslücken sind nach Maßgabe des Art. 9 I lit. c SE-VO zu schließen. Diese Vorschrift verweist auf einer ersten Stufe auf die Ausführungsgesetze der Mitgliedsländer; für Deutschland ist dies das SE-Ausführungsgesetz (SEAG – s. Rn. 1). Enthält auch dieses keine Regelung, so greift auf der zweiten Stufe das jeweilige nach dem Gesellschaftssitz zu bestimmende nationale Aktienrecht ein, wobei auf der dritten Stufe auch die selbst gesetzten Satzungsregeln nach Maßgabe ihrer mitgliedstaatlichen Zulässigkeit zu beachten sind (vgl. dazu in Deutschland aber § 23 V AktG – § 29 Rn. 5).[18] Das entspricht strukturell der schon für die EWIV aufgezeigten Ordnung (vgl. § 41 Rn. 2). 8

---

[11] *Reichert,* FS Hüffer, 2010, S. 805, 820; vgl. ferner MüKoAktG/*Oechsler/Mihaylova,* vor Art. 1 SE-VO Rn. 7 f.

[12] So auch der Befund von *C. Schäfer,* § 52 Rn. 3; *Henssler,* ZHR 173 (2009), 222, 223 f.; *Reichert,* FS Hüffer, 2010, S. 805, 820.

[13] Vgl. zu den Einzelheiten *Brandes,* ZIP 2008, 2193, 2194 ff.; *Thoma/Leuering,* NJW 2002, 1449, 1453 f.; ferner *C. Schäfer,* § 55 Rn. 3.

[14] *Kornblum,* GmbHR 2016, 691, 692. Als deutsche Großunternehmen sind etwa zu nennen: Allianz SE, BASF SE, Deichmann SE, Fresenius SE, MAN Diesel SE, Porsche Holding SE, Puma SE, SGL Carbon SE.

[15] Statistik der Hans Böckler Stiftung, abrufbar unter: http://www.boeckler.de/pdf/pb_mitbestimmung_se_2016_6.pdf , zuletzt abgerufen am 8.11.2016.

[16] Einzelheiten bei *Habersack/Verse,* EuropGesR, § 13 Rn. 10 f.; *Casper,* FS Ulmer, 2003, S. 51, 53 ff.

[17] Vgl. *Hommelhoff,* FS Ulmer, 2003, S. 267, 272 ff.

[18] *Hommelhoff,* FS Ulmer, 2003, S. 267, 276 ff.

Hinweis:

9 Entgegen ursprünglichen Planungen[19] gibt es also nicht die eine EU-einheitliche SE, sondern eine den Rechtsordnungen der Mitgliedstaaten entsprechende Variantenzahl.[20] Zwischen einer deutschen und französischen SE etwa können daher ganz erhebliche Unterschiede bestehen.[21]

3. Rechtsnatur

10 Die Rechtsnatur der SE ergibt sich aus den allgemeinen Vorschriften des Statuts (Art. 1 – 14 SE-VO). Danach ist sie eine Handelsgesellschaft europäischen Rechts (Art. 1 I SE-VO) mit einem Aktienkapital (Art. 1 II SE-VO) und eigener Rechtspersönlichkeit (Art. 1 III SE-VO). Wegen ihrer Verwurzelung im europäischen Recht ist die SE wie die EWIV eine supranationale Gesellschaftsform (vgl. schon § 40 Rn. 16ff.). Als gezeichnetes Kapital schreibt Art. 4 II SE-VO mindestens 120.000 EUR vor, was für den in Fall 1 geplanten Zusammenschluss angesichts der projektierten Ausstattung mit 1 Mrd. EUR kein Problem darstellt. Die neue Gesellschaft kann ihren Sitz auch in Hamburg haben, sofern sich dort die Hauptverwaltung der SE befindet (Art. 7 S. 1 SE-VO).[22] Maßgeblich ist dafür die geschäftsführende Tätigkeit des Vorstands oder der dazu berufenen Verwaltungsratsmitglieder.[23] Unter dieser Prämisse lässt sich das Zusammenschlussvorhaben also wie geplant realisieren.

II. Strukturmerkmale

1. Körperschaft, juristische Person, Kapitalgesellschaft, Handelsgesellschaft

11 **Fall 2:** Die Aktionäre der *Albatros* AG möchten wissen, ob sich die grundlegenden Strukturen der geplanten SE wesentlich von ihrer bisherigen Gesellschaftsform unterscheiden würden oder ob die Ähnlichkeiten zwischen der nationalen und der europäischen AG überwiegen.

12 Schon aus der in Rn. 8 beschriebenen Regelungstechnik, die der SE zugrunde liegt, ergibt sich, dass zumindest eine in Deutschland ansässige SE aufgrund der dann geltenden Verweisung auf das deutsche Aktienrecht (Art. 9 I lit. c ii), 10 SE-VO) dem nationalen Modell ähneln muss. Insbesondere teilt sie mit der deutschen AG die grundlegenden Strukturmerkmale als Körperschaft, juristische Person und Kapitalgesellschaft.

13 Die körperschaftliche Verfassung eines Verbandes zeigt sich in der Existenz einer auf Satzung beruhenden Ordnung, die bestimmte Organe vorsieht, und in der Ausgestaltung der Mitgliedschaft als prinzipiell für alle Verbandsmitglieder übereinstimmende Rechts- und Pflichtenordnung (dazu § 2 Rn. 8ff.). Wie die deutsche Aktiengesellschaft fällt auch die SE in die dogmatische Kategorie der Körperschaft:[24] Sie hat eine Satzung (vgl. z.B. Art. 6 SE-VO), sie hat Organe (Art. 38ff. SE-VO) und sie hat Aktionäre, ohne jedoch deren Rechtsstellung im Einzelnen zu regeln. Die Generalverweisung auf das deutsche Aktienrecht in Art. 9 I lit. c Nr. 2 SE-VO ergibt

---

[19] Überblick etwa bei *Lutter,* BB 2002, 1ff.
[20] Zur vielstimmigen Kritik an diesem Regelungstorso vgl. etwa *Casper,* ZHR 173 (2009), 181, 184f.; *Fleischer,* AcP 204 (2004), 502, 505ff.
[21] Vgl. auch *C. Schäfer,* § 52 Rn. 1; *Windbichler,* § 35 Rn. 3ff.
[22] Krit. zu dieser Koppelung *Casper,* ZHR 173 (2009), 181, 208ff.
[23] *Schwarz,* Art. 7 SE-VO Rn. 9.
[24] Ebenso *Thoma/Leuering,* NJW 2002, 1449, 1450.

insoweit, dass für die SE in der deutschen Variante (Rn. 3 ff.) nichts anderes gelten kann als für die AG, so dass die Merkmale der Körperschaft vollständig erfüllt sind. Die SE unterliegt deshalb auch der Organhaftung gemäß § 31 BGB (§ 30 Rn. 8 ff.). Die Haftung ihrer Aktionäre ist ausgeschlossen, was Art. 1 II 2 SE-VO in der sprachlich unglücklichen Fassung ausdrückt, dass jeder Aktionär nur bis zur Höhe des von ihm gezeichneten Kapitals haftet.[25]

Nach Art. 1 III SE-VO besitzt die SE überdies „Rechtspersönlichkeit", was auf den Status einer juristischen Person hindeutet, ohne ihn aber schon zwingend zu ergeben (§ 26 Rn. 15). Im Rahmen einer unionsrechtlichen Verordnung könnte nämlich auch bloße Rechtsfähigkeit wie bei den Personengesellschaften gemeint sein.[26] Ergänzend ist jedoch in Art. 10 SE-VO bestimmt, dass eine SE in jedem Mitgliedstaat wie eine nationale AG behandelt wird. Das entspricht der mitgliedstaatlichen Auffächerung der SE (Rn. 8 f.) und führt zu § 1 I 1 AktG. Für den dort verwandten Begriff der Rechtspersönlichkeit ist aber anerkannt, dass er die AG als juristische Person kennzeichnet. Selbst wenn Art. 1 III SE-VO für andere Rechtsordnungen eine abweichende Auslegung zulassen sollte, verbleibt es also für die in Hamburg domizilierende SE bei dem Charakter einer juristischen Person. Dass die SE auch Kapitalgesellschaft ist, folgt aus der schon erwähnten Regelung in Art. 1 II 1 SE-VO, die von der Existenz eines (in Aktien zerlegten) Kapitals ausgeht, und aus der ergänzenden Vorgabe in Art. 4 II SE-VO, nach der das gezeichnete Kapital (gemeint ist damit das Grundkapital) wenigstens 120.000 EUR betragen muss. 14

Schließlich ist die SE über Art. 1 I i. V. m. Art. 10 SE-VO auch als Handelsgesellschaft zu qualifizieren und damit Formkaufmann im Sinne des § 6 II HGB. Sie unterliegt also der kaufmännischen Sonderordnung ohne Rücksicht auf den Betrieb eines Gewerbes und auf das Erfordernis einer kaufmännischen Betriebsorganisation.[27] 15

2. Die Organisationsverfassung der SE

Größere Unterschiede können sich hinsichtlich der Organisationsverfassung der SE ergeben, wobei diese Unterschiede aber nicht zwingend sind, sondern von der Ausgestaltung durch die Gesellschafter abhängen. Anders als das vom Prinzip der Satzungsstrenge (§ 23 V AktG) geprägte deutsche Recht räumt die SE den satzungsgebenden Gründern nämlich in größerem Maße optionale Gestaltungsmöglichkeiten ein, bei denen sie zwischen unterschiedlichen nationalen Regelungsmodellen wählen können. Eine der wichtigsten dieser Wahlmöglichkeiten betrifft die Organisationsverfassung der SE. Sie ist unter der Überschrift „Aufbau der SE" in den Art. 38 bis 60 SE-VO behandelt. Art. 38 lit. a SE-VO stellt klar, dass die SE jedenfalls über eine Hauptversammlung der Aktionäre als Willensbildungsorgan verfügt. Ähnlich wie der Hauptversammlung einer deutschen AG sind ihr in Art. 52 SE-VO einzelne Beschlusskompetenzen zugewiesen. Darüber hinaus stehen ihr nach der in Art. 52 Unterabs. 2 SE-VO enthaltenen Verweisung auf die Zuständigkeitsregeln des Aktienrechts des Sitzstaates bei einer SE deutscher Prägung aber auch die ungeschriebenen Befugnisse nach Maßgabe der Holzmüller-Rechtsprechung zu (vgl. oben § 30 Rn. 34 ff.).[28] Die weiteren Einzelheiten dazu sind in Art. 52 ff. SE-VO geregelt. 16

---

[25] MüKoAktG/*Oechsler/Mihaylova* Art. 1 SE-VO Rn. 6; *Schwarz,* Art. 1 SE-VO Rn. 26; *Thoma/Leuering,* NJW 2002, 1449, 1450.

[26] *Schwarz,* Art. 1 SE-VO Rn. 35 ff.

[27] MüKoAktG/*Oechsler/Mihaylova,* Art. 1 SE-VO Rn. 4.

[28] So die h. M., vgl. *Habersack/Verse,* EuropGesR, § 13 Rn. 47; *ders.,* ZGR 2003, 724, 741 f.; *Raiser/Veil,* § 25 Rn. 6; *C. Schäfer,* § 54 Rn. 7; *Casper,* FS Ulmer, 2003, S. 51, 69.

17 Art. 38 lit. b SE-VO eröffnet im Übrigen für den Satzungsgeber ein Wahlrecht. Die SE kann nämlich nach dem dualistischen System (Art. 39 ff. SE-VO) organisiert sein, also über Vorstand und Aufsichtsrat als zwei getrennte Leitungs- und Vertretungsorgane verfügen (vgl. § 30 Rn. 1 ff.). Stattdessen kann jedoch auch das sog. monistische System gewählt werden, bei dem neben dem Willensbildungsorgan (Hauptversammlung) nur ein Verwaltungsorgan existiert (Art. 43 ff. SE-VO). Das entspricht dem Boardsystem oder Verwaltungsratssystem, das in vielen Rechtsordnungen, namentlich des anglo-amerikanischen Rechtskreises, anzutreffen ist.[29] Auch für die hier in Frage stehende SE gilt damit, dass sie ebenso wie die jetzt bestehende *Albatros* AG einen Vorstand und Aufsichtsrat, nach dem Willen ihrer Gründer aber auch ein Verwaltungsratssystem haben kann.[30]

18 Entscheiden sich die Gründer für ein monistisches System, so ist dessen innere Ordnung in §§ 20 ff. SEAG näher ausgestaltet. Wie im deutschen Recht wird der Verwaltungsrat von den Aktionären gewählt, soweit sich nicht aus den mitbestimmungsrechtlichen Vorschriften etwas anderes ergibt (§ 24 SEAG). Nach § 40 SEAG bestellt der Verwaltungsrat sodann einen oder mehrere geschäftsführende Direktoren, wobei nach § 40 I 2 SEAG auch Mitglieder des Verwaltungsrates zugleich geschäftsführende Direktoren sein können, sofern die Mehrheit der Verwaltungsratsmitglieder weiterhin aus nicht geschäftsführenden Mitgliedern besteht. Als Aufgabe der geschäftsführenden Direktoren nennt § 40 II 1 SEAG die Führung der Geschäfte. Darunter ist im Ausgangspunkt jede tatsächliche oder rechtsgeschäftliche Tätigkeit für die Gesellschaft zu verstehen. Eine gewichtige Einschränkung ergibt sich aber aus Art. 43 I 2 SE-VO, der den Mitgliedstaaten eine (beschränkte) Gestaltungsmacht einräumt, die Organisationsstruktur des Verwaltungsrates selbstständig zu regeln. Diese mitgliedstaatliche Regelungskompetenz wird in Art. 43 I 2 SE-VO nur für die „laufende Geschäftsführung" begründet. Folglich muss auch § 40 II 1 SEAG in dem Sinne verstanden werden, dass den Direktoren nur die laufende Geschäftsführung überantwortet ist.[31] Im Gegenschluss ist daraus zu folgern, dass die oberste Leitungsbefugnis (i. S. d. § 76 AktG) nicht den Direktoren zugewiesen ist, sondern beim Verwaltungsrat verbleibt. Zieht der Verwaltungsrat deshalb eine Entscheidung wieder an sich, so geht die unternehmerische Verantwortung auf ihn über, auch wenn es sich grundsätzlich um eine Frage des Tagesgeschäfts handelt. Dieser Verantwortungsposition entspricht es, dass dem Verwaltungsrat gegenüber den geschäftsführenden Direktoren ein Weisungsrecht zukommt, das diese im Innenverhältnis zu beachten haben (vgl. Art. 44 II SEAG).[32] Nur im Außenverhältnis kann die Vertretungsbefugnis der geschäftsführenden Direktoren – wie auch bei jeder Handelsgesellschaft des deutschen Rechts (§ 13 Rn. 39) – nicht beschränkt werden. Daraus wird deutlich, dass die geschäftsführenden Direktoren nicht dem Vorstand der AG gleichgestellt werden dürfen. Sie sind zwar nach § 40 SEAG ein notwendiges Organ der AG, bleiben aber doch dem Verwaltungsrat nachgeordnet.

---

[29] Vgl. zur Ausgestaltung im US-amerikanischen Recht etwa *Merkt,* US-amerikanisches Gesellschaftsrecht, 3. Aufl., 2013, Rn. 620 ff.; zur Diskussion über die optimale Verbandsverfassung vgl. MüKoAktG/*Reichert/Brandes,* Art. 38 SE-VO Rn. 18 ff.

[30] Die ursprüngliche Erwartung, es könne auch in dieser Optionsmöglichkeit ein Anreiz zur Gründung einer SE liegen, hat sich bislang augenscheinlich nicht erfüllt; vgl. auch *C. Schäfer,* § 52 Rn. 3.

[31] Vgl. zu dieser Abgrenzung auch bereits die RegBegr zu § 40 SEAG, BT-Drucks. 15/3405, S. 39; ferner MüKoAktG/*Reichert/Brandes,* Art. 43 SE-VO Rn. 172; *Schwarz,* Art. 43 SE-VO Rn. 28, 52.

[32] Vgl. zu diesem Weisungsrecht *Ihrig,* ZGR 2008, 809, 819 ff.

Der größte Streitpunkt im Gesetzgebungsverfahren der SE war die unternehmerische Mitbestimmung (s. bereits Rn. § 30 Rn. 40 ff.), weshalb dieser Regelungsbereich im Ergebnis auch eine besonders aufwändige und ausdifferenzierte Lösung erfahren hat.[33] Auf der unionsrechtlichen Ebene findet sich dazu zunächst die sogenannte Ergänzungsrichtlinie.[34] Sie sieht in Art. 3 ff. ein Verhandlungsverfahren vor, das auf eine autonome Mitbestimmungsvereinbarung innerhalb der Gesellschaft abzielt.[35] Scheitert dieses Verfahren, so tritt gemäß Art. 7 der Richtlinie eine Auffangregelung in Kraft, deren Ausgestaltung den Rechtsvorschriften der Mitgliedstaaten überlassen ist. Die zugehörige deutsche Regelung findet sich im SE-Beteiligungsgesetz (SEBG),[36] das als Art. 2 des Einführungsgesetzes[37] in Kraft getreten ist. Danach wird die mitbestimmungsrechtliche Behandlung einer SE deutscher Prägung weitgehend den nationalen Mitbestimmungsregeln angeglichen.[38] 19

Im Ergebnis ist als Antwort auf die in Fall 2 aufgeworfene Rechtsfrage festzuhalten, dass zumindest eine in Deutschland ansässige SE in ihrer Grundstruktur deutliche Parallelen zu einer deutschen AG aufweist, dass die Gesellschafter davon aber namentlich in der Organisationsstruktur abweichen können. Auch diese Gestaltungsmöglichkeit kann für die Gründer ein Motiv für die Wahl der SE-Rechtsform sein. 20

III. Gründung

Fall 3: Im Hinblick auf die zahlreichen Vorteile, die sich die Geschäftsleitungen der beteiligten Gesellschaften von der Wahl einer supranationalen Rechtsform versprechen, entscheiden sie sich zur Gründung einer SE und fragen, auf welchem Weg eine solche Gründung vollzogen werden kann. Insbesondere möchten sie wissen, ob der Zusammenschluss auch in der Weise erfolgen kann, dass die *Berthoult* SA und die *Cesare* SpA als selbstständige Rechtsträger erhalten bleiben, sich aber der Führung durch die in dieser Rechtsform neuen *Albatros* SE unterstellen. 21

Art. 2 SE-VO und die Detailregelungen in Art. 15 ff. SE-VO sehen insgesamt fünf Gründungsvarianten vor.[39] Gemeinsam ist ihnen, dass die Gründung einen „europäischen Tatbestand“ aufweisen muss,[40] was typischerweise auf die Mehrstaatlichkeit der Gründungsbeteiligten hinausläuft.[41] Eine einzelne AG könnte sich daher ebenso wenig in eine SE umwandeln wie zwei Gesellschaften aus demselben Mitgliedstaat. Da allerdings nach Art. 2 IV SE schon eine ausländische Tochtergesellschaft genügt, um die Mehrstaatlichkeit herzustellen, hat diese Einschränkung nur einen Feigenblattcharakter, aber keine praktische Bedeutung.[42] Im Übrigen ist auch eine Neugründung durch Einzelpersonen nicht möglich, sondern die SE kann nach Art. 2 SE-VO nur von bestimmten bereits bestehenden Gesellschaften gegründet werden. 22

Grundform für die Gründung der SE ist die Verschmelzung (Art. 17 ff. SE-VO). Sie führt zum Erlöschen der übertragenden Gesellschaften unter Übergang ihres Gesamtvermögens auf die übernehmende Gesellschaft (Art. 29 II SE-VO). Dieses 23

---

33 Ausführlicher zum Folgenden *Blasche,* Jura 2013, 268, 274 ff.; *C. Schäfer,* § 55 Rn. 1 ff.

34 Vgl. bereits oben § 42 Fn. *.

35 Vgl. zu den Einzelheiten *Jacobs,* FS K. Schmidt, 2009, S. 795, 798 ff.

36 Gesetz über die Beteiligung der Arbeitnehmer in einer europäischen Gesellschaft; kommentiert von Ulmer/Habersack/*Henssler,* MitbestR, 3. Aufl., 2013, Teil III.

37 Gesetz zur Einführung der Europäischen Gesellschaft (SEEG) vom 22.12.2004 (BGBl. I 3675).

38 Zu Umgehungsmöglichkeiten vgl. aber bereits die Nachw. in § 42 Fn. 2.

39 Überblick bei *Habersack/Verse,* EuropGesR, § 13 Rn. 20 ff.; *Blasche,* Jura 2013, 268, 270 ff.; *Frenz,* Jura 2012, 120, 122 f.; *Thoma/Leuering,* NJW 2002, 1449, 1451 ff.

40 *Frenz,* Jura 2012, 120, 122 f.; *Lutter,* BB 2002, 1, 4; *Thoma/Leuering,* NJW 2002, 1449, 1451.

41 Krit. zu diesem Mehrstaatlichkeitserfordernis etwa *Casper,* ZHR 173 (2009), 181, 189 ff.

42 Zu Umgehungsmöglichkeiten vgl. etwa *Casper,* ZHR 173 (2009), 181, 191 f.

Modell mag den Interessen der *Albatros* AG als übernehmender Gesellschaft entsprechen, ermöglicht aber nicht den Fortbestand der *Berthoult* SA und der *Cesare* SpA. Auch das ist jedoch erreichbar, und zwar durch die Gründung einer Holding-SE gemäß Art. 32 ff. SE-VO.[43] Bei ihr bestehen nämlich die Gesellschaften fort, die die Gründung einer SE anstreben (Art. 32 I SE-VO). Die Gründung erfolgt in dieser Variante, indem die Aktionäre der *Berthoult* SA und der *Cesare* SpA ihre Aktien in die (künftige) *Albatros* SE einbringen, wofür sie Anteile an dieser Gesellschaft erhalten. Voraussetzung ist, dass dadurch mehr als 50 % der Stimmrechte (Art. 32 II 4 SE-VO) an der *Berthoult* SA und an der *Cesare* SpA auf die *Albatros* SE übergehen, die dadurch ungeachtet ihrer gemeinschaftsrechtlichen Herkunft gegenüber den genannten anderen Gesellschaften herrschendes Unternehmen i. S. d. § 17 AktG wird (vgl. noch § 38 Rn. 16 ff.).

24 Daneben kommen als Gründungsformen noch die Errichtung einer Tochter-SE nach Art. 2 III i. V. m. Art. 35 f. SE-VO und der Formwechsel von einer bestehenden AG in eine SE nach Art. 2 IV i. V. m. Art. 37 SE-VO in Betracht. Im ersten Fall müssen die Mütter der Tochter-SE verschiedenen Mitgliedstaaten angehören.[44] Im zweiten Fall muss die SE mindestens zwei Jahre eine Zweigniederlassung unterhalten, die dem Recht eines anderen Mitgliedstaates unterliegt. Ist eine SE erst als solche entstanden, so kann sie schließlich selbst eine oder mehrere Tochtergesellschaften in dieser Rechtsform gründen (Art. 3 II SE-VO). Für alle diese Gründungsvarianten enthalten Art. 15–37 SE-VO grobe Rahmenregelungen. Inhaltlich wird der Gründungsvorgang aber im Wesentlichen dadurch geprägt, dass Art. 15 I SE-VO auf das Gründungsrecht des Sitzstaates verweist.[45] Weitere Konkretisierungen finden sich in §§ 5–11 SEAG.

IV. Zusammenfassung

25 Mit der Einführung der SE soll mehrstaatlichen Unternehmensgruppen eine Rechtsform angeboten werden, die es ihnen erlaubt, als eine einheitliche Gesellschaft in mehreren Mitgliedsländern der EU tätig zu sein. Die SE ist eine Handelsgesellschaft europäischen Rechts. Ihre Grundlage liegt in der SE-VO, die aber durch das Recht der Mitgliedstaaten ergänzt wird. Insoweit sind nach den jeweiligen Ausführungsgesetzen die bestehenden mitgliedstaatlichen Aktienrechte maßgebend. Von ihrer Grundstruktur ist die SE Körperschaft, juristische Person und Kapitalgesellschaft. Notwendiges Organ ist die Hauptversammlung. Im Übrigen kann zwischen Vorstand und Aufsichtsrat (dualistisches System) und Verwaltungsrat (monistisches System) gewählt werden. Für die Mitbestimmung der Arbeitnehmer finden sich besondere Regelungen in der Ergänzungsrichtlinie der EU und in dem ihrer Durchführung dienenden SE-Beteiligungsgesetz. Die Gründung steht nicht jedermann offen, sondern setzt unternehmerisch tätige Gesellschaften, durchweg Aktiengesellschaften, voraus. In Betracht kommen als Gründungsformen die Verschmelzung, die Gründung einer Holding-SE, die Errichtung einer Tochter-SE und die formwechselnde Umwandlung. Die bestehende SE kann neue Gesellschaften dieser Rechtsform gründen.

---

[43] Unter einer Holdinggesellschaft versteht man eine Gesellschaft, durch oder über die ein oder mehrere Gesellschafter ihren Anteilsbesitz an anderen Gesellschaften verwalten; vgl. *Emmerich/Habersack,* KonzernR, § 2 Rn. 13.

[44] Fallbeispiel aus der Praxis zu dieser Gründungsvariante vgl. *OLG Düsseldorf* ZIP 2009, 918.

[45] Zu der danach auch bestehenden Möglichkeit einer Vor-SE vgl. *C. Schäfer,* § 53 Rn. 2; *ders.,* NZG 2004, 785, 790 f.; vgl. zur Verzahnung mit dem nationalen Gründungsrecht auch *Kiem,* ZHR 173 (2009), 156, 161 ff.

Sachverzeichnis

Als Fundstellen sind die Paragrafen und Randnummern des Buches angegeben.